新编三迁志

主　编　孟祥才

副主编　孟淑勤　孟祥金　王　成

编　撰　孟祥才　孟祥金　刘保贞

人民出版社

责任编辑:宫　共

封面设计:源　源

图书在版编目(CIP)数据

新编三迁志/孟祥才 主编;孟淑勤,孟祥金,王成 副主编;孟祥才,孟祥金,
　刘保贞 编撰. —北京:人民出版社,2022.4

ISBN 978-7-01-024626-0

Ⅰ.①新…　Ⅱ.①孟…②孟…③孟…④王…⑤刘…　Ⅲ.①孟轲
　(前372—前289)-家族-史料　Ⅳ.①K820.9

中国版本图书馆 CIP 数据核字(2022)第 041052 号

新编三迁志

XINBIAN SANQIANZHI

孟祥才　主编

孟淑勤　孟祥金　王　成　副主编

孟祥才　孟祥金　刘保贞　编撰

人民出版社　出版发行

(100706　北京市东城区隆福寺街 99 号)

北京汇林印务有限公司印刷　新华书店经销

2022 年 4 月第 1 版　2022 年 4 月北京第 1 次印刷

开本:710 毫米×1000 毫米 1/16　印张:54.5　字数:884 千字　插页:4

ISBN 978-7-01-024626-0　定价:190.00 元

邮购地址 100706　北京市东城区隆福寺街 99 号

人民东方图书销售中心　电话 (010)65250042　65289539

孟庙棂星门

孟母墓及元代元贞二年（1296）张颂撰《孟母墓碑》

孟母殿

元至顺二年（1331）加封孟子为邹国亚圣公圣旨碑

孟庙清康熙《御制孟子庙碑》及碑亭

孟庙亚圣殿

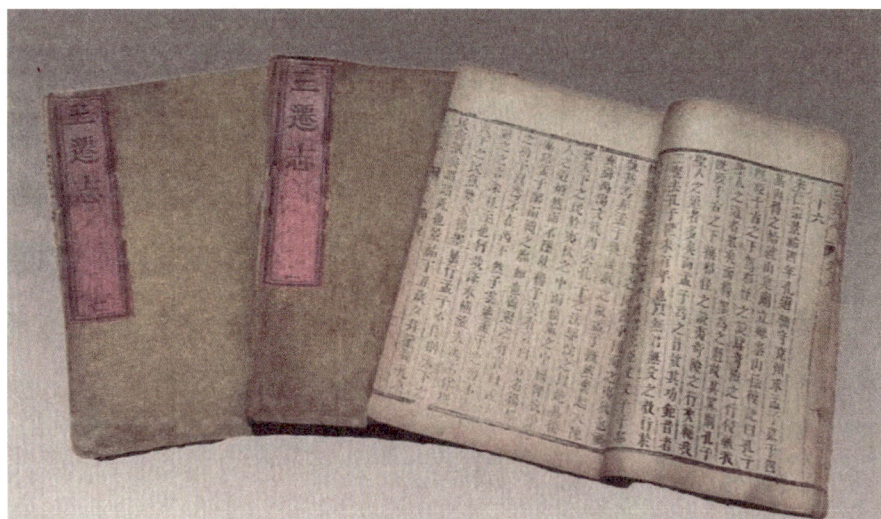

清雍正《二迁志》

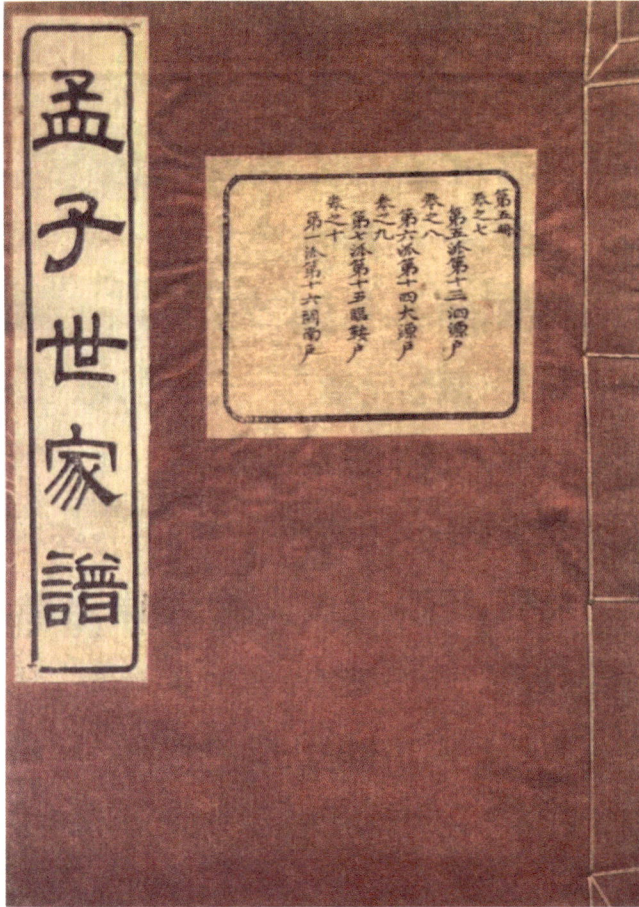

清道光《孟子世家谱》

目　　录

第二编　孟氏宗族

第三编　文物遗存

序

在中国历史上，家族史是最早出现的史书，它以《家谱》和《家志》的形式呈现，与国史、方志构成史书的三大门类。魏晋南北朝时期，《家谱》《家志》的撰修空前兴盛，原因是世家大族的崛起和保护其富贵利禄得以稳定承袭的九品中正选官制度的确立。清代著名谱学专家章学诚在述论魏晋南北朝家谱兴盛的原因时说：

> 自魏晋以降，迄乎六朝，族望渐崇，学士大夫辄推太史公《世家》遗意，自为家传。其命名之别，若王肃《家传》、渝览《家记》、范汪《世传》、明粲《世录》、陆熙《家史》之属，并于谱牒之外，勒为专书，以俟采录也。至于挚虞《昭穆记》、王俭《百家谱》，以及何氏《姓苑》、贾氏《要状》诸编，则总汇群伦，编分类次，上者可裨史乘，下或流入类书，其别甚广，不可不辨也。族属既严，郡望愈重。若沛国刘氏、陇西李氏、太原王氏、陈郡谢氏，虽子姓散处，或本非同居，然而推言族望，必本所始。后魏迁洛，则有八氏、十姓、三十六族、九十二姓，并居河南、洛阳。而中国人士，各第门阀，有四海大姓、州姓、郡姓、县姓，撰为谱录。齐、梁之间，斯风逸盛，郡谱州牒，并有专书，若王僧孺之所录，《冀州姓族》《扬州谱钞》之属，不可胜纪，俱以州郡系其世望者也。①

---

① 章学诚著，叶瑛校注：《文史通义校注》卷六《外篇一·和州志氏族表序例上》，中华书局1985年版，第620页。

唐代的柳芳也有大体相同的论述：

> 魏氏列九品，置中正，尊世胄，卑寒士，权归右姓已。其州大中正、主簿，郡中正、功曹，皆取著姓士族为之，以定门胄，品藻人物。晋、宋因之，始尚姓已。然其别贵贱，分士庶，不可易也。于时有司选举，必稽谱籍，而考其真伪。故官有世胄，谱有世官，贾氏、王氏谱学出焉。由是有谱局，令史职皆具。①

隋唐五代时期尽管世家大族的势力由于科举制度的实施有所削弱，但其潜在的惯性依然影响着当时的政治和选官制度，所以修谱修志之风依然长盛不衰。而同时，修谱由官府控制。从魏晋南北朝至隋唐，都是由官府的郎令史编撰和收藏，平民百姓不准染指。进入宋代，由于科举作为选官制度的功能进一步增强，"朝为田舍郎，暮登天子堂"成为司空见惯的现象，世家大族凭家族阀阅门槛仕进的路径不断式微。中国的《家谱》《家志》修撰因此进入新的发展阶段，编修宗旨由以前的"别选举、定婚姻、明贵贱"的社会功能，转为"尊祖、敬宗、收族"的伦理道德功能，"古之谱牒掌于官，而后人自为书，不复领于郎令史。"正如欧阳修所言："余惟族谱之作，所以推其本、联其支，而尊尊亲亲之道存焉。"②苏洵对此有更详尽的说明：

> 呜呼！观吾之谱者，孝弟之心可以油然而生矣。情见于亲，亲见于服，服始于衰，而至于缌麻，而至于无服。无服则亲尽，亲尽则情尽，情尽则喜不庆，忧不吊，则途人也。吾之所与相视如途人者，其初兄弟也，兄弟其初一人之身。悲夫！一人之身，反而至于途人，此吾谱之所以作也。③

又说：

---

① 欧阳修、宋祁：《新唐书》卷一百九十九《儒学中·柳冲传》，中华书局1995年版，第5677页。
② 《衡阳渔溪王氏谱序》，《古今图书集成·氏族典》，电子版文渊阁四库全书。
③ 《苏氏族谱序》，《嘉祐集》卷一三，电子版文渊阁四库全书。

今吾族人犹有服者，不过百人。而岁时腊社，不能相与尽其欢欣爱洽。稍远者至不相往来，是无以示吾乡党邻里也。乃作《苏氏族谱》，立亭于高祖墓茔之西南而刻石焉。既而告之曰：凡在此者，死必赴，冠、娶妻必告，少而孤则老者字之；贫而无归，则富者收之。而不然者，族人之所共诮让也。①

明清时期，就修谱修志宗旨而言，较之宋元又有新的变化，主要由"尊祖收族"，进行"尊尊亲亲之道"的宗亲伦理教育，进而转化为主要是宣扬实践"三纲五常"的普世伦理教育，由此，记载光宗耀祖的"恩荣"业绩，颂扬"忠臣孝子""义夫节妇"的不凡行实，构成了《家谱》《家志》的重要部分。谱、志的记载范围和记事内容进一步扩大、增多，为适应这种需要，修谱修志体例也得到相应的发展。这样，家谱家志文化具有了记录家系、和睦家族、教育族人、提高本家族内部凝聚力和社会声望地位的功能，因而受到的重视程度就与历史的前进成正比。但也不可否认，中国古代撰修的《家谱》《家志》也有宣传封建礼教，片面提倡忠孝节义，褒奖功名富贵，强调光宗耀祖的糟粕成分。所以在新中国成立以后极左路线愈演愈烈的年代，特别在十年浩劫的"文化大革命"时期，《家谱》《家志》资料也被冠以"四旧""变天账"等恶谥而遭受严重摧残，大量地被毁弃焚烧。1978年实行改革开放政策以来，国家和社会越来越重视对优秀传统文化的发掘和弘扬。1984 年 11 月，文化部、教育部、国家档案局联合向全国图书馆、博物馆、档案馆发出《关于协助编好〈中国家谱综合目录〉的通知》，对谱牒文化开始了解冻，为其正名、研究迎来了春天，也使民间新一轮修谱修志逐渐形成热潮。民间和学界开始以新的眼光和视角对待修谱修志工作，给修谱修志注入新的内涵和积极意义。人们认识到，《家谱》《家志》是一个家族的百科全书，涉及到这个家族的方方面面。《家谱》《家志》的功能是记载先祖的功业、事迹，让后世子孙牢记祖先的社会地位及道德品行，从而激励子孙后代传承、发扬，并进而再创家族的辉煌；同时，通过寻根认祖，以加强同姓、同宗之间的亲缘关系，增强家族的凝聚力。显然，盛世修谱修志是人心

---

① 《苏氏族谱序》，《嘉祐集》卷一三，电子版文渊阁四库全书。

所愿，众望所归，对广大族亲来说，盛世每一次修谱修志都有一种缅怀列祖列宗的深刻内涵，都是对家族生命史的一次全面的肯定和阶段性总结，起到缅怀先祖、弘扬文化、教哺孙辈的作用；同时，通过修谱修志可以增强族人的向心力和凝聚力，提升宗族的自豪感和荣誉感，为推进建设全面小康社会、建设和谐社会起到积极作用。通过整合和利用谱牒文化的资源，可以更好地为社会主义政治、经济、文化和社会建设服务，为海内外炎黄子孙寻根问祖、建设和谐社会服务。更进一步，修谱修志能够促使爱国主义教育深化，促使传统教育具体化，促使国学宣传形象化。

孔子是先秦儒家学说的创始人，颜子、曾子、子思、孟子等是进一步丰富发展先秦儒学的重要思想家，他们的嫡系后裔一再被历代王朝封赏，从而使他们的家族成为绵延以千年计的历史悠久的文化世家。因此，他们的《家谱》和《家志》就具有了不同于一般家族《家谱》《家志》的意义，成为传统思想文化的重要载体。其中，孔子家族的《孔子世家谱》和《阙里志》，颜子家族的《颜子世家谱》和《陋巷志》，孟子家族的《孟子世家谱》和《三迁志》，曾子家族的《曾子世家谱》和《宗圣志》，也就成为《家谱》《家志》文化的代表。

《家谱》和《家志》虽同为家族史，内容有许多重复或交集，但区别还是明显的。《家谱》更多记载族人的世代繁衍，录入众多按行辈排列的已逝和健在的男性族人名字，对家族的思想文化成就记载相对偏少。《家志》虽然也记载族人的繁衍，但只记各支派的简况，并不录入所有族人的名字。而对家族成员的思想文化创造，特别是对族中名人在政治、经济、军事、思想文化等方面的成就则更多着墨。两者优势互补，良性互动，构成较完整的家族史。

据记载，从1048年至1865年，800多年间，《孟子世家谱》共续修了8次，平均百多年续修一次。由于遵循"新谱成、旧谱毁"的原则，修撰的8部《孟子世家谱》流传下来的仅有道光谱和同治谱两部。而孟子的家族志《三迁志》，则因为没有新书成旧书毁的规制，所以有6部保留下来。它们是：

明朝嘉靖三十一年（1552年）沂州道佥事史鹗撰《三迁志》；

明朝万历三十九年（1611年）邹县令胡继先撰《三迁志》；

明朝崇祯元年（1628年）吕元善和吕兆祥、吕逢时父子撰《三迁志》；

清康熙六十一年（1772年）邹县令韩于斐撰《三迁志》；

清光绪五年（1879 年）孟广钧道光十五年（1835 年）原撰、孙葆田修订《三迁志》；

清光绪十三年（1887 年）邹县令陈锦重纂《三迁志》。

这 6 部志稿中，以吕元善和陈锦撰修的志书较为详尽。吕著《三迁志》共分五卷，其中第一卷记载地灵（孟子故里的山川形势）、石像、祖德（孟子先世源流）、母教、师授、年表；第二卷记载佚文（《孟子》一书之外散见于各种古籍的孟子言行）、赞注、崇习；第三卷记载爵享、弟子、礼仪、宗系；第四卷记载祠庙、林墓；第五卷记载祭谒、题咏、赞、铭、诗、古迹、杂志等内容。其他几部志书，除个别篇目稍有增减外，基本内容都与吕著相同或趋近。这些志书尽管保存了清代光绪前有关孟子及其家族最基本的史料，但以今天的眼光审视，其缺失也很明显。第一，从光绪十三年（1887 年）陈锦重纂《三迁志》至今已经过去 134 年，而这一百多年正是中国历史发生剧烈变化的时期，孟氏家族的历史也相应发生了较大的变化，应该新修一部《三迁志》记载这些变化，增添新的内容。第二，旧有的 6 部《三迁志》都是在古代社会修撰的，其指导思想、内容设定、体例编排、行文风格都有明显的时代局限。第三，最重要的是，旧志不能集中、精炼、准确地展示孟子思想文化中最精华的内容，体现不出创新性发展、创造性转化的指向。第四，旧志都是以古文撰稿，对于习惯于现代语体文的读者难以顺畅阅读。因此，新编一部以唯物史观为指导，体现时代精神，以现代语体文撰稿的《三迁志》就很有必要。这部新编《三迁志》，在编辑体例上吸收以往 6 部书的精华，以 5 编、19 章、60 余节、80 余万字的篇幅，比较详细地记述孟子生平事迹、历代对孟子及其思想的研究、历代王朝和官府对孟子的追封及对孟子嫡裔的封赏优恤、孟府谱牒档案、文物遗存（包括孟子庙、府、故居、林墓）、孟氏名人和艺文等内容，特别突出对孟子生平及思想的评述和历代对孟子及其思想的研究，以彰显孟子对建构中国优秀传统思想文化的贡献。对历代孟氏名人在政治和思想文化方面贡献的记述也较前有所加强，突破此前志书仅仅停留在客观记述的局限，适当增强对他们的历史评判、价值评判和道德评判，展示修撰者的学术观点。总之，新编《三迁志》力图让其成为现代版的孟子及其家族的百科全书，希冀孟氏家族成员和有兴趣的读者能够通过阅读这部书得到中国优秀传统文化的熏陶。

第一编　亚圣孟子

第一章　母教一人

第一节　三迁择邻

自宋朝以来，《三字经》就成为中国流传最广影响最大的童蒙读物。"昔孟母，择邻处。子不学，断机杼"，这家喻户晓的名句，将孟母教子的佳话几乎传遍了中国的每一个角落。这些故事最早见于西汉时期韩婴所著的《韩诗外传》和刘向所著的《列女传》。

"三迁"的故事出自《列女传·邹孟轲母》：

> 邹孟轲之母也，号孟母。其舍近墓。孟之少也，嬉戏为墓间之事，踊跃筑埋。孟母曰："此非吾所以居处子。"乃去，舍市旁。其嬉戏为贾人炫卖之事。孟母又曰："此非吾所以居处子也。"复徙舍学宫之旁。其嬉戏乃设俎豆，揖让进退。孟母曰："真可以居吾子矣。"遂居。及孟子长，学六艺，卒成大儒之名。君子谓孟母善以渐化。①

这个故事说，孟子家最早的住宅临近一处墓地，因而不时看到埋葬和祭祀死者的仪式。儿童最早的学习是模仿，所以少年孟子就与小伙伴一起模仿这些仪式。孟母认为这个环境不利于儿子的成长，就毅然搬家至一个市场旁边居住。谁知这个地方每天接触到的是市场的叫卖声和讨价还价的嘈杂之声。在这里，孟子与小伙伴的游戏变成了做买卖的讨价还价。孟母认为这也不是儿子适宜的居住地，就又毅然搬家到一所学校的附近。在这里，孟子每天看到

---

① 董治安主编：《两汉全书》第9册，山东大学出版社2009年版，第5057页。

的是老师教学和学生学习的情景，听到的是朗朗的读书声，于是孟子与小伙伴的游戏也变成了"揖让进退"的礼仪模仿。孟母高兴地说，这才是我儿子应该居住的好地方呀！于是就在这里长久住了下来。孟子稍长，就进学校读书，孜孜不倦地学习六艺，终于成为一代大儒。

这个故事说明，孟母懂得社会环境对儿童成长的巨大影响，因而不断选择适合儿子成长的环境，最终选择学校附近，为儿子的成长找到了一个最好的居住地，使之及时入学读书，为后来成为一代大儒找到了最早的成长点。

第二节　断机教子

"断机杼"的故事先出自《韩诗外传》：

> 孟子少时，诵，其母方织。孟辍然中止，乃复进。其母知其谊也。呼而问之曰："何为中止？"对曰："有所失，复得。"其母引刀裂断其织，以此诫之。自是之后，孟子不复谊矣。[①]

《列女传》在《韩诗外传》所记故事的基础上，进一步加工成一个更完备的故事：

> 孟子之少也，既学而归。孟母方绩，问曰："学所至矣。"孟子曰："自若也。"孟母以刀断其织。孟子惧而问其故。孟母曰："子之废学，若吾断斯织也。夫君子学以立名，问则广知。是以居则安宁，动则远害。今而废之，是不免于斯役而无以离于祸患也。何以异于织绩而食，中道废而不为，宁能衣其夫子而长不乏粮食哉！女则废其所食，男则坠于修德，不为盗窃则为虏役矣。"孟子惧，旦夕勤学不息。师事子思，遂成天下之名儒。君子谓：孟母知为人母之道矣。[②]

---

① 董治安主编：《两汉全书》第2册，山东大学出版社2009年版，第774页。
② 董治安主编：《两汉全书》第9册，山东大学出版社2009年版，第5057页。

这个故事说，孟子少年时节，去学校读书。一天放学回家，正在织布的母亲问："学完了吗？"孟子回答："已经告一段落，学到哪里算哪里！"孟母听罢，拿起一把刀猛地将正在织的布断开，孟子疑惧不解，忙问母亲为什么这样做？母亲意味深长地说："孩子你停止学习，就像我截断这正织的布一样。君子读书是为了成就功名，请教老师是为了获得广博的知识。所以居家则平平安安，活动则远避祸害。今日你废弃读书学习，就免不了从事最繁重的劳役，也无法远离祸患呀。这与靠纺织谋生，中途却废弃不为，难道能使自己的子女既得到衣服又不缺吃的粮食吗？这样做，女人肯定是废弃所食，男子肯定会堕落为放弃修德，这样下去，不成为盗贼也得成为从事贱役的卑贱之人！"孟子听了母亲的一番话，端正了学习态度，从早至晚勤学不息。后来又拜子思为师，遂成就为天下的大儒。所以君子们都说，孟母是最明了做人母的道理的。

这个故事说明，孟母懂得读书学习必须有锲而不舍、持之以恒的精神，她的断机教子使孟子最早受到坚持不懈的精神和品德的教育。

第三节　杀豚之教

还有一个孟母对子守信的故事也出自《韩诗外传》，这就是所谓"杀豚之教"：

> 孟子少时，东家杀豚。孟子问其母曰："东家杀豚何为？"母曰："欲啖汝。"其母悔而言曰："吾怀是子，席不正不坐，割不正不食，胎教之也。今适有知而欺之，是教之不信也。"乃买东家豚肉以食之，明不欺也。《诗》曰："宜尔子孙绳绳兮。"言贤母使子贤也。[①]

这个故事说，孟子少年时，正碰上东邻一家杀猪。孟子问他的母亲："东邻为什么杀猪呀？"孟母顺口答道："那是想让你吃到肉啊！"说完她有点后悔了，因为那是无心随口说的一句带有玩笑的话呀。转而又想，话既然说了出

---

① 董治安主编：《两汉全书》第 2 册，山东大学出版社 2009 年版，第 774 页。

去，就应该兑现，对孩子是不能欺骗的。她自言自语说："当年我怀这个孩子时，席子摆不正不坐，肉割不正不吃，这是为了胎教啊。今天孩子已经懂事了，如果我说的话不能兑现，就是教他为人可以不诚信呀。"于是立即去东邻买了肉做给孟子吃，向他表明自己说话算数，绝不欺骗他。《诗经》中的一篇说："应该使子孙一代接一代地继承好的品行啊。"就是说贤明的母亲言传身教，能使儿子也具有良好的品德。

这个故事表明，孟母懂得诚信品德的重要性，而父母家长以身作则对孩子养成诚信的品德更为重要，这就是身教重于言教。

第四节　出妻之教

还有一个孟母劝止孟子出妻的故事，也出自《韩诗外传》和《列女传》。《韩诗外传》：

> 孟子妻独居，踞。孟子入而视之，白其母曰："妇无礼，请去之。"母曰："何也？"曰："踞。"其母曰："何知之？"孟子曰："我亲见之。"母曰："乃汝无礼也，非妇无礼。礼不云乎：将入门，问孰存；将上堂，声必扬；将入户，视必下。不掩人不备也。今汝往燕私之处，不有声，令人踞而视之，是汝无礼，非妇无礼也。"于是孟子自责，不敢去妇。①

《列女传》：

> 孟子稽娶，将入私室，其妇袒而在内。孟子不悦，遂去不入。妇辞孟母而求去，曰："妾闻夫妇之道，私室不与焉。今者妾窃在室，而夫子见妾勃然不悦，是客妾也。妇人之义盖不客宿，请归父母。"于是孟母召孟子而谓之曰："夫礼，将入门，问孰存，所以敬也；将上堂，声必扬，所以戒人也；将入户，视必下，恐人过也。今子不察于礼而责礼于人，不亦远乎？"孟子谢，遂留其妇。君子谓：孟母知礼而明姑母

---

① 董治安主编：《两汉全书》第 2 册，山东大学出版社 2009 年版，第 779 页。

之道。①

这个故事说，孟子娶妻后，一天将进入与妻子同住的居室的时候，看见妻子正袒露胸怀、形象不雅地斜坐室中，就生气地调头拒绝入内。妻子意识到丈夫生气了，就去孟母前辞行，说："我听说夫妻之间相处，在自己的居室内是不讲究什么礼数的。今天我的夫君见我坐姿不雅而勃然大怒，那是将我当成客人了。妻子是不应该被视为客人的。既然已经将我当成客人了，请您容许我回归父母那里吧。"孟母听了，立即将儿子召到面前，说："按照礼仪，你在进家门的时候，应该先问谁在家里，这是表示尊敬；将进正堂的时候，必须高声，这是让家人有所准备；进入居室的时候，应该眼睛向下看，为了不撞到别人。今天你自己不懂礼数而要求别人遵守礼数，这不是很不应该吗？"孟子听了母亲的一番话，立即赔不是，承认自己的过错，并诚恳挽留妻子。君子认为，这表明孟母明辨礼仪而深谙做婆母的道理。

在《孟子》一书中，记载了孟子厚葬母亲的情节，在《史记·孟子荀卿列传》中，始终看不到孟母的影子。而在《韩诗外传》和《列女传》记述的故事中，孟母则作为主角出现。这些故事很可能长期在民间流传，而《韩诗外传》和《列女传》则使其作为文献永久地保存并流传下来。后来，孟母姓仉的事儿也被杜撰出来，以致山西省榆次市一个众多仉姓人家居住的村庄自认是孟母的故乡，那里还流传着一系列与孟子和孟母有关的故事。不管民间流传的故事和小说之类文学作品编撰的故事距历史的真实有多远，但有一个基本事实应该承认：孟母是一个伟大的母亲，一个具有深厚家庭教育理论修养和实践经验的教育家，是她为我们的民族养育了一个世界级的思想巨人。

"三迁""断机杼"、对子守信和劝止出妻的故事，为我们展示了孟母教子的理论和实践，不啻为中国教育史上家庭教育的经典范例。

教育由学校（官学和私学）教育、社会教育和家庭教育三个部分组成。学校教育和社会教育是公教育，家庭教育是私教育。孟母教子是家庭教育的成功范例。"三迁"的故事使我们看到，孟母懂得社会环境与儿童成长的关系。儿童从其出生时起，就生活在一定的社会环境中。这个环境如何，对以

---

① 董治安主编：《两汉全书》第 9 册，山东大学出版社 2009 年版，第 5057—5058 页。

模仿的方式学习和适应社会的儿童来说具有不可估量的影响，"蓬生麻中，不扶自直；白沙在涅，与之俱黑"。孟母通过"三迁"，终于为自己的儿子找到了一个最适宜儿童学习和成长的环境，这就是与学校比邻的居住地。孟子的时代，学校已经存在了数千年，"夏曰校，殷曰序，周曰庠，学则三代共之"。学校成为传授文化知识的主要场所，而文化知识的获取又在很大程度上决定了个人在社会上的地位和作用。孟母不仅为儿子选择了与学校比邻的居住环境，而且支持儿子到学校去接受较长期的正规教育，使他拥有了那个时代最渊博的学识，从而为他日后登上时代思想的高峰奠定了基础。

"断机杼"的故事使我们看到，孟母懂得儿童在学习过程中，锻炼和坚持锲而不舍、持之以恒精神的重要性。儿童的专注精神较成人差，兴趣容易转移。而一旦在获取知识的道路上放弃追求，其潜能就不可能开发出来，其一生就会与平庸相伴。而知识的积累是一个循序渐进、永无止境的过程。在这个过程中，锲而不舍、持之以恒的精神特别重要。她用"断机杼"的例子说明，学习如织布，一经中断，再接续就困难了。她要求儿子，在学习知识的道路上，认定目标，坚定信心，鼓足勇气，矢志不移，努力再努力，坚持再坚持，无论遇到什么艰难险巇，永不气馁，永不服输，永不言败。我们在孟子后来的言行中，特别是在他对理想的执着追求中，不难发现，孟母的教导产生了多么深巨的影响。同时，孟母在这里还提到"修德"的问题，"女则废其所食，男则坠于修德，不为盗窃则为虏役矣"。这话尽管说得有点绝对，但将学习知识与修德联系起来，强调读书和明理的紧密关系，应该说是孟母在教育思想上的一个有着深远意义的创造。

孟母守信的故事使我们看到，她对儿子的教育，不仅表现在对知识的追求上，更表现在对品德修养的关注上，特别注重大人对孩子的言传身教上。从一定意义上说，父母是孩子的第一个老师，孩子模仿的第一个对象，父母品德对孩子品德潜移默化的影响是其它任何影响所不及的。孟母明白身教重于言教的道理，以身作则，使孟子从小养成诚实守信的良好品德，对他以后为学做人和做事都产生了深远的影响。当然，孟子后来也说过"大人者，言不必信，行不必果，惟义所在"的话，这只说明他对诚信的理解达到了更高的层次，展示的是他思想上强烈的辩证意识。

孟母劝止儿子出妻的故事，使我们看到，她教育儿子在为人处事上要坚持严于律己、宽以待人的原则。对待妻子，自己要首先做到不违礼；即使妻子有违礼之举，也要省察她的行为是否因为自己违礼而引起的。后来，孟子做人和为学都特别注重自我省察，这固然与他继承曾子"吾日三省吾身"的理念和实践有关，但也显然与母亲的教导有着紧密的联系。

孟母的伟大，既表现在她成功培育了孟子这样的伟人，更表现在她为中国古代的家庭教育思想贡献了新的内容：这就是为孩子选择和创造良好成长的环境，着重培养孩子的优秀品德和健全人格，以便与学校和社会提供的政治道德教育和知识教育形成互补和良性互动。这些内容，对中国的教育，尤其是家庭教育产生了巨大而深远的影响。作为一位伟大的母亲，在中国古代的历史上，她与孔子的母亲颜征在、岳飞的母亲姚氏，可谓无独有偶，鼎足而三，成为所有母亲学习的榜样，获得历久不衰的景仰和颂扬。

与孟母相比，孟子的父亲似乎要逊色得多。有关他的记述少之又少，只是在《春秋演孔图》和明朝人陈镐著的《阙里志》等书中，才记载他名激，字公宜。于是有人认为他可能与孔子的父亲一样早逝，如《三迁志》就说"孟子三岁而父激卒，母仇氏有贤德"，孟子是他母亲一手拉扯成人的。而事实是，孟子的父亲虽然较其母亲去世为早，但起码是在孟子成人之后。因为鲁平公准备见孟子时，被他的小臣臧仓阻止，理由是孟子对母亲厚葬，对父亲薄葬，是"后丧踰前丧"，说他孝道有亏。这说明其父去世时，孟子已经成人，所以他应该对薄葬父亲一事负责。否则，如果其父是在他很小的时候去世，薄葬的责任能由他承担吗？如此看来，孟子的父亲并非早逝，只是他作为一介平民百姓，或者过于平庸，对孟子的成长基本没有影响；或者终日劳碌，无暇顾及儿子的教育。但他的劳动保证了孟子母子的生活，这也应该算是重要贡献。由此也可以推断，孟子家庭的经济状况似乎应是较富裕的平民，他们家的日子较一般平民好得多，基本能够保证衣食无虞，并且保持了重视教育的传统。从这里依稀可以发现贵族家风的影响：在三代，只有贵族子弟才有受教育的权利，春秋以降，尽管平民百姓的子弟也拥有了这种权利，但与贵族之家相比，他们的子弟能够受教育者还是凤毛麟角。

第二章 生平事迹

第一节 鲁公族苗裔

孟子，名柯，公元前 372 年（周烈王四年·秦献公十三年）① 夏历四月二日② 诞生于邹国凫村（今山东曲阜凫村）一户平民家庭。后来他被公认为中国思想发展史上仅次于孔子的儒学大师，尊为孟子，被元朝皇帝封为"亚圣"，在孔庙的大成殿中，他作为"四配"之一，与曾子、颜渊和子思一起享受陪伴孔子的殊荣，接受历代帝王供奉的绵绵不绝的香火。他诞生的日子后来被定为他的祭日。明清以来，春天祭孟，秋天祭孔，成为定制。

第一个比较翔实记载孟子事迹的文献是《史记·孟子荀卿列传》，其中说：

> 孟轲，邹人也。受业子思之门人。道既通，游事齐宣王，宣王不能用。适梁，梁惠王不果所言，则见以为迂远而阔于事情。当是之时，秦用商君，富国强兵；楚、魏用吴起，战胜弱敌；齐威王、宣王用孙子、田忌之徒，而诸侯东面朝齐。天下方务于合从连衡，以攻伐为贤，而孟轲乃述唐、虞、三代之德，是以所如者不合。退而与万章之徒序

---

① 焦循《孟子正义》、狄子奇《孟子编年》等均主张孟子生年为公元前 372 年，但钱穆《先秦诸子系年》主张其生年为公元前 390 年，卒年为公元前 305 年；侯外庐《中国思想通史》第 1 卷、孙开泰等的《孔子孟子传》等著作亦主此说。

② 孟子诞生的具体月、日、时辰，已经难以稽考。明清两代的《孟子世家谱》均载为夏历四月二日，孟氏宗亲也一直在此日举行祭祀孟子的活动。不管准确与否，这一天已经成为一个约定俗成的日子。

《诗》《书》，述仲尼之意，作孟子七篇。①

司马迁虽然将孟子所处的时代作了准确的记述，但并没有追述孟子的家世。而在孟子与其弟子合作的《孟子》7篇中，也没有关于他家世的记载。之所以如此，原因可能是，孟子诞生的时候，他的家庭就是极普通的平民百姓。到孟子蜚声列国时，他可能觉得自己已经能够与国君般的大人物"分庭抗礼"，实在也没有必要以曾经显赫的家世为自己增光添彩，所以压根就不提自己的家世。到司马迁写《史记》的时候，大概已经找不到关于孟子家世的确切资料了。再说，这个列传主要是为思想家作传，司马迁关注的是他们的思想，而不是他们的出身。在这个列传中出现的人物，除孟子外，还有驺忌、驺衍、驺奭、淳于髡、慎到、环渊、接子、田骈、荀卿、公孙龙、剧子、李悝、尸子、长卢、吁子、墨翟等十余人，他们当中，肯定有能够确切认定的贵族后裔，但司马迁却没有记述任何人的家世。

那么，孟子是否有一个可信的家世呢？

最早提及孟子家世的是孟子殁后400多年的东汉人赵岐。他在《孟子题辞》中说："或曰：孟子鲁公族孟孙之后，故孟子仕于齐，丧母而归葬于鲁也。三桓子孙既已衰微，分适他国。"此后，金代孙弼所撰《邹公坟庙之碑》、明代所撰《孔颜孟三氏志》《三迁志》《孟志》、清代阎若璩所撰《孟子生卒年月考》、焦循所撰《孟子正义》，还有《重修三迁志》等书，均承袭赵岐的观点，认定孟子是鲁国贵族孟孙氏的后代。清同治四年（1865年）所修的《孟子世家谱》，就将孟子的谱系追溯至黄帝：

> 孟子，邹人也，系出于鲁。鲁之先始自周公，周公之先溯自后稷。后稷出自黄帝。帝前之史已详，无庸叙列。自周公封于鲁，鲁公传至隐公。隐公弟为桓公，桓公子为庄公。庄公有异母弟三人，即共仲、叔牙、季有，谓之"三桓"其长曰共仲，字庆父，初称仲孙，后更称孟孙。《春秋》经书仲孙，《左传》则称孟孙。故仲孙、孟孙并称。叔牙之后称叔孙，季友之后称季孙。

---

① 司马迁：《史记》卷七十四《孟子荀卿列传》，中华书局1959年版，第2343页。

撒开黄帝与周公的血缘联系不论，以上记载的自周公至孟孙氏的传承关系史有明载，是没有疑义的。该书对孟孙氏至孟子的世系又作了详细的编排：

> 共仲生穆伯敖，敖生文伯穀，穀生献子蔑，蔑生庄子速，速生孝伯羯，羯生僖子貜，貜生懿子何忌，何忌生武伯彘，彘生敬子捷，为鲁大夫。捷生庐墓，墓生敏，敏生激。孟母梦神人乘云攀龙凤自泰山而来，将止于峄。母凝视久之，忽见祥云坠而寤，时间巷皆见五色云覆孟氏居，而孟子生焉。孟子名轲，缘孟子之先系出于鲁孟孙氏也。而孟孙为世卿之后，惟世职方称孟孙，其它庶支则称孟。《左传》孟庄子疾丰点谓孝伯曰：从余言必孟孙是也。若他孟公绰、孟之侧、孟椒之属俱以孟为姓。至宗清殁，若国人以族称，仅只称孟矣。传记所载孟献子、孟庆子、孟僖子、孟懿子之称，是以姓为氏之源也。

这一编排尽管将孟子的世系梳理得一清二楚，但因为没有确切的文献作根据，其可信度是值得怀疑的。此前焦循在《孟子正义》一书中虽然认可孟子为孟孙氏后裔，但同时又谨慎地认为其"世系不可详"。正因为从孟孙氏至孟子的"世系不可详"，所以有些学者甚至怀疑孟子作为孟孙氏后裔的真实性。刘培桂《孟子先祖新考》[①]一文可作为此一观点的代表。

我们认为，《孟子世家谱》编排的孟子世系的确是值得怀疑的，因为没有确切的文献支持。但由此认为孟子作为孟孙氏后裔的身份也值得怀疑，则有点疑古过头了。

在中国历史上，春秋战国（前770—前221年）的五个半世纪，是社会剧烈变动的时代，仅春秋时期的近300年间的争战，就造成了"弑君三十六，亡国五十二，诸侯奔走不得保其社稷者，不可胜数"[②]的局面。从鲁桓公（前711—前694年）去世到孟子降生，其间相隔322年，孟孙氏一支也应该传下十五六代人，他们的后裔显然已经是子孙绳绳的大家族，而其

---

① 刘培桂：《孟子与孟子故里·孟子先祖新考》，中国文史出版社2001年版。
② 司马迁：《史记》卷一百三十《太史公自序》，中华书局1959年版，第3297页。

中的大多数单立门户的家庭肯定是作为平民"散而至四方"。孟子祖先一支迁到与鲁国毗邻的邹国谋生，经过十余代的平民生活，他们的贵族意识已经相当淡薄。孟子纵使知道自己是孟孙氏后裔，但很可能也搞不清楚自己的世系，或根本就不屑于追溯自己的世系。而司马迁在为他作传时关注的是他的思想而非家世。如此一来，就造成《孟子》和《史记》对于孟子世系的失载。

虽然《孟子世家谱》编排的孟子世系值得怀疑，但孟子作为孟孙氏后裔却应该肯定。因为，东汉赵岐认定孟子是孟孙氏后裔显然不是无根的任意猜测，而是至少有着口头传说的根据。再说，到东汉时期，孟子的地位已经在上升，他的后裔也成为人数众多的群体，他们之中也肯定流传着许多关于祖先的故事，世系应该是其中之一。赵岐作为那个时代声名卓著的学者，他不是用全称判断而是用"或曰"将孟子与孟孙氏联系在一起，展示了十分审慎的态度，唯其如此，我们更应该认定他的判断是比较符合实际的。

在孟子身上，我们很难找到作为鲁国贵族的孟孙氏的影响。因为孟子身上很少展现贵族气质，倒是较多地表现了平民的心态，这在他对民本思想的阐发中屡屡凸现。不过，鲁国文化对他的影响却是异常显著的，这突出表现在他对儒学的继承和弘扬。正是鲁国浓厚的儒学氛围给予他"润物细无声"般的浸润和熏陶，使他在潜移默化中攫取了儒学的精髓，从而在时代大潮的推动下将儒学推向一个新的高潮。

第二节　学而不厌

孟子生活的年代（前372—前289年），是战国（前475—221年）晚期。按照郭沫若关于中国古代历史分期的观点，孟子降生的时候，中国封建社会已经走过了近百年的岁月。春秋（前770—前476年）战国五个半世纪，在中国历史上，是生产力获得快速发展和生产关系剧烈变革的时代，是奴隶制社会向封建制社会过渡并接近完成的时代，是由争霸战争转向兼并战争并接近完成全国统一的时代。在这一被西方思想家称之为世界历史上"轴心时代"的历史时期，中国的思想文化领域出现了空前的"百家争鸣"的局面。著名的政治家、军事家、思想家、文学家，人才辈出，群星闪烁。他们留下的大量思想遗产，构成了中华民族思想文化的元典，深深影响了中国和世界历史的发展。至今作为中华民族的文化瑰宝，继续给炎黄子孙博得世界性的荣誉。

当孟子降生的时候，他前后的几个大思想家，孔子（前551—前479年）已经逝世107年，子思（前483—前402年）逝世30年。墨子（约前468—前376年）约逝世4年，生卒年不详的杨朱即使在世，大概也快接近生命的终点。此时的商鞅（约前390—前338年）已经是一位踌躇满志的18岁少年。而在孟子的青少年时期，正是商鞅在秦国叱咤风云，一言九鼎，轰轰烈烈进行变法的岁月。庄子（约前369—前286年）基本与孟子同时，但因为他一生的大部分时间处于隐居状态，因而失去了与孟子相见的机会。荀子（约前313—前238年）比孟子晚生了近60年，当他从赵国来到当时的思想文化中心临淄的时候，孟子大概已经离开了稷下学宫的殿堂。

孟子的家庭尽管已经沦落为平民百姓，但却保持了重视教育的优良传统。这一方面表现在他自小受到良好的家庭教育，一方面也表现在接受正规的学校教育。孟子的时代，"学在官府"的局面已经打破，由孔子等创立的私学成为官学教育的重要补充。孟子很可能是在私学中完成自己的教育的。

孟子是孔子思想的最重要的继承人之一，他对孔子的赞誉也超过历史上的任何思想家。然而，他与孔子是隔了三四代的人，他不仅无缘亲炙孔子，连孔子亲炙过的弟子也无缘相见，《孟子·离娄下》："予未得为孔子徒也，予私淑诸人也。"孟子在学校接受教育时，肯定遇到过不少老师，然而，在有关孟子的文献中，却没有他自己提及的任何一位老师的记载。其他文献，《史记·孟子荀卿列传》记载孟子"受业子思之门人"，即子思的再传弟子。《孟子外篇·性善辩》记载孟子是子思的儿子子上的弟子。《列女传》则记载孟子是子思的弟子。以上三种说法，以《史记·孟子荀卿列传》的记载最接近真实，即孟子是子思的再传弟子。上面提到，孟子降生的时候，子思已经去世约30年，所以《列女传》记载孟子是子思的亲炙弟子显然是讹误。《孟子外篇·性善辩》的记载尽管从时间上看似乎能够吻合，但可能性较小。因为如果子上真是孟子的老师，从孟子与子思的思想继承关系来说，这是十分荣耀的事情，孟子应该提及，《史记·孟子荀卿列传》也应该记载。孟子压根不提此事，《史记·孟子荀卿列传》也不予记载，说明这个师承关系的可能性甚小。联系到孟子故里不远处即是子思书院，子思在这里肯定教授过大批邹鲁的学生，他们中的不少人都有可能成为孟子的先生。

孟子所在的邹鲁地区有着重视教育的优良传统，他的母亲又善于引导儿子努力向学，更由于孟子具有超常的智商和刻苦追求的嗜学精神以及正确的学习方法，他在学业上肯定很快成为同龄中的佼佼者。

孟子在读书求学的过程中，特别专心致志，持之以恒。他在同公都子的谈话中说了这样一段有名的话：

> 虽有天下易生之物也，一日暴之，十日寒之，未有能生者也。吾见亦罕矣，吾退而寒之者至矣，吾如有萌焉何哉？今夫弈之为数，小数也；不专心致志，则不得也。弈秋，通国之善弈者也。使弈秋诲二人弈，其一人专心致志，惟弈秋之为听。一人虽听之，一心以为有鸿鹄将至，思援弓缴而射之，虽与之俱学，弗若之矣。为是其智弗若与？曰：非然也。①

这里，孟子举了两个例子，说明在学习上专心致志、持之以恒的重要性。一个是植物的生长，必须有一个适宜的温度和环境，如果"一曝十寒"，它就无法生长起来。一个是学习下棋，即使是由全国闻名的下棋高手弈秋做教师，如果学生不专心致志，老想着拿起弓箭去射天空飞来的天鹅，那无论如何也是学不好的。

在谈到学习上的坚持精神时，孟子还说了如下影响深远的一句话："有为者辟若掘井，掘井九轫而不及泉，犹为弃井也。"② 意思是，做一件事情犹如凿井，挖到六七丈不见泉水就停下来，这口井仍然是一口废井。读书做学问也是如此，只有坚持到底才能取得预想的成就。显然，孟子一生都是在对知识学问锲而不舍的追求中度过的。他之所以取得傲视同辈的卓越成就，实在是渊源有自。

同时，孟子还能将博、约结合起来，一方面广博地获取知识，一方面

---

① 《孟子·告子上》，《十三经注疏》，中华书局 1980 年版，第 2751 页。
② 《孟子·尽心上》，《十三经注疏》，中华书局 1980 年版，第 2769 页。

深入地钻研学问，将外在的知识学问深化为自己的东西。他说：

> 君子深造之以道，欲其自得之也。自得之，则居之安；居之安，则
> 资之深；资之深，则取之左右逢其原，故君子欲其自得之也。"
> 博学而详说之，将以反说约也。①

这段话的意思是，君子依循正确的学习方法得到高深的造诣，就是要求他在学问上自觉地有所得。这自觉所得的学问内化为自己的东西之后，就能牢固地掌握而不动摇。如此一来，学问的蓄积就会越来越深厚，一旦运用起来，就会左右逢源，得心应手。而在将广博的知识融会贯通之后，就能汲取知识的精华，并用最简洁的语言表述出来。他认为，学习的目的是获取渊博的知识和学问，而不是为了言过其实的虚荣而炫耀，这表现在他对水的赞扬。一次，弟子徐辟问他："孔老夫子几次赞扬水，感慨万端地说：'水呀，水呀！'他看中了水的什么呀？"孟子的回答颇具哲学意蕴：是呀，只有有本源的泉水才能滚滚地往下流，昼夜不停，把洼下注满之后，又继续向前奔流，一直流到海洋去。有本源的就是这样啊！孔子看中的就是水的这个品格了。假如没有本源，一到七八月间，雨季来临，一时大雨如注，霎时大小沟渠都满了；但雨过天晴，不一会儿也就干枯了。这就好像名誉超过实际的人的表现，君子是引为耻辱的。一个学识渊博的人，就像永不枯竭的泉水一样，始终是"源泉混混，不舍昼夜"。正是因为孟子视知识学问如永不枯竭的泉水，所以他一生都处在对知识学问的不断的追求中，成为他同辈中知识最广博、思想最敏锐的学者和思想家。一部《孟子》，使我们不时看到，孟子在与学生和从国君到社会上各色人物的对话时，总是侃侃而谈，口若悬河，掌握着谈话的主动权，旁征博引，游刃有余。各种知识、诗文、典故，随手拈来，用得恰到好处。

　　孟子在学习知识的过程中，特别坚持独立思考的原则。他对所学的知识学问，总是用一种怀疑的眼光加以审视，用一种理性的思考进行评估。他讲过如下一段有名的话：

---

① 《孟子·离娄下》，《十三经注疏》，中华书局 1980 年版，第 2726—2727 页。

> 尽信书，则不如无书。吾于《武成》，取二三策而已矣。仁人无敌
> 于天下，以至仁伐至不仁，而何其血之流杵也？①

这里，我们似不必同意孟子怀疑的内容。因为他将自己"仁人无敌"的理念太过理想化了。周武王的伐纣之役，据《尚书》和《史记》等书的记载，无疑是三代时期的一场大战，数以万计的将士在牧野的平原上展开的是血肉纷轮的拼搏，"血之流杵"真可能是战况的实录。

不过，孟子的怀疑精神是值得肯定的。正是因为他具备了这种可贵的怀疑精神，才使他在对以往全部知识重新审视的基础上，完成了对孔子以来儒学思想的又一次具有里程碑意义的升华。

孟子在学习知识和做学问上的最过人之处，是他敢于同圣人比肩的气魄和高瞻远瞩的眼光。他认为"舜，人也；我，亦人也"②，"人皆可以为尧舜"③。不要看轻自己，对自己的品格、能力要有强烈而执着的自信，要有"天将降大任"于己身的志存高远的社会担当意识。同时又要有登泰山而俯视天下，临大海而鸟瞰波涛的如炬目光：

> 孔子登东山而小鲁，登泰山而小天下。故观于海者难为水，游于
> 圣人之门者难为言。观水有术，必观其澜。日月有明，容光必照焉。
> 流水之为物也，不盈科不行；君子之志于道也，不成章不达。④

正因为孟子有如此的胸襟和眼光，才使他在为学行事上始终自立于一种"先知先觉者"的位置上，顽强地坚持自己的观点，以一个帝王师的气度，力图指导国家和社会的运行，虽一再碰壁而毫无悔意。

孟子在学校的学习生活究竟持续了多长时间？史无明载，估计在他20岁上下的时候，即公元前352年前后，结束了在学校比较单纯的学习生活，进入社会，以讲学与从事学术活动和政治活动，开始了此后60多年多姿多

---

① 《孟子·尽心下》，《十三经注疏》，中华书局1980年版，第2773页。

② 《孟子·离娄下》，《十三经注疏》，中华书局1980年版，第2730页。

③ 《孟子·告子下》，《十三经注疏》，中华书局1980年版，第2755页。

④ 《孟子·尽心上》，《十三经注疏》，中华书局1980年版，第2768页。

彩的人生征途。

孟子 20 多年的学校学习生活，使他熟读了孔子教授学生的全部教材，即《诗经》《尚书》《礼经》（包括后世三礼《周礼》《仪礼》《礼记》的主要内容）、《易经》《乐经》《春秋》，获得和掌握了当时作为知识分子应该具有的基本学识以及礼、乐、射、御、书、数所代表的基本技能，也就具备了作为知识分子在社会上谋生的基本学识和技能。特别是，通过对儒家经典的刻苦学习和钻研，使孟子的智能和潜力得到最大限度的开发，将他锻造成了一个对儒学具有高深造诣和坚定信仰的青年才俊，儒学队伍中一颗冉冉升起的耀眼的新星。由于他具备了为儒家学派继往开来的卓越禀赋，他也就将在未来中国历史发展的节点上，在"百家争鸣"的舞台上，发出震撼寰宇的世纪长鸣！

第三节　诲人不倦

作为一个饱读诗书的平民出身的青年才俊，孟子所具有的知识和技能使他能够远离从事农业和手工业的体力劳动，在社会上找到以智力支出为特点的谋生职业，这就是教书或做官从政。在这两类职业中，做官从政的条件是必须得到当权者的欣赏和接纳，这就不能完全由自己决定。而开办私学，聚徒讲学，如儒家创始人孔子那样，以束脩维持生活，却是能够由自己决定的：条件是人们认可你的学识，愿意送子弟跟你读书。可以想象，当痴迷读书、不断被老师和家长赞扬的孟子走出校门的时候，他的学识在小小的邹国已经有了不小的影响。所以，当他像当年孔夫子开办私学一样地聚徒讲学时，邹国和周围的百姓都愿意将自己的子弟送给他教导。这样，孟子大概在走出学校不久，就来了一个华丽转身，由受教育者变成了教书育人的教育者。从此，在孟子的一生中，虽然工作和生活的场地不断转移，角色也不断转换，但一直没有脱离教师这个职业，而他自己也终生乐此不疲，从而作为一个伟大的教育家名垂青史。

孟子虽然讲过"人之患在好为人师"[①]这样的名言，但他对自己作为教

---

① 《孟子·离娄上》，《十三经注疏》，中华书局 1980 年版，第 2723 页。

师的职业却充满由衷的自豪，直到晚年，他还将教书育人誉为"君子三乐"之一加以宣扬：

> 君子有三乐，而王天下不与存焉。父母俱存，兄弟无故，一乐也；仰不愧于天，俯不怍于人，二乐也；得天下英才而教育之，三乐也。君子有三乐，而王天下不与存焉。①

这里孟子将"得天下英才而教育之"与父母健康、兄弟无灾的家人健康和乐以及抬头无愧于天、低头无愧于人的人格期待相提并论，凸现了他对教育社会意义的认识。因为教育不仅肩负着培育健康社会公民的重任，而且肩负着延续和创造民族思想文化的职责。所以，孟子可以几度对高官厚禄弃之如敝屣，却终生不放弃教师这个职业。直到生命的最后时刻，他也没有离开自己的学生。这里展现的，应该是孟子的社会责任意识和民族思想文化永续不竭的传承情结。

　　孟子一生从事教育，走到哪里，就把学校办到哪里，所以桃李满天下。其弟子彭更就曾说他"后车数十乘，从者数百人，以传食于诸侯"②，而齐宣王在震惊他办学的成就之余，更"欲中国而授孟子室，养弟子以万钟，使诸大夫国人皆有所矜式"③。可见其办学的规模、气势都远远超过了他"高山仰止"的孔老夫子。但是，可能由于其弟子中成就大才、大名的人物较少，所以留在文献记载中的并不多。东汉赵岐首注《孟子》，在《孟子章句》中确认的孟子弟子是乐正子、公孙丑等15人。北宋政和五年（1115年），经太常建言，孟子弟子18人被朝廷诏命赐予封爵，并"配享"或"从祀"孟子庙④。这18人中，包括了赵岐确定的15个弟子和"学于孟子者"中的孟仲子、告子、盆成括3人。后来，作《孟子集注》的朱熹，对赵岐所定15人中的季孙、子叔二人的孟子弟子身份提出异议⑤。全祖望除赞同朱熹的观点

---

①　《孟子·尽心上》，《十三经注疏》，中华书局1980年版，第2766页。

②　《孟子·滕文公下》，《十三经注疏》，中华书局1980年版，第2711页。

③　《孟子·公孙丑下》，《十三经注疏》，中华书局1980年版，第2698页。

④　脱脱等：《宋史》卷一百五《志》第五十八《礼》八《吉礼》，中华书局1995年版，第2551页。

⑤　朱熹：《孟子集注》卷之二，电子版文渊阁四库全书。

外，又对高子的孟子弟子身份提出异议①。再后，还有不少学者对孟子弟子进行考证，或增或减，难以达成共识。邹城学者刘培桂所撰《孟子弟子新考》一文，对《孟子》一书中涉及的75人进行了分类考证，最后确定22人为孟子弟子，他们是：乐正子、公孙丑、万章、公都子、充虞、屋庐子、陈臻、徐辟、高子、陈代、彭更、咸丘蒙、桃应、孟仲子、浩生不害、滕更、周霄、盆成括、曹交、景春、宋勾践、貉稽②。这个名单，或许比较接近事实。

孟子的学生众多，流品复杂。他招收学生，似乎是依照孔老夫子的原则："自行束脩以上，吾未尝无诲焉。"③ 来者不拒，去者不留，给学生以充分的自由。于是发生了这样一个故事：一次孟子带着一大群学生到了滕国，住在一个档次比较高的旅馆里。不久，有一双还没有织好的草鞋放在窗子上不见了，旅馆的人寻找不着。有人便问孟子："这双草鞋，该不是您带来的学生藏起来了吧？"孟子很不高兴，就冷冷地反问："你以为他们是为着偷草鞋才来你们这里住吗？"问话的人面对孟子的反问有点难为情，就解释说："大概不是吧。不过，您老人家开设课程，对学生没有严格的管理制度，去的不追问，来的不拒绝。只要他们怀着学习的目的而来，您都接受。"言外之意，你的学生良莠不齐，你能保证他们之中没有品行不端的人吗？

孟子大概在公元前345年去齐国以前，即他27岁之前，一直在自己的故乡邹国专门从事教学活动。自前345年去齐国后，他也像孔子一样，开始周游列国，从事政治活动，但仍然兼及教学活动。他在教学中使用的教材大概不脱六经——《诗》《书》《礼》《易》《乐》《春秋》，所教科目大概不脱六艺——礼、乐、射、御、书、数。他的教学方法，可能有集中的教材讲授，对初入学者尤需如此。但主要通过言传身教、随时答问的方式向学生传授知识学问，特别是为学和做人的道理。他在谈到自己的教学方式时，讲过这样一段话：

君子之所以教者五：有如时雨化之者，有成德者，有达财者，有答

---

① 全祖望：《经史问答》，电子版文渊阁四库全书。
② 刘培桂：《孟子与孟子故里》，中国文史出版社2001年版，第67页。
③ 《论语·述而》，《十三经注疏》，中华书局1980年版，第2482页。

问者，有私淑艾者。此五者，君子之所以教也。①

显然，孟子的教学方法最大的特点是一般和个别相结合，普遍施教与因材施教相结合。"有如时雨而化之者"，即像及时的雨水那样沾溉万物，这对所有学生都是适用的。由于孟子对教育有着特殊的理解，对学生倾注了全部的热情，所以他对学生的教育就犹如"随风潜入夜，润物细无声"的春雨，仿佛不经意地，但实际上却无时无刻不滋润着他们的心灵，让他们像春天的禾苗那样健康成长。"有私淑艾者"，即以流风余韵让后人私自学习，这对所有愿为其"私淑弟子"的人也都是适用的。可用毫不夸张地说，孟子的流风余韵在他死后两千多年间一直奔流不息，成为广大士子们学习的榜样。尤其是宋代《孟子》被列为"四书"之后，其影响更是如日中天，澎湃激扬。从一定意义上说，孟子及其思想文章对士子的滋润之功已经后来居上，比孔子和《论语》有过之而无不及了。其他三种方法，即成全品德、培养才能、解答疑难，都属于因材施教范围，即根据学生不同的特点使用不同的方法，为了不同的培养目标使用不同的方法。而所有这一切，基本上是针对不同的学生，通过身教和答疑进行的。

孟子十分注意对学生进行道德教育，他要求学生必须有耻辱之心，说："人不可以无耻，无耻之耻，无耻矣。"②认为人到了不知道什么是无耻，那真是无耻到家了。又说，有无耻辱之心对于人关系重大，凡是干机谋巧诈事情的人是没有地方用得着耻辱的。如果一个人不以赶不上别人为耻辱，他怎么能赶得上别人呢？他要求学生应该具有恭、俭的品德，说："恭者不侮人，俭者不夺人。侮夺人之君，惟恐不顺焉，恶得为恭俭？恭俭岂可以声音笑貌为哉？"③意思是，恭敬别人的人不会侮辱别人，自己节俭的人不会掠夺别人。有些诸侯，老是侮辱别人，掠夺别人，只怕别人不顺从自己，那怎么能够做到恭敬和节俭呢？

恭敬和节俭这两种品德难道是可以光凭好听的声音和好看的笑脸做出来的吗？孟子要求学生特别注重孝道，为此，必须将事亲与守身结合起来。

---

① 《孟子·尽心上》，《十三经注疏》，中华书局 1980 年版，第 2770 页。

② 《孟子·尽心上》，《十三经注疏》，中华书局 1980 年版，第 2764 页。

③ 《孟子·离娄上》，《十三经注疏》，中华书局 1980 年版，第 2722 页。

他说：

> 事，孰为大？事亲为大；守，孰为大？守身为大。不失其身而能事
> 其亲者，吾闻之矣；失其身而能事其亲者，吾未之闻也。孰不为事？事
> 亲，事之本也；孰不为守？守身，守之本也。曾子养曾晳，必有酒肉；
> 将彻，必请所与；问有余，必曰，"有。"曾晳死，曾元养曾子，必有酒
> 肉；将彻，不请所与；问有余，曰。"亡矣。"将以复进也。此所谓养口
> 体者也。若曾子，则可谓养志也。事亲若曾子者，可也。①

孟子这段话的意思是说，侍奉谁最重要？侍奉父母最重要。守护什么最重
要？守护自己不陷于不义最重要。自己的品质节操无所失，又能侍奉父母
的，我听说过；自己的品质节操已经陷于不义了，却能够侍奉父母的，我没
有听说过。侍奉的事都应该做，但是，侍奉父母是根本；守护的事都应该
做，但是，守护自己的品质节操是根本。从前曾子奉养他的父亲曾晳，每餐
一定都有酒肉；撤除的时候，一定要问，剩下的给谁；曾晳若问还有剩余吗，
一定答道，"有。"曾晳死了，曾元养曾子，也一定有酒肉；撤除的时候，便
不问剩下的给谁了；曾子若问还有剩余吗，便说"没有了。"意思是留下预
备以后进用。这个叫作口体之养。至于曾子的对父亲，才可以叫作顺从亲意
之养。侍奉父母做到像曾子那样就可以了。从这段话可以看出，孟子认为事
亲与守身是孝道的根本，为了能够事亲，就必须守住自己，不使自己陷于不
义。自己的品德节操无所失者，都能侍奉父母；自己的品德节操已经陷于不
义者，就难以做到侍奉父母了。他还特别重视"养生"与"送死"在孝伦理
上的意义，说："养生者不足以当大事，惟送死可以当大事。"②他要求学生
坦然面对"不虞之誉"和"求全之毁"，重然诺，不要陷入轻诺寡信，而且
应该谦虚谨慎，不要"好为人师"。

　　乐正子是孟子比较中意的学生，孟子在齐国的时候，乐正子正在做邹
国大夫王子敖的家臣，因公事随王子敖来齐国。他来齐国后，没有马上拜见

---

① 《孟子·离娄上》，《十三经注疏》，中华书局1980年版，第2722页。

② 《孟子·离娄下》，《十三经注疏》，中华书局1980年版，第2726页。

孟子，而是等安排就绪后才到孟子那里拜望老师。孟子认为他没有做到尊重师长，两人见面时，于是就有了师生如下一段对话，译成现代汉语是：

乐正子见孟子。孟子问："你也来看我吗？"

乐正子有点不解地反问："先生为什么说这样的话？"

孟子问："你来齐国几天了？"

乐正子回答："昨天。"

孟子说："既然是昨天，那么，我说这样的话不应该吗？"

乐正子辩解："住所没有找好呀。"

孟子说："你听说过，要住所找好了才来见长辈吗？"

乐正子只好承认："我错了。"①

孟子显然对乐正子至齐而没有立即拜见自己很不满意，同时对他到王子敖家中服务也不予认可，就批评乐正子说："你跟随着王子敖来，只是为着饮食罢了，我没想到你学习古人的大道竟然是为着饮食啊。"这里孟子对乐正子的批评看起来很不客气，实际上是因为期之重，所以责之严。总体上，他对乐正子的评价是很高的。所以当浩生不害问他"乐正子何人也"的时候，他赞扬乐正子是"善人"和"信人"，即好人、实在人。并解释说，那人值得喜欢便叫好；那些好处实际存在于他本身便叫实在；那些好处充满于他本身便叫作"美"；不但充满，而且光辉地表现出来便叫作"大"；既光辉地表现出来了，又能融会贯通，便叫作"圣"；圣德到了神妙不可测度的境界便叫作"神"。乐正子正是介于好和实在两者之中，"美""大""圣""神"四者之下的人物。

　　万章也是孟子比较中意的学生之一，《孟子》一书记载了他们之间的不少对话，比较典型地展示了孟子因材施教的场景。一次，万章请教交朋友的原则，孟子回答说："不倚仗自己年纪大，不倚仗自己地位高，不倚仗自己兄弟的富贵。交朋友，是因为朋友的品德而去交他，所以心目中不能存在任何有所倚仗的观念。以孟献子为例吧，他是一位具有一百辆车马的大夫，他有五位朋友，乐正裘、牧仲，其余三位，名字我忘记了。献子同这五位相交，自己心目中并不存在自己是大夫的观念。这五位，如果也存在着献子是

① 《孟子·离娄上》，《十三经注疏》，中华书局1980年版，第2722页。

位大夫的观念，也就不会同他交友了。不仅具有一百辆车马的大夫是如此，纵使小国的国君也有朋友。费惠公说：'我对于子思，则以为老师；对于颜般，则以为朋友；至于王顺和长息，那不过是替我工作的人罢了。'不仅小国的国君是如此，纵使大国之君也有朋友。如晋平公与亥唐就是朋友：亥唐叫他进去，他就进去；叫他坐，他就坐；叫他吃饭，他便吃饭。即使饭食是糙米饭和小菜汤，也不曾不饱。然而，晋平公也只能做到这一步了。他不会同亥唐一起共有官位，不会同亥唐一起治理政事，更不会同亥唐一起享受俸禄。严格说来，这只是一般士人尊敬贤者的态度，还不是王公尊敬贤者应有的态度。舜谒见尧，尧请他这位女婿住在另一处官邸中，也请他吃饭，舜有时也请尧吃饭，互为主人和客人。这是以天子居高位同百姓交友的范例。以职位卑下的人尊敬高贵的人，叫作尊重贵人；以高贵的人尊敬职位卑下的人，叫作尊敬贤者。尊重贵人和尊敬贤者，道理是相同的。"这里孟子教导学生交友必须遵循的两个基本原则，一是平等相待，以各自的品德互相吸引，忘却彼此的身份地位。二是不要企图通过交友捞好处。这就是说，朋友关系不要掺杂功利，而只是出于互相倾慕的纯情。最后，孟子要求在交友中还要坚持"物以类聚，人以群分"的原则：一个乡村的优秀人物便和那一个乡村的优秀人物交朋友，全国性的优秀人物便和全国性的优秀人物交朋友，天下性的优秀人物便和天下性的优秀人物交朋友。认为和天下性的优秀人物交朋友还不够，便又追论古代的人物：吟咏他们的诗歌，研究他们的著作，不了解他们的为人，可以吗？所以要讨论他那一个时代。这就是追溯历史与古人交朋友。

咸丘蒙同样是孟子比较中意的学生，孟子同他的一段对话，突出了孟子在教授知识时所展示的新见解：

咸丘蒙问曰："语云，'盛德之士，君不得而臣，父不得而子。'舜南面而立，尧帅诸侯北面而朝之，瞽瞍亦北面而朝之。舜见瞽瞍，其容有蹙。孔子曰：'于斯时也，天下殆哉，岌岌乎！'不识此语诚然乎哉？"孟子曰："否；此非君子之言，齐东野人之语也。尧老而舜摄也。《尧典》曰，'二十有八载，放勋乃徂落，百姓如丧考妣，三年，四海遏密八音。'孔子曰：'天无二日，民无二王。'舜既为天子矣，又帅天下诸侯以为尧三年丧，是二天子矣。"

　　咸丘蒙曰："舜之不臣尧，则吾既得闻命矣。《诗》云，'普天之下，莫非王土；率土之滨，莫非王臣。'而舜既为天子矣，敢问瞽瞍之非臣，如何？"曰："是诗也，非是之谓也；劳于王事而不得养父母也。曰，'此莫非王事，我独贤劳也。'故说诗者，不以文害辞，不以辞害志。以意逆志，是为得之。如以辞而已矣，《云汉》之诗曰，'周余黎民，靡有孑遗。'信斯言也，是周无遗民也。孝子之至，莫大乎尊亲；尊亲之至，莫大乎以天下养。为天子父，尊之至也；以天下养，养之至也。《诗》曰，'永言孝思，孝思维则。'此之谓也。《书》曰，'祗载见瞽瞍，夔夔齐栗，瞽瞍亦允若。'是为父不得而子也？"①

这里咸丘蒙提出的第一个问题：舜代尧做了天子，尧便率领诸侯向北面去朝他，舜的父亲瞽瞍也向北面去朝他，舜见了瞽瞍，显得有点局促不安，这是真的吗？这或许是真实的历史。但孟子从"天无二日，民无二王"的尊君理念出发，坚决与以否认。咸丘蒙根据《诗·北山》"普天之下，莫非王土；率土之滨，莫非王臣"提出第二个问题：如果舜做了天子，而瞽瞍却不是臣民，又是什么道理呢？孟子先是否认咸丘蒙对《诗·北山》的解释，不正面回答咸丘蒙的问题，而后就是大讲贵为天子的舜以天下养父母，已经达到了孝敬父母的极点，所以这里根本就不存在舜是不是瞽瞍儿子和瞽瞍是不是舜的臣民的问题。人们在阅读《孟子》时，可能不止一次地发现他对经典解释的随意性，其实所有这些解释，都是为宣扬和论证他的基本理论服务的。

　　孟子在教育学生时，一方面强调规矩，即学习必须遵守一般的原则和规程，另一方面更强调"心领神会"，掌握规矩之外的技巧，即自己创新的能力。他说："羿之教人射，必志于彀；学者亦必志于彀。大匠诲人必以规矩，学者亦必以规矩。"② 意思是，古代的神箭手后羿教人射箭的时候，一定拉满弓；学习的人也一定要求努力拉满弓。而有名的木工匠人教诲徒弟，一定是依循规矩，学习的人也一定是依循规矩。这就是"无规矩不能成方圆"。

---

① 《孟子·万章上》，《十三经注疏》，中华书局 1980 年版，第 2735—2736 页。

② 《孟子·告子上》，《十三经注疏》，中华书局 1980 年版，第 2754 页。

然而仅仅依靠规矩，还不能获得创新的"巧"："梓匠轮舆能与人规矩，不能使人巧。"① 意思是，木工以及专作车轮或者车厢的人，虽然能够把制作的规矩准则传授给别人，却不能够使别人一定具有高明的技巧，这种技巧是要靠自己去寻找和体会。这实际上是要求学生既要中规中矩地跟老师学习知识和各种技能，又要用心获取知识和技能之外的创新能力，这才是最重要的。所以他又说："大匠不为拙工改废绳墨，羿不为拙射变其彀率。君子引而不发，跃如也。中道而立，能者从之。"② 意思是说，高明的工匠不因为拙劣的工人改变或者废弃规矩，羿也不因为拙劣射手而变更拉开弓的标准。君子教导别人，正如射手，张满了弓，却不发箭，做出跃跃欲试的样子，启发和引导学习者跟着来。要求学生一方面要遵循规矩，一方面更要在老师的启发下，努力创新。

在强调规矩的同时，孟子也强调学习知识必须遵守循序渐进的规律，从小到大，由浅入深，从易到难，由简单到复杂，脚踏实地，一步一个台阶，不能任意躐等，更不能想当然地超越。为了说明这个道理，他讲了那个后来中国人家喻户晓的"拔苗助长"故事：

> 宋人有闵其苗之不长而揠之者，芒芒然归，谓其人曰："今日病矣！予助苗长矣！"其子趋而往视之，苗则槁矣。天下之不助苗长者寡矣。以为无益而舍之者，不耘苗者也；助之长者，揠苗者也，非徒无益，而又害之。③

孟子这里通过这个故事，讲清的是这样一个道理：时刻关注和帮助学生成长，但却不能违背规律，像宋人拔苗助长那样帮他成长。因为这样做不但对他的成长无益，反而害了他。

孟子知道做一个高明的老师并不容易，他必须具有渊博的学识，对所教授的内容有透辟的了解；他最不能容忍的是老师糊糊涂涂，却要求学生明白所学的一切。他无限感慨地说，贤人教导别人，必先使自己彻底明白，然

---

① 《孟子·尽心下》，《十三经注疏》，中华书局 1980 年版，第 2773 页。
② 《孟子·尽心上》，《十三经注疏》，中华书局 1980 年版，第 2770 页。
③ 《孟子·公孙丑上》，《十三经注疏》，中华书局 1980 年版，第 2686 页。

后才去使别人明白；今天的人教导别人，自己还模模糊糊，却要求被教的人明白，这怎么可能呢？他要求学生努力学习，勤于思考，使自己经常处于"温故而知新"的状态。他对可能有些懒散的学生高子说，山坡的小路只有一点点宽，经常走它就变成了一条路；只要有一个时期不去走它，它就会被茅草堵塞了。现在，茅草也把你的心堵塞了。

孟子自己不迷信权威，他也要求学生不迷信权威，不怕向顶尖级的古人、今人以及贤人挑战，敢于同他们比肩。但他同时要求学生放低身段，虚心求教，千万不要自以为是，自恃高明，傲视老师和同辈。他对弟子滕更所以很不满意，就是因为这个学生缺乏虚心向学的态度：

> 公都子曰："滕更之在门也，若在所礼，而不答，何也？"孟子曰："挟贵而问，挟贤而问，挟长而问，挟有勋劳而问，挟故而问，皆所不答也。滕更有二焉。"①

这里，公都子问孟子，滕更在您门下的时候，似乎应该在以礼相待的行列，可是您却不回答他提出的问题，究竟为什么呢？孟子回答说，倚仗着自己的势位而来发问，倚仗着自己贤能而来发问，倚仗着自己年纪大而来发问，倚仗着自己有功劳而来发问，倚仗着自己是老交情而来发问，都是我所不回答的。在这五条中，滕更就占了两条呀。这就是说，孟子对于学习态度不端正的学生，是不屑回答他提出的问题的。除此之外，可能还有一些学生，如愚蠢而不可理喻者，孟子也不屑教诲。他这样做，并不是放弃教育的责任，而是让学生深思痛悔，转变学习态度。所以他说："教育也有很多方式，我不屑于去教诲他，这也是一种教诲呢。"

孟子特别教育自己的学生明白，任何成才成功的优秀人物，都要经过艰苦的磨炼，只有历尽千辛万苦、九死一生的人，才能当得起天下大任。对此，他说过一段脍炙人口的话：

> 舜发于畎亩之中，傅说举于版筑之间，胶鬲举于鱼盐之中，管夷

---

① 《孟子·尽心下》，《十三经注疏》，中华书局 1980 年版，第 2770 页。

吾举于士，孙叔敖举于海，百里奚举于市。故天将降大任于是人也，必先苦其心志，劳其筋骨，饿其体肤，空乏其身，行拂乱其所为，所以动心忍性，曾益其所不能。人恒过，然后能改；困于心，衡于虑，而后作；征于色，发于声，而后喻。入则无法家拂士，出则无敌国外患者，国恒亡。然后知生于忧患而死于安乐也。①

孟子对学生们语重心长地说，想想历史吧，五帝之一的舜是从田野之中兴起来，商朝的名臣傅说是从筑墙的工作中被提举出来，胶鬲是从鱼盐的工作中被提举出来，齐国的管夷吾是从狱官的手中被释放而提举出来，楚国的孙叔敖是从海边被提举出来，秦国的百里奚是从买卖场所被提举出来。所以，天将要把重大任务落到某人身上，一定先要苦恼他的心志，劳动他的筋骨，饥饿他的肠胃，穷困他的身体，使他的每一个行为总是不能如意，这样，便可以震动他的心志，坚韧他的性情，增加他的能力。一个人，错误常常发生，才能改正；心志困苦，思虑阻塞，才能有所发愤而创造；表现在面色上，吐发在言语中，才能被人了解。一个国家，国内没有有法度的大臣和足为辅弼的士子，国外没有相与抗衡的邻国和外患的忧惧，经常容易被灭亡。我说这些，无非是让你们明白，忧愁患害足以使人生存，安逸快乐却足以使人死亡的道理。孟子还教育学生，人生天地间，要坚持自己的独立人格，有所为，有所不为。他说："无为其所不为，无欲其所不欲，如此而已。"② 不干那些我所不愿干的事，不要那些我不愿要的物，这样就行了。因为坚持独立人格，所以比谁都不矮一头，在谁面前都立得起，站得正。他意气昂扬地说：

说大人，则藐之，勿视其巍巍然。堂高数仞，榱题数尺，我得志，弗为也。食前方丈，侍妾数百人，我得志，弗为也。般乐饮酒，驱骋田猎，后车千乘，我得志，弗为也。在彼者，皆我所不为也；在我者，皆古之制也，吾何畏彼哉？③

---

① 《孟子·告子下》，《十三经注疏》，中华书局1980年版，第2762页。
② 《孟子·尽心上》，《十三经注疏》，中华书局1980年版，第2765页。
③ 《孟子·尽心下》，《十三经注疏》，中华书局1980年版，第2779页。

孟子知道，在他的时代坚持独立人格，必须在当时最显赫的权势者——诸侯国君面前挺起脊梁，所以他告诉学生，向诸侯进言的时候，就要藐视他，不要把他高高在上的地位放在眼里。为什么？你那些显示权势和享受的东西我不稀罕！殿堂的基础两三丈，屋檐几尺宽，我如果得志，不这样干。菜肴满桌，姬妾数百，我如果得志，不这样干。饮酒作乐，驰驱田猎，跟随的车子千把辆，我如果得志，不这样干。他所干的，都是我所不干的；我所干的，都符合古代的制度，我为什么怕他呢？

孟子就这样，终生坚韧执着、无怨无悔地从事着他钟情的教育事业。一拨又一拨的学生走进他的门庭，沐浴他的教泽；一拨又一拨的学生离开他的门庭，走向四面八方。可能因为孟子一直站在该时代思想的制高点上独领风骚，他的学生辈中，没有出现一个在学问和名气上超过老师的人物，而且随着历史的筛选和淘汰，他的许多学生的名字和事迹都湮灭了，但是，孟子从事的教育事业对中国思想文化的发展仍然有着不可磨灭的贡献。因为正是由于他的出现，儒学得以在战国时代"杨、墨之言盈天下"的氛围中重振雄风，他教育出来的大批学生，成为这支儒学队伍的中坚。而正是这支队伍在儒学的传承中起了承前启后的作用，从而形成了战国晚期儒学的浩荡大军。孟子和他的学生创造的学术环境，为战国儒学最后一位登上思想制高点人物荀子的出现提供了极其有利的条件。而当荀子以思想学术大师的姿态出现在稷下学宫的讲坛上激扬文字、挥斥方遒的时候，"百家争鸣"的历史就要画上圆满的句号了。

第四节　游学稷下

孟子的教学活动虽然取得了很大的成功，他的名字和政治主张也逐渐在列国传扬，但是，教育毕竟与政治有着不小的距离，这对于有着强烈政治理想和社会责任意识的孟子来说，还是心有不甘。他渴望投身政治活动，企盼以自己的努力影响战国时代的历史走向。不久，这个机会终于等来了，雄才伟略、励精图治的齐威王向活跃在列国政治舞台和思想论坛上的文士和武士发出了招贤纳士的信息。

这时的齐国，已经进入了它最辉煌的岁月，而它建起的稷下学宫，恰恰为战国时代的思想家搭建了一个互相交流、切磋和辩诘的平台，由此使齐国的首都临淄成了当时全中国的思想文化中心，一个无可争议的"百家争鸣"的舞台。

战国时代齐国的国君，已经不是姜太公的子孙，而是陈国（今河南淮阳）厉公之子陈完的后代了。陈完在一次陈国的内乱中出逃至齐国，此时正是齐桓公十四年（前 672 年）。他被齐桓公任命为管理手工业生产的工正，从此在齐国立定脚跟。可能因为其在齐所食采邑在田，陈完又不愿意称本国故号，他们家族以后就以田氏命名了。

田氏在齐国代代做官，与姜氏国君保持着良好的关系。六传至田乞，为齐景公大夫。他顺应春秋晚期社会变革的潮流，"其收赋税于民以小斗受之，其稟予民以大斗行，行阴德于民，而景公弗禁。由此田氏得齐众心，宗族益强，民思田氏"[1]。不久，田乞在齐国的一次内乱中战胜高、鲍两家贵族，立阳生为齐君（简公），自任齐相，专断齐国之政。田乞死后，其子田常继任齐相。他继承老子的改革政策，"以大斗贷，以小斗收"，进一步得到齐国民众的拥护，"齐人歌之曰：'妪乎采芑，归乎田成子！'"[2] 不久，齐国内乱再起，田常借机诛杀权臣监止、子我，并杀齐简公，立其弟为平公，进一步专断齐政，同时割平安以东的齐国领土为自己的封邑，地盘超过平公的领地。至此，姜齐实际上已经变成田齐。后传至田和，在前 386 年得到周安王批准列为诸侯，姜齐正式被田齐所取代。

公元前 356 年，齐侯田和的孙子齐威王继位，也是在这一年，姜齐的最后一个国君康公死去，因其无后，他那点可怜的领地也归并到田齐名下，自此，在原姜齐的土地上，田齐一统天下。

据历史记载，齐威王刚继位的时候，"好为淫乐长夜之饮，沉湎不治，委政卿大夫。百官荒乱，诸侯并侵，国且危亡，在于旦暮，左右莫敢谏"，如此持续三年。这时，齐国的一个善隐语的大夫淳于髡就以隐语讽喻他说："国中有大鸟，止王之庭，三年不飞又不鸣，王知此鸟何也？"齐威王明白这是讽喻自己，立即浩气冲天地说："此鸟不飞则已，一飞冲天；不鸣则已，

---

① 司马迁：《史记》卷四十六《田敬仲完世家》，中华书局 1959 年版，第 1881 页。

② 司马迁：《史记》卷四十六《田敬仲完世家》，中华书局 1959 年版，第 1883 页。

一鸣惊人。"① 于是振奋精神，励精图治。首先是整顿吏治，对治绩优异，"田野辟，民人给，官无留事，东方以宁"的即墨大夫大加表彰，"封之万家"。对"田野不辟，民贫苦"，又不能御敌保边，但却千方百计贿赂国王身边之臣"以求誉"的阿大夫处以烹刑。很快树立正气，国内人人自励，国力迅速强大起来。接着，积极主动地反击周边诸侯国的侵扰，"遂起兵西击赵、卫，败魏于浊泽而围惠王。惠王请献观以和解，赵人归我长城。于是齐国震惧，人人不敢饰非，务尽其诚。齐国大治。诸侯闻之，莫敢致兵于齐二十余年"②。特别重要的是，齐威王真心实意地招揽贤士，使稷下学宫迎来第一次辉煌。

稷下学宫因建于齐国国都临淄西门，即稷门而得名。这个学宫始建于田齐第三代国君齐桓公田午统治时期（前374—前357年），"昔齐桓公立稷下之宫，设大夫之号，招致贤人而尊宠之，自孟轲之徒皆游于齐"③。"齐有稷下先生，喜议政事。邹忌既为齐相，稷下先生淳于髡之属七十二人，皆轻（邹）忌"④。尽管现存文献对齐威王时期稷下学宫的盛况语焉不详，但我们从邹忌在齐威王时期为相，而淳于髡等一大批各学派的领军人物齐聚这里的情况看，其繁盛程度是不言而喻的。齐威王在公元前320年（齐威王三十七年）去世后，他的儿子宣王（前319—前301年）继位，在他当国的18年中，稷下学宫迎来了它的第二次繁盛局面：

> 宣王喜文学游说之士，自如邹衍、淳于髡、田骈、接予、慎到、环渊之徒七十六人，皆赐列第，为上大夫，不治而议。是以齐稷下学士复盛，且数百千人。⑤
>
> 自邹衍与齐之稷下先生，如淳于髡、慎到、环渊、接子、田骈、邹奭之徒，各著书言治乱之事，以干世主，岂可胜道哉！……于是齐

---

① 司马迁：《史记》卷一百二十六《滑稽列传》，中华书局1959年版，第3197页。
② 司马迁：《史记》卷四十六《田敬仲完世家》，中华书局1959年版，第1888页。
③ 徐干：《中论·亡国》，电子版文渊阁四库全书。
④ 刘向：《新序·杂事》，董治安主编《两汉全书》第9册，山东大学出版社2009年版，第5181页。
⑤ 司马迁：《史记》卷四十六《田敬仲完世家》，中华书局1959年版，第1895页。

　　王嘉之，自如淳于髡以下，皆命曰列大夫，为开第康庄之衢，高门大
　　屋，尊宠之。览天下诸侯宾客，言齐能致天下贤士也。[①]

正因为齐威王时期的田齐达到了它兴旺的顶点，不仅周边的诸侯国无可比拟，就是与西方突起的秦国相比，也毫不逊色。更重要的是，那里还有一个规模宏大的稷下学宫，是交流思想，切磋学问的理想基地。胸怀大志、渴望为济世救民成就一番功业的孟子，自然将目光投向了这一片神奇的土地，希望在那里找到展示自己思想和学问的舞台。于是就在齐威王十年（前347年），毅然离开邹国，带着他的一帮学生，踏上了去齐国的道路。他们穿越鲁国，经过齐鲁边界的长城关口，进入齐国的土地，最后到达齐都临淄。历史有时惊人地相似：整整170年前，公元前517年，孔子也是从这条路上，一路颠簸地来到齐国。至今犹存的青石关，仍然矗立在齐长城夹谷山涧的一个隘口，关门下的青石上，还留着深深的车辙印迹，它们就是当年两位圣人行迹的历史见证。这一年，孟子26岁，是一个血气方刚的青年人。大概因为他太年轻，在列国思想学术界还没有多大名气，所以他的到来并没有引起当时齐国最高统治者和达官贵人的注意，也没有令人难以忘怀的隆重热烈的欢迎仪式，所以他进入临淄的场面在《孟子》和其他文献中也就没有记载。不过，可能由于齐国有比较规范的接纳人才的政策，孟子和他的弟子就被安排到稷下学宫，在这个全新的环境里，开始了他生命中极其有意义的一个阶段。

　　由于孟子入齐时比较年轻，在思想学术界没有多大影响，与早他进入稷下学宫的淳于髡、慎到、接子、环渊、田骈、邹奭等人还不能相比，所以一时难以受到当权者的重视，也没有就"列大夫"的位子。在齐威王当国的20多年间，没有这位君王与孟子直接接触的纪录，可见，终威王之世，孟子可能都没有直接进入"资政"者的行列。不过，既然来到稷下学宫，接触到各家学派的学者，孟子与他们的思想交流和学问切磋还是时刻进行的。正是在这一系列的活动中，孟子展示了自己的思想和学说，影响日渐扩大，到威王后期，宣王当国时期，他就成为被人们"刮目而视"的举足轻重的人

---

①　司马迁：《史记》卷四十六《田敬仲完世家》，中华书局1959年版，第1888页。

物了。

　　淳于髡是稷下学宫领袖群伦的人物，在威、宣、闵三代半个多世纪的岁月里，他是稷下学宫的掌门人。正是在他的领导运作下，稷下学宫盛况空前，达到了辉煌的顶点。他之所以能够起到如此重大的作用，一是因为他是稷下学宫中又议又治的人物，具有杰出的外交才干，多次完成重要的外交使命。他直言敢谏，多次为齐国推荐优秀人才，因而获得齐王的绝对信任，由此使他成为稷下学宫与齐王联系最密切的人物。在齐王眼里，他是学者；在稷下学者眼里，他又是官员，是齐王的代表。这种一身兼二任的身份，就使他成为稷下学者与齐王联系的纽带和桥梁。同时，由于淳于髡"博闻强识，学无所主"，就使他处于超然地位，具有那些学派立场鲜明的人物所没有的亲和力、吸引力，从而被各学派看成自己的知音，也就很容易地成为各学派都能接受的领袖人物。如果说稷下学宫是一个巨大的磁场，淳于髡就是这个磁场的中心。正是通过他的组织和协调，使稷下学宫作为战国时代的思想学术中心，较长时间处于最佳运行状态，最大限度地调动和激发了各学派代表人物的积极性和创造性，推出了一大批具有永恒魅力和不朽价值的思想学术成果，将中华民族的思维水平大大提升了一步。特别是由于淳于髡的精心组织和协调，由于一代又一代稷下学者的不断努力，培育出了兼容、独立和自由的学术精神。而这种学术精神具有超越时空的恒久价值，因为思想和学术的创新只有在这种精神的照耀下才能获得成功。

　　然而，可能由于思想和性格差异太大的缘故，淳于髡与孟子的关系并不很协调。《孟子·离娄上》记载了他们的一段对话：

　　　　淳于髡曰："男女授受不亲，礼与？"孟子曰："礼也。"曰："嫂溺，则援之以手乎？"曰："嫂溺不援，是豺狼也。男女授受不亲，礼也；嫂溺，援之以手者，权也。"曰："今天下溺矣，夫子之不援，何也？"曰："天下溺，援之以道；嫂溺，援之以手，子欲手援天下乎？"[①]

从淳于髡与孟子的这段对话可以看出，孟子是一直宣扬儒家坚持的那套自西

[①]　《十三经注疏》，中华书局1980年版，第2722页。

周传下的礼制，认为"男女授受不亲"是不容置疑的。而淳于髡可能对此礼制持怀疑态度，所以由此发问，引出孟子关于制度的刚性与执行中灵活变通相结合的理论。淳于髡大概早就对孟子戮力煽扬的那些治世救民的迂阔之论有不同看法，于是借机语带讽刺地追问他：现在天下的人都掉在水里了，你不去救援，是何道理？孟子对他挑衅性的追问作了极其高明的回答：现在天下的人都掉在水里了，必须用"道"即我推出的那套"仁政"理论去救援，可是包括齐王在内的当今统治者没有一个接受我的理论。难道你让我变通，用手去救援天下那些陷于水深火热的人吗？在孟子的回答中，我们看到的是他对自己的"道"不得行于世的悲愤和无奈。这里透出的是他在齐国不受重用的境况。《孟子》一书记载的他与淳于髡的对话，除了这一次，再就是他离开齐国时的一次并不愉快的问答，可见他与稷下学宫的这位掌门人之间的关系是比较冷漠的。孟子在威王时期之所以始终处于不得志的状态，这恐怕是重要原因之一。

《孟子·公孙丑下》还记载了他与齐大夫蚔蛙的故事。这个故事说的是，齐大夫蚔蛙先是做灵丘县长，后来辞职转任治狱官，这是一个能够向国王进言的位子。他干了几个月，却没有向国王进言。孟子于是问起他向国王进言的事。面对孟子的询问，蚔蛙觉得自己有点失职，就赶紧向国王进言，提出建议，但国王没有采纳，蚔蛙就辞职而去了。对于这件事，齐国有人议论说，孟子为蚔蛙考虑的可算周到的了，可是他怎么替自己考虑呢？意思是，以你自己在稷下学宫的地位，你该如何尽上自己的职责呢？孟子的弟子公都子将上面的议论转告他，孟子听了，就说了如下一段话："我听说过，有固定职务的，如果无法尽其职责，就可以不干；有进言责任的，如果言不听，计不从，也可以不干。我既没有固定的职务，又没有进言的责任，那我的行动，难道不是宽舒得有无限回旋的余地吗？"孟子这里讲的，是权力和责任的关系，其基本观点是，在其位必谋其政，不在其位则不必谋其政，职位和职责应该是统一的。孟子讲这些话的时候，显然既没有负有行政责任的官位，也没有可以进言的官位，只是拿一定俸禄的稷下先生，处在"无官一身轻"的闲散之地。

文献记载的孟子此期在齐国交往的人并不多，其中最突出的是与将军匡章的交游。这个匡章曾在公元前 335 年（齐威王二十二年）统率齐军打败秦军，他的事迹在《战国策·齐策一》有着生动的记载：

> 秦假道韩魏以攻齐，齐威王使章子将而应之。与秦交和而舍。使者数相往来，章子为变其徽章，以杂秦军。候者言章子以齐入秦，威王不应。顷之，问候者复言章子以齐兵降秦，威王不应。而此者三。有司请曰："言章子之败者，异人而同辞，王何不发将而击之？"王曰："此不叛寡人明矣，曷为击之？"顷间，言齐兵大胜，秦大败，于是秦王拜西藩之臣而谢于齐。左右曰："何以知之？"曰："章子之母启得罪其父，其父杀之而埋马栈之下。吾使者章子将也，勉之曰：'夫子之强，全兵而还，必更葬将军之母。'对曰：'臣非不能更葬先妾也。臣之母启得罪臣之父，臣之父未教而死。夫不得父之教而更葬母，是欺死父也。故不敢。'夫为人子而不欺死父，岂为人臣欺生君哉？"①

这里出现的匡章是一个勇谋兼备的将军，当秦军假道韩、魏两国领土进攻齐国的时候，齐威王派他率齐军迎敌。两军相遇后，大概秦军并没有立即向齐军进攻，而是摆出一副友好的姿态。匡章明白秦军的意图，也采取相应的姿态，向秦军示好，还故意让齐军与秦军"交和而舍"，即让齐军的营帐夹杂在秦军的营帐中，使两军混在一起。进而数次派使者与秦军通款往来，麻痹秦军，同时命令部分将士将齐军的徽章改为秦军的徽章，使秦军无法辨识。匡章的举措自然逃不出威王派出的情报人员，他们接连三次报告匡章率军投敌，但威王丝毫不为所动。有关人员焦急地对威王说："报告匡章投敌的人异口同声，大王为什么还不发兵进击这支已经叛变的军队呢？"威王胸有成竹地回答："匡章决不会背叛我，为什么要打击他？"很快，齐军战胜秦军的消息传来，由于吃了败仗，秦国国君也向齐君谢罪。原来匡章在秦军失去警惕的情况下，突然发动进攻，轻而易举地取得了胜利。威王左右的人都感佩他的料事如神，就问他如何知道匡章不会叛变？威王说："匡章的母亲启得罪了他的父亲，被他父亲杀死后埋到马圈里。我让使者对匡章说：'以你的智谋和勇敢，一定能凯旋，到时我会下令更葬你的母亲。'匡章说：'臣并非

---

① 刘向：《战国策》，上海古籍出版社 1985 年版，第 327—329 页。

不能更葬先母。可是，臣的母亲是因为得罪先父而死的。臣的父亲是在未教臣更葬母亲的情况下去世的，如果我更葬母亲，就是欺侮死去的父亲呀。所以不敢.'作为儿子不欺侮死去的父亲，难道作为臣子就敢欺骗在世的君主吗？"这里出现的威王同样是一个知人善任的君主，如此之君和如此之臣，是齐军战胜秦军的最重要的条件。

不过，孟子与匡章交游的时候，齐秦之战还未发生，匡章还背着"不孝"的罪名被不少人疏远和指责。而对孝道特别重视的孟子居然同这样一个人交起了朋友，孟子这样做，不仅一般人不理解，就连他的弟子也疑惑重重，于是就有了公都子与他的一段对话：

> 公都子曰："匡章，通国皆称不孝焉，夫子与之游，又从而礼貌之，敢问何也？"孟子曰："世俗所谓不孝者五，惰其四支，不顾父母之养，一不孝也；博弈好饮酒，不顾父母之养，二不孝也；好货财，私妻子，不顾父母之养，三不孝也；从耳目之欲，以为父母戮，四不孝也；好勇斗狠，以危父母，五不孝也。章子有一于是乎？夫章子，子父责善而不相遇也。责善，朋友之道也；父子责善，贼恩之大者。夫章子，岂不欲有夫妻子母之属哉？为得罪于父，不得近，出妻屏子，终身不养焉。其设心以为不若是，是则罪之大者，是则章子已矣"[①]

孟子显然是一个特立独行的人，在众人都对匡章误解和不解的时候，他主动与之交往，因而引来弟子的责难。孟子借此机会，对弟子讲了他对"不孝"的理解，并为匡章进行辩护。他说，一般人所谓不孝的事情有五件：四肢懒惰，不管父母的生活，一不孝；好下棋饮酒，不管父母的生活，二不孝；好货财，私妻子，不管父母的生活，三不孝；放纵耳目的欲望，使父母因此受耻辱，四不孝；好勇逞强，打仗斗殴，危及父母，五不孝。在这五项中，章子有一项吗？如果说章子有过失的话，就是父子之间以善相责，搞坏关系罢了。以善相责，这应该是朋友相处之道，父子之间以善相责，就是很伤感情的事了。章子难道不想有夫妻母子的团聚吗？就是因为得罪了父亲，不能和

---

① 《孟子·离娄下》，《十三经注疏》，中华书局 1980 年版，第 2731 页。

他们亲近，还因此把自己的妻室也赶出去，把自己的儿子也赶到远方，终身不要他们侍奉。他可能是这样想，不如此，那罪过就更大了。这就是章子的为人呀。从孟子的解释可以看出，匡章之不被人们理解，是因为他同父亲有些感情隔阂，起因是自己的母亲。父母有了矛盾，最难处的是子女。大概他对父亲杀死生母表达了不同意见，父子之间难以沟通。而他为了得到父亲的谅解，不惜赶走妻子，放逐儿子，实在太不容易了。这样的人，难道还要谴责吗？孟子与匡章的交往，一方面可以看出他对孝道的高出常人的理解，一方面更可以看出他的知人之明：秦、齐之战，不仅洗刷了匡章不孝的罪名，也显示了孟子的知人之明和不为流俗左右、坚持自己理念的品格。

　　孟子作为一个年轻的学者，尽管一开始不受重视，但随着时间的推移，他特立独行的品格和深邃的思想还是在稷下学宫内外产生了越来越大的影响。大概是在匡章率齐军战胜秦军之后，孟子的识人之准、知人之明也传到威王那里，或许就是在此之后，他进入"列大夫"的行列。威王不仅提高了他的级别和待遇，而且还派人专门送给他黄金（黄铜）一百镒[①]以示优宠。但孟子没有接受。这件事不为弟子们所理解，所以后来在薛地，弟子陈臻还问他："过去在齐国，威王赠您金百镒，您为什么拒绝接受呢？"孟子回答说："那时在齐国，威王送我百金，可当时我却没有接受的理由。没有理由送我钱，等于收买我，君子是可以拿钱收买的吗？"当时孟子在齐国，母亲妻子都跟在身边，还有一大批学生，经济上并不宽裕，他之坚持不收齐王的馈金，正是实践孔子"君子爱财，取之有道"的原则。

　　根据有关文献推断，孟子的父亲可能是在他去齐之前去世，所以他去齐国的时候，就带着自己的母亲和妻子。《列女传·邹孟轲母》有一段他与母亲事迹的记载：

　　　　孟子处齐，而有忧色，孟母见之，曰："子若有忧色，何也？"孟子曰："不敢。"异日间居，拥楹而叹，孟母见之，曰："乡见子有忧色，曰'不也'。今拥楹而叹，何也？"孟子对曰："轲闻之，君子称身而就位，不为苟得，而受赏不贪荣禄。诸侯不听，则不达其土；听而不用，

---

① 此时的金为铜，镒是制量单位，据赵岐《孟子题辞》注，一镒为20两或24两。

则不践其朝。今道不用于齐，顾行而母老，是以忧也。"孟母曰："夫妇人之礼，精五饭，幂酒浆，养舅姑，缝衣裳而已矣。故有闺内之修，而无境外之志。《易》曰：'在中馈，无攸遂。'《诗》曰：'无非无仪，惟酒食是议。'以言妇人无权制之义，而有三从之道也。故年少则从乎父母，出嫁则从乎夫，夫死则从乎子，礼也。今子成人也，而我老矣。子行乎子义，吾行乎吾礼。"君子谓孟母知妇道。《诗》云"载色载笑，匪怒伊教"，此之谓也。①

这个记载说明，孟子尽管在稷下学宫已经获得了"列大夫"的尊位和比较优厚的俸禄，但由于以威王为代表的齐国当权派并不认可他的以"仁政"为核心的治国行政理念，"道不用于齐"，使他很为失落，遂思谋离开齐国。不过碍于年老体衰的母亲，他又犹豫不决。在他的母亲表明自己坚决实践女子"三从"的伦理观念、一切依儿子的意志为依归后，孟子并没有立刻离开齐国。原因可能是，孟子毕竟是大孝之人，他不忍心看着年迈的母亲随自己周游，遭受颠簸之苦。同时，他已经在齐国待了近20年，尽管在政治上不受重用，难以事事顺心，但环顾其他诸侯国，能否像齐国这么对待自己，也是未知数。特别是，哪一个诸侯国也找不到如同齐国这样宽松的政治和学术环境，找不到如同稷下学宫这样的学术机构，在保证充足物质供应的前提下，让一大批学者来去自愿，"不治而议"，能够自由地思考，自由地辩论，自由地著书立说。在这里，自己虽然政治上无所作为，但借助这个平台，自己不遗余力地宣扬了儒家学说，培育了一批忠实的信徒，使一度低迷的儒家思想走出低谷，重振雄风，展示了良好的发展前景。尤其值得告慰自己的，是通过近20年的努力，自己已经由昔日不为人知的年轻学子，变成了在思想学术界具有相当影响力的思想家和学问家。连心高气盛、睥睨一切的齐威王也对自己另眼相看，还派人送来百镒巨款以示关怀。所以，在没有更好去处的情况下，还是待在齐国，静观天下，待机而作为好。

就这样，孟子在犹豫逡巡中守着逐渐老迈的母亲，几分不愿、几分留恋、几分无奈地在齐国继续待下去。

---

① 董治安主编：《两汉全书》第9册，山东大学出版社2009年版，第5058页。

公元前 327 年（周显王四十二年　齐威王三十年），孟子的母亲在齐国病逝。按照当时的礼制，孟子必须奉母亲的灵柩回故乡安葬。由于他是孟孙氏的后裔，他就回到孟氏族人聚居的鲁国殡葬母亲。

回到鲁国以后，孟子以隆重的大夫之礼殡葬母亲，让她与已经葬于马鞍山麓的父亲同穴。孟子母亲的葬地后来形成了一个颇具规模的孟氏宗族墓地，这就是后来的孟母林。

殡葬母亲以后，孟子依照西周传下并为儒家认可和大力宣扬的三年之丧的礼制，从公元前 327 年至公元前 324 年，居于家乡的祖屋，为母亲守完三年的丧期。也就在这一年，他又回到齐国，继续做他的稷下先生，享用着"列大夫"的俸禄，继续教育学生，继续进行思想的创造。

公元前 324 年（齐威王三十三年），孟子在母亲的坟茔前举行了一次隆重的祭祀之后，宣告三年之丧礼成，就与一帮学生踏上回齐国的旅程。一天，行至嬴县（今山东兖州境）停留休息的时候，孟子与弟子充虞有一段关于葬礼制度的对话：

> 孟子自齐于鲁，反于齐，止于嬴。充虞请曰："前日不知虞之不肖，使虞敦匠事。严虞不敢请。今原窃有请也：木若以美然。"曰："古者棺椁无度，中古棺七寸，椁称之。自天子达于庶人，非直为观美也，然后尽于人心。不得，不可以为悦；无财，不可以为悦。得之为有财，古之人皆用之，吾何为独不然？且比化者无使土亲肤，于人心独无恔乎？吾闻之也，君子不以天下俭其亲。"[①]

充虞显然是孟子信得过的一个弟子，所以他在孟子母亲治丧期间被派去监理棺椁的制造。由于孟子自己以大夫的身份殡葬母亲，所以棺椁比较高档，与当年殡葬父亲差距太明显了。事后，充虞向孟子发问：您这样做，是不是有点太过了？对于充虞的提问，孟子心平气和地回答，讲了丧葬制度和作为孝子的心情。他说："上古对于棺椁的尺寸，没有一定规矩；到了中古，才规定棺厚七寸，椁的厚度以相称为准。从天子一直到老百姓，讲究棺椁，不仅

---

① 《孟子·公孙丑下》，《十三经注疏》，中华书局 1980 年版，第 2697 页。

是为着美观，而是要这样，才算尽了孝心。为等级所限，不能用上等木料，当然不称心；能用上等木料，没有财力，也还是不称心。又有用上等木料的地位，财力又能买得起，古人都如此做了，我为什么不这样呢？而且，仅仅不使死者的尸体与泥土相挨，对孝子来说，难道就足以称心了吗？我听说过，在任何情况下，都不应当在父母身上省钱。"孟子从孝的观念出发，认为对先人的殡葬，在地位和财力允许的情况下，应该尽量做得好一点。这对死者是一个交代，对生者是一种自我安慰。他的这种观念，长期影响了中国的丧葬习俗。

孟子回到齐国的稷下学宫以后，虽然一切如旧，但他的失望情绪却越来越浓。因为孟子不是一个单纯的学者，而是一个具有改造社会理想的思想家和政治家。他不满足于优厚的俸禄和优越的作学问的环境，而是渴望得到一定的官位，能够进行他理想的政治实践活动。可是这时的齐国，威王信任和重用的是田忌、邹忌之类带有法家倾向的政治家和孙膑之类谋略超众的将帅，是能够立竿见影地给他带来实际功利的人。孟子极力宣扬的"仁政"，在威王和他周围的臣子看来，美则美矣，妙则妙矣，但却是无法即刻验证的"迂阔"之论。给你优厚的俸禄吃饭，给你高门大屋居住，给你一个平台让你能够夸夸其谈地宣扬自己的学说和教导自己的学生，已经很对得住你了。你想要一个官位推行那些理想，那是万万不能的。因为我的江山社稷怎么能让你随便拿来进行那难以把控前景的试验呢？

经过20余年的观察，孟子认定，他继续待在齐国在政治上不会有什么出路。与其坐已待老，不如趁自己精力充沛之时到别处碰碰运气。正在孟子殚精竭虑思谋出路的时候，传来宋偃王承袭王位并准备实行"王政"的消息。这一消息，好似阴霾的天空漏出一线阳光，让孟子似乎看见了一个充满希望的未来。他于是毅然决定离开齐国，到宋国去寻觅一方新的天地，企望命运之神向他发出一次会心的微笑。

第五节　宋、鲁、滕之行

宋国是殷人后裔建立的诸侯国。当年周武王伐纣成功，取代商朝成为天下共主。在推行"封邦建国"的政策时，封纣王的儿子武庚继续在原殷的统治中心做诸侯国君，祭祀殷的宗庙，延续殷的社稷。同时将管叔、蔡叔、霍叔分封在武庚的周边，对其行监视之责，史称"三监"。武王死后，成王年幼，周公旦监国。"三监"勾结武庚，发动叛乱。周公举行二次东征，诛杀武庚，处死管叔、蔡叔，流放霍叔，又封纣王的庶兄微子启于宋国，以取代武庚的地位。这样，微子启就成为宋国的第一代国君。春秋时期，宋襄公一度强大，参加争霸战争，被有些史书定为"五霸"之一。实际上，他与齐桓公、晋文公、秦穆公是不可比拟的。到战国时期，宋国已经沦为一个微不足道的小国，夹在齐、楚、赵、魏等大国间苟延残喘。公元前327年（周显王四十二年　齐威王三十年　宋君偃十一年），宋君偃称王，颇思振作，努力刷新政治，将都城由商丘迁至彭城（今江苏徐州），连连对外用兵，开疆拓土。东面打败齐国，夺取五城。南面战胜楚国，获得方圆300里的土地。西面击败魏国，使傲视群雄的魏惠王低下他那高贵的头颅。一时间，战国七雄聚目宋国，思索这个一直畏畏葸葸的小国何以迸发出如此令人震惊的能量。在接连取胜的情势下，顾盼自雄的宋偃王扬言在其国推行"王政"。孟子得到这一消息，兴奋得夜不能寐，因为终于有一个国君对他鼓吹的"仁政"做出了积极的响应。公元前323年（周显王四十六年　齐威王三十四年），已到知天命之年的孟子，带着一大帮弟子兴冲冲地来到宋国。

对于孟子舍弃齐国的优厚待遇和安定生活而去处于四战之地的宋国，他的弟子们几乎都疑惑不解。于是就有了万章和孟子的一段对话：

万章问曰："宋，小国也，今将行王政，齐楚恶而伐之，则如之何？"孟子曰："汤居亳，与葛为邻，葛伯放而不祀。汤使人问之曰：'何为不祀？'曰：'无以供牺牲也。'汤使遗之牛羊。葛伯食之，又不以祀。汤又使人问之曰：'何为不祀？'曰：'无以供粢盛也。'汤使亳众往为之耕，老弱馈食。葛伯率其民，要其有酒食黍稻者夺之，不授者杀之。有童子以黍肉饷，杀而夺之。《书》曰：'葛伯仇饷。'此之谓也。为其杀是童子而征之，四海之内皆曰：'非富天下也，为匹夫匹妇复仇也。''汤始征，自葛载'，十一征而无敌于天下。东面而征，西夷怨；南面而征，北狄怨。曰：'奚为后我？'民之望之，若大旱之望雨也。归市者弗止，芸者不变，诛其君，吊其民，如时雨降。民大悦。《书》曰：

'徯我后，后来其无罚！'有攸不惟臣，东征绥厥士女，匪厥玄黄，绍我周王见休，惟臣附于大邑周。'其君子实玄黄于匪以迎其君子，其小人箪食壶浆以迎其小人；救民于水火之中，取其残而已矣。《太誓》曰：'我武惟扬，侵于之疆，则取于残，杀伐用张，于汤有光。'不行王政云尔；苟行王政，四海之内皆举首而望之，欲以为君，齐楚虽大，何畏焉？"①

在这段对话中，万章对宋国实行"仁政"可能遭遇齐、楚等大国干涉的疑虑并不是多余的，而孟子的回答则完全是一种理想化的诉求。他以商汤征葛国为例，说明以仁义之师征伐葛伯这样不敬鬼神、乱杀无辜的暴君，一定能够得到百姓的拥护，一定是所向披靡。他说，汤的作战，便从征伐葛国开始，连征11次，没有能抗拒他的。向东方出征，西方的人便不高兴；向南方出征，北方的人便不高兴，说："为什么不先打我们这里？"老百姓盼望他，正和久旱不雨的年岁盼望雨水一样。作战进行中，做买卖的人照常营业，种地的人照常在田野劳动。因为杀掉那些暴虐的君主，安慰那些可怜的百姓，这就和及时的雨水落下一样，老百姓是非常高兴的。《书》也说："等待我的王！王来了我们就不再受罪了！"……再如周朝东征攸国的时候，攸国的官员们把那些黑色和黄色的束帛放在筐子里，请求介绍和周王相见，与官员会面。老百姓便用竹筐盛饭，用壶盛酒浆来迎接那些出征的士兵。可见周王的出师只是将老百姓从水火之中救出来，而杀掉那些残暴的君主罢了。《太誓》上说："我们的威武要发扬，攻到邢国的国土上，杀掉那些残暴的君王，所有那些该死的都得砍光，这样的功绩比汤还辉煌。"宋国不实行仁政便罢了；如果真的实行王政，天下的人都抬起头来盼望着他来做君王；齐国和楚国纵然强大，又有什么可怕呢？这里，孟子显然将他的"仁政"理想化了，认为只要宋偃王将"仁政"的旗子一举，天下就会云集响应，他鼓吹的"仁政"的天堂顷刻之间就会降临人间，普天之下，就会莫非"仁"土了。在孟子看来，各个诸侯国，不论国家大小，力量强弱，只要能实行"仁政"，就能够称王于天下，统一全中国。他信心十足地说：

---

① 《孟子·滕文公下》，《十三经注疏》，中华书局1980年版，第2712页。

孟子曰："以力假仁者霸，霸必有大国；以德行仁者王，王不待大：汤以七十里，文王以百里。以力服人者，非心服也，力不赡也；以德服人者，中心悦而诚服也，如七十子之服孔子也。《诗》云：'自西自东，自南自北，无思不服。'此之谓也。"①

这里孟子的意思再明确不过了：称霸以力，能者必须是大国。王天下以仁德，能者就不必是大国了。因为商汤就是仅用他纵横各70里的土地，文王也就是仅用他纵横各百里的土地，由于实行了仁政，而使人心归服，从而统一了天下。显然，仗恃实力来使人服从的，人家不会心悦诚服，只是因为他本身的实力不够的缘故；依道德来使人服从的，人家才会心悦诚服，就像当年70多位大弟子都归服孔子一样。《诗经》说过："从东从西，从南从北，无不心悦诚服。"正是这个意思。很明显，孟子在强调"仁义"的作用时，将其与霸力对立起来。他不明白，在现实社会中，无论多么正确的理论，如果不与相当的"执行力"结合在一起，它也无法在实践中实行并取得预期的效果。

与孟子的预期相反，当他兴冲冲来到宋国，向宋偃王及其臣子们兜售他的"仁政"理想时，他发现，这个宣扬要实行"王政"的统治集团，对自己的主张一点也不积极。这时，孟子就希望从改革税收政策入手，一步步地推进改革。他找到宋国主管税务的大夫戴盈之，建议在宋国废除什一税以外的一切苛捐杂税，但遭到戴盈之以拖延为手段的抵制。他们之间有这样一段有趣的对话：

戴盈之曰："什一，去关市之征，今兹未能，请轻之，以待来年，然后已，何如？"孟子曰："今有人日攘其邻之鸡者，或告之曰：'是非君子之道。'曰：'请损之，月攘一鸡，以待来年，然后已。'如知其非义，斯速已矣，何待来年？"②

---

① 《孟子·公孙丑上》，《十三经注疏》，中华书局1980年版，第2689页。
② 《孟子·滕文公下》，《十三经注疏》，中华书局1980年版，第2714页。

战国时期，列国之间几乎无日不进行战争，军费开支浩繁，其他各种用项也与日俱增。各诸侯国税收改革的主要目标就是增加收入。孟子此时却反其道而行之，这自然只能触霉头了。尽管孟子与戴盈之的谈话显示了他的机智，使戴盈之像个偷鸡贼一样处于尴尬境地，但他兜售的税收改革计划却在切入点上即被扼杀了。建议税收改革的失败，使孟子的热心陡然冷静下来。他痛惜宋偃王周围没有贤臣，认定宋国之事不可为。这就坚定了他离开宋国的决心。在离开前，孟子还与另一宋国大夫、也是自己学生的句践，就游说诸侯的态度进行了一番讨论。大概这位句践看到孟子像当年孔子一样，热衷于周游列国，游说诸侯，他也可能有点心向往之，于是请教孟子，引来一番酣畅淋漓的议论：

> 孟子谓宋句践曰："子好游乎？吾语子游。人知之，亦嚣嚣；人不知，亦嚣嚣。"曰："何如斯可以嚣嚣矣？"曰："尊德乐义，则可以嚣嚣矣。故士穷不失义，达不离道。穷不失义，故士得已焉；达不离道，故民不失望焉。古之人，得志，泽加于民；不得志，脩身见于世。穷则独善其身，达则兼善天下。"①

孟子这段话，在一定程度上可以看作他处世立身的宣言，是他特立独行品格的再一次显现。

　　他宣告，无论别人是否理解我的思想和理论，我都始终坚持。因为我崇尚德，喜爱义，并坚持到底，所以我"自得其乐"。作为一个知识分子，穷困时不能失掉义，得意时也不能离开道。穷困时不失掉义，所以能自得其乐；得意时也不离开道，所以百姓不致失望。古代的志士仁人，得意时惠泽普施于百姓，失意时修养个人品格。这就是"穷则独善其身，达则兼善天下"呀！孟子这里表达的，是自己的人生哲学：无论外界环境如何变化，我都坚持自己的仁政理想；得意时为百姓谋福利；不得意时也保持自己高洁的品性，决不放弃理想，更不同恶势力同流合污。这是多么了不起的一种精神境界！

---

① 《孟子·尽心上》，《十三经注疏》，中华书局 1980 年版，第 2764—2765 页。

　　孟子在宋国的时候，曾与时为滕定公世子、后来做国君的滕文公两次会面。当时的滕国（地域在今山东滕州一带）是介于鲁、宋之间的一个方圆仅 50 里的小国，但其历史却是相当悠久的。它的第一代国君是周文王的儿子错叔绣，他是西周初年大分封的时候被封到这里做国君的。可能由于它的历代国君都是奉公守法、忠于职守、谨守封域、从不惹是生非的人物，所以尽管历时七八百年，目睹了数以百计的大大小小的诸侯国寿终正寝，但它却依然故我地存在并延续下来，国土既没有扩大，也没有缩小。这在春秋战国风云激荡、征战连年、诸侯国"覆社灭宗"司空见惯的时代，不能不说是一个奇迹。

　　滕定公世子其时要去楚国办事，中途正好经过宋国都城彭城。因为当时的孟子已经是列国间颇有名气的人物，世子于是亲到行馆向孟子讨教。这次孟子"言必称尧舜"，对他大讲了一通"性善论"。世子从楚国返程时，又经过彭城，再次与孟子会面。这次孟子告诫他不要因国小而无所作为，鼓励他振作精神，把滕国治理成一个好的诸侯国：

　　　　滕文公为世子，将之楚，过宋而见孟子。孟子道性善，言必称尧舜。

　　　　世子自楚反，复见孟子。孟子曰："世子疑吾言乎？夫道一而已矣。成覸谓齐景公曰：'彼，丈夫也；我，丈夫也；吾何畏彼哉？'颜渊曰：'舜，何人也？予，何人也？有为者亦若是。'公明仪曰：'文王，我师也；周公岂欺我哉？'今滕，绝长补短，将五十里也，犹可以为善国。《书》曰：'若药不瞑眩，厥疾不瘳。'"①

孟子对滕国世子的谈话，通篇是鼓励的话语，充满昂扬向上的调子。他举了成覸的例子，赞扬他敢于同齐景公相比肩；举了颜渊的例子，赞扬他向舜看齐的勇气；举了公明仪的例子，赞扬他对文王和周公理想的向往；最后鼓励世子不要看轻自己，你有一个小国作平台，只要有决心，有毅力，忠于理想，努力奋斗，就能够把这个小国治理成一个社会安定、百姓富裕的诸侯

① 《孟子·滕文公上》，《十三经注疏》，中华书局 1980 年版，第 2701 页。

国。孟子这一席话，对世子产生了很大影响。后来他继承君位后，孟子就兴冲冲地赶到那里，不遗余力地激励他，教导他，帮助他推出了颇有一番振作的举措。

孟子在宋国的时间不长，只有几个月，就明白这里不是他实现理想的地方。他决定离开宋国，到强势的魏国去碰碰运气。临行前，他接受了宋偃王赠送的 70 镒黄金（1400 两金）的盘缠，路过薛，又接受了齐国贵族靖郭君田婴 50 镒的馈赠。因为此前孟子离开齐国时拒绝接受齐王 100 镒黄金的馈赠，他的弟子陈臻甚为疑惑，于是师徒之间就有了下面的对话：

> 陈臻问曰："前日于齐，王馈兼金一百而不受；于宋，馈七十镒而受；于薛，馈五十镒而受。前日之不受是，则今日之受非也；今日之受是，则前日之不受非也。夫子必居一于此矣。"孟子曰："皆是也。当在宋也，予将有远行，行者必以赆；辞曰：'馈赆。'予何为不受？当在薛也，予有戒心；辞曰：'闻戒，故为兵馈之。'予何为不受？若于齐则未有处也。无处而馈之，是货之也。焉有君子而可以货取乎"①

陈臻对孟子接受馈赠的不同态度产生疑问当然是可以理解的：过去在齐国，齐王送你黄金 100 镒，你拒绝。可后来在宋国，国君送你 70 镒，在薛，薛君送你 50 镒，你都接受了。如果说过去不接受是对的，今天接受就错了；如果说今天接受是对的，过去不接受就错了，二者之中，一定有一个是错误的吧？孟子的解释肯定出乎学生的意外，他说："我两种做法都是正确的。你想，当在宋国的时候，我准备远行，对远行的人一定要送些盘费，他说要送一点盘费，我为什么不接受呢？当在薛的时候，我听说路上有危险，需要戒备，他说要送一点钱买兵器，我为什么不接受呢？至于在齐国，就没有什么理由。没有什么理由却要送我一些钱，这不等于用金钱收买我吗？哪里有君子可以拿金钱收买的呢？"孟子的这番话，揭橥的仍然是孔子那个"君子爱财，取之有道"的原则。孟子的活动，都在既定原则指导下进行。不论在什么时候、什么情况下，他都是我行我素，行我心之所安，行我原则之所

---

① 《孟子·公孙丑下》，《十三经注疏》，中华书局 1980 年版，第 2695 页。

许。成功与否，在所不计。这就是孟子之所以为孟子。孟子的这种原则性，
既是他有时碰壁的原因，也是他人格光辉的闪现。

　　孟子原本决定自宋国去魏国，但后来却没有直接去魏国，而是经薛地
回到了自己的故乡邹国。他在经过薛地时，接受了薛君赠送的 50 镒黄金。
此时薛地的统治者，已不是春秋时期的薛国，那个薛国已经被齐国灭亡了。
此时的薛地是齐威王儿子田婴的封邑。这个田婴可不是一般因血统而获得权
力和财富的贵族，而是一个相当有本事的政治谋略家。他在威王后期曾与邹
忌、田忌一起主持齐国政务，参与指挥救韩伐魏的战事。宣王时，又与田
忌、孙膑共同指挥了大败魏军的马陵之战。再后来，任齐相 11 年。由于孟
子长期在齐国稷下学宫从事教学和研究，他与田婴肯定是熟悉的。此次孟子
路经薛地，不管田婴在不在封地，在当时列国国君和贵族都"礼贤下士"的
情势下，他自己或由下人出面招待和馈送盘费给孟子都是顺理成章的事情。

　　公元前 323 年，孟子这次回到邹国，距其第一次离邹赴齐已经过去 24
年。他已经由一个风华正茂的青年人变成两鬓星霜的 50 老翁，身份、名气、
境界已今非昔比。对于此时在邹国当政的小国之君邹穆公来说，孟子已经不
是他随意支配的子民，而是需要仰望的大人物了。孟子回到故乡的时候，正
碰上邹鲁两国刚刚发生的一场冲突，33 个邹国官吏在冲突中被杀死，悲哀
的气氛笼罩着邹国的宫廷。邹穆公听说孟子回来，连忙前去拜访，两人进行
了一次很有意义的对话：

　　　　邹与鲁哄。穆公问曰："吾有司死者三十三人，而民莫之死也。诛
　　之，则不可胜诛；不诛，疾视其长上之死而不救，如之何则可也？"孟
　　子对曰："凶年饥岁，君之民老弱转乎沟壑，壮者散而之四方者，几千
　　人矣；而君之仓廪实，府库充，有司莫以告，是上慢而残下也。曾子
　　曰：'戒之戒之！出乎尔者，反乎尔者也。'夫民今而后得反之也。君无
　　尤焉！君行仁政，斯民亲其上，死其长矣。"①

邹穆公见孟子的时候，满脸悲戚地诉说："这次冲突，我的官吏牺牲了 33 个，

① 《孟子·梁惠王下》，《十三经注疏》，中华书局 1980 年版，第 2681 页。

可老百姓都在那里袖手旁观，没有一个为他们死难。杀了他们吧，杀不了那么多；不杀吧，他们瞪眼看着自己的长官被杀却不去营救，实在是太可恨了！您说应该怎么办呢？"孟子听了十分严肃地回答说："想想您的作为吧：当灾荒年岁，您的百姓，年老体弱的弃尸于山沟荒野之中，年轻力壮的便四处逃荒，这样的人有千把了；而在您的谷仓中却堆满了粮食，库房里装满了财宝，这样的情形，您的管事的官员谁也不来报告，这就是在上位的人不关心百姓，并且还残害他们呀。曾子曾经说过：'提高警惕，提高警惕！你怎样去对待人家，人家将怎样回报你。'现在，您的百姓可得着报复的机会了。您不要责备他们吧！您如果实行仁政，您的百姓自然就会爱护他的上级，情愿为他们的长官牺牲了。"孟子这里宣传的是他政治思想的核心"仁政"，而"仁政"的核心内容则是"民本"。在他看来，一个国君，只有对百姓实行"仁政"，解决百姓的切身利益，才能得到百姓的拥护，关键时刻他们才会甘愿为自己的长官牺牲。据说孟子的一席话使邹穆公豁然开朗，毅然推行"仁政"，施惠于百姓，使小小的邹国一时出现了政通人和的局面。贾谊《新书·春秋》记述了邹穆公的几个故事：

　　邹穆公有令，食凫雁者必以秕，毋敢以粟。于是仓毋秕而求易于民，二石粟得一石秕。吏以请曰："秕食雁，为无费也。今求秕于民，二石粟而易一石秕。以秕食雁，则费甚矣。请以粟食之。"公曰："去！非而所知也。夫百姓煦牛而耕，曝背而耘，苦勤而不敢惰者，岂为鸟兽也哉？粟米，人之上食也，奈何其以养鸟也。且汝知小计，而不知大会。周谚曰：'囊漏贮中。'而独弗闻与？夫君者，民之父母也，取仓之粟移之于民，此非吾粟乎？鸟苟食邹之秕，不害邹之粟而已。粟之在仓与其在民，于吾何择？"邹民闻之，皆知其私积之与公家为一体也。

　　楚王欲淫邹君，乃遗之技乐美女四人。穆公朝观而夕毕，以妻死事之孤。故妇人年弗称者弗蓄，节于身而弗众也。王舆不衣皮帛，御马不食禾菽，无淫僻之事，无骄燕之行，食不众味，衣不杂采，自刻以广民，亲贤以定国，亲民如子。邹国之治，路不拾遗，臣下顺从若手之投心。是故以邹子之细，鲁卫不敢轻，齐楚不能胁。邹穆公死，邹之百姓若失慈父，行哭三月，四境之邻于邹者，士民乡方而道哭，抱手而忧行，酤家不仇其酒，屠者罢列而归。儌童不讴歌，舂筑者不相杵，妇女挟珠瑱，丈夫释玦韐，琴瑟无音，朞年而后始复。故爱出者爱反，福往者福来，《易》曰："鸣鹤在阴，其子和之。"其此之谓乎？①

贾谊这里讲了三个故事。一是邹穆公下令全国不准用粟，只准用秕即谷糠喂雁，结果使得秕的价格是粟的一倍。当时公家喂了不少雁，而仓库里却没有秕，只得以二升粟去换百姓的一升秕。主事官员认为公家太吃亏了，就请求穆公批准以粟养雁。穆公说，用公家仓库里的粟换百姓的秕，使粟藏到百姓家里，也没有流到别国去，有什么不好？这个故事说明，穆公心里想着百姓，以藏富于民的办法使百姓受益，体现的正是"仁政"和民本的理念。二是穆公不为声色犬马所动，自奉简约，"自刻以广民，亲贤以定国，亲民如子"，结果使邹国社会秩序良好，上下团结一心，以一个弹丸小国挺起腰杆直立于大国之间，"鲁卫不敢轻，齐楚不能胁"，创造了邹国历史上最兴盛的黄金时代。三是穆公死后，不仅邹国的百姓如丧考妣，就是邻国的百姓也同声哀悼，说明百姓对实行"仁政"的统治者给予加倍的真情回报。贾谊记述的这些故事不见得就是真实的历史，最大的可能是，这些故事在民间流传，经贾谊的整理润色而保留下来，在一定程度上反映了历史的影子和民心的走向。

孟子这次回到故乡，人来人往，访客不断。其中因任国人问礼而引出孟子对礼的议论，可以看出孟子对孔子礼论的继承和弘扬。任国是太皞氏的后裔建立的一个小国，国都在今之山东济宁，与邹国为邻。一个任国人看到孟子弟子在任国，就近便向他请教关于礼的问题，于是引出这一段师徒问答：

任人有问屋庐子曰："礼与食孰重？"曰："礼重。""色与礼孰重？"曰："礼重。"曰："以礼食，则饥而死；不以礼食，则得食，必以礼乎？

---

① 董治安主编：《两汉全书》第 1 册，山东大学出版社 2009 年版，第 287—288 页。

亲迎，则不得妻；不亲迎，则得妻，必亲迎乎？"屋庐子不能对。明日
之邹以告孟子。孟子曰："于答是也，何有？不揣其本，而齐其末，方
寸之木可使高于岑楼。金重于羽者，岂谓一钩金与一舆羽之谓哉？取
食之重者与礼之轻者而比之，奚翅食重？取色之重者与礼之轻者而比
之，奚翅色重？往应之曰：'紾兄之臂而夺之食，则得食；不紾，则不
得食，则将紾之乎？踰东家墙而搂其处子，则得妻；不搂，则不得妻，
则将搂之乎？"①

这里，孟子对屋庐子转告的任人提出的问题，作了充满智慧的回答。孟子的
弟子屋庐子显然平时从他的教导中就了解孟子思想的真谛，所以当任人提出
礼和食、礼和娶妻哪个重要时，他坚定地回答"礼重要"。可是当任人提出
以礼找食就饿死，不以礼找食就能活；以礼娶妻就找不到妻子，不以礼娶妻
就能得到妻子——这样近乎刁钻的问题后，屋庐子却难以做出圆满的回答。
他只得回来请教孟子。孟子说："答复这个问题有什么困难呢？如果不揣度
基地的高低是否一致，而只比较其顶端，那一寸厚的木块若放在高处，也可
以使它比尖角高楼还高。我们说，金子比羽毛重，难道说三钱多重的金子比
一大车的羽毛还重吗？拿吃的重要方面和礼的细节相比较，何止于吃的重
要？拿婚姻的重要方面和礼的细节相比较，何止于娶妻重要？你这样去答复
他吧：'扭着哥哥的胳膊，抢夺他的食物，便得到吃的；不扭，便得不着吃
的，那会去扭吗？爬过东邻的墙去搂抱女子，便得到妻室；不去搂抱，便得
不着妻室，那会去搂抱吗？"其实，孟子这里所阐发的理念，依然是礼重于
食，不以合乎礼的方法得到的食不能吃；礼重于娶妻，不能以违礼的办法和
手段得到妻子。这实际上涉及了一个社会道德规范的问题。任何社会都必须
在一定的社会规范和道德规范的制约下运行，否则，一旦社会离开了规范，
一切唯力是视，唯利是视，这样的社会能够存在和发展吗？

　　孟子在故乡时，还去过一次任国，与当时任国的代理国君季任即孟季
子交往。季任是任国国君的弟弟，此时因国君去邻国朝会，他暂代国君主持
政务。《孟子·告子下》记载了他们的交往：

---

① 《孟子·告子下》，《十三经注疏》，中华书局1980年版，第2755页。

孟子居邹，季任为任处守，以币交，交受之而不报。处于平陆，储子为相，以币交，受之而不报。他日，由邹之任，见季子；由平陆之齐不见储子。屋庐子喜曰："连得问矣。"问曰："夫子之任，见季子；之齐，不见储子，为其为相与？"曰："非也；《书》曰：'享多仪，仪不及物曰不享，惟不役志于享。'为其不成享也。"屋庐子悦。或问之，屋庐子曰："季子不得之邹，储子得之平陆。"①

这个故事是说，当孟子在邹国的时候，季任留守任国，代理国政。他送来礼物与孟子交友，孟子接受了礼物，但并不回报。后来孟子在平陆的时候，储子做齐国的卿相，也送来礼物与孟子交友，孟子同样接受了礼物，但并不回报。过了一段时间，孟子从邹国到任国，拜访了季子；从平陆到齐都，却不去拜访储子。经常跟随孟子并屡屡发问的屋庐子高兴地说："我找到老师的岔子了。"于是便问道："老师到任国，拜访季子；到齐都，不去拜访储子，是因为储子只是卿相吗？"孟子答道："不是。《尚书》说过，'享献之礼可贵的是仪节，如果仪节不够，礼物虽多，只能叫作没有享献，因为享献人的心意并没有用在这上面。'这是因为他没有完成那享献的缘故。"这里孟子对屋庐子的解释，显示的依然是对礼的执着。孟子之所以对季任的储子的送礼采用不同的回报方法，是因为在他看来，季任的做法符合礼仪，而储子的做法则稍有欠缺。就在孟子访问季任的时候，季任、公都子和孟子之间有一场关于"义"的对话：

孟季子问公都子曰："何以谓义内也？"曰："行吾敬，故谓之内也。""乡人长于伯兄一岁，则谁敬？"曰："敬兄。""酌则谁先？"曰："先酌乡人。""所敬在此，所长在彼，果在外，非由内也。"公都子不能答，以告孟子。孟子曰："敬叔父乎？敬弟乎？彼将曰，'敬叔父。'曰，'弟为尸，则谁敬？'彼将曰，'敬弟。'子曰，'恶在其敬叔父也？'彼将曰，'在位故也。'子亦曰，'在位故也。庸敬在兄，斯须之敬在乡人。'"季子闻之，曰："敬叔父则敬，敬弟则敬，果在外，非由内也。"公都子

---

① 《孟子·告子下》，《十三经注疏》，中华书局 1980 年版，第 2757 页。

曰："冬日则饮汤，夏日则饮水，然则饮食亦在外也？"①

这里孟子他们讨论的是一个哲学问题，即"义"是人的内在的东西，还是外在的规范？孟季子认为"义"是外在的东西，举的例子是，内心恭敬兄长，但却要向年长的乡邻先敬酒，而这个先敬，表现的就是"义"在外。公都子无法解释，就请教孟子。孟子自然主张"义"在内，他以对叔父和弟弟的恭敬为例，平时叔父在先，但当弟弟成了受祭代理人时，他又先于叔父成为受恭敬的对象。因为本乡长者处于尊位，所以先敬酒给他，这只是暂时的，平常情况恭敬在于兄长。孟子的解释没能说服孟季子，反而使他坚定了自己的看法，他说："对叔父也是恭敬，对弟弟也是恭敬，这不就证明'义'是外在的，而不是由内心出发的。"公都子大概从老师的回答中得到启发，就回敬他说："冬天喝热水，夏天喝凉水，难道饮食也是外在的了吗？"其实，在这场辩论中，孟子与孟季子都没有搞清内容和形式的关系。他们讨论的问题是，义——恭敬之心，是发自内心，还是表现外在？孟季子认为是外在表现，他看重的是表现出来的形式。孟子确认恭敬之心出自本性，但对其外在表现的矛盾没有做出令人信服的解释，于是这场辩论打成平手，谁也没有说服谁。这里展示的是义的内涵和外在表现的矛盾。恭敬之心对兄长和乡里长者自然不可同日而语，敬酒先乡里长者并不是对乡里长者的恭敬超过兄长，而仅仅是礼节的需要。这就是说，外在的形式必须符合礼，但这与发自内心的义并不矛盾。

孟子在故乡，慕名来访的人很多，什么人都有。其中有个叫曹交的人，可能是已经灭亡的曹国的后裔，前来拜访，并要求孟子收他做弟子。最后，孟子虽然拒绝收他为弟子，但他们关于"人皆可以为尧舜"的讨论还是很有意义的：

　　曹交问曰："人皆可以为尧舜，有诸？"孟子曰："然。""交闻文王十尺，汤九尺，今交九尺四寸以长，食粟而已，如何则可？"曰："奚有于是？亦为之而已矣。有人于此，力不能胜一匹雏，则为无力人矣；今

―――――――――――――――
① 《孟子·告子上》，《十三经注疏》，中华书局1980年版，第2748页。

日举百钧，则为有力人矣。然则举乌获之任，是亦为乌获而已矣。夫
人岂以不胜为患哉？弗为耳。徐行后长者谓之弟，疾行先长者谓之不
弟。夫徐行者，岂人所不能哉？所不为也。尧舜之道，孝弟而已矣。
子服尧之服，诵尧之言，行尧之行，是尧而已矣。子服桀之服，诵桀
之言，行桀之行，是桀而已矣。"曰："交得见于邹君，可以假馆，愿留
而受业于门。"曰："夫道若大路然，岂难知哉？人病不求耳。子归而求
之，有余师。"①

孟子可能说过"人皆可以为尧舜"的话，所以曹交上来就问，有这话吗？在
得到肯定的回答以后，曹交有点丧气地说，我虽然比文王矮，比汤高，但只
会吃饭，要怎样才能成为他们那样的人呢？孟子鼓励他说："这有什么关系
呢？只要去做就行了。要是有人，自己以为一只小鸡都提不起来，便是毫无
力气的人了；如果说能够举重三千斤，便是很有力气的人了。那么，举得起
乌获所能举的重量的，也就是乌获了。人难道以不能胜任为忧吗？只是不去
做罢了。慢点儿走，走在长者之后，便叫悌；走得快，抢在长者之前，便叫
不悌。慢点儿走，难道是人所不能的吗？只是不那样做罢了。尧舜之道，也
不过就是孝和悌而已。你穿尧的衣服，说尧的话，做尧的所作所为，便是
尧了。你穿桀的衣服，说桀的话，做桀的所作所为，便是桀了。"孟子在这
里特别讲到人的主观能动性的作用：事在人为。不要看轻自己，不要自暴自
弃，要坚定信心，鼓足勇气，以尧舜为做人的目标，想尧舜之所想，为尧舜
之所为，你也就是尧舜了。就孟子强调人的主观努力，要求人们奋发有为而
言，他的上述观点有不可忽视的积极意义。不过，尧舜并不是人人皆可为，
将"人皆可以为尧舜"看得轻而易举，显然是片面的。当曹交要求留在邹国
做孟子的弟子时，被孟子婉言谢绝了。理由是很堂皇的：道就像大路，不难
寻找，你自己认真寻找，随时都可以找到老师。孟子的这一举动，似乎与他
对求学者来者不拒的既往方针不协调。他之所以这样做，可能与作为贵族公
子的曹交的尊师不够虔诚的态度有关，孟子那高傲的神经怎么能容忍一个对
自己不屑的人呢！

① 《孟子·告子下》，《十三经注疏》，中华书局1980年版，第2755—2756页。

孟子在邹国的时候，滕定公死了，他的儿子继位，是为滕文公。不久前，这位滕文公作为世子出使楚国时，曾在宋国国都彭城两次与孟子会面，谈得十分投机。这时，他知道孟子正在邹国，就赶忙让师傅然友前去请教如何安排父亲的葬礼。因为邹国距滕国不过几十里，乘坐马车当天就可以回来。由于孟子坚持传统的三年之丧与滕国原来的制度不一致，受到国内一些臣子的非议，然友于是奉文公之命再次赴邹国请教孟子，大概因为文公觉得孟子阐述的理由比较充分，最后还是采纳了他的意见。对于这件事的折冲，《孟子·滕文公上》有着比较详细的记载：

> 滕定公薨，世子谓然友曰："昔者孟子尝与我言于宋，于心终不忘。今也不幸至于大故，吾欲使子问于孟子，然后行事。"然友之邹问于孟子。孟子曰："不亦善乎！亲丧，固所自尽也。曾子曰：'生，事之以礼；死，葬之以礼，祭之以礼，可谓孝矣。'诸侯之礼，吾未之学也；虽然，吾尝闻之矣。三年之丧，齐疏之服，飦粥之食，自天子达于庶人，三代共之。"然友反命，定为三年之丧。父兄百官皆不欲，曰："吾宗国鲁先君莫之行，吾先君亦莫之行也，至于子之身而反之，不可。且《志》曰：'丧祭从先祖。'曰，'吾有所受之也。'"谓然友曰："吾他日未尝学问，好驰马试剑。今也父兄百官不我足也，恐其不能尽于大事，子为我问孟子。"然友复之邹问孟子。孟子曰："然；不可以他求者也。孔子曰：'君薨，听于冢宰，歠粥，面深墨，即位而哭，百官有司莫敢不哀，先之也。'上有好者，下必有甚焉者矣。君子之德，风也；小人之德，草也。草尚之风必偃，是在世子。"然友反命，世子曰："然；是诚在我。"五月居庐，未有命戒。百官族人可，谓曰知。及至葬，四方来观之，颜色之戚，哭泣之哀，吊者大悦。①

滕文公对孟子在彭城的两次谈话，显然留下了深刻印象。他之决定让然友询问孟子后再定夺父亲的葬礼，是因为此时他认定孟子会给他一个满意的答复。然友见到孟子，孟子毫无保留地和盘托出了自己的意见："父母的丧事，

---

① 《孟子·滕文公上》，《十三经注疏》，中华书局1980年版，第2701页。

应该尽心尽力。曾子说过：'当他们在世的时候，依礼去侍奉；他们去世了，依礼去埋葬，依礼去祭祀，这可以说尽孝了。'诸侯的礼节，我虽然不曾学习过，但也听说过。实行三年的丧礼，穿着粗布缉边的孝服，吃着稀粥，从天子一直到老百姓，夏、商、周三代都是这样的。"然友带着孟子的意见回去复命，太子就决定依照孟子的意见实行三年之丧。然而，滕国的父老官吏却都不满意。他们对太子说："我们的宗国鲁国的历代君主没有实行过，我们滕国的历代祖先也没有实行过，到你这一代便改变祖先的做法，这是不应该的。而且《志》上说过，'丧礼祭礼一律依从祖宗的规矩。'道理就在于我们是从这一传统继承下来的。"面对父老官吏的反对意见，太子让然友再次去邹国向孟子讨教。他说："我过去不曾搞过学问，只喜欢跑马舞剑。今日，我要实行三年之丧，父老官吏们都对我不满，恐怕这一丧礼难以使我尽心竭力，你再替我去问问孟子吧。"然友于是再去邹国向孟子咨询。孟子说："这是不能够求于别人的。孔子说过，'君主死了，太子把一切政务交给首相，喝着粥，面色深黑，就临孝子之位便哭，大小官吏没有人敢不悲戚，是因为太子亲身带头的缘故。'在上位的有什么爱好，在下面的人一定爱好得更厉害。君子的德好像风，小人的德好像草，风向哪边吹，草就向哪边倒。这一件事情完全决定于太子。"

然友将孟子的意见原原本本回报给太子，孟子的意见坚定了太子志向，他说："孟子说得对，这事应该决定于我。"于是太子居于丧庐中五个月，不曾颁布过任何命令和禁令。官吏和同族的人们都很赞成，认为这才是知礼。等到举行葬礼的时候，四方的人都来观礼，太子容色的悲戚，哭泣的哀痛，使来吊丧的人都非常满意。滕文公完全听从孟子的意见，毅然力排众议，实行三年之丧，这一方面说明，在孔孟之乡，儒学的影响源远流长，另一方面也说明，到公元前 323 年前后，孟子的地位和影响也今非昔比了。由于孔子和孟子不断地宣扬，更由于西汉确立了儒学在思想上的独尊地位，三年之丧就成为中国古代社会公认的丧葬制度，一直延续到清朝灭亡。

可能是在公元前 322 年（周显王四十七年　秦惠文王更元三年　魏惠王后元十三年　齐威王三十五年），孟子决定到鲁国去，恰在此时，他的得意门生乐正克受到鲁平公的重用，被委以主持国政。孟子听到这个消息，竟然高兴得连觉也睡不着了。他天真地认为，在鲁国推行他的政治理想、实行

"仁政"的时机终于到来了。可是，当他兴冲冲地赶到鲁都曲阜的时候，连鲁平公的面也没有见到。原因是鲁平公身边的一个被宠幸的小臣臧仓从中阻挠，使孟子与鲁平公失之交臂：

> 鲁平公将出，嬖人臧仓者请曰："他日君出，则必命有司所之。今乘舆已驾矣，有司未知所之，敢请。"公曰："将见孟子。"曰："何哉，君所为轻身以先于匹夫者？以为贤乎？礼义由贤者出；而孟子之后丧逾前丧。君无见焉！"公曰："诺。"乐正子入见，曰："君奚为不见孟轲也？"曰："或告寡人曰：'孟子之后丧逾前丧'，是以不往见也。"曰："何哉，君所谓逾者？前以士，后以大夫；前以三鼎，而后以五鼎与？"曰："否；谓棺椁衣衾之美也。"曰："非所谓逾也，贫富不同也。"乐正子见孟子，曰："克告于君，君为来见也。嬖人有臧仓者沮君，君是以不果来也。"曰："行，或使之；止，或尼之。行止，非人所能也。吾之不遇鲁侯，天也。臧氏之子焉能使予不遇哉？"①

看来鲁平公是从乐正克那里知道了孟子已经来到鲁国的消息，并且很有可能是乐正克劝说他前去拜访孟子。这说明，孟子在一定程度上已经赢得了鲁平公的尊重与好感。可正当他准备出发去拜见的时候，他宠幸的小臣臧仓却阻止他前去。理由是两条。一是不能放下国君的身段去拜访一位平民百姓，二是孟子的德行有亏。他煽惑说："您以为孟子是贤德之人吗？贤德之人的行为应该合乎礼义，而孟子办他母亲的丧事大大超过以前办他父亲的丧事，这能算贤德之人吗？我劝您还是不要去拜访他。"臧仓一席话，打消了鲁平公拜访孟子的念头。乐正克知道鲁平公爽约后，显然心里不是滋味，就去见平公，问他为什么不去见孟子？平公似乎理由十分充分：孟子的品德有问题，证据是"办他母亲的丧事大大超过以前办他父亲的丧事"。乐正克听了，立即为自己的老师辩解说："您所说的超过，是什么意思呢？是办他父亲的丧事用士礼？办他母亲的丧事用大夫之礼吗？是办父亲的丧事用三个鼎摆放供品，办母亲的丧事用五个鼎摆放供品吗？"平公说他指的超过是"棺椁衣衾

---

① 《孟子·梁惠王下》，《十三经注疏》，中华书局 1980 年版，第 2682 页。

的精美"。乐正克立即纠正说，那不能叫"超过"，只是表明前后贫富不同罢了。由于一桩好事没有办成，乐正克带着歉意对老师说明原委，他本来等着孟子发一通牢骚，但听到的是孟子一番非常达观的话："一个人要干件事情，是有一种力量在支使他；就是不干，也是有一种力量在阻止他。干与不干，不是单凭人力所能做到的。我不能与鲁侯相遇，是由于天命。臧家那小子，他怎么能使我不和鲁侯相遇呢?"孟子的解释，有点自我安慰的味道。其实更深一层的意思，孟子虽然没有说出来，但可以猜测得到：由于鲁平公因一个微不足道的小臣的阻挠而放弃同孟子见面，只能说明他不是一个明智之君，孟子因而也没有必要在他身上寄予太大希望，见面与否，已经没有多大意义，所以孟子发挥了一通"天命论"之后，就达观地将这件事丢到脑后去了。

孟子到鲁国后，因为没有能够与鲁平公相见，感到整个鲁国的气氛不适宜久留，就萌生了尽快离开的打算。正在此时，继位不久的鲁平公不自量力，打算任用慎滑釐与齐国开战，以夺回被齐国侵占的南阳（今泰安一带）地。孟子坚决反对这场没有胜算、徒然给鲁国百姓带来灾难的战争。为此，他同积极主张开战的慎滑釐进行了一场辩论：

> 鲁欲使慎子为将军。孟子曰："不教民而用之，谓之殃民。殃民者，不容于尧舜之世。一战胜齐，遂有南阳，然且不可。"慎子勃然不悦曰："此则滑釐所不识也。"曰："吾明告子。天子之地方千里；不千里，不足以待诸侯。诸侯之地方百里；不百里，不足以守宗庙之典籍。周公之封于鲁，为方百里也；地非不足，而俭于百里。大公之封于齐也，亦为方百里也；地非不足也，而俭于百里。今鲁方百里者五，子以为有王者作，则鲁在所损乎，在所益乎? 徒取诸彼以与此，然且仁者不为，况于杀人以求之乎? 君子之事君也，务引其君以当道，志于仁而已。"
>
> 孟子曰："今之事君者曰，'我能为君辟土地，充府库。'今之所谓良臣，古之所谓民贼也。君不乡道，不志于仁，而求富之，是富桀也。'我能为君约与国，战必克。'今之所谓良臣，古之所谓民贼也。君不乡道，不志于仁，而求为之强战，是辅桀也。由今之道，无变今之俗，

虽与之天下，不能一朝居也。"①

慎滑釐②被任命为将军后，积极备战，以期在战场上一显身手。孟子找到他，陡然给他头上泼下一瓢冷水。孟子说："不先教导百姓便用他们打仗，这就叫作加害于百姓。加害于百姓的人，如果在尧舜的时代，是不被容纳的。你即使作战一次便打败了齐国，因而得到了南阳，这样也是不可以的。"孟子这里的意思是，慎滑釐的对齐作战，根本没有必胜的把握；即使侥幸取胜，也是不可取的。慎滑釐对孟子的看法自然无法苟同，因为他正被想象中的胜利鼓舞着。他反问孟子，既然一次能够打败齐国，为什么不可以？孟子于是推出了自己的反战理论："我明白告诉你吧。天子的土地纵横一千里；如果不到一千里，便不够接待诸侯。诸侯的土地纵横一百里；如果不够一百里，便不够来奉守历代相传的礼法制度。周公被封于鲁，是应该纵横一百里的；土地并不是不够，但实际上少于一百里。太公被封于齐，也应该是纵横一百里的；土地并不是不够，但实际上少于一百里。如今鲁国有五个一百里的长度和宽度，你以为假如有圣主明王兴起，鲁国的土地在被减少之列呢？还是在被增加之列呢？不用兵力，白白地取得那国来给这国，仁人尚且不干，何况杀人来求得土地呢？君子的服侍君王，只是专心一意地引导他趋向正路，有志于仁罢了。"这里孟子以古老的周礼作为不要战争的依据，是没有说服力的。因为战国时代，中国走向统一只能通过战争的途径。不知是孟子的劝告起了作用，还是鲁国君臣意识到战争不合算，反正这场战争没有打起来。

孟子在讲了上面的道理以后，意犹未尽，接着又大骂那些醉心于通过战争开拓土地的臣子都是"民贼"："今天服侍君主的人都说：'我能够替君主开拓土地，充实府库。'今天的所谓好臣子正是古代的所谓百姓的贼害者。君主不向往道德，无意于仁，却想使他钱财富足，这等于使夏桀钱财富足。

---

① 《孟子·告子下》，《十三经注疏》，中华书局1980年版，第2760页。

② 这个慎滑釐，只在这里出现一次。赵岐认为他是一个兵家，焦循《孟子正义》认定他是慎到，还有人认为他是墨家学派的禽滑釐。后两种说法难以成立。赵岐的说法或许接近事实：他是鲁国的一个军事人才，一度被任命为将军，但没有指挥过有影响的战事，因而文献缺乏对他事迹的记载。

又说:'我能够替君主邀结盟国,每战一定胜利。'今天的所谓好臣子正是古代的所谓百姓的贼害者。君主不向往道德,无意于仁,却想替他勉强作战,这等于帮助夏桀。从目前这样的道路走下去,也不改变今天这样的风俗习气,纵使把整个天下给他,他是一天也坐不稳的。"这里,孟子将他的反战理论又大大发挥了一通,这既是说给慎滑釐听的,也是说给鲁国君臣听的。不过,尽管孟子对自己的反战理论坚信而执着,但在当时的历史条件下,是不会产生实际效果的:言之谆谆而听之藐藐,这是"迂远而阔于事情"的儒家学说在当时遇到的尴尬局面。

孟子在鲁国待的时间很短,大概只有几个月。由于同鲁平公和慎滑釐都处得不愉快,他深知在这里已经难以有所作为,所以很快又回到邹国。回到邹国以后,他面临一个向何处去的问题。这时候,孟子已经年过 50 岁,理论上也建立起自己的体系,在列国更是声名远播。他实在太希望得到一个诸侯国君的重用,将自己的理论推行到实践中去。然而,在所有接触到的国君中,没有找到一个赏识自己的人,这不能不使他感到丝丝凉意。他大概已经有时不我待的急迫感。是呀,自己服膺的孔老夫子,不是 50 岁以后也已主政中都,进而在大司寇的位子上指挥若定了吗! 怎么办? 孟子突然想到近在咫尺的滕国。滕国的新君文公刚刚即位,不久前在彭城的两次谈话也比较投机,而在其父的葬礼问题上他又完全听从了自己的建议,比较所有接触过的国君,他或许是最有可能信任并重用自己的人物。于是,孟子毫不犹豫地带领弟子们,意气昂扬地来到滕国。

孟子在滕国受到滕文公的热情款待,他们曾就非常广泛的问题进行交谈。当时的滕国很小,夹在齐、楚两个大国之间。向南数十里的薛地(今山东枣庄薛城)就是齐国贵族靖郭君田婴的封地,此前不久,田婴曾命人在这里修筑城防。《战国策·齐策一》这样记载:

> 齐将封田婴于薛。楚王闻之,大怒,将伐齐。齐王有辍志。公孙闬曰:"封之成与不,非在齐也,又将在楚。闬说楚王,令其欲封公也甚于齐。"婴子曰:"愿委之于子。"
>
> 公孙闬为谓楚王曰:"鲁、宋事楚而齐不事者,齐大而鲁、宋小。王独利鲁、宋之小,不恶齐大何也? 夫齐削地而封田婴,是其所有弱

也。愿勿止。"楚王曰："善。"因不止。

　　靖郭君将城薛，客多以谏。靖郭君谓谒者，无为客通。齐人有请者曰："臣请三言而已矣！益一言，臣请烹。"靖郭君因而见之。客趋而进曰："海大鱼。"因反走。君曰："客有于此。"客曰："鄙臣不敢以死为戏。"君曰："亡，更言之。"对曰："君不闻大鱼乎？网不能止，钩不能牵，荡而失水，则蝼蚁得意焉。今夫齐，亦君之水也。君长有齐阴，奚以薛为？夫齐，虽隆薛之城到于天，犹之无益也。"君曰："善。"乃辍城薛。①

上面的故事主要展现纵横家们的智慧和雄辩。你看，由于惧怕楚王之怒，公孙闬在田婴几乎封薛无望的情况下，跑到楚王那里一番滔滔雄辩，田婴的封薛就得以顺利进行。一个齐人一席话，田婴在薛筑城的初衷就动摇了，不过此前这一工程肯定进行了一段时间，所以孟子到滕国的时候，尽管田婴已经停止筑城的工程，但估计薛城也初具规模了。所以，滕文公与孟子见面的时候，就问起这一问题：

　　滕文公问曰："齐人将筑薛，吾甚恐，如之何则可？"孟子对曰："昔者太王居邠，狄人侵之，去之岐山之下居焉。非择而取之，不得已也。苟为善，后世子孙必有王者矣。君子创业垂统，为可继也。若夫成功，则天也。君如彼何哉？强为善而已矣。"②

小国之君滕文公的神经是很敏感的，田婴在他毗邻的南部边境筑城，他就意识到逼近自己的危险，于是请教孟子怎么办？孟子的回答是行"仁政"："从前太王居于邠地，狄人来侵犯，他便避开，搬到岐山之下定居下来。这不是太王主动选择采取的办法，实在是不得已呀！要是一个君主能行仁政，即使他本人没有成功，他的后代子孙一定会有成为帝王的。有德君子创立功业，传之子孙，正是为着一代一代地能够继承下去。至于能不能成功呢？也还得依靠天命。您怎样去对付齐人呢？只有努力实行仁政罢了。"这里孟子的回答是比较灵活的。他从滕国作为一个处于劣势的小国的实际出发，认为对付强大的齐人，只有避其锋芒，实行仁政，争取民心，培养国力，等待时机，即使这一代看不到效果，将来子孙肯定发达。因为滕国处于齐、楚等大国之间，时时受到侵扰，如何周旋于大国之间，使自己的利益不受或少受损害，是文公日夜萦绕脑际的紧迫问题，所以他一再询问，期望孟子给他一个满意的回答：

> 滕文公问曰："滕，小国也，间于齐、楚，事齐乎？事楚乎？"孟子对曰："是谋非吾所能及也。无已，则有一焉：凿斯池也，筑斯城也，与民守之，效死而民弗去，则是可为也。"
>
> 滕文公问曰："滕，小国也；竭力以事大国，则不得免焉，如之何则可？"孟子对曰："昔者大王居邠，狄人侵之。事之以皮币，不得免焉；事之以犬马，不得免焉；事之以珠玉，不得免焉。乃属其耆老而告之曰：'狄人之所欲者，吾土地也。吾闻之也：君子不以其所以养人者害人。二三子何患乎无君？我将去之。'去邠，踰梁山，邑于岐山之下居焉。邠人曰：'仁人也，不可失也。'从之者如归市。或曰：'世守也，非身之所能为也，效死勿去。'君请择于斯二者。"①

孟子对滕文公提出的问题，第一次回答是团结百姓，深沟高垒，对外来侵犯誓死抵抗："把护城河挖深，把城墙筑坚固，同百姓一道来保卫它，宁肯献出生命，也决不屈服。"第二次回答时，则指出两条道路让文公选择，一是避让，二是反抗。孟子在讲述自己观点的时候，总是举出历史事实启发对话者的思考，他说："古时候太王居于邠地，狄人来侵犯他。太王用皮裘和丝绸去孝敬他，可狄人没有停止侵犯；又用好狗名马去孝敬他，狄人还是没有停止侵犯；又用珠宝去孝敬他，狄人还是没有停止侵犯。太王便召集邠地的长老，向他们宣布：'狄人所要的是我们的土地，土地只是养人之物，我听说过：有道德之人不能为养人之物反而使人遭到祸害。你们何必害怕没有君

---

① 《孟子·梁惠王下》，《十三经注疏》，中华书局 1980 年版，第 2681—2682 页。

主呢？狄人不是也可以做你们的君主吗？我准备离开这儿，免得你们受害。'于是离开邠地，越过梁山，在岐山之下重新建筑一个城邑而定居下来。邠地的百姓说：'这是一位仁德的人呀，不可以抛弃。'追随而去的人好像赶集一样踊跃。也有人这么说：'这是祖宗传下来教我们子孙代代应该保守的基业，不是我本人所能擅自作主而把它舍弃的。宁可献出生命，也不要离开。'以上两条道路，您可以选择其中的任何一条。"事实上，一直持反战观点的孟子，在回答如何对付强加的侵犯和战争时，内心是矛盾的。他不希望发生战争，鼓吹通过实施"仁政"争取民心，以解决诸如统一、秩序、和平和发展等问题。然而他面临的真实情况是，战争几乎天天都在进行，不仅各国之间经常进行战争，就是一国之内，各政治集团之间也经常为了各自的利益而诉诸武力。面对强加的战争和毫无理由的侵犯，一味退让只能助长强势集团的气焰。因乎此，孟子也只能鼓吹和支持团结御侮，以战争手段对付战争了。

　　孟子在与滕文公的谈话中，谈论最多的是"仁政"，因为"仁政"即是孟子政治理论的核心，所以他此行最大的愿望是，滕文公接受他的"仁政"理论，并进而将这一理论变成具体的政策措施，在实践中认真加以推行。请看他的说教吧：

　　　　滕文公问为国。孟子曰："民事不可缓也。《诗》云：'昼尔于茅，宵尔索绹；亟其乘屋，其始播百谷。'民之为道也，有恒产者有恒心，无恒产者无恒心。苟无恒心，放辟邪侈，无不为己。及陷乎罪，然后从而刑之，是罔民也。焉有仁人在位罔民而可为也？是故贤君必恭俭礼下，取于民有制。阳虎曰：'为富不仁矣，为仁不富矣。'夏后氏五十而贡，殷人七十而助，周人百亩而彻，其实皆什一也。彻者，彻也；助者，藉也。龙子曰：'治地莫善于助，莫不善于贡。'贡者，校数岁之中以为常。乐岁，粒米狼戾，多取之而不为虐，则寡取之；凶年，粪其田而不足，则必取盈焉。为民父母，使民盻盻然，将终岁勤动，不得以养其父母，又称贷而益之，使老稚转乎沟壑，恶在其为民父母也？夫世禄，滕固行之矣。《诗》云：'雨我公田，遂及我私。'惟助为有公田。由此观之，虽周亦助也。设为庠序学校以教之。庠者，养也；校者，教也；序者，射也。夏曰校，殷曰序，周曰庠，学则三代共之，皆所以明人伦也。人伦明于上，小民亲于下。有王者起，必来取法，是为王者师也。《诗》云：'周虽旧邦，其命维新。'文王之谓也。子力行之，亦以新子之国。"

　　使毕战问井地。孟子曰："子之君将行仁政，选择而使子，子必勉之！夫仁政，必自经界始。经界不正，井地不均，谷禄不平，是故暴君汙吏必慢其经界。经界既正，分田制禄可坐而定也。夫滕，壤地偏小，将为君子焉，将为野人焉。无君子，莫治野人；无野人，莫养君子。请野九一而助，国中什一使自赋。卿以下必有圭田，圭田五十亩；余夫二十五亩。死徙无出乡，乡田同井，出入相友，守望相助，疾病相扶持，则百姓亲睦。方里而井，井九百亩，其中为公田。八家皆私百亩，同养公田；公事毕，然后敢治私事，所以别野人也。此其大略也；若夫润泽之，则在君与子矣。"①

孟子这一番说教，不啻可以看作他的"仁政"纲领。这一纲领的内容是，一，为了使民有"恒心"，必须使民有恒产。因为老百姓只有有一定的产业收入，才有一定的道德观念和行为准则。若没有一定的产业收入，便不会有一定的道德观念和行为准则。他们就会胡作非为违法乱纪，什么事也能干出来。所以，贤明之君不仅要使他们有一定的产业，还要有一个"取民有制"的税收制度，让百姓负担得起。二，实行"井田"制度，让百姓得到"恒产"，能够获得稳定的收入，足以供养父母妻子，不致使他们衣食无着，"老稚转乎沟壑"。三，兴办学校，教育人民了解人与人之间的各种必然关系以及相关的各种准则，并一体遵守。这样一来，诸侯、卿、大夫与广大百姓都各得其所，就会和安相处，社会也就太平安定了。孟子希望滕国也像当年的周文王创业那样，以小小的国土为基地，真心真意推行"仁政"，迎来国运的新气象。可能孟子的"仁政"理论激起了滕文公的政治热情和改革希望，又特使臣子毕战去孟子那里询问井田制的具体情况，孟子根据自己的理解，对这个问题作了详细解释。他认为，实行"仁政"，一定要从划分整理田界开始。田界划分得不正确，井田的大小就不均匀，作为俸禄的田租收入也就

---

① 《孟子·梁惠王上》，《十三经注疏》，中华书局 1980 年版，第 2702—2703 页。

不会公平合理，所以暴虐的君主以及贪官污吏一定要打破正确的田间界限。田间界限正确了，分配人民以田地，制定官吏的俸禄，都可以毫不费力地做出决定了。接着，孟子谈了他理想的土地占有、使用和劳动成果的分配办法。他说，滕国的土地狭小，却也得有官吏和人民。没有官吏，便没有人来管理劳动人民；没有劳动人民，也没有人养活官吏。我建议，郊野用九分抽一的助法，城市用十分抽一的贡法。公卿以下的官吏一定有供祭祀的圭田每家 50 亩；如果他家还有剩余的劳动力，便每一劳动力再给 25 亩。无论埋葬或者搬家，都不离开本乡本土。共一井田的各家，平日出入，互相友爱；防御盗贼，互相帮助；一有疾病，互相照顾，那么百姓之间便亲爱和平了。办法是：每一方里的土地为一个井田，每一井田有 900 亩，当中 100 亩是公有田，以外 800 亩分给 8 家作私田。这 8 家共同来耕种公有田。先把公有田耕种完毕，再来料理私人的事务，这就是区别官吏与劳动人民的办法。以上这些规定不过是个大概，至于怎样去修饰调度，那就在你的君和你本人了。

在中国历史上，孟子是第一个提出井田制的人，由此给后世留下了至今聚讼纷纭的关于井田制的争论。有的学者认为西周根本没有实行井田制，证据是在金文中至今找不到井田制的记载。也有一些学者认为井田确实存在。如郭沫若就说"井田制是断然存在过的"[1]。他认为井田制"是由于两层用意所设计出来的：一是作为榨取奴隶劳力的工作单位，另一是作为赏赐奴隶管理者的报酬单位"[2]。也就是说，"周王把井田分封给诸侯和百官，用作计算俸禄的单位"，"周朝的各级奴隶主贵族，把他们得到的井田分配给自己的奴隶集体耕种，作为课验勤惰的单位，以榨取奴隶们的血汗"[3]。这种表述可能比较接近历史的真实。田昌五基本认同郭沫若的观点又有所发展。他认为"井田制有两层含义：一是用来计算大面积的封地，包括山泽邑居在内；二是用来进行赋敛，限可耕地。"[4] 显然，郭沫若与田昌五都将井田制认作当时土地的一种计量的方法与制度。这里孟子所讲的井田制的内容是土地占有、使用和劳动成果的分配办法，主要有这样几项：一，郊野实行九一税制

---

① 《郭沫若全集·历史编》2，人民出版社 1982 年版，第 25 页。

② 《郭沫若全集·历史编》2，人民出版社 1982 年版，第 34 页。

③ 郭沫若主编：《中国史稿》第 1 册，人民出版社 1976 年版，第 244—245 页。

④ 田昌五：《中国古代社会发展史论》，齐鲁书社 1992 年版，第 359 页。

度，城市（即国中）实行十一税制。二，除拥有大片土地的公、卿两级贵族之家外，其他官吏每家有圭田50亩和按每个劳动力25亩的数量分得的土地。三，郊野实行8家共井的井田制和劳役地租。不管孟子描述的井田制度是否在西周历史上存在过，也不管他这套方案在当时是否具有实行的条件，但有一点可以肯定，即他企图通过这种办法抑制土地朝少数人那里集中的倾向，实现民有恒产的目标，以便使生产者与生产资料相结合，从而使社会生产得以顺利进行，国家税收得到保证，社会上最贫苦无告的那部分人的生活也能够维持，由此使当时的社会回归孟子所认定的美好时代。

第六节　斥许行、辟杨、墨

孟子在滕国的时候，正好农家的代表人物许行也由楚国到了这里。农家是战国诸子中的一个学派。因为他们的代表作《神农》汉代以后已经失传，这一学派完整的理论体系已难以稽考。后人只能从保存他们学说片段较多的《吕氏春秋》《淮南子》和其他先秦诸子中窥视其学术风貌。大体说来，农家的政治理想是建立一个人人共同劳动、共同消费，没有阶级、没有剥削和压迫的农耕社会，因而他们重视农业科学和农业技术的研究与推广，对中国农学的发展做出了重要贡献。孟子与许行的弟子陈相就社会分工问题进行了激烈的辩论。《孟子·滕文公上》比较详细地记载了这场辩论：

> 有为神农之言者许行，自楚之滕，踵门而告文公曰："远方之人，闻君行仁政，愿受一廛而为氓。"文公与之处。其徒数十人，皆衣褐，捆屦织席以为食。陈良之徒陈相与其弟辛负耒耜而自宋之滕，曰："闻君行圣人之政，是亦圣人也，愿为圣人氓。"陈相见许行而大悦，尽弃其学而学焉。陈相见孟子，道许行之言曰："滕君则诚贤君也；虽然，未闻道也。贤者与民并耕而食，饔飧而治。今也滕有仓廪府库，则是厉民而以自养也，恶得贤？"孟子曰："许子必种粟而后食乎？"曰："然。""许子必织布而后衣乎？"曰："否；许子衣褐。""许子冠乎？"曰："冠。"曰："奚冠？"曰："冠素。"曰："自织之与？"曰："否；以粟易之。"曰："许子奚为不自织？"曰："害于耕。"曰："许子以釜甑爨，以

铁耕乎？"曰："然。""自为之与？"曰："否；以粟易之。""以粟易械器者，不为厉陶冶；陶冶亦以其械器易粟者，岂为厉农夫哉？且许子何不为陶冶，舍皆取诸其宫中而用之？何为纷纷然与百工交易？何许子之不惮烦？"曰："百工之事固不可耕且为也。""然则治天下独可耕且为与？有大人之事，有小人之事。且一人之身，而百工之所为备，如必自为而后用之，是率天下而路也。故曰，或劳心，或劳力；劳心者治人，劳力者治于人；治于人者食人，治人者食于人，天下之通义也。当尧之时，天下犹未平，洪水横流，氾滥于天下，草木畅茂，禽兽繁殖，五谷不登，禽兽偪人，兽蹄鸟迹之道交于中国。尧独忧之，举舜而敷治焉。舜使益掌火，益烈山泽而焚之，禽兽逃匿。禹疏九河，瀹济漯而注诸海，决汝汉，排淮泗而注之江，然后中国可得而食也。当是时也，禹八年于外，三过其门而不入，虽欲耕，得乎？后稷教民稼穑，树艺五谷；五谷熟而民人育。人之有道也，饱食、煖衣、逸居而无教，则近于禽兽。圣人有忧之，使契为司徒，教以人伦，父子有亲，君臣有义，夫妇有别，长幼有序，朋友有信。放勋曰：'劳之来之，匡之直之，辅之翼之，使自得之，又从而振德之。'圣人之忧民如此，而暇耕乎？尧以不得舜为己忧，舜以不得禹、皋陶为己忧。夫以百亩之不易为己忧者，农夫也。分人以财谓之惠，教人以善谓之忠，为天下得人者谓之仁。是故以天下与人易，为天下得人难。孔子曰：'大哉尧之为君！惟天为大，惟尧则之，荡荡乎民无能名焉！君哉舜也！巍巍乎有天下而不与焉！'尧舜之治天下，岂无所用其心哉？亦不用于耕耳。"[①]

《孟子》一书中记载他与人辩论的事件可谓多矣，但这场与陈相的辩论是其所有辩论中最精彩的场次之一。整个辩论围绕着社会分工和分工是否是"厉人"即剥削进行。辩论以陈相转述许行指责滕君"厉民而以自养"开始。他说："滕君确实是个贤明的君主，虽然如此，但也还不真懂得道理。贤人要和人民一道耕种，才吃；自己做饭，而且也要替百姓办事。如今滕国有储谷米的仓廪，有存财物的府库，这是损害人奉养自己，又怎能叫作贤明呢？"

---

① 《孟子·滕文公上》，《十三经注疏》，中华书局 1980 年版，第 2705—2706 页。

因为孟子认定农、工、商等不同行业和管理国家与社会事务的国君及各级官吏都是社会需要的分工，他们以各自的服务与其他行业交换，这里根本不存在谁剥削谁的问题，所以他首先从分工谈起，让陈相承认许行一伙用谷物交换衣服、帽子、锅、田器是谁也不剥削谁的正当行为，而且必须有这样的分工和交换社会才能正常运转。他咄咄逼人说："农夫用谷米换取锅甑和农具，不能说是损害了瓦匠铁匠，那么，瓦匠铁匠用锅甑和农具来换取谷米，难道说是损害了农夫吗？而且，为什么许子不亲自烧窑冶铁，做成各种器械，什么东西都储存在家中随时取用？为什么许子要这样那样一件件地和各种工匠做买卖？为什么许子这样不怕麻烦？"在陈相承认一个人不可能同时从事农业又做各种工匠后，孟子进而引申，管理国家的各项事务也是社会分工，如同农民种田、工人织布、烧窑、冶铁、制器一样，都是社会不可或缺的工作。他振振有词地说："那么，难道管理国家就能一方面耕种又能同时干得了分内的工作吗？社会上分工众多，既有官吏的工作，也有小民的工作。只要是一个人，各种工匠的成品对他都是不可缺少的，如果一件件东西都要自己造出来才去用它，这是率领天下的人疲于奔命。所以我说，有的人劳动脑力，有的人劳动体力；脑力劳动者统治人，体力劳动者被人统治；被统治者养活别人，统治者靠人养活，这是普天下的共同原则。"接着，孟子举出历史上圣帝名王殚精竭虑，救民水火的例子，极力说明，脑力劳动绝不比体力劳动轻松，而贡献也远远超过体力劳动。他热情洋溢地宣讲历史："当尧的时候，天下还不安定，大水为灾，四处泛滥，草木密密麻麻地生长，鸟兽成群地繁殖，谷物却没有收成；飞鸟野兽危害人类，到处都是它们的足迹。尧一个人为此忧虑，把舜选拔出来总领治理工作。舜命令伯益掌管火政，益便将山野沼泽地带的草木用烈火烧毁，使鸟兽逃跑隐藏。禹又疏濬九河，治理济水和漯水，引流入海，挖掘汝水和汉水，疏通淮水泗水，引导流入长江，中国才可以耕种。在这个时候，禹八年在外，三次经过自己的家门都不进去，纵使想亲自耕田，可能吗？后稷教导百姓种庄稼，栽培谷物。谷物成熟了，便可以养育百姓。人之所以为人，吃饱了，穿暖了，住得安逸了，如果没有教育，也和禽兽差不多。圣人又为此忧虑，便使契做司徒的官，主管教育。用关于人与人之间关系的大道理以及行为准则来教养人民，使之父子之间有骨肉之亲，君臣之间有礼义之道，夫妻之间挚爱而有内外之别，老少之间有尊卑之序，朋友之间有诚信之德。尧说道：'督促他们，纠正他们，帮助他们，使他们各得其所，然后加以提携和教诲。'圣人为百姓考虑如此周到而不倦，还有闲暇耕种吗？尧把得不着舜这样的人作为自己的忧虑，舜把得不着禹和皋陶这样的人作为自己的忧虑。把自己的田地耕种得不好作为忧虑的，那是农夫。把钱财分给别人的叫作惠，把好的道理教给别人的叫作忠，替天下人民找到出色人才的便叫作仁。在我看来，把天下让给别人比较容易，替天下找到出色人才却困难些。所以孔子说：'尧做天子真是伟大！只有天最伟大，也只有尧能够效法天。尧的圣德广阔无边呀，竟使人民找不到恰当的词语来赞美他！舜也是了不得的天子！那么使人敬服地坐了天下，自己却不享受它，占有它！'尧、舜的治理天下，难道不用心思吗？只是不用在种庄稼上罢了。"孟子这一番口若悬河的议论，把君主作为社会分工一分子的观点作了充分的论证。其中，最为后世诟病的是"劳心者治人，劳力者治于人；治于人者食人，治人者食于人，天下之通义也"这一段话，被判为"剥削有理论"加以批判。实在说来，这是对《孟子》一书的误读。孟子这里是讲社会分工，认定脑力劳动和体力劳动是不同的社会分工并不错，至于"治人"和"治于人"这些有点刺激性的字眼，只要作理性的理解，就不难通过了。当你将"治"理诠释成管理，问题就迎刃而解了。再说，将脑力劳动同剥削，体力劳动同被剥削简单等同起来，显然是没有道理的。孟子充分肯定脑力劳动和体力劳动分工的积极意义，在他与弟子公孙丑的谈话中也着力强调过，《孟子·尽心上》记载了这次谈话：

> 公孙丑曰："《诗》曰：'不素餐兮'，君子之不耕而食，何也？"孟子曰："君子居是国也，其君用之，则安富尊荣；其子弟从之，则孝弟忠信。'不素餐兮'，孰大于是？"①

在这次谈话中，公孙丑所引的诗句出于《诗经·魏风·伐檀》，全诗以伐木者的口吻，讽刺那些"不稼不穑""不狩不猎"的"君子"是一群"素餐"即白吃饭的剥削者。公孙丑也疑惑君子不耕而食就是白吃饭。孟子却从体、

---

① 《孟子·尽心上》，《十三经注疏》，中华书局 1980 年版，第 2769 页。

脑分工的角度，将君子变换为知识分子，对他们的作用做了充分肯定。他说，君子住在一个国家，君王用他，就会平安、富足、尊贵而有名誉；少年子弟信从他，就会孝父母、敬兄长、忠心而守信实。"不白吃饭"，还有比这更好的吗？从这里可以看出，孟子在体、脑分工问题上的观点始终是以一贯之的。

　　大概是孟子的辩驳还没有完全说服陈相，他又提出农家学说可以避免价格欺诈的观点，但也被孟子有力地驳斥了：

> "从许子之道，则市贾不贰，国中无伪；虽使五尺之童适市，莫之或欺。布帛长短同，则贾相若；麻缕丝絮轻重同，则贾相若；五谷多寡同，则贾相若；屦大小同，则贾相若。"曰："夫物之不齐，物之情也；或相倍蓰，或相什伯，或相千万。子比而同之，是乱天下也。巨屦小屦同贾，人岂为之哉？从许子之道，相率而为伪者也，恶能治国家？"①

表面上看，陈相的说法的确令人神往：如果实践许行的学说，那就会做到市场上的物价一致，人人没有欺诈。纵令打发小孩子去市场，也没有人来欺骗他。因为许子的交易准则是：布匹丝绸的长短一样，价钱便一样；麻绵丝绵的轻重一样，价钱便一样；谷米的多少一样，价钱也一样；鞋的大小一样，价钱也一样。然而，陈相所转述的农家的这个观点，却有一个致命伤：他们标榜的数量一样就价格相同的观念，没有将质量计算在内。所以孟子反驳说：各种东西的品种质量不一致，这是自然的，由此也就导致价格的不一致，有的相差一倍五倍，有的相差十倍百倍，有的相差千倍万倍；你要不分精粗优劣，完全使他们一致，只是扰乱天下罢了。试想，大小相同的好鞋和坏鞋一样价钱，制鞋人难道还肯去做质量好的吗？恰恰相反，听从许子的学说，不仅不会避免欺诈，而且必然率领大家走向虚伪，这哪能够治理好国家呢？孟子这里触及到一个重要的经济学问题，即商品价值的问题，他已经意识到商品价值，不仅由数量，而且由质量即由凝结其中的物化劳动的多少决定的，数量相同但质量不同，价格也就不同：同样数量的布帛，因质量不

---

① 《孟子·滕文公上》，《十三经注疏》，中华书局1980年版，第2706页。

同价格可以相差数倍、数十倍甚至上百倍，原因就在于凝结于其中的物化劳动是不一样的。在中国经济史上，孟子是第一个发现商品价值秘密的人。令人惊异的是，古希腊发现商品价值秘密的人亚里士多德（前384—前322年）是孟子同时代的人，他在论证这个问题时，与孟子一样也是以鞋子作例子的。

应该承认，孟子对农家学派的批判是有积极意义的。因为农家学派主张的人人劳动、君民共耕、自食其力、反对分工的理论，是一种倒退到原始社会的理论，既是一种空想，也不具有进步和积极意义。而孟子看到了社会分工尤其是体、脑分工的积极意义，看到了发展商品经济的积极意义，即使其中有为剥削辩护的因素，也不应该否定其积极意义。因为在孟子的时代，剥削正为推动历史的发展发挥着巨大的原动力的作用。

在与农家辩论的差不多同时，孟子还对杨朱和墨翟进行过猛烈的批判。

杨朱（约前395—前335年）是与孟子同时代或略早的道家学派的代表人物之一。他没有著作流传下来，其思想资料散见于诸子中，《孟子》是保存其资料较多的著作之一。虽然秦汉以后已经很难窥见杨朱思想的全貌，但在战国前中期，他却是思想界极其活跃的人物，他所代表的学派与儒、墨两家成鼎足之势，纵横一时，耸动远近视听。孟子对他的批判，集中在"为我"之论，攻击他"拔一毛利天下而不为"，是一个"无君"的绝对个人主义者。其实杨朱的思想反映了战国时代个体生命自主意识的觉醒。他继承老子"道法自然"的理念，认为每一个人都是一个独立的个体生命，每一个人都是他自己生命的主人，只有自己有权支配自己的一切。即使拔一毛利天下，也要看他自己愿不愿意拔这根毛。他要求尊重个体生命，尊重个人自由，无论是个人还是集体，都无权侵犯别人的利益。这种对于个体生命意识的张扬，在当时奴隶的解放潮流中显然具有积极意义。

墨翟（约前480—420年）是墨家学派的创始人，他与弟子组成一个组织严密、纪律严明的团体，是战国时代唯一代表"农与工肆之人"的一个学派，在战国前期声势浩大，齐、楚、燕、韩、赵、魏、秦的王宫里几乎都能看到他们的身影。他们还是战国诸子中在自然科学方面取得最多成就的学派，在数学、物理、光学、医学和军事工程等学科都做出了划时代的贡献。墨翟及其后学留下一部《墨子》，是后学了解和研究这个学派的最重要的资料。墨翟曾提出十大纲领性的主张，即"兼爱""非攻""尚同""尚贤""天志""明鬼""非乐""非命""节用""节葬"，既反映了"农与工肆之人"的美好愿望，也反映了他们不可避免的局限。孟子之所以对这两个学派发起猛烈批判，一是因为他们是当时最负盛名、最有势力的学派，严重威胁到儒家学派的地位。二是因为他们的思想和主张在很多方面与儒学针锋相对，严重危及儒家思想的传播和弘扬。《孟子·滕文公下》记载了孟子对杨朱和墨家学派的批判：

公都子曰："外人皆称夫子好辩，敢问何也？"孟子曰："予岂好辩哉？予不得已也。天下之生久矣，一治一乱。当尧之时，水逆行，氾滥于中国，蛇龙居之，民无所定；下者为巢，上者为营窟。《书》曰：'洚水警余。'洚水者，洪水也。使禹治之，禹掘地而注之海，驱蛇龙而放之菹；水由地中行，江、淮、河、汉是也。险阻既远，鸟兽之害人者消，然后人得平土而居之。尧舜既没，圣人之道衰，暴君代作，坏宫室以为污池，民无所安息；弃田以为园囿，使民不得衣食。邪说暴行又作，园囿、污池、沛泽多而禽兽至。及纣之身，天下又大乱。周公相武王诛纣，伐奄三年讨其君，驱飞廉于海隅而戮之，灭国者五十，驱虎、豹、犀、象而远之，天下大悦。《书》曰：'丕显哉，文王谟！丕承哉，武王烈！佑启我后人，咸以正无缺。'世衰道微，邪说暴行有作，臣弑其君者有之，子弑其父者有之。孔子惧，作《春秋》。《春秋》，天子之事也；是故孔子曰：'知我者其惟《春秋》乎！罪我者其惟《春秋》乎！'圣王不作，诸侯放恣，处士横议，杨朱、墨翟之言盈天下。天下之言不归杨，则归墨。杨氏为我，是无君也；墨氏兼爱，是无父也。无父无君，是禽兽也。公明仪曰：庖有肥肉，厩有肥马，民有饥色，野有饿莩，此率兽而食人也。'杨墨之道不息，孔子之道不著，是邪说诬民，充塞仁义也。仁义充塞，则率兽食人，人将相食。吾为此惧，闲先圣之道，距杨墨，放淫辞，邪说者不得作。作于其心，害于其事；作于其事，害于其政。圣人复起，不易吾言矣。昔者禹抑洪水而天下平，周公兼夷狄、驱猛兽而百姓宁，孔子成《春秋》而乱臣贼子惧。《诗》云：'戎狄是膺，荆舒是惩，则莫我敢承。'无父无君，是周公所膺也。我亦欲正人心，息邪说，距诐行，放淫辞，以承三圣者；岂好辩哉？予不得已也。能言距杨墨者，圣人之徒也。"①

这是《孟子》一书中记载孟子一次谈话最长的篇幅之一。由公都子的问话引起，他解释自己的所谓好辩乃是出于不得已。孟子从历史讲起，先述尧、舜、禹领导百姓战胜自然灾害的筚路蓝缕之功，接着讲文、武、周公诛纣、伐奄、驱飞廉、灭叛逆之国五十而使天下太平的丰功伟绩，之后就大讲对邪说淫辞的批判。他说，春秋以来，"太平之世和仁义之道又逐渐衰微，荒谬的学说、残暴的行为又起来了，有臣子杀死君王的，有儿子杀死父亲的。孔子深为忧虑，著作了《春秋》一部历史书。著作历史，对历史上的人和事有所赞扬和指责，这本来是天子的职权，孔子不得已而做了。所以孔子说：'了解我的，怕就在于《春秋》这部书吧！责骂我的，也怕就在于《春秋》这部书吧！'自那以后，圣王也不再出现，诸侯无所忌惮，一般人士也乱发议论，杨朱、墨翟的学说充满天下，于是所有的主张不属于扬朱派，便属于墨翟派。杨朱主张'为我'，这便否定对君上的尽忠，就是目无君上；墨派主张'兼爱'，这便是否定对父亲的尽孝，就是目无父母。目无君上，目无父母，那就成了禽兽了。公明仪说过，'厨房里有肥肉，马厩里有肥马，但是，老百姓脸上有饥色，野外躺着饿死的尸体，这就是率领着野兽来吃人呀。'杨朱、墨翟的学说不消灭，孔子的学说就无法发扬，这便是荒谬的学说欺骗了百姓，而阻塞了仁义的道路。仁义的道路被阻塞，也就等于率领着野兽来吃人，人与人也将互相残杀。我因而深为忧虑，便出来捍卫古代圣人的学说，反对杨墨的学说，驳斥错误的言论，使发表谬论的人不能抬头。那种荒谬的学说，从心里产生出来，便会危害工作；危害了工作，也就危害了政治。即使圣人再度兴起，也会同意我这番话的。从前大禹制服了洪水，天下才得着太平；周公兼并了夷狄，赶跑了野兽，百姓才得着安宁；孔子著作了《春秋》，叛乱的臣子、不孝的儿子才有所害怕。《诗》说过，'攻击戎狄，痛惩荆舒，就没有人敢于抗拒我。'像杨墨这样目无君上目无父母的人，正是周公所要惩罚的。我也要端正人心，消灭邪说，反对偏激的行为，驳斥荒

---

① 《孟子·滕文公下》，《十三经注疏》，中华书局1980年版，第2714—2715页。

唐的言论，来继承大禹、周公、孔子三位圣人的事业，这难道是喜欢辩论吗？我是不能不辩论的呀。能够以言论来反对杨墨的，也就是圣人的门徒了。"孟子以少有的激愤发出了对杨墨的猛烈批判，其火力之猛，义愤之烈，给两人所加罪名之重，在他批判过的人中几乎无出其右。如果我们检视孟子批判杨墨的主要内容，就不难发现，这里更多反映的是他作为当时儒家学派代表人物的思想和学术偏见。你看，孟子批判杨朱的主要罪名是"为我"，"为我"就能与"无君"联系起来吗？这里孟子首先将杨朱说成是一个绝对的个人主义者，全然不看他"为我"的前提是反对损害别人的利益，一个人在此前提下维护个人的正当利益有什么错呢？儒家思想特别注重社会担当意识自然是积极奋发的人生态度，但在当时各阶级权利和义务极不平等的条件下，儒家要求被剥削被压迫阶级承担的义务显然是不公平的。正由于孟子的批判，后人几乎都将杨朱定位为绝对的个人主义者，这是有失公平的。孟子集中批判墨子的"兼爱"，"兼爱"能同"无父"联系起来吗？墨子以"爱无等差"的平等意识反对儒家"爱有等差"的等级观念，反映了"农与工肆之人"这个劳动者群体争取自身权利的觉醒。当然，这个理想只不过是美丽的空想。尽管孟子对杨墨的批判在学理上大有商榷的余地，但是，由于他的近乎"欲加之罪"的批判，再加上其他原因，这两个学派在战国后期就呈现出不可挽回的衰颓之势。

孟子在滕国住了两年多的时间（前322—前320年），他虽然没有在这里担任具体职务，但一直受到滕文公极高的礼遇。他与滕文公多次会面，阐发"仁政""井田"等一系列的治国方略，同时对许行为代表的农家学派和杨朱、墨家学派进行了痛快淋漓的批判，比较全面地展示了自己的思想学术观点，显示了他大气磅礴、挥斥方遒的行事和辩论风格，产生了广泛的影响。然而，经过两年多的观察，孟子明白，滕国不是施展他抱负的地方。因为尽管滕文公对他谦恭礼遇，但并不是大有作为之君。对他讲的那些"仁政"理想和小国可以由弱变强、统一天下的未来期许，他是既没有能力也没有魄力付诸实践的。更令孟子失望的是，两年来滕文公虽然对他礼遇有加，却一直将他放在客卿的位置上，使他不能担任实质性的执政官员推行自己理想的政策。再说，即使滕文公让他执政，处于大国夹缝中、随时有灭国危险的滕国也已经没有多少回旋发展的空间了。想到此，孟子毅然决定离开滕国，到其他地方寻找更大的发展空间。这时，他把目光投向了位于中原"卑礼厚币以招贤者"的魏国。

第七节　雄辩大梁

公元前 320 年（周慎靓王元年　魏惠王后元十五年　齐威王三十七年）53 岁的孟子离开滕国，激情满怀地来到地处中原、在七雄中举足轻重的魏国，期望在这里有所作为，实现自己的理想。

作为战国七雄之一的魏国，是公元前 403 年与赵国和韩国"三家分晋"后建立的诸侯国。此前，韩、赵、魏作为晋国最有实力的大夫，不断在自己的领地推行顺应历史潮流的封建化改革，同时也利用自己手中掌握的权力，对晋国的政治经济进行封建化改革，在不断削弱和消灭守旧贵族的过程中，也不断削弱晋君的权利，使自己的领地日益扩展。到公元前 403 年周威烈王发布命令承认他们三家诸侯国地位的时候，这三个诸侯国已经雄踞黄河中游的肥田沃野，成为与老牌诸侯国齐、楚、燕、秦并驾齐驱的大国了。三国之中，魏国的势力最大。它的第一代国君魏文侯是战国前期推行封建化改革的领军人物。他任用李悝、吴起、段干木、西门豹等改革派的一批精英，一方面按《法经》的原则进行政治改革，一方面实行"尽地力之教"推进经济改革，兴修水利，治理漳河，开凿鸿沟，改造农田，大力发展农业生产，同时实行精兵精器的军事改革，练出了威震四方的"魏武卒"，南征北战，东进西讨，在战国前期稳居七雄首强的地位。不过，此时的魏国已经失去昔日的辉煌气势，因为后起改革的齐、秦两国逐渐后来居上，在国力和军力上压倒了魏国。公元前 364 年（周显王五年　秦献公二十一年　魏惠王六年），秦败魏于石门，斩首 6 万。公元前 362 年，秦败魏于少梁，俘魏相公孙痤，逼得魏国将国都由安邑（今山西夏县北）迁往大梁（今河南开封）。此后，魏国又称梁国。公元前 353 年，魏攻赵，齐围魏救赵，孙膑为军师，败魏于桂陵（今山东菏泽），生擒魏军统帅庞涓。公元前 352 年，卫鞅任秦大良造，将兵攻取魏安邑。公元前 343 年，齐魏在马陵（今河南范县境）①激战，齐

----

① 马陵的方位，还有山东鄄城说、山东郯城说和河北大名说。

田忌用孙膑计，大破魏军，庞涓自杀，魏太子申被俘。第二年，商鞅帅秦兵伐魏，俘公子卬。此后，魏国每况愈下，30年后，公元前331年，秦败魏，俘其将龙贾，斩首8万。第二年，秦再败魏，俘其将龙且，逼使魏献河西之地于秦。下一年，秦渡河取魏汾阴、皮氏、焦等地。再下一年，面对秦军咄咄逼人的攻势，魏国只得献出上郡15县赂秦，希冀获一时之安。这时，焦头烂额的魏惠王颇思振作，"惠王数被于军旅，卑礼厚币以招贤者。邹衍、淳于髡、孟轲皆至梁。梁惠王曰：'寡人不佞，兵三折于外，太子虏，上将死，国以空虚，以羞先君宗庙社稷，寡人甚丑之。'"① 孟子就是在这种情况下，应着惠王的召唤，意气昂扬地踏上魏国的土地的。

　　孟子到了大梁，梁惠王立即召见他，开始了他们之间内容广泛的论政：

　　　　孟子见梁惠王。王曰："叟！不远千里而来，亦将有以利吾国乎？"孟子对曰："王何必曰利？亦有仁义而已矣。王曰，'何以利吾国？'大夫曰，'何以利吾家？'士庶人曰，'何以利吾身？'上下交征利而国危矣。万乘之国，弑其君者必千乘之家；千乘之国，弑其君者必百乘之家。万取千焉，千取百焉，不为不多矣。苟为后义而先利，不夺不厌，未有仁而遗其亲者也，未有义而后其君者也。王亦曰仁义而已矣，何必曰利？"②

孟子这里由惠王问利开始，全面展开对仁义、仁政的阐述。他将"义"和利作为对立的两极展开论证："王，您为什么一开口就说到利益呢？只要讲仁义就行了。王假若说，'怎样才对我的国家有利呢？'大夫也说，'怎样才对我的封地有利呢？'那一般士子以致老百姓也都说，'怎样才对我本人有利呢？'这样，上上下下都互相追逐私利，国家便会发生危险了。在拥有一万辆兵车的国家里，杀掉那个国君的，一定是拥有一千辆兵车的大夫；在拥有一千辆兵车的国家里，杀掉那个国君的，一定是拥有一百辆兵车的大夫。在一万辆兵车的国家中，大夫拥有兵车一千辆；在一千辆兵车的国家中，大夫

① 司马迁：《史记》卷四十四《魏世家》，中华书局1959年版，第1847页。
② 《孟子·梁惠王上》，《十三经注疏》，中华书局1980年版，第2665页。

拥有兵车一百辆；这些大夫的产业不能不说是很多的了。但是，假若轻公义，重私利，那大夫若不把国君的产业夺去，是永远不会满足的。从没有讲'仁'的人却遗弃他的父母，也没有讲'义'的人却对他的君上怠慢的，王只讲仁义就行了，为什么定要讲利益呢？"接着，孟子对惠王讲君主必须"与民同乐"：

> 孟子见梁惠王。王立于沼上，顾鸿雁麋鹿，曰："贤者亦乐此乎？"孟子对曰："贤者而后乐此，不贤者虽有此，不乐也。《诗》云：'经始灵台，经之营之，庶民攻之，不日成之。经始勿亟，庶民子来。王在灵囿，麀鹿攸伏，麀鹿濯濯，白鸟鹤鹤。王在灵沼，于牣鱼跃。'文王以民力为台为沼，而民欢乐之，谓其台曰灵台，谓其沼曰灵沼，乐其有麋鹿鱼鳖。古之人与民偕乐，故能乐也。《汤誓》曰：'时日害丧，予及女偕亡。'民欲与之偕亡，虽有台池鸟兽，岂能独乐哉？"①

当惠王得意地向孟子展示他鸟兽成群的池塘园囿，问有道德的人是否也高兴享受这种欣赏美景的快乐时，孟子告诉他，只有"与民同乐"，才能享受这种快乐。他侃侃而谈："只有有道德的人才能够享受这种快乐，没有道德的人纵使有这种快乐也是无法享受的。为什么这样说呢？还是让我举出文王和夏桀的例子来说明吧。《诗经·大雅·灵台》说：'开始筑灵台，经营复经营，大家齐努力，很快便落成。王说不要急，百姓更卖力。王到鹿苑中，母鹿正安逸。母鹿光且肥，白鸟羽毛洁。王到灵沼上，满池鱼跳跃。'这段诗足可证明，文王虽然用了百姓的力量来兴建高台深池，可是百姓非常高兴，把那一个台叫'灵台'，把那一个池沼叫'灵沼'，还高兴他有许多种类的鸟兽鱼鳖。就因为他肯和老百姓一同快乐，所以他能得到真正的快乐。夏桀与文王相反，所以必须怨恨他。他却自比太阳，说太阳什么时候消失，他就什么时候灭亡。《汤誓》中记载着百姓的怨歌：'太阳呀，你什么时候消失呢？我们宁肯跟你一起灭亡！'作为国家的帝王，竟使百姓怨恨到不想再活下去的程度，他纵然有高台深池，奇禽异兽，难道能够独自享受吗？"再进一步，孟

---

① 《孟子·梁惠王上》，《十三经注疏》，中华书局1980年版，第2665—2666页。

子就对惠王讲"仁政"的具体内容，主要是"民本"：

> 梁惠王曰："寡人之于国也，尽心焉耳矣。河内凶，则移其民于河东，移其粟于河内。河东凶亦然。察邻国之政，无如寡人之用心者。邻国之民不加少，寡人之民不加多，何也?"孟子对曰："王好战，请以战喻。填然鼓之，兵刃既接，弃甲曳兵而走。或百步而后止，或五十步而后止。以五十步笑百步，则何如?"曰："不可；直不百步耳，是亦走也。"曰："王如知此，则无望民之多于邻区国也。不违农时，谷不可胜食也；数罟不入洿池，鱼鳖不可胜食也；斧斤以时入山林，材木不可胜用也。谷与鱼鳖不可胜食，材木不可胜用，是使民养生丧死无憾也。养生丧死无憾，王道之始也。五亩之宅，树之以桑，五十者可以衣帛矣。鸡豚狗彘之畜，无失其时，七十者可以食肉矣。百亩之田，勿夺其时，数口之家可以无饥矣。谨庠序之教，申之以孝悌之义，颁白者不负戴于道路矣。七十者衣帛食肉，黎民不饥不寒，然而不王者，未之有也。狗彘食人食而不知检，涂有饿莩而不知发；人死，则曰，'非我也，岁也。'是何异于刺人而杀之，曰，'非我也，兵也。'王无罪岁，斯天下之民至焉。"①

这是孟子与梁惠王十分著名的一段对话。一开始，梁惠王有点自负地对孟子说，我对于国家，真是费心尽力了。你看，河内地方如果遭了饥荒，我便把那里的一部分百姓迁移到河东，同时把河东的一部分粮食运到河内。假如河东遭了饥荒，我也是这么办。我曾考察过邻国的政治，没有一个国家能像我这样替百姓打算。可是，令我疑惑的是，那些国家的百姓并不因此减少，我的百姓并不因此增多，这是什么缘故呢？孟子并不直接正面回答他的问题，而是以战争为比喻切入。说："王喜欢战争，那就让我用战争来打个比喻吧。战鼓咚咚一响，枪尖刀锋一接触，战士就抛下盔甲、拖着兵器向后逃跑。有的一口气跑了一百步停住脚，有的一口气跑了五十步停住脚。那些跑五十步的战士竟来耻笑跑一百步的战士，讥笑他胆子太小，行不行呢？"梁惠王说：

---

① 《孟子·梁惠王上》，《十三经注疏》，中华书局 1980 年版，第 2666 页。

"不行！只不过他没有跑到一百步罢了，可这也是逃跑呀。"至此，孟子看到梁惠王已经被他引入预定轨道，就开始讲他的仁政——民本理论了。他说："王如果懂得这个道理，那就不要再希望你的百姓比邻国多了。想想吧，如果在农民耕种收获的季节，不去征兵兴徭役，妨碍生产，你粮食便会吃不尽了。如果细密的渔网不到大的池沼里去捕鱼，那鱼类也会吃不完了。如果砍伐树木有一定时间，木材也会用不尽。粮食和鱼类吃不完，木材用不尽，这样百姓便对生养死葬没有什么不满。百姓对生养死葬没有什么不满，就是王道的开端。再进一步，在五亩大的宅园中，种植桑树，那么，五十岁以上的人都可以穿上丝绵袄了。鸡狗与猪等家畜家家都有工夫去饲养，那么，七十岁以上的人都可以有肉吃了。一家人百亩的耕地，不要去妨碍他们的生产，那么，几口人的家庭可以吃得饱饱的了。好好地办些学校，反复地用孝顺父母、敬爱兄长的大道理训导他们，那么，人人都会敬老尊贤，须发花白的人也就不会头顶着、背负着重物件在路上行走了。七十岁以上的人有丝绵衣穿，有肉吃，一般百姓饿不着，冻不着，这样还不能使天下归服的，是从来不曾有过的事。然而，现在的情况却不是如此。富贵人家的猪狗吃掉了百姓的粮食，却不加以检查和制止。道路上有饿死的人，却不曾想到应该打开仓廪加以赈济。老百姓死了，竟然这样说，'这不是我的罪过，而是年成不好的缘故。'这种说法和拿着刀子杀了人却说这不是我杀的，而是兵器杀的，又有什么两样呢？王假若不去归罪于年成，而从政治上的根本改革着手，这样，别的国家的老百姓就都回来投奔了。"如此一篇义理昭然的说教，将梁惠王逼得表态愿聆听孟子的教诲，于是引来下面的对话：

> 梁惠王曰："寡人愿安承教。"孟子对曰："杀人以梃与刃，有以异？"乎曰："无以异也。""以刃与政，有以异乎？"曰："无以异也。"曰："庖有肥肉，厩有肥马，民有饥色，野有饿莩，此率兽而食人也。兽相食，且人恶之；为民父母，行政，不免于率兽而食人，恶在其为民父母也？仲尼曰：'始作俑者，其无后乎！'为其象人而用之也。如之何其使斯民饥而死也？"[1]

---

[1] 《孟子·梁惠王上》，《十三经注疏》，中华书局1980年版，第2667页。

这里，孟子再一次将梁惠王引入预定轨道，先问用棍棒打死人和用刀子杀人有什么不同，再问用刀子杀人和用政治害死人有什么不同，在得到梁惠王的肯定回答后，孟子就毫不客气地指责他说："现在您的厨房里有皮薄膘肥的肉，您的马厩里有膘肥体壮的马，可是老百姓面带饥色，野外躺着饿死的尸体，这等于是在上位的人率领着野兽来吃人呀。兽类自相残杀，人尚且厌恶它；做老百姓父母官的，主持政治，却不免于率领着野兽来吃人，这又怎么能够做老百姓的父母官呢？孔子说过，'第一个造作木偶土偶来殉葬的人该会断子绝孙灭绝后代吧！'孔子为什么这样痛恨呢？就是因为木偶土偶很像人形，却用来殉葬。用像人形的木偶土偶来殉葬尚且不可，又怎么可以使老百姓活话地饿死呢？"

话说到这里，梁惠王又转换一个话题，请教孟子：魏国到他当国时为什么急剧衰败？

> 梁惠王曰："晋国，天下莫强焉，叟之所知也。及寡人之身，东败于齐，长子死焉；西丧地于秦七百里；南辱于楚。寡人耻之，愿比死者一洒之，如之何则可？"孟子对曰："地方百里而可以王。王如施仁政于民，省刑罚，薄税敛，深耕易耨；壮者以暇日脩其孝悌忠信，入以事其父兄，出以事其长上，可使制梃以挞秦楚之坚甲利兵矣。彼夺其民时，使不得耕耨以养其父母。父母冻饿，兄弟妻子离散，彼陷溺其民，王往而征之，夫谁与王敌？故曰：'仁者无敌。'王请勿疑。"①

梁惠王满含忧愁地对孟子说："建国初期，魏国的强大有目共睹，当时天下没有哪个国家能够赶得上。这一点，您自然清楚。但到了我这个时候，情势就大不同了。东边和齐国打一仗，杀得我大败，连我的大孩子都牺牲了；西边又败给了秦国，丧失河西之地七百里；南边也被楚国抢去了八个城池。这对我来说真是奇耻大辱啊！我时刻都想着能够为死去的战死者报仇雪恨，您说要怎么办才能做到呢？"其实，魏国的衰落之势当时已难以逆转，梁惠王的愿望永远是无法实现的梦想。孟子却告诉他，只要实行仁政，实现你的愿

---

① 《孟子·梁惠王上》，《十三经注疏》，中华书局1980年版，第2667页。

望易如反掌。他意气昂扬地说："只要有纵横各一百里的小国就可以行仁政而使天下归服，何况您魏国这样的大国呢！您假若对百姓实行仁政，减免刑罚，减轻赋税，叫百姓能够深耕细作，早除秽草；还使年轻人积极向上，在闲暇时间来讲求孝顺父母、敬爱兄长、为人尽心尽力、待人忠诚守信的道德，而且运用这些道德，在家便来侍奉父兄，上朝便来尊敬上级，这样，就是使用木棒也可以抗击拥有坚实盔甲、锐利刀枪的秦、楚军队了。这是为什么呢？因为他们两国无时不在征兵兴徭役，侵占了百姓的生产时间，使他们不能够耕种来养活父母，他们的父母受冻挨饿，兄弟妻子东逃西散。秦王楚王使他们的百姓陷在痛苦的深渊中，这时，您去讨伐他们，那有谁来同您抵抗呢？所以老话曾经说过：'仁德的人是无敌于天下的。'您就不要怀疑了吧！"

孟子虽然不断与梁惠王谈仁说义，期望他有所觉悟而能在魏国实施仁政—民本的政策，但实际上，此时的梁惠王却压根不会听从孟子的那套说教。因为他必须应付日益惨烈的与周边国家的战争，为此他又必须聚敛巨量的财富，因此就只能加剧对百姓的搜括，这一切与孟子的理念实在是南辕北辙。这一点，孟子很快就看出来了，所以在私下与弟子谈话时，他就毫无顾忌地贬斥梁惠王是"不仁"之君：

> 孟子曰："不仁哉梁惠王也！仁者以其所爱及其所不爱，不仁者以其所不爱及其所爱。"公孙丑曰："何谓也？""梁惠王以土地之故，糜烂其民而战之，大败，将复之，恐不能胜，故驱其所爱子弟以殉之，是之谓以其所不爱及其所爱也。"①

孟子贬斥梁惠王是"不仁"之君的理由是：仁人把他对待所喜爱者的恩德推而及于他不爱的人，而梁惠王却把他加给所不喜爱者的祸害推而及于他所喜爱的人。当公孙丑对孟子的理由表示不理解时，他这样解释：梁惠王因为争夺土地的缘故，驱使他所不喜爱的百姓前去作战，使他们暴尸荒野，骨肉糜烂。被打得大败了，预备再战，怕不能得胜，又驱使他所喜爱的子弟去战，

---

① 《孟子·尽心下》，《十三经注疏》，中华书局1980年版，第2773页。

这个便叫作把他加给所不喜爱者的祸害推而及于他所喜爱的人。孟子这里所讲的，显然与不久前发生的齐魏马陵之战和商鞅伐魏之战是有关联的。

孟子通过与梁惠王的接触，尽管私下贬斥他是"不仁"之君，感到他们之间对仁政的理解还有不小的距离，但也觉得同他还能谈得来，对自己的一些话，他似乎也在洗耳恭听，所以孟子还想在魏国待下去，幻想梁惠王给他一个施展抱负的机会，将仁政理想变成政策推行到政治实践中去。然而，人算不如天算。在孟子入魏的第二年，公元前319年，梁惠王后元十六年，这位孟子寄予一点希望的魏王却驾鹤西去了。这自然使孟子十分悲戚，但他还存着一丝幻想，期望他继位的儿子梁襄王能够赏识自己。谁知不久之后的一次相见，就使孟子打消了对他的期望：

> 孟子见梁襄王，出，语人曰："望之不似人君，就之而不见所畏焉。卒然问曰：'天下恶乎定？'吾对曰：'定于一。'；孰能一之？'对曰：'不嗜杀人者能一之。''孰能与之？'对曰：'天下莫不与也。王知夫苗乎？七八月之间旱，则苗槁矣。天油然作云，沛然下雨，则苗浡然兴之矣。其如是，孰能御之？今夫天下之人牧，未有不嗜杀人者也。如有不嗜杀人者，则天下之民皆引领而望之矣。诚如是也，民归之，由水之就下，沛然谁能御之？'"①

孟子与梁襄王见面后，出来对人谈他对这位君王的印象：远远望去，不像个国君的样子；走近他，也看不到威严所在。但他们谈话的内容却是对当时天下大势的分析。梁襄王问孟子，纷纷扰扰的天下要怎样才能得以安定？孟子的回答是：天下归于一统，就会安定。梁襄王接着问：谁能统一天下呢？孟子回答：不好杀人的国君能够统一天下。梁襄王明白，他所处的时代是一个几乎每天都发生战争的时代，杀人是家常便饭。不要说没有哪个国君拒绝进行战争，就是有一个国君愿意这样做，有人追随他吗？其他国家允许他吗？对于梁襄王的疑问，孟子作了信心十足的回答："天下的人没有不跟随他的。您懂得禾苗的情况吗？当七八月间，若是长期不下雨，禾苗自然枯萎了。假

---

① 《孟子·梁惠王上》，《十三经注疏》，中华书局1980年版，第2670页。

若是一阵乌云出现，哗啦哗啦地落起大雨来，禾苗便又猛然地茂盛地生长起来了。像这样，那有谁能够阻挡得住呢？如今各国的君王，没有一个不好杀人的。如果有一位不好杀人的君王，那么，天下的百姓都会伸长脖子期待他的解救了。真是这样，百姓的归服于他，跟随着他，就好像水的向下奔流一样，那又有谁能够阻挡得住呢？"孟子的雄辩看来没有说服梁襄王，因为在他看来，孟子的理想在当时根本不具备实践的条件：在各国的君王都红着眼希图通过残酷的战争夺取统一的硕果时，孟子的说教不啻对牛弹琴。梁襄王对孟子显然十分冷淡，使他感到阵阵寒意，他觉得在魏国已经难以有所作为，于是决定再回齐国，也许在那里，自己还有最后一搏的机会？

　　孟子在魏国期间，与曾任魏相的著名经济财政专家白圭有所接触，并就治水和税收问题进行交锋。白圭是战国时期为数不多的财政专家。据胡寄窗考证，他大约生于公元前 370 年，卒于公元前 300 年[1]，是孟子的同时代人。他是周人，擅长商业致富之术，"天下言治生祖白圭"[2]。他一度任魏相，一生车船周流天下，到过中山、齐、秦等国，最后可能死在秦国。他是农业经济循环论的发明者，认为农业的丰歉有一定规律，商人可据此囤积或抛销粮食以赚钱致富。他又是水利专家，曾在魏国主持水利工程。孟子同他治水的理念不同，双方曾就此进行过一场辩论：

　　　　白圭曰："丹之治水也愈于禹。"孟子曰："子过矣。禹之治水，水
　　之道也，是故禹以四海为壑。今吾子以邻国为壑。水逆行谓之洚水，
　　洚水者，洪水也，仁人之所恶也。吾子过矣。"[3]

这位白圭先生对自己治水的理念和成绩显然是很自负的。据情势推断，他治理的可能是黄河。由于他的治理，魏国在一段时期内避免了水患，所以他得到魏国上上下下各方面人士的赞誉，因而他自负地认为超过大禹。孟子对白圭的治水理念和成绩并不认同，对他说："你从根本上就错了。禹的治理水患，是顺乎水的本性而行，所以他使水流注入四海。如今你却使水流到邻国

①　胡寄窗：《中国经济思想史》上册，上海人民出版社 1962 年版，第 278 页。
②　司马迁：《史记》卷一百二十九《货殖列传》，中华书局 1959 年版，第 3259 页。
③　《孟子·告子下》，《十三经注疏》，中华书局 1980 年版，第 2761 页。

去。水逆流而行叫作洚水，洚水就是洪水，是有仁爱心的人所最厌恶的。所以你错了。"从孟子批评白圭的情况看，白圭是用筑堤的方法阻挡洪水，他只是保证了魏国免于水患，而"以邻为壑"的结果，是水患使邻国遭了灾。在当时列国林立的情况下，不可能有统一领导的治水工程，各国分散治水，"以邻为壑"就是必然的。况且，由于当时战争频繁，"以邻为壑"还作为一种战争手段被不断运用。孟子理想的治水局面只能在统一国家的情况下才能实现。

白圭是经济财政专家，他倡导轻税政策。作为掌控一国政治经济全权的相，他应该保证国家具有充足的财源。他的轻税政策可能建立在加大间接税收的基础上。孟子坚决反对他的轻税政策，双方为此进行了一场辩论：

> 白圭曰："吾欲二十而取一，何如？"孟子曰："子之道，貉道也。万室之国，一人陶，则可乎？"曰："不可，器不足用也。"曰："夫貉，五谷不生，惟黍生之；无城郭、官室、宗庙、祭祀之礼，无诸侯币帛饔飧，无百官有司，故二十取一而足也。今居中国，去人伦，无君子，如之何其可也？陶以寡，且不可以为国，况无君子乎？欲轻之于尧舜之道者，大貉小貉也；欲重之于尧舜之道者，大桀小桀也。"[1]

孟子在这里讲了他反对轻税政策的理由，指出白圭的轻税政策是貉国的政策，"貉国，各种谷类都不生长，只生长糜子；又没有城墙、房屋、祖庙和祭祀的礼节，也没有各国间的互相往来，致送礼物和飨宴。也没有各种衙署和官吏，所以二十抽一便够了。如今在中国，不要社会间的一切伦常，不要各种官吏，那怎么行呢？做瓦器的太少，尚且不能使一个国家搞好，何况没有官吏呢？想要比尧舜的十分抽一税率还轻的，是大貉小貉；想要比尧舜的十分抽一税率还重的，是大桀小桀。"孟子阐述的反对轻税政策的理由显然是充分的，他指出，随着历史的发展和文明的进步，国家花在行政管理和其他各项事业的财政支出必然不断增加，没有雄厚的财政支持是不行的。为此，必须有一个合理的税收政策，百姓负担的赋税既不能太重，也不能太

---

[1]　《孟子·告子下》，《十三经注疏》，中华书局 1980 年版，第 2760—2761 页。

轻，所以必须兼顾国家的需要和百姓的合理负担，从二者之间找一个平衡点。偏向任何一方都不利于国家和社会的正常运转。在这个问题上，孟子已经初步具有了行政成本的概念，比白圭的眼光更高远和明澈。

孟子在魏国期间，还对当时在列国间炙手可热的纵横家的活动进行了评论。

纵横家是怎么一回事呢？

战国中期，经过秦孝公在商鞅辅佐下20多年的变法图强，秦国国力蒸蒸日上，其军事触角不断地向东向南延伸。东方六国越来越感受到秦国的咄咄逼人之势，都在思谋一个自保的万全之策。适应这种要求，苏秦等人提出了合六国之力共同对抗秦国的策略，称之为"合纵"，又称"约纵"，简称"纵"（从）。这个策略，用韩非的话解释，就是"合众弱以攻一强"。从地理位置看，秦以外的六国都在函谷关以东，由北向南摆开，用一条纵线就可以串在一起，所以称为"纵"。为了对付六国的"合纵"，张仪为秦国提出了"连横"的策略，简称之为"横"。这一策略用韩非的话解释，就是"事一强以攻众弱"，即秦国与东方某国联合进攻其他国家。由于秦国在西部，与东方任何一国联合几乎都在东西一条横线上，因而称之为"连横"。

"合纵"与"连横"的斗争持续百年左右，以秦惠文王在位的二十七年中最为激烈。"合纵"的倡导者是苏秦，参与者有其兄弟苏代、苏厉等人。苏秦为东周洛阳人，他的老师是研究纵横之术的鬼谷先生。据说苏秦的纵横之术源于周书《阴符》，该书汉代即亡佚，具体内容已不易考究了。苏秦先以其术游说周显王，未得重视，又入秦说惠文王，还是碰壁。再去赵国，依然不受欢迎。于是离赵入燕国。在那里等待年余，终于得见燕文侯。苏秦立即鼓其如簧之舌，巧妙地兜售他的合纵论，将其吹嘘为保国自立的万全之策。所有纵横家都善于揣摩被游说者的心理，特别注重从该国的切身利害即安危存亡拨动国君的心弦，再加上对该国君与该国地理环境和资源的热情颂赞，使之在不知不觉中接受他的意见，心甘情愿地服从他的安排。燕文侯入苏秦之彀以后，立即为之提供车马金帛，使其转而返回赵国游说。苏秦返回赵国后，因激烈反对他的奉阳君已死，赵肃侯也就依礼相待。苏秦在对赵肃侯大肆吹捧之后，转入正题，全面分析赵国面临的险恶形势，批驳割地赂秦以求安的虚妄与不智，最后指出只有东方六国团结对秦，才是成王定霸的成功之路。一席话将赵王说得心悦诚服，立即资送苏秦"饰车百乘，黄金千镒，白璧百双，锦绣千纯，以约诸侯"。接着，苏秦至韩国，说服了韩宣王；至魏国，说服了魏襄王；至齐国，说服了齐宣王；至楚国，说服了楚威王。这样，苏秦就完成了他合纵的谋划，六国共推苏秦为纵约长，同时任六国丞相。苏秦回到赵国，被赵肃侯封为武安君，并向秦国宣布六国纵约之事，"秦国不敢窥函谷关十五年"[①]。

　　苏秦的合纵之策所以在短期内获得了成功，原因在于，第一，合纵抗秦在一定程度上反映了六国的共同要求，参加合纵的燕文侯、赵肃侯、韩宣王、魏襄王、齐宣王、楚威王大都是明于时势，洞悉利害关系的明智国君。他们全力支持合纵，有意识地维系六国的团结。第二，合纵初起，声势浩大，秦国一时找不到破解之法，加之对六国合力心存畏惧，故而基本上对六国采取守势。第三，苏秦从中运筹帷幄，协调关系，化解矛盾，由此使六国维持了短暂的团结，合纵之策取得了一定的成效。但是，合纵最后走向失败又是必然的。首先，它违背了当时中国走向统一的历史潮流。因为合纵的核心是六国团结自保，以维持战国时期列国分裂割据的局面。其次，合纵的策略是保守的，它不是团结六国共同进击秦国，而是消极防御秦国的进攻。在其纵约中只规定了秦国进攻时各国的义务，因而即使纵约真正实行，也只是阻止秦国的东进，丝毫也危及不到秦国本身的安全。最后，特别应该指出的，是六国各自有其局部利益。它们不仅与秦国有利益上的矛盾与冲突，而且彼此之间，尤其相毗邻的国家之间，也有利益上的矛盾和冲突。由于六国与秦国的关系复杂，有的国家如韩、赵、魏与秦国接壤，时常遭受秦军的攻伐，因而既需纵约联兵抗秦，又易在秦国的威胁利诱下与之妥协屈服。有的国家如燕、齐，因距秦国较远，一时对秦国的威胁还无切肤之痛，它们对纵约的热情不高，极易为自身利益而背弃同盟者，甚至刀兵相见，从同盟者那里掠取土地和人口。如公元前314年，齐国乘燕国内乱之机，出兵攻燕，直下燕都。公元前286年，燕昭王又纠合秦、韩、赵、魏诸国联军，连下齐国70余城，使之遭到一次重大打击。显然，由于东方六国各自利益的不同，他们的团结是极不牢固的，因而很容易被秦国连横的策略所打破。

---

①　司马迁：《史记》卷六十九《苏秦列传》，中华书局1959年版，第2262页。

　　面对东方六国的"合纵"之策，秦国针锋相对地实施"连横"的策略。这个策略的创始人与实行者就是与苏秦齐名的张仪。张仪入秦后，得到惠王的信任，全力支持他实施"连横"的外交策略。他首先返回自己的故里魏国，说服魏国背纵附秦，打开了合纵链条上的第一个缺口。接着，张仪倾全力破坏"合纵"的核心齐楚联盟。张仪知道，齐是东方大国，齐国将军田忌在著名军事家孙膑辅佐下，经桂陵、马陵两次战役，将魏国从战国首强的位子上打下去，具有举足轻重的军事实力。楚国地处长江中游，地广人众，自然条件优越，一直怀着问鼎中原的野心。这两个东方大国如果联合在一起，秦国的东进计划就很难实现。而这两个国家又是六国联盟的轴心，只要齐楚联盟瓦解，六国合纵必然分崩离析。于是张仪入楚，以 600 里土地为诱饵，使利欲熏心的楚怀王上钩，与齐国绝交。之后，在楚国孤立无援的情况下，冒险与秦国开战的楚军被秦齐联军打得大败。在怀王对秦国极度畏惧的情势下，又传来苏秦在齐国被刺身亡的消息，张仪于是向他全盘托出了自己的"连横"之策。其核心内容有三：一是极力夸耀秦国的强大，说明参与合纵与秦为敌乃愚蠢之行，破国亡家迫在眉睫。此乃迫之以威。二是大力渲染与秦国结盟的好处，不仅国可长保，而且可收拓土增口之利。此乃诱之以利。三是诋毁苏秦的人格，从心理上激起对"合纵"之策的不信任感。此乃毁之以信。经此一番游说，怀王彻底解除了坚信纵约的思想武装，心悦诚服地走进张仪设下的圈套，他的悲剧命运也就无可挽回了。

　　接着，张仪离楚至韩，向韩王兜售他的"连横"之策，内容无非是秦强韩弱，只有倾心事秦才能保住自己的江山社稷。这次，张仪一反在楚国为楚谋划的长治久安之策，转而挑拨韩楚关系，以"弱楚"作为韩国亲秦的条件："故为大王计，莫如为秦。秦之所欲莫如弱楚，而能弱楚者莫如韩。非以韩能强于楚也，其地势然也。今王西面而事秦以攻楚，秦王必喜。夫攻楚以利其地，转祸而说秦，计无便于此者。"[1] 韩国也吞下张仪抛出的诱饵，以为附秦恶楚就能苟延残喘，在秦国的卵翼下生存下去。岂不知，等待韩国的是一个较楚国更悲惨的命运：当秦国统一中国的日程表向世人展示时，第一个从政治地图上被抹掉的就是韩国。

①　司马迁：《史记》卷七十《张仪列传》，中华书局 1959 年版，第 2294 页。

张仪在韩国得意后，将下一个目标锁定齐国。他见到齐湣王后，没有多费口舌，径直是一通恫吓：

> 今秦楚嫁女娶妇，为昆弟之国。韩献宜阳；梁效河外；赵人朝渑池，割河间以事秦。大王不事秦，秦驱韩梁攻齐之南地，悉赵兵渡清河，指博关、临菑、即墨非王之有也。国一日见攻，虽欲事秦，不可得也。是故愿大王孰计之也。[①]

这位齐湣王竟毫不犹豫地听从张仪的安排，答应以事秦求"社稷之长利"，从而将自己国家的安危交到张仪手上。

接着，张仪又去赵、燕两国，以同样的手法，使两国老老实实地听从张仪的安排。张仪死后，陈轸、犀首继续为秦国的连横之策奔走效力。尽管在东方六国中仍然不时有人鼓吹合纵之议，偶尔也会出现数国联合抗秦之举，但从总体看，自苏秦死后，合纵之策就每况愈下，声势日渐式微了。而秦国则以雄厚的武力为后盾，充分运用连横之策，在六国间纵横捭阖，挑拨离间，不断扩大势力与影响，六国则相继割地献城，在秦国的进逼下步步退让。当它们意识到连横将把自己导向灭亡的终点时，任何人也无力回天了。正如合纵之策失败是必然的一样，连横之策的胜利也有着内在的必然性。这是因为，第一，连横为秦国的统一事业服务，而这恰恰顺应了当时的时代潮流，这是它最后成功的最根本原因。第二，连横以我为主，恃我而不恃敌，把基点建立在自己力量的基础上，处处时时掌握着主动权，制人而不受制于人，因而能玩六国于股掌之上，显得从容不迫，游刃有余。第三，秦国有着较六国优越的地理条件，它地处关中，后来又吞并巴蜀，占有当时中国最富饶的财富之区，使它以雄厚的资源坚持同六国的长期斗争。特别是，黄河、华山、熊耳山，形成了秦国与六国间的天然屏障，使之进可攻，退可守，立于不败之地。第四，六国由于各自利益的不同，不可能形成铁板一块，因而给连横的实施创造了不少可乘之机。加之张仪等人居中巧妙运筹，军事斗争紧密配合，连横终于战胜了合纵。

---

① 司马迁：《史记》卷七十《张仪列传》，中华书局 1959 年版，第 2295 页。

以苏秦、张仪为代表的纵横策士，是当时列国间激烈斗争的产物。他们与军事斗争相配合，在外交战线上演出了一幕幕波谲云诡、变化莫测的活剧。他们活跃于列国间，时而激化矛盾，时而消解冲突，谈笑间，使和平的边界燃起烽火；一番折冲，又使双方化干戈为玉帛。他们"一怒而诸侯惧，安居而天下熄"，仿佛这几个人左右着列国的历史和时代的命运。其实，从一定意义上看，他们只是历史的不自觉的工具。列国斗争导向统一，统一的进程在斗争中完成。这个斗争将各类政治、军事和外交精英呼唤出来，给他们提供了施展才干的广阔舞台。

纵横之士就是外交精英的代表，他们洞悉列国形势，深谙每一个国家的政治、经济、军事状况以及山川民俗和社会风气，对各国国君的性格、爱好、脾气等也都了然于胸。他们善于揣摩国君的心理，反应机敏，长于辩论，口若悬河。他们为达目的不择手段，无中生有，颠倒黑白，不讲信义，反复无常，阴谋诡计，翻手为云，覆手为雨。他们的人生追求是荣华富贵，为此，不惜投机钻营，卖友求荣。他们的人格是卑微的，但是作为历史的不自觉工具，正是他们的活动推进了列国之间的斗争，构成了战国统一进程中最为扣人心弦、多姿多彩、酣畅淋漓的剧目。秦国的历史，在惠文王、武王时期30多年的岁月里，是在纵横家的唇枪舌剑中度过的。昭王即位后，他们的活动已近尾声，代之而起的主要是将帅的谋略和秦军东向进军的马蹄声。

在魏国期间，学纵横之术的景春拜见孟子，大肆吹捧公孙衍、张仪等纵横家，被孟子狠狠地批了一通：

> 景春曰："公孙衍、张仪岂不诚大丈夫哉？一怒而诸侯惧，安居而天下熄。"孟子曰："是焉得为大丈夫乎？子未学礼乎？丈夫之冠也，父命之；女子之嫁也，母命之，往送之门，戒之曰：'往之女家，必敬必戒，无违夫子！'以顺为正者，妾妇之道也。居天下之广居，立天下之正位，行天下之大道；得志，与民由之；不得志，独行其道。富贵不能淫，贫贱不能移，威武不能屈，此之谓大丈夫。"[1]

---

[1]　《孟子·滕文公下》，《十三经注疏》，中华书局1980年版，第2710页。

景春作为服膺纵横之术的一介策士，对公孙衍和张仪自然充满无限崇敬，将他们看作那个时代的英雄，真正的"大丈夫"。因为在他看来，正是他们左右着当时的政局，决定着历史的走向。他们一发怒，诸侯便都害怕；他们安静下来，天下便太平无事了。这样的人如果不算大丈夫，还有什么人算呢？然而，在孟子眼里，这帮毫无节操、朝秦暮楚、唯利是视、唯力是视的纵横家，不仅算不上大丈夫，简直就是一帮时代的罪人。因为正是由于他们在列国之间的纵横捭阖、挑拨离间，才使战乱不息，社会难以安宁。从一定意义上说，他们正是孟子推行仁政理想的最大障碍，是社会的"蟊贼"。所以孟子听了景春的议论后，立即给予义正词严的反驳。他说。这些人怎么叫作大丈夫呢？你没有学过礼吗？男子举行加冠礼的时候，父亲给以训导；女子出嫁的时候，母亲给以训导，送她到门口，告诫她说："到了你家里，一定要恭敬，一定要警惕，不要违背丈夫。"以顺从为最大原则的，这是妇女之道。至于男子，应该住在天下最宽广的住宅——仁里，站在天下最正确的位置——礼上，走着天下最光明的大路——义；得志的时候，偕同百姓循着大道前进；不得志的时候，也独自坚持自己的原则，富贵不能乱我之心，贫贱不能变我之志，威武不能屈我之节，这样的人才配叫作大丈夫。这里，孟子将纵横家的行为视为"妾妇之道"，原因就是他们像顺从丈夫一样地顺从他服务的君王，没有正义的头脑和独立的品格。孟子进而提出他心目中的大丈夫标准：富贵不能淫，贫贱不能移，威武不能屈。从而为中国的知识分子确立了两千多年的行事准则和人格标准，产生了极其深远而巨大的影响，至今还被人们视为千古不磨的人生信条。

正在孟子打算离开魏国的时候，一个叫周霄的魏国人找上门来，请教他关于知识分子做官的问题。他们有如下一段对话：

> 周霄问曰："古之君子仕乎？"孟子曰："仕。《传》曰：'孔子三月无君，则皇皇如也，出疆必载质。'公明仪曰：'古之人，三月无君，则吊。'""三月无君则吊，不以急乎？"曰："士之失位也，犹诸侯之失国家也。《礼》曰：'诸侯耕助以供粢盛，夫人蚕缫，以为衣服。牺牲不成，粢盛不洁，衣服不备，不敢以祭。惟士无田，则亦不祭。'牺杀、器皿、衣服不备，不敢以祭，则不敢以宴，亦不足吊乎？""出疆必载

质，何也?"曰:"士之仕也，犹农夫之耕也;农夫岂为出疆舍其耒耜
哉?"曰:"晋国亦仕国也，未尝闻仕如此其急。仕如此其急也，君子之
难仕，何也?"曰:"丈夫生而愿为之有室，女子生而愿为之有家;父母
之心，人皆有之。不待父母之命，媒妁之言，钻穴隙相窥，踰墙相从，
则父母国人皆贱之。古之人未尝不欲仕也，又恶不由其道。不由其道
而往者，与钻穴隙之类也。"①

可能因为孟子当时已经是一个蜚声列国的大知识分子，热衷于做官却又一
直没有如愿以偿，所以周霄特来请教这个问题。周霄见到孟子，劈头就问:
"古代的君子做官吗?"孟子回答，古代的君子都热衷做官。他说:"《传记》
上说，'孔子要是三个月没有君主任用他，就非常焦急。离开一个国家，一
定带着准备和别国君主初次相见的礼物。'公明仪也说过，'古代的人三个月
没有君主任用，就要去安慰他，给以同情。'"周霄似乎不理解古代君子急于
做官的心情，就问:"三个月没有找到君主任用便去安慰他，不是也太急了
些吗?"孟子回答说，古代君子的职业就是做官，"士失掉了官位，就好像诸
侯失掉了国家。《礼》上说过，'诸侯亲自参加耕种，就是用来供给祭品;夫
人亲自养蚕缫丝，就是用来供给祭服。牛羊不肥壮，谷物不洁静，祭服不具
备，不敢用来祭祀。士若没有供给祭祀的田地，那也不能祭祀。'牛羊、祭
具、祭服不具备，不敢用来祭祀，也就不能举行宴会，那不也应该去安慰他
吗?"在孟子看来，做官所以重要，是因为一切与礼有关的活动，其物质基
础都是官位提供的。没有了官位，等于士的一切正常活动都要停摆，还有
比这个更使人难受的吗?周霄明白了孟子的解释，又问:"离开国界一定要
带着见面的礼物，这又是什么道理呢?"孟子回答，做官是士的唯一职业选
择，"士的做官，就好像农民的种田;农民难道因为离开国界便舍弃他的农
具吗?"孟子将做官看得同农民种田一样，源于他的社会分工意识，但将见
面礼与农具相提并论，则有点不伦不类了。不过周霄并没有挑他这个毛病，
而是就急于做官和慎重做官的两难选择提出问题:"魏国也是一个有官可做
的国家，我却不曾听说过找官位是这样急迫的。找官位既然是这样急迫，君

① 《孟子·滕文公下》，《十三经注疏》，中华书局 1980 年版，第 2711 页。

子却又不轻易做官，这又是为什么呢?"对周霄提出的问题，孟子依然是通过比喻解决，因为他是最善于用比喻的。这次，他用的比喻是婚配。他说："男孩子一生下来，父母便希望给他找妻室;女孩子一生下来，父母便希望给她找婆家。爹娘这样的心情，个个都有。但是，若是不等待爹娘开口，不经过媒人介绍，自己便钻洞穴扒门缝互相窥望，爬过墙去私会，那么，爹娘和社会人士都会轻视他。古代的人不是不想做官，但是又讨厌不经合乎礼仪的途径来找官做。不经合乎礼仪途径的，正和男女的钻洞穴扒门缝是一样的。"孟子这里提出，无论多么急于做官，也必须经过合乎礼仪的途径，否则，就是钻营了，是君子所不齿的。孟子提出的君子做官必须由道的观点显示了他的从政意识和从政原则。他认为君子，即当时的士——知识分子，是一个很特殊的阶层，由于具有当时社会需要的行政工作能力，又已经脱离了农业和手工业劳动，他们的职业分工就是从政，即到各级官府从事行政管理工作。然而，又由于做官从政是一个非常特殊的职业，它不仅握有一定的权力，对国家、社会和百姓进行管理，而且有着远高于其他职业的收入，因而成为士积极追逐的目标。所以，不择手段地攫取官位就成为一部分人的常态。孟子为了纠正这一恶习，倡导"君子爱官，取之有道"，要求君子注重官德的修养，还是很有积极意义的。

第八节　再次入齐和离齐

正当孟子对梁襄王失去信心，准备离开魏国的时候，公元前320年（周慎靓王元年　齐威王三十七年）齐威王寿终正寝，他的儿子齐宣王继位。宣王虽然不及他老子的雄才大略，但颇"喜文学游说之士"，他大力招徕游荡于列国间的各学派的头面人物，给予较威王时更优厚的待遇，"不治而议"，创造了"稷下学士复盛"的局面。孟子得到这一消息，立即决定回到齐国去。他带着由弟子们组成的车骑，由大梁出发，沿着逶迤向东北方向伸展的通向齐国的大道前进。进至范邑（今河南范县东南），已经入齐国境。当时领有范邑的是齐威王庶出的一个儿子。他得知孟子一行到来的消息，急忙出郭迎接。孟子远远看到这位贵族公子与众不同的风姿，于是大发了一通感慨:

> 孟子自范之齐，望见齐王之子，喟然叹曰："居移气，养移体，大哉居乎！夫非尽人之子与？"孟子曰："王子宫室、车马、衣服多与人同，而王子若彼者，其居使之然也；况居天下之广居者乎？鲁君之宋，呼于垤泽之门，守者曰：'此非吾君也，何其声之似我君也？'此无他，居相似也。"①

孟子这里接触到环境对人的影响这个教育学上的大问题。看到齐王公子，他叹息着说："环境改变气度，奉养改变体质，环境真是重要呀！他难道不也是人的儿子吗？为什么就显得特别不同呢？王子的住所、车马和衣服多半与别人相同，为什么王子的气质却是那样呢？这就是他居住的环境使然；何况以'仁'为自己住所的人呢？那就更不同了。一次鲁君到宋国去，在宋国的东南城门下呼喊，守门的说：'这不是我的君主呀，为什么他的声音同我们君主这样相像呢？'这没有别的缘故，只是因为环境相像罢了。"孟子认为环境对人的气质、教养、风姿具有巨大影响，所以教育者应该为受教育者创造一个良好成长的环境，当权者应该为百姓创造一个良好的生活的环境，这对改造人、改善社会风气都是至关重要的。

孟子离开范邑，继续东行，途经平陆（今山东汶上北），在这里停留了几天。已经得到消息的齐相储子，为了同孟子交朋友，就派人送来礼物，表示欢迎之意。但孟子接受礼物却不回报，这显示了孟子与齐国官场交往的谨慎态度。他不愿与某些达官贵人走得太近，大概是为了避免结党营私的嫌疑。其时齐国平陆的地方长官叫孔距心，孟子与他相见，并对他的工作失误进行批评：

> 孟子之平陆，谓其大夫曰："子之持戟之士，一日而三失伍，则去之否乎？"曰："不待三。""然则子之失伍也亦多矣。凶年饥岁，子之民，老羸转于沟壑，壮者散而之四方者，几千人矣。"曰："此非距心之所得为也。"曰："今有受人之牛羊而为之牧之者，则必为之求牧与刍矣。求牧与刍而不得，则反诸其人乎？抑亦立而视其死与？"曰："此

---

① 《孟子·尽心上》，《十三经注疏》，中华书局1980年版，第2769—2770页。

则距心之罪也。"他日，见于王曰："王之为都者，臣知五人焉。知其罪者，惟孔距心。"为王诵之。王曰："此则寡人之罪也。"①

孟子到达平陆后，受到孔距心的接待。可是这位客人对这位地方长官毫不客气，见面后立即提出一个问题："如果你的战士一天三次失职，你开除他吗？"孔距心不知孟子的提问将把他引至尴尬的境地，就不容置疑地说："不必等到三次，只有一次，我就开除他了。"孟子接着话茬将话题引到他的身上："那么，你自己失职的地方也很多了。灾荒年成，你的百姓，年老体弱抛尸露骨于山谷中的，年轻力壮逃亡于四方的，已经将近千人了。"孔距心没有料到孟子会对自己提出这样的批评，心里很不服气，就辩解说："这个事情不是我的力量所能解决的。"言外之意是，灾荒年成是我控制不了的。孟子不依不饶，说："譬如现在有一个人，接受别人的牛羊而替他放牧，那一定要替牛羊寻找牧场和草料了。如果牧场和草料都找不到，是把这些牛羊退给原主呢，还是就站在那里看着它们一个个死去呢？"话说到这里，孔距心明白自己已经无路可逃了，只得承认说："这就是我的罪过了。"不久，孟子在临淄朝见齐王，对他说："王的地方长官，我认识了五位，明白自己罪过的，只有孔距心一个人。"于是又把他与孔距心的谈话复述了一遍。齐宣王听了，浑身不自在，只好期期艾艾地说："这个也是我的罪过呢！"

孟子一行人来到临淄，住进了为稷下学宫大夫们安排的府第，他自然还是在稷下学宫讲学和著述。大概齐宣王以前没有关注孟子，所以连他长得什么样也不知道。出于好奇，他竟偷偷派人去孟子的住地，想看一看孟子是不是长得与别人不一样。《孟子·离娄下》记载了这个颇具喜剧色彩的场面：

储子曰："王使人瞯夫子，果有以异于人乎？"孟子曰："何以异于人哉？尧舜与人同耳。"②

---

① 《孟子·公孙丑下》，《十三经注疏》，中华书局1980年版，第2695页。
② 《孟子·离娄下》，《十三经注疏》，中华书局1980年版，第2732页。

齐相储子将齐王派人偷偷窥视孟子的事儿告诉了他，说是好奇的齐王想知道你是不是与一般人不同？孟子听了有点哭笑不得，只好郑重回答说："你看我有什么与一般人不同的地方？就是尧舜也与一般人相同呀。"孟子这里的潜台词实际上是说，人之为人，体貌的差距是很小的，最大的差距表现在品德与能力上。

由于孟子此次至齐一路受到欢迎，到临淄后，又有齐王的窥视之事发生，一时孟子身上笼罩着神秘之感。不少人，特别是他的弟子们，都估计齐王可能要重用孟子。他们热切地盼望着这一天的到来，不断请教他一系列的治国理政的学问。其中与公孙丑有一段长篇谈话：

公孙丑问曰："夫子当路于齐，管仲、晏子之功，可复许乎？"孟子曰："子诚齐人也，知管仲晏子而已矣。或问乎曾西曰：'吾子与子路孰贤？'曾西蹴然曰：'吾先子之所畏也。'曰：'然则吾子与管仲孰贤？'曾西艴然不悦，曰：'尔何曾比予于管仲？管仲得君如彼其专也，行乎国政如彼其久也，功烈如彼其卑也；尔何曾比予于是？'"曰："管仲、曾西之所不为也，而子为我愿之乎？"曰："管仲以其君霸，晏子以其君显。管仲、晏子犹不足为与？"曰："以齐王，由反手也。"曰："若是，则弟子之惑滋甚。且以文王之德，百年而后崩，犹未洽于天下；武王、周公继之，然后大行。今言王若易然，则文王不足法与？"曰："文王何可当也？由汤至于武丁，贤圣之君六七作，天下归殷久矣，久则难变也。武丁朝诸侯，有天下，犹运之掌也。纣之去武丁未久也，其故家遗俗，流风善政，犹有存者；又有微子、微仲、王子比干、箕子、胶鬲，皆贤人也，相与辅相之，故久而后失之也。尺地，莫非其有也；一民，莫非其臣也；然而文王犹方百里起，是以难也。齐人有言曰：'虽有智慧，不如乘势；虽有磁基，不如待时。'今时则易然也：夏后、殷、周之盛，地未有过千里者也，而齐有其地矣；鸡鸣狗吠相闻而达乎四境，而齐有其民矣。地不改辟矣，民不改聚矣，行仁政而王，莫之能御也。且王者之不作，未有疏于此时者也；民之憔悴于虐政，未有甚于此时者也。饥者易为食，渴者易为饮。孔子曰：'德之流行，速于置邮而传命。'当今之时，万乘之国行仁政，民之悦之，犹解倒悬也。故事半古之人，功必倍之，惟此时为然。"①

孟子在这段与公孙丑的长篇对话中，主要不是讲仁政的具体内容，而是讲在齐国如实行仁政就会取得"易如反掌"的效果。开首公孙丑问他："您如果在齐国当权，管子、晏婴的功业可以再度兴起来吗？"因为管子、晏婴是姜齐时的名相，他们曾辅佐齐国创造了姜齐历史上辉煌的局面，所以公孙丑认为能恢复那时的繁盛已经是很高的目标了。不料孟子对管子、晏婴却不屑一顾。他说："你真是一个齐国人，只晓得管子、晏婴。曾经有人问曾西：'你和子路相比，谁强？'曾西不安地说：'他是我父亲所敬畏的人，我哪敢和他相比？'那人又问：'那么，你和管仲相比，谁强？'曾西马上不高兴起来，说道：'你为什么拿我跟管仲相比？管仲得到齐桓公的信赖是那么专一，行使国家的政权是那样长久，而功绩却是那样的卑小。你为什么拿我跟他相比？'"停了一会儿，孟子又说："管仲是曾西都不愿跟他相比的人，你以为我是愿意学他吗？"公孙丑对孟子贬低管子、晏婴显然难以理解，就反问："管仲辅佐桓公使他称霸天下；晏子辅佐景公使他名扬诸侯，管仲、晏子难道还不值得学习吗？"孟子说："以齐国来统一天下，'易如反掌'。"他的言外之意是说：可是管仲、晏子都没有统一天下。公孙丑并没有被说服，进一步诘问："照您这样讲来，我便更加不懂了。像文王那样的德行，而且活了将近一百岁，他推行的德政，还没有周遍天下；武王、周公继承了他的事业，然后才大大地推行了王道，统一了天下。现在您把统一天下说得那样容易，那么，文王也不值得效法了吗？"针对公孙丑提出的问题，孟子从历史讲到现实，对"易如反掌"进行了充分的阐发："文王怎么能够比得上呢？我们还是从当时的历史情况说起吧，从汤到武丁，贤明的君主总有六七起，天下的人归服殷朝已经很久了，时间已久便很难变动。武丁使诸侯来朝，把天下治理好，就好像在手掌中运转东西一样。纣王的年代上距武丁并不甚久，当时的勋旧世家、善良习俗、先民遗风、仁惠政教还有些存在的，又有微子、微仲、王子比干、箕子、胶鬲这些贤德之人共同来辅佐他，所以经历相当长久的时间才亡了国。当时没有一尺土地不是纣王的，没有一个百姓不

---

① 《孟子·公孙丑上》，《十三经注疏》，中华书局1980年版，第2684页。

归纣王所管，然而文王还能凭借一百里的小国以创立丰功伟绩，所以是很困难的。齐国有句俗话说：'纵有聪明，还要趁形势；纵有锄头，还得待农时。'现在的时势要推行王政，就容易了：纵在夏、商、周最兴盛的年代里，任何国家的国土也没有超过纵横一千里的，现在齐国却有这么广阔的土地了；鸡鸣狗叫的声音，从首都一直到四方的国界线，处处相闻，人烟如此稠密，齐国有这么多的百姓。国土不必再开拓，百姓也不必再增加，只要实行仁政来统一天下，就没有人能阻止得了。而且统一天下的贤君不出现的时间，历史上从来没有这样长久过；老百姓被暴虐的政治所折磨，历史上也从来没有这样厉害过。肚子饥饿的人不苟择食物，口舌干枯的人不苟择饮料。孔子说过：'德政的流行，比驿站的传达政令还要迅速。'现在这个时候，拥有万辆兵车的大国实行仁政，老百姓的高兴，正好像被人倒挂着而给解救了一般。所以，'事半功倍'只有在这个时代才行。"孟子将在齐国实行仁政而迅速统一天下说得如此容易，当然与他爱夸饰的性格有关，更重要的，恐怕与他对在齐国任职的前景的乐观估计有关。由于齐宣王对他的重视远远超过齐威王，而周围的人们又不断散布他即将被重用的消息，孟子因而错估了形势，于是放出了"易如反掌""事半功倍"的预言，目的是让齐宣王知道，增加任用他的信心。另一方面，此时齐国的国力虽然与西方崛起的秦国相比略显逊色，但仍不失战国七雄中最具生机的国家，不仅对除秦国外的其他五国占有绝对优势，就是与秦国叫板也不会畏葸不前。况且，前不久齐国对韩、魏等国的战争都取得了胜利，齐国上下还没有从胜利的喜悦中恢复平静。这一切，显然给孟子对自己在齐国执政的前景带来乐观的预测。他真的认为，只要让他在齐国秉政，立竿见影的效果就会显现出来。这显示了理想家的孟子还生活在自己构筑的幻觉中。这表明，由于长期缺乏政治实践的体验，他对为政的艰难和复杂还没有深刻的认识。

　　孟子虽然没有等来齐宣王任命的高官，但齐宣王对自己的重视还是让他兴奋不已。因为就在他入齐不久，齐宣王就多次召见他，就一系列的治国方略向他请教。在二人的对话中，孟子找到了一个比梁惠王更专注的交谈对象，他于是将自己的理论和理想，通过他特有的极富感情色彩的语言，长江大河般地向这位君王展示出来：

　　齐宣王问曰："齐桓、晋文之事，可得闻乎？"孟子对曰："仲尼之徒，无道桓、文之事者，是以后世无传焉，臣未之闻也。无以，则王乎？"曰："德何如，则可以王矣？"曰："保民而王，莫之能御也。"曰："若寡人者，可以保民乎哉？"曰："可。"曰："何由知吾可也？"曰："臣闻之，胡龁曰，王坐于堂上，有牵牛而过堂下者，王见之，曰：'牛何之？'对曰：'将以衅钟。'王曰：'舍之！吾不忍其觳觫，若无罪而就死地。'对曰：'然则废衅钟与？'曰：'何可废也，以羊易之。'不识有诸？"曰："有之。"曰："是心足以王矣。百姓皆以王为爱也，臣固知王之不忍也。"王曰："然；诚有百姓者。齐国虽褊小，吾何爱一牛？即不忍其觳觫，若无罪而就死地，故以羊易之也。"曰："王无异于百姓之以王为爱也。以小易大，彼恶知之？王若隐其无罪而就死地，则牛羊何择焉？"王笑曰："是诚何心哉？我非爱其财而易之以羊也，宜乎百姓之谓我爱也。"曰："无伤也，是乃仁术也，见牛未见羊也。君子之于禽兽也，见其生，不忍见其死；闻其声，不忍食其肉。是以君子远庖厨也。"王说曰："《诗》云：'他人有心，予忖度之。'夫子之谓也夫。我乃行之，反而求之，不得吾心。夫子言之，于我心有戚戚焉。此心之所以合于王者，何也？"曰："有复于王者曰：吾力足以举百钧，而不足以举一羽；明足以察秋毫之末，而不见舆薪，则王许之乎？"曰："否。""今恩足以及禽兽，而功不至于百姓者，独何与？然则一羽之不举，为不用力焉；舆薪之不见，为不用明焉；百姓之不见保，为不用恩焉。故王之不王，不为也，非不能也。"曰："不为者与不能者之形何以异？"曰："挟泰山以超北海，语人曰，'我不能。'是诚不能也。为长者折枝，语人曰，'我不能。'是不为也，非不能也。故王之不王，非挟泰山以超北海之类也；王之不王，是折枝之类也。老吾老，以及人之老；幼吾幼，以及人之幼。天下可运于掌。《诗》云，'刑于寡妻，至于兄弟，以御于家邦。'言举斯心加诸彼而已。故推恩足以保四海，不推恩无以保妻子。古之人所以大过人者，无他焉，善推其所为而已矣。今恩足以及禽兽而功不至于百姓者，独何与？权，然后知轻重；度，然后知长短。物皆然，心为甚。王请度之！抑王兴甲兵，危士臣，构怨于诸侯，然后快于心与？"王曰："否；吾何快于是？将以求吾所大欲也。"

曰：“王之所大欲可得闻与？”王笑而不言。曰：“为肥甘不足于口与？轻煖不足于体与？抑为采色不足视于目与？声音不足听于耳与？便嬖不足使令于前与？王之诸臣皆足以供之，而王岂为是哉？”曰：“否；吾不为是也。”曰：“然则王之所大欲可知已，欲辟土地，朝秦楚，莅中国而抚四夷也。以若所为求若所欲，犹缘木而求鱼也。”王曰：“若是其甚与？”曰：“殆有甚焉。缘木求鱼，虽不得鱼，无后灾。以若所为求若所欲，尽心力而为之，后必有灾。”曰：“可得闻与？”曰：“邹人与楚人战，则王以为孰胜？”曰：“楚人胜。”曰：“然则小固不可以敌大，寡固不可以敌众，弱固不可以敌敌强。内之地方千里者九，齐集有其一。以一服八，何以异于邹敌楚哉？盖亦反其本矣。今王发政施仁，使天下仕者皆欲立于王之朝，耕者皆欲耕于王之野，商贾皆欲藏于王之市，行旅皆欲出于王之途，天下之欲疾其君者皆欲赴愬于王。其如是，孰能御之？”王曰：“吾惛，不能进于是矣。愿夫子辅吾志，明以教我。我虽不敏，请尝试之。”曰：“无恒产而有恒心者，惟士为能。若民，则无恒产，因无恒心。苟无恒心，放辟邪侈，无不为己。及陷于罪，然后从而刑之，是罔民也。焉有仁人在位罔民而可为也？是故明君制民之产，必使仰足以事父母，俯足以畜妻子，乐岁终身饱，凶年免于死亡；然后驱而之善，故民之从之也轻。今也制民之产，仰不足以事父母，俯不足以畜妻子；乐岁终身苦，凶年不免于死亡。此惟救死而恐不赡，奚暇治礼义哉？王欲行之，则盍反其本矣：五亩之宅，树之以桑，五十者可以衣帛矣。鸡豚狗彘之畜，无失其时，七十者可以食肉矣。百亩之田，勿夺其时，八口之家可以无饥矣。谨庠序之教，申之以孝悌之义，颁白者不负载于道路矣。老者衣帛食肉，黎民不饥不寒，然而不王者，未之有也。”[①]

　　齐宣王从他老子手上接掌一个傲视群雄的东方大国后，踌躇满志、顾盼自雄，很想大有作为一番。他想到了春秋时期两个成就霸业的代表人物齐桓公和晋文公，将他们视为榜样，所以见到孟子就迫不及待地问：“齐桓公

---

① 《孟子·梁惠王上》，《十三经注疏》，中华书局1980年版，第2670—2671页。

和晋文公在春秋时期称霸的事迹，您可以讲给我听吗？"孟子的回答完全出乎他的意料："孔子的学生们没有谈到齐桓公和晋文公事迹的，所以也没有传到后代来，我也就不曾听到过。王如果定要我说，那就讲讲用道德的力量来统一天下的'王'道吧！"孟子这里的回答显然不符合历史事实，因为孔子对春秋时期的"五霸"基本上持赞扬的态度，这可能与他们进行顺应历史潮流的改革有关。孔子不仅赞扬齐桓公和帮助他成就霸业的管仲，而且还赞扬领导秦国崛起的秦穆公：

> 子曰："桓公九合诸侯，不以兵车，管仲之力也。如其仁！如其仁！"
>
> 子曰："管仲相桓公，霸诸侯，一匡天下。民到于今受其赐。微管仲，吾其被发左衽矣。"①
>
> 鲁昭公之二十年，而孔子盖年三十矣。齐景公与晏婴来适鲁。景公问孔子曰："昔秦穆公国小处僻，其霸何也？"对曰："秦，国虽小，其志大；处虽僻，行中正。身举五羖，爵之大夫，起累绁之中，与语三日，授之以政。以此取之，虽王可也，其霸小矣。"②

孟子之所以对齐桓、晋文的霸业不屑一顾，因为当时的形势已经不是如何"称霸"，而是如何统一中国。孟子不与宣王纠缠齐桓、晋文霸业，目的是将他引导到自己情有独钟的"王道"上来。宣王只能顺着孟子的思路，问："要有怎样的道德就能够统一天下了呢？"孟子回答："一切为着使百姓的生活安定而努力，这样去统一天下，没有人能够阻挡的。"孟子鼓吹的前景引起宣王的兴趣，他接着问："像我这样的人能够使百姓的生活安定吗？"在得到孟子肯定的回答后，他进一步追问："凭什么知道我能够？"孟子于是从宣王最切近的事情讲起："我听到胡龁告诉我一件事：王坐在大殿之上，有人牵着牛从殿下走过，王看到了，便问道：'牵着牛往哪儿去？'那人答道：'准备宰了祭钟。'王便道：'放了它吧！看它那哆嗦可怜的样子，毫无罪过，却

---

① 《论语·宪问》，《十三经注疏》，中华书局1980年版，第2511—2512页。

② 司马迁：《史记》卷四十七《孔子世家》，中华书局1959年版，第1910页。

被送进屠场，我实在不忍。'那人便道：'那么，便废除祭钟这一仪节吗？'王又道：'怎么可以废除呢？用只羊来代替吧！'不晓得果真有这样一回事吗？"得到宣王的肯定后，孟子说："凭这种好心就可以统一天下了。老百姓都以为王是吝啬，我早就知道王是不忍。"宣王觉得孟子真是理解自己，就进一步解释说："对呀，确实有这样的百姓。齐国虽然不大，我也何至于连一头牛都舍不得？我就是不忍看它那哆嗦可怜的样子，毫无罪过而被送进屠场，才用羊来代替它。"孟子接着王的话头引申说："百姓说王吝啬，王也不必奇怪。羊小牛大，用小的代替大的，他们哪能体会到王的深意呢？如果说可怜它毫无罪过却被送进屠场，那么宰牛和宰羊又有什么区别呢？"这一问，还真把宣王问住了，他笑着说："这个我真连自己也不懂是什么心理了。我的确不是吝啬钱财才去用羊来代替牛。经您这么一说，百姓说我吝啬真是理所当然了。"孟子当然不会停留在百姓认识的水平上，他继续赞扬王的"不忍之心"："百姓这样误解没有什么关系。王这种不忍之心正是仁爱。道理就在于：王亲眼见了那头牛，却没有看见那只羊。君子对于飞禽走兽，看见它们活着，便不忍心看到它们死去；听到它们悲鸣哀号，便不忍心再吃它们的肉。君子把厨房摆在远离自己的场所，就是这个道理。"得到孟子的赞扬，宣王十分高兴，说："有两句诗歌：'别人有啥心，我能揣摩到。'您就是这样的。我只是这样做了，再问问自己，为什么要这样做呢？却说不出所以然来。经您老人家这么一说，我的心便豁然明亮了。但我这种心情与王道相合，又是什么道理呢？"孟子见宣王已经进入自己预设的轨道，就又从比喻开始进一步深入说："假定有一个人向王报告：'我的膂力能够举重三千斤，却拿不起一根羽毛；我的目力能够把秋天鸟的羽毛看得分明，一车子柴火摆在眼前却看不见。'您肯相信这话吗？"宣王说不后，孟子马上接着说："如今王的好心好意足以使动物沾光，却不能使百姓得到好处，这是为什么呢？这样看来，一根羽毛都拿不起，只是不肯用力气的缘故；一车子柴火都看不见，只是不肯用眼睛的缘故；老百姓得不到安定的生活，只是不肯施恩的缘故。所以王的不行仁德的政治来统一天下，只是不肯干，不是不能干。"宣王见孟子将实行仁政说得如此轻而易举，就问："不肯干和不能干在现象上有什么不同呢？"孟子再从比喻入手，将由近及远、层层推进的仁爱政治说给宣王听："把泰山夹在胳臂底下跳过北海，告诉人说：'这个我办不到。'这真是不能。替老年人折取树枝，告诉人说：'这个我办不到。'这是不肯干，不是不能干。王的不行仁政不是属于把泰山夹在胳臂底下跳过北海一类，而是属于替老年人折取树枝一类的。尊敬我家里的长辈，从而推广到尊敬别人家里的长辈；爱护我家里的儿女，从而推广到爱护别人家里的儿女。一切政治措施都由这一原则出发，要统一天下就像在手心里转动东西那么容易了。《诗经》上说：'先给妻子做榜样，再推广到兄弟，再进而推广到封邑和国家。'这就是说，把这样的好心好意扩大到其他方面去就行了。所以由近及远地把恩惠推广开去，便足以安定天下；不这样，甚至连自己的妻子都保护不了。古代的圣贤之所以远远地超越于一般人，没有别的诀窍，只是他们善于推行他们的好行为罢了。如今您的好心足以使动物沾光，百姓却得不到好处，这是为什么呢？称一称，才晓得轻重；量一量，才晓得长短。什么东西都如此，人的心更需要这样。王，您考虑一下吧！难道说，动员全国军队，使将士冒着危险，去和别的国家结仇构怨，这样做您心里才痛快吗？"看到孟子接触到自己内心的密奥，宣王马上回应说："不，我为什么定要这样才痛快呢？我之所以这样做，不过是要求满足我的最大的欲望啊。"孟子明白宣王说的"最大欲望"是什么，但故意先不说破，而是追问："王的最大欲望是什么，可以说来给我听听吗？"宣王笑而不答，显然有点难以启齿。孟子先不说破，而是绕个圈子："是为了肥美的食物不够吃呢？是为了轻煖的衣服不够穿呢？是为了艳丽的色彩不够看呢？是为了美妙的音乐不够听呢？还是为了伺候的人不够您使唤呢？这些，您手下的人员都能够尽量供给，难道您真是为了它们吗？"因为孟子讲的这些属于生活的享受，宣王已经是应有尽有，所以他只好说："不，我不是为了这些。"至此，孟子干脆揭破谜底："那么，您的最大的欲望便可以知道了。您是想要扩张国土，使秦、楚等国都来朝贡，自己作天下的盟主，同时安抚四周落后的外族。不过，以您这样的做法想满足您这样的欲望，好像爬到树上去捉鱼一样。"因为开始宣王提到齐桓、晋文的时候，孟子就已经明白他的欲望是什么了，这时候揭破，宣王只得承认，但却说："我的欲望实行起来竟然有这样严重的后果吗？"孟子立刻回道："恐怕比这更严重呢。爬到树上去捉鱼，虽然捉不到鱼，却没有祸害。以您这样的做法想满足您这样的欲望，如果费尽心力去干，不但达不到目的，而且一定会有祸害在后头。"宣王认为孟子是在危言耸听，就问："这是什么道理，可以讲给我听听吗？"孟子还是从比喻入手："假如邹国和楚国打仗，您认为哪一国会打胜呢？"宣王回道："楚国会胜。"孟子接住话茬："从这里可以看出，小国不可以跟大国为敌，人口稀少的国家不可以跟人口众多的国家为敌，弱国不可以跟强国为敌。现在中国土地总面积约九百万平方里，齐国全部土地不过一百万平方里。以九分之一的力量跟其余的九分之八为敌，这和邹国跟楚国为敌有什么分别呢？显然，这条道路是走不通的。那么，为什么不从根本着手呢？现在王如果能改革政治，施行仁德，便会使天下的士大夫都想到齐国来做官，庄稼汉都想到齐国来种地，行商坐贾都想到齐国来做生意，来往的旅客也都想取道齐国，各国痛恨本国君主的人们也都想到您这里来控诉。果然做到这样，又有谁能抵挡得住呢？"话说到这里。可能宣王已经找不到反驳孟子的理由了，于是故作谦恭下士地说："我头脑昏乱，对您的理想不能再有进一层的体会，希望您辅佐我达到目的，明明白白地教导我。我虽然不行，也无妨试一试。"至此，孟子认为可以和盘托出他的仁政理论了，于是详细讲解了一番："没有固定的产业收入却有一定的道德观念和行为准则的，只有士人才能做到。至于一般人，如果没有一定的产业收入，便也没有一定的道德观念和行为准则。这样，就会胡作非为，违法乱纪，什么事都干得出来。等到他们犯了罪，然后去加以处罚，这等于陷害。哪有仁爱的人坐了朝廷却做出陷害老百姓的事的呢？所以英明的君主规定人们的产业，一定使他们上足以赡养父母，下足以抚养妻儿；好年成，丰衣足食；坏年成，也不致饿死，然后再去诱导他们走上善良的道路，老百姓也就很容易地听从了。可是现在呢，规定人们的产业，上不足以赡养父母，下不足以抚养妻儿；好年成，也是艰难困苦；坏年成，只有死路一条。这样，每个人用全力救活自己生命都怕来不及，哪有闲工夫学习礼仪呢？王如果要实行仁政，为什么不从根本上着手呢？每家给他五亩土地的住宅，四围种植着桑树，那么，五十岁以上的人都可以有绵丝袄穿了。鸡狗和猪这类家畜，都有力量和工夫去饲养、繁殖，那么，七十岁以上的人都可以有肉吃了。一家给他一百亩田地，并且不去妨碍他的生产，八口人的家庭便都可以吃得饱饱的了。办好各类学校，反复地用孝顺父母、敬爱兄长的大道理来开导他们，那么，须发皆白的人便会有人代劳，不至于头顶着、背负着物件在路上行走了。老年人个个穿绵吃饱，一般人不冻不饿，这样还不能使天下人归服的，那是从来没有的事。"这次孟子与齐宣王的会见，孟子主要从民本方面对他的仁政理想进行了阐发，与他见梁惠王所讲的内容大同小异，即制民恒产、减轻赋税和徭役，使百姓的物质生活得到基本保障，同时进行礼义教育，提高他们的道德水准，从而达到国家富强、社会安定的目的。

大概此后不久，齐宣王又一次召见孟子。这次召见的地点是在临淄东北方向、距临淄 6 里的雪宫。这是一处风景秀丽的园林建筑群，错落有致地分布着楼台殿阁、森林池沼以及流水潺潺的蜿蜒小河，各种飞禽走兽游戏其间，时而追逐嬉戏，时而引颈长鸣。齐宣王在这里召见孟子，似乎是让他感受一下帝王生活的闲情逸致的另一个侧面，看他如何看待快乐。当孟子在侍者的引导下进入这个宛如人间仙境的雪宫时，他似乎明白了宣王这次与他谈话的主题。《孟子·梁惠王下》详细记载了这次会面的交谈：

　　齐宣王见孟子于雪宫。王曰："贤者亦有此乐乎？"孟子对曰："有。人不得，则非其上矣。不得而非其上者，非也；为民上而不与民同乐者，亦非也。乐民之乐者，民亦乐其乐；忧民之忧者，民亦忧其忧。乐以天下，忧以天下，然而不王者，未之有也。昔者齐景公问于晏子曰：'吾欲观于转附朝儛，遵海而南，放于琅邪，吾何脩而可以比于先王观也？'晏子对曰：'善哉问也！'天子适诸侯曰巡狩。巡狩者，巡所守也。诸侯朝于天子曰述职，述职者，述所职也。无非事者。春省耕而补不足，秋省敛而助不给。夏谚曰：'吾王不游，吾何以休？吾王不豫，吾何以助？一游一豫，为诸侯度。'今也不然：师行而粮食，饥者弗食，劳者弗息。睊睊胥谗，民乃作慝。方命虐民，饮食若流。流连荒亡，为诸侯忧。从流下而忘反谓之流，从流上而忘反谓之连，从兽无厌谓之荒，乐酒无厌谓之亡。先王无流连之乐，荒亡之行。惟君所行也。景公说，大戒于国，出舍于郊。于是始兴发补不足。召太师曰：'为我作君臣相说之乐！'盖徵招角招是也。其诗曰，'畜君何尤？'畜君者，好君也。"①

————————

① 《孟子·梁惠王下》，《十三经注疏》，中华书局 1980 年版，第 2675—2676 页。

宣王特意在这里召见孟子，大概是想让他见识一下帝王的享受，使其产生一种震撼的感觉。所以宣王见到孟子的第一句话就是："有道德的贤人也有这种快乐吗？"可能宣王估计孟子会有一种羡慕不置的感慨，会为这次晋见而受宠若惊。然而，他没有料到，孟子讲的却是要求君王"与民同乐"。他平静地对宣王说："有的。如果他们得不到这种快乐，他们就会埋怨国王了。得不到这种快乐就埋怨国王，是不对的。可是作为一国之主有快乐而不同他的百姓一同享受，也是不对的。以百姓的快乐为自己的快乐，百姓也会以国王的快乐为自己的快乐；以百姓的忧愁为自己的忧愁，百姓也会以国王的忧愁为自己的忧愁。和天下之人同忧同乐，这样还不能使天下归服于他的，是从来不曾有过的事。咱们还是回顾一下历史吧。过去齐景公问晏子说：'我想到转附、朝儛两个山上去游游，然后沿着海岸向南行，一直到琅邪。我该怎么办才能够和过去的圣贤之君的巡游相比拟呢？'晏子回答说：'问得好呀！天子到诸侯的国家去叫作巡狩。巡狩就是巡视各诸侯所守的疆土的意思。诸侯去朝见天子叫作述职。述职就是报告在他职责内的工作的意思。没有不和工作相结合的。春天里巡视耕种情况，对贫穷农户加以补助；秋天里考察收获情况，对缺粮农户加以补助。夏朝的谚语说：'我王不出来游，我的休息向谁求？我王不出来走，我的补助哪会有？我的王游游走走，足以作为诸侯的法度。'现在可不是这样了，国王一出巡，兴师动众，到处筹粮运米。饥饿的人得不到吃食，劳苦的人得不到休息。所有人员无不切齿侧目，怨声载道，而人们就要为非作歹了。这样的出巡违背天意，虐待百姓，大吃大喝，浪费饮食如同流水，流连忘返，荒亡无行，使诸侯都为此而忧愁。怎样叫作流连荒亡呢？由上游向下游的游玩乐而忘归叫作流，由下游向上游的游玩乐而忘归叫作连，无厌倦地打猎叫作荒，不知节制地喝酒叫作亡。过去的圣贤之君都没有这种流连荒亡的行为。头一种是和工作结合的巡行，后一种是只知自己快乐的流连荒亡，您从事哪一种，由您自己决定吧！'景公听了，大为高兴。先在都城内做好准备，然后驻扎郊外，拿出粮食，救济贫穷的人。景公又把乐官长叫来，对他说：'给我创作一个君臣同乐的歌曲！'这个歌曲就是《徵招》《角招》，歌词说：'这样喜爱国君有什么不对呢？'"这里，孟子看似通篇都在讲历史，实际上讲了君王的两种游乐观。一种是不顾百姓死活，自己肆无忌惮地享乐，将享乐建筑在百姓的痛苦之上。一种是

"与民同乐"，在游乐中解除百姓的疾苦。孟子的言外之意是：究竟如何快乐，你自由选择。接下来，在与宣王的又一次谈话中，孟子就直接批评宣王不与百姓同乐，甚至坑害百姓的罪恶行径：

> 齐宣王问曰："文王之囿方七十里，有诸？"孟子对曰："于传有之。"曰："若是其大乎？"曰："民犹以为小也。"曰："寡人之囿方四十里，民犹以为大，何也？"曰："文王之囿方七十里，刍荛者往焉，雉兔者往焉，与民同之。民以为小，不亦宜乎？臣始至于境，问国之大禁，然后敢入。臣闻郊关之内有囿方四十里，杀其麋鹿者如杀人之罪，则是方四十里为阱于国中，民以为大，不亦宜乎？"①

这一次，齐宣王上来就问孟子："听说周文王有一处猎场，纵横各长七十里，真有这回事吗？"孟子似乎还不太明白他问话的用意，就回答说："在史书上有这样的记载。"宣王紧跟着再追问："真有这么大吗？"孟子这时终于明白了他问话的用意，于是回答了一句宣王意料不到的话："老百姓还觉得太小呢！"面对孟子的回答，宣王有点愤愤不平地说："我的狩猎场，纵横各只四十里，老百姓还认为太大了，这又是为什么呢？"孟子知道可以用对比的方法教训这位君王了，于是毫不客气地说："文王的狩猎场纵横各七十里，割草打柴的去，捉鸟捕兽的也去，同老百姓一同享用。老百姓认为太小，这不很自然吗？而您的呢，正与此相反。我刚到齐国边界的时候，问明白了齐国最严重的禁令后，才敢入境。我听说，在齐国首都的郊外，有一个狩猎场，纵横各四十里，谁要是杀了里面的麋鹿，就等于犯了杀人罪。那么，这为方四十里的地面，对百姓来说，就是在国内置一个陷阱呀！他们认为太大了，不也应该吗？"孟子的话因为说的是一个基本的事实，一下子将宣王置于尴尬的境地，此时，他大概只能"王顾左右而言他"了。

此事过了不几天，齐国的臣子庄暴来见孟子，向他转述了晋见齐王的情况，于是引出了孟子与宣王关于"与民同乐"的讨论：

---

① 《孟子·梁惠王下》，《十三经注疏》，中华书局1980年版，第2674页。

庄暴见孟子，曰："暴见于王，王语暴以好乐，暴未有以对也。"曰："好乐何如？"孟子曰："王之好乐甚，则齐国其庶几乎？"他日，见于王曰："王尝语庄子以好乐，有诸？"王变乎色，曰："寡人非能好先王之乐也，直好世俗之乐耳。"曰："王之好乐甚，则齐其庶几乎！今之乐由古之乐也。"曰："可得闻与？"曰："独乐乐与人乐乐，孰乐？"曰："不若与人。"曰："与少乐乐，与众乐乐，孰乐？"曰："不若与众。臣请为王言乐。今王鼓乐于此，百姓闻王钟鼓之声，管籥之音，举疾首蹙頞而相告曰：'吾王之好鼓乐，夫何使我至于此极也？父子不相见，兄弟妻子离散。'今王田猎于此，百姓闻王车马之音，见羽旄之美，举疾首蹙頞而相告曰：'吾王之好田猎，夫何使我至于此极也，父子不相见兄弟妻子离散。'此无他，不与民同乐也。今王鼓乐于此，百姓闻王钟鼓之声，管籥之音，举欣欣然有喜色而相告曰：'吾王庶几无疾病与，何以能鼓乐也？'今王田猎于此，百姓闻王车马之音，见羽旄之美，举欣欣然有喜色而相告曰：'吾王庶几无疾病与，何以能田猎也？'此无他，与民同乐也。今王与百姓同乐，则王矣。"[1]

庄暴这次来见孟子，显然是为了请教。他说："我去朝见王，王告诉我他爱好音乐，我不知道应该怎样回答。"接着又说："爱好音乐，究竟好还是不好？"孟子十分肯定地说："王如果爱好音乐，那就是齐国之福了！"孟子可能感到这是一个同齐王谈话的好题目，过了些时，他谒见宣王时，装作不经意地问："您曾告诉庄暴，说您爱好音乐，有这回事吗？"宣王可能不愿谈论这个话题，不好意思而又轻描淡写地说："我并不是爱好古代音乐，只是爱好一些流行的乐曲罢了。"孟子却很郑重地说："只要您非常爱好音乐，那齐国便会很不错。无论现在流行的音乐，或者古代音乐，都是一样的。"听见孟子对自己喜欢流行音乐没有提出批评，宣王内心可能有几分得意，于是来了兴趣："这个道理可以说给我听听吗？"孟子并不正面回答，而是提出问题："一个人单独地欣赏音乐快乐，跟别人一起欣赏音乐也快乐，究竟哪一种更快乐呢？"孟子进一步发问："跟少数人欣赏音乐固然快乐，跟多数人欣

---

[1]　《孟子·梁惠王下》，《十三经注疏》，中华书局1980年版，第2673—2674页。

赏音乐也快乐,究竟哪一种更快乐呢?"宣王回答:"当然跟多数人一起欣赏更快乐。"看到宣王已经被自己诱进彀中,孟子于是就来了一阵酣畅淋漓的训诫:"那么,就让我向您谈谈欣赏音乐和娱乐的道理吧。假使王在这儿奏乐,老百姓听到鸣钟击鼓的声音,又听到吹箫奏笛的声音,却全都觉得头痛,愁眉苦脸地互相议论:'我们国王这样爱好音乐,为什么使我们苦到这般地步呢?父子不能见面,兄弟妻子东逃西散!'假使王在这儿打猎,老百姓听到车马的声音,看到华丽的仪仗,却全都觉得头痛,愁眉苦脸地互相议论:'我们国王这样爱好打猎,为什么使我们苦到这般地步呢?父子不能见面,兄弟妻子东逃西散!'为什么百姓会这样呢?这没有别的原因,就是因为王只图自己快乐而不同大家一同娱乐的缘故。相反,假使王在这儿奏乐,老百姓听到鸣钟击鼓的声音,又听到吹箫奏笛的声音,全都眉开眼笑地互相告诉:'我们国王大概很健康吧,要不这样,怎么能够奏乐呢?'假使王在这儿打猎,老百姓听到车马的声音,看到仪华丽的仪仗,全都眉开眼笑地互相告诉:'我们国王大概很健康吧,要不这样,怎么能够打猎呢?'为什么百姓会这样呢?这没有别的原因,就是因为王同百姓一同娱乐罢了。如果王同百姓一同娱乐,就可以使天下归服了。"这个故事表明,孟子是一个特别善于联想的思想家。他从宣王的喜欢流行音乐说开去,一直说到"与民同乐"这个十分严肃的政治问题,将自己的民本理念从一个侧面很好地宣传了一番。其实,民本理念所包含的内容十分丰富,孟子在这里之所以如此地大谈"与民同乐",就是因为"与民同乐"是民本内容的最高层次。一个君王如果做到了"与民同乐",民本的其他内容也应该实现了。

一次,孟子又抓住机会,对宣王不关心齐国百姓的疾苦提出批评,指斥他没有尽到国君应有的责任:

　　　孟子谓齐宣王曰:"王之臣有托其妻子于其友而之楚游者,比其反也,则冻馁其妻子,则如之何?"王曰:"弃之。"曰:"士师不能治士,则如之何?"王曰:"己之。"曰:"四境之内不治,则如之何?"王顾左右而言他。①

---

① 《孟子·梁惠王下》,《十三经注疏》,中华书局1980年版,第2679页。

这里孟子从一个令人义愤的故事入手，步步引导宣王进入他设定的逻辑圈。他一本正经地问齐王说："您有一个臣子把妻室儿女付托给朋友照顾，自己就去游楚国了。等他回来的时候，他的妻室儿女却在挨饿受冻。对待这样的朋友，应该怎么办呢？"宣王毫不迟疑地说："毅然和他绝交。"孟子又问："假如管刑罚的长官不能管理他的下级，那应该怎么办呢？"宣王斩钉截铁地说："撤掉他！"孟子再问："假如一个国家里政治搞得很不好，那又应该怎么办呢？"至此，宣王明白他已经被孟子引导到无法转环的死角，只得回过头来，左右张望，把话问题扯到别的地方。

　　孟子为了宣扬自己的仁政理想，从不放过任何机会。几乎所有话题，他都能加以引申，转到他要谈的问题上。一次，宣王与他谈起明堂问题。明堂是古代天子宣明政教的地方，"天子明堂，布政之宫也"①，"昔者周公郊祀后稷以配天，宗祀文王于明堂以配上帝"②。本来，明堂是周天子专有的建筑物，可是到了战国时代，不少诸侯国相继僭越，也建起了明堂。孟子于是借谈明堂之机，再次宣扬的仁政—民本理论：

　　　　齐宣王问曰："人皆谓我毁明堂，毁诸？已乎？"孟子对曰："夫明堂者，王者之堂也。王欲行王政，则勿毁之矣。"王曰："王政可得闻与？"对曰："昔者文王之治岐也，耕者九一，仕者世禄，关市讥而不征，泽梁无禁，罪人不孥。老而无妻曰鳏，老而无夫曰寡，老而无子曰独，幼而无父曰孤。此四者，天下之穷民而无告者。文王发政施仁，必先斯四者。《诗》云，'哿矣富人，哀此茕独。'"王曰："善哉言乎！"曰："王如善之，则何为不行？"王曰："寡人有疾，寡人好货。"对曰："昔者公刘好货，《诗》云：'乃积乃仓，乃裹糇粮，于橐于囊，思戢用光。弓矢斯张，干戈戚扬，爰方启行。'故居者有积仓，行者有裹粮也，然后可以爰方启。行王如好货，与百姓同之，于王何有？"王曰："寡人有疾，寡人好色。"对曰："昔者太王好色，爱厥妃。《诗》云：'古公亶父，来朝走马，率西水浒，至于岐下，爰及姜女，聿来胥宇。'当

---

① 何休：《春秋公羊传注疏》卷六，电子版文渊阁四库全书。
② 董鼎：《孝经大义》，电子版文渊阁四库全书。

是时也，内无怨女，外无旷夫。王如好色，与百姓同之，于王何有？"①

宣王当政时，有人建议他毁掉明堂，于是他请教孟子，如何处置明堂。以孟子之博学，他不会不知道，诸侯国拥有明堂是一种僭越行为。但可能由于此时"礼崩乐坏"愈演愈烈，人们已经见怪不怪，所以孟子并不就此事对宣王进行谴责，而是将其引导至仁政的宣扬。他说："明堂是什么？是有道德而能统一天下的王者的殿堂。您如果要实行王政，就不要把它毁掉了。"孟子的聪明之处在于，他把一个本来僭越的建筑变成王政的象征，由此鼓励齐王去推行仁政。可能孟子的话投合了宣王的心理，他饶有兴趣地问："怎样去实行王政呢？可以讲给我听听吗？"孟子于是讲了文王实行仁政的故事："从前周文王治理岐周，对农民的税率是九分抽一；对做官的人是给以世代承袭的俸禄；在关口和市场上，只稽查，不征税；任何人到湖泊捕鱼，不加禁止；犯罪的人，刑罚只及于他本人，不牵连到他的妻室儿女。失掉妻室的老年人叫作鳏夫，失掉丈夫的老女人叫作寡妇，没有儿女的老人叫作孤独者，死了父亲的儿童叫作孤儿。这四种人是社会上穷苦无告的人。周文王实行仁政，一定最先考虑到他们。《诗经·小雅·正月》说：'有钱财的人是可以过得去了，可怜那些孤单的无依无靠者吧。'"宣王似乎被周文王的事迹感动了，就说："这话说得真好呀！"孟子立刻诘问："您如果认为这话好，那为什么不实行呢？"到了这个时候，宣王只得坦率回答："我有个毛病，我喜爱钱财，实行王政恐怕有困难？"孟子立即予以化解说，有这个毛病对实行仁政没有困难："从前公刘也喜爱钱财，《诗经·大雅·公刘》写道：'粮食真多，外有囤，内满仓；还包裹着干粮，装满橐，装满囊。人民安集，国威发扬。箭上弦，弓开张，其他武器都上场，浩浩荡荡向前方。'因此留在家里的人有积谷，行军的人有干粮，这才能率领军队前进。王如果喜爱钱财，能跟百姓一道，那对于实行王政来统一天下有什么困难呢？"宣王再提出问题："我有个毛病，我喜爱女人，实行王政恐怕有困难？"孟子又立即予以破解说，有这个毛病对实行仁政也没有困难："从前太王也喜爱女人，非常疼爱他的妃子。《诗经·大雅·绵》写道：'古公亶父清早便跑着马，沿着邠地西边漆水

---

① 《孟子·梁惠王下》，《十三经注疏》，中华书局 1980 年版，第 2676—2677 页。

河岸，来到岐山之下。还带着他的妻子姜氏女，都来这里视察住处。'当这个时候，没有找不着丈夫的老处女，也没有找不着妻子的单身汉。王如果喜爱女人，能跟百姓一道，那对于实行王政来统一天下有什么困难呢？"实在说来，孟子以上对宣王爱财好色的破解都有牵强之处，因为公刘的富有并不等于百姓的富有，古公亶父喜爱姜氏妻子也不等于那时的青年男女都能找到自己理想的配偶。不过，孟子要求君王在关心自己财富增长的前提下也使百姓富起来，在自己得到理想女人的同时也使社会上不出现怨女和旷夫的思想仍不失为民本理想的重要内容。

孟子在与宣王的谈话中，涉及了治国安民的许多内容，其中的君臣、君民关系和君主个人的修养之论也颇具特色。

在谈到君臣关系时，孟子在中国思想史上第一次提出君、臣互相承担权利和义务的对等关系：

> 孟子告齐宣王曰："君之视臣如手足，则臣视君如腹心；君之视臣如犬马，则臣视君如国人；君之视臣如土芥，则臣视君如寇仇。"王曰："礼，为旧君有服，何如斯可为服矣？"曰："谏行言听，膏泽下于民；有故而去，则君使人导之出疆，又先于其所往；去三年不反，然后收其田里。此之谓三有礼焉。如此，则为之服矣。今也为臣，谏则不行，言责不听，膏泽不下于民，有故而去则君搏执之，又极之于其所往；去之日，遂收其田里，此之谓寇仇。寇仇，何服之有？"
>
> 孟子曰："无罪而杀士，则大夫可以去；无罪而戮民，则士可以徙。"
>
> 孟子曰："君仁，莫不仁；君义，莫不义。"①

孟子讲的这段话，历来被视为他的最出彩的言论。他明确告诉齐宣王："君主把臣下看待为自己的手足，那臣下就会把君主看待为自己的腹心；君主把臣下看待为狗马，那臣下就会把君主看待为一般人；君主把臣下看待为泥土草芥，那臣下就会把君主看待为仇敌。"宣王问："礼制规定，已经离职的臣下对过去的君主还得服一定的孝服，君主怎样对待臣下，臣下才会为他服孝

---

① 《孟子·离娄下》，《十三经注疏》，中华书局1980年版，第2726页。

呢?"孟子回答说:"谏,他接受照办了;建议,他听从了;政治上的恩惠下达到老百姓;有什么事故不得不离开,那君主一定打发人引导他离开国境,并且先派人到他要去的那一地方做一番布置;离开了三年还不回来,才收回他的土地房屋。这个叫作三有礼。这样做,臣下就会为他服孝了。如今做臣下,劝谏,不被接受;建议,不被听从;政治上的恩惠到不了百姓;有什么事故不得不离开,那君主还把他捆绑起来;他到一个地方,还想方设法使他穷困万分;离开那一天,就收回他的土地房屋。这个叫作仇敌。对仇敌样的旧君,臣还服什么孝呢?"孟子这里讲的并不是君臣平等,而仅仅是有条件的"对等",即互相承担权利和义务。具体到要求离职的臣下为君主服孝,孟子认为,即使按照当时的礼制,也不是无条件的,前提是君主恪守了对臣下的礼仪。孟子的观点,在战国时代君主专制集权日益加强的情势下,显然具有积极意义。因为他要求君臣互相承担对对方的义务,而不是君只有权利而不承担义务,臣只承担义务而无任何权利。由此再进一步,孟子主张,君主一旦冤杀无辜的士人,大夫就可以离开;君主一旦冤杀无辜的百姓,士人就可以搬走。这里表明,孟子认为臣子为君王服务是有条件的,正像君主可以选择臣子,而臣子也可以选择君主。他还要求,君主必须以身作则,在道德上成为天下臣民的楷模,而榜样的影响力是无穷的,所以他说:"君主若仁,便没有人不仁;君主若义,便没有人不义。"秦汉以后,尤其是唐朝以后,虽然孟子的地位与日俱增,但他的这一思想却没有被日益专制的君主和日益奴化的臣子所继承。

由于孟子一直鼓吹仁政,而且将君主视为实行仁政的最关键人物,那么,人们自然就会提出这样一个问题,如果君主不实行仁政甚至虐民害物,臣子应该如何对待君主呢?孟子于是拿出了他自己一个最激进的政治观点,肯定"汤放桀,武王伐纣"的历史正当性:

> 齐宣王问曰:"汤放桀,武王伐纣,有诸?"孟子对曰:"于传有之。"曰:"臣弑其君,可乎?"曰:"贼仁者谓之'贼',贼义者谓之'残'。残贼之人谓之'一夫'。闻诛一夫纣矣,未闻弑君也。"[1]

---

[1] 《孟子·梁惠王下》,《十三经注疏》,中华书局 1980 年版,第 2679—2680 页。

看来并不是孟子与宣王主动谈这个比较敏感的问题，而是宣王有意对孟子发难，看他如何回答这个问题。宣王突然发问："商汤流放夏桀，武王讨伐殷纣，真有这回事吗？"估计孟子已经意识到宣王"问者不善"，就十分沉静地回答："史籍上有这样的记载。"宣王紧接着追问："作臣子的杀掉他的君王，这是可以的吗？"因为此时的宣王是站在君王的立场上说话，他当然认为"臣弑君"是大逆不道。他可能估计孟子这次要学习自己"顾左右而言他"了，不料孟子讲出了一番石破天惊的话："破坏仁爱的叫作'贼'，破坏道义的叫作'残'。这样的人，我们就叫他'独夫'。我只听说过周武王诛杀了独夫殷纣，没有听说过他是以臣弑君的。"孟子的回答实在是铿锵有力，振聋发聩，其实这里孟子论证了百姓推翻独夫民贼的正义性，说明人民有进行"革命"的权利。《易传》最早提出"汤武革命"的概念，孟子对这一思想进行了新的论证，从此，这一理论作为改朝换代的根据为历代王朝的更迭找到了一个具有永恒意义的说辞，其积极意义是显而易见的。

　　在这次会面时，孟子还主动向宣王进言，要求他任用贤才时必须认真考察，而"国人"的意见应该是重要依据：

　　　　孟子见齐宣王，曰："所谓故国者，非谓有乔木之谓也，有世臣之谓也。王无亲臣矣，昔者所进，今日不知其亡也。"王曰："吾何以识其不才而舍之？"曰："国君进贤，如不得已，将使卑踰尊，疏踰戚，可不慎与？左右皆曰贤，未可也；诸大夫皆曰贤，未可也；国人皆曰贤，然后察之；见贤焉，然后用之。左右皆曰不可，勿听；诸大夫皆曰不可，勿听；国人皆曰不可，然后察之；见不可焉，然后去之。左右皆曰可杀，勿听；诸大夫皆曰可杀，勿听；国人皆曰可杀，然后察之；见可杀焉，然后杀之。故曰，国人杀之也。如此，然后可以为民父母。"①

孟子这次晋见宣王，直言不讳地告诫他齐国面临人才匮乏的局面："我们平日所说的'故国'，并不是那个国家有高大树木的意思，而是有累代功勋的老臣的意思。您现在没有亲信的臣子了，因为过去进用的人到今天想不到都

---

① 《孟子·梁惠王下》，《十三经注疏》，中华书局1980年版，第2679页。

罢免了。"大概宣王也感到自己身边亲信臣子的匮乏，于是请教孟子："怎样去识别那些缺乏才能的人而不用他呢？"这正是孟子想告诫宣王的，于是有了下面一段识别贤才的标准和选拔程序："国君选拔贤人，如果迫不得已要用新进，就要把卑贱者提拔到尊贵者之上，把疏远的人提拔到亲近者之上，对这种事能不慎重吗？因此，左右亲近之人都说某人好，不可轻信；众位大夫都说某人好，也不可轻信；全国的人都说某人好，然后去了解；发现他真有才干，再任用他。左右亲近之人都说某人不好，不要听信；众位大夫都说某人不好，也不要听信；全国的人都说某人不好，然后去了解；发现他真不好，再罢免他。左右亲近之人都说某人可杀，不要听信；众位大夫都说某人可杀，也不要听信；全国的人都说某人可杀，然后去了解；发现他该杀，再杀他。所以说，这是全国人杀的。这样，才可以做百姓的父母。"战国时期列国的竞争，在一定意义上也可以说是人才的竞争，所以当时的列国统治者，绝大多数都摆出礼贤下士的姿态，推出优厚的招揽人才的政策。以儒、墨为代表的诸子百家，大多数也都主张选贤任能，并在理论上进行论证。孟子的可贵，就在于他不仅主张选贤任能，而且对贤才的标准和选才的方法进行探索，提出了非常有见地的理念。他将国人的意见作为选才的重要根据，从而至少排除了国君的独断专用、一人决定一切的弊端，也排除了亲贵结党营私、互相借重、进而垄断国家权力的弊端。尽管孟子思想中还没有"实践检验真理"的成分，但多数决定的理念已经具有了近代民主思想的萌芽，这是最为可贵的内涵。

孟子在同宣王的谈话中还涉及任贤的问题，因为选取贤才固然重要，但放手使用贤才、使之在不受干扰的情况下尽量发挥其所长更加重要：

> 孟子见齐宣王，曰："为巨室，则必使工师求大木。工师得大木，则王喜，以为能胜其任也。匠人斫而小之，则王怒，以为不胜其任矣。夫人幼而学之，壮而欲行之，王曰'姑舍女所学而从我'，则何如？今有璞玉于此，虽万镒，必使玉人雕琢之。至于治国家，则曰'姑舍女所学而从我'，则何以异于教玉人雕琢玉哉？"①

---

① 《孟子·梁惠王下》，《十三经注疏》，中华书局 1980 年版，第 2680 页。

孟子这里主要讲了如何能够使治国贤才发挥其专业知识和技能的问题。他对宣王说："建筑一所大房子，那一定要派工师去寻找大的木料。工师得到了大木料，王就高兴，认为他能够尽到自己的责任。如果木工把那个木料砍小了，王就会发怒，认为担负不了自己的责任。可见专门技术是很需要的。有些人，从小学习一门专业，长大了便想运用实行。可是王却对他说：'把你所学的暂时放下，听我的话吧！'这又怎么行呢？假定王有一块未经雕琢的玉石，虽然它价值很高，也一定要请玉匠来雕琢它。可是说到治理国家，您却对政治家说：'把你所学的暂时放下，听我的话吧！'这跟您要让玉匠按照您的办法雕琢玉石，又有什么两样呢？"孟子对宣王这段讲话的可贵之处在于，他将分工意识贯彻到政府的工作中，认为国家各个部门的工作，应该由熟悉这一部门工作的专家即贤才全权负责，国君对他的工作不应随便干预，尤其不要无理要求他们按自己的荒唐指示办事。这里已经蕴含着外行不能领导内行的意思了。孟子在同宣王的谈话中，还涉及公卿的职责问题：

> 齐宣王问卿。孟子曰："王何卿之问也？"王曰："卿不同乎？"曰："不同；有贵戚之卿，有异姓之卿。"王曰："请问贵戚之卿。"曰："君有大过则谏；反覆之而不听，则易位。"王勃然变乎色。曰："王勿异也。王问臣，臣不敢不以正对。"王色定，然后请问异姓之卿。曰："君有过则谏，反覆之而不听，则去。"①

孟子与宣王的这段谈话，与上面谈使用贤才的话可以衔接。这里孟子主要讲了两种不同的公卿的职责。当宣王问他关于公卿的问题时，他反问："王所问的是哪一类的公卿？"由于在宣王眼里，所有公卿都是他任意驱使的官员，他根本就没有将其分类，所以有些惊异地问："公卿难道还不一样吗？"孟子说："不一样。有和王室同宗族的公卿，有非王族的公卿。"王说："我请问和王室同宗族的公卿。"孟子说："他们的职责是：君王若有重大错误，他便加以劝阻；如果反复劝阻还不听从，就把国君废弃，改立别人。"宣王听罢，突然脸色变得有点吓人。孟子平静地说："王不要奇怪。王既然问我，我就

---

① 《孟子·万章下》，《十三经注疏》，中华书局1980年版，第2676页。

不敢不拿老实话答复。"宣王脸色恢复正常,又问非王族的公卿。孟子回答说:"君王若有错误,便加劝阻;如果反复劝阻还不听从,自己就可以离职了。"孟子的这番谈话显示,即使到了"礼崩乐坏"的战国中期,宗法制度和宗法观念还十分强固地存在着。在各诸侯国中,王室贵族还占据着许多相当重要的职位,具有举足轻重的权力。孟子仍然认为,他们与国君是"自家人",而诸侯国则是这个家族的私产。为了保证这份私产掌握在"英明君主"的手里,王室贵族出身的公卿就有权废立君王。宣王之所以听到这里勃然变色,是因为他认为孟子的观念已经落后于时代。在他看来,王室贵族出身的公卿已经无权废立君王了。孟子坚持的这个原则,实际上是西周封邦建国初期,诸侯国的贵族利用残存的氏族公社推举首领的民主制度遗存。这个遗存的原则,随着国君专制制度的发展,到战国时期已经淡出人们的视野,无怪乎宣王露出惊异之色。

到这个时候,孟子之所以旧话重提,大概是想通过这一古老的民主遗存,警告国君慎用权力,不可为所欲为。可能在孟子心目中,当时限制国君权力的手段已经微乎其微了。在当时七国的王廷,不是王族的公卿,特别是来自异国的客卿,已经有相当的数量。他们有的出将入相,掌握相当大的权力;有的不任实际的官吏,处于建言的位置,所谓"不治而议",孟子在他周游的各诸侯国就一直处于这种角色。他们即使掌握了很大权力,与王族出身的公卿相比,也是"客卿",不是国君的"自己人"。所以孟子认为他们没有废立君王的权力,而只有选择君王的权力。对于国君,言听计从,则忠心为之服务;言不听,计不从,则"纳履而去",有任意离开的权力。

孟子与齐宣王的谈话,是他仁政理想的一次系统宣传活动和有力展示,广泛涉及了其政治思想的大部分内容。出现在齐宣王面前的孟子,已经是一位成熟的政治家和思想家了。

孟子在齐国,除了不倦地在齐王及其君臣中宣扬其仁政理想外,更多的是与弟子们讨论个人的自我修养,核心是发扬"浩然之气",养成君子人格。

到临淄不久,孟子在与公孙丑谈话中,就讨论了以"养浩然之气"和养成君子人格等自我修养有关的一系列问题。

他们的讨论是从"动心"与否开始的。公孙丑问:"老师假如做了齐国的卿相，能够实现自己的主张，从此小则可以成霸业，大则可以成王业，那是不足奇怪的。如果遇到这种情况，您是不是会因为恐惧或疑惑而动心呢？"这里的"动心"似乎主要指的是对理想信念的犹疑不决。孟子坚定地回答说："不！我从四十岁以后就不动心了。"即40岁以后就对自己的理想信念不动摇了。公孙丑说："这么看来，老师比孟贲强多了！"孟贲是古代意志如钢、勇猛无比的勇士，公孙丑这么说，意在赞扬老师的品格。不过，孟子并不把"不动心"看得高不可攀，他说："这个不难，告子能够不动心比我还早呢。"公孙丑于是问："不动心有方法吗？"孟子感到这是一个关乎锻炼意志和品格的有意义的话题，因而就有了下面的大段说词："有。北宫黝的培养勇气：肌肤被刺，毫不颤动；眼睛被戳，不眨一眨。他以为受一点点挫折，就好像在稠人广众之中挨了鞭打一样。既不能忍受卑贱之人的侮辱，也不能忍受大国君主的侮辱。把刺杀大国的君主看成刺杀卑贱之人一样。对各国的君主毫不畏惧，挨了骂一定回击。孟施舍的培养勇气又有所不同。他说：'我对待不能战胜的敌人，跟对待足以战胜的敌人一样。如果先估量敌人的力量才前进，先考虑胜败这才交锋，这种人若碰到数量众多的军队一定害怕。我哪能一定打胜仗呢？不过是能够无所畏惧罢了。'孟施舍的养勇像曾子，北宫黝的养勇像子夏。这两个人的勇气，我也不知道谁强谁弱，但从培养方法而言，孟施舍比较简易可行。从前曾子对子襄说：'你喜欢勇敢吗？我曾经从老师那里听到过关于大勇的理论：反躬自问，正义不在我，对方纵是卑贱的人，我不去恐吓他；反躬自问，正义确在我，对方纵是千军万马，我也勇往直前。'孟施舍的养勇只是保持一股无所畏惧的盛气，曾子却以理的曲直为断，孟施舍自然又不如曾子这一方法的简易可行。"因为讲了这么多，孟子还没有涉及告子的"不动心"，所以公孙丑接着问："我大胆地问问您：老师的不动心和告子的不动心，可以讲给我听听吗？"孟子回答说："告子曾经讲过：'假若不能在言语上得到胜利，便不必求助于思想；假若不能在思想上得到胜利，便不必求助于意气。'我认为，不能在思想上得到胜利，便不必求助于意气，是对的；不能在言语上得到胜利，便不去求助于思想，是不对的。为什么呢？因为思想意志是意气感情的主帅，意气感情是充满体内的力量。思想意志到了那里，意气感情也就在那里表现出来。所以我说，'要坚定自己的思想意志，也不要滥用自己的意气感情。'"公孙丑可能感到孟子讲得有点玄，就进一步追问："您既然说，'思想意志到了那里，意气感情也就在那里表现出来'，但是您又说：'既要坚定自己的思想意志，也不要滥用自己的意气感情。'这是什么道理？"孟子进一步解释说："它们之间是可以互相影响的。思想意志若专注于某一方面，意气感情自必为之转移，这是一般情况。意气感情假若也专注于某一方面，也一定会影响到思想意志，不能不为之动荡。譬如跌倒和奔跑，这只是体气上专注于某一方面的震动，然而也不能不影响到思想，造成心的浮动。"孟子这里从心理学和伦理学的角度，细致地分析了思想意志与意气感情的联系和互相影响，是很有见地的接近科学的认识。说到这里，公孙丑可能理解了孟子的解答，于是又转换话题，引出了孟子关于"浩然之气"的议论。他问："老师长于哪一方面呢？"孟子说："我善于分析别人的言辞，也善于培养我的浩然之气。"这是孟子第一次提出"浩然之气"，公孙丑自然感到新鲜，不由得追问："请问什么叫作浩然之气呢？"孟子说："这就难以说得明白了。那一种气，最伟大，最刚强。用正义去培养它，一点不加伤害，就会充满上下四方，无所不在。那种气，必须与义和道相配合；缺乏它，就没有力量了。那一种气，是由正义的经常积累所产生的，不是偶然的正义行为所能取得的。只要做一件于心有愧的事，那种气就会疲软了。所以我说，告子不曾懂得义，因为他把义看成心外之物。我们必须把义看成心内之物，一定要培养它，但不要有特定的目的；时时刻刻地记住它，但也不能违背规律地帮助它生长。不要学宋人那样。宋国有一个担心禾苗不长而去把它拔高些的人，十分疲倦地回去，对家里人说：'今天累坏了！我帮助禾苗生长了！'他儿子赶快跑去一看，禾苗都枯槁了。其实天下不帮助禾苗生长的人是很少的。以为培养工作没有益处而放弃不干的，就是种庄稼不锄草的懒汉；违背规律地去帮助它生长的就是拔苗的人。这种助长行为，不但没有益处，反而会伤害它。"这一大段话，是孟子对"浩然之气"和如何培育"浩然之气"的诠释。连孟子也感到"难言"的"浩然之气"究竟是什么呢？简而言之，就是道、义为内核的精神品质。一个人一旦具备了这种精神品质，就会顶天立地，一无所惧，勇往直前，不计成败，刀山火海不眨眼，死亡临头迎向前。而这种精神品质是在日积月累中不断磨炼出来的。不要期望一天就具备"浩然之气"，也不要期望不在磨炼中就能保持这种"浩然之气"。

公孙丑在明白了"浩然之气"以后，又转过来问："怎么样才算善于分析别人的言辞呢？"孟子回答说："不全面的言辞我知道它片面性之所在；过分的言辞我知道它失足之所在；不合正道的言辞我知道它与正道分歧之所在；躲闪的言辞我知道它理屈之所在。这四种言辞，从思想中产生出来必然会在政治上产生危害；如果把它体现于政治设施，一定会危害及国家的各种具体工作。如果圣人再出现，也一定会承认我这话是对的。"公孙丑听了孟子的这番话，不由得肃然起敬，说："宰我、子贡善于讲话，冉牛、闵子、颜渊善于阐述道德，孔子则兼有两长，但是他还说，'我对于辞令，不太擅长。'而您既善于分析别人的言辞，又善于养浩然之气，言语道德兼而有之，那么，您已经是位圣人了吗？"面对弟子的赞誉，孟子拒绝了"圣人"的头衔，他谦逊地说："哎！这是什么话！从前子贡问孔子说：'老师已经是圣人了吗？'孔子说：'圣人，我做不到；我不过学习不知厌倦，教人不嫌疲劳罢了。'子贡便说：'学习不知厌倦，这是智；教人不嫌疲劳，这是仁。既仁且智，老师已经是圣人了。'圣人，连孔子都不敢自居，你却加在我头上，这是什么话呢？"看到老师不肯接受"圣人"的头衔，公孙丑就请孟子来个自我定位，他说："从前我曾说过，子夏、子游、子张都各有孔子的一部分长处；冉牛、闵子、颜渊大体近于孔子，却不如他那样的博大精深。请问老师，您自居于哪一种人呢？"公孙丑的问话使孟子有点难于作答：孟子自视甚高，睥睨一切，但在弟子面前，他又不愿承认自己就是"圣人"，必须表现出一个谦和的态度。这就使他处于假话不愿讲、真话不能讲的尴尬状态，于是只得转移话题说："暂且不谈这个。"公孙丑只得顺着老师的思路，转向对历史人物的评价。他问："伯夷和伊尹怎么样？"孟子答道："也不相同。不是他理想的君主，他不去服侍；不是他理想的百姓，他不去使唤；天下太平就出来做官，天下昏乱就退而隐居，伯夷是这样的。任何君主都可以去服侍，任何百姓可以去使唤；太平也做官，不太平也做官，伊尹是这样的。应该做官就做官，应该辞职就辞职，应该继续干就继续干，应该马上走就马上走，孔子是这样的。他们都是古代的圣人，可惜我没有做到；至于我所希望的，是学习孔子。"对孟子的回答，公孙丑显然有些疑惑，难道伯夷和伊尹这样的伟大人物还比不上孔子吗？于是发问："伯夷、伊尹与孔子他们不是一样的吗？"孟子坚定地回答："不！从有人类以来没有能比得上孔子的。"公孙丑又问:"那么,在这三位圣人中,也有相同的地方吗?"孟子回答:"有。如果得着纵横各一百里的土地,而以他们为君王,他们都能够使诸侯来朝觐,统一天下。如果叫他们做一件不合理的事情,杀一个没有犯罪的人,因而得到天下,他们都不会做的。这就是他们相同的地方。"公孙丑接着问:"请问,他们不同的地方又在哪里呢?"孟子显然愿意回答他的问题,就说:"宰我、子贡、有若三人,他们的聪明知识足以了解圣人,即使他们不好,也不致偏袒他们所爱的人。我们且看他们如何称赞孔子吧。宰我说:'以我来看老师,比尧舜都强多了。'子贡说:'看见一国的礼制,就了解它的政治;听到一国的音乐,就知道它的德教。即使从百代以后去评价百代以来的君王,任何一个君王都不能违离孔子之道。从有人类以来,没有能赶得上他老人家的。'有若说:'难道仅仅人类有高下的不同吗?麒麟对于走兽,凤凰对于飞鸟,太山对于土堆,河海对于小溪,何尝不是同类,圣人对于百姓,亦是同类,但远远超出了他那一类,大大高出了他那一群。从有人类以来没有能比得上孔子还要伟大的。'"孟子将孔子推崇为有史以来空前的伟人,他自己以孔子的"私淑弟子"和继承人自居,就是要在思想和人格上以孔子为榜样,通过长期的艰苦的磨炼,达到孔子的水准。

孟子在大讲保持"浩然之气"的时候,还讲到"存夜气"的问题:

孟子曰:"牛山之木尝美矣,以其郊于大国也,斧斤伐之,可以为美乎?是其日夜之所息,雨露之所润,非无萌蘖之生焉,牛羊又从而牧之,是以若彼濯濯也。人见其濯濯也,以为未尝有材焉,此岂山之性也哉?虽存乎人者,岂无仁义之心哉?其所以放其良心者,亦犹斧斤之于木也,旦旦而伐之,可以为美乎?其日夜之所息,平旦之气,其好恶与人相近也者几希,则其旦昼之所为,有梏亡之矣。梏之反覆,则其夜气不足以存;夜气不足以存,则其违禽兽不远矣。人见其禽兽也,而以为未尝有才焉者,是岂人之情也哉?故苟得其养,无物不长;苟失其养,无物不消。孔子曰:'操则存,舍则亡;出入无时,莫知其乡。'惟心之谓与?"①

_____

① 《孟子·告子上》,《十三经注疏》,中华书局1980年版,第2751页。

孟子这里讲的"存夜气"，也是一种修养方法，即千方百计保持住自己原有的善良本心，使其不因外在的干涉而消失。他的论证是从临淄郊外的牛山因人类的活动失去茂密的植被开始的："牛山的树木曾经是很茂盛的，因为它长在大都市的郊外，老用斧子去砍伐，还能够茂盛吗？当然，它日日夜夜在生长着，雨水露珠在润泽着，不是没有新条嫩芽生长出来，但紧跟着就放羊牧牛，所以变成那样光秃秃了。大家看见那光秃秃的样子，便以为这山不曾有过树木，这难道是山的本性吗？在某些人身上，难道没有仁义之心吗？他之所以丧失他的善良之心，也正像斧子之对于树木一样，每天每天地去砍伐它，能够茂盛吗？他在日里夜里发出来的善心，他在天刚亮时所接触到的清明之气，这些在他心里所激发出来的好恶跟一般人相近的也有一点点，可是一到第二天白昼，所行所为又把它消灭了。反复地消灭，那么，他夜来心里所发出来的善念自然不能存在；夜来心里所发出来的善念不能存在，便和禽兽相距不远了。别人看他简直是禽兽，因之以为他不曾有过善良的资质，这难道也是这些人的本性吗？所以若得到滋养，没有东西不生长；失掉滋养，没有东西不消亡。孔子说过：'抓住它，就存在；放弃它，就亡失；出出进进没有一定时候，也不知道它何去何从。'这是指人心而言的吧。"孟子这里讲的"存夜气"，显然抓住了人们心理活动的某些规律。因为人们在万籁俱寂的夜里，往往能进行沉静的思考，反思自己的行为，扪心自问，往往会有"良心的发现"，而这个"善念"又往往因白天诸事丛集的干扰而消失。所以"存夜气"即排除干扰、保存"善念"也就成为重要的修养方法了。在孟子的自我修养理论中，还有"尚志"一项：

> 王子垫问曰："士何事？"孟子曰："尚志。"曰："何谓尚志？"曰："仁义而已矣。杀一无罪非仁也，非其有而取之非义也，居恶在？仁是也；路恶在？义是也。居仁由义，大人之事备矣。"[①]

王子垫是齐王的儿子，一次他向孟子请教："士干什么事？"其实作为士的知识分子可以干的事情是很多的。孟子却只回答了一句话："士要使自己的行

[①] 《孟子·尽心上》，《十三经注疏》，中华书局1980年版，第2769页。

为高尚。"即是说要使自己的行为有一个宏远伟大且符合道德目的的目标。王子垫进一步追问："怎样才算使自己的行为高尚？"孟子回答说："行仁和义罢了。杀一个无罪的人，是不仁；不是自己所有，却去取了过来，是不义。所居住之处在哪里呢？仁便是；所行走之路在哪里呢？义便是。居住于仁，行走由义，大人的工作便齐全了。"孟子以发挥和实践孔子的仁义理论为中心目标，所以他认定士的最高尚的行为也就是道德指向就集中于"居仁由义"了。

在齐国，孟子还通过评论陈仲子展示自己的道德理想。这些评论是在同匡章的谈话中表述的。匡章是齐国的将军，是孟子在第一次入齐时结识的朋友，曾为他的所谓"不孝"之行辩护。后来在率领齐军伐燕之役中取得胜利。陈仲子是齐国的一位贵族子弟，因耻食兄长的俸禄而与妻子居于於陵，过着自织而食的生活：

> 匡章曰："陈仲子岂不诚廉士哉？居於陵，三日不食，耳无闻，目无见也。井上有李，螬食实者过半矣，匍匐往，将食之；三咽，然后耳有闻，目有见。"孟子曰："于齐国之士，吾必以仲子为巨擘焉。虽然，仲子恶能廉？充仲子之操，则蚓而后可者也。夫蚓，上食槁壤，下饮黄泉。仲子所居之室，伯夷之所筑与？抑亦盗跖之所筑与？所食之粟，伯夷之所树与？抑亦盗跖之所树与？是未可知也。"曰："是何伤哉？彼身织屦，妻辟纑，以易之也。"曰："仲子，齐之世家也；兄戴，盖禄万钟；以兄之禄为不义之禄而不食也，以兄之室为不义之室而不居也，辟兄离母，处于於陵。他日归，则有馈其兄生鹅者，己频顣曰：'恶用是鶃鶃者为哉？'他日，其母杀是鹅也，与之食之。其兄自外至，曰：'是鶃鶃之肉也。'出而哇之。以母则不食，以妻则食之；以兄之室则弗居，以於陵则居之，是尚为能充其类也乎？若仲子者，蚓而后充其操者也。"[1]

在孟子与匡章的这次谈话中，匡章对陈仲子的行为显然是赞赏的。他说：

① 《孟子·滕文公下》，《十三经注疏》，中华书局1980年版，第2715页。

"陈仲子难道不是一个廉洁的人吗？住在於陵这个偏僻的地方，三天没有吃东西，饿得耳朵里没有了听觉，眼睛里没有了视觉。井边有个李子，已经被金龟子吃掉大半，他爬过去，拿起来，猛吞了三口，耳朵里才有了听觉，眼睛才有了视觉。"由于陈仲子的怪异行为在齐国已经很有名气，匡章以赞扬的口气讲述他的事迹，目的是听听孟子的意见。孟子坦率地说："在齐国人士中间，我绝对把仲子看作大拇指。但是，他怎能叫作廉洁？要推广仲子的所作所为，那只有把人变成蚯蚓之后才能办到。蚯蚓，在地面上便吃干土，在地面下便喝泉水。这真是廉洁之至，无求于人。仲子还不能同它相比。为什么呢？他所住的房子，是像伯夷那样廉洁的人建筑的呢？还是像盗跖那样的强盗所建筑的呢？他所吃的谷米，是像伯夷那样廉洁的人所种植的呢？还是像盗跖那样的强盗所种植的呢？这个还是不知道的。"孟子的意思很明白，陈仲子不可能离开社会独立生存，他只要住房和吃饭，就没有办法保证房子和谷米的来源也是廉洁的。匡章对孟子的回答似乎不以为然，他说："那有什么关系呢？他亲自编草鞋，他妻子绩麻练麻，他的其他生活用品，都是交换来的，这不就行了吗？"孟子解释说："仲子是齐国的宗族大姓，享有世代相传的禄田。他的哥哥陈戴，从盖邑收入的俸禄便有几万石之多。他却以他哥哥的俸禄为不义之物，不去吃它；以他哥哥的房屋为不义之产，不去住它。避开哥哥，离开母亲，住在於陵地方。有一天回到家里，恰巧有一个人送给了他哥哥一只活鹅，他皱着眉头说：'要这种呃呃叫的东西做什么呢？'过了些时，他母亲杀了这只鹅，给他吃了。恰巧他哥哥从外面回来，便说：'这就是那呃呃叫的东西的肉呀。'他便跑出门去，呕了出来。母亲的食物不吃，却吃妻子的；哥哥的房子不住，却住于於陵，这还算是推广廉洁之义到了顶点吗？像仲子这样的人，如果要推广到顶点，只有把人变成蚯蚓之后才能办到。"显然，孟子不赞成陈仲子那样的离群索居的隐逸之士，因为在他看来，第一，绝对隐逸、脱离社会是不可能的；第二，每个人都要有社会责任感，都必须承担对国家和社会的责任，而隐逸则是一种放弃责任的消极的人生态度，是不可取的。孟子进一步引申说：

　　仲子，不义与之齐国而弗受，人皆信之，是舍箪食豆羹之义也。

人莫大焉，亡亲戚君臣上下。以其小者信其大者，奚可哉？①

孟子这里主要论述人们对待大节和小节应该采取的态度。他说："陈仲子这个人似乎很讲原则，假定不合理地把齐国交给他，他都不会接受，别人都相信他。但是，他那种义也只不过是抛弃一筐饭、一碗汤的义。人的罪过没有比不要父兄君臣尊卑还大的，而他就是这种人。因为他有小节操，便相信他的大节操，怎么可以呢？"在孟子心目中，陈仲子的义是小义，即小节操，而对父兄君臣负载的责任则是大义，即大节操。一个人的小节操完美当然好，但更重要的应该是大节无亏。

公元前316年（齐宣王五年　燕王哙五年），燕国发生了一场颇具喜剧色彩的所谓"改革"：眼见其他六国都因推行改革而强盛的燕王哙实在坐不住了，就异想天开地演出了一场禅让戏。他刻意仿效传说中的尧舜禹禅让的故事，将王位让给了当时的相国子之，他自己退居臣位，一切军国大事都让子之处理。如此大胆的举动，在战国时代已经没有理论支持和民意基础，更因为此举触动了很多人的利益，由此造成了燕国上下的骚动和不安。利益受损的将军市被和太子平以武力对抗，与子之指挥的士卒在燕都展开了一场血战。一时间，燕国大乱。这时，与燕国毗邻的齐国，君臣上下都认为可乘机伐燕，扩大国土，掠夺财物，增加劳动人手。正在齐国的孟子，成了朝野咨询的对象：燕应该伐吗？燕能够伐吗？孟子的表态很奇怪：既可伐又不可伐：

沈同以其私问曰："燕可伐与？"孟子曰："可。子哙不得与人燕，子之不得受燕于子哙。有仕于此，而子悦之，不于王而私与之吾子之禄爵；夫士也，亦无王命而私受之于子，则可乎？何以异于是？"齐人伐燕。或问曰："劝齐伐燕，有诸？"曰："未也；沈同问'燕可伐与'，吾应之曰'可'，彼然而伐之也。彼如曰，'孰可以伐之？'则将应之曰，'为天吏，则可以伐之。'今有杀人者，或问之曰，'人可杀与？'则将应之曰，'可。'彼如曰，'孰可以杀之？'则将应之曰：'为士师，则可以

① 《孟子·尽心上》，《十三经注疏》，中华书局1980年版，第2769页。

杀之。'今以燕伐燕，何为劝之哉?"①

沈同是当时齐国的大臣，在齐国朝野为伐燕之事闹得沸沸扬扬的时候，他以私人身份向孟子讨教："燕国可以讨伐吗?"孟子回答说："可以。燕王子哙不能够凭一己之意把燕国交给别人；他的相国子之也不能够就这样从子哙那里接受燕国。譬如有这样一个人，你很喜欢他，便不向王请示而自作主张地把你的俸禄官位都让给他；他呢，也没有国王的任命便从那里接受了俸禄官位，这样可以吗? 子哙子之私相授受的事和这个例子又有什么区别呢?"显然，孟子认为子哙子之私相授受君位是有悖常理的，应该予以讨伐。不久，齐国果然出兵讨伐燕国。大概孟子与沈同谈话的内容已经泄露出去，于是有人问孟子："齐国讨伐燕国，你曾经劝说过，有这回事吗?"孟子回答说："没有。沈同曾经以他个人身份问我，说'燕国可以讨伐吗?'我答应说，'可以。'他们就这样地去打燕国了。他假若再问，'谁可以去讨伐他呢?'那我便会说，'只有天吏才可以去讨伐。'譬如这里有一个杀人犯，有人问道，'这犯人该杀吗?'那我会说，'该杀。'假若他再问，'谁可以杀他呢?'那我就会回答，'只有治狱官才可以去杀他。'如今用一个同燕国一样暴虐的齐国去讨伐燕国，我为什么去劝他呢?"原来孟子认为，燕国可以讨伐，但齐国这样的国家没有资格讨伐，因为齐国同燕国一样是"暴虐"的国家，以暴伐暴是不可取的。

公元前 315 年（齐宣王六年 燕王哙六年），齐宣王在朝野一片鼓噪伐燕声中，任命匡章为统帅，率齐军讨伐燕国。由于燕国内部混斗不已，对外防范不力，齐军乘虚而入，很快占领了燕国的大部分地区。宣王十分得意，就如何对待燕国咨询孟子，于是有如下对话：

> 齐人伐燕，胜之。宣王问曰："或谓寡人勿取，或谓寡人取之。以万乘之国伐万乘之国，五旬而举之，人力不至于此。不取，必有天殃。取之，何如?"孟子对曰："取之而燕民悦，则取之。古之人有行之者，武王是也。取之而燕民不悦，则勿取。古之人有行之者，文王是也。

---

① 《孟子·公孙丑下》，《十三经注疏》，中华书局 1980 年版，第 2697 页。

以万乘之国伐万乘之国，箪食壶浆以迎王师，岂有他哉？避水火也。
如水益深，如大益热，亦运而已矣。"①

　　齐宣王得到伐燕胜利的消息，就喜形于色地召见孟子，问他："有些人劝我
不要吞并燕国，也有些人劝我吞并它。我想，一个拥有万乘兵车的大国去攻
打同样拥有万乘兵车的大国，只用五十天便打了下来，光凭人力显然是做不
到的呀。一定是天意如此啊！如果我不把它吞并，上天会认为我们违反了它
的意旨，因而降下灾害来。吞并它，怎么样？"看着宣王踌躇满志的样子，
孟子平静地回答："如果吞并它，燕国百姓都很高兴，便吞并它。古人有这
样做的，周武王便是。如果吞并它，燕国百姓都不高兴，那就不要吞并它。
古人有这样做的，周文王便是。以齐国这样拥有万乘兵车的大国去攻打燕国
这样拥有万乘兵车的大国，燕国的百姓却用筐盛着干饭，用壶盛着酒浆来欢
迎您的军队，难道会有别的意思吗？只不过是想逃开那水深火热的苦日子罢
了。如果他们的灾难更加深了，那只是统治者由燕转为齐罢了。"孟子这里
并不是明确肯定燕可取与否，而是摆出两种可供选择的方案，让宣王自己选
择，但其倾向还是很明显的，可以吞并燕国。

　　公元前 314 年（齐宣王七年　燕王哙七年），在齐军兵临燕都、燕国灭
亡在即的情况下，燕国的内斗却愈演愈烈。因禅让而取得王位的子之，督兵
打败将军市被和太子平并杀掉他们。而齐军统帅匡章又攻破燕都，并在公元
前 312 年杀死了子之和燕王哙，将燕国置于齐军的统治之下。然而，齐军轻
而易举的胜利一时打破了七国的均势，其他诸侯国相约联合进攻齐国，军事
形势骤然变得对齐国非常不利。面对严峻形势，宣王一扫昔日的得意之色，
赶忙向孟子求教应对之策：

　　　宣王曰："诸侯多谋伐寡人者，何以待之？"孟子对曰："臣闻七十
里为政于天下者，汤是也。未闻以千里畏人者也。《书》曰：'汤一征，
自葛始。'天下信之，东面而征，西夷怨；南面而征，北狄怨，曰：'奚
为后我？'民望之，若大旱之望云霓也。归市者不止，耕者不变，诛其

<hr>

① 《孟子·梁惠王下》，《十三经注疏》，中华书局 1980 年版，第 2680 页。

君而吊其民，若时雨降。民大悦。《书》曰：'徯我后，后来其苏。'今燕虐其民，王往而征之，民以为将拯已于水火之中也，箪食壶浆以迎王师。若杀其父兄，系累其子弟，毁其宗庙，迁其重器，如之何其可也？天下固畏齐之强也，今又倍地而不行仁政，是动天下之兵也。王速出令，反其旄倪，止其重器，谋于燕众置君而后去之，则犹可及止也。"①

宣王焦急地问孟子："很多国家正商议着来攻打我，要怎样对待呢？"孟子回答说："我听说过，有凭借着纵横各长七十里的国土来统一天下的，商汤就是，却没有听说过拥有纵横各长一千里的国土而害怕别国的。《尚书》说过：'商汤征伐，从葛国开始。'天下人都很相信他，因此，向东方进军，西方国家的百姓便不高兴；向南方进军，北方国家的百姓便不高兴，都说道：'为什么把我们放到后面呢？'人们盼望他，正好像久旱盼望乌云和虹霓一样。汤的征伐，一点也不警扰百姓。做买卖的照常来往，种庄稼的照常下地。只是诛杀那些暴虐的国君来慰抚那些被残害的百姓。他的到来，正好像天及时下甘霖一样，老百姓非常高兴。《尚书》又说：'等待我们的王，他到了，我们也就复活了！'如今燕国的君主虐待百姓，您去征伐他，那里的百姓认为您是要把他们从水深获热的苦难中解放出来，因此都用筐盛着干饭，用壶盛着酒浆来欢迎您的军队。而您呢，却杀掉他们的父兄，毁坏他们的宗庙祠堂，搬走他们的国家宝器。这怎么可以呢？天下各国本来就害怕齐国强大，现在齐国的土地又扩了一倍，而且还是暴虐无道，这自然会招致各国兴兵动武。您赶快发出命令，遣回老老小小的俘虏，停止搬运燕国的宝器，再和燕国的人士协商，择立一位燕王，然后自己从燕国撤退，这样做，要使各国停止兴兵，还是来得及的。"面对其他诸侯国联合干预的危险，孟子给宣王设计的方略是：当机立断，释放俘虏，停止掠夺燕国宝器，择立新燕王，然后迅速撤兵，全军而退，使跃跃欲试的诸侯国失去干预的借口和用兵的目标。但是，此时的齐宣王还没有真正认识到逼近齐国的危险，要他放弃已经到手的燕国的土地、财产和百姓，他实在难以割舍。宣王的犹豫逡巡铸成后来的

---

① 《孟子·梁惠王下》，《十三经注疏》，中华书局 1980 年版，第 26780—26781 页。

大错：五国联军的进攻几乎使齐国濒临灭亡的边缘。

孟子眼看他建议的一出好戏被宣王玩砸了，心中十分生气。在他看来，宣王实在是一个不可理喻的君王。"道不同不相为谋"，他对宣王成见日深；而宣王也感到孟子的意见越来越不对自己的脾性，他们的君臣关系就日渐疏远了，以致到了互相规避的程度。《孟子·公孙丑下》就记载了他们关系的微妙变化：先是，孟子准备去朝见宣王，可能是宣王已经得到消息，于是派人来对孟子说："我本来应该来看你，但是感冒了，不能吹风。如果你肯来朝，我便也临朝办公，不晓得能使我看到你吗？"孟子原本准备去朝见宣王，听到来人讲的这些话，他明白宣王有将自己拒之门外之意，于是改变初衷，回答说："不幸得很，我也有病，不能到朝廷里来。"第二天，孟子要去东郭大夫家吊丧。公孙丑说："昨天托辞有病拒绝王的召见，今天又去吊丧，大概不可以吧？"孟子说："昨天生了病，今天好了，为什么不去吊丧呢？"孟子出去不久，宣王就打发人来问病，并且有医生随之同来。孟子的学生孟仲子有点尴尬，就应付来人说："昨天王有命令来，他得着小病，不能奉命上朝廷去。今天刚好了已经上朝廷里去了，但我不晓得能够到达不。"打发走了来人，孟仲子为了圆谎，赶忙派了几个人分别在孟子归家的路上拦截他，说："您无论如何不要回家，一定要赶快上朝廷去！"然而，孟子还是不愿意去朝廷，不得已而求其次，于是躲到大夫景丑的家里歇宿。景丑对孟子的行动实在难以理解，就责备他说："在家庭里有父子，在家庭外有君臣，这是人与人之间最重要的关系。父子之间以慈爱为主，君臣之间以恭敬为主，我只看见王对你很尊敬，却没有看见你对王是怎样恭敬。"孟子对景丑的指责很不以为然，大声抗辩说："哎，你这是什么话！在齐国人中，没有一个拿仁义的道理向王进言的，他们难道以为仁义不好吗？不是的。他们的心理是这样的：'这个王哪能够得上和我谈仁义呢？'他们对王就是这样的。我呢，不是尧舜之道不敢拿来向王陈述，所以在齐国人中没有一个赶得上我这样对王恭敬的。"孟子的意思是，就实质而言，对王最恭敬的就是我，因为只有我给王贡献了"尧舜之道"，而只有这个道才是治国安邦的正道。景丑对孟子的解释不满意，他从礼仪的角度认为孟子的行动太不得体了："不，我说的不是这个。《礼经》上说过，父亲召唤，'唯'一声就起身，不说'诺'；君主召唤，不等待车马驾好就走。你呢，本来准备见王，一听到王的召见，反而不去了，这似乎和《礼经》所说有点不相合吧？"明白景丑是从礼仪着眼，孟子的理由更充足了，他说："原来你说的是这个呀！曾子说过：'晋国和楚国的财富，是我们赶不上的。但是，他有他的财富，我有我的仁；他有他的爵位，我有我的义，我为什么觉得比他少了什么呢？'这些话如果没有道理，曾子难道肯说吗？大概是有点道理的。天下公认为尊贵的东西有三样：爵位是一个，年龄是一个，道德是一个。在朝廷中，先论爵位；在乡里中，先论年龄；至于辅助君王统治百姓自然以道德为上。他哪能凭着爵位来轻视我的年龄和道德呢？所以大有作为的君主一定有他不能召唤的臣子；若有什么事要商量，就亲自到臣那里去。尊尚道德和乐行仁政，如果不这样，便不足和他有所作为。因此，商汤对于伊尹，先向伊尹学习，然后以他为臣，于是乎不大费力气而统一了天下；桓公对于管仲，也是先向他学习，然后以他为臣，于是乎不大费力气而称霸于诸侯。现在，各个大国，土地的大小是同一样的，行为作风也不相上下，彼此之间谁也不能凌驾于谁之上，没有别的缘故，正是因为他们喜欢以听从他的话的人为臣，却不喜欢以能够教导他的人为臣。商汤对于伊尹，桓公对于管仲，就不敢召唤。管仲还不可以召唤，何况连管仲都不愿做的人呢？"这里，孟子的潜台词很明白，不是我不懂礼仪，而是宣王不懂礼仪。我的年龄和道德都在他之上，而且只是客卿，是一个连管仲都不愿做的人，他凭什么高高在上，颐指气使地像对待庸人一样地召唤我呢？孟子讲的理直气壮，使景丑再也没有话说。

其实，孟子对宣王的疏远主要原因还不在于他不懂礼仪，而是他根本不拿孟子的话当回事。特别在对待燕国的问题上，他没有听从孟子的话在适当时机全军而退，而是不断纵兵掠夺财物宝器，结果很快失去燕国百姓的好感，酿成大错。公元前312年（齐宣王九年），赵国在得知燕王哙被齐军杀死的消息之后，立即从韩国召回燕公子职，派兵保护他回到燕国，被立为王，他就是后来颇有作为的燕昭王。新立的燕昭王一时成为燕国臣民的旗帜，燕国军民于是重新奋起，进行驱逐齐军、复兴燕国的战争。面对齐军越来越不利的形势，宣王这才意识到昔日不听孟子谏言的失误，但为时已晚。《孟子·公孙丑下》记载了宣王的悔意和陈贾为之辩护并与孟子辩论的情形：

燕人畔。王曰："吾甚惭于孟子。"陈贾曰："王无患焉。王自以为

与周公孰仁且智?"王曰:"恶! 是何言也?"曰:"周公使管叔监殷管叔
以殷畔;知而使之,是不仁也;不知而使之,是不智也。仁智,周公未
之尽也,而况于王乎?贾请见而解之。"见孟子,问曰:"周公何人也?"
曰:"古圣人也。"曰:"使管叔监殷,管叔以殷畔也,有诸?"曰:"然。"
曰:"周公知其将畔而使之与?"曰:"不知也。""然则圣人且有过与?"
曰:"周公,弟也;管叔,兄也。周公之过,不亦宜乎? 且古之君子,
过则改之;今之君子,过则顺之。古之君子,其过也,如日月之食,民
皆见之;及其更也,民皆仰之。今之君子,岂徒顺之,又从为之辞。"①

当燕国人的群起反抗使齐国占领军陷入困境的时候,宣王才意识到自己没有
听信孟子的话而铸成的大错。他叹息说:"我对于孟子感到非常惭愧。"宣王
的臣子陈贾宽慰他说:"王不要难过。在仁和智的方面,同周公相比,您自
己说,谁强一些呢?"当时周公已经是公认的大圣人,宣王也不敢同他比肩,
听了陈贾的话,有点生气地说:"哎! 这是什么话! 我哪敢同周公相比?"陈
贾进一步宽慰他说:"周公使管叔监督殷国,管叔却率领殷遗民来造反;这
一结果,如果周公早已预见到了,却仍然使管叔去监督,那是他的不仁;如
果周公未曾预见到,便是他的不智。仁和智,周公都没有完全做到,何况您
呢? 我愿意看看孟子向他解释解释。"于是陈贾来见孟子,问道:"周公是怎
样的人?"孟子回答:"是古代的圣人。"陈贾说:"他使管叔监督殷国,管叔
却率领殷遗民来造反,有这回事吗?"得到孟子的肯定回答后,他进一步问:
"周公是早已预见到管叔会造反,却偏要他去的吗?"孟子否定这说法:"周
公是不曾预见到的。"陈贾再问:"这样说来,圣人也会有过错吗?"孟子可
能已经知道陈贾的来意,于是回答:"周公是弟弟,管叔是哥哥,难道弟弟
能疑心哥哥会造反吗? 周公这种错误,难道不也是合乎情理的吗? 而且,古
代的君子,有了过错,随即改正;今天的君子,有了过错,竟将错就错。古
代的君子,他的过错,好像日食月食一般,老百姓个个都看得到;当他改正
的时候,个个都抬头望着。今天的君子,不仅仅将错就错,并且还编造一番
假道理来为错误辩护。"孟子这里并没有点名批评宣王,但他泛指的"今天

① 《孟子·公孙丑下》,《十三经注疏》,中华书局 1980 年版,第 2698 页。

的君子"明显是影射宣王的。这一点，陈贾肯定已经听出来，他也肯定会向宣王汇报。不过，此时的宣王还算大度，他不仅没有对孟子的不敬之言大发雷霆，而且在得知孟子决心离开齐国时还去挽留，这大概是宣王时期稷下学宫一度辉煌的原因吧。《孟子·公孙丑下》记载了宣王在孟子离开齐国前夕对他的挽留之举：

> 孟子致为臣而归。王就见孟子，曰："前日愿见而不可得，得侍同朝，甚喜；今又弃寡人而归，不识可以继此而得见乎？"对曰："不敢请耳，固所愿也。"他日，王谓时子曰："我欲中国而授孟子室，养弟子以万钟，使诸大夫国人皆有所矜式。子盍为我言之！"时子因陈子而以告孟子，陈子以时子之言告孟子。孟子曰："然，夫时子恶知其不可也？如使予欲富，辞十万而受万，是为欲富乎？季孙曰：'异哉子叔疑！使己为政，不用，则亦已矣，又使其子弟为卿。人亦孰不欲富贵？而独于富贵之中有私垄断焉。'古之为市也，以其所有易其所无者，有司者治之耳。有贱丈夫焉，必求垄断而登之，以左右望，而罔市利。人皆以为贱，故从而征之。征商自此贱丈夫始矣。"①

孟子辞去在齐国的官职准备回乡了，宣王感到还应有挽留的表示，于是亲自来到孟子家中与之相见，满怀惋惜地说："过去希望看到您，却不可能；后来能够同在一起，我很高兴；现在您又将抛弃我而回去了，不知道我们以后还可以相见吗？"孟子回答："这个，我只是不敢请求罢了，本来是很希望的。"孟子的回答其实蕴含着怨气：我的意见你总当耳旁风，我继续待在这里还有什么意义呢？这次见面，宣王并没有表示挽留之意，只是表示了一点惜别之情。过了几天，宣王发现孟子还没有动身，于是决定出台一个挽留措施，看他能否回心转意，继续留下来。就对他的臣子时子说："我想在临淄城中给孟子一栋房屋，用万钟之粟来养活他的门徒，使我国的官吏和人民都有所效法。你何不替我向孟子谈谈！"时子可能感到他亲自找孟子谈会碰钉子，于是便找到孟子的弟子陈子，请他转达宣王的意愿。陈子如实将时子的

---

① 《孟子·公孙丑下》，《十三经注疏》，中华书局1980年版，第2698页。

话转给孟子。作为弟子，他们大概也希望孟子能够留下来。孟子却说："哎呀，那时子哪晓得这事情做不得呢？假如我是贪图财富，辞去十万钟的俸禄却来接受这一万钟的赐予，这难道是贪图财富吗？季孙说过：'子叔疑这个人真奇怪！自己要做官，别人不用，也就罢了，却又使自己儿子兄弟来做大夫。谁不想做官发财，但是他却在做官发财之中有一种垄断行为。'怎样叫作'垄断'呢？古代的买卖，以有易无，这种事情，相关的部门管理它罢了。却有一个卑鄙汉子，一定要找一个独立的高地登上去，左边望望，右边望望，恨不得把所有买卖的好处由他一网打尽。别人都觉得这人卑鄙，因此抽他的税。向商人抽税便从此开始了。"以当时稷下学宫的学者来去自由的传统，宣王的挽留可能出于真心实意。但孟子不留下的原因是"道不相谋"，而不是财富的多少和官位的大小。他特别举出季孙讲的子叔疑作例子，说明自己不是商人，对财富的吸引不屑一顾。

孟子决定离开齐国的消息传出以后，立即在稷下学宫引起一片议论之声。因为在不少人看来，孟子当时在学宫的地位和待遇都是上等的，由于他的思想学术水平属于顶尖者之列，因而备受学宫先生和学生的尊敬，他实在没有离开的理由。当时学宫的负责人淳于髡就语带讽刺地质问他为什么离开，二人为此进行了一场辩论：

> 淳于髡曰："先名实者，为人也后名实者，自为也。夫子在三卿之中，名实未加于上下而去之，仁者固如此乎？"孟子曰："居下位，不以贤事不肖者，伯夷也；五就汤，五就桀者，伊尹也；不恶污君，不辞小官者，柳下惠也。三子者不同道，其趋一也。一者何也？曰，仁也。君子亦仁而已矣，何必同？"曰："鲁缪公之时，公仪子为政，子柳子思为臣，鲁之削也滋甚；若是乎，贤者之无益于国也！"曰："虞不用百里奚而亡，秦穆公用之而霸。不用贤则亡，削何可得与？"曰："昔者王豹处于淇，而河西善讴；緜驹处于高唐，而齐右善歌；华周杞梁之妻善哭其夫而变国俗。有诸内，必形诸外。为其事而无其功者，髡未尝觌之也。是故无贤者也，有则髡必识之。"曰："孔子为鲁司寇，不用，从而祭，燔肉不至，不税冕而行。不知者以为为肉也，其知者以为为无礼也。乃孔子则欲以微罪行，不欲为苟去。君子之所为，众人固不

识也。"①

淳于髡是一个相当有组织能力和亲和力的学者，宣王选中他作为稷下学宫的掌门人应该说是付托得人。但他似乎与孟子的关系不太协调，二人的对话就显得疏于理解对方。淳于髡上来就质问孟子为什么擅自离开："重视名誉功业是为着济世救民，轻视名誉功业是为着独善其身。您为齐国三卿之一，对于上辅君王下济臣民的名誉和功业都没有建立，您就离开，仁人原来是这样的吗？"在淳于髡看来，孟子在稷下学宫的地位举足轻重，作为三卿之一，应该建立显著功业后才可离开，否则，你对得住齐王对你的优渥和礼遇吗？孟子回应说："处在卑贱的职位，不拿自己贤人的身份去服侍不肖的人的，这是伯夷；五次往汤那里去，又五次往桀那里去的，这是伊尹；不讨厌恶浊的君主，不拒绝微贱的职位的，这是柳下惠。三个人的行为不相同，但总方向是一样的。这一样的是什么呢？应该说，就是仁。君子只要仁就行了，为什么一定要相同呢？"孟子这里委婉地告诉淳于髡，我的行动尽管看起来同一些人不一样，但贯穿我行动中的是"仁"，只要无愧于仁，我选择的行动就无愧于心。淳于髡可能理解了孟子的解释，就又转移话题："当鲁缪公的时候，公仪子主持国政，泄柳和子思也都立于朝廷，鲁国的削弱却更厉害，贤人对于国家的毫无好处竟像这样的呀！"淳于髡知道孟子是鼓吹选贤任能的，但贤人当国并不见得一定使国家繁荣富强，应该如何看待这个问题呢？孟子并不正面回答淳于髡提出的问题，他采取"以其人之道还治其人之身"的办法：你举例子，我也举例子："虞国不用百里奚，因而灭亡；秦穆公用了百里奚，因而称霸。不用贤人就会招致灭亡，即使要求勉强存在，都是办不到的。"孟子的话自然难以说服淳于髡，他进一步提出问题：是贤人就一定有所表现，没有表现就不叫贤人："从前王豹住在淇水旁边，河西的人都会唱歌；绵驹住在高唐，齐国西部地方都会唱歌；华周杞梁的妻子痛哭她的丈夫，因而改变了国家风尚。里面存在了什么，一定会表现在外面。如果从事某种工作，却见不到功绩的，我不曾看过这样的事。所以今天是没有贤人；如果有贤人，我一定会知道他。"孟子明白，在淳于髡看来，他不是

---

① 《孟子·告子下》，《十三经注疏》，中华书局1980年版，第2757页。

贤人；如果是为什么没在齐建立功业就要离开呢？孟子以孔子离开鲁国的例子证明自己离开是有缘由的：“孔子做鲁国司寇的官，不被信任，跟随着去祭祀，祭肉也不见送来，于是匆忙地离开。不知道孔子的人以为他是为争祭肉而去，知道孔子的人以为他是为鲁国失礼而去。至于孔子，却是要自己背一点小罪名而走，不想随便离开。君子的作为，一般人本来是不知道的。”孔子在鲁国曾经做过司寇的高官，他的离开是因为齐国以送宝马和美女离间他与季氏和鲁君的关系，是不得已而为之。自己坚决离开齐国，是因为宣王不接受自己的仁政理论，同时在处理燕国的问题上也因不听自己的建议而使齐国处于极其被动的局面。一些人表面上看到孟子贵为上卿，有着优厚的待遇，因而对他的辞职离开齐国难以理解，连稷下学宫的掌门人淳于髡都看不透他的心思，更遑论其他人了。所以孟子才说，“君子的作为，一般人本来是不知道的。”

　　大约也就是在孟子离开齐国的前夕，他与弟子陈臻谈及君子做官和离职如何取舍时，隐隐透出他辞职离齐的苦衷：

　　　　陈子曰：“古之君子何如则仕？”孟子曰：“所就三，所去三。迎之致敬以有礼；言，将行其言也，则就之。礼貌未衰，言弗行也，则去之。其次。虽虽未行其言也，迎之致敬以有礼，则就之。礼貌衰，则去之。其下，朝不食，夕不食，饥饿不能出门户，君闻之，曰，‘吾大者不能行其道，又不能从其言也，使饥饿于我土地，吾耻之。’周之，亦可受也，免死而已矣。”①

孟子的弟子陈臻可能看出他辞职离齐的态度很坚决，而其辞职在常人看来又是那么缺乏正当理由，所以就问他：“古代的君子要怎样才出来做官？”孟子回答说：“就职的情况有三种，离职的情况也有三种。有礼貌地来迎接，对他的言论，又打算实行，便就职。礼貌虽未衰减，但言论已不实行了，便离开。其次，虽然没有实行他的言论，还是很有礼貌很恭敬地来迎接，也便就职。礼貌衰减，便离开。最下的，早晨没有吃的，黄昏也没有吃的，饿得不

---

① 《孟子·告子下》，《十三经注疏》，中华书局1980年版，第2761页。

能够走出住屋，君主知道了，便说：'我上者不能实行他的学说，又不听从他的言论，使他在我国土上饿着肚皮，我引为耻辱。'于是周济他，这也可以接受，免于死亡罢了。"这里孟子实际上是告诉学生，我离职离齐的原因，就是齐王不能实行我的建言。

就在孟子辞去客卿，即将离开之际，齐国发生饥荒，弟子陈臻以为孟子会建议宣王开仓赈济，但孟子却没有做。他之所以如此，当然有他的理由：

> 齐饥。陈臻曰："国人皆以夫子将复为发棠，殆不可复。"孟子曰："是为冯妇也，晋人有冯妇者，善搏虎，卒为善士。则之野，有众逐虎。虎负嵎，莫之敢撄。望见冯妇，趋而迎之。冯妇攘臂下车，众皆悦之，其为士者笑之。"①

这则故事是说，齐国发生了饥荒，孟子的弟子陈臻对他说："国内的人都以为老师会再度劝请齐王打开棠地的仓廪来赈济百姓，您大概不会再这样做吧。"孟子高兴弟子对自己的理解，说："再这样做就变成冯妇了。晋国有个叫冯妇的人，善于和老虎搏斗，后来变成善人，不再打虎了。有次他到野外，有许多人正在追逐老虎。老虎背靠山角，虎视眈眈，没有人敢迫近它。他们望见冯妇了，便快步上前去迎接。冯妇也就将起袖子，伸出胳膊，走下车来。大家都高兴他，可是作为士的那些人却在讥笑他。"孟子赞成不能再作冯妇，突出他的"不在其位，不谋其政"的理念。在他看来，既然自己辞去客卿，就是已经离开建言者的职位。没有这个职位，也就没有了建言者的责任和义务，再充冯妇，就是越俎代庖了。

孟子离开齐都临淄，带着弟子们乘车向西南方向行进。第一天，他们只走了30里，就在临淄西南部的画邑住下。孟子与一个想为宣王挽留他的人谈话，再次申明他离开齐国的原因：

> 孟子去齐，宿于画。有欲为王留行者，坐而言，不应，隐几而卧。

---

① 《孟子·尽心下》，《十三经注疏》，中华书局1980年版，第2775页。

客不悦曰："弟子齐宿而后敢言，夫子卧而不听，请勿复敢见矣。"曰："坐！我明语子。昔者鲁缪公无人乎子思之侧，则不能安子思；泄柳、申详无人乎缪公之侧，则不能安其身。子为长者虑，而不及子思；子绝长者乎？长者绝子乎？"①

这则故事说的是，孟子离开齐都临淄，在画邑过夜。有一位想替齐王将孟子挽留住的人拜会孟子，恭敬地坐着同他说话，孟子却不加理会，伏在几上打起瞌睡。那人当然不高兴，就说："我在准备拜会您的头一天便整洁身心，今天恭敬地同您说话，您却装睡觉，不听我的，以后再也不敢同您相见了。"说着，起身要走。孟子睁开眼睛，说："坐下来！我明白地告诉你。过去，鲁缪公怎样对待贤人呢？他如果没有人在子思身边，就不能够使子思安心；如果泄柳、申详没有人在鲁缪公身边，也就不能够使自己安心。你替我这个老头儿考虑，连子思怎样被鲁缪公对待都想不到，不去劝说齐王改变态度，却用空话留我，这样，是你跟我决绝呢，还是我跟你决绝呢？"孟子这里以贤人自许，要求宣王认识自己的价值，以国君对待贤人的礼仪挽留自己，所以他对这位齐人的挽留之举一点也不买账。其实这位齐人的行动实在可疑，他显然不是孟子熟悉的人，他的出面挽留更是师出无名。再说，如果一个齐国的无名之辈几句话就能够使孟子回心转意，孟子不是太掉价了吗？也有一种可能，就是这位齐人的行动得到了齐王的暗中指使，而孟子已经识破了其中的奥秘，于是故意使出此种应对手段，给宣王一个明确的信号。

　　不过，实际上，孟子内心并不想离开齐国。因为在孟子一生80多年的生命历程中，除了在自己的故乡，他生活时间最长的地方就是齐国了。不仅如此，他生命史上最辉煌的时代也是在齐国度过的，他的思想体系形成和成熟于齐国，他一生获得的最大荣宠——三卿之一的头衔也是齐国国君授予的。齐国是他名副其实的第二故乡。他虽然因为宣王不听己言而生气，但是，哪个君王又能对他言听计从呢？所以，孟子的辞职离齐尽管是出于自己的真意，但其中也不乏"为进而退"的策略设计。在内心深处，他还是希望宣王出面真心挽留他，并借此进一步改善自己的生存环境。孟子的真意，我

---

① 《孟子·公孙丑下》，《十三经注疏》，中华书局1980年版，第2699页。

们在他一连于昼邑停留 3 个晚上得到破解：他是在等待齐王亲自前来挽留。你想，画邑距临淄仅 30 里，车马一天可以轻松跑一个来回。

他在这里停下来的消息齐王肯定当天就知道了。孟子在此停留 3 天，就是给宣王充分思考和决断的时间。然而，孟子最后等来的是失望。他只能带着百味杂陈的心绪离开齐国。孟子的内心独白在他解读齐人尹士的一段话中得到证实：

> 孟子去齐。尹士语人曰："不识王之不可以为汤武，则是不明也；识其不可，然且至，则是干泽也。千里而见王，不遇故去，三宿而后出画，是何濡滞也？士则兹不悦。"高子以告。曰："夫尹士恶知予哉？千里而见王，是予所欲也；不遇故去，岂予所欲哉？予不得已也。予三宿而出画，于予心犹以为速，王庶几改之！王如改诸，则必反予。夫出昼，而王不予追也，予然后浩然有归志。予虽然，岂舍王哉！王由足用为善；王如用予，则岂徒齐民安，天下之民举。安王庶几改之！予日望之！予岂若是小丈夫然哉？谏于其君而不受，则怒，悻悻然见于其面，去则穷日之力而后宿哉？"尹士闻之，曰："士诚小人也。"①

孟子离开齐国，对于稷下学宫的学者和其他齐国上层人士而言，肯定是一件大事，不少人都关注着他的行踪。在得知他在画邑停留 3 天才离开时，齐人尹士就对别人发了一通议论，说："不晓得齐王不能够做商汤、周武，那便是孟子的糊涂；晓得他不行，然而还要来，那便是孟子的贪图富贵。老远地跑来，不相融洽而走，在画邑歇了三夜才离开，为什么这么慢腾腾的呢？我对这种情况很不高兴。"孟子的弟子高子听到尹士的话，就原原本本地转告孟子。

孟子针对尹士的话解释说："那尹士哪能谅解我呢？老远地来和齐王相见，这是我的希望；不相融洽而走，难道也是我所希望的吗？只是我的不得已罢了。我在画邑歇宿了三夜再离开，在我心里还以为太快了，我是这么想，王也许会改变态度的；王假若改变态度，那一定会把我召回。我离开昼

---

① 《孟子·公孙丑下》，《十三经注疏》，中华书局 1980 年版，第 2699 页。

邑，王还没有追回我，我才无所留恋地有返回故乡的念头。纵是这样，我难
道肯抛弃齐王吗？齐王虽然不能做商汤、周武，也还可以好好地干一番；齐
王假若用我，何止齐国的百姓得到太平，天下的百姓都可得到太平。王也许
会改变态度的！我天天盼望着呀！我难道像这样的小气人一样吗：向王进劝
谏之言，王不接受，便大发脾气，满脸不高兴；一旦离开，非得走到精疲力
竭不肯住脚吗？"孟子的这段话，又传到尹士那里，他感到误解了孟子，实
在是以小人之心度君子之腹，于是叹息着说："我真是个小人。"孟子是一个
理想主义者，他自视甚高，希望宣王任命他做有职有权的执政官员，使他放
开手脚大干一番。可是宣王更是现实主义者，他对孟子的那套仁政理论能否
在现实中实行内心是有数的，所以他没有全力挽留孟子。孟子在画邑苦苦等
了3天，知道宣王不会回心转意，只得失望地登车起程，踏上回乡之路。

　　不久，孟子一行离开齐国的土地，进入鲁国。车队在起伏蜿蜒的山路
上行进，放眼四方，都是他熟悉的山川河流，险峻的青石关，巍峨的夹山，
还有那当年齐鲁两国会盟的夹谷，一一在眼前掠过。此时，他可能想到自己
最崇拜的孔子。是呀，自己与孔子的经历多么相像啊！

　　聚徒讲学，周游列国，奔波多年却找不到实践自己理想的地方。而自
己比孔子还不如，孔子不是还做过鲁国的大司寇吗？在齐鲁两国会盟的夹
谷，他的折冲樽俎，不是使弱小的鲁国赢得了一场永垂史册的外交胜利吗！
可是自己几十年来一天有职有权的官吏也没有做过，自己那高远的理想至今
不还是空中楼阁吗！他越想越有点懊恼，不由得发出一声长叹。他的弟子充
虞感受到老师有点悲戚的情绪，于是有了下面的一段对话：

　　　　孟子去齐，充虞路问曰："夫子若有不豫色然。前日虞闻诸夫子曰：
　　'君子不怨天，不尤人。'"曰："彼一时，此一时也。五百年必有王者
　　兴，其间必有名世者。由周而来，七百有余岁矣。以其数，则过矣；以
　　其时考之，则可矣。夫天未欲平治天下也；如欲平治天下，当今之世，
　　舍我其谁也？吾何为不豫哉？"①

---

① 《孟子·公孙丑下》，《十三经注疏》，中华书局1980年版，第2699页。

在充虞的印象中，孟子的精神状态一直处于亢奋中，很少见他愁眉苦脸的时候。这时看到孟子的情绪有点异常，所以不由得发问："您似乎有不快乐的样子。但是，此前我听您说过，'君子不报怨天，不责怪人。'今天又为什么如此呢？"充虞的话使孟子意识到自己有点失态，觉得不应该让自己的情绪影响学生，于是又恢复意气昂扬的神态，对充虞，也是对所有随行的弟子们说："那又是一个时候，现在又是一个时候，情况不同啦。从历史上看，每过五百年一定有位圣君兴起，而且还会有命世之才从中出来。从周武王以来，到现在已经七百多年了。论年数，超过了五百；论时势，现在正该是圣君贤臣出来的时候了。天不想使天下太平就罢了，如果想使天下太平，在今日的社会里，除开我，还有谁呢？我为什么不快乐呢？"孟子一直相信，圣贤的出世有一定的规律，一般是五百年为一个周期。现在从周武王以来，已经七百年了，应该是圣贤出世的时候。这个圣贤是谁呢？孟子认为就是他自己。尽管此时的孟子已经进入老迈之年，但他仍然以天下为己任，丝毫不为自己的年龄所困。

公元前 312 年（周赧王三年　齐宣王八年），孟子结束了由齐国归故乡的旅程，在休（今山东滕州北）暂时住下来，继续讲学，同时开始著述活动。这一年，他 61 岁。

对于老师舍弃齐国的高官和优厚的待遇，弟子们有各式各样的想法。公孙丑发问，于是有了师徒间的一段简单对话：

> 孟子去齐，居休。公孙丑问曰："仕而不受禄，古之道乎？"曰："非也；于崇，吾得见王，退而有去志，不欲变，故不受也。继而有师命，不可以请，久于齐，非我志也。"[①]

虽然离开了齐国，但孟子与其弟子的头脑中似乎都还萦绕着离齐前后的一些是是非非，特别是孟子的一些行动实在令弟子们困惑。所以公孙丑发问："做官却不受俸禄，合乎古道吗？"因为孟子在离齐辞官前就已经不受齐国的俸禄了，这显然是一桩不合常理常规的举动。孟子解释说："不；当时在崇

---

① 《孟子·公孙丑下》，《十三经注疏》，中华书局 1980 年版，第 2699—2700 页。

这个地方，我看到了齐王，因为话不投机，回来便有离开的意思，这个想法不想改变，所以不再接受俸禄。不久，齐国与燕国之间发生战事，这时是不可以申请离开的。长久地留在齐国，不是我的心愿。"事情很清楚，孟子不仅坚持"不在其位，不谋其政"，而且坚持"不任其官，不受其禄"的观念，所以他在离齐前就拒绝领取俸禄了。孟子一生中尽管在齐国的时间特别长，但他仍然说不想长久地待在齐国，这说明他心灵深处有着根深蒂固的对于故乡的眷恋之情。

第九节　桃李芬芳

　　孟子在休作短暂停留后，就回到他的故乡邹国，住在他的出生地凫村，开始了最后长达20多年的讲学和著述的生活。其间，他还去过宋国的石丘（今河南汲县东南）。这时，"秦楚构兵战于丹阳"，秦军夺取楚国的汉中，再败楚军于蓝田。其攻势之凌厉让东方六国震颤不已。孟子的老朋友、齐国稷下先生宋牼正巧在赴楚国途中经过这里，两人在此相见。宋牼此行是去楚国游说，希望楚、秦两国罢兵言和。两位老朋友有如下的交谈：

　　　　宋牼将之楚，孟子遇于石丘，曰："先生将何之?"曰："吾闻秦楚构兵，我将见楚王说而罢之。楚王不悦，我将见秦王说而罢之。二王我将有所遇焉。"曰："轲也请无问其详，愿闻其指。说之将何如?"曰："我将言其不利也。"曰："先生之志则大矣，先生之号则不可。先生以利说秦楚之王，秦楚之王悦于利，以罢三军之师，是三军之士乐罢而悦于利也。为人臣者怀利以事其君，为人子者怀利以事其父，为人弟者怀利以事其兄，是君臣、父子、兄弟终去仁义，怀利以相接，然而不亡者，未之有也。先生以仁义说秦楚之王，秦楚之王悦于仁义，而罢三军之师，是三军之士乐罢而悦于仁义也。为人臣者怀仁义以事其君，为人子者怀仁义以事其父，为人弟者怀仁义以事其兄，是君臣、父子、兄弟去利，怀仁义以相接也，然而不王者，未之有也。何必曰利?"[1]

---

① 《孟子·告子下》，《十三经注疏》，中华书局1980年版，第2756页。

孟子这里会见的宋牼，与同是稷下先生的尹文思想比较接近，他们二人被后世称为宋尹学派。《庄子·天下篇》曾对这个学派作过比较详细的介绍和评判。这个学派属于墨家别派。他们继承了墨家思想的基本原则，如鼓吹"愿天下之安宁，以活民命""禁攻寝兵，救世之战"，与墨子的兼爱、非攻相契合；倡导"不饰于物""人我之养，毕足而止"，则来自墨子的节用思想；"周行天下，上说下教，虽天下不取，强聒而不舍""其为人太多，其自为太少""先生恐不得饱，弟子虽饥，不忘天下，日夜不休"，显然是继承了墨子的殉道救世精神和刻苦朴素作风。宋牼不吝长途跋涉千里，前去说服秦楚两国罢兵休战，正是实践非攻的理念。孟子与墨子尽管在反对战争即"非攻"方面观点完全一致，但"非攻"的理由则大相径庭。这段对话，就显示了他们在义利观上的根本分歧。孟子见到宋牼，即问他去何处？宋牼说："我听说秦楚两国交兵，我打算去谒见楚王，向他进言，劝他罢兵。如果楚王不听，我又打算去谒见秦王，向他进言，劝他罢兵。在两个国王中，我总会有所遇合。"孟子马上问："我不想问得太细，只想知道你的大意，你将怎样去进言呢？"宋牼回答说："我打算说，交兵是不利的。"孟子于是对宋牼进行全面反驳："先生的志向是很好的了，可是先生的提法却不行。先生用利来向秦王楚王进言，秦王楚王因为有利而高兴，于是停止军事行动，这就将使军队的官兵乐于罢兵，因之喜悦利。做臣属的抱着利的观念来服侍君主，做儿子的抱着利的观念来服侍父亲，做弟弟的抱着利的观念来服侍哥哥，这样就会使君臣之间、父子之间、兄弟之间都完全去掉仁义，怀抱着利的观念来互相对待，如此而国家不灭亡的，是没有的事情。若是先生用仁义来向秦王楚王进言，秦王楚王因而高兴，这就将使军队的官兵乐于罢兵，因之喜悦仁义。做臣属的抱着仁义来服侍君主，做儿子的抱着仁义来服侍父亲，做弟弟的抱着仁义来服侍哥哥，这样就会使君臣之间、父子之间、兄弟之间都完全去掉利的观念，怀抱着仁义来互相对待，如此而国家不以德政统一天下的，也是没有的事。为什么一定要说到'利'呢？"宋牼对孟子的说教如何回应，《孟子》没有记载，估计他不会被孟子说服。既然孟子与宋牼在稷下学官的时候彼此已经了解对方的观点，那么，此次交锋也只能是旗鼓相当，不会有赢家和输家。不过，有一点也是清楚的，不论孟子和宋牼以何种理论对当时的诸侯国君进行止战的说教，都是不会有任何效果的。

孟子回到故乡，开始了晚年的教学和著述。孟子作为一个影响巨大而深远的教育家，一生与教育结下不解之缘。他少时代受教育，20 岁左右开始聚徒讲学，一直到生命终结，在 60 多年的岁月中，身旁总是环绕着数以十计、百计的学生。通过教育，他培养了大量的有用之才。通过师生之间的不断切磋，他进一步发展深化了儒家学说。通过教育，他更广泛地传播了儒家思想，使儒家思想在孔子之后迎来一次具有决定意义的复兴。

60 多年的聚徒讲学，他培养了数以千百计的学生。但由于岁月的洗刷，这些学生中的大部分人已经姓名湮灭，留下姓名的事迹也模糊不清。今天，我们已经很难恢复其所有弟子的全貌了。这里，只能根据现有文献的梳理，描绘一下他部分弟子的模糊身影和思想面貌。

在《孟子》一书中留下姓名、可以确定为孟子弟子者，不过 20 人左右。现根据该书的记载，对其中的主要人物的事迹和思想进行大致的勾勒。

在《孟子》一书中，公孙丑是孟子弟子中出镜最多的人物之一。他是齐国人，应该是孟子第一次入齐时投靠师门的。他与孟子谈话的次数达 15 章之多。孟子与他谈"仁政"，评管、晏，阐述"不动心"与"浩然之气"，讲论"君臣之义"和"为政之道"。尽管《孟子》中没有他做官的记载，但他热衷仕途、崇尚建功立业的思绪跃然纸上。与孟子笃信"仁政"救世相比，他似乎更倾向于"霸业"的辉煌。虽然他是孟子信赖和中意的弟子之一，但后世儒生却对他持批评态度，如宋代的张九成就对他作了毫不客气的批判：

> 公孙丑涉学未深，闻道犹浅，乃曰"夫子当路于齐，管仲、晏子之功可复许乎？"此孔子之门五尺之童所羞谈者也，而丑乃以期孟子，岂不成亵渎乎？其狭劣如此者，无他焉，生乎齐，长乎齐，闻见乎齐，止知管晏而已。……公孙丑俗气未除，邪心犹在，止见管、晏之功业，不知二子之存心，乃曰"管仲以其君霸，晏子以其君显，管仲晏子犹不足为与？"其仰慕管晏如此，想见丑之识趣也。……公孙丑见识偏邪，溺于霸道，不信王道之易行也。[1]

---

[1] 张九成：《孟子传》卷六，电子版文渊阁四库全书。

其实，公孙丑与孟子理想主义的一定程度的疏离，恰恰证明了他的思想比孟子更贴近现实。因为当时的各国国君更容易接受"霸道"的理论，他们更相信当时的列国纷争和社会乱象只有通过"耕战"才能解决，而"仁政""德治"的说教除了表面光鲜，实际上却难以解决迫在眉睫的社会危机。不过，张九成等的批判却没有动摇公孙丑作为孟子大弟子的地位，从宋代起一直到清朝寿终正寝，他就从祀孟庙，与老师一同接受士子和百姓历久不衰的香火。

在《孟子》一书中，万章也是孟子弟子中出镜最多的人物之一。他也是齐国人，同样应该是孟子第一次入齐时投靠师门的。他与孟子谈话的次数也达 15 章之多。不仅如此，万章还是跟随孟子最久的弟子之一，最后陪伴孟子"序《诗》《书》，述仲尼之意，作七篇"[1] 的就是他。在《孟子》中，没有万章入仕的记载，他似乎终身未入官场。最大的可能是，他先是师从孟子做学生，之后成为孟子的助手做先生。一方面协助孟子从事教学工作，一方面负责记录孟子的言行，所以后来成为完成《孟子》一书的最主要的编纂者。从与孟子的对话内容可以看出，万章是一个对历史特别感兴趣的人。在他不断地请教中，孟子对传说中的五帝之一的虞舜进行了全方位的论述，如孝行，对嚚父母的逆来顺受，对顽弟的以德报怨；如政事，对禅让和"天与之"的解读，对"禹传子，家天下"的阐发，以及对尧、益、启、丹朱、桀、商汤、伊尹、太甲、周公、百里奚等历史人物的记述和评论，在在都显示了他对历史的浓烈兴趣。再从他对交友、交际以及对士与诸侯关系的探询，显示他对妥善处理人际关系的重视。万章在孟门中似乎处于大师兄、大总管的位置，孟子可能将他们这个教育集团的日常事务都交给他来打理，他也能将一应具体事务处理得井井有条，从而得到各方面的赞许。在《孟子》一书中，还没有发现他与任何人冲突的记录。正因为万章需要接触各色人，需要处理各种繁杂的事务，所以孟子也就特别注重对他进行交友的告诫：

> 孟子谓万章曰："一乡之善士斯友一乡之善士，一国之善士斯友一国之善士，天下之善士斯友天下之善士。以友天下之善士为未足，又

---

[1]　司马迁：《史记》卷七十四《孟子荀卿列传》，中华书局 1959 年版，第 3343 页。

尚论古之人。颂其诗，读其书，不知其人可乎？是以论其世也，是尚
友也。"①

万章显然是陪伴孟子寿终的弟子之一，在思想上他应是孟子的嫡传之一，对
孟子思想资料的整理和思想的传播，他起了不可替代的作用。在孟门弟子
中，万章一直受到后世的推崇，北宋时被封为博兴伯，从那时起，他就一直
从祀孟庙，声誉之隆，只有乐正克或可比肩。

公都子也是齐国人，可能是孟子最早的弟子之一，估计也是孟子第一
次入齐时投靠师门的。在《孟子》一书中，记载他与孟子的答问有 7 章。从
他请教孟子问题的内容看，他对哲理比较有兴趣，雍正二年（1724 年）的
"礼臣议"就称颂他"精研性善之旨"。如他同孟季子辩论"义"的内外问
题，引出孟子对这个问题的解释。他转述告子"性无善无不善"的理论以及
他对"性善论"的怀疑，引出孟子关于"性善论"的经典解读。他对孟子
"好辩"的追问，引出了孟子对杨朱、墨翟理论观念的义愤填膺的猛烈批判。
不过，从他对孟子的某些理论观念持怀疑态度看，他似乎并不完全赞同老师
的思想。他一生可能也没有出来做官，或许也同万章一样，以教书为谋生手
段，在清贫自守中度过了自己的一生。北宋时，他被封为平阴伯，一直从祀
孟庙。

乐正克是周人。此时的东周国王周赧王和他的名不副实的朝廷虽然距
彻底灭亡的年代（前 256 年，周赧王五十九年）还差几十个春秋，但地盘已
缩小至狭小的洛阳一隅。在战国时代那些军威雄壮、财大气粗的七雄眼里，
它实在是无足轻重了。乐正克尽管出生于这个曾经辉煌过的王国腹地，然而
窝囊受气的母国和故乡却不能给他丝毫的虚骄之气。他之所以外出求学和谋
生，大概就是感到外面的世界更精彩。他投到孟子门下的时间，估计最早也
是在孟子入齐之后。在孟子的弟子中，乐正克是少数做官的人之一，因而孟
子对他格外重视。当他听到乐正克要在鲁国做官主政的信息后，竟然"喜而
不寐"。这个时间肯定在公元前 322 年前，因为这一年孟子由邹国来到鲁国，
经乐正克斡旋，鲁君曾打算与他会面，但终因嬖人臧仓的从中作梗而罢。但

---

① 《孟子·万章下》，《十三经注疏》，中华书局 1980 年版，第 2746 页。

是，孟子也有对乐正克不满意甚至失望的时候。可能是在孟子离开鲁国返齐不久，乐正克因公事随王子敖来到齐国，由于当天未去拜见孟子，引起孟子的恼怒，认为他失礼。后来，可能因为乐正克在齐国没有宣扬他那套"仁政"理论，孟子就讽刺他到齐国是"为着饮食"。不过，孟子对乐正克总体上是肯定的，在同公孙丑谈话时，他赞扬乐正克"其为人也好善"。在回答浩生不害"乐正子何人也"的询问中，他更是赞扬乐正克是"善人"和"信人"。孟子一生中，对弟子的赞扬很少，乐正克是得到这种赞扬的极少数人之一。在《孟子》一书中，记载他与孟子的答问有5章，师生关系是比较密切的。乐正克也受到后人的称颂，陶渊明将他视为"属辞比事之儒"①。雍正二年（1724年）的"礼臣议"也称颂他是"善人"和"信人"，认为"方之圣门，当在子羔之列"。北宋时他被封为利国侯，一直从祀孟庙。

陈臻，齐国人，估计是孟子第一次入齐后的及门弟子。他曾追随孟子周游列国。在《孟子》一书中，记载他与孟子的答问有3章，内容多涉及钱、粮等经济问题。如他随孟子第一次离开齐国后，周游了宋、邹、鲁、滕、魏等国，在离薛返邹的途中，他发现孟子在齐、宋、薛三地对待馈赠的态度不一样，于是提出质疑。孟子最后一次准备离开齐国的时候，齐国发生了饥荒，他猜测孟子不会主动建议齐王开仓济民，说明他对老师的思想和脾性是比较了解的。这时，宣王欲以万钟之粟挽留孟子的意向是通过时子和他转达的。这显示他与齐国的宫廷有着比较多的联系，有着广泛的人脉。他一直没有做官，估计与万章的情况相似，以协助老师处理人事和教学中的杂务度过一生。北宋政和五年（1115年）被封为蓬莱伯，此后一直从祀孟庙。

陈代，籍贯不详，是长期追随孟子的弟子之一。他虽然没有做过官，但似乎对入仕特别有兴趣，曾问孟子"古之君子何如则仕"？他见孟子不主动谒见诸侯，因而失去做官的机会，就劝他改变态度，结果引来孟子的长篇议论。《孟子·滕文公下》记载了师徒二人的如下对话：

陈代曰："不见诸侯，宜若小然；今一见之，大则以王，小则以霸。且《志》曰：'枉尺而直寻，'宜若可为也。"孟子曰："昔齐景公田，招

①　《陶渊明集》卷八《儒》，电子版文渊阁四库全书。

虞人以旌不至，将杀之。志士不忘在沟壑，勇士不忘丧其元。孔子奚取焉？取非其招不往也。如不待其招而往，何哉？且夫枉尺而直寻者，以利言也。如以利，则枉寻直尺而利，亦可为与？昔者赵简子使王良与嬖奚乘，终日而不获一禽。嬖奚反命曰：'天下之贱工也。'或以告王良。良曰：'请复之。'强而后可，一朝而获十禽。嬖奚反命曰：'天下之良工也。'简子曰：'我使掌与女乘。'谓王良，良不可，曰：'吾为之范我驰驱，终日不获一；为之诡遇，一朝而获十。《诗》云：'不失其驰，舍矢如破。'我不贯与小人乘，请辞。'御者且羞与射者比；比而得禽兽，虽若丘陵，弗为也。如枉道而从彼，何也？且子过矣；枉己者，未有能直人者也。"①

这里，陈代对孟子说："不去谒见诸侯，似乎只是拘泥于小节吧；如今一去见诸侯，大呢，可以实行仁政，统一天下；小呢，可以改革局面，称霸中国。而且《志》上说：'所弯曲的譬如只有一尺，而所伸直的却有八尺了'，好像可以干一干。"孟子对陈代的劝解不以为然，他解释说："从前齐景公田猎，用有羽毛装饰的旌旗来召唤猎场管理员，管理员不去，景公便准备杀他。可是他并不因此而畏惧，曾经得到孔子的称赞。因为有志之士坚守节操，不怕死无葬身之地，弃尸山沟；勇敢的人见义而为，不怕丧失脑袋。孔子对于这一猎场管理员取他哪一点呢？就是取他不是自己所应该接受的召唤之礼，他硬是不去。假定我竟不等待诸侯的招致便去，那又是怎样的呢？而且你所说弯曲的只有一尺，所伸直的却有八尺，这完全是从利的观点来考虑的。如果专从利益来考虑，那么，所弯曲的有八尺，所伸直的却只一尺，也有利益，也可以干吗？从前，赵简子命令王良替他的宠幸小臣叫奚的驾车去打猎，整天打不着一只兽。奚向简子回报说：'王良是个拙劣的驾车人。'有人便把这话告诉了王良。王良说：'希望再来一次。'奚勉强同意之后，当天早晨便打中十只兽。奚便又回报说：'王良是一个高明驾车的人呀。'赵简子说：'那么，我就叫他专门替你驾车。'便同王良说，王良不肯，说道：'我给他依规矩奔驰，整天打不着一只；我给他违背规矩驾车，一个早晨便打中

---

① 《孟子·滕文公下》，《十三经注疏》，中华书局 1980 年版，第 2710 页。

十只。可是《诗经》说过，"按规矩而奔驰，箭一放出便破的。"我不习惯于替小人来驾车，这差事我不能担任。'驾车人尚且以同坏的射手合作为耻，这种合作得到野兽纵使堆积如山，也不肯干。假定我们先屈辱自己的志向和主张而追随诸侯，那又是为什么呢？而且你错了，自己不正直的人从来没有能够使别人正直的。"看来陈代比较热衷仕进，为了得到仕进的机会，可以灵活使用不同的方法。孟子对他的教导是，仕进必须坚持原则，在诸侯以礼相召的时候才可以应命，并且始终坚持"志士不忘在沟壑，勇士不忘丧其元"节操。尽管陈代热衷仕进，但却终生与官位无缘，在思想上似乎也没有什么创新之点。北宋政和五年（1115年）他被封为沂水伯，此后一直从祀孟庙。

屋庐连是晋国（今山西）人，由于三晋是先秦法家的发源地和大本营，他的思想可能受到一些法家思想的影响，《山西通志》记载他著有《屋庐子》一卷，"尝著书言彭聃之法"[1]。在投到孟子门下后，他基本上皈依了儒家学派，所以在同任国（今山东济宁）人谈礼与食、礼与色孰重时，他基本上坚持了儒家的立场，并从孟子那里得到进一步的解释。他对孟子处理与任国执政季任和齐国卿相储子交往的不同提出疑义，孟子也是从礼制的角度进行了答疑。看来他在孟子门下学习时比较关注礼的学问，这显示他对自己所缺失的东西是自觉恶补的。北宋政和五年（1115年）他被封为奉节伯，此后一直从祀孟庙。

充虞，籍贯不详，极有可能为邹人，是孟子弟子中与老师关系比较密切的人之一，也极有可能是最早的弟子之一。孟子自齐至鲁归葬他的母亲时，充虞是应孟子之命监造棺椁的人。回到齐国后，他因为棺椁的档次之高向孟子提出疑义，孟子阐发了儒家的丧仪观：对于有地位又有财力的人来说，厚葬是尽孝的表现，不应非议。孟子离开齐国后，充虞发现他有点"不豫色"，就径直发问，结果引来孟子"当今之世，舍我其谁"的信心十足的昂扬之论。充虞于北宋政和二年（1112年）被封为昌乐伯，此后一直从祀孟庙。

徐辟，籍贯不详，从他与墨家学派的夷之关系密切的情况看，他极有

---

[1] 《山西通志》卷六十四，电子版文渊阁四库全书。

可能是滕国人，即墨子的同乡。在《孟子》一书中，记载他与孟子的答问有两章，其一是为夷之传话：

> 墨者夷之因徐辟而求见孟子。孟子曰："吾固愿见，今吾尚病，病愈，我且往见，夷子不来！"他日，又求见孟子。孟子曰："吾今则可以见矣。不直，则道不见；我且直之。吾闻夷子墨者，墨之治丧也，以薄为其道也；夷子思以易天下，岂以为非是而不贵也；然而夷子葬其亲厚，则是以所贱事亲也。"徐子以告夷子。夷子曰："儒者之道，古之人若保赤子，此言何谓也？之则以为爱无差等，施由亲始。"徐子以告孟子。孟子曰："夫夷子信以为人之亲其兄之子为若亲其邻之赤子乎？彼有取尔也。赤子匍匐将入井，非赤子之罪也。且天之生物也，使之一本，而夷子二本故也。盖上世尝有不葬其亲者，其亲死，则举而委之于壑。他日过之，狐狸食之，蝇蚋姑嘬之。其颡有泚，睨而不视。夫泚也，非为人泚，中心达于面目，盖归反虆梩而掩之。掩之诚是也，则孝子仁人之掩其亲，亦必有道矣。"徐子以告夷子。夷子怃然为间曰："命之矣。"①

这则故事是说，墨家信徒夷之藉与徐辟的关系要求看孟子。孟子本来就对墨家持猛烈批判态度，对其信徒自然没有好感，于是敷衍说："我本来愿意接见，不过我现在病着，病好了，我打算去看他，他不必来！"过了一些时候，他又要来看孟子。孟子说："现在可以相见了。不过，不说真话，真理表现不出，我姑且说说真话吧。我听说夷子是墨家信徒，墨家的办理丧葬，以薄为合理，夷子也想用薄葬来改革天下，自然是认为不薄葬是不足贵的；但是他自己埋葬他的父母却相当丰厚，那便是拿他所轻贱所否定的东西对待他的父母亲了。"这里，孟子以夷子的言行不一批判墨家的薄葬理论，让徐辟传话过去，看他如何应对。徐辟将孟子的话传给了夷子。夷子回应说："儒家的学说认为，古代的君王爱护百姓好像爱护婴儿一般，这句话是什么意思呢？我以为他的意思是，人对人的爱并没有亲疏厚薄的区别，只是实行起来

---

① 《孟子·滕文公上》，《十三经注疏》，中华书局 1980 年版，第 2707 页。

从父母亲开始罢了。那么，墨家的兼爱之说很有道理，而我的厚葬父母，也有着解说了。"显然，夷子这里是竭力拉近墨家学说与儒家学说的距离，同时为自己厚葬父母辩解。他的话又经徐辟传给孟子。但孟子却不认同夷子在儒、墨之间的"求同"之论。他说："夷子真正以为人们爱他的侄儿，和爱他邻人的婴儿一样吗？夷子不过抓住了这一点：婴儿在地上爬行，快要跌到井里去了，这自然不是婴儿自己的罪过。这时候，不管是谁的孩子，无论谁看见了都会去救的，夷子以为这就是爱无次等，其实，这是人的恻隐之心。况且天生万物，只有一个根源，就人来说，只有父母，所以儒家主张'老吾老以及人之老'，夷子却说了两个根源，因此认为我的父母和人的父母没有区别，主张爱无差等。道理就在这里。大概上古曾经有不埋葬父母的人，父母死了，就抬着抛弃在山沟中。过了一些时候，经过那里，狐狸在吃着他，苍蝇蚊子在咀咂他，那个人不禁额头上流着悔恨的汗，邪着眼睛张望，不敢正视。这一种流汗，不是流给别人看的，实是由于衷心的悔恨而在面貌上表达出来的，大概他也会去取了锄头畚箕再把尸体埋葬了。埋葬尸体诚然是对的，那么，孝子仁人埋葬他的父母，自然有他的道理了。"孟子诉诸感情，说明儒家厚葬父母是出于孝心，同时指出墨家厚葬自己的父母也是出于同样的孝心。爱是有差等的，兼爱和薄葬都是没有道理的。徐辟把孟子的这些话转告夷子，夷子很怅惘地停了一会儿，说道："我懂得了。"孟子这里不仅是教育夷之，也是教育徐辟，使他改变对墨家的看法。徐辟与孟子的另一次谈话是请教水的问题，引出了孟子对泉水的充满感情的赞扬。所谓"仁者乐山，智者乐水"。孟子赞扬昼夜不停的泉水，目的是告诉徐辟和他的学生，君子应该是内涵深沉，知识渊博的人，就像永不枯竭的泉水一样。而名誉超过实际的人，犹如夏日的暴雨，尽管来势凶猛，一时即可使沟满河溢，但很快就销声匿迹，因为他没有源头的活水。徐辟在北宋政和五年（1115 年）被封为仙源伯，此后一直从祀孟庙。

高子是齐国人，何时进入孟门已难以确考，他似乎一直追随孟子。大概因为是齐人的缘故，他与齐国的知识分子有着较密切的联系，孟子离开齐国后，齐人尹士攻击孟子的话就是他转告的。在孟门弟子中，高子可能是属于智商较低的一类人，在一些问题上开窍慢，所以孟子一次说他的心被茅草堵住了。高子对音乐似乎有兴趣，但看问题却比较片面，所以师生在比较禹和文王的音乐时有如下一段对话：

> 高子曰："禹之声尚文王之声。"孟子曰："何以言之？"曰："以追
> 蠡。"曰："是奚足哉？城门之轨，两马之力与？"①

高子一次对孟子说："禹的音乐高于文王的音乐。"孟子显然不同意这个结论，就反问："这样说有什么根据？"高子的证据是："因为禹传下来的钟钮都快断了。"孟子认为这不足以证明："这个何足以证明呢？城门下车迹那么深，难道只是几匹马的力量吗？"意思是，那是由于天长日久车马经过多的缘故。禹的钟钮快要断了，也是由于天长日久的关系呢。高子自宋代起一直从祀孟庙。

桃应，籍贯不详。在孟子弟子中，他似乎对伦理与法的冲突特别感兴趣，所以曾问孟子，舜为天子，他的老子瞽瞍杀了人怎么办？孟子认为舜的处理方式应该是置伦理于法之上，宁可抛弃天子之位，也不能对老子绳之以法。桃应自宋代起一直从祀孟庙。

咸丘蒙是鲁国人，在孟子弟子中，他与高子有点相近，对君臣父子伦理比较感兴趣。他与孟子的对话就是讨论舜为天子时，如何处理与尧的君臣关系和瞽瞍的父子关系。咸丘蒙自宋代起一直从祀孟庙。

彭更，籍贯不详。在孟子弟子中，他可能是出身社会下层，在思想上有点倾向于农家。他曾同孟子讨论社会分工与动机和效果关系问题：

> 彭更问曰："后车数十乘，从者数百人，以传食于诸侯，不以泰
> 乎？"孟子曰："非其道，则一箪食不可受于人；如其道，则舜受尧之天
> 下，不以为泰，子以为泰乎？"曰："否；士无事而食，不可也。"曰：
> "子不通功易事，以羡补不足，则农有余粟，女有余布；子如通之，则
> 梓匠轮舆皆得食于子。于此有人焉，入则孝，出则悌，守先王之道，
> 以待后之学者，而不得食于子；子何尊梓匠轮舆而轻为仁义者哉？"曰：
> "梓匠轮舆，其志将以求食也；君子之为道也，其志亦将以求食与？"

---

① 《孟子·尽心下》，《十三经注疏》，中华书局1980年版，第2775页。

曰："子何以其志为哉？其有功于子，可食而食之矣。且子食志乎？食
功乎？"曰："食志。"曰："有人于此，毁瓦画墁，其志将以求食也，则
子食之乎？"曰："否。"曰："然则子非食志也。食功也。"①

彭更入孟子之门可能比较晚，看到孟子"后车数十乘，从者数百人"的气势
很是惊异，于是发问："跟随的车数十辆，跟随的弟子数百人，由这一国吃
到那一国，您这样做，不也太过分了吗？"孟子对彭更的发问肯定很反感，
于是回答："如果不合理，就一筐饭也不可以接受；如果合理，舜接受了尧
的天下，都不以为过分，你以为过分了吗？"彭更认为孟子误解了他的意思，
说："不是这样说，我以为，读书人不工作，吃白饭，是不可以的。"孟子解
释说："你如果不互通各人的成果，交换各行业的产品，用多余的来弥补不
够的，就会使农民有多余的米，别人得不着吃；妇女有多余的布，别人得不
着穿；如果能互通有无，那么，木匠车工都能够从你那里得着吃的。假定这
里有个人，在家孝顺父母，出外尊敬长辈；严守着古代圣王的礼法道义，用
来培养后代的学者，却不能从你那里得着吃的；那么，你为什么尊贵木匠车
工，却轻视仁义之士呢？"孟子这里以社会分工论说明知识分子以自己的工
作从农民那里换得吃的是合理的，是一种社会交换。彭更并没有被孟子说
服，于是引出动机论，他说："木匠车工，他们的动机本是谋饭吃；君子的
研究学术，推行王道，那动机也是弄到吃的吗？"彭更的言外之意是，君子
应该谋道不谋食。孟子看到彭更讲动机，就将问题引申到动机和效果（功
绩）的关系上来，说："你为什么要论动机呢？他们认为你有功绩，可以给
以吃的，便给以吃的了。而且，你还是论动机而给以吃的呢？还是论功绩而
给以吃的呢？"彭更的回答是"论动机"。孟子立即举例反问："这里有个匠
人，把屋瓦打碎，在新刷的墙壁上乱画，他的动机也是为着弄吃的，你给他
吃的吗？"彭更自然说"不"。孟子于是说："那么，你不是论动机，而是论
功绩了。"动机和效果（功绩）是一对矛盾，二者的和谐关系应该是统一。
但绝对的统一又不存在，所以正确的做法应该是既看动机也看效果，最后统
一于效果。彭更自宋代起一直从祀孟庙。

---

① 《孟子·滕文公下》，《十三经注疏》，中华书局1980年版，第2711页。

　　景春，籍贯不详。赵岐认为他是"为纵横之术者"。周广业《孟子古注考》则认为："《汉书·艺文志》兵阴阳家有《景子》十三篇，疑即此人。"但该书没有留传下来。在孟子弟子中，他的确是最钟情纵横之士的一个人，明明知道孟子对纵横之士瞧不上眼，仍然在他面前推尊公孙衍和张仪是"一怒而诸侯惧，安居而天下熄"的大丈夫。引得孟子高调否认，并提出流传千古的"富贵不能淫，贫贱不能移，威武不能屈，此之谓大丈夫"的著名论点。景春自宋代起一直从祀孟庙。

　　滕更，赵岐认定他是滕文公的弟弟，可能是孟子到滕国与滕文公相见时谈得比较投机，就让他的弟弟跟孟子学习了。估计他在孟子门下学习的时间不长，因为他总是放不下贵族公子的架子。《孟子》一书中只有一个地方记载他的事迹，是孟子对他的批评。公都子同孟子谈到滕更的时候，他已经离开了，所以公都子问孟子："滕更在您门下的时候，似乎应该在以礼相待之列，可是您却不回答他，为什么呢?"孟子解释说："倚仗着自己的势位而来发问，倚仗着自己贤能而来发问，倚仗着自己年纪大而来发问，倚仗着自己有功劳而来发问，倚仗着自己是老交情而来发问，都是我所不回答的。在这五条里面，滕更占了两条。"在孟子拒绝回答的五条中，滕更很可能犯了第一条和最后一条。滕更虽然不是孟子钟爱的学生，但毕竟在孟子门下学习过，所以自宋代起也一直从祀孟庙。

　　孟仲子，邹国人。赵岐认定他是"孟子之从昆弟，学于孟子者也"。在《孟子》一书中，他只出现了一次，而恰恰是这一次，显示了他与孟子比较亲密的关系。事情发生在孟子打算离开齐国的时候，宣王与孟子互相较劲，都不愿主动与对方见面。而孟子在宣布自己生病"不能造朝"的第二天，居然去东郭氏家吊丧。而正在这时，宣王却派人带医生前来探视。孟仲子唯恐事情露馅，赶忙派出好几个人在孟子回来的路上拦截他，为之通风报信，力劝孟子上朝去见宣王。尽管孟子没有听从孟仲子的劝告，躲到景丑的家里以规避，但孟仲子的处置举措则显示了他的机敏和应变能力。孟仲子自宋代起一直从祀孟庙。

　　周霄是魏国人。《战国策·魏策二》记载了他的事迹：

　　　　文子、田需、周霄相善，欲罪犀首。犀首患之，谓魏王曰："今所患者，齐也。婴子言行于齐王，王欲得齐，则胡不召文子而相之？
彼必务以齐事王。"王曰："善。"因召文子而相之。犀首以倍田需、
周霄。①

这个故事表明，周霄与田需是好朋友，还同齐国的重臣田婴相友善。他俩思
谋对付魏国当时的权臣犀首，被犀首察知，通过先发制人的手段，向魏王进
言，将田婴聘为魏相。由此，犀首与周霄、田需的关系进一步恶化。可能周
霄此后在魏国待不住，就投奔孟子门下。周霄身上有明显的纵横之士的色
彩，似乎特别钟情于仕进，《孟子》中记载的他与孟子的唯一一次对话就是
谈仕进，孟子对他讲了君子入仕的基本原则。周霄虽然热衷仕进，但他后来
在仕途上显然没有太大作为，因为除了上面《战国策》有关他的记载外，再
也找不到其他资料。这说明，他或者被时代的大潮淘汰，或者扮演的是无足
轻重的小角色，成为被历史遗忘的人物。周霄自宋代起一直从祀孟庙。

浩生不害是齐国人，在孟子弟子中，他算不上出色的学生。大概因为
乐正克屡屡受到孟子的夸奖，又曾被鲁国聘去做官，所以浩生不害就问孟子
对他如何评价，孟子于是给了乐正克一个"善人""信人"的美誉。浩生不
害自宋代起一直从祀孟庙。

宋勾践是宋国的大夫，在孟子到宋国时他前去拜访，大概是听了孟子
"穷则独善其身，达则兼济天下"的宏论后拜入师门的。他自宋代起一直从
祀孟庙。

曹交，赵岐认定他为曹国国君的弟弟，但王应麟在《困学纪闻》中否
定此说，认为其时曹国已经灭亡多时，国君已不存在，何来弟弟？不过，这
个曹交有可能是曹国贵族的后裔。他似乎对探索人生观有点兴趣，所以向孟
子请教"人皆可以为尧舜"如何理解。他自宋代起一直从祀孟庙。

貉稽，籍贯不详。赵岐说他是"仕者"，显然是孟子门下少数做官者之
一。不过，他在何处做何官已经难以稽考。估计他既没有做大官，也不是在
官场大有作为之人，所以事迹湮灭。从他向孟子请教的问题看，官场对他颇
多非议，但孟子似乎并不鄙视他：

---

① 刘向：《战国策》，上海古籍出版社1985年版，第833页。

貉稽曰："稽大不理于口。"孟子曰："无伤也。士憎兹多口。《诗》
云：'忧心悄悄，愠于群小。'孔子也。'肆不殄厥愠，亦不陨厥问。'文
王也。"①

这里，貉稽委屈地对孟子说："我被人家说得很坏。"孟子宽慰他说："没有
关系。士人便厌恶这种七嘴八舌。《诗经》说过，'烦恼沉沉压在心，小人当
我眼中钉。'孔子可以说是这样的人。又说，'不消灭别人的怨恨，也不失去
自己的名誉。'这说的是文王。"孟子对貉稽这样说，反映的是他"言心之所
想，行心之所安"的人生理念，要求自己，也鼓励弟子，只要自己的言论和
行动符合自己坚持的理论，就不必顾及别人的反映。因为周围的人群千差万
别，任何言论和行动都不可能适应所有人的意愿；如果以适应所有人的意愿
为标准，结果必然是寸步难行。貉稽自宋代起一直从祀孟庙。

盆成括，籍贯不详。从其"仕于齐"的情况看，他是齐国人的可能性
极大。在孟门弟子中，他虽然不是孟子中意的人，但却是孟子了解比较透辟
的人。在孟子预言他即将死于非命后不久，他果然被杀了。《孟子·尽心下》
记载：

盆成括仕于齐，孟子曰："死矣盆成括！"盆成括见杀，门人问曰：
"夫子何以知其将见杀？"曰："其为人也小有才，未闻君子之大道也，
则足以杀其躯而已矣。"②

这个故事说，盆成括在齐国做官，一天，孟子对弟子说："盆成括要死了！"
过了几天，盆成括果然被杀了。弟子们不由得惊问："老师怎么知道他会被
杀？"孟子解释说："他这个人有点小聪明，但是不曾知道君子的大道，那就
足以杀害自己的躯体了。"这位盆成括究竟因何被杀，史无明载。孟子说他
只有点小聪明而不谙君子的大道，并没有说他是贪官污吏，显然他被杀的原
因不是由于劣迹败露，而可能是在规避风险方面出现失误。盆成括自宋代起

---

① 《孟子·尽心下》，《十三经注疏》，中华书局 1980 年版，第 2775 页。
② 《孟子·尽心下》，《十三经注疏》，中华书局 1980 年版，第 2778 页。

也一直从祀孟庙。

从以上介绍的孟子弟子22人的情况看，可以发现，其弟子以齐、鲁、邹人为主，其他地方的人士较少。这一方面与孟子的活动地域有关，他大部分时间是在齐、鲁、邹等地从事教学和政治活动，到过的离家乡最远的地方是宋国的国都睢阳（今河南商丘东南）和魏国的国都大梁（今河南开封），还没有超过当年孔子周游列国到过的地方，而且时间短暂，这自然妨碍了他从别的地方吸纳弟子。另一方面，孔子的时代，儒家学派虽然处于初创阶段，但除了道家学派因老子的影响已经形成并具有一定的竞争力外，其他学派，如墨、法、名、阴阳、农、杂家等，或者根本还未出世，或者"小荷才露尖尖角"，这就使儒家学派基本上处于一枝独秀的局面，因而形成对有志求学的青少年的巨大吸引力，所以不少人不远千里投奔师门，由此出现了儒学一时独占鳌头的局面。然而，孟子遇到的时代却与孔子的时代有了很大的不同。这一时代，思想学术上的"百家争鸣"正如火如荼地进行，墨、法、道、名、阴阳、农等学派已经蔚为大观，此时的儒家学派不仅失去了孔子时代的风光，而且在诸子百家中也谈不上风头正劲。尽管由于孟子的努力，该学派总算挽回了孔子去世后一度出现的颓势，但是，它也只能在与其他学派的激烈竞争中艰难发展。这时，儒学对有志求学的青少年的吸引力已经被其他学派分散。如此一来，就不仅造成齐、鲁、邹以外的弟子显著减少，而且使齐、鲁、邹等地求学的青少年也大量被其他学派吸纳。特别是，对于各诸侯大国的统治者来说，他们更青睐能够带来立竿见影效果的法家学派，儒家学派在与其他学派的竞争中占不到绝对优势。检视孟子弟子的情况，还可以发现，他的弟子中做官者少，做大官者更少。你看，在这22位弟子中，滕更原是贵族公子，他在滕国任个一官半职是很容易的，但那不是因为他是学习了儒家思想的孟子弟子。周霄在拜师孟门之前就在魏国做官，他之为官更与学习儒家思想和孟子弟子的身份无关。宋勾践本是宋国大夫，他是为官在前，拜师孟门在后，自然与学习儒家思想和孟子弟子的身份无涉。貉稽尽管被赵岐认定为"仕者"，但他在何处做官、做何官都已经无从稽考，他之做官似也难以与学习儒家思想和孟子弟子的身份联系起来。"仕于齐"的盆成括或许能够与学习儒家思想和孟子弟子的身份联系起来，可就是这个盆成括却不给孟子争脸，入仕不久就死于非命了。在孟门弟子中，真正因为学习儒家思想和孟子弟子的身份而做官的只有一个乐正克，难怪听到他在鲁国做官的消息孟子高兴得睡不着觉，还出格地赞扬他是"善人""信人"。不过，即使这个乐正克，在鲁国担任的也不是什么执掌实权的大官，否则，他安排鲁君与孟子见面一事因嬖人臧仓一句话而告吹就难以理解了。显然，与孔子弟子任官之多和官位之高相比，孟子弟子实在是乏善可陈。原因何在？除了上面讲的时代原因外，也与孟子思想和他代表的儒学还没有摆脱学说本身"迂远而阔于事情"有密切关系。孟子尽管大大弘扬和发展了儒学，但他坚持的"仁政""德治"理想却与战国七雄由武力兼并进而统一全国的政治诉求相去甚远，而讲求耕战的法家理论不仅能够带来立竿见影的效果而且易于操作，所以最能打动列国君主的心灵。这一时期，是法家代表人物和法家思想最风光的岁月，孟子及其弟子四处求官而不可得也就"只能时代因里寻"了。

虽然孟子及其弟子在官场上很不得志，但他们通过自己的努力使儒家学派恢复了昔日的气势。在孟子之后，弟子们为儒学的进一步传播作出了不可替代的贡献，从而为儒学在汉代的复兴和极尽风光发挥了承前启后的作用。

第十节　叶落归根

公元前 312 年（周赧王三年　齐宣王八年），61 岁的孟子回到了他的故乡邹国。从此，直至公元前 289 年（周赧王二十六年　齐湣王十二年）他以 84 岁高龄仙逝，20 多年间，他以教学和著述度过了自己晚年的最后岁月。而正是在这 20 多年间，中国历史正经历着它在战国时代剧烈变化的风雨征程：战国七雄进行着你死我活的殊死搏斗，合纵连横的外交斗争配合着战场上的进退攻防，策士的花言巧语伴着将士们血肉纷纶的无情厮杀。东方六国抗秦的联合阵线土崩瓦解，秦国对东方六国的优势日益显现，秦军东向前进的马蹄声搅得六国的君臣百姓日夜难安。请看：

公元前 312 年，秦军大败楚军于丹阳（今河南西峡、内乡一带），取汉中；再败楚军于蓝田（今湖北荆门北）。第二年，再取昭陵。

公元前 308 年，秦军进攻韩国，夺取宜阳（今河南宜阳西）

公元前 306 年，楚国灭掉越国。赵武灵王"胡服骑射"，进行军制改革后，军力大增，进击中山（今河北定县至宁晋一带）得手。

公元前 303 年，秦军大举进攻韩、魏。

公元前 301 年，齐、魏、韩联合进击楚国，大败楚军于垂沙（今河南唐河西南）。

公元前 298 年，齐、魏、韩联军大败秦军于函谷关。第二年，再次联合攻秦。第三年，攻入函谷关。一时合纵声威大振，但旋即偃旗息鼓。

公元前 293 年，秦将白起击败韩、魏联军于伊阙，斩首 24 万。第二年，白起攻魏，取垣（今山西垣曲东南）。

公元前 291 年，秦将白起攻韩取宛（今河南南阳）。秦将司马错攻魏取轵（今河南济源南），攻韩取邓（今河南漯河东南）

公元前 290 年，在秦军凌厉的攻势下，魏献河东（今山西）地四百里于秦，韩献武遂（今山西垣曲东南）地二百里于秦。

公元前 289 年，秦攻魏，取城 61 座。

显然，当孟子寿终正寝的时候，秦国使用军事手段统一中国的大势已经形成。

孟子晚年在故乡的生活，主要是教学和著述，环绕他的是一批又一批的来来去去的学生。师生互相砥砺，教学相长，其乐融融，不乏情趣。他的最后 20 年，想来是在表面平静温馨、内心却是波澜起伏中度过的。因为社会的发展，似乎完全出乎他的意料，他大概是在不断地倾听着令他痛心的信息，瞪着惊愕的眼睛，走完自己的生命旅程的。你看：

他反对战争，猛烈批判"春秋无义战"，可是，战国的"不义之战"却日益如火如荼，七雄之间的厮杀一天比一天扩大，一天比一天激烈，一天比一天更加残酷无情。"析骨而炊，易子而食"的悲剧在各地频频上演。如果说在他 60 岁之前，一些诸侯王还可以听他讲讲"仁者无敌""保民而王""不嗜杀人者能一之"之类的说教，而在他生命的最后 20 年，谁也没有兴趣再听他那些"迂远而阔于事情"的唠叨了。

他痛斥那些发动战争的诸侯王，说他们"罪不容于死"，甚至要求"善战者服上刑"，然而，"争地以战，杀人盈野；争城以战，杀人盈城"，统兵的将帅们非但没有"服上刑"，反而在军功爵位制度中一个个找到了升官发财的机缘，成为军功贵族的主体，享受着战争带来的高官厚禄。

他鼓吹"民为贵，社稷次之，君为轻"，倡导国君与百姓同乐、同忧、同好，可是眼前的事实却是，七国的诸侯王们信奉的竟是"君为贵，民为轻"。他们"率兽而食人"，对百姓进行残酷的压榨和剥削，结果造成几乎遍布整个中国的"庖有肥肉，厩有肥马，民有饥色，野有饿莩"的悲惨景象。

他高唱"人性善""良知良能""人皆可以为尧舜"的宏论，极力张扬"仁政""德治"的理念，可是放眼世界，人欲横流，强权无忌，凌弱暴寡，泯灭"良知"，彰显的是"人性恶"的大旗。

他对公孙衍、张仪之类"一怒而诸侯惧，安居而天下熄"的纵横之士嗤之以鼻，可是，恰恰是这些人受到各国君王的青睐，出将入相，一言九鼎，风光无限。既得到权力带来的荣耀，又享受权利带来的荣华富贵。反观自己，尽管满腹经纶，豪情万丈，以治国平天下为己任，可是只能空怀壮志，局促于四基山麓的乡村野里，日益被历史的大潮冲向无人理睬的边缘。

孟子尽管对当前社会的乱象极度失望，但他决不言败。他相信眼前的一切都是暂时的，他理想的社会一定会出现。在这个社会里，"人性善"的理念一定会得到张扬，尊老、爱幼，人尽其才，人得其用，没有饥馑，没有战争，没有杀戮，没有尔虞我诈，"仁政""德治"的阳光一定会普照大地。

理想支撑着孟子，使他在寂寞中冷眼向洋，在失望中满怀希望。尽管一天天年老体衰，他仍然倾全力教诲不断涌来的学生，欣喜地看着他们走进讲堂，满意地看着他们走向社会，看着他们传播自己的思想和理论，特别欣喜地看着一度衰颓的儒学再一次崛起，并有望走向新的辉煌。同时，他与一生追随自己的弟子万章等"序《诗》《书》，述仲尼之意，作《孟子》七篇"①，他与弟子接续孔子，对儒家经典的《诗》《书》作了进一步的整理。同时，他们精心谋划，仔细研究，字斟句酌，反复推敲，集中精力编撰《孟子》一书。孟子知道这部书记载着他的行状、理想和对未来的希冀，是他留给后世的最珍贵的遗产。

公元前289年（周赧王二十六年　秦昭王十八年　魏昭王七年　齐湣王

---

① 司马迁：《史记》卷七十四《孟子荀卿列传》，中华书局1959年版，第2343页。

十二年）冬天，已经 84 岁高龄的孟子病倒了，他的儿子孟仲子和万章等弟子们围绕他的身边，请医侍药，精心护理，但终因年事已高，无力回天，于冬至日撒手人寰。他的儿子和弟子按照当时的礼仪，将他隆重殡葬于四基山西麓。

四基山位于今日邹城东北 30 里，是一座海拔不足百米的土石相间的小山。孟子与他夫人的合葬墓就坐落在这座山的西麓。后来，由于战乱频繁，孟子后裔几度流离失所，孟子故里的居民也数度更新，因而使孟子墓地在战国后就湮灭无闻了。直到公元 1037 年（北宋景祐四年），孔子 45 代孙孔道辅为兖州守时，才又访得孟子墓，加以修葺，建祠祭祀。同时，他又访得孟子的嫡系后裔、孟子第 45 代孙孟宁，向朝廷推荐，授予迪功郎、邹县主簿，主持孟子庙和孟子墓的祭祀。从此以后，孟子墓就受到历代官府和孟子后裔的定期祭祀，鼓乐香火不断。

自公元 1037 年起，四基山就以孟子林闻名于世。这里除了孟子与他夫人的合葬墓外，还分布着众多的孟子后裔的坟墓，如近代山东著名的商业资本家、瑞蚨祥商号的创始人孟雒川（继笙）夫妇的墓也在这里。今日邹城和孟子林之间，有一条柏油路相连。出邹城，沿着这条朝东北方向的道路前进，10 分钟的车程即可抵达四基山，一座被参天的古木覆盖的孟子林就展现在眼前。进入一个砖木结构、飞檐斗拱的古朴大门，就可看到一条笔直的神道通向孟子墓。道左竖立着由著名书法家欧阳中石题写的"亚圣林"的石碑。道路两旁，千年古柏相对而立，各种树木迤逦向山麓展布，树荫下，灌木杂草丛生，不知名的花儿竞相绽放。而不时传来的鸟儿的叫声使整个园林显得更加幽深恬静。沿着神道北行约百米，就到达孟子墓地。墓前的享殿是一座五开间的古典建筑，殿内供奉着孟子的神主。殿后就是孟子墓，一座巨大的由砌石围起的土丘，上面长满树木花草。墓前竖立着明朝时期刻制的石碑，上书"亚圣孟子墓"。

今日的孟子林，已是山东省重点文物保护单位，是儒家文化的圣地之一。长眠地下两千多年的孟子并不寂寞，他的墓前，每天都迎来虔诚凭吊的人群。特别是越来越多的白人和黑人不远万里前来他灵前致敬，说明他的思想已经越过高山大海，在世界各地发生着越来越大的影响。

第十一节　孟子生平大事记

公元前 372 年　周烈王四年　秦献公十三年　魏武侯二十四年　齐桓公三年　1 岁

生于邹。

公元前 371 年　周烈王五年　秦献公十四年　魏武侯二十五年　齐桓公四年　2 岁

在邹。

公元前 370 年　周烈王六年　秦献公十五年　魏武侯二十六年　齐桓公五年　3 岁

在邹。

公元前 369 年　周烈王七年　秦献公十六年　魏惠王一年　齐桓公六年　4 岁

在邹。

公元前 368 年　周显王一年　秦献公十七年　魏惠王二年　齐桓公七年　5 岁

赵伐齐，至长城。

在邹。

公元前 367 年　周显王二年　秦献公十八年　魏惠王三年　齐桓公八年　6 岁

周分东西二国。

在邹，"昔孟母，择邻处"，随孟母三迁。

公元前 366 年　周显王三年　秦献公十九年　魏惠王四年　齐桓公九年　7 岁

秦败韩、魏于洛阳。

在邹，入学读书，"受业子思之门人"。

公元前 365 年　周显王四年　秦献公二十年　魏惠王五年　齐桓公十年　8 岁

在邹，读书。

公元前 364 年　周显王五年　秦献公二十一年　魏惠王六年　齐桓公十一年　9 岁

秦败魏于石门，斩首六万。

在邹，读书。"子不学，断机杼"，或许发生在此前后。

公元前 363 年　周显王六年　秦献公二十二年　魏惠王七年　齐桓公十二年　10 岁

在邹，读书。

公元前 362 年　周显王七年　秦献公二十三年　魏惠王八年　齐桓公十三年　11 岁

秦败魏于少梁，俘魏相公孙痤。

在邹，读书。

公元前 361 年　周显王八年　秦孝公一年　魏惠王九年　齐桓公十四年　12 岁

魏自安邑迁都大梁。卫公孙鞅自魏入秦。

在邹，读书。

公元前 360 年　周显王九年　秦孝公二年　魏惠王十年　齐桓公十五年　13 岁

魏凿鸿沟。

在邹，读书。

公元前 359 年　周显王十年　秦孝公三年　魏惠王十一年　齐桓公十六年　14 岁

在邹，读书。

公元前 358 年　周显王十一年　秦孝公四年　魏惠王十二年　齐桓公十七年　15 岁

魏筑长城防秦。

在邹，读书。

公元前 357 年　周显王十二年　秦孝公五年　魏惠王十三年　齐桓公十八年　16 岁

在邹，读书。

公元前 356 年　周显王十三年　秦孝公六年　魏惠王十四年　齐威王一

年　17 岁

　　齐立稷下学宫招徕游士。秦用卫鞅为左庶长，开始变法。邹忌相亲。

　　在邹，读书。

　　公元前 355 年　周显王十四年　秦孝公七年　魏惠王十五年　齐威王二
年　18 岁

　　韩筑长城，申不害相韩。

　　在邹，读书。

　　公元前 354 年　周显王十五年　秦孝公八年　魏惠王十六年　齐威王三
年　19 岁

　　魏围赵都邯郸。秦攻取魏少梁。

　　在邹，收徒讲学或在此时。

　　公元前 353 年　周显王十六年　秦孝公九年　魏惠王十七年　齐威王四
年　20 岁

　　齐救赵，孙膑为军师，败魏于桂陵。魏拔邯郸。

　　在邹，聚徒讲学。

　　公元前 352 年　周显王十七年　秦孝公十年　魏惠王十八年　齐威王五
年　21 岁

　　卫鞅任秦大良造，将兵攻取魏安邑。

　　在邹，聚徒讲学。

　　公元前 351 年　周显王十八年　秦孝公十一年　魏惠王十九年　齐威王
六年　22 岁

　　秦围取魏固阳。魏还邯郸于赵，两国盟于漳水。

　　在邹，聚徒讲学。

　　公元前 350 年　周显王十九年　秦孝公十二年　魏惠王二十年　齐威王
七年　23 岁

　　齐筑长城。卫鞅在秦第二次变法，徙都咸阳，实行县制，"废井田，开
阡陌"。

　　在邹，聚徒讲学。

　　公元前 349 年　周显王二十年　秦孝公十三年　魏惠王二十一年　齐威
王八年　24 岁

在邹，聚徒讲学。

公元前 348 年　周显王二十一年　秦孝公十四年　魏惠王二十二年　齐威王九年　25 岁

秦"初为赋"。

在邹，聚徒讲学。

公元前 347 年　周显王二十二年　秦孝公十五年　魏惠王二十三年　齐威王十年　26 岁

齐威王励精图治，厚招文学游说之士。

孟子第一次由邹入齐，为稷下先生，与匡章交游。

公元前 346 年　周显王二十三年　秦孝公十六年　魏惠王二十四年　齐威王十一年　27 岁

在齐稷下学宫。

公元前 345 年　周显王二十四年　秦孝公十七年　魏惠王二十五年　齐威王十二年　28 岁

魏败韩于马陵。

在齐稷下学宫。

公元前 344 年　周显王二十五年　秦孝公十八年　魏惠王二十六年　齐威王十三年　29 岁

魏惠王始称王。秦孝公会诸侯于京师。

在齐稷下学宫，被淳于髡讥讽，与之进行"礼"的辩论。

公元前 343 年　周显王二十六年　秦孝公十九年　魏惠王二十七年　齐威王十四年　30 岁

齐魏马陵之战，齐田忌用孙膑计，大破魏军，庞涓自杀，魏太子申被俘。

在齐稷下学宫，不受重用，被齐人讽刺，孟子以"我无官守，我无言责"自解。

公元前 342 年　周显王二十七年　秦孝公二十年　魏惠王二十八年　齐威王十五年　31 岁

商鞅帅秦兵伐魏，俘公子卬。

在齐稷下学宫。

公元前 341 年　周显王二十八年　秦孝公二十一年　魏惠王二十九年　齐威王十六年　32 岁

在齐稷下学宫。

公元前 340 年　周显王二十九年　秦孝公二十二年　魏惠王三十年　齐威王十七年　33 岁

秦封卫鞅于商于，号商鞅。

在齐稷下学宫。

公元前 339 年　周显王三十年　秦孝公二十三年　魏惠王三十一年　齐威王十八年　34 岁

在齐稷下学宫。

公元前 338 年　周显王三十一年　秦孝公二十四年　魏惠王三十二年　齐威王十九年　35 岁

秦孝公卒，商鞅遭车裂而死。秦败魏于岸门，俘魏将错。

在齐稷下学宫。

公元前 337 年　周显王三十二年　秦惠文王一年　魏惠王三十三年　齐威王二十年　36 岁

申不害卒。

在齐稷下学宫。

公元前 336 年　周显王三十三年　秦惠文王二年　魏惠王三十四年　齐威王二十一年　37 岁

秦"初行钱"。

在齐稷下学宫。大概在此前后，孟子获得"客卿"的地位。

公元前 335 年　周显王三十四年　秦惠文王三年　魏惠王三十五年　齐威王二十二年　38 岁

秦攻取韩宜阳。与孟子交好的匡章为齐将，败秦。魏惠王与齐威王徐州相王。惠王改元。

在齐稷下学宫。

公元前 334 年　周显王三十五年　秦惠文王四年　魏惠王后元一年　齐威王二十三年　39 岁

楚灭越。

在齐稷下学宫。

公元前 333 年　周显王三十六年　秦惠文王五年　魏惠王后元二年　齐威王二十四年　40 岁

秦惠王用魏人公孙衍为大良造。

在齐稷下学宫。

公元前 332 年　周显王三十七年　秦惠文王六年　魏惠王后元三年　齐威王二十五年　41 岁

在齐稷下学宫。

公元前 331 年周显王三十八年　秦惠文王七年　魏惠王后元四年　齐威王二十六年　42 岁

秦败魏，俘其将龙贾，斩首八万。

在齐稷下学宫。

公元前 330 年周显王三十九年　秦惠文王八年　魏惠王后元五年　齐威王二十七年　43 岁

秦败魏，俘其将龙且，魏献河西之地于秦。

在齐稷下学宫。

公元前 329 年　周显王四十年　秦惠文王九年　魏惠王后元六年　齐威王二十八年　44 岁

秦渡河取魏汾阴、皮氏、焦等地

在齐稷下学宫。

公元前 328 年　周显王四十一年　秦惠文王十年　魏惠王后元七年　齐威王二十九年　45 岁

秦始设相邦，以倡连横之议的张仪为相。魏献上郡 15 县赂秦。

在齐稷下学宫。

公元前 327 年　周显王四十二年　秦惠文王十一年　魏惠王后元八年　齐威王三十年　46 岁

母病逝，奉灵柩归鲁，以卿大夫之礼葬母，后来这里形成了孟母林（在今之曲阜凫村）。

公元前 326 年　周显王四十三年　秦惠文王十二年　魏惠王后元九年　齐威王三十一年　47 岁

韩宣王始称王。

在鲁守丧。

公元前 325 年　周显王四十四年　秦惠文王十三年　魏惠王后元十年　齐威王三十二年　48 岁

秦惠文均称王。燕易王称王。

荀子自赵至齐游学（据钱穆考证）。

在鲁守丧。

公元前 324 年　周显王四十五年　秦惠文王更元一年　魏惠王后元十一年　齐威王三十三年　49 岁

魏惠王与齐威王会于平阿。

三年之丧毕，孟子返齐。

公元前 323 年　周显王四十六年　秦惠文王更元二年　魏惠王后元十二年　齐威王三十四年　50 岁

魏惠王与齐威王会于甄。公孙衍约魏、赵、韩、燕、中山"五国相王"。

此时稷下学宫衰落，孟子见齐威王难以实现其"仁政"主张，又闻宋国将"仁政"，故离齐奔宋。在宋，与宋大夫戴盈之论"废关市之征"，行什一税；对戴不胜哀叹宋王周围"贤人"太少。

滕文公过宋见孟子，孟子与之"道性善，言必称尧舜"。

与宋勾践论游说之道。

受宋王 70 镒馈赠离宋，过薛，又受赠 50 镒。

归邹，正值邹、鲁冲突，答邹穆公问。与屋庐子讨论"礼与食孰重"，至任见任季。

与曹交论"人皆可以为尧舜"。

滕文公派然友至邹问葬礼，答三年之丧。

公元前 322 年　周显王四十七年　秦惠文王更元三年　魏惠王后元十三年　齐威王三十五年　51 岁

张仪为魏相。秦攻魏曲沃、平周。齐国封田婴于薛，十月城薛。

鲁平公初即位，用孟子弟子乐正克为政，孟子至鲁，希望见鲁侯，遭臧仓阻挠未果，归邹。归邹前曾与浩生不害论"乐正子何人也"，并反对鲁使兵家慎子为将。

归邹后，于十月前之滕，"馆于上宫"。与滕文公详论"仁政""井田""什一之税"以及"小国事大国"等主张。

公元前 321 年　周显王四十八年　秦惠文王更元四年　魏惠王后元十四年　齐威王三十六年　52 岁

在滕，与农家许行之徒陈相辩论劳心劳力问题。答公孙丑"不耕而食"之问。滕更学于孟子，挟贵而问。

公元前 320 年　周慎靓王元年　秦惠文王更元五年　魏惠王后元十五年　齐威王三十七年　53 岁

齐威王卒。

离滕赴大梁（今开封）。与梁惠王对话，谈仁义与利。与景春对话，讥公孙衍、张仪为"妾妇之道"。与白圭论税收问题。与周宵论君子之仕。

公元前 319 年　周慎靓王二年　秦惠文王更元六年　魏惠王后元十六年　齐宣王一年　54 岁

魏惠王卒，张仪被驱出魏国，公孙衍任魏相。

孟子与梁襄王论"天下何乎定？"因不满梁襄王，离魏赴齐，经平陆时，与大夫孔距心辩论。至临淄，与齐宣王对话，论"仁政"。

公元前 318 年　周慎靓王三年　秦惠文王更元七年　魏襄王一年　齐宣王二年　55 岁

宋王偃自立为王。魏、赵、韩、楚、燕五国合纵攻秦，败。燕王哙让国子之。

孟子继续与齐宣王论政。与弟子公孙丑论"四十不动心"和"养浩然之气"。

公元前 317 年　周慎靓王四年　秦惠文王更元八年　魏襄王二年　齐宣王三年　56 岁

秦败三晋联军于修鱼，张仪复相秦。滕文公卒。

孟子由齐吊滕文公丧。乐正子赴齐。孟子与匡章对话。

公元前 316 年　周慎靓王五年　秦惠文王更元九年　魏襄王三年　齐宣王四年　57 岁

秦派司马错伐蜀，蜀亡。

孟子论伐燕，认为"燕可伐"。

公元前 315 年　周慎靓王六年　秦惠文王更元十年　魏襄王四年　齐宣王五年　58 岁

齐派匡章率师伐燕，燕内乱。

孟子在齐，为齐宣王筹谋伐燕。

公元前 314 年　周赧王一年　秦惠文王更元十一年　魏襄王五年　齐宣王六年　59 岁

匡章下燕都，杀燕王哙和子之，燕昭王立。秦攻韩、魏、义渠。

孟子在齐，与宣王议对燕策略，建议"置君而后去"。

公元前 313 年　周赧王二年　秦惠文王更元十二年　魏襄王六年　齐宣王七年　60 岁

秦攻赵，俘赵将赵庄。张仪至楚，实施连横战略。

齐宣王召孟子，孟子称病不朝。

公元前 312 年　周赧王三年　秦惠文王更元十三年　魏襄王七年　齐宣王八年　61 岁

秦大败楚军于丹阳，取汉中；再败楚军于蓝田。

孟子拒绝万钟的俸禄，离开齐国。与陈子论"君子之仕"。归邹。

公元前 311 年　周赧王四年　秦惠文王更元十四年　魏襄王八年　齐宣王九年　62 岁

秦伐楚，取照陵。合纵、连横激烈斗争。

孟子在邹，讲学和著述。

公元前 310 年　周赧王五年　秦武王一年　魏襄王九年　齐宣王十年　63 岁

惠施约卒于是年。

孟子在邹，讲学和著述。

公元前 309 年　周赧王六年　秦武王二年　魏襄王十年　齐宣王十一年　64 岁

秦初置丞相，张仪卒。

孟子在邹，讲学和著述。

公元前 308 年　周赧王七年　秦武王三年　魏襄王十一年　齐宣王十二

年　65 岁

秦取韩宜阳。

孟子在邹，讲学和著述。

公元前 307 年　周赧王八年　秦武王四年　魏襄王十二年　齐宣王十三年　66 岁

赵武灵王"胡服骑射"。

孟子在邹，讲学和著述。

公元前 306 年　周赧王九年　秦昭王一年　魏襄王十三年　齐宣王十四年　67 岁

楚灭越，赵攻中山。

孟子在邹，讲学和著述。

公元前 305 年　周赧王十年　秦昭王二年　魏襄王十四年　齐宣王十五年　68 岁

秦内乱，赵攻中山，中山献四邑以和。

孟子在邹，讲学和著述。

公元前 304 年　周赧王十一年　秦昭王三年　魏襄王十五年　齐宣王十六年　69 岁

秦楚盟于黄棘。

孟子在邹，讲学和著述。

公元前 303 年　周赧王十二年　秦昭王四年　魏襄王十六年　齐宣王十七年　70 岁

秦攻韩、魏。

孟子在邹，讲学和著述。

公元前 302 年　周赧王十三年　秦昭王五年　魏襄王十七年　齐宣王十八年　71 岁

秦、韩、魏会于临晋。

孟子在邹，讲学和著述。

公元前 301 年　周赧王十四年　秦昭王六年　魏襄王十八年　齐宣王十九年　72 岁

齐、魏、韩大败楚军于垂沙，楚庄蹻起义。

孟子在邹，讲学和著述。

公元前 300 年　周赧王十五年　秦昭王七年　魏襄王十九年　齐湣王一年　73 岁

孟尝君田文专齐国之政。

孟子在邹，讲学和著述。

公元前 299 年　周赧王十六年　秦昭王八年　魏襄王二十年　齐湣王二年　74 岁

楚怀王入秦被扣。孟尝君入秦为相。

公元前 298 年　周赧王十七年　秦昭王九年　魏襄王二十一年　齐湣王三年　75 岁

孟尝君由秦回齐。齐、魏、韩联军败秦于函谷关。

孟子在邹，讲学和著述。

公元前 297 年　周赧王十八年　秦昭王十年　魏襄王二十二年　齐湣王四年　76 岁

齐、魏、韩联军再攻秦。

孟子在邹，讲学和著述。

公元前 296 年　周赧王十九年　秦昭王十一年　魏襄王二十三年　齐湣王五年　77 岁

齐、魏、韩联军攻入秦函谷关。赵灭中山。燕昭王以乐毅为亚卿。楚怀王卒于秦。

孟子在邹，讲学和著述。

公元前 295 年　周赧王二十年　秦昭王十二年　魏昭王一年　齐湣王六年　78 岁

魏冉为秦相。

孟子在邹，讲学和著述。

公元前 294 年　周赧王二十一年　秦昭王十三年　魏昭王二年　齐湣王七年　79 岁

魏昭王以孟尝君为相。燕昭王派苏秦入齐说齐湣王伐宋。

孟子在邹，讲学和著述。

公元前 293 年　周赧王二十二年　秦昭王十四年　魏昭王三年　齐湣王

八年　80 岁

秦将白起败韩、魏于伊阙，斩首二十四万。齐攻宋。

孟子在邹，讲学和著述。

公元前 292 年　周赧王二十三年　秦昭王十五年　魏昭王四年　齐湣王九年　81 岁

秦将白起攻魏取垣。

孟子在邹，讲学和著述。

公元前 291 年　周赧王二十四年　秦昭王十六年　魏昭王五年　齐湣王十年　82 岁

秦将白起攻韩取宛。秦将司马错攻魏取轵，攻韩取邓。

孟子在邹，讲学和著述。

公元前 290 年　周赧王二十五年　秦昭王十七年　魏昭王六年　齐湣王十一年　83 岁

魏献河东地四百里于秦，韩献武遂地二百里于秦。

孟子在邹，讲学和著述。

公元前 289 年　周赧王二十六年　秦昭王十八年　魏昭王七年　齐湣王十二年　84 岁

秦攻魏，取城六十一座。

孟子卒于邹。

孟子虚龄 84 岁，实龄 83 岁。

第三章　文章　思想　学说

第一节　雄文千古

从文学史的角度看，如果说《道德经》开启了中国的诗化散文，那么，《论语》就开启了中国的语录体散文，她们还都处于中国散文的草创阶段。而到了战国时期，诸子散文的出现，则标志了中国文学史上散文第一个辉煌期的到来。其中，孟子之文的犀利风发，庄子之文的汪洋恣肆，荀子之文的浑厚质朴，韩非之文的峻峭尖刻，作为朵朵奇葩形成了百花争艳的大观，同时为自己赢得千古不朽的声名。

《孟子》7篇，作为气势宏伟、激情澎湃、议论纵横、犀利风发的优美散文，尽管还显示着《论语》语录体散文的影响，但其中的不少篇章已经是结构比较完整、在谋篇布局上颇具匠心的文章。如记录孟子与梁惠王、齐宣王辩论的篇章，结构严谨，层次分明，逻辑严密，步步深入，孟子始终掌控着论辩的全局，引导着对手走向最后的目标：或者承认孟子的观点是正确的，或者"王顾左右而言他"。

《孟子》7篇中，有不少篇章记述了一个又一个比较完整的故事，而通过故事中绘形绘色的描述，创造出栩栩如生的人物形象。如《滕文公下》中，用不足百字的简洁篇幅，将陈仲子这样一个具有怪僻性格的"廉士"形象活脱脱地塑造出来。而在《公孙丑下》中，则仅用41个字，就描绘出那个自作聪明，实则愚蠢至极的"揠苗助长"的宋人的形象。特别是在《离娄下》中，孟子以娓娓动人的笔触，将一个有一妻一妾的虚伪、丑恶、矫情、可笑的"齐人"，惟妙惟肖地推到读者面前：

　　　　齐人有一妻一妾而处室者，其良人出，则必厌酒肉而后反。其妻
问所与饮食者，则尽富贵也。其妻告其妾曰："良人出，则必厌酒肉而
后反；问其与饮食者，尽富贵也，而未尝有显者来，吾将瞷良人之所之
也。"蚤起，施从良人之所之，偏国中无与立谈者。卒之东郭墦间，之
祭者，乞其余；不足，又顾而之他，此其为餍足之道也。其妻归告其
妾，曰："良人者，所仰望而终身也，今若此！"与其妾讪其良人，而
相泣于中庭，而良人未之知也，施施从外来，骄其妻妾。由君子观之，
则人之所以求富贵利达者，其妻妾不羞也，而不相泣者，几希矣。①

　　你看，在这个故事中，那个卑鄙无耻的齐人，已经穷到坟地乞食的地步，却
仍然在他的妻妾面前显摆，诓骗她们说自己天天被富贵人家请客，每每酒足
饭饱回来，对她们露出得意之色。而她们家从无富贵之人光顾的事实引起了
妻子的怀疑，于是有跟踪侦察的一幕出现。妻子跟到东郊的墓地，发现丈夫
原来是一个不顾脸面、一家又一家乞讨残汤剩饭的无耻之徒。当她回家将真
相告诉妾时，她们自然相对发泄对丈夫的失望、不满、愤怒、悲哀之情。在
这个故事中，"良人"的虚骄无耻之态，妻妾的愤懑悲情之状，都活灵活现
地跃然纸上，使人如见其形，如闻其声。这个故事有几个连贯的情节，有三
个个性鲜明的人物，已经是一篇完整的微型小说了。不过，孟子编撰出这样
一个故事，目的还不在于讽刺那个墓间乞食的"良人"，而在于借此讽刺那
些为了升官发财而不择手段的无良之辈。
　　孟子的文章，特别善于用比喻。正如赵岐在《孟子注题辞》所指明：
"长于比喻，辞不迫切，而意以独至。"意思是，孟子善于用比喻阐发道理，
文字从容不迫，游刃有余，而说理则精湛独到。如他在与梁惠王谈话时，以
战为喻，指出"五十步笑百步"，其实二者没有本质的不同。在与齐宣王谈
话时，为了说明实行"仁政""不为"和"不能"的区别，就以"挟泰山超
北海"和"为长者折枝"为喻。又如在《告子上》中，由鱼与熊掌不可兼
得、"舍鱼而取熊掌"，进而比喻"生"与"义""二者不可兼得"时，就"舍
生而取义"。再进而比喻生与死冲突时，宁肯为礼义而死，决不能弃礼义而

---

① 《孟子·离娄下》，《十三经注疏》，中华书局1980年版，第2732页。

苟活。在同一篇中，孟子讲"牛山之木"曾经异常茂盛，但由于"斧斤伐
之""牛羊牧之"而变得光秃秃，以此为喻，说明某些人身上的"仁义之心"
之所以丧失，是因为不能刻意修养保存，然后得出"苟得其养，无物不长；
苟失其养，无物不消"的结论，告诫人们必须以自觉的修养保持和发扬自己
善良的本性。再如他与戴盈之的谈话，其比喻之妙取得了令人忍俊不禁的
效果：

> 戴盈之曰："什一，去关市之征，今兹未能，请轻之，以待来年，
> 然后已，何如？"
> 孟子曰："今有人日攘其邻人之鸡者，或告之曰：'是非君子之道。'
> 曰：'请损之，月攘一鸡，以待来年，然后已。'如知其非义，斯速已
> 矣，何待来年？"①

在《孟子》一书中，类似的比喻还有不少，它不仅增强了文章的说服力，而
且更增加了文章的情趣，给读者留下深刻的印象。

至少到孔子生活的春秋晚期，《诗》《书》《礼》《易》《乐》《春秋》等所
谓六经，就成为当时知识分子的必读书。一个人的学问修养如何，熟悉和灵
活运用这些经典成为重要标志之一。特别是经过孔子的一番整理以后，六经
作为经典的地位进一步提升。此后，不仅是儒家学者，几乎所有诸子百家，
为了给自己的言论和文章增强说服力，都无一例外地反复征引这些经典的文
句。在一定意义上，六经差不多成了"真理标准"之一。作为一种范式，对
后世产生了深巨影响。

尽管春秋战国时期六经还没有成为官方钦定的儒家经典，但因为儒家
创始人的孔子特别重视六经，尤其是《诗》《书》《礼》《易》等经典，将其
作为教科书教育自己的学生，在政治和教学活动中一再引用它们，遂使后世
儒家学者进一步强化了对六经的信仰。孟子对六经既信仰又熟悉，因而在
《孟子》一书中就保留了大量的对六经文句的引用。

《孟子》一书中，引用最多的是《诗经》，达 33 次之多。这些引用，主

---

① 《孟子·滕文公下》，《十三经注疏》，中华书局 1980 年版，第 2714 页。

要是证明或加强他的某一论点。如他在与梁惠王对话时，为了强调与民同乐，就引用了《诗经·大雅·灵台》的"经始灵台，经之营之，庶民攻之，不日成之。经始勿亟，庶民子来。王在灵囿，麀鹿攸伏，麀鹿濯濯，白鸟鹤鹤。王在灵沼，于牣鱼跃"①一大段诗句，证明周文王与百姓水乳交融的关系，从而强调，只要君王从与民同乐出发，他的活动就会得到百姓的拥护。如他在同齐宣王对话时，为了证明"老吾老，以及人之老；幼吾幼，以及人之幼。天下可运于掌"的道理，就引用《诗经·大雅·思齐》的"刑于寡妻，至于兄弟，以御于家邦"②，说明推己及人的伦理政治是行得通的。当齐宣王说自己喜爱钱财时，他就引用《诗经·大雅·公刘》的一段诗"乃积乃仓，乃裹糇粮，于橐于囊，思戢用光。弓矢斯张，干戈戚扬，爰方启行"③，说明爱财不是问题，只要与百姓一起享用这些财富，就能实行"仁政"，统一天下。又如当齐宣王说自己喜爱女人时，他就引用了《诗经·大雅·绵》的诗句"古公亶父，来朝走马，率西水浒，至于岐下，爰及姜女，聿来胥宇"④，说明古公亶父也是爱女人的。爱女人不是错，只要与百姓同爱，即使百姓也获得妻子和丈夫，也就能实行"仁政"，统一天下。又如，孟子批评当时一些诸侯既想天下无敌手，又不愿实行仁政，这就是南辕北辙，犹如苦热的人不肯洗澡一样，于是引用《诗经·大雅·桑柔》的诗句"谁能执热，逝不以濯？"⑤以加强论证的力量。再如，孟子为了强调"孝"是天下的法则，就引用了《诗经·大雅·下武》的诗句"永言孝思，孝思维则"⑥，说明舜的孝行已经达到了孝的极点。再如，孟子为了强调仁、义、礼、智等品质是"我固有之"的先天存在，就引用了《诗经·大雅·烝民》的诗句"天生蒸民，有物有则。民之秉夷，好是懿德"⑦，以证明他的观点表述的是事物不变的规律。

　　《孟子》一书中，引用《书经》的次数仅次于引用《诗经》，达 19 次。

---

① 《孟子·梁惠王上》，《十三经注疏》，中华书局 1980 年版，第 2665 页。
② 《孟子·梁惠王上》，《十三经注疏》，中华书局 1980 年版，第 2670 页。
③ 《孟子·梁惠王下》，《十三经注疏》，中华书局 1980 年版，第 2676 页。
④ 《孟子·梁惠王下》，《十三经注疏》，中华书局 1980 年版，第 2677 页。
⑤ 《孟子·离娄上》，《十三经注疏》，中华书局 1980 年版，第 2719 页。
⑥ 《孟子·万章上》，《十三经注疏》，中华书局 1980 年版，第 2736 页。
⑦ 《孟子·告子上》，《十三经注疏》，中华书局 1980 年版，第 2749 页。

目的也是证明或加强他的某一论点。如在与梁惠王讲"与民同乐"时，引用《尚书·汤誓》的"时日害丧，予及女偕亡"①，说明如果一个帝王的统治使百姓宁愿与之同归于尽的地步，他即使拥有再多的高台深池、奇珍异兽，也是不可能享用的。如在与齐宣王讲君王的责任时，他引用了《尚书·泰誓》的"天降下民，作之君，作之师，惟曰其助上帝宠之。四方有罪无罪惟我在，天下曷敢有越厥志"②一段话，说明上天降生君王就是让他们爱护百姓，对百姓的一切负责。又如，孟子在与万章谈话时，为了说明"仁者无敌"的道理，多次引用《尚书》的文句，如"徯我后，后来其无罚""有攸不为臣，东征，绥厥士女，匪厥玄黄，绍我周王见休，惟臣附于大邑周""我武惟扬，侵于之疆，则取于残，杀伐用张，于汤有光"③等，证明周初东征的时候，是如何受到被征国家百姓的拥护。在谈到舜接尧的君位是"天与之，人与之"的道理时，孟子描述了尧死后三年之丧毕，诸侯和百姓对舜的竭诚拥戴，引用《尚书·太誓》的"天视自我民视，天听自我民听"④，以证明百姓的行动反映的是天的意愿。还是与万章谈话时，当万章问："如今有一个在国都郊野拦路抢劫的人，他也依了规矩同我交往，也依礼节向我馈赠，这种赃物，便可以接受了吗?"孟子立即引用《尚书·康诰》的"杀越人于货，闵不畏死，凡民罔不譈"⑤，强调这种人是"不待教而诛者"的穷凶极恶之徒，是法律惩办的对象，是绝对不可接受的。孟子对馈赠自己礼物的任国留守季任和齐国卿相储子，一个回访，一个不回访，在弟子屋庐子提出疑问时，他表示所以不回访储子，是因为储子馈赠时的仪节欠缺，而这是决不能含糊的。为了证明仪节的重要，他引用了《尚书·洛诰》的一段话："享多仪，仪不及物曰不享，惟不役志于享。"⑥说明礼物再多，如果仪节有缺，也是不能原谅的。再如，《尚书·太甲》的话"天作孽，犹可违;自作孽，不可活"，引用了两次，同样为了说明结果和原因的

① 《孟子·梁惠王上》，《十三经注疏》，中华书局1980年版，第2666页。
② 《孟子·梁惠王下》，《十三经注疏》，中华书局1980年版，第2675页。
③ 《孟子·滕文公下》，《十三经注疏》，中华书局1980年版，第2712页。
④ 《孟子·万章上》，《十三经注疏》，中华书局1980年版，第2737页。
⑤ 《孟子·万章下》，《十三经注疏》，中华书局1980年版，第2743页。
⑥ 《孟子·告子下》，《十三经注疏》，中华书局1980年版，第2757页。

关系，人的主观努力、所作所为，最直接地影响到结果，怨天尤人是没有道理的。

《孟子》一书中，对《诗》《书》之外的其他六经很少引用，如《易》1条不引，《礼》引2次，《乐》引1次，《志》引2次，《传》引1次。引用的目的同引用《诗》《书》是一样的。如孟子十分看重士人的入仕，将其看得如同农夫之种田一样重要。所以当弟子周霄问起这个问题时，他就引用《传》上的话"孔子三月无君，则皇皇如也，出疆必载质"①，以孔子对于仕的急迫之态证明这个问题的重要。

《孟子》一书中，除对经书的引用外，还引用了前代和当代一些人物的话，如放勋（尧）、太甲、伊尹、阳虎、龙子、子思、齐景公、柳下惠、孟施舍、告子等，至于当代与孟子对话的人物，如梁惠王、齐宣王、滕文公、告子等的话，引用的就更多了。其中如引用尧的话"劳之来之，匡之直之，辅之翼之，使自得之，又从而振德之"②，说明圣人即统治者的主要精力是为百姓操劳，哪里还有余暇去从事耕作呢？同样是从分工论出发，驳斥农家的"自耕而食，自织而衣"的观点。如引用龙子的话"不知足而为屦，我知其不为蒉也"③，意思是不看脚样编草鞋也决不会编成筐子，意在说明人的感受、爱好具有共性。如引用伊尹的话"何事非君？何使非民？""天之生斯民也，使先知觉后知，使先觉觉后觉。予，天民之先觉者也。予将以此道觉此民也。"④ 意在说明圣人对于君王和百姓的责任感，无论什么样的君王和什么样的百姓，也无论在什么样的条件下，圣人都应该毫无保留地站出来辅佐和帮助他们。

在《孟子》一书中，除对经书的引用外，更多引用的是孔子及其弟子的话，其中引用孔子的话达29条之多，数量仅次于对《诗经》的引用。如引用孔子的话"始作俑者，其无后乎？为其象人而用之也"⑤，目的是说明君王应该善待百姓，既然用木偶土偶殉葬都受到孔子的谴责，又怎么可以使百

---

① 《孟子·滕文公下》，《十三经注疏》，中华书局1980年版，第2711页。

② 《孟子·滕文公上》，《十三经注疏》，中华书局1980年版，第2705—2706页。

③ 《孟子·告子上》，《十三经注疏》，中华书局1980年版，第2749页。

④ 《孟子·万章下下》，《十三经注疏》，中华书局1980年版，第2740页。

⑤ 《孟子·梁惠王上》，《十三经注疏》，中华书局1980年版，第2667页。

姓活活饿死呢？如引用孔子的话"德之流行，速于置邮而传命"①，意在证明德政能够得到百姓的拥护，效果极其显著而迅速。尧与舜是孟子心目中最伟大的圣人，在先秦诸子中，他讲述和颂扬舜的事迹是最多的。为了证明尧与舜的伟大，他引用了孔子的这样一段话："大哉尧之为君！惟天为大，惟尧则之，荡荡乎民无能名焉！君哉舜也！巍巍乎有天下而不与焉！"② 由此将尧、舜推到圣帝名王最顶尖的位置。为了强调"仁政"的重要性，孟子引用孔子的"道二，仁与不仁而已矣"③ 之句。为了增强"仁者无敌"的说服力，他又引用孔子的"仁不可为众也。夫国君好仁，天下无敌"④ 之句。孟子特别强调"君权神授"，即所谓"天与之"，于是引用孔子"唐虞禅，夏后殷周继，其义一也"⑤ 几句话，无非是说明，唐尧虞舜的禅让即传贤，与夏、商、周三代的世袭传子孙，都是"天与之"的表现。孟子与孔子一样，非常痛恨"乡原"，将其斥责为"德之贼"。为了证明"乡原"之不可原谅，他特别引用了孔子的一大段话：

> 恶似而非者：恶莠，恐其乱苗也；恶佞，恐其乱义也；恶利口，恐其乱信也；恶郑声，恐其乱乐也；恶紫，恐其乱朱也；恶乡原，恐其乱德也。君子反经而已矣。经正，则庶民兴；庶民兴，斯无邪慝矣。⑥

孔子这段话的意思是，厌恶那种外貌相似而内容全非的东西：厌恶狗尾草，因为怕它把禾苗搞乱了；厌恶不正当的才智，因为怕它把义搞乱了；厌恶夸夸其谈，因为怕它把信实搞乱了；厌恶郑国的乐曲，因为怕它把雅乐搞乱了；厌恶紫色，因为怕它把大红色搞乱了；厌恶好好先生，因为怕它把道德搞乱了。君子使一切事物回到经常正道便行了。经常正道不被歪曲，老百姓就会兴奋积极；老百姓兴奋积极，就没有邪恶了。孟子引用孔子的话之所以

---

① 《孟子·公孙丑上》，《十三经注疏》，中华书局 1980 年版，第 2648 页。
② 《孟子·滕文公上》，《十三经注疏》，中华书局 1980 年版，第 2706 页。
③ 《孟子·离娄上》，《十三经注疏》，中华书局 1980 年版，第 2718 页。
④ 《孟子·离娄上》，《十三经注疏》，中华书局 1980 年版，第 2719 页。
⑤ 《孟子·万章上》，《十三经注疏》，中华书局 1980 年版，第 2738 页。
⑥ 《孟子·尽心下》，《十三经注疏》，中华书局 1980 年版，第 2780 页。

如此之多，表明他的确是孔子的嫡传，同时也说明，他对孔子的思想和言论已经熟烂于心，运用起来达到得心应手的程度了。

孟子在大量引用孔子言论的同时，也引用了不少孔子弟子的言论，仅引用曾子的言论即有 6 次之多。如在谈到"养勇"的问题时，他引用曾子的一段话："子好勇乎？吾尝闻大勇于夫子矣：自反而不缩，虽褐宽博，吾不惴焉；自反而缩，虽千万人，吾往矣。"① 以强调大勇是无所畏惧的。又如孟子同景丑谈话时，强调道德胜过爵位和年龄，又引用了曾子这样一段话："晋楚之富，不可及也；彼以其富，我以吾仁；彼以其爵，我以吾义，吾何慊乎哉？② 意思是，尽管晋国和楚国拥有巨量的财富，但只要我有了仁义，就是正义在手，丝毫没有感觉比他们少了什么，腰杆子完全可以挺起来。

总起来看，孟子对经典和孔子等先圣先贤言论的引用，极大地增强了他言论和文章的说服力，使孔子等开启的"引经据典"的传统得到进一步的继承和弘扬，也给后人提供了一种写文章的范式，对后世产生了深远影响。不过，孟子对经典和前人言论的引用，完全是为我所用，文不对题和随意曲解的情况也时有发生。如，他在与滕文公谈话时，强调"恒产恒心"，就引用了《诗经·豳风·七月》的四句诗"昼尔于茅，宵尔索绹。亟其乘屋，其始播百谷"，其实这四句诗讲的是当时庶民白天夜晚的不停劳作，与"恒产恒心"是联系不起来的。再如他与咸丘蒙谈话时，咸丘蒙引用了《诗经·小雅·北山》的四句诗"普天之下，莫非王土；率土之滨，莫非王臣"，认为舜既然做了王，他的老子也应该是他的臣子，为什么说瞽叟就不是舜的臣子呢？孟子立即说，《北山》这首诗，不是你说的那意思，而是说作者本人勤劳国事不能够奉养父母。如果说孟子这里讲《北山》这首诗的整体内容，自然是对的；但如果指引用的这四句诗，则显然是歪曲了它的本意。

孟子对后世的影响，不仅表现在思想上的日益广被，也表现在文章本身对广大知识分子的日益折服。特别是宋代以后，《孟子》一书作为四书之一成为通行全国的教科书之后，更成为青年士子们学习写文章的范本。文中

---

① 《孟子·公孙丑上》，《十三经注疏》，中华书局 1980 年版，第 2685 页。

② 《孟子·公孙丑下》，《十三经注疏》，中华书局 1980 年版，第 2694 页。

展示的那冲天的气势，凌厉的言辞，充沛而激越的感情，还有那声情并茂的一个又一个引人入胜的叙事，都曾对读者产生过摄人心魄的无限魅力。

第二节　天道性命

天道观，即对天的看法，是几乎所有先秦思想家绕不过去的问题。因为先秦是中国古代从鸿蒙初开到人的自我意识逐渐觉醒的时代，那个高悬头顶、广袤无垠、神秘莫测的漠漠长天就成为人们始而敬畏，既而思索的对象。随着人们认识的不断深入，天也就从无所不能的人格神的上帝变成了人类可以"制天命而用之"的自然。在这一曲折艰难的探索过程中，每一个思想家都对这个问题给出自己的答案。

在殷王那里，天—帝—祖宗神是一个概念，是君临人间、明察秋毫、赏善罚恶的人格神，主宰着自然界和人类社会的运行。而殷王自己则是天在人间的代表，所以天对自己的佑护是无条件的。正因为如此，在牧野之战时，纣王面对周武王领导的讨伐大军，在死到临头时仍不忘呼叫"我生不有命在天"。

被儒家推尊为大圣之人的周公旦，鉴于殷亡的教训，把殷人天帝与祖宗神合一的一元神论改造成天帝与祖宗神分开的二元神论，并用"以德配天"说首创"天人感应论"。在周公那里，天虽然仍是人格神的上帝，但又承认体现人的主观能动性的"德"能够对天产生决定性的影响，这就是"皇天无亲，惟德是辅"。

被孟子誉为生民以来最伟大的圣人孔子，基本承袭周公的天道观，仍然将天视为人格神的上帝："天何言哉！四时行焉，百物生焉。"[1]"获罪于天，无所祷也。"[2]"天生德于予"[3]，"死生有命，富贵在天"[4]。但是，孔子同时发挥周公强调人类主观能动性作用的思想，倡导"敬鬼神而远之"[5]，"未能事人，

---

[1]　《论语·阳货》，《十三经注疏》，中华书局1980年版，第2526页。

[2]　《论语·八佾》，《十三经注疏》，中华书局1980年版，第2467页。

[3]　《论语·述而》，《十三经注疏》，中华书局1980年版，第2583页。

[4]　《论语·颜渊》，《十三经注疏》，中华书局1980年版，第2503页。

[5]　《论语·雍也》，《十三经注疏》，中华书局1980年版，第2479页。

焉能事鬼""未知生，焉知死"①，最后自然导向"知其不可而为之""尽人力而听天命"的积极用世的人生理念。

孔子的孙子子思（前483—前403年），写了《中庸》一书，发展了孔子有关"中庸"的思想，成为联结孔子和孟子的桥梁。他的天道性命论给孔子以仁、礼为核心的学说找来了一个哲学基础：

> 天命之谓性，率性之谓道，修道之谓教。……中也者天下之大本也，和也者天下之达道也。致中和，天地位焉，万物育焉。②
>
> 诚者天之道也，诚之者人之道也。③
>
> 唯天下至诚为能尽其性，能尽其性，则能尽人之性。能尽人之性，则能尽物之性。能尽物之性，则能尽物之性，则可以赞天地之化育。可以赞天地之化育，则可以与天地参矣④
>
> 至诚之道，可以前知。国家将兴，必有祯祥；国家将亡，必有妖孽。……祸福将至，善必先知之，不善必先知之。故至诚如神。⑤

显然，《中庸》将天人合一作为自己的哲学核心，认为天—诚—性—命—道—教都是相通的。天的精神是诚，诚化育万物，在人身上体现为性与命，率性而行又体现为道，道既是天地万物的总规律，又是人类社会制度与伦理道德的总汇。而使人认识道，进而认识诚，就要靠教。通过教，人们认识性、命、道，最后认识诚，至诚通天，天人合一，人就不仅可以认识自己，主宰人事，还可以"赞天地化育"，"与天地参"，参与天地的运行，并能预知吉凶祸福，达到"至诚如神"的境界。十分明显，子思并不了解自然界（天）与人类社会的区别，更不了解人的主观能动性的发挥始终处于自然环境和时代的制约之中，不可能达到任意和无限的程度。他夸大了人类主观能动性的作用，最后滑向了神秘主义，与宗教神学合流了。子思上承孔子，下

---

① 《论语·先进》，《十三经注疏》，中华书局1980年版，第2499页。
② 陈来、王志民主编：《中庸解读》，齐鲁书社2019年版，第55页。
③ 陈来、王志民主编：《中庸解读》，齐鲁书社2019年版，第183页。
④ 陈来、王志民主编：《中庸解读》，齐鲁书社2019年版，第198页。
⑤ 陈来、王志民主编：《中庸解读》，齐鲁书社2019年版，第200页。

启孟子，在孔孟之道的形成过程中起了重要作用。后世学者将他与孟子结合起来，称之为思孟学派，是有道理的。

孟子激烈批判的墨子，极力强化天作为人格神上帝的不容置疑的定位。他的《天志》一文在一定程度上可以看作殷人天道观的复活。

孟子的天道观基本上继承了周公和孔子，尤其是子思的思想。他虽然猛烈批判墨子，却并不否定墨子的天道观。在他看来，天依然是自然界和人类社会的最高主宰，你看，他引证《尚书》之文"天降下民，作之君，作之师"①，认为天生万民，为之立君进行统治，立师进行教化。"尧舜禅让"和"禹传子，家天下"这样关乎万民的政治事件，也不过是遵天意而行罢了。孟子坚定地认为，最终决定人们生死祸福的是冥冥之中的"天命"："莫之为而为者，天也；莫之至而至者，命也。"② 在这种不可抗拒的天命面前，人们只能加强自己的修养，等待天命的安排："修身而俟之，所以立命也。"③ 显然，孟子与孔子、墨子一样，保留了天的人格神的地位。不过，孟子与孔子一样，尽管还不能抛弃天作为至上神的形式，但却能重视人的主观能动性的发挥。例如，他引证《尚书·泰誓》之文"天视自我民视，天听自我民听，天聪明自我民聪明"④，说明百姓的好恶影响和左右着天的好恶。在接触到人事时，他注重的主要是人自身的努力，甚至认同"人皆可以为尧舜"，认为担当大任的人必须经过艰苦的磨炼。这其中，自然包涵着朴素唯物论的因素。

孟子的天道观是与他的认识论紧密相连的，由此构成由尽心—知性—知天这一逻辑结构构成的天人合一的体系：

> 尽其心者，知其性也，知其性则知天矣。存其性，养其性，所以事天也。⑤
>
> 诚者，天之道也，思诚者，人之道也。⑥

---

① 《孟子·梁惠王下》，《十三经注疏》，中华书局1980年版，第2675页。
② 《孟子·万章上》，《十三经注疏》，中华书局1980年版，第2738页。
③ 《孟子·尽心上》，《十三经注疏》，中华书局1980年版，第2764页。
④ 《孟子·万章上》，《十三经注疏》，中华书局1980年版，第2737页。
⑤ 《孟子·尽心上》，《十三经注疏》，中华书局1980年版，第2764页。
⑥ 《孟子·离娄上》，《十三经注疏》，中华书局1980年版，第2721页。

万物皆备于我，反身而诚，乐莫大焉。①

君子所过者化，所存者神，上下与天地同流。②

至此，可以明白，在孟子的天人合一的哲学体系中，天既是一个最高主宰，又是客观存在的一个精神本体，这个本体也可以叫"诚"，体现在人身上就是性，而这个性又存在于人的心中，即主观精神中，所以尽心也就能知性，知性也就知天了。因为诚、心、性包含了宇宙的全部真理，"万物皆备于我"，所以只要"反身而诚"，认识自我也就认识了整个宇宙，也就达到了天人合一的境界，"上下与天地同流"了。如此一来，孟子实际上否认了客观世界的存在，把自然界和人类社会排除在认识的客体之外，认为认识的主体和客体都是人自身。人们认识的任务就是通过"内视""内省""收其放心""反求诸己"等方法，去发现和把握先天存在于人自身的宇宙真理。孟子虽然也提出了"心之官则思"这样有意义和有价值的命题，但由于他的"思"基本上乃是一种脱离感觉、脱离社会实践的空灵的"内省"工夫，因而还没有脱离唯心主义的范畴。

第三节　人性本善

长期以来，人性是中国古代思想家着力探索的一个重要问题。孔子最早提出"性相近，习相远"③的命题，承认社会上的每个人在其初生之时有共同的相近的人性，但由于后来的"习"——社会实践的不同，就使他们的品性表现出较大的差异甚至天壤之别。

孔子的"性相近，习相远"的人性理论，被后世的思想家朝不同的方向发展了。就先秦思想家而言，除告子坚持"生之谓性"，人性"无分于善与不善"④外，其他人基本上分为"性善"与"性恶"对立的两派。"性善"论的代表是孟子，"性恶"论的代表是荀子和他的弟子韩非。荀子把人性看

① 《孟子·尽心上》，《十三经注疏》，中华书局 1980 年版，第 2764 页。
② 《孟子·尽心上》，《十三经注疏》，中华书局 1980 年版，第 2765 页。
③ 《论语·阳货》，《十三经注疏》，中华书局 1980 年版，第 2524 页。
④ 《孟子·告子上》，《十三经注疏》，中华书局 1980 年版，第 2748—2749 页。

作人与生俱来的生理本能，即与社会无关的、抽象的自然生物性："今人之性，饥而欲饱，寒而欲暖，劳而欲休，此人之情性也。""若夫目好色，耳好声，口好味，心好利，骨体肤理好愉佚，是皆生于人之情性也，感而自然，不待事而后生之者也。"① 这种生理本能如不加以节制，任其发展，其社会性就必然是恶的了："今人之性，生而有好利焉，顺是，故争夺生而辞让亡焉。生而有疾恶焉，顺是，故残贼生而忠信亡焉。生而有耳目之欲有好声色焉，顺是，故淫乱生而礼义文理亡焉。"② 既然人性都恶，那么"善"是哪里来的呢？荀子认为是在圣人教化下，学习礼义，对性恶进行改造的结果，"善者伪也"。与孟子的性善论一样，荀子的性恶论也是一种抽象的人性论，并且有着不可克服的矛盾：既然人性都是恶的，圣人也不应该例外，为什么他的人性是善的并且还能以礼义对其他人进行教化呢？不过，较之孟子的性善论，性恶论有着更多的合理性。荀子似乎隐隐地感觉到了，"正是人的恶劣的情欲——贪欲和权势欲成了历史发展的杠杆"③。他认识到，任何人类个体离开集体即社会都无法生存，而人类之所以异于其他动物的是他们组成了社会即"群"。为了使每个个体性恶的人在"群"中能够和睦相处，就必须有圣人出来对他们进行教化。荀子认为，只要社会创造一个外部良好的环境，"蓬生麻中，不扶自直，白沙在涅，与之俱黑"④，人人努力学习礼义法度，就可以"化性起伪"，就会改造成具有善性的人。与此同时，还必须有一套完整的礼法制度，将每个人固定在一定的社会角色的位置上，这就是"分"。这套礼法制度是，"丧祭朝聘师旅""贵贱生杀予夺""君君臣臣父父子子兄兄弟弟夫夫妇妇""农农士士工工商商"⑤。实际上指的是全部的封建的经济基础和上层建筑以及每个人的定位，而这又是永恒的："君臣、父子、兄弟、夫妇，始则终，终则始，与天地同理，与万世同久，夫是之谓大本。"⑥ 法家代表人物韩非师承乃师的性恶论，认为人性恶不仅是绝对的，而且是不可改

① 王先谦：《荀子集解》，中华书局 2013 年版，第 516—517 页。
② 王先谦：《荀子集解》，中华书局 2013 年版，第 513 页。
③ 《马克思恩格斯选集》第 4 卷，人民出版社 1972 年版，第 233 页。
④ 王先谦：《荀子集解》，中华书局 2013 年版，第 6 页。
⑤ 王先谦：《荀子集解》，中华书局 2013 年版，第 193 页。
⑥ 王先慎：《韩非子集解》，中华书局 2013 年版，第 193 页。

变的。这种"性恶"的社会表现就是对个人私利的无厌追求，而这种追求是完全合理的。所以一切仁义道德的说教统统都是骗人的鬼话，统统都应该弃之如敝屣。在他看来，规范社会上人与人关系的准则就是利害：

> 故王良爱马，越王勾践爱人，为战与驰。医善吮人之伤，含人之血，非骨肉之亲也，利所加也。故舆人成舆，则欲人之富贵，匠人成棺，则欲人之夭死也。非舆人仁而匠人贼也，人不贵则舆不售，人不死则棺不买，情非憎人也，利在人之死也。①

所以人与人之间也就根本不存在道德亲情的联系，只是建立在赤裸裸的利害关系基础上的交换和买卖关系。他将这一论断推延至所有的人与人之间的关系，认为君臣、君民，甚至父母和子女之间的关系也是如此。他认为，如果说上古时代生产不发达、民风淳朴的条件下道德还起点作用的话，那么，当历史已经发展到利益至上的战国时代，仁义道德的功用就丧失净尽了："上古竟于道德，中世逐于智慧，当今争于力气。"②法家的这种绝对功利主义的社会伦理学说，斩断了社会上本来就存在的非功利的伦理亲情的联系，将社会上所有人与人的关系全说成是弱肉强食的狼与羊的关系。这种理念作为真理广泛宣传，其对国家民族和社会的危害是显而易见的。

孟子是儒家中对人性最感兴趣的思想家之一，《孟子》7篇中有不少章节论及人性问题，其中最集中讨论人性的是《孟子·告子》篇记载的他同告子的辩论。孟子认为人的本性是"善"的，这个善的内容就是对仁、义、礼、智等伦理道德观念的认同。而这个善发端于"人皆有不忍人之心"：

> 人皆有不忍人之心。先王有不忍人之心，斯有欲不忍人之政矣。以不忍人之心，行不忍人之政，治天下可运之掌上。所以谓人皆有不忍人之心者，今人乍见孺子将入于井，皆有怵惕恻隐之心，非所以内交于孺子之父母也，非所以要誉于乡党朋友也，非恶其声而然也。由

---

① 王先慎：《韩非子集解》，中华书局2013年版，第123页。
② 王先慎：《韩非子集解》，中华书局2013年版，第487页。

是观之，无恻隐之心，非人也；无羞恶之心，非人也；无辞让之心，非
人也；无是非之心，非人也。恻隐之心，仁之端也；羞恶之心；义之端
也；辞让之心，礼之端也；是非之心，智之端也。人之有是四端也，犹
其有四体也。有是四端而自谓不能者，自贼者也；谓其君不能者，贼其
君者也。凡有四端于我者，知皆扩而充之矣，若火之始然，泉之始达。
苟能充之，足以保四海；苟不充之。不足以事父母。①

孟子这段话的意思是，每个人都有怜恤别人的心情。先王因为有怜恤别人的
心情，这就有怜恤别人的政治了。凭着怜恤别人的心情来实施怜恤别人的政
治，治理天下就可以像运转小物件于手掌上一样容易。我所以说每个人都有
怜恤别人的心情的，道理就在于：譬如现在有人突然看到一个小孩子要跌到
井里去了，任何人都会有惊骇同情的心情。这种心情的产生，不是为着要来
和这小孩的爹娘攀交情，不是为着要在乡里朋友中间博取名誉，也不是厌恶
那小孩的哭声才如此的。从这里来看，一个人，如果没有同情之心，简直不
是个人；如果没有羞耻之心，简直不是个人；如果没有推让之心，简直不是
个人；如果没有是非之心，简直不是个人。同情之心是仁的萌芽，羞耻之心
是义的萌芽，推让之心是礼的萌芽，是非之心是智的萌芽。人有这四种萌
芽，正好比他有手足四肢一样，是很自然的。有这四种萌芽却自己认为不行
的人，这是自暴自弃的人；认为他的君主不行的人，便是暴弃他君主的人。
所以具有这四种萌芽的人，如果晓得把它们扩充起来，便会像刚刚燃烧的
火，终必不可扑灭；刚刚流出的泉水，终必汇为江河。假若能扩充，便足以
安定天下；假若不扩充，让它消灭，便连赡养爹娘都不行。孟子这里从人人
都有怜恤别人的同情心引申开来，进而说人人都有恻隐之心、羞恶之心、辞
让之心、是非之心，而这四心又恰恰是仁、义、礼、智的发端和萌芽，将这
四端扩而充之，人人就具备了善，即仁、义、礼、智的品性了。这样，孟子
性善论就有了他设定的一个前提：人人具有善端。而事实上，这个前提是否
存在却大成问题。

　　孟子与告子关于人性的辩论，进一步深化了他的理论，让我们随着他

---

① 《孟子·公孙丑上》，《十三经注疏》，中华书局 1980 年版，第 2690—2691 页。

们的辩论，一一加以检视：

> 告子曰："性犹杞柳也，义犹杯棬也；以人性为仁义，犹以杞柳为杯棬。"孟子曰："子能顺杞柳之性而以为杯棬乎？将戕贼杞柳而后以为杯棬也？如将戕贼杞柳而以为杯棬，则亦将戕贼人以为仁义与？率天下之人而祸仁义者，必子之言夫！"①

这里，告子首先提出问题说，人的本性好比杞柳树，义理好比杯盘；把人的本性纳于仁义，正好比用杞柳树来制成杯盘。他的意思很明确：杯盘虽然是杞柳树制成的，但杞柳树和杯盘却不是一回事。也就是说，人性与仁义即善是不能画等号的。对此，孟子回敬说：您还是顺着杞柳树的本性来制成杯盘呢？还是毁伤杞柳树的本性来制成杯盘呢？如果要毁伤杞柳树的本性来制成杯盘，那也要毁伤人的本性然后纳之于仁义吗？率领天下的人来损害仁义的，一定是您的这种学说罢！孟子的意思是，可以顺着杞柳树的本性来制成杯盘，也就可以顺着人的本性达到仁义，所以人的本性与仁义的联系是自然而然的。在这一论题的辩论中，其实告子是对的：杞柳树虽然是制造杯盘的原料，但杞柳树并不等于杯盘；人性虽然可以为仁义，但人性却不等于仁义。

孟子与告子继续辩论。告子说，人性好比急流水，从东方开了缺口便向东流，从西方开了缺口便向西流。人没有善与不善的定性，正同水没有东流西流的定向相类似。孟子反驳告子说，水诚然没有东流西流的定向，难道也没有向上向下的定向吗？人性的善良，正好像水性的向下流。人没有不善良的，水没有不向下流的。当然，拍水使它跳起来，可以高过额角；戽水使它倒流，可以引上高山。这难道是水的本性吗？形势使它如此的。人可以使他做坏事，本性的改变也正是这样。在继续的辩论中，告子和孟子都以水的流向做比喻：告子以水没有东流西流的定向为喻，证明人性没有善与不善的定性。孟子以水性的向下流为喻，证明人性没有不善良的。其实人性和水性是不可比的。告子以水没有东流西流的定向证明不了人性没有善与不善的定

---

① 《孟子·告子上》，《十三经注疏》，中华书局 1980 年版，第 2747 页。

性，孟子以水性的向下流也证明不了人性没有不善良的结论。然而，他们却硬是以水的这种品性证明自己想要的结论。不过，由于孟子以击水使之向上改变水性向下的品性来证明人性的背善不符合人的本性，实在是较告子棋高一着。再往下的辩论，孟子就将告子引入彀中了：

> 告子曰："生之谓性。"孟子曰："生之谓性也，犹白之谓白与？"曰："然。""白羽之白也，犹白雪之白；白雪之白犹白玉之白与？"曰："然。""然则犬之性犹牛之性，牛之性犹人之性与？"①

你看，告子说，天生的资质叫作性。孟子立即问：天生的资质叫作性，好比一切东西的白色都叫作白吗？告子不知孟子的提问是陷阱，顺着说，正是如此。看到告子入彀，孟子再问：白羽毛的白犹如白雪的白，白雪的白犹如白玉的白吗？此时的告子已经在孟子设定的陷阱里难以自拔，又顺着说正是如此。孟子于是来了一个有力的反诘：那么，狗性犹如牛性，牛性犹如人性吗？在这段辩论中，孟子是用偷换概念的办法赢了告子：告子讲"生之谓性"，说的是人的生理本能就是性，虽然不太确切，但不无道理。孟子的"生之谓性也，犹白之谓白与？"却是将"生之谓性"偷换成"白之谓白"。再后，又以"白羽之白""白雪之白""白玉之白"同是白色这个并不错误的论断引出"然则犬之性犹牛之性，牛之性犹人之性与"的反诘，置告子于被动的境地。这里，孟子既偷换了概念，又犯了无类比附的错误，因为犬、牛和人是三种不同的生物，它们的性显然是不能放在一个平台上比较的。孟子以自己几经转换的逻辑错误，使告子在不知不觉中跌入他布好的陷阱，将其置于无言以对的困境，显示的是自己近于诡谲的智慧。再往下，孟子和告子就辩论到仁、义这些伦理本身的问题。孟子依然坚持人性本善的观点，而告子则仍然以"生之谓性"与之拮抗。他说，饮食男女，这是本性。仁是内的东西，不是外的东西；义是外在的东西，不是内在的东西。他的意思是，仁属于人的内在的本性，而义则是外加的东西。告子如此将仁义分开，就犯了一个致命的错误。因为作为伦理观念，仁义是不能分内外的。孟子坚

---

① 《孟子·告子上》，《十三经注疏》，中华书局1980年版，第2748页。

持仁义不能分内外，都是人的本性的反映。为了战胜告子，就要求他将"仁内义外"的观点再解释一下。告子解释说：因为他年纪大，于是我去恭敬他，恭敬之心不是我所预有；正好比外物是白的，我便认它为白色之物，这是由于外物的白而我加以认识的缘故，所以说是外在的东西。孟子于是对告子反诘说，白马的白和白人的白或者无所不同，但不知道对老马的怜悯心和对老者的恭敬心，是不是也没有什么不同呢？而且，您说，所谓义，在于老者呢？还是在于恭敬老者的人呢？孟子的反诘已经将告子逼到很不利的境地，但告子还要继续坚持他的观点。他说，是我的弟弟便爱他，是秦国人的弟弟便不爱他，这是因为我自己的关系而高兴这样的，所以说仁是内在的东西。恭敬楚国的老者，也恭敬我自己的老者，这是因为外在的老者的关系而这样的，所以说义是外在的东西。这毋宁说，对弟弟的爱心发自内心，而对别人的恭敬之心却是因为对象是老者引起的。也就是说，自己只有爱心而没有恭敬心。孟子抓住告子论点的矛盾进一步反驳说，喜欢吃秦国人的烧肉，和喜欢吃自己的烧肉无所不同，各种事物也有如此的情形，那么，难道喜欢吃烧肉的心也是外在的东西吗？那不是和您说的饮食是本性的论点矛盾了吗？在这一段辩论中，告子坚持饮食男女是本性并不错，错在将仁义分内外，从而使自己陷入矛盾状态。孟子坚持仁义是发自内心的本性，尽管是一个假设，但却避免了矛盾，所以也就赢得了对告子辩论的成功。

接着，公都子由转述告子和其他人关于人性的观点并向孟子发问，引来孟子对人性问题的进一步阐述：

公都子曰："告子曰：'性无善无不善也。'或曰：'性可以为善，可以为不善；是故文武兴，则民好善；幽厉兴，则民好暴。'或曰：'有性善，有性不善；是故以尧为君而有象；以瞽瞍为父而有舜；以纣为兄之子，且以为君，而有微子启、王子比干。'今曰'性善'然则彼皆非与？"孟子曰："乃若其情，则可以为善矣，乃所谓善也。若夫为不善，非才之罪也。恻隐之心，人皆有之；羞恶之心，人皆有之；恭敬之心，人皆有之；是非之心，人皆有之。恻隐之心，仁也；羞恶之心，义也；恭敬之心，礼也；是非之心，智也。仁义礼智，非由外铄我也，我固有之也，弗思耳矣。故曰，'求则得之，舍则失之。'或相倍蓰而无算者，不能尽其才者也。《诗》曰,'天生蒸民,有物有则。民之秉彝,好是懿德。'孔子曰:'为此诗者,其知道乎! 故有物必有则;民之秉彝也,故好是懿德。'"①

公都子这里转述的是关于人性的三种观点。他说,告子说,本性没有什么善良,也没有什么不善良。也有人说,本性可以使它善良,也可以使它不善良;所以周文王、武王在上,百姓便趋向善良;周幽王、厉王在上,百姓便趋向横暴。也有人说,有些人本性善良,有些人本性不善良;所以以尧这样的圣人为君,却有像这样不好的百姓;以瞽瞍这样坏的父亲,却有舜这样好的儿子;以纣这样恶的侄儿,而且为君王,却有微子启、比干这样的仁人。如今老师说本性善良,那么,他们都错了吗? 对于公都子提出的问题,孟子平心静气地作了这样的回答:从天生的资质看,可以使它善良,这便是我所谓的人性善良。至于有些人不善良,不能归罪于他的资质。同情心,每个人都有;羞耻心,每个人都有;恭敬心,每个人都有;是非心,每个人都有。同情心属于仁,羞耻心属于义,恭敬心属于礼,是非心属于智。这仁义礼智,不是有外人给予我的,是我本来就具有的,不过不曾探索它罢了。所以说,一经探求,便会得到;一加放弃,便会失掉。人与人之间有相差一倍、五倍甚至无数倍的,就是不能充分发挥他们人性的本质的缘故。《诗经》说,天生育众民,每一样事物都有它的规律。百姓把握了那些不变的规律,于是喜爱善良的品德。孔子说,这篇诗的作者真懂得道呀! 有事物,便有它的规律;百姓把握了这些不变的规律,所以喜爱善良的品德。孟子这里一力坚持的,仍然是本性善的理念,而这个本性善的资质,不是"外铄",而是我"固有"。至于有的人在现实生活中表现善,有的人在现实生活中表现恶,原因是有的人探索和发挥本性中的善,有的人没有探索和发挥本性中的善。接下来,孟子进一步阐述说,丰收年成,少年子弟多半懒惰;灾荒年成,少年子弟多半强暴,不是天生的资质这样不同,而是由于环境使他们心情变坏的缘故。把大麦作比喻吧,播了种,耪了地,如果地土一样,种植的时候一样,便会蓬勃地生长,迟到夏至,都会成熟了。纵有所不同,那便是由于土

① 《孟子·告子上》,《十三经注疏》,中华书局 1980 年版,第 2749 页。

地的肥瘠、雨露的多少和人工的勤惰不同的缘故。所以一切同类之物，无不大体相同，为什么一讲到人类便怀疑了呢？圣人也是我们的同类。龙子说，"不看清脚样去编草鞋，我准知道不会编成筐子。"草鞋的相近，是因为每个人的脚大体相同。口对于味道，有相同的嗜好；易牙早就摸准了这一嗜好。假设口对于味道人人不同，而且像狗马和我们人类本质上的不相同一样，那么，凭什么天下的人都追随着易牙的口味呢？一讲到口味，天下都期望做到易牙那样，这就说明了天下人的味觉大体相同。耳朵也如此。一讲到声音，天下都期望做到师旷那样，这就说明了天下人的听觉大体相同。眼睛也如此。一讲到子都，天下人没有不知道他美丽。不认为子都美丽的，那是没有眼睛的人。所以说，口对于味道，有相同的嗜好；耳对于声音，有相同的听觉；眼睛对于容色，有相同的美感。谈到心，就独独没有相同之处吗？心的相同之处是什么呢？是理，是义。圣人早就懂得了我们内心的相同的理义。所以理义之使我心高兴，正和猪狗牛羊肉合乎我们的口味一般。这里，孟子通过人的生理本能（味觉、听觉、视觉）的相似，进而论证人性，即人所秉持的伦理道德观念也应该相似。但他不了解，人的生理本能是与生俱来的，而人的伦理道德观念却是后天的。将人的先天的生理本能与后天的伦理道德观念完全等同起来显然是说不通的。然而，在孟子那里，这二者却是完全相通的。请看他在《尽心上》一章中的论述：

> 人之所不学而能者，其良能也；所不虑而知者，其良知也。孩提之童无不知爱其亲者，及其长也，无不知敬其兄也。亲亲，仁也；敬长，义也；无他，达之天下也。①

孟子认为，人不待学习便能做到的，这是良能；不待思考便会知道的，这是良知。两三岁的小孩儿没有不爱他父母的，等到他长大，没有不知道恭敬兄长的。亲爱父母是仁，恭敬兄长是义，这没有其他原因，因为这两种品德可以通行于天下。这仍然是将人的伦理道德观念等同于人的先天的生理本能。在《尽心下》一章中，孟子再次强调将善的本性即良知、良能的扩充：

---

① 《孟子·尽心上》，《十三经注疏》，中华书局1980年版，第2765页。

> 人皆有所不忍，达之于其所忍，仁也；人皆有所不为，达之于其所为，义也。人能充无欲害人之心，而仁不可胜用也；人能充无穿踰之心，而义不可胜用也。人能充无爱尔汝之实，无所往而不为义也。①

孟子认为，每个人都有不忍心干的事，把它扩充到所忍心干的事上，便是仁；每个人都有不肯干的事，把它扩充到所肯干的事上，便是义。换句话说，人能够把不想害人的心扩而充之，仁便用不尽了；人能够把不挖洞跳墙的心扩而充之，义便用不尽了；人能够把不受轻贱的实际言行扩而充之，以致所有言行都不遭受轻贱，那无论到哪里都合于义了。这里强调的仍然是将"善端"扩充而成为持久的善的品质。这也是他一直坚持的"自求"精神：

> 求则得之，舍则失之，是求有益于得也，求在我者也。……
> 万物皆备于我矣，反身而诚，乐莫大焉。彊恕而行，求仁莫近焉。②

孟子的意思是，善的东西，探求便会得到，放弃便会失掉。这是有益于收获的探求，因为所探求的对象在于我本身之内。因为我一切都具备了，反躬自问，自己是忠诚踏实的，便是最大的快乐。不懈地以推己及人的恕道去做，达到仁德的道路没有比这更便捷的了。最后，孟子将心、性、天、命联系在一起，构筑起一个完整的天人合一的思想体系：

> 尽其心者，知其性也。知其性，则知天矣。存其心，养其性，所以事天也。夭寿不贰，脩身以俟之，所以立命也。③

在孟子看来，充分扩张善良的本心，也就是懂得了人的本性。懂得了人的本性，也就懂得天命了。保持人的本心，培养人的本性，这就是对待天命的方法。短命也好，长寿也好，我都不三心二意，只是培养身心，等待天命，这

---

① 《孟子·尽心下》，《十三经注疏》，中华书局 1980 年版，第 2778 页。
② 《孟子·尽心上》，《十三经注疏》，中华书局 1980 年版，第 2764 页。
③ 《孟子·尽心上》，《十三经注疏》，中华书局 1980 年版，第 2764 页。

就是安身立命的方法。至此，孟子构筑了他人性论的基本观点，这就是：

一，所有人类都有共同的人性，这个人性可以用"善"来概括，内容包括仁、义、礼、智等当时社会公认的伦理道德信条。

二，"善"是人类与生俱来的生理本能，这个本能就是"善端"，来源于恻隐之心、羞恶之心、辞让之心、是非之心。"善端"扩而充之，就是恒久不变的仁、义、礼、智。

三，因为"善"是我"固有"，非"外铄"，所以道德修养的根本途径是"反身而诚"，即在不断的反躬自问中开掘、扩充和发扬光大自己具有的优良品德。

四，"尽心"也就是"知性"，"知性"也就能知天命。培养身心，等待天命，也就是仁人君子"安身立命"的人生态度。

五，社会上人之恶行表现是"孳孳为利"，人之所以弃善从恶，是由于这种人自身不能保持和发扬"善端"，"人之所以异于禽兽者几希，庶民去之，君子存之"①。

不难看出，孟子人性论的缺失是明显的。由于他混淆了人的自然本性和社会本性，同时又从自然本性的相同推及社会本性的相同，从而得出人的自然本性和社会本性都是相同的结论。事实是，人的自然本性尽管是相同的，社会本性也有其相同的方面，但由于社会本性是人在社会生活中形成的，而社会地位的不同，谋取生活资料的方式不同，对待社会矛盾和人与人之间关系的看法不同，由此形成了不同的人性。正像马克思所说："人的本质并不是单个人所固有的抽象物。在其现实性上，它是一切社会关系的总和。"② 在阶级社会里，人性首先表现为阶级性。虽然人们都用善、恶评价人性，但对善恶的标准就有不同的理解。孟子的人性论，实际上是把当时占统治地位的阶级的善恶标准当成全社会统一的标准，进而又将这种标准看作社会普遍的人性，其谬误是显而易见的。不过，孟子的人性论也有其合理内核。第一，他意识到人之为人，不论是生物的人还是社会的人，都有其共性的一面，因而即使在道德伦理观念方面，也表现出一定的共性。第二，他将

---

① 《孟子·离娄下》，《十三经注疏》，中华书局1980年版，第2727页。
② 《马克思恩格斯选集》第1卷，人民出版社1972年版，第18页。

道德与修养联系起来，特别强调美好的道德是持之以恒、刻苦自励、认真修养的结果，从而对中国古代君子人格的形成产生了积极的影响。

第四节　仁政理想

孟子在政治社会思想上的最大贡献是将孔子"仁"的理念发展成仁政理想。这个仁政理想是一个完整的思想体系。它是由民本思想、施仁百姓、尊贤使能、反对战争和君主自律等一系列内容构成的。

孟子仁政理想的理论基础是民本思想。他说：

> 民为贵，社稷次之，君为轻。是故得乎丘民而为天子。
> 诸侯之宝三：土地、人民、政事。①

在孟子看来，在百姓、土谷之神和君主三者之中，百姓的重要程度远远超过后二者，因为只有得到百姓的欢心和拥护才能稳坐天子之位，所以在诸侯之宝中，人民也就与土地和政事并列为三。孟子之所以将被统治的百姓认定为国之本，是因为他从历史经验中悟出一个"得民心者得天下"的颠扑不破的真理：

> 桀纣之失天下也，失其民也；失其民者；失其心也。得天下有道：得其民，斯得天下矣；得其民有道：得其心，斯得民矣；得其心有道：所欲与之聚之，所恶勿施，尔也。民之归仁也，犹水之就下，兽之走圹也。故为渊殴鱼者，獭也；为丛殴爵者，鹯也；为汤武殴民者，桀与纣也。②

孟子这段话把民、民心与天下的关系说得再明白不过了：桀和纣的丧失天下，是由于失去了百姓的支持；他们失去百姓的支持，是由于失去了民心。

---

① 《孟子·尽心下》，《十三经注疏》，中华书局 1980 年版，第 2774、2778 页。
② 《孟子·离娄上》，《十三经注疏》，中华书局 1980 年版，第 2721 页。

获得天下的方法：获得了百姓的支持，便获得天下了；获得百姓的支持有方法：获得了民心，便获得百姓的支持了；获得民心也有方法：他们所希望的，替他们聚积起来；他们所厌恶的，不要加在他们头上，如此罢了。百姓向仁德仁政归附，正好比水之向下流、兽之旷野奔走一样。所以替深池把鱼赶来的是水獭，替森林把鸟雀赶来的是鹯鹰，替商汤、周武王把百姓赶来的是夏桀和商纣。这里，孟子在中国历史上第一次提出民心向背问题，使只有赢得民心才能得天下的理念成为影响整个中国历史的重要政治理论。当然，孟子的民本思想与现代民主思想还不是一个概念，他的民本思想只是西周以来"民为邦本，本固邦宁"理念的延续和发扬，骨子里仍然是居高临下的"为民作主"。他不是站在百姓的立场上，而是站在统治者的立场上，从得天下和长治久安的目的出发。而且，他更明白当时社会上最富有的阶层是统治的基础，必须照顾好他们的利益，所以他毫不讳言："为政不难，不得罪于巨室。巨室之所慕，一国慕之；一国之所慕，天下慕之；故沛然德教溢乎四海。"① 在他看来，搞政治并不难，最重要的是不得罪那些有影响的巨室即卿大夫。因为这些人影响到全国百姓的走向，他们所敬慕的，一国人都会敬慕，天下的人也会敬慕，在他们的影响下，德教就会浩浩荡荡地洋溢于天下了。

孟子仁政思想的主要内容是对百姓施仁，即从各方面给百姓以看得见的实际利益。因为只有施仁才能得民心，也才能得天下：

> 三代之得天下也以仁，其失天下也以不仁。国之所以废兴存亡者亦然。天子不仁，不保四海；诸侯不仁，不保社稷；卿大夫不仁，不保宗庙；士庶人不仁，不保四体。今恶死亡而乐不仁，是犹恶醉而强酒。②

你看，孟子说得多好呀：夏、商、周三代获得天下是由于仁，他们丧失天下是由于不仁。国家的兴起和衰败、生存和灭亡也是这个道理。天子如果不仁，便不能保持他的天下；诸侯如果不仁，便不能保持他的国家；卿大夫如

---

① 《孟子·离娄上》，《十三经注疏》，中华书局 1980 年版，第 2719 页。
② 《孟子·离娄上》，《十三经注疏》，中华书局 1980 年版，第 2718 页。

果不仁，便不能保持他的祖庙；士人和老百姓如果不仁，便不能保全自己的身体。最后，他慨叹说，现在有些人害怕死亡，却乐于不仁，这就像害怕醉却偏要饮酒一样啊！那么，如何施仁呢？首先，要"制民之产"，使百姓，主要是农民有稳定的赖以生活和进行生产的各种资料，同时，又要保证农时，使其有充裕的时间从事劳作：

> 明君制民之产，必使仰足以事父母，俯足以畜妻子，乐岁终身饱，凶年免于死亡；……五亩之宅，树之以桑，五十者可以衣帛矣。鸡豚狗彘之畜，无失其时，七十者可以食肉矣。百亩之田，勿夺其时，八之家可以无饥矣。①

孟子的时代，中国社会正经历由奴隶社会向封建社会的过渡，随着大量的奴隶挣脱枷锁变成具有相对自由身份的农民，随着土地私有化的加剧，土地所有者的国家和封建主手中集中的土地越来越多，而无地和少地的农民也越来越多。由此形成严重的社会问题，正如孟子所说："经界不正，井地不均，谷禄不平，是故暴君污吏必慢其经界。"② 因此，"制民之产"，使无地少地的农民拥有一小块土地就成为缓和社会矛盾的当务之急。孟子拟定的具体办法就是恢复他理想的"井田制"：

> 夫仁政，必自经界始。……经界既正，分田制禄可坐而定也。……请野九一而助，国中什一使自赋。卿以下必有圭田，圭田五十亩；余夫二十五亩。死徒无出乡，乡田同井，出入相友，守望相助，疾病相扶持，则百姓亲睦。方里而井，井九百亩，其中为公田。八家皆私百亩，同养公田；公事毕，然后敢治私事，所以别野人也。此其大略也。③

按照孟子的方案，公卿以下的官吏每家分50亩的圭田用于祭祀，如果他家还有剩余的劳动力，再分给每人25亩。无论埋葬或者搬家，都不离开本乡

---

① 《孟子·梁惠王上》，《十三经注疏》，中华书局1980年版，第2671页。
② 《孟子·滕文公上》，《十三经注疏》，中华书局1980年版，第2702页。
③ 《孟子·滕文公上》，《十三经注疏》，中华书局1980年版，第2702—2703页。

本土。共一井田的各家，平日出入，互相友爱；防御盗贼，互相帮助；一有疾病，互相照顾，百姓之间便亲爱和睦了。办法是，每一方里的土地为一个井田单位，每一井田单位有 900 亩，当中 100 亩是公田，以外 800 亩分给各家作私田。这样 8 家来耕种公田，先把公田耕种完了，再来料理私人的事务，这就是区别官吏和劳动人民的办法。因为这个方案是孟子为滕文公设计的，带着孟子式的理想主义色彩。是否具有普遍意义很难说，是否具有可操作性也不好说，但有一点可以肯定：他是希望通过这一方案实现百姓"五口之家，百亩之田"的愿望，是他"制民之产"思想的具体政策化的实施细则。

百姓有了自己的土地，有了比较充裕的劳动时间，自然就保证了正常年景下农业的丰收。这是百姓"仰足以事父母，俯足以蓄妻子"的基础。但是，仅此还不足以保持百姓生活的安定和富足。孟子还要求统治者"省刑罚，薄赋敛"，"取于民有制"，"耕者九一，仕者世禄，关市讥而不征，泽梁无禁，罪人不孥"[①]，他反对横征暴敛，要求减轻剥削的力度："有布缕之征，粟米之征，力役之征。君子用其一，缓其二。用其二而民有殍，用其三而父子离。"[②] 对鳏、寡、孤、独等"穷民而无告者"给予特别的关爱和照顾。同时，还应该实行一系列招徕人才、吸引百姓的政策措施，让天下所有人都愿意成为君王的臣民。针对当时列国林立的状况，他认为理想的诸侯国应该是这样的：

> 尊贤使能，俊杰在位，则天下之士皆悦，而愿立于其朝矣；市廛而不征，法而不廛，则天下之商皆悦，而愿藏于其市矣；关，讥而不征，则天下之旅皆悦，而愿出于其路矣；耕者，助而不税，则天下之农皆悦，而愿耕于其野矣；廛，无夫里之布，则天下之民皆悦，而愿为之氓矣。信能行此五者，则邻之民仰之若父母矣。率其子弟，攻其父母，自有生民以来未有能济者也。如此，则无无敌于天下。[③]

① 《孟子·梁惠王下》，《十三经注疏》，中华书局 1980 年版，第 2676 页。
② 《孟子·尽心下》，《十三经注疏》，中华书局 1980 年版，第 2778 页。
③ 《孟子·公孙丑上》，《十三经注疏》，中华书局 1980 年版，第 2690 页。

孟子这里描绘的是一幅人人各得其所、人与人和谐相处的仁政社会的美好图画。在这里，尊重有道德的人，重用有能力的人，杰出的人才都有官位，所以天下的士子都愿意到这个朝廷寻个一官半职；这里的市场，给予空地储存货物，却不征收货物税；如果滞销，依法征购，不让它长久积压，所以天下的商人都会高兴，愿意把货物堆放在那个市场上；关卡只稽查而不征税，所以天下的旅客都会高兴，愿意从这里的道路经过；对耕田的人，实行井田制，只助耕公田，不再征税，所以天下的农夫都高兴，愿意在这里的田野上种庄稼；人们居住的地方，没有额外的雇役钱和地税，所以天下的百姓都愿意在这里居住。一个诸侯国真正能够做到这五项，那么，邻近国家的老百姓都会像对待爹娘一样地对待它的国君。如果邻国之君要率领这样的人民来攻打他，便正好比率领他的儿女来攻打他的父母一样，从有人类以来，这种事没有能够成功的。像这样，就会天下无敌。这种理想，也正是他同齐宣王讲的："使天下仕者皆欲立于王之朝，耕者皆欲耕于王之野，商贾皆欲藏于王之市，行旅皆欲出于王之途，天下之欲疾其君者皆欲赴愬于王。其若是，孰能御之？"① 与此同时，他还提出"以佚道使民""以生道杀民"的观念："以佚道使民，虽劳不怨。以生道杀民，虽死不怨。"② 意思是在求百姓安逸的原则下来役使百姓，百姓虽然劳苦，也不怨恨。在求老百姓生存的原则下来杀人，那人虽然被杀死，也不会怨恨那杀他的人。如此的仁政理想，显然带有强烈的乌托邦色彩，但其中透出的却是孟子胸怀天下、关心民瘼和建立和谐社会的人文情怀。

孟子尽管认为"民为贵"，但同时又认为民的道德水准低下，他们一旦"无恒产"，即"无恒心"，就会"放辟邪侈"。所以必须重视对他们进行经常的规范化的教化：

> 设为庠序学校以教之。庠者，养也；校者，教也；序者，射也。夏曰校，殷曰序，周曰庠；学则三代共之，皆所以明人伦也。人伦明于上，小民亲于下。③

① 《孟子·梁惠王上》，《十三经注疏》，中华书局 1980 年版，第 2671 页。
② 《孟子·尽心上》，《十三经注疏》，中华书局 1980 年版，第 2765 页。
③ 《孟子·滕文公上》，《十三经注疏》，中华书局 1980 年版，第 2702 页。

教化的目的是"明人伦",即认识当时等级秩序的合理性,明确并安于自己所在的等级位置,既不犯上作乱,也不凌辱周围的同类小民,父子、兄弟、夫妻都能自守本分,做到父子有亲,兄弟有义,夫妻有情,人人和睦,这样才能达到和谐社会的目标。

孟子所处的战国时代,是一个列国纷争、战乱无已的时代。他渴望统一,但反对以战争的手段统一,认为"不嗜杀人者"能够统一。他理想的仁政社会是没有战争的世界,所以他痛斥"春秋无义战",主张"善战者服上刑":

> 争地以战,杀人盈野;争城以战,杀人盈城,此所谓率土地而食人肉,罪不容于死。故善战者服上刑,连诸侯者次之,辟草莱、任土地者次之。①

孟子认为实现仁政理想的关键是要有一个仁人之君。这个仁人之君首先是一个有天下国家情怀的伟大人物,知道"天下之本在国,国之本在家,家之本在身"②和"保民而王"的道理,以解民倒悬、救民水火为己任,"发政施仁""推恩及人""老吾老,以及人之老;幼吾幼,以及人之幼"③,与民同忧,与民同乐,与民同好:

> 乐民之乐者,民亦乐其乐;忧民之忧者,民亦忧其忧。乐以天下,忧以天下,然而不王者,未之有也。
> 王如好货,与百姓同之,于王何有?
> 王如好色,与百姓同之,于王何有?④

不惟如此,在对民实行"善政"的前提下,进而实施"善教"更为必要:"仁言不如仁声之入人深也,善政不如善教之得民也。善政,民畏之;善教,

---

① 《孟子·离娄上》,《十三经注疏》,中华书局 1980 年版,第 2722 页。
② 《孟子·离娄上》,《十三经注疏》,中华书局 1980 年版,第 2718 页。
③ 《孟子·梁惠王上》,《十三经注疏》,中华书局 1980 年版,第 2760 页。
④ 《孟子·梁惠王下》,《十三经注疏》,中华书局 1980 年版,第 2675—2677 页。

民爱之。善政得民财，善教得民心。"①他深知，仁德的言语赶不上仁德的音乐深入人心，良好的政治赶不上良好的教育获得民心。良好的政治，必须怕它；良好的教育，必须爱它。良好的政治得到百姓的财物，良好的教育能够得到百姓的心。更重要的是，仁人之君必须成为一国的道德楷模，成为万民学习的榜样："君仁，莫不仁；君义，莫不义；君正，莫不正。一正君而国定矣。"②

孟子多次赞扬尧、舜、禹、汤和周文王、周武王以及周公，赞扬他们的事功，特别赞扬他们的品格，将他们视为推行仁政的楷模。如：

> 禹闻善言，则拜。大舜有大焉，善与人同，舍己从人，乐取于人以为善。自耕稼、陶、渔以至为帝，无非取于人者。③
>
> 舜明于庶物，察于人伦，由仁义行，非行仁义也。
>
> 禹恶旨酒而好善言。汤执中，立贤无方。文王视民如伤，望道而未之见。武王不泄迩，不忘远。周公思兼三王，以施四事；其有不合者，仰而思之，夜以继日；幸而得之，坐以待旦。④
>
> 文王一怒而安天下之民……武王一怒而安天下之民。⑤

显然，孟子只认定死去的圣帝名王为仁政楷模，这里寄托的不仅是自己的理想，也是为生者树立一批学习的榜样。在他看来，在世的诸侯王们没有一个仁人之君，孟子只希望他的"教诲"能够在他们身上发生作用，使自己钟情的仁政理想能够在当世再现光芒。

不难看出，孟子的仁政理想既带有强烈的感情色彩，又带有浓烈的理想化色彩。这样的仁政，在孟子的时代只能是一种乌托邦式的幻想，在以后中国两千多年的历史上，也没有真正实行过。尽管如此，孟子的仁政理想仍然具有不可磨灭的积极意义。这是因为，这个仁政理想设计了中国古代最理

---

① 《孟子·尽心上》，《十三经注疏》，中华书局 1980 年版，第 2765 页。

② 《孟子·离娄上》，《十三经注疏》，中华书局 1980 年版，第 2723 页。

③ 《孟子·公孙丑上》，《十三经注疏》，中华书局 1980 年版，第 2691 页。

④ 《孟子·离娄下》，《十三经注疏》，中华书局 1980 年版，第 2727 页。

⑤ 《孟子·梁惠王下》，《十三经注疏》，中华书局 1980 年版，第 2675 页。

想的美好政治的模式，成为日后衡量政治优劣的标准和一切仁人志士努力追求的目标。几乎每一个有作为的圣君贤相，都以仁政理想为的鹄，通过自己的努力，再加上客观条件的配合，从而创造出名垂史册的"盛世"，在中华民族的历史上谱写了辉煌的篇章。

第五节 君子人格

建立一个和谐的人类社会，一直是中国古代的圣人贤人追求的目标。孔子最早提出"君子和而不同"[1]思想，向往着"大道之行也，天下为公"[2]和"四海之内皆兄弟"[3]的理想社会。在春秋战国时代出现的思想文化领域的"百家争鸣"思潮中，儒、墨、法、道等学派，都推出了自己的理想社会的蓝图。其中，儒家的"大同"，墨家的"尚同"，道家的"至德之世"，法家的"不分贵贱亲疏一断于法"等，最具代表性。他们都有自己理解的和谐社会理想。比较而言，儒家和道家学说中和谐社会的理论最为丰富。不过，道家理想的"至德之世"虽然强调了人与自然的和谐和人自身的和谐，但由于它消极避世，逃避社会责任，其负面影响较大，很难成为主流意识存在。儒家的和谐社会理想积极入世，强调对国家、民族和社会的责任，因而成为中国主流意识的重要组成部分。在先秦儒家学派的代表人物中，孟子上承孔子、子思，提出了较完整的和谐社会理论。其中对人的自身和谐问题的阐发，超过了同时代的任何思想家。

孟子自我和谐论的核心，是确立人在自然界和社会中的主体地位。因为人与自然界能否和谐关键在人，人与社会、人与人之间能否和谐关键更在人。人不仅是自然的主人，更是社会的主人。从这个意义上说，"万物皆备于我"[4]就不能作为一个唯心论的命题去理解了。孟子笃信人在自然和社会中的主体地位，对自己的聪明才智更是充满自信："五百年必有王者兴，其间必有名世者。由周而来，七百有余岁矣。以其数，则过矣；以其时考之，

---

① 《论语·子路》，《十三经注疏》，中华书局 1980 年版，第 2508 页。

② 孙希旦：《礼记集解》，中华书局 1989 年版，第 582 页。

③ 《论语·颜渊》，中华书局 1980 年版，第 2505 页。

④ 《孟子·尽心上》，《十三经注疏》，中华书局 1980 年版，第 2764 页。

则可矣。夫天未欲平治天下也；如欲平治天下，当今之世，舍我其谁也？我何为不豫哉？"① 他不仅自视甚高，而且对所有人都不小觑，而是充满期待。因为他深信"人皆可以为尧舜"②，只要你坚定信心，持之以恒地去做，尧舜能做到的，其他人也可以做到。这里的区别仅仅在于愿意做和不愿意做，而不在于哪个能做哪个不能做。"人皆可以为尧舜"的命题虽然不无偏颇之处，但它显示的是孟子对人的主观能动性的信心和张扬。孟子还期望每个男子汉都成为他心目中顶天立地的大丈夫。景春在与孟子谈话时大吹纵横家的公孙衍、张仪等人，认为他们是自己心目中的大丈夫，因为这些人在战国时代威风八面："一怒而诸侯惧，安居而天下熄。"孟子对这些人的大丈夫地位坚决不予认同。他认为这些人是战国时代战乱频繁的罪魁祸首之一，他们风尘仆仆于列国之间，纵横捭阖，挑拨离间，唯力是视，唯利是视，唯恐天下不乱，一切活动都围绕着他们服务的国君的利益旋转，没有一个道德底线。这些人"以顺为正"，行的是"妾妇之道"。孟子心目中的大丈夫是据守仁义，永远不为外力所屈服，不为外物所引诱，以坚定的信念，不变的操守，傲视天地间："居天下之广居，立天下之正位，行天下之大道；得志，与民由之；不得志，独行其道。富贵不能淫，贫贱不能移，威武不能屈，此之谓大丈夫。"③ 这样的大丈夫显然不是人人都能做到的，但它显示了孟子对人之作为人的主体地位的期望，在一定意义上也是孟子的夫子自道。

　　人既是天地万物的主体，又是他自己的主人。那么，这个人应该以怎样的形象回应自己的主体地位呢？孟子认为人人都应该成为君子人格的实践者。他的君子人格，其实也就是大丈夫的另一种表述，或者说是大丈夫行为规范的具体化。这个君子人格的内涵是什么呢？在孟子心目中，君子就是天地间的完人，君子人格就是所有人学习的目标和榜样。

　　君子是天命在人间的代表，他能"尽心知性"，能"知天安命"。他的最高境界就是与天地融为一体，"赞天地之化育"："夫君子所过者化，所存者神，上下与天地同流。"④ 为此，他必须充分弘扬自身从上天那里秉承的良

---

① 《孟子·公孙丑下》，《十三经注疏》，中华书局 1980 年版，第 2699 页。

② 《孟子·告子下》，《十三经注疏》，中华书局 1980 年版，第 2755 页。

③ 《孟子·滕文公下》，《十三经注疏》，中华书局 1980 年版，第 2710 页。

④ 《孟子·尽心上》，《十三经注疏》，中华书局 1980 年版，第 2763 页。

知良能，即仁、义、礼、智、信这些天然的道德律。正因为君子具备并最大限度地弘扬了先天的道德律，所以他的行动是自由的，几乎可以随心所欲："大人者，言不必信，行不必果，惟义所在。"①像孔夫子那样，"可以仕则仕，可以止则止，可以久则久，可以速则速。"②君子并不是不要富贵利禄，而是"君子爱财，取之有道"："彭更问曰：'后车数十乘，从者数百人，以传食于诸侯，不以泰乎？'孟子曰：'非其道，则一箪食不可受与人；如其道，则舜受尧之天下，不以为泰，子以为泰乎？'"③君子生当世间，对什么事都有自己的标准，例如，对取、与、死就有自己的取舍："可以取，可以无取，取伤廉；可以与，可以无与，与伤惠；可以死，可以无死，死伤勇。"④当然，君子对于自己的行为也有一个最高标准，这就是"杀身成仁"、"舍生取义"。

> 鱼，我所欲也，熊掌亦我所欲也；二者不可得兼，舍鱼而取熊掌者也。生亦我所欲也，义亦我所欲也；二者不可得兼，舍生而取义者也。生亦我所欲，所欲有甚于生者，故不为苟得也；死亦我所恶，所恶有甚于死者，故患有所不辞也。如使人之所欲莫甚于生，则凡可以得生者，何不用也？使人之所恶莫甚于死者，则凡可以辟患者，何不为也？由是则生而有不用也，由是则可以辟患而有不为也，是故所欲有甚于生者，所恶有甚于死者。非独贤者有是心也，人皆有之，贤者能勿丧耳。⑤

孟子同时认为，由于每个人在社会上的地位不同，对其行为规范的要求也有不同的具体标准："规矩，方圆之至也；圣人，人伦之至也。欲为君，尽君道；欲为臣，尽臣道。二者皆法尧舜而已矣。"⑥这实际上是说，每个人都要安于其本位，在本位上尽君子之道。人们虽然地位不同，所从事的活动各

---

① 《孟子·离娄下》，《十三经注疏》，中华书局1980年版，第2726页。
② 《孟子·公孙丑上》，《十三经注疏》，中华书局1980年版，第2686页。
③ 《孟子·滕文公下》，《十三经注疏》，中华书局1980年版，第2711页。
④ 《孟子·离娄下》，《十三经注疏》，中华书局1980年版，第2729页。
⑤ 《孟子·告子上》，《十三经注疏》，中华书局1980年版，第2752页。
⑥ 《孟子·离娄上》，《十三经注疏》，中华书局1980年版，第2718页。

异，但只要按照君子的标准要求自己并达到了这个标准，他也就是君子了。这说明，孟子认为所有的人，不管身份、地位、职业有何不同，在道德上可以达到同样的水准。

君子必须守住自己行仁居义的人生理念，不自侮，不自毁，因为"人必自侮，然后人侮之；家必自毁，而后人毁之；国必自伐，而后人伐之"。不自暴，不自弃，因为"自暴者，不可与有言也；自弃者，不可与有为也。"① 努力守住自己的节操，"志士不忘在沟壑，勇士不忘丧其元"②。永远有一种正义感和耻辱心："人不可以无耻，无耻之耻，无耻矣。"③ 无论什么时候，都应该知道什么事该做，什么事不该做。特别应该摆正内在品德与富贵利禄的关系，即"天爵"与"人爵"的关系："有天爵者，有人爵者。仁义忠信，乐善不倦，此天爵也；公卿大夫，此人爵也。古之人修其天爵，而人爵从之。今之人修其天爵，以要人爵；既得人爵，而弃其天爵，则惑之甚者也，终亦必亡而已矣。"④ 君子不仅要修"天爵"以待"人爵"，而且随时准备以身殉道："天下有道，以道殉身；天下无道，以身殉道。"⑤ 君子必须以博大的胸怀"仁民爱物"，爱惜万物，与大自然和谐相处，最终目的是为了"仁民"，为了百姓在与万物的关系上各得其所。

君子立于天地间，要与各式各样的人打交道，每个人即使具有相同的信仰，在具体行事时也会有不少差异，因此，君子待人处事不要强求一律，特别不要以自己为标准要求别人，要做到"仁而不同"："居下位，不以贤事不肖者，伯夷也；五就汤，五就桀者，伊尹也；不恶污君，不辞小官者，柳下惠也。三子者不同道，其趋一也。一者何？曰，仁也。君子亦仁而已矣，何必同？"⑥ 所以，君子必须有容人之量，对己严，对人宽，听信善言，尤其不要追求物质的享受："堂高数仞，榱题数尺，我得志，弗为也。食前方丈，侍妾数百人，我得志，弗为也。般乐饮酒，驱骋田猎，后车千乘，我得志，

① 《孟子·离娄上》，《十三经注疏》，中华书局1980年版，第2721页。
② 《孟子·滕文公下》，《十三经注疏》，中华书局1980年版，第2710页。
③ 《孟子·尽心上》，《十三经注疏》，中华书局1980年版，第2764页。
④ 《孟子·告子上》，《十三经注疏》，中华书局1980年版，第2753页。
⑤ 《孟子·尽心上》，《十三经注疏》，中华书局1980年版，第2770页。
⑥ 《孟子·告子下》，《十三经注疏》，中华书局1980年版，第2757页。

弗为也。"①君子当然也有自己的追求，这就是蹈仁居义的内心的快乐："尊德乐义，则可以嚣嚣矣。故士穷不失义，达不离道。穷不失义，故士得己焉；达不离道，故民不失望焉。古之人，得志，泽加于民；不得志，修身见于世。穷则独善其身，达则兼善天下。"②孟子甚至认为，君子的快乐是王天下所不可比拟的："君子有三乐，而王天下不与存焉。父母俱存，兄弟无故，一乐也；仰不愧于天，俯不怍于人，二乐也；得天下英才而教育之，三乐也。君子有三乐。而王天下不与存焉。""广土众民，君子欲之，所乐不存焉；中天下而立，定四海之民，君子乐之，所性不存焉。君子所性，虽大行不加焉，虽穷居不损焉，分定故也。仁义礼智根于心，其生色也睟然，见于面，盎于背，施于四体，四体不言而喻。"③

孟子的君子人格基本上涵盖了他的人生理念和理想追求，一定程度上也是他的夫子自道。孟子一生都在追求君子人格，修炼君子人格，希望在那个人欲横流，诸侯们杀人盈城与杀人盈野，智能之士为富贵奔走权势之门的恶浊的时代，正身帅人，挽狂澜于既倒，恢复社会的理性与秩序。孟子作为一个理想主义者，尽管视野宏阔，志高才大，心雄万夫，"说大人而藐之"，但是，想以在野之身，仅仅以思想的力量影响社会，改变潮流，扭转士风，是不可能的。孟子只能带着无限的遗憾走向生命的终点。不过，他倡导的大丈夫精神和君子人格，对战国以后的中国知识分子产生了广泛、巨大而深远的影响，从中涌现了一大批具有大丈夫精神和君子人格的志士仁人。他们坚持理想，笃守正义，始终以生命和鲜血捍卫民族独立和社会正义，为百姓谋福祉，为文化增光彩，让伟大的人格展示永恒的魅力，留下了许多可歌可泣的英雄业绩做人的榜样，他们作为历史的脊梁永远绽放不灭的光芒。

孟子鼓吹大丈夫精神和君子人格，认为达到这一目标的标志是践履仁、义、礼、智、信这些美好的先验的道德律。这些道德信条虽然是人人从天命那里承受的"善端"，因而人人具有成为大丈夫和君子的可能性，但是，将可能性变为现实性却要通过自身坚持不懈的修养和磨炼："仁义礼智，非由

---

① 《孟子·尽心下》，《十三经注疏》，中华书局1980年版，第2779页。
② 《孟子·尽心上》，《十三经注疏》，中华书局1980年版，第2764—2765页。
③ 《孟子·尽心上》，《十三经注疏》，中华书局1980年版，第2766页。

外铄我也，我固有之也，弗思耳矣。故曰：求则得之，舍则失之。"① 有人坚持不断地修养和磨炼保住了"善端"并发扬光大，就成为君子；有人放弃修养和磨炼保不住"善端"，就成为小人。

孟子认为坚持不懈地自我修养和磨炼是达到大丈夫和君子人格境界的必由之路，因而要求人们不仅有坚定的信仰和信心，"人皆可以为尧舜"，而且还必须通过持之以恒的不懈努力，艰苦的修养和磨炼，不断地向这一目标前进。孟子总结了一套自我修养的方法，其荦荦大端有以下几项：

一、养浩然之气。孟子认为，"天下之本在国，国之本在家，家之本在身"②。因此，自身成为君子，扩而大之于家国天下，世界的一切问题都会迎刃而解。而成为君子的首途就是养"浩然之气"："其为气也，至大至刚，以直养而无害，则塞于天地之间。其为气也，配义与道；无是，馁也。是集义所生者，非义袭而取之也。"③ 这个孟子也感到难以解释清楚的至大至刚的浩然之气，实际上也就是他讲的仁义精神、刚正气质、大丈夫风骨。时刻保持并发扬这种"浩然之气"，也就保住了君子人格的根本。由于孟子讲的"浩然之气"是一种与生俱来的精神，因而养"浩然之气"的方法就主要是向自己内心的追求，而不是向自身之外的开拓。为此，就要"求放心"，"不动心"，反身而诚："诚身有道，不明乎善，不诚其身矣。是故诚者，天之道也；思诚者，人之道也。"④ 孟子的这一修身养性的方法，以前论者多将其归入"唯心论"。其实他讲的主要是一个人对崇高人格理想的不断地自觉地追求，要求人们无论在任何条件下都不放弃这种追求。即使没有制度和社会制约，也使自己在"慎独"的状态下，将自己的思想和行为置于道德的约束之下。

二、专心致志。孟子说："虽有天下易生之物也，一日暴之，十日寒之，未有能生者也。""今夫弈之为数，小数也；不专心致志，则不得也。弈秋，通国之善弈者也。使弈秋诲二人弈，其一人专心致志，惟弈秋之为听。一人虽听之，一心以为有鸿鹄将至，思援弓缴而射之，虽与之俱学，弗若之矣。

---

① 《孟子·告子上》，《十三经注疏》，中华书局 1980 年版，第 2749 页。
② 《孟子·离娄上》，《十三经注疏》，中华书局 1980 年版，第 2718 页。
③ 《孟子·公孙丑上》，《十三经注疏》，中华书局 1980 年版，第 2685 页。
④ 《孟子·离娄上》，《十三经注疏》，中华书局 1980 年版，第 2721 页。

为是其智弗若与？曰：非然也。"① 孟子这里讲的是学习的普遍规律，修养品德，磨炼性格，锻炼意志，更需要坚持不懈，持之以恒，永远不自我满足，更不自我放纵。

三、艰苦磨炼。孟子认为，艰苦的环境，困难的条件，是磨炼意志，增强才干，锻炼身体，不断走向成熟的重要条件。任何一个成就卓著的人物，无论是帝王还是臣子，是大学问家还是技艺精湛之手艺人，无不经过了在艰苦环境中的长期锻炼："舜发于畎亩之中，傅说举于版筑之间，胶鬲举于鱼盐之中，管夷吾举于士，孙叔敖举于海，百里奚举于市。故天将降大任于是人也，必先苦其心志，劳其筋骨，饿其体肤，空乏其身，行拂乱其所为，所以动心忍性，曾益其所不能。"② 这里孟子其实总结了人才成长的普遍规律，即人才不是在一贯风调雨顺的环境，鲜花美酒的条件下成长的。要想成为一个优秀人才，成为一个具有君子人格的卓荦之士，只有在极其艰苦的环境，复杂多变的条件下，全身心地投入，坚持不懈地奋斗，九死一生，万苦备尝，才能脱颖而出，拔出同列，成为时代的精英。

四、独立思考。任何人都不能选择他的时代，当他来到世界上的时候，他碰到的是既定的社会现实和各种关系以及各种不同的思想观念。在这种情况下，一个人很容易为外物、外力和外来的思想观念所左右，很容易随波逐流，而这恰恰是君子所不齿的。要想成为一个始终保持君子人格的大丈夫，就必须每时每刻保持清醒的头脑，遇事独立思考，问个为什么。孟子是一个一生保持独立思考的人，他无论走到哪里，无论见到什么人，不管是高高在上的君王，还是大名鼎鼎的思想家，孟子都是坚持自己的观点，宣传自己的主张，既不媚俗，更不媚权，越是在君王面前，他越是侃侃而谈，顽强地维护自己的观点。在他身上，没有丝毫的奴颜和媚骨。对于他最崇拜的人，也不苟同。例如孔子对齐桓、晋文等春秋五霸是赞扬的，这在《论语》中有明确的记载，但孟子却说："仲尼之徒，无道桓文之事者。"他对儒家视为神圣的经典如《尚书》就提出质疑："尽信《书》，则不如无《书》。吾于《武成》，取二三策而已矣。仁人无敌于天下，以至仁伐至不仁，而何其血之流

---

① 《孟子·告子上》，《十三经注疏》，中华书局 1980 年版，第 2751 页。

② 《孟子·告子下》，《十三经注疏》，中华书局 1980 年版，第 2762 页。

杵也?"①

　　孟子的自我和谐论比较全面地论述了人的自尊、自爱、自强、自立、自省、自我加压、自找苦吃等一系列自我完善的理论,以向内的不倦追求应对外界不断变化的环境和形势。不论外界如何变化,都要保持自己的独立人格、独立见解、独立思考和行事的原则,不屈服压力,不屈服强权,不献媚流俗,苟心之所善,虽千夫所指,勇往直前。孟子的这种品格和作风,正是在战国时代思想言论自由、百无禁忌的环境中培育出来的。这几乎是那一代知识分子普遍具有的品性和行事风格,而在孟子身上得到了最集中的体现。这是中国知识分子最可宝贵的品格。然而,这种品格却与后来中国封建社会的君主绝对专制不相容,而越来越多的知识分子在专制的淫威下,为了荣华富贵和趋利避祸,逐渐将孟子自我和谐、自我完善的理论和实践原则变成了揣摩、迎合君主和上司的理论和实践原则,孟子之类的人物也就只能是凤毛麟角了,这是中国知识分子的悲哀。孟子的自我和谐、自我完善的理论和实践原则虽然有其特定的时代内容,但其中所蕴含的具有普世价值的真理则是永恒的。

第六节　深远影响

　　公元前479年,儒家创始人孔子寿终正寝,由他创立的儒家学派在一度辉煌后开始进入衰颓时期。而这个时期持续了百余年的岁月,即从公元前479年孔子谢世至孟子40岁的公元前333年,几近一个半世纪。这一时期,尽管儒学作为一个学派继续存在,但声势却不断衰微,在政治和思想上的影响日益缩小。原因是多方面的。首先,是时代的急剧变化。孔子死后不久,中国历史就进入战国时期(前475—前221年)。按照郭沫若的古史分期观点,这时的中国已经进入封建社会。如果说,此前的由奴隶社会向封建社会过渡的春秋时期(前770—前476年)是处在"礼崩乐坏"之中,孔子的"克己复礼"的疾呼还有些市场的话,那么,已经进入封建社会的战国时期,"礼崩乐坏"的过程已经基本完结,"克己复礼"的疾呼只能是呼着寥寥,应

---

① 《孟子·尽心下》,《十三经注疏》,中华书局1980年版,第2773页。

者更寥寥了。孔子的弟子们虽然还在不遗余力地四处宣传儒学的基本理论，如曾子居成武聚徒讲学，子夏居西河做魏文侯的老师，第二代传人乐正子春、曾申、公仪休、泄柳、申详、子思等也在坚守着儒学的阵地，但已经难以产生如孔子当年的影响了。因为当时的列国君王们更钟爱的是在富国强兵上立竿见影的理论和学说，而这恰恰是儒家学说的弱项。其次，孔子死后，尽管其弟子中的大部分人都还健在，但其能力和影响却无法同老师相比。曾参和子夏可算是孔门弟子中的佼佼者，然而，他们都没有留下像《论语》那样的著作。就算《孝经》出自曾参之手（并未得到学术界的共识），其影响也十分微弱。第二代传人中的子思算是孔子之后儒学上的一个出类拔萃之辈，但他的著作《中庸》也仅仅是在哲学思想上对祖父的思想有所推进，还不能在整个体系上回应时代的要求。显然，孔子去世后的一百多年中，儒家学派的境况实在是"不绝如缕"，在极度青黄不接中经历着艰难的岁月。再次，与儒家学派的不景气形成鲜明对比的，是其他学派在此一时期的崛起。在孔子的时代，与儒学相拮抗的，主要是老子创立的道家学派，但因老子早于孔子去世，且其宣扬的消极避世的理论又很难被社会广泛接受，所以无法与儒学竞争。而刚刚产生的以少正卯、邓析等为代表的早期法家学说也还不具备与儒学抗衡的能力，这就造成儒学一时独占鳌头、极尽风光的局面。孔子去世之后，一方面儒学因失去孔子这样的主帅而走向寥落，而同时，其他学派却应着时代的大潮呈现了一个辉煌崛起的局面。如，据钱穆《先秦诸子系年》"通表"考订，降生于孔子去世之年前后的墨子，30多年后已经在思想和学术上崭露头角。他不仅写出了一部具有严整体系的著作《墨子》，对儒学进行毫不留情的批判，而且组织了一个庞大且纪律严明的团体，风尘仆仆于列国之间，不厌其烦地宣传自己的学说，形成了具有广泛影响的墨家学派。他大约在公元前444年（周贞定王二五年　鲁悼公二四年　魏文侯三年　楚惠王四五年）前后只身跑到楚国，以"非攻"之论阻止了楚国对宋国箭在弦上的一场战争。此后，他与自己的学生禽滑釐等人，辗转于魏、宋、鲁、齐等诸侯国，将墨家学派的影响远播几乎所有的地方。就是在墨子去世之后，墨学的势力依然强劲，在孔子西行不到的秦国，也有墨家学派的代表人物跻身于高官行列。与墨家学派差不多同时，道家学派也诞生了一个著名的代表人物，他就是杨朱。此人的著作虽然没有完整地保留下来，但保存在《孟子》《列子》等典籍中的资料，足以证明这位以"拔一毛利天下而不为"为信条的特立独行的人物，在当时是如何的惊世骇俗。再后，约在公元前368年（周显王元年　秦献公一七年　魏惠王三年），道家的另一位明星庄周也在宋国的蒙地（今山东东明）呱呱坠地，他将给道家学派带来一次新的辉煌。孟子一直将墨家和杨朱代表的道家作为最主要的批判对象，说明他们的势力当时已经是如日中天。公元前402年（周威烈王二四年　鲁缪公一四年　魏文侯更元二三年）前后，随着子思的仙逝，儒学呈现前所未有的萧条，而恰恰是在此以后，申不害、卫鞅、慎到等法家代表人物相继登场，他们出将入相，驰骋政坛，在思想和学术上也摆出咄咄逼人的架势。而随着稷下学宫的建立，各学派代表人物更是借助这个平台互相辩诘，争奇斗艳，墨、道、法、名、阴阳等许多学派的精英们，如邹衍、淳于髡、慎到、环渊、接子、田骈、邹奭都在这里大展拳脚。另外，在思想和学术上没有多少创新亮点的纵横家们，积极投身当时的政治和外交斗争，在列国间掀起了一场又一场纵横捭阖、波谲云诡的活剧。一时间，他们的气焰几乎屏蔽了其他所有学派的光芒。

这种形势表明，由于时代和自身的原因，到孟子诞生的时候，儒家学派已经面临着空前的生存危机。孟子自幼在具有浓厚儒学氛围的邹鲁之地生活和学习，强固的文化传统，沦肌浃髓的学术认知，使他逐渐形成了对儒学情有独钟的思想倾向。大概从青年时代起，他就愈来愈感到儒学所面临的严峻形势，愈来愈感到自己在振兴儒学上所肩负的历史使命。当他学业有成，以玉树临风的青年才俊走向思想学术"百家争鸣"的竞技场时，他就以"天降大任"于己身的使命感自觉地挑起了重振儒学的重担，义无反顾、一往无前地呼啸着冲锋陷阵，以千古不朽的《孟子》一书，攀上战国时代思想学术的制高点。不仅挽儒学既颓之波，而且将其推向又一个新的发展高峰。

孟子在战国时代尽管登上了思想学术的制高点，与其他学派的代表人物如墨子、庄子、荀卿、韩非等并肩而立，体味了阅尽人间春色的壮志与豪情。但是，那时的孟子，并没有进入列国当权派的法眼，与法家代表人物的出将入相，纵横家代表人物在政坛上的叱咤风云相比，他是被边缘化的人物。其原因，正如司马迁所揭示："当时之时，秦用商君，富国强兵；楚、魏用吴起，战胜弱敌；齐威王、宣王用孙子、田忌之徒，而诸侯东面朝齐。天下方务于合纵连横，而孟轲乃述唐虞三代之德，是以所如者不合。"① 两汉时期，尽管儒学被"定为一尊"，但孟子却没有获得较高的尊宠，《孟子》一书也没有被立为博士。其间，虽然从刘向起即有多人为《孟子》一书作注，东汉的赵岐为之作章句，在卷首的《孟子题辞》中，赞誉该书"包罗天地，揆叙万类；仁义道德，性命祸福，粲然靡所不载"，称颂孟子是"命世亚圣之大才"，但孟子及其著作却同时遭到王充等人的抨击，《论衡·刺孟篇》就将他毫不客气地予以非难。此后，直至魏晋南北朝隋唐，当孔子及其后裔被封建王朝一封再封的时候，孟子及其后裔却没有得到来自朝廷的任何封赏。从春秋至唐代开元年间，当颜回等10哲的坐像、72弟子以及左丘明、伏生、马融、郑玄、王弼、范宁等22贤的图像都在孔庙与孔子一起接受祭祀的时候，孟子仍然没有摆脱寂寞寥落的局面，以致他的墓地也长期泯灭无闻，被弃置于荒烟蔓草间。这就是说，在相当长的历史时期内，孟子和他著作的价值没有被发现，更别说开掘和发扬了。

自中唐开始，孟子寂寞寥落的局面开始出现转机。韩愈首创"道统论"，将孟子编排进中国承续道统的圣人之列："尧以是传之舜，舜以是传之禹，禹以是传之汤，汤以是传之文、武、周公，文、武、周公传之孔子，孔子传之孟轲，轲之死，不得其传焉。"② 赞誉孟子"功不在禹下"③，认为"自孔子没，群弟子莫不有书，独孟轲氏之传得其宗"，"故求观圣人之道，必自《孟子》始"④。之后，公元863年（唐懿宗咸通四年），皮日休上书朝廷，要求将《孟子》升经，纳入科举考试中。韩愈和皮日休的大力鼓吹，为宋代的进一步尊孟提供了理论依据。

宋朝是孟子地位提升的关键时期。宋真宗大中祥符年间，山东儒生孙奭奉命校勘《孟子》，并与王旭一起作《孟子音义》2卷，在序中赞誉《孟

① 司马迁：《史记》卷七十四《孟子荀卿列传》，中华书局1959年版，第2343页。
② 郭预衡主编：《唐宋八大家散文总集》卷一《韩愈柳宗元·原道》，河北人民出版社1995年版，第46页。
③ 郭预衡主编：《唐宋八大家散文总集》卷一《韩愈柳宗元·与孟尚书书》，河北人民出版社1995年版，第138页。
④ 郭预衡主编：《唐宋八大家散文总集》卷一《韩愈柳宗元·送王秀才序》，河北人民出版社1995年版，第187页。

子》"其言精而瞻，其旨渊而通，致仲尼之教，独尊于千古"①。其后，范仲淹、欧阳修等人继之，对孟子思想更是大加赞扬，将其提升至与周公、孔子并列的地位。欧阳修在《与张秀才第二书》甚至说："孔子之后，唯孟轲最知道。"② 再后，泰山学派的孙复、石介等对孟子的地位和作用作了进一步的阐发，孙复说：

> 孔子既没，千古之下，驾邪怪之说，肆奇险之行，侵轶我圣人之道者众矣，而杨、墨为之魁，故其罪剧；孔子既没，千古之下，攘邪怪之说，夷奇险之行，夹辅我圣人之道者多矣，而孟子为之首，故其功钜。
>
> 昔者二竖去孔子之世未百年也，以无君无父之教行于天下，天下惑而归之。嗟乎！君君、臣臣、父父、子子，邦国之大经也，人伦之大本也，不可斯须而去矣。而彼皆无之，是驱天下之民舍中国而之夷狄也，祸孰甚焉。非孟子孰能救之？故孟子慨然奋起，大陈尧、舜、禹、汤、文、武、周公孔子之法驱除之以绝其后。援天下之民于夷狄之中，而复置之中国，俾我圣人之道炳焉而不坠。③

石介说：

> 孔子既没有，微言遂绝，杨、墨之徒，榛塞正路，孟子正人心，息邪说，距诐行，放淫辞，以辟杨、墨，说齐宣、梁惠王七国之君，以行仁义。④

由于山东诸儒的大力推尊，孟子的地位和影响迅速上升。1038 年（宋仁宗景祐五年），孔子第 45 代孙、兖州知州孔道辅在邹邑东北 30 里的四基山麓访得孟子墓，于是加以修葺，并在墓前建庙祭祀。随后又访得孟子 45 代孙

---

①　司马光：《涑水纪闻》卷四，电子版文渊阁四库全书。

②　郭预衡主编：《唐宋八大家散文总集》卷二《欧阳修上》，河北人民出版社 1995 年版，第1183 页。

③　《孙明复小集·兖州邹县建孟庙记》，电子版文渊阁四库全书。

④　石介：《徂徕石先生文集》卷一四，《与士建中秀才书》，电子版文渊阁四库全书。

孟宁，为其从朝廷请得迪功郎的封号和邹县主簿的职务，专门主持孟子墓、庙的祭祀。这是孟子墓和祠庙设专职祭祀官员的开始。到宋神宗时期，虽然理学学派纷呈，但无论是二程代表的"洛学"，张载代表的"关学"，还是王安石代表的"新学"，都无不推尊孟子。二程赞誉"孟子有功于道，为万世师表"①。张载将《孟子》置于《论语》的同等地位。王安石不仅将《孟子》作为新法的重要依据，而且促成将其列入科举考试科目。1083 年（元丰六年），神宗下诏追封孟子为"邹国公"；第二年，他又下诏以孟子配享孔子，使孟子走进孔庙，与孔门弟子和众多先贤一起享受国家级的祭祀。1086 年（元祐元年），宋哲宗下诏钦定孟子雕像的规格。宣和年间，《孟子》被列为十三经之一。南宋孝宗时期，著名理学家朱熹将《论语》《孟子》和《礼记》中的《大学》《中庸》合编为"四书"，成为士子们应对科举考试必读的最重要的经典，地位甚至超过了其他经书。此后，孔子、孟子的思想就合称"孔孟之道"，成为儒家思想的代名词，中国传统文化的核心内容。

自宋朝追封孟子为邹国公始，后世不仅对他的祭祀日益崇隆，而且连带他的弟子也沾带风光。1115 年（政和五年），宋徽宗追封孟子弟子公孙丑等 17 人为伯爵，进入孟子庙两庑享受祭祀。金朝进入北中国后，继续对孟子的推崇，并于 1174 年（大定十四年）下诏将孔庙中的孟子雕像由后堂移至正殿，置于孔子雕像的右侧。蒙古人入主中原建立的元朝对儒学的尊崇超过宋、金两朝，对孟子的封赏延及他的父母。1316 年（元祐三年），元仁宗追封孟子之父为邾国公，母为邾国宣献夫人。1330 年（至顺元年），元文宗又加封孟子为邹国亚圣公。朝廷除按定例遣官致祭外，凡因公务经过邹县的大臣都亲临孟庙致祭或派员代祭。

明朝建立之初，因草莽出身的开国皇帝朱元璋对孟子的话"君之视臣如土芥，则臣视君如寇仇"大为不满，下令取消孟子配享孔庙的制度。全赖时任刑部尚书钱唐的据理抗疏，并以"臣为孟子柯死，死有余荣"②的凛然正气感动了朱元璋，才又恢复了孟子配享孔庙的待遇。1530 年（嘉靖九年），明世宗批准大学士张璁的建议，孟子不再称"邹国亚圣公"，单称"亚圣"。

①　《二程集》，中华书局 1978 年版，第 76 页。
②　张廷玉等：《明史》卷一百三十九《钱唐传》，中华书局 1995 年版，第 3982 页。

清朝对孟子的尊崇达到历史之最。1686 年（康熙二十五年），皇帝在颁布御制《至圣先师孔子赞》的同时，也颁布了对颜曾思孟等"四圣"的赞文。第二年，又颁布《御制孟庙碑记》并在孟庙立碑，碑文中有"岳岳亚圣，岩岩泰山；功迈禹稷，德参孔颜"的崇高赞语。1694 年（康熙三十三年），皇帝亲笔为开封的孟子游梁祠题写"昌明仁义"的匾额。1725 年（雍正三年）八月，皇帝颁布御制孟子庙匾额"守先待后"和孟府匾额"七篇遗炬"。1738 年（乾隆三年），皇帝降旨为孟母封号再加"端范"二字，称"邾国端范宣献夫人"。1748 年（乾隆十三年），皇帝颁布御制《四圣赞》，称颂孟子"卓哉亚圣，功在天地"，同时亲笔为孟庙亚圣殿题写"道阐尼山"的匾额和"尊王言必称尧舜，忧世心同切禹颜"的对联，并御制《祭孟子庙文》遣官致祭。乾隆皇帝在位期间，亲临孟庙拈香行礼二次，遣官致祭五次，从而将历代王朝对孟子的尊崇推至最高水平。

随着时间的推移，孟子的思想影响逐渐越出了国界。秦汉时期（前221—前 220 年），一方面是儒学逐渐成为中国封建王朝认可的主流意识形态，一方面是以中国为中心的、以使用汉字为标志的汉文化圈初步形成。当时，两汉的行政管辖权深入到今日越南和朝鲜的大部分地区，在越南设立交趾、九真、日南三郡，在朝鲜设立乐浪、真番、临屯、玄菟等郡。《孟子》与先秦时期的其他重要典籍如五经和诸子等典籍都传到这些地区，使这些地区初步沐浴了汉文化特别是儒学的灵光。

魏晋南北朝时期（221—589 年），汉文化对汉文化圈内的朝鲜、越南、日本等的影响进一步加深。隋唐五代（589—960 年）近 4 个世纪的岁月，是中国古代历史上最开放的时期。一方面，唐朝政府欢迎外国各界人士来华留学、工作和经商，使侨民遍布当时中国三分之一的州郡，最盛之时，长安的留学生达万人之多。这些人成为接受和传播中国文化的使者。另一方面，众多的中国官员、僧侣和民众走向世界各地，成为传播中国思想文化的重要载体。这一时期，新罗统一了朝鲜半岛，它设立"国学"机构，以五经等儒家典籍为基本教科书，同时还规定国学外的书生如能熟读儒家经典即"超擢用之"[①]。儒学对日本的影响更加显著，如圣德太子制定的《官位十二阶》即

---

① 《三国史记》卷八《新罗本纪》，电子版文渊阁四库全书。

以德和五常仁、义、礼、智、信命名。《孟子》也随着其他儒学经典逐步为日本官民，尤其是学者所熟悉。

两宋时期（960—1279年），中国经济高度发展，文化空前繁荣，海外贸易十分活跃。频繁的经贸往来为文化交流架设起友谊的长桥。高丽的统治者非常重视中国书籍的输入，不断向宋朝求书。宋朝皇帝先后多次将当时中国的重要典籍，包括《孟子》赠送给高丽王朝。日本入宋的僧侣也积极在中国寻访书籍，包括《孟子》《孟子精义》《晦庵集注孟子》在内的数以百计的典籍被运回日本。与此同时，中国的印刷术传入朝鲜、日本和越南等国，使它们在大量输入中国典籍的同时，也大量印刷这些典籍并回输中国。这一时期，高丽、日本和东南亚诸国受到理学的影响越来越大，孟子的思想影响自然超过了隋唐时期。

元朝（1271—1368年）统治全中国的时间虽然不足百年，但由于它建立了中国历史上幅员最辽阔的帝国和海上陆上最辽远的"丝绸之路"，就使这一时期的海外贸易空前发达，同时也使中外文化交流在深度和广度上较前有更大拓展。元朝赠送高丽王朝的中国典籍多达万卷，《朱子全书》作为孔孟儒学的正宗在那里得到广泛传播。此期，中日之间僧侣来往特别频繁，加上大量宋遗民在日本定居，儒学对日本的影响更加深广了。

明朝时期（1368—1644年），中国与东亚儒学文化圈的朝鲜、日本和越南等东南亚国家的经济文化交流较前代更加深入和发展。如明朝皇帝多次向朝鲜国王或朝鲜使团赠送"五经""四书"之类的典籍数以千百计。《五经大全》《四书大全》《性理大全》等作为教科书在朝鲜的全面推行，就使那里的各级学校的理学教育和科举考试有了系统的经义标准。明朝与日本使团来往频繁，僧侣互访不断，朱子学在日本获得了广泛传播。为了克服本国人直接阅读汉文理学著作的障碍，京都南禅寺的歧阳方秀（1363—1424年）还对朱熹的《四书集注》标注了日本假名，这种"汉籍和训"大大便利和加速了四书等典籍的传播。明朝与安南关系较前更为密切。安南的胡朝灭亡后，明朝宣布改安南为交趾，在那里设三司进行直接管理。明成祖于1415年下令在安南的府、州、县设立儒学学校，并从全国各地选取儒学教师前往任教。不久又向安南各府、州、县颁赠"五经""四书"、《性理大全》等儒学经典，并要求各地按定额选拔生员到北京国子监学习。由此，使儒学以较前更大规模、更快速度向安南传播。

从明朝中叶到 1840 年的鸦片战争前，在中外文化交流史上出现了一个新现象，这就是欧洲传教士的东来和他们以西文翻译中国的经典。如意大利耶稣会士罗明坚最早将《孟子》译成西文，意大利耶稣会士利玛窦 1593 年将四书译成拉丁文。随后，从 16 世纪末到 18 世纪初，中国的五经、四书等典籍陆续译成西文出版发行并得到广泛传播，为欧洲人了解中国开启了一扇重要的窗口。此一时期，儒学发展的最新成果宋明理学在朝鲜、日本、越南等儒学文化圈得到更进一步的传播。在柬埔寨、印度尼西亚、槟榔屿等地，也建孔庙，设学校，传授五经、四书。这一时期，与西学东渐相呼应的是东学西渐的日益澎湃，孔子和儒学对法国资产阶级启蒙思想的产生曾起了巨大启迪作用。

1840—1911 年 70 多年的清朝晚期，是中国遭受西方殖民主义者疯狂侵略，逐渐沦为半殖民地半封建社会的历史时期，但也是中外经济文化交流空前活跃的时期。在西学大量输入中国、引起中国思想文化发生巨变的同时，以儒学为核心的中国文化即东学也以前所未有的规模和速度向西方传播。如1869 年清朝总理衙门就应美国政府的要求，经皇帝批准后，将包括《孟子》在内的十三经等典籍赠予美国。其他各国也通过各种渠道从中国收集大量典籍，充实他们的研究机构和图书馆。同时，中国典籍的西文翻译，无论规模还是水平，都大大超过以前。如学贯中西的著名学者辜鸿铭，就在这期间将四书等典籍翻译成英文，其水平远远超过此前传教士翻译的作品。随着与中国交往的日益加深和频繁，特别是大量中国典籍在西方的传播，欧美各国汉学研究的规模和水平不断提高。英国牛津大学教授理雅各（1815—1897 年）是第一位汉学讲座教授，他以毕生精力完成了包括四书、五经在内的《中国经典》的译作。法国汉学家顾赛芬（1835—1919 年）不仅编著了《法华词典》和《汉法大字典》等工具书，而且完成了四书和其他经书的法汉对照本，极大地便利了中国传统文化在法国的传播。

中华民国时期（1912—1949 年），随着中外文化交流的进一步扩大，西方的汉学研究取得了更加显著的成绩。如德国人卫礼贤（1873—1930 年）两次来中国，多年寓居青岛。他将中国不少经书和子书译成德文并达到信、雅、达的高水平，《孟子》就是在 1916 年第一次译成德文的。在日本，此期也出现了大量中国经典的日译本，1926 年出齐的《日本名家四书注释全书》，大大便利了孟子思想在日本的传播。在印度，著名学者泰戈尔在他创办的国际大学中安排汉学课程，聘请中国学者谭云山前去教授中文和进行学术交流。1937 年又在国际大学创办了中国学院，它既是印度了解中国的窗口，又是印度汉学的研究基地，在中印文化交流中发挥了重要作用。

1949 年新中国成立后，特别是改革开放以来，随着中国国力的日益强大和国际地位的不断提高，世界各国都加强了与中国的文化交流，对中国传统文化的研究和吸纳更以空前的规模和速度发展。如韩国 20 世纪 60 年代出版的《世界思想全集》，其中 6 卷介绍中国的思想，孟子和《孟子》一书是重点之一。1980 年成立的新加坡国立大学中文系，是该国从事中国语言、历史、哲学教学和研究的中心，其中的哲学史研究，孟子思想是重要内容之一。在其出版的《学术论文集刊》第二集中，就发表有苏新鋈的论文《孟子的美学思想》。21 世纪开始十年以来，数以百计的孔子学院几乎遍布与中国建交的所有国家，孟子思想作为中国传统思想文化的重要组成部分，正以前所未有的规模和速度大步走向世界。

第七节　永恒的思想文化遗产

孟子是伟大的思想家、政治家和教育家，是儒学思想史，也是中国思想史上承前启后的关键人物之一。没有孔子，不可能创立儒家学派；没有孟子，儒家学派不可能在战国时期重振雄风，蔚为大观，儒学也不可能对后世的中国和世界产生如此巨大和深远的影响。孟子之被推尊为仅次于孔子的"亚圣"，实在是实至名归，对他来说，应该是当之无愧的。

《孟子》一书作为中国传统文化的元典，集中展现了孟子博大精深的理论和学说，蕴涵着许多具有永恒价值的极其宝贵的思想遗产。

孟子在中国历史上首次推出国家统一的观念。当梁惠王问他"天下恶乎定"时，他毫不犹豫地对以"定于一"。从此以后，中国的统一就成为最重要的民族大义而被后世所丰富发展和不断强化。这其中所包含的深厚的爱国主义情怀，成为众多志士仁人和中国人民前赴后继为祖国的统一、独立和富强而不惜流血牺牲、不懈奋斗的原动力，也是中国五千年文明史统一多于分裂、民族英雄得到全社会尊崇的思想理论基础。

孟子反对一切不义之战，怒斥"春秋无义战"、力主"善战者服上刑"，大倡"天时不如地利，地利不如人和""得道者多助，失道者寡助"，使"正义必胜"的理念深入人心，从而在很大程度上铸就了我国传统文化的战争观，使热爱和平、崇尚正义成为中华民族立国的旗帜。

孟子将孔子"仁"的理念发扬光大为"仁政"理想，丰富和发展了自周公、孔子以来"以民为本"的和谐社会的理论。要求建立一个君仁、臣忠、民富、国强、取民有制、使民以时的老有所养、少有所教、壮有所为、人人各得其所的与民同忧、同乐、同好的和谐社会。在这个社会里，君王"率己正人"，官吏清正廉明，百姓遵纪守法，一切都在既定的规章中有序运行。"徒善不足以为政，徒法不足以自行"，"德治"和"法治"得到完美的结合。这一充满人文主义、人道主义的美好政治和社会理想，成为后世中国所有志士仁人矢志追求的目标，长期激励和鼓舞中国人民为实现这一目标进行着不倦的奋斗。

孟子发扬儒家重视教育事业的优良传统，情系教育，忠诚教育，终生从事教育，以"得天下英才而教育之"为人生最大乐事。由于儒家和其他各学派的身体力行，使中国形成了长期重视和发展教育的恒久传统。由国家、社会和家庭组成的教育网络，即使在烽火连天的动乱岁月也没有中断运行，从而使中国优秀的传统文化通过教育得到传承和发展，也使中国成为世界上少数几个历史和文化得以长期延续的文明古国。

孟子强调每一个人，尤其是社会上的仁人君子，必须承担起对国家、民族和社会的责任，以"当今之世，舍我其谁"的气概，"平治天下"，安定民生。他一生风尘仆仆于列国的王廷，周旋于国君和权臣之间，不遗余力地推行自己的仁政理想，虽四处碰壁而不悔，知其不可而勉力躬行，期望澄清天下，救民水火。他以自己一生的言行树立了一个为民救世的典范，诠释着永不言败的责任意识。此后，以天下为己任的国家民族观念和责任担当意识，就成为中国绝大多数知识分子责无旁贷的人生理念。

孟子一生推尊和弘扬"杀身成仁，舍生取义"的价值理想，鼓吹"富贵不能淫，贫贱不能移，威武不能屈"的大丈夫精神，追求遗世独立、行我心之所善的仁人君子品格。为此，他要求人们一生不倦地学习知识，刻苦地修养品德，"养浩然之气"，践行仁、义、礼、智、信的道德理想，将人性中的善端发挥到极致，以达到与天地同流，参天地之化育的"天人合一"的最高境界。这一境界成为中国绝大多数知识分子的终极追求，而正是在这一不倦的追求中不断涌现出众多国家和社会的坚强脊梁，支撑着中华民族一次次在艰难险巇中英勇奋起，一次次在几近毁灭中浴火重生。

孟子是文章圣手，写作巨匠。《孟子》7篇，如高屋建瓴，凌绝览山，气势宏伟、激情澎湃、议论纵横、犀利风发，是先秦诸子散文的典范之一。其谋篇布局的匠心独运，无懈可击的逻辑推导，强化立论的引经据典，生动形象的比喻运思，绘形绘色的故事叙述和声情并茂的人物描摹，给一代又一代的文学家和作家以用之不竭的启迪，对中国文学的发展产生了深巨的影响。

孟子是同孔子一起，随着"五经""四书"等典籍的传播为域外所知晓的中国思想文化巨人。先是在东亚文化圈，继而是欧美和世界各个国家和地区，他的思想作为中国思想文化的重要因子不断得到传播和诠释，产生着越来越大的影响。作为世界级的思想文化巨人，他为中华民族赢得的是历久不衰的无上荣耀。

孟子和他的思想，是中国的具有恒久价值的文化遗产，永远值得我们珍视和怀恋。

第四章　孟子研究

第一节　战国思想家、学者与孟子的互动

　　孟子生活的战国中期，是中国历史尤其是思想史上最精彩的时段之一。一方面是七雄秦、齐、燕、楚、韩、赵、魏等诸侯国内部的封建化改革先后次第展开，各诸侯国之间的军事和政治斗争更加激烈和残酷，大规模的战争在列国间频繁上演；连横与合纵的政治外交折冲不断波谲云诡地进行。一方面是"百家争鸣"的思想学术论争如火如荼，儒、墨、名、法、道、阴阳、农、杂、纵横、兵等诸子百家各流派及其代表人物或轮番上场，或同台竞技，既互相攻讦，看似势如水火，又彼此吸纳，互纠互补，构成光怪陆离、千姿百态的文化盛景。孟子积极参与其中，与各派在各种形式的互动中完善自己的学说，创造各自的辉煌。

　　孟子自称孔子的"私淑弟子"，上承孔子、曾子、子思，下启荀子，将孔子开启的儒学推向一个新的高峰，在与他之前的儒学的良性互动继承中使自己脱颖而出，成为儒学史上仅次于孔子的伟人，为日后中国优秀传统文化"孔孟之道"的建构做出了无与伦比的贡献。

　　孟子是在猛烈批判杨、墨的思想辩诘中登场的，这就使他与道、墨两派产生了密切却又敌对的关系。

　　杨朱是战国中期道家学派的代表人物。道家学派创自春秋时期的老子，他通过对"道"的论述创建了自己的学派。他将"道"认定为宇宙的总根源和总规律："道生一，一生二，二生三，三生万物。"在道家思想中，还有对社会生活的极其冷峻的观察。如"民之饥，以其上食税之多，是以饥。民之难治，以其上之有为，是以难治。民之轻死，以其上求生之厚，是以轻

死"①。"民不畏死，奈何以死惧之"？②"窃钩者诛，窃国者为诸侯，诸侯之门而仁义存焉"③，透出了对社会矛盾和阶级矛盾激化原因的接近真实的思考。"罪莫大于可欲，祸莫大于不知足，咎莫大于欲得"④，显示了对贪欲无厌的否定和对富贵无常的感悟。道家特别重视自己的生命，认为仁义道德的说教，富贵利禄的诱惑，都是对人的本性的戕害。人们有权按照自己的意愿选择顺应自然本性的生活，所以"拔一毛利天下而不为"的杨朱就不应该受到谴责，而应该得到同情和理解。孟子将杨朱为代表的战国道家界定为绝对的利己主义者，从人们必须承担社会责任意识的角度对他们进行批判。

墨翟是战国墨家学派的创始人。他激烈反对儒家的"爱有等差"的理论，主张爱无等差，"兼相爱，交相利"。其学说由 10 个信条组成：

> 子墨子曰：凡入国，必择务而从事焉。国家昏乱，则语之尚贤尚同；国家贫，则语之节用节葬；国家熹音湛湎，则语之非乐非命；国家淫僻无礼，则语之尊天事鬼；国家务夺侵凌，即语之兼爱非攻。⑤

孟子认为当时对儒学和社会的道德人心危害最大的就是杨朱的"为我"和墨子的"兼爱"，所以对他们进行不遗余力的攻击：

> 圣王不作，诸侯放恣，处士横议，杨朱、墨翟之言盈天下。天下之言不归杨，则归墨。杨氏为我，是无君也；墨氏兼爱，是无父也。无父无君，是禽兽也。公明仪曰："庖有肥肉，厩有肥马，民有饥色，野有饿莩，此率兽而食人也。杨墨之道不息，孔子之道不著，是邪说诬民，充塞仁义也。仁义充塞，则率兽食人，人将相食。吾为此惧，闲先圣之道，距杨墨，放淫辞，邪说者不得作。作于其心，害于其事；作于其事，害于其政。圣人复起，不易吾言矣。昔者禹抑洪水而天下平，

①　《老子》第 75 章，《诸子集成》3，上海书店 1986 年影印版，第 44 页。

②　《老子》第 74 章，《诸子集成》3，上海书店 1986 年影印版，第 44 页。

③　《庄子·法箧》，《诸子集成》3，上海书店 1986 年影印版，第 60 页。

④　《老子》第 46 章，《诸子集成》3，上海书店 1986 年影印版，第 28 页。

⑤　《墨子·鲁问》，《诸子集成》4，上海书店 1986 年影印版，第 288 页。

周公兼夷狄、驱猛兽而百姓宁，孔子成《春秋》而乱臣贼子惧。《诗》
云：'戎狄是膺，荆舒是惩，则莫我敢承。'无父无君，是周公所膺也。
我亦欲正人心，息邪说，距诐行，放淫辞，以承三圣者；岂好辩哉？予
不得已也。能言距杨墨者，圣人之徒也。"①

孟子以少有的激愤发出了对杨墨的猛烈批判，其火力之猛，义愤之烈，给两
人所加罪名之重，在他批判过的人中几乎无出其右。其实这里更多反映的是
他作为当时儒家学派代表人物的思想和学术偏见。孟子批判杨朱的主要罪名
是"为我"，同时将"为我"与"无君"联系起来。孟子将杨朱说成是一个
绝对的个人主义者。孟子集中批判墨子的"兼爱"，并将"兼爱"与"无父"
等同起来。这样的批判显然有失偏颇和公平。因为"为我"与"兼爱"显然
不能与"无君""无父"联系起来。然而，尽管孟子对杨墨的批判在学理上
大有商榷的余地，但是，由于他的近乎"欲加之罪"的批判，再加上其他
原因，这两个学派在战国后期就呈现出不可挽回的衰颓之势。稍后于孟子，
道家学派虽然又产生出庄子这样的伟人，但他在评判先秦诸子的《天下篇》
中，竟然没有对孟子置一词的褒贬，其中的原因，一是庄子可能感到强势的
孟子难以置喙，一是资讯贫乏的庄子没有得到完整的有关孟子的资料，故意
避而不谈。孟子虽然猛烈批判墨子，其实他们之间还是有共同语言的，例
如，他们都具有强烈的民本意识，他们都热切向往贤人政治。

　　与孟子同时活跃在列国间的纵横策士，是当时政治上最具呼风唤雨能
力的人物。作为外交精英的代表，他们洞悉列国形势，深谙每一个国家的政
治、经济、军事状况以及山川民俗和社会风气，对各国国君的性格、爱好、
脾气等也都了然于胸。他们善于揣摩国君的心理，反应机敏，长于辩论，口
若悬河。他们为达目的不择手段，无中生有，颠倒黑白，不讲信义，反复无
常，阴谋诡计，翻手为云，覆手为雨。他们的人生追求是荣华富贵，为此，
不惜投机钻营，卖友求荣。他们的人格是卑微的，但是作为历史的不自觉工
具，正是他们的活动推进了列国之间的斗争，构成了战国统一进程中最为扣
人心弦、多姿多彩、酣畅淋漓的剧目。尽管没有孟子直接与苏秦张仪见面的

---

① 《孟子·滕文公下》，《十三经注疏》，中华书局1980年版，第2714—2715页。

记载，但在他与学纵横之术的景春见面的时候，二人进行了激烈的交锋。景春大肆吹捧公孙衍、张仪等纵横家是"大丈夫"，是"一怒而诸侯惧，安居而天下熄"的叱咤风云的英雄。但在孟子眼里，这帮毫无节操、朝秦暮楚、唯利是视、唯力是视的纵横家，不仅算不上大丈夫，简直就是一帮时代的罪人，是孟子推行仁政理想的最大障碍，是社会的"蟊贼"。因为他们遵循的不过是"妾妇之道"，像顺从丈夫一样地顺从他服务的君王，没有正义的头脑和独立的品格。孟子进而论证他心目中真正的"大丈夫"

> 居天下之广居，立天下之正位，行天下之大道；得志，与民由之；不得志，独行其道。富贵不能淫，贫贱不能移，威武不能屈，此之谓大丈夫。[①]

他们应该住在天下最宽广的住宅——"仁"里，站在天下最正确的位置——"礼"上，走着天下最光明的大路——"义"；得志的时候，偕同百姓循着大道前进；不得志的时候，也独自坚持自己的原则，富贵不能乱我之心，贫贱不能变我之志，威武不能屈我之节，这样的人才佩叫作大丈夫。孟子这里提出的大丈夫标准：富贵不能淫，贫贱不能移，威武不能屈。为中国的知识分子确立了两千多年的行事准则和人格标准，产生了极其深远而巨大的影响，至今还被人们视为千古不灭的人生信条。

孟子与农家学派也产生了一些交集，其代表人物是许行。因为他们的代表作《神农》汉代以后已经失传，这一学派的完整的理论休系已难以稽考，人们只能从保存他们学说片段较多的《吕氏春秋》《淮南子》和其他先秦诸子中窥视其学术风貌。大体说来，农家的政治理想是建立一个人人共同劳动、共同消费，没有阶级、没有剥削和压迫的农耕社会，因而他们重视农业科学和农业技术的研究与推广，对中国农学的发展做出了重要贡献。孟子与许行的弟子陈相就社会分工问题进行了激烈的辩论。《孟子·滕文公上》比较详细地记载了这场辩论。整个辩论围绕着社会分工和分工是否是"厉人"即剥削进行。辩论以陈相转述许行指责滕君"厉民而以自养"开始。他

[①] 《孟子·滕文公下》，《十三经注疏》，中华书局 1980 年版，第 2710 页。

认为贤人一定要和人民一道耕种，自己做饭，还要替百姓办事。如今滕国有储谷米的仓廪，有存财物的府库，这就是损害别人奉养自己。孟子认定农、工、商等不同行业和管理国家与社会事务的国君及各级官吏都是社会需要的分工，他们以各自的服务与其他行业交换，这里根本不存在谁剥削谁的问题，他首先从分工谈起，让陈相承认许行一伙用谷物交换衣服、帽子、锅、田器是谁也不剥削谁的正当行为，而且必须有这样的分工和交换社会才能正常运转。孟子进而引申，管理国家的各项事务也是社会分工，如同农民种田、工人织布、烧窑、冶铁、制器一样，都是社会不可或缺的工作，区别在于一个是脑力劳动，一个是体力劳动。有的人劳动脑力，有的人劳动体力；脑力劳动者统治人，体力劳动者被人统治；被统治者养活别人，统治者靠人养活，这是普天下的共同原则。孟子在充分肯定脑力劳动和体力劳动分工积极意义的同时，还驳斥了农家关于避免价格欺诈的观点：

> "从许子之道，则市贾不贰，国中无伪；虽使五尺之童适市，莫之或欺。布帛长短同，则贾相若；麻缕丝絮轻重同，则贾相若；五谷多寡同，则贾相若；屦大小同，则贾相若。"曰："夫物之不齐，物之情也；或相倍蓰，或相什伯，或相千万。子比而同之，是乱天下也。巨屦小屦同贾，人岂为之哉？从许子之道，相率而为伪者也，恶能治国家？"①

表面上看，陈相的说法的确令人神往：如果听从许行的学说，那就会做到市场上的物价一致，人人没有欺诈。纵令打发小孩子去市场，也没有人来欺骗他。因为许子的交易准则是：布匹丝绸的长短一样，价钱便一样；麻绵丝绵的轻重一样，价钱便一样；谷米的多少一样，价钱也一样；鞋的大小一样，价钱也一样。然而，陈相所转述的农家的这个观点，却有一个致命伤：他们标榜的数量相同就价格相同的观念，没有将质量计算在内。所以孟子反驳说：各种东西的品种质量不一致，这是自然的，由此也就导致价格的不一致，有的相差一倍五倍，有的相差十倍百倍，有的相差千倍万倍；你要不分精粗优劣，完全使他们一致，只是扰乱天下罢了。试想，大小相同的好鞋和

---

① 《孟子·滕文公上》，《十三经注疏》，中华书局1980年版，第2706页。

坏鞋一样价钱，制鞋人难道还肯去做质量好的吗？恰恰相反，听从许子的学说，不仅不会避免欺诈，而且必然率领大家走向虚伪，这哪能够治理好国家呢？孟子这里触及到一个重要的经济学问题，即商品价值的问题，他已经意识到商品价值，不仅由数量，而且由质量即由凝结其中的物化劳动的多少决定的，数量相同但质量不同，价格也就不同：同样数量的布帛，因质量不同价格可以相差数倍、数十倍甚至上百倍，原因就在于凝结于其中的物化劳动是不一样的。在中国经济史上，孟子是第一个发现商品价值秘密的人。令人惊异的是，古希腊发现商品价值秘密的人亚里士多德（前384—前322年）是孟子同时代的人，他在论证这个问题时，与孟子一样也是以鞋子作例子的。

应该承认，孟子对农家学派的批判是有积极意义的。因为农家学派主张的人人劳动、君民共耕、自食其力、反对分工的理论，是一种倒退到原始社会的理论，既是一种空想，也不具有进步和积极意义。而孟子看到了社会分工尤其是体、脑分工的积极意义，看到了发展商品经济的积极意义，即使其中有为剥削辩护的因素，也不应该否定其积极意义。因为在孟子的时代，剥削正为推动历史的发展发挥着巨大的原动力的作用。

孟子在魏国期间，与曾任魏相的著名经济财政专家白圭有所接触，并就治水和税收问题进行交锋。①

孟子与先秦思想家中继承和互动最多的应该是儒家本身。《韩非子·显学篇》将先秦儒家分为八派："有子张之儒，有子思之儒，有颜氏之儒，有孟氏之儒，有漆雕氏之儒，有仲良氏之儒，有孙氏之儒，有乐正氏之儒。"在这八派之中，孟子与子思之儒和乐正氏之儒关系最密切，前者是他思想的重要源头之一，后者乐正克是他的及门弟子，他们构成了思孟学派的数个重要支点。孟子思想显然是从孔子、曾子和子思一脉相承的。曾子（前505—前436年）名参字子舆，是春秋末期南武城（今山东费县，一说今山东嘉祥）人，他是孔子晚年最重要的弟子之一。《大学》和《孝经》基本上可以肯定出于他的手笔。《大学》提出了著名的"三纲八目"：

① 见本书第81—83页。

《大学》之道，在明明德，在亲民，在止于至善。知止而后有定，定而后能静，静而后能安，安而后能虑，虑而后能得。物有本末，事有终始，知所先后，则近道矣。古之欲明明德于天下者，先治其国；欲治其国者，先齐其家；欲齐其家者，先修其身；欲修其身者，先正其心；欲正其心，先诚其意；欲诚其意者，先致其知；致知在格物。格物而后知至，知至而后意诚，意诚而后心正，心正而后身修，身修而后家齐，家齐而后国治，国治而后天下平。自天子以至于庶人，壹是皆以修身为本。其本治而末治者否矣，其所得者薄，而其所薄者厚，未之有也。①

《大学》的"三纲八目"，着重阐述了以修身达到个体和谐，以个体和谐达到社会和谐的道理。这些精神已经被孟子继承并极大地发扬了。《中庸》一书对孟子的影响也是深刻而巨大的。该书的作者尽管至今仍然有争论，但多数学者认定其为子思。《中庸》的重要理论之一是通过人生和谐达到社会和谐和天人和谐。《中庸·第二十章》提出了治理天下国家的"九经"以及如何实行"九经"的问题：

凡为天下国家者有九经，曰：修身也，尊贤也，亲亲也，敬大臣也，体群臣也，子庶民也，来百工也，柔远人也，怀诸侯也。修身则道立，尊贤则不惑，亲亲则诸父昆弟不怨，敬大臣则不眩，体群臣则士之报礼重，子庶民则百姓劝，来百工则财用足，柔远方则四方归之，怀诸侯则天下畏之。

齐明盛服，非礼不动，所以修身也；去谗远色，贱货而贵德，所以劝显也；尊其位，重其禄，同其好恶，所以劝亲亲也；官盛任使，所以劝大臣也；忠信重禄，所以劝士也；时使薄敛，所以劝百姓也；日省月试，既禀称事，所以劝百工也；送往迎来，嘉善而矜不能，所以柔远人也；继绝世，举废国，治乱持危，朝聘以时，厚往而薄来，所以怀诸侯也。②

---

① 朱熹：《四书集注·大学》，电子版文渊阁四库全书。

② 陈来、王志民主编：《中庸解读》，齐鲁书社 2019 年版，第 175—178 页。

这其中贯穿着从人生和谐到社会和谐，再到国家治理和谐以达到天下和谐的思想和逻辑进路，孟子对以上这些思想都有着全面深入的继承和发扬。

《孝经》也是儒家的重要经典，即使它不是曾子本人撰写的，但也集中反映了曾子的思想。《孝经》可视为中国古代伦理学的元典之一，其中也蕴含着丰富的政治思想。首先，《孝经》认为孝是"德之本"，由它通摄和生发出其他一切伦理道德，只要具备了孝的品质，无论是"事亲""事君"，还是"立身"，都会永远立于不败之地：

> 子曰："夫孝，德之本也，教之所由生也。……身体发肤，受之父母，不敢毁伤，孝之始也。立身行道，扬名于后世，以显父母，孝之终也。夫孝，始于事亲，中于事君，终于立身。"①

而孝这个"德之本"还是"天之经""地之义""民之行"。对天子、诸侯、大夫、士和庶人，都不可须臾离。由孝出发而治民，就能够收到"不素而成""不严而治"的效果：

> 子曰："夫孝，天之经也，地之义也，民之行也。天地之经，而民是则之，则天之明，因地之利，以顺天下。是以其教不肃而成，其政不严而治。先王见教之可以化民也，是故先之以博爱，而民莫遗其亲，陈之以德义，而民兴行，先之以敬让，而民不争，导之以礼乐，而民和睦，示之以好恶，而民知禁。"②
>
> 子曰："教民亲爱，莫善于孝。教民礼顺，莫善于悌。移风易俗，莫善于乐。安上治民，莫善于礼。"③

其次，《孝经》将孝作为天子应该具备的最重要的品格："爱亲者，不敢恶于人；敬亲者，不敢慢于人。爱敬尽于事亲，而德教加于百姓，刑于

---

① 《孝经》开宗明义章第一，《十三经注疏》，中华书局 1980 年版，第 2545 页。
② 《孝经》三才章第七，《十三经注疏》，中华书局 1980 年版，第 2549—2550 页。
③ 《孝经》广要道章第十二，《十三经注疏》，中华书局 1980 年版，第 2556 页。

四海，盖天子之孝也。"① 天子只要具备了这一品格，就必定是"天明""地察""神明彰"，必定是"通于神明，光于四海，无所不通"：

> 子曰："昔者明王，事父孝，故事天明。事母孝，故事地察。长幼顺，故上下治。天地明察，神明彰矣。故虽天子，必有尊也。言有父也，必有先也，言有兄也。宗庙致敬，不忘亲也。修身慎行，恐辱先也。宗庙致敬，鬼神著矣。孝悌之至，通于神明，光于四海，无所不通。"②

再次，"移孝作忠"，君子必定是忠臣。而这个忠臣又必定是争臣、争友和争子，他们会纠正君王和父辈的偏颇，使其失误不会造成大的危害：

> 子曰："君子之事亲孝，故忠可移于君。事兄悌，故顺可移于长。居家理，故治可移于官。是以行成于内，而名立于后世矣。"③
> 曾子曰："若夫慈爱、恭敬、安亲、扬名，则闻命矣。敢问子从父之令，可谓孝乎？"子曰："是何言与？是何言与！昔者天子有争臣七人，虽无道，不失其天下；诸侯有争臣五人，虽无道，不失其国；大夫有争臣三人，虽无道，不失其家；士有争友。则身不离于令名；父有争子，则身不陷于不义。故当不义，则子不可以不争于父，臣不可以不争于君，故当不义，则争之，从父之令，又焉得为孝乎！"④

显然，由于中国古代社会是一个以伦理为本位的社会，又因为这个社会始终被宗法血缘纽带所缠绕，所以本来作为家庭伦理的孝观念就具有了国家和社会伦理的意义，由它生发而扩展到政治思想也就顺理成章了。《孝经》之所以为孟子重视和不断张扬，就是因为他意识到，在伦理为本位的社会中，家庭的和睦和和谐，直接影响到社会的安定和谐，而由孝子组成的臣子群

---

① 《孝经》天子章第二，《十三经注疏》，中华书局 1980 年版，第 2545 页。
② 《孝经》感应章第八，《十三经注疏》，中华书局 1980 年版，第 2559 页。
③ 《孝经》广扬名章第十四，《十三经注疏》，中华书局 1980 年版，第 2558 页。
④ 《孝经》谏净章第十五，《十三经注疏》，中华书局 1980 年版，第 2558 页。

体必然会"移孝作忠"，忠贞不愈地为朝廷服务，这对稳定统治秩序利莫大焉。《孝经》的伦理在孟子那里得到相当程度的继承和发扬，他不仅重视家庭和谐，而且将子女对长辈的孝子为家庭和谐的最重要的条件。他的"不孝有三，无后为大"的理念，已经将家族的繁衍与民族的兴旺发达联系在一起了。

八派之一的孙氏之儒即荀子一派的儒学，其代表人物荀子是战国各学派的集大成者，是一个百科全书式的学者。他"援法入儒"，礼法并重，为秦汉以后的中国封建社会找到了最适宜的意识形态，所以谭嗣同才断言"二千年之学，荀学也"。不过，在儒学内部，荀子是思孟学派的激烈批判者，他在《非十二子》一文中说：

> 略法先王而不知其统，犹然而材剧志大，闻见杂博，案往旧造说，谓之五行，甚僻违而无类，幽隐而无说闭约而无解。案饰其辞而祗敬之曰："此真先君子之言也。"子思唱之，孟轲和之，世俗之沟犹瞀，嚾嚾然不知其所非也。遂受而传之，以为仲尼、子游为兹厚于世，是则子思、孟轲之罪也。[①]

荀子批评思孟学派虽然能够大略效法先王但却不知其纪纲，并且"材剧志大，闻见博杂"，根据一些前古之事自己造出五行之说仁义礼智信。这个学说实际上乖僻违戾，不知善类，幽隐闭结不能自解其说，进而又自奉其学说是先君子即孔子的真传。子思唱之于前，孟子和之于后，世上那些愚蠢游移不定的儒者，在一片喧嚣争辩声中不知其学说的根本谬误之处，于是接受而传播，还以为是仲尼、子游的之言，能够垂德于后世呢。荀子尽管猛烈地批评了孟子的"性善论"，针锋相对地以"性恶论"与之对垒，但他们在人性论方面也有共同之处，这表现在，一是都将仁义礼智等伦理观念视为美德，二是都认为修养是个人达成美好道德境界的唯一途径。更重要的是，荀子也继承了孔子、孟子等前辈儒家的基本理念，如仁义礼乐、仁政民本、德主刑辅等，成为孔子之后儒学阵营中与思孟学派鼎足而立的最具影响力的一派，

---

① 　王先谦：《荀子集解》，中华书局 2013 年版，第 110—112 页。

他们之间的同还是大于异的。

　　1973 年 12 月在长沙马王堆汉墓出土的帛书和 1993 年湖北荆门郭店出土的楚简竹书中，各有一篇基本相同的文献，因为后者冠以"五行"，这两篇文献就被学术界命名为《五行》了。相当多的学者们认定，楚简竹书的年代应该在孔孟之间，它所谓的"五行"既不是金木水火土，也不是仁义礼智信，而是仁义礼智圣。它显然影响了孟子，在《孟子·尽心下》中就将仁义礼智圣并提了：

> 　　口之于味也，目之于色也，耳之于声也，鼻之于臭也，四肢之于安逸也，性也。有命焉，君子不谓性也。仁之于父子也，义之于君臣也，礼之于宾主也，知之于贤者也，圣人之于天道也，命也。有性焉，君子不谓命也。①

后于孟子的马王堆帛书《五行》则又继承了孟子的五行理念，如帛书《五行》"经 9"就蕴含着仁义礼智圣：

> 　　金声而玉振之，有德者也。金声，善也；玉振，圣也。善，人道也；德，天道也。惟有德者然后能金声而玉振之。

这里的金声、善与有德连在一起，实际上包括仁义礼智。玉振与圣连在一起，也是仁义礼智圣的组合。

　　齐国的稷下学宫是战国时期的文化学术思想中心，孟子前后两次在这里从事讲学和研究，时间长达 25 年左右，官位至上卿。在这里，他与来来往往的学者广泛接触，切磋学问和进行思想学术的交锋。如他与学宫的掌门人淳于髡曾就权变和仁贤问题进行辩诘。淳于髡问他，儒家的礼讲"男女授受不亲"，难道嫂嫂掉到水里要淹死也不救吗？孟子肯定对溺水的嫂嫂"援之以手"，这就是"权变"，与礼不矛盾。在孟子第二次即将离开齐国时，二人进行激烈辩论：

---

① 《孟子·尽心下》，《十三经注疏》，中华书局 1980 年版，第 2775 页。

　　淳于髡曰："先名实者，为人也；后名实者，自为也。夫子在三卿之中，名实未加于上而去之，仁者固如此乎?"孟子曰："居下位，不以贤事不肖者，伯夷也；五就汤，五就桀，伊尹也；不恶污君，不辞小官者，柳下惠也。三子者不同道，其趋一也。一者何也? 曰仁也。君子亦仁而已矣，何必同?"曰："鲁缪公之时，公仪子为政，子柳、子思为臣，鲁之削兹甚；若是乎，贤者之无益于国也!"曰："虞不用百里奚而亡，秦穆公用之而霸，不用贤则亡，削何可得与?"曰："昔者王豹处于淇，而河西善讴；绵驹处于高唐，而齐右善歌；华周、杞梁之妻善哭其夫而变国俗。有诸内，必形诸外。为其事而无其功者，髡未尝睹也。是故无贤者也；有则髡必识之。"曰："孔子为鲁司寇，不用，从而祭，燔肉不至，不税冕而行。不知者以为肉也，其知者以为为无礼也。乃孔子则欲以微罪行，不欲为苟去。君子之所为，众人固不识也。"①

这里孟子反驳了淳于髡对自己的责难，阐述了君子处处以仁义为行事原则的立场。在齐国，孟子也同稷下学宫的宋牼（约前382—前300年）进行过关于义利的辩论。宋牼看到秦、楚之间为争夺地盘和人口激战，就准备去楚国游说楚王"罢兵止战"，陈述的理由是战争不利于国家和百姓。孟子认为他认定的理由是不对的，制止战争的根本理由应该是义而不是利：

　　先生之志则大矣，先生之号则不可。先生以利说秦楚之王，秦楚之王悦于利，以罢三军之师，是三军之士乐罢而悦于利也。为人臣者怀利以事其君，为人子者怀利以事其父，为人弟者怀利以事其兄，是君臣、父子、兄弟终去仁义，怀利以相接，然而不亡者，未之有也。先生以仁义说秦楚之王，秦楚之王悦于仁义，而罢三军之师，是三军之士乐罢而悦于仁义也。为人臣者怀仁义以事其君，为人子者怀仁义以事其父，为人弟者怀仁义以事其兄，是君臣、父子、兄弟去利，怀仁义以相接也，然而不王者，未之有也。何必曰利?②

---

① 《孟子·告子下》，《十三经注疏》，中华书局1980年版，第2757页。
② 《孟子·尽心下》，《十三经注疏》，中华书局1980年版，第2756页。

孟子这里讲的义利关系，与他在《梁惠王上》所阐述的观点是一致的，这就是以仁义制约利，先仁义而后利，反对舍弃仁义而单纯追逐利。他认定应该把遵循仁义作为治国理政的根本原则，这才是根本的大利。

在稷下学宫，孟子还与告子在人性论问题上进行了激烈的辩论，这是中国人性论历史上最精彩的篇章之一。在这场辩论中，告子坚持"生之谓性"，认定人性就是人的生理本能，无所谓善与不善；孟子则坚持认为人的本性中具有善端，这个善端能够生发出仁、义、礼、智等的伦理道德。告子人性论的最大缺陷是仅仅将人视为生物的人，而忽略了人是社会的人，所以人除了具有生物的本能之外，作为社会的人还必须具备社会道德。在这方面，孟子显然胜告子一筹。不过，孟子对人类道德的设定却是先验的，设定所有人都能向善实际上否定了人的社会和阶级的差异，走向了超越阶级的抽象人性论。

先秦法家学派是与儒家学派最鲜明对立的学派之一。韩非作为荀子的学生，进一步发挥了对儒学尤其是孟子的批判。在《显学篇》中，韩非对儒、墨、道等学派都进行了毫不留情的批判，但对儒家学派批判的炮火最为猛烈。例如，他批判儒家的仁政恤贫理念：

> 今世之学士语治者，多曰："与贫穷地以实无资。"今夫与人相若也，无丰年旁入之利，而独以完给者，非力则俭也；与人相若也，无饥馑疾疚祸罪之殃，独以贫穷者，非侈则惰也。侈而惰者贫，而力而俭者富。今上征敛于富人而布施于贫家，是夺力俭而与侈惰也，而欲索民之疾作而节用、不可得也。①

又如他批判孔孟等儒家的德治仁义理论之无用，大力张扬权势和法治的神力：

> 故敌国之君王，虽说吾义，吾弗入贡而臣；关内之侯虽非吾行，吾必使执禽而朝。是故力多则人朝，力寡则朝于人，故明君务力。夫

---

① 王先慎：《韩非子集解》，中华书局 2013 年版，第 501 页。

严家无悍虏，而慈母有败子，吾以此知威势之可以禁暴，而德厚之不足以止乱也。夫圣人之治国，不恃人之为吾善也，而用其不得为非也。……故不务德而务法……言先王之仁义，无益于治；……故明主……不道仁义。①

再如他批判孟子"得人心者得天下"的理念：

> 今不知治者必曰："得民之心。"欲得民之心而可以为治，则是伊尹、管仲无所用也，将听民而已矣。民智可以用，犹婴儿之心也。……故举士而求贤智，为政而求适民，皆乱之端，未可与为治也。②

在《忠孝篇》中，韩非认定儒学倡导的孝悌忠顺是"天下乱"的主要原因。而儒家崇敬的圣人尧、舜、汤、武则更是"反君臣之义，乱后世之教者"："尧为人君而君其臣，舜为人臣而臣其君，汤、武为人臣而弑其主、刑其尸，而天下誉之，此天下所以至今不治也。"③总之，法家的韩非既是法家的集大成者，也是儒家思想，尤其是孟子思想的最猛烈的批判者。他批判儒家的忠孝仁义的主要理论根据就是人人自私，人与人之间的关系纯粹是以利害为转移，人世间根本就不存在伦理亲情。就法家倡导"不分贵贱亲疏一断于法"来说，它传达了一个重要的治国理民的理念，为后来中华法系的形成做出了重要贡献。然而，法家学派在强调法制的同时而绝对排斥德治，特别排斥基于伦理亲情的道德伦理在维护国家稳定和社会长治久安中的作用，则走向反面。因为法和德是治理国家和社会的不可或缺的两轮，缺少其中任何一轮，国家和社会都不能正常运行。完全依靠法家理念建立和运行的秦朝只存在了15年便灰飞烟灭，恰恰印证了这一真理。

战国百家争鸣中杂家的代表是吕不韦（？—前235年），他在任秦国丞相的时候，让门下宾客按照他的意图编纂了《吕氏春秋》一书。该书希图综合诸子百家的学说，为即将统一全国的秦朝统治者损益出一个适应国家和社

---

① 王先慎：《韩非子集解》，中华书局2013年版，第504—506页。
② 王先慎：《韩非子集解》，中华书局2013年版，第506—508页。
③ 王先慎：《韩非子集解》，中华书局2013年版，第510页。

会治理的思想体系。为此，它广泛吸纳了诸子百家的理论，其中特别注意吸纳儒家的思想学说。如吸纳孟子关于"天下定于一"的统一论，强调只有全国统一于一个天子的统治下才能有和平和安宁："当今之世，浊甚矣。黔首之苦，不可加矣。天子既绝，贤者废伏，世主恣行，与民相离，黔首无所告愬。"① "乱莫大于无天子。无天子则强者胜弱，众者暴寡，以兵相残，不得休息。"② 再如它吸纳了孟子关于德治和仁政的理论：

德也者，万民之宰也……圣人形德乎已，而四方咸饬乎仁。③

德行昭美，比于日月，不可息也。豪士时之，远方来宾，不可塞也。④

先王先顺民心，故功名成。夫以德得民心以立大功者，上世多有之矣。夫失民心而立功名者，未之曾有也。⑤

凡君之所以立，出乎众也。立已定而舍其众，是得其末而失其本。得其末而失其本，不闻安居。⑥

执民之命，重任也，不得以快志为故。⑦

《吕氏春秋》也继承了儒家，尤其是思孟学派修齐治平的君子修养论，认为只有修养成贤圣之人才能膺承天下国家的大任："昔者，先圣王成其身而天下成，治其身而天下治。故善响者不响于声，善影者不影于形，为天下者不于天下于身。"⑧ "以为为国之本在于为身，身为而家为，家为而国为，国为而天下为。故曰以身为家，以家为国，以国为天下。此四者，异位同本。"⑨这显然是从孟子的"天下之本在国，国之本在家，家之本在身"脱胎而来。

① 　许维遹：《吕氏春秋集释》，中华书局 2016 年版，第 137 页。
② 　许维遹：《吕氏春秋集释》，中华书局 2016 年版，第 255 页。
③ 　许维遹：《吕氏春秋集释》，中华书局 2016 年版，第 182 页。
④ 　许维遹：《吕氏春秋集释》，中华书局 2016 年版，第 60 页。
⑤ 　许维遹：《吕氏春秋集释》，中华书局 2016 年版，第 171 页。
⑥ 　许维遹：《吕氏春秋集释》，中华书局 2016 年版，第 85 页。
⑦ 　许维遹：《吕氏春秋集释》，中华书局 2016 年版，第 495 页。
⑧ 　许维遹：《吕氏春秋集释》，中华书局 2016 年版，第 56 页。
⑨ 　许维遹：《吕氏春秋集释》，中华书局 2016 年版，第 408 页。

《吕氏春秋》接受孟子的民本理念：

> 主之本在于宗庙，宗庙之本在于民，民之治乱在于有司。①
>
> 人主有能以民为务者，则天下归之矣。②

《吕氏春秋》既接受孟子的德治思想，强调"为天下及国，莫如以德，莫如行义"③，也接受儒家及孟子的伦理规范，强调君臣父子夫妇的定位，对敬亲行孝给以特别的关注：

> 凡为天下，治国家，必务本而后末。……务本莫贵于孝。……故爱其亲不敢恶人，敬其亲不敢慢人。爱敬尽于事亲，光耀加于百姓，究于四海，此天下之孝也。……民之本教曰孝。④

显然，吕不韦极大地吸纳了孔孟思想的精华，设计了未来统一国家的君王治国理政的基本思想理念。可惜后来统一中国的秦始皇在清除吕不韦及其政治势力的同时，也将其思想精华一并抛弃，将法家的绝对专制主义奉为金科玉律，结果是二世而亡，使一个空前强大的秦王朝仅仅经过 15 年就土崩瓦解。

春秋战国时期参加百家争鸣的各学派，都以平等的地位投入这场史无前例的思想学术论争，他们相互诘难，激烈辩论，但基本上都能从各自的学理出发，明己之是，诘人之非，一方面张扬自己的学派，一方面也在批判异己学派的同时悄悄吸取对方的思想学术理念，从而推进了当时思想学术的发展。到战国落幕的时候，出现了以《吕氏春秋》为代表的杂家，该书几乎将先秦所有的学派都吸纳进自己的体系中，儒学，包括孟子的思想自然也融进其中的不少篇章。不过，这一时期的学派互动还谈不上对孟子及其思想的学术研究，因为他们都是从各自学派的立场出发，与后世学者价值中立的客观研究不可同日而语。

---

① 许维遹：《吕氏春秋集释》，中华书局 2016 年版，第 257 页。
② 许维遹：《吕氏春秋集释》，中华书局 2016 年版，第 518 页。
③ 许维遹：《吕氏春秋集释》，中华书局 2016 年版，第 450 页。
④ 许维遹：《吕氏春秋集释》，中华书局 2016 年版，第 264—267 页。

第二节　秦汉时期的孟子研究

一、秦与西汉的孟子研究

秦汉时期（前221—220年）是中国现代历史编纂学上认定的中国封建社会的初期阶段，经历了秦（前221—前206年）、西汉（前205—公元8年）、新朝（公元9—23年）、东汉（25—220年）4个朝代。秦朝是秦始皇按照"以法为教""以吏为师"，罢黜百家，独尊法术的原则建立起来的一个王朝，它实行文化专制主义，制造了"焚书坑儒"的惨剧。然而，秦朝的统治恰恰表明了法家专制主义的弊端，它以二世、15年而亡昭示了单纯法家思想无法维系国家和社会的长治久安。在秦末农民战争中建立的西汉王朝，从建国伊始就对秦朝的统治进行认真反思，经过两三代人的努力，终于在汉武帝时期确定了"罢黜百家，独尊儒术"的思想文化政策。这个政策影响了中国此后两千多年古代社会的政治、经济，尤其是思想文化的发展。对孟子和孟学的研究也在曲折中不断发展和繁荣，经历了与时间的前进成正比的悠长岁月。

西汉初年，对孟子和孟学的研究做出重大贡献的是陆贾、贾谊、韩婴和贾山。

陆贾（约前240—前170年），是西汉初年著名的政治家和思想家。他参与刘邦创建西汉王朝的政治军事活动，他撰写的《新语》12篇，融合先秦儒、道、法、阴阳等思想，在很多方面继承和发展了孟子思想。如在人性论问题上，他虽然没有明确认同孟子的性善论，但倾向性善论的意向还是比较明显的：

　　　　盖力学而诵《诗》《书》，凡人所能为也；若欲移江、河，动泰山，故人力所不能也。如调心在己，背恶向善，不贪于财，不苟于利，分财取寡，服事取劳，此天下易知之道，易行之事，岂有难哉？①

————————————

① 《新语·慎微》，《诸子集成》7，上海书店1986年影印版，第10页。

这里似乎承认了人人都具有"背恶向善"的在己之心，已经接近孟子的善端论了。在政治思想方面，陆贾更是大力宣扬孟子的仁义观："君子握道而治，据德而行，席仁而坐，杖义而强，虚无寂寞，通动无量。""德布则功兴，百姓以德附，骨肉以仁亲，夫妇以义合，朋友以义信，君臣以义序，百官以义承。""守国者以仁坚固，佐君者以义不倾。君以仁治，臣以义平。""仁者道之纪，义者圣之学。……德仁为固，仗义而强。……君子以义相褒，小人以力相欺，愚者以力相乱，贤者以义相治。"在陆贾看来，治国理政的道理并不复杂，只要君臣依据道、德、仁、义的基本原则行事，一切都迎刃而解。在《术事》篇中，他进一步强调："立世者不离道德，调弦者不失宫商，天道调四时，人道治五常。……故圣贤与道合，愚者与祸同，怀德者应以福，挟恶者报以凶，德薄者位危，去道者身亡，万世不易法，古今同纪纲。"[1] 所以他笃信《谷梁传》的话"仁者以治亲，义者以利尊。万世不乱，仁义之所治也"[2]。在这些论述中，可以看出陆贾认同和发扬儒家，尤其是孟子思想的倾向是十分明显的。

贾谊（前200—前168年），西汉初年著名的政治家、思想家和文学家，曾任长沙王太傅，有著作《新书》传世。贾谊的思想呈现儒、道互补的特色。他对孟子思想的继承和发展突出体现在民本意识的高扬和深化：

> 闻之于政也，民无不为本也。国以为本，君以为本，吏以为本。故国以民为安危，君以民为威侮，吏以民为贵贱，此之谓民无不为本也。闻之于政也，民无不为命也。国以为命，君以为命，吏以为命。故国以民为存亡，君以民为盲明，吏以民为贤不肖，此之谓民无不为命也。闻之于政也，民无不为功也，故国以为功，君以为功，吏以为功。国以民为兴怀，君以民为弱强，吏以民为能不能，此之谓民无不为功也。闻之于政也，民无不为力也，故国以为力，君以为力，吏以为力，故夫战之胜也，民欲胜也。攻之得也，民欲得也。守之存也，民欲存也。故吏率民而守，而民不欲存，则莫能以存矣。故率民

---

① 《新语·术事》，《诸子集成》7，上海书店1986年影印版，第4页。
② 《新语·道基》，《诸子集成》7，上海书店1986年影印版，第3页。

而攻，民不欲得，则莫能以得矣。故率民而战，民不欲胜，则莫能以胜矣。……知善而弗行，谓之不明。知恶而弗改，必受天殃。天有常福，必与有德。天有常菑，必与夺民时，故夫民者，至贱而不可简也，至愚而不可欺也。故自古至于今，与民为仇者，有迟有速，而民必胜之。①

在这里，贾谊全面论述了"民无不为本"的道理：国家的安危、君主的威侮、官吏的贵贱，取决于民本；国命、君命、吏命，取决于民命；国功、君功、吏功，取决于民功；国力、君力、吏力，取决于民力；战、守、攻、取，取决于民欲。所以，国家的安危存亡，君主的生死荣辱，官吏的贵贱贤不肖，一切皆取决于民心的向背。因此，他得出结论："夫民者，万世之本也，不可欺。凡居于上位者，简士苦民者，是谓愚，敬士安民者是谓智。"②

在贾谊看来，既然国、君、吏都必须以民为本，那么，君主的行政理民就应该从爱民出发，以道治民，"爱而使之附"，重德化而轻刑罚，"欲以刑罚慈民，辟其犹以鞭狆狗也，虽久弗亲矣"，"故治国家者，行道之谓，国家必宁"。③以道治民，就要像黄帝那样，"职道义，经天地，纪人伦，序万物，以信与仁为天下先"。像颛顼所说，"功莫美于去恶而为善，罪莫大于去善而为恶"。像帝喾所执着的"政莫大于信，治莫大于仁"④。还应该像周文王时的粥子所言，对民如阳光，初则"旭旭然如日之始出"，继而则"暯暯然如日之正中"。更应该如成王时粥子所言："政曰：兴国之道，君思善则行之，君闻善则行之，君知善则行之。位敬而常之，行信而长之，则兴国之道也。"⑤至于以道治民的具体措施，则大体约制在轻徭、薄赋、节俭、省刑以及赈济鳏寡孤独等穷苦无告之民等诸多方面。贾谊在《过秦论》中，借指斥

① 《新书·大政上》，董治安主编《两汉全书》第 1 册，山东大学出版社 2009 年版，第 318—319 页。
② 《新书·大政上》，董治安主编《两汉全书》第 1 册，山东大学出版社 2009 年版，第 320 页。
③ 《新书·大政下》，董治安主编《两汉全书》第 1 册，山东大学出版社 2009 年版，第 321—322 页。
④ 《新书·脩政语上》，董治安主编《两汉全书》第 1 册，山东大学出版社 2009 年版，第 325 页。
⑤ 《新书·脩政语下》，董治安主编《两汉全书》第 1 册，山东大学出版社 2009 年版，第 328—329 页。

二世胡亥的失误，阐明了这方面的内容：

> 今秦二世立，天下莫不引领而观其政。夫寒者利裋褐，而饥者甘糟糠。天下之嗸嗸，新主之资也。此言劳民之易为仁也。乡使二世有庸主之行而任忠贤，臣主一心而忧海内之患，缟素而正先帝之过；裂地分民以封功臣之后，建国立君以礼天下，虚囹圄而免刑戮，除去收帑污秽之罪，使各反其乡里；发仓廪，散财币，以振孤独穷困之士；轻赋少事，以佐百姓之急；约法省刑，以持其后，使天下之人皆得自新，更节修行，各慎其身；塞万民之望，而以威德与天下天下集矣。即四海之内，皆欢然各自安乐其处，唯恐有变。虽有狡猾之民，无离上之心，则不轨之臣无以饰其智，而暴乱之奸止矣。二世不行此术，而重之以无道，坏宗庙与民更始作阿房宫，繁刑严诛，吏治刻深，赏罚不当，赋敛无度，天下多事，吏弗能纪，百姓困穷而主弗收恤，然后奸伪并起而上下相遁，蒙罪者众，刑戮相望于道，而天下苦之。自君卿以下至于众庶，人怀自危之心，亲处穷苦之实，咸不安其位，故易动也。是以陈涉不用汤武之贤，不藉公侯之尊，奋臂于大泽而天下响应者，其民危也。故先王见始终之变，知存亡之机，是以牧民之道，务在安之而已。[1]

贾谊这里对二世一系列行政措施的激烈批判，无非是说，以道治民的具体措施不过是反其道而行之罢了。

君主的以道治民，以爱附民，行仁义信善于民，其前提是君明吏贤，"君明而吏贤，吏贤而民治矣。故苟上好之，其下必化之，此道之政也"。如何选取贤吏呢？贾谊提出了"察吏于民"的方针：

> 夫民者，贤不肖之杖也，贤不肖皆具焉。故贤人得焉，不肖者休焉。……故夫民者虽愚也，明上选吏焉，必使民与焉。故士民誉之，则明上察之，见归而举之；故士民苦之，明上察之，见非而去之。故王

① 《新书·过秦论下》，董治安主编《两汉全书》第1册，山东大学出版社2009年版，第221页。

者取吏不妄，必使民唱，然后和之。故夫民者，吏之程也。察吏于民，然后随之。夫民至卑也，使之取吏焉，必取其爱焉。故十人爱之有归，则十人之吏也。百人爱之有归，则百人之吏也。千人爱之有归，则千人之吏也。万人爱之有归，则万人之吏也。故万人之吏也，选卿相焉。夫民者，诸侯之本也；教者，政之本也；道者，教之本也。有道然后教也，有教然后政治也，政治然后民劝之，民劝之然后国富也。①

贾谊的"察吏于民"，当然不是后世官吏民选的制度，但他认识到国君选取官吏应该体察民意，并且以民意为依归，则具有鲜明的进步意义。至于贤明官吏的标准，不外乎遵循儒家提倡的道德信条，是父慈、子孝、兄友、弟恭、友友、家和，"夫道者行之于父则行之于君矣，行之于兄则行之于长矣，行之于弟则行之于下矣，行之于身则行之于友矣，行之于子则行之于民矣，行之于家则行之于官矣。故士则未仕而能以试矣。圣王选举也，以为表也。问之然后知其言，谋焉然后知其极，任之以事然后知其信"②。要求所有官吏都是儒学所推尊的道德楷模自然是太高了，但这种对于理想主义目标的设定，恰恰反映了贾谊对官吏素质的超高诉求。这正是儒家，尤其是孟子"内圣外王"的理想君王和理性政治的一以贯之的要求。

贾谊的人性论也明显吸纳了孟子的理念。在《新语·六术》中，他提出"六理"：道、德、性、神、明、命。认为"六理无不生也，已生而六理存乎所生之内。是以阴阳、天地、人尽以六理为内度，内度成业，故谓之六法。六法藏内，变流而外遂，外遂六术，故谓之六行。……人有仁、义、礼、智、圣之行，行和则乐，乐兴则六，此之谓六行"。这里的六理、六法是每个人根于内的德性，相当于孟子的善端；而六术、六行是指人的外向的行为，是德性的外在延伸，这明显是将孟子的性善论进一步深化了。

韩婴（约前200—前130年），也是西汉初年人，官至常山王太傅。他对《易》和《诗》都有精深研究，是韩《诗》学的创始人。著有《周易韩氏传》2篇、《韩诗故》36卷、《韩诗内传》4卷、《韩诗说》41卷，这些著作

---

① 《新书·大政下》，董治安主编《两汉全书》第1册，山东大学出版社2009年版，第322—323页。

② 《新书·大政下》，董治安主编《两汉全书》第1册，山东大学出版社2009年版，第323页。

后来皆亡佚。流传至今的著作是《韩诗外传》10 卷。韩婴的思想体现了传统儒家的政治理念。如在《周易韩氏传》中，他写道："五帝官天下，三王家天下。家以传子，官以传贤。若四时之运，功成者去。不得其人则不居其位。"① 这一方面显示他对以传贤为特征的"五帝官天下"的肯定，但也反映出他对由"官天下"向"家天下"转化的必然性的认可。在《韩诗内传》中，他写道："事臣者帝，交友爱臣者王，臣臣者霸，鲁臣者亡。"② 这显示了他对君王"任贤使能"的钟情。

韩婴的政治思想中，"以礼治国"是其核心内容。请看他对"礼治"的几段论述：

> 传曰：在天者莫明乎日月，在地者莫明于水火，在人者莫明乎礼义。故日月不高，则所照不远；水火不积，则光炎不博；礼义不加乎国家，则功名不白。故人之命在天，国之命在礼。君人者降礼尊贤而王，重法爱民而霸，好利多诈而危，权谋倾覆而亡。

> 君子有辩善之度，以治气养性，则身后彭祖；修身自，则名配尧、禹。宜于时则达，厄于穷则处，信礼者也。凡用心之书，由礼则礼达，不由礼则悖乱。饮食衣服，动静居处，由礼则知节，不由礼则垫陷生疾。容貌态度，进退移步，由礼则夷。国政无礼则不行，王事无礼则不成，国无礼则不宁，王无礼则死亡无日矣。③

> 礼者治辩之极也，强国之本也，威行之道也，功名之统也。……君人者以礼分施，均徧而不偏，臣以礼事君，忠顺而不解；父宽惠而有礼，子敬爱而致恭；兄慈爱而见友，弟敬诎而不竭；夫照临而有别，妻柔顺而听从，若夫行之而不中道即恐惧而自竦，此妇道也。偏立则乱，具立则治。④

---

① 班固：《汉书》卷七十七《盖宽饶传》，中华书局 1962 年版，第 3246 页。
② 董治安主编：《两汉全书》第 2 册，山东大学出版社 2009 年版，第 665 页。
③ 《韩诗外传》卷一，董治安主编《两汉全书》第 2 册，山东大学出版社 2009 年版，第 670—671 页。
④ 《韩诗外传》卷四，董治安主编《两汉全书》第 2 册，山东大学出版社 2009 年版，第 713 页。

你看，在韩婴看来，礼是国之"命"，所以，国必须以礼而立，依礼运行，离开礼这个国家的生命线，国家就一天也难以存活。而韩婴的礼，就内容而言是国家存在的理论基础，就形式而言则是国家运行的一切规范和制度。韩婴对礼的重视超过了孟子，已经接近荀子了。

韩婴知道，国君治理国家，最主要的是治吏和治民。而在这两方面，最容易出现的有 12 个"痼疾"是痿、蹶、逆、胀、满、支、膈、盲、烦、喘、痹、风。这些"痼疾"，可以归结为不用贤吏和虐待百姓两个方面。二者又紧密联系在一起。不用贤吏必然重用贪残之吏，而贪残之吏必然虐待百姓，致使其"歌吟诽谤"。他特别强调任贤："昔者禹以夏王，桀以夏亡；汤以殷王，纣以殷亡。故无常安之国，宜治之民，得贤则昌，不肖则亡，自古及今未有不然也。"① 这里展示的仍然是儒家传统的任贤和德治的理念。韩婴认为，只要这 12 个"痼疾"得到"贤医"治疗，贤才被重用，德治的理念被贯彻，百姓的处境就会安然顺畅，他理想中的人间"为乐""太平盛世"也就会降临人间。韩婴构想的这个人间"为乐"之世基本上是农业社会政治清明、风调雨顺时期的写照。韩婴明白，他心目中的"为乐"之世能不能真正实现，其中最重要的条件有两个：一是国家能不能使百姓稳定地占有一定的生产资料，二是国家能不能减轻百姓的税负。如果百姓不能占有一定的生产资料，如果税负超过百姓的承受能力，其他条件再好百姓也乐不起来。因此，为了达到"养其民"的目标，他特别强调实行"井田"制和"等赋正事"：

> 古者八家而井田，方里为一井。广三百步长三百步为一里，其田九百亩。广一步长百步为一亩，广百步长百步为百亩。八家为邻，家得百亩。余夫各得二十五亩。家为公田十亩，余二十亩共为庐舍，各得二亩半。八家相保，出入更守，疾病相忧，患难相救，有无相贷，饮食相召，嫁娶相谋，渔猎分得。仁恩施行，是以其民和亲而相好。②
> 王者之等赋正事，田野什一，关市讥而不征，山林泽梁以时入而

---

① 《韩诗外传》卷五，董治安主编《两汉全书》第 2 册，山东大学出版社 2009 年版，第 729 页。
② 《韩诗外传》卷四，董治安主编《两汉全书》第 2 册，山东大学出版社 2009 年版，第 714—715 页。

不禁。相地而衰正，理道而致贡，万物群来，无有流滞，以相遗移。近者不隐其能，远者不疾其劳，无幽闲僻陋之国，莫不趋使而安乐之，夫是之谓王者之等赋正事。①

"井田"制的记载最早见于《孟子》一书，对其有无和具体结构等问题至今聚讼纷纭，但后世儒家不时将其作为解决土地问题的灵丹妙药，实际上是不切实际的幻想。韩婴这里对"井田"制下百姓美妙生活的描绘，显示的恰恰是儒生"迂远而阔于事情"的一面。"田野什一"的税负也屡见之于《孟子》等先秦典籍的记载，孟子认为这种税率是最恰当适中的，超过或不及都影响百姓的安定和国家行政的正常运行。韩婴的"等赋"思想基本上继承了儒家尤其是孟子的税收理论，即税负要兼顾国家和百姓的利益，不收商品流通税，允许百姓按时到山林湖沼进行采集，鼓励民间自由交易，做到人无闲者，货畅其流。这些构想尽管了无新意，但却是维系国家、社会正常运行和百姓正常生活的基本条件。

韩婴作为儒家思想的继承者和阐释者，同样笃信孟子关于"民本"的理念。"井田"和税负的论述显示了他对百姓生活状况的关注，而这个关注背后就是"民本"意识。韩婴借助齐桓公和管仲的对话表述自己的"民本"理念：

> 齐桓公问于管仲曰："王者何贵？"曰："贵天。"桓公仰而视天，管仲曰："所谓天，非苍莽之天也。王者以百姓为天，百姓与之则安，辅之则强，非之则危，倍之则亡。诗曰：'民之无良，相怨一方。'民皆居一方而怨其上，不亡者未之有也。"②

在韩婴看来，民是国君之天，民心的向背决定了国家的安、强、危、亡，所以国君必须真心爱护百姓，关心他们的冷暖饥寒，解除他们的切肤之痛："处饥渴，苦血气，困寒暑。动肌肤，此四者，民之大害也。害不除，不可

---

① 《韩诗外传》卷三，董治安主编《两汉全书》第2册，山东大学出版社2009年版，第706—707页。

② 《韩诗外传》卷四，董治安主编《两汉全书》第2册，山东大学出版社2009年版，第716页。

教御也。"① 只有这样，才能使之心甘情愿地以真情回报国君，乐为之用，甚至乐为之死：

> 君者，民之源也。源清则流清，源浊则流浊。故有社稷者不能爱其民，而求民亲已爱已，不可得也。民不亲不爱，而求为己用，为已死，不可得也。民弗为用，弗为死，而求兵之劲，城之固，不可得也。兵不劲，城不固，而欲不危削灭亡，不可得也。夫危削灭亡之情皆积于此，而求安乐是闻，不亦难乎？②

因为君是"民之源"，所以其表率作用就具有关键意义，由此也就导出了韩婴对于国君个人修养及其作为道德楷模问题的论述。他认为，国君首先要设身处地地感知百姓的要求，而这并不需要亲身下到百姓中间去体验，只需"推己及人"就可以了：

> 昔者不出户而知天下，不窥牖而见天道，非目能视乎千里之前，非耳能闻乎千里之外，以己之情量之也。已恶饥寒焉，则知天下之欲衣食也。已恶劳苦焉，则知天下之欲安佚也。已恶衰乏焉，则知天下之欲富足也。知此三者，圣王之所以不降席而匡天下。③

了解民情，关心民瘼，主动解除百姓的痛苦，这自然非常重要。但更重要的是以自己的道德人格引领百姓汲汲向善，形成良好的社会风尚：

> 上不知顺孝则民不知反本，君不知敬长则民不知贵亲。禘祭不敬，山川失时，则民无畏矣。不教而诛，则民不识劝也。故君子修身及孝则民不倍矣，敬孝达乎下则民知慈爱矣，好恶喻乎百姓则下应其上如影响矣。是则兼制天下，定海内，臣万姓之要法也，明王圣主之所不

---

① 《韩诗外传》卷三，董治安主编《两汉全书》第 2 册，山东大学出版社 2009 年版，第 708 页。
② 《韩诗外传》卷五，董治安主编《两汉全书》第 2 册，山东大学出版社 2009 年版，第 723—724 页。
③ 《韩诗外传》卷三，董治安主编《两汉全书》第 2 册，山东大学出版社 2009 年版，第 708 页

能须臾而舍也。①

不仅如此，作为国君，还必须有"谦德"：

> 天道亏盈而益谦，地道变盈而流谦，鬼神害盈而福谦，人道恶盈而好谦。谦者，抑事而损者也。持盈之道，抑而损之，此谦德之于行也，顺之者吉，逆之者凶。……故德行宽容而守之以恭者荣，土地广大而守之以俭者安位，位尊禄重而守之以卑者贵，人众兵强而守之以畏者胜，聪明睿智而守之以愚者哲，博闻强记而守之以浅者不溢。此六者，皆谦德也②

这种所谓"谦德"带有浓重的黄老色彩，说明在汉初黄老政治的氛围中，韩婴的思想也明显受其影响。最后，韩婴告诫国君，虽然任贤用贤是良好政治的重要条件，但最可恃的还是自己，因此国君应该把握住自己，"从身始"，以自己足可为天下楷模的道德形象、超强智慧和卓越的行政能力，开创和维系一个清明繁荣的盛世：

> 魏文侯问狐卷子曰："父贤足恃乎？"对曰："不足。""子贤足恃乎？"对曰："不足。""兄贤足恃乎？"对曰："不足。""弟贤足恃乎？"对曰："不足。""臣贤足恃乎？"对曰："不足。"文侯勃然作色而怒曰："寡人问此五者于子，一一以为不足者，何也？"对曰："父贤不过尧，而丹朱放；子贤不过舜，而瞽瞍顽；兄贤不过舜，而象傲；弟贤不过周公，而管叔诛；臣贤不过汤、武，而桀、纣伐。望人者不至，恃人者不久。君欲治，从身始，人何可恃乎？"③

总起来看，韩婴的政治思想很少创新之处，基本上是复述或阐释先秦

---

① 《韩诗外传》卷五，董治安主编《两汉全书》第 2 册，山东大学出版社 2009 年版，第 726 页。
② 《韩诗外传》卷八，董治安主编《两汉全书》第 2 册，山东大学出版社 2009 年版，第 771—772 页。
③ 《韩诗外传》卷八，董治安主编《两汉全书》第 2 册，山东大学出版社 2009 年版，第 771 页。

儒家，尤其是孟子的理论，但在汉初黄老思想弥漫朝堂的政治氛围中，他坚持儒家思想并极力加以宣传，对于在一定程度上制衡黄老的偏颇，扩大儒家思想的影响，都起了积极作用，为儒家思想的后来居上，做了有力的铺垫。特别应该指出的是，韩婴是在孟子之后较早关注孟子事迹的收集和整理的学者，在《韩诗外传》卷九第一次记述了孟母"断机杼"的故事。而在同一卷，也是第一次记述了孟母守信和阻止其出妻的故事。这些记述第一次将孟母作为圣母的形象展示出来，其中的教育学原理和家庭伦理一直为后人津津乐道，成为后来构筑孟子众多事迹的母本之一。

西汉初年的贾山，以屡屡上书文帝，"其言多激切，善指事意"引人注目。从他最著名的上书《至言》中，可以窥视到他继承和发扬孟子政治思想的倾向。他猛烈批判秦政之失，在汉初反思秦朝"二世而亡"的思潮中，他的批判具有一定的代表性：

> 至秦则不然。贵为天子，富有天下，赋敛重数，百姓任罢，赭衣半道，群盗满山，使天下之人戴目而视，侧耳而听。……秦非徒如此也，起咸阳而西至雍，离宫三百，钟鼓帷账，不移而具。又为阿房之殿，殿高数十仞，东西五里，南北千步，从车罗骑，四马鹜驰，旌旗不桡。为宫室之丽至于此，使其后世曾不得聚庐而讬处焉。为驰道于天下，东穷燕齐，南极吴楚，江湖之上，濒海之观毕至。道广五十步，三文而树，厚筑其外，隐以金椎，树以青松。为驰道之丽至于此，使其后世曾不得邪径而讬足焉。死葬乎骊山，吏徒数十万人，旷日十年。下彻三泉合采金石，冶铜铟其内，桼涂其外，被以珠玉，饰以翡翠，中成观游上成山林。为葬薶之侈至于此，使其后世曾不得蓬颗蔽冢而讬葬焉。秦以熊罴之力，虎狼之心，蚕食诸侯，并吞海内，而不笃礼义，故天殃已加矣。……
>
> 昔者，秦政力并万国，富有天下，破六国以为郡县，筑长城以为关塞。……秦王贪狼暴虐，残贼天下，穷困万民以适其欲也。……秦皇帝以千八百国之民自养，力罢不能胜其役，财尽不能胜其求，一君之身耳，所以自养者驰骋弋猎之娱，天下弗能供也。劳罢者不得休息，饥寒者不得衣食，亡罪而死刑者无所告诉，人与之为怨，家与之为仇，

故天下坏也。秦皇帝身在之时，天下已坏矣，而弗自知也。①

贾山这里对秦朝暴政的批判，显示了他对良好政治的理解，其核心是民本。因此，他要求国君必须爱民，轻徭薄赋，缓用民力；必须自我约束，节减省刑，目的是给百姓创造一个良好的生产条件和生存环境。不可一世的秦王朝之所以在秦始皇死后数月即陷入百姓造反的火海，不数年即"宗庙灭绝"，就是因为它"贪狼暴虐，残贼天下，穷困万民"，致使百姓"人与之为怨，家与之为仇"，灭亡的命运已经无法挽回了。

　　贾山在强调民本的同时，还强调国君必须尊贤用贤和虚心纳谏。他说，国君持雷霆万钧之威，使具有"尧舜之智"和"孟贲之勇"的臣子也不敢进谏，这就使高高在上的国君一直蒙在鼓里，无法了解政治和社会的真相，根本不知道社稷之危，只能在"自我感觉良好"的状态中走向灭亡。秦始皇就是如此：

　　　　秦皇帝居灭绝之中而不自知者何也？天下莫敢告也。其所以莫敢告者何也？亡养老之义，亡辅弼之臣，亡进谏之士，纵恣行诛，退诽谤之人，杀直谏之士，是以道谀媮合苟容，比其德则贤于尧舜，课其功则贤于汤武，天下已溃而莫之告也。

在贾山看来，国君要想时时知道事实真相，发现自己的过失而及时改正，就必须实行"古者圣王之制"：

　　　　古者圣王之制，史在前书过失，工诵箴谏，瞽诵诗谏，公卿比谏，士传言谏，庶人谤于道。商旅议于市，然后君得闻其过失也，闻其过失而改之，见义而从之，所以永有天下也。②

这里的关键是尊贤和用贤，即"尊养三老""立辅弼之臣""置直谏之士""学

①　班固：《汉书》卷五十一《贾山传》，中华书局 1962 年版，第 2327—2332 页。
②　班固：《汉书》卷五十一《贾山传》，中华书局 1962 年版，第 2330 页。

问至于刍荛"。这里贾山所关注的仍然是儒家尤其是孟子的帝王品格修养和他们应该具备的执政能力。其实，这些看似简单实际很难具有的品格和能力，往往只存在于孟子和其他儒家的期望之中，而儒家学者们却一再不厌其烦地向他们的君王兜售。

西汉时期，对儒学和孟子思想最能发扬光大的代表人物是董仲舒（约前179—前104年），他被景帝征召至长安，任命为博士。汉武帝继位后，下诏"举贤良文学之士"，他三次参加对策，详细阐述了天人感应、君权神授、德主刑辅、禁民二业、大一统等理论，并提出了"罢黜百家，独尊儒术"的建议，得到武帝的赏识，做了两任诸侯王的相。据《汉书·董仲舒传》记载，他的著作共有123篇，但最后留传下来的只有《春秋繁露》一书。

董仲舒是汉代新儒学的创始人。他创立的新儒学由天人感应的神学目的论、君权神授说和专制主义大一统的政治论以及性三品说和三纲五常的道德观所组成。这些思想理念中大都闪烁着孟子思想的深巨影响。他把墨家的天鬼观念和思孟学派的天人合一观念，用邹衍的阴阳五行学说加以改造，进一步神化天人关系，创立了一套较完整的天人感应的神学目的论，由此把被荀子以唯物论打破的天的偶像重新恢复起来。他认为天是"万物之祖"[①]，"百神之大君"[②]，是明察秋毫、赏善罚恶的自然界和人类社会的最高主宰。自然界的四时运行、风晴阴雨，人类社会的治乱安危、尊卑贵贱，都是天神"阳贵而阴贱"的意志的体现。他又用五行相胜附会君臣父子之道，神化封建制度。他进而认为，天既安排地上的正常秩序，同时又监督这一秩序的运行。如果君王治理有方，国泰民安，天就出示祥瑞（凤凰、麒麟等）表示赞赏。如果君王有了过失，天便降下灾异（各种自然灾害）加以谴告；如还不省悟，天就变易君主，另择贤能。这就是天人感应。孟子思想中虽然没有明确的天人感应论，但他将地上君王权力和地位的取得一律归于"天与之"，显然对董仲舒构筑天人感应论是最有力的思想资源之一。为了论证封建制度的永恒性，他又鼓吹"道之大原出于天，天不变，道亦不变"[③]的形而上

---

① 《春秋繁露·顺命》，电子版文渊阁四库全书。

② 《春秋繁露·郊语》，电子版文渊阁四库全书。

③ 《春秋繁露·为人者天》，电子版文渊阁四库全书。

学思想。这里的"道"实际上指的是全部封建的社会制度和伦理观念，而这些东西却是"万世无弊"的。既然如此，改朝换代又怎样解释呢？董仲舒于是提出了"三统""三正"的理论。认为每一个王朝代表一统，共有黑、白、赤三统，夏朝为黑统，殷朝为白统，周朝为赤统；与之相适应，每个王朝应有不同的岁首，夏朝以阴历正月为岁首，殷朝以十二月为岁首，周朝以十一月为岁首，这就是"三正"。"三统""三正"周而复始，王朝的更替也就只是表现为"改正朔，易服色"，而"道"却是永世不变的。这种循环命定论的历史观所论证的恰恰是封建制度的永恒论。他的这一理论明显借鉴了孟子"五百年必有王者兴"的循环论理念。

"君权神授"是董仲舒政治思想的重要内容，其理论指向是君主统治权的合法性。

尽管历史上夏、商、周三代政权的更替都是通过血腥的战争手段完成的，尽管秦朝的统一、汉朝的代秦而起也都是经过战场的拼搏实现的，它们的合法性是浴血的枪刀剑戟赢得的，然而，思想家们在为这些王朝的存在寻找合法性时却几乎都转向了"君权神授"和"五德终始"之类的历史命定论和历史循环论。董仲舒虽不是"君权神授"论的首创者，但他却是这一理论的最完备、最有深度的论证者，是这一理论的集大成者。这一理论的第一个层次是认定"天地是万物之本"，人是天创造的：

> 天者，万物之祖，万物非天不生。[1]
>
> 天地者，万物之本，先祖之所出也。广大无极，其德昭明，历年众多，永永无疆。天出至明，众之类也，其伏无不炤也，地出至晦，星日为明，不敢暗。君臣、父子、夫妇之道取之此。[2]
>
> 为生不能为人，为人者天也。人之人本于天，天亦人之曾祖父也。此人之所以乃上类天也。人之形体，化天数而成；人之血气，化天志而仁；人之德行，化天理而义；人之好恶，化天之暖清；人之喜怒，化天之寒暑；人之受命，化天之四时。人生有喜怒哀乐之答，春秋冬夏之

---

[1]　《春秋繁露·顺命》，电子版文渊阁四库全书。

[2]　《春秋繁露·观德》，电子版文渊阁四库全书。

类也。①

这一理论的第二个层次是认定"天子受命于天""王者配天"："惟天子受命于天，天下受命于天子，一国则受命于君。君命顺则民有顺命，君命逆则民有逆命"②：

> 天不言，使人发其意；弗为，使人行其中。名则圣人所发天意，不可不深观也。受命之君，天意之所予也。故号为天子者，宜视天如父，事天以孝道也。③
>
> 圣人副天之所行以为政，故以庆副煖而当春，以赏副暑而当夏，以罚副凉而当秋，以刑副寒而当冬。庆赏罚刑，异事而同功，皆王者之所以成德也。庆赏罚刑与春夏秋冬，以类相应也如合符。故曰王者配天，谓其道。天有四时，王有四政，四政若四时，通累也，天人所同有也。④

这一理论的第三个层次是认定"君为民心""民为君体"：

> 天生之，地载之，圣人教之。君者，民之心也；民者，君之体也。心之所好，体必安之；君之所好，民必从之。故君民者，贵孝弟而好礼义，重仁廉而轻财利，躬亲职此于上，而万民听生善于下矣。⑤
>
> 古之造文者，三画而连其中谓之王。三画者，天地与人也。而连其中者，通其道也。取天地与人之中以为贯而参通之，非王者孰能当是？
>
> 人主立于生杀之位，与天共持变化之势。⑥

---

① 《春秋繁露·为人者天》，电子版文渊阁四库全书。
② 《春秋繁露·为人者天》，电子版文渊阁四库全书。
③ 《春秋繁露·制度》，电子版文渊阁四库全书。
④ 《春秋繁露·四时之副》，电子版文渊阁四库全书。
⑤ 《春秋繁露·为人者天》，电子版文渊阁四库全书。
⑥ 《春秋繁露·王道三通》，电子版文渊阁四库全书。

替代旧君王的新君王也不能改变依道行政的本质。所以，即使新王以不同于前代的正朔、服色展示新朝的新面貌，也是"有改制之名，无易道之实"：

> 今所谓新王必改制者，非改其道，非变其理，受命于天，易姓更王，非继前王而王也。若一因前制，修故业，而无有所改，是与继前王而王者无以别。受命之君，天之所大显也。事父者承意，事君者仪，志事天亦然。今天大显已物，袭所代而率与同，则不显不明，非天志。故必徙居处，更称号，改正朔，易服色者，无他焉，不敢不顺天志而明自显也。若其大纲，人伦道理，政治教化，习俗文义尽如故，亦何改哉？故王者有改制之名，无易道之实。①

既然地上的君王一切都按上天的意志行事，他就必须能够与天顺利地互通讯息，时时交流，于是，董仲舒创造的"天人感应"就派上了用场。董仲舒一方面感到专制主义中央集权需要在政治上和思想上树立君主的绝对权威，因而给他安上天这样强大的守护神；另一方面也隐隐觉察到不受限制的君主权力一旦为所欲为，也会给国家和社会带来意想不到的灾难。于是又让这个守护神时刻监督君王的行政，希望利用他公正无私、明察秋毫的眼睛来对君主的活动加以监督和约束，从而使君王的行政按照天意即道运行。否则，天就会来一次改朝换代，形式是"以有道伐无道"：

> 天人相与之际，甚可畏也。国家将有失道之败，而天乃先出灾害以谴告之。不知自省，又出怪异以警惧之，尚不知变，而伤败乃至。以此见天心之仁爱人君而欲止其乱也。②
>
> 且天之生民，非为王也，而天立王以为民也。故其德足以安乐民者，天予之；其恶足以贼害民者，天夺之。……言天之无常予无常夺也。……王者，天之所予也，其所伐皆天之所夺也。……故夏无道而殷伐之，殷无道而周伐之，周无道而秦伐之，秦无道而汉伐之。有道伐

---

① 《春秋繁露·楚庄王》，电子版文渊阁四库全书。
② 班固：《汉书》卷五十六《董仲舒传》，中华书局 1962 年版，第 2498 页。

　　　　无道，此天理也，所从来久矣①

不好怀疑董仲舒的愿望有其真诚的一面，不过，必须指出，他天真地借助天神的威力限制君主滥用权力的希冀，只不过是一厢情愿而已。事实是，不仅汉代，就是以后中国历史数以百计的君王，有哪一个时刻怀着对天谴的敬畏之心？又有哪一个因天谴而改弦更张与民更始呢？当然，指出董仲舒良好愿望的虚幻并不是要谴责他，因为他的时代还不具备产生权力制衡思想的条件。董仲舒上述与君权有关的理论，几乎都能从孟子的学说中找到相对应的内容，最重要的是，他们都将天神化为一个人格神的上帝，用天的意志以及地上君王对天意的顺逆来解释地上君权的授予与运行。

　　董仲舒对孟子的大一统观念也是情有独钟，进而在超越孟子极力强调皇帝专制和中央集权的同时，对孟子和儒家传统"德主刑辅"的治国理念进行了系统全面的阐述和发挥。董仲舒从"天道右阳不右阴"的认识出发，全面阐发"德主刑辅"的治国理念。要求对百姓的治理以教化为主，以刑罚为辅，实施"教本狱末"的政策："教，政之本也；狱，政之末也。其事异域，其用一也。不可不以相顺，故君子重之也。"②董仲舒在其《春秋繁露》和举贤良文学对策中，一再强调教化的作用：

　　　　南面而治天下，莫不以教化为大务。立太学以教于国，设庠序以化于邑，渐民以仁，摩民以谊，节民以礼，故其刑罚甚轻而禁不犯者，教化行而习俗美也。
　　　　古者脩教训之官，务以德善化民……天令之谓命，命非圣人不行；质朴之谓性，性非教化不成；人欲之谓情，情非度制不节。是故王者上谨于承天意，以顺命也；下务明教化民，以成性也；正法度之宜，别上下之序，以防欲也。脩此三者，而大本举矣。③

将教化即引导百姓向善作为为政的主导方向，而将惩治犯罪放在次要位置，

---

① 《春秋繁露·尧舜不擅移汤武不专杀》，电子版文渊阁四库全书。
② 《春秋繁露·精华》，电子版文渊阁四库全书。
③ 《春秋繁露·精华》，电子版文渊阁四库全书。

这种治国理念也可以称之为"王道"政治，它要求为政者真诚地"爱民"，"教以爱，使以忠"，使之自觉"修德"，耻于犯法，特别要最大限度地减轻对百姓的索取，给他们创造一个"家给人足"的生产生活条件，使之感受"王道"之下的幸福与满足。他将"五帝三王之治天下"描绘成"王道"政治的样板：

> 道，王道也。王者，人之始也。王正则元气和顺，风雨时，景星见，黄龙下。王不正则上变天，贼气并见。五帝三王之治天下，不敢有君民之心，什一而税，教以爱，使以忠，敬长老，亲亲而尊尊，不夺民时，使民不过岁三日。民家给人足，无怨望忿怒之患，强弱之难，无谗贼妒疾之人。民修德而美好，被发衔哺而游，不慕富贵，耻恶不犯，父不哭子，兄不哭弟，毒虫不螫，猛兽不搏，抵虫不触。故天为之下甘露，朱草生，醴泉出，风雨时，嘉禾兴，凤凰麒麟游于郊，囹圄空虚，画衣裳而民不犯，四夷传译而朝，民情至朴而不文，郊天祀地，秩山川以时至。①

董仲舒的描绘显然是儒家传统的理想化政治的希冀和诉求，与实际的"五帝三王之治"根本不是一回事。不过，董仲舒的"王道政治"实际上是孔子"德政"和孟子"仁政"理想的继承和发展。在理想化"五帝三王之治"的同时，他也为之树立起"恶政"对立面，这就是桀纣。在儒家的政治学中，桀纣同样是被经典化了的"恶政"样板：

> 桀纣皆圣王之后，骄溢妄行，侈宫室，广苑囿，穷五采之变，极饰材之工，困野兽之足，竭山泽之利，食类恶之兽，夺民财食，高雕文刻镂之观，尽金玉骨象之工，盛羽族之饰，穷白黑之变，深刑妄杀以凌下，听郑卫之音，充倾宫之志，灵虎兕文采之兽，以希见之意，赏佞赐谗，以糟为邱，以酒为池，孤贫不养，杀圣贤而剖其心，生燔人闻其臭，剔妇孕见其化，斩朝涉之足察其拇，杀梅伯以为醢，刑鬼

　　侯之女取其环，诛求无已，天下空虚。群臣畏恐，莫敢尽忠，纣愈
　　自贤。①

在这个"恶政"样板中，董仲舒反对的是国君的骄奢淫逸和与之相联系的对百姓的肆意盘剥和榨取。这里，董仲舒也把孟子对桀纣的恶谥和讨伐进一步发挥了。在他"德主刑辅"的治国理念中，还有一两项重要内容，一是帝王个人修养，他继承孔子和孟子"身正，不令而行"的思想，强调帝王必须"正心"，使自己成为百官和万民的道德表率：

　　故为人君者，正心以正朝廷，正朝廷以正百官，正百官以正万民，
　　正万民以正四方。四方正，远近莫敢不壹于正，而亡有邪气奸其间者。
　　是以阴阳调而风雨时，群生和而万民殖，五谷熟而草木茂，天地之间
　　被润泽而大丰美，四海之内闻盛德而皆倈臣，诸福之物，可致之祥，
　　莫不毕至，而王道终矣。②

二是举贤用贤。董仲舒深知贤才对国家兴亡有着至关重要的作用，"任非其人，而国家不倾者，自古及今，未尝闻也。……任贤臣者，国家之兴也"③。于是更多地把注意力集中在"贤才"的选取、培植和任用上。他提出了举贤用贤的具体措施，一是兴太学，二是要郡国岁举贤良。董仲舒举贤的建议都被武帝接受并付诸实行。此后，由郡国举贤良文学（后来又加上举孝廉等名目）和从太学生中选取官吏的制度成为两汉最重要的选官制度，改变了汉初武力功臣把持官位的局面，大大提高了官吏的文化素质，对后世的选官制度产生了深巨的影响。董仲舒论述的"德主刑辅"的观念，从总体上并没有超出孔子、孟子、荀子等先秦儒家创始人的"王道""仁政"理论，他的贡献在于重提并系统化了这一理论，而在汉武帝要求改变"黄老政治"的关键时刻，及时为之做了理论的铺垫。

　　董仲舒认为，要建设一个安定和谐的社会，必须使社会的所有成员都

---

① 《春秋繁露·王道》，电子版文渊阁四库全书。
② 班固：《汉书》卷五十六《董仲舒传》，中华书局 1962 年版，第 2502—2503 页。
③ 《春秋繁露·精华》，电子版文渊阁四库全书。

有适合自己的谋生手段。他理想的社会财富分配原则，是既要有一定的贫富差距，但又不能使这种差距太大，尤其不能使财富集中于少数富人之手而导致大量贫穷之人难以生存。为此，他提出"禁民二业"的社会财富分配论：

> 孔子曰："不患贫而患不均。"故有所积重，则有所空虚矣。大富则骄，大贫则忧。忧则为盗，骄则为暴，此众人之情也。圣者则于众人之情，见乱之所从生。故其制人道而差上下也，使富者足以示贵而不至于骄，贫者足以养生而不至于忧。以此为度而调均之，是以财不匮而上下相安，故易治也。今世弃其度制而各从其欲，欲无所穷而俗得自恣，其势无极。大人病不足于上而小民羸瘠于下，则富者愈贪利而不肯为义，贫者日犯禁而不可得止，是世之所以难治也。①

董仲舒认识到，一个时期的社会财富总量是一定的，有大富必有大贫，贫富差距过大是"乱之所从生"的根本原因。为了防止生乱而造成社会秩序的失控，就要求国家和政府制定制度与政策调节贫富，使二者虽有差距但不致生乱，这里掌握的"度"就是"使富者足以示贵而不至于骄，贫者足以养生而不至于忧"。办法是"禁民二业"："故君子仕则不稼，田则不渔，食时不力珍，大夫不坐羊，士不坐犬。"同时建立"度制"，使"贵贱有等，衣服有别，朝廷有位，乡党有序，则民有所让而民不敢争"②。在举贤良文学对策中，董仲舒进一步搬出"天意"论证"禁民二业"的合理性，同时对达官富豪肆无忌惮地聚敛财富、与民争利的贪婪行径进行毫不留情的鞭挞：

> 夫天亦有所分予，予之齿者去其角，傅其翼者两其足，是所受大者，不得取小也。古之所予禄者，不食于力，不动于末，是亦受大者不得取小，与天同意者也。夫已受大，又取小，天不能足，而况人虖！此民之所以嚣嚣苦不足也。身宠而载高位，家温而食厚禄，因乘富贵之资力，以与民争利于下，民安能如之哉！是故众其奴婢，多其牛羊，

---

① 《春秋繁露·度制》，电子版文渊阁四库全书。
② 《春秋繁露·度制》，电子版文渊阁四库全书。

广其田宅，博其产业，畜其积委，务此而亡已，以迫蹴民。民日削月朘，寖以大穷。富者奢侈羡溢，贫者穷急愁苦，穷急愁苦而上不救则民不乐生；民不乐生，尚不避死，安能避罪！此刑罚之所以蕃而奸邪不可胜者也。故受禄之家，食禄而已，不与民争业，然后利可均布，而民可家足。此上天之理，而亦太古之道，天子之所宜法以为制，大夫之所当循以为行也①

董仲舒清醒地意识到，"富者奢侈羡溢，贫者穷急愁苦"造成的"民不乐生"是社会矛盾和阶级矛盾激化的根本原因，所以提出自己理性化的社会财富的分配方案。这是一个既维持地主阶级对农民的剥削压迫而又对这种剥削压迫加以限制，既使农民接受剥削而又使他们维持最低生活水准而不犯上作乱的调和矛盾的社会改良方案，实际上是为封建统治设计的长治久安之术。然而，这只是他自己的一厢情愿。因为只要没有办法限制达官富豪无止境的贪欲，就无法阻止劳动者相对贫困化和绝对贫困化，当然也就没有办法消解社会矛盾和阶级矛盾的尖锐化。董仲舒的上述认识，与孔子的"不患寡而患不均，不患贫而患不安"、孟子的"制民恒产，必使仰足以事父母，俯足以畜妻子，乐岁终身饱，凶年免于死亡"的理想是连在一起的。

汉武帝当国时期达到了西汉历史的顶峰，疆域空前扩大，国力空前强大，社会空前繁荣，但这一切都是建立在劳动人民巨大牺牲的基础之上。到武帝后期，"海内虚耗，户口减半"的颓象已经显现出来，社会矛盾和阶级矛盾的激化导致的农民起义的星星之火也不时在各地闪现。董仲舒锐敏地看到土地兼并和奴婢急增引起的社会危机，又提出限田和限奴的建议：

古者税民不过什一，其求易共；使民不过三日，其力易足。民财内足以养老尽孝，外足以事上共税，下足以畜妻子极爱，故民说从上。至秦则不然。用商鞅之法，改帝王之制，除井田，民得买卖，富者田连仟伯，贫者亡立锥之地。又颛川泽之利，管山林之饶，荒淫越制，踰侈以相高。邑有人君之尊，里有公侯之富。小民安得不困？又加月

---

① 班固：《汉书》卷五十六《董仲舒传》，中华书局 1962 年版，第 2520—2521 页。

为更卒，已复为正，一岁屯戍，一岁力役，三十倍于古。田租口赋盐铁之利，二十倍于古。或耕豪民之田，见税什五，故贫民常衣牛马之衣而食犬彘之食。重以贪暴之吏，刑戮妄加，民愁亡聊。亡逃山林，转为盗贼。赭衣半道，断狱岁以千万数。汉兴，循而未改。古井田法虽难卒行，宜少近古，限民名田，以澹不足，塞并兼之路，盐铁皆归于民，去奴婢，除专杀之威。薄赋敛，省徭役，以宽民力，然后可善治也。①

董仲舒这个限田和限奴、盐铁归民、薄赋省役的建议，在武帝晚年部分得到推行，在一定程度上缓和了当时已经趋向尖锐的社会矛盾和阶级矛盾，并成为转向“昭宣中兴”的先导。这些思想和主张，在很大程度上都是儒家和孟子关于民本与“薄赋敛、省徭役”的理念的继承和发扬。

另外，在义利观方面，董仲舒推出“义以为上”和“正其谊不谋其利”的命题。认为义和利的关系是辩证的，义以养心，利以养身，但应该以义统率利，而不应该唯利是图，更不应该为富不仁，“义之养生人，大于利而厚于财也”。他要求统治者做“义以为上”的表率，“显德以示民”②。这与孟子的义利观念如“君仁，莫不仁君义，莫不义”的思想是一致的。

总之，董仲舒推出的以经学命名的新儒学中，大量继承了孟子的思想和理念，是孟子思想在新形势下的进一步深化和发扬。

刘安（前179—前122年），是西汉开国皇帝刘邦的孙子，在西汉前期的宗室贵族子弟中，他是最有学问的一个人。他周围召集了众多有学问的宾客，集体编著了《淮南子》一书。尽管该书被学界认定为西汉道家思想的代表作，但其受儒家，包括孟子的思想影响也是显著的。如吸取了儒家关于虚心纳谏的思想：

古者天子听朝，公卿正谏，博士诵诗，瞽箴师诵，庶人传语，史书其过，宰彻其膳。犹以为未足也，故尧置敢谏之鼓，舜立诽谤之木，

---

① 班固：《汉书》卷二十四上《食货志》，中华书局1962年版，第1137页。
② 《春秋繁露·身之养重于义》，电子版文渊阁四库全书。

汤有司直之人，武王立戒慎之鞀，过若毫厘而既已备之也。夫圣人之于善也，无小而不举；其于过也，无微而不改。尧、舜、禹、汤、文、武皆坦然天下而南面焉。①

又如"民本"思想，它一方面要求国君为百姓创造一个良好的生产生活条件，"安民""足用""勿夺时"，使之"生无乏用，死无转尸"，过上安乐的生活；另一方面要求国君"省事""节欲""反性""去载"，从而做到"取民有度"，使之不会因为过度榨取而生"饥寒之患"：

食者，民之本也。民者，国之本也。国者，君之本也。是故人君者，上因天时，下尽地财，中用人力。是以群生遂长，五谷蕃植。教民养育六畜，以时种树，务修田畴，滋植桑麻，肥硗高下，各因其宜。②

为治之本，务在于安民；安民之本，在于足用；足用之本，在于勿夺时；勿夺时之本，在于省事；省事之本，在于节欲；节欲之本，在于反性；反性之本，在于去载。去载则虚，虚则平。平者，道之素也；虚者，道之舍也。能有天下者，必不失其国；能有其国者，必不丧其家；能治其家者，必不遗其身；能修其身者，必不忘其心；能原其心者，必不亏其性；能全其性者，必不惑于道。③

人主租敛于民也，必先计岁而收，量民积聚，知饶馑有余不足之数，然后取车舆衣食供养其欲。

故有仁君明王，其取下有节，自养有度，则得承受于天地，而不离饥寒之患矣。④

再如顺民之性制定礼乐制度进行教化的思想：

---

① 《淮南子·主术训》，电子版文渊阁四库全书。
② 《淮南子·诠言训》，电子版文渊阁四库全书。
③ 《淮南子·主术训》，电子版文渊阁四库全书。
④ 《淮南子·主术训》，电子版文渊阁四库全书。

圣人之治天下，非易民性也。拊循其所有而涤荡之，故因则大，化则细矣。……民有好色之性，故有大婚之礼，有饮食之性，故有大飨之谊；有喜乐之性，故有钟鼓笙弦之音；有悲哀之性，故有衰经哭踊之节。故先王之制法也，因民之所好而为之节文者也。因其好色而制婚姻之礼，故男女有别；因其喜音而正雅、颂之声，故风俗不流；因其宁家室、乐妻子，教之以顺，故父子有亲；因其喜朋友而教之以悌，故长幼有序。然后修朝聘以明贵贱，飨饮习射以明长幼，时搜振旅以习用兵也，入学庠序以修人伦。此皆人之所有于性，而圣人之所匠成也。故无其性，不可教训；有其性，无其养，不能遵道。①

《淮南子》这里大讲了"民本""足用"和顺民之性制定礼乐制度进行教化等儒家的政治思想，显示了它自觉或不自觉地向儒家思想的倾斜。

被誉为中国"史学之父"的司马迁（前145？—？）尽管特别钟情于道家思想，但他认为治国理政必须儒道互补。他大量吸收了儒家尤其是孟子的尊君、礼贤、民本、仁政、礼义廉耻、贵贱尊卑等理论，目的是期望国家和社会在和谐有序的状态下运行。出于尊君和加强中央集权的理念，他对刘邦翦灭异姓诸侯王的举措基本上持肯定态度，赞扬文、景、武数代君王削弱同姓诸侯王的政策是"强本弱枝"所必须，同时对一些诸侯王的死灭表示了批判的态度。

司马迁虽然极力维护皇帝的独尊和中央集权，但要求皇帝和各级官府时刻将民本、仁政作为最核心的执政理念。他笃信孔子"导之以政，齐之以刑，民免而无耻。导之以德，齐之以礼，有耻且格"的名言，笃信老子"上德不德，是以有德；下德不失德，是以无德。法令滋章，盗贼多有"的教诲，更接续孟子，猛烈谴责夏桀、商纣等独夫民贼的虐民害物的暴政，借贾谊的《过秦论》，对秦始皇、秦二世残民以逞的酷烈政治进行无情的鞭挞。对迷信长生之术、屡屡被骗、劳民伤财而迟迟不醒悟的汉武帝施以辛辣的讽刺。在《史记·项羽本纪》中，他既充分肯定项羽世罕其匹的军事才干和推翻秦朝的历史功绩，又毫不客气地指出其失败的根本原因是"欲以力征经营

---

① 《淮南子·泰族训》，电子版文渊阁四库全书。

天下"，没有在政治上回应百姓的迫切要求：

> 夫秦失其政，陈涉首难，豪杰蜂起，相与并争，不可胜数。然羽非有尺寸，乘势起陇亩之中，三年，遂将五诸侯灭秦，分裂天下，而封王侯，政由羽出，号为霸王，位虽不终，近古以来未尝有也。及羽背关怀楚，放逐义帝而自立，怨王侯叛己，难矣。自矜功伐，奋其私智而不师古，谓霸王之业，欲以力征经营天下，五年卒亡其国，身死东城，尚不觉寤而不自责，过矣矣。乃引"天亡我，非用兵之罪也"，岂不谬哉！

他专设《酷吏传》，一方面记载并批判酷吏草菅人命、对百姓肆意杀罚、滥施刑威的酷烈之行，另一方面也赞扬他们中的部分人"据法守正"的"伉直"品格：

> 太史公曰：自郅都、杜周十人者，此皆以酷烈为声。然郅都伉直，引是非，争天下大礼。张汤以知阴阳，人主与俱上下，时数辩当否，国家赖其便。赵禹时据法守正。杜周从谀，以少言为重。自张汤死后，网密，多诋严，官事浸以耗废。九卿碌碌奉其官，救过不赡，何暇论绳墨之外乎！然此十人中，其廉者足以为仪表，其污者足以为戒，方略教导，禁奸止邪，一切亦皆彬彬质有其文武焉。虽惨酷，斯称其位矣。至若蜀守冯当暴挫，广汉李贞擅磔人，东郡弥仆锯项，天水骆璧推减，河东褚广妄杀，京兆无忌、冯翊殷周蝮鸷，水衡阎奉扑击卖请，何足数哉！何足数哉！①

他专设《佞幸传》，记载并批判那些对国君溜须拍马、引导其骄奢淫逸的奸佞小人。专设《循吏传》，对那些"奉职循理""所居民富，所去见思，生有荣号，死见奉祀"的循吏，记载其事迹并加以衷心的颂扬。他感慨万端地说："法令所以导民也，刑罚所以禁奸也。文武不备，良民惧然身修者，

---

① 司马迁：《史记》卷一百二十二《酷吏列传》，中华书局1959年版，第3154页。

官未曾乱也。奉职循理，亦可以为治，何必威严哉？"①他为敢于顶住文帝压力、仅处罚犯跸惊皇帝车骑的人以金钱的廷尉张释之立传，称赞他"守法不阿意"的刚直之风。

司马迁钟情贤人理政，他说："国之将兴，必有祯祥，君子用而小人退。国之将亡，贤人隐，乱臣贵。"②他极力赞扬子产、子贱、西门豹等作为贤人为官的政绩，说："传曰：'子产治郑，民不能欺；子贱治单父，民不忍欺；西门豹治邺，民不敢欺。'三子之才能谁最贤哉？治者当能别之。"③而对李斯、蒙恬不顾百姓死活，助秦始皇为虐，则持鲜明的批判态度：

> 李斯以闾阎历诸侯，入事秦，因以瑕衅，以辅始皇，卒成帝业，斯为三公，可谓尊矣。斯知六艺之归，不务明政以补主上之缺，持爵禄重，阿顺苟合，严威酷刑，听高邪说，废嫡立庶。诸侯已畔，斯乃欲谏争，不亦末乎！人皆以斯极忠而被五刑死，察其本，乃与俗讥之异。不然，斯之功且与周、召列矣。④

> 我适北边，自直道归，行观蒙恬所为秦筑长城亭障，堑山堙谷，通直道，固轻百姓力矣。夫秦之初灭诸侯，天下之心未定，痍伤者未瘳，而恬为名将，不以此时强谏，振百姓之急，养老存孤，务修众庶之和，而阿意兴功，此其兄弟遇诛，不亦宜乎？何乃罪地脉哉？⑤

司马迁十分推崇礼在维系等级秩序中的作用。他解释礼的起源说："礼由人起。人生有欲，欲而不得，则不能无忿，忿而无度，则争，争则乱。先王恶其乱，故制礼义以养人之欲，给人之求，使欲不穷于物，物不屈于欲，二者相待而长，是礼之所起也。"肯定礼的作用是"贵贱有等，长少有差，贫富轻重皆有称"。既满足人们的各种需求，又使这种满足符合"尊卑贵贱之序"：

---

① 司马迁：《史记》卷一百一十九《循吏列传》，中华书局1959年版，第3099页。
② 司马迁：《史记》卷五十《楚元王世家》，中华书局1959年版，第1990页。
③ 司马迁：《史记》卷一百二十六《滑稽列传》，中华书局1959年版，第3213页。
④ 司马迁：《史记》卷八十七《李斯列传》，中华书局1959年版，第2563页。
⑤ 司马迁：《史记》卷八十八《蒙恬列传》，中华书局1959年版，第2570页。

天尊地卑，君臣定矣。高卑已陈，贵贱位矣。①

人道经纬万端，规矩无所不贯，诱进以仁义，束缚以刑罚，故德厚者位尊，禄重者宠荣，所以总一海内而整齐万民也。人体安驾乘，为之金舆错衡以繁其饰；目好五色，为之黼黻文章以表其能；耳乐钟磬，为之调谐八音以荡其心；口甘五味，为之庶羞酸醎以致其美；情好珍善，为之琢磨圭璧以通其意。故大路越席，皮弁布裳，朱弦洞越，大羹元酒，所以防其淫侈，救其彫敝。是以君臣朝廷尊卑贵贱之序，下及黎庶车舆衣服宫室饮食嫁娶丧祭之分，事有宜适，物有节文。②

司马迁由礼推至各种制度，认定制度的健全和有序运行是维持国家和社会正常秩序的必要条件。所有这些思想和观念，几乎都能从孟子那里找到契合点。

司马迁在孟学研究史上的最大贡献是为儒家代表人物孔子、孟子和荀子立传，《史记·孔子世家》《史记·孟子荀卿列传》是最早比较全面系统记载孔子、孟子和荀子生平事迹与思想学说的史学著作。从严格意义上讲，真正的孟子研究应该是从司马迁开始的。《史记·孟子荀卿列传》实际上是司马迁为稷下学宫作的学术专传，记载了几乎所有的稷下学宫的学者。该传虽然记载孟子的事迹并不多，却是最珍贵的原始资料之一，因为他将孟子的籍贯、师承、著作、思想要点、所处时代特点都讲清楚了，这为后世的研究提供了最具史料价值的资料和线索。其中，司马迁特别重视孟子思想中的义利之辨：

太史公曰：余读孟子书，至梁惠王问"何以利吾国"，未尝不废书而叹也。曰：嗟乎，利诚乱之始也！夫子罕言利者，常防其原也。故曰"放于利而行，多怨"。自天子至于庶人，好利之弊何以异哉！③

司马迁的议论基本上抓住了孟子思想作为伦理本位的核心，是非常有见

① 司马迁：《史记》，卷二十四，中华书局1959年版，第1194页。
② 司马迁：《史记》卷二十三《礼书》，中华书局1959年版，第1157—1158页。
③ 司马迁：《史记》卷七十四《孟子荀卿列传》，中华书局1959年版，第2343页。

地的。

在汉昭帝始元六年（公元前 81 年）朝廷召开的著名"盐铁会议"上，从民间请来的 60 多位贤良文学齐集首都长安，与桑弘羊为代表的政府官员就国家一系列的大政方针，尤其是经济政策进行辩论。他们的很多观点阐发了儒家特别是孟子的许多理念。

在这场具有重大思想史意义的辩论中，贤良文学祭起的法宝，一是仁义礼乐，二是重本抑末。你看，他们一出场，就高高举起了这两面旗帜，攻击政府实行的盐、铁官营、酒专卖以及均输等经济政策是"示民以利"，违背了"导民以德"和"以礼义防民欲"的儒家信条：

> 文学曰："礼义者，国之基也。而权利者，政之残也。孔子曰：'能以礼让为国乎？何有。'伊尹、太公以百里兴其君，桓公专于桓公，以千乘之齐，而不能至于王，其所务非也。故功名隳坏而道不济。当此之时诸侯莫能以德而争于公私，故以权相倾。今天下合为一家，利末恶欲行？淫巧恶欲施？大夫君以心计册国用，構构诸侯，参以酒榷，咸阳、孔仅增以盐、铁，江充、杨可之等，各以锋锐，言利末之事析秋毫，可谓无间矣。非特管仲设九府，徼山海也。然而国家衰耗，城郭空虚。故非崇仁义无以化民，非力本农无以富邦也。"①
>
> 文学对曰："窃闻治人之道，防淫佚之原，广道德之端，抑末利而开仁义，毋示以利，然后教化可兴，而风俗可移也。今郡国有盐、铁、酒榷、均输，与民争利。散敦厚之朴，成贪鄙之化，是以百姓就本者寡，趋末者众。夫文繁则质衰，末盛则本亏。末修则民淫，本修则民悫。民悫则财用足，民侈则饥寒生。愿罢盐、铁、酒榷、均输，所以进本退末，广利农业，便也。"
>
> 文学曰："夫道民以德，则民归厚；示民以利，则民俗薄。俗薄则背义而趋利，趋利则百姓交于道而接于市。老子曰：'贫国若有余。'非多财也，嗜欲众而民躁也。是以王者崇本退末，以礼义防民欲，实菽粟货财。市商不通无用之物，工不作无用之器。故商所以通郁滞，工

---

① 《盐铁论·轻重》，电子版文渊阁四库全书。

所以备器械，非治国之本务也。"①

　　贤良曰："三代之盛无乱萌，教也。夏、商之季世无顺民，俗也。是以王者设庠序，明教化，以防道其民，及政教之洽，性仁而喻善。故礼义立，则耕者让于野，礼义坏，则君子争于朝。人争则乱，乱则天下不均，故或贫或富。富则仁生，澹则民争止。"

　　贤良曰："……教之以德，齐之以利，则民从义而从善，莫不入孝出悌，夫何奢侈暴慢之有？"②

当桑弘羊提出由于对匈奴的战争需要这些经济政策支持时，贤良文学们又搬出"仁政，无敌于天下"的说辞应对，大谈以仁义和德行使"近者亲附"和"远者说服"的迂阔之论，高唱"善克者不战，善战者不师"的高调，同时在对待周边少数民族关系上坚持保守主义，反对用兵：

　　文学曰："孔子曰：'有国有家者，不患寡而患不均，不患贫而患不安。'故天子不言多少，诸侯不言利害，大夫不言得丧，畜仁义以风之，广德行以怀之，是以近者亲附而远者说服。故善克者不战，善战者不师，善师者不陈。修之于庙堂，而折冲还师。王者行仁政，无敌于天下，恶用费哉？"③

　　文学曰："古者天子之立于天下之中，县内方不过千里，诸侯列国，不及不食之地。《禹贡》至于五千里，民各供其君，诸侯各保其国。是以百姓均调而繇役不劳也。今推胡、越数千里，道路廻，远士卒劳罢。故边民有刎颈之祸，而中国有死亡之患。此百姓所以器器而不默也。夫治国之道，由中及外，自近者始。近者亲附，然后来还。百姓内足，然后邮外。……今中国弊落不忧，务在边境。意者地广而不耕，多种而不耨，费力而无功。"④

---

①　《盐铁论·本议》，电子版文渊阁四库全书。
②　《盐铁论·授时》，电子版文渊阁四库全书。
③　《盐铁论·本议》，电子版文渊阁四库全书。
④　《盐铁论·地广》，电子版文渊阁四库全书。

这些迂腐的书生们将"仁者无敌"的古训变成脱离了物质条件的符咒，正说明他们根本不了解实际行政的甘苦，不了解匈奴的实际情况，对边境地区汉匈对峙的形势更是一无所知，完全是想当然地侈谈儒家的那些与实际难以契合的信条，自然是南辕北辙了。当桑弘羊以"均有无而通万物"为他所重视的工商政策辩护时，贤良文学就将古代百姓最简陋刻苦的生活理想化，认为茅屋、布褐、土硎之外的生活设施都"无益于用"，都是一种"溢利"行为，统统都应该去掉。这其中自然不乏反对奢侈淫靡的成分，但总体倾向是反对经济的发展和追求提升生活质量的愿望，通篇充塞的是乐于清贫、甘于简陋的安于现状的不求进步的小农意识：

> 文学曰："古者采橡不斲，茅屋不翦，衣布褐，饭土硎，铸金为鉏，埏埴为器，工不造奇巧，世不宝不可衣食之物，各安其居，乐其俗，甘其食，便其器。是以远方之物不交，而昆山之玉不至。今世俗坏而竞于淫靡，女极纤微，工极技巧，雕素朴而尚珍怪，钻山石而求金银，没深渊求珠玑，设机陷求犀象，张网罗求翡翠，求蛮貊之物以荟中国，徙卭筰之货致之东海，交万里之财，旷日费功，无益于用。是以褐夫匹妇，劳罢力屈，而衣食不足也。故王者禁溢利，节漏费。溢利禁则反本，漏费节则民用给。是以生无乏资，死无转尸也。"①

这些观点已经与孟子希望百姓"乐岁终身饱，凶年免于死亡"的期望拉开了距离，几乎与墨子向最低生活水准看齐的观念同流了。由于贤良文学来自民间，对桑弘羊主持实施的这些经济政策的弊端还是有着较深切的了解，对这些政策对百姓造成的危害也有较深的认知，因此他们的揭示也给历史留下真切的纪录：

> 文学曰："盖文帝之时，无盐、铁之利而民富。今有之而百姓困乏，未见利之所利也，而见其害也。"②

---

① 《盐铁论·通有》，电子版文渊阁四库全书。
② 《盐铁论·通有》，电子版文渊阁四库全书。

文学曰："古者之赋税于民也，因其所工，不求所拙。农人纳其获，女工效其力。今释其所有，责其所无。百姓贱卖货物，以便上求。间者，郡国或令民作布絮，吏留难，与之为市。吏之所入，非独齐、陶之缣，蜀汉之布也，亦民间之所为耳。而行奸卖平，农民重苦，女工再税，未见输之均也。县官猥发，阖门擅市，则万物并收。万物并收，则物腾跃。腾跃，则商贾牟利。自市，则吏容奸。豪而富商积货储物以待其急，轻贾奸吏收贱以取贵，未见准之平也。盖古之均输，所以齐劳逸而便贡输，非以为利而贾万物也。"①

不仅如此，贤良文学还对当时的贫富悬殊和社会不公以及上层达官显贵无以复加的奢靡之风有着比较贴近现实的认识，并通过一连串的对比发出强烈的谴责，表达了他们义愤填膺的愤激之情：

贤良曰："……古者，夫妇之好，一男一女，而成家室之道。及后，士一妾，大夫二，诸侯有姪娣九女而已。今诸侯百数，卿大夫十数，中者侍御，富者盈室。是以女或旷怨失时，男或放死无匹。古者，凶年不备，丰年补败，仍旧贯而不改作。今工异变而吏殊心，怀败成功，以匿厥意。意极乎功业，务存乎面目。积功以市誉，不恤民之急。田野不辟，而饰亭落，邑居丘墟，而高其郭。古者，不以人力徇于禽兽，不夺民财以养狗马。是以财衍而力有余。今猛兽奇虫，不可以耕耘，而令当耕耘者养食之。百姓或短褐不完，而犬马衣文绣，黎民或糠糟不接，而禽兽食肉。古者，人君敬事爱下，使民以时，天子以天下为家，臣妾各以其时共公职，古今之通义也。今县官多畜奴婢，坐禀衣食，私作产业，为奸利，力作不尽，县官失实。百姓或无斗筲之储，官奴累百金。黎民昏晨不释事，奴婢垂拱遨游也。古者，亲近而疏远，贵所同而贱非类，不赏无功，不养无用。今蛮、貊无功，县官居肆，广屋大第，坐禀衣食。百姓或旦暮不澹，蛮夷或厌酒肉。黎民泮汗力作，令蛮夷交颈肆踞。……"②

① 《盐铁论·本议》，电子版文渊阁四库全书。
② 《盐铁论·散不足》，电子版文渊阁四库全书。

进而，贤良文学对于武帝后期穷兵黩武加重百姓赋税徭役负担的举措同样加以愤怒的揭露和谴责：

> 今中国为一统，而方内不安，繇役远而外内烦也。古者无过年之繇，无踰时之役，今近者数千里，远者过万里，历二期。长子不还，父母愁忧，妻子咏叹，愤满之恨发动于心，慕思之积痛于骨髓。①

同时对桑弘羊竭力颂扬的通过筑长城、拒敌万里外的"险固"观大张挞伐，极力鼓吹所谓"在德不在固"的"险固"观；彻底否定桑弘羊坚持的坚甲利兵说，将"道德为城""仁义为郭"的儒家信条推向极致，再一次展示了儒家知识分子对于"险固"的理想化但却完全脱离实际的偏颇：

> 诚以行义为阻，道德为塞，贤人为兵，圣人为守，则莫能入。如此则中国无狗吠之警，而边境无鹿骇狼顾之忧矣，夫何妄行之有乎？②
> 文学曰："……所谓金城者，非谓筑壤而高土，凿地而深池也。所谓利兵者，非谓吴越之铤、干将之剑也。言以道德为城，以仁义为郭，莫之敢攻，莫之敢入。文王是也。以道德为轴，以仁义为剑，莫之敢当，莫之敢御。汤、武是也。今不建不可攻之城，不可当之兵，而欲任匹夫之役，而行三尺之刃，亦细矣。"③

最后，贤良文学尖锐批判桑弘羊极力颂扬和坚持的"法势""甲兵"治国理民论，认为"法能刑人而不能使人廉，能杀人而不能使人仁"④。尽管刑罚具有"禁强暴"的功能，但只能是等而下之的德治教化的补充手段，只能为辅而不能为主。如果反其道而行之，收到的只能是国破家亡的结果：

> 文学曰："古者明其仁义之誓，使民不踰。不教而杀，是以虐也。

---

① 《盐铁论·徭役》，电子版文渊阁四库全书。
② 《盐铁论·险固》，电子版文渊阁四库全书。
③ 《盐铁论·论勇》，电子版文渊阁四库全书。
④ 《盐铁论·申韩》，电子版文渊阁四库全书。

与其刑不可踰，不若义之不可踰也。闻礼义行而刑罚中，未闻刑罚行
而孝悌兴也。"①

　　文学曰："春夏生长，圣人象而为令。秋冬杀藏，圣人则而为法。
故令者教也，所以导民人；法者刑罚也，所以禁强暴也。二者治乱之
具，存亡之效也。在上所任，汤、武经礼义，明好恶，以导其民，刑
罪未有所加，而民自行义，殷、周所以治也。上无德教，下无法则，
任刑必诛，劓鼻盈蔂，断足盈车，举河以西不足以受天下之徒，终而
以亡者，秦王也。非二尺四寸之律异，所行反古而悖民心也。"②

　　与桑弘羊鲜明的法家立场不同，贤良文学处处坚持儒家的鲜明立场，
所以他们一方面对桑弘羊赞扬的商鞅、吴起等法家代表人物嗤之以鼻，攻击
不遗余力，另一方面盛赞生于乱世的孔子，认为他"思尧、舜之道，东西
南北，灼头濡足，庶几世主之悟"③的"知其不可而为之"的救世精神永远值
得珍视和弘扬，同时对儒家心目中的圣贤尧、伊尹、管仲等人送上深情的
颂歌：

　　文学曰："商鞅峭法长利，秦人不聊生，相与哭孝公。吴起长兵攻
取，楚人骚动，相与泣悼王。其后楚日以危，秦日以弱。故利蓄而怨
积，地广而祸构，在利用不竭而民不知，地尽西河而人不苦也。今商
鞅之册任于内，吴起之兵用于外，行者勤于路，居者匮于室，老母号
泣，怨女叹息。"④

　　文学曰："天下不平，庶国不宁，明王之忧也。上无天子，下无方
伯，天下烦乱，圣贤之忧也。是以尧忧洪水，伊尹忧民，管仲束缚哦，
孔子周流，忧百姓之祸而欲安其危也。是以负鼎俎、囚拘、匍匐以救
之。故追亡者趋，拯溺者濡。今民陷沟壑，虽欲无濡，岂得已哉？"⑤

①　《盐铁论·绍圣》，电子版文渊阁四库全书。
②　《盐铁论·大论》，电子版文渊阁四库全书。
③　《盐铁论·大论》，电子版文渊阁四库全书。
④　《盐铁论·非鞅》，电子版文渊阁四库全书。
⑤　《盐铁论·论儒》，电子版文渊阁四库全书。

　　总起来看，贤良文学虽然在政治思想上坚持了儒家的基本理念，对于汉武帝时期加强专制主义中央集权的政治经济政策弊端的揭示也颇具真知灼见，但由于他们固守原始儒学的信条而缺乏创新，因而很难突破董仲舒政治思想所达到的水平。并且，更因为他们几乎在所有问题上都否定桑弘羊的观点，致使他们将儒家的一些本来正确的思想观念也强调过头，显示了儒家知识分子"迂阔而远于事情"的尚空谈而不谙实际的缺陷。

　　刘向（前79—前8年），出身西汉宗室贵族，中国古典文献学的奠基人，西汉思想文化史上最博学的大学者，在经学、史学、文学、文献学等领域以及天文历法等自然科学方面均取得卓越成就，留下一大批著作。刘向的著作大部分散佚，今存者主要是《新序》《说苑》《列女传》及其他著作的辑本。这是研究他政治思想的主要依据。刘向的思想以儒家为主干，大量吸收了孟子的思想。其政治思想，似可以用"圣君""贤臣"概括，而"圣君""贤臣"的标准则是儒家的德治主义。这在他写的《战国策书录》对先秦至秦朝历史的述论有明确的阐发：

　　　　周室自文、武始兴，崇道德，隆礼义，设辟雍泮宫庠序之教，陈礼乐弦歌移风之化。叙人伦，正夫妇，天下莫不晓然。论孝悌之义，惇笃之行，故仁义之道满乎天下，卒致之刑措四十余年。远方慕义，莫不宾服，《雅》、《颂》歌咏，以思其德。下及康、昭之后，虽有衰德，其纲纪尚明。及春秋时，已四五百载矣，然其余业遗烈，流而未灭。五霸之起，尊事周室。五霸之后，时君虽无德，人臣辅其君者，若郑之子产，晋之叔向，齐之晏婴，挟君辅政，以并立于中国，犹以义相支持，歌咏以相感，聘觐以相交，期会以相一，盟誓以相救。天子之命，犹有所行；会享之国，犹有所耻。小国得有所依，百姓得有所息。……周之流化，岂不大哉！及春秋之后，众贤辅国者既没，而礼义衰矣。孔子虽论《诗》《书》，定《礼》《乐》，王道灿然分明，以匹夫无势，化之者七十二人而已，皆天下之俊也，时君莫尚之，是以王道遂用不兴。故曰："非威不立，非势不行。"仲尼既没之后，田氏取齐，六卿分晋，道德大废，上下失序。至秦孝公，捐礼让而贵战争，弃仁义而用诈谲，苟以取强而已矣。夫篡盗之人，列为侯王；诈谲之国，兴立为强。是以转相仿效，后嗣师之，遂相吞灭，并大兼小，暴师经岁，流血满野。父子不相亲，兄弟不相安，夫妇离散，莫保其命，潜然道德绝矣。晚世益甚，万乘之国七，千乘之国五，敌侔争权，盖为战国。贪饕无耻，竞进无厌；国异政教，各自制断；上无天子，下无方伯；力攻争强，胜者为右；兵革不休，诈伪并起。当此之时，虽有道德，不得施谋。有设之强，负阻而恃固；连与交质，重曰结誓，以守其国。故孟子、荀卿儒术之士，弃捐于世，而游说权谋之徒，见贵于俗。是以苏秦、张仪、公孙衍、陈轸、代、厉之属，生从横短长之说，左右倾侧。苏秦为从，张仪为横；横则秦帝，从则楚王；所在国重，所去国轻。然当此之时，秦国最雄，诸侯方弱，苏秦结之，合六国为一，以偾背秦。秦人恐惧，不敢窥兵于关中天下不交兵者，二十有九年。然秦国势便形利，权谋之士，咸先驰之。苏秦初欲横，秦弗用，故东合从。及苏秦死后，张仪连横，诸侯听之，西向事秦。是故始皇因四塞之固，据崤、函之阻跨，陇蜀之饶，听众人之策，乘六世之烈，以蚕食六国，兼诸侯，并有天下。仗于诈谋之弊，终信笃之诚，无道德之教，仁义之化，以缀天下之心。任刑罚以为治，信小术以为道，遂燔烧《诗》、《书》，坑杀儒士，上小尧、舜，下邈三王。二世愈甚，惠不下施，情不上达；君臣相疑，骨肉相疏；化道浅薄，纲纪坏败；民不见义，而悬于不宁。抚天下十四岁，天下大溃，诈伪之弊也。其比王德，岂不远哉！孔子曰："道之以政，齐之以刑，民免而无耻。道之以德，齐之以礼，有耻且格。"夫使天下有所耻，故化可致也。苟以诈伪偷活取容，自上为之，何以率下？秦之败也，不亦宜乎！①

　　显然，在刘向看来，自西周至秦统一，中国出现的是伦理道德的逆向运动。越往后来，君德越浅薄，越是"无道德之教，仁义之化"，越是"化道浅薄，纲纪坏败"，而只能"任刑罚以为治，信小术以为道"，所以才会在不断的道德滑坡中出现秦始皇和秦二世这样的"恶魔"，酿成秦始皇"焚书坑儒"的惨剧。这样的认识自然是一种偏见，但却是汉以后不少思想家的共

---

① 刘向：《战国策》，上海古籍出版社 1885 年版，第 1195—1198 页。

识，因为他们往往将中国历史上道德的黄金时代推向三皇五帝和夏、商、周三代，从而树立起黄帝、尧、舜、禹、汤、文、武、周公、孔子的圣人谱系。这个谱系，由孟子开其端，最后由唐代的韩愈梳理定格。

刘向理想的政治，首先是有一位占据道德制高点的"圣君"，一位"无为""博爱""任贤""容众""寡为"、广开言路、虚心纳谏、博采众长、"踔然独立"、允文允武、敬下亲民的明君：

> 晋平公问于师旷曰："人君之道，如何？"对曰："人君之道，清净无为，务在博爱，趋在任贤；广开耳目，以察万方；不固溺于流俗，不拘系于左右；廓然远见，踔然独立；屡省考绩，以临臣下。此人君之操也。"平公曰："善。"
>
> 齐宣王谓尹文曰："人君之事，何如？"尹文对曰："人君之事，无为而能容下。夫事寡易从，法省易因，故民不以政获罪也。大道容众，大德容下，圣人寡为而天下理矣。……宣王曰："善。"
>
> 成王封伯禽为鲁公，召而告之曰："尔知为人上之道乎？凡处尊位者，必以敬下，顺德规谏，必开不讳之门，撙节安静以藉之。谏者勿振以威，毋格其言，博采其辞，乃择可观。夫有文无武，无以威下；有武无文，民畏不亲。文武俱行，威德乃成；既成威德，民亲以服。清白上通，巧佞下塞，谏者得进，忠信乃畜。"伯禽再拜受命而辞。[1]

这个"圣君"、明君，必须以"民本"作为自己治国理政的出发点和落脚点，"以百姓为天"，对他们"富之""教之"，进而使百姓对自己的君王"与之""辅之"，而不是"非之""背之"：

> 齐桓公问管仲曰："王者何贵？"曰："贵天。"桓公仰而视天。管仲曰："所谓天者，非谓苍苍莽莽之天也。君人者，以百姓为天。百姓与之则安，辅之则强，非之则危，背之则亡。《诗》云：'人之无良，相

---

[1]　刘向：《说苑》卷一《君道》，董治安主编《两汉全书》第9册，山东大学出版社2009年版，第5393页。

怨一方。'民怨其上，不遂亡者，未之有也。"

　　河间献王曰："管子称：'仓廪实，知礼节；衣食足，知荣辱。'夫谷者，国家所以昌炽，士女所以姣好，礼义所以行，而人心所以安也。《尚书》五福以富为始。子贡问为政，孔子曰：'富之。'既富，乃教之也。此治国之本也。"①

这样的明君，在孟子那里已经具备雏形。刘向的论述进一步明确具体了。刘向甚至认为，得不到百姓拥护，"纵淫"而"弃天地之性"的无良君王，被百姓驱逐也是罪有应得。那个卫献公之被逐，就是"百姓绝望"的结果：

　　卫国逐献公，晋悼公谓师旷曰："卫人出其君，不亦甚乎？"对曰："或者其君实甚也。夫天生民而立之君，使司牧之，无使失性。良君将赏善而除民患，爱民如子，盖之如天，容之若地。民奉其君，爱之如父母，仰之如日月，敬之如神明，畏之若雷霆。夫君，神之主也，而民之望也。天之爱民甚矣，岂使一人肆于民上，以纵其淫，而弃天地之性乎？必不然矣。若困民之性，乏神之祀，百姓绝望，社稷无主，将焉用之？不去何为？"公曰："善。"②

因为民是国本，所以必须设身处地为民着想，关心他们的饥寒、狱讼以及才尽其用等等切身利益。这方面最具代表性的人物是尧和周公：

　　河间献王曰："尧存心于天下，加志于穷民，痛万姓之罹罪，忧众生之不遂也。有一民饥，则曰：'此我饥之也。'有一人寒，则曰：'此我寒之也。'一民有罪，则曰：'此我陷之也。'仁昭而义立，德博而化广，故不赏而民劝，不罚而民治。先恕而后教，是尧道也。"

　　周公践天子之位，布德施惠，远而逾明。十二牧，方三人，出举

<hr/>

① 刘向：《说苑》卷三《建本》，董治安主编《两汉全书》第9册，山东大学出版社2009年版，第5435—5436页。

② 刘向：《新序》卷第一，董治安主编《两汉全书》第9册，山东大学出版社2009年版，第5272—5273页。

远方之民，有饥寒而不得衣食者，有狱讼而失职者，有贤才而不举者，以入告乎天子。天子于其君之朝也，揖而进之曰："意，朕之政教有不得者与？何其所临之民有饥寒不得衣食者，有狱讼而失职者，有贤才而不举者也？"①

圣人之于天下百姓也，其犹赤子乎！饥者则食之，寒者则衣之，将之养之，育之长之，唯恐其不至于大也。②

这个"圣君"、明君，必须"得贤材以自辅，然后治"。他引伊尹对商汤说的一段话，说明"慎于择士，务于求贤"的重要性：

王者得贤材以自辅，然后治也。虽有尧、舜之明而股肱不备，则主恩不流，化泽不行。故明君在上，慎于择士，务于求贤。设四佐以自辅，有英俊以治官。尊其爵，重其禄，贤者进以显荣，罢者退而劳力。是以主无遗忧，下无邪慝；百官能治，臣下乐职；恩流群生，润泽草木。昔者虞舜左禹右皋陶，不下堂而天下治，此使能之效也。③

接着，他引晏婴的一段话，将不用贤提升至"三不祥"的高度："国有三不祥……夫有贤而不知，一不祥；知而不用，二不祥；用而不任，三不祥也。"刘向尽管不厌其烦地阐发德智的重要性，但也不是绝对排斥"刑"，而是肯定刑、诛对惩恶的必要性，他只是将治国的重点落实到德化上：

治国有二机，刑德是也。王者尚其德而希其刑，霸者刑德并凑，强国先其刑而后德。夫刑德者，化之所由兴也。德者，养善而进阙者也；刑者，惩恶而禁后者也。故德化之崇者至于赏，刑罚之甚者至于

---

① 刘向：《说苑》卷第一，董治安主编《两汉全书》第 9 册，山东大学出版社 2009 年版，第 5394—5395 页。
② 刘向：《说苑》卷第五，董治安主编《两汉全书》第 9 册，山东大学出版社 2009 年版，第 5437 页。
③ 刘向：《说苑》卷第一，董治安主编《两汉全书》第 9 册，山东大学出版社 2009 年版，第 5397 页。

诛。夫诛赏者，所以别贤不肖而列有功与无功也。故诛赏不可以缪，
缪，诛赏缪则善恶乱矣。夫有功而不赏则善不劝，有过而不诛则恶不
惧。善不劝恶不惧而能以行化乎天下者，未尝闻也。①

而德化的治国原则归结到最后一点，就是爱民，给百姓看得见的实实在在的
利益，这就必须实行轻徭、薄赋、节俭、省刑、赏罚公平、进贤去不肖等一
系列的惠民政策：

> 武王问太公曰："治国之道若何？"太公对曰："治国之道，爱民而
> 已。"曰："爱民若何？"曰："利之而勿害，成之勿败，生之勿杀，与之
> 勿夺，乐之勿苦，喜之勿怒，此治国之道，使民之义也，爱之而已矣。
> 民失其所务，则害之也；农失其时，则败之也；有罪者重其罚，则杀之
> 也；重赋敛者，则夺之也；多徭役以罢民力，则苦之也；劳而扰之，则
> 怒之也。故善为国者遇民如父母之爱子，兄之爱弟，闻其饥寒为之哀，
> 见其劳苦为之悲。"
>
> 武王问于太公曰："贤君治国何如？"对曰："贤君之治国，其政平，
> 其吏不苛，其赋敛节，其自奉薄。不以私善害公法，赏赐不加于无功，
> 刑罚不施于无罪；不因喜以赏，不因怒以诛。害民者有罪，进贤举过者
> 有赏。后宫不荒，女谒不听，上无淫慝，下不阴害。不幸宫室以费财，
> 不多观游台池以罢民，不彫文刻镂以逞耳目。官无腐蠹之藏，国无流
> 饿之民。此贤君之治国也。"②

刘向特别谈到尊贤、用贤、重贤在治国理政中的重要性："谗邪进则众
贤退，群枉盛则正士消。"他的《新序》《说苑》几乎录入了五帝、夏、商、
周三代至春秋战国两千多年来君王们尊贤、用贤、重贤的所有故事。其中尤
其对黄帝、尧、舜、禹、汤、文、武、周公、孔子等礼贤的事迹和箴言，更

---

① 刘向：《说苑》卷第七，董治安主编《两汉全书》第 9 册，山东大学出版社 2009 年版，第
  5460 页。
② 刘向：《说苑》卷第七，董治安主编《两汉全书》第 9 册，山东大学出版社 2009 年版，第
  5463—5464 页。

是不厌其烦地赞扬和渲染。他大谈尊贤、用贤、重贤的重要意义：

> 夫明王之施德而下下也，将怀远而致近也。夫朝无贤人，犹鸿鹄之无羽翼也，虽有千里之望，犹不能致其意之所欲至矣。是故游江海者讬于船，致远道者讬于乘，欲霸王者讬于贤。伊尹、吕尚、管夷吾、百里奚，此霸王之船、乘也。释父兄与子孙，非疏之也；任庖人、钓屠与仇雠、仆虏，非阿之也；持社稷、立功名之道，不得不然也。犹大匠之为宫室也，量小大而知材木矣，比功校而知人数矣。是故吕尚聘而天下知商将亡，而周之王也；管夷吾、百里奚任，而天下知齐、秦之必霸也，岂特船、乘哉！夫成王霸固有人，亡国破家亦固有人。桀用有辛，纣用恶来，宋用唐鞅，齐用苏秦，秦用赵高，而天下知其亡也。非其人而欲有功，譬其若夏至之日而欲夜之长也，射鱼指天而欲发之当也，虽舜、禹犹亦困，而又况乎俗主哉！①

刘向列举大量史实，证明尊贤而国兴、用佞而国亡的道理。再进一步，他要求君王在尊贤的前提下，不拘一格地招揽贤能之士，"周公旦白屋之士所下者七十人，而天下之士皆至；晏子所与同衣食者百人，而天下之士亦至；仲尼脩道行，理文章，而天下之士亦至矣"②。尤其重要的，是能够慧眼识人，将那些处于卑贱地位的贤能之士简拔出来，安排到适宜发挥他们才干的岗位上，使他们发挥榜样的力量，吸引更多的贤才：

> 周威公问十宁子曰："取士有道乎？"对曰："有。穷者达之，亡者存之，废者起之，四方之士则四面而至矣。穷者不达，亡者不存，废者不起，四方之士则四面而畔矣。夫城固不能自守，兵利不能自保，得士而失之，必有其间。夫士存则君尊，士亡则君卑。③

---

① 刘向：《说苑》卷第八，董治安主编《两汉全书》第9册，山东大学出版社2009年版，第5473—5474页。
② 刘向：《说苑》卷第八，董治安主编《两汉全书》第9册，山东大学出版社2009年版，第5478页。
③ 刘向：《说苑》卷第八，董治安主编《两汉全书》第9册，山东大学出版社2009年版，第5478页。

最后，刘向认为，君王要想吸引更多的贤才，最重要的是自己必须是个明君，在贤才面前放低身段，自谦自让，"满而不溢"："高上尊贤，无以骄人；聪明圣智，无以穷人；资给疾速，无以先人；刚毅勇猛，无以胜人。不知则问，不能则学。虽智必质，然后辩之；虽能必让，然后为之。故士虽聪明圣智，自守以愚；功被天下，自守以让；勇力距世，自守以怯；富有天下，自守以廉。此所谓高而不危，满而不溢者也。"① 他以周公为例，说明自谦自让、"满而不溢"的重要性：

> 周公摄天子位七年，布衣之士执贽所师见者十二人，穷巷白屋所先见者四十九人，时进善者百人，教士者千人，官朝者万人，当此之时，诚使周公骄而且吝，则天下贤士至者寡矣。苟有至，则必贪而尸禄者也。尸禄之臣，不能存君矣。②

总起来看，与董仲舒比，刘向在思想上虽然没有多少创见，但他作为当时学识最渊博的学者，留下堪比司马迁之外的汉代任何学者的众多著作。如《列女传》收录了从远古至西汉时期各种作为榜样的妇女的典型事例。《新序》和《说苑》网罗了几乎有史以来的所有的历史人物和重要历史事件，既精心梳理了正、反两方面的政治经验，又集中阐发了以儒家学说为主，综合道、法学说的圣君贤臣理论，使中国传统思想中的民本观念、德化意识和德、刑互补理论更加系统与凸显，这些珍贵的资料对后世中国各王朝的政治思想建设产生了巨大而深远的影响。特别值得提及的，是他在韩婴之后，将《韩诗外传》记述的孟子的故事做了进一步的系统和条理化。如《断机杼》的故事和孟母阻止孟子出妻的故事，都较《韩诗外传》的记述显然更加增强了故事性、合理性和感染力。更可贵的是，刘向在《列女传·邹孟轲母》中，收录了一个"孟母三迁"的故事。如果说前两个故事着重于伦理道德教育，那么，后一个故事则更凸现孟母的教育理念。这些故事将孟母作为

---

① 刘向：《说苑》卷第十，董治安主编《两汉全书》第9册，山东大学出版社2009年版，第5509—5510页。

② 刘向：《说苑》卷第八，董治安主编《两汉全书》第9册，山东大学出版社2009年版，第5479页。

一个伟大教育家的形象生动展现出来了。刘向的儿子刘歆是西汉末年学识最渊博的学者之一。他继承自己老子的思想和学问，在文献学和版本目录学方面都取得了划时代的成就。他在政治上主张儒法互补，既弘扬了孔孟的德治理念，也坚持了法家的纲纪意识，接近荀子的思想。其实是对孔、孟、荀三位儒学大师的综合继承。

　　扬雄（前53—公元18年），字子云，蜀郡成都（今四川郫县）人，也是西汉末年的重要思想家。他写了阐述自己哲学思想，特别是宇宙观的《太玄》和阐述自己社会政治理想的《法言》。他确立了尊儒宗孔的思想宗旨，认定"通天、地、人曰儒"[1]，只有孔子之道才是"关百圣而不惭，蔽天地而不耻"[2]的绝对真理。而在诸子中，只有孟子和荀子与孔子不异，是孔子思想的真正继承者，所以孟、荀高于诸子。他特别赞扬孟子"勇于义而果于德，不以贫富、贵贱、死生动其心"[3]。认为孟子是实践儒家"内圣外王"的典型："或问：孟子知言之要，知德之奥？曰：非苟知之，亦允蹈之。"[4] 扬雄的政治思想总体倾向于儒家学说，而对于法家学说，总体上持排拒态度，斥责"申、韩之术，不仁之至"[5]，因而笃信仁、义、礼、智、信等儒家的基本理念：

　　　　或问"仁、义、礼、智、信"之用。曰："仁，宅也。义，路也。礼，服也，智，烛也。信，符也。处宅，由路，正服，明烛，执符，君子不动，动斯得矣。"[6]

所以，最后，他的政治理念还是落实到儒家的"民本"，要求发展生产，关心百姓疾苦，使社会上的各类人群都得到妥善安排，生、老、病、死都得到妥善照顾。而所有这一切的民生安排，都是在"贵贱有等"的大前提下进

---

①　扬雄：《法言·君子》，《诸子集成》7，上海书店1986年影印版，第39页。
②　扬雄：《法言·五百》，《诸子集成》7，上海书店1986年影印版，第22页。
③　扬雄：《法言·渊骞》，《诸子集成》7，上海书店1986年影印版，第33页。
④　扬雄：《法言·君子》，《诸子集成》7，上海书店1986年影印版，第37页。
⑤　扬雄：《法言·问道》，《诸子集成》7，上海书店1986年影印版，第12页。
⑥　扬雄：《法言·修身》，《诸子集成》7，上海书店1986年影印版，第7页。

行，"同贫富，等贵贱"的意识在他那里是压根不存在的：

> 或问："何以治国？"曰："立政。"曰："何以立政？"曰："政之本，身也。身立则政立矣。"或问："为政有几？"曰："思斁。"或问"思斁"。曰："昔在周公，征于东方，四国是王；召伯述职，蔽芾甘棠，其思矣夫！齐桓欲径陈，陈不果内，执辕涛途，其斁矣夫！於戏！从政者审其思斁而已矣。"或问"何思何斁？"曰："老人老，孤人孤，病者养，死者葬，男子亩，妇人桑之谓思。若污人老，屈人孤，病者独，死者逋，田亩荒，杼轴空之谓斁。"①

> 或问："人有齐死生，同贫富，等贵贱，何如？"曰："作此者其有惧乎？信死生齐，贫富同，贵贱等，则吾以圣人为嚣嚣。"②

这些理念显然是孔子、孟子思想的创造性继承。

二、东汉时期的孟子研究

东汉时期，对孟子的研究较西汉有了新的进展，突出表现就是为《孟子》作注的著作开始出现。最早为《孟子》作注的是章帝时期的豫章南昌（今江西南昌）人程曾。其后又有郑玄、刘熙、高诱、赵岐等人，流传下来的只有赵岐的《孟子章句》。另外，王充、班固、王符、仲长统、徐干等学者也与孟学有着密切的关系，他们的著作中所展示的理论趋向明显受孟子思想的影响。

王充（27—79年），会稽上虞（今属浙江）人，是杰出的唯物论思想家。他有疑古精神，喜欢标新立异，大胆直言。其代表作《论衡》中有《问孔》《刺孟》两篇文章，对《论语》和《孟子》中的一些细枝末节提出不同的看法：

> 孟子见梁惠王。王曰："叟，不远千里而来，将何以利吾国乎？"孟

---

① 扬雄：《法言·先知》，《诸子集成》7，上海书店1986年影印版，第25页。
② 扬雄：《法言·君子》，《诸子集成》7，上海书店1986年影印版，第39页。

子曰："仁义而已，何必曰利？"夫利有二：有货财之利，有安吉之利。惠王曰"何以利吾国"，何以知不欲安吉之利，而孟子径难以货财之利也？《易》曰："利见大人。""利涉大川。""乾，元亨利贞。"《尚书》曰："黎民亦尚有利哉？"皆安吉之利也。行仁义，得安吉之利。孟子必且语问惠王"何谓利吾国"，惠王言财货之利，乃可答若设。惠王之问未知何趣，孟子径答以货财之利。如惠王实问货财，孟子无以验效也；如问安吉之利，而孟子答以货财之利，失对上之旨，违道理之实也。①

这里，王充以将"利"分为"安吉之利"和"货财之利"，诘问孟子没有分清两种利，其实，孟子指责惠王的利是指与仁义对立的私利，并不包括与仁义相近的安吉之利，这在孟子和惠王都是明白的。所以王充对孟子的责难实在是无的放矢。而实际上，他又承认孔子、孟子是圣贤和大才，在许多方面认同和赞扬孔子孟子的观点。如在《论衡·命禄》中，他就承认"孔子圣人，孟子贤者"。又如在《论衡·逢遇》中，他说："或以圣贤之臣，造欲为治之君，而终有不遇，孔子、孟轲是也。孔子绝粮陈、蔡，孟轲困于齐、梁，非时君不用善也，才下知浅，不能用大财也。"承认孔子孟子是"大才"。他在《论衡》的一些篇章中就承认道德、制度和法纪的作用。在《本性篇》中，他说：

> 情性者，人治之本，礼乐所由生也。故原情性之极，礼为之防，乐为之节。性有卑谦辞让，故制礼以适其宜；情有好恶喜怒哀乐，故作乐以通其敬。礼所以制，乐所为作者，情与性也。②

由此出发，王充对韩非坚持"明法尚功"而卑薄礼义作用的极端片面的理论进行了猛烈批判。他指出："夫儒生，礼义也，耕战，饮食也。贵耕战而贱儒生，是弃礼义求饮食也。使礼义废，纲纪败，上下乱而阴阳缪，水旱失时，五谷不登，万民饥死，农不得耕，士不得战也。……故以旧防为无益而

---

① 王充：《论衡·刺孟》，《诸子集成》7，上海书店1986年影印版，第100页。
② 王充：《论衡·本性》，《诸子集成》7，上海书店1986年影印版，第28页。

去之，必有水灾；以旧礼为无补而去之，必有乱患。"他进一步肯定儒者和礼义的作用说：

> 儒者之在世，礼义之旧防也，有之无益，无之有损。庠序之设，自古有之，重本尊始，故立官置吏。官不可废，道不可弃。儒生，道官之吏也，以为无益而废之，是弃道也。夫道无成效于人，成效者须道而成。如足蹈路而行，所蹈之路，须不蹈者；身须手足而动，待不动者。故事或无益，而益者须之；无效，而效者待之。儒生，耕战所须待也，弃而不存，如何也？
>
> 韩子非儒，谓之无益有损。盖谓俗儒无行操。举措不重礼，以儒名而俗行，以实学而伪说，贪官尊荣，故不足贵。夫志洁行显，不徇爵禄，去卿相之位若脱躧者，居位治职，功虽不立，此礼义为业者也。国之所以存者，礼义也。民无礼义，倾国危主。今儒者之操，重礼爱义，率无礼之士，激无义之人，人民为善，爱其主上，此亦有益也。①

这实际上就是承认，治国虽然离不开制度和法纪，但决不能放弃礼义这些儒家的基本理念。接着，他就强调治国必须"德""力"双举，使二者各有侧重，互为补充，互相支持，才能立于不败之地。这一切都表明，王充的政治思想基本上没有脱离孔孟之道。

班固（32—92年），字孟坚，是班彪的长子。他们父子是东汉初年最有学问的佼佼者中的名角。班固写了《汉书》，开创了中国纪传体断代史的先河。他的思想继承了孔孟儒学的基本理念，并通过《汉书》展现出来。例如，他也明确肯定礼乐刑罚等制度和法纪对治国理民的不可或缺的作用：

> 《六经》之道同归，而《礼》《乐》之用为急。治身者斯须忘礼，则暴嫚入之矣；为国者一朝失礼，则荒乱及之矣。人函天地阴阳之气，有喜怒哀乐之情。天禀其性而不能节也。圣人能为之节而不能绝也，故象天地而制礼乐，所以通神明，立人伦，正情性，节万事者也。人性

---

① 王充：《论衡·非韩篇》，《诸子集成》7，上海书店1986年影印版，第95页。

有男女之情，妒忌之别，为制婚姻之礼；有交接长幼之序，为制乡饮之礼；有哀死思远之情，为制丧祭之礼；有尊尊敬上之心，为制朝觐之礼。哀有哭踊之节，乐有歌舞之容，正人足以副其诚，邪人足以防其失。故婚姻之礼废，则夫妇之道苦，而淫辟之罪多；乡饮之礼废，则长幼之序乱，而争斗之狱蕃；丧祭之礼废，则骨肉之恩薄，而背死忘先者众；朝聘之礼废，则君臣之位失，而侵陵之渐起。故孔子曰："安上治民，莫善于礼，移风易俗，莫善于乐。"礼节民心，乐和民声，政以行之，刑以防之。礼乐政刑四达而不悖，则王道备矣。①

夫人宵天地之貌，怀五常之性，聪明精粹，有生之最灵者也。爪牙不足以供耆欲，趋走不足以避利害，无毛羽以御寒暑，必将役物以为养。任智而不恃力，此其所以为贵也。故不仁爱则不能群，不能群则不胜物，不胜物则养不足。群而不足，争心将作，上圣卓然先行敬让博爱之德者，众心说而从之。从之成群，是为君矣；归而往之，是为王矣。《洪范》曰："天子作民父母，为天下王。"圣人取类以正名，而谓君为父母，明仁爱德让，王道之本也。爱待敬而不败，德须威而久立，故制礼以崇敬，作刑以明威也。圣人既躬明悊之性，必通天地之心，制礼作教，立法设刑，动缘民情，而则天象地。故曰先王立礼，"则天之明，因地之性"也。刑罚威狱，以类天之震曜杀戮也；温慈惠和，以效天之生殖长育也。《书》云"天秩有礼"，"天讨有罪"。故圣人因天秩而制五礼，因天讨而作五刑。大刑用甲兵，其次用斧钺；中刑用刀锯，其次用钻凿；薄刑用鞭扑，大者陈诸原野，小者致之市朝，其所繇来者上矣。②

　　班固显然认识到，礼、乐、政、刑对于治理国家和社会的重要作用，礼乐，包括道德，是从教化入手，对百姓进行潜移默化的精神化育，而刑政则是以强制的制度和法纪，规范百姓的言行，从而保证国家和社会安定有序的运行。这些观点基本上都是儒家基本理念的复述和创新弘扬。班固撰写

---

① 班固：《汉书》卷二十二《礼乐志》，中华书局 1962 年版，第 1027—1028 页。
② 班固：《汉书》卷二十三《刑法志》，中华书局 1962 年版，第 1079—1080 页。

的《汉书》，大量篇幅记述的是从帝王将相到士、民、工、商以及游侠等各类人物的生平事迹，其中的重点是帝王和他的各级官吏，从中可以看出他对皇帝和官吏的道德、才智以及能力等的要求。例如，他认为一个明君应该是雄才大略、英武明断、慧眼识才、爱才用才、善驭臣下、善待百姓、知错必改、自奉简约等。在他看来，西汉十多个皇帝没有一个完全达到他设定的标准，所以，他对每个皇帝的评价，只是突出某个或某几个方面，而对一些所谓昏君，他也能毫不客气地加以谴责。如对文帝，主要表彰他的节俭、宽仁和以德化民等几个方面。而对武帝，尽管高度肯定了他的文治武功，但对他的奢侈享乐则予以负面评价。昭、宣两代皇帝承武帝好大喜功、大作大为之后"海内虚耗，户口减半"的政况国势，君臣同心，上下一致，努力恢复文、景时期的与民休息政策，使一度危殆的形势重新稳定下来，创造了汉王朝的中兴气象，所以得到班固由衷的赞誉。对于元帝，班固仅仅肯定他"多材艺，善史书"以及音乐方面的天赋，同时对他"牵制文义，优游不断"，无所作为，导致昭宣之业的衰败则大有微词。对于成帝，也只说他"善修容仪"，有所谓"穆穆天子之容"，对他"湛于酒色"，使"赵氏乱内，外家擅朝"，最后种下王莽篡政的祸根则大加谴责。班固认定，国家政治的好坏，对社会和民众治理的优劣，皇帝是无可争辩的第一责任人，是功别人夺不去，是祸更难辞其咎。所以，他通过对皇帝的评判彰显自己的明君意识。班固同时认定，好皇帝固然重要，但皇帝的意志必须通过自上而下的众多臣子贯彻执行，所以有没有一支良好的官吏队伍对吏治的好坏更是至关重要。从一定意义上讲，他的《汉书》中的《本纪》和人物传，都是在探索君臣关系，特别是探索什么样的君臣关系能够促进盛世的出现。在《汉书·公孙弘卜式兒宽传》的"赞曰"中，他对武帝和昭、宣时代的人才之盛发出了由衷的赞美，认为这是构成西汉鼎盛时代的最重要的原因：

　　赞曰：公孙弘、卜式、兒宽皆以鸿渐之翼困于燕爵，远迹羊豕之间，非遇其时，焉能致此位乎？是时，汉兴六十余载，海内艾安，府库充实，而四夷未宾，制度多阙。上方欲用文武，求之如弗及，始以蒲轮迎枚生，见主父而叹息。群士慕嚮，异人并出。卜式拔于刍牧，弘羊擢于贾竖，卫青奋于奴仆，日磾出于降虏，斯亦曩时版筑贩牛之朋已。汉之得人，于兹为盛，儒雅则公孙弘、董仲舒、兒宽，笃行则石建、石庆，质直则汲黯、卜式，推贤则韩安国、郑当时，定令则赵禹、张汤，文章则司马迁、相如，滑稽则东方朔、枚皋，应对则严助、朱买臣，历数则唐都、洛下闳，协律则李延年，运筹则桑弘羊，奉使则张骞、苏武，将率则卫青、霍去病。受遗则霍光、金日磾，其余不可胜纪。是以兴造功业，制度遗文，后世莫及。孝宣承统，纂修洪业，亦讲论六艺，招选茂异，而萧望之、梁邱贺、夏侯胜、韦玄成、严彭祖、尹更始以儒术进，刘向、王褒以文章显，将相则张安世、赵充国、魏相、丙吉、于定国、杜延年，治民则黄霸、王成、龚遂、郑弘、召信臣、韩延寿、尹翁归、赵广汉、严延年、张敞之属，皆有功迹见述于世。参其名臣，亦其次也。①

与明君相对应，班固认为良臣也自有其标准。从他对一些良臣的评判看，他心目中的良臣起码是对君王忠贞，对国事鞠躬尽瘁，关心百姓疾苦，刚正不阿、严正执法、清正廉明、自奉简约，道德行止足可为民表率。依照这个标准，他对那些勋业卓著的功臣宿将和政绩显著、品格优异的清官廉吏大加表彰，而对那些欺君篡政、贪残害民的奸臣、佞臣、酷吏则大张挞伐。班固坚持的这些明君贤臣的标准和他对君主和臣子的评论，显然都是孔子和孟子反复论证过的标准在写史过程中的创造性运用，说明孔孟的思想已经溶化在他的思想深处了。

东汉后期，随着外戚和宦官交替擅权所造成的政治黑暗日甚一日，在知识分子中涌现出一批批判现实的著名思想家，王符、仲长统和徐干等是他们的杰出代表。他们以传统儒家思想为武器，一方面猛烈批判东汉的黑暗政治，一方面推出治国理政的方案，将孔孟思想的精华作了创造性的发挥和弘扬。

王符（约85—162年）字节信，安定临泾（今甘肃镇原）人。一生不仕，潜心学问，写出了中国思想史上具有代表性的著作《潜夫论》。王符对人与自然（天、地）的关系作了具有相当辩证意义的理解，认为人虽是自然

---

① 班固：《汉书》卷五十八《公孙弘卜式兒宽传》，中华书局1962年版，第2633—2634页。

不断运动变化的产物，但人一旦产生出来，她又有着自己的主观能动性，与天地有着不同的运动空间和运动方式，这就是"天道日施，地道日化，人道日为"。由于他认定"人道日为"，更由于他钟情儒家的政治理念，所以，他就认定君王治民的最根本原则就是道、德、教、化：

> 人君之治，莫大于道，莫盛于德，莫美于教，莫神于化。道者，所以持之也；德者，所以苞之也；教者，所以知之也；化者，所以致之也。民有性，有情，有化，有俗。情、性者，心也，本也；化、俗者，行也，末也。末生于本，行起于心。是以上君抚世，先其本而后其末，慎其心而理其行。心精苟亡，则奸匿无所生，邪意无所载矣。①

道、德、教、化最后归结为"治民心"，"化变民心也，犹正变民体也"，"是故上圣常不务治民事而务治民心"。这种将"治民心"先于治民事的理念，尽管在物质和精神的关系上有颠倒之嫌，但却是儒家一贯的传统思维。而在王符看来，民心能否治好，世俗民风能否良好，关键在君王的所作所为：

> 是故世之善否，俗之薄厚，皆在于君。上圣和气以化民心，正表仪以率群下，故能使民比屋可封，尧、舜是也。其次躬道德而敦慈爱，美教训而崇礼让，故能使民无争心而致刑措，文、武是也。其次明好恶而显法禁，平赏罚而无阿私，故能使民辟奸邪而趋公正，理弱乱以致治强，中兴是也。治天下，身处污而放情，怠民事而急酒乐，近顽童而远贤才，亲谄谀而疏正直，重赋税以赏无功，妄加喜怒以伤无辜，故能乱其政以败其民，弊其身以丧其国者，幽、厉是也。②

正因为如此，王符对君王提出了非常高的要求。他认为，君王必须是道德学问皆可成为官民表率的"圣人"，为此，君王必须虚心向学：

---

① 王符：《潜夫论》卷八《德化第三十三》，电子版文渊阁四库全书。
② 王符：《潜夫论》卷八《德化第三十三》，电子版文渊阁四库全书。

　　天地之所贵者人也，圣人之所尚者义也，德义之所成者智也，明智之所求者学问也。虽有至圣，不生而智；虽有至材，不生而能。故志曰：黄帝师风后，颛顼师老彭，帝喾师祝融，尧师务成，舜师纪后，禹师墨如，汤师伊尹，文武师姜尚，周公师庶秀，孔子师老聃。若此言之而信，则人不可以不就师矣。夫此十一君者，皆上圣也，犹待学问，其智乃博，其德乃硕，而况于凡人乎？①

君王只有虚心向学才能"明智"，不唯如此，君王要想成为明君，更必须"通聪兼听"，即不仅听取最亲近的贵臣亲信的意见，更要听取疏远而卑贱者的意见，让各色人通过不同的方式、不同的途径，将真实的意见反映上来：

　　国之所以治者君明也，其所以乱者君暗也。君之所以明者兼听也，所以暗者偏信也。是故人君通聪兼听，则圣日广矣；庸說偏信，则愚日甚矣。《诗》云："先民有言，询于刍荛。"……故人君兼停纳下，则贵臣不得诬，而远人不得欺也；慢贱信贵，则朝廷谀言无以至，而洁士奉身伏罪于野矣。

　　夫朝臣所以统理，而多比周则法乱；贤人所以奉己，而隐遁伏野则君孤。法乱君孤而能存者，未之尝有也。是故明君莅众，务纳下言以昭外，敬纳卑贱以诱贤也。其无距言，未必言者之尽可用也，乃惧距无用而让有用也；其无慢贱，未必其人尽贤也，乃惧慢不肖而绝贤望也。是故圣王表小以厉大，赏鄙以招贤，然后良士集于朝，下情达于君也。故上无遗失之策，官无乱法之臣。此君民之所利，而奸佞之所患也。②

　　是以明圣之君于正道也，不专驱于贵宠，惑于嬖媚，不弃疏远，不轻幼贱，又参而任之。故有周之制也，天子听政，使三公至于列士献典，良史献书，师箴，瞍赋，矇诵，百工谏，庶人传语，近臣尽规，亲戚补察，瞽史教诲，耆艾修之，而后王斟酌焉，是以事行而无

①　王符：《潜夫论》卷一《赞学第一》，电子版文渊阁四库全书。
②　王符：《潜夫论》卷二《明暗第六》，电子版文渊阁四库全书。

败也。①

同时，明君还有一个重要的表征，就是"尊贤任能，信忠纳谏"。这其中，一要谨慎选举，通过"贡士"选拔贤才；二要注重考功，通过严格有效的考绩辨明各级官吏的德才智能，以便升陟黜赏：

> 圣王之建百官也，皆以承天治地，牧养万民者也。是故有号者必称于名，典理者必效于实，则官无废职，位无非人。夫守相令长，劾在治民；州牧刺史，在悉聪明，九卿分职，以佐三公；三公总统，典和阴阳；皆当考治以效实为王休者也。侍中、大夫、博士、议郎，以言语为职，谏诤为官。及选茂才、孝廉、贤良方正、惇朴、有道、明经、宽博、武猛、治剧，此皆名自命而号自定，群臣所当尽情竭虑称君诏也。②

王符热切期望出现一个"君明""臣正""百姓化""奸匿绝"的美好社会：

> 是故明君临众，必以正轨，既无厌有，务节礼而厚下，复德而崇化，使皆阜于养生而竞于廉耻也。是以官长正而百姓化，邪心黜而奸匿绝，然后乃能协和气而致太平也。《易》曰："圣人养贤，以及万民。"国以民为本，君以臣为基。基厚，然后高能可崇也；马肥，然后远能可致也。人君不务此而欲致六平，此犹薄趾而望高墙，骥瘠而责远道，其不可得也必矣！③

这种社会理想显然与孔子孟子阐述的"老安少怀"的仁政理想是相通的。王符政治思想中最珍贵的是他的"民本"理念。请看他的论证：

> 凡人君之治，莫大于和阴阳。阴阳者以天为本，天心顺则阴阳

---

① 王符：《潜夫论》卷二《潜叹第十》，电子版文渊阁四库全书。
② 王符：《潜夫论》卷二《思贤第八》，电子版文渊阁四库全书。
③ 王符：《潜夫论》卷二《班禄第十五》，电子版文渊阁四库全书。

和，天心逆则阴阳乖。天以民为心，民安乐则天心顺，民愁苦则天心逆。民以君为统，君政善则民和治，君政恶则民冤乱。君以得臣为本，臣忠良则君政善，臣奸枉则君政恶。得臣以选为本，选举实则忠贤进，选虚伪为则邪党贡。选以法令为本，法令正则选举实，法令诈则选虚伪。法以君为主，君信法则法顺行，君欺法则法委弃。君臣法令之功，必效于民。故君臣法令善则民安乐，民安乐则天心慰，天心慰则阴阳和，阴阳和则五谷丰，五谷丰而民眉寿，民眉寿则兴于义，兴于义而无奸行，无奸行则世平，而国家宁、社稷安，而君尊荣矣。是故天心、阴阳、君臣、民氓、善恶相辅至而代相征也夫。夫民者国之基也，君者民之统也，臣者治之材也。工欲善其事，必先利其器。是故将致太平者，必先调阴阳；调阴阳者，必先顺天心；顺天心者，必先安其民；安其民者，必先审择其人。是故国家存亡之本，治乱之机，在于明选而已矣。圣人知之，故以为黜陟之首。①

且夫国以民为基，贵以贱为本。是以圣王养民，爱之如子，忧之如家，危者安之，亡者存之，救其灾患，除其祸乱。②

王符这里论述了天、君、民、臣的关系，其最重要的结论则是"天以民为心"和"民者国之基"。他的民本思想最后归结为"力田所以富国"，因而要求"明君范国，必崇本抑末，以遏乱危之萌"。而为了能够使民"力田"，最重要的是保证民有充裕的生产时间，因而提出"爱日"之说：

国之所以为国者，以有民也。民之所以为民者，以有谷也。谷之所以丰殖者，以有人功也；功之所以能建者，以日力也。治国之日舒以长，故其民闲暇而力有余；乱国之日促以短，故其民困务而力不足。③

为了保证民有充裕的生产时间，最根本的条件是"君明察""臣循正"，政治清明，赋役轻而均平：

①　王符：《潜夫论》卷二《本政第九》，电子版文渊阁四库全书。
②　王符：《潜夫论》卷五《救边第二十二》，电子版文渊阁四库全书。
③　王符：《潜夫论》卷四《爱日第十八》，电子版文渊阁四库全书。

　　　　所谓治国之日舒以长者，非能谒羲和而令安行也，又非能增分度
　　而益漏刻也；乃君明察而百官治，下循正而得其所，则民安静而力有
　　余，故视日长也。所谓乱国之日促以短者，非谒羲和而令疾驱也，又
　　非能减分度而损漏刻也；乃君不明则百官乱而奸宄兴，法令鬻而役赋
　　繁，则庶民困于吏政，仕者穷于曲礼，冤民鬻狱乃得直，烈士交私乃
　　见保，奸臣肆心于上，乱化流行于下。君子载质而车驰，细民怀财而
　　趋走，故视日短也。①

　　王符深情呼唤君王"为民爱日"："孔子称庶则富之，既富则教之。是故
礼义生于富足，盗贼起于贫穷；富足生于宽暇，贫穷起于无日。圣人深知力
者乃民之本也而国之基也，故务省役而为民爱日。"这些观点，正是孟子民
本思想和"制民恒产"与"百亩之田，勿夺其时"理念的具体应用和弘扬。

　　徐干（171—218 年），字伟长，北海剧（今山东昌乐西）人。他留
下《中论》一书，该书内容丰富，涉及到生命观、富贵观、言论观、辩论
观以及学习的意义和方法等许多问题，但比较集中的还是对清明政治和君
子人格修养的论述。在他看来，政治清明与否关键在于国君是英明还是愚
暗，二者的区分在于是"务本"还是"详于小事而略于大道，察于近物而暗
于远数"②。一个英明的君主必须眼光远大，胸怀四海，其所务必在"大道、
远数"：

　　　　为仁足以覆帱群生，惠足以抚养百姓，明足以照见四方，智足以
　　统理万物，权足以变应无端，义足以阜生财用，威足以禁遏奸非，武
　　足以平定祸乱；详于听受，而审于官人；达于兴废之原，通于安危政
　　分。如此，则君道毕矣。③

这就是说，一个英明的君主必须致力于中正之道和长远谋略。为此，要求他
们仁德足以覆盖生民，慈惠足以抚养百姓，光明足以照耀四方，智慧足以管

---

① 王符：《潜夫论》卷四《爱日第十八》，电子版文渊阁四库全书。
② 王符：《潜夫论》卷四《爱日第十八》，电子版文渊阁四库全书。
③ 徐干：《中论·务本》，电子版文渊阁四库全书。

理万物，机变足以应付无穷变化，道义足以丰富财物器用，威严足以应付奸邪不法，雄武足以敉平灾祸混乱。同时，还要求他们明达国家治乱兴废的原因，熟知社会安定与危殆的区别。而且，他还应该能够虚心详尽地听取他人的意见，审慎地选取和任用人才。这里，徐干为他心目中的"圣明天子"立下了一个标准。这个标准基本上涵盖了传统儒学对一个英明君主的要求，其中包括了他的品格修养、智慧才能、威严气度和用人准则。徐干明白，尽管一个"务本"的"圣明天子"是清明政治的首要条件，但一个清明政府的运作却必须有成千上万的贤才组成的官吏队伍去完成。所以，选取和任用忠贞睿智的宰辅去领导整个国家机器的运转就十分重要了。在《中论·审大臣》中，他一再阐明大臣是"治万邦之重器"，任用得人是良好政治的关键：

> 大臣者，君之股肱耳目也，所以视听也，所以行事也。先王知其如是也，故博求聪明锐哲君子，措诸上位，执邦之政令焉。执政聪明锐哲，则其事举；其事举，则百僚莫不任其职；百僚莫不任其职，则庶事莫不致其治；庶事莫不致其治，则九牧之民莫不得其所。

为了选取符合要求的执政大臣，君主不仅要看"众誉"，即众人尤其是时论对他们的评价，更必须"亲察"他们的品格和才能，犹如文王之识姜尚，齐桓公之拔擢宁戚。徐干还特别指出，对"众誉"不能迷信和盲从，因为"众誉"往往反映的是流俗之见，而大贤一般都居于"陋巷"，不去刻意迎合流俗。如果君主"非有独见之明，专任众人之誉，不以己察，不以事考"，就难以发现他们，就会与之失之交臂。徐干认为，大贤不但有着独特的品格和才干，而且也有着自己独特的行事原则，"诚非流俗之所豫知"。不过，只有他们执政秉权，国家才能得到治理，社稷才能得到安宁：

> 大贤为行也，衰然不自见，偏然若无能，不与时争是非，不与俗辩曲直，不矜名，不辞谤，不求誉，其味至淡，其观至拙。夫如是，则何以异乎人哉？其异乎人者，谓心统乎群理而不缪，智周乎万物而不过，变故暴至而不惑，真伪丛萃而不迷。故其得志，则邦家治以和，

社稷安以固，兆民受其庆，群生赖其泽，八极之内为一。①

显然，徐干的政治思想没有超越传统儒学的框架，他希望有一个"圣明天子"，选取几个"大贤"的宰辅，主持一个高效运作的官府，创造一个清明的政治局面。这些思想基本上都是孟子仁政理想的复述。

徐干《中论》的另一个论述重点是君子人格。东汉末年，清议盛行，士林浮华交会成为时尚。士子对皓首穷经已失去兴趣和耐心，希冀在浮华交会中通过名流品评一举成名，身价百倍。整个知识界弥漫着浮躁、矫饰的风气。徐干对这种风气十分痛心。他认为古代人们之所以不事交游，努力工作，原因在于当时政治清明，人人各安其位，各得其所，升迁制度完备合理，人人都能得到及时晋升。可是，后来世道衰微，国君是非不明，臣下黑白不分；录取士人不由乡党举荐，考察德行不根据功德阅历；帮衬多的人就是贤才，帮衬少的人就是不肖；安排爵位听从没有验证的言论，颁发俸禄依据州郡的歌谣。这种风气自然就成了浮华交会盛行不衰的土壤。徐干痛心于士林的堕落，希望儒生们恢复传统的君子人格。为此，他特别强调知识分子的人格修养。他认为，要达到人格的完善，具备高尚的道德，就必须抓住根本。这就要从四个方面下功夫。首先是严于律己，宽以待人，学习别人长处，去掉自己短处："君子之于己也，无事而不惧焉：我之有善，惧人之未吾好也；我之有不善，惧人之未吾恶也；见人之善，惧我之不能修也；见人之不善，惧我之必若彼也。"② 一生兢兢业业，不断反省自己，做到日新又日新，"故君子不恤命之将衰，而忧志之有倦"。其次，要言行一致，言信行果，"君子务以行前言"。第三，见微知著，从小事做起，从自我做起，处处时时以君子人格要求自己，只有积小才能致大，"朝为而夕求其成"，"行一日之善而求终身之誉"，纯粹是小人的心理和行为。第四，一生修养，一生为善，不求福必至，而求心之安。不能因为个别人为善得祸就弃善而不为，更不能因为个别人为恶得福而去为恶。君子修养抓根本，就是着重练内功，在练内功的同时，也要注意自己的仪表容貌、言行举止，即"正容貌，慎威

---

① 徐干：《中论·审大臣》，电子版文渊阁四库全书。
② 徐干：《中论·修本》，电子版文渊阁四库全书。

仪"，因为它是一个人内在操行的外在表现。而一个"威而不猛，泰而不骄"的君子，"无尺土之封而万民尊之，无刑罚之威而万民畏之，无羽籥之乐而万民乐之，无爵禄之赏而万民怀之"①。因此，他必须使自己的言谈举止合乎礼法，不管在孤身独处的时候，还是在颠沛穷困的时候，都不要忘记自己的君子身份，都要随时检点自己的言行，做到"立必磬折，坐必抱鼓，周旋中规，折旋中矩，视不离乎结袷之间，言不越乎表著之位，声气可范，精神可爱，俯仰可宗，揖让可贵，述作有方，动静有常，帅礼不荒，故为万夫之望也。"②徐干进而认为，君子人格还表现在虚怀若谷，永不自满，时时检点自己的短处，学习别人的长处。一个人最可贵的品质不在于他有超常的才智和能力，而在于他能不断学习别人的长处和改正自己的错误："君子之善于道也，大则大识之，小则小识之，善无大小，咸载于心，然后举而行之；我之所有，既不可夺，而我之所无，又取于人；是以功常前人而人后之也。故夫才敏过人，未足贵也；博辩过人，未足贵也；勇决过人，未足贵也；君子之所贵者，迁善惧其不及，改过恐其有余。"只要"鉴于人以观得失"，就会目光宏远，"见邦国之表"，"闻千里之外"，使"我之聪明无敌于天下"③。这里徐干对君子人格的论述，也基本上是孟子君子人格意蕴的阐发，不过增加了对时代条件的回应而已。

仲长统（180—220 年），东汉高平（今山东滕州）人，曾在曹操的谋臣荀彧幕中服务。他的著作《昌言》展示的哲学、政治、经济、社会等思想以及伦理观念等，更多显示的是儒家思想的特征。他继承儒家传统的注重人事，反对鬼神迷信的唯物论思想，提出了"人事为本，天道为末"的观点，旗帜鲜明地反对祈祷鬼神以避祸。他以刘邦、刘秀创建帝业，萧何、曹参、丙吉、陈平、霍光等建立不世勋业的事实为根据，得出了"惟人世之尽耳，无天道之学焉"的结论。进而还指出，所谓用天道，不是祈求上天神祇的佑护，而是使自己的活动不违背并顺应自然规律："所贵于用天道者，则指星辰以授民事，顺四时而兴功业。"因为政治的好坏，社会的安危，关键在于统治者。国君必须尽人道，明是非。其大要是："王者官人无私，惟贤是亲；

---

① 徐干：《中论·法象》，电子版文渊阁四库全书。
② 徐干：《中论·法象》，电子版文渊阁四库全书。
③ 徐干：《中论·虚道》，电子版文渊阁四库全书。

勤恤政事，屡省功臣；赏赐期于功劳，刑罚归于罪恶；政平民安，各得其所。则天地将自我而正矣，休祥将自应我而集矣，恶物将自舍我而亡矣。"王者如反其道而行之，"所官者非亲属则崇幸也，所爱者非美色则巧佞也，以同异为善恶，以喜怒为赏罚……虽五方之兆不失四时之礼，断狱之政不违冬日之期，著龟积于庙门之中，牺牲群于丽碑之间，冯相坐台上而不下，祝史伏坛旁而不去，犹无益于败亡也。以此言之，人事为本，天道为末，不其然与？故审我已善，而不复恃乎天道，上也；疑我未善，引天道以自济者，其次也；不求诸己而求诸于天者，下愚之主也。"①这些论断，无疑显示了仲长统坚定的唯物主义无神论的立场和清醒的现实主义态度，不啻当时思想园地里的一支怒放的奇葩。它出现在谶纬神学弥漫、符瑞灵异之说盛行的东汉末年，是十分难能可贵的。仅此而言，东汉末年唯物论旗手的桂冠也非他莫属。他的这些理念，继承的是孔子孟子为代表的儒家坚持的人事为本的理性的现实主义。

仲长统的许多思想，集中体现在他提出的16条纲领中：

> 明版籍以相数阅，审什伍以相连持，限夫田以断兼并，定五刑以救死亡，益君长以兴政理，急农桑以丰委积，去末作以一本业，敦教学以移性情，表德行以厉风俗，核才艺以叙官宜，简精悍以习师田，修武器以存守战，严禁令以防僭差，信赏罚以验惩劝，纠游戏以杜奸邪，察苛刻以绝烦暴。②

这16条纲领，既是仲长统政治、经济、军事、教育、教化、伦理思想的总汇，也是他为挽救东汉王朝颓势而开的药方。他对自己的纲领信心十足，自诩道："审此十六者以为政务，操之有常，课之有限，安宁勿懈惰，有事不迫遽，圣人复起，不能易也。"实在说来，这16条纲领基本上都是儒家传统思想的归纳与复述，创新之处并不多，但反映了他强烈的社会责任感与对国家政务的参与意识。正因为如此，他特别关注东汉末社会的各种弊端，对其

---

① 马国翰辑：《全汉文》卷八九，《全上古三代秦汉魏晋南北朝文》，中华书局1982年版，第955页。

② 范晔：《后汉书》卷四十九《仲长统传》，中华书局1965年版，第1653页。

揭露之大胆，剖析之深入，抨击之猛烈，当时思想界实无一人能望其项背。比如他揭露和抨击皇室奢侈淫乱之风，宦官专权之害，外戚擅政之患，以及豪族势力膨胀引起的阶级矛盾和社会矛盾的激化，不仅犀利、辛辣、深刻、准确，字字击中要害，生动而形象地揭示了东汉王朝走向灭亡的必然性，而且以强烈的使命感，深沉的忧患意识，提出了一系列的救治之方。他要求加强对皇室子弟的教育，使他们成为品格高尚、率己正人、勤政爱民的表率，以担负起统治万民、管理国家的重任。他力倡建立严格的选士制度，真正把社会的精英选拔出来，以组织一支高效廉洁的国家官吏队伍，并以高薪养廉的办法保证他们衣食无虞，以使之毫无后顾之忧地投入到政务活动中去。同时要求朝廷任人以专，赋权以重，使之大胆决策，果断行政，从而实现国家行政的高效有序运作。他提倡德、刑并用，既反对轻德重刑，又反对弃刑而只靠教化，甚至主张恢复肉刑以达到对犯罪者的威慑。在经济上，他看到土地私有、土地买卖，尤其是皇室、豪民兼并土地给整个社会，特别是给社会下层百姓带来的危害，极力主张恢复井田制。这些主张尽管反映了那个时代相当一批知识分子从解决土地问题入手抑制贫富分化的热望，但展示的却是他们带有迂腐气息的幻想。仲长统对东汉朝廷日益恶化的财政状况忧心如焚，认为这一切都是三十税一的轻税政策造成的。他主张限制土地兼并，让无地少地的农民耕种无主荒地，发展生产，培养税源，同时恢复什一税制，以解决朝廷财政能力弱化的问题。这里，仲长统不仅认识到财政能力对国家行政至关重要的意义，而且也认识到轻税政策的弊端。此点与荀悦对两汉税制的评判是一致的。他的这些思想和措施明显受孟子批判精神和"井田"制、轻徭薄赋之类思想的影响。

东汉对后世孟学研究影响最大的学者是赵岐（约108—201年）。他是京兆长陵（今陕西咸阳东北）人，为当时著名的经学家。他的主要贡献是撰写了《孟子章句》，首开对《孟子》一书注疏的先河。所以《四库全书总目提要》对其作了充分的肯定："盖其说虽不及后来之精密，而开辟荒芜，俾后来得循其途而深造，其功不可泯也。"宋朝的孙奭在《孟子音义叙》中也充分肯定其对后世的影响："自陆善经已降，其所训说，虽小有异同，而共宗赵氏。"清代的焦循在《孟子正义》一书中赞扬说："古之精通《易》理，深得伏羲、文王、周公、孔子之旨者莫如孟子。生孟子后，能深知其学者莫如赵氏。”这些评论是比较确当的。赵岐自己在该书卷首的《孟子题辞》中，解释自己注疏该书的原因时说："儒家惟有《孟子》，闳远微妙，缦奥难见，宜在条理之科。于是乃述己所闻，证以经传，为之章句，具载本文，章别其指，分为上、下，凡十四卷。"赵岐所以倾全身心之力为《孟子》作注，主要是因为他特别推崇孟子的"崇高节，抗浮云"的品格：

> （《孟子》）包罗天地，揆叙万类，仁义道德，性命祸福，粲然靡所不载。帝王公侯尊之，则可以致隆平，颂清庙；卿大夫士蹈之，则可以尊君父，立忠信；守志厉操者仪之，则可以崇高节，抗浮云。有风人之托物，《二雅》之正言，可谓直而不倨，曲而不屈，命世亚圣之大才者也。

> （《孟子》）盖所以佐明六艺之文，崇宣先亡之指务，王制拂邪之隐括，立德立言之程式也。①

赵岐生当东汉末年的离乱岁月，身处险象环生的流亡途中，十余年间，他总是随身携带《孟子》一书，因为他正是从这部书中得到精神的滋养，体味"富贵不能淫，贫贱不能移，威武不能屈"的大丈夫品格，获得继续生活下去的勇气和力量。也正是在离乱中，他萌生了为《孟子》作注的志愿并付诸实践，终于完成了这一划时代的名著：

> 知命之际，婴戚于天，遘屯离蹇，诡姓遁身，经营八纮之内，十有余年，心剿形瘵，何勤如焉！尝息肩弛担于济、岱之间，或有温故知新，雅德君子，矜我劬瘁，眷我皓首，访论稽古，慰以大道。余困吝之中，精神遐漂，靡所济集，聊欲系志于翰墨，得以乱思遗老也。惟六籍之学，先觉之士释而辩之者既已详矣。儒家惟有《孟子》，闳远微妙，缦奥难见，宜在条理之科。

《孟子章句》共14卷261章，开篇是《孟子题辞》，是全书的序言，叙

---

① 赵岐：《孟子章句·孟子叙篇》，电子版文渊阁四库全书。下面引文皆出于该书。

述孟子其人其书以及自己撰写该书的意图宗旨；结篇是《孟子篇叙》，就《孟子》一书的篇次结构等阐述自己的意见。赵岐是在对《孟子》一书进行长期精研的基础上写出这部名著的，这首先表现在他对孟子思想内在理路的准确把握。在《孟子篇叙》中，他说：

> 孟子以为圣王之盛，惟有尧舜，尧舜之道，仁义为上，故以梁惠王问利国，对以仁义，为首篇也。仁义根心，然后可以大行其政，故次之以公孙丑问管晏之政，答以曾西之所羞也。政莫美于反古之道，滕文公乐反古，故次以文公为世子始有从善思礼之心也。奉礼之谓明，明莫甚于离娄，故次之以离娄之明也。明者当明其行，行莫大于孝，故次以万章问舜于田号泣也。孝道之本，在于情性，故次以告子论情性也。情性在内而主于心，故次于尽心也。尽己之心，与天道通，道之极者也，是以终于尽心也。

如此梳理《孟子》各篇之间的关系，比较恰当地揭示了孟子思想内圣外王的本质和逻辑路径，显示了他对孟子思想体系的准确把握和透辟理解。

在《孟子章句》中，赵岐对每一章的诠释都是紧紧抓住其思想要旨，将孟子思想最精华的内容揭示出来。例如，在诠释《梁惠王》一章时，集中揭示孟子的仁政和民本理念：

> 治国之道明，当以仁义为名，然后上下和亲，君臣集穆。天经地义，不易之道。故以建篇立始也。
>
> 人君田猎以时，钟鼓有节，发政行仁，民乐其事，则王道之阶，在此矣。故曰："天时不如地利，地利不如人和"矣。

在诠释《公孙丑》一章时，则进一步解释孟子王道仁政对治国安民的重要意义，突出人君"尊德乐义为贤"和"君子以守道不回为志"的深刻底蕴：

> 行仁政，则国昌而民安，得其荣乐。行不仁，则国破民残，蒙其

耻辱。……国必修政，君必行仁；祸福由己，不专在天。

不以封疆之界禁之，使民怀德也；不依险阻之固，恃仁惠也。不以兵革之威，仗道德而已矣。

人君以尊德乐义为贤，君子以守道不回为志。

在诠释《滕文公》《离娄》和《尽心》等篇时，则突出孟子的大丈夫精神和独立人格的意蕴：

孟子以礼言之，男子之道，当以义匡君，女子则当婉顺从人耳。……今此二（苏秦张仪）者，从君顺指，无辅弼之义，安得为大丈夫也。

循理而动，不合时人；阿意事贵，胁肩所尊，俗之情也。是以万物皆流，而金石独止。

穷不失义，不为不义而苟得，故得己之本性也。达不离道，思利民之道，故民不失其望也。古之人得志君国，则德泽加于民人。不得志，谓贤者不遭遇也。见，立也。独治其身，以立于世间，不失其操也，是故独善其身。达谓得行其道，故能兼善天下也。

赵岐的注释尽管也有某些粗疏和牵强之处，但他抓住了孟子思想的最重要最本质的内容，同时在名物训诂方面保留了不少古义，为后来学者进一步理解和诠释孟子其人其书提供了重要资料。如他在司马迁《孟子荀卿列传》的基础上，进而考证出孟子始祖是春秋时期鲁国孟孙氏，从而将其祖先追溯到黄帝那里，得到后世的公认。总之，赵岐的《孟子章句》作为保存至今的第一部诠释《孟子》的著作，为后世对《孟子》的进一步研究奠定了基础，在孟学研究史上具有不可替代的作用。

赵岐对孟子研究的贡献还在于，他第一次认定孟子的始祖是春秋时期三桓之一的孟孙氏，并与徐干差不多同时尊孟子为"命世亚圣之大才"，这可能是后来元朝封孟子为"亚圣"的最早的根据。

第三节　魏晋南北朝时期的孟子研究

魏晋南北朝时期（220—589 年）超过三个半世纪的历史，是中国南北分裂、列国纷争、"五胡乱华"的动荡不定的岁月，也是中国思想史上儒、释、道三足鼎立，儒学相对处于低潮的时代。此期继承发展和弘扬孟学最具成就的两个人物是傅玄和颜之推。

傅玄（217—278 年）是魏晋之际著名的哲学家和文学家，他最重要的著作是《傅子》一书。该书比较集中地继承了孟子的仁政学说和由此生发开来的一系列治国理政和教育的理念。他发扬孟子的"仁者爱人"的理论，认为"仁人，天下之命""君子修身君位，非利名也，在乎仁义"[1]，将孟子视为主观精神和行事原则的"仁"的内涵做了进一步的阐发：

> 仁者，推己以及人也，故己所不欲，勿施于人，推己所欲，以及天下……推己心孝于父母，以及天下。则天下之为人子者，不失其事亲之道矣；推己心有乐于妻子，以及天下，则天下之为人父者，不失其室家之欢也；推己之不忍于饥寒，以及天下之心，含生无冻馁之忧矣。……推所好以训天下，而民莫不尚德；推所恶以诚天下，而民莫不知耻。[2]

这就将孟子由己而推人的由内向外的逻辑理路清晰地展示出来了。傅玄进而将孟子通过"内省"获得"仁"的品格的理论加以阐发。他说："君子内省其身，怒不乱德，喜不乱义"，将历史上的志士仁人作为自己修养的标杆，见贤思齐，时时事事省察，就会不断进步：

> 相伯夷于首阳，省四皓于商山，而知夫秽志者之足耻也。存张骞于西极，念苏武于朔垂，而知怀间室之足鄙也。推斯类也，无所不至

---

[1]　傅玄：《傅子·仁论》，电子版文渊阁四库全书。

[2]　傅玄：《傅子·仁论》，电子版文渊阁四库全书。

矣。德比于上，欲比于下。德比于上故知耻，欲比于下故知足。耻而
足之，则圣贤其可几，知足而已，则固陋其可安也。①

孟子仁政论的核心是民本，傅玄深悟其道，认定"国以民为本"，所以
"安民而上危，民危而上安者，未之有也"。只有民富裕安定，国家和君主才
会稳定自己的统治，"民富则安，贫则危"。如何使百姓得以富裕和安定呢？
在傅玄看来，君主必须如孟子说的那样"寡欲"，甚至"无欲"：

> 天下之福，莫大于无欲；天下之祸，莫大于不知足。无欲则无求，
> 无求者所以成其俭也。不知足则物莫能盈其裕矣。莫能盈其裕，则虽
> 有天下，所求无已，所欲无极矣。②

这就必须要求明君"止欲而宽天下"③，减轻百姓的负担。由此出发，傅玄与
孟子一样反对统治者的横征暴敛，希望统治者宽省刑罚，赢得民心。他对秦
朝的暴虐无道大张挞罚：

> 秦始皇之无道，岂不甚哉。视杀人如杀狗彘，狗彘仁而用之，犹
> 有节，始皇之杀人，触情而已，其不以道如是。李斯又深刻峻法，随
> 其指而妄杀人，秦不二世而灭，李斯无类矣。以不道愚人，人亦以不
> 道报之，人仇之，天绝之。行无道，未有不亡者也。④
> 是故圣帝明王，惟刑之恤，惟敬五刑以成三德。若乃暴王昏主，
> 刑残法酷，作五虐之刑、炮烙之辟，而天下之民无所措手足矣。⑤

傅玄并不是要求废除刑罚，而只是要求用刑适度，根据社会情况的变化，在
宽刑的前提下，灵活地做到宽严相济。同时要求发展农业生产，使"天下足

---

① 傅玄：《傅子·安民》，电子版文渊阁四库全书。
② 傅玄：《傅子·曲制》，电子版文渊阁四库全书。
③ 傅玄：《傅子·检商贾》，电子版文渊阁四库全书。
④ 傅玄：《傅子·问刑》，电子版文渊阁四库全书。
⑤ 傅玄：《傅子·法制》，电子版文渊阁四库全书。

食"，进而要求国家政府节约开支，轻徭薄赋，为百姓创造一个较好的生产生活条件，"度时宜而立制，量民力而役赋"。"上不举非常之赋，下不进非常之贡，上下同心以奉常教，民虽输力致财，而莫怨其上者，所务公而制有常也"①。

傅玄还继承了孟子的社会和谐思想，期望打造一个和谐社会。而这个和谐社会的最重要标志就是维护社会既有的等级制度，人人各安其位，为君者，尽君道；为臣者，尽臣道；其他各色人等，都要扮演好自己担负的角色。其中，最关键的是君王实践仁义的信条，做天下臣民百官的表率：

> 立德之本，莫尚乎正心。心正而后身正，身正而后左右正，左右正而后朝廷正，朝廷正而后为国家正，国家正而后天下正。故天下不正，修之国家；国家不正，修之朝廷；朝廷不正，修之修之左右；左右不正，修之修之身；身不正，修之心。所修弥近，而所济弥远。②
>
> 上好德则下修行，上好言则下饰辩。③

这里阐发的仍然是孟子一再强调的修齐治平的由内向外扩张的理路，也就是君主所走的"内圣"之路。而为臣子的，必须尽上臣道，即孟子所谓"怀仁义以事其君"④。傅玄的解释是臣子遵循"敬职""至公"和"去私"的行为规范：

> 有公心必有公道，有公道必有公制。⑤
>
> 既受禄于官，而或营私利，则公法绳之于上而显议废之于下。……仁让之教存，廉耻之化行，贪鄙之路塞，嗜欲之情灭，百官各敬其职，大臣论道于朝，公议日兴而私利日废矣。⑥

---

① 傅玄：《傅子·平役赋》，电子版文渊阁四库全书。
② 傅玄：《傅子·正心》，电子版文渊阁四库全书。
③ 傅玄：《傅子·戒言》，电子版文渊阁四库全书。
④ 《孟子·告子下》，《十三经注疏》，中华书局1980年版，第2756页。
⑤ 傅玄：《傅子·通志》，电子版文渊阁四库全书。
⑥ 傅玄：《傅子·重爵禄》，电子版文渊阁四库全书。

傅玄沿着孟子对百姓施以教化并以此获得民心的思路，也比较重视对百姓实施儒家思想为主的政治和人伦教化，其中最重要的是礼乐制度和君臣父子的身份观念：

> 能以礼教兴天下者，其知大本之所立乎？夫大本者，与天地并存，与人道俱设。虽蔽天地，不可以质文损益变也。大本有三：一曰君臣，以立邦国；二曰父子，以立家室；三曰夫妇，以别内外。三本者立，则天下正。①

他批评商鞅残害抛弃礼乐的谬论，认定秦朝的灭亡是因为它撤去礼乐这个坚固的"藩卫"。而礼乐的主要内容，一是诚信，一是德刑与礼法的相辅相成：

> 盖天地著信，而四时不悖；日月著信，而昏明有常；王者体信，而万国以安；诸侯秉信，而境内以和；君子履信，而厥身以立。②
> 独任威刑而无惠，则民不乐生；独任德惠而无威刑，则民不畏死。民不乐生，不可得而教也；民不畏死，不可得而制也。有国立教，能使其民可教可制者，其唯威德足以相济乎？③

这里体现的不仅是孟子的思想，而且成为儒家的基本共识。

魏晋南北朝时期与孟学研究关系密切的另一代表人物是颜之推（531—约589年），他生逢乱世，历仕南朝梁、北朝魏、北齐、北周和隋朝，是一个学识渊博的知识分子。他著作甚多，影响最大的是《颜氏家训》，该书阐发了孟子的许多思想理念。在人性问题上，他继承孟子"养心莫善于寡欲"的理念，倡导"少欲知足"。他强调孟子的以仁义礼乐为基础的伦理道德和等级制度，猛烈抨击墨子和杨朱是"无君无父"的"禽兽之人"："墨翟之徒，世谓热腹；杨朱之侣，世谓冷肠。肠不可冷，腹不可热，当以仁义为节

---

① 傅玄：《傅子·礼乐》，电子版文渊阁四库全书。
② 傅玄：《傅子·义信》，电子版文渊阁四库全书。
③ 傅玄：《傅子·治体》，电子版文渊阁四库全书。

文耳。"① 他与孟子一样重视教育，认定环境对人的成长具有重要作用。首先是家庭环境：

> 夫风化者，自上而行于下者也，自先而施于后者也。是以父不慈则子不孝，兄不友则弟的恭，夫不义则妇不顺矣。②

所以，他特别要求为儿童创造良好的家庭与社会环境，以利于他们的健康成长：

> 人在年少，神情未定，所与款狎，熏渍陶染，言笑举对，无心于学，潜移暗化，自然似之；何况操履艺能，较明易习也。……与善人居，如入芝兰之室，久而自芳也；与恶人居，如入鲍鱼之肆，久而自臭也。③

由家庭环境，颜之推更引申至对教育的重视。因为孟子与其他儒家学者一样，特别重视教育的作用，认为"善政不如善教"。而五伦和所有修、齐、治、平的理论也都是通过教育传授的："夫有人民而后有夫妇，有夫妇而后有父子，有父子而后有兄弟；一家之亲，此三而已。自兹以往，至于九族，皆本于三亲焉。故于人伦为重者也，不可不笃。"④ 他认为教育的内容首先是仁义忠孝等最基本的伦理观念，其次是各种治国理政和生产生活的技能，即"德"和"艺"。颜之推虽然看重做官从政的仕宦之业，但并不鄙薄农业和手工业者，要求自己的子弟都要具备一种谋生的职业："夫明六经之旨，涉百家之书，纵不能增益德行，敦厉风俗，犹为一艺，得以自资。"⑤ 由于他所处的时代国家的教育系统已经残破不堪，难以承担起系统教育的任务，颜之推特别重视家庭教育的作用，要求对儿童及早进行教育，以正确的教学方法，严肃认真的态度，言传身教，使儿童的身心都能获得正常健康的发展。他特

---

① 颜之推：《颜氏家训·省事》，《诸子集成》8，上海书店1986年影印版，第27页。
② 颜之推：《颜氏家训·治家》，《诸子集成》8，上海书店1986年影印版，第4页。
③ 颜之推：《颜氏家训·慕贤》，《诸子集成》8，上海书店1986年影印版，第12页。
④ 颜之推：《颜氏家训·兄弟》，《诸子集成》8，上海书店1986年影印版，第3页。
⑤ 颜之推：《颜氏家训·勉学》，《诸子集成》8，上海书店1986年影印版，第13页。

别推崇孟子的教育理念，发扬孟子谦虚、进取、专心致志、持之以恒、博约结合、融会贯通的学习态度：

> 夫学者所以求益耳……见人读数十卷书，便自高大，凌忽长者，轻慢同列；人疾之如仇敌，恶之如鸱枭。如此以学自损，不如无学也。
>
> 古人勤学，有握锥投斧，照雪聚萤，锄则带经，牧则编简，亦为勤笃。
>
> 《书》曰："好问则裕。"《礼》云："独学而无友，则孤陋而寡闻。"盖须切磋相起明也。见有闭门读书，师心自是，稠人广坐，谬误差失者多矣。
>
> 学者贵能博闻。……观天下书未遍，不得妄下雌黄。或彼以为非，此以为是，或本同末异，或两文皆欠，不可偏信一隅。①

这些读书学习的经验之谈，显然是颜之推对儒家和自己读书学习经验的总结，具有相当的普世价值。

总起来看，魏晋南北朝时期的思想呈现明显的多元化趋向，儒家独尊的局面已经被打破。不过在儒、释、道多元并存的格局中，儒家思想仍不失盟主的地位，因为儒学修、齐、治、平的理论作为一种治国理政的理论是释、道无法代替的。

第三节　隋唐五代时期的孟子研究

隋唐五代时期（589—960 年）的近 4 个世纪，是中国封建社会发展的第二个阶段，也是中国封建社会经济文化繁荣发展的重要时期。这一时期，尽管道学（道教）、佛学（佛教）仍然有相当大的势力，对政治也产生了相当大的影响，但与儒学相比，则较魏晋南北朝时期有所下降。其中最根本的原因，一是儒学中蕴含着大量的远较释、道更丰富而又切实可用的治国理政思想，二是儒家学者更多地以孟子思想为武器，对释、道进行了猛烈的批判

---

① 颜之推：《颜氏家训·勉学》，《诸子集成》8，上海书店 1986 年影印版，第 14—19 页。

与反击，从而将孟子的研究提到一个新水平。

隋朝著名儒家学者王通（584—618 年），自比孔子，"绍宣尼之业"，在释、道势力大张的情况下自觉肩负起复兴儒学的使命。他极力倡导和恢复儒学的王道仁政和穷理尽性等理论，推动了对传统儒学的继承和发展，同时又启迪了宋明理学的产生。后世不少学者将其列为与孟子、荀子、董仲舒、韩愈相伯仲的人物。唐朝末年的皮日休在《文中子碑》中就将他与孟子相提并论，给予极高的评价：

> 孟子之门人，郁郁于乱世；先生之门人，赫赫于盛时。较其道与孔、孟，岂徒然哉？设先生生于孔圣之世，余恐不在游、夏之亚，况七十子欤？

王通继承了孟子的王道仁政思想，一直鼓吹恢复孟子颂扬的"尧舜之运"，对实践尧舜之道的周公和孔子倍加赞扬：

> 吾视千载已上，圣人在上者，未有若周公焉。其道则一，而经制大备，后之为政，有所持循。吾视千载而下，未有若仲尼焉，其道则一，而述作大明，后之修文者，有所折中矣。千载而下，有申周公之事者，吾不得而见也。千载而下，有绍宣尼之业者，吾不得而让也。①

这表明，王通与言必称尧、舜、文、武、周公、孔子的孟子站到了相同的立场上。他对孟子的王道仁政学说情有独钟，与孟子的"保民而王"相对应，他提出"正主庇民"的主张，要求君王"以天下为心"，摈弃个人私利，以民为本，使"天地有奉，生民有庇"②，将百姓的利益放在至高无上的位置，"不以天下易一人之命"③。至于庇民的具体措施，也基本上在孟子省刑罚、薄赋敛、制民之产、施以忠信孝悌的教化等方面。如要求少敛息役，赏罚结合，以德授官，杜绝战争："强国战兵，霸国战智，王国战义，帝国战德，

---

① 王通：《中说·天地》，电子版文渊阁四库全书。
② 王通：《中说·述史》，电子版文渊阁四库全书。
③ 王通：《中说·天地》，电子版文渊阁四库全书。

皇国战无为。"①

王通在天人观上也紧追孟子"参天地之化育"的思想，强调人在宇宙中的主体地位和认识能力，"气为上，形为下，识都其中"②，进而认定"识为神"，张扬了人作为宇宙精神花朵的主体意识。王通特别推崇孟子的道德修养理论，认为知命、穷理、尽性既是人们认识的过程，也是道德修养的理路。他强调诚和静："推之以诚，则不言而信；镇之以静，则不行而谨。唯有道者能之。"③要求人们敬慎敬诚、正心思过、寡言无争，将儒家倡导的道德信条内化为自己的心志，外化为自己的行动。他还对孟子先义后利，甚至"舍生而取义"的义利观大为激赏，要求仁人君子"见利争让，闻义争为"，"闻难思解，见利思避，好成人之美"④，展现了高尚的道德情操。

吴兢（670—749 年）是唐朝的史官，他编撰的《贞观政要》一书，全面总结了唐朝历史最辉煌年代的贞观时期（627—649 年）的历史经验。该书按时间顺序，系统编排君臣对话、奏疏和方略等资料，论述了为君之道、君臣鉴戒、任贤纳谏、伦理道德、正身修德、固本宽刑、征伐安边、善始慎终等一系列治国理政的重要问题。贯穿其中的主要是包括孟子思想在内的儒家理论，特别是王道政治思想的阐发和弘扬。唐朝尽管对释、道也比较推崇，给道教和佛教的发展创造了不少优惠条件，但唐朝君臣都明白，最切合中国实际的治国理政理论还是在儒学的宝库中。所以，唐朝开国伊始，高祖和太宗就发出了重建各级各类学校传授儒家经典、推尊儒学和孔子孟子等儒学大师的诏书。对此，魏征有着准确到位的认识：

> 儒之为教大矣，其利物博矣。笃父子，正君臣，尚忠节，重仁义，贵廉让，贱贪鄙，开政化之本源，凿生民之耳目，百王损益，一以贯之。虽世或污隆，而斯文不坠，经邦致治，非一生也。涉其流者，无禄而富，怀其道者，无位而尊。⑤

---

① 王通：《中说·问易》，电子版文渊阁四库全书。
② 王通：《中说·立命》，电子版文渊阁四库全书。
③ 王通：《中说·周公》，电子版文渊阁四库全书。
④ 王通：《中说·魏相》，电子版文渊阁四库全书。
⑤ 魏征等：《隋书》卷七十五《儒林传》，中华书局 1995 年版，第 1705 页。

　　《贞观政要》大量阐发了孟子的民本思想和仁政理论。如它引述李世民的话："君依于国，国依于民"，"国以民为本"①。"为君之道，必先存百姓，若损百姓以奉其身，犹割股以啖腹，腹饱而身毙矣"②。他特别强调人民对于国家和君王的重要性，告诫太子说："舟所以比人君，水所以比黎庶，水能载舟，亦能覆舟。"③魏征亦凸现民众的作用："君，舟也；人水也。水能载舟，亦能覆舟。"④孟子猛烈抨击霸道，极力讴歌王道和仁政。李世民和魏征在总结隋朝灭亡的教训时，都指出其根本之点是"仁义不修"，舍弃了以民为本的仁政。而长治久安的为国之道就是"抚之以仁义，示之以威信，因人之心，去其苛刻，不作异端"⑤。李世民强调实行仁政的重要性：

　　　　林深则鸟栖，水广则鱼游。仁义积则物自归之。人皆知畏避灾害，不知下仁义则灾害不生。夫仁义之道，当思之在心，常令相继，若斯须懈怠，去之已远。犹如饮食资身，恒令饱腹，乃可存其性命。⑥

　　对于如何行使仁政，贞观君臣也以孟子的保民而王、省刑罚、薄赋敛、发展生产、厉行教化为标准，以"存百姓""营衣食""安人宁国"为目标，实行静而抚之的政策。魏征认为"静之则安，动之则乱"⑦，所以"用法务在宽简"⑧。李世民深悟此道，他说：

　　　　国家法令，惟须简约，不可一罪作数种条。格式既多，官人不能尽记，更生奸诈，若欲出罪即引轻条。数变法者，实不益道理，宜令审细，毋使互文。⑨

---

① 《贞观政要·务农》，电子版文渊阁四库全书。
② 《贞观政要·君道》，电子版文渊阁四库全书。
③ 《贞观政要·教戒太子诸王》，清文渊阁四库全书。
④ 《贞观政要·政体》，电子版文渊阁四库全书。
⑤ 《贞观政要·仁义》，电子版文渊阁四库全书。
⑥ 《贞观政要·君道》，电子版文渊阁四库全书。
⑦ 《贞观政要·刑法》，电子版文渊阁四库全书。
⑧ 《贞观政要·刑法》，电子版文渊阁四库全书。
⑨ 《贞观政要·赦令》，电子版文渊阁四库全书。

贞观君臣强调"薄赋敛，轻租税"，要求"省徭役，不夺其时"，"使人人皆得营生守其资财"①。为了使百姓衣食丰饶，要求"不夺农时"，使他们有充分的时间从事生产。同时要求统治阶级厉行节俭，对百姓厉行教化，形成良好的社会风尚："敦行礼让，使乡闾之间，少敬长，妻敬夫"。②

隋唐时期对孟学研究做出最大贡献的是"文起八代之衰，道济天下之溺"的大文学家、思想家韩愈（768—824 年）。韩愈在唐朝释、道之势甚嚣尘上的情势下，毅然站出来，大批佛老，力倡儒学，成为儒学复兴运动的旗手。他极力推尊孟子及其思想，在他的所谓中国真理传授系统"道统"中，孟子被列为其中的关键人物之一：

> 夫所谓先王之教者，何也？博爱之谓仁，行而宜之之谓义，由是而之焉之谓道，足乎已，无待于外之谓德。其文《诗》《书》《易》《春秋》，其法礼、乐、刑、政，其民士、农、工、贾，其位君臣、父子、师友、宾主、昆弟、夫妇，其服丝麻，其居宫室，其食粟米、蔬果、鱼肉，其为道易明，而其为教易行也。是故以之为已，则顺而祥；以之外人，则爱而公；以之为心，则和而平；以之为天下国家，无所处而不当。是故生则得其情，死则尽其常，郊焉而天神假，庙焉而人鬼飨。曰：斯道也，何道也？曰：斯吾所谓道也，非向所谓老与佛之道也。尧以是传之舜，舜以是传之禹，禹以是传之汤，汤以是传之文、武、周公，文、武、周公传之孔子，孔子传之孟轲，轲之死，不得其传焉。③

韩愈所列的这个"道统"是否真实存在或可讨论，但有一点可以肯定，即他借此把儒家思想的传授系统进行了大致不差的梳理，并从中突出了孟子的地位，使之成为其中不可或缺的关键人物，而他理出的这个系统几乎得到了后世儒家的普遍承认。

韩愈继承孟子的仁义学说，进一步阐发了其作为儒家伦理思想核心的意义。在孔子和孟子那里，爱是由父子兄弟推衍的有等差的爱，韩愈则将其

---

① 《贞观政要·政体》，电子版文渊阁四库全书。

② 《贞观政要·务农》，电子版文渊阁四库全书。

③ 《韩昌黎文集·原道》，电子版文渊阁四库全书。

发展为一种博爱精神:

> 博爱之谓仁，行而宜之之谓义，由是而之焉之谓道，足乎己，无待于外之谓德。仁与义为定名；道与德，为虚位；故道有君子小人，而德有吉有凶。①

这显示了对孟子伦理道德观念的深化理解。同时，他又沿着孟子的论述方向，将修、齐、治、平的"内圣外王"之道加以新的阐发，认为仁义内修为德，外王为道。这样使仁义道德从个人修养推衍到治国之道："以之为己，则顺而祥；以之为人，则爱而公；以之为心，则和而平；以之为天下国家，则无所处而不当。"②

韩愈在人性论问题上，既继承孟子的仁义为本然之性的观点，又以"性三品"说对他的理论予以修正。韩愈认为，人性分为善、可善可恶和恶等上、中、下三品，上品的善和下品的恶都是不变的，只有中品的可善可恶可以通过教化使之改恶向善。他又将情引入人性论，认定情也有上中下三品，它们是由喜、怒、哀、惧、爱、恶、欲的程度不同划分的。韩愈将人性论与礼法刑政的作用结合起来，构筑起他的政治法律和伦理道德体系。韩愈还在他的修养方法中引入孟子的养气说，强调"浩然之气"与义和道的关系，进而再将其与文章的气势联系起来，张扬文章的磅礴气势，形成一种文章的风格。对此，苏洵悟出了孟子和韩愈在文章风格方面的联系与继承:

> 孟子之文，语约而意尽，不为巉刻斩绝之言，而锋不可犯。韩子之文，如长江大河，浑浩流转，鱼鼋蛟龙，万怪惶惑而抑遏蔽掩，不使自露，而人自见其渊然之光，苍然之色，亦自畏避，不敢迫视。③

显然，孟子与韩愈的文章都从浩然之气中得到了启发。

另外，韩愈作为与孟子相近的大教育家，在继承孟子教育思想和教学

① 《韩昌黎文集·原道》，电子版文渊阁四库全书。
② 《韩昌黎文集·原道》，电子版文渊阁四库全书。
③ 苏洵:《嘉祐集·上欧阳内翰第一书》，电子版文渊阁四库全书。

方法方面也有创新之处。他继承孟子关于教育目的是明人伦的思想，认为教育的目的就是进行"先王之教"的仁义道德、礼乐刑政、君臣父子等理念的灌输，而教材也就是儒家经典的《诗》《书》《礼》《易》《春秋》等。韩愈明确提出教育的作用是"传道授业解惑"，教师的最根本标准就是能否掌握"道"的精髓。他还提出教师与学生互相切磋、教学相长的理念："弟子不必不如师，师不必贤于弟子，闻道有先后，术业有专攻，如是而已。"① 这一经典表述不断为后世所引征。在教学方法方面，韩愈也对孟子因材施教、启发诱导、专心致志、由博反约、勤学深思等原则加以继承和创造性地发展。

总之，韩愈在推尊孟子形象、提高孟子地位、阐发孟子思想方面的贡献都是前无古人的。后人不仅将他视为孟子思想的传人，而且将其地位比之于孟子之于孔子。皮日休就说："世有昌黎先生，则吾以为孟子矣。"② 苏轼说：

> 自汉以来，道术不出于孔时，而乱天下者多矣。晋以老庄亡，梁以佛亡，莫或正之。五百余年而后得韩愈，学者以愈配孟子，盖庶几焉。③

崔述则认定："非孟子则孔子之道不详，非韩子则孟子之术不著。"④ 这些评价，韩愈显然是当之无愧的。

李翱（772—841 年）是仅次于韩愈的唐朝儒家学者，与韩愈关系很铁，思想也较接近，同时也是继承和弘扬孟子思想的代表人物之一。在人性论问题上，他提出"复性说"，认同孟子的"性善论"，认为"人之性本皆善"，而所以出现"恶"是因为"情"所蔽："人之所以惑其性者，情也。喜、怒、哀、惧、爱、恶、欲七者，皆情之所为也。情既昏，性斯匿矣，非性之过；七者循环而交来，故性本能充也。"⑤ 所以去恶归善的唯一办法和途径就是

① 《韩昌黎文集·师说》，电子版文渊阁四库全书。
② 皮日休：《皮子文薮·原化》，电子版文渊阁四库全书。
③ 《苏轼文集·六一居士集序》，电子版文渊阁四库全书。
④ 崔述：《孟子事实录》卷下，《崔东壁遗书》，上海古籍出版社 1983 年版，第 435 页。
⑤ 《李翱集·答高侯第二书》，电子版文渊阁四库全书。

"去情复性"，剔除情欲，使被蒙蔽的"性"显露出来。这意味着，每个人只要通过修养"去情复性"，就可以成为圣人。这恰恰与孟子的"人皆可以为尧舜"的理念相通。

李翱与韩愈一样持"道统论"："吾之道非一家之道，是古圣人所由之道也。吾之道塞则君子之道消矣。吾之道明则尧、舜、文、武、孔子之道未绝于地矣。"① 他认定这个道统在孟子死后已经中断，到韩愈才又恢复起来，所以韩愈是孟子之后振兴儒学的第一功臣。李翱与孟子一样重视君臣、父子、夫妇、兄弟、朋友等"五伦"作为核心伦理观念的意义："列天地，立君臣，亲父子，别夫妇，明长幼，浃朋友，六经之旨矣。"② 无论是治家还是治国，明人伦都具有关键意义，所以对于百姓应该施以这种人伦的教化："教其父母，使之慈；教其子弟，使之孝；教其在乡党，使之敬让。……善为政者莫大于理人，理人者莫大于既富之又教之。"③

唐朝注释和研究《孟子》的著作，见于著录的有 5 部，包括陆善经的《孟子注》、张镒的《孟子音义》和丁公的《孟子手音》等三部注本，以及林慎思的《续孟子》和刘柯的《翼孟》等两部研究专著。这其中，前三部书已经亡佚，而据看到《孟子音义》和《孟子手音》两书的北宋孙奭判定，它们有着"漏略颇多""讹谬时有"的明显缺陷，但开创之功还应该肯定。

林慎思（844—880 年）通过《续孟子》和《伸孟子》两书极力阐发以儒家思想治理民众和推行教化的理念。其中特别注重阐发孟子的仁政思想，对待百姓，要求薄赋敛，均徭役："均役于民，使民力不乏；均赋于民，使民用常足。"④ 对待官吏，要求举贤。他发挥孟子选取贤人要广泛听取意见和实际考察的思想："贤不肖在王之左右诚久矣，进退以恭，言容以庄。目之于外，诚不分其贤不肖也。在禄以诱之，劳以处之，索其内然后辨矣。"⑤ 这是很有见地的。他继承孟子的义利观，强调先义后利："移厚利之心而在仁义，移薄仁义之心而在利。"⑥ 林慎思也认同孟子教化与刑罚相辅相成的观

① 《李翱集·与陆俭书》，电子版文渊阁四库全书。
② 《李翱集·答朱载言书》，电子版文渊阁四库全书。
③ 《李翱集·平赋书》，电子版文渊阁四库全书。
④ 林慎思：《续孟子·乐正子》，电子版文渊阁四库全书。
⑤ 林慎思：《续孟子·齐宣王》，电子版文渊阁四库全书。
⑥ 林慎思：《续孟子·梁大夫》，电子版文渊阁四库全书。

点，将"齐之以刑"与"齐之以礼"结合起来。林慎思的著作显然对扩大和传播孟子思想起了促进作用。

刘柯（772—?）是唐朝后期的著名思想家和学者，他因崇拜孟子，而取名"柯"。其《翼孟》是阐发孟子思想的重要著作，"于圣人之旨，作者之风，往往而得"①，得到著名诗人白居易的赞扬，但该书宋朝以后亡佚。

皮日休（834—约883年），是唐朝末年著名的文学家和思想家，曾参加黄巢起义军，最后不知所终。其著作汇集为《皮子文薮》。他与韩愈一样贬斥佛老，张扬孟子、王通和韩愈的思想。他赞扬王通："文公之文，蹴杨、墨于不毛之地，蹂释、老于无人之境……孔道巍然而自立。"赞扬韩愈："身行圣人之道，口吐圣人之言，行若颜、闵，文若游、夏。"②更力主将《孟子》列入官定教科书。

皮日休继承和弘扬孟子的仁政和民本思想："圣人务安民，不先置不仁，以见其仁焉；不先用不德，以见其德焉。"③他极力颂扬尧舜，对孟子以民心取天下的主张更是倍加赞扬："古之取天下也以民心，今之取天下也以民命。唐、虞尚仁，天下之民从而帝之。不曰取天下以民心乎？汉、魏尚权，驱赤子于利刃之下，争寸土于百战之内，由士为诸侯，由诸侯为天子，非兵不能威，非战不能服，不曰取天下以民命者乎？"④他继承孟子关于诛杀桀、纣之类独夫民贼的理论，认定百姓有权驱逐和诛杀危害百姓的暴君："尧、舜，大圣也，民且谤之。后之王天下，有不为尧、舜之行者，则民扼其吭，捽其首，辱而逐之，折而族之，不为甚矣。"⑤正因为有如此激进的思想，所以他参加农民军就不奇怪了。

皮日休继承孟子的教育思想，认为教育是"明人伦"的重要途径，他要求通过学校教育弘扬儒家学说，进行仁义礼乐的教育："夫居位而愧道者，上则荒其业，下则偷其言。业而可荒，文弊也；言而可偷，训薄也。故圣人惧是寝移其化，上自天子，下至子男，必立庠以化之，设序以教之。"⑥他要

① 朱彝尊：《经义考》，电子版文渊阁四库全书。
② 皮日休：《皮子文薮·请韩文公配享太学书》，电子版文渊阁四库全书。
③ 皮日休：《皮子文薮·秦穆谥缪论》，电子版文渊阁四库全书。
④ 皮日休：《皮子文薮·读司马法》，电子版文渊阁四库全书。
⑤ 皮日休：《皮子文薮·原谤》，电子版文渊阁四库全书。
⑥ 皮日休：《皮子文薮·移成均博士书》，电子版文渊阁四库全书。

求以《易》《诗》《书》《礼》《乐》《春秋》为教材，使天下臣民百姓都受到良好教育，以建立一个政通人和的美好社会。他继承孟子的个人修养理论，强调通过修养，养好六箴，即心、口、耳、目、手、足，使之达到"安不忘危，慎不忘节，穷不忘操，贵不忘道"[1]。他提倡的修养科目基本上涵盖了儒家伦理道德的各个方面。

皮日休与韩愈一样，是孟学发展史上跳不过去的人物。宋人和清人对他的作用和地位都有着比较公允的评价：

> 今观集中书、序、论、辨诸作，亦多能原本经术，其《请孟子为学科》《请韩愈配享太学》二书，在唐人尤为卓识，不得谨以词章目之。[2]
>
> 皮子起衰周后千余年，当韩子道未光大之时，独能高出李伯泰、司马君实诸公所见，而创其说，继李汉、皇甫持正诸人，而力致其尊崇。非知孟、韩之深，而具有知言知人之识者，能乎？昔范文正以《中庸》授横渠张子，论者谓："有宋一代，道学始自文正唱之。"然则孟子之得继孔、曾、思，而称"四子"，韩子之超轶荀、杨，而上配孟子，虽经程、朱、欧、苏诸公表章论定，即谓其议，实自皮子开之，可也。[3]

第五节　宋辽金元时期的孟子研究

一、北宋时期的孟子研究

北宋（960—1126 年）是被周予同先生称为"孟子升格运动"的时期。其著作由"子"升为"经"，其人被配享孔庙升为"圣"，昔日儒学的代表人物由"孔颜"变成了"孔孟"，"亚圣"的名号也为孟子所独占。而这个过程，是由一系列的儒学大师推动的。

北宋第一个推尊孟子的是官至监察御史的柳开（946—1000 年）。他明确宣告："吾之道，孔子、孟轲、扬雄、韩愈之道；吾之文，孔子、孟轲、

---

① 皮日休：《六箴序》，电子版文渊阁四库全书。
② 《四库全书·文薮提要》，电子版文渊阁四库全书。
③ 《重刊宋本文薮序》，电子版文渊阁四库全书。

扬雄、韩愈之文也。"①他在知润州修孔庙时，第一次将孟子纳入配享之列。此例一开，其他地方也将孟子配享孔庙，孟子的影响逐步扩大。不久，朝廷下令重新整理古籍，孙奭（962—1033 年）作为主校官担任《孟子》一书的校订。他是宋初著名学者，撰写了《孟子音义》一书。该书以诠释字音为主，兼及字义的解释，以反切注音，共 1208 条，是研究《孟子》古音和古注校勘的重要参考资料。其中引证的陆善经的《孟子注》、张镒的《孟子音义》和丁公的《孟子手音》等三部书的资料尤为珍贵，因为这些书后来亡佚。由于该书是现存《孟子》注释中所存的最早的注本，成为孟学研究史上最重要的经典著作之一，至今仍是研究孟子的重要资料。孙奭还撰写了《孟子注疏》（朱熹认定是伪作），尽管学界对该书的学术水准评价不高，但它是最早以"疏"的形式出现的一部书，且条理清楚，平正通达，作为初学《孟子》的入门书，对《孟子》的普及功不可没。

在宋朝复兴儒学中具有先驱地位和开创之功的，是以"宋初三先生"显名的孙复、石介、胡瑗。他们均以孟子的继承人自居，为提高孟子的地位和张扬孟子的思想尽上自己很大的努力。孙复（992—1057 年）早期在泰山讲学，被称为"泰山先生"，官至殿中丞。他杜撰出自己认定的"道统"："吾之所谓道者，尧、舜、禹、汤、文、武、周公、孔子之道也，孟轲、荀卿、扬雄、王通、韩愈之道也；吾学尧、舜、禹、汤、文、武、周公、孔子、孟轲、荀卿、扬雄、王通、韩愈之道三十年，故不知进之所以为进，退之所以为退也。"②他特别推崇孟子的功劳，认为他"拔天下之民于夷狄之中，而复置之中国，俾我圣人之道炳焉不坠……孟子可谓能御大菑、能捍大患者也"③。石介（1005—1045 年），曾在徂徕山下讲学，人称"徂徕先生"，官至太子中允。胡瑗（993—1059 年），人称安定先生，曾任职太学。他们二人都推崇孟子思想，强调儒学的道统，对宋代孟子之学的复兴起了重要作用，所以清朝的徐宗干才将他们视为与韩愈一样的关键人物，给予切中肯綮的评价：

---

① 柳开：《河东先生集》卷一，电子版文渊阁四库全书。
② 《孙明复小集·信道堂记》，电子版文渊阁四库全书。
③ 《孙明复小集·兖州邹县建孟庙记》，电子版文渊阁四库全书。

孔子殁，圣学榛芜百余年而后孟子出。子舆氏殁，历秦、汉、唐数百年而后昌黎韩子出。圣学不绝如缕，又二百年而后宋儒辈出。夫圣人之道，得宋儒而复显。宋儒之学，得孙、石而始倡。①

接着"宋初三先生"登场的为弘扬孟学做出重要贡献的人物，是宋朝的名臣范仲淹、欧阳修和王安石。

范仲淹（989—1052年），官至参知政事，曾参与著名的"庆历新政"的改革事宜。他特别服膺孟子的"浩然之气"和大丈夫精神，一生忧国忧民忧道，在《岳阳楼记》中，他将孟子的"乐以天下，忧以天下"化为"先天下之忧而忧，后天下之乐而乐"的名言，自誓"夫不能利泽生民，非大丈夫平生之志"②，展示了一种博大深广的家国情怀。他敢于否定传统的章句注疏之学，坚持以自己的思想来理解和阐发孟子的精神。他继承孔孟的"仁民爱物""安百姓""济天下"的民本思想，提出一系列"救民之弊"的改革措施，为推进利国利民的改革贡献了自己毕生的精力，不愧为孟子理想的忠实践行者。

欧阳修（1007—1072年）是著名的文学家、思想家和政治家，北宋的文坛领袖，唐宋八大家之一，官至参知政事、翰林学士。他推崇孟子思想，赞扬孟子对《诗经》的诠释，认为"孔子之后，唯孟轲最知道"③。他对孟子在儒学发展史上的贡献评价很高："仲尼之业，垂之六经，其道闳博，君人治物，百王之用，微是无以为法。故自孟轲、扬雄、荀况之徒又驾其说，扶而大之。"④ 在人性论问题上，他调和孟子、荀子和扬雄的观点，强调加强自身修养的意义："为君子者，修身治人，而己性之善恶不必究也。"⑤ 他反对佛老，但要求人们不要停留在感情的义愤，而要对其进行理性的分析，以发扬儒家思想的正义性和真理性去战胜它。

王安石（1021—1086年），是北宋著名政治家、思想家和文学家，也是

---

① 石介：《徂徕石先生文集》卷七，附录三，电子版文渊阁四库全书。
② 吴曾：《能改斋漫录》卷十三，电子版文渊阁四库全书。
③ 《欧阳修全集·居士外集》，电子版文渊阁四库全书。
④ 《欧阳修修集》卷一百二十四，电子版文渊阁四库全书。
⑤ 《欧阳文忠公文集》卷四十七，电子版文渊阁四库全书。

唐宋八大家之一，官至丞相，神宗时主持变法。他一生崇拜孟子，其两首诗展示了这种崇敬之情：

　　　　沉魄浮魂不可招，遗编一读想风标。何妨举世嫌迂阔，故有斯人慰寂寥。①

　　　　欲传道义心犹在，强学文章力已穷。他日若能窥孟子，终身何敢望韩公。②

王安石将孟子思想作为变法的武器，在上神宗的奏疏中不时引用《孟子》增强其说服力。正是在他主政时期，孟子正式配享孔庙，《孟子》升格为儒家经典，成为各级学校的教科书和科举考试的重要科目。他与儿子和门人都精心研读《孟子》，并为之做注："王介甫素喜孟子，自为之解，其子雱与其门人许允成皆有注释，崇观间场屋举子宗之。"③他特别关注《孟子》中关于性、命、道、王霸、义利等概念和范畴的研究，并提出自己独特的见解。如在人性问题上，他基本认同孟子的性善说，同时将"情"引入人性论，认为性为情之本，情为性之用，性情不可分，最后推出"性不可以善恶言"的结论。再如他关于"命"的观点，一方面认同人之"贵贱生死"、万物兴废都是由"命"决定，承认有一个不以人的意志为转移的客观必然性；另一方面又大力张扬人的主观能动性，认为人能够发挥行仁由义的内在潜质，达到成圣成贤的目标：

　　　　然孟子曰：命也，仁之于父子也，义之于君臣也，礼之于宾主也，知之于贤者也，圣人之于天道也，命也，有性焉，君子不谓命也。由此而言之，则圣贤之所以为圣贤，君子虽不谓之命，而孟子固曰命也已，不肖之所以为不肖，何以异于此哉？④

---

① 《临川先生文集》卷三十二，电子版文渊阁四库全书。
② 《欧阳文忠公文集》卷四十七，电子版文渊阁四库全书。
③ 姚应绩：《昭德先生读书后曾志》卷二，电子版文渊阁四库全书。
④ 《临川先生文集》卷六十八，电子版文渊阁四库全书。

这里显示了王安石沟通天道性命的努力，而集中于践履儒家核心价值观的信念与决心。王安石特别继承孟子的"民贵君轻"的民本思想，强调"国以民为本"的理念，要求当政者关心百姓的冷暖，为他们创造较好的生产和生活条件：

> 夫悯仁百姓而无夺其时，无侵其财，无耗其力，使其无憾于衣食，而有以养生丧死，此礼义廉耻之所长，而二帝三王诚敕百工诸侯之所先，后世不可以忽者也。①

王安石推行新法的基本出发点和主要内容，就是围绕着民本展开其布局的，并且收到较明显的效果。

北宋的理学家与孟学有着更为明显和直接的关系。

周敦颐（1017—1073 年）是北宋理学的开山之祖。他援佛、道入儒，以《太极图·易说》完成了自己的宇宙观和方法论。他尽管没有专门论述孟子的著作，但在自己的学说中却揉进了思孟学派的许多重要内容。例如，他将思孟学派"诚"的理论作了创造性的阐发：

> 诚者，圣人之本，"大哉乾元，万物资始"，诚之源也。"乾道变化，各正性命"，诚斯立焉，纯粹至善者也。故曰"一阴一阳之谓道，继之者善也，成之者性也"。元亨，诚之通，利贞，诚之复。大哉《易》也，性命之源乎！
>
> 圣，诚而已。诚，五常之本，百行之源也。静无而动有，至正而明达也。五常百行，非诚，非也，邪暗，塞也，贵诚则无事矣。
>
> 诚无为，几善恶。德，爱曰仁，宜曰义，理曰礼，通曰智，守曰信。性焉安焉之谓圣复焉执焉之谓贤，发不可见、充周不可穷之谓神。②

---

① 《王安石全集》卷四十八，电子版文渊阁四库全书。
② 周敦颐：《周元公集·通书》，电子版文渊阁四库全书。

如此一来，他就将思孟学派的"诚"概念扩而大之为贯穿天道性命和"五常""百行"的自然界和人类社会的本体，成为理学的一个重要范畴。他继承孟子的"养心寡欲"论，认定圣贤是通过寡欲的"养心"得来的。他进而认定诚就是人的本性，其与中和、刚、柔、善、恶构成人的"五品性"。这就创造性地发展了孟子的人性论，大大丰富了孟子关于天道性命的内容。

张载（1020—1077 年）也是北宋理学的奠基者之一，是理学中关学一派的创始人。他继承孟子思想，撰写了《孟子解》一书，他推尊孟子为孔子之后最伟大的圣人，"要见圣人，无如《论》《孟》为要"①，对《孟子》一书的诠释是张载展示其理学思想的主要内容。

尽管该书已经亡佚，但我们从散见于其他著作中摘引的一些条目仍可窥见其核心内容。他继承孟子的性善论，提出"心统性情"的命题，认为人的"天地之性"是善的，而"气质之性"则可能遮蔽善性而行恶，所以应该以"天地之性"改造"气质之性"，使人人能够改恶向善。这就需要"大其心"而"体天下之物"：

> 大其心则能体天下之物，物有未体，则心为有外。世人之心，止于闻见之狭，圣人尽性，不以见闻梏其心，其视天下无一物非我，孟子谓尽心则知性知天以此。天大无外，故有外之心不足以合天心。②

这就进一步发挥了孟子的尽心知性知天的理论。张载关心国家安危和百姓疾苦，他继承孟子的民本思想，将他的"井田"制设计成改革土地占有关系的蓝图，希望以此作为实施仁政的张本。他的"为天地立心，为生民立命，为往世继绝学，为万世开太平"的自誓，更显示了他宏伟的抱负和鲜明的家国情怀。

在北宋理学史上，继周敦颐、张载而起的有二程为代表的"洛学"。程颢（1032—1085 年）是周敦颐的弟子，北宋理学的重要代表人物，他的思想主要通过对《大学》《中庸》《论语》《孟子》的解释而呈现。其关注和讨

---

① 《张子全书》卷六《义理》，电子版文渊阁四库全书。
② 《张子全书》卷二《大心篇第七》，电子版文渊阁四库全书。

论的命题是心、性、天、理、仁、义、道、德等，对《孟子》一书中提到的"不动心""志气""浩然之气""勿忘勿助长""王霸""不忍人之心""四端""伯伊柳下惠之隘与不恭"以及"心""性""仁"等进行了许多创新性的诠释。他解释孟子的性善论，提出"性即气，气即性"的命题，认为"本然之性"超越善恶，这种性论就是心性一元论或性气一元论的雏形。他发展孔子和孟子的仁学理论，强调博施济众的深广的人道主义的道德修养论，将仁推尊为万物浑然一体的最高精神境界。

程颐（1033—1107年）是程颢的亲弟弟，与哥哥一起亲炙周敦颐。《孟子》一书是程颐的重要思想资源，通过重新界定孟子关于性、理、命、心、静、才、气等概念阐述自己的思想。如他将性和理等同，认定其为具有普遍性的本体概念。他给予"性善论"以极高的评价，"若乃孟子之言善者，乃极本穷源之性"，"孟子言人性善是也。虽荀、扬亦不知性。孟子所以独出诸儒者，以能明性也"[1]。他认为心、命与性、理的本质都是善的。人材质的美恶与否决定于禀气的清浊和后天的修为。人所禀之气，受之于天，是天人之间的中介，所以养气是达到天人合一境界的有效途径。理、天、性、心是同一事物的不同表述：

> 孟子言心、性、天，只是一理否？曰：然。自理言之谓之天，自禀受言之谓之性，自存诸人言之谓之心。[2]
> 在天为命，在义为理，在人为性，主于身为心，其实一也。[3]

显然，程颐的孟子研究打上了强烈的理学色彩，其思辨水平大大提升了。

二程的弟子和后学沿着老师开辟的路子继续前行。杨时（1053—1135年）是理学中洛学的传播者和闽学的开创者，是二程至朱熹的桥梁。他写了《孟子解》一书，特别肯定孟子辟杨墨的功劳：

> 方世衰道微，使杨墨之道息，而奸言诐行不得逞其志，无君无父

---

[1] 《河南程氏遗书》卷十八，电子版文渊阁四库全书。
[2] 《河南程氏遗书》卷二十二，电子版文渊阁四库全书。
[3] 《河南程氏遗书》卷十八，电子版文渊阁四库全书。

之教不行于天下，而民免于禽兽，则其为功非小矣。①

极力肯定《孟子》一书的价值：

> 《孟子》一部书只是要正人心，教人存心养性，收其放心。②

杨时与弟子、朋友讲论《孟子》时也对仁、心、性、权变、养气、志气等概念进行了不乏精彩的阐发，他还注重《孟子》本文的互证和史实的陈述，彰显了孟学研究的某些新的特色。

谢良佐（1050—1103 年）是程颐弟子，他对孟子思想的解读主要集中在性命义理方面，对仁、不动心、志气、知言养气、浩然之气、勿忘勿助长等命题的诠释展现了自己独到的见解。

游酢（1053—1123 年）写了《孟子杂解》和《孟子精义》两书，其中对孟子心性问题的解释不乏新的阐发。尹焞（1070—1142 年），程颐弟子。作《孟子解》一书（已佚），多延续师说，自己发明较少，但在学问源流考察以及王霸、恭敬、仁等论题上也有自己的见解。

苏辙（1039—1112 年），北宋著名文学家，与父苏洵、兄苏轼一起列入唐宋八大家。他著作甚多，其中《孟子解》一书展现了他对孟子其人其书的见解。他对孟子的"性善论"深入研判，认为性与善不能等同，性是中是道，善是性的效果。对"不动心"和"浩然之气"进行新的解释，认为心和气不是一回事，心是气的主导，而气是"心之发"和"心之使"：

> 心所欲为，则其气勃然而应之；心所不欲而强为之，则其气索然而不应。人必先有是心也，而后有是气，故君子养其义心以致其气，使气与心相狎而不相离，然后临事而其气不屈。③

由此出发，他认定养心比养气重要，人们应该在养心的前提下养气，通过养

---

① 　程颐：《龟山集》卷二十五，电子版文渊阁四库全书。
② 　程颐：《龟山先生语录》卷三，电子版文渊阁四库全书。
③ 　苏轼：《孟子解》，电子版文渊阁四库全书。

气达到致"浩然之气"的目标。苏辙对孟子将义和利对立起来的观点表示了不同意见：

> 梁惠王问利国于孟子，孟子对曰："王何必曰利？亦有仁义而已矣。"先王之所以为其国，未有非利也，孟子则有为言之耳，曰："是不然。"圣人躬行仁义而利存，非为利也，唯不为利，故利存。小人以为不求则不获也，故求利而民争，民争则反以失之。孙卿子曰："君子两得之者也，小人两失之者也。"此之谓也。①

《孟子解》是苏辙少年时代的著作，展示了他的青春锐气和理性思考。晚年的苏辙对孟子投去了更多的崇敬，并以孟子弟子自居，自谓自己的学问出自孟子。他写了《孟子传》，大大丰富了《孟子荀卿列传》中关于孟子的内容，突出和加强了孟子思想中反对战争和讴歌仁政的内容。

二、南宋时期的孟子研究

南宋是宋代理学的鼎盛时期，由于孟子及其思想是理学最重要的思想资源，因而孟学研究随着理学的兴盛自然得到空前的发展。

张九成（1092—1159年）是南宋著名理学家，晚年写了《孟子传》一书，充分阐发《孟子》的义理宏旨，对孟子及其学说给予了极高的评价：

> 呜呼！孟子可谓特立独行者也。当战国之际，战争、纵横、诡诈之说荡如稽天，焚如野火，而孟子独守帝王之道，超然于颓波坏堑中，不枉不挠，不动不盈。余读此时之史，见夫战争之说、纵横之说、诡诈之说遍满天一，而孟子之言间见，层出于诸说之间，是犹粪壤之产芝菌，而喧啾之有凤凰也。久之诸说消亡，灰烬烟灭，与粪壤同归于无。而吾孟子仁义之说炳然独出，与日月河汉横属古今。呜呼！吾侪之学当何学乎？余所谓祖帝王而宗颜孟者，殆不可忽也。②

---

① 苏轼：《孟子解》，电子版文渊阁四库全书。
② 张九成：《孟子传》卷四，电子版文渊阁四库全书。

张九成在极力推崇孟子及其思想的同时，对李觏、司马光、苏轼、晁说之等人的非孟言论也给予严肃认真的回应，认为他们误读了《孟子》，误解了孟子，对孟子是不公平的。他对孟子提出的一些概念或范畴进行诠释，并提出自己的见解。如他发挥孟子的性善论，认定孟子是从本体论的角度对人性进行最切中肯綮的论述：

> 论染习，论气习，与夫不识性之正体者，皆非善性论者也。其善性论者，莫如孟子。夫孟子之所论性善者，乃指性之本体而言，非与恶对立之善也。①

他还用"以情卜性"诠释孟子的性情论，进而以"格物穷理"作为孟子修善养性方法，即通过对万事万物的穷究，认识万理归一的天理，而这个天理就是仁义礼智信的道德规范。张九成更是极力张扬孟子的王道仁政理论。他说：

> 君君臣臣、父父子子、兄兄弟弟、夫夫妇妇。植桑种田，育鸡豚，畜狗彘，谨庠序，申孝悌。使老者衣帛食肉，不负戴于道路，黎民不饥不寒，不漂流于沟壑，此所谓王道也。②

这包含了政治、社会、道德和经济方面的内容，基本上是孟子思想的概括。总起来看，张九成通过对《孟子传》一书，将孟子与理学进行了无缝对接，使孟子的思想资源转化为理学的内容，成为陆九渊心学的先导，所以以《四库全书》对其有一个中肯的评价：

> 是书，则以当时冯休作《删孟子》、李觏作《常语》、司马光作《疑孟》、晁说之作《诋孟》、郑厚叔作《艺圃折衷》，皆以排斥孟子为事，故特发明义利经权之辩。著孟子尊王贱霸有大功，拨乱反正有大

---

① 张九成：《孟子传》卷二十六，电子版文渊阁四库全书。
② 张九成：《孟子传》卷二十，电子版文渊阁四库全书。

用。每一章为一篇，主于阐扬宏旨，不主于笺诂文句，是以曲折纵横，全如论体，又辩治法者多，辩心法者少，故其言亦切近事理，无由旁涉于空寂。在九成诸著作中，此为最醇。①

张栻（1133—1180 年），是理学湖湘学派的代表人物，与朱熹、吕祖谦并称"东南三贤"。他极力推崇《论语》《孟子》，撰写《孟子说》，对孟子的人性论、义利观和仁政王道等思想作了深入发挥。孔子和孟子都关注义利之辨，重义轻利，将义利对立起来。张栻一方面肯定孔孟观点的重要性："学者潜心孔孟，必得前门而入。愚以为莫先于义利之辨。"②一方面将义利之辨提升至天理之公与一己之私对立的高度进行论列：

> 盖出义则入利，去利则为善也，此不过毫厘之间，而有黑白之异，霄壤之隔焉。夫善者，天理之公。孳孳为善者，在乎此而不舍也。至于利，则一己之私而已。盖其处心积虑，惟以便利于己也。
> 夫义利二者相去之微，不可以不深察也，学者于操舍之际验之，则可见其大端而知所用力矣……及其至也，私欲尽而天理纯，舜之所以圣者，盖可得而几矣。③

如此一来，张栻就将义利之辨纳入了理学的体系。他对孟子的仁政学说更是情有所钟，着重点则是民本，即给百姓创造较好的生产和生活条件。他热望"制民恒产"，要求使百姓都有一块赖以生存的土地：

> 土地吾受之于先君也，人民吾所恃以为国者也，政事吾所以治也，以之为宝，则必敬之而不敢慢，重之而不敢轻，爱惜护持而唯恐其有所玷失也。④

---

① 《四库全书·孟子传·提要》，电子版文渊阁四库全书。
② 张栻：《孟子讲义序》，电子版文渊阁四库全书。
③ 张栻：《孟子说》卷七，电子版文渊阁四库全书。
④ 张栻：《孟子说》卷八，电子版文渊阁四库全书。

这里强调了人民、土地、政事"三宝"对治国理政的重要意义，而其中百姓生活是否富裕为重中之重。为了百姓富裕，就必须减轻他们的赋役负担，而这恰恰是得民心的重要条件。在张栻那里，孟子的养民、富民、足民和保民思想成为他关注的重要基点之一。

吕祖谦（1137—1181 年），是与朱熹、张栻齐名的"东南三贤"之一，南宋中期著名的理学家。他肯定孟子的性善论，认为天人同一体，天人同一性，天性人性都是体现"中正仁义之体"的至善：

> 人生而静，天之性也，中正仁义之体，而万物之一源也。①
> 吾之性本与天地同其新，吾之天本与天地同其体。②

而他同时认定，人的心和性也是统一的，这就与孟子的"尽心知性"联系在一起了。他还发挥孟子的"良知良能"说，认为每个人生来都具备善良的本性，只是因为被"外物所诱"而"障蔽"本性，所以只有通过自我的道德修养，才能恢复本来的"良知良能"，成为身心健全的人。在义利观方面，他认为孟子并不反对合乎仁义的利，因而反对将仁义绝对对立起来，而是应该"义利相和"，这种观点显然具有更多的合理性。

杨万里（1127—1206 年）是南宋著名理学家，他极力彰显韩愈首创的"道统说"，但其中又加了一个颜回，并且认定继承道统的是二程而非韩愈：

> 伏羲尧舜禹汤文武，圣之高曾也；周孔，圣之祖父也；颜子，圣之宗子也；孟子，圣之别子也；二程子，宗子别子之宗子也。③

杨万里在人性问题上是孟子性善论的笃信者：

> 盖自夫子有性习近远之论而不明言性之善恶，至孟子则断之以性善之说，于是荀、扬、韩三子者各出一说，以与孟子竞……至于裂性

---

① 吕祖谦：《与朱元晦》，电子版文渊阁四库全书。
② 吕祖谦：《易说·咸》，电子版文渊阁四库全书。
③ 杨万里：《诚斋集·庸言》，电子版文渊阁四库全书。

而三之，裂性而五之，则亦不胜其劳矣。性为善耶？恶耶？孟子之意明，而后性善之论定，而后天下之为善者众。①

他进而发挥孟子"诚者天之道，思诚者人之道"的思想，将"诚"与"伪"和"诈"对立起来，并通过对《易》的诠释与孟子思想对接："天行健，健即诚者，天之道也；君子以自强不息，且不息亦诚也，所谓诚者，人之道也。"②从而沟通"天道"与"人道"，联通"性命"与"伦理"，为儒学从汉学向宋新的转化做出了不可替代的贡献。

余允文生卒年不详，他的《尊孟辨》一书，是两宋历史上回击非孟者的杰作。该书包括《尊孟辨》3卷、《续辨》2卷、《别录》1卷，对宋代的非孟之论逐条加以批驳："凡辨司马光《疑孟》者十一条，附史剡一条；辨李觏《常语》者十七条，郑厚叔《艺圃折衷》者十条。《续辨》则辨王充《论衡·刺孟》者十条，辨苏轼《论语说》者八条。……等于是对宋代疑孟或反孟者的质疑做了总检讨。"③他所以不遗余力地与这些思想学术界的大人物对战，目的就是捍卫孔孟之道。这在他写的《尊孟辨原序》中已经说得十分明白了：

> 道不明，由无公议也。议不公，由无真儒也。冠圆履方，孰不为儒诵诗读书？孰不学道必有得焉，而后能自信！必自信焉，而后信于人。目或蔽于所见，耳或蔽于所闻，耳目之蔽，心之蔽也。公议何有哉？《易》曰"问以辩之"，《中庸》曰"辩之弗明弗措也"。道之不明久矣，辩其可已乎？昔战国有孟轲氏，愿学孔子，术儒术，道王道，言称尧舜，辞辟杨墨，倡天下以仁义。圣人之道，蚀而复明，孟子力也。孟氏没，斯道将晦，七篇之书幸免秦火。后之读其书者，虽于时措之宜，未能尽识，至其翕然称曰孔孟，岂可厚诬天下后世，以为无真儒无公议哉？噫！道同则相知，道不同则不相知。兰陵荀卿，大儒也，以性为恶，以礼为异哉！其所谓道无惑乎？不知孟氏并七十二子而非

---

① 杨万里：《诚斋集·子思论》，电子版文渊阁四库全书。
② 杨万里：《诚斋易传》卷一，电子版文渊阁四库全书。
③ 夏长朴：《尊孟与非孟》，《中国哲学》第20辑，辽宁教育出版社2002年版，第600页。

之也。本朝先正司马温公与夫李君泰伯、郑君叔友，皆一时名儒，意其交臂孟氏，而笃信其书矣。温公则疑而不敢非，泰伯非之而近于诋，叔友诋之而逮乎骂。夫温公之疑，疑信也，俟后学有以辩明之。彼二君子昧是意，其失至此，人之讥诮不恤也，岂以少年豪迈之气，攻呵古人，而追悔不及欤？伊川程先生谓孟子有泰山岩岩之气象，乃知非而诋，诋而骂者，殆犹烟雾蓊兴，时焉蔽之耳，何损于岩岩！余惧世之学者随波逐流，荡其心术，仁义之道益泯，于是取三家之说，折以公议而辩之。非敢必人之信，姑以自信而已。命之曰《尊孟辨》，俟有道者就而正焉。

这里讲他与司马光、李觏、郑厚叔辩诘的原因是"惧世之学者随波逐流，荡其心术，仁义之道益泯"。显然有矢志卫道的志向。再后他又写《续尊孟辨》，讲他与王充、苏轼辩诘的原因是求自己之心安："虽然孟子之书如日星丽天，有目者皆知尊之，岂待余之辨而后尊耶？曰：尊孟云者，余自谓也。有见闻与余同者，当共尊之矣。"余允文对非孟派观点的驳斥尽管主要从正宗理学的立场出发，但也在不少地方打中了非孟观点片面性的偏颇。如他列出司马光为反对孟子对"汤武革命"的赞扬而认定汤放桀、武王伐纣是"篡乱"的观点加以批驳。司马光认为：

人臣之义，谏于君而不听，去之可也，死之可也，若之何以其贵戚之故敢易位而处也？孟子之言过矣。君有大过无若纣，纣之卿士莫若王子比干、箕子、微子之亲且贵也。微子去之，箕子为之奴，比干谏而死。孔子曰"商有三仁焉"。夫以纣之过大而三子之贤，犹且不敢易位也，况过不及纣而贤不及三子者乎？必也使后世有贵戚之臣，谏其君而不听遂废而代之。曰：吾用孟子之言也，非篡也义也，其可乎？或曰：孟子之志欲以惧齐王也。是又不然。齐王若闻孟子之言而惧，则将愈忌恶其贵戚，闻谏而诛之；贵戚闻孟子之言又将起而蹈之，则孟子之言不足以格骄君之非，而适足以为篡乱之资也？其可乎？

这里司马光提出的问题，在西汉初年辕固和黄生就已经辩论过。由于唐宋时代臣子篡位已经被认定为最十恶不赦的罪行，司马光由此出发非议孟子肯定汤武之放杀的观点在当时是很刁钻而难于反驳的，但余允文以权变的理念为孟子进行了有力的辩护：

> 道之在天下有正有变，尧舜之让，汤武之伐，皆变也。或谓尧舜不慈，汤武不义，是皆圣人之不幸而处其变也。禅逊之事，尧舜行之则尽善，子哙行之则不善矣。征伐之事，汤武行之则尽美，魏晋行之则不美矣。伊尹之放太甲，霍光之易昌邑，岂得已哉？为人臣者，非不知正之为美，或曰从正则天下危，从变则天下安，然则孰可？苟以安天下为大，则必曰从变可。唯此最难处。非通儒莫能知也。尹、光异姓之卿，擅自废立，后世犹不得而非之，况贵戚之卿乎？纣为无道贵，贵戚如微子、箕子、比干不忍坐视商之亡而覆宗绝祀，反复谏之不听，易其君之位，孰有非之者？或去或奴或谏而死，孔子称之曰"商有三仁焉"，以仁许之者。疑于大义犹有所关也。三仁固仁矣，其如商祚之绝！何季札辞国而生乱，孔子因其来聘，贬而书名，所以示法春秋，明大义，书法甚严，可以监矣。君有大过，贵戚之卿反复谏而不听，则易其位，此乃为宗庙社稷计，有所不得已也。若进退废立出群小阉寺，而当国大臣不与焉，用彼卿哉，是故公子光使传诸弑其君僚，《春秋》书吴以"弑"，不称其人而称其国者，归罪于大臣也。其经世之虑深矣。此孟子之言亦得夫春秋之遗意欤！

再如对李觏非议孟子"行仁义王天下"观点的批驳也是十分有力的：

> 仁义者，人心之所同好。不仁不义者，人心之所同恶，岂惟人心好恶为然，天心亦如之。汤武为顺天应人之举，放桀伐纣，岂得已哉？孟子闵战国之际，人之道不立，矢口成言，无非仁义，而谓孟子以仁义为篡器，斯言一发，天下以谈仁义为讳，则人将遗其亲后，其君而同于禽兽之类矣。言其可不慎乎？汤有惭德，《仲虺之诰》言之详。孔子虽以武为未尽善，而终宪章之，故象《易》之《革》曰：汤武革命，顺乎天而应乎人。其论仁政德教，必以三代为称首，曷尝谓汤武不可

为欤？惜乎战国之君，以孟子为迂阔，不能求为汤武，三代之治不可复见，此僻儒得以妄生讥议也。①

这里余允文进一步从仁义的角度对"汤放武伐"加以诠释，给"仁义王天下"一个理直气壮的肯定。再后，他对李觏提出的滕文公行仁政不成功而非议孟子理论"无验"的攻击进行回应：

> 常语曰：或曰：孟子之言，诸侯实不听之也，谓迂阔者乎？曰：迂阔有之矣，亦足惮也。孟子谓诸侯能以取天下矣，位卿大夫岂不能取一国哉？为其君不亦难乎？然滕文公尝行孟子之道矣，故许行陈相目之曰"仁政"曰"圣人"，其后寂寂不闻滕侯之得天下也，孟子之言固无验也。
>
> 余氏辩曰：滕文公常行孟子之道矣，既而许子为神农之言告文公，文公与之处。孟子盖尝辟之，以从许子之道，是相率而为伪，恶能治国家，则知文公行孟子之道不克终矣。当是时，许行称之曰"仁政"，曰"圣人"，亦不可谓行孟子之言无验。其后不闻滕侯之得天下。夫天下，大物也，岂可必得哉？然滕侯亦未尝礼孟子，使为辅相而授以国政，此不足为孟子疵。②

这里余允文提出两个理由反驳李觏，一是滕文公没有重用孟子，"使为辅相而授以国政"；二是考察"仁政"的效能要有一个较长的时段，不能用"立竿见影"的标准妄加评断。这种理由应该说是比较公允的。

再看余允文对苏轼的批驳。苏轼认为孟子提出的"以生道杀人"会被暴君污吏作为借口肆意杀戮无辜百姓：

> （苏轼）说曰：季康子问政于孔子曰："如杀无道以就有道，何如？"孔子对曰："子为政，焉用杀？子欲善而民善矣。君子之德风，小人之

---

① 余允文：《尊孟辨》卷中，电子版文渊阁四库全书。
② 余允文：《尊孟辨》卷中，电子版文渊阁四库全书。

德草，草上之风必偃。虽尧舜在上，不免于杀无道。然君子终不以杀人为训。民之不幸而自蹈于死，则有之。吾未尝杀。"孟子言"以生道杀，民虽死不怨杀者"。使后世暴君污吏皆曰"吾以生道杀之"，故孔子不忍言之。

苏轼这里提出的理由本身就有强词夺理之嫌：以生道杀人指对确实犯有死罪的案犯进行处决，难道因为这样会给暴君污吏留下肆意杀戮无辜百姓的借口就不对死刑犯加以惩罚吗：

> 余氏辩曰：古先哲王，设刑辟，罪之大者必加诸戮。然先王之心未尝不欲生之也。至于杀之，乃出于不得已耳。苟惟常以生生之道存心，而民自蹈刑辟，虽死不怨杀者，此理之常也。是唐虞三代之君，皆以生道杀民。观诸《典》《谟》可见。彼暴君污吏，视杀人如刈菅，然使用孟子以生之言藉口，则亦知所戒惧矣。如曰孔子不忍言杀，即《康诰》《酒诰》考之，而文武周公皆忍也，何为独责孟子？[①]

这里余允文认为"以生道杀人"是从古至今所有圣君的准则，只有坚持"以生道杀人"，才能惩罚罪恶，保护好人，维护正常的社会秩序，而苏轼的观点恰恰是迂阔的书生之见。

当然，从总体看，《尊孟辨》并不是一部具有高深思辩水准的著作，在理学著作如林的两宋时代，它还不能与周敦颐、二程、张载、朱熹、陆九渊等人的著作相比肩，但是，他在司马光、苏轼等官高位重的学界大腕也质疑孟子及其著作的情况下，毅然站出来向他们挑战，对弘扬孟子思想、巩固孟子思想的地位还是起了振聋发聩的作用，是值得充分肯定的。正如四库全书馆臣所肯定的："然当群疑蜂起之日，能别白是非而定于一尊，于经籍不为无功，但就其书而观，固卓然不磨之论也。"[②]

南宋陆九渊（1139—1193年）创始的心学一派，是自认直接继承孟子

---

① 余允文：《续尊孟辨》，电子版文渊阁四库全书。

② 余允文：《尊孟辨》卷中，电子版文渊阁四库全书。

思想的一个理学流派。陆九渊极端推崇孟子，以孟子思想继承人自诩。他认为孟子是中国"道统"的重要传承人，在孟子之后，韩愈、二程皆难以接续孟子："传夫子之道者，乃在曾子……自曾子传之子思，子思传之孟子，乃得其传者，外此则不可言道。"①孟子之后的1500年间，任何人都不能说真正继承了这个道统，只有他自己才是这个道统的嫡系传人："窃不自揆，区区之学，自谓孟子之后，至是而始一明也。"②在回答学生的提问时，他也明确说自己的学说是"因读《孟子》而自得之"③。后世不少学者也认为他继承了孟子的思想和学术路径，明朝的心学大师王阳明就承认："陆氏之学，孟氏之学也。"④清朝的全祖望也认定："象山之学，先立乎大者，本乎《孟子》。"⑤孟子的"心"本来也有本体论的意蕴，他大讲"尽心、知性、知天"和"万物皆备于我"，而陆九渊正是由此引申，将"心"直命为宇宙本体，"心即理"："万物森然于方寸之间，满心而发，充塞宇宙，无非此理。"⑥"宇宙便是吾心，吾心便是宇宙。"⑦由此建立起自己的心学体系。

陆九渊将认识本心即"理"作为认识的对象和目的：

> 彝伦在人，维天所命……学校庠序之间，所谓切磋讲明者，何以舍是而他求？所谓格物致知也，格此物致此知也，故能明明德于天下。《易》之穷理，穷此理也，故能尽性知命。《孟子》之尽心，尽此心也，故能知性知天。⑧

他充分发挥孟子思想中强调主观能动性的内容，以"存心""养心""求放心"作为道德修养的方法和途径，达到"学为人"即符合当时道德标准的人：

---

① 《象山全集》卷一，电子版文渊阁四库全书。
② 《象山全集》卷十，电子版文渊阁四库全书。
③ 《象山全集》卷三十五，电子版文渊阁四库全书。
④ 《阳明全集》卷四十七，电子版文渊阁四库全书。
⑤ 《宋元学案》卷五十八，电子版文渊阁四库全书。
⑥ 《象山全集》卷三十四，电子版文渊阁四库全书。
⑦ 《象山全集》卷三十二，电子版文渊阁四库全书。
⑧ 《象山全集》卷十九，电子版文渊阁四库全书。

　　夫子曰："吾道一以贯之。"孟子曰："夫道一而已矣。"曰："涂之人可以为禹。"曰："人皆可以为尧舜。"曰："人有四端，而自谓不能者自贼者也。"曰孰无心，道不外索，患在戕贼之耳、放失之耳。古人教人，不过存心、养心、求放心……此乃为学之门，进德之地。①

　　他进一步发挥孟子发明本心即存在于自己内心的真理的意念，强调在为学上"立其大者"，即把握和发掘自身蕴含的宇宙真理，而不必去大千世界无穷尽的格物。

　　最后，陆九渊也继承了孟子的民本理念，鼓吹"民为邦本""民贵君轻"："天生民而立之君，使司牧之，张官置吏，所以为民也……民为邦本，得乎丘民为天子，此大义正理也。"②他认定君主不是可得而私的尊位，而是用以为百姓谋福利的职责，但后世的许多君主已经将这种关系颠倒了。

　　两宋集其大成的理学家、教育家和思想家是朱熹（1130—1200年），他同时也是两宋孟学研究的集大成者。他以传统儒学为本，批判地吸收、融会佛、道的理念和方法，建立起庞大的理学思想体系，与二程合称为"程朱理学"，成为宋以后中国封建社会占主流地位的意识形态。朱熹研究《孟子》的著作主要有《孟子集注》《孟子精义》（又名《孟子集义》）《孟子成问》《孟子要略》和《朱子语类》中的一些篇章。他全面继承和发展了孟子的思想和学说，极大地扩大了孟学在宋代和以后的影响，并使之提高到一个前所未有的高度。显然，在孟学发展史上，朱熹是当之无愧的头号功臣。

　　朱熹对孟学新发展的贡献主要体现在三个方面：第一是完善了自韩愈开启的道统说；第二是将"四书"提高到超越其他经书的地位；第三是潜心编著了《孟子集注》，为后人学习和研究孟子及其思想提供了一个最权威诠释的文本。

　　所谓"道统"，即是儒家传道的系统，进一步说就是儒家真理的传授系统，这个传授系统是由一系列前后相继的大思想家组成的传授链条。在中国历史上，最早明确提出"道统"说的虽然是韩愈，但在韩愈之前的孟子

---

① 《象山全集》卷五，电子版文渊阁四库全书。

② 《象山全集》卷五，电子版文渊阁四库全书。

那里，已经列出了尧、舜、禹、皋陶、商汤、伊尹、莱朱、周文王、太公望、散宜生、孔子和他自己的传授系列，这个系列所蕴含的真理是以"先王之道""圣人之道""先圣之道"表述的。所以，孟子实际上开启了道统说的端绪，而韩愈则正式提出"道统"和它的传授系列："尧以是传之舜，舜以是传之禹，禹以是传之汤，汤以是传之文、武、周公，文、武、周公传之孔子，孔子传之孟轲。轲之死，不得传焉。"① 韩愈自己以接续道统的嫡系传人自诩。后来，宋代学者如"宋初三先生"、欧阳修、二程等都提出他们认可的"道统说"。这些人尽管对道统传授系列的人员排列互有出入，但对存在一个"道统"却是没有疑义的。朱熹全面继承、发展和完善了"道统说"，并给出了一个经过充分斟酌的传授系列：

　　夫尧、舜、禹，天下之大圣也，以天下相传天下之大事也，以天下之大圣行天下之大事，而其授受之际，丁宁告戒不过如此，则天下之理岂有以加于此哉！自是以来，圣圣相承，若成汤、文、武之为君，皋陶、伊、傅、周、召之为臣。既皆以此而接夫道统之传，若吾夫子，则虽不得其位而所以继往圣，开来学，其功反有贤于尧舜者。然当是时见而知之者，惟颜氏曾氏之传得其宗，及曾氏之再传而复得夫子之孙子思，则去圣远而异端起矣。子思惧夫愈久而愈失其真也。于是推本尧舜以来相传之意。质以平日所闻父师之言，更互演绎，作为此书，以诏后之学者。盖其忧之也深，故其言之也切，其虑之也远，故其说之也详。其曰："天命率性"，则道心之谓也；其曰"择善固执"则精一之谓也；其曰"君子时中"，则执中之谓也。世之相后，千有余年，而其言之不异如合符节，历选前圣之书，所以提挈纲维，开示蕴奥，未有若是其明且尽者也。自是而又再传，以得孟氏，为能推明是书，以承先圣之统，及其没而遂失其转焉。则吾道之所寄，不越乎言语文字之间，而异端之说日新月盛，以至于老佛之徒出，则弥近理而大乱镇矣。然而尚幸此书之不泯，故程夫子兄弟者，出得有所考，以续夫千载不传之绪，得有所据，以斥夫二家似是之非。盖子思之功于是为大，

---

① 《韩昌黎文集·原道》，电子版文渊阁四库全书。

而微程夫子，则亦莫能因其语而得其心也。惜乎其所以为说者不传。而凡石氏之所辑录，仅出于其门人之所记，是以大义虽明，而微言未析。至其门人所自为说，则虽颇详尽而多所发明，然倍其师说而淫于老佛者亦有之矣。熹自蚤岁即尝受读而窃疑之，沈潜反复，盖亦有年，一旦恍然似有以得其要领者，然后乃敢会众说而折其衷。既为定著章句一篇，以俟后之君子，而一二同志复取石氏书，删其繁乱名以辑略，且记所尝论辩取舍之意，别为或问以附其后。然后此书之旨支分节鲜脉络贯通，详略相因，巨细毕举，而凡诸说之同异得失，亦得以曲常旁通，而各极其趣。虽于道统之传不敢妄议，然初学之士或有取焉。则亦庶乎升高行远之一助云尔。①

这里朱熹编制的这个道统是由尧、舜、禹、成汤、文、武、皋陶、伊尹、傅说、周公、召公、孔子、颜子、曾子、子思、孟子、二程等人组成的，其中他特别强调了颜子、曾子、子思和二程的作用。此前道统编制中的扬雄、王通、韩愈等人则被排除。在这篇《中庸章句序》中，朱熹还第一次将"道"与"统"连在一起，从此"道统"成为一个专有名词。在此前儒家思想家的著作中，"道统"的意蕴早已存在，但明确将其作为一个专有名词推出，则是朱熹所创："《中庸》何为而作也？子思子忧道学之失其传而作也。盖自上古圣神继天立极，而道统之传有自来矣。"② 同时，朱熹又将"见而知之"和"闻而知之"作为传授的途径，从而使隔代的传授显得更加合情合理。他特别把所谓"十六字心传"作为"道统"的核心意蕴加以诠释，使之显得更加神秘和神圣：

　　其见于经则允执厥中者，尧之所以授舜也，人心惟危，道心惟微，惟精惟一，允执厥中者，舜之所以授禹也。尧之一言至矣尽矣，而舜复益之以三言者，则所以明夫尧之一言必如是而后可庶几也。盖尝论之，心之虚灵，知觉一而已矣。而以为有人心、道心之异者，则以其

---

① 《中庸章句序》，电子版文渊阁四库全书。
② 《中庸章句序》，电子版文渊阁四库全书。

或生于形气之私，或原于性命之正，而所以为知觉者不同，是以或危殆而不安，或微妙而难见耳。然人莫不有是形，故虽上智不能无人心，亦莫不有是性，故虽下愚不能无道心，二者杂于方寸之间而不知所以治之，则危者愈危，微者愈微，而天理之公卒无以胜。夫人欲之私矣，精则察夫二者之间而不杂也，一则守其本心之正而不离也。从事于斯，无少间断，必使道心常为一身之主而人心每听命焉。则危者安，微者著，而动静云为，自无过不及之差矣。①

由此，朱熹完成了"道统"说的最后构建，使后世儒家思想有了一个类似宗教格言的神秘信仰。不仅如此，他在构建这个道统时，还进一步突出了孟子在道统传授中的特殊地位和作用：

孔子传之孟轲，轲之死，不得其传。此非深知所传者何事，则未易言也。夫孟子之所传者何哉？曰：仁义而已矣。孟子之所谓仁义者何哉？曰：仁，人心也；义，人路也。曰：恻隐之心，仁之端也；羞恶之心，义之端也。如斯而已矣。然则所谓仁义者，又岂外乎此心哉？尧舜之所以为尧舜，以其尽此心之体而已。禹、汤、文、武、周公、孔子传之，以至于孟子，其间相望，有或数百年者，非得口传耳授，密相付属也。特此心之体，隐乎百姓日用之间，贤者识其大，不贤者识其小，而体其全且尽，则为得其传耳。虽穷天地，亘万古，而其心之所同然，若合符节。由是而出，宰制万物，酬酢万变，莫非此心之妙用，而其时措之宜，又不必同也。故尧舜与贤，而禹与子，汤放桀，文王事殷，武王杀受，孔子作《春秋》以翼衰周，孟子说诸侯以行王道，皆未尝同也，又何害其相传之一道？而孟子之所谓仁义者，亦不过使天下之人各得其本心之所同然者耳。李氏以苏、张、孙、吴、班焉，盖不足以窥孟子之藩篱而妄议之也。推此观之，则其所蔽亦不难辨矣。②

---

① 《中庸章句序》，电子版文渊阁四库全书。
② 《晦庵集》卷七十三，电子版文渊阁四库全书。

这里朱熹对孟子所传授的儒家思想精义的把握是十分准确的，说明他对孟子思想的理解比同时代之人高出一筹。

朱熹在肯定孟子在传承道统中举足轻重的地位之后，却把韩愈排除出道统继承的序列，而认定孟子之后道统中断了1400多年，直到二程方才重新发现道统并自觉地继承下去：

> 有宋元丰八年，河南程颢伯淳卒。潞公彦博题其墓曰："明道先生。"而其弟颐正叔序之曰："周公殁，圣人之道不行，孟轲死，圣人之学不传。道不行，百世无善治；学不传，千载无真儒。无善治，士犹得以明夫善治之道，以淑诸人，以传诸后；无真儒，则天下贸贸焉莫知所之，人欲肆而天理灭矣。先生生乎千四百年之后，得不传之学于遗经，以兴起斯文为己任。辨异端，辟邪说，使圣人之道焕然复明于世。盖自孟子之后，一人而已，然学者于道不知所向，则孰知斯人之为功，不知所至，则孰知斯名之称情也哉！"①

而他自己，正是接续二程继承了道统：

> 宋德隆盛，治教休明，于是河南程氏两夫子出，而有以接乎孟氏之传……然后古者大学教人之法，圣经贤传之指，灿然复明于世。虽以熹之不敏，亦幸私淑而与有闻焉。②

这里朱熹说得虽然还有点隐晦，但其后学黄干则突出他完善儒家道统的特殊地位和作用：

> 道之正统，待后人而传。自周以来，任传道之责者不过数人，而能使斯道章章较著者，一二人而止耳。由孔子而后，曾子、子思继其微，至孟子而始著。由孟子而后，周、程、张子继其后，至熹而

---

①　朱熹：《孟子集注》卷十四，电子版文渊阁四库全书。
②　朱熹：《大学章句序》，《大学集注》，电子版文渊阁四库全书。

始著。①

历史上是否有一个道统另作别论，但朱熹在儒学传承上的功劳的确应该是最前列之一。朱熹接续二程，为提高孟子的地位做了艰苦卓绝的努力。直到唐代，尽管韩愈为孟子大声鼓与呼，但却没有改变《孟子》一书"子"的位置。到宋代，二程首先将《孟子》提高到与《论语》同等的地位，而到朱熹那里，则直认《大学》《中庸》《论语》《孟子》组成的"四书"重于"六经"："自尧舜以下，若不生个孔子，后人去何处讨分晓？孔子后若无个孟子，也未有分晓。"②他认为，只有《论语》《孟子》能够"直得圣人本意"，其他经书却是隔着数重：

> 某尝说，《诗》《书》是隔一重两重说，《易》《春秋》是隔着三重四重说，《春秋》义例、《易》爻象，虽是圣人立下，令说者用之，各信己说，然于人伦大纲皆通，但未知曾得圣人当初本意否……令欲直得圣人本意不差，未须理会《经》，先须于《论语》《孟子》中专意看他。③

二程、朱熹将《论语》《孟子》提高至"经"的尊位，甚至认为它们超过六经，由此引发了上百年的尊孟与贬孟的学术争论，直至南宋理宗下诏书肯定朱熹等的意见，才算为这场争论作了总结：

> 朕惟孔子之道，自孟轲后不得其传，至我朝周颐（周敦颐）、张载、程颢、程颐，真见力践，深探圣域，千载绝学，始有指归。中兴以来，又得朱熹，精思明辨，使《中庸》《大学》《论》《孟》之书，本末洞彻……其令学宫列诸从祀，以示崇奖之意。④

朱熹在中国思想史上最重大影响最深远的贡献之一，是他精心编纂包

---

① 脱脱等：《宋史》卷四百二十九《道学三·朱熹传》，中华书局 1995 年版，第 12769 页。
② 《朱子语类》卷九十三，电子版文渊阁四库全书。
③ 《朱子语类》卷一百〇四，电子版文渊阁四库全书。
④ 毕沅：《续资治通鉴》卷一百七十，中华书局 1957 年版，第 4630 页。

括《孟子》在内的《四书集注》。其中对《孟子》的集注，他一改前人过多
关注字义、名物制度等繁琐考证的偏颇，着重从主要内容上整体把握孟子的
思想体系，而且文字精练顺畅，辨析深刻到位，被后世公认为汉代以来最好
的注本之一，明、清两朝更成为国家钦定的教科书和科举的标准，在中国教
育史上发挥了不可替代的作用。通过注释，朱熹继承和发展了孟子思想，例
如，在对人个体的认识上，他承认人的生理和情感欲望的正当性与合理性，
但又认为不能让这种欲望无节制地发展，必须以仁义礼智的道德规范加以约
束和调节，这是维护人际关系的和谐和社会正常运行所必需的。在社会政治
思想方面，朱熹继承和发展了孟子"德治""王道"理念，强调"国以民为
本"，治理天下以"得民心为本"，要求统治者关注民生，发展生产，不误农
时，减轻税负，藏富于民，达到"国富"与"民富"的双赢目标。为此，他
特别要求君主通过严格持续的自我修养，自省自律，成为臣民的表率，同时
注意选贤使能，虚心纳谏，做到"正心以正朝廷，正朝廷以正百官，正百官
以正万民，正万民以正四方"①，进而达到国治、民富、天下太平的愿景。

当然，在孟子思想诞生和其后传播的过程中，尽管颂扬之声占据主流，
但反对非议者也不绝如缕，不时出来表述他们的观点。战国时期，以韩非为
代表的法家是对儒家和孟子最激烈的批判者，秦朝更以"焚书坑儒"昭示了
政治上的极端排儒立场，而汉代则有王充的《问孔》《刺孟》有名于时。到
了两宋时期，由于思想和言论的自由度空前扩展，再加上"党同伐异"的政
治斗争混杂其间，非孟、疑孟的思潮得以毫无阻碍地表达。

李觏是宋朝第一个站出来发出非孟声音的思想家。他在《常语》一书
中集中批判孟子的背离孔子和背叛《六经》

　　尧传之舜，舜传之禹，禹传之汤，汤传之文武周公，文武周公传
之孔子，孔子传之孟轲，轲之死，不得其传焉。如何？曰：孔子死，不
得其传矣。彼孟子者，名学孔子，而实背之者也。焉得传？敢问何谓
也？曰：孔子之道，君君臣臣也。孟子之道，人皆可以为君也。天下无
王霸，言伪而辨者不杀，诸子得以行其意。孙、吴之智，苏、张之诈，

孟子之仁义，其原不同，其所以乱天下一也。①

孟子者，五霸之罪人也。五霸率诸侯事天子，孟子劝诸侯为天子……其视周室如无有也。……孔子曰……管仲相桓公，霸诸侯，一匡天下，民到于今受其赐。微管仲，吾其被发左衽矣。而孟子谓以齐王，犹反手也。

孟子曰：尽信书，则不如无书。仁人无敌于天下，以至仁伐至不仁，而何其血之流杵也？曰：纣一人恶邪，众人恶邪？众皆善而纣独恶，则去纣久矣，不待周也。夫为天下逋逃主，萃渊薮，同之者可遍数也？纣亡则逋逃者曷归乎？其欲拒周者人可数耶？血流漂杵，未足多也。或曰：前徒倒戈攻于后以北。故荀卿曰：杀者皆商人，非周人也，然则商人之不拒周，审矣！曰：如此北，焉用攻？又曰：甚哉！世人之好异也。孔子非吾师乎？众言驩驩，千泾百道，幸存孔子。畔之不已，故今人至取《孟子》以断六经矣，呜呼！信《孟子》而不信经，是犹他人而疑父母也。②

不难看出，这里李觏对孟子的责难，在很大程度上是由于误解孟子原意，更是由于他从维护君主的绝对权威出发而坚持的保守主义立场。李觏的观点当时就受到一些学者的反驳。如南宋学者张九成在其所著的《孟子传》一书中，就针对李觏的论点逐条加以批驳：

曰：学者学圣贤，当考其时，论其人，熟诵其上下之辞，深味其前后之意，岂可为乘间伺隙，掇取一言半辞，便不信不疑，而遽诋訾圣贤哉！夫所谓王道者，非王者之位，王者之道也。王者之道，君君臣臣父父子子夫夫妇妇，植桑钟田，育鸡豚，畜狗彘，谨庠序，申孝悌，使老者衣帛食肉，不负载于道路，黎民不饥不寒，不漂流于沟壑，此王道也。

而同朝的余允文也对李觏所谓"孟子者五霸之罪人"的责难加以批驳：

---

① 余允文：《尊孟辨》卷中，电子版文渊阁四库全书。
② 余允文：《尊孟辨》卷中，电子版文渊阁四库全书。

孟子说列国之君，使之行王政者，欲其去暴虐，行仁义，而救民于水火耳。行仁义而得天下，虽伊尹、太公、孔子说其君，亦不过此。彼五霸者，假仁义而行，阳尊周室而阴欲以兵强天下。孟子不忍斯民死于斗战，遂以王者仁义之道诏之。使当世之君，不行仁义而得天下，孟子亦忍之矣，岂复劝诸侯为天子哉！①

不过，李觏对孟子思想也并非一味贬斥，对孟子的"制民之产""省刑薄敛""取民有制"等"生民之本"的理念他还是衷心拥戴的。他自己也毫不讳言对孟子的尊崇："鸡鸣而起，诵孔子、孟轲群圣之言，纂成文章，以康国济民为意。"②

宋朝疑孟的行列中，还有大史学家司马光（1019—1086 年）。因为当时主持变法的王安石极力尊孟，司马光站在他对立面就作《疑孟》与之对垒，其中提出 12 条疑问，如对《孟子》中"孟子将朝王"展示的孟子之倨傲态度严加批评：

孔子，圣人也；定、哀，庸君也。然定、哀召孔子，孔子不俟驾而行；过位，色勃如也，足躩如也。过虚位，且不敢不恭，况召之有不往而他适乎？孟子，学孔子者也，其道岂异乎？夫君臣之义，人之大伦也。孟子之德，孰与周公？其齿之长，孰与周公之于成王？成王幼，周国负之以朝诸侯；及长而归政，北面稽首畏事之，与事文、武无异也。岂得云彼有爵，我有德齿，可慢彼哉？③

司马光这里以"贵贵"，即坚持上下尊卑的等级观念，反对孟子的"尊贤"，同时将二者对立起来，显示了他保守的政治立场。

宋朝最大的非孟派以叶适（1150—1223 年）为代表。他是南宋唯物论思想的主要代表人物，创立了著名的永嘉学派。因为他对两宋以程、周、张、朱熹为代表的理学持否定态度，既坚决否定他们坚持的道统说，将孟

---

①　余允文：《尊孟辨》卷中，电子版文渊阁四库全书。

②　《李觏集》卷二十七，电子版文渊阁四库全书。

③　余允文：《尊孟辨》卷上，电子版文渊阁四库全书。

子排除尧、舜、文、武、周公、孔子以后的道统传承系统；也批判孟子的心性学说，从源流上否定程、周、朱熹为代表的理学的理论依据；进而也排除程、周、张、朱熹的道统继承人资格，目的是为自己争取在道统中的尊位。这层秘密被他的弟子孙之宏道破了：

> 窃闻学必待习而成，因所习而记焉，稽合乎孔氏之本统者也。夫去圣绵邈，百家竞起，学失其统久矣。汉唐诸儒，皆推宗孟轲氏，谓其能嗣孔子。至本朝闽、洛骤兴，始称子思得之曾子，孟轲本之子思，是为孔门之要传。近世张、吕、朱二三钜公，益加探讨，名人秀士鲜不从风而靡。先生后出，异识超旷，不假梯级，谓洙泗所讲，前世帝王之典籍赖以存。开物成务之伦纪赖以著；《易象》《象》，仲尼亲笔也，《十翼》则讹矣。《诗》《书》，义理所聚也，《中庸》《大学》则后矣。曾子不在四科之目，曰："参也鲁。"以孟轲能嗣孔未为过也，舍孔子而宗孟轲，则于本统离矣。故根柢《六经》，折衷诸子，剖析秦汉，迄于五季，以吕氏《文鉴》终焉。其致道成德之要，如渴饮饥食之切于日用也；指治摘乱之几，如刺膏中肓之速于起疾也；推迹世道之升降，品目人材之短长，皆若绳准而铢称之，前圣之绪业可续，后儒之浮论尽废。其切理会心，冰消日朗，无异新造孔室之闳深，继有宗庙百官之美富，可谓稽合乎孔子之本统者也。①

叶适的思想在许多方面是卓有建树的，但他否定孟子在传承儒学中的尊位显然是囿于学派的偏见。宋朝除以上非孟者外，还有一个郑厚叔，在其所写的《艺圃折衷》一书中，对孟子进行了最激烈的攻讦。余允文的《尊孟辨》引录了他的 10 条文字，其中说：

> 《春秋》书王，存周也。孔子曰："如有用我者，吾其为东周乎！"此仲尼之本心也。孟轲非周民乎？履周之地，食周之粟，常有无周之心，学仲尼而叛之者也。……为孟轲者，徒以口舌求合，自媒利禄，

---

① 孙之宏：《习学记言》序，电子版文渊阁四库全书。

盖亦使务是而已矣。奈何今日说梁惠，明日说齐宣，说梁襄，市滕文，皆唆之之使为汤、武之为，此柯之贼心也。孟子以游辞曲说，簧鼓天下，其答陈代、告子、万章、公孙丑之问，皆困而遁，遁而支离。想当时酬酢之际，必沮气赧颜，无所不至，所谓浩然者安在哉？近世欧阳永叔、王介甫、苏子瞻之徒僻好其书，呜呼，斯文衰矣！①

非但如此贬斥，还在人格上对孟子大肆诋毁，诬称他"非贤人"，是苏秦、张仪之类的"忍人""辩士"："其资薄，其性慧，其行轻，其说如流，其应如响，岂君子长者之言哉？"进而攻击孟子是"挟仁义以欺天下"的"卖仁义者"②。对郑厚叔近乎泼妇骂街式的诋毁之言，余允文、黄震和朱熹都给予有力批驳，将其视为"病风丧心"之徒。其实郑厚叔攻讦孟子的内容恰恰是孟子具有民主性精华的因素，说明他维护的是最顽固的封建集权专制。

两宋时期尊孟与疑孟、非孟的争论延续了一百多年，反映的是孟子及其思想的提升在思想学术界引起的震撼。这场争论为孟子地位的进一步提升和孟子思想的传播起了推波助澜的作用。

三、元朝时期的孟子研究

元朝（1206—1368年）统治中国北方一个半世纪，灭宋以后统治全中国也近一百年。由于汉族知识分子的推动和元朝统治者顺应历史潮流的决策，儒学的新形态理学被立为统治者认可的治国理政思想。孟子及其思想得到与宋朝同等的尊崇，孟子亚圣的封号就是元朝皇帝赐予并被后世一直沿用的。

元朝理学承袭宋朝理学，四书成为最重要最广为宣传的经典。元朝的理学家对孟子及其著作的研究较之宋朝理学家有了进一步的深入和发展。

许衡（1209—1281年）是元朝第一大儒，"理学宗师"。他数度担任国子祭酒，在为元朝的制度建设做出重大贡献的同时，更为元朝统治者转变统治思想起了举足轻重的作用。其著作汇集为《鲁斋遗书》。他继承程朱思想，

---

① 余允文：《尊孟辨》卷下，电子版文渊阁四库全书。
② 余允文：《尊孟辨》卷下，电子版文渊阁四库全书。

适当吸收陆九渊心学理念，坚持孟子的性善论，要求通过"修身养性"提升官民的道德水平。他极力宣扬孟子的民本思想和"王道""仁政"意识，认为得天下在得天下民心："得天下心无他，爱与公而已矣。爱则民心顺，公则民心服。既顺且服，于为治也何有？"① 由爱民出发，主张制民之产，劝课农桑，轻徭薄赋。他的这一理论在一定程度上影响了元朝的税收政策。

比许衡稍晚的刘因（1247—1293 年），被清朝人全祖望誉为同许衡相伯仲的"元北方两大儒"之一，有《静修文集》遗世。他大力弘扬孟子的"人人皆可为尧舜"的观点，提出"天下之人皆可为圣人"的理念，并进而发挥孟子"践形"的理论，提出"践其形，尽其性，由思入睿，自明而诚"修养成圣之路。这些理论对于扭转元朝初年衰颓的世风产生了比较积极的影响。

出生于抚州崇仁（今属江西）的吴澄（1249—1333 年），在元朝理学界有"南吴北许"之誉。他是宋朝心学一派在元朝的代表之一，文章汇为《吴文正集》。他对"道统说"深信不疑，根据《周易》元、亨、利、贞的排序，将道统的上古、中古、近世三个历史时期中的每一段都分为元、亨、利、贞四段，将孟子列入"中古之贞"的位置。他继承孟子的"性善论"，认为人人都本有纯然善的"天地之性"，但也掺杂导向恶的"气质之性"，只不过可以通过"反之于心"的修养克服恶而复之善。这与孟子的人性论是非常契合的。

元朝的另一理学家金履祥（1232—1303 年）著有《孟子集注考证》一书，该书为朱熹的《孟子集注》作疏，诠释其中的疑难问题，同时对朱熹的理学思想加以阐发。他的弟子许谦在为该书所作的序中说：

> 朱子深求圣心，贯宗百世，作为《集注》……然其立言浑然，辞约意广，往往读之者或得其粗，而不能悉究其意；或一得之致，自以为意出物表，曾不知初未离其范围。凡世之诋誉混乱，务新奇以求名者，于弊正坐此。此考证所以不可无也。先师之著是书，或隐括其说，或演绎其简妙，或滤其幽，发其粹，或补其古今名物之略，或引群言以证之。大而道德性命之精微，细而训诂名义之弗可知者，本隐以之显，

---

① 许衡：《鲁斋遗书》卷七，电子版文渊阁四库全书。

求易而得难。吁！尽在此矣。该求孔孟之道者不可不读《论》《孟》，读《论》《孟》者不可不读《集注》，《集注》有《考证》，则精朱子之义，而孔孟之道章章在乎人心矣。

金履祥的这部著作对于《孟子》一书在元朝及其后的传播显然起了积极的作用。

元朝的另一理学大家许谦（1269—1337年）是金履祥的弟子，他与乃师一样终生不仕，而以教书和著述度过成人后的岁月。他的主要著作《读四书丛说》有《孟子》2卷。在该书中，许谦对孟子的心性论作了理气论的解释。从性善论出发，将天地之性作为人性善的依据，而将人性恶与气质之性连在一起。解决的办法是剔除"物欲所蔽"，使天地之性成为人性的主导。他还将孟子的"尽心知性"与朱熹的"格物致知"说联系起来，通过"养浩然之气"达到道德践履的实现。他发展孟子的"天命"思想，将"命"分为"天理之命"和"气数之命"，尽管"气数之命"决定人的生死寿夭、富贵贫贱，但只要循"天理"而行，发扬"天理之命"的制约作用，人就能达到他最后的结果。此外，他对《孟子》中的许多史实名物、字义字音都进行了诠释，大大有助于加深对该书的理解。比如，认定孟子天下"定于一"的观点是顺应了中国历史走向统一的潮流：

> 一谓统天下为一家，正如秦汉之制，非谓如三代之王天下而封建也。此孟子见天下之势，而知其必至于此，非以术数谶纬而知之也。盖自太古立为君长，则封建之法行。黄帝置大监，监于万国。夏会诸侯于涂山，执玉帛者亦万国。迨汤受命，其能存者三千于国，时云千八百国。至孟子时相雄长者，止七国尔，余小国，盖不足道也。自万国以至于七国，吞并之积，岂一朝一夕之故。今世既合，不可复分，终必又并而为一，举天下而郡县之而后已。至于秦汉，孟子之言即验，但秦犹嗜杀人，故虽一而不能定，至然后定也。①

---

① 许谦：《读孟子丛说上·梁惠王上》，电子版文渊阁四库全书。

如此解释，既符合孟子的原意，也展示统一作为历史潮流的合理性，是相当有见地的。显然，许谦的著作对元明时期理解孟子思想及其著作起了积极作用。

第六节　明清时期的孟子研究

明清时期（1368—1911 年）的近五个半世纪，是中国封建社会的晚期。一方面是专制主义中央集权的进一步强化，一方面是社会发展颓势的不断显现。同时，随着资本主义萌芽的成长，一些新的思想因素也在潜滋暗长，对孟子及其思想的研究也呈现十分复杂的局面。

明朝的创业之主朱元璋尽管出身贫苦农民，在夺得全国政权后也推行了不少有利于发展生产、安定民生的诸如澄清吏治、轻徭薄赋等的政策措施，但他在加强专制主义统治的同时，也进一步加强思想文化上的专制，对《孟子》一书中所展示的民主性的理念不能容忍，于是有罢孟子配享孔庙的诏命和《孟子节文》的编撰。他虽然在某种程度上也重视孟子的仁政思想，但对孟子"民贵君轻"和君臣对等的理念却很反感。所以在洪武五年（1372年）京师（南京）文庙落成时，他就下诏罢去孟子配享的资格，并声言对谏者"以大不敬"论处，从而引起一次轰动朝野的政治风波。其时任刑部尚书的钱唐抗疏入谏，慷慨陈词："臣为孟轲死，死有余荣！"[1] 虽然钱唐未被处死，孟子配享不久亦恢复，但此事表明，最高统治者中的部分人已经感到孟子思想的一些内容与自己的政治理念并非完全契合。为此，朱元璋命儒生刘三吾编辑《孟子节文》，删去《孟子》书中有碍专制统治的内容。刘三吾只能硬着头皮完成这个费力不讨好的任务，而且还必须给出一个冠冕堂皇的理由：

　　《孟子》七篇，圣贤扶持名教之书。但其生于战国之世，其时诸侯方务合纵、连横，以功利为尚，不复知有仁义。唯惠王首礼聘至其国，彼其介于齐、楚、秦三大国之间，事多龃龉，故一见于孟子，即问何

---

① 张廷玉等：《明史》卷一百三十九《钱唐传》，中华书局 1995 年版，第 3982 页。

以便利其国（非财利之利也），孟子恐利源一开，非但有害仁义，且将有弑夺之祸。仁义，正论也，所答非所问矣。是以所如不合，终莫能听纳其说。及其欲为死者雪耻，非兵连祸结不可也。乃谓制梃以挞秦楚之坚甲利兵，则益迂且远矣。台池鸟兽之乐，引文王灵台之事，善矣。《汤誓》"时日害丧"之喻，岂不太甚哉！雪宫之乐，谓贤者有此乐，宜矣。谓"人不得"即有非其上之心，又岂不太甚哉！其他，或将朝而闻命中止，或相待如草芥而见报施以仇雠，或以谏太过不听而易位，或以诸侯危社稷则变置其君，或所就三、所去三而不轻其去就于时君——固其崇高节、抗浮云之素志，抑斯类也，在当时列国诸侯，可也，若夫天下一君，四海一国，人人同一尊君亲上之心，学者或不得其扶持名教之本意，于所不当言不当施者，概以言焉，概以施焉，则学非所学，而用非所用矣。今翰林儒臣三吾等，既请旨与征来天下耆儒同校蔡氏书传，蒙赐其名曰《书传会选》，又《孟子》一书中间词气之间抑扬太过者八十五条，其余一百七十条余条，悉颁之中外校官，俾读是书者知所本旨。自今八十五条之内，课试不以命题，科举不以取士。壹以圣贤中正之学为本，则高不至于抗，卑不至于谄矣。抑《孟子》一书，其有关于名教之大，如：孔子学于尧舜，后人因其推尊尧舜而益知尊孔子之道；诸侯之礼，吾未之学，而知其所学者周天子盛时之礼，非列国诸侯所僭之礼。皆所谓护前圣所未发者，其关世教讵小补哉！[①]

《孟子节文》删削的 85 条，基本上都是该书民主性的精华，如"民贵君轻"、斥责和反抗独夫民贼、鼓吹恒产恒心、暴露统治者凶残贪腐、反对过度征敛、反对战争、反对黑暗政治、颂扬"仁政"救民、要求君王做表率等内容，在在都在删削之列。一个专制政权，连孟子思想都不能容忍，其表面的强悍与内心的孱弱是多么强烈的对比！好在这个《节文》只诏令通行了17 年，到永乐九年（1411 年）就失去了法律效力，再也无人理睬。这说明，

---

① 刘三吾辑：《孟子节文》，转引自王其俊主编《中国孟学史》上册，山东教育出版社 2012 年版，第 458—459 页。

真理的声音总是无法窒息的。《孟子节文》的编撰实在是朱元璋走的一步颠顸而愚蠢的臭棋，到清朝编《四库全书》的时候，也没有收录该书。

朱元璋尽管为了维护专制独裁强令删削《孟子》，但这位有着贫困僧人经历的皇帝却深知程朱理学对于维护统治的意义。所以严令国家考试必须以理学对儒家经典的注释文本为标准。在其倡导下，明初思想界依然沿着宋代理学的路子发展，对孟子的研究也只是在此范围内进行。被誉为明初北方第一大儒的河南渑池人曹端（1376—1434 年）留下不少研究孟学的著作，其中如《四书样说》《儒学宗统谱》等书比较集中展现他的孟子观。他持守孔孟正统，力辟佛、道为"歪理邪说"；他弘扬孟子的性善论，主张通过内省达到"乘""敬"的自我修养；他钟情孟子的民本理念，关心民瘼，要求躬行实践，注重道德教化，形成良好的社会风尚。明初另一大儒、山西河津人薛瑄（1399—1464 年）开启北方的"河东之学"，是理学在北方的重镇。他有《读书录》《从政名言》《薛文清公文集》等名世。他尊崇从孔孟至朱熹的道统说，极力鼓吹孟子的民本思想，认定得民心者得天下的理念："自古未有不遂民心而得天下者……为政临民岂可视民为愚且贱而加慢易之心哉！"[1]他认可孟子的性善论，认为性就是孟子讲的仁义礼智，性也就是理，"性者万理之统宗"[2]，也就是道、德、诚、命、忠、恕等道德信条，"天地万物，唯性字一字括尽"[3]。所以为学就是复性，通过立心主敬，"求放心"，并在平常躬行践履中认识天理。

抚州崇仁（今属江西）人吴与弼与薛瑄（1391—1469 年）并称明初南北两大儒，是崇仁学派的创始人。他一生躬耕自食，清贫自守，潜心学问，有《康斋先生集》《日录》等传世。他钟情理学，思想"一禀宋人成说"。他特别强调孟子关于君臣、父子、夫妇、长幼、朋友的五伦之说，认为五伦之理每人皆备，与生俱来："人之所以人，以其有此理也。必不失乎此心之理而各尽乎五伦之道，庶无忝乎所生。"[4]五伦与生俱来，也就是孟子的性本善。他解释恶的由来，归咎于气质的不纯，而修养功夫就在于孟子的"存心

---

[1] 薛瑄：《读书录》卷三，电子版文渊阁四库全书。
[2] 薛瑄：《读书录》卷十五，电子版文渊阁四库全书。
[3] 薛瑄：《读书录》卷十五，电子版文渊阁四库全书。
[4] 吴与弼：《康斋先生集》卷二，电子版文渊阁四库全书。

养气"。吴与弼的弟子、上饶（今属江西）人胡居仁，也是一个终生不仕、以讲学和做学问为职志的儒生，曾主持白鹿书院，有《居业集》《易象钞》《胡文敬公集》《胡子粹言》等著作传世。他的学问基本上囿于程朱理学。他钟情孟子的性善论，认定"心与理一"，为了存理尽性，必须躬行孟子内省的修养功夫。他也注重治世之学，推崇民本思想，要求恢复"井田制"，使人人有田可耕，进而减轻赋税，发展生产，使百姓富裕起来。

明初思想文化史上的一个重大事件是成祖时期《四书大全》《五经大全》《性理大全》的修撰。时间在成祖十二年至十三年间（1414—1415 年），由成祖下诏，由胡广、杨荣、金幼孜主持，集中 39 位著名学者编撰完成。这三部《大全》的完成和颁行全国，标志着程朱理学官学化的完成和确立。从此，程朱理学成为八股取士的学术根据和评判标准，也成为主流意识形态的主要载体，为维护专制统治起了无可替代的作用。对孟子的研究而言，《四书大全》在学术上没有任何创见，只是重复朱熹的解释而已。

明朝中期，在程朱理学日趋僵化的情况下，崛起了心学一派，给当时的学坛吹进一缕清风。其始作俑者是广东新会白沙里人陈献章（1428—1500 年），史称白沙先生。他创始了江门之学，其著作汇为《陈献章集》。他接续宋朝陆九渊的"宇宙即是吾心，吾心即是宇宙"的理念，进一步发挥孟子的"万物皆备于我"的思想，提出"君子一心，万理完具。事物虽多，莫非在我"①的命题。他以"端倪"替代孟子的"善端"，提出"主静"的修养方法，要求人们在不断的内省中养成君子人格。陈献章政治上无所作为，但作为一个有成就的学者却培养了一大批有才干的学生，其中最负盛名的是广东增城新塘人湛若水（1466—1560 年），官至南京礼部、吏部、兵部尚书，留下《湛甘泉文集》《圣学格物通》《四书训》等著作。他发挥孟子"万物皆备于我"的理念，推出"心包万物"的命题，从而把孟子的四端说、性善论和万物皆备于我的思想融会贯通在一起，在明朝初年的心学一派独树一帜。

明朝最重要的心学派的代表人物，是浙江余姚的王守仁（1472—1528 年），因其在贵州阳明洞创办阳明书院，又称阳明先生。他创始的心学派史

---

① 《陈献章集·论前辈言铢视轩冕尘视金玉》（中），中华书局 1987 年版，第 55 页。

称阳明学派，简称"王学"。他生活在明朝中叶，官至南京兵部尚书，主要著作有《传习录》《大学问》《王文成公全集》《王阳明全集》。他发挥孟子的"良知"说，将良知与天合一，使之变成无所不包的宇宙本体。他进而发挥孟子的性善论和尽心知性的理论，沿着"四端说"更深入地诠释了性、情、善、恶的由来：

> 性，一而已；仁义礼智，性之性也；聪明睿智，性之质也；喜怒哀乐，性之情也；私欲客气，性之蔽也。质有清浊，故情有过、不及，而蔽有浅、深也。私欲、客气，一病两痛，非二物也。①

> 无善无恶是心之体，有善有恶是意之动，知善知恶是良知，为善去恶是格物。②

显然，王阳明的心学与孟子思想有着极其密切的传承关系，他将孟子主观能动性的理论做了更进一步的发展。

王艮（1483—1541 年）创立的"泰州学派"被后世定位为"王学左派"。他主张学术下移，关注百姓日用，是王学一派中比较接地气的学派。其思想著作被后学编为《心斋王先生全集》。王艮特别推崇孟子，认为他有一种博大崇高的气象。学习孔子之学必须通过孟子：

> 门人问志尹学颜。先生曰："我而今只说志孔子之志，学孔子之学。"曰："孔子之志与学与伊尹颜渊异乎？"曰："未可轻论。且将孟子之言细思之，终当有悟。"③

王艮发挥孟子的良知说，认为良知是人的天性，人人具备，所以既应该"致良知"，更应该"良知致"，将良知贯穿于普通百姓的人伦日用中。他特别钟情于孟子的"安身为大"的理念，极力倡导"安身立本"论：

---

① 《王阳明全集·传习录上》，电子版文渊阁四库全书。
② 《王阳明全集·传习录下》，电子版文渊阁四库全书。
③ 黄宗羲：《明儒学案》卷三二，电子版文渊阁四库全书。

　　诸生问："夫子谓止至善为安身，则亦何所据乎?"孟子曰：守孰为大，安身为大。失其身而能事其亲者，吾未之闻。同一旨也。不知安身，身不能保，又何以保天下国家哉……止至善，安身者，立天下之大本也。本治而末治，正己而物正也，大人之学也。是故身也者，天地万物之本也，天地万物，末也。知身之为本，是以明明德而亲民也。身未安，本不立也。本乱而末治者，否矣。其本乱，治末愈乱也。故《易》曰："身安，而天下国家可保也。"如此而学，如此而为大人也。不知安身，则明明德亲民却不曾立得天下国家的本，是故不能主宰天地，干旋造化。立教如此，故自生民以来，未有盛于孔子者。①

　　王艮认定人人安身立本，就是人人按良知保身爱己爱人，人我互爱，也就天下太平。他进而贯彻孟子"反身而诚""反求诸己"的思想，努力从个体生命出发探求天下大义，要求所有人都从自己做起，通过"格物"正心诚意立本，修养君子人格。

　　泰州学派还有两个颇具悲剧色彩的重要代表人物，他们是江西永丰人何心隐（1517—1579 年）和福建晋江人李贽（1527—1602 年）。何心隐因反对宰相张居正禁止讲学和毁弃书院而被湖北巡抚杖毙。李贽因被当权者诬为"异端"被捕入狱并在狱中自杀身亡。何心隐有《四书究正注解》《何心隐集》等著作传世。李贽有《焚书》《藏书》《四书评》等著作传世。何心隐对孟子思想的继承和发展突出表现在论证人之欲望的必要性与合理性。孟子承认人的正当欲望，即对富贵利禄的追求、对身体愉悦的体认都是自然而合理的。何心隐则进一步认定人们对"货色""聚和"等的追求也是合理的：

　　昔公刘虽欲货，然欲与百姓同欲……以育欲也。太王虽欲色，亦欲与百姓同欲，以基王业，以育欲也。育欲在是，又奚欲哉?
　　欲货色，欲也；欲聚和，欲也……族既聚和，欲亦育欲。②

---

① 黄宗羲：《明儒学案》卷三二，电子版文渊阁四库全书。
② 《何心隐集》卷二，电子版文渊阁四库全书。

由此出发，他认同孟子的民本思想，主张百姓的欲望应该得到满足，这就是"尽天之性"。同时，他又认为人的欲望不能无限膨胀，而应该加以节制，达到"节而和"，即使每个人的欲望通过社会的调节达到协和状态。何心隐思想无疑发展了孟子更接地气的内容，因为他更专注百姓的实际的生活诉求。

李贽充分肯定孟子继承孔子思想的历史地位和他的性善说："孟氏之学，识其大者，真若登孔子之堂而受衣钵也。其足继孔圣之传无疑，其言性善亦甚是。"① 他也继承孟子肯定人的自然生理需求所谓"食色性也"的必要性：

> 如好货，如好色，如勤学，如进取，如多积金宝，如多买田为子孙谋，博求风水为儿孙福荫，凡世间一切治生、产业等事，则其所共好而共习，共知而共言者，是真迩言也。
>
> 夫天下之民物众矣，若必欲其皆如吾之条理，则天地亦且不能。故寒能折胶，而不能折朝市之人；热能伏金，而不能伏竞奔之子。何也？富贵利达所以厚吾天生之五官，其势然也。是故圣人顺之，顺之则安之。②

李贽进而更承认私心私欲的合理性，同时也承认节制欲望的必要性，要求人们"知足"和"脱俗"："富莫富于常知足，贵莫贵于能脱俗；贫莫贫于无见识，贱莫贱于无骨力。"③ 因为承认百姓追求幸福生活的权利，自然也就肯定孟子的民本意识和安民养民的意义："夫社者，所以安民也；稷者，所以养民也。民得安养，而后君臣之责始塞，君不能安养斯民，而后臣独为之安养斯民。"④ 李贽还继承孟子"人皆可以为尧舜"的理念，认定"尧舜与涂人一，圣人与凡人一"⑤，反映了他朴素的平等观。

李贽对宋儒高度赞誉孔孟和《论语》《孟子》不满，尤其对宋儒将孔孟儒学视为"万世至论"不满。他从真理的相对性出发，否定孔孟儒学的理念

---

① 李贽：《焚书》卷一，电子版文渊阁四库全书。
② 李贽：《焚书》卷一，电子版文渊阁四库全书。
③ 李贽：《焚书》卷六，电子版文渊阁四库全书。
④ 李贽：《焚书》卷六十八，电子版文渊阁四库全书。
⑤ 李贽：《李氏文集》卷上，电子版文渊阁四库全书。

超越时空的真理，对《论语》《孟子》进行了颇带感情色彩的攻讦：

> 夫六经、《语》《孟》，非其史官过为褒崇之词，则其臣子极为赞美之语。又不然，则其迂阔门徒、懵懂弟子，记忆师说，有头无尾，得后遗前，随前所见，笔之于书。后学不察，便谓出自圣人之口也，决定目之为经矣。孰知药，随时处方，以救此一等懵懂弟子、迂阔门徒云尔。药医假病，方难执定，是岂可遽以为万世之至论乎？①

这种观点不仅与他前面对孔子孟子的赞誉相矛盾，而且也显示了他的偏激和方法论上的片面性，是不足取的。

明朝晚期，湖北应城人陈士元撰写的《孟子杂记》是一部比较全面研究孟子及其著作的名著。该书共4卷，对孟子的生平、家世、遗文、逸事、艺文、《孟子》与《诗》《书》《礼》的关系、《孟子》文本等进行了细密详尽的考订，廓清了许多误传误信的记载。如其中对孟子名与字的考证，认定古籍中关于其字"子舆、子车、字居"的记载均属讹误，其师承只能是司马迁记载的"子思之门人"，其余记载均属以讹传讹。该书显示了作者深厚的学养和精湛考证的功力，对促进孟学的传播起了积极作用。

湖北京山人郝敬（1558—1639年）是一位精于思考和勤于写作的儒生，有《九经解》和《山草堂集》传世，其中《孟子说解》是一部继承和发展孟子思想的名著。该书继承孟子的性善论，认定性是全善，而恶出于"习"，即意念情欲的恣意驰骋，只有"以性化习"和"反习归性"才能保证去恶从善。他又从孟子的"四端"论出发，主张性情一元，反对宋儒将二者分开，认为"孔子原性见情，孟子推情见性，一也"②。进而他将人的身、心、欲三者统一起来，既承认人的欲望的合理性，又要求这种欲望的满足必须"中节"，即合情合理，不危害社会和其他人。这就需要"养心"："大抵人只是一心，心只是一点欲，养身、养气、养心，总归之养心。"③郝敬的上述观点，在一定意义上是对程朱理学和陆王心学的委婉批判，因为他们基本上都

① 李贽：《焚书》卷三，电子版文渊阁四库全书。
② 郝敬：《孟子说解》卷十一，电子版文渊阁四库全书。
③ 郝敬：《孟子说解》卷十一，电子版文渊阁四库全书。

是将性一分为二，而将气质之性看作恶的根源。

无锡（今属江苏）人高攀龙（1562—1626年）是与顾宪成创设无锡东林书院的大学者，是东林党的中坚人物，在与魏忠贤为首的明朝末年腐败势力的斗争中以身殉职，身后留下《古本大学》《四子要书》《周易孔义》《东林讲义札记》等著作。他坚持儒家的道统立场，推重孟子和朱熹在儒学史上的崇高地位。他继承孟子的性善论，批判佛学的性无善恶说和对人伦道德的蔑视："尧舜之道，孝悌而已，孟子指出孩提爱敬是最切最真处。以是为妄，何所不妄仁义礼智乐？其实只事亲从兄二者，二者既妄，五者皆伪人道尽灭矣！几何而不胥为禽兽也，真常寂照，将焉用之？"他批判佛学的虚空意念，崇尚儒家治国平天下的理想："谓孔子为才人，谓佛经皆孔孟不及道，其小视孔孟甚哉！吾以为孔孟道及处，学佛者不能知；其不肯道及处，学佛者不能知；其不屑道及处，学佛者不能知。"① 他对佛学的批判，突出展现了对孟子家国情怀的高扬。

明朝末年的浙江山阴（今绍兴）人刘宗周（1578—1645年），也是与阉党魏忠贤进行坚决斗争的仁人志士。他官至左都御史，留下《刘子全书》等著作。他是蕺山学派的创始人，思想宗王学而有所修正。他继承孟子的性善论，反对将理气、心性分开。他说："性者，心之理也。心以气言，而性前条理也。离心无性，离气无理。"② 又说："仁非他也，即恻隐之心是；义非他也，即羞恶之心是；礼非他也，即辞让之心是；智非他也，即是非之心是也。是孟子明以心言性也。"③ 他发挥《中庸》关于"慎独"的思想，认为为学为德都离不开这一核心理念。进而他突出孟子关于"天下之本在国，国之本在家，家之本在身"的意识，概括"君子之学"的意蕴：

> 君子之学，先天下而本之国，先国而本之家与身，亦属之已矣。又自身而本之心，本之意，本之知。本至此，无可推求，无可揣控，而其为已也，隐且微矣。隐微之地，是名曰独，其为何物乎？本无一

① 《高子遗书》卷三《异端辨》，电子版文渊阁四库全书。
② 《刘子全书》卷十九《复沈石臣进士》，电子版文渊阁四库全书。
③ 《明儒学案》卷六十二《蕺山学案》，电子版文渊阁四库全书。

物之中而物物具焉，此至善之所统会也。致知在格物，格此而已。①

他进而用"慎独"诠释《中庸》《孟子》的"思诚"之说："诚者，天之道也，独之体也。诚之者，慎独之功也。"② 他认为，通过"慎独"的功夫，使人的道德达到"中和"的境界，实现"人人皆可以为尧舜"的理想：

> 须信我辈人人是个人人，便是圣人之人。圣人人人可做，于此信得及，方是良知眼孔……学者第一义在先开见地，合下见得在我者，是堂堂地做个人，不与禽兽伍，何等至尊至贵！盖天之所以与我者如此，而非以圣凡岐也。圣人亦人，尔学以完具其所以为人即圣矣。偶自亏欠，故成凡夫，以我偶自亏欠之人，而遂谓生而非圣人可乎？③

刘宗周极力弘扬孟子"富贵不能淫，贫贱不能移，威武不能屈"的大丈夫精神，在明末政治腐败、道德沦丧的情况下，要求士大夫坚持"慎独"的修养功夫，挽救每况愈下的世道人心，在学术上开启了新的风气，对明末清初的学风起了重要的转化作用，成为实学思潮崛起的嚆矢。

清朝（1644—1911年）统治全中国的时间是268年，在这长达两个半世纪多的岁月里，学者对孟子及其思想的研究达到巅峰，著作数量之多，研究内容之丰富、涉及问题之广泛，都超越此前任何时期。

直隶保定容城（今属河北）人孙奇逢（1588—1675年），被誉为"清初三大儒"之一。他11次拒绝清廷征召，以讲学和著述度过了自己的一生，留下《理学宗传》《圣学录》《北学编》《洛学边》《四书近指》等著作，后人将其著作汇编为《夏峰集》《孙夏峰先生全集》。他的思想学说调和折中理学与心学，"以慎独为宗，以体认天理为要，以日用伦常为实际"④。他发展孟子的"尽心知性知天"和"万物皆备于我"的理念，提出将天、命、心、性、理合之于一的"心本论"思想。他一方面强调修养上的"慎独"工夫，

---

① 《刘子全书》卷三十八《大学古记约文》，电子版文渊阁四库全书。
② 《刘子全书》卷十《学言》，电子版文渊阁四库全书。
③ 《刘子全书》卷十二《圣人会约·约言》，电子版文渊阁四库全书。
④ 汤斌：《汤潜庵集·征君孙钟元先生墓志铭》，电子版文渊阁四库全书。

一方面弘扬躬行践履、经世宰物的实行原则，要求将孟子修、齐、治、平的担当意识贯穿到实际行动中去，经世致用，实现儒学提倡的"内圣外王"之道。他特别推崇孟子的"汤武革命"和诛杀独夫民贼的鼓励民众反抗暴政的思想："残贼之人，谓之一夫。一章之案，在此二字，以诛字易弑字，是《春秋》之笔。汤武此举犯古今大难，亏孟子看得真，判得定。"① 他的思想推动了清朝初年实学思潮的发展。

　　浙江余姚人黄宗羲（1610—1695 年）是明清之际最著名的思想家、哲学家、史学家，主要著作有《孟子师说》《易学象数论》《明儒学案》《宋元学案》等。他通过对孟子思想的重新认识，全面总结宋明理学的发展演变，提出理气、心性、性情合一的理念。《孟子师说》一书集中展示了他对孟子及其思想的新认识：

　　　　先师子刘子（刘宗周）于《大学》有《统义》，于《中庸》有《慎独义》，于《论语》有《学案》皆其微言所寄，独《孟子》无成书。羲读《刘子遗书》，潜心有年，粗识先师宗旨所在，窃存其意，因成《孟子师说》七卷，以补所未备，或不能无所出入，以俟知先生之学者纠其谬云。②

这里显示，他的目的是揭示刘宗周批判宋明理学空谈心性的弊端，通过还原孟子思想的真谛，改变当时的学术风气和思想倾向。在该书中，他弘扬孟子的"四端"论，竭力将理气、心性、性情整合为一，使人心和道心、天理和人欲统一起来：

　　　　仁无迹象可寻，孟子于无迹象之中，指出迹象，人人可以认取，如"仁义礼智根于心"，"恻隐之心，仁之端也"云云，"仁，人心也"，不一而足。盖人之为人，除恻隐、羞恶、辞让、是非之外，更别无心，其憧憧往来，起灭万变者，皆因外物而有，于心无与也。故言"求放

---

① 孙奇逢：《四书近指》卷十四，电子版文渊阁四库全书。
② 黄宗羲：《孟子世说·题辞》，沈善洪主编《黄宗羲全集》第 1 册，浙江古籍出版社 2005 年版，第 48 页。

心"，不必言"求理义之心"，言"失其本心"，不必言失其理义之心"则以心即理也。孟子之言明白如此，奈何后之儒者，误解人心道心，歧而二之？心之所有，止此虚灵知觉而理则归之天地万物，必穷理才为道心，否则虚灵知觉，终为人心而已！殊不知降衷而为虚灵知觉只此道心，道心即人心之本心。唯其微也故危。①

如此解释是否符合孟子愿意可作别论，但他通过如此论证，守住了他的心即理的观念。黄宗羲批判明末"束书不观，游谈无根"的空疏学风，力倡经世致用、实事求是的新风，特别继承孟子的民本思想和诛杀独夫民贼的变革意识，猛烈抨击君主的独裁专制，认定"天下之大害"是专制君王。他提出天下民众则是国家的主体，"天下为主，君为客"，所以"天下之治乱，不在一姓之兴亡，而在万民之忧乐"②，这些理念已经接近近代的民主意识了。

　　江苏昆山人顾炎武（1613—1682年），是明清之际与黄宗羲齐名的大思想家、经学家、史学家，他一生坚持民族气节，不与清朝合作，致力于讲学和著述，在经、史、地里、音韵、金石、诗文等方面都卓有建树，留下了《日知录》等一大批学术论著，成为"清学开山之祖"。他弘扬孟子的修、齐、治、平的社会担当意识，认定为学的宗旨是"明学术，正人心，拨乱世，以兴太平之事"③。他创造了"贵创"的治经方法，以严谨的考证，对经史进行整理，力图还原典籍和史实的本来面目。如通过对《史记》等古籍引证的孟子之文，对照《孟子》7篇文本，从差异中断定《孟子》可能有外篇。他特别注重弘扬孟子的民本意识，反对君主专制，推出反对"独治"，实行"众治"的主张。他钟情孔子孟子的社会担当意识，以天下国家为己任："天生豪杰，必有所任……今日者拯斯人于涂炭，为万世开太平，此吾辈之任也。仁以为己任，死而后已。"④他第一次区分"亡国"与"亡天下"，

① 黄宗羲：《孟子世说·仁人心也这章》，沈善洪主编《黄宗羲全集》第1册，浙江古籍出版社2005年版，第141页。
② 黄宗羲：《明夷待访录·原臣》，沈善洪主编《黄宗羲全集》第1册，浙江古籍出版社2005年版，第5页。
③ 顾炎武著，黄汝成集释：《日知录集释·初刻日知录自序》，上海古籍出版社2006年版，第1页。
④ 顾炎武：《亭林文集》卷三《病起与蓟门当事书》。中华书局1959年版，第48页。

一姓之亡为亡国，而仁义不行，大道沦丧则是亡天下。"天下兴亡，匹夫有责"，人人都应该承担起自己的社会责任。他批判宋明理学的空谈误国，大力倡导崇实致用，认定"博学于文""行己有耻"为"圣人之道"。他发挥孟子关于人必须有耻辱之心的理念，认为没有耻辱之心是最大的无耻：

> 《五代史·冯道传论》曰："'礼、义、廉、持，国之四维，四维不张，国乃灭亡。'"然而四维之中，耻尤为要。故夫子之论士，曰："行己有耻。"孟子曰："人不可以无耻，无耻之耻，无耻矣。"又曰："耻之于人大矣。为机变之巧者，无所用耻焉。"所以然者，人之不廉，而至于悖礼犯义，其原皆生于无耻也。故士大夫之无耻，是谓国耻。①

顾炎武在思想和学术上的理论和实践，引导着清朝初年的学风，成为继往开来的一代宗师。

湖南衡阳人王夫之（1619—1692年），既是矢志抗清的仁人志士，也是成就卓著的大思想家、经学家和历史学家。在终年隐居的状态下，写出了一系列划时代的巨著《张子正蒙》《思问录》《尚书引义》《周易外传》《读四书大全说》《读通鉴论》《黄书》《宋论》《四书训义》《噩梦》《老子衍》《庄子通》等，树立了中国思想史上的巍巍丰碑。

《读四书大全说》全面展示了王夫之的哲学思想，对理气关系、道器关系、心物关系、知行关系、理欲关系进行了精辟论述，建立起达到中国古代哲学史巅峰的唯物论体系。他继承孟子关于人的生理欲望合理性的观点，强调理欲统一的道德观，猛烈批判程朱理学"存天理，去人欲"的主张："孟子承孔子之学，随处见人欲，即随处见天理。学者循此以求之，所谓'不远之复'者，又岂远哉？"②他继承孟子的性善论，认为良知良能就是人性，其内涵就是仁与义。他特别继承和发展孟子的民本思想，深刻认识到民众在天下兴亡中的重要作用，而明朝覆灭的根本原因就是官吏对百姓的残酷剥削，并由此提出"严以治吏，宽以养民"的行政方针：

---

① 顾炎武、黄汝成集释：《日知录集释》卷十三《廉耻》，上海古籍出版社 2006 年版，第 772 页。
② 王夫之：《读四书大全说》卷八，《船山全集》第 6 册，岳麓书社 1991 年版，第 912 页。

严者，治吏之经也；宽者，养民之纬也；并行不悖，而非以时为进退也……故严以治吏，宽以养民，无择于时而并行焉，庶得之矣。①

《读四书大全说》有3卷阐释《孟子》，肯定孟子是"圣人""先贤"，孟子学说是"圣贤之学"，"孟子之功，不在禹下"②。赞扬孟子高尚的气节和人格，"不容自乞卑官，以枉道辱己"③，多次推尊孟子的"浩然之气"和大丈夫精神。他批判宋儒对孟子思想的曲解，对"天""理""恻隐之心"等一系列《孟子》书中的概念和范畴进行了比较合乎孟子本意的诠释，给后人学习和理解孟子及其著作提供了有益的启示。

陕西鳌㞢（今周至）人李颙（1627—1705年），是明末清初著名的教育家和思想家，同黄宗羲、孙奇逢一起被誉为"清初三大儒"。后人将他的著作汇为《二曲集》。李颙总结明朝灭亡的教训，认为人心道德沦丧是主因。他继承孟子的性善论，要求人们，特别是士大夫通过"悔过自新"恢复"至善无恶"的本性。这就要求人们认识和学习孟子"先立其大者"的观念，开掘自己的良知良能："能先立乎其大，学问方有血脉，方是大本领。若舍本趋末，靠耳目外索，支离葛藤，唯训诂是耽，学无所本，便是无本领。"④在实践中不断完善个人的道德伦常、礼义廉耻，才能达到救世的目的。

清朝初年，浙江平湖人陆陇其（1630—1693年），享有"醇儒第一""传道重镇"的美誉，是程朱理学的代表之一。他清廉为官，开馆授徒，传播程朱理学，抨击陆王心学的空疏无根。他的《四书讲义困勉录》中，有14卷阐发孟子思想，又作《孟子集注大全》14卷。其中心主旨，就是"朱子之学，孔孟之门户"，只有"尊朱子而黜阳明"，才能"人心可正，风俗可淳"⑤。

四川达州（今四川达州市）人唐甄（1630—1704年）也是清初著名思想家，主要著作汇编为《潜书》，其思想在清初的启蒙思潮中占有重要位置。

---

① 王夫之：《读通鉴论》卷八，中华书局1975年版，第239页。
② 王夫之：《读四书大全说》卷十，《船山全集》第6册，岳麓书社1991年版，第1092页。
③ 王夫之：《读四书大全说》卷九，《船山全集》第6册，岳麓书社1991年版，第1046页。
④ 李颙：《四书反身录》卷七，电子版文渊阁四库全书。
⑤ 陆陇其：《三鱼堂文集》卷五《上汤潜庵先生书》，电子版文渊阁四库全书。

他继承孟子仁政、民本、反对不义战争等理念，反思历史教训，抨击时政之弊，主张进行政治和社会改革，希望百姓过上富裕安定的生活。唐甄对孟子由衷地钦敬，认为他的思想涵盖了"圣人之治天下"的全部理论，有大功于天下百姓：

> 　　自尧舜以下，其言浑矣。孔子乃明言之，孟子又益显之。自闻孟子之言，而后知圣人之治天，其事庸，其用近，如布帛之可暖，谷肉之必可饱。妇人孺子，皆可听其言而知之，一曲之士皆可遵其言而用之。①

唐甄认为孟子思想的精华在于心性事功之学，而后世最能得其真谛的是陆九渊和王阳明。他继承孟子的良知说，认定良知、心、性是一个东西，"性统天地，备万物"，"心具天地，统万物"②。而心、性也就是仁、义、礼、智，其外用就是经世致用，救世安民。修身的目的是为了治国平天下，成就"内圣外王"的目标，进而推衍出具有初步近代民主意念的理论。他猛烈批判专制帝王及其属下的各级官吏的横暴凶残，甚至直斥帝王是天下最大的"盗贼"，贪官污吏是杀人越货的"匪寇"：

> 　　穴墙而入者，不能发人之密藏；群刃而进者，不能夺人之田宅；御旅于途者，不能破人之家室；寇至诛焚者，不能穷山谷而边四海。彼为吏者，星列于天下，日夜猎人之财……如填壑谷，不可满也。夫盗不尽人，寇不尽世，而民之毒于吏者，无所逃于天地间。③

所以，在他看来，光有仁人之君还不行，还必须严惩贪官污吏："以刑狐鼠之官，以刑豺狼之官，而重刑匿狐鼠、养豺狼之官。"④他还提出抑制君主权力的主张，要求增加公卿民众对君主监督的权力。虽贵为天子，也应该"处

---

① 　唐甄：《潜书·潜存》，电子版文渊阁四库全书。
② 　唐甄：《潜书·良功》，电子版文渊阁四库全书。
③ 　唐甄：《潜书·富民》，电子版文渊阁四库全书。
④ 　唐甄：《潜书·权实》，电子版文渊阁四库全书。

身如农夫，殿陛如田舍，衣食如拵士"①。而君主一旦变成独夫民贼，百姓就有权力造反，将其诛杀，届时，无论什么力量也无法阻止君主灭亡的命运："虽九州为宅，九川为防，九山为阻，破之如椎雀也；虽尽荆蛮之金以为兵，尽其畿省之籍以为卒，推之如蹶弱童也。"② 唐甄弘扬孟子的民本理念，推出爱民、富民的主张。他深信民为邦本的思想："国无民，岂有四政！封疆，民固之；府库，民充之；朝廷，民尊之；官职，民养之。"③ 所以，立国之道首在富民：

> 立国之道无他，惟在于富。自古未有国贫而可以为国者。夫富在编户，不在府库。若编户空虚，虽府库之财积如山丘，实为穷国，不可以为国矣。④

由此出发，国家必须以"养民"为第一要务，当政者必须以富民为功："虽官有百职，职有百务，要归于养民。"⑤ 为了民富，他提出发展多种经营的主张，既要大力发展农林牧渔，也要发展工商业，使人尽其才，地尽其利，货畅其流。这些主张，已经突破了传统的"重本抑末"理论，展现了较广阔的视野。

直隶博野（今属河北）人颜元（1635—1704年），甘愿清贫自守，在讲学和著述中度过一生，有《存性编》《习斋言行录》等传世。他继承孟子的性善论，认为人性相近，是善的，"人皆可以为尧舜"。而恶的出现是因为"引蔽习染"，经过学习，明理识性，就可以改恶从善。程朱理学将人性分为"义理之性"和"气质之性"是没有道理的。他进而认为理欲是统一的，"理在欲中"。所以人的修养就在于"践形尽性"，通过习动达到践善习善的目的。他在一定程度上将实践的理念引入自己的学说，反映了他的认真求实的态度。他的学说后来被他的弟子李塨继承和弘扬，形成具有相当影响的"颜

---

① 唐甄：《潜书·尚治》，电子版文渊阁四库全书。
② 唐甄：《潜书·远谏》，电子版文渊阁四库全书。
③ 唐甄：《潜书·明鉴》，电子版文渊阁四库全书。
④ 唐甄：《潜书·存言》，电子版文渊阁四库全书。
⑤ 唐甄：《潜书·考功》，电子版文渊阁四库全书。

李学派"，展现了清代"实学"的实绩。

山西太原人阎若璩（1636—1704 年）是清代古文经学派的著名代表人物。他继承和弘扬顾炎武的考据学理论，以博学于文、辨伪存真的训诂考据方法，对孟子的生平事迹进行了极其细密精当的考证。他的《孟子生卒年月考》一书，以《七篇》为主要根据，参以《史记》等文献，不仅对孟子的一生经历进行了详细的考辨，而且对《七篇》涉及的时间、地理、人物和各种制度都加以细致辨析，订正了不少古人的讹误，是对孟子一生史迹研究的力作。他撰著的《古文尚书疏证》更是清代考据学的代表作，其学术方向和治学方法深深影响了乾嘉学派。

福建安溪人李光地（1642—1718 年）是康熙朝的著名理学大臣，官至吏部尚书、文渊阁大学士。他曾奉旨编纂了《性理精义》《朱子全书》《周易折中》等著作，以御纂、御定名义颁行学宫，作为教科书对当时的教育产生了巨大影响。他的主要著作《论语孟子札记》《中庸余论》《朱子语类四纂》《榕村全集》等都有名于时。李光地宗本程朱、兼采陆王，注意折中融会各家学说，极力维护孔孟儒家的道统论。他尊崇孟子，认为他是孔子之后"独出诸儒"的伟大人物，称颂他"才大，学问直溯源头，掘井见源，横说竖说头头是道"①。他继承孟子的性善论，认为性无不善，只是由于所禀之气不同，才出现善恶的差异，所以修养就是变化气质以就性之本然，其顺序应该是立志、持敬、致知、躬行，这就将孟子、程朱和陆王的学说结合在一起了。

乾嘉时期（1736—1820 年）的孟学研究达到清代最兴盛的时期。有的学者总结此期孟学具备四个特点：一是着重《孟子》汉注的研究，二是治学态度严谨、研究问题深入、治学方法细密，三是推出了一批专门研究某个问题的专著，四是通过孟子研究阐发新的问题②。这一时期，对孟子生平事迹及《孟子》一书的考证、训诂、辨义、辑佚、校勘、编纂等，达到空前的繁荣。如王特选、孟衍泰的《孟子年表》，孟经国的《闲道集》，蒋一鉴的《孟子章句考年》，任亮霖的《孟子时事略》，狄子奇的《孟子编年》，林春溥的

---

① 李光地：《榕村语录》卷五《上孟》，电子版文渊阁四库全书。
② 董洪利：《孟子研究》，江苏古籍出版社 1997 年版，第 297—299 页。

《孟子列传纂》，曹之升、施彦士、黄本骥分别编撰的《孟子年谱》，邵晋涵的《孟子述义》，戴震的《孟子字义疏证》，翁方纲的《孟子附记》，崔述的《孟子事录》，周广业的《孟子四考》，阮元的《孟子论仁论》《孟子音义校勘记》《孟子注释校勘记》，焦循的《孟子正义》，宋翔凤的《孟子赵注补正》《四书释地辩证》，都产生了相当的影响。

安徽休宁（今屯溪）人戴震（1724—1777年），曾参与《四库全书》的编纂，是18世纪最著名的思想家和百科全书式的学者，乾嘉学派中皖派的领军人物。他既精通训诂考据，又精研儒家义理，留下《原善》《原象》《孟子私淑录》《孟子字义疏证》《声韵考》《方言疏证》等著作，后人将其汇编为《戴氏遗书》《戴震集》。《孟子字义疏证》是戴震精研孟子思想的代表作，通过广征博引，条分缕析，对《孟子》一书中的最重要的概念、范畴，如理、天道、性、才、道、仁、义、礼、智、诚、权等，进行了系统、全面、细密、深入的疏证，较全面地继承和发展了孟子的思想，建立起自己的唯物论的思想体系，在中国古代思想史和经学史上写下浓墨重彩的一页。戴震对孟子及其著作充满尊仰和钦敬，他认为自己一生写的最重要的书就是《孟子字义疏证》，而写此书的目的就是捍卫孟子思想，"正人心之要"①，批驳对孟思想的歪曲和误读：

> 孟子辩杨墨；后人习闻杨、墨、老、庄、佛之言，且以其言汨乱孟子之言，是又后乎孟子者之不可已也。苟吾不能知之亦已矣，吾知之而不言，是不忠也，是对古圣人贤人而自负其学，对天下后世之人而自远于仁也。吾用是惧，述《孟子字义疏证》三卷，韩退之氏曰："道于杨、墨、老、庄、佛之学而欲之圣人之道，犹航断港绝潢以望于海也。故求观圣人之道，必自孟子始。"呜呼，不可易矣。②

孟子承认人们个体需要的多样性，既有生理的自然需求，也有精神生活的自觉追求。戴震充分继承和发展了孟子的这一理念。他认为每个人都

---

① 段玉裁：《戴东原年谱》，《戴震文集》，中华书局1980年版，第241页。
② 戴震：《孟子字义疏证序》，《孟子字义疏证》卷上，中华书局1982年版，第1—2页。

有欲、情、知的需求，即有对声色嗅味的生理需求（欲），有喜怒哀乐的情感表现（情），有对是非、美丑、好恶的辨别能力（知）。此外，人之为人，"心之官则思"，更有理性思维对"理义"的追求。不过，人们对欲、情、知的追求不能无限扩张，必须依靠理性思维对其加以节制，这就是以理节欲和以理制欲，使之保持在合理的范围之内。孟子是一个理想主义者，一生致力于仁政社会的建立，要求君主爱民施仁，臣子忠君爱民、制民恒产、发展生产、轻徭薄赋、节俭省刑、君民同乐、道德高尚、民风淳朴，在国家统一的和平环境中，士、农、工、商都能和谐地生活。但现实社会却是到处充满战争、屠杀，一方面是无限享乐，残民以逞，一方面是百姓性命难保，温饱不继，辗转沟壑，孟子对此屡屡发出严厉的批判。戴震继承孟子的社会批判思想，对宋明以来统治者挟政治权力和程朱理学造成的歪理盛行、正义难申的社会现实进行猛烈批判：

> 故今之治者，视古圣贤体民之情，遂民之欲，多出于鄙细隐曲，不措诸意，不足为怪；而及其责以理也，不难举旷世之高节，著于义而罪之。尊者以理责卑，长者以理责幼，贵者以理责贱，虽失，谓之顺；卑者、幼者、贱者以理争之，虽得，谓之逆。于是下之人不能以天下之同情、天下所同欲达之于上；上以理责其下，而在下之罪，人人不胜指数。人死于法，犹有怜之者；死于理，其谁怜之！①

这里戴震对封建社会"以理杀人"的揭露是对其打着神圣合理旗号的意识形态罪恶的首次揭示，具有深刻的理论认识意义。同时，他也毫不留情地揭露各级官府对百姓深及骨髓的肆意盘剥："议过则疯疾苛察，莫之能免；征敛则无遗锱铢，多取者不减，寡取者必增，已废者复举，暂举者不废。"如此"贪暴以贼其民"，引来人民的反抗是必然的，"乱之本，鲜不成于上"。这就接续和弘扬了孟子关于诛杀"独夫民贼"的理论。面对如此黑暗罪恶的不公平社会，继承孟子的理想社会蓝图，提出"体民之情，遂民之欲"的施政理念，强调富民、利民，尽量满足百姓物质生活的要求：

---

① 戴震：《孟子字义疏证》卷上，中华书局 1982 年版，第 10 页。

孟子告齐、梁之君，曰"与民同乐"，曰"省刑罚，薄税敛"，曰"必使仰足以事父母，俯足以畜妻子"，曰"居者有积仓，行者有裹囊"，曰"内无怨女，外无旷夫"，仁政如是，王道如是而已。①

孟子论"民无恒产，因无恒心"；论"施仁政于民，省刑罚，薄税敛，深耕易耨；壮者以暇日修其孝悌忠信，入以事其父兄，出以事其长上"；论"死徙无出乡，乡田同井，出入相友，守望相助，疾病相扶持，则百姓亲睦"，明乎怀土怀惠，则为政必有道矣。②

这里戴震借孟子的话阐发自己的政治主张，全面展示了他期望百姓在良政下过上安定富足有尊严生活的理想。同时，戴震也同孟子一样，十分重视伦理道德在建设和谐社会中的积极意义，认为其突出作用是协调人与人之间的关系：

为子以孝，为弟以悌，为臣以忠，为友以信，违之悖也；为父以慈，为兄以爱，为君以仁，违之，亦悖也。父子之伦，恩之尽也；昆弟之伦，洽之尽也；君臣之伦，恩比之于父子，然而敬之尽也；朋友之伦，洽比于昆弟，然而谊之尽也；夫妇之伦，恩若父子，洽若昆弟，敬若君臣，谊若朋友，然而辨之尽也。孝悌、慈爱、忠信、仁所务致之也；恩、洽、敬、谊，辨其自然之符也；不务致，不务尽，则离、怨、凶、咎随之；悖，则祸患危亡随之。③

但这种协调是有条件的，这就是父慈与子孝、兄爱与弟悌、君仁与臣忠互为条件，双方都必须遵循自己应该遵循的道德规范，良好的社会秩序才能建立起来。这种认识正是他对孟子君臣互相承担义务思想的弘扬和拓展。他进而发展孟子"老吾老以及人之老，幼吾幼以及人之幼"的理念，期望君臣百姓之间良性互动，"遂己之欲者，广之能遂人之欲；达己之情者，广之能人之

情"①，这就能使天下人同欲，建立起天下人人都能得到满足的和谐社会。显然，戴震的愿望不乏理想化的成分，但其中主观的真诚却是显而易见的。

直隶大兴（今属北京）人翁方纲（1733—1818 年），官至内阁学士。他精研经史，在经学、史学、金石学等方面都有较高造诣。他对孟学的研究集中在《孟子附记》一书中。该书对《孟子》一书从篇章结构到内容义理，直至涉及的典籍和名物制度，都有较详尽的疏解和考订，对当时和后人学习与研究孟子及其思想提供了有益的启示。在思想上，他特别重视对孟子的民本思想如保民而王等内容，显示了他关心民瘼、佑护百姓的心态：

> 自篇首二章，从初见梁王叙起。此下二章，则梁王一自言其尽心，一自言其承教，此皆可以进言之机矣。而孟子于其言尽心，则归结于罪岁；于其言承教，则归结于率兽食人，且皆以梃刃刺人为喻，即此见尔日民生之重困，而圣贤之心，亟以救民为要也。他如答齐宣王之问，则首曰保民；以及对邹君，则首曰君之民；对滕君，则首曰民事。尧舜之道，仁义之旨，未有先于此者，此经世之急务也。②

翁方纲从整体结构和内在联系上把握《孟子》一书，认定该书的核心内容是"闲圣道"和"崇王道"，而 7 篇所有内容都"贯摄"着这一中心主旨：

> 《孟子》七篇，以言性善、正人心、距杨墨，为闲圣道也；以行仁政、黜伯功、救民水火，为崇王道也。此达公都子好辩章，专言闲圣道，而未及与行仁政、崇王道，言固各有当也。至说到杨墨一段，则引公明仪语，为率兽食人言之，非为行仁政言也。然其语义之间，则未尝不隐隐与行仁政崇王道相为映发。所以究言邪说者，不得作直推到害于其政。前篇论不动心于知言一节，亦然。《孟子》七篇，无一处不相贯摄也。③

---

① 戴震：《孟子字义疏证》卷下，中华书局 1982 年版，第 41 页。
② 翁方纲：《孟子附记》卷上，《丛书集成》，中华书局 1985 年版，第 3 页。
③ 翁方纲：《孟子附记》卷上，《丛书集成》，中华书局 1985 年版，第 21 页。

这种对《孟子》思想体系的总体把握在专重考据的乾嘉学派中是凤毛麟角，自然更是可贵的。当然，翁方纲在本书中涉及内容最多的还是结合《孟子》文本对孟子思想的诠释。这其中，牵扯最多的是对后世影响广泛的赵岐的《孟子章句》和朱熹的《孟子集注》。他一方面肯定两书的贡献，而另一方面则毫不客气地对两书的讹误、偏见进行指证和纠偏，从而使对孟子及其思想的研究推进了一步。

直隶大名（今属河北）人崔述（1740—1816 年），是乾嘉学派中在对古代历史和古代文献的考证与辨伪方面取得成就最显著的史学家和经学家之一。卷帙浩繁的《考信录》（后人汇编为《崔东壁遗书》）显示了他不朽的实绩。该巨著中的《孟子事实录》一书，集中了他对孟子史事和思想的评论。他通过充分论证，排除了对孟子师承的各种臆猜，认定《史记·孟子荀卿列传》记载的"私淑诸人"的正确性。他通过对孟子前后历史的梳理，进一步肯定了他在中国儒学史和思想史上无人堪比的贡献，肯定了他在孔子之后第一儒学大师的尊位：

> 唐韩子《原道》篇叙道统之传云："文武、周公传之孔子，孔子传之孟子。"而无一语及他人者，自宋以来儒者，则以颜曾思孟并称，且于孟子时若有所不满焉者？余按孔子以后，能发明二帝三王之道者，孟子一人而已，唯颜子或可与相埒，其余未见有可抗行者也。何以言之？杨墨横行，圣人之道微矣。幸有孟子辞而辟之，而后之学者咸知尊孔子而黜异端。然而两汉、魏晋之间，老庄刑名谶纬之术，犹纷驰于天下，几夺圣人之道而居其上，其后虽渐衰微，而学者尚多浸淫出入于杨墨之说而不自知。其甚者，至以佛氏之教，与尧舜孔子之教等量齐观。然则向无孟子，圣人之道必不能自伸于杨墨佛氏盛行之日，而尧之北面朝舜，禹之德衰传启，汤武之放伐之为篡弑，人必皆信以为实然。其敝也，将以仁义为强人之物，刑名为治国之方，王政日湮而封建井田之制悉泯。由是言之，《孟子》一书，岂非三代以下之所断不可无者哉？盖尝论之，孟子之于孔子，犹周公至于文武也。文武虽圣人，无周公以继之，则太平之治不兴；孔子虽圣人，无孟子以承之，则圣道之详不著。故有文武不可无周公，有孔子不可无孟子，是以韩

子谓："孟子之功，不在禹下。"又谓："求孔子之道，当自孟子始。"诚
然非虚语也。乃后人疑孟非孟者颇多，虽有二三大儒尊崇孟子，然好
求圣道于精微杳冥之地，故见戴记费隐、诚明、无声无臭之言，以为
道之极致，而于孟子推阐王政圣学之切于实用者，反视以为寻常，是
以余于洙泗余录之后，条记孟子事实，以承孔子之后，夫亦韩子之志
也夫。①

　　这里崔述对孟子在中国道统上地位的阐述应该说是符合实际的，也是全面正
确的。更难能可贵的是，崔述探索了孟子的社会约制思想，他认为这方面的
理论在孟子的治国理政的思想中全面阐发出来，其核心意蕴一是义利观，一
是任贤使能论。他认为孟子的义利观绝不是只讲义不讲利、以义斥利，而是
讲大义大利、义利互补：

　　　　圣人何尝不言利？《易》曰"乾，元亨利贞"，曰"坤，元亨，利
　　牝马之贞"，曰"利建侯"，曰"利见大人"，曰"利涉大川"者，不一
　　而足。圣人何尝不教人以趋利而避害乎？但圣人所言，义中之利，非
　　义外之利；共有之利，非独得之利；永远之利，非非一时之利。此其所
　　以异也，故曰"见利思义"，曰"因民之所利而利之"，曰"小人乐其
　　乐而利其利"，以此没世不忘也。无如世俗之人，惟利是图，而不复顾
　　义之是非，不但损人以利己也，为臣者且耗国以肥家，甚至贪一时之
　　利，而致酿终身之害者，亦往往有之，不可谓大愚哉！孟子此言，可
　　谓深切著明，惜乎世人之不察也。②

　　义利之辨是中国思想史上很著名的论题，孟子是深涉其中的重要人物，
不少学者将他归入义利对立、只讲义不要利的思想家之列，崔述的论述是对
孟子义利观的全面深刻的理解和准确把握。任贤使能是孟子不厌其详地阐述

---

① 崔述：《孟子事实录》卷下，顾颉刚编《崔东壁遗书》上，上海古籍出版社 2013 年版，第
　　430 页。
② 崔述：《孟子事实录》卷上，顾颉刚编《崔东壁遗书》上，上海古籍出版社 2013 年版，第
　　412 页。

的重要理念，是他仁政思想中最重要的组成部分。崔述在论述《孟子·梁惠王下》记载的任贤使能内容时写下如下一段评论：

> 按治国莫要于用人，不得其人则虽善政亦不能行，故周公有《立政》之篇，孔子有人存政举之对。孟子此章实治国之要术，故今载于保民章之后至是而王道全矣……故凡人主处休明之世，俊杰盈庭，政事修举，则不必过为其烦。若不幸值废弛之后，朝多幸位，阿谀成风，非大振乾纲，广开耳目，不足以起其衰而革其弊。孟子此言，诚拨乱反治之良策也夫。①

如此论述，深得孟子思想之真谛。崔述的论著对孟子思想在清代的扩大传播起了非常积极的作用。他无疑是孟学的有影响的功臣之一。

浙江海宁人周广业，生卒年不详。他写的《孟子四考》在孟学史上具有一定的地位。该书包括《逸文考》《异本考》《古注考》《出处考》各1卷，对与孟子有关的一系列问题，从史实到文献，都进行了系统的梳理、辨析考订，在很大程度上恢复了历史的本来面貌，因而为后世学者所采用。其中对孟子生平事迹的考辨，就厘清了不少史实。如考出"三岁丧父"为妄说，在游齐于稷下学宫任职前首仕于邹等，在学术上都有独异之处。

清朝孟学的集大成者，是江苏甘泉（今扬州）人焦循（1773—1820年）。他一生从事历史和经学的研究，精通经、史、历、算、音韵、训诂之学，对儒家经典中的《易》《书》《礼》《论语》《孟子》都有精深的研究，并有相应的著作传世。其中的《孟子正义》是数量多达30卷70余万字的皇皇巨著。该书在全面检视吸收前人成果的基础上，对《孟子》进行了全面细密和独到精湛的疏解，集前人疏解之大成，范希增在其《书目答问补正》中赞誉说："清儒注《孟子》，焦书最完善。"与赵岐《孟子章句》、朱熹《孟子集注》前后辉应，鼎足而三。他也因这一成就被当时的史坛领袖阮元誉为"斯一大家"。

---

① 崔述：《孟子事实录》卷上，顾颉刚编《崔东壁遗书》上，上海古籍出版社2013年版，第416页。

焦循自幼即专心一意攻读《孟子》一书，发现《十三经注疏》中列于孙奭名下的《孟子注疏》是其中质量最差的一种，所以决心重新加以注疏。而尽管注疏《孟子》有着很多困难，但到他所处的时代，学术的积累已经有条件达成一个全新的目的：

> 为《孟子》作疏，其难有十：孟子道性善，称尧舜，实发明羲、文、周、孔之学，其言通于《易》，而与《论语》《中庸》《大学》相表里，未可以空悟之言臆之。其难一也。孟子引《书》辞，多在未焚之前，未辨今古文而徒执伪孔以相解说，往往凿枘不入。其难二也。井田封建，殊于《周礼》，求其画一，左支右绌。其难三也。齐梁之事，印诸《国策》《太史公书》，往往龃龉。其难四也。水道必通《禹贡》之学，推步必贯《周髀》之精，六律五音，其学亦造于微，未容空疏者约略言之。其难五也。弃屦这招豚，折枝慸颎，一事之微，非博考子史百家，未容虚测。其难六也。古字多，转注假借多，赖即懒，姑曩及咀，呼尔即呼，私淑即叔，凡此之类，不明六书，则训故不合。其难七也。赵氏书名《章句》，一章一句，俱详为分析，陆九渊谓"古注惟赵岐解《孟子》，文义多略"，真谬说也。其注或倒成顺，雅有条理即或不得本文之义，而赵氏之义，焉可诬也？其难八也。赵氏时所据古书，今或不存，而所引旧事，如陈不瞻闻金鼓而死，陈质娶妇而长拜之，苟有可稽，不容失引。其难九也。《孟子》本文，见于古书所引者既有异同，而赵氏注各本非一，执误文讹字，其趣遂舛。其难十也。本朝文治昌明，通儒遍出，性道义理之旨，既已阐明；六书九数之微，尤为独造；推步上超乎一行，水道远迈于平当；通乐律者则判管弦之殊，详礼制者贯古今之变；训诂则统括有书，版本则参稽罔漏；或专一经义极其源流，或举一物以穷其宧奥。前所列之十难，诸君子已得其八九，故处邵武士人时，为疏实艰；而当今日，集腋成裘，会鲭为馔，为事半而为功倍也。①

---

① 焦循：《孟子篇叙正义》，《孟子正义》卷三十，中华书局 1987 年版，第 1050—1051 页。

此一分析，鞭辟入里，说明焦循对《孟子》研究的学术资源已经熟烂于心，这正是他撰著《孟子正义》一书得以成功的前提。

焦循对孟子在义理方面的弘扬和发展，集中于性善论。他将性善诠释为"神明之德"，特点是"灵"，这是人性区别于兽性的根本之点：

> 禽兽之情何以不能为善，以其无神明之德也。人之情何以可以为善，以其有神明之德也。神明之德在性，则情可以旁通，则情可以为善。于情之可以为善，知其性之神明。性之神明，性之善也。孟子于此，明揭"性善"之旨在其情，则可以为善，此融会乎伏羲、神农、黄帝、尧、舜、文王、周公、孔子之言，而得其要者也。①

进一步，焦循解释，人的神明之德的重要标志是人具有教化和人为：

> 人之有男女，犹禽兽之有牝牡也。其先男女无别，有圣人出，示之以嫁娶之礼，而民知有人论矣。示之以耕耨之法，而民知自食其力矣。以此教禽兽，禽兽不知也。禽兽不知，则禽兽之性不善；人知之，则人之性善矣……人之性不难自觉，必待先觉者觉之。故非性善无以施其教，非教无以通其性之善。教即荀子所谓伪也为也。为之而能善，由其性之善也。如鸟兽，则性不善者也。故同此饮食男女，嫁娶以别夫妇，人知之，禽兽不知之。禽兽既不能自知，人又不能使之知，虽为之亦不能善。然人之为善，非由性善而何？②

再进一步，焦循认为人具有道德自觉，即具有变通和推己及人的能力，这恰恰又是人之异于禽兽的重要标志：

> 盖人性所以有仁义者，正以其能变通，异乎物之性也。以己之心，通乎人之心，则仁也。知其不宜，变而之乎宜，则义也。仁义由于能

---

① 焦循：《孟子主义》卷二十二，中华书局 1987 年版，第 755 页。
② 焦循：《孟子主义》卷十，中华书局 1987 年版，第 317—318 页。

变通，人能变通，故性善；物不能变通，故性不善，岂可以草木之性比
之人性？杞柳之性，比戕贼之以为杯棬；人之性，但顺之即为仁义。故
不曰戕贼性以为仁义也……杞柳之性，可以戕贼之以为杯棬，不可顺
之为仁义，何也？无所知也。人有所知，异于草木，且人有所知而能
变通，异乎禽兽，故顺其能变者而变通之，即能仁义也。杞柳为杯棬，
在形体不在性，性不可变也。人为仁义，在性不在形体，性能变也。
以人力转戾杞柳为杯棬，杞柳不知也。以教化顺人性为仁义，仍其人
自知之，自悟之，非他人人力所能转戾也。①

顺此再进一步，焦循就将孟子讲的"四心"和"良心"作为人之异于
禽兽的另一个重要标志。因为人有恻隐、羞恶、辞让、是非等心，所以人就
具备仁义礼智的道德伦理，而其中的义甚至高于生命，这就要求人们在大义
面前能够毫不犹豫地"杀身成仁，舍生取义"。其实这里所强调的仍然是人
的道德自觉：

欲生恶死，人物所同之性。乃人性则所欲有甚于生，所恶有甚于
死，此其性善也。此其良心也。所以见其欲有甚于生，于其所不为苟
得见之。何以见其恶有甚于死，于其患有所不避见之。惟其有此良心，
乃能如是。使本无良心，则惟欲生而已，惟恶死而已。所欲无有甚于
生，则何以不为苟得，所恶无有甚于死，则何以患有所不避，反复以
明人必有此良心。或谓此言生死之权度，所欲有甚于生则不苟得此生，
所恶有甚于死则不苟于辟患，此舍生而取义之事也。使无义可取，则
此时所欲，莫甚于生，则又以得生为是；此时所恶，莫甚于死，则又
以辟患为是。生而不义，则不苟生。生而义，则亦不苟死。不为苟得，
患有所不辟，为贪生亡义者言也。可以得生，何不用；可以辟患，何不
为；为轻生不知义者言也。义不在生，亦不在死，当死而死，当生而
生，圣人之权也。②

① 焦循：《孟子主义》卷二十二，中华书局1987年版，第734—735页。
② 焦循：《孟子主义》卷二十三，中华书局1987年版，第784页。

焦循细如剥笋般的人性之辨，多层次地展现了他对孟子人性论的深入诠释，从而使学术界在这一问题的认识上升到一个新的阶段。紧接着，焦循又将性善论与孟子的推己及人和"修己安天下"的仁政、王道联系起来：

> 孟子称公刘好货，太王好色，与百姓同之，使有积仓而无怨旷，此伏羲、神农、黄帝、尧、舜以来，修己安天下之大道。若必屏妃妾，减服食，而于百姓之饥寒仳离漠不关心，是克伐怨欲不行，苦心洁身之士，孔子所谓难而非仁者也。①
>
> 以己之情，通乎人之情；以己之欲，通乎人之欲。己欲立而立人，己欲达而达人，己所不欲，勿施于人。因己之好货，而使居者有积仓，行者有裹粮；因己之好色，而使内无怨女，外无旷夫。②

如此一来，焦循对孟子性善论的理解就从体系上解钮，突出性善论在他整体思想中的位置，从而进一步深化了了对孟子思想的把握。

焦循《孟子正义》的另一重大贡献是对赵岐《孟子章句》一书的纠误和深化理解。赵岐之书是现存最早的对《孟子》进行诠释的著作，其开创之功不可没。但正由于是开创，所以存在的问题与不足也相当多。后人如朱熹等对其书中存在的问题也有所纠正，但焦循的纠正却较之前人更全面细致和系统，从人名、地名、技艺、典章制度到历史事实、哲学概念等，无一不在纠谬之列。如《孟子·万章上》中，赵岐将"痈疽"释作治疗痈疽的医生，焦循经过细密考证，认定他是卫灵公的宠臣。《孟子·告子上》中，赵岐混淆了博与奕的区别，以博释奕，焦循则经过认真翔博的考辨，指出博是双陆，奕是围棋，"与博同类而异事"，恢复了事物的本来面目。在哲学概念方面，赵岐在解释《孟子·尽心上》的"莫非命也，顺受其正"时，将孟子所说的"命"释为"受命、遭命、随命"，焦循经过认真辨析，认为孟子的本意是圣贤之人"于正命则顺受，于非命则不受"，即顺从生命的自然规律，不可非命而死，尽最大努力发挥人的主观能动性，创造事业的辉煌。在对赵

---

① 焦循：《雕菰集》卷九，《丛书集成初编》，中华书局1985年版，第131页。
② 焦循：《孟子主义》卷二十二，中华书局1987年版，第756页。

岐之书纠谬的同时，焦循更注重对赵岐释义的扩展和深化，进一步将《孟子》的精义更全面深入系统地展现出来。如对《孟子·告子上》中的"心之官则思"和"先立乎其大者，则其小者不能夺也"的疏解，尽力将孟子强调培养人之善性的主观能动性的一面发挥出来，肯定人之善性的得失与人的操舍紧密相连，突出"操之在我"的自主和责任意识。再如焦循在对孟子理想人格等级的诠释，着重剖析"可欲之谓善""充实之谓美"，也深化了赵岐的认识。

总起来看，焦循的《孟子正义》达到了清朝孟子研究的最高水平，得到梁启超和钱穆等国学大师的交口称赞。不过，他的《孟子正义》也有明显的缺失。由于他本人对《易》学颇有造诣，在不少地方情不自禁地以《易》释《孟》，致使有些解释陷入方枘圆凿的困境，如说孟子言性"故者以利为本"就偏离了孟子思想的本旨。

清朝时期荣城人孙葆田撰的《孟志编略》6卷稿，长期没有刻印，直到2009年收入《山东文献集成》第三辑第11册，由山东大学出版社出版，才得以与读者见面。该书卷一年表，卷二事实，卷三祀典，卷四从祀贤儒传，卷五历代注解传述，卷六杂志。与《三迁志》的内容有所重复。但由于作者对前人成果进行了比较系统的整合，对研究孟子及其有关的事迹还是有一定的参考价值。

浙江仁和（今杭州）人龚自珍（1792—1841年），被学术界誉为中国由封建社会向近代化社会转折时代的"最后"和"最初"一位思想家，是中国近代启蒙的先驱，也开启了中国儒学近代化的过程。因为他在中国封建社会急剧没落和外国侵略者不断入侵的情况下开始反思中国历史和传统文化，更多着眼于揭示儒学与近代化的矛盾，由此进行的对儒学的质疑使他被当时的主流思想学术界目为异端。而这正是他思想独放异彩的所在。他不同意孟子的性善论，认为人性"有私"恰恰是合理的：

　　敢问私者何所始也？告之曰：天有闰月，以处赢缩之度，气盈朝虚，夏有凉风，冬有燠日，天有私也；地有畸零华离，为附庸闲田，地有私也；日月不照人床闼之内，日月有私也。圣帝哲后，明诏大号，劬劳与在原，咨嗟于在庙，史臣书之。究其所为之实，亦不过曰：庇我子孙，保我国家而已。①

他从人人有私出发，要求在满足人们私欲的前提下培养其廉耻观，进而培养人们自尊、自重、自爱的道德观：

> 农工之人，肩荷背负之子则无耻，则辱其身而已；富而无耻者，辱其家而已；士无耻，则名之曰辱国；卿大夫无耻，名之曰辱社稷。由庶人贵而为士，由士归而为小官，为人官，则由始辱其身家，以延及于社稷也。②

在他看来，道德的关键是"知耻"，所以要想改变日益衰颓的世风，必须"以教耻为先"。不过他不承认性善是先天的，认定善恶非固有，而是伦理道德的外在要求："善非固有，恶非固有，仁义、廉耻、诈贼、狠忌非固有。"③所以性无善恶，都是后起，为善为恶决定于人的道德自觉。他由此质疑孟子以"仁义"为价值内涵的"圣人"的理想人格：

> 天地，人所造，众人自造，非圣人所造。圣人也者，与众人对立，与众人为无尽。众人之宰，非道非极，自名曰我。我光造日月，我力造山川，我变造毛羽肖翘，我理造文字言语，我气造天地，我天地又造人，我分别造伦纪。④

人类文明甚至大地山川都是"众人"所造，这里没有"圣人"的主宰地位，有的是"众人"的主观精神和自我意识。龚自珍的思想显示的是近代个体自主意识的觉醒。

龚自珍尽管赞同孟子的民本思想，但他对一切由君主从"仁政"出发对百姓的赐予心存疑忌，认为民本应该从激活君、臣、民三者的互动关系入

---

① 《龚自珍全集·论私》，上海人民出版社1975年版，第92页。
② 《龚自珍全集·明良论二》，上海人民出版社1975年版，第31—32页。
③ 《龚自珍全集·壬癸之际胎观第七》，上海人民出版社1975年版，第18页。
④ 《龚自珍全集·壬癸之际胎观第七》，上海人民出版社1975年版，第12—13页。

手，明确分工，互相协同，达到社会安定和谐的目标。他特别关注农业生产造成的宗法关系："农之始，仁孝悌义之极，礼之备，智之所自出宗之为也。"① 由此看出，龚自珍的近代意识还难以突破中国宗法农业社会固有关系的束缚。

与龚自珍齐名的湖南邵阳人魏源（1794—1857 年），是晚清著名的今文经学家、近代维新改革思想的先驱。他编著的《皇朝经世文编》《海国图志》《书古微》《诗古微》《公羊古微》《孟子年表》等著作，对于唤醒国人的民族危机意识和改革图存思想起了重要的积极作用。

魏源对孟学研究有着独特的贡献。他写的《孟子年表》《孟子年表考》《论语孟子类编序》《孟子小记》《孟子赞》《孟子补赞》等著作对孟子的生平事迹和思想理论都进行了较详细的考辨和阐发。认定《孟子》一书为孟子本人"手著无疑"，万章等门徒可能是孟子口授的笔录者。魏源继承了孟子的"义利观"，既强调"义"的重要性，也重视对正当利的追求，尤其对普通百姓而言，圣人应该满足他们对利的合理追求：

> 圣人以名教治天下之君子，以美利利天下之庶人，求田问舍，服贾牵牛，以卿大夫为细民之行则讥之，细民不责以卿大夫之行也；故《国风》刺淫者数十篇，而刺民好利者无一焉……故于士大夫则开之于名而塞之于利，于百姓则开之于利而坊之于淫。②

他认为既要承认百姓求利的合理性，又要反对无节制的纵欲特别是损人利己的行为，兼顾"见利思义"与"见利思害"。他期望君、臣、民在利益上应该是一个互动互惠的关系："帝王利民，即所以利国也；大臣利民，即所以利家也；士庶人利人，即所以利己也。"③ 面对危机四伏的政况国势，魏源治学特别注重"经世致用"，而这一点恰恰与儒学倡导的积极入世思想和对国家民族的社会担当意识联系在一起，尤其与孟子的"舍我其谁"的肩负天下大任的理念相契合，所以他赞扬孟子"宜乎泰山岩岩之象，江汉浩浩之流，

---

① 《龚自珍全集·农宗》，上海人民出版社 1975 年版，第 49 页。
② 《魏源集·默觚·治篇三》，中华书局 2009 年版，第 44—45 页。
③ 《魏源集·默觚·治篇十》，中华书局 2009 年版，第 64 页。

配神禹，称邹鲁，而存世无休"①。他认为"经世致用"就是源于孟子，孟子的仁政说、民本论体现的就是"经世致用"，因而"自以学孟子为易简直捷而适于用"②。他根据孟子民贵君轻的理论，认定天子并不是高踞于众人之上的神，而只是众人之中的一员。这就破除了"天下乃帝王一姓之天下"的传统观念，其中蕴涵的是近代的民主意识。针对清朝末年的外患日亟、内政不修的颓势，他提出了一系列的涉及政治、经济、文化和军事改革的方案，特别要求革除官场和知识界的诸多弊端，主要是去"人心之寐"和"人心之虚"，实事求是、脚踏实地、锲而不舍地去完成"实功"和"实事"：

> 去伪、去饰、去畏难、去养痈、去营窟，则人心之寐患去其一。经实事程实功，以实功程实事，艾三年而蓄之。网临渊而结之，毋冯河，毋画饼，则人才之虚祛其二，寐患去而天下昌，虚患去而风雪行。③

魏源是与林则徐一样睁开眼看世界的少数中国人之一，他编写《海国图志》，详细介绍列国情势，他改变中国传统的夷夏观念，提出"师夷之长技以制夷"的思想，表明他已经超越了孟子的思想达到新的认识世界国家的境界。

湖南湘乡人曾国藩（1811—1872年）是清朝晚期著名的理学家、政治家、军事家、思想家和文学家。因为镇压太平天国有功，被誉为"同治中兴"的名臣，是近代中国洋务运动的代表人物之一，为中国走向现代化做出了应有贡献。

孟子是曾国藩最服膺的儒学大师之一。他继承孟子关于个体道德修养的理论，严格要求自己和兄弟子侄恪守儒家之道，在众多致诸弟的书信中，他总是谆谆告诫诸弟进德修业，"吾人只有进德、修业两事靠得住。进德，则孝弟仁义是也；修业，则诗文作字是也"，"吾所望于诸弟者，不在科

---

① 《魏源集·孟子补赞》，中华书局 2009 年版，第 317 页。

② 《魏源集·论语孟子类编序》，中华书局 2009 年版，第 147 页。

③ 《魏源集·海国图志序》，中华书局 2009 年版，第 208 页。

名之有无，第一则孝弟为端"①。在政治思想上，曾国藩特别中意孟子的"德治""仁政"学说，他将对国家的忠和对父母的孝融为一体，将报国和爱民冶于一炉。在一篇日记中他坦露心迹说：

> 默观近日之吏治、人心及各省之督抚将帅，天下似无勘定之理。吾惟以一勤字报吾君，以爱民二字报吾亲……行军本扰民之事，但刻刻存爱民之心，不使先人积累，自我一人耗尽。②

他将"德治""仁政"理念用于对军队的统御和管理："带勇之法，用恩莫如用仁，用威莫如用礼。仁者，即所谓欲立立人，欲达达人也，待弁勇如待子弟之心，尝望其成立，望其发达。则人知恩矣。"③他发扬孟子的人本思想，特别重视人才的发现、培养和使用。他认为"为政之要，得人、治事二者并重"④，但以得人为先。而用兵之道，"唯在用人一端"⑤。在长期的带兵作战中，他慧眼识人，善于敢于用人，他说："衡才不拘一格，论事不求苛细，无因寸木朽而弃连抱，无施数罟以失巨鳞。"⑥正因为如此，在他的麾下，猛将如云，谋士如雨，所以最后取得了对太平天国的胜利。曾国藩对孟学的贡献主要表现在他将孟子的"德治""仁政"思想变成政纲并在实践中尽力推行，从而在一定程度上维持了晚清社会的短暂稳定和喘息之机。

清朝末年与民国初年，相继出现维新变法运动和革命浪潮，其中的代表人物康有为、梁启超、谭嗣同、章太炎、孙中山都与孟学有着密切的关系。

广东南海人康有为（1858—1927年）是中国近代今文经学的著名代表人物，戊戌变法运动的领导者。他一生著述很多，其中《新学伪经考》《孔子改制考》和《大同书》最负盛名。其孟学研究集中体现在《孟子微》一书

---

① 《曾国藩家书·致诸弟·劝弟谨记进德修业》，崇文书局2012年版，第8页。
② 《曾国藩家书·致诸弟·勿为时文所误》，崇文书局2012年版，第78页。
③ 《曾国藩全集·家书之一·致沅弟季弟》，岳麓书社2012年版，第501页。
④ 《曾国藩全集·日记之一·咸丰九年》，岳麓书社2012年版，第442页。
⑤ 《曾国藩全集·日记之二·同治元年》，岳麓书社2012年版，第6828页。
⑥ 《曾国藩全集·日记之二·咸丰九年·复庄受祺》，岳麓书社2012年版，第205页。

中。他将孟子的民本思想与西方近代的民主思想联系起来，构筑起中国近代的民主平等理念。他继承孟子的性善论并作了新的阐发，认定人欲的合理性："夫天生人必有情欲，圣人只有顺之，而不能绝之。"[①] 这种情欲集中表现为"求乐免苦"，"一切政教，无非力求乐利生人之事"[②]。由此出发，他将孟子的"仁"的学说发展为平等博爱的仁学理论。他解释孟子的"民贵君轻"理念：

> 此孟子立民主之制，太平法也……所谓君者，代众民任此公共保全安乐之事。为众民之所公举，即为众民之所公用。民者如店肆之东人，君者则聘雇之司理人耳。民为主而君为客，民为主而君为仆，故民贵而君贱易明也。众民所归，乃举为民主，如美、法之总统。然总统得任群官，群官得任庶僚，所谓"得乎丘民为天子，得乎天子为诸侯，得乎诸侯为大夫也"。今法、美、瑞士及南美各国皆行之，近于大同之世，天下为公，选贤与能也。[③]

他解释孟子的"仁政"学说：

> 此孟子特明升平、授民权、开议院之制……孔子之为《洪范》曰"谋及卿士，谋及庶人"是也。尧之师锡众曰"盘庚之命，众至庭"，皆是民权共政之体，孔子创立，而孟子述之。[④]
>
> 人人皆天生，故不曰国民而曰天民；人人既是天生，则直隶于天，人人皆独立而平等，人人皆同胞而相亲如兄弟。[⑤]

这种今文经学诠释"微言大义"的理路，实际上与孟子的本意已经拉开了距

---

① 康有为：《礼运注》，中华书局 1987 年版，第 265 页。
② 康有为：《大同书》，中华书局 2009 年版，第 6 页。
③ 萧公权：《近代中国与新世界：康有为变法与大同思想研究》，江苏人民出版社 1997 年版，20—21 页。
④ 康有为：《孟子微·总论第一》，中华书局 2009 年版，第 20 页。
⑤ 康有为：《孟子微·总论第一》，中华书局 2009 年版，第 13 页。

离。而康有为就是用这种办法硬是将孟子思想与近代西方资产阶级的民主、平等、博爱等理念联系在一起。此种随心所欲的诠释是康有为将古人思想转化为近代理念的常用手法，是严肃的历史研究所不取的。

广东新会人梁启超（1873—1929 年）是康有为的弟子，是康有为主持戊戌变法运动的主要助手。他一生著述宏富，仅《饮冰室合集》就超过千万字。他的孟学研究集中在《读孟子界说》和《论〈孟子〉》两篇文章中。在《读孟子界说》一文中，梁启超肯定孟子的仁义思想、保民意识、均富观念和个体享有"独立人格"的理念。认定"大同"之义是孟子思想的核心内容之一，"孟子于六经之中，其所得力在《春秋》"，"于《春秋》之中，其所得力在大同之义"，"孟子于《春秋》之中，其所传为大同之义"，"孟子言无义战，为大同之起点"，"孟子言井田，为大同之纲领"，"孟子言性善，为大同之极致"，"孟子言尧舜，言文王，为大同之名号"[①]。梁启超在该文中，比较孔子之后孟子、荀卿两派的区别，大申绌荀褒孟之意：

> 荀子之学在传经，孟子之学在经世。荀子为孔门文学之科，孟子为孔门政事之科。汉兴，诸经皆传自荀卿，其功最高不可诬，然所传微言大义不及孟子。孟子专提孔门欲立立人，欲达达人，天下有道，某不与易之宗旨，日日以救天下为心，实孔学之正派也。[②]

进而肯定孟子的"民贵君轻"说和性善论，认定孟学是孔学的嫡派，是人德之门，学圣之基：

> 汉兴，群经皆传自荀子，十四博士，大半属荀子之学。东汉以后，又遭窜乱。六朝及唐，日益破碎，无论是非得失，均从荀学一派中讨生活矣。二千年来，无有知尊孟子者。自昌黎倡之，宋贤和之，孟学似光大矣。然与孟子经世大义，无一能言者，其所持论，无一不与孟

① 　梁启超：《饮冰室合集·读孟子界说》，《饮冰室合集》1，文集之三，中华书局 1989 年版，第 17—20 页。

② 　梁启超：《饮冰室合集·读孟子界说》，《饮冰室合集》1，文集之三，中华书局 1989 年版，第 17 页。

子相反，实则摭荀学吐弃之余而已。唯有不动心之学，间有讲之者，然非其至也。故自宋以来，有尊孟之名，无行孟之实。以孔门嫡派，二千年昏霾湮没，不显于世，斯亦圣教之大不幸也。今二三子既有志于大道，因孟学实入德之门，学圣之基也。持此界说以读《孟子》，必有以异于畴昔之所见者，勿以为习见之书而忽之也。①

湖南浏阳人谭嗣同（1865—1898 年），是热切的爱国者，积极参加戊戌变法运动的急进派的代表，在戊戌政变后他以身殉职，是慷慨走向刑场的"戊戌六君子"之一。他写的《仁学》一书是中国近代哲学的重要著作。他以孟子的"大丈夫"精神来塑造自己的理想人格，最后"舍生取义"，"我自横刀向天笑"，以自己完美的人格结束了短暂的一生。他继承孟子思想中的民主性精华，猛烈抨击专制制度，要求实现君民平等，将"仁政"与近代民主联系起来：

> 孔学衍为两人支：一为曾子传子思而至孟子，孟故畅宣民主之理，以竟孔子之志。一由子夏传田子方而至庄子，庄故痛诋君主，自尧舜以上，莫或免焉。不幸此两支皆不传，荀乃乘间冒孔子之名败孔之道。曰："法后王，尊君统。"……故常以为二千年来之政，秦政也，皆大盗也；二千年来之学，荀学也，皆乡愿也。唯大盗利用乡愿，唯乡愿工媚大盗，二者交相资而罔不托之欲孔，被托者大盗乡愿，而责所托之孔，又乌能知孔哉？②

这里谭嗣同对秦政和荀学的评价，虽然从历史学的角度看有失公允，但他否定和反对专制制度的倾向则是十分鲜明的，而他利用的资源恰恰是孟子思想。他从孟子的"民贵君轻"理念出发，大倡君臣、君民平等思想："君亦一民也……君也者，为民办事者也；臣也者，助办民事者也。赋税之取于民，所以为办民事之资也。如此而事犹不办，事不办而易其人，亦天下之通

① 梁启超：《饮冰室合集·读孟子界说》，《饮冰室合集》1，文集之三，中华书局 1989 年版，第21 页。
② 《谭嗣同全集·仁学·第二十九》，岳麓书社 2012 年版，第 357—358 页。

义也。"① 进而认定民本君末，"非君择民，而民择君"，君是民"共举"的，由此将孟子的民本发展到民主。而谭嗣同的可贵之处恰恰在于他对孟子思想的改造和超越。他的《仁学》一书，就是在继承孟子"仁学"的前提下，将"仁"扩展为"天地万物之源"，又将"通"诠释为"仁"的本性，再将"通"与平等联系起来，从而将孟子的"仁"嫁接到自由平等的近代理念上。他还将"以太"与性善联系起来，认为性本无善恶，善恶只是人们对不同"行为"的认定和命名。因为"以太有相成相爱之力"，所以说性是善的："唯性无不同，即性无不善，故性善之说，最为至精而无可疑，而圣人之道，果为尽性至命，贯彻天人，直可弥纶罔外，放之四海而准。"② 他通过如此转化，就将人性纳入近代的伦理范畴，从而与民主、平等、自由联系起来。

第七节　民国时期的孟子研究

民国时期（1912—1949 年），是中国知识界大量吸收西方资产阶级哲学、社会学、经济学、历史学、文学等各种学说并加以消化和创新的时代。如果说章太炎和孙中山是横跨清朝和民国的过渡人物，那么，其后的李大钊、陈独秀、鲁迅、胡适等以及再后的新儒家则是基本上脱离了清朝旧痕的思想家和学者，他们的孟学研究已经以一种全新的面貌出现于读者面前。

浙江杭州人章太炎（1868—1936 年）是中国近代著名的资产阶级民主革命家，一个学贯中西的大思想家和蜚声士林的学者。

章太炎对孟子的性善论持批判态度。他否定性善性恶与生俱来的观点，认为善、恶都是同时进化的，这就是"俱分进化论"。他援引培根的观点，认定"一切道德皆始自利"，先验的善恶是不存在的："夫善恶生于自利，而自利非善恶……自社会言之，则有善恶矣；自人身言之，则有宫商矣。此荀子所谓缘也。无善无恶，就内容言；有善有恶，就外交言，本无异言。"③ 这表明他已经超越了传统的人性善恶说，而"俱分进化论"展现了章太炎面对当时世界和中国人欲横流、罪恶迭起的局面所展示的人文关怀，但基调是悲

---

① 《谭嗣同全集·仁学·第三十一》，岳麓书社 2012 年版，第 360—361 页。

② 《谭嗣同全集》上册，中华书局 1981 年版，第 199—200 页。

③ 朱维铮、姜义华：《章太炎选集》，上海人民出版社 1981 年版，第 86—87 页。

观的。

章太炎在近代中国今古文经学的争论中，是古文经学派的代表。他在孟学研究上展示了广阔的视野，从诸子的对比中凸现孟子的价值。他比较孟、荀的异同说：

> 若以政治规模立论，荀子较孟子为高。荀子明施政之术，孟子仅言五亩之宅树之以桑，使民养生送死无憾而已。由孟子此说，乃与龚遂之法相似，为郡太守固有余，治国家则不足，以其不知大体，仅有农家之术尔。又孟子云："尧舜性之也，汤武反之也，五霸服之也。"又谓："仲尼之门无道桓文之事者。"于五霸甚为轻蔑。荀子则不然，谓义立而王、信立而霸、权谋立而亡，于五霸能知其长处。①

他进而对孟、荀之学理论本身的内在逻辑进行分析，从中揭示其区别：

> 孟子论性有四端：恻隐为仁之端，羞恶为义之端，辞让为礼之端，是非为智之端。然四端中独辞让之心为孩提之童所不具，野蛮人亦无之。荀子隆礼，有见于辞让之心，性所不具，故云性恶，以此攻击孟子，孟子当无以自解。然荀子谓礼义辞让，圣人所为。圣人亦人耳，圣人之性亦本恶试问何以能化性起伪？此荀子不能自圆其说也。反观孟子既云性善，亦何必重视教育，即政治亦何所用之。是故二家之说俱偏，唯孔子"性相近，习相远"之语为中道也。②

如此揭示孟、荀各自在逻辑上的矛盾，是深入膝里的细密辨析。章太炎在同一篇文章中还将《孟子》的概念范畴与佛学的有关概念范畴相类比，将二者联系起来，以佛学的视野观照孟子的思想：

> 孟子不言天，以我为最高，故曰"万物皆备于我"。孟子觉一切万

---

① 章太炎：《国学讲演录·诸子学略说》，凤凰出版社2008年版，第179—180页。
② 章太炎：《国学讲演录·诸子学略说》，凤凰出版社2008年版，第176页。

物，皆由我出。如一转而入佛法，即三界皆由心造之说，而孟子只是数论。数论立神我为最高，一切万物，皆由我流出。孟子之语，与之相契，又曰"反身而诚，乐莫大焉"者，反观身心，觉万物确然皆备于我，故为可乐。孟子虽不言天，然仍入天界。盖由色界而入无色界天，较之子思，高出一层耳……要之，子思、孟子均超出人格，而不能超出天界，其所与婆罗门、数论相等。然二家于修己治人之道，并不抛弃，则异于婆罗门、数论诸家。

如此类比佛学，虽有时似乎找到二者的相通之处，但往往陷入方枘圆凿的无类比附。

广东香山（今广东中山市）人孙中山（1866—1925年），是中国近代民主革命的旗帜，领导中国人民长期进行推翻清朝专制统治的革命斗争，最终取得了辛亥革命的胜利，结束两千多年的帝制，成立中华民国。他在长期从事政治斗争和武装斗争的同时，也努力进行革命理论的构建，推出了"三民主义"学说。他广泛吸取西方资产阶级的革命理论，同时融会改造中国传统文化的精华，其中包括孟子的心性说、民本论和恒产恒心等内容。

孙中山继承孟子的性善论，要求将"固有的旧道德先恢复起来"[1]，唤醒人们的恻隐之心、羞恶之心、辞让之心和是非之心，将其融入"革命之道德"和"革命之精神"，进而要求废除封建礼教对人性的束缚，破除孟子关于道德修养的自我完善理路，发掘和弘扬革命精神。他继承孟子的民本思想和"民贵君轻"的理念，高倡民权和民生。他看到中国人在长期封建奴役下形成的国民性缺陷，丧失人格，"奴性已深"。要求发扬孟子的"富贵不能淫，贫贱不能移，威武不能屈"的大丈夫精神，克服国民性的弱点，重建利他和服务社会的人生观："今日之我，其生也，为革命而生我；其死也，为革命而死我……以吾人数十年必死之生命，立国家亿万年不死之根基。"[2] 他的三民主义理论特别强调民生主义，关注"人民的生活，社会的生存，国民的生计"。他说："民生问题不解决，社会上的贫富总是不平均。从前孟子说

---

[1] 《孙中山全集》第9卷，中华书局1986年版，第243页。
[2] 《孙中山全集》第6卷，中华书局1985年版，第34页。

'不患寡而患不均'。如果有了不均，三十年后不革命，五十年一百年后一定要革命。"① 而解决民生问题，也就是满足人民的衣食住行的需要：

> 建设之首要在民生。故对全国人民衣食住行四大需要，政府当与人民协力共谋农业之发展，以足民食，共谋织造之发展，以裕民衣；建筑大计划之各式屋舍，以乐民居；修治道路、运河，以利民行。②

在国家治理问题上，孙中山发扬孟子的"仁政""德治"理论，要求将"法治"与"德治"结合起来，反对西方的"霸道文化"和"强权文化"，致力于建设"东方王道文化"，"由正义公理感化人"③，"多用和平的手段去感化人"④。这表明，孙中山在国家和社会治理思想方面并非"完全西化"，而是将东西方的优长结合在一起，构建自己具有民族特色的治理体系。

1915 年开始的新文化运动，在中国近代史上具有划时代的积极意义。在这个运动中出现的标志性人物陈独秀、李大钊、鲁迅、胡适在孟学研究上都有自己独特的贡献。

安徽休宁（今安徽安庆）人陈独秀（1879—1942 年），是中国近代新文化运动的旗手之一，他高举科学和民主的大旗，对孟学进行了新的剖析，同时最早传播马克思主义，成为中国共产党的创始人之一，是中国无产阶级革命事业尤其是理论创造的重要开拓者。在新文化运动中，他对中国传统儒学持批判态度，认定它提倡的"纲常名教"是为专制政府服务的。只有彻底批判这些"纲常名教"，"打倒孔家店"，才能使中国走向现代化的新路。陈独秀提倡"人权"，维护个人独立自由的人格尊严，强调个体权益的神圣不可侵犯，"执行意志，满足欲望，是个人生存的根本理由，始终不变"⑤，这正与孟子的"仁"学理论相契合。因为孟子中意的"人皆可以为尧舜"的理念，正体现了人人平等的人权观。陈独秀虽然承认孟子民本思想的价值，但

---

① 《孙中山全集》第 6 卷，中华书局 1985 年版，第 8 页。
② 《孙中山全集》第 1 卷，中华书局 1981 年版，第 8 页。
③ 《孙中山全集》第 11 卷，中华书局 1986 年版，第 405 页。
④ 《孙中山全集》第 9 卷，中华书局 1986 年版，第 215 页。
⑤ 《陈独秀著作选》第 1 卷，上海人民出版社 1993 年版，第 347 页。

他正确地阐明了民本与近代民主的区别：

> 所谓民视民听、民贵君轻，所谓民为邦本，皆以君主之社稷——即君主祖遗之家产为本位。此等仁民、爱民、为民之民本主义——皆自根本上取消国民之资格，而与以人民为主体，由民主义之民主政治，绝非一物。①

陈独秀在对国家学说的体认上，也吸收了孟子的思想资源。如孟子讲"诸侯之宝三：土地、人民、政事"，而陈独秀在 1904 年写的《说国家》一文中，即提出"土地、人民、主权"的国家三要素说，与孟子的观点相当接近。当然，他的"主权"尽管可以包括孟子的"政事"，但内涵比"政事"要宽泛得多。特别是他贯彻"主权在民"的思想："主权原来是全国国民共有，但是行这个主权的。乃归代表全国国民的政府，一国之中，只有主权居于至高无尊的地位，再没有别的什么能加乎其上了。"② 猛烈抨击封建专制制度对民众和社会的毒害，呼吁给人民应得的思想自由和权利平等。

河北乐亭人李大钊（1889—1927 年），既是新文化运动的骁将，更是最早传播马克思主义的播火者，是中国共产党的创始人之一。他继承孟子的性善论，最早提出"民德"说，认为"民德"即社会意识体现"良心""天良""灵明""本性"，这些概念基本上都与性善有关联。他同时提出"民彝"的概念，用以表述对人民自由权利和法则的肯定，认定好的"民德"与良政是互为条件、良性互动的：

> 政治之良窳，视乎其群之善良得否尽量以著于政治；而其群之善良得否尽量以著于政治，则又视乎其制度礼俗于涵育牖导而外，是否许人以径由秉彝之诚，圆融无碍，而为象决于事理得失利害之余裕。③

李大钊吸收孟子"养浩然之气"的修养理论和"富贵不能淫，贫贱不

---

① 《陈独秀文章选编》上册，三联书店 1984 年版，第 533 页。
② 《陈独秀著作选》第 1 卷，上海人民出版社 1993 年版，第 55 页。
③ 《李大钊文集》第 1 卷，人民出版社 1999 年版，第 50 页。

能移，威武不能屈"的大丈夫精神，要求人们具有正气和骨气，积极进取，乐观向上，为世界文明进步和人类幸福而努力奋斗："为世界进文明，为人类造幸福，以青春之我，创造青春之家庭，青春之国家，青春之民族，青春之人类，青春之地球，青春之宇宙，资以乐其无涯之生。"[①] 他进而要求学习孟子的"人皆可为尧舜"的自立自强精神，实现自己的人生价值："真能学孔孟者，真能遵孔孟之言者，但学其有我，遵其自重之精神，以行己立身，问学从政而已足。孔孟亦何尝责人以必牺牲其自我只权威，而低首下心甘为其傀儡也哉？"[②] 他还吸收孟子的"仁政""德治"理论，与西方的民主政治理念相结合，以建设中国现代的民主政治。

浙江绍兴人鲁迅（1881—1936 年）本名周树人，是新文化运动中在文学创作方面最显实绩的人物。作为反封建的斗士，他对中国积累数千年的旧礼教和旧思想、旧道德进行了猛烈的批判，痛斥旧社会的历史是人吃人的历史。不过他对孟子也有肯定的地方，在《汉文学史纲要》一书中，他赞扬孟子是当时"欲救世弊"的志士仁人，对他的文采也加以肯定，认为"其叙述择时特精妙"。他虽然对孟子的性善论持批判态度，但对孟子的人格修养理论还是充分肯定的。他一生致力于国民性的改造，吸收的就是孟子"养浩然之气""舍生取义""以天下为己任"的自我磨砺的精神和意志，向往的是独立的人格，自由的精神。

安徽绩溪人胡适（1891—1962 年）是中国较早的留美博士，美国实用主义哲学家杜威的信徒，一生笃信西方的民主自由，笃信"全盘西化"，是新文化运动中的旗手之一，也是民国时期对中国思想学术界影响最广泛而深刻的学者之一。他最早将西方的理论和方法引入中国传统文化的研究。在1919 年出版的《中国哲学史大纲》中，他对孟子的"性善论"给予同情和理解，认为孟子的人性论以性善为核心，认定"人的本质同是善的"，"人的不善都是由于'不能尽其才'"[③]。他从"人同具官能""同具善端""同具良知良能"三个层次对性善论加以理解，进而认定孟子的性善论能够引申出三个有价值的论点。其一是凸显人的个体位置，人的独立地位，构建起"大丈

① 《李大钊文集》第 1 卷，人民出版社 1999 年版，第 194 页。
② 《李大钊文集》第 1 卷，人民出版社 1999 年版，第 153 页。
③ 胡适：《中国哲学史大纲》，上海古籍出版社 1997 年版，第 201 页。

夫"的理想人格；其二是展现丰富的教育思想，最主要的就是在性善的前提
下以主动积极的态度推动人性向善的教育；其三是蕴涵着丰富的政治哲学思
想，主导理念是乐利主义，但同时将义、利进行严格的划分。如此论述，给
人们耳目一新之感。胡适研究孟学乃至整个中国哲学史从方法论的角度讲，
最优长的地方是他的历史眼光，即把所研究的对象严格置于其所处时代进行
论列。如他比较孟子与墨子和荀子的异同，指出孟子其实受杨墨影响最大：
"凡攻击某派最力的人，便是受那派影响最大的人。孟子攻击杨墨最力，其
实他受杨墨影响最大。"① 这突出表现在孟子尊重个人和百姓超过君主。他比
较孟、荀在人性论上的区别时说："孟子把'性'字包含一切'善端'，即如
恻隐之心之类，故说性是善的。荀子把'性'来包括一切'恶端'，如好利
之心，耳目之欲之类，故说性是恶的。由此促成了二人教育思想的不同，孟
子偏重'自得'，而荀子则偏重'积善'。"这种论述应该说是相当深刻的。
作为新文化运动的主帅之一，胡适对儒学和孟子基本上持批判态度，因为他
认定儒学已经不能适应时代的需要了。不过，他在总体上仍能对儒学和孔孟
进行客观的历史的评价：

> 　　有许多人认为我是反孔非儒的。在许多方面，我对那些长期发展
> 的儒教的批判是很严厉的。但是就全体来说，我在我的一切著述上，
> 对孔子和早期的'仲尼之徒'如孟子，都是相当尊崇的。②

　　由于胡适引进西方的理论和方法，使中国传统文化，尤其是哲学史的
研究进入了一个新阶段，他的开创之功不可没。

　　五四新文化运动后，在胡适派自由资产阶级知识分子和马克思主义先
进知识分子共同开展的对儒学的大批判形成主流倾向的情势下，一批深受欧
美自由民主思想和中国传统文化双重影响的中国知识分子，开始发掘儒学中
与西方现代思想接轨或契合的思想资源，以"内圣开出新外王"为旗帜，对
儒学，包括孟学进行新的诠释，这些人被称为"新儒学"派，其代表人物是

---

① 胡适：《中国哲学史大纲》，上海古籍出版社1997年版，第216页。
② 欧阳哲生主编：《胡适文集》，北京大学出版社1998年版，第418页。

梁漱溟、熊十力、冯友兰、徐复观、唐君毅、牟宗三等。

广西桂林人梁漱溟（1893—1988 年），是中国近代著名民主人士，曾在山东邹平进行乡村建设的改革试验。他在北京大学等高校从事教学和研究，以《东西文化及其哲学》《中国文化要义》《人心与人生》等著作享誉学术界。他认为世界文化分为西方文化、中国文化和印度文化三大体系，中国文化以意欲自为、调和、折中为根本精神，最典型体现这种精神的就是孟子的良知良能说：

> 儒家说："天命之谓性，率性之谓道。"只要你率性就好了，所以就又说这是夫妇之愚可以与知与能的。这个知和能，也就是孟子所说的不虑而知的良知，不学而能的良能，在今日我们谓之直觉。这种求对求善的本能、直觉，是人人都有的；故孟子说："人皆有不忍人之心……所以谓人皆有不忍人之心者，今人乍见孺子将入于井，皆有怵惕恻隐之心，非所以内交于孺子之父母也，非所以要誉于乡党朋友也，非恶其声而然也。"又说："恻隐之心人皆有之；羞恶之心人皆有之；恭敬之心人皆有之；是非之心人皆有之。恻隐之心仁也；羞恶之心义也；恭敬之心礼也；是非之心智也。仁义礼智，非由外铄我也，我固有之也。"这种好善的直觉同好美的直觉是一个直觉，非二；好德，好色，是一个好，非二。所以孟子说："口之于味也有同耆焉；耳之于声也有同听焉；目之于色也有同美焉。至于心独无所同然乎？心之所同然者何也？谓礼也，义也。圣人先得我心之同然耳。故理义之悦我心，犹刍豢之悦我口。"①

这里梁漱溟直接将孟子的良知良能说与柏格森的生命哲学融为一体，进而提升孟子思想的理论层次。他继承孟子的理性的自我反省精神，要求人们自觉地修养品格，以"富贵不能淫，贫贱不能移，威武不能屈"的大丈夫精神独立天地间。他直言中国不能走西方民主政治的道路，因为西方的民主政治建立在"原罪"和人们互不信任的前提下，而中国的民族精神是以诚对待别人，不存在互不信任问题，所以只要通过乡村建设提升人们的精神境界，进

---

① 梁漱溟：《东西文化及其哲学》，商务印书馆 1999 年版，第 130—131 页。

而发展生产提高人们的生活水平就行了。梁漱溟的这些理论不见得正确，但他主观上是真诚的。

湖北黄冈人熊十力（1885—1968 年）是中国近代著名哲学家和爱国民主人士，他的重要著作《新唯识论》《原儒》《体用论》《明心篇》《佛家名相通译》《乾坤衍》等皆有名于时。熊十力将孟子的心性说与佛学和西方的本体论相融汇，创造了他的唯识论，这种理论是从孟子"万物皆备于我"展开的，最终归于唯识，破除外境，识得本体：

> 本心既是性，但随意异名耳。以其主乎身，曰心。以其为吾人所以生之理，曰性。以其为万有之大原，曰天。故"尽心则知性知天"，以三名所表，实是一事，但取义不一而名有三耳。尽心之尽，谓吾人修为工夫，当对治习或染或私欲，而使本心得显发其德用，无有一意亏欠也。故尽心即是性天全显，故曰知性知天。知者证知，本心之炯然内证也，非知识之知。而孟子之言，则哲学家谈本体者，以为是知识所行之境，而未知其必待修为之功，笃实深纯，乃至克尽其心，始获证见。则终与此理背驰也。①

这表明，他的唯识论实际上就是孟子的本心论，也就是唯心论。熊十力十分钟情于孟子的良知说，他认定，知识的运用一旦离开良知就可能走向邪路，所以知识必须在道德良知的制约下运行。面对中国近代走向民主政治的潮流，他又将孟子的民本思想向民权的方向诠释：

> 子舆论政，重教养，贵民（当时列强对内行武断政策，对外侵略主义，故孟氏提倡民权）。以学者为社会之中坚，而惧夫生心害政。故游说横议，诸持浅薄之论及挟异端者，皆与之力辩（以公孙衍、张仪为妾妇之道，谓"善战者服上刑"，又以杨墨为禽兽，唯攻墨为过），识卓哉！当乱世，阅历人事至深，斯言之切也。②

---

① 熊十力：《新唯识论》，中国人民大学出版社 2006 年版，第 26 页。
② 熊十力：《新唯识论》，中国人民大学出版社 2006 年版，第 23 页。

新儒学所谓"内圣开出新外王"，实际上就是将儒家的思想资源按照西方民主政治的理念进行新的诠释，这与近代今文经学派"微言大义"的治学路数是非常相近的。

河南唐河人冯友兰（1895—1990年）是中国近代最著声望的哲学家、哲学史专家，新儒学的代表人物之一。他抗战时期推出的"贞元六书"《新理学》《新事论》《新世训》《新原人》《新原道》《新知言》，建构了自己独特的哲学体系，他穷毕生精力撰著的《中国哲学史》奠定了他在中国哲学史领域泰山北斗式的地位。

冯友兰对孟子及其思想的评价是在其《中国哲学史》等著作中展现的。他以古希腊哲学家类比孔子和孟子："孔子在中国历史中之地位，如苏格拉底之在西洋历史；孟子在中国历史之地位，如柏拉图之在西洋历史，其气象之高明爽亢亦似之。"① 他认为孟子一生继承孔子的事业，以"舍我其谁"的气概，为实现王道政治而奋斗。而这个与"霸道"政治相对立的王道政治，不仅其政治经济制度都是为民而设，就是君主也是为民而立，证据是孟子说的"民贵君轻"和"得乎丘们为天子"。孟子认定义重于利，完全是非功利主义的，而与之对立的墨家学派则是完全的功利主义。孟子政治思想的导向是民主政治。冯友兰认为哲学的最高境界是神秘主义境界，孟子恰恰达到了这一境界，他的"万物皆备于我"和"养浩然之气"就蕴含着这种境界和展示其精神状态：

> 照孟子和儒家中孟子这一派讲来，宇宙在实质上是道德的宇宙，人的道德原则也就是宇宙的形而上学原则，人性就是这些原则的例证。孟子及其学派讲到天的时候，指的就是这个道德的宇宙。理解了这个道德的宇宙，就是孟子所说的"知天"。一个人如果能"知天"，他就不仅是社会的公民，而且是宇宙的公民，即孟子所说的"天民"。②

冯友兰认为哲学有四种境界，即自然境界、功利境界、道德境界、天

---

① 冯友兰：《中国哲学史》，华东师范大学出版社2000年版，第86页。
② 冯友兰：《三松堂全集》第6卷，河南人民出版社2000年版，第70页。

地境界，而最高的是天地境界。孟子的"天民"论，就是天地境界。对孟子及其思想如此诠释，显然是一种引申和转化的理解。

湖北浠水人徐复观（1903—1982 年）是晚于梁、熊、冯的第二代新儒学代表人物之一，其学术活动主要在 1949 年以后的港、台进行的。体现他学术思想的著作主要是《中国人性论史》《两汉思想史》《中国思想史论集》《儒家政治思想与民主自由人权》《中国经学实际处》《中国艺术精神》等。他认为孟子对中国文化最大的贡献就是性善说的提出："在人性论的发展过程中，性善两字，直到孟子始能正式明白地说出。性善两字说出后，主观实践的结论，通过概念而可诉之于每一个人的思想，乃可以在客观上为万人万事立教。"① 他专从"心善"来解释性善，所谓性、心、情、才，都是围绕心的不同层次。关于恶的来源，徐复观认为孟子的理解，一是来自耳目之欲，一是来自不良环境。生理欲望本身虽然不是罪恶，但不以理性节制而为自身利益侵犯别人的利益，即构成恶；而不良的环境就使心之善难以发挥和显现，进而使恶难以避免。他特别认定孟子的性善论完成了从宗教到人文的转化，是"惊天动地的伟大发现"：

> "生而不可知谓神"的神，都指的是某种神秘实体的存在；至此就完全转化为心德扩充的形容词。这一名词的转化，即表现从宗教向人文的转化的完成。经此一转化，凡是任何原始宗教的神话、迷信，皆不能在中国人的理智光辉之下成立。这代表了人类自我向上的最高峰。所以孟子的性善论，是人对于自身惊天动地的伟大发现。②

徐复观竭力从中国传统文化中寻找与西方民主政治相衔接的资源。他认为孟子"民贵君轻"的民本思想正蕴含着最丰厚的资源：

> 民治的制度实为孟子所未闻，但民治的原则，在《孟子》中已可看出端绪。《梁惠王下》："国君进贤……左右皆曰贤，未可也；诸

---

① 徐复观：《中国人性史》，上海三联书店 2001 年版，第 141 页。
② 徐复观：《中国人性史》，上海三联书店 2001 年版，第 59 页。

大夫皆曰贤，未可也；国人皆曰贤，然后察之（察其贤之事实）；见贤焉（见其有贤之事实），然后用之。左右皆曰不可，勿听；诸大夫皆曰不可，勿听；国人皆曰不可，然后察之；见不可焉，然后去之。左右皆曰可杀，勿听；诸大夫皆曰可杀，勿听。国人皆曰可杀，然后察之；见可杀焉，然后杀之。故曰国人杀之也……"这段话的意思，是说用人、去人、杀人之权，不应当由人君来决定，而应当由人民来决定。人民的好恶决定政治的具体内容，而对用人、去人、杀人的政治权力，又主张保留在人民手上，这怎么没有透露出"民主的原则"呢……由此一原则的要求，便发展而为《礼记·礼运》大同章的"天下为公，选贤任能"的主张，这已向制度方面迈进了一大步。①

不管这种论述是否反映了孟子的本意，但徐复观认定孟子代表了中国政治思想史中最高的民主政治的精神则是显而易见的。

四川宜宾人唐君毅（1909—1978 年）也是第二代新儒学的代表人物，也是活跃在港台的著名学者。他师从熊十力，主要著作有《道德自我之建立》《心物与人生》《人文精神之重建》《中国文化之精神价值》《中国人文精神之发展》《哲学概论》《中国哲学原论》《生命存在与心灵境界》等。

唐君毅考察孟学在中国历史上不断升值的过程，认为不同时代人们对孟学关注的重点不同，而到了近代，孟子就成了民本、民主思想的宗师，成为反对专制的思想武器。他认为孟子思想的核心是"立人"之道：

> 孟子之道，教人下别于禽兽，而向上奋起，以尽心知性，存心养性，以知天、事天，而尚友千古圣贤，更兴起人民旨心志，皆以"天民"自居，"天爵"自贵，若为训政则以"天吏"自任之道。此道之所在，即人之义当行。是为人之配义与道之事……然于此须知孟子之言人之义，乃归本在人之仁。孟子言"仁者，人也；合而言之，道也"，人而能仁以其有义，而立此人之道，方为孟子之道之所存。②

---

① 徐复观：《中国思想史论集》，上海书店出版社 2004 年版，第 113 页。
② 唐君毅：《中国哲学原论·原道篇》，（台湾）学生书局 1985 年版，第 215 页。

在中国历代思想家中，唐君毅最推崇孟子，他的哲学思想也受孟子影响最深。他积 30 年之功精心撰写的《生命存在与心灵境界》一书，建立了自己"三向九境"（三向：横观种类、顺观次序、综观层位；九境：万物散殊境、依类成化境，功能序运境、感觉互摄境、观照凌虚境、道德实践境、归向一神境、我法二空境、天德流行境）的哲学体系，其核心就是本诸《中庸》的"天命之谓性"和孟子的"尽心知性知天"的理念，扩而形成他的立人道成教化的理论：

> 天只是性之形上根原。此形上根原之为何物，只能由人依其性而有之自命自令为何物而知之……故孟子谓尽心即知性知天也，尽心即尽此心之自命自令，而行之，亦即就此心自命自令之时，所视为当然者而行之，此亦即尽此天之所予我者，而立此命于我之生命存在之内也……因孟子之言命，或自外境之顺逆说。此外境之顺逆，乃另一义之命……而人于此可有其自命自令之命说。言外境之顺逆之事实，可即启示一义所当为，而见客观之天于人所有命，而人即由此以知所以自命，其义亦更有深于《中庸》之只言性命即天命者。①

尽管讲得有点故作高深，但其意义却是明确的，这就是把孟子性善论引申出的平等精神，接榫至现代民主精神的机体上，充分展示"内圣外王"的理路。

山东栖霞人牟宗三（1909—1995 年）同样是新儒学的第二代中坚，他建立了自己独具特色的哲学体系，著述宏富，主要著作有《认识心之批判》《历史哲学》《道德的理想主义》《政道于治道》《中国哲学的特质》《生命的学河》《名家与荀子》《才性与玄礼》《佛性与般若》《心体与性体》《从陆象山到刘蕺山》《智的直觉与中国哲学》《现象与物自身》《圆善论》《中国哲学十九讲》《康德的道德哲学》等。

孟子及其著作是第二代新儒家特别重视和恣意发挥的思想资源，也是他们最为推崇的中国古代思想家。其中对之评价最高、发挥最多的就是牟宗

---

① 唐君毅：《中国现代学术经典·唐君毅卷》，河北教育出版社 1996 年版，第 693 页。

三。他这样评价孟子：

> 孟子在战国时尽了他的责任，亦为精神表现立下一个型范……殊不知孔子之全，若不经由孟子所开示之精神表现之型范，以为其"全"立一精神之系统，则孔子之全亦被拖下来而成为疲软无力矣。吾人说孔子为通体是文化生命，满腔是文化理想，转化而为通体是德慧。现在则说：孟子亦通体是文化生命，满腔是文化理想，然转化而为全幅是"精神"。仁以内在而道性善，是精神透露之第一关。浩然之气，配义与道，至大至刚，乃集义所生，非义袭而取，是精神之透顶。万物皆备于我，反身而诚，乐莫大焉，所存者神，所过者化，上下与天地同流。此是由精神主体建体立极而通于绝对，彻上彻下，彻里彻外，为一精神之披露，为一光辉之充实。①

牟宗三所以对孟子及其思想有如此高的评价，是因为在他看来，孟子性善论所提供的思想资源足以为自己"打开十字"的哲学体系奠定一个坚实的理论基础，而孟子及其思想作为一种儒家理论宝库的最重要的资源具有其他资源所不具备的时空的超越性：

> 儒家是彻底的纵贯系统，而且是纵贯纵讲……孔子论仁，孟子论性，都是道德的创造性。什么叫道德的创造性呢？用中国老话讲，就是德行之纯亦不已。分解地说，德行之所以能纯亦不已，是因为有一个个超越的根据；这超越的根据便是孟子所谓"性善"的"性"。这个性便是道德的创造性，有这个创造性作为我们的性，我们才能连续不断、生生不息地引发德行之纯亦不已……"性"不是一个空洞的概念，而是有内容的，恻隐之心、羞恶之心、辞让之心、是非之心通通包括在内，孔子的仁也包括在内。②

---

① 牟宗三：《历史哲学》，广西师范大学出版社2007年版，第108页。
② 牟宗三：《中国哲学十九讲》，世纪出版集团、上海古籍出版社2005年版，第334页。

由孟子的性善论出发，牟宗三又借用康德的"至善"概念创造出"圆善论"，其利用的资源，依然是孟子思想："圆善，意思是整全而圆满的善。依孟子，天爵与人爵的综合，所性与所乐的综合，便是整全而圆满的善。"[①] 为什么直接利用孟子的资源呢？他解释说："一因有所凭借，此则省力故；二因讲明原典使人易悟入《孟子》故；三因教之基本义理定在孟子，孟子是智慧学之奠基者，智慧非可强探力索得，乃由真实生命者之洞见发，为不可移故。"[②]牟宗三关于民主政治的设定，也从《孟子》寻找历史资源。例如，他将孟子"天子能荐人于天，不能使天与之天下"一段话认定为孟子首先提出"推荐"和"公天下"的理念，将孟子"与民同乐"、与民同富的观念认定为民主政治的顺成理想；将"五亩之宅，树之以桑；百亩之田，勿夺其时"以及轻徭役、薄赋敛等"仁政"措施认定为民主政治的理想：

> 在政治措施上，就个体而顺成，生存第一……不但生存第一，畅达其物质的生活幸福，亦须畅达其价值意义的人生为一"人道的存在"。故曰"谨庠序之教，申之以孝弟之义，颁白者不负戴于道路矣"。教者，即教此孝弟忠信、礼义廉耻之道。完整言之，即孟子所谓"父子有亲，夫妇有别，长幼有序，朋友有信"也……故在内容的表现上，就生活之全而言之，牵连至此种教化的意义，不得谓为妨碍自由也。然在政治上所注意之教化亦只能至乎此，过此即非其所能过问。此即政治上的教化意义之限度。此限度，在以前之儒者皆自觉地公认之。律己要严，对人要宽，此是一般地言之。落实在政治上，村对人要宽，第一是"先富后教"，第二是教以起码普遍的人道。[③]

显然，在牟宗三那里，孟子的"内圣"真能开出民主政治的新外王了。

"十月革命一声炮响，给我们送来了马克思列宁主义。"从 20 世纪二三十年代开始，中国第一代马克思主义历史学家就沿着陈独秀、李大钊开辟的道路，自觉运用马克思主义的理论和方法研究中国历史和文化，在孟学

---

① 牟宗三：《圆善论》，（台湾）学生书局 1985 年版，第 172 页。
② 牟宗三：《圆善论·序言》，（台湾）学生书局 1985 年版，第 11 页。
③ 牟宗三：《政道与治道》，广西师范大学出版社 2006 年版，第 107 页。

研究上也进行了新的探索。

四川乐山人郭沫若（1892—1978 年），是著名马克思主义历史学家，中国马克思主义历史学的开拓者之一。他的《中国古代社会研究》《十批判书》《青铜时代》等著作引导了中国马克思主义历史学的方向。在《十批判书》中，他对孔子孟子的思想持基本肯定的态度："我之所以比较推崇孔子和孟轲，是因为他们的思想在各家中是比较富于人民本位的色彩。"① 在《十批判书·儒家八派的批判》中，他认定孟子出于子游氏之儒，是思孟学派的掌门人，《大学》《中庸》等都反映这一学派的思想，而"五行"的概念、修齐治平的人生指向也是出于这一派的创造，就是《尧典》《皋陶谟》《禹贡》《洪范》等《尚书》中的篇章，也"是思、孟之徒的作品"。在以后以他作为主编的《中国史稿》第二册中，撰稿者将他研究孟子的观点作了较系统的梳理，认为"思孟学派的理论核心，是把天命和五行学说结合起来，而贯穿以圣王之道（尧、舜、禹、汤、文武、周、孔）"。"思孟学派的天命五行说是以王道为中心的"，这个王道就是"仁政"。但该书受当时"批林批孔"遗绪的影响，对孟子思想过多地予以否定，在很大程度上偏离了郭沫若的基本趋向，显示了"文革"的遗风②。该书出版时，郭沫若已经去世，这个责任当然不应由他担负。

浙江绍兴人范文澜（1893—1969 年）也是中国马克思主义史学的开拓者之一。他撰写的《中国通史简编》《中国近代史》在中外都产生了很大影响。范文澜在《中国通史简编》中对孟子有较高评价，认为"孟子学说可以说是孔子的嫡传……孟子确是孔子以后最大的一个儒学大师"。"孟子的政治思想，基本上是劝国王行仁政以达到全中国统一的目的。"这种仁政学说含有不少积极思想：

> 孟子的仁政学说，含有不少独辟的积极思想，如痛斥民贼，说汤放桀，武王伐纣是诛独夫不是弑君；如重民轻君，说"民为贵，社稷（国）次之，君为轻"。得民心的人得做天子，天子失民心，就是独夫，

---

① 郭沫若：《十批判书》，人民出版社 1962 年版，第 424 页。
② 郭沫若主编：《中国史稿》第 2 册，人民出版社 1979 年版，第 64—68 页。

人人得而诛之。如君臣关系，说君待臣像手足，那末臣待君像腹心；君待臣像犬马，那末臣待君像路人；君待臣像土芥（轻贱物），那末臣待君像仇敌。如限制君权，说国君用人或杀人，不要单听左右亲近人的话，要国人都说这个人好或国人都说这个人可杀，经国君考察后，才决定用或杀。孔子在《春秋》弑君书法中，承认国人有权杀暴君。孟子依据孔子及西周时敬天保民思想，大胆予以发挥，成为封建时代最可宝贵的一种政治理论。①

湖南桃源人翦伯赞（1898—1968 年），也是中国近代马克思主义历史学的奠基人之一。他的主要著作有《历史哲学教程》《先秦史》《秦汉史》《中国历史论集》等，还主编了《中国史纲要》。《中国史纲要》一书对他的孟子观进行了梳理，在客观叙述中基本持肯定态度：

> 孟子……是战国中期儒家学派中的大师。
>
> 孟子主张性善说，认为人的本性是善的，而仁、义、礼、智这四种品质是先天固有的。他要求人们通过存心养性，使这些品质扩而大之，以达到改造客观世界的目的。孟子这种唯心主义理论对后来儒家思想的发展有很大影响。
>
> 在性善论的基础上，孟子又导引出关于仁政的学说。仁政的具体内容就是要求封建统治者注意改善劳动者的生活处境。他认为最要紧的应该农民不失去土地，所谓"有恒产者有恒心"，这样才能使农民不再致起来反抗，封建统治才能巩固。
>
> 孟子对统治者是否得民心也特别强调。他说尧、舜得天下，主要是民心所向，而桀、纣之失天下，主要是失去了民心。他说国君如果"暴其民者"，就将得到"身弑国亡"的下场。如商纣那样的暴君，臣下把他杀死，不算是弑君行为。②

---

① 范文澜：《中国通史简编》第 1 编，人民出版社 1962 年版，第 268 页。
② 翦伯赞主编：《中国史纲要》第 1 册，人民出版社 1979 年版，第 87—88 页。

湖南邵阳人吕振羽（1900—1980年），也是著名马克思主义历史学家，参加过影响深远的中国社会史问题的论战，主要著作有《史前中国社会研究》《商周社会研究》《中国政治思想史》《简明中国通史》等。他对孟子的评价可以说褒贬参半，认为孟子是一位"初期封建制度的拥护者"，"要求熄灭新兴封建地主的进步思想和农民的革命思想"。其性善论虽然"有着人本主义因素"，但是"先验主义"，而君臣关系"在本质上是绝对主义"①。尽管承认"民贵君轻"和"诛一夫"的主张具有进步意义，但只能归入改良主义思想。不过总体上说孟子思想具有民主主义的进步意义。

在近代马克思主义历史学家中，山西平遥人侯外庐（1903—1987年）是以研究中国思想史闻名的学者，主要著作有《中国思想通史》《中国古代社会史论》《中国封建社会史论》《中国近代哲学史》等。在《中国思想通史》第一卷中，侯外庐认定孟子思想渊源于曾子，完成了儒学唯心主义的放大。认为孟子主张贫富关系永远不变，其仁政思想是企图恢复西周制度，其进贤论则企图调和新旧制度。尽管他对贵族君子在"正人心"方面寄予厚望，但也同情百姓的疾苦，具有一定的人民性因素。他肯定孟子的天论减少了天的主宰成分，同时又从"思诚"入手扩大人性中的理性成分，从而减少了天的"宗教性"和迷信色彩。侯外庐认为孟子完成了先验主义的形而上学体系，是一个充满矛盾但很深入的思想体系②。

参与《中国思想通史》撰稿的广东澄海人杜国庠（1889—1961年），是较早以马克思主义理论研究中国思想史的学者之一，主要著作有《先秦诸子思想概要》《中国逻辑史》《中国佛学概论》等，最后汇编为《杜国庠文集》。他认为孟子思想的核心一是性善论，二是言必称尧舜，"道性善，表现了他的哲学倾向；言必称尧舜，则表现了他的政治理想"，而"民贵君轻"和"诛一夫"的观点，一方面表现了对人民的同情，另一方面也显示战国时代的人民已经比春秋时期更能展现自己的力量③。

在近代马克思主义史学崛起的同时，其他学术流派也出现异彩纷呈的局面，他们中的一批学者运用西方传入的理论和方法，在孟子研究方面也取

①　吕振羽：《中国政治思想史》上册，人民出版社1957年版，第179—189页。

②　侯外庐：《中国思想通史》第1卷，人民出版社1957年版，第395页。

③　《杜国庠文集》，人民出版社1962年版，第20—30页。

得显著成绩。河北深县（今深州市）人罗根泽（1900—1960 年），是顾颉刚为代表的"古史辨派"的中坚之一。他的主要著作有《诸子考索》《孟子评传》。《孟子评传》出版于 1932 年，在《自序》中，他道出撰写该书的初衷：纠前人之谬误，给今人一个真实的孟子：

> 史公于孔子为《世家》详纪言行，于孟子则仅与诸子共传，寥寥百余言，略而且误。赵氏《题辞》，亦未详叙。后儒纷纷稽讨，或为《年谱》，或为《考略》，或为《传纂》，于是其行实略历，粗可考见。然孟子生卒，古籍不载，确定年月，势不可能，《年谱》之作，亦云荒矣。《考略》之流，又病割裂。《传纂》善矣，而今所传者，多载《外书》荒谬之言，《列女》《韩诗》附会之说，至其道术政论，游仕大端，反缺焉，斯所谓倒置植者也。根泽幸生后世，得窥魁儒硕士之所考订，参验比较，曲直见而史实出焉。愚不自揣，以暇时草为《评传》。于其学术思想则提要钩玄，撮论其根核所在，渊源所自，与夫枝干之演化，后世之影响。于其出处行历，则依据《孟子》参以诸儒之考证，信而有征者书之，荒谬怀疑者不录。冀使世人无论学习《孟书》与否，籀此一文，即能略悉孟子之人格学问及事略之大概。唯立说所自，不标出处，去取微意，弗事说明，易滋疑团，且邻掠美；故凡所引书，降格书之；考案之语，又复降焉；庶读者遇有怀疑，有所稽览云。

应该说，他设定的这个目标，《孟子评传》一书基本达到了。该书考证了孟子的名字、"三岁而孤"、生卒年等问题，认定孟子只有名而无字，"三岁而孤"说没有根据，生卒年考定在周烈王初年至赧王二三十年间，基本得到当时和后世学界的认可。该书赞扬孟子的志向："其志大，其取则远，故能蠹立于战国衰乱之世，俗愈卑而己愈高，众愈污而己愈洁，出处进退辞受取予之间，峻立防闲。"[1] 的确是孟子自己所标榜的"富贵不能淫，贫贱不能移，威武不能屈"的人物。他将孟子之学概括为"植基性善，而以仁为归宿"是比较恰切的。该书系统细密考察了孔子与孟子思想的差别：

---

[1]　罗根泽：《孟子评传》，商务印书馆 1932 年版，第 41—42 页。

孔子罕言性，孟子则倡言性善；孔子止言仁，孟子则兼言理义。此固由于二圣之思想，微有不同。亦以孔子之时，时未大乱，人未尽浇，诱导使仁，即能收效于一二。几乎孟子，丧乱已极，人心益诈，纯恃诱导，不克有功故不得不辅之以含有限制性之理义；言如此则可，背此则非，严厉督责，使之渐趋于仁焉。世人谓孟子并重仁义，其实不然。即其言性善者，亦怵于战国人士之丧心病狂，奸险恶狠，倡言性善，冀以唤起良心，而依仁蹈义耳。乃至孔子唯不攻异端，孟子则大辟邪说；孔子且欲无言，孟子则哓哓争辩；亦因孔子之时，异端尚未大炽，孟子之时，则群说杂出，欲倡己道，必辟彼说，所谓"扬墨之道不息，孔子之道不著，是邪说诬民充塞仁义"者也。后儒不察二圣所处时代不同，环境不同，而妄以此判其优劣。孟不及孔，固无待言，而以此为标准，则殊大谬。甚矣！不知其世，不可遽论人也。①

这种从知人论世出发的对于孔、孟异同的考察，显然能够切中肯綮。最后，他将孟子的学说归宗于"经世致用"之学，应该说抓住了孟学的核心指向。《孟子评传》一书尽管具有不少优长之处，不过，他的一些观点也不无可议之处。如其在《孟荀论性新解》一文中对比孟、荀关于"性善""性恶"的区别时所表述的观点，则有失偏颇："孟子说性是'善'的，荀子说性是'恶'的，在理论上都是站不住脚的。但他俩的性说，本来都只是一种利用—利用它来推行他们自己的学说。"② 其实孟、荀在人性问题上的论述，并不仅仅是一种"利用"，他们自己都有学理的逻辑，罗的说法，很难从孟、荀本人的著作中找到根据，不能算是一种严密的论证。

湖南益阳人陈鼎忠（1879—1968年），是近代著名的经济学家和国学专家，曾任教于东北大学和无锡国专。他的《孟子概要》一书，是给东北大学学生授课的讲义，内容涉及孟子事迹、著作考辨以及后人注释《孟子》一书的辨析。他考定孟子的生卒年为前385—前302年，一生经历是居邹40年，首仕于邹，后游齐，之宋，归邹，至滕，游梁，再次游齐，复游于宋，归

---

① 罗根泽：《孟子评传》，商务印书馆1932年版，第46—49页。

② 《哲学评论》1930年第3卷第4期。

邹，至鲁，归邹终老。孟子除作《七篇》外，"通五经，尤长于《诗》《书》"。他考察了历代《孟子》的注释，否定了《十三经注疏》中的《孟子注疏》出于孙奭之手。陈鼎忠第一次以运用西方哲学的"惟心""惟物"概念划分孟子和荀子的区别，给人以别开生面之感：

> 西人言哲学者，门户虽繁，要不出心物二派。释氏之心相而宗亦然。孔子之学，传于七十子，布于天下，四科八儒，区以别矣。要其归宿，不出孟荀二派。孟子惟心，故法先王，道性善，主良知，述仁义。荀子惟物，故法后王，道性恶，主劝学，述礼乐。……孟子为宋学之宗，荀子为汉学之宗，说相反而道实相成，合而一之，尼山之真乃出。太史公以孟荀并传其见卓矣。①

这里陈鼎忠使用的"惟心""惟物"的概念，还不完全等同于马克思主义哲学所用的"唯心""唯物"的概念。不过他认识到孟、荀思想的相反相成之处，实在是真知灼见。因为只有他们二人思想学说的结合，才构成孔子之后完整的儒学传统。

　　与《孟子概要》差不多同时出现的《孟子事迹考略》，是广东兴宁人胡毓寰（1898—1981年）撰著的一部考论孟子事迹著作。该书就孟子事迹有关的一系列问题进行了考辨。他肯定孟子的生卒年为周烈王四年—周赧王二十六年（前372—前289年），这一年代的认定得到当今史学界大部分学者的承认。而所谓孟子之字"子舆、子车"之类的记载，"只可视为近理，未可认为事实"②。孟子"父名字失考。母氏亦未详，娶谁氏，有几子，此阙疑也"③。关于"三岁丧父"的"母教"的故事，作者也持怀疑态度。这些考辨显示了他求真求实的郑重态度。不过对于孟子"君子""小人"分野的阶级分析，尽管当时看来具有初步运用历史唯物论和阶级分析法的积极意义，但实际上却是一种过于简单化的处理。其实，《孟子事迹考略》一书的价值，主要不在于史实的考辨，而在于对孟子事功行藏的评论。例如，对孟子不得

---

① 陈鼎忠：《孟子概要》，民生印书馆1934年版，第76—77页
② 胡毓寰：《孟子事迹考略》，正中书局1946年版，第5—6页。
③ 胡毓寰：《孟子事迹考略》，正中书局1946年版，第14页。

仕于齐的利弊得失的评论，就显示了他的卓识：

> 孟子去齐，在其生命史上，实一重大事件。盖彼以齐为最易致
> "王"之国，宣王又一足用为善之君；一旦不得已去齐，深觉道之将于
> 不行，故不禁慨然致叹天之未与平治天下。后世儒者，皆为孟子不遇
> 于齐惜。明人王世贞独持异论，以"不遇"为孟子庆。其所作《读书
> 后》曰："孟子幸而不见用于齐也。使宣王用之，其始受掣于文忌骓髡
> 之辈，必不究稍究，而受忌于秦楚燕赵之君，兵交临淄之境，故将畏
> 上刑而不出，必以诿孟子，翼以章、丑，必败。其胜之，而先移二周
> 之鼎，天下之罪丛焉，则又败。惟不用，而后世以王佐目之，以不遇
> 惜之，故曰幸也。"王氏之论，虽属推想之谈，然亦不为无理焉。盖孟
> 子政治主张，多治本之策，少治标之方。治本者，其效多缓如云"行
> 仁政则可使民制梃以挞秦楚之坚甲利兵"，此本属一种理想效果。纵令
> 庶几事实，亦必经长久岁月，始可达其目的。且专重正义，不喜外交
> 联合手腕；反对善战开垦，不言富国强兵。此种政策，假以时日，与以
> 岁月，或可致天下平治；若于战国军事紧张之际，恐正义未申，王道未
> 成，国土既为外敌武力所占，虽有仁政，亦将急无所施矣。……故以孟
> 子政治主张为知本，为富有正义和平之价值，可也；谓能于战国军事紧
> 张中取胜利，未必也。以孟子人格学问高出当时游说之士，可也；以孟
> 子不遇时君，为孟子及天下惜，则殆可不必焉。[1]

如此评论，是深得孟子思想之主导指向的。孟子绝不是万能之人，其长处在
于思想的博大深邃，着眼于长治久安，其短处恰恰在于不谙军事谋略和纵横
捭阖的外交术。胡毓寰特别赞扬孟子的人生态度："达则兼济天下，穷则独
善其身。"对于孟子在战国时期不被当权者重用的际遇，作了同情的理解和
礼赞：

> 回想当日与孟子同时之投机政客官僚，如公孙衍张仪之流徒，虽

---

[1]　胡毓寰：《孟子事迹考略》，正中书局 1946 年版，第 63—64 页。

则一怒而诸侯惧，安居而天下熄；然而时过境迁，既成历史上政客官僚纪录中之陈迹。而孟子则以《七篇》传世，数千载下犹受人之尊崇景仰焉。则伟大学者之独善其身，非徒然矣。[①]

千载之后，胡毓寰不愧为孟子的知音。作为纵横捭阖之士的公孙衍、张仪之流当年尽管似乎叱咤风云、风光无限，远远超过孟子的冷遇凄然，但历史的筛选却留住了孟子及其思想，使之光耀千古，温暖人寰。

第八节　新中国成立后的孟子研究

一、1949—1976 年的孟子研究

1949 年 10 月 1 日，新中国宣告成立，中国共产党宣布"领导我们事业的核心力量是中国共产党，指导我们思想的理论基础是马克思列宁主义"。自此，马列主义、毛泽东思想就成为中国大陆哲学和人文社会科学研究的指导原则。几乎所有大陆的哲学、人文和社会科学的教学和研究工作者，都努力学习和运用马列主义和毛泽东思想作为指导研究的理论和方法。由于儒学丧失了作为统治思想和主流意识形态的地位，再加上党和政府强调对历史遗产的研究"立足于批判"，致使对孟学研究的论著一是数量大大减少，二是否定的评价成为主流倾向。如此期代表性的著作任继愈主编的《中国哲学史》，就认定孟子思想主要代表封建地主阶级，其"民为贵"思想服务于"仁政"理论，是为了加强封建君主地位，并不是为民争地位。孟子把义、利对立起来，其"劳心""劳力"说主要是论证剥削的合理性。其性善论是仁政说的理论基础，是一种抽象人性论，性质是唯心主义学说。孟子将自己的世界观、人性论和仁政学说紧密结合在一起，形成了先秦唯心主义哲学的重要派别。因为这部书是几乎所有大学讲授哲学史通用的教科书，所以产生了广泛而深远的影响。其他一些论著，尽管也有较多肯定孟子思想的倾向，但不占主流地位。从总体上看，新中国成立后的前 17 年中，在思想意

---

① 胡毓寰：《孟子事迹考略》，正中书局 1946 年版，第 85 页。

识形态领域日益极左化的情势下，对马列主义的运用日益呈现教条化、庸俗化、简单化的倾向，致使孟学的研究走向僵化和萧条，没有留下可圈可点的成果。

20 世纪 60 年代初期，意识形态领域的极左倾向进一步加剧，各学科都笼罩在大批判的硝烟弹雨中。这种倾向直接导向"文化大革命"的十年浩劫，在所谓"大破四旧"的狂潮中，大量珍贵文物付之一炬，各地文庙中的孔子孟子雕像粉身碎骨。而到"文革"后期的"批林批孔"运动更给中国的传统文化带来空前的灾难。在"与过去的传统彻底决裂"的狂呼乱叫中，"儒法斗争"的概念被杜撰出来并作为贯穿中国历史的基本规律写进各种文件和著作中。"孔孟之道"被作为罪恶的渊薮成为被严厉讨伐的对象。在这种情况下，孟子的研究变成纯粹的批判，各种污秽的帽子和莫须有的罪名都任意堆砌到孔子孟子的头上。

二、1977—2014 年的孟子研究

1976 年 10 月，以粉碎"四人帮"为标志，被称为"十年浩劫"的"文化大革命"画上了句号。随着科学的春光沐浴神州大地，中国历史开始了新的一页，孟学的研究也进入一个新时代。从 1977 年至 2006 年的 30 年间，孟学的研究由初步恢复发展走向了繁荣的局面，其突出表现在各种研究机构的建立、各种级别的学术会议的召开，以及大量学术论文和著作的面世。据有关资料统计，此一时期大陆发表的孟学研究的论文超过 1000 篇，论著 60 部。1984 年成立了中国孔子基金会，1986 年山东社科院建立儒学研究所，邹城市成立孟子学术研究会和孟母教子研究会，1998 年山东社科院又成立孟子研究中心，2000 年山东师范大学建立省部合办的齐鲁文化研究中心，2005 年山东大学建立儒学研究中心（后改名儒学高等研究院），2008 年徐州师范大学（今江苏师范大学）建立孟子研究院，2013 年山东邹城建立孟子研究院。其他众多高校和研究机构建立的以儒学或传统文化命名的研究机构，孟学研究也是重要内容之一。1984 年 10 月，在山东邹城召开了新中国成立以来第一次全国规模的"孟子学术研讨会"。1987 年 8 月，山东曲阜召开了"儒学国际学术讨论会"，孟学研究是其中的重要内容之一。同年 12 月山东济南召开了"孔孟荀比较研究会"。1994 年 5 月在山东邹城召开了"孟

子学术思想国际研讨会"。1996 年、1997 年在山东邹城两次召开"中韩国际孟子学术研讨会"。2005 年 9 月，在邹城召开"孟子思想暨邹鲁文化研讨会"。2006 年 4 月，在邹城召开"儒学全球论坛（2006）·孟子思想的当代价值国际学术研讨会"。在这些学术会议上，孟学研究在拨乱反正的前提下得到深入发展和开拓，涉及到孟子思想的方方面面，诸如天人关系、天命、仁政、礼乐、民本、伦理、人道、心性、教育、法律、文学、军事、音乐、后世影响、海外传播和影响等问题，都被论及和探索。学术视野日益开阔，问题研究进一步深入，运用的理论和方法更是多样化，呈现空前的百家争鸣的繁荣局面。

由于《孟子》一书几乎涵盖了当时政治、经济、思想文化的方方面面，所以后世对它的研究也就涉及了人文和社会科学的几乎所有学科，学者们从不同的侧面对孟子及其思想进行了全方位的研究。在中国哲学史领域，孟子是一个重量级的人物。北京大学哲学系中国哲学史教研室编写的《中国哲学史》（中华书局 1980 年版）全面论述了孟子的哲学思想。该书认为孟子反对当时地主阶级激进派的改革，反对土地买卖和实物地租，在立场上是保守和落后的，但主张民本、要求满足百姓富裕生活的愿望，对发展经济和巩固封建秩序还有一定的积极意义。孟子将义利对立的观点是欺骗群众和保护统治阶级利益的。他的性善、论良知说、"劳心者治人"等观点，是唯心主义的先验论、英雄史观、宿命论，为剥削制度的合理性和永恒性做了理论上的辩护。如此评论孟子及其思想，显然还没有摆脱"阶级斗争"和唯物、唯心理论框架的影响。

任继愈主编的《中国哲学发展史·先秦卷》（人民出版社 1983 年版），认定孟子的阶级立场属于由奴隶主贵族转化而来的地主阶级，其思想具有托古改制的改良主义色彩。他的政治思想有利于强化封建伦理纲常，适应了建立和巩固封建中央集权制度的需要。孟子的"仁政学说"奠定了中国封建社会政治思想的理论基础，在经济上主张"制民恒产"，满足小农的土地要求，保持小农生产生活的稳定。他反对过分剥削和横征暴敛，关心百姓疾苦，期望统治者"与民同乐"、反对不义战争等都有积极意义。他提倡"杀身成仁，舍生取义"和"富贵不能淫，贫贱不能移，威武不能屈"的大丈夫精神，将士大夫知识分子的道德修养提高到一个很高的境界。该书认为孟子"万物皆备于我"的命题和性善论都是主观唯心论，与告子的辩论是唯物和唯心两条路线的斗争。作者肯定了孟子及其思想对于发展新兴的封建制度和全国统一起了积极作用，但认定其思想成为维护剥削制度和纲常名教的理论基础，负面影响是主要的。

肖萐父、李锦全主编的《中国哲学史》（人民出版社1982年版），认为孟子代表了由旧贵族转化而来的地主阶级的利益，民本思想在历史上起过积极作用，其鼓吹的"仁政""德治"有欺骗劳动人民的一面。孟子的性善论是其仁政理论的哲学基础，"尽心、知性、知天"整个贯穿着唯心主义的认识路线。该书将孟子的历史观定为"英雄史观和历史循环论"，"劳心者治人"则用来说明剥削的合理性和封建统治者的历史功勋。18年后的2000年，外文出版社出版了两人主编的《中国哲学史纲要》，去掉了大部分前书使用的批判语言，但基本评价变化不大。

20世纪80年代，辛冠洁、李曦主编的《中国古代著名哲学家评传》（齐鲁书社1980年版）收录了钟肇鹏撰写的《孟轲》，刘蔚华、赵宗正主编的《山东古代思想家》（山东人民出版社1985年版）收录了刘蔚华撰写的《孟轲》，杨宪邦主编的《中国哲学通史》（中国人民大学出版社1987年版）中的"孟轲的唯心主义哲学"一章，都较为全面地评价了孟子及其思想，基本倾向都是将他作为代表地主阶级利益的主观唯心主义哲学家加以评述。以上成果表明，80年代，尽管学术界随着改革开放的春风在思想上有所解放，但十七年与"文革"的影响和禁锢依然难以完全扫除，"阶级斗争"和唯物、唯心的理论与方法的痕迹还是明显地残留着。这一时期，毛礼锐、沈灌群主编的《中国教育史》第一卷（山东教育出版社1985年版），对孟子教育思想的"理论基础""教育的目的和作用""道德教育思想"和"教学思想"等问题进行了评述。高觉敷主编的《中国心理学史》（人民教育出版社1985年版），对孟子的"性善论""智能观""学习说"进行了述论。李泽厚、刘纲纪主编的《中国美学史》第一卷（中国社会科学出版社1984年版），探讨了孟子对个体人格美的认识、孟子论美感的普遍性和审美活动的社会性、孟子对艺术作品特征的认识、孟子美学的影响等问题。牙含章、王友三主编的《中国无神论史》（中国社会科学出版社1992年版），对孟子的"天与天命"和"入世主义的人事为本论"思想进行评述。蔡方鹿撰写的《中华道统思想发展史》（四川人民出版社 2003 年版），对孟子的"以仁义为道""仁道与王道""心性论"等理念进行了论述，认定孟子思想"开道统说之端绪"。以上这些论著都较多发掘了孟子思想的积极意义。

90 年代，学术界出版了几部中国儒学史的著作，将孟子思想的研究推进了一步。

赵吉惠、赵馥洁、郭厚安、潘策主编的《中国儒学史》（中州古籍出版社 1991 年版）是大陆第一部全面系统论述儒学产生、发展和演变历史的专著。作者认为孟子对孔子思想的继承和发展功不可没，主要表现在继承孔子"听天命，尽人事"的思想，主张"尊天顺命"重视人为的思想；完善孔子的伦理思想，主张性善论；发挥孔子的道德价值观，主张"扩充善端"的伦理观；发展孔子的"以德为政"，主张仁政学说。该书对孟子思想的方方面面都从积极意义的层面上做了充分肯定，认定孟子作为远见卓识的思想家在中国儒学史上具有崇高的地位。

刘蔚华、赵宗正主编的《中国儒家学术思想史》（山东教育出版社 1996年版），认定孟子的儒学体系是由个体论、社会论、天人论三个相互联系、相互作用的子系统构成的系统整体。这三个部分分别回答人与自身、人与社会、人与天的关系。作者以系统论的方法，全面系统地论述了孟子的儒学体系，充分肯定了孟子思想在中国历史上和现实中的积极意义。对学术界长期流行的认为孟子是主观唯心论、先验认识论的观点提出质疑，基本上翻转了此前学术界对孟子思想的评价。

姜林祥主编的《中国儒学史·先秦卷》（王钧林著，广东教育出版社1998 年版），该书第五章全面论述了孟子的仁政说、性善论、修心论、道德人格论等论题，认为孟子的仁政学说将古代的民本思想发展到一个新的高度，其义利之辨重视义，但并不排斥利，人性论在先秦独树一帜，"寡欲"并不等于"禁欲"等论点，都给人耳目一新之感。

1993 年 10 月，湖北省郭店楚墓出土了一批竹简，引起学术界极大的兴趣，召开了一系列的研讨会探索这批简牍的价值，发表了不少论文。参与研究的大部分学者都认定，这些简牍，除了《老子》和《太一生水》外，其余14 篇都是儒家的文献，产生的年代在公元前 300 年以前，即成书于《孟子》之前，是孔子至孟子之间儒家的文献，是孔子思想发展至孟子思想的桥梁。

有了这些文献，从孔子至孟子的儒学发展史就能展示十分清晰的脉络。

80年代后，随着孟子思想研究会的不断召开，参会论文被汇编成多部论文集，在很大程度上反映了孟学研究的新进展。

谢祥浩编辑的《孟子思想研究》一书，汇集了1984年10月在山东邹城召开的"孟子学术思想讨论会"的47篇论文，对孟子的哲学思想、仁政民本理论、心性学说和伦理道德等都提出了一些新见解。其中，对其哲学思想的认识，虽然有的学者仍然认为他是主观唯心论或客观唯心论，但也有学者认为是朴素唯物论。对他的仁政民本思想，尽管也有少数学者认定是"不合潮流的空想"，但更多学者认为仁政民本理念是"中国古代哲学中最突出的民主性精华"，应该充分肯定其进步意义。孟子的性善说是对人的本性认识的一次飞跃，是从神性向人性转化的一次大突破。心性说是孟子政治和伦理思想的共同根基。仁义礼智是孟子伦理学说的基本内容，这四德对于调节社会和人间的和谐关系具有积极作用。

赵宗正、谢祥浩、高晨阳编辑的《孔孟荀比较研究》（山东大学出版社1989年版）一书，是1987年在济南召开的"孔孟荀比较研究学术讨论会"的论文汇编，与会学者集中对三位儒学大师的天道观、仁、仁政、人道、人格、心性学说、教育理论、生态思想等，进行了比较研究。丁冠之主编的《孟子研究论文集》（山东大学出版社1997年版）是1994年在邹城召开的"孟子学术思想国际研讨会"的论文汇编。与会学者充分肯定孟子思想在中国历史上的积极进步作用，任继愈的贺信表述的观点基本是学者的共识：

> 中国先秦诸子百家并出，二千多年来对社会影响深远的只有儒、道两家。儒家代表人为孔、孟，道家代表人为老、庄。儒家由孔子创立，得孟子而光大。孟子性善说成为中国传统人性论的主流；他的王道、仁政学说，历代王朝奉为施政准则；他的良知说，启发了宋明理学的革新派；他的养气说，为后来心性论提供了可贵的思想资料；他的仁政无敌、得道多助、失道寡助的思想为后世外交军事的最高指导原则；他关心农业生产，使人民不饥不寒，千年来为政者奉为圭臬。这些基本思想，今天还活在人民生活中，还在起作用。

与会学者的论文，比较集中探索了孟子的人性论、人生价值观、义利观等问题。有的学者认定孟子的性善论是对人性的"内在超越"，包含很多合理因素和积极意义。有的学者认为孟子的义利观"实际上是道德价值与经济价值、社会正义与社会功利的关系"，"孟子主张先义后利，以义统利，见利思义，反对后义而先利，见利忘义，放弃仁义而去追求物质财货"，显然具有积极意义。

邹城市孟子学术研究会编辑的《孟学研究》（山东人民出版社 1998 年版），是 1996 年、1997 年两次在邹城举办的"中韩国际孟子学术研讨会"的部分论文汇编，涉及孟子的仁政、人性、人生哲学、教育、文学等方面思想的评价，以及孟子林墓、碑刻、族谱等内容，从各方面肯定了孟子思想的精华及其在历史上的积极作用以及对世界历史和文化发展的积极影响。

山东大学儒学研究中心编辑的《儒林》杂志（山东大学出版社 2007 年版）第一辑，选录了 2006 年在邹城召开的"儒学全球论坛（2006 年）·孟子思想的当代价值国际学术研讨会"的 30 篇论文。论文对孟子的心性说、人性论、政治思想、批判精神、孟子在国内外的影响等问题和《孟子》经文及其诠释进行了研究和探索。不少论文肯定了孟子的哲学思想、政治思想、经济思想和伦理道德遗产中超越时空的真理性的内容，认定对孟子思想精华的发掘、开拓和转化，有助于当前中国和世界的良性互动和健康发展。

自 1977 年以后的 40 年间，中国大陆学术界推出了一大批孟学研究的专著，反映了孟学研究的繁荣、深入和开拓。

山东社会科学院研究员王其俊是改革开放后在孟学研究上取得较显著成就的学者之一。他的专著《孟子新探》（济南出版社 1989 年版）、《亚圣智慧——孟子新论》（山东人民出版社 1996 年版）、《孟子解读》（泰山出版社 2004 年版）显示了他深湛的学术素养和厚重的研究成果。《孟子新探》一书汇集了作者 1980 年后发表的 14 篇论文。本书在多个方面提出了孟子及其思想研究的新观点。如对孟子的身份，此前学者都在经济定位上盘旋，本书认定孟子是当时士阶层的代表；在研究方法上，作者运用系统论剖析孟子思想，认为孟子思想是由个体—社会—天人三个子系统及若干层次与因素构成的体系，而孟子的天命观基本属于朴素唯物论；孟子的个体论认为人的共同需求由生理需要、交际需要和追求真、善、美的精神需要组成，孟子关于天、命、势、时和人性论的解读都是围绕着个体需要进行的；孟子的社会论是围绕共同和谐、社会和谐和天人和谐进行的，三者是良性互动的关系。《亚圣智慧——孟子新论》一书，进一步系统深入地论述了孟子的个体论、社会论、天人论，进而概括了孟子思想的整体结构和基本特征，认为孟子思想表现出多样性、有序性和开放性的基本特征。本书是90年代孟学研究的重要成果之一，作者通过对孟子及其思想的整体把握，系统探讨，立足学术争鸣，着力开拓创新，对此前孟子研究中的主要问题都进行回应，提出自己的新见解，代表了孟子研究的新水平。《孟子解读》一书，是作者以自己的学术观点为准的，全面深入地对《孟子》7篇的诠释，全书重点突出，繁简适宜，雅俗兼顾，将学术性、通俗性、可读性较好地结合起来，对普及孟学具有很强的实用价值。

湖南师范大学教授谭承耕所著《〈论语〉〈孟子〉研究》（湖南教育出版社1990年版），对孟子的历史和思想进行了较为全面的考察，认定孟子生于前385年，卒于前304年。其仁政理想具有关心百姓疾苦、重视人民力量、坚持社会分工、重视商业、反对不义战争等进步内容，但也有与旧势力妥协、忽视当前利益等局限。作者论述了孟子的天命观、认识论、方法论，认定孟子具有命定论思想，认识论是主观唯心论，其伦理道德观和修养论有许多积极因素。孟子的美学思想有不少创见，《孟子》的不少篇章作为文学作品形成独特风格，在中国文学史上占有相当重要的地位。

上海社会科学院研究员翟廷晋所著《孟子思想评析与探源》（上海社科院出版社1992年版）一书，全面论述了孟子思想的时代背景、天道观、认识论、人性论、历史观、伦理观、仁政论、审美观、价值观、名实观。较之此前的孟学专著，本书有不少创新之点。如认为孟子思想不仅继承了孔子为代表的儒家思想，也吸取墨、道、法、阴阳等学派的理论；孟子重视自然科学，对天文历法和人体生理都有独到的研究；孟子的历史观不是复古倒退论，而是主张人类历史是不断前进的，尽管其仁政理想有空想成分，但其中的民本意识、恒产理念、轻徭薄赋诉求，都是具有实践价值的理论。

华东师范大学教授杨国荣的《孟子评传——走向内圣之境》（广西教育出版社1994年版）、《王学通论》（上海三联书店1990年版）、《孟子心论》（台北开今文化事业有限公司 1993 年版）、《善的历程》（上海人民出版社 1994 年版）、《心学之思》（三联书店 1997 年版）、《科学的形上之维》（上海人民出版社 1999 年版）等数部高水平的专著，都与孟子及其思想有关，其中的《孟子评传——走向内圣之境》一书是他研究孟子思想的代表作。该书认定，孟子继承孔子的思想，从天与人、主体自由与超越生命、自我与群体、道德原则与具体境遇、功利与道义、理想人格等方面，对原始儒学进行了多方面的引申和发挥，并使之进一步系统化。他认为，孟子的天人之辨，探索了主体自由与超验之命的关系，即力与命的关系，既肯定了人的主观能动性，又肯定这种主观能动性受自己无法控制的外力的支配，将个体自由与自我的道德性理想起来，这意味着自由的内在化，显示了个体自由向个人道德实践与心性涵养的靠拢。孟子以理性作为认识的起点和终点，同时将与行仁政的道德行为融为一体，体现了将知识伦理化的倾向。孟子通过辟杨、墨高扬群体意识，强调通过自我内在德性的涵养及人格境界的提升达到群己的和谐统一。在义利关系上，孟子强调以义制利。在经与权的关系上认定权在总体上从属于经，其作用是通过各种具体规范的适当调整，使道和经的运用更加完善。孟子对社会负面的批评是严厉的，但目的是为了文明的完善。孟子的理想人格是内圣的品格，显示了真、善、美的统一。杨国荣的这些观点，显示了他对孟子认识的深化。

重庆师范大学教授王成儒的《亚圣风范——孟子的智慧》（四川教育出版社 1996 年版），全面论述了孟子的思想，涉及孟子的政治、经济和民本思想、性善法则、修养原理、天道哲学、知论程序、中庸方法、价值判断、教育构想、美学识见等问题。该书以孟子的名言、警句、命题作标题并紧紧围绕着这些标题阐发其思想，同时将思想性、学术性与通俗性结合起来，使本书具有很强的可读性，便于流传和普及。

北京大学中文系教授董洪利著的《孟子研究》（江苏古籍出版社 1998 年版），是金开诚主编的《中国古文献研究丛书》之一。该书认定孟子的生卒年为前 385—前 303 或前 302 年。在儒学的传承系列为孔子—曾子—子思—子思门人—孟子。孟子的政治思想主要体现为仁政学说，基本内容包括民本思想、制民恒产、轻徭薄赋、发展生产、倡导教化、发展教育、反对不义战争等。孟子的性善论认为人有共同的人性，以仁、义、礼、智的道德意识的萌芽为内容，只有经过自我修养才能发展成完美的道德，性善论是一种抽象人性论和唯心主义道德先验论，但其中有合理内核和积极因素。孟子的教育思想，包括以仁义为核心的教育内容和修养方法，尚志寡欲、反求诸己、知耻改过、艰苦磨炼等。孟子的美学思想有自己的特色，文学成就在先秦诸子中居于上流。全书还考察了历代孟子研究。

清华大学教授刘鹗培的著作《孟子大传》（清华大学出版社 1998 年版），对孟子的生平事迹和思想学说进行了全方位的论述。作者认定孟子为子思之门人，40 岁至 64 岁在齐、梁等国游学，65 岁返回故乡，以讲学和著述至寿终。《孟子》成书在其去世前。孟子的道德观强调先义后利和个人对国家、民族、社会的责任意识。他有"乐以天下、忧以天下"的崇高道德观，讲求"养浩然之气""舍生取义"的人生境界和"万物皆备于我"的"天人合一"的精神境界，是中华民族的精神支柱。孟子的认识论是由可知论和反映论组成的唯物论。孟子倡导道德教育和知识教育相结合的教育思想，重视独立思考、持之以恒、艰苦磨炼和重视环境、反对自暴自弃的教育方法。作者认为孔孟对中国文化的主要贡献体现在建立以"仁"为核心的儒学，树立了重"和"的价值观和思维方式，创立了"尚公"的社会学说。

复旦大学哲学系教授杨泽波的《孟子评传》（南京大学出版社 1998 年版）、《孟子与中国文化》（贵州人民出版社 2000 年版）是世纪之交研究孟子的两部高水平的学术专著。《孟子评传》认为曾子、子思没有师承关系，司马迁认定孟子"受业于子思之门人"是合理的。孟子的生卒年代为前 372—前 289 年。作者以王霸之辨、经权之辨、义利之辨、舜跖之辨、人性之辨为切入点，全面系统论述了孟子的思想。认为孟子思想对中国政治的最大影响是他创立了"理想政治"的理念，而正是这种理念不断制约和限制着"现实政治"，使之不能无限地向恶的方向发展。作者还评述了孟子及其思想的"升格"运动，指出这一运动之所以顺利发展，原因在于孟子思想中的道统论、辟异端、谈心性、明浩然、辨王霸等内容适应了不断发展变化的时代诉求。

《孟子与中国文化》一书集中阐发了孟子思想中的三大问题。第一是国家应该如何治理。孟子坚持王道，反对霸道。其中最重要的是民本思想，包括民贵君轻、保民安民、制民恒产、取民有制、用民以时、养民孤老、教民孝悌等内容。他认为王道政治并不是"民主政治",而是"理性化的君本论",其功用是与偏离王道政治的现实政治相抗衡。第二是人们应该如何生活。孟子认为人们正常的食色物质需求是合理的,但必须受义的制约;在道德需要上,必须分清人与禽兽的区别,人们追求的应该是"富贵不能淫,贫贱不能移,威武不能屈"的大丈夫精神,在天地需求上应该追求"天人合一"的境界,这就是"君子人格",这个君子人格可以概括为"求乐"和"向上"。第三是道德如何成就。孟子从性善论出发,构筑起良心本心的内在诉求路径。作者认为孟子思想对中国文化发展方向的影响"功不在禹下",他使人明白人人有良心,人人讲良心,从而使讲良心成为中国文化的一个根本特征。

山东大学教授孟祥才的《孟子传》(齐鲁书社 2013 年版),以通俗晓畅的文字,全面简洁地论述了孟子的生平事迹、思想内涵和对后世的影响。其中对孟子的历史地位是这样概括的:

> 孟子高扬孔子的学说,高扬儒学的旗帜,以锐不可当的气势、凌厉无比的词锋,劈杨、墨,斥农家,贬纵横,继孔子之后,推动了儒学又一次辉煌的崛起。由此,孟子就成为中国儒学思想史也是中国思想史上承前启后的关键人物之一。没有孔子,不可能创立儒家学派;没有孟子,儒家学派不可能在战国时期重振雄风,蔚为大观,儒学也不可能对后世的中国和世界产生如此巨大和深远的影响。儒家学派因为有了孔子、孟子这两个里程碑式的人物和他们在思想上的创造,其理论更加完备,内容更加充实,体系更加完整,视野更加宏阔,从而具备了日后被推尊为主流意识形态的基本要素,具备了与世界各大思想体系相比肩和对话的资格。显然,孟子被推尊为仅次于孔子的"亚圣",是实至名归的,对他来说,是当之无愧的。[1]

如此评价应该是比较中肯确当的。

---

[1] 孟祥才:《孟子传》,齐鲁书社 2013 年版,第 3—4 页。

三、1949 年后港、台地区的孟子研究

20 世纪 40 年代以后，在孟学研究方面也推出了许多新成果。港、台的儒学研究基本上集中于各大学的哲学、中文、历史等系科，如香港大学、香港中文大学、台湾大学、台湾师范大学、政治大学、辅仁大学、东吴大学、"中央大学"、文化大学、中兴大学、东海大学、"清华大学"等学校的有关系科，以及"中央研究院"的历史、语言、哲学方面的研究所，都有学者从事儒学的研究，孟子及其思想是研究的重点之一。此外，几个学术团体，如鹅湖月刊社及其主办的《鹅湖杂志》、孔孟学会及其主办的《孔孟学报》《孔孟月刊》、汉学研究中心及其主办的《汉学研究》，《联合报》系文化基金会等，都是重要的研究儒学的团体，在推动孟学的研究方面起了积极作用。多年来，港、台的大学和研究机构召开了一系列儒学和孟子思想研究的学术会议，大学学报和各种刊物发表了大量研究孟子思想的文章，出版社推出了一大批研究孟子及其思想的专著，展示了不凡的业绩。

从 80 年代起，港台地区出版了一批研究儒学的论文集。在这些论文集中，有不少涉及孟子及思想的研究文章。钱穆等撰写的《论孟研究论集》（台湾黎明文化事业公司 1981 年版）中收录了 4 篇研究孟子的文章。王礼卿的《仁内义外说斠诠》认为，"仁内义外"说发明于告子，孟子破义外说而主义内说，主要内容是"性善论"和"养浩然之气"。屈万里的《〈孟子〉七篇的编者和〈孟子外书〉的真伪问题》认为《孟子》7 篇不是孟子自著，真实的《孟子外书》在唐代已经失传，后来出现者皆是伪造。熊公哲的《孟子与所谓齐学之研讨》，考察了战国诸子百家的异同，比较孟子与墨、荀等的不同，认定孟子继承了孔子的思想，属于鲁学而非齐学。

吴康等著的《孟子思想研究论集》（台湾黎明文化事业公司 1982 年版）中收录了 19 篇研究孟子的文章，涉及孟子的心性论、修养论、政治思想、教育思想、超功利主义等内容，反映了 20 世纪 60—70 年代台湾研究孟学的状况，提出了不少新见解，深化了对孟子及其思想的研究。李明辉主编的《孟子思想的哲学探讨》（台湾"中央研究院"中国文哲研究所筹备处 1995 年版），收录 9 篇研究孟子的论文，重点探讨了孟子哲学思想的心性论和文化观，认为孟子哲学思想的核心是心性论，以此为基础发展出他的文化观，

最后形成"内圣外王"的思想格局。

黄俊杰主编的《孟子思想的历史发展》（台湾"中央研究院"中国文哲研究所筹备处 1995 年版）收录 8 篇论文，探索了孟子思想与中国圣贤传统的关系、"内圣外王"的实质意涵、宋代孟子学、清代孟子学等问题，将孟子学的发展脉络清晰展现出来。

以上四部论文集，基本上反映了港台地区在 20 世纪 60—90 年代孟学研究逐步深化的学术进展，上承五四以来的中国学术传统，下启 21 世纪的学术新局面，对推动孟学研究的进一步深化起了积极作用。

港台地区研究中国古代哲学、历史和文化成就最大的学者首推江苏无锡人钱穆（1895—1990 年），他是自学成才的国学大师，1949 年前曾在燕京大学、清华大学、北京大学和西南联大任教，后定居台湾。主要著作有《孟子要略》《国学概论》《先秦诸子系年》《国史大纲》《中国文化史导论》《宋明理学该书》《两汉径学今古文评议》《论语新解》《诸子新学案》《宋代理学三书随札》等，都与孟子及其思想有着密切的关系。《孟子要略》是钱穆研究孟子思想的代表作，1948 年由上海开明书店出版时更名为《孟子研究》。该书认为孟子对后世有三大贡献，一是发明性善之义，二是言养气功夫，三是知言明仁义之根本。他认定此三者有着极其密切的内在联系：

> 人必能知言而后可以卓然自出于群言之表，不夺不惑，有以养其浩然之气，而尽吾性以乎善也……此三者其实则一，皆所以尽人心而发明性善之旨也。①

他认定孟子思想的最大功效是"拨乱世而反之治"：

> 孟子生乎乱世，外则发明人性之善，内则自尽吾心，以知言养其为务，必孟子之学昌，而后拨乱世而反之治者可期。亦必遵孟子之涂辙，而后可以得孔子之真趣。②

---

① 钱穆：《孟子研究·弁言》，开明出版社 1948 年版。
② 钱穆：《孟子研究·弁言》，开明出版社 1948 年版。

钱穆考定孟子的生卒年为前390—前305年。他认为孟子的政治思想可概括为"推仁心，行仁政"：

> 今综述孟子论政大意：盖其本性善之旨，谓人人皆可以为善，其陷于为不善者，皆非其人本身之罪，或由于教育之不明，或由于生计之不裕，而生计之关系为尤大。故为政者，但先注意发展国民之生计，次之以教育，则上下同乐，各得遂其所欲矣。否则国民以暴君苛政之故，不免于死亡，则陷于刑辟非其罪，背国叛君非其过。其君为匹夫，为其臣者可以去，可以易其位，可以诛其人。其论实较孔子正名复礼之主张为进步矣。惟孟子始终未明倡平民革命之说，则以陷于时代，见未及此，不足为孟子病也。①

这种评论无疑抓住了孟子政治思想的真谛。钱穆从孟子对他同时代的思想家和政治家的评判中得出结论：孟子的理论"皆以全体人民之利害为本"，其思想"切近于人事"。他详细论证了性善论是"孟子学说精神之所在"，是孟子所有思想理论的基础，进而论述了孟子的知心养气的内涵和积极意义。钱穆在《先秦诸子系年》（商务印书馆1935年版）一书中，详细考证了孟子的生平事迹。他在《中国文化史导论》（商务印书馆2003年版）及其他一批论述中国文化的论著中，将孟学置于中国文化的大视野中进行评价，肯定"中国文化，本以孔孟学说为中心，中国社会本以孔孟学说为基础"②，从而更进一步深化了对孟子的研究。钱穆的孟学研究开掘精深，论证缜密，资料翔实，视野宏阔，对中国优秀传统文化的播扬起了积极的作用。

台湾学者王孺松撰写的《孟子论性与修为学》（台湾教育文物出版社1974年版），对"生"与"性"、"气命之性"与"义理之性"的联系与区别进行了认真考辨，就修为学的本义、内容从道统、天道、伦理、心理四个方面作了阐述，特别结合个人道德修养诠释了孟子思想的精义，文字通俗流畅，是一部兼具学术性和普及性的优秀读物。

---

① 钱穆：《孟子研究》，开明出版社1948年版，第24页。
② 钱穆：《中国文化丛谈》第2册，（台湾）三民书局1969年版，第236页。

台湾学者、江西临川人王支洪撰写的《孟学的现代意义》（台湾东大图书公司 1984 年版），对孟子思想中的性善论、王道思想、民本主义、道德主义、教育思想进行了全面系统的评述，并联系实际，深掘其中的现实意义。如论述性善论的现实意义：

> （性善论）提供了人们一条真实的道路，唤起了人的内在冲力，使人了解自身的价值，无所忌怯；亲身体验所遭遇的一切忧患，适足增益其所不能，并认定社会和文化的危机，都源自于人，解脱危机的唯一力量，也是在人。因此，人的尊严和人的价值获得肯定。[①]

该书对提高人们认识孟子思想中蕴含的永恒价值理性具有启示意义。

台湾师范大学教授、山东黄县（今山东龙口市）人王基伦撰写的《孟子散文研究》（载台湾师范大学《师大国文研究所集刊》第 29 号），对孟子散文产生的时代背景、孟子散文的含义、孟子散文的思想、孟子散文之体类、孟子散文之作法、孟子散文之评价、孟子散文之影响等问题进行了全面系统的评述。在深入研究和阐发孟子心性论、修养论、处世伦、政治论等问题的基础上，重点将孟子散文的学法、句法、章法、篇法逐一剖析，集中突出地彰显孟子的文学成就及其特色，是将文学与史学、哲学有机结合的力作。

台湾学者叶经柱撰写的《孟子之民本主义》（台湾中正书局 1990 年版），对孟子民本思想产生的历史渊源、民本主义涉及的政治、经济、教育和军事思想以及其给予后世的影响，进行了全面系统的论述。文字简洁、内容丰富，深化了对孟子民本思想的认识。作者结合对孟子之后 50 位中国政治家和思想家的评述，全面展示他们与孟子思想的联系，从而彰显孟子民本思想无与伦比的崇高地位。

台湾大学历史系教授、台湾高雄人黄俊杰是研究孟子的著名学者，他出版了《孟学思想史论》卷一（台湾东大图书公司 1991 年版）、《孟子》（台湾东大图书公司 1993 年版）、《孟学思想史论》卷二（台湾"中央研究院"

---

① 王支洪：《孟学的现代价值》，（台湾）东大图书公司 1984 年版，第 34 页。

中国文哲研究所筹备处 1997 年版)、《儒学与现代台湾》(中国社会科学出版社 2001 年版),主编的《孟子思想的历史发展》(台湾"中央研究院"中国文哲研究所筹备处 1995 年版),都是在海内外产生较大影响的著作。《孟学思想史论》卷一包括"论述篇"和"集释篇"两部分。在"论述篇"中,作者利用《孟子》和马王堆帛书《五行篇》等资料,论述了孟子思维方式的两大特征——"具体性思维方式"和"联系性思维方式"、孟子的生命观、孟子后学对身心关系的观点、群己关系、利义之辨、王道政治论等问题,提出了不少具有创新性的学术观点。如作者探索了孟子王道政治的内涵、运作、逻辑、方法论预设和严王霸之辨的历史背景,认定孟子的王道政治是以民本为基础,以德治为运作的逻辑路径,高标三代圣王理想,显示了高度理想主义的色彩,千百年来一直成为中华民族"永恒的乡愁"。孟子将政治与道德联系起来,最后归本于"心学",表现为一种整体论的立场。如此论述,发前人所未发。"集释篇"对《孟子》7 篇进行新的诠释,也提出了不少超越前人的新见解。总体上,作者认为孟子思想是由"个人""社会政治"和"宇宙"三个层次构成的系统整体,而这个整体的"发展的连续性"或"结构的连续性"是透过"人心"的"扩充"完成的。这种观点显然是深刻而新颖的。

《孟子》一书,以流畅的文字,通俗易懂的语言,阐述了孟子的时代特点、孟子的生命形态、政治思想、个人与社会关系、教育思想、历代民族学诠释的流弊以及民族与中国文化的关系等问题,可以看作《孟学思想史论》的通俗版,极其有利于孟子思想的传播。

《孟学思想史论》卷二,主要内容是论述孟子当时及身后对孟子思想的阐释和评论,依次评述了荀子、宋儒尤其是朱熹、明儒尤其是王阳明和黄宗羲、清儒尤其是康有为以及当代以唐君毅、徐复观、牟宗三为代表的新儒学等对孟子思想的诠释。作者认为,当代对孟子学的研究基本可分为两大阵营:一是哲学/观念史的研究进路,二是历史/思想史的研究进路。这两种进路虽然取径不同,方法互异,但是相辅相成,交光互影之处极多。本书全面系统深入地探讨了历代著名思想家对孟学的诠释并提出了许多深刻的见解。例如认为黄宗羲的《孟子师说》是以孟子心学为中心,认定心是人类一切价值意识的根源,具有进行价值判断的能力。批判了朱熹在解孟时坚持的理气二元论。既结束了宋明理学的传统，又开启了从心学迈向经世致用之学的新道路。再如认定康有为在《孟子微》一书中以注孟为手段，调融中西思想的内容，将民主、自由、平等和社会进化与经济发展的理念阐发出来，使孟学获得了新的生命，为儒学注入了新的血液。这些论述都显示了作者不凡的学术眼光和对研究对象的深入腠理的理解。

　　台湾屏东人、台湾"中央研究院"教授李明辉，是台湾地区研究儒家哲学和康德哲学的新秀。他的《康德伦理与孟子道德思考之重建》（台湾"中央研究院"中国文哲研究所筹备处 1994 年版）、《孟子重探》（台湾联经出版公司 2001 年版）两书是其研究康德和孟子思想的代表作。在《康德伦理与孟子道德思考之重建》一书中，作者运用康德伦理思想中的"隐默之知"审视孟子性善论所依据的道德普遍主义法则，以"理性的事实"推证道德普遍主义法则的存在。他认为孟子的性善论尽管认定每个人都具有先天的仁、义、礼、智的良知良能的萌芽，但并不肯定人人都是圣人，因为圣人的养成需要教化、磨炼。借助西方哲学，孟子的伦理思想能够转化成促进当今伦理建设的资源。《孟子重探》一书，探索了孟子的王霸之辨、性善说和民主政治等问题。他认为孟子的王道政治是基于义利之辨的政治理想主义，但并非完全是不切实际的空想，具有相当的实践价值。孟子以性善论为前提的王道政治理想，实际上是"人民主权"的概念为核心，而西方的民主政治则侧重于"政治契约"，二者可以互补。王道政治所蕴含的民主理念不仅能够成立，而且有向现时层面开展的可能性，所以它也能够成为建设现代民主政治的资源。李明辉的著作，通过西方哲学与孟子思想的比较研究，对孟子思想中的民主精华进行了深入开掘，为儒学的现代转化提供了新的思路。

　　美国哈佛大学教授、燕京学社社长、广东南海人杜维明是新儒学的第三代传人，主要著作有《三年的畜艾》《中与庸：论儒学的宗教性》《仁与修身：入儒家思想论集》《今日的儒家伦理：新加坡的挑战》《儒家思想——以创造转化为自我认同》《儒家第三期发展的前景问题》《儒家自我意识的反思》《三重和弦：儒家伦理、工业东亚与韦伯》《道、学、政：论儒家知识分子》《现代精神与儒家传统》等。杜维明认识到，儒学发展到今天，已经失去在中国古代社会的独尊地位，只能是多元文化中的一元。但它作为一种内涵丰富的文化资源，既有与世界各种文明对话的资格，又有吸收其他精神资源转化为现代思想的条件，所以，儒学作为中国优秀传统文化的核心能够"返本开新"，"内圣开出新外王"。他认定，儒家，尤其是孟子建筑在"性善论"基础上的道德主体意识，在"天人合一"的最高层次上找到了人性根据和确立道德典范，而这一切都是从"为己之学"开始的：

> 孟子之学首先关心的，是寻求自我意识。而寻找失去的心是一种精神训导，它依靠诸如恻隐、羞恶，辞让等原发情感和是非意识等转变成仁、义、礼、智等道德品质。不过，如果认为在孟子那里，知己失去了它的客观价值，自知不过是转换中的自我的自我意识，那就不对了。比如说，孟子把"内在性"（"内"）放在突出地位，这既不是对自私的关心，也不是要获取个性。毋宁说，它说明个人的知识是通向真正的交往和自我理解的可靠道路。这与儒教的下述信条是一致的，即以自己的情感为导向的能力存在于人际交往的过程中，为己之学是表现共同人性的最好方式。①

杜维明进而认为，孟子所认知的人的主体性的这个"本"具有普遍性：

> 儒家坚持认为自我实现的过程始于自我的具体经验，这不应该被解释成它主张以有限的、历史的和特定文化的东西去排斥无限的、超历史的和普遍的存在。按照一种比较宗教学的观点来看，儒家学习做人的方案，其意义就在于它洞察到在人被置身于无法摆脱的尘缘和巨大的自我超越的潜能之间，存在着有创造性的紧张关系。②

而在杜维明看来，这种"本"的普遍性，恰恰是对抗现今"绝对相对主义"的科学至上论的良方妙药：

> 孟子主张，人心的无限感受力为无止境的自我成长提供了基础。

---

① 杜维明：《儒家思想新论——创造性转换的自我》，江苏人民出版社1996年版，第70页。
② 杜维明：《儒家思想新论——创造性转换的自我》，江苏人民出版社1996年版，第5页。

通过我们人的感受性的充分实现，我们就能真正地理解我们的本性；而通过我们的本性的理解，我们就能知天。由于单个人的自我修养不仅被当作人的自我认识的根本，而且被视为获得天赐良知的根本。因此，孟子认为，自我的最终转换不是个人对其内在精神的孤立追求，而是人们的一项共同行动。也就是说，人际关系是个人追求精神实现的不可缺少的组成要素……这种逐次扩大的人际关系场必定是通过自我、家庭、根据和天下等层次结构而发展起来的；他也必定超越自私、任人唯亲、种族中心主义和人类中心主义而保持自己的动力和真确性。自我的这种扩张和深化的特征，用孟子的话来说，就是"大我"的显现以及随之产生的"小我"之消融。①

杜维明认为，孟子的这种"本"能够为超越种族中心主义和人类中心主义的新轴心文化提供资源。在所有孟学研究中，杜维明是对孟子思想开掘较深、对其现代转化论述更具实践价值的学者之一。

美国夏威夷大学教授、湖北新阳人成中英也是新儒学的现代传人之一。他创立的"本题诠释学"在海内外产生了广泛影响。其主要著作有《中国哲学与中国文化》《科学真理与人类价值》《知识与价值：对和谐真理与正义的探讨》《中国哲学的现代化与世界化》《文化、伦理与管理》《论中西哲学精神》《儒家与儒家哲学的新维度》《合外内之道——儒家哲学论》《当代中国哲学》等。在有关著作中，成中英对孟子的评价极高。他认同学者对孟子生卒年为前372—前289年的判断。他以孟子的论辩议题概括孟子思想的内容：仁政和王道；性善和知言养性；尧、舜、禹、汤、文、武、伊尹、伯夷、周公、孔子的先王先贤观；驳斥杨墨、许行之徒。孟子的论辩方法是直觉体验法、充情知类法、正名、定义法。孟子的仁政思想认为君权来自人民，基本原则是顺天爱民、尊仁重义、任贤使能、不嗜杀人、与民同乐。成中英特别重视孟子的"自反""自得"的"本体理性"。孟子的道德哲学就是建立在自我省觉与自我判断中：

① 杜维明：《儒家思想新论——创造性转换的自我》，江苏人民出版社1996年版，第11页。

在孟子那里自我省觉明显成为发现自我、实现自我能力，以及实现自我、发挥自我能力的方法了。在运用这一方法的过程中，人的内部结构与本性也就实现出来。故孟子是最能开拓天道性命之学的哲学家。孟子强调"反"而"求之"以及"反其本"都来自求事之源于真实基础的意思。"自反"就是探求自我的根本与真实，也就是"求诸己"以求事情的根本缘故和解决之道。①

与此同时，成中英还特别重视孟子的"中道"理念。他的解释是：

> 孟子对于中道的追求就是要在不同的特殊环境与不同的特殊关系中，实现一个普遍的、一贯的道理，这就是孔夫子所说的"随心所欲不逾矩"的境界。孟子将之表述为：深造之以道，欲其自得之也。自得之，则居之安；居之安，则资之深；居之深，则取之左右逢其源，故君子欲其自得之也。②

与杜维明接近，成中英也致力于孟子道德理性的现代转化，这种转化的关键就建立在人的道德自觉即"求诸己"的不断修养磨炼中。

曾任美国哈佛大学、耶鲁大学、普林斯顿大学教授的安徽潜山人余英时，是钱穆先生的高足，是海外华人文史教授中的佼佼者之一，主要著作有《士与中国文化》《朱熹的历史进界》《历史与思想》《中国文化与现代变迁》《史学与传统》《中国思想传统的现代诠释》《文化评论与中国情怀》《现代儒学论》等。余英时的历史、儒学和中国传统文化研究，围绕着一个中心转动：不断在传统文化与当代社会文化现实之间寻求契合点，找到儒学的现实意义，直承孔孟道统，达到复兴儒学的目的。他将对儒学的关注点从心性转移到"智识主义"，进而寻求儒学中蕴含的"人文主义观念"，从中假设与西方民主、自由沟通的桥梁。他特别重视对中国历史上传统"士人"的人格和精神的发掘，认定孟子情有独钟的"富贵不能淫，贫贱不能移，威武不能

---

① 成中英：《文化、伦理与管理》，贵州人民出版社1991年版，第79页。
② 成中英：《合外内之道》，中国社会科学出版社2001年版，第125页。

屈"的大丈夫品格，是"内圣"的核心意蕴，而将这种品格发扬光大，并与西方的自由、民主、平等的理念相结合，就能开出新"外王"的成果，既实现儒学的现代转化，也使传统"士人"的精神，特别是他们的儒者气象得以在现代复活。余英时著作字里行间跳动的是复兴优秀传统文化的赤子之心。

第五章 历代王朝对孟子的追封和 对其嫡裔的封赏优恤

第一节 两宋时期

孟子及其思想的升值是从唐朝开始的，其表现主要是政治家、思想家和学者对孟子及其思想的推尊，如韩愈、皮日休等对孟子及其思想的赞誉和要求将《孟子》立为从国子监至地方各级学校教科书的谏议，但从国家政府层面对孟子的追封和对其后裔的封赏优恤基本上还没有提上日程。

孟子及其思想升值的关键时期是北宋。先是真宗大中祥符年间（1008—1016年），朝廷命山东儒生孙奭校勘《孟子》。其后是范仲淹、欧阳修、孙复、石介等对孟子及其思想的进一步推尊，将孟子提升至与周公、孔子并列的地位。再后，是兖州知州孔道辅访得孟子墓，设祠祭祀。访得孟子第45代嫡裔孟宁，从朝廷那里为他请得迪功郎的封号和邹城县主簿的职务，使之专门主持孟子墓、庙的祭祀。元丰六年（1083年），神宗皇帝颁发了《封孟子为邹国公诏》：

> 自孔子没，先王之道不明。发挥微言，以绍三圣。功归孟氏，万世所宗。厥为旧邦，实有祠宇。追加爵号，以示褒崇。宜特封邹国公。①

第二年，又下诏以孟子配享孔子，从此，孟子进入孔庙，与孔子弟子一起享

---

① 刘培桂编著：《孟子林庙历代石刻集》，齐鲁书社2005年版，第5页。

受国家祭祀。元祐元年（1086 年），宋哲宗下诏钦定孟子雕像的规格。宣和年间（1119—1125 年），《孟子》被列为十三经之一。南宋度宗时期，著名理学家朱熹将《孟子》与《论语》《大学》《中庸》合编为"四书"，使之成为此后近 800 年间科举考试必读的经典。对孟子的追封进而惠及他的弟子。政和五年（1115 年），徽宗颁发了《封乐正子为利国侯配享孟子敕》：

> 由孔子至于孟子，百有余岁，去圣人之世若此其近也，兴圣人之道若此其难也。孟子既没，配享孔子之庙，血食于天下，亦可谓至矣。今于邹独推尊孟子，求其门人高弟，使得从祀配享，南面而处，如孔子之尊焉。克也，学古之道，好善优于天下，追以侯爵，其配食焉。斯文之光，万古不泯，可特封利国侯。①

不久，徽宗又颁发了《封公孙丑等十七人为伯从祀孟子敕》：

> 孟子既没，孔道益尊。今孔子庙食于天下，配享从祀，后世无并焉。肆朕命邹国公，于邹崇庙貌，使世世得祀。虽不及于天下，至于门人高弟配享、从祀，自孔子以来，未有如孟子者也。尔等志不行于当时而见录于后世，列爵疏封，亦可谓荣矣。可依前件，敕封邹国公孟子诸弟子而侯伯之。②

公元 1126 年，靖康之变发生，宋室南渡。尽管此后南宋先后与金、元对峙，政治军事形势处于动荡不安中，但南宋的经济文化依然向前发展，理学进一步高扬，孟子的升值也在继续。咸淳三年（1267 年）度宗颁发了《定颜曾思孟配享诏》：

> 孔子称颜回好学，固非三千之徒所同也，而其学不传，得圣传者独曾子。曾子传子思，子思传孟轲。忠、恕两语，深契一贯之旨；《中

---

① 刘培桂编著：《孟子林庙历代石刻集》，齐鲁书社 2005 年版，第 12 页。

② 刘培桂编著：《孟子林庙历代石刻集》，齐鲁书社 2005 年版，第 13 页。

庸》一篇，丕阐万世之蕴；而孔子之道益着。向非颜、曾、思、孟相继衍绎、着书垂训，中更管、商、杨、墨、佛、老，几何其不遂泯哉？今大成惟颜、孟侑食，曾、思不与，尚为缺典。

先皇帝述道统之传，自伏羲以来，着十三赞。孔子而下，颜、曾、思、孟，昭然具在，非以遗我后人乎？可令礼官、学官议，升曾子、子思侑食。①

与对孟子及其弟子的追封相呼应，朝廷对孟子嫡裔的优恤政策也逐步出台。先是开元十三年（725年），唐朝明文诏免孟子嫡裔的赋役。宋朝嘉祐元年（1056年），朝廷也明令免除孟子嫡裔的税粮。元丰七年（1084年），朝廷赐库钱30万作为修葺祠庙的经费，同时给予赐田作为"洒扫"之用。政和四年（1114年），又一次赐钱300万作修葺墓祠经费，同时赐田百亩给守墓者作为奖掖。

第二节　金元时期

靖康之变后，北中国沦入女真族建立的金朝统治之下。不过，金人由于受汉文化的影响日益加深，所以继续着宋朝对孟子的推崇。大定十四年（1174年），金世宗下诏将孔庙中的孟子雕像由后堂移至正殿，置于孔子雕像的右侧。这显然提高了孟子在儒学中的地位和在儒学大师中的层次。

元朝入主中原成为中国全境的统治者以后，也继续着对儒学和孟子的推尊。因为他们明白，在中国，必须以儒家学说作为统治思想才能被人民接受，才能建立稳定的统治秩序。延祐三年（1316年），元仁宗将对孟子的推崇延及他的父母，颁发了《封邾国公邾国宣献夫人诏》：

朕惟由孔子至于孟子百有余岁，而道统之传独得其正。虽命世亚圣之才，亦资父母教养之力也。其父凤丧，母以三迁之教励天下后世，推原所自，功莫大焉。稽诸往代，实缺褒崇。夫功大而位不酬，实着

---

① 孟广钧等：《重纂三迁志》，山东友谊书社1989年版，第301页。

而名不正，岂朕所以致怀贤之意哉！肆颁宠命，永贲神休。可追封其父为邾国公，母为邾国宣献夫人。①

至顺元年（1330 年），元文宗又颁发了《加封孟子为邹国亚圣公制》：

> 孟子，百世之师也。方战国之从横，异端之充塞，不有君子，孰任斯文？观夫七篇之书，惓惓乎致君泽民之心，懔懔乎拔本塞源之论；黜霸功而行王道，距诐行而放淫辞，可谓有功圣门，追配神禹者矣。朕若稽圣学，祗服格言，乃着新称，以彰渥典。于戏！诵《诗》《书》而尚友，缅怀邹鲁之风，非仁义则不陈，期底唐虞之治；英风千载，蔚有耿光。可加封邹国亚圣公。②

至此，孟子作为"亚圣"的名号和在儒学中仅次于孔子的地位最后底定。此后，除按定例遣官到孟庙致祭外，凡因公务经过邹县的大臣都要亲临孟庙致祭或派员代为致祭。元朝对孟子的推尊实际上已经超过了宋朝。不仅如此，元朝统治者由推尊孔子和孟子，又推及二人之间思想联结的桥梁子思，至顺元年（1330 年），元文宗又颁发了《加封子思为沂国述圣公制》，将子思封为"述圣"：

> 昔曾子得圣人之传，而子思克承厥统，稽夫《中庸》之一书，实开圣学于千载。朕自临御以来，每以嘉惠斯文为念。万机之暇，览观载籍，至于"致中和而天地位、万物育"，雅留意焉。夫爵职之荣，既隆于升配；景行之懿，可后于褒嘉。于戏！有仲尼作于前，孰俪世家之盛；得孟子振其后，宜昌斯道之传。渥命其承，茂隆丕绪，可加封沂国述圣公。③

与此同时，对孟子嫡裔的优恤也进一步提高。泰定五年（1328 年），朝廷一

---

① 刘培桂编著：《孟子林庙历代石刻集》，齐鲁书社 2005 年版，第 49 页。
② 刘培桂编著：《孟子林庙历代石刻集》，齐鲁书社 2005 年版，第 65 页。
③ 刘培桂编著：《孟子林庙历代石刻集》，齐鲁书社 2005 年版，第 66 页。

次赐祭田 30 顷。国史馆编修蔡文渊在其所撰的《始设孟子庙赀田记》碑文中记述：

> 诏封其父为邾国公、母为邾国宣献夫人。今监县帖哥更修新祠，像而事之。呜呼！褒容至矣，庙制完矣，秩祀之礼尚阙如也。儒者李俨……协议，请割子思书院羡钱万五千贯，月取盈利，以给时祀及经莤费。袭封衍圣公孔思晦亦屡以为言宪府……先是乡大夫郭中议毅，时任大司农司都事，上书省部；邹之野店旧为牧地，荒闲日久，请以亩计者三千拨隶孟庙，庶永远不乏春秋之祀。从之。泰定戊辰春正月，符下，监县帖哥暨尹王思明、主簿郑惟良、典史孙友，表识界畔四至，具列碑阴……①

另据碑文记载："褒宠尊崇，可谓至矣，然而尚阙庙田。切念孟子命世大才，攘剔异端，阐扬仁义，功垂后世，惠及当时，春秋祭祀，无所取给，诚为阙典。……将邹县蔡家庄、野店等处系官草场地土拔属孟庙，以供修理、祭祀，似为允当"。② 最后将野店地拨 30 顷作为祭田拨付孟府。如此优恤，就使孟子嫡裔在邹城不仅在文化上占据明显优势，而且在经济上也成为举足轻重的富有家族。他们崇高的政治经济地位此后就一直延续下去，直至近代民主革命时期才发生根本变化。

第三节　明清时期

明朝初年，尽管由于草莽出身的开国皇帝朱元璋因怒怼《孟子》书中的"民本"意识和君臣对等观念而发生过取消孟子配享孔庙和命人删削《孟子》的风波，但事情很快平息。朱元璋及其子孙终究认识到孟子和孟子思想的地位是不可动摇的，因而明朝对孟子及其思想的推尊较之前代有过之而无不及。特别是对孟子嫡裔的优恤更为突出。洪武元年（1368 年）即下圣旨：

---

① 刘培桂编著：《孟子林庙历代石刻集》，齐鲁书社 2005 年版，第 58 页。
② 刘培桂编著：《孟子林庙历代石刻集》，齐鲁书社 2005 年版，第 59 页。

"其孔孟子孙，皆免差发。"①

洪武十七年（1384年），翰林待诏孔希善上言，透露孟氏子孙以罪输作京师者二人的信息。朱元璋立即表态："大贤之后，虽有罪，亦当屈法以宥之。"立命蠲其役。紧接着于下一年，颁发了《谕工部免孟氏子孙输作诏》：

> 孟子传道，有功名教；历年既久，子孙甚微，近有以罪输作者，朕闻即命释之。假令朕不知之，或至死亡，则贤者之后，寖以微灭，是岂礼先贤之意哉！尔等宜加讯问，凡有圣贤之后在输作者，依例释之。②

景泰二年（1451年），明朝皇帝授予孟子56代孙孟希文为世袭翰林院五经博士，同时赐给祭田6顷。景泰六年（1455年），又确认野店祭田30顷的产权，还增加了蔡庄的20顷，共赐祭田达56顷之多。与此同时，一些地方官员也多次馈赠孟府田产。如嘉靖四十一年（1562年），邹县令章时鸾为四基山孟子墓祠庙捐俸置祭田50亩。万历二十五年（1597年），邹县令王一桢捐俸置祭田20亩。万历三十五年（1607年），邹县令胡继先捐俸置祭田和守林田41亩。万历四十六年（1618年），邹县令李风翔捐俸银24两，置祭田30亩。崇祯元年（1628年），邹县令黄应详捐资购祭田115亩。崇祯初年，就藩于邹县界的鲁王也捐祭田720亩。明朝对孟子嫡裔的优恤还体现在免除赋税：嘉靖二年（1523年），山东巡抚批准孟子嫡裔原额地亩并续置民田税粮及农桑、丝绢、花绒、草束事例"尽行蠲免"。崇祯十六年（1643年），经户部题准，孟庙洒扫人户、礼生及奉祀生员也优免杂泛差役。

1644年，满族建立的清朝入主中原并取得了对全中国的统治权。清朝对孟子的尊崇达到历史之最。康熙二十五年（1686年）皇帝在颁布御制《至圣先师孔子赞》的同时，也颁布了对颜、曾、思、孟等"四圣"的赞文。其中的《御制孟赞》于康熙二十八年立碑于曲阜孔庙中，同时下令全国孔庙一体立石。碑文体现了康熙皇帝对孟子思想和地位的概括："哲人既萎，

---

① 刘培桂编著：《孟子林庙历代石刻集》，齐鲁书社2005年版，第108页。
② 孟广钧等：《重纂三迁志》，山东友谊书社1989年版，第304—305页。

杨墨昌炽。子舆辟之，曰仁曰义。性善独阐，知言养气。道称尧舜，学屏功利。煌煌七篇，并垂六艺。孔学攸传，禹功作配。"第二年，又颁布了《御制孟庙碑记》，对孟子发出了最崇高的赞誉：

> 自王迹息于春秋，圣人之道或几于泯灭，卒之晦而复明，历千百世而不敝者，恃有孔子也。孔子没，百有余年，浸假及于战国，杨墨塞路，祸尤烈于曩时。子舆氏起而辟之，于是天下之人始知诵法孔子，率由仁义，斯道之有传，至于今赖之。是以后进学者如韩愈、苏轼之徒，咸推其功以配大禹。而闽洛之儒，咸尊为正学之宗传。呜呼，盛矣！
>
> 夫洪水之祸，止于人身已而。杨墨之祸，隐然直中于人心。不有孟子，使杨墨滥觞于前，释老推波于后，后之人，虽欲从千载之下，探尼山之遗续，其从孰而求之？
>
> 因推述厥义，刻文于石，俾揭于邹之庙。其文曰：
>
> 尼山既往，敻矣音徽。后百余岁，圣绪浸微。尚异实繁，杨墨兢煽。陷溺之祸，酷于昏垫。惟子舆氏，距诐放淫。以承先圣，以正人心。述舜称尧，私淑孔子。正学修明，百世以俟。不有是者，斯道孰传？宇宙晦雾，万物狂颠。我读其书，曰仁曰义。遗泽未湮，闻风可企。岳岳亚圣，岩岩泰山。功迈禹稷，德参孔颜。
>
> 刻石兹文于祠之下。诵烈扬休，用告来者。①

康熙三十三年（1694 年），皇帝亲笔为开封的孟子游梁祠题写了"昌明仁义"的匾额。雍正三年（1725 年）八月，皇帝又为孟庙颁布御制匾额"守先待后"和为孟府颁布御制匾额"七篇贻矩"。乾隆十三年（1748 年），皇帝出京东巡狩，将至曲阜朝拜孔庙和祭祀颜、曾、思、孟"四圣"。为此，特命内阁发布了一个上谕：

> 朕东巡，躬谒阙里，致祭先师。颜、曾、思、孟，四贤作配殿廷，

---

① 刘培桂编著：《孟子林庙历代石刻集》，齐鲁书社 2005 年版，第 328—329 页。

虽从参享，但闻其故里各有专庙，应分遣大臣，恭奉香帛，前往祭献，以展诚敬。朕向在书斋，曾制四贤赞，景仰之忱，积有日矣。其勒石庙中，致朕崇重先贤之意。钦此。

清朝统治者这一系列的举措说明，他们作为少数民族完全服膺汉族文化特别是儒学，并继承传统，继续以儒学作为主流意识形态。在乾隆皇帝御制的《亚圣赞》中，对孟子的推尊在"四配"中居于首位：

战国春秋，又异其世。陷溺人心，岂惟功利。时君争雄，处士横议。为我兼爱，簧鼓树帜。鲁连高风，陈仲廉士。所谓英贤，不过若是。于此有人，入孝出弟。一发千钧，道脉永系。能不动心，知言养气。治世之略，尧舜仁义。爱君泽民，倦倦余意。欲入孔门，非孟何自？孟丁其难，颜丁其易，语默故殊，道无二致。卓哉亚圣，功在天地！①

在乾隆皇帝御制的《述圣赞》中，特别指明子思在儒学传承中的"师曾传孟"的桥梁作用：

天地储精，川岳萃灵。是生仲尼，玉振金声。世德作求，孝孙惟则。师曾传孟，诚身是力。眷此后学，示我中庸。位天育物，致和致中。夫子道法，尧舜文武。绍乃家声，述乃文祖。②

清朝统治者对孟子嫡裔的优恤也继承明朝并有所扩大。到清朝，顺治元年（1644年），山东巡抚方大猷题请奉旨，蠲免圣门佃户杂差，以使其"开垦祀田，专供祭祀"。顺治四年（1647年）又加恩于亚圣后裔，"地免杂徭，人无丁役。庙佃人户，供应庙役，民差毫无干涉。在庙陈设礼生，杂泛差徭，尽行蠲免"。顺治八年（1651年），户部题准孟庙佃户、庙户优免杂

① 刘培桂编著：《孟子林庙历代石刻集》，齐鲁书社 2005 年版，第 363 页。
② 刘培桂编著：《孟子林庙历代石刻集》，齐鲁书社 2005 年版，第 364 页。

差。顺治十三年（1656 年），山东巡抚遵照部文，申饬州县，孟氏子孙以及礼生、庙户，惧行蠲免杂差。不仅孟氏子孙及孟府的各种户人享有这些特权，而且恩及孟母故里凫村的百姓。康熙年间的邹县令娄一均为此撰写了"蠲免凫村杂徭记"碑文。为使这些"恩赐""优崇"世代沿袭，不致泯灭，嘉庆十二年（1817 年）十一月十六日，衍圣公府为重申"恩例"，严禁扰累差徭之事，于至圣庙东华门里勒石。碑文中说："先圣、先贤四氏（孔、孟、颜、曾）后裔及庙、佃两户，原与齐民有别，一切差徭，概行蠲免……合再申饬。为此示仰州县并书役人等知悉……如有妄行扰累者，一经告发，除将舞弊书役严行究治外，定将该州、县严氽，以示警戒，决不宽贷，各宜禀遵毋违……"并勒石于金丝堂门外。除此之外，孟氏子孙还有享受教育的特权。封建帝王崇儒尊孔，专门为孔、颜、孟、曾四姓别立学馆。元世祖忽必烈中统二年（1261 年），在曲阜设立了孔、颜、孟三氏学。至明万历十五年（1587 年），又增曾氏，为四氏学。清代沿袭明制，并特设四氏学教授一人，学录一人。据《孔府档案》中"至圣庙衍圣公府属官额缺册"载，四氏学教授为正七品衔，学录为正八品衔，诚如《孔子家世》中"孔、颜、曾、孟四氏学"一文所述："四氏学以'圣人'庙学的地位，在封建科举中得天独厚，享有一系列恩优特权，比天下郡县学占有压倒的优势。"这主要是指在乡试科举中，每科加额一二人。实际上清代四氏学每次科举中的举人大都在三名以上。一般民人自然无法享受这种优厚的待遇，以至于冒充孟氏族人。乾隆五十八年（1793 年）十月岁试时，经四氏学生童生员呈禀，宁阳县氏籍孟传松等，即冒充四氏参加科举考试而被查出。故孟氏历代修谱时"严冒紊者"，也有这方面的因素在内。

第二编　孟氏宗族

第六章　族源、繁衍与迁徙

第一节　族源考辨

　　孟姓是中国人口中最多的一百个姓氏之一，据《中华姓氏》一书统计，在中国，孟姓人口约300万，占当代人口的0.24%。在《中国名人大辞典》中，占名人总数的0.35%。其中著名文学家和医学家的数量也都排在前100位之内。

　　中国人，尤其是孟氏族人，都喜欢说"世上无二孟"，公认孟子是孟氏族人的唯一始祖。而绝大多数孟氏族人，都能准确地说出自己的行辈，知道与接触到的孟氏族人的辈分关系。然而，实际上，如果认真考察历史真相就明白，孟姓的来源其实是多元的。

　　孟姓的姓氏起源古老而多元。

　　首先是古孟氏。孟氏是中国历史上比较古老的姓氏之一。传说中的五帝时代，孟姓就存在了。如五帝之一的颛顼高阳氏就有大臣孟翼。《山海经》卷十六就记载颛顼命孟翼攻池的事迹，"任臣案：孟翼，颛顼臣。冠编《颛顼纪》有载：命孟翼攻池，天下人号之曰颛顼之池，言厚养于民也"。五帝之一的虞舜也有一个大臣叫孟夸。西周穆王也有一个大臣叫孟忿。《绎史》卷二十六《穆王命官训刑》记载："乃宿于防，毕人告戎曰：'陵翟来侵。'天子使孟忿如毕讨戎。"这些孟氏的后代肯定相当多数以孟为姓。

　　其次是卫国贵族中的孟氏。卫国是西周初年周贵族康叔的封国，在今之河南北部发展起来。传到襄公时期，据《尚史》卷五十一《列传》二十九《卫诸臣传·孔烝鉏成子》记载："襄公夫人无子，嬖人婤姶生孟挚。"这个孟挚就是公孟，他是卫灵公的兄长。《春秋左氏传·昭公二十年》记载了公孟被齐豹设计杀害的经过：

> 卫公孟絷狎齐豹，夺之司寇与鄄。有役则反之，无役则取之。公孟恶北宫喜、诸师圃，欲去之。公子朝通于夫人宣姜，惧，而欲以作乱。故齐豹、北宫喜、诸师圃、公子朝作乱。
>
> 初，齐豹见宗鲁于公孟，为骖乘马。将作乱，而谓之曰："公孟之不善，子所知也，勿与乘，吾将杀之。"对曰："吾由子事公孟，子假吾名焉。故不吾远也。虽其不善，吾亦知之，抑以利故，不能去，是吾过也。今闻难而逃，是僭子也。子行事乎，吾将死之，以周事子；而归死于公孟，其可也。"
>
> 丙辰，卫侯在平寿。公孟有事于盖获之门外，齐子氏帷于门外，而伏甲焉。使祝蛙置戈于车薪以挡门，使一乘从公孟以出；使华齐御公孟，宗鲁骖乘。及闳中，齐氏用戈击公孟，宗鲁以背蔽之，断肱，以中公孟肩。皆杀之。①

显然，公孟的后代作为贵族后裔应该繁衍众多的子孙，他们中也肯定有相当多数的人以孟为姓。

再次是中国历史上长期民族融合过程中各民族间的不断互融，既有少数民族汉化融入主体民族，他们中的一些族群改为孟姓，也有汉族融入少数民族而保留汉姓。如三国时期的孟获就是彝化的汉人。北宋时期女真族中的抹然氏族改为孟姓。清朝时期，既有孟姓汉人入旗满化，成为满化汉人；更有满八旗中的墨尔哲勒氏、墨尔迪勒氏、盟佳氏、穆颜氏、墨克勒氏改姓孟，成为汉人，所有这些改为孟姓的少数民族都成为孟姓族人。另外，还有土家族、布依族、蒙古族、回族等少数民族中也有孟姓族人，其中也有承认自己是孟子后代者。

其实，正宗的孟子后裔应该是由姓公孙的黄帝，经姬姓的后稷、周文王、周公、鲁桓公、孟孙氏直至孟轲繁衍的后代。

据《史记·五帝本纪》等史书记载，黄帝姓公孙，是少典氏部落首领

---

① 杨伯峻：《春秋左传注》，中华书局2009年版，第1410—1412页。

的儿子。他生于寿丘（今山东曲阜），长于姬水，故又姓姬；后居轩辕之丘，因此号轩辕氏；再迁有熊（今河南新郑），也称有熊氏。黄帝领导的部族是一个农业部族，发祥于姬水，生活于渭水流域，通过与炎帝、蚩尤部落的战争，势力不断壮大，最终黄帝取得了统治华夏的大权，因此，他们的活动范围主要在中原地带，属土，土呈黄色，被尊为黄帝。

相传，黄帝发明了衣帽，教人们建造房屋，制造车船、弓箭，他的妻子嫘祖发明了养蚕技术，其史官仓颉造字，羲和占日，常仪占月，容成作历，从而开始产生天文、历法等。他能"以玉为兵"，开采荆山（今河南灵宝）之铜铸鼎，以作为国家的象征。鼎铸成之时，黄帝乘龙升天，群臣牵衣不舍，追至桥山而去。人们只得葬其衣冠、弓箭为墓，其地就在今天的陕西省黄陵县的"黄帝陵"。

据说，黄帝有子25人，其中有14人得姬、酉、祁、己、滕、葴、任、荀、僖、姞、儇、衣共12姓。玄嚣是黄帝正妃嫘祖所生，与黄帝同为姬姓。玄嚣有子娇极，娇极有子高辛，他就是五帝之一的帝喾。

据《史记·周本纪》记载，随着黄帝部落的壮大，他的一些近亲部落开始向四方拓展，开辟新的天地，而姬姓的周族则留守在祖先发祥地。传说，帝喾元妃有邰氏女姜嫄，在野外踩了巨人足迹而怀孕，生下了一个男孩，她以为不祥，就把孩子丢弃了。但马、牛自觉地躲避而不去踩他，飞鸟用自己的翅膀温暖他。姜嫄以为他有神灵保佑，便把他抱回抚养长大。因为当初曾经想抛弃他，就给他取名为"弃"。他就是周人传说中的始祖。

弃从小就喜欢玩种植麻、菽之类的游戏，长大后居然成为种庄稼的能手，善于"相地之宜"，知道什么样的土质适合种植什么样的庄稼。当地的人们纷纷向他学习，促进了农业的进步。帝尧听说后，提拔他做了农师，管理农业，天下得其利。舜时，他被封于邰，号为"后稷"，别姓姬氏。

弃的后代子孙历代为夏朝的农官，其官职名称都称后稷。最后一任后稷死后，他的儿子不窋立，时值夏代末年，政局不稳，不窋放弃了"后稷"的农官职位，跑到了"戎狄之间"。后来，经过数代的努力与迁徙，终于在岐山之下寻找到了适宜于周人发展的土地。在这里，他们大力发展农业生产，建设起了一个有较大实力的邦国。

孟氏家族出于姬姓鲁国，而鲁国的始祖便是周初大名鼎鼎的周公。

周公名旦，是文王的儿子，武王的弟弟。早年的周公就以仁、孝闻名，后来，他随武王伐纣，灭殷建立周朝。武王推行"封邦建国"的政略，周公被封于曲阜，是为鲁国之始。但不久武王去世，成王年幼，主少国疑，政局不稳，面临严峻考验。周公毅然摄政，安抚内外，稳定人心，克殷践奄，亲率大军讨伐叛乱，消灭了以武庚为首的殷商贵族叛乱势力，诛灭了武庚和管、蔡叛乱集团，又继续向东征伐，经过三个年头的苦战，最后铲除了参与叛乱的东方部落，稳定了周朝的统治。之后"制礼作乐"，制定和完善了周朝的各种礼乐制度。最后"复子明辟"，还政成王，使周朝进入发展的坦途。周公于是以一个功勋卓著的大政治家和思想家名留青史。

周公为始祖的鲁国以曲阜为中心，在今之山东泰山之阳的广大地区建立了自己的封国。它实行典型的西周宗法制度，国君由嫡长子世袭继承，他的诸弟被分封为卿大夫，分别领有自己的土地、封邑和家族武装，有参政、议政的权力。卿大夫在自己的采邑内，也实行嫡长子继承制，即长子为卿大夫，其余诸弟则为士。春秋（前770—前476年）时期，由于社会政治、经济和文化发生了很大变化，造成了鲁国内部各个家族的势力发展不平衡，公室和卿大夫、卿大夫和卿大夫之间争权夺利的矛盾日益尖锐。孝公以后，经惠公、隐公、桓公、庄公、闵公、僖公后，形成了"三桓"长期把持鲁国朝政的局面。"三桓"是指庆父之后孟孙氏、叔牙之后叔孙氏和季友之后季孙氏的三家大夫。庆父、叔牙、季友都是桓公之子，庄公之弟，所以，三家后裔统称为"三桓"。

孟姓的始祖为鲁庄公的庶兄庆父共仲。庆父死后，季友让庆父的儿子公孙敖继承禄位。古时兄弟姐妹中居长的称作"孟"。庆父排行老大，所以他的子孙就称孟孙氏。后孟孙氏的后代因避讳庆父弑君之罪，便称为孟氏。庆父以后孟氏世系为孟穆伯—孟文子—孟献子—孟庄子—孟孝伯—孟僖子—孟懿子—孟武伯，其中孟文子、孟献子、孟庄子三代是春秋时孟氏家族中最声名显赫的人物，他们为孟氏家族的建立、巩固和振兴做出了很大贡献。孟文子是庆父之孙，他处事谨慎小心，《国语·鲁语》载，鲁文公曾想迁孟文子之宅，被孟文子婉言拒绝了，时人称其善守祖业。孟文子时，庆父之后始得受封得氏，别立一族，成为鲁国的世家大族——孟氏家族。孟献子历仕宣公、成公、襄公三朝，在鲁国的内政、外交中都有出色表现，襄公初年还曾一度执掌鲁政；孟献子以俭朴闻名于当时，他知人善任，求贤若渴，开后世养士之先例。

由于孟文子、孟献子、孟庄子三代人的努力及他们所取得的杰出成就，此时孟氏家族势力大振，鲁公赏赐"成"作为孟氏的世袭封邑。到孟武伯时，孟氏开始走向衰落。虽然孟武伯也以尚武著称，但为人傲慢无礼，为相时不能很好地处理鲁国与邻国的关系，与鲁公以及孟氏家族内部的关系也都变得相当紧张。孟武伯之后，孟氏家族的有关记载便逐渐从文献中消失。公元前408年，齐国攻伐鲁国，取得了成地。孟氏由于失去了在鲁国的根据地，后世族人迫于形势，只得散居各地，变成了没有爵禄的平民百姓。其中一支迁至邹国（今山东邹城），孟轲即其后代。显然，到孟子作为大政治家、思想家和教育家驰骋战国政坛的时候，由孟孙氏繁衍的孟姓后裔已经是一个人数众多的大家族了。

孟氏族源的多元化表明，今日几乎遍及世界各地的孟氏族人并非都是出自孟子一系。那么，为什么几乎所有的孟姓族人都认同孟子为始祖而笃信"天下无二孟"的说辞呢？此事说来也很简单：这是中国认名人为祖宗的世俗观念形成的思维定式使然。在中国5000多年的文明史上，孟氏族人中产生的名人，孟子绝对独占鳌头，其声光盖过所有其他名人，即使你是帝王将相也只能屈居孟子巨大的阴影中。特别是自北宋孟子被提升至仅次于孔子的思想文化圣人，而孟子嫡裔被荣封五经博士之后，他的璀璨光环使所有孟氏族人都以成为他的后代为无上荣耀。加之明朝开始朝廷以皇帝诏书的形式公布统一的孔、孟、颜、曾等圣裔的辈分，就使大量非孟子嫡裔的孟氏族人自觉站到了孟子后裔的行列，承认孟子的始祖地位。

第二节　宗子世系与宗族繁衍迁徙

1代：孟子，名轲，孟氏后裔尊奉为"始祖"

2代：仲子，宋郑和五年（1115年）追封为"新泰伯"。

3代：睪，邹之处士，隐居不仕，好静、多智虑，容貌俊仪，通五经，美辞章。

4代：寓，朝召不受。性忠厚淳朴，不骄侮人，善于与人交往，治家有道。

5代：舒，字子怀。汉高祖时任"云中牧"。

6代：之后（一作之厚），隐居不仕。

7代：昭，为汉博士，博览经史，学贯古今。

8代：但，精易道，汉武帝时任"太子门大夫"。

9代：卿，汉代任淮阳太守，后官至太傅。

10代：喜，字长卿，汉宣帝时举孝廉，任"郎官"。

11代：鎡，没有做官，主奉祀事。

12代：兴，东汉时任官尚书郎。

13代：尝，字伯周，汉和帝时举茂才，先任徐令，后升任合浦太守。

14代：展，字君城，未做官。

15代：諴，汉桓帝时任济阳太守，汉灵帝时转任太常，嘉平六年（177年）丁巳，被授予太尉之职。

16代：敏，字叔达，东汉时为新郡太守。博学能文，有荷甋堕地不顾的佳话。

17代：光，字孝裕。汉灵帝后期为讲部史。昭烈（刘备）定蜀（四川）后任议郎。后主践祚，为符节令、屯骑校尉、长鲁少府，又升任大司农。

18代：康，字公休。魏明帝时为散骑侍郎，弘农太守，领典农校尉，渤海太守，给事中，散骑常侍、中书令，封广陵宁侯。

19代：宗，字恭武。三国时期吴国嘉和年间任永宁令，后为右御史，宝鼎三年为司空。"二十四孝"之一，为"哭竹生笋"故事的主角。

20代：揖，晋惠帝时为庐陵太守。

21代：观，字叔时，晋惠帝时为殿中郎，后为黄门侍郎。

22代：嘉，字万年。晋代为安西大将军长史，后为江州别驾。性无苟合，言无夸衿，为当时人所敬重。

23代：怀玉，晋安帝时封鄱阳县五等侯，后为阳丰县男，任江州刺史，南中郎将。

24代：表，字武达。曾居官南齐萧鸾马头太守，元魏孝文帝时任辅国大将军，南兖州刺史，后为豫州刺史，因战功封汶阳县开国伯，邑五百户，转任散骑常侍、光禄大夫、平西大将军。

25代：斌，北魏孝文帝时为右丞相。

26代：威，字能重，北魏孝文帝时为平北大将军、光禄大夫，后加骠骑大将军、左光禄大夫。

27代：恂，字修仁。北魏永熙末年任东州太守，后周文帝举为太子少师，迁太子太傅、车骑大将军。

28代：儒，字敬业。北魏彭城王韶典，北齐文宣帝授中书舍人，升任东郡太守、广平太守、太中大夫加卫将军。

29代：景，隋炀帝时任膺扬将军。

30代：善谊，任隋朝河内通守。

31代：诜，唐高宗时为进士第，累迁凤阁舍人。武后时为春宫侍郎。相王召为侍读，拜同州刺史。

32代：大融，唐玄宗屡召不仕，后隐居于王屋山。

33代：浩然，少好节义，喜济人患难，善于作诗。年四十游京师，唐玄宗诏咏其诗，念到"不才明主弃"之语，玄宗谓："卿自不求仕，朕未尝弃卿，奈何诬我？"因放还，没有让他做官，后隐居鹿门山，著诗二百余首。

34代：云卿，字宜甫，唐肃宗时为校书郎。与诗人杜甫善交。

35代：简，字几道，唐德宗举进士，迁仓部员外郎。元和中拜谏仪大夫。初为常州刺史，治孟渎有功，赐金紫，召为给事。累迁户部尚书、御史中丞、山南东道节度使。

36代：常谦，唐德宗时为安州刺史，加侍御史，安州防御兵马使。

37代：遵庆，皇帝下旨要他做官，没有应诏。

38代：琯，唐元和末皇帝下旨要他做官，没有应诏。韩愈《送孟秀才序》："年少，礼甚度。手其文一编甚钜。退披其编以读之，尽其书无有不能……其所与偕尽善人长者。"

39代：方立，唐昭宗时为昭义节度留守。

40代：承海，后晋时事少帝，官拜太府卿。

41代：汉卿，后周世宗时，任左羽林大将军。

42代：贯，不仕。善于诗词，主奉祀事。

43代：昶，隐居不仕，主奉祀事。

44代：公济，少励高行，不喜欢做官。避契丹之乱，藏族谱于屋壁，隐居东山而终。

按：以上资料皆摘自旧同治本《三迁志》，由于系后代追述，其中不合情理处甚多，姑妄存之。四十五代中兴祖孟宁以下世系就确然有据了。

45 代：宁，宋仁宗景祐四年（1037 年）孔道辅守兖州，访得孟子墓在四基山之阳，又于凫村访得四十五代孟宁，推荐于朝，拜迪功郎、邹县主簿。率领族众，修编祖谱，主奉祀事。至此家事复兴，无废缺现象。孟氏后裔尊为中兴祖，附祀故里祠。

46 代：坚。德学俱优，任徐州知府。

47 代：宽。

48 代：钦。

49 代：津。

50 代：德义，登进士第，授鱼台县尹，未上任。

51 代：允祖。

52 代：惟恭，字彦通，笃厚明敏，不求宦达。对庙、庑、墓建树良多，刻《孟氏宗支图》碑。

53 代：之训，字曾甫，曾任莒州学正。

54 代：思谅，字友道。明洪武元年（1368 年）皇帝下诏授邹县主簿。

55 代：克仁，字信夫，追赠授翰林院五经博士。

56 代：希文，字士焕，明景泰二年（1451 年）始授世袭翰林院五经博士，主奉祀事。孟氏世职自此始。

57 代：元，字长伯，明弘治三年（1489 年）承袭世职。

58 代：公肇，字先文。是元之弟之子。世职本应由元之子公綮承袭，因年幼，由公肇于明嘉靖二年（1523 年）代袭。十年后，于明嘉靖十二年（1533 年）公肇让职于公綮承袭。

59 代：彦璞，字朝玺，明隆庆元年（1567 年）承袭世职。

60 代：承光，字永观。明万历二十九年（1601 年）承袭世职。天启二年（1622 年）白莲教军攻陷邹县城，孟府破坏惨重。承光与母孔氏，长子宏略、家人席天寿均死于战乱。战后朝廷赠太仆寺少卿。

61 代：宏益，字振扬。按照家规本应是其长兄宏略承袭，因其死于战乱，子闻玉尚年幼，于明天启年（1623 年）由宏益代袭，闻玉长成后即让职。朝廷改封宏益为锦衣卫千户。

62 代：闻玉，字尤甫，崇祯二年（1629 年）承袭世职，主奉祀事。

63 代：贞仁，字静若，清顺治元年（1644 年）承袭世职，主奉祀事。

64 代：尚桂，字播馨，清康熙五十五年（1716 年）承袭世职，主奉祀事。曾鉴定《三迁志》。

65 代：衍泰，字懋东，于乾隆七年（1740 年）承袭世职，主奉祀事。重修《孟子世家谱》，重校《三迁志》。

66 代：兴铣，字起辉，于乾隆七年早卒，年二十五岁，未承袭世职。

67 代：毓瀚，字钟北。乾隆十六年（1750 年）继承大宗，承袭世职，主奉祀事。

68 代：传榁，字国摸。乾隆四十五年（1780 年）承袭世职，主奉祀事。

69 代：继烺，字体耀。嘉庆二十年，（1815 年）承袭世职，主奉祀事。于道光四年（1824 年）主修《孟子世家谱》。

70 代：广均，字京华。乙酉科举拔贡，戊子科举人。于道光十二年（1832 年）承袭世职，主奉祀事。钦加主事衔，晋员外郎。先后创建或修复了孟庙、孟府、孟林、孟母断机堂及庙户营三迁祠等古建筑群，并支持修纂了《重纂三迁志》《孟子世家谱》，以留下研究孟氏家族的兴衰成败、沿革变迁等方面的珍贵资料。

71 代：昭铨，字伯衡。四氏学廪生。同治十三年（1874 年）承袭世职，主奉祀事。

72 代：宪泗，字法鲁，光绪年间承袭世职，主奉祀事。

73 代：庆恒，字颂武，应承袭世职，因早卒，年仅二十一岁，未能承袭世职，由弟庆棠，字泽南，于光绪二十年代袭世职。至光绪三十一（1894 年）年正式承袭。民国二十四年（1935 年）由"世袭翰林院五经博士"改称为"亚圣奉祀官"。

74 代：繁骥，字雪生。于民国二十八年（1939 年）承袭奉祀官。1949 年去台湾，1990 年在台北病逝。

75 代：祥协，1990 年接任"亚圣奉祀官"，现居中国台湾。

76 代：令继，现居中国台湾。

先秦时期，孟姓最初活动于河南、山东、河北交会地区。两汉至唐朝，孟姓在华北、中原、西北、江浙、川鄂地区已有分布，但主要的活动地仍在冀鲁大地。唐朝以后，由于北方少数民族入主中原，政权频繁更迭，发生了几次大规模的南下移民运动，孟姓在长江以南地区也得到迅速扩散，形成了以孟忠厚为始祖的南支。

宋朝时期，孟姓大约有近 32 万人，约占全国人口的 0.42%，排在第 55 位。孟姓第一大省是河北，约占全国孟姓总人口的 30%。孟姓在全国主要分布在河北、山东、四川，这三省集中了孟姓总人口的 54%。其次分布于湖北、江西、安徽、河南四省。全国形成了冀鲁、川鄂两块孟姓聚集地。明朝时期，孟姓大约有 20 万人，约占全国人口的 0.22%，为明朝第 89 位姓氏。宋元明 600 年全国人口纯增长率是 20%，孟姓人口增长为负值。由于战乱，受害群体首先应是主体在北方的人群，孟姓是北方地区姓氏，自然受到了严重的冲击。孟姓在全国的分布主要集中于山东、山西、河北，这三省大约占孟姓总人口的 58.7%。其次分布于浙江、陕西二省。山东为孟姓第一大省，大约占孟姓总人口的 32%。宋元明 600 余年，孟姓主要向江南、东部、西部迁移，鲁、冀、晋为孟姓聚集区。清代又有孟姓渡海入台，进而定居海外。近代以来，一方面由于战乱频仍，一方面由于经济发展、商贸活跃，人口迁徙的速度大大加快，孟姓人口也加速了向全国和世界各地迁移的步伐。尤其是新中国成立以后，特别是改革开放以来，随着教育的发展和普及，人们从事的职业选择和生活的地域选择都有了更大的空间。孟姓人口自然随之向全国和全世界各地扩散。现在，几乎所有五大洲的各个角落，都有孟姓族人从事学习和各种职业活动，从而也将中华传统文化，包括孟子思想传播到世界各地。

第三节　字辈排行

长期以来，孟氏族人并没有统一的字辈排行，即使到北宋孟子及其思想升值、孟子嫡裔被朝廷封赏的时候，也没有统一的字辈排行。直到明朝初年，大概随着孔、孟、颜、曾等圣裔人口繁衍越来越多，分布各地的宗亲自行规定字辈带来辈分的混乱愈益突出，四大圣裔迫切感到有统一字辈的必要，于是通过各种关系和渠道，运动朝廷为自己的宗族规定统一的字辈。朱元璋就以皇帝之尊，以诏书的形式，首次赐给孔、孟、曾家族统一的 10 个字辈：

> 希、言、公、彦、承、弘、闻、贞、尚、衍。

因为人口繁衍的需要，明天启年间，又续 10 个字辈：

> 兴、毓、传、继、广、昭、宪、庆、繁、祥。

清道光年间，再续 10 个字辈：

> 令、德、维、垂、佑、钦、绍、念、显、扬。

1919 年，孔子奉祀官、孔子 76 代孙孔令贻咨请民国政府核准，又制定 20 个字辈，颁行全国孔、孟、曾家族：

> 建、道、敦、安、定、懋、修、肇、彝、长、
> 裕、文、焕、景、端、永、锡、世、续、昌。

大概自明朝开始，大部分孟氏族人，都根据自己祖辈传下的世系排序，按朝廷公布的字辈起名，几乎所有族人也都熟知自己的行辈了。

第七章　谱牒与档案[①]

第一节　谱牒

　　孟氏家族的谱牒主要包括两部分，一是族谱，一是家志。族谱的修撰显然很早就开始了，很可能早在魏晋南北朝中国修谱大盛时期即修有家谱。孟子第45代孙、中兴祖孟宁在北宋元丰七年（1084年）所修的族谱序中，有这样一段记述：

> 　　自始祖亚圣邹国公世家略见史记，自二代仲子以后或贵显或潜晦，代有人焉。至四十四代先君子公齐公值皇宋景德初，契丹大举入寇，车驾北巡，山东骚动，乃藏家谱于屋壁，携家避匿东山而终焉，家谱所在而人不知也。迨元丰六年家人拆毁故屋得烂简于壁，拾其鼠啮蠹蚀之余，详识细认，历代名字有存有没，事迹有详有略，姑缀缉遗谱，藏于家以俟将来

　　金朝大安三年（1211年），孟子第48代孙孟润也有大致相同的记述：

> 　　自始祖亚圣邹国公而下千有余年，奕世相传，愈久而益显，盖其深仁厚德有不泯者然也。宋景德初，兵戈浩荡，四十四代公齐公藏谱于屋壁，携妻子逃难东山而终焉。后家人莫知家谱所在，先世言行咸沦没而不著，可胜惜哉。迨仁宗景祐四年，孔公道辅守兖州，访亚圣

————————
①　此章参考了朱松美著《孟府文化研究》，中华书局2013年版。

坟茔于四基山之阳，得四十五代宁公荐于朝，授迪功郎、邹县主簿，公重修故宅，拆屋壁乃得家谱。岁久鼠啮蠹蚀，磨减断缺，失次二三，公批阅群书，证以见闻，重加编次，复成完本以贻后世。宗族相传迄今二百余载，未尝失坠，皆迪功继志述事之力也。

对此，孟广钧主持编撰的同治本《孟子世家谱》卷首的《世谱考》有着较为详细的记述：

> 考我孟氏之有家乘也，由来久矣。魏晋以将，代罹兵燹。宋景祐间，四十五代中兴祖得遗谱于故宅古壁中，虫蚀风剥，残缺殆半。幸自二世祖以下嫡裔奉祀之人世次井然，无紊无阙。修辑成编，以贻将来。至金大定间，四十八代润公重修之。元至元间，五十一代祇祖公续修之。前明正德六年，五十二代惟恭公、五十七代博士元公，又以历代世系刻石立之家庙。至万历间，六十代承相公又复踵遗谱而增续之，而吾民之族姓益显矣！天启壬戌，妖贼介乱，宗族逃窜流离散寄四方。六十二代闻钲公恐其久而湮也，协同族众捐赀纂修刊板刷印散发各户，其砥柱宗门功诚伟矣！迨我朝主录熙五十九年宗子衍泰公，恭逢升平之世，远搜兵烬之余，确微详考编次成书，颇称完善。但其时族丁零落，故仍循遗谱旧规，合派通叙，至有或宜增易之处，以俟后人。讵先太宗主傅棎公承袭，复以修葺林庙未遑增修。先宗主继烺公，承先人未竟之志，谨于道光四年甲申之吉，遴选族众中通材硕彦，权其财赀所人，开馆续修。爰自五十五代有傅之支，分派以十一，别户以二十，厘正考订，分叙合辑，亦既精确详明矣。

显然，孟氏族谱在宋朝以前确然存在，但在宋朝的战乱中一度失坠。待到孟宁得之于墙壁中时已经是屡经虫蚀鼠啮，残缺不全了。全赖孟宁参阅其他资料，重新整理编排，才使家谱得以延续。

孟宁之后，孟氏族谱的续修一再进行。上起宋神宗元丰七年（1048年），下至清朝同治四年（1865年），延续800多年。现在传世的孟氏族谱有纸谱和碑谱两大类，二者交互映证，成为族谱的双璧。见于文字记载的族谱有：

一、孟子 44 代孙孟公济壁藏本，修于何时无记载。

二、宋神宗元丰七年（1048 年）孟子 45 代孙孟宁续修本。

三、金大安三年（1211 年）孟子 48 代孙孟润续修本。

四、元朝至元元年（1264 年）孟子 51 代孙孟祗祖续修本。

五、明朝天启二年（1622 年）孟子 62 代孙孟闻钲续修本。

六、清朝康熙五十九年（1720 年）孟子 65 代孙孟衍泰续修本。

七、清朝道光四年（1824 年）孟子 69 代孙孟继烺续修本。

八、清朝同治四年（1865 年）孟子 70 代孙孟广钧续修本。

碑谱有：

一、金大安三年（1211 年）孟子 48 代孙孟润续修本碑刻，已毁于"文革"。

二、元朝至元四年（1267 年）立《亚圣四十五代孙孟宁之墓碑》碑阴之"孟氏世系图"，存于曲阜市凫村孟母林内孟氏中兴祖孟宁墓前。

三、元朝元贞元年（1295 年）立《骀孟子庙碑》碑阴之"孟氏世系图"，现存孟庙启圣殿院内。

四、元朝延祐元年（1314 年）立《先师亚圣邹国公续世系图记碑》阴刻之"亚圣宗派之图"，现存孟庙启圣殿院内。

五、元朝至顺二年（1331 年）立《皇帝圣旨里碑》阴刻之"孟氏宗支图派"，现存孟庙启圣殿院内。

六、明朝洪武四年（1371 年）立《孟氏宗支之记》碑，现存孟庙启贤门外东侧。

七、明朝正德六年（1511 年）立《宗派之图》碑，现存孟庙亚圣殿院乾隆碑亭南侧。

八、清朝乾隆十四年（1749 年）立《孟氏大宗支派碑记》碑，现存孟府五代祠。

上列两种族谱，碑谱除个别碑碣被毁和部分碑文有损坏外，绝大部分都保留下来，成为重要文物。但纸谱由于遵循新谱成、旧谱毁的原则，大部分都已亡佚。现存的纸质《孟子世家谱》仅存《道光谱》和《同治谱》两种。孟继烺主持编撰的《孟子世家谱》成书于清朝道光四年（1824 年），简称《道光谱》，共6册14卷。卷首依次是孟继烺的新谱序、孟宁、孟润、孟衍泰的旧谱序。其下依次设职名、凡例、目录、修谱事宜、姓源、捐资数目、支销、领谱数目、世谱考、宗派总论、分派分户图、嫡裔考、嫡裔相承图等目。最后是正文，记载自战国迄于清朝道光年代的孟子嫡裔和各支派男性后裔生平事迹名录。孟广钧主持编撰的《孟子世家谱》刊于清朝同治四年（1865年），简称《同治谱》，共6册15卷。卷首依次是孟广钧的新谱序，孟宁、孟润、孟承相、孟衍泰、孟继烺的旧谱序。再下依次是世谱戒词、修谱职名、凡例、修谱事宜、开馆仪注、修谱誓词、谱成告祭仪式、领谱数目、姓源、世谱考、恩例等项目。最后是正文，记载自战国迄于清朝同治年代的孟子嫡裔和各支派男性后裔生平事迹名录，编排次序、内容与《道光谱》大致相同。这两种《孟子世家谱》既是研究孟子思想文化、孟氏宗亲历史文化的重要资料，也是珍贵文物。

与家谱对应和互补的家志，是由家谱衍生出来的志书的一种，属于地方志中的一个类别。孟氏宗族家族志的撰修，自明朝成化年间至于清朝光绪年间，历时400多年，共有6次大规模修撰，每次修撰都由朝廷属官和地方名流主持。其编纂方式经历了由孔、颜、孟三氏合志到三家单独成志的变化。孟氏家志也经历了由《三迁志》到《孟志》，再到《三迁志》的变化。各志的简况如下：

一、明朝成化本《孔颜孟三氏志》。该书是明朝成化年间的山东学政毕瑜提议修撰的。他在成化十年（1474年）视察邹县时提出修撰三家志书的必要性："孔颜孟三氏之乡，古今学者诵诗读书博文约礼但知其概而已。然其出处世系之详，行事褒崇之典，若非亲造其地，体验之真，孰能知哉？三氏之志，其可阙乎？"于是命邹县、宁阳、峄县三县教谕刘濬、宋叔昭、吴伯淳共同编撰《孔颜孟三氏志》。尽管历时五年，五易其稿，但因"家藏故典不能尽详"，还是没有杀青。成化十六年（1480年），刘濬、吴伯淳因担任山东乡试考官暂时离任，而毕瑜又于同年去世，致使志书编撰中辍。两年后，刘濬因从孔公璜处获得《祖庭广记》一书，得以补充书稿所缺内容，《孔颜孟三氏志》最终得以完成。由于该书由时任邹县知县的张泰校正并出资印行，所以该书就以邹县知县张泰校正、邹县教谕刘濬编次、宣圣58代孙孔公璜辑录署名。全书由《三氏志总图》《提纲》和正文6卷组成。其中

1—4卷为《宣圣孔氏志事类》，卷五为《复圣颜氏志事类》，卷六为《亚圣孟氏志事类》。《亚圣孟氏志事类》详目为姓氏源流、出处事迹、庙宇（附断机堂、子思书院）、林墓（附孟母、公孙丑、万章三墓）、历代封谥诏旨诰敕、历代主祀宗子特授恩典、历代祭文、历代题咏、历代修建庙宇碑文（附孟母断机堂、子思书院）。《孔颜孟三氏志》尽管不是孟氏宗族专志，但体例框架已经具备史志规模，作为家志的开创之功还是应该肯定。

二、明朝嘉靖本《三迁志》。此书为嘉靖时期任山东按察司金事的史鹗提议督促完成。他为该书写的《三迁志·序》记述：

> 予观兵东鲁，幸睹孟子庙貌，吊其遗塚，礼其宗裔，足慰平生敬仰之私。及叩其《志》，乃日尚未有专制者。予为之慨然，乃命教官费子增（滋阳县儒学教谕）遍考群籍，删繁存要，集为全帙。予又重加订证，补其缺，正其讹，使图像、爵田、记赞之故历历可考。……取孟子作圣之功，由于母氏蒙养之正。……而题其志名为《三迁志》。

该书内容由卷首、正文和卷尾三部分组成。卷首包括序文、凡例和目录。正文6卷。卷一是图，收录行教小影、危坐图、三迁图、断机图、邹国图、四基山孟子墓土、马鞍山孟子父母木图、宋南门外孟子庙土、元重修孟子庙土、国朝孟子庙图、祭器图。卷二内包括出处事迹、史记列传、宗子世系、历代授官恩泽、历代闻达子孙、庙宇、林墓、户役、封号、章服、祀典、给田、免役、门弟子封爵。卷三包括昭敕、恩赐、表。卷四包括奏疏、文移、祭文、赞、诗。卷五收录碑记一。卷六收录碑记二和墓志。卷尾收录了费增的《三迁志·后序》和孟子58代孙、世袭五经博士孟公肇的《三迁志·后语》两篇文章。此书是孟世宗族的第一部独立转制为其后孟氏宗族志确立了基本体例，以后撰写的宗族志基本上皆以此书为圭臬。

三、明朝万历本《孟志》。该书撰成于万历三十八年（1610年），第二年付梓，撰稿人是进士潘榛和举人周希孔。卷首包括时任山东巡抚的黄克缵写的《序》和胡继先写的《新修孟志引》以及凡例和目录。正文5卷。卷一包括地灵（山川图、故宅图、庙图、林墓图）、石像、祖德、母教、师授、年表。卷二包括佚文、赞注、崇习。卷三包括爵享、弟子、恩赉、宗系、名裔。卷四包括祠庙（附孟子父母庙、子思书院、子思祠、孟母断机堂）、林墓（附孟母墓、万章墓、公孙丑墓）。卷五包括祭谒、题咏、古迹、杂志。卷尾收录了潘榛的《孟志后序》、周希孔的《书新孟志后》和孟子 60 代孙、翰博孟承光的《家志跋语》。《孟志》的特点一是名称更改，二是在体例上较前更完善，资料收录范围进一步扩大，正如潘榛在《孟志后序》所指出：

> 不循旧《志》，尽发素所藏书，协力披录，但关孟氏者，条分类纪，而孟氏之裔茂才闻钲者从乃祖，宦游亦多识其家故实。又即其耳目所及，一并采人，属稿数月，积帙凡五，为目二十有一。虽犹觉未详，而自顾考索证引，弗敢忽矣。

四、明朝天启本《三迁志》。该书是在明朝天启年间，由时任山东布政使都事吕元善和其子吕兆祥、孙吕逢时祖孙三代共同完成。它以史鹗《三迁志》、胡继先《孟志》为基础，经过"增补"而撰成。全书分序和正文两部分。序文包括李日华、贺万祚、吕浚等人的新序，史鹗《三迁志序》、黄克缵《孟志前引》、胡继先《孟志引》、潘榛《孟志后序》、周希孔《书新孟志后》、孟承光《家志跋语》。正文分 5 卷，每卷又分上、中、下篇，共 21 类。卷一上为地灵、士像；中为祖德、母教、师授；下为年表。卷二上为佚文；中为赞注；下为崇习。卷三上为爵享、弟子（配享、从祀、附祀、拟祀）；中为礼仪、恩赍；下为宗系、名裔。卷四上为祠庙；下为林墓。卷五上为祭谒，中为题咏，下为古迹、杂志。天启本《三迁志》的特点，一是由《孟志》恢复《三迁志》旧名，其后一直延续。二是增加了《孟志》以来亡故的族中名人、墓志及部分题咏。三是每卷又分上中下，尽管不无烦琐之嫌，但也有更醒目的优点。

五、清朝雍正本《三迁志》。该书是由孟子 65 代孙孟衍泰和滕县王特选、济宁仲蕴锦在康熙年间主持修撰，雍正元年（1723 年）正式刊出。它基本沿袭万历本《孟志》体例，全书由序、正文和后跋三部分组成。序文部分除邹县知县韩于斐所作新序外，此前旧《志》如史鹗、黄克缵、胡继先、潘榛、周希孔、贺万祚、吕浚、李日华、孔胤植、吴麟瑞、虞廷陛、施凤来所作序引尽皆录入。正文分 12 卷，但沿用了天启本的 21 个目。各卷内容为，卷一灵毓（原为地灵）、像图（原为石像）；卷二祖德、母教、师授；卷三年表；卷四佚文、赞注、崇习；卷五爵享、弟子、礼仪、恩赉（附敕命）；卷六宗系；卷七闻达（原为名裔）（附列女）；卷八庙记（原为祠庙）（附奏议）；卷九墓记（附志铭传题）；卷十一题咏；卷十二古迹、杂志。后跋包括孟子60代孙孟承光为万历本《孟志》所作旧跋和65代孙孟衍泰所作新跋。此书在体例上基本沿袭万历本《孟志》，但内容有较大增益，如所有图像都重绘并增加了《邹北傅村孟子故里图》《孟子冕旒像图》及王特选、仲蕴锦所作《图赞》《桧柏图》及韩峰起所作的《图赞》《天震井图》及碑记、《祭器图》等。

六、清朝光绪本《重纂三迁志》。此书在道光十五年（1835年）由孟子70代孙孟广钧约请邹县举人马星翼撰稿，历七月而成，后请日照许印林等校阅，但未及刊印。同治十一年（1872年）山东盐运使、候补道陈锦至邹县主持修复孟子林庙事宜，孟子71代孙孟昭铨向之献出此稿，请求校正。陈锦于光绪五年（1887年）又约请刑部主事孙葆田、翰林院庶吉士柯劭忞损益增删。二人搜辑旧闻，修严体例，以10卷、11目定稿，并于8年后的光绪十三年（1887年）付梓印出，前后经过52年之久，才得以问世。全书分序、卷首、正文三部分。序文部分包括张曜、陈锦、孙葆田三篇新序、孟广钧原纂稿序以及编纂人员题名、目录等；卷首为御制文圣像诸图，包括清朝各代皇帝御制碑文、赞词及图像、地图、祭器陈设图等；正文十卷、十二目。卷一世系年表；卷二事实；卷三经文、佚文；卷四祀典；卷五从祀；卷六至卷九为艺文一、二、三、四；卷十杂志。光绪本《重纂三迁志》基本是涵盖了此前所有孟氏家志的内容，进而又增补了雍正本《三迁志》以后一百五六十年间的新资料，如世职延续，林庙修剪及碑文、题咏等内容。特别是，由于受乾嘉学风的影响，不仅资料的收集最为丰富，而且考订十分精审，是孟氏家志中的珍品。

第二节　孟府档案

孟府档案是指孟府内部府务管理和对外交往的相关文件记录。由于孟府是中国古代社会具有特殊地位的贵族府第，自中兴祖孟宁建府以来直至民国年间，历时 800 多年未曾中断，其间府务管理与对外交往的文件、记录都是全面系统的。不过，因为历经多次战乱兵燹，再加上自然损耗与人为破坏，留存至今者只是很少一部分，今人已经很难窥视它的全貌了。

现存的孟府档案，存续时间为乾隆四年（1739 年）至民国三十六年（1947 年），时间跨度为 209 年。档案数量分布与时间的前进成正比：后来居上。清朝档案约占总数的五分之一，其余全是民国档案，其中尤以 1942—1944 年间为多。档案内容大致可分三类：

一、对外及人际关系交往文件。包括孟府与帝王及各级官府来往的文件，如御赐书单、文移、复照、咨会、呈请、禀状、通知、谕单、信票、布告、奉祀官指令、批令，还有民间亲友邻里间交往的礼单、礼赞、挽联、书法画册印章收藏、家信及其他函件。

二、内部政务活动类文件。主要包括府内各种政务记录，如工作日志、收发文簿、各种会议通知、会议记录及府内人员值班、活动登记表格、祭祀典礼仪制人员、杂役委派以及邻里司法纠纷处理文稿记录等。

三、内部府庙经济经营与管理文件。主要包括府内地亩、宅基、园地及佃户所交地租数量；教育建设投资、祭祀费用；府庙修建工程计划、包工合同、原材料用工资费及日常应酬等相关经济记录、收支和清册等。

四、收藏的与孟府有关的政府和社会文件。如清朝咸丰、光绪年间的部分京报原本和手抄件、邹县县署布告、邹县临时参议会第一次大会宣言、孔道会章程等。

孟府档案尽管已经残缺不全，但就现有留存者而言，仍然具有时间跨度较大，内容比较丰富的特点，涉及晚清至民国时期的政治、经济、军事、社会风俗和思想文化等各方面的不少内容，是研究晚清至民国时期中国历史，尤其是鲁南和邹城历史文化的重要资料。兹举数例，可见一斑。

如与官府来往交涉：

> 清乾隆四年九月，移交滕县知县，就近差拿抗不供孟府差役田国顺。
>
> 咸丰十年六月初六日，移文曹州府单县知县，回复亚圣府拟将孟继庠派充林庙执事。

光绪二十八年十一月四日，会票，差武振清、党兴臣赴宽甸县投送公文，照会途中关卡验票放行。

民国二十八年二月十四日，发文簿，内有二十八年二月十四日至三十九年九月三日孟府与族长、县公署、警备队、新民辉等来往公文。

民国二十九年九月，呈文，奉祀官孟庆棠向山东省省长唐仰杜报告孟庙损坏情况。

民国三十一年五月二十九日，邹县县署布告，保护亚圣庙先圣古迹及庙产祀田。

如田产管理、租佃事宜：

嘉庆二十二年三月，蔡庄续制地亩清册，内载坡地共计一顷三十四亩二分六厘七毫，宅园场十九亩九分六厘八毫五忽。

光绪六年九月，滕县租项清册，斗城、薄家岗、辛家、二十里铺等处，共租地八顷七十一亩，租银五十七两六钱二分七厘一毫。

光绪八年八月，征收野店祀田官庄土地籽粒谷花名总册，开列张户、刘户、邵户、田户马户、党户，计租粮三十六石六斗。

光绪二十二年八月十日，信票，差刘继福赴野店官庄催办祀田籽粒。

如家族和府内事务管理：

咸丰五年十月二十五日，新泰县族人孟毓祥受邻人殴辱，禀承宗宪大人公处。

光绪二年六月，禀，山头村孟继彬不遵宗规，屡次犯林，帮役禀明家长，立即严惩。

民国三十一年五月，指令，奉祀官孟繁骥照准孟毓宸辞去族长职务，由孟传纲代理。

民国三十一年五月十九日，会议记录，孟府第一次府务会议，研究如何振刷精神，努力建设新孟府。

民国三十一年九月，流水账，记录三月二十八日至九月十八日孟府消耗、购置、应酬、祭祀等项开支。

民国三十二年七月，亚圣奉祀官府职员考核表，共七表，三十一天，每天考勤两次。出勤人加盖私章，缺勤者注明公出、请假等原因。

民国三十三年，秘书处年度工作事项简要报告，分为保持文件、宣传圣学，整顿府风等三项。

亚圣奉祀官训令：提升总务股员王东生任总务主任。

如教育方面事务：

民国三十二年九月七日，孟氏小学开学典礼仪式：学校管理主任报告、奉祀官训示、孟氏族长致辞、林庙举事致辞等。

第八章　宗亲联谊与重修《孟子世家谱》①

第一节　历史悠久的宗亲联谊

孟氏宗亲的联谊活动实际上从宗亲存在的那天起就开始了。因为中国古代社会历史发展走的是"维新路径"，血缘纽带一直比较强固地存在，"出入相友，守望相助，比间族党之相亲，贫穷患难之相恤"，是宗族之间遵循的准则。所以，不但聚族而居的孟氏族人互相照应，就是迁徙别地而居住谋生的族人，彼此之间在可能的情况下，遇事也会伸出援手。不过，在古代社会，由于自然经济占主导地位，迁徙别居，特别是远离宗族别居的族人，在当时的资讯条件下，联谊是比较困难的。所以，除了聚族而居的族人外，一般外迁的独户族人之间就更难实现规范化的联谊了。显然，古代社会孟氏宗亲的联谊基本上发生在聚族而居的孟氏族人之间。北宋时期，孟子被追封为"邹国公"，第45代孙孟宁被封为迪功郎和任命为邹县主簿之后，孟氏族人的凝聚力空前加强，联谊活动自然也随之加强。通过多次修谱．编撰《三迁志》和规范化的祭祖等活动，一方面增强了族人的宗族意识，一方面使更多的族人，包括外迁的族人加强了与嫡裔的联系，使宗族联谊活动持续不断并日益增强。尽管如此，由于古代社会交通不便，通讯困难，使联谊的地域和族人受到很大限制。入谱者只限于孟宁的直系后裔，联谊也基本上限于邹城及其周边地区。这种情况，在改革开放以后的当代发生了根本性的变化，孟氏宗亲的联谊活动逐步如火如荼地开展起来。

---

① 此章参考了孟淑勤主编的《孟子世家谱（卷首）》一书资料（2021 年版）。该书由济南甲骨文文化传媒有限公司承印。

孟氏宗亲联谊会成立于 2004 年年底，是为海内外广大孟氏宗亲服务成立的群众社团组织，旨在弘扬孟子思想，传承祖德家训，续修《孟子世家谱》，加强孟姓宗亲联谊沟通，联络全世界孟氏亲人之间的血脉亲情，强化宗族乃至民族文化认同，起到交流联谊的纽带和桥梁作用。

20 世纪末，随着改革开放的深入发展，随着文化自信与民族复兴的不断深入，曾经一度销声匿迹的宗族组织及宗族观念呈现出蓬勃发展之势，各地孟氏宗亲来邹寻根问祖、续修族谱的现象不断涌现。与此同时，"文化搭台、经济唱戏"的区域文化经济融合发展的模式不断得到济宁市委市政府、邹城市委市政府的重视。为充分挖掘济宁"孔孟圣贤故里"的文化标签，全力打造区域经济整体化发展，济宁市委市政府于 2004 年 9 月 27 日"孔子文化节"期间，牵头组织召开了"孔孟颜曾圣裔恳亲联谊会"活动，并成立了理事会，来自国内以及日本、韩国、泰国、马来西亚、菲律宾等地的 200 余名孔、孟、颜、曾四氏后裔代表齐聚济宁，共同商讨恳亲及联络海内外圣裔群体来济宁进行经济、文化投资事宜。会后要求四姓氏分别成立独立的"宗亲联谊会"。随后在邹城市政府的主导下，"孟氏宗亲联谊会"（以下简称"总会"）正式成立。

孟氏宗亲联谊会会址最早设于邹城市文物局办公楼（2016 年拆迁，辟为孟府后花园）。2009 年，在时任理事长孟祥开的建议下，会址迁至"奔腾山庄"。2014 年 4 月，为更好地推动宗亲联谊，加强孟氏名人与政府的交流，联谊会重迁邹城市文物局办公楼（孟府后门）。2015 年 8 月，因文物局拆迁，搬迁至太平西路 1121 号五楼（原文广新局办公楼）。2017 年，邹城市政府为支持宗亲联谊会的发展，在铁山公园内、孟子研究院西侧为宗亲联谊会单独营建了仿古式办公区域。2018 年 4 月，宗亲联谊会乔迁新址。

联谊会成立之初，时任邹城市政协副主席的孟祥居被推举为第一任会长。2009 年，宗亲会推举宗族孟淑勤担任第二任会长，后兼任邹城市政协副主席。邹城市委市政府希望通过"孟子故里"的文化标签来吸引海内外孟氏后裔来邹寻根问祖、献计献策，共谋发展，借助"文化搭台，经济唱戏"的模式助推当地经济发展。起初，孟氏宗亲联谊会仅作为来访宗亲的接待机构，并未发起诸如《孟子世家谱》编修、弘扬孟子文化、联宗祭祀先祖、续修《三迁志》等活动。参与宗亲组织的人数也较少，仅包括地方少数商界、文化界孟氏精英翘楚。为充分发挥宗亲联谊会的作用，济宁市政府曾向"四氏"宗亲联谊会提出广泛联谊"四有名人"的运营理念，即通过联谊四氏族人中"政治上有地位、经济上有实力、学术上有造诣、社会上有影响"的四类同姓族人来邹达到招商引资的目的。显然，孟氏宗亲联谊会同其他三氏宗亲联谊会一样，其成立之初仅是同姓"俱乐部"性质的社团组织，并不包含"后宗族时代"同姓族群发展的新内涵。2009年起，在市政府的大力支持和各地孟氏族人的广泛参与推动下，宗亲会不断成长发展，特别是"二届一次理事长会议"以后，宗会的发展理念更加明晰，对外联谊能力显著增强。"情系孟氏宗亲、传承亚圣文化、搭建联谊平台、共谋和谐发展"成为本会以及下属分会的共同发展宗旨，并于2010年5月启动了续修《孟子世家谱》的工作。

总会借鉴了现代宗亲社团广泛采用的"理事会"管理模式。"理事会"拥有最高决策权。鉴于宗亲联谊会实际情况和发展的需要，2016年以后，在"理事会"之上又增设"会长办公会议"，由会长及6名副会长组成，作为最高决策机构。原有的"理事会"降为"次权力中心"。"会长办公会""理事长会议"经常召开。"理事扩大会议"定期在每年一度的"祭祀孟母、孟子大典"（农历四月初二日）前一天召开，届时，将审议并讨论《年度工作报告》《财务工作报告》《续谱工作报告》（2010年5月启动续谱工作）及其他有关问题。宗亲联谊会日常管理及对外联谊、交涉工作由秘书处负责，涉及重大事务或外地宗亲、社会知名人士来访时，会长亲自接待。

"理事会"由理事长及若干名副理事长、（常务）理事构成，每四年一届。担任以上职务者多为全国各地孟氏政界、商界、文化界精英，其中不乏各地各级分会会长、秘书长。理事会作为重要决策机构，在宗亲联谊、分会组织建设、孟子文化弘扬方面均发挥着无可替代的作用，是宗亲联谊会发展的中坚力量。

总会设立后，各地纷纷以此为蓝本创建本区域"分会"组织，名称统一规范为"孟氏宗亲联谊会某（省）某（地）分会""孟氏宗亲联谊会某（省）某（地）某（县、区）支会"。总会为获得注册许可，曾于2009年至2014年4月间，一度将会名更改为"中华孟氏宗亲会"，2014年又恢复旧称，并于2014年9月下发《关于恢复"孟氏宗亲联谊会"会名的通知》，要求各地分会按照要求予以更改，在与总会交往时，都以"分会"自称。

分会创建成功与否取决于该区域内发起人的"宗亲观念"及"经济实力"。首先由当地部分热心家族事务和孟氏文化的族人通过多种渠道广泛联系当地孟氏族人，特别是那些政界、商界、文化界小有名气的"新族贤"。再由这些族人共同发起成立"分会筹委会"，根据参与者在当地政界、商界的地位与实力等物化指标拟定出分会组织架构，并以总会《章程》为蓝本制定《分会章程》。待一切筹备工作就绪后，"分会筹委会"将《组织架构成员名单》《分会章程》《分会成立申请》报送至总会，由总会审核后下发《分会成立批复》。"分会筹委会"在获允成立后，择吉日召开"分会成立大会"，邀请总会领导、上属省（地）级分会领导及其他兄弟分会、本行政区域内各支派族人代表参与。"分会成立大会"议程包括"选举分会领导成员""通过分会《章程》""总会及上级分会领导讲话""宣读各地贺信""当地分会会长履职讲话"等。截止到 2018 年，各地孟氏族人已成立黑龙江、吉林、天津、河北、山西、陕西、河南、安徽、上海、湖北、重庆、江西、海南、云南、新疆等 15 个省区级分会以及 100 余个地（县）级分会组织，直接或间接参与其中者达数万人，广泛分布于除青海、西藏、宁夏、香港、澳门之外的全国绝大多数省份（含直辖市、自治区），海外如日本、韩国、马来西亚、加拿大、美国等地虽无分会组织，但当地部分族人亦参与到总会组办的一些活动中。很多高层级分会在本行政区划内大力发展"次级分会"组织，如吉林省在省分会的联络、部署下，各地市孟氏族人均设立本地市分会，这些"次级分会"在宗亲联谊、家谱续修工作中皆受吉林省分会管理、领导。

第二节　重修《孟子世家谱》

邹县孟氏族人自同治四年（1865 年）之后，再未有本地"二十户"族谱问世。虽然 20 世纪 30 年代，孟府谱馆曾组织过续修活动，终因抗战爆发未竟而终。2004 年孟氏宗亲联谊会成立后，早已退出历史舞台的"邹县孟氏大宗"以另一种形式得以"重生"，同时带动了各地孟氏族群创建分会的高潮。在"组织中枢"日渐完善的基础上，各地孟氏族群借助分会组织也得到了广泛的联络和有效的整合。另外，自 2007 年始，邹城市政府每年都于农历四月初二日（孟子诞辰）前后举办"中华母亲文化节"活动，其中于四月初二当日举行的"祭祀孟母、孟子大典"吸引了海内外众多孟氏后裔来邹祭拜先祖。借此，各地族群对"祖源"邹县的归属意识、对同本共源观念的认可达到了空前的凝聚与强化。重建共同的族群历史、联结不同地域的族群记忆成为各地孟氏族群联谊互动的重要目的。在此背景下，全国性"联宗谱"的编修，得到了宗族内部一致认同。而且各地很多孟氏支派（含邹县二十户）在清末编修完族谱后均未再行续修。总会续修办在发布《续修〈孟子世家谱〉告全体族人书》时就曾指出，"时间跨度长，续修难度大；且孟氏族人中略知族谱之端倪者，多已年逾花甲，如再延迟时日，今后难度将会更大，我等之辈将有愧先祖，有愧后人"。

2010 年 5 月 15 日，第四届"中华母亲文化节"期间，孟氏宗亲联谊会在孟府大堂前举行了"《孟子世家谱》续修工作启动仪式"，面向海内外孟氏宗亲发布了《续修〈孟子世家谱〉告全体族人书》，并成立了"《孟子世家谱》续修工作协会"（2015 年后更名为"《孟子世家谱》续修工作办公室"）。该会隶属于孟氏宗亲联谊会，并在后者的领导下开展世家谱续修工作。

为推动续修工作迅速开展，当年 6 月，孟氏宗亲联谊会向各分会下发了《关于做好〈孟子世家谱〉续修工作的通知》，要求各地分会尽快成立"续修工作办公室"，抽调分会领导成员专门从事族谱续修。同时要求各地分会着手调查本省、市、县孟氏族人的分布情况、人口规模、族人代表及旧谱资料等。11 月，又下发了《关于印发〈孟子世家谱〉续修纲要等四个文件的通知》，"四个文件"包括《〈孟子世家谱〉续修纲要》《〈孟子世家谱〉凡例》《〈孟子世家谱〉入谱费标准、收取和返还办法》《〈孟子世家谱〉续修赞助酬谢办法》。以上文件构成了此次联宗谱编修的具体实施方案。其中《〈孟子世家谱〉续修纲要》提出了本次联宗谱编修的原则要求。其部分内容如下：

一是要具有很强的统一性、综合性。统一性是指天下孟氏是一家，同一个始祖，同一条血脉，在世系上有派、户、支之分，而无所谓内外之别。综合性强调的是覆盖面，凡是承认自己是亚圣孟子后裔并符合入谱条件，地不分东西南北、海内海外，人不分男女老幼，均可登记入谱，做到谱编靡遗，不遗宗亲，使新谱"集各支于大统，合全族为一本"，天下孟氏全覆盖，真正成为孟氏的一本总谱。

　　本次联宗谱编修不仅仅强调传统时代所主张的"收族"目的，还侧重于宗亲联谊，凝聚族心，强化族群认同意识。正如在《续修〈孟子世家谱〉告全体族人书》中所言，"修谱者，旨在'详世系、辨亲疏、厚伦谊、严冒紊'，并以此教育后人饮水思源，详知绵延关系。在构建和谐社会的今天，修谱更有着为宗亲搭建联谊平台、促进社会发展的重要意义"。

　　邻近邹城的曲阜孔氏家族，历时 11 年时间，才于 2009 年完成《孔子世家谱》续修工作。孟氏宗亲联谊会在家谱续修工作启动后，组织续修工作人员专程赴"孔子后裔联谊会"（位于曲阜市）学习咨询，此后又曾多次前往"取经"。在全面了解孔氏家族续修情形后，孟氏宗亲联谊会制定了本次续修方案。根据方案，该工作计划用 7 年时间（2010.5—2016.5）完成涵盖海内外 70%（续修工作人员根据网上资料认为全国孟氏族人达 320 余万）孟氏族人的"大谱"。该工作拟分三阶段进行：入谱登记表填报及相关资料征集（2010—2014）、世系对接及疑难问题解答（2015）以及编排、校对及印刷（2016）。此后每年"理事长会议"期间及年底，修谱办公室负责人都将向理事会汇报续修工作近况，同时在每年的"中华母亲文化节"期间，还会专门召开"《孟子世家谱》续修工作会议"详细讨论续修工作开展情况，并听取各分会续修办工作汇报。在该工作启动之初，总会曾出资 110 万元在各大报刊以广告形式登载"《孟子世家谱》续修"讯息，同时多次派出工作人员前往各地进行走访宣传，现场指导分会有关人员填报入谱信息。然而由于孟氏族群广泛分布于全国众多地区，各种"族情"纷繁复杂，因族谱续修而引起的问题不胜枚举。因此，该工作自启动后，各地分会及族众反响不一。在分会组织建设完善、分会领导认真负责、宗族观念浓厚、族群分布较为密集的地区，入谱登记表填报工作进展较为顺利。不过由于多种原因，部分分会及续修组织对入谱登记资料填报工作并不积极，不少分会直到入谱登记表上报截止的最后期限（2018 年 2 月 28 日）都没有向总会交任何入谱资料。但整体而言，绝大多数分会及续修组织均积极投入到大谱续修工作中，正是在这些分会组织的广泛支持下，全国大谱续修工作才能顺利走到今天，才能取得 150 万人入谱的可喜成绩。

　　较之清末联宗谱编修活动，此次联宗运动出现了诸多新气象。首先，就联宗活动实施原则而言。传统邹县孟氏大宗的宗法权威不复存在，各地孟

氏族群均在平等协商的基础上开展合作，一改传统时代以邹县孟氏大宗马首
是瞻的现象。其次，就各地参与主体而言。清末联宗谱编修多是各地族人以
支派为单位来邹报送资料，而当下的联宗活动虽不乏一些族人仍以支派为
单位，但借助分会组织的领导，各地族人多以地域为单位或地域、支派相
结合的方式参与其中。而且所报资料形式更为多元，除入谱登记表外，各
地、各支新修族谱也颇为多见，有些族谱本身就是所在区域联宗谱，如山东
阳谷分会在 2010 年即完成当地各支联宗谱，遂将该谱报送总会。有些地区
如河北沙河县孟石岗村还以村志作为入谱登记资料。第三，从族群规模和地
域范围而言。此次所编修联宗谱可谓名副其实的"全国通谱"，历史上的邹
鲁、吴越、南楚三大拟制世系群体首次汇编于一册，涉及各地流寓支派一百
余支，地域范围包括黑、吉、辽、津、冀、内蒙古、晋、陕、甘、鲁、豫、
皖、苏、浙、闽、赣、鄂、湘、贵、川、渝、桂等 20 余个省（直辖市、自
治区）。第四，此次联宗谱续修活动打破了传统时代禁止女性入谱的禁忌，
《凡例》规定"凡孟氏族人不分男女、年龄大小均可登记入谱"，续修办工作
人员认为，"此项规定（允许女性入谱），不仅体现了本次续修与时俱进的精
神，也体现了对女性权利的尊重"，同时总会要求"各地各分会应认真贯彻
执行，不得以任何理由擅作更改"。当然，女性入谱并非"新鲜事"，早在民
国时期一些家族在编修族谱时就已将其列入族谱中，在 20 世纪 80 年代之后
该现象更是得到普遍推行。

　　修谱经费的筹集是族谱续修能否顺利开展的关键环节，很多大型族谱
续修活动往往因经费不敷而功亏一篑。总会续修办公室对入谱费的收取极为
关注，并于 2010 年 11 月出台了《〈孟子世家谱〉入谱费标准、收取和返还
办法实施细则》（以下简称"《细则》"）。为避免各地族人产生"借修谱之名
敛财"的误解，该《细则》极力强调"收取入谱费是祖传做法，别的姓氏也
是如此，主要是用于宣传发动、入谱登记、梳理对接、编审论证，到编辑印
刷等各项活动费用的开支"。《细则》对城乡居民以及不同层级分会的返还
比例都作了较为周密的设计。根据当时城乡居民收入略有差距的现实情况，
《细则》规定"农村户口每人人民币 10 元，城市户口每人人民币 20 元，台、
港、澳及海外旅居者每人美元 20 元"，但很多分会在发动族人填写入谱登记
表时，并未要求填写城乡居民身份信息，因此在具体交纳费用时，很多分会

将所报族人均视为农村户口，该规定也就逐渐流于形式。当然不排除如山东济南分会、山东潍坊分会严格遵照该规定收费，但终究属于个别情况。为支持各地续修分支机构有效开展工作，解决分支机构在入谱登记工作中所必需的支出（如走访差旅费、印制宣传材料及入谱登记空白表费用），《细则》还根据汇总工作量的大小制定了不同的返还办法，"省级机构，一般在60%左右；地级机构，一般在50%左右；县级机构，一般在40%左右；支派机构（无分会组织），一般在30%左右"。《细则》同时还规定"按人丁收取的入谱登记费，各地续谱分支机构不得随意减免、截留、坐支或挪作他用"。为加快各地报送资料的进度，总会在入谱费征缴问题上不得不做出某些调整，在2015年11月份出台的《关于调整续修工作有关政策规定的说明》中强调"在入谱登记中原则上继续执行'中孟发〔2011〕5号文件'（即《细则》）相关规定，但对那些经济欠发达、收费确有困难的地区，可以实行'先交入谱登记资料（入谱登记表或近几年来新修的本地支谱），后交费'的方式"。虽然该调整措施名义上只针对"经济欠发达、收费确有困难的地区"，但在具体实施中却涵盖了所有分会组织。报送办法调整后，各地上交资料积极性确实有了较为显著的提升。如湖南张家界永定区属于"老少边穷"地区，2015年5月当地启动入谱登记表征集工作后，收费入谱的方式使得当地族众颇为抵触，登记填报工作曾一度中止。直到当年11月，接到总会通知后，该工作才得以迅速展开，截止到次年4月，当地共收录入谱人丁4368人，入谱率达98%以上。

如此大范围的全国性联宗谱编修活动使得各地族人的族群认同意识得到一定程度的整合与强化。为编修联宗谱，很多人不远千里来邹祭祀先祖孟子、咨询世系接续事宜，对于很多族人而言，参与此次联宗谱编修活动不啻为丰富精神信仰、满足追远念祖的重要手段。如湖北鹤峰一位七旬老人，曾于2012年编修过当地支谱，但从未踏足过山东，人过古稀常引以为憾。借助此次联宗谱编修的契机，在妻儿陪同下终于来邹祭拜先祖孟子，并将孟子墓上的一抔土带回鹤峰，以示不忘故土、常思祖源之意。

《孟子世家谱》续修活动结束后，《续修三迁志》工作也将随即展开。2017年9月19日，《续修三迁志》启动仪式在孟府大堂隆重召开。

第三节　丰富多彩的联谊活动

除了联宗谱编修外，其他跨区域的宗亲联谊活动在宗亲会的主导下也得以开展，联宗祭祖即是其中最为重要的表现形式。早在清末、民国时期，邹县孟氏大宗在组织春秋祭祖大典时，就要求外地部分奉祀生作为当地支派代表参与，如民国三十二年（1943 年），奉祀官孟繁骥曾致信安徽宿县濉溪河东孟氏族人代表孟庆堂，"嘱其秋丁派代表来府参加祭典，签赉同支谱，来府核阅"。新中国成立后，由于"邹县孟氏大宗"的权威被打倒，延续上千年之久的祭祀活动被迫中断，各地来邹联宗祭拜活动销声匿迹。自2007 年"母亲文化节"活动举办以来，于农历四月初二举行的"祭祀孟母、孟子大典"（纪念孟母、孟子公祭仪式）成为该文化活动的重要内容，以联谊孟氏族人为宗旨的"孟氏宗亲联谊会"自然成为祭祀活动的重要参与者。该祭祖活动虽名为公祭，但对各地孟氏族人而言，无疑是一次寻根溯源的"朝圣"之旅。自 2014 年以来，来邹祭祖的孟氏族人常年稳定在 1000 人左右，2015 年更高达 1300 余人，地域涵盖范围包括黑、吉、辽、京、津、冀、内蒙古、晋、陕、鲁、豫、皖、苏、浙、赣、闽、台、鄂、湘、甘、新、云、贵、川、渝等全国绝大多数省市区，甚至还有来自韩国、日本、美国、马来西亚等海外族人。祭祖活动满足了各地宗亲来邹缅怀先祖、寻根问祖的愿望，也给五湖四海的宗亲们提供了交流联谊、搭建人际网络的平台。

除农历四月初二联宗祭祀外，邹城当地及曲阜凫村（孟子诞生地）还定期举行"冬至祭孟大典""三迁祠腊八祭孟"等祭祀活动，不过参与主体几乎全为当地族人，外市（县）乃至外省族人较为稀少。

在传统时代，赈济贫困族人是宗族建设和自我维系的重要方式，而赈济活动多发生于同宗族人内部。在"后宗族时代"，赈济行为溢出了血缘原则的范畴。在某些背景下，借助"组织中枢"的组织和倡导，仅据"同姓"原则，赈济及捐助行为即可发生。如 2014 年 8 月底，总会获知山东禹城某位孟姓女孩罹患白血病的信息，在与其家人联络后，总会利用孟氏族人聚集的各个微信群，发动了为期一周的捐款活动。各地族人纷纷施以援手，短短一周内即收到全国多地 200 余名孟氏族人的捐款，捐款总额达 18 万余元，得到了当地媒体的高度关注。2016 年，总会为帮助家境贫寒的青岛"瓷娃娃"做手术，再次发起全国性孟氏族人的捐款活动，筹集善款 5 万余元，解决了此人的部分治疗费用。各地分会如吉林分会、河南分会也曾发起过类似活动。

另外，总会曾于 2014 年 10 月底发起成立了"孟氏宗亲联谊会爱心行动"，组织各地孟氏爱心人士来邹举办公益活动。在总会的邀请和支持下，日籍宗亲孟繁锡、加籍华人孟繁祯、山东企恒经贸公司孟涛（总会副会长兼秘书长）、青州宗亲孟宪明等多次参与到"爱心行动"中。数年来"爱心行动"小组举办各类公益活动近 30 次，包括捐资助学、慰问贫困老人、图书捐赠等形式，具有鲜明的公益性，对于宣传总会形象、提高总会在邹城市的影响力具有重要作用。目前"爱心行动"已经成为邹城市当地重要的"公益"机构。

"传承亚圣文化""弘扬孟子思想"同样是宗亲联谊会发展的重要宗旨。在每年农历四月初二前后的济宁市政府主办，邹城市政府承办的"母亲文化节"活动，孟氏宗亲联谊会都作为重要的协办单位参与其中。除了"祭祀孟母、孟子大典"活动外，总会还在 2016 年、2017 年举办了"孟子书画展"活动，给各地来邹祭祖宗亲带来了一场别开生面的"文化盛宴"。2015 年，总会还主办了"孟子文化高端论坛"活动，邀请到众多专家学者参与其中，大大提升了本会在当地的影响力。同时，总会还不断拓展对外交流渠道、积极广泛参与到其他"孟学"组织或传统文化推广组织主办的各类有关"孟子文化弘扬"方面的活动。连续多年出席了"中华母亲文化节促进会"主办的"母亲节"推广活动；加入到"中国孟子研究院"组织的"学孟子·行善举"志愿者协会中，并与孟子研究院多次联合开展公益活动、文化推广活动等，得到了邹城市政府的高度肯定与赞赏。总会还积极支持各地分会的文化建设活动，河南分会、江西分会、徐州分会、厦门分会等分会在当地积极推广"孟子学院"建设，在总会的支持下，相关活动得到了迅速发展，甚至将"孟子学院"推广至马来西亚拉曼大学等海外地区，从而进一步提升了本会在国内外的关注度与影响力。

目前，孟氏宗亲联谊会业已成为海内外宗亲联谊的首要平台、重要纽带，也成为全国众多宗亲联谊组织中的佼佼者。今后，孟氏宗亲联谊会将以虚怀若谷的胸怀，以精益求精的执着，以先祖孟子兼济天下的情怀竭诚为全球孟氏宗亲服务。孟氏宗亲联谊会愿同天下孟氏宗亲一道，汇亲情、扬正义，同续谱，谋新篇，共同推进宗亲联谊事业大发展。

第三编　文物遗存

第九章　孟庙、孟府①、故居和三迁祠

第一节　孟庙历史沿革

一、北宋至元朝时期的孟庙建设

孟子地位到宋朝有了显著提升。北宋景祐四年孟庙初创，选址在四基山之阳（曲阜市东南 20 公里的尼山镇与邹城市城东北 12 公里的大束镇交界处）。孙傅所撰《先师邹国公孟子庙记》："孟子葬于四基山。旁冢为庙，岁久弗治。"孟庙石刻《重修邹国公庙奏请牒文》中记载"共有屋七间，内三间倒塌，四间破漏。其塑像服色，亦只是乡民随意装造，无所稽据"，具体建筑名称与院落布局记载不详。后因为位置离县城较偏远，祭祀不方便，约元丰七年（1084 年左右）于县之东郭另建一座孟庙。根据明洪武六年《孟氏宗传祖图·宋东郭庙制》所记载，东郭孟庙为一座四合院，正殿和两厢均为 3 间，前面有门 1 间，四周环以围墙。东郭孟庙地势低洼，易遭水患，40 年间 5 次修缮，后于宣和三年（1121 年），县士徐铍请于周县令朱缶迁建于县南门外道左地势高爽之处，即今日之庙址。《先师邹国公孟子庙记》："铍遂以私钱二百万，徙庙于南门之外道左。乡人资之钱者又数十万，而后庙成。"

南门外道左孟庙于北宋宣和三年（1121 年）始建，次年完工。据同时成文于北宋宣和四年的《邹县牓》《先师邹国公孟子庙记》两文记载，刚竣工的孟庙有屋 42 间，规制为旧庙之 3 倍，中为正殿 3 间，殿前有门两重，

---

① 此章参考了孟子研究院提供的初稿。

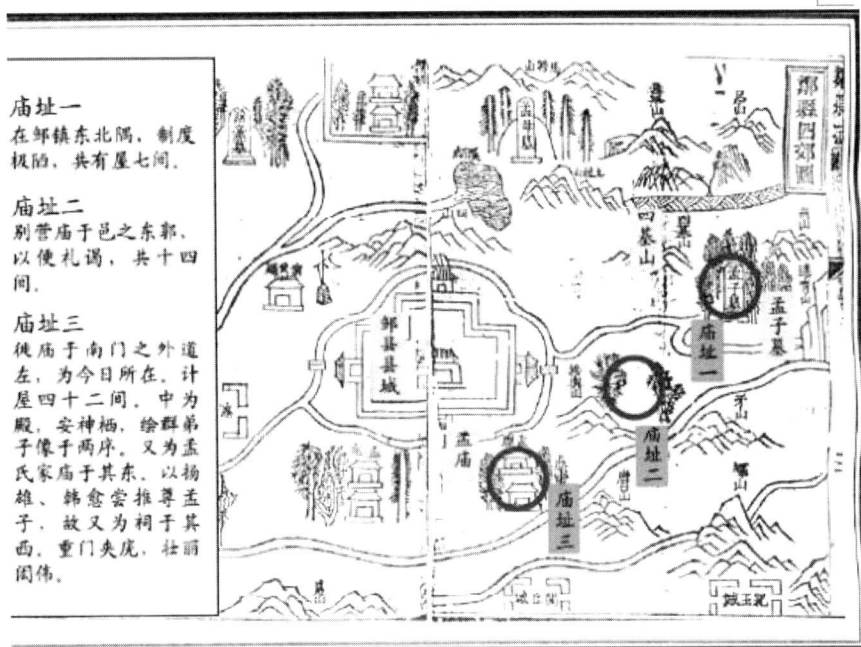

庙址一
在邹镇东北隅，制度极陋，共有屋七间。

庙址二
别营庙于邑之东郭，以便礼谒，共十四间。

庙址三
他庙于南门之外道左，为今日所在。计屋四十二间。中为殿，安神栖，绘群弟子像于两序。又为孟氏家庙于其东，以杨雄、韩愈尝推尊孟子，故又为祠于其西，重门夹庑，壮丽阔伟。

孟庙三迁示意图（康熙五十四年《邹县志》）

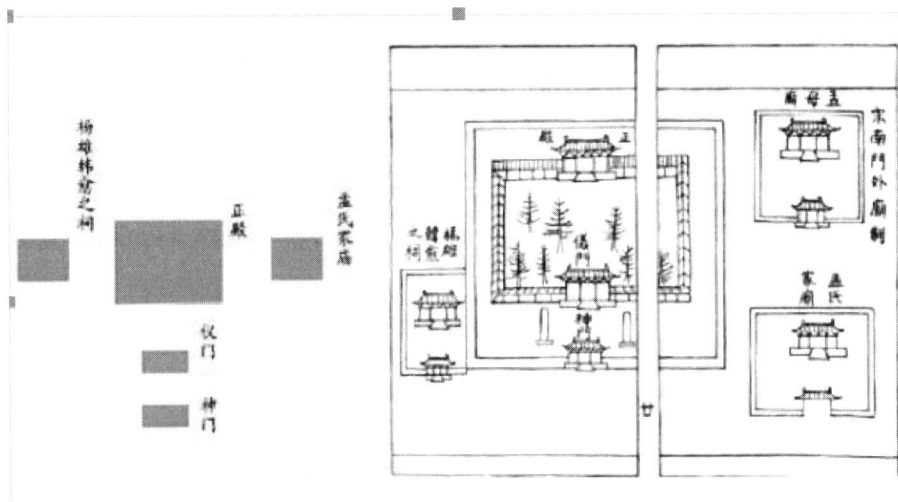

北宋宣和四年孟庙重建制示意图（洪武六年《孟氏宗传组图·宋南门外庙制图》）

殿西有杨雄、韩愈之祠。关于庙东的记载，二者有些差距，《邹县牓》记载"庙东有堂三间，为孟父母祠"；而《先师邹国公孟子庙记》中并无孟父母祠的记载，而是记载庙东为孟氏家庙一座。《孟氏宗传祖图·宋南门外庙制图》

中记载的内容与上述两文记载大体相同，只是图中显示，庙东孟父母庙与孟氏家庙均存在，而非只有其中一座。由于年代相隔较远，明洪武年间绘制的《孟氏宗传祖图·宋南门外庙制图》的确切依据已无从考证，故此图仅可作为辅证。

南门外孟庙建成后仅4年，女真南侵，邹县成为金国领地。孟庙仅在汉文化发展较大的章宗时期得到一次维修，赵伯成《重修邹国公庙记》记载："泰和八年夏六月，王公瑀来知是邑。……议遽新之。"此次修缮后仅6年，蒙古大军南侵，孟庙遭兵毁，"惟门垣在"，这次使孟庙遭受了十分严重的破坏，荒废了80年之久。

不过，蒙古族入主中原建立元朝以后，尊崇儒学，孟子被尊称为"邹国亚圣公"，地位得到进一步的提升，孟庙得以陆续重建，其中进行了几次较大规模的扩建工程。至元二年（1265年），孟庙复建了两庑、神门二重；至元三年（1266年），孟庙增建棂星门一座，院落由宋宣和四年初建时的二进变为三进。至元九年（1272年），孟子第52代孙孟德昌，资力四方，仅建成一堂以安放孟子塑像，其他建筑物未及时修复。曹元用《邾国公祠堂记》记载："我朝至元年间，孟氏有德昌者，别构孟子前殿，像邾国公若夫人于故室而时祀之。"明天启七年（1456年）吕元善撰，吕兆祥、吕逢时续撰《三迁志》中对此次修缮进行了如下记载："元世祖至元间，五十代孙孟德昌构孟子新殿成，始迁孟父母像于孟子故殿。"由此可知，此时新建正殿位置有所变化，位于"故室"（即今日之寝殿）之南，并把孟父母像迁往"故室"祀之，孟庙院落增之为四进。到元贞元年（1295）由邹县尹司居敬等倡议重修，孟庙经历了一次大规模的全面修缮，孟庙格局也初步奠定。张须《邹孟子庙碑铭》："元贞元年（1295年），进义副尉、达鲁花赤术忽难，从仕难郎、邹县尹司居敬，主簿兼尉赵国祥，以建学余赀崇两庑与堂称，凡十四间，新其阶庭级道。"其《碑阴碑文》记载更为详细：

> 元贞元年，居敬既建县学，为营两庑新庑，列公孙丑而下十有九人，冕服视爵秩从祀焉。庭中不容布席，欲徙门近南以广之。列公爵之戟以肃仪卫。又南设门，以祠灵星。庙基一所，计地壹拾玖亩肆分。东至任大，南、西二至街，北至巷。间架：正殿五间，转角，铜板五铺

作，门窗全。孟母殿三间，转角，铜板四铺作，门窗全。两庑一十四间，权子全。戟门三间。斋厅三间……①

　　修缮后的孟庙范围往南有所拓展，占地"壹拾玖亩四分"，有正殿5间、孟母殿3间、两庑14间、戟门、斋厅各3间、棂星门1座。元大德年间（1297—1307年），孟庙神门由邹县令宋彰主持修建。泰定四年（1327年）春天动工修建孟子父母祠堂（现在孟庙殿寝）秋季竣工："檐四出，门五间，南北深三丈有奇，东西广五丈，高如深之数而少缩焉。"②

　　元至顺四年（1333年），在孟庙西院又创建了致严堂。陈绎曾所撰《致严堂记》碑文记载："乡先生李俨、马亨，乃告于邑大夫，谋之乡之善士，为燕堂三间，庙西南向，以尊神嘏；为斋室五间，堂西东向，以严思诚。度材于是年二月戊申，落成于五月甲午。"③

　　元至元二年（1336年），邹县尹张铨又重修孟庙。《邹国亚圣公庙兴造记》碑刻记载："所重立而新之者，两庑及神门二重。室以楹计者，二十；资以缗计者，三千三百有奇；米以石计者，六十有一；工以数计者，四千一百。凡八阅月而讫功。棂星扉木，冒雨数朽，三年春又崇起宇庇之。其壮丽深严益可观仰。"④

　　元代末期，至正十一年（1351年），河南暴发农民起义，孟庙又一次遭到破坏。孟庙启圣门下东侧明洪武四年（1371年）的《孟氏宗支之记》石碑记载："邹国亚圣公五十三代孙之训，世守宗祧。值前元兵乱，携家避兵，游于关陕秦晋之间，殆十五年余，卒于乱世。时嫡子思谅尚幼，及治稍平，思谅方弱冠，侍母氏归邹。至正年间，任本县主簿，守行祀事。视祖庭毁颓、荒芜，止存遗基。"⑤从中不难看出，孟庙遭遇毁坏十分严重。

---

① 刘培桂编著：《孟子林庙历代石刻集》，齐鲁书社2005年版，第26—27页。
② 刘培桂编著：《孟子林庙历代石刻集》，齐鲁书社2005年版，第56页。
③ 刘培桂编著：《孟子林庙历代石刻集》，齐鲁书社2005年版，第64页。
④ 刘培桂编著：《孟子林庙历代石刻集》，齐鲁书社2005年版，第68页。
⑤ 刘培桂编著：《孟子林庙历代石刻集》，齐鲁书社2005年版，第90页。

二、明清时期的孟庙建设

明朝建立后，孟庙修缮频繁并得以逐步扩建。

明朝朱元璋定都南京，确立以儒家思想为核心的政治理念，颁布制定了一系列敬儒尊孔的措施，初步确立了明朝以儒家为纲的祀典体系，对儒学的尊崇达到前所未有的高度。在朱元璋当政 31 年中，孟庙有记录的维修、扩建达 6 次之多，是孟庙自创建以来维修、扩建最频繁的时期。中路正殿院落、西路致严堂院落、东路宣献夫人庙，均在此期间得以重建。

明洪武四年（1371 年），山东金事郑本捐俸与邹县令重修孟庙，孟子第 54 带孙思谅主持其事。济宁府方克勤所撰《孟庙落成碑诗序》碑文记述："孟子邹人也。故有庙，近毁于兵。其五十四代孙思谅作而新之。庙貌像设，巍然炳然。"①

洪武十二年（1379 年），邹县令马骢重修孟庙，教谕黄琮为之作记；次年邹县令赵允昇重修孟庙，教谕赖景衡为之作记；永乐元年（1403 年），邹县令朱瑶重修孟庙两庑，教谕乐晖为之作记；洪熙元年（1425 年），邹县令房峇重修孟庙，张敏为之撰文《重建两庑及致严堂记》；正统八年（1443年），房峇又重修孟庙，教谕苏润撰文《重修亚圣公庙记》；天顺二年，县令刘巍重修孟庙，并于庙西增建了一座亚圣木坊，横跨孟庙与孟府之间的南北大陆，训导李达为之作记；成化四年（1468 年），巡按御史吴进、兖州知府宋玺、邹县县丞傅弼重修孟庙两庑及仪门，教谕周载撰文《重修两庑、仪门落成记》。从洪武四年到成化四年，在 97 年的时间里，孟庙先后重修、增修达 11 次之多，平均每次的间隔时间约为 9 年。

弘治年间，厘定祀典，孟庙修建达到高峰，格局得以最后确定。洪武之后，儒学地位继续上升。宪宗将孔子的祭祀礼仪提升至"八佾十二豆笾"之后，弘治年间明朝政府发生了以恢复明初洪武年间之"祖制""旧例"，凸显儒家思想在国家政治生活中的正统地位为主要内容的厘定祀典事件。儒家代表人物祭祀场所（孔庙、孟庙、颜庙、曾庙）的修建均在弘治年间达到高潮。弘治九年（1496 年），孟庙经历了有史以来最大规模一次重修，并确定

---

① 刘培桂编著：《孟子林庙历代石刻集》，齐鲁书社 2005 年版，第 105 页。

了今日孟庙的规模。明刘健《重修邹县孟子庙记》对此次修建后的孟庙规制进行了如下描述："其广三十弓，纵百五十弓有奇。中为殿寝、东西庑。殿祀孟子，以乐正克配。庑以祀他弟子公孙丑以下。左为殿寝，祀邾国公。右孟氏之家庙，致严有堂，庖廪有舍。以及便户重门，凡为楹六十有，俱仍旧规易以新之，而轮奂壮丽有加焉。"① 嘉庆十一年（1562年），山东发生严重的洪灾，然而时任县令章时鸾仍设法对孟庙进行了维修。万历十年（1582年），邹县令许守恩又重修孟庙，教谕徐明纲为之作记；过了4年，许又重修了一次。万历二十三年（1595年），山东巡抚姚思仁、邹县令王一桢重修孟庙，大学士东阿于慎行所撰《邹县重修孟庙碑记》碑文记载："邑令青阳王侯一桢受而营之……肇于是年十月，迨明年丙申四月落成。役不衍素，费不及私。而丰丽艳，霞驳云霄，巍然肖阙里之宫焉。"② 万历三十六年（1608年），山东巡抚黄克缵、邹县令胡继先主持重修孟庙，戴章甫为之作撰《邹县重修孟庙碑记》碑文记述："将备欵岁而可缓于丰岁者，得金六百有奇，遂以兴事。梓不求巧惟其朴，瓴不求工惟其监，绘不求斐惟其雅，工不求其壮观惟其久远。量工轨物，鸠役察材，子来如云，不数月而功竟。"③

　　明天启年间（1621—1627年）鲁西南暴发了以徐鸿儒为首的"闻香教"起义，不仅攻陷了邹城，并围攻了孟府。杀死了孟子第60代孙孟承光及其母亲孔氏和长子孟宏略，而且捣毁了孟庙，火烧了孟府，就连中庸书院、孟母断机处、颛孙子张祠也未能幸免。万历进士、以御史巡抚山东的赵彦记载："今上之二年五月间，白莲闻香等教，突然沸起，盘踞邹、滕者半载。孟子庙记子思、子张、断机诸词，悉罹睢燹。一切殿庑垣墉，无不残毁。"④ 这是孟庙等建筑遭受的一次最为严重的毁坏。同年，山东布政使孙朝肃、邹县令毛芬奉旨督工重建，碑刻记载："新调邹令毛芬董其事，而监工者，则任城经历刘存义其人。始于天启三年二月七日，迄五月七日，阅三月而告竣焉。大殿七楹，寝殿五楹，邾国公前后殿各五楹，东西屋各七楹，斋房四楹。家庙三楹，祭器、省牲房各三楹、亚圣坊、继往、开来坊各一，承圣

①　刘培桂编著：《孟子林庙历代石刻集》，齐鲁书社2005年版，第174—175页。

②　刘培桂编著：《孟子林庙历代石刻集》，齐鲁书社2005年版，第262页。

③　刘培桂编著：《孟子林庙历代石刻集》，齐鲁书社2005年版，第276页。

④　刘培桂编著：《孟子林庙历代石刻集》，齐鲁书社2005年版，第304页。

门、钟灵毓秀门各一，垣墉颓坏者，亦罔不勤。计费仅九百三十三金。"① 另据天启殿试第一、授撰修、崇祯初年任礼部左侍郎兼内阁大学士文震孟所撰《邹县重修孟子庙碑记》记述："……竞相乐输。不逾三旬，鸠钱三百万。以其半修祠庙，半建厥宅庀工伐材，昼夜力作，凡三阅月，始告成事。殿寝斋庑，门庭坛表、翼翼严严，焕然旧观。"② 此次是宋宣和三年（1121年）孟庙建成后规模最大的一次全面重修。后至崇祯六年（1633年），巡抚御史王道纯、兖东道赵建极捐资修庙。孟子第62代嫡孙孟闻玉对此在《捐助修庙碑记》亦有记述。

清朝孟庙建筑在原有基础上格局逐渐完备。康熙七年（1668年），鲁南地震，孟庙亚圣殿被震塌。邹县志记载："地震有声，至子时止。震塌房屋，压死乡村男百余人。"1673年，孟子第六十三代孙孟贞仁、邹县令杨毓兰募资重修，使其恢复旧观。山东巡抚刘芳躅在康熙十三年（1674年）所撰《重修亚圣庙碑》中记述："康熙戊申之六月，地变大震，倾圮滋甚……宗子即以重修状请。……余即毅然领其事，捐俸百金，学使杨公讳毓兰亦捐百金……会同宗子孟贞仁，择六十代族生孟尚锦督其事，设榻庙中，竭日夜而尽区划之……肇于癸丑正月之十八日，迄四月终落成，正殿两庑岿然。与阙里之堂遥相辉映。"③ 康熙二十三年（1684年）山东巡抚张鹏重修，朱彝尊为之作记。康熙二十六年（1687年）四月，内务府广储司员外郎皂保、工部都水司外郎卞永式等，奉旨建造康熙皇帝书《御制孟子庙碑》，并增修孟庙。康熙五十四年（1715年）及五十八年（1719年），邹县令娄一均两次重修孟庙。邹县令娄一均两次重修孟庙。其自撰《重修孟庙碑记》碑文记述："亚圣有庙在城南一里……我朝……垂三十年风雨飘摇，栋衰不无摧折，檐角亦将毁坏，墙垣颓败，窗棂零落……仅于乙未岁，将邹国公殿、宣献夫人殿暨曝书台先后修葺，戊戌冬，特以修孟庙之举请于太守。金公慨然允诺，捐俸百金，立命兴工……凡三月而告竣。庙貌巍峨，辉煌丹碧，不诚巨观乎哉！"④

① 刘培桂编著：《孟子林庙历代石刻集》，齐鲁书社2005年版，第304—305页。
② 刘培桂编著：《孟子林庙历代石刻集》，齐鲁书社2005年版，第309页。
③ 刘培桂编著：《孟子林庙历代石刻集》，齐鲁书社2005年版，第319页。
④ 刘培桂编著：《孟子林庙历代石刻集》，齐鲁书社2005年版，第348—349页。

雍正三年（1725 年）八月五日，雍正帝为孟庙亲书"守先待后"，为孟府亲书"七篇贻矩"颁赐孟子第六十五代嫡孙孟衍泰。

清代较为频繁的修缮集中在乾隆年间。从乾隆元年（1736 年）至乾隆四十八年（1783 年），孟庙先后经历了大小 5 次维修建设活动，其中，以乾隆元年的维修规模最大，此次修缮后的孟庙格局基本恢复明天启二年兵毁前之状态，《敕修亚圣孟子庙感恩碑记》记载："自亚圣殿而东庑西庑，而承盛门，而大门，而棂星门，而亚圣庙坊表，继往、开来坊表；后而寝室，而承圣之左右门，曰'知言'，曰'养气'；又至邾国公祠、而宣献夫人寝殿、而家庙、而致严堂、而缭垣甬道；（东）[西] 出者曰致敬门，（西）[东] 出者曰启贤门；又圣祖仁皇帝御制碑亭，凡十有九处，黯者新之，败者易之，阙者增之。"[1] 才有今天孟庙的规模。乾隆二十三年（1748 年）乾隆皇帝书《亚圣孟子赞》，是年勒石立于亚圣殿东侧。乾隆二十三年（1758 年），乾隆皇帝南巡经过邹县瞻拜孟庙，为孟庙亚圣殿亲书"道阐尼山"匾额和"尊王颜必称尧舜，忧世心同切禹颜"楹联，赐给孟子第 67 代嫡孙孟毓瀚，挂于亚圣殿内。乾隆二十六年（1761 年），邹县令庞元澄等奉旨重修孟庙，并增建乾隆御碑亭。乾隆四十八年（1783 年）兖州知府王禄朋、邹县令张彬重修孟庙，王禄朋于乾隆四十九年（1784 年）为《重修亚圣庙落成碑》撰文作记。

嘉庆元年（1796 年），兖州知府陈韵涛重修孟庙，康基田为之作记。嘉庆十年（1805 年），山东巡抚铁保、孟子第 68 代孟传楷又重修孟庙。

道光二十二年（1842 年），运河总督粟毓美重修孟庙。同治四年（1865 年），陈国瑞重修后殿，马星翼为之作记。同治十二年（1873 年），道员陈锦、邹县令耿天九等又重修，山东巡抚丁宝桢亲撰"亚圣殿""继往圣""开来学"诸匾额，陈锦为之作记。

宣统元年（1911 年），山东巡抚孙宝琦对孟庙进行重修，孟子第 73 代孙孟庆棠为《重修亚圣庙林感德碑》撰文作记。

---

[1]　刘培桂编著：《孟子林庙历代石刻集》，齐鲁书社 2005 年版，第 356 页。

孟庙建修年代表

朝代	年号	时间	建筑情况	主持人	备注
宋	宣和三年	1211年	始建	徐韧　朱缶	孙傅碑记
金	大安元年	1209年	重修	王瑀	赵伯行碑记
元	至元九年	1272年	重建	孟德昌	
元	元贞元年	1295年	增建	司居敬	碑记
元	大德	1297—1307年			
元	延佑三年	1316年	增修	贴哥　杨钦	高克明碑记
元	至顺二年	1331年	增建	孟惟恭	陈绎曾碑记
元	至元二年	1336年	增修	张铨	郑质碑记
明	洪武四年	1371年	重建	郑本	自撰碑记
明	洪武七年	1374年	增建	桂孟　孟思谅	方克勤碑记
明	洪武十年	1377年	重建	胡景升	郯幼学碑记
明	洪武二十三年	1390年	重修	马聪	董某碑记
明	洪武二十四年	1391年	重修	赵允升	赖景衡碑记
明	永乐元年	1403年	重修	朱瑶	乐恽　余恺碑记
明	洪熙元年	1425年	重修	房嵒	张敏碑记
明	正统八年	1443年	重修	房嵒	苏润碑记
明	天顺二年	1458年	增建	刘巍	李达碑记
明	成化四年	1468年	补修	宋玺	周某碑记
明	弘治十年	1497年	敕修增建	孟元　熊翀	刘健碑记
明	嘉靖四十一年	1562年	重修	章时	
明	万历十一年	1583年	重修	许守恩	徐明纲碑记
明	万历十四年	1586年	重修	许守恩	孟彦璞　王湘碑记
明	万历二十四年	1596年	重修	姚思仁	于慎行碑记
明	万历三十六年	1608年	重修	王一祯　胡继光　黄克赞	戴章甫碑记
明	天启三年	1623年	重修	孙朝肃	文震孟　邹元标碑记
明	崇祯六年	1633年	重修	王道纯　赵建极	赵彦　孟闻玉碑记

续表

朝代	年号	时间	建筑情况	主持人	备注
清	康熙十二年	1673 年	重修	孟贞仁　杨毓兰	刘芳躅碑记
清	康熙二十四年	1684 年	重修	张鹏	朱彝尊碑记
清	康熙五十四年	1715 年	重修	娄一均	自撰碑记
清	乾隆元年	1736 年	敕修增建	山东抚臣	孟衍泰碑记
清	乾隆二十六年	1761 年	敕修	庞文澄	孟毓瀚碑记
清	乾隆四十九年	1784 年	重修	王禄朋	自撰碑记
清	嘉庆元年	1796 年	重修	陈韵涛	康基田碑记
清	嘉庆十年	1805 年	重修	铁保　孟传梿	据志书记载
清	道光二十一年	1841 年	重修	栗毓美	孟广均碑记
清	同治四年	1865 年	重修后殿	陈国瑞	马星翼碑记
清	同治十二年	1873 年	重修	丁宝桢　陈锦	自撰碑记
清	宣统三年	1911 年	重修	孙宝琦	自撰碑记

三、民国时期的孟庙建设

民国二十四年（1935 年），南京国民政府恢复祭孔祭孟大典，改"世袭翰林院五经博士"为"亚圣奉祀官"。

民国三十二年（1943 年），孟子 74 代孙孟繁骥被委任为亚圣奉祀官。至此，孟子后裔世袭翰林院五经博士这一封号整整承袭了 18 代，历时 906 年。

据孟府档案（现存于邹城市博物馆）记载，民国三十年（1941 年）前后，孟庙进行了一次修缮。此次修缮的起因是民国二十九年（1940 年）11月，山东省公署建设厅相关人员莅临孟庙进行查勘，认为亚圣殿有所损坏，亟待修缮；12 月邹县公署对损坏的情形进行了详细调查。其中说：

> 大殿上檐西南挑角之承檩年深修朽烂，牵动支椽倾折，南面檐瓦脱落三十三陇。……檐下层椽檩斗拱挪移，原位覆瓦移脱四十余陇，西南七陇移动，上层亦有脱瓦二十余方，一遇阴雨渗漏如注，承尘积水

经久不干……本年 6 月 22 日夜间大雨时，正殿西南挑角终至全部坍塌，承檩支椽上下斗拱均行倾落。前檐覆瓦南面脱落二十四陇，西面脱落四十一陇，后檐下层支椽全部朽折，殿内承尘坠下九方。除西南角直露天光毫无屏蔽以外，东部渗漏透光之处自下上亦有三五处之多。

为搞好这次修缮，专门成立了"监修孟庙工程委员会"。工程采用了招投标的方式，最终以投标最低价者获得，所需经费"为七万元，详细核工情况属减无可减，除由建设总署拨到补助费五万元外，计不敷二万元拟由本省二十九年度建设经费预算余款项下拨支"。在施工过程中，民国三十年 10 月 18 日工程"据承包人声称大殿西间上檐子梁以上之二梁因重压向东倾斜移动约有尺许，其下所有顶柱均亦向东倾斜，与子梁不复垂直，旧有牵头铁箍久已断开，因之所有檩木均见倾斜……大殿倾斜部分须经职会之认可后再行翻修。兹以子梁倾斜之故，大殿西间北面之瓦陇现已拆裂。""承包人未经声明，擅用石灰勾抹而折裂之痕迹现然，可见似此情况近年间必有脱裂之患，而该子梁向东倾斜之度有加无已，则脱檩坠瓦尤为可虑，假使此一部分不加修治，累及大殿全部之坚固。……该承包人声言，整正梁檩不再说明书之中，不予接受……须回济南与其经理商议，尚未解决。究竟应如何处理之处，职会未敢擅专理合具文呈请钧署批示，至于其他部分工程进行情形，另有旬报呈报合并呈明山东省省长唐。"以上记述表明，此次修缮始于民国二十九年 11 月山东省公署建设厅相关人员的勘察，并由邹县公署对损坏的情形进行了详细调查，发现亚圣殿现存主要问题是上檐屋面西南角塌落，以致透光漏雨，另有天花板坠落 9 块。山东省公署为此次修缮专门成立了孟庙监修委员会，委员会以建设厅厅长为委员长，以邹县县知事为副委员长，以奉祀官府代表及民建两厅派员为委员，制定了相应的《工程委员会组织简章》。山东省公署拨专款用于此次工程维修。在工程进行过程中，施工方发现亚圣殿梁架及柱子均向东略有倾斜，因之前合同中并未有整正梁架的事项，故将此情况反应给"职会"，职会将此情况呈报山东省公署，请求上级批复。民国三十一年（1942 年）邹县公署发布了一份旨在保护孟庙及其相关资产、祀田的公告。文中视孟庙为"我国文化古迹之钜"，并将其附属资产、祀田均视为"圣迹"；明确提出，孟庙及其附属资产、祀田的价值在于"内则地方文化所归，外则国际观瞻所系"，并对一切破坏行为从严查办。

四、新中国成立后孟庙的建设与保护

新中国成立后，文物保护事业日趋完善，孟庙的保护管理走上了新台阶。1949 年人民政府在南京政府时期"古物保管委员会"的基础上设立了山东省古代文物管理委员会，并设立邹县分会。1952 年 6 月将邹县古管分会改为邹县文物管理委员会，1955 年 5 月改称邹县文物保管所，1992 年设邹城市文物管理处，1993 年设邹城市文物管理局，负责对孟庙、孟府、孟林及邹城市境内文物的保护管理。1956 年，孟庙成为山东省重点文物保护单位；1988 年，孟庙、孟府成为第三批全国重点文物保护单位；2006 年，孟林成为第六批全国重点文物保护单位。新中国成立至今，孟庙在保持明、清建筑格局的基础上经历了 20 余次维修。1950 年，邹县文教科组织相关人员对孟庙大殿、各院配房、门楼、碑亭、进行修缮，承诺十年不坏。1962 年，国家文物局局长王冶秋率领工程师罗哲文亲临孟庙考察，并拨款人民币 1 万元，用于亚圣殿东南角、东北角上层檐修缮。1977 年 12 月，山东省革命委员会重新公布了山东省第一批重点文物保护单位，邹县孟庙名列其中。"文革"后，1983 年至 1987 年孟庙经历了有史以来规模最大的一次维修，落架大修了亚圣殿、寝殿，维修启圣殿、启圣寝殿、乾隆碑亭等建筑，并增加消防设施。1995 年至 2000 年期间，国家文物局共拨款 135 万元，地方财政拨款 30 万元、单位自筹资金 79 万元，共计 284 万元对孟庙第四、五进院落的地面排水及路面进行了整修。2001 年，邹城市财政拨款 30 万元，对孟庙第二进院落实施了古树复壮工程，效果显著。

第二节　孟庙的建筑

孟庙现在的建筑规模和格局，基本上是明清两代奠定的。今日孟庙共有院落五进，主体部分自亚圣殿起分为三跨，共有建筑 65 楹、碑刻 270 余块、古树 350 余株。院内巍峨廊庑与参天古木、斑驳碑碣共同营造出孟庙泰山岩岩之气象。对比弘治九年格局确定后的孟庙，今之孟庙缺失了祭田仓 5 间、斋宿房 4 间；祭器库并神厨共 5 间改为祭器库、省牲所各 3 间；并在清

朝新增了天震井及康熙、乾隆碑亭。

孟庙是中国传统建筑风格的古典建筑群，占地面积 4 万多平方米。南北长 400 多米，东西宽 90 多米。整个建筑坐北朝南，主要建筑沿南北中轴线左右对称排列。中轴线上，由南向北依次展开的建筑为棂星门、亚圣庙坊、泰山气象门、承圣门、亚圣殿和寝殿。

棂星门是一木结构门坊，为清同治十二年（1873 年）重修孟庙时所建。坊额上三个楷书"棂星门"贴金大字，是光绪年间山东巡抚丁宝桢手书，取天上文星下凡、地上尊圣如天之意。此一建筑在历史出现不晚于唐朝，在建筑式样上虽然有南北方之别、材质上尽管有木结构和石结构之分，但总起来看，北方尚简洁，突出气势之宏；南方尚精致，展现雕刻之美。不过，孟庙的棂星门却兼具南北方特色，壮伟而不失华美。棂星门东西两侧建有"继往圣""开来学"坊，彰显孟子"继孔子之往，开儒学之来"的历史功绩。

亚圣坊是一四柱三门的石质门坊，原为明朝时期的孟庙大门。泰山气象门，取意于朱熹赞颂孟子"泰山岩岩之气象"之语。该建筑为一歇山式斗拱承托门楼，三启门洞，高大巍峨，寓意浩然博大的圣人气象。

承敬门、致敬门与启贤门三门并列，分别开启了孟庙的中、西、东三路。西园致敬门内墙垣上镶嵌着历代名人祭谒孟庙的题咏碑刻；东院启贤门内中轴甬道两侧集中树立着众多历代有关孟庙修葺、历代封赠的碑刻，这就是堪称"孟庙理事长廊"的"孟庙碑林"。门前左侧是重檐斗拱，以绿色琉璃瓦覆盖的康熙《御制孟子庙碑》亭，左右各有出入孟庙的主要通道"知言门""养气门"以及孟庙祭祀时准备牺牲的"省牲所"和祭器的"祭器库"。

亚圣殿是孟庙的主体建筑，建在一个一米多高的石砌台基之上。殿广七楹，重檐歇山式，以绿色琉璃瓦覆顶，戗脊上一字排列七只"戗兽"，标志着仅次于皇帝的王者风范。大殿正中门额和东、西两侧抱柱上分别为乾隆皇帝御赐"道禅尼山"横匾和"尊王言必称尧舜""忧世心同切禹颜"楹联。殿内亚圣孟子雕像上方，横悬雍正皇帝手书"守先待后"金匾。殿院东、西两侧，建有安放孟子弟子与后学配享神位的两庑各七楹。殿前还有"天震井"和乾隆御碑亭。这是孟庙中思想文化内涵最丰富的地方。

寝殿是孟庙主轴上的最后一座建筑，始建于元朝成宗元贞元年（1295 年），原为"邾国公祠堂"，是供奉孟子父母的殿堂。明朝弘治十年（1479

年）增修孟庙时改为寝殿，成为祭祀孟子夫人的专祠。

孟庙西路还建有致严堂、祧主祠，供奉孟子上代远祖神位。焚帛池，专门用于焚烧祭祀孟子时宣读后的祭文。东路建有启圣殿，供奉孟子父亲的神位；孟母殿，供奉孟子母亲的神位。两路建筑，左右对称，与中轴线上的巍巍殿堂组成了布局规整、庄严肃穆的古典建筑群，与院内形态各异的松柏、银杏、古槐和紫藤交相辉映，营造了浓烈深邃的传统思想文化气息，让前来瞻仰者顿生崇仰之思和倾慕之情。

第三节　孟府历史沿革

现存关于孟府建设的资料较少，按时间顺序大致可以分为：民国之前的早期孟府建设、民国期间的孟府建设、新中国成立后的孟府建设三个阶段。

一、早期孟府建设

景祐四年（1037 年），孔道辅守兖州访孟子墓于四基山之阳，访得其 45 代孙孟宁荐于朝，授迪功郎、邹县主簿，奉祀祖庙，孟氏后裔称其为中兴祖。明洪武六年《孟氏宗传祖图碑》记载："迪功新故宅，坏屋壁乃得所藏家谱。"此时的迪功故宅，当为最早的孟府，但地址不详。据情势推测，孟府应为宣和四年随孟庙迁至今址。明景泰二年（1451 年），皇帝命礼部召颜回、孟子后代年长而贤者各一人至北京；景泰三年，授二人为翰林院五经博士，孟子后裔始授世职。至此，孟府建设逐渐走上正轨。明天启二年（1622 年），孟府受到鲁西南地区"闻香教"破坏，被夷为平地。天启三年二月重修。清康熙七年（1668 年），孟府因地震受到破坏，清康熙十二年（1673 年）进行大规模修缮。雍正三年（1725 年）十一月，赐孟府御书匾额"七篇遗矩"悬挂于孟府大堂。道光年间，孟子 70 代孙孟广均奉旨重修孟府，达到今日规模。

二、民国期间孟府建设

民国时期，孟府只增建了一幢小学楼。北洋政府时期，孟府内有前学、后学两处家塾，分别供近支子弟品行兼优者与翰林院五经博士子弟入学接受教育。随着入学子弟的增多，家塾渐不能满足教学需求，故在民国三十二年（1943 年）五月创建孟氏小学楼，历时 2 个月完工，孟繁骥任名誉校长。九月七日举行孟氏小学的开学典礼仪式。会上学校管理主任做报告，奉祀官训示，孟氏族长以及林庙举事均致辞。

三、新中国成立后孟府的修缮与保护

新中国成立后，人民政府加强了对"三孟"的保护与管理。前文已述，在 1949 年设山东省古代文物管理委员会邹县分会进驻孟府院内办公，为"三孟"的保护、管理做了大量的工作。1996 年，文物管理局迁往原孟府后花园。1949 年 10 月，山东省古管委员会邹县分会对世恩堂西厢进行维修。"文革"后期，孟府大堂之前院落（包括大堂在内）被作为招待所使用，据孟府老职工回忆，1977 年孟府礼门两厢并非是我们今天所看到的样子，东厢为大瓦屋面的硬山建筑 7 间，西厢为 2 间靠北所建的小茅草屋，具体形制不明。前学也并非如我们今日所见的两个独立院落，而是两院合一的四合院形式，院内除现存建筑外，在院东与金字梁屋对称的位置上有 4—5 间硬山建筑，院南有硬山建筑 3 间。80 年代，孟府前学增建了围墙成为前后两个院落，具体修建过程不明。20 世纪 80 年代起，孟府开始了较为集中的修缮、复建工作。1980 年山东省文物局拨款 6 万元维修孟府西院建筑，恢复孟府小花园；三年后，山东省文物局拨款 5 万元复建孟府缘绿楼；随后，孟府先后落架大修了大堂、修复五代祠、复建赐书楼东厢房、西厢房、上房院。1996 年，孟府落架大修孟府后上房、正房、后上房东厢房，并对院落地面排水工程进行维修；1997 年至 1998 年孟府西路 11 间建筑以及孟府第二进院落各建筑并大堂月台石栏杆、见山堂、大堂东西厢房、鼓乐楼等建筑得到维修，孟府后学 9 间建筑（习儒馆）得以重建；2007 年，孟府部分古建筑进行了油饰彩绘。

第四节　孟府的建筑

宋代以降直至明清两代几经建设、改建、扩展、修缮而形成的孟府，是一个占地面积达 2 万平方米、平面呈长方形、坐北朝南的府衙一体的古建

筑群。前后七进院落，共有楼、堂、阁、室 148 间。主体建筑依次为大门、礼门、仪门、大堂、世恩堂、赐书楼、后上房、缘绿楼等，沿着中轴线由南向北依次展开。以大堂为界，前为官衙，后为内宅。左右建筑以中轴线为主轴形成对称格局。整体布局显得大气、典雅而又威严。

孟府大门为三楹，正中高悬蓝底金字"亚圣府"匾额。石阶两旁为须弥座上马石，两侧各有一尊威猛的石狮，黑漆大门上彩绘高大威武的门神，两相呼应，彰显着"千年圣人家"卓然不群的气势。

礼门也为三楹，正中门额书"礼门义路"四字，取意于《孟子·万章下》之文："夫义，路也；礼，门也。惟君子能由是路，出入是门也。"三启门洞中，六扇黑漆大门，中间两扇绘威严雄健的持刀武士，两侧四扇门上彩绘着温文肃穆的执笏文官，象征着文武兼备的贵族气派。

仪门又称塞门，是一座不与垣墙连属的独立的全木结构大门，因为门上方前后缀有四个倒垂的木雕化蕾，又名"垂花门"。该门平时关闭，只有在孟府迎接圣旨和重要官员、举行重大祭祀仪式和婚丧嫁娶大典时，才在炮声中开启。这种门在中国古代社会，只有地位显赫的贵族和高官之家才允许设置，是权力和威严的象征。

大堂是孟府的主体建筑。正厅五楹，硬山单檐，建于一米多高的石砌台基之上。四周围以精致石栏。堂前檐下正中悬挂着清朝雍正皇帝手书赐予孟子第 65 代孙孟衍泰的"七篇贻矩"匾额。台基下左右两侧各置日晷和嘉量，此一仿照皇宫的设置，显示了孟府的权力和威严。堂内正中设一与县府大堂同样的书案，上陈文具印玺，书案两侧依次陈列着"世袭翰林院""五经博士""肃静""回避"的官牌以及旗、罗、伞、扇等执事器具。整个大堂气象森严肃穆，是孟府宣读圣旨、申饬家规、颁布族谱、处理公务之地。大堂东侧建有孟氏宗族家祠"五代祠"，供奉孟氏当代翰博以上五代木主。西侧建有"见山堂"，作为孟氏嫡裔宴请宾客的地方。

大堂之后即为孟府内宅，以内宅门与外府隔开，是孟氏嫡裔家眷居住和生活的地方。内宅门内是沿南北中轴线一次展开的四进中国北方典型的四合院建筑。第一进世恩堂取义孟子嫡裔世受皇恩，该建筑面阔五楹，摆放着桌椅床榻柜橱等生活用具，壁上悬挂着清末民初的字画。世恩堂两侧各有配房五楹，是孟府管理账目、统理司务之地和粮仓库房。其后的赐书楼院、上房院和缘绿楼是孟府存放皇帝圣旨、钦赐墨宝、古籍文献、族谱档案之地，也是嫡裔眷属们居住、消遣和赏花之处。最后是孟府后花园，尽管面积不大，但曲径通幽，花木扶疏，春夏花香四溢，秋日果实缀满枝头，是眷属们亲近自然的好地方。

在孟府西侧，还附建有孟氏私塾家学一组建筑，由前学、后学和孟氏小学组成，是孟氏后裔子弟上学读书的地方。其中，前、后学的前身是设于清末的三迁书院，民国初年改为前、后学。前学为孟氏嫡裔近支子弟中品学兼优者的读书之所，后者则只收翰博子弟就读。孟氏小学是孟子74代孙孟繁骥任亚圣奉祀官后于1943年创立的，是囊括所有孟氏子弟就读的家族小学。

第五节　凫村孟子故居①

孟子故居位于曲阜市凫村。村内东西大街东首，建有木构彩绘的"孟子故里"牌坊一座，牌坊之西百米路北，一座坐北朝南的东西两进院落，即是孟子故居。

孟子故居东西宽23.4米，南北长26米，外围高墙，大门楼上悬雕云边红漆金字"孟子故宅"立匾一方。进门一座影壁墙，旁有焚纸楼一间。院内正殿三间，东西阔11米，南北进深6.73米，前厦后座，四梁八柱，上饰木雕斗拱。前廊下一门两窗，每开间平身科斗拱二攒，三踩单昂，上有天花，灰瓦罩顶，两山及后墙皆用砖砌。

正殿内正中木雕神龛楼一座，内塑孟子父母像各一尊。左像孟父神牌刻"启圣祖邾国公神位"，塑像头戴冕旒，双手抱圭，身着青袍，绘五彩云龙，粉红脸，双膝前曲端坐，足蹬云勾鞋。像高1.32米、宽0.52米。右为孟母雕像，像前神牌刻"端范宣献夫人神位"，塑像头戴凤冠，上饰金翅凤鸟，身着五彩龙凤霞帔，彩绿百褶裙，足蹬云勾鞋。粉红脸，抱圭端坐。像高1.40米，宽0.48米。两侍童立于左右，东侍童为男子，头戴黄毡帽，身

---

① 此节与下一节参考了孟淑勤主编的《孟子世家谱（卷首）》一书资料（2021年版）。该书由济南甲骨文文化传媒有限公司承印。

穿蓝坎肩，腰束红蓝褶围裙，足穿白底快靴。左手下垂，右手托一圆盒，粉色白脸。西侍童为女子，头挽发髻，身穿青绿坎肩，粉红花筒裙，粉色白脸。双手捧书一卷。两侍童各身高 1.23 米，宽 0.42 米。

正殿内东山墙设神龛一座，内塑孟子像，高 1.42 米，宽 0.72 米。头戴冕旒，身着蟒袍，绘五彩云龙，抱圭端坐。左侍童头挽发髻，身穿蓝大领袄，足蹬青靴，双手托一方砚台。右侍童头挽发髻，身穿绿大领袄，足蹬青靴，双手托纸卷。两侍童均高 1.05 米，宽 0.42 米。殿内西山墙设神龛一座，内塑 45 代中兴祖像，头戴乌纱帽，身着红袍，腰束玉带，足蹬青靴，拱手端坐。像高 1.30 米，宽 0.40 米。左侍童头戴黄毡帽，身穿青袄，足穿青靴，手捧文纸一卷右侍童头挽发髻，身穿蓝袄，足穿青靴。两侍童均高 1.10 米，宽 0.39 米。

东院有更衣厅三间，坐北朝南。东屋为神厨。院内外有柏树、槐树、杨树 13 株，明朝嘉靖、崇祯、清朝康熙、乾隆、光绪等碑 5 通。

在孟子故居门前有一方池塘，约 3 亩余，民称孟母池，一汪碧水，长年不竭。故居西有一南北流向的小河，名白马河，河上架一小桥，通向村西一条小路。路北有"孟母故井"，深约 2 米，直径约 1 米，砖砌井壁，石盖覆井口，传为孟母汲水处。井台立有清朝光绪年间立"孟母井"石碑。

第六节　孟母三迁祠

孟母三迁祠位于邹城"崇教门"（南门）外偏东处，因利渠北岸。渠上架因利桥，桥北东侧立有两幢石碑。其中一幢即书有"孟母断机处"大字的石碑，右上书"道光壬辰仲春"，下款书"古任城张继周敬书""亚圣七十代主邴孙孟广钧重立石"。碑东北有额书"三迁故址"的砖木结构牌坊，落款为"道光丙中仲冬　浑源果毓美敬题"。过牌坊，路北即是三迁祠遗址。

元朝元贞元年（1295 年），邹县令司居敬崇儒重道，以振兴文教为己任。他四处寻访孟子故居，找到两处遗址。一处在县城东南隅，前临因利渠，紧靠文贤岗，泗流掩抱，其间筑有曝书台；另一处在县治东南一隙地，旧名子思讲堂，被辟作庙宇。司居敬于是在曝书台旧址建屋四楹，取名"渊源"，内设子思、孟子像。子思面南，孟子西向侍，"皆章服玄端危坐，显昔日授受之容"。又围起院墙，并请秘书少监杨恒篆书"曝书台"三字，刻于石上。至元三年（1337年），部使者杨国贤重修孟庙断机堂。至正四年（1344年），邹县耆儒马亨、李元彬、李俨等人，同孟子第52代孙孟惟让，请任城艺人黄国器泥塑孟母像，冠服拟一品命妇，祀于断机堂。至此，孟子故居即断机堂始与子思祠、子思书院分置，孟母才有像祭祀。

明朝洪武二十八年（1395年），奉仪大夫、山东等处提刑按察司佥事王亨，朝列大夫、山东等处承宣布政使司右参议康民远，从承事郎、巡抚山东监察御史苗秀，路过邹县拜访宣献夫人庙，见祠堂年久失修，倾颓倒塌，孟母栖神无所，甚感失报本追远之意，于是捐资兴建断机堂，并让孟子第54代孙孟思儒及其侄孟克仁主其事。此后，断机堂多次维修。万历三十七年（1609年）重修时，易"断机堂"为"孟母祠"，东与子思书院相望。清朝道光十六年（1836年），兵部侍郎兼都察院右副都御史、总督山东河道提督军务乐毓美，招孟子第70代孙孟广钧到济南，授以白金两千两，用以修复孟母祠，并易名"三迁祠"。

至20世纪30年代，三迁祠有门3间，额曰"三迁祠"。门东南侧壁上嵌有"孟母断机处"五字刻石，北面东侧有"孟母三迁祠、断机堂碑记"。门内正殿3间，额曰"断机堂"。堂内中央奉安"邹国端范宣献夫人之神主"。东侧有一寏，配祀亚圣孟子之神位。堂前东南有座一丈左右见方的石台，上设一亭，名"曝书亭"，传为孟子曝书处。在曝书台下南侧为曝书碑亭，北侧为"重修曝书台记""重修断机堂记"等碑刻。1945年底，孟母三迁祠毁于战火。1972年，邹县文管所将仅存的"孟母断机处""子思作中庸处"两幢石碑移入孟庙，立于康熙碑亭东侧。

邹城西郊庙户营村内亦有一处三迁祠，系一组完整的古建院落。据70代翰博孟广钧所撰《庙户营村添设祭田碑记》载："庙户营在城西六里，旧有圣母邾国端范宣献夫人神祠，谓是三迁曾经之地。"该孟母三迁祠创建于清康熙五十二年（1713年），是孟氏宗族20户中的城西户后裔筹资兴建的，并有专置的祭田以供祭祀。庙制为正殿三楹及东西两配房，殿后厨房、库房等附建筑具备。其后屡经倾圮，至"文革"后仅余正殿三间作了供销社的库房，殿前作为供销社门市部。其原有《创建亚圣祠碑记》《庙户营添设祭田碑记》两块石碑，嵌大殿东西两壁间，《孟母三迁祠》石碑移入孟庙康熙碑亭东侧。

邹城文物部门自 1992 年开始筹划，主要由庙户营村及其附近几个村庄筹资，与 1994 年 9 月动工对该祠进行重修，至 1996 年落成。祠周修建围墙，建祠门一座，复制《孟母三迁祠》石碑，重树于门外东侧。殿前树前述康熙年间创建碑及民国二十九年（1940 年）孟昭调立石、孟庆辉书写的重修碑记。正殿仍 3 间，东西配房各 3 间。正房即孟母祠，单檐硬山式建筑，前有回廊，露天面阔 7.05 米，纵深 6.2 米。祠内正中神龛供孟子父母像，东侧置孟子像龛。殿西新建"孟母懿德堂"一座，陈列孟母三迁故事的雕塑。该孟母祠作为纪念孟母和民族的建筑，在 1985 年就被公布为济宁市重点文物保护单位，2006 年被山东省人民政府公布为省级文物保护单位。

第十章　林　墓

第一节　孟母林

　　孟母林位于曲阜市小雪镇凫村马鞍山下，是孟子父母墓及部分孟氏后裔的墓地。林墓包括马鞍山在内。这座东西走向的小山因呈马鞍型而得名。因为林墓紧靠孟子出生地凫村，聚族而居的孟氏家族的族人死后也大都葬在这里，所以形成了一个较广阔的墓葬群。由于孟母在历史上有广为流传的三迁、断机、买豚肉和出妻的故事，成为家教母仪的典范，所以日益受到社会的尊崇，唐朝天宝七年（748年）即立祠祭祀。北宋时期，孟子的地位迅速提升。孟氏中兴祖孟宁被朝廷封为迪功郎和任命为邹县主簿。再后，延祐三年（1316年），元仁宗又追封孟子的父母为邾国公和邾国宣献夫人。大概从此时起，孟母林墓的建设就超出了一般百姓的墓地，面积逐步扩大，树起享殿和碑碣。

　　现在，孟母林占地面积达54万平方米，周围高墙环绕，林门开在东南方，门前有林道，林内有松柏等古树万余株，并有享殿、文昌阁、望峄亭等建筑。享殿是祭祀孟母之所，殿后是清朝所立的"启圣邾国公端范宣献夫人神位"碑一幢，碑前设石供桌。孟母墓位于享殿西约60米处，呈圆丘形，高4米，周围65米。墓前有孟子第51代孙孟允祖于元朝元贞二年（1296年）所立的墓碑一幢，碑前置石供桌、石香炉和一对石雕的烛台。

　　孟母林中还有其他孟氏族人的墓地。如孟母墓西南有孟子的儿子孟仲子墓，亦呈圆丘形，高2米，周围25米。孟母墓东北有孟子第45代孙、中兴祖孟宁的墓，呈马鬣形，高3米，周围20米，墓前置一石雕香炉。

　　孟母林不仅是孟氏族人朝拜祭祀祖先的圣地，而且也是中国众多百姓朝拜的圣地，因为这位伟大的母亲为中国养育了一位为中华民族争得世界级荣誉的伟人。孟母被世人誉为"母教一人"，认定她代表了中国最贤明母亲的形象。清朝孔传铎有一首咏孟母林的五言诗，抒发了对这位贤明母亲的崇仰与思慕，可谓表达了亿万百姓的心声：

> 千古钟灵地，依依在此林。昔贤历说意，慈母属迁心。
> 旧里横斜照，高松啭暮禽。屹然舆泗上，相望到如今。[①]

孟母林是山东文物重点保护单位，新中国成立后一直得到维护和修缮。

第二节 亚圣林

孟林又称"亚圣林"，是全国重点文物保护单位。位于邹城市东北12.5公里的四基山西南麓，是孟子及其后裔的家族墓地，占地面积50万平方米，是国内现存规模宏大、历史悠久的家族墓地之一。林内现存以松、柏为代表的各种古树万余株，是难得的城市文物山林，有着重要的生态与文物价值。

孟子墓位于四基山南麓之阳。由于孟子地位是在唐宋以后不断上升的，所以在孟子殁后、唐宋以前的千余年间，其生前事迹及死后葬地缘于其社会地位的低下而始终湮没无闻，这种状况一直持续到宋代。北宋仁宗景祐三年（1036），孔子45代孙孔道辅知兖州府，"以恢张大教兴复斯文为己任，常谓诸儒之有大功于门圣者，无生于孟子"，且适逢"邹昔为孟子之里，今为所治之属邑"，以为"当访其墓而表之，新其祠以祀之，以旌其烈"。于是"以其官吏博求之，果于邑之东北三十里有山曰四基，四基之阳得其墓焉。遂命去其榛莽，肇其堂宇，以公孙丑、万章之徒配"。从此，孟子墓才得以确认，以后元、明、清各代不断扩建维护，祭享不断。

此后历代统治者不断对孟子墓进行重修并赐田，孟子后裔也不断葬在孟子墓周围，并在其周边广植桧、柏。孟子墓西北约300米处，有古塚三座，《三迁志》记载为孟孙、季孙、叔孙三者之墓，故得名"三家塚"。墓东

---

① 民国版《曲阜县志》，第714页。

南四基山之阳，有西汉崖墓两座，属于全国重点文物保护单位汉鲁王墓的一部分。此外，孟林西南另有一片墓区，与孟子墓所在的"大孟林"隔路相望，据当地人说，是孟子后裔另外一支的墓葬集聚区，人称"小孟林"。

北宋孔道辅在四基山访得孟子墓后，在墓侧首建庙，并荐孟子45代孙孟宁为邹县主簿，主要管理孟子祭祀及林墓、祀田。此后直至金末，墓旁之庙始终存在。元代孟子墓侧孟庙已不存。郑质在《思本堂记》中有这样的记载："四基山右麓，邹国亚圣公，墓前祭堂，岁久摧毁。"祭堂建造年代，已无从考证。元世祖至元十四年（1277），时任山东提刑的霍天祥于孟子墓前立碑，碑额题为"先师邹国公墓"，孟子墓始有正式墓碑。元贞元年（1295年）司居敬守邹，在重修孟庙、孟子故居、子思讲堂的同时，又修葺了孟子墓享堂；泰定五年（1328年），朝廷拨祭田30顷；元至正二年（1342年）春，孟子52代孙孟惟让重修亚圣墓前祭堂，名曰"思本"。

由于儒学地位的显著提高以及孟子其人其书的影响在社会中日益彰显等原因，明代是孟庙建设的高峰期，孟林也在此时加大了建设并初具规模。

明代从第一任皇帝太祖朱元璋，到最后一任皇帝思宗朱由检，300年间对孟子林的维护不曾间断。明初，孟子墓前享堂仅存遗址。洪武元年（1368年），朱元璋诏孔孟氏子孙，皆免差发，令其守护林庙。宣德九年（1434年），鲁惠王府以建筑陵墓余材维修四基山孟子墓侧之祠堂，使其焕然一新。景泰六年（1455年），朝廷赐墓田七顷三十一亩四分，坐落四基山和马鞍山。规模最大的是嘉靖四十一年（1562年），由邹县令章时鸾主持的一次。此次维修，在孟子墓已"荡然一空，仅存遗址"的状况下，"创建正殿五楹，左右厢房各三楹，二门三楹。奠制有案，出人有阶，启闭有户，周卫有垣。备极坚致，视前制益为广阔"，不仅如此，还"置田五十亩，岁入其租，以为祭祀、修理之具"，并"督谕族人每春领俸银二两，树柏桧三千余株。望之蔚然深季，殆非昔比"。这是景祐四年孔道辅访墓建庙之后最大规模的建设，经过此次修建，不仅使孟子林达到了空前规模，而且实现了林、墓相映的特色墓地建设特色。

嘉靖四十五年（1566年）清明，孟子60代孙孟承印祭孟于四基山孟子墓，见墓遭水所侵蚀，遂留居山中对孟子墓进行修缮。万历八年（1580年），许守恩为邹县令，捐俸修葺孟子墓。万历三十七年（1609年）邹县令胡继先拜谒孟子墓，见前令章时鸾所置祭田岁久荒废，故捐俸 20 余金，筹祭田 30 余亩，并整治旧有田地 50 余亩，规定除春秋庙祭外，五月初五、七月之望、九月初九均需定期祭祀。万历四十六年（1618 年），知县李凤翔捐俸银 20 两，置田 30 亩。天启三年（1623 年），邹县毛芬又增设亚圣墓祭田。

据《重纂三迁志·林墓》记载，截止到康熙二十二年（1683 年），孟林面积已达七顷三十亩四分。康熙三十六年（1697 年），大通正吴涵来邹拜谒孟子墓，见享殿墙倒屋催，"慨然新之"。康熙五十年（1711 年），邑侯娄一均捐俸增置墓田六亩。雍正十年（1732 年），享殿犹存，而其他建筑已墙倒屋圮，孟子 65 代孙衍泰将林中朽木变卖，所得金钱用于孟林建筑维修。嘉庆二年（1797 年），孟子 68 代孙孟传连和族人重修孟林享殿。清道光十四年（1834 年），孟子 70 代孙孟广均变卖孟林枯柏两株，重立"亚圣孟子墓"碑，并对享殿东北隅进行维修。宣统二年（1910 年），山东巡抚孙宝琦见孟子墓侧享殿倾圮，遂捐款兴修。

孟林的保护除了持续的修缮外，还对破坏行为进行惩处。据孟府档案记载：光绪二年（1876 年）六月，山头村孟继彬不遵宗规，屡次犯林；族长对这一行为进行了严厉处罚。

1935 年（民国 24 年），孟子 74 代孙孟繁骥与族人孟庆存、孟宪森共同捐资 500 元用于孟林维修，历时一个月。此外，孟府档案中还有关于孟林保护的记载：1939 年（民国 28 年）2 月，孟氏后裔孟宪斌、孟宪福等在四基山圣墓前开辟山石，时任亚圣奉祀官孟庆棠发布亚圣奉祀官训令，命孟氏族长孟毓宸将这一事件勘察清楚，如若属实，定当严惩；1946 年孟氏家族招邹县山头村马瑞和一家看守孟林，至今已三代相传。

新中国成立后，孟林保护走上正轨，人民政府多次拨款维修；此外，台湾及海外友人也对孟林建设投入大量财力。

1953 年，山东省人民政府拨款维修孟林享殿。1977 年 12 月，政府再次拨款对享殿后檐漏雨之处进行了处理。

20 世纪 90 年代初，孟林被公布为山东省第二批重点文物保护单位，邹城市文物事业管理局拨专款用于孟林维修，并建立孟林管理所，配备了专职管理人员。台湾地区和日、韩孟氏后裔及孟子研究会均纷纷捐款，用于孟子林庙建设并举行了盛大的祭孟仪式。

2000 年春，孟林神道西侧围墙及神道道路得以维修；2005 年 9 月，韩国孟子学会会长赵骏河先生捐资 20 万人民币用于孟林"亚圣林"石坊的建设。次年 5 月，国务院将"三孟"合为一处，公布为全国重点文物保护单位。

综上所述，孟子林墓自北宋被发现以来，经元代初步建设，于明代初具规模，经清代稳定发展，民国时期的不断维护，在新中国成立后成为全国重点文物保护单位。

现在的孟林，神道长约 1500 米，直达享殿。神道两侧遍植古柏，南端为"亚圣林"石坊，中段有河自东向西流过，溪上架石桥一座，俗称"御桥"；桥旁左侧有著名书法家欧阳中石所题"亚圣林"石碑。享殿是孟林的主要建筑，面阔 5 间，硬山顶，现存建筑为清代重修。享殿后为孟子墓，墓前为清道光十四年（1834 年）所立的"亚圣孟子墓"碑，碑前设石炉、石瓶、石供案。碑后为直径约 20 米，封土高约 6 米的孟子墓。此外，孟林大门与享殿中保存有各类碑刻 16 块，林地中保存有大量墓碑，林中种植古树万余株。

第十一章　各地孟母、孟子祭祀
建筑及孟氏宗祠[①]

第一节　孟母祈蚕祠

　　始建于唐朝天宝七年（748 年）的孟母祈蚕祠，位于山东阳谷城东北40 里的安乐镇南平坊村南。传说孟母仉氏在赴齐国途中曾在这里留住，时间虽不长，但她兴德化，劝农桑，树母仪，办了不少造福百姓、移风易俗的好事。据《孟志摘要》记载，后周世宗时（954—958 年），孟子第 43 代孙孟忠由邹县携眷迁至阳谷奉守孟母庙。看到庙貌倾颓，遂即募捐筹资，将该庙修葺一新。金朝天眷三年（1140 年），知县杨用道重修，并撰写《重修孟母庙碑记》记其事。明朝万历四年（1576 年），知县李荫又修，曾任山西布政使左参议、户部郎中的东阿许用中撰《重修孟母庙并凿井买香火田地碑》碑文。康熙五十三年（1714 年），知县王时来会同乡宦李元琳、庠生李鸣奇筹资再修。至此，孟母祈蚕祠形成较大规模：有红墙环绕，大门 1 间，正殿3 间，中堂塑有孟母圣像，东侧塑有孟子幼年像，西壁彩绘孟母三迁、断机教子图；后殿 3 间，中堂塑有孟子像，内壁绘有孟子周游列国及率弟子著述7 篇的故事；前后殿之间设有两庑。整个院落古木参天，布局严整，气象威严。明朝的谈迁在所著《枣林杂俎》中记述："阳谷县西北四十里孟母庙，大槐四，宋元祐时植。"

　　孟母祈蚕祠内还利用两庑设立乡学，延师教育贫寒子弟读书。至明末

① 此章参考了孟淑勤主编的《孟子世家谱（卷首）》一书资料（2021 年版）。该书由济南甲骨文文化传媒有限公司承印。

清初，庙内建筑尚完好，附庙田数十亩，以作祭祀费用。孟忠后裔一直奉祭孟母庙。每逢农历二月初二，这里还举行盛大庙会，四乡孟氏族人和周边百姓都纷纷赶来，参与祭祀孟母的仪式。

孟母祈蚕祠还是"阳谷八景"之一和"四大圣迹"之一，成为文人墨客题咏的对象。如阳谷知县曾有文颂扬孟母和孟子：

> 猗与孟母，名显今古。有子几圣，尚惟慎始。三迁择里，曰仁是处。近于宫学，母教可预。若曰废学，如断机杼。再师子思，圣王为绪。以直养气，浩然斯裕。杨墨异端，议论反覆。廓然成辟，仁义之路。道追孔颜，功配神禹。宜享也祀，俎豆千古。

明朝正德年间的监察御史张恂特为祈蚕祠作《祠宇记》，并赋诗颂孟母：

> 孟母祠颓一径斜，春来多少祈蚕家。须知更有仪型处，莫把蚕师作圣夸。

明朝都察院右佥都御史吴铠也有诗二首颂扬孟母和孟子：

> 教子祠前春草生，祈蚕原上暮云平。衣冠不改诗书泽，风木犹传机杼声。气象岩岩山岳重，名利杳杳羽毛轻。子圣母贤真堪羡，地厚天高感慨情。
>
> 教子心良苦，断机事可哀。济时今亚圣，命世岂凡林。
>
> 吾道旌幢正，斯文锁钥开。三迁泽未艾，邪说等尘埃。

阳谷县为纪念孟母，曾在1936—1939年间，将孟母庙附近的平坊、陈家集等村合组为孟母乡。抗日战争时期，孟母庙毁于兵火。为了恢复这一古迹和弘扬其中蕴含的传统文化，阳谷县已经决定重修孟母祈蚕祠和建设孟母文化园。

山西太谷有孟母庙，建筑年代失考。明朝永乐年间所修《太谷县志》

记载本县有四处孟母庙："一在县东北五十里东贾村，后废。一在县东北四十五里阎村。一在县东北四十七里格子头村。一在县东北四十五里下谷村。"格子头村的孟母庙位于村子中间大路的西端，庙院坐西朝东，院中有正殿三楹，供奉孟母和孟子夫妇的神像。孟母殿悬挂一副楹联"孟母教子三迁地，择邻居处学校旁"，横眉"千秋壶范"。正殿两旁各有 1 间耳房，南耳房供奉"土地爷爷"，北耳房供奉"观音娘娘"，另有南北配殿各 3 间，以及山门和钟、鼓楼，是一座规模相当宏伟的建筑群，惜已毁于战火，今遗址处仅存一株直径一尺多的大槐树，算是当年繁盛岁月的见证。

第二节　孟洛川纪念馆与齐河孟家大院

一、山东章丘孟洛川族人故居

近代中国儒商的代表人物之一孟洛川，是章丘市旧军镇（今刁镇）人，其族人故居坐落于该镇东村大夹道街 6 号。这套晚清建筑，被市政府公布为市级文物保护单位。

故居院落坐北朝南，包括西侧正房、南北厢房及东配房。正房上下两层，各设木制檐廊，分别由 9 根柱子支撑，石鼓状素面柱础，砖木结构，单檐硬山顶，覆小黑瓦，进深里间，建筑面积约 130 余平方米，为晚清至民国时期的典型样式。南北厢房建筑样式一致，单层砖木结构，单檐硬山顶，覆小黑瓦。面阔 3 间，进深 1 间，建筑面积约 30 平方米。东配房也是单层砖木结构，单檐硬山顶，覆小黑瓦。面阔 5 间，进深两间，建筑面积约 80 平方米。

该故居的主人是旧军人，为孟洛川本族分支，堂号为"崇和堂"，曾任"瑞蚨祥"烟台分号的掌柜。旧军作为儒商故里，有着丰厚的思想文化积淀。该村以孟氏宗族为代表的村民，为了保护这一文化遗产，筹资对故居进行修缮。2015 年，在修缮一新的故居设立乡村博物馆和孟洛川纪念馆。

二、山东齐河孟家大院

孟家大院位于齐河县赵官镇北街，原是本镇望族孟济严家的待客院，是一处完整的清代四合院，占地 440 平方米。建筑样式为砖木结构。5 间北屋是该院落的主体建筑，中间为 3 间客厅，两端各有 1 单间。东西两侧各有 3 间对称的厢房，两厢房南端各有一小耳房，覆小青瓦。耳房之间有回廊，装饰木雕为吉祥图案，雕工精良。房内铺青砖。

清朝齐河县有"四闻人一名门"之说，赵官镇孟氏宗族即是"一名门"。清初孟家有五大院，他们通过经商得来的资金陆续购置 800 顷良田，进而经营工商业，五大院都有自己的酒店、油坊，成为当地门庭显赫的大家族。孟家大院就是这个家族仅存的遗迹。

另外，在山东冠县有东汉建起的晓春亭和孟子庙，是纪念孟子当年自齐国赴魏国经过此地与景春会面的地方，但亭、庙已经废弃，仅存碑碣。山东荏平，旧有孟子馆，据说是孟子当年赴魏国经过此地住过的馆驿，曾被列为荏平八景之一，今已不存。荏平还有明朝王阳明学派代表人物孟我疆的祠堂，是明朝万历时知县朱爵主持建立的当地名人孟我疆的纪念建筑，清朝咸丰年间移地重建，后来废弃未复。

第三节　各地孟氏祠堂

孟子之后，孟子后裔因各种原因陆续迁往全国各地及国外，于是在其落脚地建起孟氏祠堂和家庙，成为联系宗族血脉的纪念地和祭祀先祖的场所。

山东阳谷建有谷山孟氏祠，亦称孟氏家庙，位于阳谷城南大街小隅首西、东西路北。该祠建于清康熙初年，是占地约 1 亩的砖墙院落，内有祠堂 3 间，祠堂内供奉孟子神像和此地始迁祖亚圣第 43 代孙孟忠神龛、第 50 代孙孟浩神位。

山东东阿县柳河束孟氏家庙，坐落在柳河束村前街中部路南，为孟氏族人集资所建，建筑年代不详。该家庙面积 1 亩余，为二进院落：院前有大门、过厅及庙碑数通；后院有过厅 3 间，大殿 3 间，东西厢房各 3 间。院内有古柏数株。殿内供奉孟子神像和始迁祖亚圣第 51 代孙孟福祖、支派二世祖迁公、三世祖瑜公、四世祖成公等先祖神位，是孟氏族众祭祀先祖的场所。

山东莘县朝城孟氏家庙，坐落在今莘县朝城镇东孟庄、西孟庄的中间位置，始建于乾隆年间，占地约2亩。有大门2间，殿堂3间、殿前两侧庑房各两间，庙前东南角设有偏门。大殿为人字形前出厦起脊顶，殿门上方悬挂"亚圣庙"立匾，前厦立有红漆明柱两根，明柱上方横檩刻有透花图案。殿内顶部二梁上放置三块长方形木板，上书建筑和重修年代：清乾隆年间始建、清道光年间重建、清光绪丁未年重建。殿内正中供奉孟子神像和始迁祖贵公、二世祖长支锦公、次支祥公、三支三公、四支春公等神位。

山东平邑县西张庄孟子祠，也称亚圣孟夫子庙，最早为孟氏义学，建于明朝末年，位于平邑县城。祠内存有崇祯七年（1634年）《义学处》碑刻和乾隆时期四龙正脊、光绪元年（1875年）硬质谱碑等文物。2015年被山东省人民政府公布为第五批省级文物保护单位。

山东潍坊坊子区丁村孟氏家庙，位于该村北部，院落南北长27米，东西宽14米，占地约380平方米。正门南向，高约5米，进深3.6米，正上方悬蓝底金字"孟氏家庙"匾额，东西两旁各有侧门和石狮。主建筑为大殿，占地76平方米，青砖灰瓦，单檐硬山顶结构，屋脊正中为宝葫芦顶，两侧鸱尾高0.4米，正前方4根石柱，整个建筑形制稳健，威严肃穆。殿内正中为孟子雕像，两旁为始迁祖及历代祖先神位。该家庙始建于明朝末年，清朝年间多次重修。孟子雕像毁于"文革"，1992年孟氏族人重修家庙时重塑。

安徽肥东包公镇大孟村孟氏宗祠，建于清朝乾隆年间，为两进五开间的徽派建筑，分前厅和寝堂两部分，中间有一道细腻、精美的砖雕墙。前厅是宗族议事场所，后堂为祭祀祖先之地，放置祖先牌位和绫谱。砖雕主要分布在东面三开间。明间设有上下枋两道，雕刻分上下两条。下条为花草雕刻，上条上枋雕刻双凤朝阳，下枋上条为福、禄、寿人物雕刻，下枋之下两端雀替雕鳌鱼吐水，水雕成如意图案。两枋中间置字匾刻"宝仁义训"四字。

新中国成立后该宗祠曾作为粮站库房，再后作为大孟小学校舍。2011年后经文物部门和孟氏族人协力重修，得以恢复旧貌，现为合肥市级重点文物保护单位。

江苏泰州姜堰区蒋垛镇孟氏宗祠，是本镇孟氏兄弟筹资所建的纪念性建筑，于 2014 年建成开放。该宗祠占地 4 亩，为仿清建筑，偏重北派官式。三进两院。从大门、享堂到寝堂，由低向高，循序渐进，两旁走廊将整个祠堂连接起来。祠内有古井、古树名木、奇石假山、木雕、石雕、砖雕、灰雕、书法碑刻。

蒋垛镇居住着众多孟氏宗亲，他们是孟子第 57 代孙孟东瀛、孟东山的后裔。这兄弟二人是明朝时期由苏州太湖之滨的孟家湾庄迁至此地，至今已经 600 多年，繁衍子孙近万人。20 余代孟氏族人在这里生活，谨遵祖宗遗教，亦耕亦读，形成淳朴的民风，宗族中涌现出一批贤能之辈，如真诚厚道、谦顺和气的孟锦煌，他创办"孟锦煌老字号"，秉持"以诚立信"的经商原则，发展壮大，为蒋垛镇商户开创的优良传统被代代继承。神医孟尔华高尚的医德医术悬壶济世，在本地和周边海安、盐城、扬州都留下良好口碑。更有为传播革命火种被捕入狱，英勇不屈，40 岁即被敌人折磨致死的烈士孟致祥。孟氏宗祠就是为纪念孟子和这里的孟氏先贤而建，为的是将孟子思想和先贤精神代代相传、发扬光大。

河南杞县孟家祠堂位于县城青龙街 61 号，始建于清朝道光十七年（1837 年），2004 年公布为县级重点文物保护单位。2008—2011 年对祠堂按清朝原貌进行修缮，现有山门一座，石狮一对，大殿三间两层的东西厢房三间。祠内有木雕、石雕、灰雕、碑刻，于敦厚古朴中透出精致的人文气息。

河北昌黎孟公祠，是为明朝昌黎县令孟秋建立的纪念建筑。一代清官名儒孟秋在明朝隆庆五年（1571 年）任昌黎县令，他为守兼优，心系百姓，为当地办了不少利国利民的好事，政绩卓著。当时的吏部尚书赵南星呈请皇帝在该县为孟秋立生祠，既表彰他的德行事功，也为百官树立一个学习的榜样。经恩准后即在县城西关永泰门外建孟公祠一座，祠内塑孟秋像。该祠由士民筹资兴建，洪霖助建，孟秋门生张国祥置祭田，其子张庄临手书"父母宗师"匾。每逢孟秋生日，昌黎百姓即为之举行隆重祭典"生猪祭"，以感念他的德意和功劳。

建于 1912 年的天津河北区孟氏家庙，坐落于原天津意大利租界，即今河北区博爱道，是天津保存最完整的中西合璧的建筑之一。原为"谦祥益"绸缎商孟养轩的家族祠堂。该家庙为三层砖木结构，东西厢房二层，面阔五间，平面呈"口"字形，四合院格局。正中庭院天井式，正房与厢房檐廊环通，有花牙、额楣与雕饰，门窗皆为圆拱券式，前楼与厢房楼顶后坡作平台，建筑风格古朴典雅，大胆吸收了中西建筑之长，为典型的折中主义建筑，堪称近代天津中西文化交流的见证。2010 年 7 月该家庙进行了一次整修，修复后的建筑面积为 1574 平方米。

天津南前孟氏祠堂，坐落于咸水沽东 6 里的西泥沽村，背靠老海河，南望天津古海岸遗址，占地两亩余，青砖木廊式建筑，是原吉林督军孟恩远于民国九年（1920 年）所建。该祠堂仿皇家庙堂的山门，高大雄伟，朱漆大门，二尺门槛，门前一对精雕细刻的汉白玉石狮子，两边是上马石、下马石。进入大门后，左右各有月门一个，屏风一座。通往正殿的甬路是用汉白玉石板铺就，两边还有四个栩栩如生的汉白玉仙姑石像。两边墙下是大花池子，栽种的都是当地罕见的奇花异草。大殿供奉着先祖牌位，一丈宽的红木供桌上有名贵的宣德炉一只。后院还建有戏楼一座。

由于孔子孟子为代表的中国传统思想文化早在秦汉时期就走向国外，在周边地区形成了东亚文化圈，所以朝鲜、日本、越南等国都有不少孔子孟子的纪念设施。在朝鲜和越南，几乎每县都有孔庙，孟子的雕像和神主牌也一直陪同孔子享受绵绵不绝的香火。

在韩国忠清南道牙山市排芳邑杏坛路 25 号，有一座孟氏杏坛，是高丽末年朝鲜宰相孟思诚（1360—1438 年）的故居。尽管经过数百年的风雨洗礼，这座古宅却依然保存完整，是韩国历史最悠久、旧时面貌保存得最为鲜活的古代民居。这里原是高丽末期崔将军的住宅，后来他将此宅赐予自己的孙女婿孟思诚。这一故居整个呈"匸"字形，木质构造上刻画着渔家常用的集渔灯花纹。柱子和檩条间装饰着凤舌花纹，里间屋顶是田螺形木造结构。这座古宅被韩国政府命名为全国第 109 号史迹，内藏玉笛、玉砚、水晶簪、传世孟古佛遗物等历史文物。院中有两棵参天的银杏树，所以这里又有杏坛之称。中国孔庙有杏坛遗址，据说是孔子在杏树或银杏树下讲学的地方，后来即泛指为传授学业的地方。传说孟思诚也曾在此树下为弟子传授学业，所以就被命名为孟氏杏坛了。

第四节 浙江诸暨孟子庙

历史上，孟氏家族习惯上分南北二支。南支所建孟子庙位于浙江诸暨市应店街镇十二都村，始建于宋嘉定十年（1217年），是南方孟氏族人祭祀孟子的主要场所。该庙有门楼、亚圣殿、孟母殿等组成。门厅七开间，亚圣殿五开间。殿内以圣祖孟子为正位，47世祖孟忠厚（迁越始祖）、48世祖孟德载（诸暨始祖）为配位，是为"二配"。亚圣殿左侧为孟母殿，右册为贞女祠。该庙历史上曾屡毁屡建。现存建筑是20世纪90年代当地民间筹资100余万元重建，近年又筹资200多万元扩建。现由棂星门、门屋、祭祀广场、神道、亚圣殿、碑林等组成，占地面积732平方米。

世袭翰林五经博士孟衍泰在为诸暨《孟氏宗谱》撰写的序言中说，孟氏后裔有南北二支，北支始迁祖是邹县主簿孟宁，南迁始祖是孟忠厚。孟宁为祭祀孟子，由凫村迁居邹城。而孟忠厚为开创基业，护驾南迁至浙江。从此，两地的孟氏后裔就分成南北二支。孟宁和孟忠厚的共同祖先是孟子第38代孙孟琯，孟宁一支由长子孟方立传下，即方立—承海—汉卿—贯—昶—公济—宁；孟忠厚一支由次子孟方迁传下，即方迁—度—庭训—尚进—元—公随—在—彦弼—忠厚。序文特指出，孟忠厚与孟宁"并世而世数差"，"一奉邹祀，一开浙基，支分南北，而谱也因之别纂矣"。

据诸暨《孟氏宗谱》记载，南支宗系如此延续：

38代：琯。

39代：方迁，琯之次子。

40代：度，智祥次弟，五代时由兖州迁洺州。

41代：庭训，自兖州迁洺州，曾任后周昆山令。

42代：尚进。

43代：元，字善长。任宋朝眉州防御史，迁居卫州共城。赠太尉，马军都虞侯。

44代：公随，字用夫。宋朝光禄大夫，检校太子宾客，赠太师，追封魏王。

45代：在，字汝止，宋朝阁门祗侯，迁崇义使荣州刺史，不久召为御史中丞，为武安军观察留后，封魏国公，食邑 2000 户。元祐七年（1092 年），女孟相立为哲宗皇后，遂由共城迁居大梁。

46 代：彦弼，字朝英。宋朝中散大夫，封咸宁郡王、怀远侯、徽猷阁大学士。建炎年间以巡抚使镇吴。赠太师公。

47 代：忠厚，字仁仲，号监齐。彦弼次子。宋徽宗时举茂才，任将作少监，海州知府，谟阁直学士。护驾南渡后授宁远军节度使，开府仪同三司、信安郡王，加少保，参知政事，食邑 7500 户。为孟氏南支始祖。

48 代：充，忠厚长子，任中山大夫。

嵩，忠厚次子，任朝奉郎、直秘阁特进。

雍，忠厚第三子，任朝散郎、直秘阁特进。

崇，忠厚第四子，任奉直大夫、衢州通判。

德璘，忠厚第五子，任敷文殿大学士，封定国公。生子三：诚之、宜之、令之，为绍兴府会稽县孟氏始祖。

德懋，忠厚第六子，字仲勉。任胜州通判，因平方寇有功，追封忠顺保平侯，赠太尉。

德载，忠厚幼子，字仲博，号坤如。任直秘阁，迁兵部郎，授环卫上将军，封诸暨开国男，食邑诸暨，封昭裙侯，加封昭祐明应侯，赠太尉。

49 代：仁，字爱甫，德懋长子，进义派祖。

义，字仪甫，德载长子。任省门通直郎。

直，字正甫，德载次子。任省门修武郎。

炎，字建甫，德载幼子。任省门承事郎。

德懋子孙义称进义派，居夫概。至第 55 世闻好迁华岭，58 世迁福建，64 世迁叙德迁临安化仙桥。

德载幼子、承事郎炎第 52 世孙钦祖迁处州松阳，其后辅迁金华、义乌等地，在籍各派逐渐式微。

第十二章　文　物①

在中国古代社会，延续 800 多年历史的孟府，由于其具备的特殊政治地位和思想文化地位，自然积聚了大量珍贵的文物。然而，因为历经战乱兵燹，不少文物被破坏或流失，能够保存和流传到现在的，仅仅是其中的一小部分。这些文物，包括上面记述的《孟子世家谱》《三迁志》等谱牒和孟府档案，再就是政治类文物和器物类文物，这些文物尽管难以展现孟府文物的全貌，但也足以显示孟府文物的厚重和珍贵了。

第一节　政治类文物

政治类文物，主要由历代王朝追封孟子及其弟子的诏旨敕书和加封孟子嫡裔及封妻荫子等诏书封诰等组成。历代积累的这类文物本来应该很多，但因为战乱和人为及非人为因素的破坏，现在存留的只有清朝后期的实物了。这些文物现在馆藏于邹城博物馆，计有：

一、道光八年（1828 年）十月九日发布的关于授翰林院五经博士加四级孟继烺为文林郎及封孟继烺之妻杨氏为孺人的圣旨。

二、道光十五年（1835 年）十月十日发布的关于赠孟广钧之父征士郎翰林院五经博士加一级封孟广钧之母太孺人的圣旨。

三、道光三十年（1850 年）一月二十六日发布的关于给孟广钧加三级及其妻封荫的诏书。

四、道光三十年（1850 年）一月二十六日发布的关于赠孟广钧之父为

---

① 此章参考了朱松美著《孟府文化研究》，中华书局 2013 年版。

文林郎及封孟广钧之母为太孺人的圣旨。

五、咸丰五年（1855 年）十月二十日发布的关于孟广钧主事衔蓝翎及封孟广钧妻为安人的圣旨。

六、同治十二年（1873 年）二月十二日发布的关于孟昭铨征仕郎及妻王氏为孺人的圣旨。

七、同治十二年（1873 年）二月十二日发布的关于嘉封孟昭铨父母的圣旨。

八、光绪元年（1875 年）一月二十日发布的关于嘉封孟昭铨父母覃恩的圣旨。

九、光绪元年（1875 年）一月二十日发布的关于孟昭铨加封二级及其妻封荫的诏书。

十、光绪十五年（1889 年）二月十七日发布的关于孟昭铨加封二级及其父母加封的诏书。

十一、光绪十五年（1889 年）二月十七日发布的关于孟昭铨为文林郎赠孟昭铨之妻王氏为孺人的圣旨。

十二、光绪三十一年（1905 年）七月一日发布的关于赠封孟庆堂父母的圣旨。

十三、光绪三十一年（1905 年）七月一日发布的关于嘉奖孟庆堂兄嫂的圣旨。

这些政治文物充分显示了封建王朝对孟子嫡裔的重视。由于孟子及其思想是中国古代思想文化的重镇，是核心意识形态的重要组成部分，是一个具有永恒意义的文化符号，孟子嫡裔也就具有了象征意义。推尊孟子嫡裔，也就是推尊孟子思想文化，这就是几乎所有封建王朝对孟子嫡裔封赠不断的秘密。

第二节　器物类文物

器物类文物，首先应该是孟府存留的孟子嫡系后裔的生活用具。然而，由于各种自然和人为的原因，此类器物中的真品存留者已经不多，现在传世的主要是孟子林庙碑刻和孟子嫡裔收藏的文物。

　　器物文物中的碑刻按其内容大体可分三大类。一是记载创建、重修庙、墓的庙记、墓记；二是祭祀、拜谒时留下的祭文、题咏、谒记；三是朝廷对孟子嫡裔封赠优免的文件诏、敕、牓、牒等。这些石刻文字基本都被收录在刘培桂整理编辑的《孟子林庙历代石刻集》中，多达400余篇。这些碑刻对研究孟府文化、儒家思想文化，乃至中国历史学、政治学、文字学和文学艺术都是极其珍贵的资料。

　　历代孟子嫡裔，特别是孟子第70代孙、翰博孟广钧以重金搜集和珍藏的"十长物"也是器物中的代表性珍品。据马星冀记载，这十长物是：长乘马币、周叔子盘、葛父鬲、周鼎、邾子辟、汉瓦当、新天凤碣、后汉骑部曲将印、建安铁瓦砚、明蕉叶白砚。可惜这些器物的大部分都因各种原因遗失，存留至今的只有新天凤碣、建安铁瓦砚、明蕉叶白砚三件了。新天凤碣又称汉天凤碣，别名还有《莱子侯封田石刻》《莱子侯封冢记》《天凤刻石》《莱子侯赡族戒石》等。此刻石是在天然青石上竖刻隶书7行35字："始建国天凤三年二月十三日莱子侯为支人为封使诸子食等用百余人后子孙毋坏败"。始建国天凤三年是王莽新朝的年号，为公元16年。刻石内容是莱子侯以封田为近支宗亲百余人衣食之源，后世子孙必须遵守，不得破坏这一规定。这一隶书刻石是秦朝"书同文"之后汉字由篆转隶的证据，在书法技巧上展现了苍劲古拙的风格，在中国文字学史上具有标志性意义。

　　建安铁瓦砚又称"汉瓦砚"，是以长方形板瓦状砚台。正面刻一葫芦形墨池，左右上角阴刻蒙文砚铭，分别为"惟天降灵，锡戎曹碎，值时精明，遇人而出"和"惜彼陶瓦，以古器贾，翰墨是封，以彰以述"墨池两侧有阴刻楷书联句"为爱陶瓦之质，宜加即墨之封"。墨池下方竖刻11行楷书小字："予得此漳滨之深，以三十九枚取，而加诸翰墨，以为博雅好古之玩云。洪武辛未重九翟先识。"瓦砚背面阳文隶书"建安十五年"，字的上方有一古货泉图案，下方为一回首卧鹿。此砚刻文透出的信息是：该砚制作于东汉最后一个皇帝汉献帝十五年，即公元211年，收藏者于明朝洪武辛未年（1371年）得之于安阳漳河之滨。瓦砚色如黑漆，质地平润细腻，为瓦砚中上品，具有很高的观赏和收藏价值。

　　明蕉叶白砚，质地细腻滑润，属端砚中的上品。因石质坚润，纹理间有如蕉叶状纯白片，故名蕉叶白砚。端砚产于广东肇庆，始于唐，盛于宋，精于明清。由于质地优良，制作精巧，逐渐成为展示文人雅士哲学观念、审美理想和生活情趣的平台，实用价值和欣赏价值日益增高。明朝，社会上鉴赏和收藏砚台之风达至极盛，端砚也在设计、制作方面有显著突破，形成"天然去雕饰"的制作和鉴赏风气，彰显崇尚自然、天人合一的人文理念。蕉叶白砚是明朝制砚工艺的典型体现。这方端砚表面呈暗红色，砚台上部以高浮雕镌刻一幅"夏夜纳凉图"：整个画面展现为一处庭院，庭院正中央书床上有一手持羽扇的斜倚老者，老者左侧有一执扇扇风的童子。书床旁一方形案几上有几帙线装古书，左侧有假山，山石山阴刻行书"崇祯壬申七月仿宋锦衣卫指挥使之法宗周"。中侧有茅亭，与院内的古松、青桐、芭蕉相映成趣，营造出一种安宁祥和的生活与文化氛围。砚池两侧刻有篆书对联："窗虚不碍经滹日，地静偏留扫叶风。茇堂朱为弼。"砚两侧有刘墉行书题文："百文奇音，在鲁庸听，警言妙响，逸之大扔。凡识知其绝群，则伯英不足称。食召闲可当也。唐人以为乡宿之风，所见大斋，聊浅识所到，但学书日坏，即此以罕，有能学之。石庵。"砚背面阳刻清代书法家包世臣的诗句"窗含远树通书幌，风飑残花落砚池。嘉庆辛酉清和月下浣安吴包世臣"，上有启首章"御赐"二字。从该砚假山刻文判断，它应该制作于明朝崇祯五年（1632 年），宗周应为当时制砚名匠。刻于砚上的多处砚铭，集中展示了清朝乾、嘉、道时期三大政治家、书法家朱为弼、刘墉、包世臣的品格操守、文化修养和书法特色，从而使该砚的文化意义超过了本身的实用价值。

　　孟子府庙留存的文物，一方面是历史的"物"的见证，一方面通过对它的不断诠释和开掘可以激活历史。这就是文物的永恒价值和永恒魅力。

第十三章　祭仪　乐章　礼器　祭文

第一节　祭仪

亚圣庙岁祭，春、秋二仲上丁。博士主鬯，为承祭官。

前二日斋戒。前一日，率执事者，习仪、陈设承圣门下，视祭品、省牲（设香案一于牲前，赞就位，上香，揖，省牲，酹酒牲首。复位，揖。礼毕，退而行一跪三叩于廷墀。盖告具也。）

届期，寅初，燃庭燎，翕殿户，设拜位丹墀下东偏北，面西。

上承祭官，朝服（惟三年丧，则代以族长；期、功之丧，代二十一日；余从吉）陪祭官，公服（族人当之，序以齿、爵）由承圣东偏门入，序立于次。（通赞唱）"鼓初严""鼓再严""鼓三严""启户"。执事者各司其事。

承祭官就位，陪祭官各就位。

瘗毛血（礼生奉毛血至瘗埋所。）

（唱）：迎神　跪　叩首（三）兴　跪　叩首（三）兴。

（唱）：奠帛行初献礼。

（引承祭，唱）：奠帛行初献礼。

诣盥洗所　盥洗　授巾　诣洒尊所　司尊者举　酌酒　诣亚圣孟子之位前　跪　上香　奠帛　献爵　叩首　兴　诣先贤乐正子之位前　跪　上香　奠帛　献爵　叩首　兴　复位

（引陪祭，唱）：奠帛行初献礼。

诣东庑先贤、儒之位前　跪　奠　帛　献爵　叩首　兴　复位

（通赞又唱）：读祝。

（引承祭官，唱）：读祝。诣读祝位　跪。

（通赞唱）：众官皆跪。

（引赞唱）：启读。

（读毕，通引并唱）：叩首　兴。

（引赞唱）：复位。

（通赞又唱）：行再献礼。

（引承祭，唱）同初献（而无盥洗、上香、奠帛语）复位（引陪祭唱）同初献复位（通赞又唱）行终献礼（两引赞唱）同再献　复位。

（通赞又唱）：饮福受胙。

（引赞引承祭，唱）：饮福受胙。

诣受胙所　跪。

（通赞唱）：众官皆跪。

（引赞唱）：饮福酒，受胙。

（通引并唱）：叩首（三），兴。

（引赞唱）：复位。

（通赞唱）：撤馔。

（捧馔者以亚箪下丹墀。唱）：辞神，跪，叩首（三）。兴，跪，叩首（三），兴。

（唱）：司帛者捧帛，司祝者捧祝，恭诣燎所。

（承祭前行，陪祭遥向）望燎，复位。礼毕（户复扃）。

先祭二刻，各官由启贤门入启圣殿，祭启圣邾国公（《学政全书》有启圣邾国公殿祀生二名，今仍其称）行二跪六叩。礼者再赞。自执事者各司其事。起、奠帛、三献，与正祭同。惟简去受胙仪，而并一帛三爵为一跪、叩，并置读祝于毕献后，改望燎为焚帛而已。三献后，以一跪一叩终之。既毕而后，退立致严堂，入承圣门，行正祭。其陪祭分献时，别引众官，分诣寝殿、祧主祠，仪亦少简。此虽时祭犹不逾乎家礼，而郡邑之丁祭，则同日而异仪也。

按：此为博士署自祭。《仪节旧志》，礼详而文略，后世不加讲求，渐失初旨。同治间，修庙落成，重加厘定。光绪丙子，署济东道陈锦樨行邹县及博士署，世守而遵行之。其礼数悉本《阙里志》，参用郡邑现行常仪所当，垂为典要。广均原纂祭仪，不复备登。

二丁岁祭，礼成咸退，博士率族人于致严堂，验族谱毕，献胙于大宗五世家庙，颁胙于祭者，族人以次受胙。按阙里孔氏家祭，用四仲上丁，亦犹行古之道。今孟氏仍两仲，盖不加殊礼云。

每月朔、望日，礼生、通赞行二跪六叩礼，闰月亦如之。

遣官致祭之仪。

祭日，地方官陈设毕，赞引官引承祭官盥洗毕，引至行礼处立。

典仪唱：执事官各司其事，引赞就位，承祭官就位，立。

典仪唱：迎神。

司香官捧香盒跪香炉左，引承祭官就炉前立。赞上香，承祭官烛香，凡三。

上香毕，引复位。跪、叩、兴。承祭官、陪祭官，行二跪六叩礼。

典义唱：奠帛，行初献礼。

捧帛官，跪献毕，三叩，退。

执爵官，立献爵于案上正中，退。

读祝官至祝案前，一跪三叩，捧祝文起，立。

引赞：读祝。

读祝官立读毕，捧祝文安案上帛匣内。

典仪唱：行再献礼。

执爵官献爵如初献仪，献于案左，退。

典仪唱：行终献礼。

献爵于案右，如再献仪。

典仪唱：撤馔、送神。

引赞跪、叩、兴。承祭官、陪祭官行二跪六叩礼。兴。

典仪唱：捧祝帛恭诣燎位。

捧祝、帛官至案前，行一跪三叩礼，起，捧祝、帛。司香官跪捧，不叩，依次送至燎炉。承祭官转立西旁，侯帛过，仍复拜位。引诣燎位，焚祝、帛。

引赞礼毕，各退（凡陪礼，皆地方正印官。执事，用佐二。典仪、赞引、读视各官，毕以礼生当之）

谨案：本朝遣官致祭之礼，乾隆时，凡数次举行。此礼为博士署所司存，故记载宜详。他若太学释奠、观礼，与阙里庙庭释奠、观礼，皆各氏博士所同。又载在《会典》诸书，兹不敢滥为编入。

祭期：

每岁仲春仲秋上丁日、冬至日庙祭。

中丁日，断机堂祭。

清明前一日，十月朔前一夕，腊日四基山墓祭。

清明日，十月朔日，马鞍山墓祭。

正月朔日、二月二日、十一月望日（俗传为孟子忌辰）腊日。故里祠祭。

上巳日、重阳日，旌忠祠祭。

立春日、伏日、腊日、春秋上丁日，祧主祠祭。

第二节　乐章

宋徽宗大观三年，释奠邹国公。酌、献奏《成安之曲》：

趑趑周道　狂澜倒溹　躬承辞辟　高侔禹功

世兴隆文　盛典惟崇　清蠲嘉栗　式陈仪容

宋大晟乐府撰拟释奠邹国公酌献奏《成安之曲》：

道之由兴　于皇先圣　惟公之生　人知趋正

与享在堂　情文实称　万年永休　遐哉天命

右乐章并见《宋史》。

金世宗大定十四年，释奠邹国公酌献奏《泰宁之曲》：

有周既衰　王纲既坠　是生真儒　宏才命世

言而为经　纯乎仁义　力扶圣功　同垂万世

金章宗明昌六年，释奠邹国公酌献奏《德宁之曲》：

醇乎其醇　优入圣域　祖述尧舜　力排杨墨

思济斯民　果行其德　祀为上公　宜兹配食

右乐章并见《金史》。

元成宗大德十年，撰拟释奠邹国公酌献奏《诚明之曲》：

洙泗之传　学穷性命　力距杨墨　以承三圣

遭时之季　孰识其正　高风仰止　莫不肃敬

右乐章见《元史》。

明洪武六年，定祀先师乐章。二十六年，颁《大成乐》于天下。

国朝祠祭之乐：

春秋丁祭

乐名：《中和》《韶乐》。

曲名：《昭平》《宣平》《秩平》《叙平》《懿平》《德平》

凡六奏。春秋丁祭皆用之。

其亚圣、配位，前酌献及邹县亚圣庙庙堂，并无专奏之乐。而博士所司，旧有乐户五名；今春秋祭祀，率用民间鼓乐。此知礼之士，思复古而未能也。

第三节　礼器

亚圣庙陈设礼器：正位，视文庙四配之数；配位，视十二哲之数；两庑从祀与文庙先儒位同。

亚圣孟子位前：

献爵三

酒箄二

黍稷簠二：稻、梁

铏二：和羹

笾八：榛、菱芡、鹿脯、形盐、藁、鱼、枣、栗

豆八：韭菹、芹菹、醓醢、兔醢、菁菹、笋菹、鹿醢、鱼醢

俎二：羊一、豕一

香炉一

烛台二

帛筐一

先贤乐正子位前：

献爵一

酒箄一

黍簋一：稷

铏一：和羹

笾四：栗、鹿脯、形盐、枣

豆四：芹菹、菁菹、鹿醢、兔醢

俎一：中区为二，实羊、豕

香炉一

烛台二

帛筐一

两庑从祀贤儒位前：

献爵一

酒簋一

黍簋一：稷

笾四：栗、鹿脯、形盐、枣

豆四：菁菹、鹿醢、芹菹、兔醢

俎二：羊肉、豕首

香炉一

烛台二

帛筐一

孟庙启圣祠陈设，视文庙崇圣祠配位之数。

先贤孟孙氏（此从文庙崇圣祠配位之称，故不称邾国公）位前：

献爵三

酒簋一

黍簋一：稷

笾四：栗、鹿脯、形盐、枣

豆四：芹菹、兔醢、菁菹、鹿醢

俎一：羊、豕

香炉一

糖果台二

帛筐一

乾隆十四年正月二十五日，内阁奉上谕："国家崇礼先圣先贤，秩祀惟谨阙里文庙，祭器自皇考世宗宪皇帝时制造颁发，宫墙美富，穆然见隆古典型乃者，各坛庙升馨荐享，亦既悉用右制矣。惟兹元圣周公庙及四氏先贤祠，朕于东巡之次，特命修葺。今轮奂翼如，而器具未备，非所以重明禋将诚恪也。该抚准泰其。饬有司遵定式，敬谨成造，俾奠、献、几、楹，执事有望肃钜典焉。饮此。"

十五年九月奉到。

钦颁亚圣庙祭器：

正位：献爵三、铏一、簠二、簋二、笾八、豆八、筐一。

配位：献爵一、簠一、簋一、笾四、豆四、筐一。

东庑三龛，每龛：献爵一、簠一、簋一、笾四、豆四、筐一。

西庑同。

乾隆三十五年，兖州府檄邹县备置祭器文："所有亚圣庙祭器，查明注册外，其应用香靠、香盒、盥盘、视版等，俱依例增设。"

述曰："右者释奠之礼，必各祀其国之先圣先师。郑康成谓：国无先圣先师，当于邻国合。后儒颇疑其说为不然。此盖谬于后世学校之制耳。郑氏谓，先圣周公；若孔子，先师。则《诗》有毛公，《书》有伏生，皆可以为之。然则孟子之于邹，岂非所谓先圣先师哉。春秋释奠，其秩祀也，固宜。孟庙之祀，始于宋而隆于元，自明以来，尊崇之礼日增，今志《祀典》区为五目。曰爵享，乃旧志所分，谓历代褒封与享祭大典也。曰：林庙，志修建年月与监修者姓氏，而历代之崇祀备焉。曰祭仪，则博士所习，与国朝《会典》《通礼》诸书相表里者也。惟乐章、礼器，尚多缺略，仅据宋、金二史增乐曲五章。考乾隆时部颁孔庙乐章，当时礼臣无以孟庙请者，遂至今为缺典。又亚圣庙虽颁有祭器，然不及先贤孟孙氏与端范宣献夫人，岂非有待于议礼者之推举哉。我朝尊师重道，依古以来所未有。方乾隆丙子壬年，圣驾亲临奠祀，一时观礼之士云合风从。吁戏，盛哉！"

第四节　祭文①

元

1. 杨奂　《祭孟子庙文》　皇庆元年

子之于圣人，其犹天而地之、日而月之与？学，长于《诗》、《书》；道，兼乎仁义。至于知《易》而不言《易》，知《中庸》而不言《中庸》，此又人之所难能也。汤、武则待子而义，匡章则待子而孝；纷纷杨、墨之徒，待子而后黜。其为功用，鸿且着矣，夫岂好辩者哉？奂等去圣弥远，欲学无师，而复执志不勇，惟神其相之。尚享。

2. 察罕帖木儿《祭孟子庙文》至正二十一年

惟公养气、知言、推明性善，攘辟异端，以承三圣。兹奉王命，薄伐群孽。载临邹邦，景慕先哲。敬遣辅行，式言情切。尚享。

明

3. 熹宗　《天启三年祭孟子庙及博士孟承光文》

朕惟我朝追崇贤圣，恤及后昆，所以维世道觉人心也。惟尔孟夫子，七篇卫道，心长万古，报功典重。岂意鲁林遗树，鸟不敢巢；邹谷丛兰，兽何忍剪？尔胤孙博士孟承光，一门殉难，吾道奇穷。朕每览守臣奏状，殊切怆怀。是用遣官，敬陈笾豆，式念羹墙。暨孟承光母子，起尔哀魂，歆兹渥典。岩岩未谢，上妥亚圣在天之灵；烈烈如生，下慰博士九原之痛。于戏！天之未丧斯文，妖氛立殄。泽之不斩，君子奕叶弥昌。岂徒恩贲一时，庶冀光昭百代。尚飨！

4. 邓原忠《祭孟子庙文》洪武四年

维公知言养气，允有实学；性善一语，大启人心。斥异端而道学以明；承三圣而道统以续。况兹邹邑，公之阙里，斯民被其德教已深矣。原忠忝膺

---

① 这里录入的祭文除当代部分外，主要选自刘培桂编著《孟子林庙历代石刻集》，齐鲁书社 2005 年版。

朝命，于兹佐理。凡公之所以论为政者，愿取法焉。微才弗克，公其相之。谨告。

5.张管《祭孟子庙文》洪武六年

不有孔子，则尧舜之道无以传？微孟子，则孔子之道何以着？是以韩子推尊以为功不在禹下者，讵不信然！神其鉴之。尚享！

6.贾岩《告邹国亚圣公文》洪武八年

维大明洪武八年岁在乙卯六月己丑朔越三日辛卯，奉训大夫同知济宁府事贾岩，敢昭告于邹国亚圣公：

惟公遵三迁教，著七篇书。当战国纷争之时，阐圣贤性学之秘。黜霸功而明王道，息邪说而正人心。统绍宣尼，功配神禹。非亚圣命世大材，其克若是乎？岩兹以公行，道经邹邑，敬谒庙庭，仰承盛德。谨告。

7.毕瑜《告孟庙文》成化十一年

成化十一年岁次乙未三月朔日，提督山东学校按察司佥事毕瑜，谨告于邹国亚圣公神位前曰：

於乎！三代以下正学不明，邪说行天下久矣，吾夫子没而微言绝。不有豪杰如子者出，人孰知兼爱非仁，为我非义，人性本善无恶？又孰知王道当尊，霸功当黜？然则，夫子之后不可无子也明矣。子尝之齐、之梁、之滕，举拳以兴学教民为务，惜当时皆莫之用。今圣天子在上，王道大行，教养兼至。兹欲率诸生皆明正学，且知孝弟忠信自邹鲁始。子其乡人也，幸相之以逭我素飡之羞。谨告。

8.章忱《祭邹国亚圣公文》弘治元年

维弘治元年岁次戊申九月辛酉朔越二十六日丙戌，太仆寺寺丞章忱，谨以柔毛之奠，敢昭告于邹国亚圣公曰：

学始三迁，统承群圣；异端以辟，人心以正。想见仪型，泰山气象；斯道增崇，万世是仰。忱兹奉王命，载临邹里，恭谒庙庭，以享以祀。尚飨！

9.钱溥《祭孟子庙文》成化十五年

溥尝读仁义七篇，而知人性之善，夜气之存，足以发前圣之蕴。又尝考世族一谱，而知孟仲子之为子，王守之访墓，犹足以祛后世之惑。而今也，自京归老，诣鲁及邹。见源泉混混，叹道体之弥深；仰泰山岩岩，识气象之如在。敬奠一觞，用酬遗教。尚享！

10. 陈凤梧《昭告于邹国亚圣公孟夫子之神文》

维嘉靖元年岁次壬午年十一月癸卯朔越七日乙酉，巡抚山东地方都察院右副都御史陈凤梧敢昭告于邹国亚圣公孟夫子之神曰：

禹抑洪水，周驱夷秋，孔作春秋，其揆惟一。惟我夫子，讵该辟邪，以承三圣，厥功则遐。七篇之书，仁义性善，尧舜可学千载如见。凤梧生晚，闻道未真，岩岩气象，载炙载亲。祇褐之初，莫此蘋藻，吾道一脉，庶几覆焘。

谨告。

11. 何鳌　吴嘉会　徐鹤龄《祭文》

维嘉靖二十六年岁次丁未四月乙巳朔越二十七日戊申，钦差巡抚山东地方都察院右副都御史何鳌、山东布政司右参议吴嘉会、山东按察司佥事徐鹤龄，谨以牲醴庶品之仪致告于亚圣孟子：

於昔宣圣，万世师宗。圣孙嗣作，道在中庸。惟我夫子得之于口传心授之切，而又以阐明于邪说横流之冲。其仁义扩充之训，知言养气之学，真有以发千圣之蕴，而开来学于无穷。然则万世之不惑于异术，孰非吾夫子之功？鳌等幼读夫子之书，而私窃其道以发吾蒙。今幸抚巡东土，得瞻庙容，俨仪像如亲炙，仰千古之遗风。谨以非仪，用表寸衷。

尚飨！

12. 史鹗《初修三迁志成祭文》嘉靖三十一年

惟师泰岳降神，生而峻厉；岩岩气象，表率百世。家有严母，三迁学宫；机杼一断，作圣之功。道统攸传，原学孔子。扶植之力，颜曾莫比。力辟邪说，仁义七篇。万世永赖，如日丽天。遗家云无，值孔道辅，求而得之，镇我东鲁。朱令徐士，改设庙楹。望之可畏，英气如生。封爵赐田，沿于累代。绳绳相承，道运同泰。袭封世职，创自我朝。崇重儒道，治教懋昭。予莅邾城，吊冢礼裔。专纂志书，备载世系。孟门正脉，源流甚真。彼作伪者，何其乱伦。志名三迁，厥意何在？蒙养以正，由于母爱。爰采苹藻，用告厥成。师其昭感，俯鉴斯情。谨告。

13. 何继曾《昭告于先师孟夫子之神文》嘉靖三十八年

嘉靖叁拾捌年岁次己未五月庚午朔日壬申，山东兖州府邹县知县、今升南京大理寺右寺右评事何继曾，谨以牲醴之仪，敢昭告于先师孟夫子之神曰：

维师泰岳储精，三迁阐懿。学愿宣尼，道惟仁义。四端扩口，知言养气。黜霸尊王，不言所利。训口七篇，表率万世。曾也幸承斯邑，仰瞻庙容。英气如在，启我愚蒙。兴废举坠，默相成功。今兹迁秩，拜违高风。敬修薄奠，用申寸衷。尚享！

14. 陆树德《祭孟子庙文》万历十一年

惟夫子开陈王道，炳然日星。其事备于居仁由义，其要先于薄敛省刑。彼移民移粟，惠不足称；况为鸇为獭，政何以平？故曰有不忍人之心，斯不忍之政行也。是彝是训，定保明征，孰能外兹规矩准绳？况入其疆，抚其人，敢不奉以核吏治、康民生？泰山岩岩，陟降在庭；所贵心通，黍稷非馨。尚享！

15. 钟化民《祭孟子庙文》万历十八年

既生天地不可无仲尼，既生仲尼不可无夫子；天地之道得仲尼常行，仲尼之道得夫子常明。化民观风兹土，肃拜圣容，敢不正人心、明王道，以承夫子之功。尚享！

16. 钟化民：《昭告于邾国公宣献夫人文》万历十八年

维万历十八年岁次庚寅二月癸酉朔月七日己卯，巡按山东监察御史钟化民，敢昭告于邾国公宣献夫人仉氏曰：

子之圣即母之圣，妻之圣即夫之圣。不有三迁之教，孰开浩然之圣？人生教子，志在青紫；夫人教子，志在孔子。古今以来，一人而已。为丈夫者，瞻对慈颜，安可不奋然独往，必求至于孔子。尚享！

17. 王在晋《祭孟子庙文》泰昌元年

天生亚圣，上继绝学；肇此先知，以觉后觉。旨哉性善，民生秉彝；惟尧与舜，人皆可为。幼学壮行，居仁由义；以诏时君，何必曰利？圣门之徒，贱霸尊王；王不待大，奚有齐梁？浩气充塞，厥由善养；当路于齐，齐王反掌。众言淆乱，邪僻浸淫；趋杨趋墨，亟正人心。维五百年，诞生名世；感时拊膺，实关隆替。近圣之居，地接尼山；夷清惠和，匪其所班。明善诚身，高谈性命；功不让禹，以承三圣。晋抚兹土，远溯遗芳；三迁故里，徙倚宫墙。泰山岩岩，万代殊绝；鲁国所瞻，景行先哲。羞谈管晏，俪美伊周；肃将俎豆，人已千秋。仲尼既没，文在于此；流风尚存，私淑可矣。

清

18. 孟亮揆《昭告于始祖亚圣神位文》

维康熙拾贰年岁次癸丑八月癸丑朔越拾捌日乙卯，翰林院编修、六十五代孙亮揆敢昭告于始祖亚圣神位前曰：

维祖作述七篇，统宗八圣。游齐梁而陈尧陈舜，仁义灿若日星。辟杨而有父有君，纲常炳于天壤。道则高矣美矣，气则至大至刚。历五百余岁以后，见闻莫继其传；越二千余年以来，中外共崇其教。自汉而唐而宋，累朝恩礼兼隆；由元而明而清，昭代表章龙著。测渊源之有自，幸奕叶之犹繁。揆籍寄东吴，派分山左，仰叩祖庭，备职西清。每厪水源木本之思，仰正而痦怀者素矣。遥望峄岭泗河之胜，仪型而向往者久之。兹值依归，得暗庙貌，敬陈牲帛，用告先灵。

呜呼！诵其诗而读其书，如养气知言之范。入是门而由是路，益深进礼退义之思。先灵为昭，名言莫殚。以乐正子配。飨！

19. 张鹏翮《祭述圣庙文》康熙二十四年

圣圣相传，祖孙一德。是作《中庸》，古今维则。泗水尼山，厥灵赫赫。春秋匪懈，享祀不忒。鹏叨兹土，亲炙圣泽。于万斯年，同瞻颜色。敢荐馨香，冀垂昭格。尚享！

20.《御制孟母邾国端范宣献夫人文》乾隆三年

维乾隆三年岁次戊午七月庚申朔越三日癸丑，皇帝遣总理省直山东等处盐发道杨宏俊，致祭于亚圣孟子之母邹国端范宣献夫人曰：

道成慈训，久垂图史之芬；礼重女宗，载焕丝纶之锡。式稽彝典，用表芳规。维亚圣孟子之母仉氏，节守坚贞，教成贤哲。断机丝之组织，训教维周；迁居室于再三，劬劳罔懈。俾心源之远绍，致圣道之益昌。德备七篇，阐微言于齐梁邹鲁；功垂百世，开来学于濂洛关闽。惟大贤之教施无穷，皆慈母之恩勤有素。特沛殊荣，式加显号，更申祭告，用遣专官。于戏！纶綍扬庥，载贲尊贤之典；苾芬肇祀，宏推锡类之仁。鉴此明禋，尚其歆格！

21.《御祭孟子庙文》乾隆十三年

惟亚圣孟子，灵钟邹峄，道赞尼山。母教三迁，德业凤成于早岁；师传一线，渊源私淑诸其人。阐性善养气之精，扩圣人之所未发；述唐虞三代之治，为奕世之所共由。卫正学而辟异端，功岂在于禹下；尊王纲而贱霸术，教实秉于孔门。洵宜昭报于千秋，允合尊崇于亿载。朕省方时迈至于鲁邦，钦庙貌以非遥恍，瞻气象遣专官而将事。式荐馨香，惟冀神灵，尚其歆格。

22.《御祭孟子庙文》乾隆二十一年

惟亚圣孟子，灵钟邹峄，学本尼山。溯私淑之渊源，道实承夫三圣；绍见知之统绪，辞大备于七篇。幼学壮行，既躬履夫仁义；知言养气，亦明析其精微。卫正学而辟异端，惟道性善；尊王政而贱霸术，聿正人心。教悉禀于孔门，功不在禹下。朕时巡东土，莅止鲁邦。钦庙宇之非遥，如亲道范；敕专官而将事，肃荐歆香。惟冀神灵，尚其来格！

23.《御祭孟子庙文》乾隆三十六年

惟亚圣孟子，统接见知，学承私淑。继传薪于三圣，大道是闲；扶坠绪于七篇，斯文再盛。守先待后，息浮议以正人心；幼学壮行，黜近功而崇王政。性原尧舜，独标仁义之宗；道重齐梁，力矫从衡之习。信侔称乎禹绩，实禀训于孔传。朕载莅鲁邦，近瞻高躅。缅风徽于邹峄，庙貌如新；钦气象于泰岩，祠官是饬。肃精禋而昭报，伫神爽以式凭。芳醑敬陈，尚其歆格！

24.陈锦《祭明尚书钱公文》并序

钱公名唐，字惟明，浙江象山人。博学敦行，明初举明经。对策称旨，授刑部尚书。

洪武二年，诏曲阜孔庙春秋释奠，不必天下通祀。公上书谏止，侍郎程徐亦力争之。帝又以孟子"草芥""寇雠"语非臣子所宜言，议罢其配享，诏有谏者，以大不敬论。公抗疏入谏曰：臣为孟子死，死有荣矣！帝感公诚恳，亲疗其创。遂复孟祀。事载《明史·本传》及《三迁志》。然未闻从祀孟庑也。

同治癸酉，锦以大府命监修孟庙，见东庑首列一主曰："明故刑部尚书"，则公之姓名也。心窃疑之。及考孟博士广均增订《三迁志》，始知孟裔旧立报德祠祀公，祠圮主存，移置于此。但亦不详其自始矣。是年十月工竣，诣孟庙代大府行祭告礼。遵国朝乾隆部定从祀两庑座次，并无钱公在列。因即夕移公主于致严堂，议复建报德祠祀之。夜宿孟第，梦见老人银髯绯服立榻前，榻即浮动有声。惊寤。复梦，又如前。俄而举榻外倾，出予于地，径卧床下矣。梦里凝思，即已知为钱公之灵有以儆我。醒则四壁灯明，安枕如故，愧汗交并。因念孟庙在邹，尚非天下通祀，是以孔氏道辅升庑，当时亦未有明文。今钱公有功圣教，史册昭垂。即登阙里庙堂，尚无愧色。以之从祀孟庑，虽无明文，亦何敢妄议易置！乃以质明行事之。先谨复公位于东庑先儒韩氏之南，当西庑先儒孔氏之次，并为文祭之。时同治十有二年十月二十七日也。辞曰：

右文翊运，直臣效敢谏之忠；重道尊师，英主识崇儒之礼。谁与干城吾道，允宜俎豆名山？惟我钱公，辅翼明廷，潜心圣域。本吴越名王之裔，绍象山理学之宗。吾舌犹存，务引吾君于当道；斯文未丧，有杀身以成仁。奋朱云折槛之词，丹诚耿耿；矢安藏剖心之志，青史皇皇。是即升堂入室何惭！私淑之徒，岂期崇德报功未正明禋之典？锦追惟乡硕，仰止前型，愿效骏奔。堂构葺三迁之里，情殷骥附门墙。序七卷之贤，援有举无废之文。礼隆殷荐，参宁过而存之义；位殿群儒，感陟降之有灵。幸鬼其来告，广名教有功之祀；待增片席于尼山，发千秋潜德之光，用寿贞珉于邹峄。尚飨！

当代

2007年丁亥纪念孟母、孟子大典祭文

维公二〇〇七年四月二十八日，岁次丁亥，——公祭我中华圣母孟母。其文曰：

天地氤氲，宇宙化生。孟母懿德，青史彪秉。孀妇孤儿，母子双圣。

中华圣母，德过夫雄。贫苦拮据，勤劳支撑。并足氏胫，绩袵女红。

三迁故事，万代称颂。择邻而居，濡染成性。远离利欲，亲近学宫。

断机教子，学贵有恒。寓 教于乐，携子踏青。骄满获损，学无止境。

日送三餐，不欺子诚。示儿覆礼，上堂扬声。视媳如女，家和乐融。

劝子励志，列国出行。声震八方，贵为齐卿。教子有方，子圣母功。

北斗高悬，暗夜启明。母仪垂范，历代风行。母恩难报，沧海一盅。

难报母恩，高山筐盛。子欲孝亲，亲不再生。衔恨泣血，自像成俑。

人不孝母，愧为生灵。我辈子孙，慎远追终。心香一瓣，鲜花一捧。

天地可鉴，祭母心诚。伟哉圣母，大德高风！伏维尚飨！

维公元二〇〇七年四月二十八日，岁在丁亥，邹城市各界人士，海内外宾朋，满怀崇敬之情，谨备鲜花雅乐，肃立于孟庙之前，恭祭亚圣先师孟子。其文曰：

洙泗溢彩，峄凫飞虹。绿掩庙堂，红缠阁亭。燕衔柳芽，蝶绕花丛。

舞动邹娄，歌颂亚圣。孔子之后，独享高名！孔孟经学，齐驾并行。

至圣薪火，亚圣明灯。天降大任，舍我谁行？浩然正气，气贯长虹！

舍生取义，杀身仁成。社稷次之，民贵君轻。富贵不淫，反身而诚；

贫贱不移，守志忍性；威武不屈，宠辱无惊。尊德乐道，廉洁自清。

孔言性近，习教分行。孟言性善，四德勘呈。仁义礼智，存心养诚；

忧乐天下，王道仁政。一国兴仁，万邦风从。洪钟大吕，环宇震惊！

千年激荡，发聩振聋！斯人已逝，景德景行。斯土斯民，仰圣祭圣。

盛世再现，道远任重。天地人和，百业同兴。仁民爱物，敬贤使能。

泮池巍峨，章甫诵经。翰墨奋藻，学子书英。蹈仁叟妪，良知孩童。

花遮人面，树掩楼穹。阡陌纫兰，畴畦蓬茸。芳草绿堤，嘉卉灌丛。

四海告善，五洲有朋。仁爱和谐，天人一统。日月不老，古国新风；

峄山不倒，青春再生！伏维尚飨！

2008 年戊子纪念孟母、孟子大典祭文

维公元二〇〇八年五月七日，岁在戊子，各界贤达，海内外宾朋，孟氏后裔，满怀崇敬之心，谨备鲜花雅乐，肃立于亚圣殿前，恭祭中华贤母——亚圣孟子之母仉氏。其文曰：

天地氤氲，宇宙化生。孟母懿德，青史彪炳。大慈大贤，母子双圣。

中华贤母，德过夫雄。贫困拮据，勤劳支撑。胼足胝胫，绩纴女红。

三迁故事，万代称颂。择邻而居，濡染童蒙。远离闹市，再迁学宫。

断机教子，学贵有恒。寓教于乐，朗朗书声。骄满招损，学无止境。

示儿覆礼，上堂扬声。视媳如女，家和乐融。劝子励志，列国出行。

声震八方，贵为齐卿。教子有方，子圣母功。北斗高悬，暗夜启明。

母仪垂范，历代风行。母恩难报，沧海一盅。日不孝母，愧为生灵。

我辈子孙，慎远追终。心香一瓣，鲜花一捧。伟哉贤母，大德高风！

伏维尚飨！

维公元二〇〇八年五月七日，岁在戊子，各界贤达，海内外宾朋，孟氏后裔，满怀崇敬之心，谨备鲜花雅乐，肃立于亚圣殿前，恭祭亚圣先师孟

子。其文曰：

洙泗溢彩，峄凫飞鸿。绿掩庙堂，红缠阁亭。燕衔柳芽，蝶绕花丛。

孔子之后，独享高名！孔孟经学，齐驾并行。至圣薪火，亚圣明灯。

天降大任，舍我谁行？浩然正气，气贯长虹！社稷次之，民本为重。

富贵不淫，反身而诚；贫贱不移，守志忍性；威武不屈，宠辱无惊。

尊德乐道，廉洁自清。孔言性近，习教分行。孟言性善，四德勘呈。

仁义礼智，存心养成。忧乐天下，王道仁政。一国兴仁，万邦风从。

洪钟大吕，发聩振聋！斯人已逝，景德景行。斯土斯民，仰圣祭圣。

盛世再现，道远任重。天地人和，百业同兴。仁民爱物，敬贤使能。

泮池巍峨，章甫诵经。翰墨奋藻，学子书英。芳草绿堤，嘉卉满城。

四海告善，五洲有朋。仁爱和谐，天人一统。日月不老，古国新风。

峄山不倒，青春再生！伏维尚飨！

2009 年己丑纪念孟母、孟子大典，祭文与二〇〇八年祭文同。

2010 年庚寅纪念孟母、孟子大典祭文

维公元二〇一〇年五月十五日，岁在庚寅，各界贤达，海内外宾朋，孟氏后裔，满怀崇敬之心，谨备鲜花雅乐，肃立于亚圣殿前，恭祭中华贤母—孟母、亚圣先师—孟子。

恭祭中华贤母—孟母。其文曰：

天地氤氲，宇宙化生。孟母懿德，青史彪炳。大慈大贤，母子双圣。

中华贤母，德过夫雄。贫苦拮据，勤劳支撑。胼足胝胫，绩衽女红。

三迁故事，万代称颂。择邻而居，濡染童蒙。远离闹市，再迁学宫。

断机教子，学贵有恒。寓教于乐，朗朗书声。骄满招损，学无止境。

示儿覆礼，上堂扬声。视媳如女，家和乐融。劝子励志，列国出行。

声震八方，贵为齐卿。教子有方，子圣母功。北斗高悬，暗夜启明。

母仪垂范，历代风行。母恩难报，沧海一盅。人不孝母，愧为生灵。

我辈子孙，慎远追终。心香一瓣，鲜花一捧。伟哉贤母，大德高风！

恭祭亚圣先师—孟子。其文曰：

洙泗溢彩，峄凫飞虹。绿掩庙堂，红缠阁亭。燕衔柳芽，蝶绕花丛。

舞动邹娄，歌颂亚圣。孔子之后，独享高名！孔孟经学，齐驾并行。

至圣薪火，亚圣明灯。天降大任，舍我谁行。浩然正气，气贯长虹！
社稷次之，民本为重。富贵不淫，反身而诚；贫贱不移，守志忍性；
威武不屈，宠辱无惊。尊德乐道，廉洁自清。孔言性近，习教分行。
孟言性善，四德勘呈。仁义礼智，存心养诚；忧乐天下，王道仁政。
一国兴仁，万邦风从。洪钟大吕，发聩振聋！斯人已逝，景德景行。
斯土斯民，仰圣祭圣。盛世再现，道远任重。天地人和，百业同兴。
仁民爱物，敬贤使能。泮池巍峨，章甫诵经。翰墨奋藻，学子书英。
芳草绿堤，嘉卉满城。四海告善，五洲有朋。仁爱和谐，天人一统。
日月不老，古国新风；峄山永在，青春再生！伏维尚飨！

2011 年辛卯纪念孟母、孟子大典祭文

维公元二〇一一年四月二十九日，岁在辛卯，各界贤达，海内外宾朋，
孟氏后裔，满怀崇敬之心，谨备鲜花雅乐，肃立于亚圣殿前，恭祭中华贤
母—孟母、亚圣先师孟子。

恭祭中华贤母—亚圣孟子之母仉氏。其文曰：

稚子学步，孰执吾手？旦夕课读，孰伴左右？母爱无双，世间阳光；
慈母万千，几人有方？惟我圣母，卓尔不凡；母教一人，千载垂范。
墓间嬉戏，见微知著；集市叫卖，童心可忧。徙家三迁，学堂择邻；
后天成才，环境育人。顽童怠学，退而静思；即时而教，以刀断织。
人生教子，志在青紫；夫人教子，志在孔子。蒙养以正，赖母之力；
浩然之圣，赖母之功。教子成才，华夏心同；继往开来，斯文再盛。
瞻对慈颜，春和景明；淑我后昆，邹鲁重兴。伏惟尚飨！

恭祭亚圣先师—孟子。其文曰：

天降殊才，上继绝学；岩岩气象，表率百世。学本宣尼，道宗尧舜；
旨哉性善，大启人心。幼学壮行，居仁由义；知言养气，千年一人。
圣门之徒，贱霸尊王；浩气充塞，厥有善养。趋杨趋墨，亟正人心；
民贵君轻，仁义七篇。功迈禹稷，德参孔颜；万世永赖，如日丽天。
灵钟邹峄，道缵尼山；孟子故里，惠风和畅；科学发展，天人合一；
承前启后，道远任重。先哲已往，庙貌犹存；人已千秋，私淑可矣。
高山仰止，景行行止；惟冀神灵，尚其来格。伏惟尚飨！

2012年壬辰纪念孟母、孟子大典祭文

维公元二〇一二年四月二十九日，岁次壬辰，夏历四月初九日。邹城各界人士，海内外各界贤达、孟子后裔，谨备鲜花雅乐，肃立致敬，追思母仪，恭祭我中华圣母—孟母、亚圣先师孟子。

恭祭中华圣母—孟母。其文曰：

邹鲁荡荡，凫峄岩岩，嗟我亚圣，伦类卓冠。功不下禹，德参孔颜。
孰启幼蒙？孰正童颜？贤哉孟母，秉心庄端，见微知著，费隐自然。
三徙成教，山移水转，邻止庠序，傍依宫泮。近朱则赤，临墨易暗。
择其所嗜，劝以就善。子不勤学，机丝绝断。少成若性，砥砺磨炼。
伊母所规，诗书尤擅；伊母所资，圣道铺衍。七篇贻矩，绪成文宣。
母教一人，昭昭懿范。凡为人母，闻风相劝。养子之道，时代承传。
十月怀胎，三载乳饭。教子言语，授子衣衫。导之善良，正以圣贤。
春秋寒暑，累月经年。母爱似海，母德如山。凡为人子，毋忘慈颜！
羊有跪乳，鸦尚哺反。人非禽兽，能无孝焉？鲜花一捧，心香一瓣，
乃虔乃诚，拳拳以献。贤哉孟母，是效是范。教化彝伦，遐迩仰瞻。
祈我慈颜，永康永健！祈我中华，永盛永显！呜呼，孟母，魂兮不昧，
斯诚克鉴！伏惟尚飨！

恭祭亚圣先师—孟子。其文曰：

中华文明，流长源远；尧舜相续，文武相衔。周文疲敝，肇自东迁，
诸侯争霸，民苦倒悬。逮至孔圣，不惧危难；推己及人，弘道不倦。
孝悌为首，诗书争先。复兴礼乐，力挽狂澜。六国之世，儒道分散，
百家蜂起，诸子竞喧。亚圣孟子，厘本清源，诅辟邪说，守其正传。
近圣之居，地接尼山，私淑诸人，诚身明善。正学修明，贻矩七篇。
功同禹稷，享次曾颜。天生烝民，秉兹彝范。仁义礼智，肇启善端。
死于安乐，生于忧患，天降大任，必先锤炼。居仁由义，养气浩然。
丈夫行事，有经有权。踵尧接舜，皆可圣贤。俪美伊周，羞称管晏。
亚圣之思，光耀千年。众说激荡，光彩弥显。以人为本，以民为先。
富贵不淫，反身志坚。神州福地，河清海晏。孟子故里，跨越发展。
协力同心，恐后争先。庶众多士，祈祥以盼。呜呼，亚圣夫子！

魂兮不昧，斯诚克鉴！伏惟尚飨！

2013年癸巳纪念孟母、孟子大典祭文

维公元二〇一三年四月二十八日，岁次癸巳，时在暮春，兹值中华母亲文化节在孟子故里隆重举行能之际，邹城市各界贤达及四方宾客、孟子后裔，谨备鲜花雅乐，肃立致敬，恭祭中华圣母—孟母、亚圣先师—孟子。

恭祭中华圣母—孟母。其文曰：

苍天悠悠，大地茫茫。天地氤氲，变化有常。乾父坤母，在生在养。

天道不显，坤德流芳。慈哉孟母，贤淑端庄。懿范法式，宜其表彰。

家遭变故，夫君早亡。抚养遗孤，教子有方。性近习远，择邻闾巷。

三迁其居，熏陶成长。克勤克俭，工织工纺。见儿嬉戏，习疏学荒。

一断机杼，撼其心房。顿悟学理，奋发向上。门内之思，仁爱无疆。

秉礼教子，闺阃祺祥。门外之义，尊贤为上。励志敦行，游学四方。

母教谆谆，终身不忘。私淑弟子，汲汲学养。日积月累，成交辉煌。

大儒风范，圣贤气象。母继父志，仁饰门墙。缵明德馨，承传书香。

靡不有母，厥为榜样。仪表天下，万世敬仰。凫峄苍苍，泗河洋洋。

今逢佳节，举城若狂。母亲文化，渊博宽广。取精用宏，蹈厉发扬。

吉日维甲，和风清爽。聿昭祀事，氤氲庭香。礼备乐和，以祀以享。

神其来格，伏惟尚飨！

恭祭亚圣先师—孟子。其文曰：

泱泱邹鲁，清清洙泗。人杰地灵，五圣毕至。至圣先觉，亚圣先知。

孔子既没，斯文在兹。首倡性善，发明良知。良知为用，良心为体。

心有四端，仁义礼智。肇开五常，垂宪后世。推崇王道，以德服人。

宣扬仁政，以民为本。制民恒产，社会安稳。正人正己，明善诚身。

尊贤使能，平治可期。舍生取义，高尚其志。民贵君轻，振聋发聩。

视民如伤，仁者无敌。富贵不淫，贫贱不移，威武不屈，浩然正气。

穷则独善，达则兼济。居仁由义，俯仰无愧。雄辩滔滔，气象岩岩。

道阐尼山，著书七篇。立德立言，为人典范。春风化雨，教泽深远。

天佑中华，瓜瓞绵绵。成仁取义，孔孟遗传。其命维新，任重道远。

圣人故里，领先发展。庙貌奕奕，美轮美奂。市容日新，沧桑巨变。

崇文重教，学分依然。诵读孟子，习其名言。家家纪念，人人瞻仰。
致诚致悫，祈福迎祥。敬陈俎豆，式荐馨香。享祀来格，伏惟尚飨！

2014年甲午纪念孟母、孟子大典祭文

维公元二〇一四年四月三十日，岁次甲午，夏历四月初二日，邹城各
界人士，海内外各界贤达、孟氏后裔，齐会邹鲁之邦、孔孟之乡。怀崇敬之
意、敬仰之情，谨备鲜花旨酒，献以乐舞，告祭于孟母尊前。恭祭中华圣
母——孟母。其文曰：

昔颂母德，相夫育人。三从之道，今已鼎新。时尚母懿，汲古融今。
开蒙启愚，约礼成金。慎始励志，勉学品敦。盼女成凤，望子成鲲。
殷殷期冀，拳拳之心。母懿之至，孟母为尊。春秋已逝，三家分晋。
七雄裂据，礼乐不存。邹鲁慕古，遗风尚温。孟子少时，早蒙母恩。
三迁其居，为学择邻。引刀裂织，孟母示训。励子之宋，操危虑深。
千秋有光，母教一人。方今宇内，和谐氤氲。业继往圣，来凤出麟。
术开来学，出新推陈。德政治国，民崇诚信。世风日上，扶弱助贫。
尊老爱幼，和谐笃亲。父严母慈，学子莘莘。盛世再矣，瑞满乾坤。
邹鲁春暮，洙泗郯郯。万木竞秀，百草茵茵。尼山笼翠，凫峄鸣禽。
马鞍山阳，松柏森森。巨冢弥高，若昭后人。谷风有声，如诵言箴。
华夏儿女，同思遗训。邹鲁立节，共缅母恩。伏惟尚飨！

恭祭亚圣先师——孟子。其文曰：

七雄纷争，八荒离乱。兼爱滥施，杨墨世显。儒学蒙尘，道家偏安。
稷下振臂，力挽狂澜。民贵君轻，仁政维先。振聋发聩，贻矩七篇。
继往开来，启后承前。独距杨墨，泰山岩岩。浩然之气，义薄云天。
亲民仁政，牧民性善。饱人以德，琼浆一坛。仁政王道，万世垂宪。
景德景行，昭今怀远。文化复兴，盛世再现。峰阳孤桐，听琴长弹。
邹山大竹，笙箫上选。泗滨浮磬，宫商悠远。弦歌四起，桃红柳烟。
君子之国，洙泗渊源。邹鲁之风，世代永传。

2015年乙未纪念孟母、孟子大典祭文

祭孟母文

维公元二〇一五年四月二十九日，岁次乙未，夏历三月十一日，孟子七十六代孙孟令继携孟氏后裔诚邀海内外嘉宾、各界贤达，怀崇敬之心、敬仰之情，奉以鲜花，献以乐舞，敬祭孟母。其文曰：

舐犊之念，母爱如山；懿为孟母，克教勿耽。养育兼善，劬劬教子；
勉学垂范，名扬青史。三迁择邻，圃园祎祎；母教孕圣，昊天罔极。
杀豚勿欺，言必有行；言传身教，张扬诚信。操刃断织，励志勤勉；
寓教于喻，学致恒远。崇奉节义，勿辞小善；信实爱人，仁道如兰。
慎始善行，博学颙颙；母惠子贤，亚圣翀翀。望子成杰，龙飞有日；
呕心沥血，天下足式。慈母挚情，烁烁蕙蕙；凯风寒泉，寸草春晖。
贤哉孟母，训子忠孝；懿哉孟母，育儿尚道。伟哉孟母，万世共誉；
尊哉孟母，流芳千古。方今中华，百业苍劲；国倡圣学，民崇诚信。
仁义孝悌，和睦笃亲；尊老爱幼，友善礼逊。循循善诱，学子莘莘；
崇德重教，栋梁晟晟。邹鲁圣地，母教之源；维桑与梓，游子眷眷。
敬如神灵，尊若泰山；华夏儿女，母恩永瞻。伏惟尚飨！

维公元二〇一五年四月二十九日，岁次乙未，夏历三月十一日，孟子七十六代孙孟令继携孟氏后裔诚邀海内外嘉宾、各界贤达，怀崇敬之心、敬仰之情，奉以鲜花，献以乐舞，敬祭我中华亚圣孟子。其文曰：

邾娄孟子，仲尼是尊；道统儒学，享奉亚圣。诸侯纷争，游说王道；
德教沉沦，期仁永照。霸道滥猖，圣学不炎；授徒传道，敷叙七篇。
民贵君轻，社稷永年；能者在职，任人唯贤。勿违农时，五谷殷足；
薄税轻赋，富民强国。仁义礼智，善端人性；天人合一，敬若神明。
修齐治平，圣哲善睐；威武不屈，丈夫气概。蒙学庠序，典掌人伦；
因材施教，英隽星辰。知人论世，沟通心灵；知言养气，守正出新。
忧以黎民，胸怀宇内；平治天下，舍我其谁。亚圣思想，四海共韶；
经世伦理，古闪今烁。富强民主，梦思悠悠；自由平等，时代诉求。
文明和谐，华夏共建；公正法治，民族理念。爱国敬业，中华美德；
诚信友善，举国奏仑。欣逢盛世，人和政慧；安居乐业，小康社会。

古邑邹城，物阜文耀；尊道举贤，世代永昭。伏惟尚飨！

2016年纪念孟母、孟子大典祭文

维公元二〇一六年五月八日，农历丙申癸巳庚寅日，孟子七十六代嫡孙孟令继，率孟氏宗族，诚邀邹城父老乡亲，济宁各界人士，及海内外嘉宾，存追远之思，齐聚峄山脚下，亚圣殿前，谨以清酌庶羞之奠，昭告孟母明灵。其辞曰：

茫茫宇宙，朗朗乾坤。五行秀气，造化生人。阴阳于人，不啻父母。

父若皇天，母犹后土。生生大德，堪比天地。养育之恩，永世铭记。

邹有孟母，教子有方。母仪垂范，德风远扬。齐家治室，母氏劬劳。

既馈我食，亦引我道。三迁择居，用心良苦。断织训子，伊教匪怒。

择不处仁，焉得为智？中道而废，何以成事？孟母之教，箕帚匕著。

洒扫应对，皆有法度。言谈举止，进退有仪。责礼于人，先求诸己。

德以立身，学以成才。居则安宁，动则远害。望子成人，能行道义。

不为苟得，不贪荣利。孟子勤学，卒成大儒。不负母爱，含辛茹苦。

大哉孟母，善以渐化。家教楷模，誉满天下。今我后人，追思报恩。

弘扬美德，敦厚人伦。昭告孟母，德泽永存。伏惟尚飨！

维公元二〇一六年五月八日，农历丙申癸巳庚寅日，孟子七十六代嫡孙孟令继，率孟氏宗族，诚邀邹城父老乡亲，济宁各界人士，及海内外嘉宾，怀仰圣之情，存追远之思，齐聚峄山脚下，亚圣殿前，谨以清酌庶羞之奠，昭告亚圣孟子明灵。其辞曰：

邹鲁圣域，荟萃群英。周孔传道，礼乐文明。逮及战国，王道不兴。

权谋侵夺，纵横用兵。礼义凌迟，并起异端。率兽食人，生灵涂炭。

天降大任，实生孟子。舍我其谁，济民救世。知言善辩，浩气充盈。

力挽狂澜，孔道以明。明辨义利，直指人心。几希之微，以辨人禽。

良知良能，善在本性。居仁由义，孝悌忠信。奔走列国，游说人君。

仁者无敌，民贵君轻。嚣嚣无畏，荣辱不惊。虽千万人，吾不动心。

制民之产，为民请命。与民同乐，推恩保民。王道荡荡，民为邦本。

天听天视，民意最真。圣人之教，历久弥新。精华璀璨，道贯古今。

孟氏之功，不在禹下。亚圣之德，存神过化。道统承传，惠我中华。

儒学精神，宜国宜家。今我邹城，物阜民康。国运昌盛，华夏辉煌。
昭告先圣，永怀不忘。伏惟尚飨！

2017年纪念孟母、孟子大典祭文

维公元二〇一七年五月八日，岁在丁酉，夏历四月初二。亚圣七十三代孙孟晓苏携孟子后裔，诚邀海内外宾朋与各界贤达，怀尊崇之心，敬仰之情，奉以鲜花，献以雅乐，敬祭孟母。其辞曰：

天地孕化，人类繁衍。母腹胎教，人文起源。婴幼之初，性本同善。
及至成人，形质异然。战国乱世，百姓流散。孟门仉氏，育子犹艰。
夫既早殁，幼子可怜。逆困罔，不吁厥艰。弃田守丧，舍近墓园。
子效蹒踊，母由伤感。再迁市井，子习贾贩。三迁学宫，始奉书卷。
宅虽扑隘，雅风熏染。择邻佳话，千秋美谈。童本娇憨，倦怠迷顽。
母愠无言，遽断机线。稷下学宫，初展才干。图报母恩，常伺堂前。
母言著义，领道而拦。复别往业，天下为念。孝从母命，广游立言。
振兴儒学，再挂云帆。赞叹孟母，抚育圣贤。恩泽后世，德莫大焉。
咏颂孟母，以教为先。子遂成德，为当世冠。踵继孟母，薪火相传。
巷里家国，慈敷人间。伟哉孟母，大爱如天。母教一人，万世传赞。
当世华夏，盛业空前。唤立新节，群贤同荐。中华母亲，人文典范。
倡扬美德，百善孝先。教育为本，万木擎天。小康社会，和谐共建。
今沐春风，亚圣华诞。拜谒孟母，慈容再瞻。五谷酒香，三牲俱献。
伏惟尚飨，万民觞奠！

维公元二〇一七年五月八日，岁在丁酉，夏历四月初二。亚圣七十三代孙孟晓苏携孟子后裔，诚邀海内外宾朋与各界贤达，怀尊崇之心，敬仰之情，奉以鲜花雅乐，敬祭先祖孟子。其辞曰：

中华道统，一脉承传。尧舜禹汤，周公文宣。天生孔子，儒学发端。
传至孟子，蔚为大观。遥忆亚圣，生于忧患。幼年失怙，寡母慈颜。
断机教子，择邻三迁。私淑孔子，重任在肩。此何时也？七雄战乱。
杨墨霸屏，苏张逞欢。孟子既出，弘文强辩。中兴儒学，再上峰巅。
周游齐魏，鲁宋流连。舌战百家，侃侃而谈。训斥诸侯，义利之辨。
仁政王道，兴亡治乱。君王弗听，谓之迂远。及至醒悟，心实愧惭。

挽留许诺，万钟尊贤。慨然离去，著教为愿。孟子七篇，儒学经典。
文传后世，光耀人间。倡导仁政，万民仰盼。推行井田，省刑薄敛。
保民而王，制民之产。民贵君轻，天听民愿。恻隐之心，仁之四端。
仁义礼智，教化向善。居仁由义，养气为先。浩然正气，天地感念。
贫贱不移，一身独善。富贵不淫，节守志坚。威武不屈，宁折不弯。
天降大任，仁者堪担。俨俨亚圣，巍峨泰山。文化始祖，道德先贤。
孔后一人，绚光曜远。中华亚圣，万世名传。当今盛世，国泰民安。
莘莘学子，拜于殿前。祭酒酹地，具尊向天。齐颂孟子，再誓宏愿。
继承往圣，舍我谁担？开拓未来，续写新篇。不忘初心，志存高远。
改革开放，薪火相传。伟大祖国，前程灿烂。民族复兴，中国梦圆！
伏惟尚飨！

2018 年戊戌纪念孟母、孟子大典祭文

维公元二〇一八年五月十六日，岁次戊戌，夏历四月初二。亚圣七十五代孙孟鸿声携孟子后裔，诚邀海内外宾朋与各界贤达，怀尊崇之心，敬仰之情，奉以鲜花，献以雅乐，敬祭孟母。其辞曰：

乾坤二分，大化流行。生生不已，是德至隆。坤德为后，光大含弘。
孕毓之功，万世所崇。昔赋蓼莪，恩情盈盈。今颂孟母，抚育圣灵。
生逢乱世，战事频仍。圣贤不出，天地不宁。仲尼之后，孟子为承。
实赖圣母，淑德无穷。三迁之教，养正童蒙。断机之诲，至教无声。
慈母之慈，顽劣不惩。慈母之严，规矩准绳。立之以志，乃出冥冥。
教之以方，克毓贤能。礼门义路，仁爱是膺。护念苍生，浩然斯呈。
亚圣之材，栽培而成。母教一人，以斯为凭。亲子之爱，千古一同。
教子之慧，厥为典型。大哉孟母，与地同功。千秋所仰，百代所崇。
黄裳元吉，万花吐英。遥想慈容，如沐春风。默念懿德，恒为世荣。
愿承遗志，是用三牲。伏惟尚飨！

维公元二〇一八年五月十六日，岁次戊戌，夏历四月初二。亚圣七十五代孙孟鸿声携孟子后裔，诚邀海内外宾朋与各界贤达，怀尊崇之心，敬仰之情，奉以鲜花雅乐，敬祭先祖亚圣孟子之灵。其辞曰：

泗水汤烫，峄山岩岩。文脉昌盛，诞毓圣贤。粤若稽古，伏羲轩辕。

周公礼乐，是承是传。仲尼兴学，弦歌杏坛。删述六经，维崇维瞻。
维我孟子，道阐尼山。邹鲁圣城，文明之巅。生乎忧患，丁逢时艰。
幸赖母教，成圣成贤。私淑夫子，习诵诗篇。道济天下，毅然承担。
立吾正教，辟乎异端。岂为好辩，实有不甘。周游列国，仁义是阐。
修齐治平，不离人间。首辨义利，戒杀戒贪。苦口婆心，警示愚顽。
王道荡荡，仁政为先。天爵得之，人爵随焉。人之性善，天下同然。
良知良能，非圣独专。仁义礼智，是谓四端。若泉始达，若火始燃。
善养此心，气有浩然。能尽此心，知性知天。富而后教，五伦焕然。
天地人和，兆民斯欢。守先待后，思载七篇。大哉亚圣，德耀千年。
伏惟尚飨！

2019 年己亥纪念孟母、孟子大典祭文

维公元二〇一九年五月六日，岁次己亥，时值孟夏，两岸同胞，四海宾朋，同以诚敬之心，端庄之容，谨被鲜花果蔬，献以乐舞，公祭我中华圣母—孟母、亚圣先师—孟子。

公祭中华圣母—孟母。其文曰：
邹鲁荡荡，洙泗洋洋。孟母之德，日月之光。天性敦淳，慈贤共襄。
道贯古今，德配天壤。治家有道，教子有方。千年懿范，代代共仰。
三迁择邻，环境育人。以学立身，亦礼亦文。断机促学，严在恒心。
任重道远，弘毅是根。买肉实言，示教以身。诚信立世，为人之本。
阻子休妻，礼义兼陈。夫妻和睦，自省思忖。释子之忧，大孝之训。
胸怀天下，家国情深。育子为圣，功垂古今。百代效法，举世咸尊。
百年巨变，时代日新。母教典范，精神长存。江山永固，文明是根。
民族复兴，人才为本。十年树木，百年树人。德才兼具，道德是魂。
孟子故里，历史责任。立节弘道，以古鉴今。传承文明，培基固本。
追思孟母，四海同心。伏惟尚飨！

公祭亚圣先师—孟子。其文曰：
浩浩苍穹，万物化生。泱泱中华，天地共兴。人文道统，一脉相承。
尧舜禹汤，文武周公。天生仲尼，宗集大成。世交战国，大国争雄，
百家飙骏，孔道不行。孟子世出，力挽颓风。批杨击墨，弘儒续统。

雄辩呼号，力推仁政。以人为本，民贵君轻。仁义礼智，四端之萌。

恻隐羞恶，仁义之宗。辞让是非，礼智所凭。性善天爵，反身而诚。

居仁由义，持志养勇。气有浩然，集义所生。舍生取仁，志贯长虹。

乾坤秉德，万物长生。德功至伟，日月之明。七篇贻矩，万世宝典。

修身治国，薪火日隆。欣逢盛世，民族振兴。弘扬传统，传承文明。

亚圣先师，遗教垂功。前事莫忘，后世可凭。戮力同心，中华复兴。

祭祀不绝，尊享永恒。伏惟尚飨！

第四编　孟氏名人[①]

　　孟氏宗族自始祖孟子之后，子孙绳绳，香火绵延，在历经2300多年的岁月之后，今天的亚圣后裔人口已经增至300多万，足迹遍布五大洲，成为人口众多的一个大家族。在这漫长的生命繁衍相续的历程中，孟氏宗族中的精英人物，始终遵循始祖孟子修齐治平的宏愿，苦筋骨，劳心志，成仁取义，锐意精进，不懈奋斗，砥砺前行，在各个领域为国家民族的兴旺发达，为百姓的幸福安康而奋斗，以骄人的业绩名留青史。这里仅将其中的代表人物记录于家志中，以展示宗族之光。

---

① 　这一部分内容参考了孟建樑主编的《孟氏名人录》，上海人民出版社 2010 年版。

第十四章　古代孟氏名人

第一节　两汉三国魏晋南北朝孟氏名人

孟舒

两汉时期的孟氏名人首推孟舒（？—前166年），他字子怀，祖籍邹邑（今山东邹城），可能生于战国末年。据《史记·张耳陈余列传》和《史记·田叔列传》记载，他曾在汉高帝和汉文帝时期两次任云中（今内蒙古呼和浩特为中心的地区）郡守25年，为巩固北方边疆地区的国防和安定百姓的生活做出了自己的贡献。

孟舒的政治生涯是从担任西汉初年赵国郎中开始的。西汉初年，第一代创业之主刘邦为安抚跟随他南征北战立下功勋的臣子，分封了一批异姓诸侯王，其中就有张耳。张耳是战国名士，曾任魏国的外黄令。秦朝统一中国后，他被政府通缉，只得变换姓名四处躲藏。秦末农民起义爆发后，他投奔陈胜。之后随武臣经营河北，攻占不少城市乡村，为推翻秦朝立下不小的功劳。再后他鼓动武臣自立为赵王。巨鹿之战后，他随项羽入关。秦亡以后，项羽分封，张耳因功被封为常山王。楚汉战争开始，他投奔刘邦。西汉建立，他被分封为赵王，管理以邯郸为中心的地区。五年后，张耳死去，其子张敖继立为王。张敖娶刘邦之女鲁元公主为妻，显示了刘邦对他的信任与倚重。公元前200年（汉七年），刘邦北伐匈奴受挫返回长安时途经赵国，对赵王颐指气使，"箕踞骂詈"，激起赵国相贯高和赵午的义愤，谋划刺杀刘邦未能成行。两年后，他们的阴谋败露，刘邦下令拘捕赵王张敖及其党羽。此时的孟舒，正做赵王的郎中，负责宫廷卫戍事务。他虽然没有参与刺杀刘邦的谋划，但却身不由己地卷入这一案件中。《史记·张耳陈余列传》和《史记·田叔列传传》对此事作了如下记载：

> 汉九年，贯高怨家知其谋，乃上变告之。于是上皆并逮捕赵王、贯高等。十余人皆争自刭，贯高独怒骂曰："谁令公为之？今王实无谋，而并捕王；公等皆死，谁白王不反者？"乃槛车胶致，与王诣长安。治张敖之罪。上乃诏赵群臣宾客，有敢从王皆族。贯高与客孟舒等十余人，皆自髡钳，为王家奴，从来。①
>
> 汉下诏捕赵王及群臣反者。于是赵午等皆自杀，唯贯高就系。是时汉下诏书："赵有敢随王者罪三族。"唯孟舒、田叔等十余人赭衣自髡钳，称王家奴，随赵王敖至长安。贯高事明白，赵王敖得出，废为宣平侯，乃进言田叔等十余人。上尽召见，与语，汉廷臣无能出其右者，上说，尽拜为郡守、诸侯相。叔为汉中守十余年，会高后崩，诸吕作乱，大臣诛之，立孝文帝。孝文帝既立，召田叔问之曰："公知天下长者乎？"对曰："臣何足以知之？"上曰："公长者也，宜知之。"叔顿首曰："故云中守孟舒，长者也。"是时孟舒坐虏大入塞盗劫，云中尤甚，免。上曰："先帝置孟舒云中十余年矣，虏曾一入，孟舒不能坚守，毋故士卒战死者数百人，长者固杀人乎？公何以言孟舒为长者也？"叔叩头对曰："是乃孟舒所以为长者也。夫贯高等谋反，上下明诏，赵有敢随张王，罪三族。然孟舒自髡钳，随张王敖之所在，欲以身死之，岂自知为云中守哉？汉与楚相距，士卒罢敝，匈奴冒顿新服北夷，来为边害。孟舒知士卒罢敝，不忍出言，士争临城死敌，如子为父，弟为兄，以故死者数百人。孟舒岂故驱战之哉？是乃孟舒所以为长者也。"于是上曰："贤哉孟舒！"复召孟舒以为云中守。②

这两段文献记载表明，孟舒真是一个"进不居功，退不避罪"的长者。在赵王张敖被皇帝下令治罪的情况下，一般人都唯恐避之不及，而他自愿与田叔

---

① 司马迁：《史记》卷八十九《张耳陈余列传》，中华书局 1959 年版，第 2584 页。
② 司马迁：《史记》卷一百四《田叔列传》，中华书局 1959 年版，第 2776—2777 页。

等张敖的臣子一起，跟随张敖至长安，目的是为赵王辨诬，使之脱罪。他们的目的不仅达到了，而且使刘邦认识了他们忠于主人、忠于职守的"长者"品格和担当精神，由是被任命为云中郡守。要知道，当时的云中郡地处边陲，是匈奴深入袭扰的北部国防前线。作为郡守，他既要管理所属 11 县的行政、民政、司法、财政等事宜，又要统师军队与袭扰的匈奴人对战，责任重大。他在这个岗位上兢兢业业干了十多年，较好地维护了属地的安全和行政的运转。而这一时期，正是西汉初年，当时匈奴屡屡进犯，汉朝处守势，被动应付，能够维持局面，已经需要尽上最大努力了。后来匈奴大举进犯，孟舒率罢敝之卒勉力应对，"士争临城死敌，如子为父，弟为兄，以故死者数百人"，说明他的人格感动了士卒，使之义无反顾地英勇对敌，愤然赴死。尽管由于敌我力量悬殊导致了一场战斗的失败，但他们仍然尽上了最大的努力。他因而被免职，但看来无怨无悔。田叔在文帝面前慷慨陈词，极力为之辩护，最后感动文帝，使他再任云中郡守，第二次为国效力 14 年，死于任上。孟舒一生作为国家二千石的高官，为西汉初年巩固边防、稳定社会秩序、安定百姓生产生活贡献了自己毕生的智慧和精力。

据《孟子世家谱》和《三迁志》记载，孟舒是孟子的第 5 代嫡孙，其祖先依次为孟轲、孟仲子、孟睾、孟寓。

孟卿　孟喜父子

孟卿、孟喜父子是西汉经学史上声名卓著的人物，他们是西汉东海兰陵（今山东兰陵）人，其事迹记载于《汉书·儒林传》中。

孟卿的生卒年史书缺载。从他的学生在武帝时立为博士、儿子孟喜在宣帝时也被立为博士的情况看，他的活动应该主要在武帝当国时期。《汉书·儒林传》载：

> 孟卿，东海人也。事萧奋，以授后仓、鲁闻丘卿。仓说《礼》数万言，号曰《后氏曲臺记》，授沛闻人通汉子方、梁戴德延君、戴圣次君、沛庆普孝公，孝公为东平太傅。德号大戴，为信都太傅；圣号

小戴，以博士论石渠，至九江太守。由是《礼》有大戴、小戴、庆氏之学。①

这表明，孟卿是汉代《礼》学的传人，而在他身后，衍生出《礼》学的大戴、小戴和庆氏之学。他同时又是胡母生开创的《公羊春秋》学的传人，他接续董仲舒的传人东海瀛公，又将其传授给疏广，疏广官至太子太傅。孟卿一生没有进入官场的记载，他是作为经学的一代传人为经学的传递做出了自己的贡献。倒是他的弟子中不少人做到二千石的高官，给西汉的政治打上了自己的印记。

孟卿的儿子孟喜承袭深广的家学渊源，在经学的研读和传授方面超过了老子。《汉书·儒林传》载：

孟喜，字长卿，东海兰陵人也。父号孟卿，善为《礼》《春秋》，授后仓、疏广。世所传后氏《礼》、疏氏《春秋》，皆出孟卿。孟卿以《礼经》多、《春秋》烦杂，乃使喜从田王孙受《易》。喜好自称誉，得《易》家候阴阳灾变书，诈言师田生且死时枕喜䣛，独传喜，诸儒以此耀之。同门梁丘贺疏通证明之，曰："田生绝于施仇手中，时喜归东海，安得此事？"又蜀人赵宾好小数书，后为《易》，饰《易》文，以为"箕子明夷，阴阳气亡箕子；箕子者，万物方荄兹也。"宾持论巧慧，《易》家不能难，皆曰"非古法也"。云受孟喜，喜为名之。后宾死，莫能持其说。喜因不肯仞，以此不见信。喜举孝廉为郎，曲台署长，病免，为丞相掾。博士缺，众人荐喜，上闻喜改师法，遂不用喜。喜授同郡白光少子、沛翟牧子兄，皆为博士。繇是有翟、孟、白之学。②

孟喜不仅同时是《礼》和《春秋》经一派的创始人，而且还是田何《易》的传人，与施雠、梁丘贺并为三派之一。

孟喜虽然在经学的创始和传授上赫然名家，并有众多弟子追随其后，

---

① 班固：《汉书》卷八十八《儒林传》，中华书局 1962 年版，第 3615 页。
② 班固：《汉书》卷八十八《儒林传》，中华书局 1962 年版，第 3599 页。

但他在仕途上并不顺利。他先被举孝廉，作宫中服务的低职级的郎官，后任的曲台署长也只是管理一个宫殿事务的办事员。再后做丞相掾，也不过是丞相府的低级属官。

昭帝时，博士员缺，很多人推荐他继任，但皇帝听说他不守师法，拒绝任用。直到宣帝时期，他才被任为博士，而这种博士官，在汉代的官吏中，也仅仅是与县令长同级的官员，仍属低级官吏。

孟喜的主要贡献是在经学上的创始和传授。他开创的《孟氏易》学派，特点是以卦气言《易》，即以六十四卦分配气候。他的弟子白光、翟牧也自创学派，成为与孟喜并列的三大家之一。另一弟子焦延寿，再传弟子京房，创《京氏易》。他们这一派对后世《易》的象数一派产生了显著影响，宋朝邵雍一派的象数《易》学中可以看到这种影响。清朝人惠栋在所著《易汉学》中，较详细地阐发了他的卦气学说。《孟氏易》亡佚于宋代，清人马国翰辑佚的《玉函山房辑佚书》中，有《周易孟氏章句》2卷，从中可以窥见《孟氏易》的部分面貌。孟喜治经学的重要特点是不守师法，这恰恰说明他具有创新意识并进行了《易》学上的创新。孟喜被《孟子世家谱》列为第10代后裔。

孟观

孟观，字叔时，渤海东光（今属河北）人。"少好读书，解天文"。惠帝时任殿中中郎，后升任黄门侍郎，积弩将军，封上谷郡公。氐族渠帅齐万年在关中反叛，因晋室赵王、梁王在关中，"雍容贵戚，进不贪功，退不惧罪，士卒虽众，不为之用……上下离心，难以胜敌"，所以晋朝诸将讨伐屡屡败绩。由于孟观"沈毅，有文武材用"，被朝廷委以讨伐重任。结果大获成功："观所领宿卫兵，皆矫捷勇悍，并统关中士卒，身当矢石，大战十数，皆破之，生擒万年，威慑氐羌。"[1] 因功转任东羌将军，旋升右将军。再后因附于篡政的赵王司马迁伦，被任为安南将军，持节监河北诸军事。其子孟平在淮南王帐下效力，充任前锋将军，在讨伐司马伦的战斗中战死。不久司马伦失败，孟观亦被牵连，受到"夷三族"的惩罚。

---

[1]　房玄龄等：《晋书》卷六十《孟观传》，中华书局1995年版，第1634页。

孟宗与孟嘉

孟宗（？—271 年），初名宗，三国初期的吴国江夏（今湖北鄂城）人。后来因吴主孙皓字元宗，他为避讳改名仁，所以史书上又称其为孟仁。他一生在吴国为官，先做过雷池监、县令、豫章太守，后转任光禄勋，最后做到右御史大夫和司空的高官。吴主孙亮被权臣孙綝废黜时，他正在光禄勋任上，承担了告庙的任务。《三国志·吴志·孙綝传》记载

> 使光禄勋孟宗告庙废亮，召群司议曰："少帝荒病昏乱，不可以处大位，承宗庙，以告先帝废之，.诸君若有不同者，下异议。"皆震怖，曰："唯将军令。"綝遣中书郎李崇夺亮玺绶，以亮罪状班告远近。尚书桓彝不肯署名，綝怒杀之。①

看来在这场政变中，孟宗只是不动声色地执行了孙綝的指令。孙浩宝鼎三年（268 年）他升任司空，四年以后死于任上。

他的主要事迹是孝行突出。清人杭世骏编撰的《三国志补注·吴书》中，载有《孟宗别传》，记述了他的孝行故事：

> 宗事母至孝，母亦能训之以礼。宗初为雷池监，奉鱼于母，母还，其所寄遂绝，不复食鱼。后宗典知粮谷，乃表陈曰："臣昔为雷池监，母三年不食鱼。臣若典粮谷，臣母不可以三年不食米，臣是以死守之。"又曰宗为豫章太守，人思其惠，路有行歌，故时人生子以孟为名。又曰宗为光禄勋，大会，宗先少饮酒，后有强之饮者，一杯便吐。传诏司察。宗吐麦饭，察者以闻。诏问食麦饭意，答言臣家足有米麦饭，直愚臣所安，是以食之上。乃叹息曰："至德清纯如此。"

这表明，孟宗的母亲是一位深明大义、教子有方的夫人，在她身上，有着当年孟母的影子。孟宗的孝行与为官的清廉紧紧联系在一起，与这位母亲的教

---

① 陈寿：《三国志》卷六十四《孙綝传》，中华书局 1959 年版，第 1448 页。

诲显然有着密不可分的联系。他的孝行除了上面的事迹外，更突出的是两桩。一是民间流传的"哭竹生笋"：说是其母在冬天想吃竹笋，但竹笋只能在春夏季节才会生出来。孟宗为了满足母亲的愿望，就到竹林哀哭，结果感动上苍，竹笋居然在冬天生了出来。他之被列为二十四孝之一，主要根源于这个故事。二是《三国志·吴志·吴主传》记载的一桩真实的"丧母奔赴"之事：原来嘉禾六年（237年），吴帝孙权诏令群臣议决忠孝难两全之事，要求官吏"先公后私"，移孝作忠，忠重于孝。当时臣子们都建议制定法纪，在职官员必须忠于职守，父母去世也必须先报告上级，得到批准方可奔丧，否则予以严惩。有个将军胡综建议："忠节在国，孝道立家，出身为臣，焉得兼之？故为忠臣不得为孝子。宜定科文，示以大辟，若故违犯，有罪无赦。"丞相顾雍奏请吴主批准，决定犯者以"大辟"即死刑惩罚。可是不久，孟宗的母亲去世了，他不待批准即回家奔丧，显然犯下大辟之罪，但没有被处死："后吴令孟宗丧母奔赴，已而自拘于武昌以听刑。陆逊陈其素行，因为之请，权乃减宗一等，后不得以为比，因此遂绝。"孟宗甘冒杀头的危险奔赴母丧，这在当时的官场中一般人是不敢做的，可见孝在他心中已经超过忠的分量了。在《孟子世家谱》中，孟宗被列为第19代后裔。

孟嘉，字万年，是孟宗的玄孙，生活于东晋的元、明、成三代（317—342年），祖籍江夏（今湖北鄂城），因其曾祖孟宗葬于新阳（今湖南宁乡西北），后世即定居于此。孟嘉的出名，一方面因为他是一代名士，另一方面则因为他与东晋的两位大名人有姻亲关系。他的妻子陶氏是东晋名将陶侃的第十个女儿，他的第四个女儿又是著名田园诗人陶渊明的母亲。陶渊明为这位外祖父写的传记，成了后来《晋书》和《通志》中《孟嘉传》的资料来源。《晋书·桓温传》所附的《孟嘉传》如此记载他的事迹：

　　孟嘉，字万年，江夏鄳人，吴司空宗曾孙也。嘉少知名，太尉庾亮领江州，辟部庐陵从事。嘉还都，亮引问风俗得失，对曰："还传当问吏。"亮举麈尾掩口而笑，谓弟翼曰："孟嘉故是盛德人。"转劝学从事。褚裒时为豫章太守，正旦朝亮，裒有器识。亮大会州府人士，嘉坐次甚远。裒问亮："闻江州有孟嘉，其人何在？"亮曰："在坐，卿但自觅。"裒历观，指嘉谓亮曰："此君小异，将无是乎？"亮欣然而笑，喜衰得嘉．奇嘉为衰所得，乃益器焉。后为征西桓温参军，温甚重之。九月九日，温燕龙山，寮佐毕集。时佐吏并著戎服，有风至吹嘉帽堕落，嘉不之觉。温使左右勿言，欲观其举止。嘉良久如厕，温令取还之，命孙盛作文嘲嘉，著嘉坐处。嘉还，见即答之。其文甚美，四坐嗟叹。嘉好酣饮，愈多不乱。温问嘉："酒有何好而卿嗜之?"嘉曰："公未得酒中趣耳。"又问："听妓，丝不如竹，竹不如肉，何谓也?"嘉答曰："渐近使之然。"一坐咨嗟，转从事中郎，迁长史。年五十三卒于家。①

这些记载表明，孟嘉的成名在于他的名士风度，而不在于他的官位。因为他一生在官场只在权臣庾亮和桓温的幕府僚佐中徘徊，最高的官位不过是长史，一个随军秘书而已。他给人留下的最深印象是名士风度，机敏睿智，我行我素，自然本色，放荡不羁，才华横溢，不同流俗：不屑回答风俗小事；风吹落帽而浑然不觉，被嘲以美文作答，惊叹四座；善饮而能知酒中乐趣；丝、竹、肉之答毕现玄思之智，这一切，都使赳赳武夫和凡俗文吏难以望其项背。所以，尽管他官位卑微，一生也没有留下兴国利民的显赫功业，但他的事迹和行径却得到后来众多文人学士的青睐，历代都不乏歌咏他的诗文。如唐朝诗人张说在《九日陪登高》一诗中就吟出"今日桓公坐，多愧孟嘉情"，元稹亦吟出"登楼王粲望，落帽孟嘉情"，显示了对孟嘉其人其事的向往和思念。宋代大文豪苏东坡，对孟嘉的才能特别推崇，认定他没有在政治上有所作为，是因为不遇慧眼识人者，否则，他可能成就谢安的功业。在《孟嘉与谢安石相若》一文中，他说：

> 晋士浮虚无实用，然其间亦有不然者，如孟嘉平生无一事，然桓温谓嘉曰："人不可以无势，我乃能驾驭卿。"桓温平生轻殷浩，岂妄许人者哉? 乃知孟嘉若遇，当作谢安；谢安不遇，不过如孟嘉也。

---

① 房玄龄等：《晋书》卷九十八《桓温传附孟观传》，中华书局1995年版，第2580—2581页；陈寿：《三国志》卷六十四《孙綝传》，中华书局1959年版，第1448页。

这个评价或许反映了苏轼对孟嘉的偏爱，但其中的殷许之情已经跃然纸上了。宋朝诗人留下的歌咏孟嘉的诗篇最多，总数不下 50 首。如李复的《潏水集·孟嘉》：

> 不将得失供谈笑，此语宜为盛德人。千里同风皆默契，褚裒故识坐中身。

赵鼎臣的《竹隐畸士集·重阳前数日夜坐不寐偶思江南塞北旧游作诗呈志康诸友》：

> ……风前孟嘉帽欲落，席上孙郎句已成。一生散诞无羁束，到处容容尸斗禄。况复今年值众贤，珠玉在侧真可怜。重阳更欲登高去，莫遣风流减去年。

王庭珪的《卢溪文集·重阳日刘元弼亭席上》：

> 不见龙山老孟嘉，风流谁更落乌纱。松槽旋压初浮酒，篱菊争开无数花。清论挥犀倾玉雪，高文射策走龙蛇。小儿拍手拦归路，笑插茱萸待辟邪。

曾几的《茶山集·九日二首》之一：

> 尊前韶度落乌纱，却是西风识孟嘉。当日龙山无数客，问谁整整复斜斜。

基本上都是赞颂孟嘉的不羁与潇洒。只有文天祥的《文山集·绝句》"人间万事转头空，皂帽飘萧一病翁。不学孟嘉狂落魄，故将白发向西风"，似乎不太欣赏孟嘉的处世态度，这可能与文天祥积极入世的家国情怀和担当意识有关。元朝歌咏孟嘉的诗篇亦不少，如方回的《桐江续集·秋晚杂书三十首》之一：

游山不必众，邂近三五人。酌酒不在多，浅深十许巡。高可登即登，不复拘日辰。可饮即与饮，无问刍牧民。九月向十月，丹枫日以新。城东有奇阜，霜寒出嶙峋。一眺鸿背上，啸歌岸风巾。吾虽愧孟嘉，不作桓温宾。

表露的是既向往孟嘉之风流潇洒，又不愿像他那样附着桓温之类权臣的心态。张宪的《玉笥集·咏史·孟参军》：

孟嘉盛德士，而有敏赡才。观其言动间，正顺不可阶。虽云善酣饮，亦不伤雅怀。以此得声誉，何必狂与乖。

认定孟嘉的风流潇洒恰到好处，不能将其理解为"狂与乖"。元朝的叶颙一连写了数首歌咏孟嘉的诗，都是向往与怀思的调子。如《樵云独唱·至正戊戌九日感怀赋》两首：

门掩冬篱处士家，每逢佳节惜年华。黄花有恨惊秋老，白发无情对日斜。杜牧仙游诗寡和，王粲人去酒须赊。乌纱醉裛西风冷，千古令人忆孟嘉。

晚对南山饮浊醪，少舒幽愤醉酶酶。云边黄菊纫芳佩，世上红尘袭敝袍。陶令官闲身尚健，孟嘉帽落趣殊高。登临我亦秋风客，虚负人呼一世豪。

又如《重九感兴三首》之一：

牛山远在乱云中，暮霭荒烟寄断鸿。陶令归来官况懒，孟嘉去后酒盂空。羞将白发敧乌帽，笑看青松老翠峰。千载英豪一时事，菊花冷淡怨秋风。

在诗中他不由自主地慨叹，孟嘉去后，再也没有那样潇洒面对人生的"千载英豪"了。明朝歌咏孟嘉的诗篇也不少，其中有于谦的诗，载在《忠肃集》

卷十一，题目是《重阳感怀》：

> 昼景如梭夜漏长，又惊节序是重阳。江枫点缀秋光好，篱菊包藏晚节香。多事未容陶令去，老怀难学孟嘉狂。萧条孤馆谁相问，独对西风一举觞。

于谦是身负重任的国家干城，他的思想境界自然与孟嘉有着很大的距离，所以"老怀难学孟嘉狂"就是一种真情流露了。明朝的李梦阳和胡应麟都是满脑子传统思想的文人学士，他们也与孟嘉风度有着相当距离，所以在诗中对孟嘉之狂也就不是毫无保留地赞颂了：

> 百年佳节今风雨，数日东篱已菊花。老鬓不缘吹帽短，湿枝何事向尊斜。纷披九径怜扬子，潦倒三杯笑孟嘉。欲补登高望晴色，晚来红气有云霞。①
> 潇潇风雨暗林塘，难醉龙山落帽觞。白苧怀人当五夜，黄花留客过重阳。金门恍惚看鹓序，玉署参差过雁行。满坐青云名胜在，雄谈谁奈孟嘉狂。②

孟嘉被《孟子世家谱》列为第 22 代后裔。

孟陋

孟陋，字少孤，武昌（今湖北武汉）人，生活于东晋简文帝、孝武帝、安帝时期（371—418 年）时期，是三国时官至吴国司空的著名孝子孟宗的曾孙、孟嘉之弟。孟陋既是当时名闻遐迩的大孝子，又是学识渊博的儒生。《晋书》本传对他的事迹有较详细的记载：

> 兄嘉，桓温征西长史。陋少而贞立，清操绝伦，布衣蔬食，以文

---

① 李梦阳：《空同集》卷三十二《丙戌九日》，电子版文渊阁四库全书。
② 胡应麟：《少室山房集》卷五十四《九日丁喻二丈约访太史赵公山庄值雨不遂夜遂同集署中对菊》，电子版文渊阁四库全书。

籍自娱。口不及世事，未曾交游。时或弋钓，孤兴独归。虽家人亦不知其所之也。丧母，毁瘠殆于灭性，不饮酒食肉十有余年。族选谓之曰："少孤，谁无父母：谁有父母，圣人制礼，令贤者俯就，不肖企及。若使毁性无嗣，更为不孝也。"陋感此言，然后从吉，由是名著海内。简文帝辅政，命为参军，称疾不起。桓温躬往造焉。或谓温曰："孟陋高行，学为儒宗，宜引在府，以和鼎味。"温叹曰："会稽王尚不能屈，非敢拟议也。"陋闻之曰："桓公正当以我不往故耳。亿兆之人，无官者十居其九，岂皆高士哉？我疾病，不堪恭相王之命，非敢为高也。"由是名称益重，博学多通，长于《三礼》，注《论语》行于世，卒以寿终。①

显然，孟陋是作为不慕富贵利禄而潜心学问的隐逸之人闻名于世的。

孟信

孟信，字修仁，是北魏、北周时期的广川索卢（今河北枣强县境）人。尽管"家世贫寒，颇传学业"，在北朝极度战乱的情况下仍然继承儒学传统，努力向学。但在崇尚事功的时代风尚中，他意识到必须投入仕途，才能有一番作为，于是毅然舍弃学问，投笔从戎，不久即做到郡太守的高官。由于他秉承清正为官的祖训，成为政绩卓著、声名远播的循吏，是北朝历史上凤毛麟角的好官。《北史》本传记述了他感人的事迹：

> 信常曰："穷则变，变则通。吾家世传儒学，而未有通官，当由儒非世务也。"遂感激，弃书从军。永业末，除奉朝请，从孝武帝入关，封东州子、赵平太守。政尚宽和，权豪无犯。山中老人曾以独酒馈之，信和颜接引，殷勤劳问。乃自出酒，以铁铛温之，素木盘盛芜菁菹，唯此而已。又以一铛借老人，但执一杯，各自斟酌，申酬酢之意。谓老人曰："吾至郡来，无人以一物见遗，今卿独有此饷，且食菜已久，欲为卿受一独髀耳。酒既自有，不能相费。"老人大悦，再拜，擎独进

---

① 房玄龄等：《晋书》卷九十四《隐逸·孟陋传》，中华书局1995年版，第2442页。

之，酒尽方别。及去官，居贫无食，唯有一老牛，其兄子卖之，拟供薪米。券契已讫，市法应知牛主住在所，信适从外来，见买牛人，方知其卖也。因告之曰："此牛先来有病，小用便发，君不须也。"杖其兄子二十。买牛人嗟异良久，呼信曰："孟公，但见与牛，未必须其力也。"苦请不得乃罢。买牛者，周文帝帐下人。周文深叹异焉。未几举为太子少师，后迁太子太傅，儒者荣之。特加车骑大将军、仪同三司、散骑常侍。辞老请退，周文不夺其志，赐车马几杖衣服床帐，卒于家，赠冀州刺史，谥曰戴子儒。①

显而易见，在南北朝那个世乱政昏官贪的混沌岁月里，孟信的出现无疑是当时政坛上的一抹亮色。

两孟表

魏晋南北朝时期，有两个孟表载入史册。

其一为北魏河东汾阴（今山西万荣南）人，号安都，字休达。其父曾任上党太守。据《魏书》本传记载，孟表"少骁勇，善骑射，颇结轻侠，诸兄患之"，害怕他给家族惹麻烦。孟表忿而"乃求以一身分出，不取片资"。他于是"居于别廙，远近交游者，争有送遗马牛衣服什物，充物其庭"，成为远近闻名的与朝野权贵有广泛联系的人物。不久，"与东雍州刺史沮渠康谋逆"，事情败露后，他逃归割据卢氏（今属河南）的刘义隆。后自卢氏进攻弘农（今河南三门峡一带），抓获太守李拔等，遂逼陕城（今河南三门峡），被时任秦州刺史的杜道生打败，孟表于是执李拔等南逃，依附南朝的刘宋政权。后来刘宋的权臣刘骏起兵江州（今江西九江），取得皇位，遂任孟表以为将，官至左卫率。继体之君刘子业登基之后，任命孟表为平北将军、徐州刺史，镇彭城。和平六年（465年），另一权臣刘彧杀子业而自立，引起刘宋朝一次剧烈内讧，"群情不协，共立子业弟晋安王子勋"。孟表与沈文秀、崔道固、常珍奇等举兵响应，刘彧遣将张永讨孟表，孟表难以抵御，于是遣使来北魏请降，并请求出兵救援。魏文帝元弘召群臣谋议，一致

---

① 李延寿：《北史》卷七十《孟信传》，中华书局1995年版，第2433页。

认定是消灭刘宋的"千载一会，机事难遇，时不可逢"的最好机遇，于是接受孟表归降，同时遣镇东大将军博陵公尉元、城阳公孔伯恭等率骑一万前去支援，任命孟表使持节散骑常侍，都督徐南北兖青冀五州、豫州之梁郡诸军事、镇南大将军、徐州刺史，赐爵河东公。孟表归附北魏之后，一度后悔，又密谋反叛。事泄后将罪责归于女婿裴祖隆，自己逃脱了惩罚。皇兴二年（468年），他"与毕众敬朝于京师，大见礼重，子侄群从并处，上客皆封侯，至于门生，无不收叙焉。又为起第宅，馆宇崇丽，资给甚厚。三年卒，赠本将军秦州刺史河东王，谥曰康"①。孟表一身行事，在北魏南朝间来回折腾，虽然最后似乎得以在荣耀中寿终，但其活动展示的却是一个唯利是图的卑污人生。

另一孟表字武达，北魏济北蛇丘（今山东宁阳北）人。据《北史》本传记载，他"自云本属北地，号索里诸孟"。青州徐州归附北魏以后，孟表"因事南度，仕齐为马头（今安徽蒙城）太守"。他这次转归南朝的齐政权，究竟何因，史无明载。太和十八年（494年），他又"据郡归魏，除南兖州刺史，领马头太守，赐爵谯县侯，镇涡阳"。他的反叛，引起南朝齐政权的极大愤怒，不久即遣其豫州刺史裴叔业攻围马头60余日，"城中食尽，唯以朽革及草木皮叶为粮。表抚循将士，力固守"。后经镇南将军王肃力救，叔业败退，马头得以转危为安。在马头被围攻期间，孟表还识破了裴叔业派来的奸细的策反阴谋，使之未能得逞。之后，仕途一路顺畅："孝文嘉其诚，封汶阳县伯，济州刺史、散骑常侍、光禄大夫、齐州刺史。卒赠兖州刺史，谥曰恭。"② 看来，孟表一生以自己的行动表示了自己对北魏朝廷的忠诚。

孟威

孟威，字能重，北魏河南洛阳人。据《魏书》本传记载，他"颇有气尚，尤晓北土风俗"。在任东宫齐帅羽林监之时，正碰上四镇高车叛投蠕蠕，闹得边陲烽火连天。魏太武帝于是诏孟威前去"晓喻祸福，追还逃散，分配为民"，为安定边陲立了一大功。孟威因为"明解北人之语"，于是写出有关

---

① 李延寿：《北史》卷三十七《孟表传》，中华书局1995年版，第1359页。

② 李延寿：《北史》卷三十七《孟表传》，中华书局1995年版，第1359页。

著作，"以备推访"，对与北方民族交往和交涉提供了许多便利。永平（452年）中，孟威任镇远将军、前军将军、左右直长，加龙骧将军，出使高昌。归来升任城门校尉、直合将军，沃野镇将。正光（520—525年）初，蠕蠕主阿那瑰归附，来魏都朝见皇帝。魏孝明帝诏遣前郢州刺史陆希道兼侍中为使，以孟威兼散骑常侍为副，远畿迎接，出色地完成了接待任务。阿那瑰返回故地时，魏孝明帝又任命孟威为平北将军、光禄大夫、假员外常侍为使，护送他返回。在此前后，孟威"频使远蕃，粗皆称旨"，为北魏协和民族关系做出杰出贡献。为了奖励他的贡献，"复加抚军将军"。普泰（523年）中，任大鸿胪卿，又加官骠骑大将军、左光禄大夫。天平三年（536年）卒，"赠使持节侍中、本将军、都督冀瀛沧三州诸军事、司空公、冀州刺史、子恂嗣"[1]，应该说是生荣死哀了。

孟威弟孟季，也在北魏从政，历任镇远将军、左中郎将、廷尉监，以本将军任广州刺史。因"预尔朱荣义举，封巨鹿县开国公，食邑一千户，除抚军将军、廷尉卿，转司农卿，出为平西将军、华州刺史。卒赠车骑大将军、雍州刺史"，官位与乃兄不相上下。

孟威被《孟子世家谱》和《三迁志》列为第26代后裔。

孟业

孟业，字敬业，北朝巨鹿安国（今河北安国年）人。历北魏北齐朝，是当时著名的清官廉吏，《北史》《北齐书》皆有传。据《北史》本传记载，他"家本寒微，少为州吏，性廉谨"。他任州吏不久，就发生"同僚诸人侵盗官绢"的事件，他们将贪占的官绢分了30匹给孟业，但他"拒而不受"。他的事迹被行台郎中郭秀知悉，打算推荐他升任高一级的官吏，此事还未成行，郭秀就去世了。魏彭城王元韶，是后来成为北齐开国之君的高欢之婿，这时被任命为定州（今河北定县）刺史，他拉孟业任州府的典籤长史。州府另一属吏刘仁之对孟业说："我负责处理府外的公务，你负责府内的事务，我们同心戮力，州里政务肯定能够办得顺畅！"不久，刘仁之升任中书令，赴朝廷中央任职。临上路时对元韶说："殿下左右可信任的人，唯有孟

---

① 魏收：《魏书》卷四十四《孟威传》，中华书局 1995 年版，第 1005 页。

业，愿您给予他高度信任，其余人都不可太信任了。"又与孟业执手握别，叮嘱说："今我离开州府，你就失去奥援，恐怕以后你难以自保安全。唯有靠你自己的清正与廉洁处事了，愿你好自为之吧。"孟业为官清正自守，身无余财，唯有一马供驱使，但不久这匹马就瘦死了。元韶为了缓解孟业的贫困状态，就下令州府官吏同食马肉，让同僚们"厚相酬偿"，孟业"固辞不敢"，拒绝了元韶的好意。元韶半开玩笑地对孟业说："你这是为了谋求好名声呀。"孟业回答说："我任典籤，州中担任要职的人都想贿赂我，只是找不到方便的理由和机会，今天叫他们吃马肉，恐怕导致聚敛财物，有损州府的声名，所以我才违背您的良苦用心。"后来不到十天，元韶的州吏王四德、董惟金同以马死送肉给同僚敛财的事被长史裴英密告。高欢有书信给元韶，其中也牵连到孟业。不久孟业被诬告，下放到下边县里做事。后来高欢知道事情的原委，又致书指责元韶说："典籤姓孟者，极能用心，何乃令出外也？"元韶赶紧让人下去代替孟业的职务，孟业又回到州府，临别时，县里赠送的财物一无所受。刘仁之后来任西兖州刺史，临别时对吏部郎中崔暹说："贵州人士，唯有孟业，铨举之次，不可忘也。"崔暹问孟业："您以前在定州，有何惠政，使刘西兖如此钦佩赞叹？"孟业回答："我只知加强自身的修养罢了。"再后来，元韶任并州刺史，孟业复任典籤，同时兼任长史。北齐天保（550—559年）初，清河王高岳任司州（今以洛阳为中心的晋豫地区）牧，任孟业为法曹。"业形貌短小，及谒见，岳心鄙其眇小，笑而不言"，显然对他不太欣赏。后来发现孟业处理政务果断清明，十分感慨地对他说："卿断决之明，可谓有过躯貌之用。"不久，孟业晋升河间王国郎中令，他依然"清贫自守，未曾有失"。文宣帝高洋对侍中裴英说起孟业，认定他处理文案做得好。裴英则赞扬孟业"清忠正直，世所希有"。高洋感到孟业有如此德才，任职太低，屈了，于是升任其为中书舍人。皇建二年（561年），升任东郡（今河南濮阳南）太守，他行政"以宽惠著名"，得到百姓的拥戴。河清三年（564年），朝廷下令民间养驴，催买急如星火。孟业为了纾解民困，就决定由郡府出库钱代办，并表示如日后上面追责，由他承担。后来果然被追究责任。当他被朝廷官员押解赴京时，出现了令人动容的情景："郡人皆泣而随之，迭相吊慰，送业度关者有数百人。至黎阳郡西，方得辞决，攀援号哭，悲动行路，诣阙诉冤者非一人。"① 大概朝廷深感民心可畏，很快无罪释放。归来之时，"郡中父老，扣河迎接"。后继任广平（今河北永年东）太守。武平九年（578 年），转太中大夫，加卫将军。不久病逝。在北朝魏、齐时期的混乱之世，孟业之类为民勤政清贫自守的循吏是很少的，唯其如此，所以难能可贵。

两汉魏晋南北朝时期的孟氏名人，除了以上数位最有名者之外，还有一些史上留名的人物，如东汉末年曾任凉州刺史和宜都郡守的右扶风（今陕西关中地区）人孟达，山东嘉祥武氏祠刻工孟孚，旷达的隐士、巨鹿（今属河北）人孟敏，以贿赂宦官张让而得到凉州刺史之官、因而留下污名的右扶风孟佗，创造"合浦珠还"典故的清官廉吏合浦太守孟尝，史学家孟异，三国时官至蜀国大司农的直言敢谏的孟光，作为梁鸿之妻创造"举案齐眉"爱情佳话的奇女子东汉平陵（今陕西盛阳西北）人孟光，三国魏安平（今河北冀州市）人、官至郡太守、中书令曾为《汉书》作注的孟康，三国魏汝南（今属河南）人、官至魏凉州刺史、征东将军的孟建。西晋渤海东光（今河北）人、官至右将军的孟观，东晋平昌安丘（今属山东）人、官至太尉、江州刺史、平南将军的孟怀玉，其弟孟龙符，官至车骑将军、广川太守，二人都被《孟子世家谱》列为第 23 代后裔。南朝宋平昌安丘（今属山东）人、官至殿中将军的孟系祖，南朝宋平昌安丘人、官至会稽太守的孟颙等。这些人，或在正史有传，或在正史有记载，事迹虽较简，但除个别人外，基本上都是在政治文化方面做出了一定贡献的人物。

第三节 隋唐五代时期的孟氏名人

隋唐五代时期（581—960 年）的近 400 年间，孟氏家族名人辈出，其主要代表人物是在唐朝享有盛誉的诗人孟浩然和孟郊以及地位稍次于他们的孟云卿，做到御史中丞、户部侍郎、山南东道节度使高官的孟简，以及五代时期后蜀的国君孟知祥、孟昶等。

---

① 李延寿：《北史》卷八十六《循吏·孟业传》，中华书局 1995 年版，第 2874 页。

孟浩然

孟浩然（689—740年），襄阳（今属湖北）人，中年以后生活于唐朝最兴盛的开元、天宝时期。早年在故乡鹿门隐居，读书作诗，间或从事一点田间劳动。40岁时赴京师长安，寻求在仕途上有一番作为。但应试不第，之后到江淮吴越等地游历，与各地的名公巨卿、文人学士频繁交往，诗酒唱和。其间只短暂入张九龄的荆州幕。晚年返回故乡，51岁时因病疽背而逝。《孟子世家谱》和《三迁志》将其列为第33代后裔。新旧《唐书》和《唐才子传》对他的生平都有记载。将他的诗文编纂为《孟浩然集》的唐人王士源，在为该集写的序文中，吸收了上述文献中的资料，对他的事迹有着较全面的记述：

> 孟浩然，字浩然，襄阳人也。骨貌淑清，风神散朗，救患释纷以立义表，灌蔬艺竹以全高尚。交游之中，通脱倾盖，机警无匿。学不为儒，务掇菁藻；文不按古，匠心独妙。五言诗，天下称其尽美矣。间游秘省，秋月新霁，诸英华赋诗作，会浩然句曰"微云淡河汉，疎雨滴梧桐"，举坐嗟其清绝，咸阁笔不复为继。丞相范阳张九龄、侍御史京兆王维、尚书侍郎河东裴朏、范阳卢僎、大理评事河东裴揔、华阴太守郑倩之、守河南独孤策，率与浩然为忘形之交。山南採访使、本郡守昌黎韩朝宗，谓浩然间代清律，寘诸周行，必咏穆如之颂，因入秦与偕行。先扬于朝，与期约日引谒。及期，浩然会僚友文酒，讲好甚适。或曰："子与韩公预诺而怠之，无乃不可乎？"浩然叱曰："仆已饮矣，身行乐耳，遑恤其佗！"遂毕席不赴。由是间罢。既而，浩然亦不之悔也，其好乐忘名如此。士源佗时尝笔赞之曰："导漾挺灵，寔生楚英，浩然清发，亦其自名。"开元二十八年，王昌龄游襄阳，时浩然疾疹发背且愈，相得欢甚，浪情宴谑，食鲜疾动，终于治城南园，年五十。有二子曰仪、甫。浩然文不为仕伫兴而作，故或迟；行不为饰动以求真，故似诞；游不为利期以放性，故常贫。名不继于选部，聚不盈于担石，虽屡空不给而自若也。①

---

① 王士源：《孟浩然集·序》，电子版文渊阁四库全书。

《新唐书》和《唐才子传》还记载了他与唐玄宗的一次充满喜剧色彩的令人忍俊不禁的邂逅：

> 四十游京师，诸名士间尝集秘省联句，浩然曰："微云淡河汉，疏雨滴梧桐。"众钦服。张九龄、王维极称道之。维待诏金銮，一旦私邀入，商较《风》《雅》。俄报玄宗临幸，浩然错愕，伏匿床下。维不敢隐，因奏闻。帝喜曰："朕素闻其人而未见也。"诏出再拜。帝问曰："卿将诗来耶？"对曰："偶不赍。"即命吟近作，诵至"不才明主弃，多病故人疏"之句，帝怃然曰："卿不求仕，朕何尝弃耶？奈何诬我！"因命放还南山。古称祢衡不遇，赵壹无禄，观浩然罄折谦退，才名日高，竟沦明代，终身白衣，良可悲夫。①

不少人认为这个故事是根据《岁暮归南山》那首诗杜撰的。无论真实与否，孟浩然没有得到当权者的重用却是真实的。其实，作为诗人的孟浩然不见得具备官场的周旋和行政事务能力，加上他率性自为的落拓不羁的个性，不入官场而自由自在地从事诗歌创作，对他而言乃是天大的好事，这使唐朝诗坛有了一颗光耀千古的巨星，而使唐朝政坛失去的不过是一个无足轻重的庸吏而已。

孟浩然是李白、杜甫的前辈，他是唐朝前期最有成就的诗人之一，收入《孟浩然集》的诗篇共 218 首。尽管在唐代诗人中就数量而言属于中下，但在数以百计的诗人群体中，其诗作的质量和影响却是名列前茅的。

孟浩然几乎被所有文学史誉为"田园诗人"，这自然有着充足的理由，因为他的诗作中相当大的分量是对山水田园等自然风光的描摹和歌颂。但是，这并不等于说他的诗作中没有政治社会方面的内容。孟浩然虽然一生的绝大部分时间处于隐居山野的状态，然而，他却一直不能忘情于宫阙，总是期望有朝一日能去官场一显身手，将自己的才干贡献于国家和社会。这种心绪在他的不少诗中显现出来。如《书怀贻京邑故人》②：

---

① 辛文房：《唐才子传》卷二，电子版文渊阁四库全书。
② 本书所引孟浩然诗均采自《孟浩然集》，电子版文渊阁四库全书。

惟先自邹鲁，家世重儒风。诗礼袭遗训，趋庭绍末躬。昼夜常自强，词赋颇亦工。三十既成立，嗟吁命不通。慈亲向羸老，喜惧在深衷。甘脆朝不足，箪瓢夕屡空。执鞭慕夫子，捧檄怀毛公。感激遂弹冠，安能守固穷。当途诉知己，投刺匪求蒙。秦楚邈离异，翻飞何日同。

这里诗人一面慨叹自己的怀才不遇，一面透出希冀如毛遂一样脱颖而出、摆脱"固穷"的热望。再如《自浔阳泛舟经明海作》：

大江分九派，淼漫成水乡。舟子乘利涉，往来逗浔阳。因之泛五湖，流浪经三湘。观涛壮枚发，吊屈痛沉湘。魏阙心常在，金门诏不忘。遥怜上林雁，冰泮已回翔。

这里，他的心怀魏阙、不忘金门的思绪跃然纸上。又如《洗然弟竹亭》：

吾与二三子，平生结交深。俱怀鸿鹄志，共有鹡鸰心。逸气假毫翰，清风在竹林。远是酒中趣，琴上偶然音。

该诗更是自诩心怀鸿鹄之志的远大理想，期望一飞冲天的美好前景。但由于考试不第，举荐不顺，仕途一再受挫，他只能在出仕与隐居之间徘徊，其矛盾惶遽的心情始终挥之不去。如《陪卢明府泛舟迴岘山作》：

百里行春返，清流逸兴多。鹢舟随雁泊，江火共星罗。已救田家旱，仍忧俗化讹。文章推后辈，风雅激颓波。高岸迷陵谷，新声满棹歌。犹怜不调者，白首未登科。

如《仲夏归南园寄京邑旧游》：

尝读士传。最嘉陶微君。日耽田园趣，自谓羲皇人。余复何为者，栖栖徒问津。中年废丘壑，上国旅风尘。忠欲事明主，孝思侍老亲。

归来冒炎暑，耕稼不及春。扇枕北窗下，採芝南涧滨。因声谢朝列，吾慕颍阳真。

如《秦中苦雨思归赠袁左丞贺侍郎》：

为学三十载，闭门江汉阴。明敭逢圣代，羁旅属秋霖。岂直昏垫苦，亦为权势沉。二毛催白发，百镒馨黄金。泪忆岘山高，愁怀湘水深。谢公积愤懑，庄舄空谣吟。跃马非吾事，狎鸥真我心。寄言当路者，去矣北山岑。

如《岁暮归南山》：

北阙休上书，南山归敝庐。不才明主弃，多病故人踈。白发催年老，青阳逼岁除。永怀愁不寐，松月夜窗虚。

如《自洛之越》：

皇皇三十载，书剑两无成。山水寻吴越，风尘厌洛京。扁舟泛湖海，长揖谢公卿。且乐杯中酒，谁论世上名？

这里反映的情绪，既有对出仕不得的怨尤，又有对隐居的自适和向往。然而，一直至晚年，他还是难以从这种矛盾中超脱出来。下面的诗作表露的就是这种感情。

《送韩使君除洪府都督》：

述职抚荆衡，分符袭宠荣。往来看拥传，前后赖专城。勿翦棠犹在，波澄水更清。重推江汉理，旋改豫章行。召父多遗爱，羊公有令名。衣冠列祖道，耆旧拥前旌。岘首晨风送，江陵夜火迎。无才惭孺子，千里愧同声。

《与诸子登岘山》：

> 人事有代谢，往来成古今。江山留胜迹，我辈复登临。水落鱼梁浅，天寒梦泽深。羊公碑尚在，读罢泪沾襟。

两诗均提及的羊公即是晋朝建立丰功伟绩的高官羊祜，孟浩然对之羡慕不置；而对那位前呼后拥、声势恒赫的高官韩使君，他更是流露出不可名状的向往之情，这说明他对自己终生未入官场的窘境至死都是耿耿于怀的。当然，由于他理性地明白自己进入高官行列的可能性很小，而唐朝承平时期的山林隐逸生活对于中层以上的殷实人家还是过得满舒适的，所以他的诗中也就充满对隐逸田园生活的真诚的赞颂。他在鹿门山建有一所幽静的别墅，估计有仆人佃户从事耕作和服务，因而物质生活至少是充裕的，所以他能够骑着一头毛驴四处游山玩水，交友访僧，寻幽探胜，徜徉在大自然的美景中流连忘返。也能远足江淮吴越，和那些旖旎的风光亲近对话，留下数以百计的脍炙人口的诗篇。如《登鹿门山怀古》：

> 清晓因兴来，乘流越江岘。沙禽近方识，浦树遥莫辨。渐到鹿门山，山明翠微浅。岩潭多屈曲，舟楫屡迴转。昔闻庞德公，採药遂不返。金涧养芝术，石床卧苔藓。纷吾感耆旧，结揽事攀践。隐迹今尚存，高风邈已远。白云何时去，丹桂空偃蹇。探讨意未穷，迴舻夕阳晚。

描述了鹿门山幽静迷人的风光和自己对隐逸者的倾慕。如《耶溪泛舟》：

> 落景余清晖，轻桡弄溪渚。泓澄爱水物，临泛何容与。白首垂钓翁，新妆浣纱女，相看未相识，脉脉不得语。

描绘了在越中的耶溪泛舟的景物和内心的感受。如《彭蠡湖中望庐山》：

> 太虚生月晕，舟中知天风。挂席候明发，渺漫平湖中。中流见匡

阜，势压九江雄。黯黮凝黛色，峥嵘当曙空。香炉初上日，瀑水喷成虹。久欲追尚子，况兹怀远公。我来限于役，未暇息微躬。淮海途将半，星霜岁欲穷。寄言嵩栖者，毕趣当来同。

展示了在彭蠡湖中泛舟仰望庐山看到的奇异景观。孟浩然喜欢山水，用独特的视角观察山水，将其摄入自己的镜头，留下一幅幅静美幽深的风景画，同时寄寓着自己那一时段的情感。如《宿来公山房期丁大不至》：

夕阳度西岭，群壑倏已暝。松月生夜凉，风泉满清听。樵人归欲尽，烟鸟栖初定。之子期宿来，孤琴候萝径。

如《秋登万山寄张五》：

北山白云里，隐者自怡悦。相望始登高，心随雁飞灭。愁因薄暮起，兴是清秋发。时见归村人，平沙渡头歇。天边树若荠，江畔洲如月。何当载酒来，共醉重阳节。

如《夏日南亭怀辛大》：

山光忽西落，池月渐东上。散发乘夜凉，开轩卧闲敞。荷风送香气，竹露滴清响。欲取鸣琴弹，恨无知音赏。感此怀故人，中宵劳梦想。

如《夜归鹿门歌》：

山寺鸣钟昼已昏，渔梁渡头争渡喧。人随沙岸向江村，余亦乘舟归鹿门。鹿门月照开烟树，忽到庞公栖隐处。岩扉松径长寂寥，惟有幽人自来去。

如《临洞庭》：

八月湖水平，涵虚混太清。气蒸云梦泽，波撼岳阳城。欲济无舟楫，端居耻圣明。坐观垂钓者，徒有羡鱼情。

如《宿桐庐江寄广陵旧游》：

山暝听猿愁，沧江急夜流。风鸣两岸叶，月照一孤舟。建德非吾土，维扬忆旧游。还将数行泪，遥寄海西头。

如《早寒江上有怀》：

木落雁南渡，北风江上寒。我家湘水曲，遥隔楚云端。乡泪客中尽，归帆天际看。迷津欲有问，平海夕漫漫。

如《登万岁楼》：

万岁楼头望故乡，独令乡思更茫茫。天寒雁度堪垂泪，月落猿啼欲段肠。曲引古堤临冻浦，斜分远岸近枯杨。今朝偶见同袍友，却喜家书寄八行。

如《宿建德江》：

移舟泊烟渚，日暮客愁新。野旷天低树，江清月近人。

《春晓》：

春眠不觉晓，处处闻啼鸟。夜来风雨声，花落知多少。

如《济江问同舟人》：

潮落江平未有风，轻舟共济与君同。时时引领望天末，何处青山是越中。

如《送杜十四》：

> 荆吴相接水为乡，君去春江正渺茫。日暮征帆泊何处，天涯一望断人肠。

所有这些名篇，都写得含蓄、隽永，在素朴中饱含深意，于自然美景中倾注柔情，给人以美的享受和启迪。他因为长期在农村生活，也不时参加一些田间劳作，从中体味着农村生活的素美。同时他也与周边的农民、僧人、乡村草医等低层人群建立了纯真的邻里朋友关系，时常往还，展示出浓浓的乡情、亲情和故人情。如《过故人庄》：

> 故人具鸡黍，邀我至田家。绿树村边合，青山郭外斜。开筵面场圃，把酒话桑麻。待到重阳日，还来就菊花。

如《山中逢道士云公》：

> 春余草木繁，耕种满田园。酌酒聊自劝，农夫安与言。忽闻荆山子，时出桃花源。採樵过北谷，卖药来西村。村烟日云夕，榛路有归客。杖策前相逢，依然是畴昔。邂逅欢觏止，殷勤叙离隔。谓余搏扶桑，轻举振六翮。奈何偶昌运，独见遗草泽。既笑接舆狂，仍怜孔丘厄。物情趋势利，吾道贵间寂。偃息西山下，门庭罕人迹。何时还清溪，从尔炼丹液。

如《宴鲍二宅》：

> 闲居枕清洛，左右接大野。门庭无杂宾，车辙多长者。是时方正夏，风物自潇洒。五月休沐归，相携竹林下。开襟成欢趣，对酒不能罢。烟暝栖鸟迷，余将归白社。

如《採樵作》：

> 採樵入深山，山深水重叠。桥崩卧槎拥，路险垂藤接。日落伴将稀，山风拂薜衣。长歌负轻策，平野望烟归。

如《涧南园即事贻皎上人》：

> 弊庐在郭外，素业唯田园。左右林野旷，不闻城市喧。钓竿垂北涧，樵唱入南轩。书取幽栖事，还寻静者论。

如《东陂遇雨率尔贻谢南池》：

> 田家春事起，丁壮就东陂。殷殷雷声作，森森雨足垂。海虹晴始见，河柳润初移。余意在耕稼，因君问土宜。

都写得清新质朴、兴味盎然，展示出作者捕捉瞬息万变的农村山野景色的能力和凝聚于文字的高超水平。

尽管孟浩然基本上没有进入官场，但他与当时著名的文人学士惺惺相惜，结下深厚的友情。他的诗作更是流誉遐迩，被当时人和后世人传诵和赞扬。目空一切的李白将他视为前辈，《赠孟浩然》一诗对他赞誉有加：

> 吾爱孟夫子，风流天下闻。红颜弃轩冕，白首卧松云。醉月频中圣，迷花不事君。高山安可仰，从此揖清芬。[1]

《黄鹤楼送孟浩然之广陵》一首更是写出了他与孟浩然之间犹如长江不尽的流水般的绵绵情思，创造了送别诗的千古绝唱：

> 故人西辞黄鹤楼，烟花三月下扬州。孤帆远影碧山尽。唯见长江

_____

[1]　《李太白文集》卷七，电子版文渊阁四库全书。

天际流。①

大诗人杜甫赞颂他的诗作，也同情他的遭际，他的以下两首诗将一双不朽的诗魂联系在一起。《遗兴五首》之一：

吾怜孟浩然，裋褐即长夜。赋诗何必多，往往凌鲍谢。清江空旧鱼，春雨余甘蔗。每望东南云，令人几悲吒。②

《解闷十二首》之一：

复忆襄阳孟浩然，清诗句句尽堪传。即今耆旧无新语，漫钓槎头缩颈鳊。③

孟浩然的挚友知音王维，以一首《哭孟浩然》的诗作寄托了自己对故友的深情怀念：

故人不可见，汉水日东流。借问襄阳老，江山空蔡洲。④

白居易不仅写下了《游襄阳怀孟浩然》的动人诗句：

楚山碧岩岩，汉水碧汤汤。秀气结成象，孟氏之文章。今我讽遗文，思人至其乡。清风无人继，日暮空襄阳。南望鹿门山，蔼若有余芳。旧隐不知处，云深树苍苍。⑤

而且在《与元九书》对他终身未能仕宦、不得重用的遭际表示了极度的愤慨

---

① 《李太白文集》卷十二，电子版文渊阁四库全书。
② 《杜诗详注》卷七，电子版文渊阁四库全书。
③ 《杜诗详注》卷十七，电子版文渊阁四库全书。
④ 《王右丞集笺注》卷十三，电子版文渊阁四库全书。
⑤ 《白香山诗集》卷九，电子版文渊阁四库全书。

之情："况诗人多蹇，如陈子昂、杜甫各授一拾遗而迍剥至死，李白、孟浩然辈不及一命，穷悴终身。"为他叫屈鸣不平。晚唐的罗隐在拜谒孟浩然那湮没在荒榛草莱中的坟墓和破败的旧居时，忍不住浩叹悲悯，洒下一掬同情之泪。宋朝以后，歌咏孟浩然的诗词不下数十首，不少学者对他的诗作发出由衷的赞赏，给予极高的评价。宋朝大文豪苏轼悲叹孟浩然的遭际，在写给朋友的一首诗中，吟出"不愿君为孟浩然，却遭明主放还山"的诗句。而在《郭熙秋山平远二首》之一中，更抒发了对孟浩然的怀念与同情："目尽孤鸿落照边，遥知风雨不同川。此间有句无人见，送与襄阳孟浩然。"[①] 宋朝的林光朝在《艾轩集》卷六《示成季》中说："百家诗抹一过，只有孟浩然诗踏着实地，谢玄晖、陶元亮辈中人，名不虚得也。"

同是宋朝人的严羽，写过著名的诗评之作《严羽诗话》，他赞扬"孟浩然之诗，讽咏之久，有金石宫商之声"。在《别集》卷二《寄郭招甫时在浔阳》中进而对他的诗篇送上深情的颂歌：

> 梦向三江买钓船，挂帆西去白云边。窗开晓色香炉见，门落寒声瀑布悬。百年酒兴陶彭泽，四海诗名孟浩然。何日真寻尘外迹，焚香酌茗话先贤。

宋朝刘黻的《蒙川遗稿·和薛仲止渔村杂诗十首》中有一首歌颂孟浩然的诗：

> 半生心力在吟编，炼得形如孟浩然。水屋数间城市隔，客来无路只呼船。

明朝的王翰在其所撰《梁园寓稿》卷四中有一首题为《孟浩然》的诗，对他的诗作给予"字字珠玑"的崇高评价：

> 诗爱襄阳老布衣，玉堂字字总珠玑。秋风归兴输张翰，不道槎头

---

① 《东坡全集》卷十七，电子版文渊阁四库全书。

鳊正肥。

同是明朝的明孙绪在《沙溪集·杂著·无用闲谈》中，特别推崇孟浩然"气蒸云梦泽，波撼岳阳城"的诗句，认定其为"千古佳句"。清朝做过户部侍郎的田雯在《古欢堂集·杂著·论五言古诗》文中，将王维孟浩然放在一个档次上，在与其他数人的对比中给了他们特别高的评价："王维孟浩然，清淑散朗，窈窕悠闲。取神于陶、谢之间，而安顿在行墨之外。资制相侔，神理各足。储光羲似少逊之，元结别有风调。"

唐朝善诗又善丹青的王维曾为孟浩然画过一幅"骑驴行吟图"，后世画家更是不断以他为画题描绘其不同时段的形象。这些画作就成为诗人歌咏的对象。如金朝的赵秉文在其《滏水集·春山诗意图》，就歌咏了画中的孟浩然驴背吟诗的形象：

> 何年身入画图传，似是三生孟浩然。诗句工夫驴背上，醉乡田地酒旗边。一川芳草绿堪染，夹路杏花红欲燃。想见归来泥样醉，却如蘸水柳三眠。

同是金朝的李俊民在《庄靖集·孟浩然图》一诗中吟咏的是被玄宗放还归南山的孟浩然"破帽骑驴"的潦倒瞬间：

> 却因明主放还山，破帽骑驴骨相寒。诗句眼前吟不尽，北风吹雪满长安。蹇驴却指旧山归，可笑先生五字诗，仕为不求明主弃，此行安得怨王维。

元朝的方回在《桐江续集·孟浩然雪驴图》一诗中，特别赞扬孟浩然和杜甫歌咏洞庭湖的诗篇，盛赞"浩然诗不多，句句尽堪传"，并对唐玄宗不识杜甫、孟浩然、李白、贺知章的价值不予重用而发出浩叹：

> 往年一上岳阳楼，西风倏忽四十秋。诗牌高挂诗两首，他人有诗谁敢留。其一孟浩然，解道气蒸云梦泽；其一杜子美，解道吴楚东南

垺。浩然诗不多，句句尽堪传。天下诗人推老杜，老杜又专推浩然。我亦尝遨江汉边，梅花腊月犹年年。一句新诗学不得，谩饱槎头缩项鳊。雪天谁写诗穷状，冻合吟肩神气王。短褐长夜死不朽，貂蝉何必凌烟上。偶随故人直玉堂，龙鳞不顾婴君王。李太白贺知章，三郎不识放归云水乡。子美先生饿欲僵，浩然先生不直内厩一疋马，可是蜀栈骑驴山路长。

明朝的梁寅在《石门集·题王维所画孟浩然像》一诗中，赞颂孟浩然的诗作"妙句直欲追大雅"的崇高成就，认定后世的"声名千载"正是对他当年穷困潦倒窘况的补偿：

孟君故人好事者，摩诘当年号潇洒。荐之明主既不能，彩笔徒夸善描写。泸川风急天正寒，灞桥云黄雪初下。蹇驴行行欲何之，妙句直欲追大雅。饭颗山头杜少陵，溧阳水滨孟东野，饥寒一身人共叹，声名千载天所假。南山故庐拂袖归，五侯七贵俱土苴。龙钟如此君莫嘲，平生贵在知我寡。

同是明朝的李昌祺在《运甓漫稿·题孟浩然踏雪寻梅图》一诗中，进一步对孟浩然的诗作做出了"字字金玉""明珠白璧""千载不朽"的赞誉：

浩然先生生盛唐，锦心秀口冰肝肠。词追风雅谐宫商，清如环珮锵珩璜。幼邻摩诘相颉颃，子美太白参翱翔。私入禁署逢明皇，诵诗却诵南山章。忤意拂袖还襄阳，嬉游只在云水乡。闲身到处频徜徉，溪山晏岁梅吐香。跨蹇独出寻孤芳，六花乱落纷悠扬。老树翯翯虬龙骧，痴童前引冻欲僵。回顾似促归去忙，鹿门尚有十里强。先生驴背寒都忘，吟哦未觉天昏黄。开元治世文运昌，同时诸子皆俊良。惟公制作尤擅场，篇篇首首兴趣长。字字句句金玉相，明珠白璧争焜煌，千载不朽垂休光。

同是明朝的孙承恩在《文简集·孟浩然》一诗中再进一步对他的文学

成就做了"赋诗妙天趣，力索不可彷。冲融大雅音，金石振遗响"的评价，认定他是与李白、杜甫同一层级的大诗人：

> 浩然亦高人，神思乃清朗。读书陋拘牵，制行喜疏旷。赋诗妙天趣，力索不可彷。冲融大雅音，金石振遗响。禁中遇天子，召对心所向。终焉意不合，归哉南山放。唐诗盛千古，公也李杜行。布衣一时穷，高誉后人仰。我来经故里，慨矣劳缅想。鹿门当时月，依依汉江上。

显然，孟浩然的诗作，作为盛唐时期田园诗的杰出代表，达到了那个时代这一流派的巅峰。对其价值的认识与历史的前进成正比：愈往后评价愈高。他在中国文学史上是永垂不朽的。

孟简

在唐朝的孟氏名人中，获得最高官位的是孟简（？—824年）。他字几道，是德州平昌（今山东商河北）人。新旧《唐书》均有传。他出身世宦之家，祖父孟诜在武后时任同州（今陕西铜川境）刺史。他考中进士后，又中博学宏辞，累官至仓部员外郎，进入中级官员之列。恰在此时，王叔文等秉政，力行改革。孟简持反对立场，遭贬斥为司封郎中。元和四年（809年）升任谏议大夫，知匦事，负责管理民众上书检举的函件。由于他在佛学方面学养深湛，被皇帝诏命与给事中刘伯刍、工部侍郎归登、右补阙萧俛一起在醴泉寺翻译《大乘本生心地观经》。六年，河北承德军节度使王承宗反叛，宪宗皇帝任命他的亲信宦官吐突承璀为行营招讨处置使，指挥神策军及河中、河南、浙西宣歙诸镇兵马讨伐。孟简一方面希望以怀柔的办法解决反侧问题，另一方面认为任用宦官统兵是破坏祖制，于是同谏官李廊、许孟容、白居易齐集延英殿抗争。但无法改变皇帝的决定，由此开启了唐朝宦竖执掌兵权的恶劣先例。孟简也因此次谏净"出语讦""悻切"，即语言激烈、态度不好而被贬为常州（今属江苏）刺史。常州原有一条灌溉渠名孟渎，年久失修，淤积而失去灌溉功能。孟简到任，立即组织整修疏浚，"长四十一里，灌沃壤四千余顷"，恢复扩大了灌溉效益，得到百姓的拥戴和朝廷的嘉奖，获"赐紫金鱼袋"。白居易《白氏长庆集·孟简赐紫金鱼袋制》录取了皇帝赐紫金鱼袋给他的诏书：

> 汉制，二千石有政绩者，就加宠命，不即改移。盖欲使吏久于官，人安其化也。常州刺史孟简，简易勤俭，以养其人，政不至严，心未尝怠。曾未再稔，绩立风行，岁课郡政，毗陵为最。方求共理，实获我心。宜加命服，以示旌宠。庶俾群吏闻而劝焉，宜赐紫金鱼袋。①

元和九年（814年），孟简因功被任命为越州刺史兼御史中丞浙东观察使，成为封疆大吏。他到任即平反其前任误判的一桩冤案。《太平广记》详细记载了这一事件：

> 故刑部李尚书，逊为浙东观察。使性仁恤，抚育百姓，抑挫冠冕。有前诸暨县尉包君者，秩满居于县界，与一土豪百姓来往。其家甚富，每有新味及果实，必送包君。忽妻心腹病暴至困惙，有人视者，皆曰此状中蛊。及问所从来，乃因土豪献果，妻偶食之，遂得兹病。此家养蛊，前后杀人已多矣。包君曰："为之奈何？"曰："养此毒者，皆能解之。今少府速将夫人诣彼求乞，不然即无计矣。"包君乃当时雇船携往，仅百余里，逾宿方达。其土豪已知，唯恐其毒事露，愤怒颇甚.包君船亦到，先登岸，具衫笏将祈之。其人已潜伏童仆十余，候包君到，靸履拄毬杖，领徒而出，包未及语，诟骂叫呼，遂令拽之于地，以毬杖击之数十，不胜其困。又令村妇二十余人，就船拽包君妻出验其病状，以头挃地，备极耻辱。妻素羸疾，兼有娠，至船而殒。包君聊获余命，及却回，土豪乃疾棹到州，见李公诉之，云县尉包某倚恃前资，领妻至庄，罗织搅扰以索钱物，不胜冤愤。李公大怒，当时令人赍枷锁追。包君才到，妻尚未殓，方欲待事毕至州论，忽使急到，遂被荷枷锁身领去。②

---

① 《白氏长庆集》卷五十五，电子版文渊阁四库全书。
② 李昉：《太平广记》卷一百七十二，电子版文渊阁四库全书。

这显然是土豪恶人先告状、而主官失察误判而促成的一桩冤案。虽经观察判官独孤公据理力争，还是未能纠正误判。此时孟简正任常州刺史，"常与越近，具熟其事。明年替李公为浙东观察使，乃先以帖令录此土豪一门十余口，到才数日，李公尚未发，尽毙于州，厚以资币赠包君，数州之人闻者，莫不庆快矣"。不久，即以工部侍郎召回京师任职，旋转任户部侍郎。按照当时的惯例，任此官者一般能够晋升丞相，孟简自然也有这样的期盼。但不久，他被外放山南东道节度使，尽管这也是一个职任方面的高级官吏，随即又兼任了朝廷监管牧马的官员，但却无缘丞相这样的当朝第一大官了，他内心不乐，"政颇严峭"。此时发生了他的亲信员吏陆翰贪赃案和与宦官的交通案，由于与孟简也有些牵连，陆翰以此威胁他，他一气之下命人将其"囊毙"，事发后，朝廷遣御史查处，发现他贿赂宦官的问题，于是被贬官太子宾客、吉州司马，稍后任睦州（今浙江建德）刺史、常州刺史，后又以太子宾客分司东都，卒于任上。

孟简一生的仕途并不顺畅，而是一波三折。他主观上想做清官廉吏，也为地方做了些平反冤狱、兴修水利、发展生产的好事，并且尚节义、重友情，曾为逝去的朋友抚育孤寡。但他在政治上趋向保守，反对王叔文改革，迷信神道，佞佛不悟。他还写了《白鸟呈瑞赋》那样宣扬神道迷信的文章向朝廷谄媚。对于他的佞佛，韩愈写了《与孟简尚书书》详加辩驳。本传记载他"尤工诗，闻江淮间"，其实他在文学史上的地位不高，《全唐诗》收录了他的几首诗，格调和艺术水平都很一般。《古俪府》收了他的《嘉禾合颖诗》二首：

> 玉烛将成岁，封人亦自歌。八方沾圣泽，异亩发嘉禾。共秀芳何远，连茎瑞且多。颖低甘露滴，影乱惠风过。表稔由神化，为祥识气和。因知兴嗣岁，王道旧无颇。
>
> 天祚皇王德，神呈瑞谷嘉。感时苗特秀，证道叶方华。气转腾佳色，云披映早霞。熏风浮合颖，湛露净祥花。六穗垂兼倒，孤茎嫋复斜。影同唐叔献，称庆比周家。①

---

① 王志庆：《古俪府》卷十二，电子版文渊阁四库全书。

两首基本上都是庸俗不堪的歌功颂德的谄媚之诗，没有多少可取之处。

孟简是一个充满矛盾的历史人物，在他的身上，虽然有时表现骨鲠之臣的质直和勇气，但更多展现了唐朝后期统治阶层中保守派的历史局限。

孟云卿

在孟浩然之后的孟氏族人中，还有一位诗人孟云卿也有名于时。其在文学史上的地位虽不及孟浩然和后来的孟郊，但在林林总总的唐代诗人群体中，他至少也处于中流之列。

孟云卿是德州平昌（今山东商河西北）人，生卒年不详，活动于玄宗、肃宗时期，其年龄大约小于孟浩然而略长于孟郊。《唐才子传》记载他是关西人，洛阳人元结又说他们"同州里"，可能他的祖籍是平昌，而居住地曾在关西与河南等地。《广东通志》这样记述他的事迹：

> 孟云卿，平昌人，家于樊口。少好学，工于诗，高古奥逸，不作常语。第进士，擢校书郎。与杜甫、元结最相友善。甫服其稽古。南海督府招之，云卿遄行，元结作诗送之，以谓赴魑魅乡，必不可往.云卿坚于行，至南海，从事军幕，更能谙练。久之赋苦雨诗，有句云"安知浮云外，日月不运行"遂谢事而去。①

而《唐才子传》卷二对他事迹的记载与《广东通志》的记载似略有差异：

> 孟云卿，关西人。天宝间不第，气颇难平，志亦高尚，怀嘉遁之节，与薛据相友善。尝寓荆州，杜工部有与云卿赠答之作，甚爱重之。工诗，其体祖述沈千运，渔猎陈拾遗，词气伤感。虽然，模效才得升堂，犹未入室。然当时古词无出其右，一时之英也。如"虎豹不相食，哀哉人食人"。又"朝亦常苦饥，暮亦常苦饥，飘飘万里余，贫贱多是非"。"少年莫远游，远游多不归"，皆为当代推服。韦应物过广陵遇孟

---

① 郝玉麟等：《广东通志》卷四十三，电子版文渊阁四库全书。

九，赠诗云："高文激颓波，四海靡不传。西施且一笑，众女安得妍。"其才名于此可见矣。仕终校书郎，有集今传。

论曰：云卿禀通济之才，沦吞噬之俗，栖栖南北，苦无所遇，何生之不辰也！身处江湖，心存魏阙，犹杞国之人忧天坠相率而逃者，匹夫之志亦可念矣。[1]

从这两篇记载有关孟云卿事迹的文献看，他虽然曾进士及第，做过几天朝廷校书郎的芝麻官，也曾远赴南海入军幕，但毕竟是壮志未酬，长期作为一位"身处江湖，心存魏阙"忧国忧民的在野知识分子度过一生。他与当时著名的诗人杜甫、韦应物、元结等关系密切，曾与陶渊明之裔孙陶岘以及孟彦深、焦遂等乘舟徜徉于吴越的山水之间，获得"水仙"的雅号。他的诗歌创作被时人称誉为"一时之英"，元结（字次山）将他与沈千运等七人之诗作编为《箧中集》付梓。在《送孟校书往南海序》一文中，更对他的品格和能力大加赞赏："材业次山不如云卿，辞赋次山不如云卿，通和次山不如云卿。"对他一生不得重用表示无限的惋惜与不平。杜甫有两首记述与孟云卿交往的诗篇。一首是《湖城东遇孟云卿复归刘颢宅宿宴饮散因为醉歌》：

疾风吹尘暗河县，行子隔手不相见。湖城城南一开眼，驻马偶失云卿面。况非刘颢为地主，嬾廻鞭辔成高宴。刘侯叹我携客来，置守张灯促华馔。且将欸曲终今夕，休语艰难尚酣战。照室红炉促曙光，荧窗素月垂文练。天开地裂长安陌，寒尽春生洛阳殿。岂知驱车复同轨，可惜刻漏随更箭。人生会合不可常，庭树难鸣泪如线。[2]

另一首是《酬孟云卿》：

乐极伤头白，更长爱烛红。相逢难衮衮，告别莫匆匆。但恐天河落，宁辞酒盏空。明朝牵世务，挥泪各西东。[3]

---

① 辛文房：《唐才子传》卷二，电子版文渊阁四库全书。
② 《杜诗详注》卷六，电子版文渊阁四库全书。
③ 《杜诗详注》卷六，电子版文渊阁四库全书。

两诗中都出现"泪"字，可见其与杜甫的相见和惜别时展现的挚爱深情。杜甫还有一首《别崔潩因寄薛据孟云卿》：

> 志士惜妄动，知深难固辞。如何久磨砺，但取不磷缁。夙夜听忧主，飞腾急济时。荆州过薛孟，为报欲论诗。①

展示了杜甫对孟云卿持久磨砺、"夙夜听忧主，飞腾急济时"的厚望。而韦应物《广陵遇孟云卿作》一诗则道出了他对孟云卿诗作的极高评价：

> 雄藩本帝都，游士多俊贤。夹河树郁郁，华馆千里连。亲知虽满堂，中意颇未宣。忽逢翰林友，欢乐斗酒前。高文激颓波，四海靡不传。西施且一笑，众女安得妍。明月满淮海，哀鸿游长天。所念京国远，我来君又旋。②

张彪是孟云卿的挚友，他的《北游酬孟云卿见寄》则对其"善道居贫贱，洁服蒙尘埃"的命运乖戾的遭际表示痛惜和同情：

> 忽忽忘前事，事愿能相乖。衣马日赢弊，谁辨行与才。善道居贫贱，洁服蒙尘埃。行行无定止，懔坎难归来。慈母忧疾疹，室家念栖莱。幸君夙姻亲，深见中外怀。侯子惜时节，怅望临高台。③

孟郊与孟云卿这位同宗的诗人显然没有谋面的机会，大概他成名的时候孟云卿已经作古。不过，由于他们二人的穷而不得重用的际遇有不少相同的地方，所以在看到孟云卿在嵩阳的旧居时孟郊产生深深的共鸣，写下《哀孟云卿嵩阳荒居》，哀叹良久，泪下而不能自已：

> 戚戚抱幽独，宴宴沈荒居。不闻新欢笑，但睹旧诗书。艺蘖意弥

---

① 《杜诗详注》卷十八，电子版文渊阁四库全书。
② 《韦苏州集 .》卷五，电子版文渊阁四库全书。
③ 《刘随州集》卷五，电子版文渊阁四库全书。

苦，耕山食无余。定交昔何在，至戚今或疏。薄俗易销歇，淳风难久舒。秋燕上空堂，寒槿落枯渠。薙草恐伤蕙，摄衣自理锄。残芳亦可饵，遗秀谁忍除。徘徊未能去，为尔涕涟如。①

情真意切，墨与泪俱，两颗浩荡不已的心交汇在一起。

孟云卿留下的诗篇虽然只有 17 首，但都写得较有思想内容，且在艺术上显示独特的个性，在唐朝诗坛上应该占有一席之地。如《古乐府挽歌》：

草草间巷喧，途车俨成位。冥冥何得尽，戕我生人意。北邙路非遥，此别终天地。临穴频抚棺，至哀反无泪。尔形未衰老，尔息犹童稚，骨肉安可离，皇天若容易。房帷即灵帐，庭宇为哀次。薤露歌若斯，人生尽如寄。

写出了送别一位早逝的朋友无奈而悲戚的深情。

如《今别离》：

结发生别离，相思复相保。如何日已远，五变中庭草。渺渺天海途，悠悠吴江岛。但恐不出门，出门无远道。远道行既难，家贫衣裳单。严风吹积雪，晨起鼻何酸。人生各有志，岂不怀所安。分明天上日，生死誓同观。②

写出了离别爱妻外出求功名富贵而滋生的欲罢还休的心绪：甘冒风寒霜雪而毅然前行，为的是实现自己志存高远的人生之鹄。

如《悲哉行》：

孤儿去慈亲，远客丧主人。莫吟辛苦曲，此曲难忍闻。可闻不可见，去去无形迹。行人念前程，不待参辰没。朝亦常苦饥，暮亦常苦

---

① 《孟东野集》卷十，电子版文渊阁四库全书。
② 《御定全唐诗》卷二十六，电子版文渊阁四库全书。下引诗篇亦出自该书。

饥，飘飘万余里，贫贱多是非。少年莫远游，远游多不归。

写出了一个朝暮苦饥的孤儿远行的悲苦与艰辛，飘遥万里，矢志不移，为的是摆脱贫贱，而其结果却往往是"远游多不归"。

如《古别离》：

> 朝日上高台，离人愁秋草。如见万里天，不见万里道。含酸欲谁诉，转转伤怀抱。君行本迢远，苦乐良难保。宿昔梦同衾，心忧梦颠倒。结发年已迟，征行去何早。寒暄有时谢，憔悴难再好。人皆筹年寿，死者何曾老。少壮无见期，水深风浩浩。

写的是古代妻子对从军远征丈夫的怀恋，有的少壮死于边庭，更多的是少壮不能相见，只能对着水深风浩的远方流泪叹息。

如《伤怀赠故人》：

> 稍稍晨鸟翔，淅淅草上霜。人生早艰苦，寿命恐不长。二十学已成，三十名不彰。岂无同门友，贵贱易中肠。驱马行万里，悠悠过帝乡。幸因弦歌末，得上君子堂。众乐互喧奏，独子备笙簧。坐中无知音，安得神扬扬。愿因高风起，上感白日光。

写的是故人郁郁不得志的无奈与悲戚，寄寓的是自己的身世之憾。

又如《中兴间气集》所载的四首诗，其中《邺城怀古》：

> 朝发淇水南，将寻北燕路。魏家旧城阙，寥落无人住。伊昔天地屯，曹公独中据。群臣将北面，白日忽西暮。三台竟寂寥，万世难长固。雄豪安在哉，衰草沾霜露。崔嵬长河北，尚见应刘墓。古树藏龙蛇，荒茅伏狐兔。永怀故池馆，数子连章句。逸兴驱山河，雄词变云雾。我行睹遗迹，精爽如相遇。斗酒将酹君，悲风白杨树。

昔日曾经繁华无比、热闹非凡、人气鼎盛的三国曹氏父子盘桓的邺城，如今只留下断壁残垣，沧海桑田，人事代谢，历史就是这样不停地迈着自己固有的步伐。面对此情此景，孟云卿只能发出深深的浩叹。另一首《伤情》透出的是对逝去的兄弟的怀念和对世事变迁、人生无常的感喟与自勉：

> 为长心易忧，早孤意常伤。出门先踌躇，入户亦彷徨。此生一何苦，前事安可忘？兄弟先我没，孤幼盈我傍。旧居近东南，河水新为梁。松栢今在兹，安忍思故乡。四时与日月，万物各有常。秋风已一起，草木无不霜。行行当自勉，不忍再思量。

再一首《伤时》则是慨叹时光的流逝和对世间"人食人"、贤愚颠倒的不平：

> 徘徊宋郊上，不见平生亲。独立正伤心，悲风来孟津。大方载群物，生死有常伦。虎豹不相食，哀哉人食人。岂伊逢世运，天道亮云云。
>
> 太空流素月，三五何明明。光耀侵白日，贤愚迷至精。四时更变化，天道有亏盈。常恐今夜没，须臾还复生

《文苑英华》收录了孟云卿的6首诗，其一《汴河阻风》描绘了汴河舟行阻风的感受和丈夫立志、奋然前行的意志：水上受阻，舍舟登陆，前程仍是晚晴之天：

> 清晨自梁宋，挂席之楚城。幽浦风渐恶，傍滩舟欲横。大河喷东注，群洞皆窅冥。白雾鱼龙气，黑云牛马形。苍茫迷所适，色惧安暂宁。信此天地内，孰为身命轻。丈夫苟未达，所向须有成。前路舍舟去，东南仍晚晴。

其二《行行且游猎篇》描绘了少年纵马驰骋，射猛虎，猎狐兔，所向无前的英姿，全诗洋溢着乐观向上的调子：

少年多武力，勇气冠幽州。何以纵心赏，马蹄春草头。迟迟平原上，狐兔奔林丘。猛虎忽前游，俊鹰连下鞲。俯身逐南北，轻捷固难俦。所发无不中，失之如我仇。岂唯务驰骋，猗尔暮田畴。残杀无不痛，古来良有由。

其三《放歌行》则显示了道家看破宇宙轮回、人生无常的理念，这可能是他晚年悟道后的人生体验：

吾观天地图，世界亦何小。落落大海中，飘浮数洲岛。贤愚与蚁虿，一种同草草。地脉日夜流，天衣有时扫。东山谒居士，了我生死道。自见难噬脐，心通可亲脑。轩皇竟磨灭，周孔亦衰老。永谢当时人，吾将宝非宝。

其四《途中寄友人》则抒发了远行求人求事之难，"事背公道""尘绕马蹄"，远行何尝不是畏途：

昔时闻远路，谓是等闲行。及到求人地，始知为客情。事将公道背，尘绕马蹄生。倘使长如此，便堪休去程。

其五《新安江路》则展现了作者陶醉于新安江辗转群山之间的幽静与深邃，透出随遇而安的心境：

深潭与浅滩，万转出新安。人远禽鱼静，山深水木寒。啸起青蘋末，吟瞩白云端。即事遂幽赏，何必挂儒冠。

其六《田园观雨兼晴后作》描绘了作者从事田园劳作的艰辛：

贫贱少情欲，借荒种南陂。我非老农圃，安得良上宜。秋成不廉俭，岁余多馁饥。顾视仓廪间，有粮不成炊。晨登南园土，莫歇清蝉悲。早苗既芃芃，晚田尚离离。五行孰堪废，万物当及时。贤哉数夫子，开翅慎勿迟。

宋朝蒲积中编的《岁时杂咏》卷十一收录了孟云卿的《寒食绝句》一首，是他留下的唯一一首七绝，抒发的是他在寒食节时衣食不继的悲苦：

> 二月江南花满枝，他乡寒食远堪悲。贫居往往无烟火，不独明朝为子推。

明朝高棅编的《唐诗品汇》卷三十一，收录了孟云卿的《行路难》一诗，显示了他对道家人生意念的回归，与《放歌行》透出的是一样的情绪：

> 君不见高山万仞连苍旻，天长地久成埃尘。君不见长松百尺多劲节，狂风暴雨终摧折。古今何世无圣贤，吾爱伯阳真乃天，金堂玉阙朝群仙，拍手东海成桑田，海中之水慎勿枯，乌鸢啄蚌伤明珠，行路难，艰险莫踟蹰。

孟云卿的诗，体裁多为五古或五律，文字华美而又流畅，感情真挚，思绪深沉，状物抒情，自然清新，显示了极高的水准。

孟郊

孟郊（751—814年）字东野，湖州武康（今浙江德清）人。唐朝中期的著名诗人，在新旧《唐书》都有传。他"少隐嵩山，性介，少谐和"，但与大文豪韩愈却一见如故，"为忘形交"。他一生多次参加科举考试，多次名落孙山，这使他悲情难抑，写下数首记述落第的诗篇。如《落第》：

> 晓月难为光，愁人难为肠。谁言春物荣，岂见叶上霜。雕鹗失势病，鹪鹩假翼翔。弃置复弃置，情如刀刃伤。[1]

---

① 本书所引孟郊诗篇全部出自《孟东野集》，电子版文渊阁四库全书。

又如《再下第》："一夕九起嗟，梦短不到家。两度长安陌，空将泪见花。"写出了落第的无奈与哀婉。再如《下第东归留别长安知己》：

> 共照日月影，独为愁思人。岂知鹎鸠鸣，瑶草不得春。一片两片云，千里万里身。云归嵩之阳，身寄江之滨。弃置复何道，楚情吟白蘋。

如《失意归吴因寄东台刘复侍御》：

> 自念西上身，忽随东归风。长安日下影，又落江湖中。离娄岂不明，子野岂不聪？至宝非眼别，至音非耳通。因缄俗外词，仰寄高天鸿。

如《下第东南行》：

> 越风东南清，楚日潇湘明。试逐伯鸾去，还作灵均行。江蓠伴我泣，海月投人惊。失意容貌改，畏途性命轻。时闻丧侣猿，一叫千愁并。

还有《叹命》："三十年来命，唯藏一卦中。题诗还怨《易》，问《易》蒙复蒙。本望文字达，今因文字穷。影孤别离月，衣破道路风。归去不自息，耕耘成楚农。"在在都表现了怀才不遇的悲愤愁苦而又无奈和心有不甘的思绪。这种情绪在《长安旅情》和《长安羁旅》两诗中得以淋漓尽致地表达：

> 尽说青云路，有足皆可至。我马亦四蹄，出门似无地。玉京十二楼，巍巍倚青翠。下有千朱门，何门荐孤士？
> 听乐离别中，声声入幽肠。晓泪滴楚瑟，夜魂绕吴乡。几回羁旅情，梦觉残烛光。

46 岁那一年，他考中进士，多年压抑的悲情犹如火山喷发，瞬间转化成忘乎所以的得意扬扬。《登科后》：

> 昔日龌龊不足夸，今朝放荡思无涯。春风得意马蹄疾，一日看遍长安花。

《初于洛中选》：

> 尘土日易没，驱驰力无余。青云不我与，白首方选书。宦途事非远，拙者取自疎。终然恋皇邑，誓以结吾庐。帝城富高门，京路饶胜居。碧水走龙状，蜿蜒绕庭除。寻常异方客，过此亦踟蹰。

然而，孟郊"好风凭借力，送我上青云"的近乎梦呓的乐观情绪很快就如春冰般消散。虽得中进士，但做官还须旷日持久地等待。4 年之后，他等来一个溧阳（今属江苏）尉的小官，是县令之下管理一县军事的官员。由于心灰意冷，他故意不理事，终日流连风景，赋诗自乐："县有投金濑、平陵城，林薄蒙翳，下有积水。郊间往坐水旁，裴回赋诗，而曹务多废。令白府，以假尉代之，分其半奉。"① 这样的官肯定做不长，所以很快去职了。因为他诗名在外，郑余庆作东都（洛阳）留守时，招募他为水陆转运判官，一个负责运输事务的小官，又试协律郎。后来郑余庆转任兴元（今陕西汉中）节度使，又召他任军参谋，试大理评事。孟郊在携老妻赴任的路上死于旅途。终年 64 岁。郑余庆出资为他办理了后事，并承担起他老妻的赡养义务。著名诗人张籍私谥他贞曜先生，算是尽了朋友之情。孟郊在穷愁潦倒中度过了自己的一生，三个儿子皆先他而去，晚年的愁苦郁结使他过早地离世。《唐才子传》总结他的一生说：

> 郊拙于生事，一贫彻骨，裘褐悬结，未尝俛眉为可怜之色。然好义者更遗之，工诗，大有理致。韩吏部极称之。多伤不遇，年迈家空，

① 宋祁：《新唐书》卷一百七十六《孟郊传》，中华书局 1995 年版，第 5265 页。

思苦奇涩，读之每令人不欢。如"借车载家具，家具少于车"；如《谢炭》云"吹霞弄日光不定，暖得曲身成直身"。如"愁人独有夜烛见，一纸乡书泪滴穿"。如《下第》云"弃置复弃置，情如刀剑伤"之类，皆哀怨清切，穷入宾搜。其《初登第》吟曰"昔日龌龊不足嗟，今朝旷荡恩无涯。春风得意马蹄疾，一日看尽长安花"，当时议者亦见其气度窘促，卒漂沦薄宦，诗谶信有之矣。天实为之，谓之何哉？[1]

由于他同韩愈交谊深厚，韩愈为他写了一篇声情并茂、墨与泪俱的《墓志铭》，其中说：

先生讳郊，字东野。父廷玢，娶裴氏女，而选为崑山尉，生先生及二季酆、郢而卒。先生生六七年，端序则见，长而愈骞，涵而揉之，内外完好，色夷气清，可畏而亲。及其为诗，刿目鉥心，刃迎缕解，钩章棘句，搯擢胃肾，神施鬼设，间见层出。惟其大玩于词而与世抹杀，人皆劫劫，我独有余，有以后时开先生者，曰："吾既挤而与之矣，其犹足存耶！"年几五十，始以尊夫人之命来集京师，从进士试，既得，即去，间四年，又命来选为溧阳尉，迎侍溧上。去尉二年，而故相郑公尹河南，奏为水陆运从事，试协律郎。亲拜其母于门内。母卒五年，而郑公以节领兴元军，奏为其军参谋，试大理评事。挈其妻行之兴元，次于阌乡，暴疾卒，年六十四。买棺以殓，以二人舆归。酆、郢皆在江南，十月庚申，樊子合凡赠赙而葬之洛阳东其先人墓左，以余财附其家而供祀。将葬，张籍曰："先生揭德振华，于古有光，贤者故事有易名，况士哉？如曰'贞曜先生'，则姓名字行有在，不待讲说而明。"皆曰"然"。遂用之。初先生所与俱学同姓简，于世次为叔父，由给事中观察浙东，曰："生吾不能举，死吾知恤其家。"铭曰：于戏贞曜，维执不猗，维出不訾，维卒不施，以昌其诗。[2]

① 辛文芳：《唐才子传》卷三，电子版文渊阁四库全书。
② 魏仲举编：《五百家注昌黎文集》卷二十九，电子版文渊阁四库全书。

孟郊得到当时文坛领袖、官至吏部尚书的韩愈的青睐和如此高的评价，这说明他在中唐诗坛上绝不是等闲之辈。宋朝朱胜非在《绀珠集·孟诗韩笔》中记载，"韩愈能古文，孟郊长于五言，时号孟诗韩笔"。除韩愈外，唐朝其他人对他诗作的评价也很高，如孟郊好友李翱在《李文公集·荐所知于徐州张仆射书》一文中就认定"郊为五言诗，自前汉李都尉、苏属国及建安诸子、南朝二谢，郊能兼其体而有之"。另一好友李观在《李元宾文编·上梁补阙荐孟郊崔弘礼书》一文中，对其评价更高："孟之诗，五言高处，在古无二；其有平处，下顾两谢。"而他的另一好友、任国子司业的张籍在《赠孟郊》一诗中更是极度推崇他的品格和诗作：

> 历历天上星，沉沉水中萍。幸当清秋夜，流影及微形。君生衰俗间，立身如礼经。淳意发高文，独有金石声。才名振京国，归省东南行。停车楚城下，顾我不念程。宝镜曾堕水，不磨难自明。苦节居贫贱，所知赖友生。欢会方别离，戚戚忧虑并。安得在一方，终老无送迎。①

贾岛与孟郊是同派的诗人，素有"郊寒岛瘦"之说。他为孟郊写了两首诗，一首是《投孟郊》：

> 月中有孤芳，天下聆薰风。江南有高唱，海北初来通。容飘清冷余，自蕴襟抱中，止息乃流溢，推寻却冥蒙。我知雪山子，谒彼偈句空。必竟获所实，尔焉遂深衷。录之孤灯前，犹恨百首终。一吟动狂机，万疾辞顽躬。生年面未交，永夕梦辄同。叙诘谁君师，讵龙。萍家复从赵，云思长萦萦。嵩海每可诣，长途追再穷。愿倾肺肠事，尽入焦梧桐。②

抒发了对孟郊的景仰和倾慕之情。第二首是《哭孟郊》：

---

① 《御定全唐诗》卷三百八十三，电子版文渊阁四库全书。
② 《御定全唐诗》卷五百七十一，电子版文渊阁四库全书。

身死声名在，多应万古传。寡妻无子息，破宅带林泉。塚近登山道，诗随过海船。故人相吊后，斜日下寒天。①

认定孟郊的诗作会万古流传，蜚声海内外。白居易也写了一首悼念孟郊的诗《诗酒琴人例多薄命，予酷好三事，雅当此科，而所得已多为幸。斯甚偶成，狂咏聊写愧怀》：

爱琴爱酒爱诗客，多贱多穷多苦辛。中散步兵终不贵，孟郊张籍过于贫。一之已叹关于命，三者何堪并在身。只合飘零随草木，谁教凌厉出风尘。荣名厚禄二千石，乐饮间游三十春。何得无厌时咄咄，犹言薄命不如人。②

诗中慨叹前代著名诗人嵇康、阮籍和当今诗人孟郊、张籍"多贱多穷多苦辛"的命运，对他们的遭际极表愤慨与不平。

唐朝以后的诗人和学者对孟郊诗的评价，虽有褒也有贬，但总体上是推崇和赞扬的。如宋朝石介在《赠张绩禹功》一诗中，就赞扬元和间的一批诗人及其作品："李唐元和间，文人如蠭起。李翱与李观，言雄破奸宄。孟郊及张籍，诗苦动天地。持正不退让，子厚称绝伟。"③ 而邵雍就对孟郊的得意不自持的表现不予认同。在《和君实端明洛阳看花》组诗中，就有这样一首："洛阳交友皆奇杰，遍赏名园只似家。却笑孟郊穷不惯，一日看尽长安花。"④ 显示了对孟郊的不堪。宋朝大文豪欧阳修和苏轼对孟郊诗的评价有较大差异。欧阳修对孟郊诗特点的指认颇能切中肯綮，《文忠集·书梅圣俞稿后》说："唐之时，子昂、李、杜、沈、宋、王维之徒，或得其淳古淡泊之声，或得其舒和高畅之节，而孟郊、贾岛之徒又得其悲愁郁堙之气，由是而下得者，时有而不纯焉。"在《郊、岛诗穷》中又说："唐之诗人类多穷士，孟郊、贾岛之徒，尤能刻篆穷苦之言以自喜。"苏氏兄弟则对孟郊的诗作很

---

① 《御定全唐诗》卷五百七十二，电子版文渊阁四库全书。
② 《白香山诗集》卷三十三，电子版文渊阁四库全书。
③ 石介：《徂徕集》卷二，电子版文渊阁四库全书。
④ 邵雍：《击壤集》卷十三，电子版文渊阁四库全书。

不以为然。苏轼的《读孟郊诗二首》，就反映了这种情绪：

> 夜读孟郊诗，细字如牛毛。寒灯照昏花，佳处时一遭。孤芳擢荒秽，苦语余诗骚。水清石凿凿，湍激不受篙。初如食小鱼，所得不偿劳。又似煮彭蚑，竟日嚼空螯。要当斗僧清，未足当韩豪。人生如朝露，日夜火消膏。何苦将两耳，听此寒虫号。不如且置之，饮我玉巵醪。
>
> 我憎孟郊诗，复作孟郊语。饥肠自鸣唤，空壁转饥鼠。诗从肺腑出，出辄愁肺腑。有如黄河鱼，出膏以自煮。尚爱铜斗歌，鄙俚颇近古。桃弓射鸭罢，独速短蓑舞。不忧踏船翻，踏浪不踏土。吴姬霜雪白，赤脚浣白纻。嫁与踏浪儿，不识离别苦。歌君江湖曲，感我长羁旅。①

苏辙在《杂说》一文中也不苟同孟郊对贫贱愁苦的歌吟与自赏，他说：

> 唐人工于为诗而陋于闻道，孟郊尝有诗曰："食荠肠亦苦，强歌声无欢。出门如有碍，谁谓天地宽?"郊耿介之士，虽天地之大无以安其身，起居饮食有戚戚之意，是以卒穷以死。而李翱称之以为"郊诗高处在古无上，平处犹下顾沈、谢"。至韩退之亦谈不容口，甚矣，唐人之不闻道也。孔子称颜子在陋巷，人不堪其忧，回也不改其乐，回虽穷困早卒，而非其处身之非可以言命，与孟郊异矣。②

很明显，苏氏兄弟都对孟郊太看重个人贫贱而缺乏国家社会情怀的大视野和责任担当啧有不怿。宋朝的严羽在《沧浪诗话》中对孟郊的诗进行评论，他说：

> 高、岑之诗悲壮，读之使人感慨；孟郊之诗刻苦，读之使人不欢。

---

① 《东坡全集》卷九，电子版文渊阁四库全书。
② 苏辙：《栾城集》第三集卷八，电子版文渊阁四库全书。

孟郊之诗憔悴枯槁，其气局促不伸。退之许之如此，何邪？诗道本正大，孟郊自为之艰阻耳。

在历代诗评中，宋朝人对孟郊的诗评价最低，这或许与宋朝理学特别强调知识分子的国家民族大义和责任担当有关。其他朝代的文人学士几乎都对孟郊的境遇表示同情，给予他的诗作以较高的评价。如元朝陈宜甫的《闻舻声一首寄张子有尚书》：

汎汎扁舟绿渺茫，舻声呷轧送凄凉。孟郊句涩沉吟苦，贾谊书成太息长。响答渔歌来近浦，清摇人影舞斜阳。纵然唤醒江湖梦，游子难禁铁石肠。①

如明朝胡奎的《斗南老人集·孟郊》一诗：

酸寒溧阳尉，何不化为龙？千古低头拜，无由得再逢。

如清朝吴绮的《庚寅元夕后二日于皇初度》一诗：

臺城杨柳向春舒，郢客浮家感岁除。学道近怀齐物论，逢人偏爱绝交书。孟郊无地能驰马，李白多才但钓鱼。几度逢君双鬓改，满头风雪赋同车。②

抒发的基本上都是同情和哀婉的调子。

无论历代对孟郊诗的评价如何不同，但有一点可以肯定，他是中唐文学史上不可或缺的人物，他的400多首风格鲜明的诗歌，与贾岛的诗作一起，构成了当时苦吟派的两座丰碑。在《读张碧集》一诗中，他阐述了自己的文学见解："天宝太白殁，六艺已消歇。大哉国风本，丧而王泽竭。先生

---

① 陈宜甫：《秋岩集》卷下，电子版文渊阁四库全书。
② 吴绮：《林蕙堂全集》卷十七，电子版文渊阁四库全书。

今复生，斯文信难缺。下笔证兴亡，陈辞备风骨。"极其强调诗歌的政治作用，要求展现"六义"和"风骨"的传统。对于当时流连光景、平庸浮艳的诗风很不满意，在《懊恼》一诗中，喊出了"恶诗皆得官，好诗空抱山"的愤激之辞。他对自己的诗作十分自负，在《戏赠无本》一诗中，高标"诗骨耸东野，诗涛涌退之"，将自己与高倡"文以载道"的"古文运动"领袖韩愈树立为坚持文学正确方向的两个代表。唐朝的李肇曾评论元和诗风说：

> 元和已后为文，笔则学奇诡于韩愈，学苦涩于樊宗师；歌行则学流荡于张籍；诗草则学矫激于孟郊，学浅切于白居易，学淫靡于元稹，俱名为元和体。大抵天宝之风尚党，大历之风尚浮，贞元之风尚荡，元和之风尚怪也。①

元朝的陶宗仪则认为"孟郊诗蹇涩穷僻，琢削不假，真苦吟而成。观其句法，格力可见"②。而明朝的王世贞也说："元和以后文士，学奇于韩愈，学涩于樊宗师，歌行则学放于张籍，诗句则学矫激于孟郊，学签易于白居易，学淫靡于元稹，俱谓之元和体。"③《四库全书提要》用一句话总结孟郊诗的风格是"讬兴深微而结体古奥"。这些观点基本上讲的是他诗文的艺术风格，对孟郊的评判也切近胠理。就诗歌的社会政治内容而言，他的诗还是能够反映中唐的现实的。如《织女辞》暴露官府日益沉重的税收给百姓带来的难以承受的负担：

> 夫是田中郎，妾是田中女。当年嫁得君，为君秉机杼。筋力日已疲，不息窗下机。如何织纨素，自著褴褛衣。官家榜村路，更索栽桑树。

如《贫女词寄从叔先辈简》反映了在自然灾害面前孤苦无告的百姓苦难：

---

① 李肇：《唐国史补》卷下，电子版文渊阁四库全书。
② 陶宗仪：《说郛》卷八十四上，电子版文渊阁四库全书。
③ 王世贞：《弇州四部稿》卷一百四十七《说部·艺苑卮言四》，电子版文渊阁四库全书。

蚕女非不勤，今年独无春。二月冰雪深，死尽万木身。时令自逆行，造化岂不仁。仰企碧霞仙，高控沧海云。永别劳苦场，飘飘游无垠。

如《长安道》写出了唐朝首都贫富两极的鲜明对立：

朔风激秦树，贱子风中泣。家家朱门开，得见不可入。长安十二衢，投树鸟亦急。高阁何人家，笙篁正喧吸。

如《长安早春》也写出了"田家春"和"五侯宅"之间的不同视角：

旭日朱楼光，东风不惊尘。公子醉未起，美人争探春。探春不为桑。探春不为麦，日日出西园，祗望花柳色。乃知田家春，不入五侯宅。

如《寒地百姓吟》（为郑相其年居河南畿内百姓大蒙矜恤）同样写出了寒地百姓"苦痛不可逃"的呻吟和"高堂槌钟饮"者的尽情享受之间的强烈反差，显示了作者对贫苦百姓的深深同情：

无火炙地眠，半夜皆立号。冷箭何处来，棘针风骚劳。霜吹破四壁，苦痛不可逃。高堂槌钟饮，到晓闻烹炮。寒者愿为蛾，烧死彼华膏。华膏隔仙罗，虚绕千万遭。到头落地死，踏地为游遨。游遨者是谁，君子为郁陶。

孟郊写了一批反映藩镇割据和边庭战争给百姓带来严重危害的诗篇，如《感怀》写两河交兵的惨状：

孟冬阴气交，两河正屯兵。烟尘相驰突，烽火日夜惊。太行险阻高，挽粟输连营。奈何操弧者，不使枭巢倾。犹闻汉北儿，怙乱谋纵横。擅摇干戈柄，呼叫豺狼声。白日临尔躯，胡为丧丹诚。岂无感激士，以致天下平。登高望寒原，黄雪郁峥嵘。坐驰悲风暮，叹息空沾缨。

如《伤春》写战争造成的城郭荒残、春色半墓的凄凉：

　　两河春草海水清，十年征战城郭腥。乱兵杀儿将女去，二月三月花冥冥。千里无人旋风起，莺啼燕语荒城里。春色不拣墓傍枝，红颜皓色逐春去。春去春来那得知，今人看花古人墓，令人惆怅山头路。

如《吊国殇》祈愿尧舜再生，使世界回到"器农不器兵"的永远和平的年代：

　　徒言人最灵，白骨乱纵横。如何当春死，不及群草生。尧舜宰乾坤，器农不器兵。秦汉盗山岳，铸杀不铸耕。天地莫生金，生金人竞争。

战争特别造成家庭散乱、夫妻别离，使思妇愁肠百结。孟郊以深情的笔触将思妇的幽怨凝聚笔端，产生了感人至深的诗篇。如《征妇怨二首》：

　　良人昨日去，明月又不圆。别时各有泪，零落青楼前。君泪濡罗巾，妾泪满路尘。罗巾长在手，今得随妾身。路尘如得风，得上君车轮。
　　渔阳千里道，近如中门限。中门逾有时，渔阳长在眼。生在绿罗下，不识渔阳道。良人自戍来，夜夜梦中到。

如《折杨柳》二首之一：

　　楼上春风过，风前杨柳歌。枝疏缘别苦，曲怨为年多。花惊燕地云，叶映楚池波。谁堪别离此，征戍在交河。

如《古怨别》：

> 飒飒秋风生，愁人怨离别。含情两相向，欲语气先咽。心曲千万端，悲来却难说。别后唯所思，天涯共明月。

都写得哀婉动人，令人感喟思索：战争夺去了多少青年男女的正常生活，使怨女旷夫千里相思，万里断肠。

因为孟郊自己为赴考谋官不时离家远足，由此写下不少歌吟游子悲离别和思乡思亲的诗篇，也都真切动人、催人泪下。如《送远吟》：

> 河水昏复晨，河边相送频。离杯有泪饮，别柳无枝春。一笑忽然敛，万愁俄已新。东波与西日，不惜远行人。

如《古离别》：

> 松山云缭绕，萍路水分离。云去有归日，水分无合时。春芳役双眼，春色柔四支。杨柳织别愁，千条万条丝。

又如《古乐府杂怨三首》：

> 忆人莫至悲，至悲空自衰。寄人莫剪衣，剪衣未必归。朝为双蒂花，暮为四散飞。花落却绕树，游子不顾期。
>
> 夭桃花清晨，游女红粉新。夭桃花薄暮，游女红粉故。树有百年花，人无一定颜。花送人老尽，人悲花自闲。
>
> 贫女镜不明，寒花日少容。暗蛩有虚织，短线无长缝。浪水不可照，狂夫不可从。浪水多散影，狂夫多异踪。持此一生薄，空成万恨浓。

再如《出门行二首》：

　　长河悠悠去无极，百龄同此可叹息。秋风白露沾人衣，壮心凋落夺颜色。少年出门将诉谁，川无梁兮路无岐。一闻陌上苦寒奏，使我伫立惊且悲。君今得意厌粱肉，岂复念我贫贱时。

　　海风萧萧天雨霜，穷愁独坐夜何长。趣车旧忆太行险，始知游子悲故乡。美人相思隔天阙，长望云端不可越。手持瑶玕欲有赠，爱而不见心断绝。南山峨峨白石烂，碧海之波浩漫漫。参辰出没不相待，我欲横天无羽翰。

再如《古别曲》：

　　山川古今路，纵横无断绝。来往天地间，人皆有离别。行衣未束带，中肠已先结。不用看镜中，自知生白发。欲陈去留意，声向言前咽。愁结填心胸，茫茫若为说。荒郊烟莽苍，旷野风凄切。处处得相随，人那不如月。

再如《长安羁旅》：

　　听乐离别中，声声入幽肠。晓泪滴楚瑟，夜魂绕吴乡。几回羁旅情，梦觉残烛光。

再如《送卢郎中汀》：

　　洛水春渡阔，别离心悠悠。一生空吟诗，不觉成白头。向事每计较，于山实绸缪。太华天上开，其下车辙流。县街无尘土，过客多淹留。坐饮孤驿酒，行思独山游。逸关岚气明，照渭空潋浮。玉珂白新欢，声与鸾凤俦。朝谒大家事，唯余去无由。

再如《伤旧游》：

　　去春会处今春归，花数不减人数稀。朝笑片时暮成泣，东风一向还西辉。

所有这些诗篇，在在都写出了亲人和朋友之间真挚的依依离别情、深深怀念意和韶华易逝、时光催人老的悲感。孟郊特别写出了游子与双亲的骨肉亲情，那血肉相连的浓浓血胤，那透彻心扉的无穷思念，展现了人间至真至纯的血缘之恋。如《闻砧》："杜鹃声不哀，断猿啼不切。月下谁家砧，一声肠一绝。杵声不为客，客闻发自白。杵声不为衣，欲令游子归。"如《游子》："萱草生堂阶，游子行天涯。慈亲倚堂门，不见萱草花。"如《归信吟》："泪墨洒为书，将寄万里亲。书去魂亦去，兀然空一身。"特别是那首千古绝唱的《游子吟》："慈母手中线，游子身上衣。临行密密缝，意恐迟迟归。谁言寸草心，报得三春晖。"将慈母与"三春晖"联在一起，道出了父母恩如天大的真谛。唐代以后，中国数以千百计的"春晖堂"在各地建立起来，寄托着儿女对父母的永恒的尊仰与怀恋之情。

中国古代的知识分子，要想向上攀登，只能是千军万马过仕进的独木桥。孟郊一生也只能为求仕不停地奔波。他的仕进之路充满无尽的坎坷，46岁才中进士，50岁才得以入官场，在九品十八级官阶的最底层来回辗转，看惯了白眼，吃尽了苦头，终生与穷困为伍。他的不少诗写自己的贫穷孤苦之状，绘形绘色地反映了唐朝基层知识分子的生存境遇。如《卧病》：

> 贫病诚可羞，故床无新裘。春色烧肌肤，时飱苦咽喉。倦寝意蒙昧，强言声幽柔。承颜自俛仰，有泪不敢流。默默寸心中，朝愁续暮愁。

如《秋怀十五首》之一：

> 秋至老更贫，破屋无门扉。一片月落床，四壁风入衣。疏梦不复远，弱心良易归。商葩将去绿，缭绕争余晖。野步踏事少，病谋向物违。幽幽草根虫，生意与我微。

如《借车》：

借车载家具，家具少于车。借者莫弹指，贫穷何足嗟。百年徒校走，万事尽随花。

《秋夕贫居述怀》：

卧冷无远梦，听秋酸别情。高枝低枝风，千叶万叶声。浅井不供饮，瘦田长废耕。今交非古交，贫语闻皆轻。

这些诗作，将一个一生追求仕进的知识分子的艰难和无奈的生存状况活脱脱展现出来。为了生存，他不得不像农民那样从事体力劳动，《退居》（一作《退老》）即反映了这种状况："退身何所食，败力不能闲。种稻耕白水，负薪砍青山。众听喜巴唱，独醒愁楚颜。日暮静归时，幽幽扣松关。"《山老吟》也反映在山上种田和坎柴的艰辛劳动：

不行山下地，唯种山上田。腰斧斫旅松，手瓢汲家泉。讵知文字力，莫记日月迁。蟠木为我身，始得全天年。

由于终生几乎都在贫穷中度日，孟郊深感社会贫富不均和人们重利轻义的现实，最后只能以安于贫贱自慰，《伤时》一诗将这种情绪作了淋漓尽致的宣泄：

常闻贫贱士之常，嗟尔富者莫相笑。男儿得路即荣名，邂逅失途成不调。古人结交而重义，今人结交而重利。劝人一种种桃李，种亦直须遍天地。一生不爱嘱人事，嘱即直须为生死。我亦不羡季伦富，我亦不笑原宪贫。有财有势即相识，无财无势同路人。因知世事皆如此，却向东溪卧白云。

孟郊的诗特别讲究遣词造句的求险求奇，在艺术上追求完美与独特，与贾岛一起创造了唐朝诗坛上的"苦吟派"，形成了具有鲜明特色的艺术风格，在中国诗歌史上占有一席之地，是中国文学史上跳不过去的人物。孟郊历来被《世家谱》和《三迁志》列为孟子第 35 代后裔，认定为孟浩然的孙辈，从二人籍贯相距之远看来，不无附会之嫌。

孟知祥　孟昶

五代时期的孟知祥孟昶父子，是孟氏族人中仅有的两位自称皇帝的人物。在中国古代的历史编纂学上，《旧五代史》将他们列入《僭伪列传》，《新五代史》则将他们列入《后蜀世家》。因为按照"天无二日，地无二王"的观念，同一时间的中国不能同时并存两个皇帝。所以史学家对五代十国历史的处理，只能将继唐朝而起的后梁、后唐、后晋、后汉、后周列为正统，承认他们的君王为皇帝，而将其他并列的政权——无论他们自称什么名目——都谥以"僭伪"或"世家"的名号。孟知祥孟昶父子虽然在蜀地自称皇帝，但由于他们属于十国的范围，所以只能居于"僭伪"或"世家"之列了。《旧五代史》对他们事迹的记载相对简略，《新五代史》则较为详细，而《资治通鉴》和《通鉴纪事本末》就更加详尽了。

孟知祥（874—934 年）字保胤，唐朝末年邢州龙冈（今河北邢台）人。其祖父辈都在地方州郡任将校。其叔父孟迁在唐末据有邢、洺、磁三州（今河北南部），后被晋王李克用俘获，任为泽潞（今山西东南部）一带行政军事长官。不久，梁朝进攻该地，孟迁降梁。孟知祥父孟道没有追随去梁，继续留在晋政权服务，但没有做到显官。知祥长大，聪慧过人，武艺高强，被任命为左教练使。晋王李克用将其弟克让之女送他为妻，以资联络。李存勖继位后，他被任命为马步军都虞侯。后唐立号之后，改太原（今属山西）为北京，任命知祥为太原尹、北京留守。知祥从此进入封疆大吏之列。不久，晋军伐蜀成功，知祥被任命为成都尹、剑南西川节度副大使。同光四年（926 年）正月，他至成都莅任，正碰上晋军将领康延孝反叛，他督兵敉平，获其将领李肇、侯弘宝及数千兵马。此时庄宗病逝，其子明宗继位。后唐政府对蜀地鞭长莫及，在唐末军阀混战中成长历练多时的孟知祥遂有据蜀独立之志："知祥乃训练兵甲，阴有王蜀之志。益置义胜、定远、骁锐、义宁、飞掉等军七万余人，命李仁罕、赵延隐、张业等分将之。"[1] 与此同时，他与

---

[1]　欧阳修：《新五代史》卷六十四《后蜀世家·孟知祥》，中华书局 1995 年版，第 798 页。

后唐朝廷的矛盾也逐渐走向尖锐，起因是朝廷要求他将从成都富豪那里获得的巨款解送中央，又要对蜀地加征赋税，遭到拒绝。接着，时任朝廷枢密使的安重诲唆使明宗任命李严为知祥的监军，对其进行牵制与监视。李严到成都，即被知祥斩首，而朝廷却毫无制裁的办法。

孟知祥与后唐朝廷的关系日趋紧张。明宗同光四年（926年），后唐伐荆南，要求他出兵协助。他阳奉阴违，鼓动蜀兵统领毛重威溃归，并拒绝朝廷弹劾毛重威。当年，明宗在南郊举行祭天大典，要求孟知祥助资百万缗，他只出一半搪塞。后唐朝廷知他意欲背叛中央，于是任命数人为蜀地节度使，以图牵制他，分其权柄，他针锋相对，要求收回成命。后唐朝廷一方面希图削弱他的力量和权柄，一方面又对其加官晋爵以示羁縻。长兴元年（930年）二月，明宗加他中书令。九月，川东节度使董璋反叛，攻破阆州。孟知祥接着也反叛，两军联合对抗朝廷。朝廷以天雄节度使石敬瑭督兵讨伐，被蜀军打败。第二年，孟知祥与董璋反目，以刀兵相向，他取胜，成为两川实际的主人。四年（933年），后唐朝廷又加他检校太尉兼中书令行成都尹、剑南东西两川节管内观察处置，统押近界诸蛮，兼西山八国云南安抚制置等使，并册封其为蜀王。显然，后唐朝廷此时明白已经无力控制他，于是超常地对其加官晋爵，将西南半壁江山交给他打理。然而，自觉羽翼丰满的孟知祥决心自立。十一月，明宗死去。第二年（934年）闰正月，孟知祥就举行了登基做皇帝的大典，"国号蜀。以赵季良为司空、同中书门下平章事，中门使王处回为枢密使，李昊为翰林学士"[1]，成为称雄西南一方的割据政权，史称后蜀，以与此前王建建立的蜀政权相区别。这年三月，后唐再起内哄，"山南西道节度使张虔钊、武定军节度使孙汉韶皆以其地附于蜀"，使后蜀政权的势力范围达到顶点。四月，孟知祥改元明德。六月，即染病去世，享年60岁。孟知祥在他自封的皇帝位子上仅仅待了不到6个月即一命呜呼，成为中国历史上最短命的皇帝之一。

孟昶（919—965年）是孟知祥的第三子。孟知祥任两川节度使时，他任行军司马。孟知祥宣布做皇帝后，他任东川节度同中书门下平章事。孟知祥病逝后，他被赵季良和王处回拥立为蜀国皇帝，仍旧用明德年号，直至明

---

① 欧阳修：《新五代史》卷六十四《后蜀世家·孟知祥》，中华书局1995年版，第802页。

德五年（938年）才改元广政。由于孟昶继位时年仅15岁，朝廷大权操在孟知祥时期的权臣手中，他们骄纵不法，致使政治混乱不堪，但他能及时出手，挽救危局："昶年少不亲政事，而将相大臣皆知祥故人，知祥宽厚，多优纵之，及其事昶，益骄蹇，多踰法度，务广第，夺人良田，发其坟墓，而李仁罕、张业尤甚。昶即位数月，执仁罕杀之，并族其家。是时李肇自镇来朝，杖而入见，称疾不拜，及闻仁罕死，遽释杖而拜。"此一举措，显示了这位少年皇帝的魄力和识见。广政九年（946年），李仁罕的外甥张业已经任丞相兼判度支多年，他的腐败超越李仁罕，"置狱于家，务以酷法厚敛蜀人，蜀人大怨"。孟昶看在眼里，决心驱除这一毒瘤。两年后，经与匡圣指挥使安思谦密谋，将张业"执而杀之"，而此时，王处回、赵庭隐等老臣也致仕离开朝堂，"故将旧臣殆尽"，孟昶得以亲政，他办的第一件事就是"朝堂置匦以通下情"。

947年，契丹灭晋，刘知远起兵太原，中原多故。孟昶认为进军关中时机已到，几度进兵，互有胜负。广政十三年（947年）孟昶加号睿文英武圣母孝皇帝。大封子弟为王，使之各掌重要权柄。广政十八年（952年），后周世宗伐蜀，蜀国战败，失去秦、成、阶、凤各州。二十五年（959年），立秦王玄喆为皇太子。由于中原王朝频繁更替，无暇顾及边远的蜀地和其他地方，所以才出现十国并存的局面，孟氏父子才能在蜀地偏安40多年，也才能使孟昶的小朝廷养尊处优，尽情享受，"昶幸晋、汉之际，中国多故，而据险一方，君臣务为奢侈以自娱，至于溺器，皆以七宝装之"。960年，北宋建立，为了完成中国的再一次统一，宋太祖赵匡胤逐次发动对割据十国的战争。乾德二年（965年）岁末，全力伐蜀，遣王全斌、崔彦出凤州（今陕西凤县），刘光义、曹彬出归州（今重庆巴东），同时在汴京建起500余间的豪华住宅，等待被俘获的孟昶居住。

面对宋军大兵压境，孟昶的抵御却如同儿戏。《新五代史·后蜀世家》记载：

> 昶遣王昭远、赵彦韬等拒命。昭远，成都人也，年十三，事东郭禅师智諲为童子。知祥尝饭僧于府，昭远执巾履从智諲以入，知祥见之。爱其惠黠。时昶方就学，即命昭远给事左右，而见亲狎。昶立，

以为卷帘使。枢密使王处回致仕，昶以枢密使权重难制，乃以昭远为
通奏使、知枢密使事，然事无大小，一以委之，府库金帛，恣其所取
不问。昶母李太后常为昶言昭远不可用，昶不听。昭远好读兵书，以
方略自许。兵始发成都，昶遣李昊等饯之，昭远手执铁如意，指挥
军事，自比诸葛亮，酒酣，谓昊曰："吾之是行，何止克敌，当领此
二三万雕面恶少儿，取中原如反掌尔！"昶又遣子玄喆率精兵数万守剑
门。玄喆挈其爱姬，携乐器、伶人数十以从，蜀人见者皆窃笑。全斌
至三泉，遇昭远，击败之。昭远焚吉柏江浮桥，退守剑门。军头向韬
得蜀降卒言："来苏小路，出剑门南清强店，与大路合。"全斌遣偏将史
延德分兵出来苏，北击剑门，与全斌夹攻之，昭远、彦韬败走，皆见
擒。玄喆闻昭远等败，亦逃归。刘光义攻夔州，夔州守将高彦俦战败，
闭牙城拒守，判官罗济劝其走，彦俦曰："吾昔不能守秦川，今又奔北，
虽人主不杀我，我何面目见蜀人乎！"又劝其降，彦俦不许，乃自焚
死。而蜀兵所在奔溃，将帅多被擒获。昶问计于左右，老将石头以谓
动兵远来，势不能久，宜聚兵坚守以敝之。昶叹曰："吾与先君以温衣
美食养士四十年，一旦临敌，不能为吾东向放一箭，虽欲坚壁，谁与
吾守者耶？"乃命李昊草表以降，时乾德三年正月也。自兴师至昶降，
凡六十六日。①

此时的宋王朝，已经据有中原的大部分地区，兵精粮足，对后蜀形成绝对优
势，而多年文恬武嬉的后蜀，根本就没有可战之将和能战之兵。孟昶任命的
两位领兵统帅，一是赵括式的徒读兵书而毫无实战经验和能力、大言炎炎的
王昭远，一位是只知享乐的贵族公子孟玄喆。双方的悬殊犹如天壤，后蜀的
失败是必然的。好在孟昶此时还有自知之明，最后放弃无望抵抗，向宋朝递
上降表，算是办了最后一件顺天应人的好事。孟昶被宋军押解宋朝首都开
封，住进豪华的宅第，赵匡胤封其为秦王，任命为检校太师兼中书令，爵位
可谓崇隆，官职可谓高尚，然而七天之后即一命呜呼。他的死显然是赵匡胤
加害，作为命世的枭雄，赵匡胤显然不会让一个曾经戴过皇冠的人与自己共

---

① 欧阳修：《新五代史》卷六十四《后蜀世家·孟昶》，中华书局 1995 年版，第 806—807 页。

享一片蓝天的。

孟知祥父子据蜀 41 年，虽然其政治乏善可陈，但在五代战乱频繁的年代，他们基本上能够保蜀地一隅平安，为一方百姓创造了较之中原地区略好一些的生产生活环境，使蜀地社会秩序稳定，经济和文化有所发展，总算对历史发展做出了点滴贡献。他们的割据具有相当的必然性与合理性。至于正史将他们定为"僭伪""乱臣贼子"之类，是不足为训的。《旧五代史》评价说：

> 昔张孟阳为《剑阁铭》云："惟蜀之门，作固作镇，世浊则逆，道清斯顺。"是知自古坤维之地，遇乱代则闭之而不通，逢兴运则取之如俯拾。然唐氏之入蜀也，兵力虽胜，帝道犹昏，故数年间得之复失。及皇上之平蜀也，煦之以尧日，和之以舜风，故比户之民，悦而从化。且夫王衍之遭季世也，则赤族于秦川；孟昶之遇明代也，则受封于楚甸。虽俱为亡国之主，何幸与不幸相去之远也。①

这种观点的可取之处在于，它将据蜀地割据的客观原因指为地理环境和时代条件，而不是一味归于割据者的忠或奸。而宋朝郭允蹈写的《蜀鉴》，则大谈天险不可恃、只有人心可恃的老调：

> 论曰：王建、孟知祥，乘世之乱，盗有土宇，尘污华岷。论蜀者羞称焉。然建之入蜀也，十有七年始伪定蜀地。知祥之据蜀也，奕世而后能有阶、成、秦、凤四州，袭而取之，可谓难矣。及其末也，兵不战而自溃，褒斜剑阁如涉无人之境焉。果何足恃哉？《易》曰"天险不可升也，地险山川丘陵也。"王公设险以守其国，所谓设险者，以人为险也。故曰：固国不以山谿之险，盖士之贤于长城也久矣。区区之蜀，何足道哉！②

---

①　薛居正等：《旧五代史》卷一百三十六《僭伪列传》，中华书局 1995 年版，第 1824—1825 页。

②　郭允蹈：《蜀鉴》卷八，电子版文渊阁四库全书。

宋朝张唐英在其撰写的《蜀梼杌》中，则对王建、孟知祥、孟昶做了不同的评价：

> 黄松子曰：知祥以戚里之亲，领三蜀之寄，馆留宫中，日宴卧内，其恩可谓隆矣。及明宗即位，重海专政，始搆疑贰，遂变诚节，擅诛李严，专留李良，遂结董璋攻遂、阆，其跋扈之心著矣。议者以王、孟僭窃，其恶均一。予以建之不臣，犹有可恕，尝论之于前矣。知祥始末臣于后唐，讬葭荽之援，阶将相之贵，故当勤王戮力为国藩辅，而乃侗然自帝，不复顾忌，迹其素心，真乱臣贼子也。昶戒王衍荒淫骄佚之失，孜孜求治，与民休息，虽刑罚稍峻而不至酷虐，人颇安之。然不识天时，用庸臣之谋，结并州之援，此至愚极昏者之所不为，而昶为之，固宜诛之无赦。及王师吊伐，能幡然束手归命，生享大国之封，死有真王之赠，子孙俱享厚禄，太祖皇帝真有恩于降虏哉！[①]

这些著作因为出自宋朝人之手，所以对赵匡胤极尽歌颂之能事。不过张唐英对孟昶的评价还是比较公允的。

孟方立是孟子第 39 代孙，依此类推，孟知祥为孟子第 40 代裔孙，孟昶自然就是孟子第 41 代裔孙了。

孟知祥的儿子孟仁裕（927—970 年），先任左威卫将军同正，孟昶即位后封彭王，再迁领武泰军节度使，后加检校太尉，归宋朝后官至右羽林上将军。孟知祥的又一个儿子孟仁赞（928—971 年），先任左威卫将军同正，孟昶即位后封雅王。再迁保宁军节度使，后加检校太尉。曾代表孟昶诣宋朝廷上表待罪，宋太祖任命其为右神武统军，封平昌伯，最后官至西京都巡检使。孟知祥的再一个儿子孟仁操（？—986 年），先任右领军卫将军同正，孟昶即位后封嘉王，再迁领永宁军节度使，后又加检校太尉。他善射，醉心佛学，深研禅理。入宋后，官至右龙武统军。

---

① 张唐英：《蜀梼杌》卷下，电子版文渊阁四库全书。

隋唐五代时期的其他孟氏名人

除以上记述的孟浩然、孟简、孟郊、孟知祥、孟昶之外，隋唐五代时期的孟氏名人还有一大批。如隋朝齐郡（今山东济南）人孟让，是在大业九年（613 年）扯旗造反的农民起义军领袖，曾与另一起义领袖王薄联合，在长白山（今山东邹平南）与隋朝官军对战。后在隋军的进迫下转军南下盱眙（今属江苏）。部众发展至 10 余万人。再后分兵南下，遭隋江都郡丞王世充截击，失利后又转军北上，加入李密领导的瓦岗军，任总工，封齐郡公。他率起义军围攻隋朝的东都洛阳，破其外郭，放火焚烧东都，接着参与攻克隋朝在东方的最大囤粮基地回洛仓（在今河南洛阳境），战功卓著。另一隋末农民起义军领袖孟海公（？—621 年）是隋朝济北（今山东平阴一带）人，大业九年（613 年）于曹州济阴（今山东菏泽）起事，众达数万人。唐高祖武德四年（621 年）为窦建德领导的另一支农民军所败，随即加入该义军，与唐兵对战，兵败被杀。孟海公部将孟瞰鬼，在孟海公被窦建德擒获的情况下，转投唐朝，被任命为戴州刺史。孟海公被唐军擒杀后，他因疑惧起而反唐，转而被部属杀害。

隋唐间孟氏族人孟静素（542—638 年）是江夏安陆（今属湖北）人，当时著名的女道士，熟悉三皇内文和九鼎丹法。被隋文帝征召京师，居于至德观，收徒甚众。入唐后，唐高祖和太宗也备极礼重。她养生有道，辞世时已经 96 岁。另有唐朝人孟宣文历任陈州、湖州和泾州刺史。唐朝华阴（今属陕西）人孟利贞，历任太子司议郎、著作郎、弘文馆学士，有著作《续文选》传世。琅邪半昌人孟玄一（637—693 年），历任万年丞雍州司兵参军、栎阳令、凉州司马、绵州长史、渭州刺史。

唐朝孟氏族人中出了一位大医学家，他就是孟诜（621—713 年），汝州梁（今河南临汝）人。他考中进士以后开始从政，于垂拱（685—688 年）初年累官至凤阁舍人。孟诜好方术，不仅精通医学，对化学也有较高造诣。一次在凤阁侍郎刘祎之家见到朝廷敕赐的金块，就认定是一种药金，火烧即显现五色光焰，试之果如其言。武则天听后可能认为是左道旁门，很不高兴，借故让其出京任台州司马。后辗转升迁至春官侍郎。睿宗李旦做藩王时，召入王府任侍读。长安（701—704 年）年间出任同州（今陕西大荔）

刺史，加银青光禄大夫。神龙（705—707 年）初年，他已经 60 多岁，致仕归伊阳（今河南嵩县西南）的山间住宅颐养天年，专注药膳的研究与制作。此时他尽管已经进入老年，但养生有方，"志力如壮"，经常对他亲近的人说："若能保身养性者，常须善言莫离口，良药莫离手。"孜孜以求的是精神和饮食方面的养生之道。睿宗即位，孟诜已年届 90 高龄，仍被召致京师，准备重用，但他以衰老宛辞。景云二年（711 年），朝廷"优诏赐物一百段，又令每岁春秋二时特给羊酒糜粥"，这是极高的荣誉。开元（713 年）初，"河南尹毕构以诜有古人之风，改其所居为子平里"，之后不久，即以 93 岁高龄辞世。

孟诜在《旧唐书·方技传》和《新唐书·隐逸传》皆有专传记载。他的一生，从政和医学研究参半。《新唐书》本传记载他"居官颇刻敛，然以治称"[1]，说明他很注重为国敛财，治理有方，是一个比较称职的官员。他在医学尤其是养生学上贡献良多。他撰写的《补养方》三卷，经张鼎增补，改名《食疗本草》，现在敦煌莫高窟有抄本残卷和近入辑本。他撰写的《必效方》三卷已佚，但《外台秘要》和《证类本草》等书有引录。他创造出观察黄疸病疗效的方法：用白帛浸患者尿液，晒干后逐日排列对比，从变化中观察疗效。他是中国较早研究饮食疗法的医学家，对后世产生了显著影响。另外他还著有《家祭礼》《丧服正要》《锦带书》等著作，惜均佚失。《三迁志》将他列为孟子第 31 代后裔。

唐朝孟氏族人中，还有以下十多位有名于时的人物：

僖宗朝做过左拾遗的孟昭图，他因上书直斥宦官专权的弊端，被宦官田令孜矫诏贬为嘉州司户参军，并遣人于途中将其沉入墓颐津。他是为反对宦官专权以身殉职的。

唐懿宗时期做过太仆卿、都量料使、福建观察使的孟彪，他参与了平定徐州庞勋的起事。庞勋是戍守桂林的徐州戍卒的粮料判官，后来成为起事戍卒的首领，率军从桂林一直打到徐州，夺取了周边不少地方。孟彪参加了围剿起义军的行动，最后使这支起义军归于消灭。

孟球在唐武宗时期登进士第，以后历任吏部员外郎、户部郎、晋州、

---

① 欧阳修、宋祁：《新唐书》卷一百九十六《隐逸传·孟诜》，中华书局 1995 年版，第 5599 页。

徐州刺史。

孟皞（？—784年），相州人，历代宗、德宗朝。历任汝州刺史、京兆尹左散骑常侍、华州刺史、尚书右丞、泾州刺史、福建观察使，曾奉敕主持对恒岳的祭祀。

孟元阳（？—814年），籍贯失载，新、旧《唐书》皆有传。他出身行伍，在陈许（今河南许昌、周口一带）节度使的幕中服务，"理戎整肃，勤事，善部署"，是不可多得的将才。曲环任节度使时，他在其麾下任大将，被任命管理西华的军屯。他认真负责，"盛夏芒屦立稻田中，须役者退而后就舍，故其田岁无不稔，军中足食"。曲环死后，淮西节度使吴少诚背叛朝廷，率叛军围攻许州，孟元阳率军守城。由于外无援兵，敌人猛烈攻城，战况激烈。但敌人始终未能攀上城垣，无奈撤围。后韩全意统率各州郡官军讨伐吴少诚，在五楼被打败，参战各州郡兵都擅自回归，只有孟元阳统率的陈许军和神策军以及宣州的军队留在溵水坚持战斗，破敌二千余人。战后，孟元阳因功加御史大夫衔。元和初年，被任命为河阳节度使、检校尚书。元和五年（810年），加右仆射，昭义节度使，不久即调京师任右羽林统军，封赵国公，再升左金吾大将军。元和九年（814年）卒于任上，朝廷追赠其为扬州大都督。孟元阳是在唐代升至最高军职的孟氏族人，在唐朝中期以后藩镇割据、武力对抗朝廷中央的形势下，他始终站在维护朝廷中央集中统一的立场上，同割据反叛者斗争，功勋卓著。他被《三迁志》列为孟子第37代裔孙。

孟琯，郴州（今属湖南）人，元和年间进士，有文名，著有《岭南异物志》。他的学问文名和才干很为韩愈器重，在进京参加进士考试前，与时贬为江陵法曹参军的韩愈邂逅，韩愈写了《送孟秀才序》对他大加赞赏：

今年秋，见孟氏子琯于郴，年甚少，礼甚度，手其文一编甚巨。退披其编以读之，尽其书，无有不能，吾固心存而目识矣。其十月，吾道于衡、潭以之荆，累累见孟氏子焉，其所与偕尽善人长者，吾益以奇之。今将去是而随举与京师，虽不有请，犹将强而授之以就其志，况其请之烦邪？[1]

---

[1] 《东雅堂昌黎集註》卷二十，电子版文渊阁四库全书。

显然，孟琯是一位早熟的天才，能够得到韩愈的褒奖，足可证明他是卓尔不群的少年才俊。

孟方立（？—889年），邢州平乡（今属河北）人。行伍出身，他是在唐朝末年藩镇割据中起家并死灭的。青年时期，以勇力升为队将，再升为昭义军的先锋，驻守天井关（今山西晋城南太行山巅）。潞州（今山西长治及其周围地区）军乱，裨将成邻杀死节度使高浔，孟方立乘机袭取潞州，斩杀成浔。唐朝廷于是任命他为昭义军节度使。昭义军原来拥有泽（今山西晋城）、潞、邢（今河北邢台）、洺（今河北永年东南）、磁（今河北磁县），镇治在潞州。孟方立认为潞州民风剽悍，且山高势险，经常发生驱逐镇将的兵乱，更由于他本人籍贯是邢州，便将镇治迁至邢州。不料此举铸成大错，潞州当地豪强因对迁治不满，唆使原昭义监军祁审海出面，请求河东节度使李克用恢复昭义军。李克用乘机派其从弟李克修攻取泽、潞二州，并经李克用保举由朝廷任命为节度留后。孟方立只得以太行山东的邢、洺、磁三州为昭义节度使辖区，于是有了两个昭义军并立的局面。唐朝政府既无力控制局面，两个昭义军之间就展开了恶斗，长年互斗给当地百姓的生产和生活造成巨大破坏。唐昭宗龙纪元年（889年），李克用派兵大举进攻邢、洺，孟方立兵败力屈，被围困在邢州。在援尽粮绝、求胜无望的情况下，自杀身亡。孟方立是唐末藩镇割据中割据势力的代表之一，他们的存在与活动是唐朝最后走向衰落和灭亡的重要原因之一。《三迁志》将他认定为孟子第39代裔孙。

孟迁（？—901年）是孟方立的堂弟，在孟方立麾下任侣州刺史，在军中颇服众望，因而在孟方立死后被推戴为节度留后。为了在朱温、李克用等几大割据势力中求生存，他先依附朱温，再降晋附李克用，被任为汾州（今山西汾阳）刺史、泽潞节度使。不久朱温攻晋，孟迁又转而投朱温。朱温憎恶他反复无常，遂将其杀害。在唐末藩镇割据混战的岁月里，武人出身的割据者们大都唯利是图，唯力是视，翻云覆雨，极尽辗转叛降之能事。孟迁不过是其中的代表之一。

孟允中，华州华阴（今属陕西）人，生卒年不详。累官司勋员外郎、吏部郎中。武则天垂拱年间官至天宫侍郎。

孟温礼，贝州宗城（今河北威县东）人，生卒年不详。他在武则天神功元年（697年）参加绝伦科考试及第，历官主客员外郎、司封郎中。玄宗年间历任京兆尹、光禄卿、河南尹、同州刺史、太子宾客、礼部尚书。

唐朝时期的孟氏名人，还有唐文宗时任金吾卫大将军、邠宁节度使的孟友亮，唐玄宗时历任翰林供奉、左拾遗、御史、左司员外郎的孟匡朝。

五代时期的孟氏名人还有如下十余人。

孟威，闽（今福建）人，唐末随王审知入闽，官至建州刺史，是十国中的能吏之一。

孟鹄（？—933年），魏州（今河北魏县）人。后唐时历任客省副使枢密承旨、相州刺史、三司使、许州节度使等。

孟坚（？—947年），初仕闽，任裨将，智勇双全。因与闽王有隙，降南唐，参与攻闽的军事，多立战功。后在与吴越援闽兵的激战中战死。

孟宾于，连州（今广西连州市）人，后晋高祖天福进士。后避乱还乡，被楚国王马希范任命为零陵从事。后归南唐，历任丰城主簿、涂阳令。因贪赃罪被判死刑，南唐主李煜念其诗文俱佳，免死复官。不久即归隐玉司山，第二年又被李煜征召为水部员外郎。南唐灭亡时，他年事已高，归故里不久即去世。他工诗，有《金鳌集》传世。其子孟归唐，能诗文，先仕南唐，入宋，任大理丞。

孟汉琼（？—934年），仕南唐，先任宣徽南院使，累官至开府仪同三司、骠骑大将军。后为潞王李从珂所杀。

孟贯，建安（今辽宁营口）人，客居江南。后周世宗时征淮南，孟贯以所撰诗迎颂，得以授官。他好学不倦，喜好游历，所撰礼义文章为时人称道。

孟承海，大名（今属河北）人，后唐时历任宋城、稿城令，有善政。后晋建立。累官检校司空太府卿、右武卫大将军。少帝即位后，他希旨逢迎，多次充任朝廷恩泽美使，得以积累大量财帛。后来契丹入汴，形势危殆，少帝召其谋划军国大计，他竟匿身不奉召，不久被少帝下令处死。

第三节 宋朝辽朝孟氏名人

宋朝分为北宋（960—1127年）和南宋（1127—1279年），历时320个年头，史书也称其为两宋。宋朝是中国历史上孟子及其思想急剧升值的关键时期，在这里，孟子成为与颜回、曾子、子思同等级别的"四配"之一，《孟子》也由子书晋升为"经"，同时成为与《大学》《中庸》《论语》相配的"四书"之一。而孟子的嫡裔、孟子第45代孙宁首次被朝廷任命为"五经博士"，朝廷颁赐的诸如免除赋役的许多优待条件得到落实，富丽堂皇的孟府、宏阔肃穆的孟庙和松柏掩映的四基山孟子林都相继确立，接受国家祭祀和民众的瞻仰。辽朝（907—1125年）是契丹人在北中国建立的与宋朝对立的政权，深受汉文化影响，但由于孟氏很多族人随宋室南渡，所以其统治地区产生的孟氏名人甚少。

两宋和辽朝时期，孟氏家族产生了众多名人，其中最具影响的是哲宗的孟皇后及其兄长孟忠厚和儿子孟德载、孙子孟猷、孟导，写《东京梦华录》的孟元老以及参与抗金抗元的英雄孟宗政、孟珙父子。

孟皇后、孟忠厚父子

被谥为"哲宗昭慈圣献"的孟皇后（1077—1135年）是洺州（今河北永年东）人。她的祖父孟元，做过眉州防御使、马军都虞侯，死后赠太尉衔。元祐七年（1091年），哲宗长成青年，其母高太后为之选择世家女百余人入宫，16岁的孟皇后也在其中。由于她聪慧伶俐，知礼好学，甚得高太后和向太后的喜爱，当年即被立为皇后。高太后对儿子说他得到了一个"贤内助"。由于女儿贵为皇后，她的父亲孟在也获得荣宠，被任命为荣州刺史。

古代中国封建王朝的皇后嫔妃，其命运是随着皇帝宠幸好恶升沉的。没过几年，哲宗的宠幸就转移到刘婕妤身上。绍圣三年（1096年），因与皇后争座位，双方发生龃龉。不久，因皇后女儿生病，懂点医术的后姊以道家的符水为之医治，这是违背朝廷禁令的。尽管得到皇帝的谅解，但没有想到的是，由此而起的"厌魅"之案使皇后被废居瑶华宫。《宋史·孟皇后传》记载：

> 宫禁相传，厌魅之端作矣。未几，后养母听宣夫人燕氏、尼法端与供奉官王坚为后祷祠，事闻，诏入内押班。梁从政、管当御药院苏珪，即皇城司鞫之，捕逮宦者、宫妾几三十人。榜掠备至，肢体毁拆，至有断舌者。狱成，命侍御史董敦逸覆录，罪人过庭下，气息仅属，

无一人能出声者。敦逸秉笔疑未下，郝随等以言胁之。敦逸畏祸及己，乃以奏牍上。诏废后，出居瑶华宫，号华阳教主、玉清妙静仙师，法名冲真。[①]

在制造这一冤案的过程中，佞臣章惇、郝随起了极其重要的作用。因为是明显的冤案，所以"天下冤之"，被裹挟而参与其事的董敦逸事后奏言："中宫之废，事有所因，情有可察。诏下之日，天为之阴翳，是天不欲废后也；人为之流涕，是人不欲废后也。"并痛悔说："尝覆录狱事，恐得罪天下后世。"因为他说出事情真相，被偏听偏信的皇帝调离御史的岗位。数年以后，皇帝才悟出其中的冤情，认定是"章惇误我"。

元符末年（1010年），有布衣上书为孟皇后讼冤，于是诏其还宫，号元祐皇后。徽宗崇宁初年（1012年），由于蔡京进谗言，再次废后，使她又一次出"居瑶华宫，加赐希微元通知和妙静仙师"。一个贵为皇后的女人，两次被废，退居冷宫，这种打击，放在谁身上都很难承受，但孟皇后却坦然面对，不急不恼，沉默顺便，显示了她超乎寻常的意志和定力。

不久发生靖康（1126年）之变，金人攻破汴京，掳去徽、钦二宗和大量皇亲国戚，六宫中有位号者皆被迫随之北迁，孟皇后独独因为失去位号而因祸得福，留在了汴京。此时，"张邦昌僭位，尊后为宋太后，迎居延福宫，受百官朝。胡舜陟、马伸又言，政事当取后旨。邦昌乃复上尊号元祐皇后，迎入禁中，垂帘听政"。张邦昌建立的是伪齐傀儡政权，他之如此尊仰孟皇后，目的显然是为增强其政权的合法性以争取民心。

金兵北返后，统治黄淮地区的是毫无民望的伪齐傀儡政权，此时的宋政权在淮河以南尚有大片国土和众多百姓，当务之急是在宋宗室中立一位具有号召力的人物为皇帝，以收拾人心、稳定秩序。恰恰是在这一关键时刻，孟皇后发挥了关键作用。《宋史》本传记载：

> 后闻康王在济，遣尚书左右丞冯澥、李回及兄子忠厚持书奉迎。命副都指挥使郭仲荀将所部扈卫，又命御营前军统制张俊逆于道。寻

---

① 脱脱等：《宋史》卷二百四十三《后妃下·孟皇后》，中华书局1995年版，第8633—8634页。

降手书，播告天下。王至南京，后遣宗室士㒟及内侍邵成章奉圭宝、乘舆、服御迎王即皇帝位，改元，后以是日撤帘，尊后为元祐太后。尚书省言，"元"字犯后祖名，请易以所居宫名，遂称隆祐太后。

上将幸扬州，命仲荀卫太后先行，驻扬州州治。会张浚请先定六宫所居地，遂诏忠厚奉太后幸杭州，以苗傅为扈从统制。踰年，傅与刘正彦作乱，请太后听政，又请立皇子。太后谕之曰："自蔡京、王黼更祖宗法，童贯起边事，致国家祸乱。今皇帝无失德，止为黄潜善、汪伯彦所误，皆已逐矣。"傅等言必立皇太子，太后曰："今强敌在外，我以妇人抱三岁小儿听政，将何以令天下？"傅等泣请，太后力拒之。帝闻事急，诏禅位元子，太后垂帘听政。朱胜非请令臣僚得独对论机事，仍日引傅党一人上殿，以释其疑。太后从之，每见傅等，曲加慰抚，傅等皆喜。韩世忠妻梁氏在傅军中，胜非以计脱之，太后召见，勉令世忠速来，以清岩陛。梁氏驰入世忠军，谕太后意。世忠等遂引兵至，逆党俱。朱胜非等诱以复辟，命王世修草状进呈。太后喜曰："吾责塞矣。"再以手札趣帝还宫，即欲撤帘。帝令胜非请太后一出御殿，乃命撤帘。是日，上皇太后尊号。①

正是由于孟皇后的机智沉稳，有序运作，使康王赵构为首的南宋政权得以确立，并敉平内乱，度过靖康之难后的惊涛骇浪。巾帼不让须眉，孟皇后的高瞻远瞩、大智大勇、老谋深算得到了充分的体现。

然而，南渡后的风险接踵而至，金兵越淮渡江，穷追高宗赵构不舍。皇帝与太后分头南下规避金兵之锋。孟太后先至建康（今江苏南京），再向洪州（今江西南昌）进发。中途渡江遇险，"舟覆，宫人溺死者十数，惟太后舟无虞"。继而由洪州至吉州（今江西吉安），再南逃太和（今属江西），因景信反叛，卫军兵溃，"失宫人一百六十"。此时太后卫兵不及百人，狼狈逃至虔州（今江西赣州）。在这里，她又遭遇当地土豪陈新之乱。高宗知道后，十分感念，立即派官员带兵迎驾，并对辅臣说："朕初不识太后，自迎至南京，爱朕不啻已出。今在数千里外，马惊扰，当亟奉迎，以惬朕朝夕慕

① 脱脱等：《宋史》卷二百四十三《后妃下·孟皇后》，中华书局1995年版，第8635页。

念之意。""太后至越（今浙江绍兴），帝亲迎于行宫门外，遍问所过守臣治状。"此时南宋的统治渐趋稳定。不久赶上太后生辰，高宗进宫恭贺，太后借机要求他为宣仁太后恢复名誉："太后生辰，置酒宫中，从容谓帝曰：'宣仁太后之贤，古今母后未有其比。昔奸臣肆为谤诬，虽尝下诏明辨，而国史尚未删定，岂足传信？吾意在天之灵，不无望于帝也。'帝闻之悚然。后乃更修神宗、哲宗实录，始得其正，而奸臣情状益著。"这表明她关注与自己有关人物的历史评价，并运用自己的权力使之得以较公正地解决。

高宗赵构与孟太后虽没有生身的母子关系，但他明白自己的皇位确实来自孟太后的全力运作，所以对她极尽孝道："帝事太后极孝，虽帷帐皆亲视；或得时果，必先献太后，然后敢尝。宣教郎范寿与忠厚有憾，诬与太后密养钦宗子。帝曰：'朕于太后如母子，安得有此。'即治其罪。绍兴五年春，患风疾，帝旦暮不离左右，衣弗解带者连夕。"当年（1135 年）四月，孟太后病逝于越州的行宫，终年 59 岁，高宗以隆重的礼仪将她殡葬，"上尊号曰昭慈献烈皇太后，推恩外家凡五十人。殡于会稽上皇村，祔神主于哲宗室，位在昭怀皇后上。三年，改谥昭慈圣献"。

在中国古代社会，孟皇后称得上一代贤后。她的贤明主要表现在两个方面：一是智谋和能力卓越，在两宋之际的皇舆播迁之时，她挺身而出，推出赵构继承皇位，继续和稳定宋朝在南中国的统治，识见与智慧世罕其匹。二是品德突显，表现在被诬受辱时的坦然顺受，特别是顺境时的深自谦抑节俭。本传记载：

> 后性节俭谦谨，有司月供千缗而止。幸南昌，斥卖私绢三千匹充费。寻诏文书应奏者避后父名，不许；群臣请上太皇太后号，亦不许。忠厚直显谟阁，台谏、给舍交章论列，后闻，即令易武，命学士院降诏，戒敕忠厚等不得与闻朝政、通贵近、至私第谒见宰执。以恩泽当得官者近八十员，后未尝陈请。[①]

这是何等的明智与宏远。政治上拿得起，富贵利禄放得下，所以生荣死哀，

---

① 脱脱等：《宋史》卷二百四十三《后妃下·孟皇后》，中华书局 1995 年版，第 8637 页。

毕生无瑕疵。明朝的归有光在《震川别集·昭慈孟皇后论赞》给她以极高的评价：

> 隆祐瑶华，再贬洪州，播越中间，颠沛亦云多矣。宣仁惜其福薄，谅其然乎？方张邦昌、苗傅逆乱之会，后孑然一妇人耳，奸贼党与，左右侧目，卒能迎康王而授之玺，引世忠以复辟，古所谓疢疾生智慧者与！既而垂衣被练，怡然行宫之养，与夫缢钩牵衣者，竟何如哉？①

这种评价孟皇后应该说当之无愧。

孟忠厚（？—1157年）是孟皇后的亲侄儿，他的父亲孟彦弼因妹妹成为皇后而在死后被追封为咸宁郡王。据《宋史·孟忠厚传》记载，由于皇后的关系，孟忠厚仕进顺利，即使在皇后被废居瑶华宫的日子里，哲宗也对他"恩眷不衰"。徽宗宣和年间（1119—1125年），他任将作少监。靖康元年（1126年）知海州，旋即调任代理卫尉卿。金兵围攻汴京时，孟皇后避居其家。金兵北返后，张邦昌建立伪齐政权，推出孟皇后"垂帘听政"，她"遣忠厚持书遗康王"，促其继承帝位，建立南宋朝廷。孟忠厚随即更受重用，"授忠厚徽猷阁待制，提举一行事务，寻兼干办奉迎太庙神主事"。高宗驻扬州，任命他为显谟阁直学士，主持重要政务。当时台谏官员"交章论列"，认为忠厚作为外戚不宜担任政务官员。高宗碍于太后情面，很是作难。太后知晓后，即命忠厚改任军事方面的官员。累任常德军承宣使、宁远军节度使。太后崩逝后，他任镇海军节度使，开府仪同三司。绍兴九年（1139年）后，历任判镇江府、判明州府兼安抚使、判婺州，判绍兴府，加少保。后徽、钦二宗的梓宫自金国返南宋，他充任营护使，营佑陵。当时任丞相的秦桧与他虽有"僚婿"之亲，但因为他为人正直，为官忠义，秦桧对他内心忌惮，于是在陵工事毕之后，不愿他至枢密府任官，而是"讽言路饮故事论列"，将其任为福州判官。而临海的福州，此时正被猖獗的海寇困扰。高宗忧其"不能弭其患，改判建康府"，继而又改判绍兴府。不久，"会郊赦加恩，谢表有'本无时才，出为世用'语。中丞詹大方希桧意，论忠厚表辞轻

---

① 《震川别集》卷五《昭慈孟皇后论赞》，电子版文渊阁四库全书。

侮，谓今日不足与有为，遂罢为醴泉观使"，可见他在秦桧当政时一直受压。
直到秦桧死后，他才被皇帝召回，任命为保宁军节度使，判平江府，再改判
绍兴府。后来"过阙入见，复诏充万寿观使，提举秘书省"①。绍兴二十七年
（1157 年），孟忠厚死于任上。由于孟忠厚是孟皇后的亲侄儿，更因为他对
宋皇室忠心耿耿，且具有相当强的理政治事的才能，所以一直得到朝廷的重
用，先是被封为东海县开国子，再封为开国侯，食邑 1000 户，实封 400 户。
高宗发布的《孟忠厚知建康府制》和《孟忠厚特授起复镇潼军节度使开府仪
同三司充醴泉观使进封东海郡开国侯加食邑食实封制》可以看出朝廷对他的
眷顾和信任。《孟忠厚知建康府制》：

> 敕建业名城，负山川形势之胜，江东会府，据舟车往来之冲。今
> 为陪都，尤慎居守。执膺师帅之讬，必藉股肱之良。具官某，识照几
> 微，学穷今古，君子之行正众，高一时肺腑之英。贤牧之政近民，余
> 两郡棠荫之爱。顷畴德望，入长枢庭，侍帷幄之窸严，资谋猷之佐助。
> 属上请间之悃用，推均逸之恩肆，颁赞书，俾重制闻，初分长乐之寄。
> 既壮其行载，更金陵之符，庶几未远，尚烦卧治，其体眷怀。②

《孟忠厚特授起复镇潼军节度使开府仪同三司充醴泉观使进封东海郡开国侯
加食邑食实封制》：

> 朕膺南面之尊，赖东朝之训，祸移中壶。既临窆祔之期，恩及外
> 家，宜厚期功之属，肆颁徽数，敷告路朝持服。前宁远军度使，充醴
> 泉官使，东海县开国子、食邑五百户、食实封二百户孟忠厚，蚤负通
> 材，亟跻腊仕，忠于事上，膺两宫奉使之荣，学以忘忧，为四姓小侯
> 之冠。自正斋坛之拜，尤高戚畹之称，中罹闵凶，久辍朝请，念徽音
> 之益远，知厚德之难酬，乃录遗宗，偏加殊渥。求于母党，孰恩服之
> 并隆？惟我人英！盖亲贤之莫二，是用夺衰麻之制，还旄钺之权，相

---

① 脱脱等：《宋史》卷四百六十五《外戚下·孟忠厚》，中华书局 1955 年版，第 13588 页。
② 张扩：《东窗集》卷十三，电子版文渊阁四库全书。

吉壤以开藩，载严戒律；视上公而进秩，永穆师瞻。既疏侯社之封，仍赋祠庭之禄。益陪圭食，加畀井牧，以慰在天之灵，以伸濡露之感。于戏！薄氏长者，实有助于汉朝；吴侯小心，亦中兴于唐室。惟谦恭可以长世，惟忠荩可以亢宗。服予邦休，笃尔私庆，可特授起复镇潼军节度使，开府仪同三司，充醴泉观使，进封东海郡开国侯，加食邑五百户，食实封二百户，主者施行。①

这两个文件，其中有许多赞誉孟忠厚的话，但不是虚誉而是实情。孟忠厚以外戚之尊，终身为朝廷服务，不以房帏之亲而骄奢淫逸，不以权柄之重而跋扈飞扬，而是谨遵朝规，裁节恩泽，多次上表辞却朝廷颁赐的利禄和荣誉。本传评论说："忠厚奉昭圣太后训，避远权势，不敢以私干朝廷。明受之变，太后垂帘，忠厚乞裁节本家恩泽，如有贪缘，令三省执奏。"因而得以全身而终，生荣死哀；死后赠太保，"三子皆除直祕阁，亲属六人各进以一官"。孟皇后与孟忠厚，姑侄二人，互相配合，竭心尽力，在特殊时期为南宋的建立和稳定做出了不可替代的贡献。

孟皇后与孟忠厚尽管在宋朝地位显赫，在《宋史》有专传，但《世家谱》和《三迁志》皆失载。关于他们的世系，在《绍兴县志资料》第一辑《民族、氏族上》"独树村孟氏"条下有如下记载：

孟子居邹为邹人，至五代时有名度者，自兖分徙于洺。度生庭训，庭训生尚进，尚进生元，元生公随、公齐。随从父居而公齐归兖……公随自洺迁卫州共城。子在生女为哲宗皇后，遂由共城迁汴梁。在子彦弼扈后南渡至越州。今之孟氏皆其后也。

按公随、公齐同代推算，孟皇后当为46代女，孟忠厚自然是47代。另据《孟子世家黄县支谱》提供的资料，孟皇后祖父孟元为42代，他的儿子是43代孟庚（即《宋史》记载的孟在），据此孟皇后当为44代女，孟忠厚则是45代。诸暨的《孟氏宗谱》定孟宗厚（即孟忠厚）为南渡始祖，列47代。

---

① 汪藻：《浮溪集》卷十一，电子版文渊阁四库全书。

这应该可信。

孟忠厚的儿孙辈中有三人继承乃祖遗风，出入军政界，为将任官，都取得一定成绩。

孟德载（1125—1157年），是孟忠厚的幼子，尽管只活了32岁，但一生驰骋疆场，活跃在与金兵对战的前线，屡立战功。他少有大志，品格特异，器识不凡。一日其父大宴群僚，少年德载陪侍，宴会进行中，忽有巡逻兵急报金兵渡河，举座皆惊，不知所措。只有德载愤然而起，慷慨发声："堂堂中国岂无一人？义士安容胡马冲突至此！"令与会官员感佩莫名。长大后，壮貌伟岸，气宇轩昂，投身军旅，毅然有澄清天下之志。每次与金兵交战，他都能身先士卒，制敌决胜。多次交手后，金兵对他畏惧忌惮，莫敢缨其锋。每次出战，即相戒"当避此白面将军"。他累官环卫上将军，提举金衢等处，是护卫地方的重要武官。再后升任六军州马上骑都尉，封诸暨开国男，食邑一千三百户，赐紫鱼袋。荣宠不亚于老子。德载兼理地方政务，为官清正，关心民瘼，德主刑辅，公平执法，乐善好施。曾多次救助贫困乡邻，施粥流民，全活数万人。也曾买棺殡葬无主尸骸，深责自己为政疏漏。他时时以天下苍生为念，慨然放言："若使我致治数年，当使天下无冤民！"死后诏封"昭佑明应侯"，追赠太尉爵位。孟德载有三子一女，幼子孟炎，为今浙江丽水、义乌孟氏之始祖。

孟猷（1156—1217年），孟忠厚之孙，师事著名思想家叶适，历官籍田令、知信州、都官郎中、刑部侍郎、直龙图阁、江东转运副使。他为官清正，坚拒结党营私，奖掖后进，颇得僚属赞佩。他喜为诗，有《孟侍郎集》传世。其弟孟导（1160—1220年），与兄同师事叶适。历官金华丞、临安府通判、大理正、知严州、临江军。为官施惠民之政，察狱辨冤，清廉自守，因而为妒忌者诬陷罢官。

孟忠厚有一从父孟彦卿，生卒年不详。《宋史》有传。记载他"颇知兵"，建炎三年（1129年）任潭州（今湖南长沙）通判时，遭遇城中叛卒焚掠市肆，他率兵追击叛逃的士卒，并招安余众。不久，杜彦帅一股溃兵占据浏阳，进犯善化、长沙二县。孟彦卿指挥民兵拒敌，"手杀数人，贼势挫，退还浏阳"。他在领兵追击溃敌时，鏖战被杀。在这场对付叛军的事变中，添差通判赵民彦、邑士谢淳皆协助孟彦卿对敌作战，最后死于战斗中。事后，朝廷追赠孟彦卿、赵民彦直龙图阁，"官其家各三人"。后来朱熹任官湖南时，请为孟彦卿、赵民彦立庙祭祀。

孟元老

孟元老，号幽兰居士，两宋之际人，籍贯和生卒年皆失载。他的最大贡献是撰写了一部《东京梦华录》。能够写出这样一部书，至少表明他是一个有学问的读书人，一个爱好历史、戮力著述的民间知识分子。

《东京梦华录》是一部追忆北宋都城汴京盛世繁华的著作。在《自序》中，他将著作该书的缘起讲得比较清楚：

> 仆从先人，宦游南北，崇宁癸未到京师，卜居于州西金梁桥西夹道之南。渐次长立，正当辇毂之下太平日久，人物繁阜，垂髫之童，但习鼓舞，班白之老，不识干戈。时节相次，各有观赏。灯宵月夕，雪际花时，乞巧登高，教池游苑，举目则青楼画阁、绣戸珠帘，雕车竞驻于天街，宝马争驰于御路；金翠耀目，罗绮飘香。新声巧笑于柳陌花衢，按管调弦于茶坊酒肆；八荒争凑，万国咸通，集四海之珍奇，皆归市易；会寰区之异味，悉在庖厨。花光满路，何限春游；箫鼓喧空，几家夜宴。伎巧则惊人耳目，侈奢则长人精神。瞻天表则元夕教池，拜郊孟享，频观公主下降，皇子纳妃。修造则创建明堂，冶铸则立成鼎鼐。观妓籍则府曹衙罢，内省宴回。看变化则举子唱名，武人换授。仆数十年烂赏叠游，莫知厌足。一旦兵火，靖康丙午之明年，出京南来，避地江左，情绪牢落，渐入桑榆，暗想当年节物风流，人情和美，但成怅恨。近与亲戚会面，谈及曩昔，后生往往妄生不然。仆恐浸久，论其风俗者失于事实，诚为可惜，谨省记编次成集，庶几开卷，得睹当时之盛。古人有梦游华胥之国，其乐无涯者，仆今追念，回首怅然，岂非华胥之梦觉哉？目之曰《梦华录》。然以京师之浩穰，及有未尝经从处得之于人，不无遗阙，倘遇乡党宿德，补缀周备，不胜幸甚！此录语言鄙俚，不以文饰者，盖欲上下通晓耳。观者幸详焉。[①]

---

① 《东京梦华录·自序》，电子版文渊阁四库全书。

由于是个人回忆之录，且所参考文献不多，所以失记舛误之处在所难免。《四库全书总目》在肯定其"自都城坊市、节序、风俗及当时典礼仪卫，靡不核载"的优长之后，列举了不少其记载与《宋志》的抵牾之处，认定该书"不过识小之流"，总体评价不高。明朝李濂在其所撰《跋东京梦华录后》一文中，虽也指出该书与《东京记》的关系，但还是公正地肯定了它的价值：

> 幽兰居士孟元老《东京梦华录》一册十卷，凡宋之京城河渠、宫阙、官府、寺观、桥巷、市井、勾肆，大而朝贺典礼，小而口味戏剧，无不详备，可谓勤矣。元老不知何人，观是录纂述之笔，亦非长于文学者，大抵是录拟宋敏求《东京记》而作。《东京记》上中下三卷。……其学闳博，元老不逮也。元老自序，自徽宗崇宁二年癸未入京师，至靖康元年丙午避兵南，盖寓京师者二十有三年，故纪载时事极为详备，但是时艮岳已成，梁台上方寺塔俱在，而录内无一言及之，不知何也。由是观之，则元老之所遗漏者抑多矣。嗟乎，自靖康丙午迄今五百余年，兵燹之所燔蓺，黄河之所冲淤，都城胜迹湮没殆尽，览是录者，能无黍离之悲乎？①

《东京梦华录》尽管有种种缺失，但它作为一部记述北宋首都汴京的历史地理学著作，具有的历史文献价值是不容忽视的，只要看大量研究宋史的有关著作不时征引该书，就知道它是一部研究宋史无法跳过去的著作。

孟宗政·孟珙父子

孟宗政（？—1223年），字德夫，本籍绛州（今山西侯马），其祖孟安，其父孟林，都随岳飞参与抗金斗争，屡立战功。后举家移居随州枣阳（今属湖北）。"宗政自幼豪伟，有胆略，常出没疆场间。开禧二年（1206年）金将完颜董犯襄、郢，宗政率义士据险游击，夺其辎重"，受到上司赏识，连升承节郎、枣阳令、京西钤辖。嘉定十年（1217年），金兵犯襄阳、枣阳，他奉命节制神劲、报捷、忠义三军，"蹀血以战"，金兵败走。接着驰援枣

---

① 李濂：《汴京遗迹志》卷十八，电子版文渊阁四库全书。

阳，"驰突如神"，金兵逃遁。奉命统帅枣阳军，治军严明，斩一犯法爱仆，领导军民"筑堤积水，修治城堞"，大大加强了防卫。下一年，金帅完颜赛不围城，他与扈再兴合兵抗敌，历时3月，大小70余战，屡挫金兵。最后与援军一起将金兵击溃，因功升武德郎。嘉定十二年（1219年），金军统帅完颜讹可率步骑猛烈进攻，双方在枣阳城头进行了一场血肉纷纭的搏战：

> 完颜讹可拥步骑傅城，宗政囊糠盛沙以覆楼棚，列瓮潴水以堤火，募炮手击之，一炮辄杀数人。金人选精骑二千，号弩子手，勇云梯、天桥先登，又募凿银矿石工昼夜陷城，运茅苇直抵圃楼下，欲焚楼。宗政先毁楼，掘深坑，防地道；创战棚，防城损；穿井才透，即施毒烟烈火，鼓韛以熏之。金人窒以湿毡，析路以刳土，城颓楼陷。宗政撤楼益薪，架火山以绝其路，列勇士，以长枪劲弩备其冲。距楼陷所数丈筑月城，袤百余尺，翼傅正城，深坑倍仞，躬督役，五日成。金人摘强兵披厚铠、毡衫，铁面而前，又湿毡濡革蒙火山，覆以冰雪，拥云梯径抵西北圃楼登城。城中军以长戈舂其喉，杀之；敢勇军自下夹击金兵，兵坠死燎焰。金将于后截其军，拒马挥刀破前，自昕至晟，死伤踵接，梯桥尽毁。金人连不得志，俄乘顺风渡濠，飞脂革烧战棚，宗政激将士血战，凡十五阵，矢石交，金兵死者千余，弩子手十七八，射其都统殪。天反风，金人愈忿，炮愈急。会王大任领锐卒一千冒重围转斗入城，内外合势，士气大振，贾勇入金营，自晡至三更，金人横尸遍地，夺其铜印十有六，讹可弃帐走。获辎重牛马万计。[①]

就是这场斗智斗勇的拼死鏖战，使孟宗政晋升温武功大夫兼阁门宣赞舍人。接着，他又指挥麾下士卒一举扫荡湖阳县境的金兵，"燔烧积聚，夷荡营砦，俘掠以归。金人自是不敢窥襄、汉、枣阳"。不久，又升任荆鄂都统制，成为长江中游地区的最高军政长官。在任上，他妥善安置中原来归的百姓数以万计，并将其中的勇壮男子编为"忠顺军"，严加训练，使其成为唐、邓一带边防的守卫者，金人惧怕这支地方武装，呼为"孟爷爷"。他最后的职务

---

① 脱脱等：《宋史》卷四百三《孟宗政传》，中华书局1959年版，第12212—12213页。

是右武大夫、团练使、防御使，跻身高级武官行列。由于他行政治军对敌均取得优异成绩，所以深受所辖地方百姓爱戴，"死之日，边城为罢市恸哭"。

孟珙（1195—1246 年），字璞玉，是孟宗政的儿子，少年即跟随其父参加抗金之战。嘉定十年（1216 年），金兵进犯襄阳，驻兵团山。孟宗政时在赵方麾下为将，指挥所部抵御。此时也在军中的孟珙料定金兵"必窥樊城"，建议其父在罗家渡渡口附近迎敌。孟宗政认定儿子的谋划确当，随即布置部下"临渡布阵"。金兵果然自罗家渡渡河，乘敌半渡，孟宗政出伏兵截击，将敌人歼灭过半。接着受命驰援枣阳，激战中父子被冲散。孟珙遥望素袍白马的父亲被敌人团团围住，立即突骑冲入敌阵，将父亲解救出来。他以功晋升进勇副尉。嘉定十二年（1218 年），金将完颜讹可督步骑二十万分两路进攻枣阳，"环集城下"，发起一波又一波的攻势。孟珙站立城墙之上，频频射箭御敌，其勇敢胆识，使"将士惊服"。父亲命他率一支精干力量抄小道袭击敌人，他"破砦十有八，斩首千余级，大俘军器以归"，促使金兵逃遁，他以功升下班祗应。嘉定十四年（1220 年），孟珙转投制置使赵方，赵方奇其勇毅，任命他为光化尉，转武校尉。两年后，升任承信郎。不久，父亲病逝，孟珙为之守孝。理宗即位后，授其为忠翊郎，"寻差峡州兵马监押兼在城巡检，京湖制置司差提督虎翼突骑军马，又辟京西第五副将，权管神劲左右军统制"。

孟宗政在世时，曾招募唐、邓、蔡（今均属河南）壮士 2 万余人，号"忠顺军"，由江海统率，他难孚众望，于是制置司命孟珙代江海，他分其军为三部，建立制度，整饰纪律，"众乃帖然"。绍定元年（1228 年），孟珙在枣阳领导军民兴修水利："创平堰于枣阳。自城至军西十八里，由八叠河经渐水侧，水跨九皁，建通天槽八十有三丈，溉田十万顷，立十庄三辖，使军民分屯，是年收十五万石。"同时又命令忠顺军"家自畜马，官给刍粟，马益蕃息"。这两项措施，使他管理的地区农业生产得到发展，改善了百姓生活，丰裕了军粮供应；而马的蕃息，则使军马有了稳定的后备来源，增强了抗金的实力。第二年，他因功晋升京西第五正将、枣阳军总辖，明年，再升差京西兵马都监。

绍定元年（1233 年），元将与宋军相约共同夹击金主完颜守绪和他控制的蔡、唐、邓等城市。孟珙率军进击金军及其依附的地方武装，一举攻占邓城，"获首五千级，俘其将士四百余人，户十二万二十有奇"，因此役之功，孟珙晋升江陵副都统制。接着，他又督军取得吕堰之战的胜利，"获甲士五十有二，斩首三千，马牛骆驼以万计，归其民三万二千有奇"。在宋军的强大攻势下，金国的邓州军政长官移剌瑗遣其部曲"奉书请降，得县五，镇二十二，官吏一百九十三，马军千五百，步军万四千，户三万五千三百，口十二万五千五百五十三"。金国势力日益衰颓，其顺阳令李英以县降，申州安抚使张林以州降，孟珙向制置司建议："归附之人，宜因其乡土而使之耕，因其人民而立之长，少壮藉为军，俾自耕自守，才能着分以土地，任以职使，各招其徒以杀其势。"这个建议得以批准实行，对稳定新附地区的秩序、安定民生起了很好的作用。这年七月，金唐、邓行省军政长官武仙的爱将刘仪率领二百壮士投诚，根据他提供的情报，孟珙指挥所部攻克金兵盘踞的易守难攻的王子山砦，斩首金军小元帅。之后，马不停蹄，连续作战，攻克武仙所部据守的所有山砦，"降其众七万人，获甲兵无算"。他还军襄阳，转任脩武郎、邓州江陵府副都统制。

紧接着，又与元军合力围攻金人最后据守的蔡州，鏖战经月，战况激烈。至端平元年（1234 年）正月，攻克州城，降其丞相乌古论栲栳，杀其元帅兀林达，执其参政张天纲。金主完颜守绪自焚而死。孟珙还军襄阳，因功"特授武功郎、主管侍卫马军行司公事，擢建康府都统制兼侍卫马军行司职事"。

灭金后，孟珙率精骑数百，连夜急行，驰赴北宋皇陵，"奉宣御表，成礼而归"，算是洗雪了金人掳徽、钦二帝的耻辱。

金国灭亡后，南宋与元朝的矛盾凸现出来。孟珙驻军襄阳，招中原精锐百战之士万五千人，组成镇北军，由他任都统制，分屯澨北、樊城、新野、唐、邓间，以防元兵南下。这年底，他回临安向枢密院"禀议"。第二年，授主管侍卫马军行司公事，驻箚黄州。辞别皇帝时，君臣有一段对话：

上曰："卿名将之子，忠勤体国，破蔡灭金，功绩昭著。"珙对曰："此宗社威灵，陛下盛德，与三军将士之劳，臣何力之有？"帝问恢复，对曰："愿陛下宽民力，蓄人材，以俟机会。"帝问和议，对曰："臣介胄之士，当言战，不当言和。"①

这表明，在对待元朝的问题上，他是坚定的抗战派。端平三年（1236年），他至黄州（今湖北黄冈）履职，立即加强军事建设，督率当地军民，做好迎击元军的准备：

> 增埤浚隍，蒐访军实，边民来归者日以千数，为屋三万间居之，厚加赈贷。又虑兵民杂处，因高阜为齐安、镇淮二砦，以居诸军。创章家山、毋家山两堡为先锋、虎翼、飞虎营。兼主管管内安抚司公事，节制黄、蕲、光、信阳四郡军马。②

不久，元军大举进攻蕲州、襄阳，随、荆门、郢相继失陷，形势危殆。孟珙奉命沿江西援。其时元兵分两路进攻复州和监利，伺机渡江。孟珙沉着应战："珙变易旌旗服色，循环往来。夜则列炬照江，数十里相接。又遣外弟赵武等共战，躬往节度，破砦二十有四，还民二万。"取得了这次抵抗元军的胜利。嘉熙元年（1237年）因功封随县男，升高州刺史、忠州团练使兼知江陵府、京西湖北安抚副使。接着，再授鄂州诸军都统制，成为独当一面的战区统帅。元军失利后，很快调整部署，再次大举进犯，数日之间夺得蕲、舒、光三州，然后猛攻黄州。全赖孟珙前往，"驻帐城楼，指划战守，卒全其诚"。第二年春天，转任宁远军承宣使、鄂州江陵府诸军都统制。不久，再升枢密副都承旨、京西湖北路安抚制置副使兼督视行府参谋官。数日后，升制置使兼知岳州。他指挥宋军收复郢州、荆门军，并取得冢头、樊城、郎神山之战的胜利。嘉熙三年（1239年）春正月，收复信阳军、樊城和襄阳、光化军、息、蔡等地，孟珙上奏朝廷，提出固守襄、樊的战略战术：

> 取襄不难而守为难，非将士不勇也，非车马器械不精也，实在乎

---

①　脱脱等：《宋史》卷四百十二《孟珙传》，中华书局1959年版，第12374页。
②　脱脱等：《宋史》卷四百十二《孟珙传》，中华书局1959年版，第12374—12375页。

事力之不给尔。襄、樊为朝廷根本，今百战而得之，当加经理，如护元气，非甲兵十万，不足分守。与其抽兵于敌来之后，孰若保此全胜？上兵伐谋，此不争之争也。①

于是"乃置先锋军，以襄、郢归顺人隶焉"。这充分显示了孟珙不凡的战略眼光。因为襄阳、樊城地控长江以北的战略要地，牢牢控制该地，就形成阻止元军自长江中游突袭的屏障，是元军南进的必争之地。果然，不久，元军大举临江，孟珙料定其必通过施、黔侧击湖湘，立即要求朝廷筹措粟10万石作军饷，调兵扼守峡州、归州、松滋等地。嘉熙四年（1240年），元兵一方面自随州南下窥江，一方面遣大军攻蜀，图谋自西威胁黔、鄂、湘，孟珙全面部署应战，上书朝廷提出应对方略：

> 珙条上流备御宜为藩篱三层：乞创制副司及移关外都统一军于夔，任涪南以下江面之责，为第一层；备鼎、澧为第二层；备辰、沅、靖、桂为第三层。峡州、松滋须各屯万人，舟师隶焉。归州屯三千人，鼎、澧、辰、沅、靖各五千人，郴、桂各千人，如是则江西可保。又遣杨鼎、张谦往辰、沅、靖三州，同守倅晓谕熟蛮，请求思、播、施、黔支径，以图来上。

如此经略，保证了鄂、黔、湘西翼的安全。但元军在进军蜀地的同时，仍集大军于襄、樊、信阳一线，伺机渡江南进。孟珙于是全力部署抵抗，并派遣多路突击队，袭扰驻敌，焚其辎重军需，又组织江淮间民兵，号"宁武军"，由军官统领，在前线担任情报、扰敌事宜。这一年，孟珙"进封汉东郡侯兼京湖安抚制置使"，成为长江中游地区最高的军政长官。因为此时四川制置使及其副手不协，不断交章向朝廷控告对方，孟珙驰书劝告说："国事如此，合智并谋，犹惧弗克，而两司方勇于私斗，岂不愧廉、蔺之风乎？"使两人惭愧莫名。他接着奉命整顿蜀政，改革弊端。

---

① 脱脱等：《宋史》卷四百十二《孟珙传》，中华书局1959年版，第12376页。

釐蜀政之弊，为条班诸郡县，曰差除计属，曰功赏不明，曰减尅军粮，曰官吏贪黩，曰上下欺罔。又曰："不择险要立砦栅，则难责兵以卫民；不集流离安耕种，则难责民以养兵。"乃立赏罚以课殿最，俾诸司奉行之。

朝廷命他兼夔路制置大使兼屯田大使，他立即采取有力措施稳定蜀地生产生活秩序："军无宿储，珙大兴屯田，调夫筑堰，募农给钟，首秭归，尾汉口，为屯二十，为庄百七十，为顷十八万八千二百八十，上屯田始末与所减券食之数，降诏奖谕。"

淳祐二年（1242 年），元军进攻淮东，孟珙全力救援。元兵又大举进攻三川，他又筹划全力应对。这时，朝廷升任其为检校少保，进封汉东郡公。面对愈来愈严峻的军事形势，孟珙坦言：

沅之险不如辰，靖之险不如沅，三州皆当措置而靖尤急。今三州粒米寸兵无所从出，此京湖之忧一。江防上自秭归，下至寿昌，亘二千里，自公安至峡州滩碛凡十余处，隆冬水涸，节节当防年兵诟备多，此京湖之忧二。今尺籍数亏，既守滩碛，又守关隘，此京湖之忧三。陆抗有言："荆州国之藩表，如其有虞，非但失一郡，当倾国争之。若非增兵八万并力备御，虽韩、白复生，无所展巧。'今日事势大略相似，利害至重。"①

淳祐四年（1244 年），孟珙又兼知江陵府，他对朝廷的江防部署心存疑忌，对部下说："政府未之思耳，彼若以兵缀我，上下流急，将若之何？珙往则彼捣吾虚，不往则谁实捍患？"这两段话显示了孟珙对南宋抗元军事形势的真知灼见，然而，南宋的最高军事当局已经无力筹谋最佳备敌方案了。不久，寿春军情急，朝廷要求孟珙发援兵前往，接着，又要求分兵三千防御齐安，孟珙对这种疲师劳兵的无效调动十分反感，本着"将在外君命有所不受"的原则，拒绝应命："黄州与寿昌三江口隔一水耳，须兵即度，何必预

---

① 脱脱等：《宋史》卷四百十二《孟珙传》，中华书局 1959 年版，第 12378—12379 页。

遣？先一日则有一日之费，无益有损，万一上游有警，我军已疲，非计之得也。"淳祐五年（1245年），孟珙奉命自黄州回调江陵。他至驻地，立即登城检查城防设施，发现巨大疏漏，不由惊叹说："江陵所恃三海，不知沮洳有变为桑田者，敌一鸣鞭，即至城外。盖自城以东，古岭先锋直至三汉，无所限隔。"于是立即督率军民整治："乃修复内隘十有一，别作十隘于外，有距城数十里者。沮、漳之水，旧自城西入江，因障而东之，俾绕城北入于汉，而三海遂通为一。随其高下，为匮蓄泄，三百里间，渺然巨浸。土木之工百七十万，民不知役，绘图上之。"以茫茫大水绕城，大大增加了城池防卫的强度。

此时，与元朝对峙的形势越来越对南宋不利，而孟珙也年过五旬。由于各地防务吃紧，朝廷对军队的调动也频繁发生。先是调江陵兵援淮，接着又调他们远赴广西。对于这种如同儿戏的军事调动，孟珙很不以为然，就上书朝廷，予以拒绝："大理至邕，数千里部落隔绝，今当择人分布数郡，使之分治生夷，险要形势，随宜措置，创关屯兵，积粮聚刍于何地，声势既张，国威自振。计不出此而闻风调遣，空费钱粮，无补于事。"他侦知元军逼近江陵，请求枢密院告两淮军准备驰援，不予理会，结果襄、樊等地相继失守。大量士人不愿做元朝顺民，结伙南下。孟珙上奏朝廷，要求收容这些士子，俾以教育，使之为国效力："襄、蜀荡析，士无所归，蜀士聚于公安，襄士聚于郢渚。臣作公安、南阳两书院，以没入田庐隶之，使有所教养。"从而使这批宝贵的人才得以安顿。正在此时，发生原镇北军溃卒归降南宋朝廷事件。孟珙要求朝廷收容这些溃卒，既使之有机会为国效力，也能赢得北方沦陷区的向心力，但朝廷偏信谗言，予以拒绝。孟珙很失望，叹息说："三十年收拾中原人，今志不克伸矣。"由此气恼生病，要求辞官为民。朝廷允准，"授检校少师、宁武军节度使致仕"。时年九月，刚过50之年的孟珙病逝于江陵府。大概因为孟珙一直身居军旅，战斗在抗金、抗元的最前线，并且屡经战阵，功勋卓著，所以朝廷在他死后给予极高的荣誉："讣至，帝震悼辍朝，赙银绢各千，特赠少师，三赠至太师，封吉公公，谥忠襄，庙曰威爱。"

孟珙是南宋继岳飞、韩世忠之后最著名的抗金抗元名将之一，长年率军据守长江中游的襄、樊、江陵、黄州等名城，捍卫着南宋最重要的湖湘财富之区。他熟读《孙子》等兵法战策，具有很高的军事素养、战略眼光和卓越的指挥艺术，爱护士卒，洞悉敌情，熟知驻地山川形势、地理民俗，所到之处，抚民整军，建构防御设施，兴修水利，发展生产，改善百姓生活，建立军民一体的抗敌体系，虽然一时金、元的军力超过南宋，但孟珙却领导他麾下的将士打了不少胜仗，为稳定南宋在江淮和南方的统治发挥了重要作用。他的许多正确的建议和设想没有得到朝廷的采纳，既是他的不幸，更是南宋朝廷的不幸。《宋史》本传给予他崇高的评价：

> 珙忠君体国之念，可贯金石。在军中与参佐部曲论事，言人人异，珙徐以片语折衷，众志皆愜。谒士游客，老校退卒，壹以恩意抚接。名位虽重，惟建旗鼓，临将吏而色凛然，无敢涕唾者。退则焚香扫地，隐几危坐，若萧然事外。远货色，绝滋味。其学邃于《易》，六十四卦各系四句，名《警心易赞》。亦通佛学，自号"无庵居士"。①

孟宗政和孟珙，孟氏家志失载，其先世世系无从稽考。据《孟氏世系表》未刊稿记载，孟宗政之祖父孟安与大宗支孟宁同为第45代，准此，则孟宗政为47代，孟珙为48代。孟珙生二子，长子名经，是现今湖南安乡一支和湖南桃园一支的始祖；次子缙，是现今湖南宁乡一支的始祖。

宋、辽朝其他孟氏名人

除了上述诸人外，宋朝的孟氏名人还有以下十数人。

五代后蜀国主孟昶的两个儿子，其一孟玄喆（938—992年），邢州龙冈人，年十四，封秦王，判六军诸卫事。广政二十五年（962年）立为皇太子，领武德军节度，加兼侍中。归宋朝之后，拜检校太尉、泰宁军节度。太宗太平兴国四年（979年），参与平太原、征幽州的战事，因战契丹有功封滕国公，任左龙武统军，担任过滑州、滁州的知州。其二孟玄珏（？—992年），孟昶次子，广政十三年（951年）封褒王。二十三年领保宁军节度，加检校太傅。归宋后，任千牛卫上将军。太平兴国九年（984年），出任宋、

---

① 脱脱等：《宋史》卷四百十二《孟珙传》，中华书局1959年版，第12380页。

曹、充、郓都巡检，改右屯卫上将军。淳化元年（990 年），任右神武统军，出知滑州。两兄弟皆为孟子第 42 代孙。

孟元，字善长，洺州（今河北永年东南）人，《宋史》①有传。他"性谨愿少过，颇喜读书"。少入禁军，"以挽强选补殿侍，累迁散都头班指挥使，擢如京使，并、代州兵马都监"，再迁高阳关路、真定路钤辖。参与镇压贝州王则起义，他身先士卒，"被数十创，又中机石，坠濠中"。他跃出壕沟，愈战愈勇。进而组织敢死之士，"由永济渠穴地以进"，终于平定起义军，升任大名路钤辖，后代理沧州知州，遇饥荒，他以军粮易盐民之盐，帮助他们渡过难关。再后升普州刺史，迁宫苑使，管理勾麟府军马事，督理修筑永宁堡，"敌不敢动"，使该地暂获安宁。之后历任龙神卫四厢都指挥使、忠州团练使、高阳关马步军总管、步军都虞侯、并州路副都总管、大名府路副都总管，最后官至马军都虞侯。在赴塘延路副都总管任时经郑州病逝，朝廷赠遂州观察使。孟元一生置身军旅，转战于北部国防前线，为宋朝的边境安全和百姓安宁贡献了自己的力量。

孟文龙，字震翁，洺州（今河北永年东南）人，徙居平江吴县（今江苏苏州），先以世恩补官，后中铨试，累官至两浙西路安抚司准备差遣。不肯依附奸臣丞相贾似道，元兵压吴境，因与守臣议战策不合，去官家居，有《易解大全》名世。

孟有孚（1047—1096 年），字终吉，辽中都（今辽宁建平西北）人。幼聪敏，登进士第。历官辽朝知泰州军州事、知卢龙县、锦州节度副使、大理正。

孟仲宁、孟应之，宋代两位书画家。

孟逢源，字深造，京口（今江苏镇江）人，与其兄以善写辞赋闻名乡里，前后登门受业者数百人。经其指授点拨，皆学有成。时称大孟小孟。

孟涣，字济义，澶渊（今河南濮阳南）人，后徙居临川（今江西抚州）。孝宗淳熙二年（1175 年）进士，师事陆九渊。历官徽州教授、知华容县、通判阳州，知荆门军，广东提举等，为官清正，在各任职地区办了不少利国利民的好事。

---

① 脱脱等：《宋史》卷三百二十一《孟元传》，中华书局 1995 年版，第 10460 页。

孟宁，邹城人，孟子第45代嫡裔孙。仁宗景祐四年（1037年），孔道辅守兖州，寻访孟子嫡裔，认定孟宁为45代嫡裔孙，于是推荐朝廷，得到认可，特授邹县主簿，成为孟子庙、林、府的主持人，从此孟氏嫡裔获得朝廷的许多优恤，使孟子庙林的祭祀上升为国家行为。孟氏族人认其为中兴祖。以后的孟氏宗支后裔，都是他的后代。

孟厚，字敦夫，洛阳（今属河南）人，与程颐交好，研读理学。程颢逝世落葬时，正值其遭官府追究之时，连门人都畏祸不敢前往凭吊，独孟厚与尹焞、张译、范械、邵溥为之送葬，他因而被时人誉为"高义孟公"。

孟显，字坦之，华池（今属甘肃）人，为当时著名画家，人呼为"关中小孟"，亦称之为"红楼孟家"。他善画佛像人物及车马出行场面，技法神异，笔无少滞，转动飘逸，观者难以穷其来去之迹，形成自成一家的独异风格。如其画人面，耳边地阔，口舌眼相近，点睛用浓墨。因其运笔犹如唐代著名画家吴道子，被时人誉为"今吴生"。但米芾在评论其画风时，也点出其缺失："吴生画壁界墨讫则去，其弟子装之色，盖本笔再添而成，唯恐失真，故齐如划。小孟只见壁画，不见其真，不亦误耶？"

孟浩，字养直，袁州宜春（今属江西）人。孝宗乾道二年（1166年）进士，知武宁县，关心民瘼，颇有政声。升湖州知府，因触犯权贵丢官。后再起用，官至直秘阁。他为人正直，为官清廉，善文章，有法度，以《龋技集》传世。

孟植，字元立，籍贯与生卒年不详。他初官南康主簿，继而知瑞金，以课最名闻官场。继迁浙东仓廉宪事，设置平粜仓，兼顾农人与市民利益。又浚通鉴湖，既避免水患，又得灌溉之利。他重视引荐人才，却不露形迹。后知越州，卒于任上。

第四节　金元两朝孟氏名人

金朝（1115—1234年）是与宋朝对立并存的政权，在北中国存在了120个年头。元朝（1206—1368年）从成吉思汗建国，至明朝代其统治中国，共存在了160多年。这两个少数民族建立的政权，治下的人口中最多的是汉族人，所以孟氏名人也有不少。

孟宗献

金朝孟氏名人，最著名者当推孟宗献。他是开封（今属河南）人，字友之，生卒年不详。他于金大定三年（1163年）参加进士考试，获状元，因为他在县、府、省、廷试中四次获得第一名，名声大噪，被时人誉为"孟四元"。当时翰林修撰杨伯仁看到他的参试文章，大为激赏，不由赞叹："此人当成大名！"案金朝惯例，状元做官自从七品开始，授承务郎。而金世宗认为孟宗献才学优异，破例任其为从六品的奉直大夫。但他后来的为宦生涯并不顺畅，仅做到曹王府文学兼记室参军知单州（今山东单县）军事，旋因母亲去世，哀痛过度而卒。

孟宗献在金朝末年颇有文名，元朝的刘祁在《归潜志》中说他的"律赋至今为学者法"。又说"孟虽仕不甚贵，作诗词有可称，自号'虚静居士'，心颇恬淡，留意养生术，尝著《金丹赋》行于世，其诗词亦有集"。不过他流传至今的诗词并不多，仅有《御选金诗》和《御选历代诗余》收录的6首诗和一阕词，如《龚平甫森玉轩》：

> 古人借宅亦种竹，大是饕奇心未足。高斋闻有万琅玕，坐对怀山饮秋绿。官闲胜日无一事，尊酒不空仍有肉。他时剥啄叩君门，高枕矮床容我宿。①

抒发的是玉轩观竹的诗酒年华和闲情逸致。再如《旧蓄一琴，弃置者久矣，李君仲通为张弦料理，仍鼓数曲以诗赠之》：

> 我家筝奴忧乐同，尘埃满面鬓发蓬。徽弦不具挂墙壁，似惭无以娱衰翁。夫君一见为披拂，坐使寒谷回春融。中含太古意味足，杂以新态来无穷。繁声流水不可喻，直与造化相冥通。形神久已坐灰槁，一旦抉剔驱盲聋。寂然反听杳难诘，但觉万窍俱玲珑。千金不得和扁力，谁谓起废由枯桐。曲终元旨竟谁会，非弦非指仍非空。拂衣欲往

---

① 《御选金诗》卷六，电子版文渊阁四库全书。下引同。

君且止，为我乘兴弹悲风。

歌咏的是古筝修复后美妙无比的乐声以及赞友之间的款款深情。又如《巢云》：

> 元气氤氲天四垂，我来高处足栖迟。笑看乌鹊空三匝，肯与鸲鹆共一枝。露湿衣裳星斗近，煖生毛骨梦魂知。有时借得天风便，唤取仙人白鹤骑。

透出的是他对隐逸生活的向往与追求。又如《闰月九日》：

> 南崖烘煖贮秋光，胜处相沿醽一觞。俚谚难逢两寒食，润余今值小重阳。头风比似常年愈，菊面浑如去岁黄。老矣欢游定能几，佳时此乐最难忘。

描绘的是闰月重阳日饮酒赏菊的欢愉心境。又如《柳塘》：

> 摇摇风影上寒塘，静里亭台日月长。不似隋家堤岸上，乱鸦残照管兴亡。

又如《苏门花坞》：

> 绕舍云山慰眼新，看花差后洛阳尘。从君小筑繁香坞，不负长腰玉粒春。

两首绝句都是借景抒情，展示远离官场是非，贴近自然，沐风赏花的恬淡闲适。而一阕《菩萨蛮》"睡惊秋近鸣虫，砌苍鬓掺匀霜。影孤灯斸冷，长叹浩歌狂"，则抒发了晚年壮志消磨、孤寂难耐的悲凉心绪。

总起来看，孟宗献一生不脱文人气质，不具备周旋官场上下联通、左右逢源的才能，所以也没能出将入相，只是在中低级官位上盘桓逡巡。他的诗词虽没有脍炙人口的名篇，但流传下来的都清新顺畅，意蕴隽永，具有可读性。

孟浩

孟浩（？—1173年），字浩然，金滦州（今河北滦县）人。辽朝末年进士，《金史》有传。入金朝为官，天会三年（1137年），任枢密院令史，继而转任平州观察判官。天眷初年（1138年），选入元帅府，升归德少尹、行台吏、礼部郎中、户部员外郎、郎中。韩企先任丞相后，拔擢贤能，孟浩得以入尚书省，参与机要，任左司员外郎，掌握了选才简任的权力。"既典选，善铨量人物，分别贤否，所引用皆君子"，却因此而与宵小之徒蔡松年、曹望之、许霖结下仇隙。韩企先死后，孟浩牵进与他同气求成的白毅冤案，被流放海上。直到熙宗时，才得特赦回乡里。大定二年（1162年），复官爵，孟浩先任侍御史，再转右司员外郎。孟浩为人为官都"笃实，遇事辄言，无所隐"，皇帝嘉其忠君为国，大臣们也都称赞他的官德。一度因病求外放，任祁州刺史，旋即致仕。大定七年（1167年），再次召还朝廷，任御史中丞。虽年事已高，世宗皇帝仍"不次用之"，一个月后，拜为参知政事，成为握有重权的副丞相。按惯例，御史中丞不能直接升任行政最高主官，所以孟浩坚决辞谢："不次之恩，非臣所敢当。"世宗却坚持他的任命："卿自刺史致仕，除中丞，国家用人，岂拘阶次。卿公正忠勤，虽年高犹可宣力数年，朕思之久矣。"此后，孟浩尽心辅佐皇帝，戮力为国家服务。遇事敢谏，对任何人不假辞色。例如，皇帝要为太子增建殿位，因他劝谏而止。他还要求恢复女真往昔的纯朴，抑制日益泛滥的奢靡之风。他特别强调"良史直笔，君举必书"，倡导实事求是地记述历史。进而要求明赏善罚，建立良好的政风："历古以来，不明赏罚而能治者，未之闻也。国家赏善罚恶，盖亦多矣，而天下莫能知。乞自今凡赏功罚罪，皆具事状颁告之，使君子知劝以迁善，小人知惧以自警。"[①] 这些建议都得到皇帝的首肯。孟浩最后官至尚书右丞，兼太子少傅。后来年老力衰，精神不继，难任繁剧，皇帝还让他担任真定尹，直至死于任上。孟浩是金朝有数的好官之一，他为金朝政治的清明

---

① 脱脱等：《金史》卷八十九《孟浩传》，中华书局1995年版，第1980页。

尽了自己最大的努力。

孟奎 孟昌 孟铸 孟彦甫

孟奎，字元秀，金辽阳（今属辽宁）人，《金史》有传。大定二十一年（1189年）进士。历官黎阳主簿、淄州军事判官、汲县令、定兴令。后补尚书省令史，跟随参知政事马琪修筑澶渊河堤，堵塞决口，事毕改任中都左警巡使。平章政事完颜守贞特别礼遇在其门下任职的十位士大夫，称为"冷岩十俊"，孟奎即其中之一。后升任都转运司支度判官、上京等路提刑判官。孟奎执法严明，判狱公正。契丹驿使大理司直被一个名为余里也的人杀害，有一个同名的契丹人被系于狱。孟浩察其冤情，坚持将其无罪释放。后来果然抓获真凶。升同知西京路转运使事，继而就任行枢密院官员，为军队筹措军需物资。不久改任河东南北路按察司事、武州刺史。他上书朝廷，要求改变各府县地方政府任官多军人的偏颇，多用士人，以澄清吏治："亲民之寄，今吏部之选颇轻，使武夫计资而得，权归胥吏。每县宜参用士人，使纪纲其事。"[1] 其后，改任曹州刺史，再调同知中都路转运使事。当地遇旱灾，他奉命审录该路冤狱，多人获得平反。大安初年（1209年），任博州防御使，他规定属县凡需要去州衙门办理政事者，中途不得耽搁，以防止胥吏从中做手脚。旋即改任山东东西路安抚副使，接着升任北京、临潢等路按察转运使，并以本官为行六部侍郎。在任上，他劾奏监军完颜讹出虚报功状的案件，使之免官。他被朝廷授以宜差都提控，负责对官员的监察。贞祐初（1213年），病逝。孟奎也是金朝的好官之一，他任职的地方，基本做到了政治清明，百姓安宁。

孟兴，金朝人，生卒年、籍贯均不详，《金史》列《孝友传》。他早年丧父，"事母孝谨。母没，丧葬尽礼。事兄如事父"[2]，比较典型地践履了子孝弟悌的信条。被官府表彰，明昌三年（1192年），"诏赐帛十匹，粟二十石"。

孟铸（？—1213年），金朝人，籍贯不详。大定末年，补尚书省令史。明昌元年（1190年），御史台上奏朝廷，推荐孟铸等11人"刚正可用"，被

---

① 脱脱等：《金史》卷一百四《孟奎传》，中华书局1995年版，第2291页。
② 脱脱等：《金史》卷一百二十七《孝友传》，中华书局1995年版，第2746页。

任命为刑部主事，累迁中都路按察副史、南京副留守、河平军节度使。泰和四年（1204年），升任御史中丞，金章宗要求他忠于职守，公正执法，行使对所有人和事尤其是"巨室重事"严格监察之权。这一年，全国各地几乎都少雨，旱情严重。他推广区种法，多种耐旱作物，穿土作井，扩大灌溉，大大缓解了灾情。不久，他上书弹劾与皇帝贴近的贪腐官员大兴知府纥石烈执中，奏章中说："京师百郡之官，四方取则。知府执中贪残专恣，不奉法令，自奉圣州罪解以后，怙恶不悛，蒙朝廷恩贷，转生跋扈。雄州诈夺人马，平州冒支已俸。无故破魏廷硕家，发其冢墓。拜表以调鹰不赴，祈雨聚妓戏嬉，殴詈同僚，擅令住职，失师帅之体。乞行黜退，以厌人望。"①章宗因为纥石烈执中是当年太子府的老人，为之辩护，说他是个粗人，有点跋扈似可宽宥。孟铸不假辞色，说："明天子在上，岂容有跋扈之臣？"促使章宗诏令尚书省问责。他还对朝廷将提刑司改按察司削弱监察权柄提出意见，促使参知政事议决改革措施。后因永丰库被盗案，御史台官员被问责，泰和八年（1208年），孟铸被外放绛阳军节度使。五年后的至宁元年（1213年），他又复任御史中丞。不久，纥石烈执中作乱，将孟铸和右谏议大夫召至大兴府责问当年对他的弹劾，孟铸给以坚持原则的回答，被遣回家居，准备给以报复性的处置。然而，很快纥石烈执中死亡，孟铸亦在其后故去。孟铸作为朝廷的监察官员，敢于碰硬，公正执法，是金朝中叶政治上的亮点之一。

　　金朝还有一个孟彦甫，云内（今山西原平西南）人，生卒年不详。他以明法被任为西北路招讨司知事，其时界内出现疑狱，被判死刑者过百人。他认定案件有疑点，坚决不执行死刑之令。结果三日后真相大白，冤屈者尽皆蒙释。

孟攀鳞

　　元朝的孟氏名人首推孟攀鳞（1204—1267年），字驾之，一生跨金、元两朝，《元史》和《钦定续通志》皆有传。生于金朝云内（今山西原平西南）的一个文化世家，孟彦甫是他的曾祖。祖父孟鹤、父亲孟泽民，都是金朝进士。他自小聪慧，"日诵万言，能缀文，时号奇童"。金正大七年（1230年）

---

① 脱脱等：《金史》卷一百《孟铸传》，中华书局1995年版，第2202页。

进士，历官朝散大夫、招讨使。四年后，金朝灭亡，他北归居平阳（今山西临汾），不久即被元朝政府征为陕西帅府详议官，遂居家西安。中统三年（1262 年），授翰林待制、同修国史。

至元（1264—1294 年）初年，世祖召见，咨询他对国家大事的意见，他"条陈七十事，大抵劝上以郊祀天地，祠太庙，制礼乐，建学校，行科举，择守令以字民，储米粟以赡军，省无名之赋，罢不急之役，百司庶府统于六部，纪纲制度悉由中书，是为长久之计"。这些意见基本是儒家政治理论的全面阐释，虽然稍有新意，但对一个入主中原的少数民族统治者来说，乃是最主要的行政理念，不可或缺。元朝皇帝"悉嘉纳之，咨问谆谆"。孟攀鳞的学问此时派上大用场。后来皇帝又与他议论王百一和许仲平两个臣子的优长，他回答说："百一文华之士，可置翰苑。仲平明经传道，可为后学矜式。"[1] 很合皇帝之意。而后皇帝再就宗庙、郊祀仪制咨询，他都引经据典作了使之满意的回答，并画图呈进。后因年老有病，要求西归，皇帝让其"就议陕西五路四川行中书省事"。4 年后以 64 岁之年病逝西安。

孟攀鳞虽然少年就以文章名世，但他留下来的文章很少。只在《元文类》等文集中收录了他的名为《春浦帆归图》的一首七言绝句，写景状物，清新自然，可谓上乘之作：

> 涵空水色碧于苔，照眼山光翠作堆。疑是桃花源上客，轻舟天外得春来。[2]

孟攀鳞以自己深厚广博的知识为元朝建国之初的各种制度建设提供了有益的咨询，使之能够损益出一套比较适合管理整个中国的政策和制度，这对元朝的稳定和有序运行发挥了积极作用。

孟祺

孟祺（1231—1281 年），字德卿，元朝宿州符离（今属安徽）人。《元

---

① 宋濂等：《元史》卷一百六十四《孟攀鳞传》，中华书局 1995 年版，第 3859 页。

② 苏天爵：《元文类》卷八，电子版文渊阁四库全书。

史》本传记载，他家"世以财雄乡里"，父亲孟仁，"业儒，有节行"，北上济州，投靠蒙古州帅石天禄，被礼遇，辟为详议府事。孟祺"幼敏悟，善骑射。早知学问"，不久即与父亲一起徙居东平。其时东平为中心的冀、鲁、豫接壤地区正在归附蒙古人的东平世侯严实管辖之下，成为中国北方在民族浩劫中保存学校和文化的圣土。严实修建学校，立考试法，吸引了大批北方士子。孟祺通过考试"登上选"，被任为掌书记，继而推荐为国史院编修官，升任从仕郎、应奉翰林文字，兼太常博士，"一时典册，多出其手"。至元七年（1270年），持节出使高丽，圆满完成任务，回国后晋升承事郎、山东东西道劝农副使。十二年（1275年），随丞相伯颜伐宋，任承直郎、行省谘议。继而任郎中，在伯颜身边处理军政事务，"时军事填塞，祺酬应剖决，略无凝滞"。统帅部进驻建康（今江苏南京），伯颜回京，"政无大小，祺与执政并裁决之"。金山之战，孟祺建言决策，大破宋军，伯颜赞誉为"书生知兵"。接着，伯颜接受孟祺建议，暂缓攻取临安（今浙江杭州），避免了对这座繁华古都的"焚荡"破坏。稍后，元军兵临城下，他作为元朝使者之一赴宋朝廷皇宫谈判，促成了南宋谢太后签署降表。之后他"籍宋太庙四祖殿、景灵官礼乐器册宝，暨郊天仪仗及祕书省、国子监、国史院、学士院、太常寺图书祭器、乐器等物"（《续通志》）。这些器物图书为元朝的制度和文化建设提供了重要参照。这时取出宋朝国玺12枚，伯颜即要亲手封存，但被孟祺劝阻："管钥自有主者，非所宜亲，一有不谨，恐异时奸人妄相染污。终不可明。"① 这表明他对元朝的各种制度是熟悉的。宋太后签下降表后，孟祺为统帅伯颜写了一篇《贺平宋表》，极力颂扬元朝皇帝的睿智声威和平宋的胜利，通篇洋溢着华夏正统的凛然正气。其中有这样的语句：

　　钦惟皇帝陛下，道光五叶，统接千龄。梯航日出之邦，冠带月支之国。际丹崖而述职，奄瀚海以为家。独此宋邦，弗遵声教，谓江湖可以保逆命，舟楫可以敌王师，连兵负固踰四十年，背德食言，难一二计。当主飞渡江南之日，遣行人乞为城下之盟。逮凯奏之言还，辄奸谋之复肆。拘囚我信使，忘乾坤再造之恩；招纳我叛臣，盗涟海二

---

① 宋濂等：《元史》卷一百六十《孟祺传》，中华书局1995年版，第2771页。

城之地。我是以有六载襄阳之讨，彼居然无一介行李之来。祸既出于自求，怒致闻于斯赫。臣肃将禁旅，恭行天诛，爰从襄汉之上流，复出武昌之故渡，藩屏一空于江表，烽烟直接于钱塘。尚无度德量力之心，乃有杀使毁书之事。属庙谟之亲裏，谓根本之宜先。乃命阿勒哈取道于独松，董文炳进师于海渚，臣与阿珠安塔哈等忝司中闑，直指伪都。犄角之势既成，水陆之师并进。常州一破，列郡传檄而悉平；临安为期，诸将连营而毕会。彼极穷蹙，迭出哀鸣。始则为称侄纳币之祈；次则有称藩奉悉之请。顾甘言何益于实事，率锐旅直抵其近郊，招徕用事之大臣，放散思归之卫士，崛强心在，四郊之横草都无；飞走计穷，一片之降幡始竖。其宋国主率诸大臣，已于二月初六日望阙拜伏归附，讫所有仓廪府库封籍待命。外臣奉扬宽大，抚戢吏民，九衢之市肆不移，一代之繁华如故。兹惟睿算，卓冠前王，视万里为目前，运天下于掌上，致令臣等获对明时，歌七德以告成。深切龙庭之想，上万年而为寿，更陈虎拜之辞。①

元朝灭宋后，伯颜极言其功，朝廷晋升他为"少中大夫、嘉兴路总管，佩虎符"。他到任，"首以兴学为务，创立规制"。不久，因病解官，回东平休养。至元十八年（1281年），再次被起用，任太中大夫、浙东海右道提刑按察使，因病未赴任，随即逝世。朝廷赠他宣忠安远功臣、中奉大夫、参知政事、护军、鲁郡公，谥文襄。他算是生荣死哀了。

孟祺为元朝的建立和发展贡献了自己的知识和才智，除了制度礼乐等方面的建树外，他还写了《农桑辑要》，对指导元初的农业生产发挥了积极作用，明朝徐光启的《农政全书》就征引了其中不少资料。以统一的中华民族大家庭为视角，孟祺是一个值得肯定的人物。

孟德　孟梦恂　孟拭　孟淳　孟诊　孟泌　孟海马

孟德，元朝济南（今属山东）人，生卒年不详。元初任邹平县令、淄川节度使，升同知济南路事。元太宗即位第八年，即1236年，孟德被诸侯

---

① 苏天爵：《元文类》卷十六，电子版文渊阁四库全书。

王阔端任命为元帅，佩金印，率济南军攻取徐州、光州，继而被大王按只台任命为万户，攻取濠、蕲、黄等州。宪宗即位第三年（1253 年），他守卫睢州，隔一年，转守海州。多次与宋军作战，参与攻取襄樊、鄂州，最后从征李璮，取胜后以老告归。他显然是一位为元朝统一中国立下战功的人物。孟义是孟德的儿子，生卒年不详。其父死后，他袭封万户，领兵守沂、郯，佩虎符。至元元年（1264 年），为郯筑城垣。六年，在宋、元五河之战中立功。九年，授怀远大将军，迁宿州万户。十二年（1277 年），参与攻掠安庆、扬子桥。下一年，改守杭州。接着攻取福建、温、台等地。十四年授昭勇大将军、瑞州路达鲁花赤，随即镇闽州。两年后，任招讨使。二十二年（1285 年），复为沂郯万户。10 年后，以老辞职。他的两个儿子孟智官至宣武将军，封万户。孟安世袭其爵位。显然，孟德父子都是对元朝的建立和巩固立下大功的人物。

孟梦恂（1278—1353 年）字长文，黄岩（今属浙江）人。《元史·儒学》有传。他与台州临海的周仁荣同事儒学名士杨珏、陈天瑞，学习儒家经典。他"讲解经旨，体认精切，务见行事，四方游从者皆服焉"①，因而被推荐"署补郡学录"。至正十三年（1276 年），他因"设策御寇救乡郡有功"，被任命为登仕郎、常州路宜兴州判官，未受命而卒。朝廷赐予他谥号康靖先生。他著述宏富，有《性理本旨》《四书辨疑》《汉唐会要》《七政疑解》《笔海杂录》等著作传世。

孟拭，字叔敬，晚年更名主一，元朝无锡（今属江苏）人，博学有为，顺帝时被推荐以儒试吏，在处州、温州管理学校事务。后推荐为溧水州同知，继而升任福州路判官，以浙东宣慰副使致仕。他精于书法，以篆书名世。

孟淳（1264—?），字君复，号能静，元朝德安府随州（今属湖北）人，寓居湖州。其父孟之缙任高官，他以父荫入仕，成宗时官至平江路总管，后历任太平、处州、徽州等路总管，以常州路总管致仕。

孟诊，字玉润，又字季生，号天泽，元朝乌程（今浙江湖州）人。著

---

① 宋濂等：《元史》卷一百九十《儒学二·孟梦恂传》，中华书局 1995 年版，第 4346 页；苏天爵：《元文类》卷十六，电子版文渊阁四库全书。

名画家，擅长画花卉翎毛、青绿山水，尤精于水和花鸟。画技类似梁楷的减笔法，与吴庭晖同工巧。以泰定三年（1326 年）所作花鸟图和至正十二年（1352 年）画的四安图最有名。

孟泌（1295—1339 年），字道原，元朝河间路（今属河北）陵州人。英宗至治元年（1321 年）进士，历官冠州判官、翰林编修，监察御史等职。

孟海马，元末农民起义军领袖之一。至正十一年（1351 年），刘福通首举义旗，襄阳地区民众纷起响应，孟海马和王延被推为领袖。他们率军南进，称南镇红军，顺利攻克均、房、襄阳、荆门、归州（均在今湖北西部）等地，发展成为众至 10 万人的大军。后在夔州（今湖北宜昌）战死，起义军消解。

孟惟恭

孟惟恭（1274—1349 年）字彦通，孟子第 52 代孙、主祀人。据《三迁志》记载，泰定五年（应为致和元年即 1328 年），元朝廷拨给孟府祭田 30 顷、钱 3000 缗。他用这些钱置办了笾、豆、垒、洗等祭器。又利用余钱和田租收入陆续兴建了孟庙正殿并在殿中安置了亚圣塑像，建造了两庑、棂星门、重三门，同时建起了讲堂、西斋、神厨、库房，还在周围修建了 100 多丈的围墙。又在孟庙东北建了断机堂，修筑了曝书台，继而在各处刻制了包括《加封孟轲为邹国亚圣公圣旨碑》在内的碑碣 30 多块。他留下的关于修建孟庙，其中包括工程造价等方面的资料，具有重要的史料价值。

第五节　明朝孟氏名人

明朝（1368—1644 年），是中国历史上历时最长的朝代之一。但这一时期，孟氏宗族中没有产生重量级的名人。

孟善　孟养浩

孟善（？—1412 年），山东海丰（今无棣）人，《明史》有传。他先仕元任山东枢密院同金，明朝初年归附后，即随明军北征，授定远卫百户。又参加平云南之役，升任燕山中护卫千户，燕王朱棣起兵发起所谓"靖难"之役，他参与其中。在松亭关、白沟河之战中，他作战勇敢，立下军功。南军反攻，他固守保定，率城守兵数千人，与数万南军对战，保住了城池，因功升任右军都督同知，封保定侯，食禄千二百石。永乐元年（1403 年）镇守辽东，7 年后召回北京时已经是"须眉皓白"的老人了。3 年后病逝，赠滕国公，谥忠勇。他的儿子孟瑛嗣爵，隶于左军，参加北征军事，督运粮饷。仁宗即位，任左参将，镇守交阯（今越南）。因连坐庶兄谋立赵王一案，被夺爵，流放云南。宣德六年（1431 年）放还，在宣府充为事官。英宗即位，升任京卫指挥使。死后其子孟俊继任其官。天顺初年，恩赐伯爵。死后其子孟昂嗣爵，孟昂死后爵除。孟善父子孙辈都属于明朝的职业军人，他们为明朝的发展和巩固尽了作为军人的职责。

孟养浩，字义甫，湖广咸宁（今属湖北）人。《明史》有传。万历十一年（1583 年）进士，先任行人，继而升户科给事中、左给事中。万历二十年（1592 年），礼科给事中李献可给皇帝上疏，建议为已经 11 岁的太子举行"豫教之典"，由外廷的师保指导读书，进行教育，不宜老放在内廷由内臣主要是太监教育，其中说"倘谓内廷足可诵读，近侍亦堪辅导，则禁闼幽闲，岂若外朝之清肃；内臣忠敬，何如师保之尊严"，这显然是一个合理的建议。谁知此疏惹得皇帝大怒，"摘疏中误书弘治年号，责以违旨侮君"，给以"贬一秩调外"的惩罚。这一极其无理的处置，引起六科给事中钟羽正等6 人的具疏施救。《明史》本传记载的孟养浩上疏言辞尤为激烈：

> 人臣即至狂悖，未有敢于侮君者，陛下岂真以其侮而罪之耶？献可甫跻垣，骤议钜典。一字之悮，本属无心，乃遽蒙显斥。臣愚以为有五不可。元子天下本，豫教之请，实为宗社计。陛下不惟不听，且从而罚之，是坐忍元子失学，而敝帝宗社也。不可者一。长幼定序，明旨森严，天下臣民既晓然谅陛下之无他矣。然豫教、册立，本非两事。今日既迟回于豫教，安知来岁不游移于册立，是重启天下之疑。不可者二。父子之恩，根于天性，豫教之请，有益元子明甚。而陛下罪之，非所以示慈爱。不可者三。古者引裾折槛之事，中主能容之。陛下量侔天地，奈何言及宗社大计，反震怒而摧折之，天下万世谓陛下何如主。不可者四。献可等所论，非二三言官之私言，实天下臣民

之公言也。今加罪献可，是所罪者一人，而实失天下人之心。不可者
五。祈陛下收还成命，亟行豫教。①

可以看出，孟养浩的疏文看似激烈，实际上彰显的是他一切为明朝万年大计
着想的忠贞臣子的耿耿赤心。不料这个上疏被皇帝加上"疑君惑众，殊可痛
恶"的罪名，"令锦衣为卫杖之百，削爵为民，永不叙用"。孟养浩因并非错
误的建言获罪，令朝野震惊，许多人为之讼冤，"中外交荐"，还是没有改变
皇帝的错误决定。直到光宗继位，即时间过去 28 年之后，才起用孟养浩为
太常少卿。半年后升任南京刑部右侍郎，此时他已是垂垂老人，未能上任即
病逝于京城。

孟一脉　孟兆祥

孟一脉（1536—1616 年），字淑孔，东阿（今山东平阴）人。隆庆五年
（1571 年）进士。先任平遥知县，继以廉能升南京御史。万历六年（1578
年）他借两宫上徽号的机会，上书为被斥黜的御史傅应祯、进士邹元标、部
郎艾穆、沈思孝说情，认为他们"投荒万里，远绝亲闱，非所以广锡类溥仁
施也"，由于此议违背内阁首辅张居正的意旨，他受到"黜为民"的惩罚。
万历十年（1582 年）张居正死后，他得以复为南京御史。上任伊始，立即
上书，提出五事：

> 近再选宫女至九十七人，急征一时，辇下甚扰。一也。中外章奏，
> 宜下部臣议覆，阁臣拟旨，脱有不当，台谏得纠驳之。今乃不任臣工，
> 颛取宸断，明旨一出，臣下莫敢犯颜。二也。士习邪正，系世道污隆。
> 今廉耻日丧，营求苟且。亟宜更化救弊，先实行而后才华。三也。东
> 南财赋之区，靡于淫巧，民力竭矣，非陛下有以倡之乎？数年以来，
> 御用不给。今日取之光禄，明日取之太仆，浮梁之磁，南海之珠，玩
> 好之奇，器用之巧，日新月异。遇圣节则有寿服，元宵则有灯服，端
> 阳则有五毒吉服，年例则有岁进龙服。以至覃恩赐赉，小大毕沾；谒陵

---

① 张廷玉等：《明史》卷二百三十三《孟养浩传》，中华书局 1995 年版，第 6078 页。

犒赐，耗费钜万。锱铢取之，泥沙用之。于是民间习为丽侈，穷耳目之好，竭工艺之能，不知纪极。夫中人得十金，即足供终岁之用。今一物而常兼中人数家之产。或刻沈檀，镂犀象，以珠宝金玉饰之。周鼎、商彝、秦铊、汉鉴，皆搜求于海内。穷岁月之力，专一器之工；罄生平之资，取一盼之适。殊不知财贿易尽，嗜欲无穷。陛下诚能恭俭节约以先天下，禁彼浮淫，还之贞朴，则财用自裕，而风俗亦淳。四也。边疆之臣，日弛戎备，上下蒙蔽，莫以实闻。由边臣相继为本兵，题覆处分，尽在其口。言出而中伤随之，谁肯为无益之谈，自取祸败哉？渔夫舍饵以得鱼，未闻以饵养鱼者也。今以中国之文帛绮绣为蕃戎常服，虽曰贡市，实则媚之。边臣假贡市以赂戎，戎人肆剽窃而要我。彼此相欺，以诳君父。幸其不来，来则莫御。所谓以饵养鱼者也。请明诏枢臣，洗心易虑。战守之备，一一讲求，付之边臣。使将识敌情，兵识将意，庶乎臂指如意，国可无虞。五也。[①]

这是孟一脉作为监察官员留下的最重要的一篇上疏。内容揭露的是明朝积弊：滥选宫女、章奏处理违反程序、官场无廉耻、皇室穷奢极欲、边防废弛，贡市变媚戎等，都是明朝中期以后真实存在的种种弊端。然而由于违背了"颂圣"的惯例，他被贬为建昌推官。后晋升南京右通政，不久因病辞官家居。万历四十一年（1613年），孟一脉被起用为右佥都御史，巡抚南、赣。三年后，"廷推"左副都御史，未得任命，被给事中官应震奏议其"纵子骄恣"，因而"引疾去"，不久即卒于家。孟一脉初入官场即"以直谏著声"，晚年虽被任为一方节钺之大吏，但因年老力衰，已经无法展现新的建树了。

孟兆祥（？—1644年），字允吉，山西泽州（今山西晋城）人。长期居于交河（今属河北），乡试中举后，九次参加会试，天启二年（1622年）方中进士。先任大理左评事，崇祯初年，升吏部稽勋主事，再迁文选员外郎。有门生请他为自己选一富庶地方任职，他"正色拒之"，使其"悚然退"。后晋升稽勋郎中，历考功司。因为得罪权要，被贬行人司副，再后历官光

---

① 张廷玉等：《明史》卷二百三十五《孟一脉传》，中华书局1995年版，第6125—6126页。

禄丞、少卿、左通政、太仆卿、通政使、刑部右侍郎。崇祯十七年（1644年），李自成起义军围攻北京，孟兆祥担任正阳门城守。不久，京城被攻破，他哀叹："社稷已覆，吾将安之！"吊死门下，其子孟章明刚刚进士及第，也在其身旁自缢而死，稍后其夫人、儿媳也都随之自缢身亡。他们一家为明朝殉节的愚忠之行，自然得到了南明朝廷和清朝的褒奖。

孟化鲤　孟秋

孟化鲤和孟秋，时称"二孟"，他们是一对志同道合的朋友。

孟化鲤（1545—1597年），字叔龙，河南新安人。《明史》有传。他16岁时即"慨然以圣贤自期"。万历八年（1580年）中进士，授户部主事，继而主持河西务税务，同时招收门徒讲学，被该地士子尊仰。不久南畿、山东发生饥荒，他奉命赈灾，救活不少百姓。后改任吏部，任文选郎中，协助尚书孙铖"黜陟"，即主持官员的晋升和罢斥。由于公正廉明，"名籍甚"。当时内阁首辅权重，对官员的"黜陟"必须先对其回报和沟通，他独不遵行，对中官的请托也不回应，因而得罪不少人。都给事中张栋因建言被削籍，他起而为之讼冤，被判"忤旨"，"夺堂官俸"，贬官杂职。阁臣上疏施救，改为以原品级调任外官。言官对朝廷的惩罚很不满，"复交章救"，引来皇帝的大怒，连言官的俸禄也被削夺，孟化鲤进而被贬为民。之后，他回到家乡，在谷水边建起一座书院，"与学者讲习不辍"，数百人从四面八方来书院跟他学习。

孟秋（1525—1589年），字子成，别号我疆，茌平（今属山东）安平镇人，《明史》有传。嘉靖二十四年（1545年）拜山东名儒张后觉为师，学习良知之学，"洒然有悟，发愤下帷，谢绝一切，即使家徒壁立，宴如也"。隆庆三年（1569年），入北京国子监读书，第二年中举。隆庆五年（1571年）中进士，先任昌黎知县，下车伊始，即访利病，察幽隐，问百姓疾苦，省徭役，清滑吏，拔异才，修葺公署学校，使县政一时出现崭新气象，"二百年夙弊一旦而苗薅而发栉之"。他还捐出自己的俸禄，选拔30余名高才生，与之讲授良知之学。姚思仁的《孟公秋墓碑》记载，孟秋要求弟子们"先行而后文，制外以兼内，讲肄以端其习，考核以程其规，标的以大其业，宏博以邃其思，抑扬以励其志，金玉以宣其情，夏楚以鼓其气"。而孟化鲤的《我疆先生传》则说他"六载焦劳，未尝废讲"。因"有善政"，晋升大理评事，离开昌黎时，"老稚载道泣留"，为之立碑颂德。任京官期间，他不顾首辅张居正的不怿，邀集同志，讲学于灵济宫，大大提高了他在学术界的声望。第二年，他以职方员外郎督视山海关。当时"关政久弛，奸人出入自擅"，他严加整顿，使之恢复正常秩序。因为他居官清正廉洁，势必得罪一些邪佞之人，他们造出的有关孟秋的流言蜚语，终使他在万历九年（1581 年）的"京察"即对京官的考绩中被贬为民。他从山海关返回老家时，根本没有什么金银财宝、锦缎细软，而是与妻孥共乘一辆牛车上路，"道旁观者咸叹息"不置。后来，他的友人许孚远到他居住的茌平张秋镇造访，"见茆屋数椽，书史狼藉其中"，不由感叹说："孟我疆风味，大江以南未有也。"后来再次被起用，历官刑部主事、尚宝丞少卿。万历十七年卒于任所。孟秋是当时京中王阳明学派的领袖，所以孟化鲤赞扬他"官不过六品，百僚仰若泰山"，"人咸谓东鲁复有孟子焉"。

孟化鲤尽管比孟秋小了 20 岁，但他们却结下了终生的莫逆之情，"化鲤自贡入太学，即与秋道义相劝，后为吏部郎，而秋官尚宝，比舍居，食饮起居无弗共者，时人称'二孟'"。在孟秋去世后，孟化鲤为他写《我疆先生传》，高度评价了他为学为人的优良品格。《明史》将二人传记合写，也说明他们有着不可分割的关系。

孟蕴　孟俊　孟春　孟洋　孟周　孟淑卿

孟蕴，字子温，绍兴府诸暨（今属浙江）人。当地有名才女，工诗，善画墨兰。嫁侍御蒋文旭为妻。洪武末年，丈夫任御史时因忤旨冤死，孟蕴时年 20 岁，矢志守节不再嫁，以画松寓贞节，有《柏楼吟》诗集传世。卒年 93 岁。宣德年间为朝廷立祠表彰。

孟俊，陕西咸宁（今陕西西安）人。天顺年间举人，授上杭知县，廉明有为，晋升监察御史，巡按南畿。最后以布政司参政致仕。

孟春，字时之，山西泽州（今山西晋城）人。弘治九年（1496 年）进士，官至吏部侍郎，曾巡抚宣府，立下军功。后因触犯中官张永罢官还乡。其子孟阳（1486_1519 年），字子乾，正德九年（1514 年）进士，授行人，拒谒权要，不得升迁。后以谏武宗南巡被杖死，孟春有哭儿诗，哀婉悲壮，令人动容。

孟洋（1483—1534年），字望之，一字有涯。弘治十八年（1505年）进士，授行人，升御史，因弹劾权臣张璁、桂萼谪桂林教授，后累官至大理寺卿。有《孟有涯集》传世。

孟周（1449—）字宗鲁，山西朔州（今山西朔县）人，出生即美丰仪，有别一般儿童。少年入学，痴迷读书，所坐木榻几磨穿。他问学穷根究底，诗文直趋古人。宪宗成化十三年（1477年）乡试中举后，游太学，广结海内知名人士。孝宗弘治七年（1494年）任河南阌乡县令，迎母至官舍奉养。上任伊始，即劝课农桑，侦破疑狱，兴办教育，朔望亲为诸生讲授。历时一年余，刑清赋足，百废俱兴，政通人和，连受褒奖。邻邑元老许公、何公，见辄以汉代循吏召信臣、杜诗相誉。而翰林张天瑞则以"阌乡似武城"赞颂。继而升任湖北汉阳通判，离开之日，百姓以攀辕卧辙相留，后立去思碑于县治纪念。至汉阳任所，不旬日即破大案而除巨奸，恶人畏惮，好人称庆。又治汉水长江水患，使百姓安然。太守蔡钦之认定他得到了一个贤明的辅佐。当时汉阳有水盗出没，为害百姓。他组织兵民，协力捕治，随巷设闸，鸣金警示，一夕擒拿三百匪徒，获盗船七艘，境内肃清。武宗正德三年（1508年），擢升衢州同知，他出奇策妙计，留下卓异政绩，被当地缙绅以诗歌咏颂。年老辞官北归故里，奉母养老，课子孙读书，颜其堂曰"晚翠"，有"九旬慈母荣花造，七十愚儿戏彩衣"之句，洋溢着晚年的愉悦之情。他经常约集当地读书人，结社吟诗，纵酒品茗，徜徉于山水间，度过了最后的岁月。他于世宗嘉靖年间病逝于原籍，估计年龄超过80岁。孟周一生，可谓顺风顺水，功业学行都可圈可点，所以后人评价他"学行显于乡，文章显于国，政事显于三省"。他的乡亲在朔州城大街为之建起"飞黄腾踏　黄堂听政"的牌坊，以纪念这位乡贤。

孟淑卿，女，苏州人，自号荆山居士。生卒年不详，宪宗成化年间（1465—1487年）训导孟澄之女。她自幼博览群书，精于诗词，论人处事常有真知灼见。认为作诗之道贵在脱胎化质，为僧诗应无香火气，女性诗应无脂粉气，秀士诗应无酸腐气，道学诗应无修养气，山人诗应无幽僻气。指出朱淑真的诗有俗气，不及李清照诗词的清纯自然。她性格疏朗，广交文人学士，为道学家所忌恨。有《荆山居士诗》一卷传世。

孟文震　孟霈　孟希文　孟麟　孟凤　孟苯　孟习孔　孟准　孟雷　孟廷柯

孟文震，琼州乐东（今属海南）人，为孟氏迁琼之四世祖。生卒年不详。传说其曾祖是落魄文人，祖父和父亲都是贫民，常靠舂鸭头小米度日。他自小聪明好学，逆境拼搏，读书刻苦用功，终于在天启元年（1621 年）恩选拔贡生，成为乐昌自建县以来第一个在科举中获得拔贡的人。后来他至福建任官，先任南康县丞，颇有政绩，继而升任建昌知县。在任期间，贯彻孟子民本理念，公正执法，为民申冤；体恤民情，为民办事，政声甚佳。任满返乡，弘扬儒学，严格教育子孙，其子孟源纯也考取岁贡生。文震死后，敕授文林郎。

孟霈，泽州（今属山西晋城）人，生卒年不详。嘉靖八年（1529 年）进士，任陕西督粮道期间，明敏廉介，刚柔相济，忠于职守，储粮备用。遇有战事，满足军需供应，被朝野称道。余暇优游诗翰，洁身自好。

孟希文（1433—1489 年），字士焕，孟子 56 代嫡孙。祖父孟思谅，经历元、明易代的战乱。明朝第一任邹县知县桂孟访得孟思谅后，仿照中兴祖旧例，于洪武元年（1368 年）呈请朝廷授予他邹县主簿，以奉孟子祭祀。再传至孟希文。他饱览诗书，博闻强记，洞悉世故，重交谊，讲义气，在宗族和地方很有威望。平时生活节俭，唯钟情文物古董和名人书画，不惜重资收集搜购。景泰二年（1415 年）应代宗皇帝之召赴都，受封翰林院五经博士，这一赐予孟氏嫡裔的世职由此开始。此后，凡皇帝临雍大典及每年万寿节，他都随曲阜衍圣公和颜、曾等圣裔同乘传车赴都参加庆典，享受皇帝给予的"殊荣"。孟希文历经代宗、英宗后元、宪宗、孝宗四朝，是任此职务时间最长者之一。

孟麟，字瑞鲁，号西野，兖州曲阜人。成化二十年（1484 年）进士。先任工部主事，历郎中，提督南畿水利，严惩侵河堤、占官湖的豪右，维护了百姓权益。晋升陕西右布政使，坐事谪浙江按察副使，转福建右参政，因忤权要，罢官家居。嘉靖初复官陕西右布政使，卒于任上。其弟孟凤（1456—1526 年），字瑞周，号梧冈。弘治三年（1490 年）进士。曾任御史，后升怀庆知府，在任教民疏浚水渠，灌溉田地，改善了生产条件。最后官至南京刑部尚书。死后谥文简。

孟苯，字福兆，号伯山，会稽（今浙江绍兴）人。世业医。博览家存方书，刻意养生之学。认为人之生命靠饮食资养，方能保天和而远疾病。但饮食亦有宜忌，需加意调适。为此他著《养生要括》（又名《食物本草》），介绍水、土、谷、果、蔬菜、鳞介之类的功用和与人体的互应，以及治病功能。是中国养生之书中较有价值的著作。

孟习孔，字鲁难，武昌（今属湖北）人。万历二十三年（1595年）进士，授香山知县，转吴县知县，继而升太仆卿。天启年间，魏忠贤当道，制造东林冤狱。孟习孔上疏为杨涟讼冤，遭罢斥，遂不复出。

孟淮，字豫川，河南祥符人。嘉靖十七年（1538年）进士，官都御史，巡抚山西，后改任应天府尹。因牵进严嵩一案罢官还乡。擅长作诗，有《入蜀稿》传世。

孟雷，字孔敬，山西泽州（今山西晋城）人，嘉靖八年（1529年）进士。历官扬州府、雷州府同知，按察金事。为官清正廉洁，办事剖决如流，在任办了不少利国利民的好事。

孟廷柯，字培之，武昌（今属湖北）胡广人。正德六年（1511年）进士，授大理寺副。武宗南巡，上疏极谏忤旨，谪户部照磨。嘉靖中官至云南参政。

孟公肇　孟鉴　孟时芳　孟承相

孟公肇，字先文，孟子第58代孙，生卒年不可考。其父孟亨是孟希文次子。公肇15岁丧母，事继母孔氏如生母。正德初年，刘六　刘七起义军进入邹城、曲阜一带，百姓仓皇逃难。继母因病行动不便，急促公肇先逃。公肇坚持一起逃难，背负继母奔赴峄山，母子得以全活。孟子56代嫡孙、翰林博士孟元死后，其子公紫年幼不能袭职，朝廷命公肇于嘉靖二年（1523年）暂摄博士职。嘉靖十二年（1533年）公紫长大成人，公肇又毅然将博士之位奉还予他。这种顾大局、不徇私的品行人格，得到当时的地方官和士大夫阶层的高度评价。

孟鉴，保定府博野（今属河北）人，宣德八年（1513年）进士，累官户部左侍郎。正统十四年（1449年），参赞副总兵董兴军务，赴广州剿平黄萧养起事，第二年，起事平定，孟鉴回任南京工部左侍郎。

孟时芳，字斯盛，山西蒲州（今山西永济）人。万历二十六年（1598年）进士。选庶吉士，为翰林院掌院刘文庄、曾文恪器重，由编修分校丁未会试，擢国子监司业。对御史辱国子生事件、东宫不亲讲习、皇太孙不出阁等问题，抗疏力争，被时论誉为"得体"。旋迁谕德，掌南院印，购遗书书万卷，赍诸生讲习。继而入为詹事府詹事。他侍讲筵仪容威严，议论剀切中肯，光宗皇帝叹息称善。继迁吏部右侍郎，转礼部，充实录总裁官，晋升尚书。时值魏忠贤阉党专权，他不愿与之同流合污，遂决计请告致仕。崇祯初年，特诏他复起任官，他以病辞谢。他一生勤于著述，有《碧山堂草》《丛篆环集》传世。他是明代孟氏宗亲中官位最高的人之一。

孟承相（1512—1598年），字永卿，号云峰，世居邹城孟子故里，虽其所属孟氏支派世系以及父祖名讳均不详，但《三迁志》有传，属孟氏宗支无疑。他以岁贡授河北保定深县教谕，先后加级转任唐县、河间教谕。后晋升保宁府（治在今四川阆中）司理，转升巩昌府（治在今甘肃陇西）通判。他为人平易，不显棱角，但居官廉慎自守，处事刚正果决。如任唐县教谕时，一个贡生得罪了县令，该县令百般搜求其过失，欲加陷害，孟承相则多方卫护。县令因而迁怒于他，向上司诬告。他觉察后，立即辞职避祸，县学生员涕泣挽留。恰在此时，保定新任太守章时鸾到任，此人在任邹县知县时即与孟承相认识，深知他的学问和人品，决意挽留他继续任职。唐县知县对他无可奈何，他得以继续留任。他在三县任学官，忠于职守，体恤生员，不仅坚拒贪腐，而且周济贫穷生员，使之顺利完成学业。一次他派一差役为一贫困生员送米，该差役啧有烦言，发牢骚说这个秀才不但从不送礼给学官，反而拖累自己给他送米。这话被上面派出访事的吏员听到，报告给了上司。上司查阅以前对孟承相任官的评语，发现全是肯定褒奖的话，于是向朝廷保荐他晋升。在保宁推官任上，他拒绝一切请托贿赂，严格执法，断狱公正而迅速。任期届满，有一巴蜀籍的吏部曹官向他示意，只要出一百两银子打点，就可内调京官，被他坚决拒绝，所以外放巩昌通判。该地属边远地区，任官者有类似补贴的一笔工资外收入。他分管的兆州（今甘肃临潭）还有一份常例收入，都被他拒绝了。有人提醒他，这样做会被后任忌恨，他表示自己只做认定应该做的事，管不了其他！二年后，他要求致仕得到批准，但临行前有一姓丁的指挥犯了罪，上司要求他处理完这个案子再走。这时丁托承相的内亲献银千两作为他离任的"治装费"，意思显然是要求他从轻发落。承相大怒拒绝，严厉责备了内亲。不过在处理此案时他还是按律从轻，保全了丁的爵位。还有一个负责保管财物的贮藏吏因盗用公款被撤职并责令赔补，此时还未退清赔款。承相认为，他一走，新官接任，这个还未还清赔款的人就毁掉了，他于是千方百计为之补上亏空，使之避免了被严惩。这两件事表明，承相虽严厉公正但又不失同情心，在法律许可的范围内，他尽量较好地处理，使犯法者得到出路。

孟承相退职家居后，他以前教过的学生不少已经显贵，有的做到藩司（省级行政财政主管）和臬司（省级司法主管），他们经常来看望老师，其乐融融。但他从不干预地方政务司法，乡里请托，地方官询情，他一概回绝。他除了课子孙读书外，更多时间参与孟氏家志编纂，刻亚圣石像和断机图碑碣两座，还刻印了苏洵批点的《孟子》一书，为弘扬孟子精神和故乡文化建设做出了重要贡献。

孟承光　孟继孔　孟称舜

孟承光（1577—1622年），字永观，孟子第60代嫡孙。万历二十九年（1601年），承袭世职。天启二年（1622年）五月十七日，闻香教首领巨野人徐鸿儒占领邹县，承光与其长子宏略率家仆役30余人协助官兵攻城，以求夺回城池，但未奏效。官兵撤围后，教军焚烧了孟府宅第，杀害了承光父子及母亲孔氏。事后，朝廷赠承光为太仆寺少卿，母亲孔氏为贞淑恭人，子宏略为太常寺丞，次子宏誉为世袭锦衣卫千户，并遣官专程来邹城宣读御制祭文，主持祭礼和旌表。

承光和宏略殉难时，宏略长子闻玉刚7岁，不能主邑，遂由承光次子宏誉暂代世职翰林院五经博士。崇祯二年（1629年）闻玉长到14岁，宏誉便呈请朝廷，将世职还给闻玉，自己专任世袭锦衣卫千户，过了十多年优游林泉的生活。

孟继孔，字春沂，祖籍山东，其先人随宋室南渡后，世居吴门（今江苏苏州），代代悬壶济世，成为中医世家。孟继孔自幼聪慧，先习儒业，从名儒焦澹园攻读诗书。父亲病危之际，嘱其习医，继承祖业，成为著名儿科医学专家。他以治小儿痘疹闻名，曾任南京太医院吏目。他努力钻研中国古代儿科典籍，结合自己丰富的临床实践经验，于万历二十三年（1593年）编《幼幼集》，该书包括《孟春沂治痘详说》《孟氏杂证良方》《钱氏经验良方》《上用方》各1卷。他于儿科杂症重视虎口指纹观察，医治方面特别注意随四时变化用药，对痄症治疗也颇有心得，这一切都对后世医学发展产生了一定的影响。他为人通脱不羁，同情贫苦百姓，常常免费施医施药，所以临终囊空如洗。有子三人，皆世其业，次子景沂，以大方脉著名。

孟称舜，字之若，又字子适，或作子塞，会稽山阴（今浙江绍兴）或乌程（今浙江吴兴）人。一生大部分时间处于明朝晚期，可能卒于清朝初年。《绍兴县志》记载其人其事，属南支孟忠厚的后代，代系已难以稽考。他在明朝崇祯年间考中秀才，终生从事戏剧活动，活跃于明末天启、崇祯时期。创作风格深受汤显祖影响，重人物形象刻画，词采华丽隽永，作品多是缠绵悱恻的爱情故事，被认为是临川派的戏剧作家。他一生共创作传奇5种，杂剧6种，流传至今的有传奇《二胥记》《贞文记》《娇红记》3种和杂剧《英雄成败》《死里逃生》《花前一笑》《眼儿媚》《人面桃花》等5种，其中《娇红记》为代表作。他还编选出版了两部杂剧选集，一部选取风格婉丽妩媚、近似柳永"杨柳岸晓风残月"意蕴的剧作，如《倩女离魂》等26种，定名《柳枝集》。一部选取风格雄豪壮阔、犹如苏轼"大江东去"意境的剧作，如《汉宫秋》等杂剧30种，定名为《酹江集》。书中附钟嗣成《录鬼簿》，介绍元朝杂剧及散曲作家100多人的生平和作品。两部选集合称《古今名剧合选》。

第六节　清朝孟氏名人

清朝（1644—1911年），是由满族建立的统一的中国的最后一个王朝，历时268年，如果算上努尔哈赤自1616年建立后金政权的岁月，它有着几近300年的历史，也是中国历史上历时最长的王朝之一。在这一时期，孟氏族人中虽然也出现了一批有名的人物如孟乔芳等，但与明朝时期的情况相似，没有产生足以影响该朝政治和思想文化发展的重量级人物。例如，在《清史稿》立传的数以千计的人物中，孟氏族人仅有2人入传。

孟以义　孟贞珮　孟贞仁　武林唯七

孟以义（1602—1669年），字敬仲，生于明朝晚期的山西朔州（今山西朔县），做官从政则在清朝时期。他是中国传统道德的楷模，事父母恪尽孝道，对兄弟尽循友悌，对亲戚极尽帮扶之义，交友笃诚信义，久而弥敬，与西安训导赵凤儒、明经郭计辈等幼时社友，维持了终生友谊。他尤其笃与族人亲睦和谐，凡本族婚丧嫁娶，宅屋土田，事无巨细，人无少长，皆谋之以公，视同己事，勿斟酌妥当而后已。因本族旧无谱牒，他查阅资料，访求耆老积数十年之功，基本廓清了宗族原委，惜欲成家志而未逮。他热心公益事业，隐恶扬善，凡事秉公道而行。他苦读诗书，倾情举业，屡试不第，直至顺治七年（1650年）才考中岁贡，授沁水训导，得到该县知县和缙绅的称颂。后转临晋、夏县等地任训导，因为他恬淡忠直，仁厚和平，处处为生员着想，垂裕后昆，所至之地，都与士子们结下深厚情谊。后以68岁之年卒于任上。

孟贞珮（1629—1692年），字玉珂，居邹县境内孟子墓地所在的四基山麓。祖父名宏秀，父亲名闻养。他自幼聪慧好学，年轻时即补博士弟子员，受业于清初著名诗人施闰章门下，卒业时虽考取县丞，但因当时候补的人很多，他对能否进入官场不抱幻想，一直在家闭门读书，或为宗族做些事情。曾受宗主孟贞仁委派，协同邹县县丞林光焘主持修理林庙事宜，展示了很强的治事才能。康熙二十二年（1684年），皇帝第一次南巡，归途至曲阜谒孔庙行祭礼。贞珮随孔、孟、颜、曾四姓圣裔有功名的人员迎驾并参加陪祭。事后皇帝降恩旨，四氏陪祭人员"皆得越次授职"，他56岁得了个同知衔。五年后侥幸排上号，到山西绛州（治所在今山西闻喜西北）任职。他到任后，积极作为，办了不少兴利除弊之事。如当地收取商税以供驻军之需，此事由同知负责管理。以前的办法是将税额包给地主豪强或衙门猾吏，任由他们随意加码侵剥商民。他废除包税办法，令商民自己直接到官府缴纳，规定税额之外，不许增加分毫。大大减轻了商民的负担。由于当地是池盐产区，民户都须负担一定的盐税。一些缴不上盐税的民户被迫啸聚山林，抗拒官府的逼税。知府对此无计可施，成为影响当地安定的重要问题。贞珮主动请缨，单人独马直趋他们的寨垒，苦口婆心，动之以情，晓之以利害，说服他们归顺，既使之避免了官府的迫害，也使地方治安形势转危为安。孟贞珮莅任的第二年，发生了蒙古准格尔部噶尔丹在俄国唆使下发动的叛乱，他阴谋分裂祖国，大举进犯内蒙古。康熙皇帝御驾亲征，命令与内蒙接壤的山西转运粮草军需。此事必须有一个山西官员全面主持。山西省的大小官员都明白这是一个险差和苦差，谁也不愿承担。山西巡抚、提督竟然将这一重任交给了年已62岁且秩级也不高的孟贞珮。这位须发皆白的老人面对如此艰难险重的任务，二话没说，毅然披上戎装，跨马上任，组织人力，征调物资，冲风冒雪，奔波跋涉于边塞路上，宵衣旰食，无日休息，很好地满足了前线的军需供应，为战胜叛军做出了重要贡献。几个月之后，直到大军在乌兰布通取得大捷，敌军灭亡指日可待之时，他才得以休息。然而，数月的鞍马劳顿，已经使他的身体严重受损，他不得不要求致仕，回家歇息。他的请求得到批准。离任之日，绛州士民万人空巷，为之送别，赞颂的诗篇装满一箱。更有人拦车哭留，希望这位爱民的好官继续留下履职。后来，绛州百姓自发在城郊岔路口为他立了遗爱碑，以寄托对他的怀念。一年之后，他受损伤的身体未能恢复，最后以64岁之年病逝家乡。他有三个儿子，其中次子孟尚巍，字立轩，以恩贡入仕，做过县令、州佐之类地方官，还代理过知府。他诗文俱佳，有《燕山游草》《游黔见闻录》等名世。

孟贞仁（1639—1715年），字静若，孟子第63代孙，为61代暂摄翰林院五经博士孟宏誉的孙子。因为继承世职之位的闻玉死于甲申年（1644年）而没有儿子，世职就由宏誉之子闻玺继承，因为闻玺身体不适无法履行职务，便将世职传给了自己7岁的儿子孟贞仁。贞仁自小聪慧异常，小小年纪居然在"拜祝万寿时威仪卒度"，教好地承担了世职所负的职责，77岁时病逝。他膝下8个儿子依次是尚桂、尚质、尚文、尚璲、尚琪、尚瑾、尚玙、尚玑，后来孟氏20户中的大宗户，就都是这8个儿子的后代。

武林唯七（1672—1703年），孟子后裔，日本义士，属南宗孟忠厚一系。其祖父孟治庵东渡日本谋生，其墓碑记载："治庵名士式，明杭州林郡人。漂流仕长门国，称孟二官。后仕艺藩为医官，改名武林治庵。明永历十一年（1657年）五月十八日病死，实亚圣孟子六十一世裔也。"其墓地在日本广岛泰市南汀院。治庵生二子：与一郎、式重。式重又生二子：尹隆、隆重。隆重即武林唯七。他仕赤穗藩主浅野长炬，为近侍祗候。元禄十四年（1701年），长炬被江户幕府的朝使吉良义周谋害致死。1702年12月，长炬

的家臣、武士们为他报仇，进攻吉良官邸，这就是"赤穗事件"。参与者47
人肇事后自首，并于1703年2月4日同时剖腹自尽殉主，被称为"四十七
士"或"赤穗四十七义侠"。武林唯七是其中的重要人物，就义前曾赋绝命
诗七绝一首："三十年来一梦中，舍生取义几人同。家乡卧病双亲在，膝下
承欢恨不终。"大义凛然与思亲绵绵之情跃然纸上。关于武林氏后人情状，
有武林吉之丞所作的《先祖由绪书并略系图》，记载了长支与一郎一系，次
支式重，唯七一系不见记载。1940年王梓生所作《武林孟氏考》一书对其
家世考证颇为翔实。

孟乔芳

孟乔芳（1595—1654年），字心亭，直隶永平（今河北卢龙）人，《清
史稿》有传。他是明朝宁夏总兵孟国用之子，曾任明军副将，据守永平。崇
祯三年（1630年）清军破永平，他与知县一行15人降清军，仍任副将，从
诸贝勒守城。皇太极指挥清军向山海关进发，孟乔芳得以入谒，"酌以金
卮"，共进饮食。此后，他义无反顾地跟定清朝统治者，为清军统一中国竭
尽全力。当年五月，明军攻取滦州，清军弃永平后撤，他仅以身免。此后他
入旗籍，隶乌真超哈为牛录额真。天聪五年（1631年）七月，清仿明朝设
置六部，孟乔芳被任命为刑部汉承政，授世职二等参将。崇德三年（1638
年），清朝更定官制，他改任左参政。第二年，乌真超哈扩充析置八旗四固
山，他兼领正红、镶红两旗梅勒额真。崇德七年（1641年），参与伐明之
战，攻克塔山，乌真超哈复析置八固山，他改隶镶红旗梅勒额真，成为汉军
镶红旗人。不久，参加攻克前屯卫、中后所之战。顺治元年（1644年）入
关，改任左侍郎，参与清军西征的军事行动。第二年，以兵部右侍郎兼右副
都御史，总督陕西三边。其时，清军入川追剿张献忠部起义军，陕、甘、宁
地区反清起事不断，他率师进驻固原，指挥各路大军进剿，终于底定关中及
周围地区。接着又挥兵河西，逐一平定了甘肃的回民起事。他督陕西长达
10年之久，"破灭群盗，降其胁从，前后十七万六千有奇"。顺治七年（1651
年），"论功，加兵部尚书，进世职一等阿达哈哈番"。督陕期间，他还上书
朝廷建议蠲免陕西荒田之赋，并分兵屯田于延庆等地以佐军食，减轻了百
姓负担。朝廷为了奖掖他的功勋，"恩诏累进三等阿思哈尼哈番，加太子太

保"。顺治十年（1654年），朝廷命孟乔芳兼督四川兵马钱粮，因为其时清军正对西南地区用兵，军需供应浩繁，财政开支巨大，他上书朝廷，提出裁兵和屯田两项措施，以缓解面临的困境：

> 陕西七镇及都抚各标为兵九万八千有奇，合满洲四旗及平西王吴三桂、固山额真李国翰两军，岁饷三百六十万而弱，而陕西赋入一百八十六万，不足者殆半，后将难继。甘肃处边远兴安界，三省兵当循旧额。延绥、宁夏、固原、临巩四镇留三千人，庆阳协五百人，余五千五百可省也。汉羌既驻三桂、国翰两军，宜裁总兵官。兴镇置副，留千人，阳平关、黑水峪、汉阴县各五百人，余二千五百人可省也。提督驻省会，留二千人，余二千人可省也。各道标兵悉令屯田，延镇、定边、神木三道无屯田，止用守兵，计所省又二千余人。都省兵一万二千人，省饷岁三十一万。今四川未定，当令右路总兵官马宁率精兵三千驻保宁，以步兵五千分驻保宁迤北广元、昭化间，以屯田为持久。三桂驻汉中，相为犄角，规取四川。①

接着，又提出大军进入四川后，应该在重要城镇驻防，担任作战任务的士兵，应配备充足的军马、夫役和军需物资。他的这些谋划得到皇帝的褒奖。这年十月，西宁发生回族反清起事，他遣兵讨平。此时，他年事已高，加之疾病缠身，数次上书朝廷要求致仕。朝廷允准其请，加少保，召还京师。十二月，召还的圣命尚未到达，他就病逝西安。朝廷谥忠毅，给其较高的荣誉。

在明朝末年降清的汉族将领中，在征讨明朝残余势力和李自成、张献忠起义军的鏖战中，除了"三藩"之外，孟乔芳和张存仁就是立功最多的了。他为清朝定鼎中原，尤其是稳定在陕西和西北的统治作出了重要贡献。所以康熙皇帝曾告诫汉军诸官吏，要求他们以两人为榜样："祖宗定鼎初，委任汉军诸官吏，与满洲一体。其间颇有宣猷效力如乔芳、存仁辈，朝廷亦得其用。"②

---

① 赵尔巽等：《清史稿》卷二百三十七《孟乔芳传》，中华书局1977年版，第9480页。
② 赵尔巽等：《清史稿》卷二百三十七《孟乔芳传》，中华书局1977年版，第9481页。

孟承意　孟生蕙　孟超然　孟世泰

孟承意，字覃怀，河南人，医学家。乾隆四十二年（1777年）以行医游于灵邑，与当地医生乔树焘共同切磋医学，曾手订《伤寒点精》（又名《张仲景伤寒原文点精》）两卷，该书仿柯韵伯点注《伤寒杂病论》的体例，注释荟萃名家精论，参以己见，为阐发传播中国传统医学宝典做出重要贡献。1931年又有署其名字的《伤寒纲要》刊行，可能是整理其旧稿而成。

孟生蕙，字鹤亭，太谷（今属山西）人。乾隆二十八年（1763年）进士，选翰林院庶吉士，授编修。后转任吏部主事、员外郎。时任礼郊郎中的刘统勋认定他有守有为，经推荐升任湖广道监察御史。父亲去世，丁忧。之后历任江南道、京畿道监察御史、工科、吏科给事中。乾隆五十一年（1786年），授鸿胪寺少卿，不久转光禄寺少卿。第二年，晋升通政司参议。他居官20余年，主要辗转于言官和监察官的位子上，清正廉洁，直言敢谏，所以对朝廷政事提出不少有价值的建议，如留省外用人员宜酌定章程，以清铨法；乡会试宜停止弥封，红好房考不宜互阅试卷；外省帘官宜扃入公所，不得任意出入，亦不得预分内外州县；守城兵役宜酌定名敷，以专成。先后上十余疏，皆报可，获得肯定。他不畏权贵，曾忤大学士和珅，弹劾直隶总督开矿事，显示了他的胆识。辞官家居后，奉母尽孝，训子弟以礼。自奉简约，敝衣蔬食，以自己的行为矫正乡民渐染之奢华风习，冀回归敦朴淳厚之俗。他奖掖后进，对乡里有出息的读书人尽力指导鼓励，使之学有所成。他75岁病逝后，被乡人祀于三立祠。

孟超然（1731—1797年），字朝举，号瓶庵，福建闽县（今福州）人，入《清史稿·儒林传》。乾隆二十五年（1760年）进士。选庶吉士，改兵部主事，累迁吏部郎中。乾隆三十年典广西乡试，接着督学四川，为官"廉正不阿，遇士有礼"。他看到蜀地百姓父子兄弟异居者众多，就作《厚俗论》"以箴其失"，冀收移风易俗之效。不久因亲老需照拂，年甫42岁即离开仕途，在家奉亲、读书、写作。他"性至孝，侍父疾，躬执厕牖。戚族丧娶，虽空乏必应"。他孜孜于学问，"其学以惩忿、窒欲、改过、迁善为主"，基本上都是理学所倡导的修身之论。他重视在实践中砥砺品性，通过内省达到理想的境界："谈性命，则先儒之书已详，不如归诸实践；博见闻，则将衰之年无及，不如反诸身心。"他对法家学说中的强国利民之说颇为激赏，但认定王安石高于商鞅："论至德者，不和于俗；成大功者，不谋于众。圣人苟可以强国，不法其故，苟可以利民，不循其礼。以为此王介甫之先驱也。然鞅独明于帝王霸之说，介甫乃以言利尧、舜、周公之道，又鞅之不如也。"① 这种调和儒法的理念是有见地的。他对明朝著名四川学者杨时的评论也不同流俗："龟山得伊、洛之正传，开道南之先声。然为人身后，文如温州陈俊、李子约、许德、张进、孙龙图诸墓志，往往述及释氏之学，而之曰'安'、曰'定'、曰'静'，毋惑乎后之学者，援儒入墨，纷纷不已也。"意识到杨时学问的驳杂。

孟超然尽管喜欢清静，"家居杜门却扫"，但福建巡抚徐嗣还是请他主持福建的鳌峰书院，倡导正学，这使他成为闽地与李光地、雷铉先后辉耀的学者。他留下的传世之作有《焚书录》《观复录》《晚闻录》等，在清朝中叶的思想学术史上占有一席之地。

孟世泰，字绍孔，满洲籍临汾（今属山西）人。由内宏院编修出而署武昌道事，历官河南按察使、贵州布政使、江西布政使、鸿胪寺卿、大理寺卿。他智略超群，善于应对复杂多变的局势，在武昌任职时尤其有卓越表现。当时，正逢吴三桂发动叛乱，局势极其紧张。他巧于应对，使叛军遭受重大损失。他们伪装乞降以图东山再起，孟世泰识破其阴谋，迫使其头目至营谈判，通过揭穿其阴谋，晓以利害，使之缴械散伙。所属通城发生民变，众多官员要求武力进剿，他力排众议，单骑赴通城与之谈判，终使变民稽首听命，回归田里，而其渠魁也自愿接受法律惩罚，从而消解了一场恶战，得到湖北百姓的交口称赞。去世时年过 82 岁，是那个时代的高寿老人。

孟广钧　孟儒定

孟广钧（1800—1870 年），字京华，又字胥霌，号雨山，又号铁樵，金石花竹主人，孟子第 70 代嫡孙。生于嘉庆五年十月二十二日，卒于同治九年正月十五日，享年 70 岁。其父孟继烺，嘉庆二十年（1815 年）继承世职，道光年间累封文林郎、征仕郎，并两次应邀赴京参加临雍大典、释典，

---

① 赵尔巽等：《清史稿》卷四百八十《儒林一·孟超然传》，中华书局 1977 年版，第 13151 页。

备受朝廷重视，获得不少恩赐。孟广钧是他的独子，自幼深得父亲的钟爱和深受家庭的熏陶。少年时代，"性纯笃，尤聪颖，博闻强记"。6 岁入塾读书，很快熟诵《三字经》《千字文》等启蒙读物。10 岁便在孟府藏书楼刻苦攻读《孟子》《诗经》和唐诗、宋词。执笔为文，极富文采，很为同辈人折服。"甫冠入庠"，进入县城内的"圣书院"学习，不几年便通晓四书五经、先秦诸子，进而深入研究唐诗、宋词，自己也作诗填词，成为同窗学友中的佼佼者。他还特别重视练习毛笔字，尤爱颜体书法，曾遍临颜真卿的《多宝塔碑》《麻姑仙坛记》《颜勤礼碑》《东方朔碑》，其书法结体浓秀、笔力雄健，书风平稳，饶有古意，深得颜体真髓。20 多岁即成为县城内外闻名的青年才俊。道光三年（1823 年），他随父进京参加临雍大典，在紫禁城"晋表谢恩，赐宴于礼部"，还得到御赐的典籍、貂皮、绫缎、徽墨等礼品。市肆繁华、人文荟萃的京师对他产生了巨大的震撼和影响，他立志奋发学习，争取进京参加科举考试。道光五年（1825 年），他 25 岁，成为乙酉科拔贡生，即国子监的学生。尽管第二年在京参加的会试落选，但使他眼界大开。道光八年，他参加省城举行的戊子科乡试，他的《赋得大厦须异材》一诗中的"凤具非常质，堪为巨室材"得到考官的赞誉，经三试合格，得中举人。本来他可以一鼓作气，进京参加会试，但由于此时父亲重病，他毅然放弃这一机会，回家尽人子之道，一面照顾父亲治病养息，一面处理家族事务。道光十年父亲病逝，他守灵 10 个月，将父亲葬入天马山祖茔。道光十二年，经孟氏宗族举荐，朝廷批准，他"奉旨承袭翰林院五经博士"。孟广钧承袭世职后，面对的是府庙颓圮荒芜，林墓、断机堂、三迁祠不蔽风雨，一片破败景象。他决心改变这一境况，于是制定计划，逐一落实。首先修复了几近坍塌的断机堂，在竣工后的碑文中，他写道："本年正月，钧承祀事，仰瞻庙貌，不蔽风雨。谨奉神座暂移于致严堂。阅夏逮秋，自输资材，竭力修葺。栋宇牖户，不敢有加，庶还旧规。"[①] 维修毕，他请任城书法家张邹书擘窠楷书大字"孟母断机处"，镌刻成圆额巨碑，立于县城南门（崇教门）外道左。过往民众，莫不注目，修缮之举，赢得众人称赞。他承袭世职的 10 年间，主要精力都放在修缮庙、府和林墓广场上。道光十四年（1834 年），他

---

① 刘培桂编著：《孟子林庙历代石刻集》，齐鲁书社 2005 年版，第 408 页。

亲自主持重修孟子林享殿，重新镌刻了孟子墓碑，并将宋景祐年间的《新建孟子庙记》碑移至享殿西夹室内保存。道光十六年（1836年），兵部侍郎、都察院右副都御史、山东河南河道总督栗恭勤在邹城勘察河道，在崇教门外瞻仰"孟母断机处"新碑，拜谒孟母断机堂、孟庙、孟府后，于济宁召见孟广钧，授以白银 2000 两，嘱其作兴复庙庭、三迁祠之用。同年又获陈叙斋捐银 2290 两，敬廉阶捐银 600 两。孟广钧躬率族人，使用此款，着手进行长达三年之久的大修工程。第一期工程自道光十六年十月至翌年五月，分两处施工：一处在孟母断机处，大修断机堂，新添设正面神龛，修院门三间。门外大路旁新建三洞三楼悬山式牌坊一座，坊额题"三迁故址"，修建"亚圣孟子洗砚池"一处，外饶八角形石栏，新树石碑一块。在因利渠北岸修建"亚圣孟子曝书台"一处，并整修加固断机堂前、因利渠北岸石坝。另一处在亚圣庙内，主要工程有：大修泰山气象门、承圣门、知言门、养气门、省牲所、祭器库、启圣门、康熙碑亭、乾隆碑亭，恢复重建了已经坍塌的东庑和西庑。第二期工程自道光十七年十月至翌年五月，修复了启圣殿、启圣寝殿（即孟母殿）、致严堂及大门、西角门，重新雕制亚圣殿内孟子神像前的牌位，新修两庑神龛座，木主牌位二十座，制供案四，接案二，新铸铜祭器爵九、簠五、尊二、洗一、龙勺二、盥盘一，至此，各殿庑祭器齐备。第三期工程自道光十八年八月至同年十月，重修了"亚圣木坊"。重建了"孟氏大宗祧族祠"，在棂星门前新建乾隆皇帝銮路碑及碑楼，重修孟庙西垣墙。三次工程共支销京钱 1512 万 4858 文，折合白银 7562.4 两。三期工程竣工后，孟广钧亲自撰写书丹"亚圣庙捐修纪德碑"，并让族人孟昭金撰写了"捐廉修葺亚圣孟子庙银两已、未完工程易钱工料支销总目碑"，其中详细记述了孟广钧三年的维修经过和资金不足致使工程难以为继的苦衷："今功将及半而资用告匮，广钧复贷钱千缗继之也无能为役……乃亟伐石修断机堂始末，又立石庙庭，将已完工程先勒贞珉而述三君子之大德，以告后世子孙永永不忘。"[1] 道光二十年（1840年），孟广钧着手重修孟府。他仿照曲阜孔府内"重光门"的形式，在孟府礼门内建造"仪门"，重建已坍塌多年的大堂前东西厢房各 7 间，使孟府的建筑布局更加严谨对称、规整划一。孟广钧一生为修建重整

---

① 刘培桂编著：《孟子林庙历代石刻集》，齐鲁书社 2005 年版，第 419 页。

孟子庙、府、林墓做出了重大贡献，奠定了今日庙、府、墓的基础。

作为孟子嫡裔的孟广钧，充分弘扬先祖钟情教育的传统，一生重视对孟氏宗亲子弟的教育。道光十二年，他在孟府西偏院设立"三迁书院"，招收孟氏宗支近族子弟入学读书。为办好这所学校，他请族人中学有专长者亲执教鞭，严加督导，使子弟认真读书，聆听祖训，修德立行，砥砺学问。此后 30 年间，入书院就学的孟氏子弟脱颖而出了一批人才，"登贤书者六人，食廪饩者六人，补弟子员者三十一人"。孟广钧很早就着意孟氏家族文献的整理和纂修。自道光十五年起即与马星翼一起整理孟氏志书，增订续修《三迁志》，为后人研究孟氏家族史保存了大量珍贵资料。在他重纂《三迁志》前，雍正本的《三迁志》已经刊行 107 年，其后与孟子和孟氏宗族相关的大事频出，如雍正、乾隆、嘉庆三朝，孟氏嫡裔多次蒙受恩宠；乾隆皇帝两次来邹城亲谒孟庙；孟庙、府、林墓的重修和许多古代遗迹的重修，都应该详加记述。孟广钧通过重修《三迁志》，在保存旧有文献的基础上，使大量新发生的重要史迹得以记述。他在《重纂〈三迁志〉序》中说："高宗纯皇帝崇儒重道，旷古未有，允宜恭记以光志乘。时孟氏适丁家难垂二十年，主鬯乏人，事迹多失载。"其父孟继烺"欲从事于志乘，而先博士赍志以终。……幸待良友时共参订，凡釐伪辩误，缺疑举要，鱼台马孝廉之力为多。搜讨故事，摭拾散遗，以及校仇涂乙，则吾族绅耆偕书院诸生与有劳焉，凡七阅月而书成。"这次新修《三迁志》，孟广钧的好友马星翼贡献颇大，对诸如拟定编纂体例、考订资料等都发挥了重要作用。他在原志《跋》中说："孟氏志非一家之书，乃天下所共见，后世所共观也。必信者传信，而疑者存疑，同者不为苟同，异者不为轻异。如论往牒则不必强征乎名氏，论后彦则不必借才于异代，尊古籍考旧碑更不必参以新说，凡使天下后世可与共白而已。"重纂志稿以雍正本为基础，增补了雍正、乾隆、嘉庆三朝中孟氏家族的大量史料。初稿编完后，承许翰、宗涤楼两先生审阅，提出许多修改校订的意见，其中有百余条尚须修改订正。但由于孟广钧连年忙于修缮林庙之事，无暇整理修改，加之连年民变频仍，孟氏宗亲身处危险之境，这本手书志稿只能"移藏于家，子孙世守之"，直至孟广钧病逝，志稿也未能付梓。光绪五年（1879 年），陈锦、孙葆田获睹原志稿后，又在原稿基础上加工整理："获睹博士志稿，以体例仍袭旧志，考订间存，疑文尚非定本，因就原书发凡起例，重加删定……及搜辑旧闻，修严体制各述编纂之旨"，重新加以编纂修订，才于光绪十三年（1887 年）由山东书局刊印出版。显然，孟广钧为该书的编纂倾注了大量精力，功不可没。孟广钧晚年还主持编修了《孟子世家谱》。该谱是孟子第 45 代孙孟宁在北宋元丰七年（1048 年）"辍辑遗谱"编成的新谱，历经金大安三年（1211 年）、明万历二十六年（1598 年），清康熙五十九年（1720 年）至道光四年（1824 年），已经续修多次。该书保存了孟氏家族的大量历史资料，对研究孟子生平事迹、家族繁衍生息、迁徙流寓、宗派世系、历代恩赐、嫡裔生平事迹等尤为重要。同治三年（1864 年），孟广钧与其子孟昭铨、族内举人孟传琦、孟继仲及三迁书院生员 30 多人参与续订家谱事宜。为了保证续谱的质量，他请马星翼进入家谱馆，参与审订校阅工作。该谱自同治三年九月开编，至翌年八月完成。孟广钧率族长户头到孟庙举行祭祖仪式后颁发了家谱。这次续修的《孟子世家谱》体例完整，内容翔实，保存了大量孟氏家族史料。全谱为 6 册 15 卷，要目有：宋、明、清修谱旧序、姓源、世谱考、宗传总论、嫡裔考、分派分糊涂、恩赉、始祖年表、2 代至 44 代传略、中兴祖 45 代至 55 代传略，大宗户 55 代至 72 代传略等。这是孟府内迄今为止保存最为完备的孟氏谱牒。

孟广钧世袭翰林院五经博士，累封赠"敕授承德郎、钦加主事衔，赏戴蓝翎，就职直隶州州判"等职。他历经嘉庆、道光、咸丰、同治四朝，在战乱频繁的清朝中晚期主持孟氏家族事务长达 38 年，其间整理修复孟庙、孟府、孟子林以及断机堂、述圣祠等建筑，编纂《三迁志》，修订《孟子世家谱》，办了不少具有标志意义的大事，是孟氏嫡裔中卓著有为的杰出人物。他一生除继承家传、主持祭祀、掌管宗族事务外，把大量时间用于攻读古籍，吟诗填词、研磨碑帖。他酷爱金石，以"金石花竹主人"为雅号，以"十长物斋"为书斋名，以搜集、购置、品评古董玉器、金石书画为乐事。他对汉魏碑刻情有独钟，道光二十三年（1843 年），他与日照金石家许瀚（字印林）一起详细考察铁山北朝刻经，为识得"石颂"文字，二人匍匐摩崖石壁，逐字抄录，为后人留下了一份难得的文字资料。他还竭力搜集汉魏刻石，现存孟庙内的《莱子侯刻石》《汉中郎刻石》《唐苏玉华墓志铭》，都是他不惜重金购置的。咸丰二年（1852 年），他还将元代赵孟頫行书《归去来辞》和清阮元谒庙的一首七律镌刻于石，以期流传后世。孟府中藏有一

木板，其上的刻文详细记述了孟广钧"十长物斋"的来源及内容。木板横长
1.08 米，宽 0.90 米，上部为篆书，下部为行书，中间以隶书写"十长物斋"
四个大字。细审发现，行书作者是清代著名书法家桂馥，上面的小篆文字为
马星翼所撰，书法则出自当时的邹县知事吴企宽。

　　总之，孟广钧是自中兴祖孟宁之后对孟氏宗族文化发展贡献最卓著的
人物。

　　孟儒定（1835—1910 年），又名文达，字其素。咸丰十一年（1861 年）
拔贡，调补福建直隶州同诰授奉政大夫，一生无仕而以拔贡待遇终。不过他
博览群书，文、诗、赋俱佳，书法仿颜体，深得其神润。他钟情教育事业，
主持重修了十所书院，营筑规模宏大的拔贡家院 10 幢，与人合建崖州学宫。
咸丰九年（1859 年），土匪抢劫乡邻，他不避艰险，组织团练，亲自率领乡
邻持械防御。土匪尽管攻破山脚、抱旺、新村、九所等村寨，但却不敢进犯
近在咫尺的十所村，这是因为孟儒定与其弟儒珍组织的乡民训练有素，严阵
以待，使土匪忌惮而畏惧。

孟雒川　孟养轩　孟恩远　孟宪彝　孟继儒　孟锡珏

　　孟雒川，名继笙，字鸿升，生于清末的山东章丘旧军镇，是旧军孟氏
十大堂号之一的矜恕堂孟传珊的第四子。他创办的主要商号是瑞蚨祥绸布庄
和泉祥茶叶店。他以圣贤后裔自诩，以儒家思想作为自己的经商理念，讲究
忠恕之道，推己及人，诚信为本。他特别推崇《大学》里面这一段话："生
财有大道，生之者众，食之者寡，为之者疾，用之者舒，则财恒足矣。"并
推而广之，作为自己的经营方针。因为货真价实、童叟无欺，服务周到，从
而饮誉中外商界，树立了良好的企业形象。他的商贸事业在清末民初得长足
发展，成为海内外的名牌企业之一。孟雒川富有强烈的民族气节，在商场上
与外国损害中国权益的行径进行坚决斗争。他热心公益事业，多次参加救济
赈济方面的慈善事业，是中国民族商业领域的重要代表之一。

　　孟养轩，名广宧（读 yi），号养轩，孟雒川族人，是旧军孟家十大堂号
中进修堂孟传珠之孙，也是经商能手。他创办的商号有谦益祥、隆祥、益和
祥等绸布庄和鸿祥茶叶店，皆有名于时。

　　孟恩远（1856—1933 年），字曙村，又作树村、树春，天津人。1895

年投入驻天津小站的新建陆军，这是中国近代第一支按西方军事理论和编制组建编练的新式武装。他先任右翼骑兵队官，第二镇骑兵第二标标统，继而任北洋第四镇马标标统、直隶巡防营统领、河南南阳镇总兵。1907年，赴东北，任吉林巡防营翼长、记名提督，督办剿防事宜。第二年任吉林巡防营督办、北洋二十三镇统制。1911年任二十三镇镇统。辛亥革命后的1912年，他改任师长、吉林护军使。下一年，署吉林都督事务。1914年6月，授镇安左将军，督理吉林军务。1915年"洪宪"帝制闹剧中，他被袁世凯授予一等伯。1916年，改任吉林督军，授将军府诚威将军。1917年任吉林巡抚。接着被北京政府免职，他拒不奉命，拥兵独立。与此同时，他与东北王张作霖矛盾激化，1919年被张逐出吉林后寓居天津。1933年病逝于天津。他是近代中国北洋军阀的一员，主要活动在东北，由于较早即被逐出军界，没有参与五四运动后的军阀混战，可谓不幸之中的一幸。

孟宪彝（1866—1924年），字秉初，直隶永清（今属河北）人。清末举人，曾任铁岭知县和奉天（今沈阳）、长春、宾州等地知府以及吉林西南路兵备道。辛亥革命后，历任吉林西南路观察使、吉长道尹和吉林巡按使，1915年被革职闲居。1917年曾督办永定河工程。1924年4月病逝于天津。

孟继儒（1863—1932年），河南封丘县大马寨村人。清朝光绪年间曾任家庙执事生，赏戴蓝翎。光绪七、八年间，豫东连年灾荒，村里青壮逃荒外出谋生，而留下的老弱职能靠刮硝土熬制土盐为生。地方差役无视亚圣后裔优免之规定，肆意掠取土盐，使孟氏族裔深受其害。孟继儒挺身而出，为族人请命，于光绪九年（1883年）赴孟府告状。宗府查验身份、实事均属无误，于是颁发符凭给封丘县衙，要求其依法依规督改道歉，停止对该村孟氏族人的征敛，由此解救了全村孟氏族人之困厄。宗府为表彰他的义举，特赠巨幅亚圣祖碑刻像一，并给他改名继善。

孟锡珏（1874—?），字玉霜，河北宛平（今属北京市）人，1898年戊戌科进士，授翰林院编修。后历任江北提督署总文案兼督练处参议、奉天盘垣垦务总办、奉天提学使、津浦铁路总文案。民国成立以后，任津浦全路总办、北京政府交通部参事。1914年7月，任肃政厅肃政使。1917年11月，任临时参议院议员。

第十五章　民国孟氏名人

民国时期（1912—1949年）的近40年间，孟氏家族虽然没有出现具有重大影响的名人，但也产生了一批革命烈士和在文化学术上较有造诣的学者教授，为孟氏宗亲增光添彩。

孟昭侗　孟介人　孟洁民　孟昭月　孟森

孟昭侗（1888—?），字典愿，山东长清人。毕业于山东省立第一政法学堂。历任山东、江西、湖北、湖南等省检察官、推事、庭长、检察长等职。1928年署河南高等法院庭长，旋升该院第一分院院长。1931年10月代理河南高等法院院长。1933年转任陕西高等法院院长。1938年任甘肃高等法院院长兼推事，1943年8月去职。1946年7月任黑龙江高等法院院长。在民国法学界有相当名望。

孟介人（1905—1933年），原名芳洲，又名士元、舫洲、嬴州，陕西洛川石头乡寨头村人。1925年秋在上海大学读书时加入共产主义青年团，第二年加入中国共产党，同年冬遵照组织安排回陕西从事革命活动。1927年2月任三原团地委书记。1929年初夏到青岛，做中共青岛市委书记党维蓉的秘书，协助他处理市委的日常事务。同年八九月间，陈潭秋以中共中央巡视员的身份巡视山东和青岛的党的工作，并主持成立了山东临时省委，孟介人参与了这一活动。1932年11月，组织派遣他以陕西省委巡视员身份，化名老侯，去陕西巡视工作。他到汉中，任中共陕南特委书记，并在到达陕南的部分红四方面军支持下，积极创立地方游击队。1933年2月，陕南红二十九军正式成立，他担任军事指挥部成员，兼任西乡、城固边区苏维埃政府主席和红一团政委。3月31日，孟介人出席红二十九军和边区苏维埃政府在西乡马儿岩举行的军政联席会议。第二天，张正万率叛军分四路包围马儿岩。孟介人听到枪声，知有内变，立即指挥与会人员突围。他攀缘陡壁直下山脚，涉过牧马河，隐蔽在一个山洞里，观察敌军动向。由于叛匪连续数日搜山，封锁道路，他一连三天没有吃饭，饥饿难耐。4月4日，他走出山洞，到附近村庄找区苏维埃粮食委员严明发，打算找点吃的，然后去川北找红四方面军。谁知严明发已经叛变。当晚，严明发假装送孟介人去川北，行经梁河坝时，突然用木棒猛击孟的头部，他猝不及防，壮烈牺牲。

孟洁民（1912—1933年），原名庆存，辽宁辽阳人，迁居吉林盘石。他自幼聪慧，从小学至中学都是学业优异的好学生，1930年曾任盘石中学学生会主席。同年加入反帝同盟会，第二年加入中国共产党。也就在这一年，日本发动九一八事变，疯狂侵略我国东北。1932年5月，孟洁民任盘石满洲工农义勇军第四纵队第二小队小队长，7月任总队长。10月后，义勇军正式改编为中国工农红军第三十二军南满游击队（通称盘石游击队），任总队长兼第一大队队长。1933年1月，在盘石吉昌长胳膊屯收缴地主武装时被杀害，年仅21岁。

孟昭月（1887—1943年），字子明，山东寿张人。历任北洋政府陆军第二师步兵第四旅旅长。1922年8月，授陆军少将加中将衔。1924年6月，任敦威将军兼金华、衢州、严州戒严司令，闽北镇守使，旋任浙江省城卫戍司令兼第八师师长。1926年任孙传芳任司令的五省联军第三方面军司令兼代理浙江总司令。1927年任前敌司令、参谋长等职。五省联军被北伐军打败后，他到天津做寓公，1943年病逝。

孟森（1868—1938年），字莼荪，一字莼生，又字苏武，号心史，江苏武进（今常州）人。著名学者，我国清史学科的奠基人。廪生出身，先在南洋公学教书，继而在译学馆主持译事。1901年赴日本留学，入东京法政大学。1904年返国，入广西边防大臣郑孝胥幕，从其学诗。在沪参与成立预备立宪公会。1908年参与编辑《东方杂志》。次年当选江苏咨议局议员。武昌起义爆发，他为程德全指挥的江浙联军撰写进攻南京的宣言。民国临时政府成立后，他任共和党执行书记和国会参议院议员。1913年袁世凯解散国会，他从此脱离政治，潜心学术。次年在《小说月报》发表《董小宛考》，澄清了坊间流传的所谓董小宛与顺治皇帝的暧昧关系纯属无稽之谈。1931

年受聘为北京大学历史系教授，集中精力研究明清史，搜集资料丰厚，著述宏富。著作《元明清系通记》《八旗制度考》《心史丛刊》《清初三大疑案考实》《清代史》《明清史论著丛刊》等，在学界负有盛名。译著《平民政治》《民法要义》《统计通论》《财政学》等也产生很大影响。1937年日寇全面入侵中国，华北沦陷后，孟森滞留北平。日军知其曾撰有《宣统三年调查之俄蒙界线图考证》，威逼其交出此图。他气愤至极而染病，不久即抑郁而逝。

孟广澎　孟宪吉　孟昭濂　孟恒昌　孟世杰　孟昭第　孟昭进　孟绣焘　孟振江

孟广澎（1887—1959年），字仲晦，又字剑春，河南商丘人，保定高等学堂毕业。1931年任四川珙县县知事，1916年任西北军第16混成旅书记官，1918年任河南省烟酒专卖局局长，1922年任开封道尹，1928年4月署国民政府内政部参事，同年12月任山东省政府秘书、第二科科长。1932年任河南省第一区行政督察专员兼保安司令。1933年7月，出任湖北省政府委员兼民政厅厅长。抗战时期，1938年任重庆行营第二厅少将副厅长。1946年5月，任四川省政府委员，1948年5月任四川省政府秘书长。1949年12月在四川彭县起义。1951年1月病逝于成都。

孟宪吉（1889—1967年），字英杰，黑龙江呼兰县人。保定陆军军官学校第六期炮科毕业，后长期在晋军任职。1930年，参加蒋、桂、冯、阎的中原大战，任反蒋联军的第三方面军第一军第一师师长。桂、冯、阎军失败后，任正太路护路军第一旅旅长。1932年任太原绥靖公署护路军第一师师长。1935年参加围剿陕北红军。1936年任独立第8旅旅长，抗战开始后，率部参加忻口战役。10月任19军68师师长。1939年任19军中将军长。1940年3月，任第一战区司令长官部中将高参。1946年任第12战区中将高参，1947年任华北剿总司令长官部中将高参。1949年1月随傅作义参加北平起义。新中国成立后任民革太原主委、山西省政协委员。

孟绍濂（1890—1971年），字希周，号爱莲居士，河北阜平铁岭村人。本县小学毕业后，考入直隶陆军小学，1914年毕业于北京清河陆军预备学校普通班。其间加入同盟会，同年入保定陆军军官学校第二期步兵科。1916年毕业后入山东陆军任职。参加山东护国军，反对袁世凯帝制。之后调直隶陆军第一混成旅任少校参谋。1920—1925年在陆军前敌指挥部任中校参谋。1927年在国民革命军第三路军任参谋，参加北伐战争。九一八事变后，任29军军务处长。抗战爆发后，1938年任29军132师副师长兼参谋长。1939年任33集团军干训班副教育长、教育长、集团军总部处长。1942年任59军参谋长，同年10月任中将副军长。抗战胜利后一度失军职。1948年淮海战役前任第三绥靖区第59军中将副军长。同年11月率59军起义。后历任中国人民解放军第33军副军长、淞沪警备区副参谋长。不久转业地方工作，任华东交通部副部长、民革中央委员、民革北京市委常委、全国政协特邀委员。1971年6月在北京病逝。

孟恒昌，别号思远，河北深县人。中央军校12期步科、中央军校洛阳分校军官训练班2期毕业，后入陆军大学第19期毕业。1946年初任第四绥靖区3处作战科长。1948年任第8兵团3处少将处长。1949年4月任68军代参谋长兼81师师长，兼漳州戒严司令。1949年底在厦门向解放军自首，作为战犯入狱进行改造。1964年12月28日获特赦，后任河北省政协委员、深县政协副主席。

孟世杰（1895—1939年），字咸宇，河北大兴（今属北京市）人，历史学家。北京高等师范史地系毕业。历任燕京大学、法政大学、北平师范大学、北京女子师范大学、北平大学、东北大学、四川大学及北京师范大学讲师，教授等职。出版《中国最近世史》《中国近百年史》《先秦文化史》《化石期之文化》等著作和译著《东亚文化之黎明》。

孟昭第（1901—1991年），号品亭，河北交河人。保定陆军军官学校第九期步科毕业，其后一直在晋绥军中服务。1937年参加抗战，任35军73师211旅参谋长。1939年任35军新编31师参谋长，参与对日军的冬季攻势。不久转任35军少将参谋长。抗战结束后，任集宁警备司令，接受晋北和内蒙古的日军投降。1947年12月，任华北剿总归绥指挥所副主任、绥远省保安副司令。1949年9月参加绥远起义后，任解放军绥远军区归绥警备区副司令，山西水利厅副厅长，山西省政协常委、民革山西省副主委。

孟昭进（1904—1985年），号毅濂，山东齐平人。西北陆军干部学校、陆军大学特别班第7期毕业。1931年任13路军独立团团长、15路军总部参谋处长。1932年任宁夏省保安司令部参谋长，兼金积县、夏县县长。1936

年任军事委员会少将咨议。抗战爆发后，回故乡组织抗日义勇军任司令。1939 年任晋察冀战区新编第 4 旅旅长。1946 年 3 月任北平行营少将高参。1948 年 2 月任第二绥靖区少将高参，不久转任山东省第 10 区行政督察专员兼保安司令，10 月任山东人民先锋总队队长。1948 年 9 月 20 日在济南战役中起义。后任解放军第 35 军副参谋长兼特务团团长、邹平县政协副主席。

第十六章　当代孟氏名人

新中国成立后，孟氏宗族产生了一大批在政治、军事、经济、文化以及各行业中做出巨大贡献的名人。这里录入的只是已经过世的佼佼者。

孟宪承　孟宪章

孟宪承（1894—1967年），又名宪臣，江苏武进（今常州）人。中国现代著名教育家和学者。他幼年就读于常州府中学堂，后进上海中国南洋公学预科，再后进圣约翰大学。毕业后考取公费留学，进美国华盛顿大学攻读教育学。1920年获硕士学位，翌年赴英国伦敦大学研究所深造。1921年回国后，先后在东南大学、圣约翰大学、清华大学、北京高等师范学堂、东南大学、光华大学、浙江大学、北京师范大学等校任教授。同时兼任江苏省教育厅科长、第四中山大学秘书、江苏民众教育院研究部主任、中山大学教育学院院长等行政职务。抗日战争时期，在湖南等地的高等院校讲学。1949年在浙江大学发起"新教育研究会"，研究探索中国的教育改革。1959年调上海工作，历任华东军政委员会委员、华东行政区教育部长、上海教育学会会长、华东师范大学校长等职，被评为一级教授。先后当选为一、二、三届全国人大代表，上海市三、四届政协副主席。他在繁忙的行政和教学之余，长期坚持教育学和中外教育史的研究，治学严谨、学贯中西，知识渊博，著作等身。主要有：《新中国教育史》《教育概论》《教育通论》《大学教育》《中国古代教育史》《西洋古代教育》《教育与文化》《现代教育的两大思潮》《查斯特论编制师范课程的原理》《最近美国教育的趋势》《高等教育新试验》《民众需要什么教育》《苏联和美国的成人教育》等。他还翻译了许多西方的教育学方面的名著，如威廉·詹姆斯的《现代教育学说》，杜威的《教育与思维》，克柏屈的《教育方法原理》，波特的《教育心理辨歧》，詹姆士的《实用主义》等。晚年编纂《中国古代教育文选》和《中国古代教育资料》，取材广博，立论精当，被定为高等学校的教科书。他在"文革"遭到残酷迫害，不幸离世。

孟宪章（1895—1953年），字永之，湖北均县（今湖北丹江口市）人。出身贫寒，自幼好学。公费师范毕业后，靠友人资助路费赴京求学，毕业于北京大学政治系、北京师范大学史地研究科，工作后又赴日本东京帝国大学研究院深造。大学时代即参加反帝爱国运动，著《世界最近之消失》，论述中国面临列强侵略胁迫的危殆形势，唤起国人奋发图强，挽救民族危亡。1926年北伐战争期间，他与董必武、李汉俊联系，劝说吴佩孚的襄郧镇守使张联升投诚，使北伐军顺利底定湖北。1927年，他投奔冯玉祥的西北军，历任总部秘书、内防处副处长、宣传处处长，为冯处理文电，整理日记。蒋介石为拉拢他，许以湖北教育厅长被拒。他为冯的倒蒋积极奔走联络，在沪被捕，入狱两月，后经蔡元培等保释出狱。1929年冯倒蒋失败后，他赴日本留学，期间办通讯社向国内报告日本政情。其后他整理出版《环球观察记》，拥护共产党的抗日救国主张。1933年，与吉鸿昌同赴张家口，在冯玉祥领导下组织察哈尔抗日同盟军，屡挫日伪军。期间他在北平创办《长城血战记》半月画报，报道同盟军英勇抗击日伪军的战绩。抗日同盟军遭蒋介石破坏失败后，他躲进天津租界，整理《察哈尔抗日》一书，化名出版，宣传察哈尔抗日的真相，回击蒋介石的诬蔑。在薄一波等人被捕入狱后，经他奔走营救获释。1935年后，他与杨秀峰、许德珩组织进步教授座谈会，揭露日寇的侵略野心，被日寇列入黑名单。1937年七七事变后，他只身逃出北平。在武汉办《民族战线》周刊，鼓吹抗日民族统一战线。1938年，受第五战区司令长官李宗仁邀请，与钱俊瑞、胡绳等左翼文化人同赴鄂北老河口创办文化工作委员会，筹办干部训练团，在襄阳、郧阳招募爱国青年投笔从戎，参加抗战。后因蒋特胁迫离去。1940年，他至重庆，经冯玉祥推荐任中央银行经济研究处专门委员兼资料室主任，他借工作之便，收集阅读马列著作，发表宣传马列观点的论文，并与进步人士联合发起组织座谈会，讨论民主政治等与抗战建国有关的时事政治问题，抨击国民党的专制独裁。他与中共秘密联系，聆听指示。与许德珩等创立"九三学社"，被推举为中央委员、理事，主持中央宣传委员会工作。1946年至上海，仍任中央银行经济研究处专门委员，利用职务之便，将南京政府财政方面的秘密情报送交中共在沪的经济学家许涤新。他同时兼任交通、复旦两所大学的教授，编写《中国反美扶日运动斗争史》等专著和大量宣传资料，积极投入全国反美扶日运动，同时不顾个人安危，积极参加大学生发起的"反饥饿、反内战、反迫害"的集会游行，发表演说，揭露美帝和国民党反动派的罪行，被列入黑名单。为躲避国民党军警特务的追捕，他躲进医院装病达两月之久，直至迎来上海解放。新中国成立后，他历任人民银行华东区行研究员，北京总行计划处研究员、湖北人民政府委员，同时主持九三学社中央委员会的宣传工作，又兼任燕京、辅仁两大学的经济学教授。出版《中国近代经济史教程》等多部经济学方面的著作。因积劳成疾，于1953年病逝北京。追悼会上、周恩来、董必武、李维汉等党和国家领导人送了花圈，遗体安葬八宝山革命公墓。

孟夫唐　孟目的

孟夫唐（1896—1980年），宪字辈，字福堂，河北邯郸市永年县刘固村人。自小在家乡读小学，后至设在邢台的第四师范读书，毕业后先后在家乡、北京梁家园小学、北京师范大学附小、香山慈幼院教书。1927年考入北京师范大学教育系读书，毕业后留校，在教育学院教书。1931年起，历任邢台第四师范、保定第二师范、大名中学等学校校长，推行教育改革，受到师生的欢迎。抗战爆发后，参加共产党领导的敌后游击战争和根据地建设。先在华北军政干校太南游击司令部任秘书长。1938年任冀南干校校长，1941年任冀南行署教育处长、冀南行署三分区专员、行署主任，同年4月加入中国共产党。1944年冀南和冀鲁豫边区合并，成立中共冀鲁豫中央分局、冀鲁豫军区、冀鲁豫边区行署，孟夫唐任行署主任。

孟夫唐一生与教育事业结下不解之缘。1946年1月，北方大学在邢台成立，分设六个学院，范文澜任校长，他出任教务长。1948年中原大学成立，他又出任教务长。新中国成立后，他历任中原大学副校长、武汉市副市长、湖北省副省长。1951年中南军政委员会根据政务院指示，筹办由中南军政委员会教育部领导的中央民族学院中南分院，他担任院长，这所学校发展为后来的中南民族大学。1958年湖北大学建立，他兼任校长。作为教育战线上的卓越领导人，他为我国的教育事业贡献了自己毕生精力和才华。

孟目的（1897—1983年），名广义，字目的，北京人。著名药学家，我国药剂学的开拓者和奠基人之一。他早年毕业于华北协和大学，后考入北京协和医学院留美学习班，毕业后去英国勤工俭学。1921年考入英国伦敦大学医学院，由于学习成绩优异，被英国药学会吸纳为会员。1925年回国后，即在北京协和医学院任药房部副主任，兼药理学助教。1927年参与编纂《中华药典》，担任中央卫生实验处药物化学室主任，后又兼任军医学校药科主任。1929年7月任国民政府卫生部技正。1935年11月任全国经济委员会技正。1936年创办国立药学专科学校，任校长兼药剂学教授。抗日战争爆发后，随学校迁重庆继续办学。但不久因支持进步学生运动被捕入狱，并被免去校长职务。1940年他到香港成立协和药品公司，筹设药厂，选购药品和医药器材，运回内地支援抗战。1941年日军占领香港后，他回到重庆，建立协和制药厂，满足抗战时期军民的需要。1946年应聂荣臻之邀到晋察冀解放区首府张家口制药厂进行技术指导，半年后赴上海任一家制药厂的厂长。新中国成立后，任卫生部药品检验所所长。1960年卫生部药品检验所和生物制品检定所合并为卫生部药品生物制品检定所，他仍任所长，同时兼任中国药典编撰委员会药理小组组长、干事会总干事。此外，他还担任第二、三届全国人大代表和第一、五届全国政协委员、中国药学会理事长、秘书长、顾问、卫生部药典委员会副主任委员。他长期从事药学教学、科研工作，培养了大批药学方面的人才；在药品制造方面，他研制生产了我国紧缺的磺胺、葡萄糖等原料药品和制剂，对我国药学事业的发展做出了重要贡献。1983年5月21日病逝于北京，终年86岁。

孟泰 孟宪民 孟超

孟泰（1898—1967年），原名孟瑞祥、孟宪钢，1896年出生于河北丰润山王寨村。由于家贫难以度日，他18岁"闯关东"，先到栗子沟汽车修理厂当徒工，因受不了日本师傅的欺压，于1926年转到鞍山制钢所炼铁厂当配管工。九一八事变后，在日本殖民统治下的"满洲国"，他在倍受欺凌的环境中，辗转做工、务农，勉强维持生计。1948年辽沈战役后，东北全境解放，他回到鞍钢，为尽快恢复发展生产忘我工作。他在厂区四处收集各种废件，很快获得千种材料，万种备件，建立起闻名鞍山的"孟泰仓库"，为恢复发展鞍钢的生产做出了重要贡献。1949 年，他被鞍山市委命名为"特等功臣"。同年 8 月，他加入中国共产党。他历任鞍钢炼铁厂配管组长、技术员、副技师、设备修理厂厂长、炼铁厂副厂长、鞍钢工会副主席、全国总工会第七、八届委员会执行委员、全国第一、二、三届人大代表。由于他一贯以主人翁的精神努力工作，爱厂如家，艰苦创业，不断为鞍钢生产做出新贡献，以他命名的"孟泰精神"成为全国工人阶级学习的榜样，他获得众多党和政府授予的荣誉称号，是 20 世纪五六十代誉满全国的劳模代表。1954年 4 月 6 日周总理视察鞍钢时，曾到他家看望。1967 年他逝世以后，周总理又批准将他的骨灰盒安放在北京八宝山革命公墓。改革开放以来，鞍山市为了永久纪念他的业绩，建造了孟泰公园，在园中树立起他巨大体量的雕像。他作为一个时代的工人阶级的标志具有永恒的价值。

孟宪民（1900—1969 年），江苏武进（今常州）人。我国著名矿床地质学家，中国科学院学部委员。幼年随父亲至汉口生活，1918 年考入清华大学，毕业后公费赴美国留学，1925 年在美国科罗拉多州立矿业学校获工程师称号，在该州虎城铅锌矿任工程师。1926 年夏，入美国麻省理工学院研究生班深造，1927 年获硕士学位。回国后任中央研究院地质调查所研究员。1946—1952 年任清华大学地质系教授，1952 年中华人民共和国地质部成立后，他到地质部工作，先后担任地质矿产司副司长、矿物原料研究所副所长、地质科学研究院副院长等职。1956 年加入中国共产党，当选第三届全国人大代表，还担任中国地质学会常务理事、《地质学报》主编。他对我国地质事业做出了重大贡献。还在 1937 年任资源委员会锡矿工程处主任时，主持个旧锡矿的勘探与开采，为我国建成了锡矿基地。他毕生从事地质矿产的调查研究工作，对中国的锡矿、稀有金属矿、有色金属矿等都有深入研究。在微量化学矿物鉴定方面有特殊专长，对铌钽矿和石油、天然气的找矿亦有创新见解。晚年注重同生成矿学的研究，对开发铁、钼、锌、汞、锑、锡按层状生成进行系统研究，并译介欧美同生成矿学术论文。他的同生成矿的学术观点，引起了我国地质学界的高度重视。在国外也获得较高的声誉，曾到巴基斯坦、斯里兰卡、缅甸等国进行学术交流和讲学。主要学术著作有

《安徽铜陵县叶山附近之地质概要》《芜湖繁昌两县地质矿产略报》《云南东川铜矿地质》《浙江化县泥鳅垄之闪锰矿》《湖南临武锡矿金属矿床地质》《云南东川铜矿地质》《若干金属矿床的勘探总结》《矿床同生译文集》《锡矿矿产之地质研究》《对有色金属矿产生成规律的体会》《微量化学的矿物鉴定法》《中国铜矿的分布情况及勘探方法》《矿产成因与找矿》《矿产分类与成矿作用》《铌钽的经济地质》《云南个旧锡矿地质略论》《云南之锡》等。

孟超（1902—1976年），原名孟宪启，曾用名孟励吾，笔名林麦、陈波、史优等，山东诸城人。父亲是当地小有名气的知识分子，热心办学。孟超在家乡读完小学，于1917年考入济南的省立一中，但不久即因为参加学运被开除。1919年五四运动爆发后，他在家乡与陶钝一起组织"反日会"，领导当地的爱国运动。1924年，他入上海大学中文系读书，同时投入革命活动。1925年五卅运动爆发，他迅速回家乡组织"五卅运动后援会"。这一年他加入共产主义青年团，第二年加入共产党。国共合作期间，他担任国民党上海大学区分部执行委员。同时积极从事文艺创作，1927年出版首部诗集《候》。国民党反动派制造四一二政变后，他辍学，赴武汉参加全国第四次劳动大会，之后在全国总工会宣传部工作。后回上海，与蒋光慈、阿英等组织太阳社，开办春野书店，创办《太阳月刊》，同时参加创办艺术剧社，筹备建立中国左翼作家联盟，成为该联盟的主要发起人之一。1929年后担任上海文委成员，在中共闸北区委、上海工联、全国总工会从事宣传工作。1932年在组织工人罢工时被捕，1933年被保释出狱后失掉组织关系，他只得只身回到青岛，一面在中学教书，编辑《青岛民报》，一面与王统照、老舍、臧克家创办《避暑录话》文艺副刊，继续从事新文学运动。抗日战争爆发后，他积极投入抗战工作，先在第五战区第11集团军任宣传队长、31军政治部干事，继而赴桂林，任广西绥靖公署国防艺术总社总干事、桂林文协分会理事，与夏衍一起创办杂文刊物《野草》月刊，编辑《艺丛》《妇女旬刊》《西南日报》副刊、《新民报·艺术周刊》等。日军进攻桂林，他经贵阳、昆明辗转至重庆，在中正中学、西南大学教书，同时编辑《西南日报》副刊《高原》和《大公报》旬刊等。1947年6月去香港，参与恢复《野草》月刊，为《大公报》《文汇报》撰稿，编辑茅盾主持的《小说月报》。11月重新入党。1949年初，经朝鲜至安东（今辽宁东丹市），进入东北、华北解放区。

新中国成立后，历任国务院新闻出版总署图书期刊司秘书、审读处科长、图书馆副馆长、人民美术出版社研究室副主任、幻灯编绘室主任、中国戏剧出版社副总编、人民文学出版社副总编兼戏剧编辑室主任等。在繁忙的行政、编务工作之余，他不辍写作，出版了诗集《候》《残梦》，杂文集《长夜集》《赤偃草》《水泊梁山英雄谱》，小说集《冲突》，历史小说《骷髅集》以及昆曲剧本《李慧娘》等。由于他写了大量针砭时弊的杂文，特别是昆曲《李慧娘》，在"文革"中遭到残酷迫害，于1976年5月6日去世。"文革"结束后的1979年，人民文学出版社党委宣布为他平反昭雪。

孟用潜　孟庆山　孟谦

孟用潜（1905—1985年），原名孟坚，又名孟谦，曾化名曹长清，河北琛县人。读中学时期即参加爱国运动，1925年毕业于燕京大学经济系，大革命时期投身革命斗争，任国民革命军第11军政治部科长。1927年5月，在白色恐怖的岁月加入中国共产党。大革命失败后，在福建做青年团工作。同年12月，参加闽南、闽北党的代表会议，任提案起草委员会委员。1928年春担任共青团福建省委书记，同时担任中共福建省委委员、书记，被选为中共六大代表。6月赴莫斯科出席中国共产党第六次全国代表大会，任大会组织、职工运动、农民土地问题、苏维埃、宣传、青年等委员会委员。会后不久回国，被党中央派往东北工作。1929年2月任中共满洲省委候补常务委员，6月8日被党中央指派为满洲省沈阳领导整顿党的组织，加强基层领导力量。8月在奉天纱厂与刘少奇一起被捕，9月中旬被组织营救出狱，仍任满洲省委组织部长。10月8日参与制订《满洲党目前政治任务决议》。同年改任省委候补常务委员兼哈尔滨特委书记、组织部长。1930年8月任中共满洲总行动委员会委员兼哈尔滨市委书记，10月任中共满洲省委主席团候补委员兼北满特委书记，领导哈尔滨与北满地区发展党的组织，开展工人运动，做了大量工作。同年12月7日在开会时与陈潭秋一起被捕入狱。在狱中，他坚持斗争，保守住党的秘密。后经党组织营救出狱，先到上海，旋即被派到西安开展党的工作。1932年8月，任中共陕西省委书记，化名曹长清，在西安恢复党的组织，开展工作。1933年后转到平津地区从事地下斗争，任中共河北省委组织部长、代理书记。抗日战争胜利后，任中共中央上海局调查研究部副部长。1948年任华北人民政府华北供销合作总社主任，开展解放区农民供销合作运动。新中国成立后，历任政务院中央合作事业管理局长、中华全国供销合作总社副主任，中华全国工商业联合会副主任委员，政务院财政经济委员会委员、国务院科学规划委员会委员、国务院文教部党委委员、国际关系研究所所长兼中国对外文化友好协会副会长、中国国际贸易促进委员会委员、中国人民保卫世界和平委员会委员、副主席等职。被选为全国第四届政协委员。1985年8月8日在北京因病逝世。

孟庆山（1906—1969年），河北蠡县万安村人。出身贫苦农民家庭，很小就外出谋生。1925年8月在北京加入冯玉祥的西北军，从战士、班长、排长、连长一直晋升至副营长。1931年12月，在参与"围剿"红军的时候，他所在的国民党军第26路军集体起义，编为红军第5军团。他曾任中国工农红军第1军团8师24团副团长、军委教导第4团团长。参加了中央苏区第四、五次反"围剿"的斗争，多次身负重伤。他带伤参加长征，任红三军团干部队队长。1935年4月在长征途中加入中国共产党。到达陕北后，任红军15军团75师224团参谋长，参加东征、西征战役。1937年1月入抗日军政大学学习。抗日战争爆发后，他奉命赴冀中组织发展抗日武装，只身一人历尽千辛万苦，经山西至冀中，赶在日军占领保定前到达白洋淀，发动群众，联络各界爱国人士，很快组织起数万人的河北游击军，他任司令员。1938年起，任冀中军区副司令员兼第4分区司令员、冀中三纵队副司令员，参加开辟冀中抗日根据地，曾指挥攻克河间的战斗，支持马本斋领导的回民支队，使之发展成一支闻名遐迩的抗日武装。1940年赴延安，入中央党校学习，并作为代表参加了中国共产党第七次代表大会。抗日战争胜利后，任冀中第9分区司令员和冀中党委人民武装部部长。新中国成立后，先任河北军区石家庄军分区司令员，1950年起任河北省军区第一副司令员。1955年被授予少将军衔、荣获二级八一勋章、一级独立自由勋章、一级解放勋章。在"文化大革命"中，他尽管本身受到很大冲击，但始终坚持实事求是原则，为很多老领导和战友写出真实的外调材料，对他们起了保护作用。1969年2月17日在天津去世后，周总理批准将其骨灰放置八宝山革命公墓。

孟谦（1906—1990年），原名孟庆斌，山东东阿人。1931年参加中国工农红军，历经第四、五次反"围剿"战斗和二万五千里长征。1936年在延安加入中国共产党，历任师团医务主任、卫生队长、红军大学卫生科长、中央军委卫生科长、抗日军政大学卫生所所长、八路军 120 师野战医院院长，曾协助白求恩从事医疗救护工作。解放战争时期，相继担任晋绥野战军卫生部副部长、西北野战军三纵队卫生部长。新中国成立后，历任中国医药总公司总经理、卫生部药政管理局局长、中国红十字总会副会长，第五届全国政协委员。1961 年组织指挥了山西平陆 61 人集体食物中毒的抢救工作，使所有人脱险，成为轰动一时的大新闻。

孟小冬　孟秋江　孟英　孟波

孟小冬（1907—1977 年），女，一名若兰，学名令辉，祖籍山东，生于上海。著名京剧表演艺术家。她出身梨园世家，祖父孟七是清朝同治中叶京剧向上海流布的主要传播者之一，父亲孟鸿群、伯父孟鸿寿、孟鸿荣（小孟七）、叔父孟鸿茂，都是当时著名京剧演员。她 9 岁从舅父仇月祥学京剧老生，常在上海乾坤大剧院实习演出。14 岁正式在上海大舞台演戏，以扮演传统戏《宏碧缘》中的骆宏勋、时装戏《莲英遇难记》的莲英妹闻名上海滩。后来去汉口、南京等地演出《辕门斩子》《逍遥津》和机关布景戏《游月宫》《梁武帝》等，逐渐崭露头角。1923 年冬离沪北上，在济南、天津演出，得到天津谭（鑫培）派名票王瘦生的指导。1925 年至北京首演谭派名剧《四郎探母》《击鼓骂曹》获得成功。城南游艺园以长期合同邀为台柱两年，其间继续受教于谭派声乐名家陈彦衡。1935 年后自组福庆社，聘鲍吉祥为艺术指导，致力余（叔岩）派艺术的探求和实践，常在平、津、沪等地领衔演出余派名剧，其声誉之隆，为当时各派女性老生之冠，与马连良高庆奎等齐名，被誉为"冬皇"。1938 年正式拜余叔岩为师，其美学意识和艺术修养达到更高境界，被公认为余派的最优秀传人。其优秀代表剧目是，她饰演诸葛亮的《失·空·斩》，饰演陈宫的《捉放曹》，饰演刘世昌的《奇冤报》，饰演张苍的《盗宗卷》，饰演程婴的《搜孤救孤》等。其间一度与梅兰芳结为连理，后离异。新中国成立前夕，与杜月笙一起移居香港并结婚。1967 年去台湾，1977 年病逝于台北。

孟秋江（1910—1967 年），原名孟可权，江苏常州人。20 世纪 30 年代开始从事新闻工作，任《国闻报》《大公报》记者。1935 年与范长江一起赴西北采访，报道了许多红军的事迹。1936年报道了著名的百灵庙之战。1937年抗战爆发后，赴前线采访，在南口，写了《在南口迂回线上》。在山西前线，写了《大战平型关》，在徐州和中条山前线，也都有生动的战斗报道，既揭露了日寇的暴行，更展示了中国军民英勇抗战的事迹，大大鼓舞了全国军民的抗战热情和斗志。1937年冬至延安，受到毛主席接见。1938年转为《新华日报》记者，报道八路军、新四军和共产党领导的抗日军民的斗争。同时与范长江组建国际新闻社，团结广大新闻工作者进行抗日的宣传工作，他是桂林总社和香港分社的负责人。1941年加入中国共产党。皖南事变后，他团结新闻界同人，同国民党顽固派的反共反人民的倒行逆施行径进行斗争。抗战胜利后，创办《周刊》《文萃》等刊物，同时担任上海《文汇报》采访部主任，向国内外各地和海外华侨宣传中国共产党的建国方针政策，支持国统区人民和学生开展的"反内战、反迫害、反饥饿"运动。他还担任南洋商业银行的董事。新中国成立后，他历任天津《进步日报》社经理、天津《大公报》社副社长、香港《文汇报》社社长、天津民盟市委负责人和中共天津市委统战部副部长、民主促进会中央委员。"文革"中遭受迫害，于1967年3月16日不幸去世。终年57岁。

孟波（1916—2018年），原名孟绶曾，江苏常州人，著名作曲家。20世纪30年代即在上海从事进步音乐活动，先后参加民众歌咏会、业余合唱团、歌曲作者协会、歌曲研究会，并与何士德等组织"国民救亡歌咏协会国内宣传团"，赴浙江、江西等地宣传抗日，编辑出版了《大众歌声》《新音乐丛刊》。后奔赴延安，再转江淮新四军根据地。1940年起，历任新四军政治部抗敌剧团团长、新四军三帅鲁艺工作团团长、鲁艺华中分院院务委员、鲁艺工作团团长等职务。1946年后，在延安中央党校文艺工作室、中央管弦乐团、华北戏剧音乐工作委员会担任领导工作。新中国成立后，历任天津市文化局局长、广州市文化局局长、上海音乐学院党委书记兼副院长、上海市文化局局长、电影局局长。同时兼任中国音协理事、秘书长、上海市文联副主席、上海市音协副主席以及聂耳、冼星海全集编委会副主任。他创作大量歌曲，代表作有《牺牲已到最后关头》《长工歌》《反扫荡》《路东大合唱》《枫桥夜泊》《中华民族好儿女》《反投降小调》《文化战士之歌》《我们的岗位在前哨》，以及歌舞剧《难民花鼓》等。这些歌曲深深鼓舞了抗日军民的斗志，成为中国抗日战争不朽的号角。20 世纪 50 年代又创作了不少歌曲，代表作有《祖国万岁》《高举革命大旗》等，还与他人合作创作了电影音乐《聂耳》，撰写了论文《试论聂耳、冼星海作品的社会效益》，出版了《麦新传》《冼星海传》等著作。在任上海音乐学院领导期间，促成了著名小提琴协奏曲《梁祝》的诞生。在 20 世纪极左思潮和政策肆虐的年代，他是少数坚持正确路线和政策的文化战线上的领导人之一。

孟一川　孟庆友　孟述美　孟庆元　孟绣焘　孟振江　孟家芹

孟一川（1915—2007 年），山西浮山县焦家沟村人。青年时期入山西省立国民师范学校读书。1937 年抗战爆发后，参加了中国共产党领导的"山西救国牺牲同盟会"（简称"牺盟"），经薄一波、杨献珍主持的军政训练班培训后，加入中国共产党，后编入决死四纵队十一总队。以后在晋绥军区六分区、华北补训兵团六旅、中南团校、中南军区空政第二干校、中央马列学院二部、广州军区空军、空军学院、中国戏剧家协会、中央戏剧学院、中央党校一部、文化部党校工作和学习，1955 年授上校军衔，行政 11 极，曾任中国戏剧家协会副秘书长、文化部党校副校长，享受红军待遇。1983 年离休，2007 年 1 月 23 日因病去世。

孟庆友（1916—1962 年），山东莒县里河乡寨里河村人，出身贫苦农民家庭。1938 年 1 月参加马跃仑、马骅领导的崮西抗日游击队。1939 年 3 月加入中国共产党，7 月任排长。后部队编入莒县独立团，他任三连副连长。1941 年 9 月，部队编入山东纵队二旅 6 团，他任团侦察连长。在整个抗日战争中，他一直从事侦察工作，不时化装成农民、商人、伪军官兵，神出鬼没，深入敌人占领区，抓"舌头"，杀汉奸，获取重要情报，俘获敌人，屡立奇功。1944 年 8 月，他参加山东军区英模代表会，荣获"战斗英雄"和"捕敌能手"的光荣称号。1945 年任滨海军区独立三团武工队长。8 月赴东北，任东北民主联军 1 师侦察参谋。1946 年 6 月，任六纵 16 师科长，在秀水河子、四平、辽西等地的战斗中表现突出。辽沈战役后，随军南下，参加平津战役。之后随四野南下两湖，在宜昌、湘西诸战役中充分发挥了他侦察的特长，屡立奇功。新中国成立后，先任 47 军二科副科长，第四高级步校一大队区队长，1955 年评为中校军衔，后任 149 师团长。1960 年转业至化工部，历任供应处、行政处处长。1962 年病逝。

孟述美（1916—1986 年），海南乐东县九所镇十所村人。中学毕业后，考入广东军政学校，再转南京步兵学校深造。后陆续进陆军官校高级班、园山军官团高级班、国防大学联战系、高级兵学研究班和国防研究院等军事院校学习，具有较高的军事素养。他从排长干起，一路升迁，由连长、营长、副团长至 1947 年国共内战时期升至第 18 军 54 团团长。在东北与解放军的激战中，他主管的团于南林、确山和四平等战役中都取得较好战绩，被军部授予"威虎团"的称号。辽沈战役中，他侥幸逃脱，又在国民党军中参加了淮海战役。在此役中，他的手臂、脚部和颈部均中弹受伤，但依然坚持战斗。此役国民党军大部被歼，他也做了解放军的俘虏。不过由于被当地李家集的李国法掩护逃逸，他逃脱了作为战犯的惩罚。赴台湾后，他先在金门服役，后升任国民党军第十、十一军副军长，军校校长、第八、第二军中将军长、金门防卫副司令、第二军团司令、宪兵司令，晋升陆军二级上将。1978年退役后，改任"行政院国军退役官兵辅导委员会"副主任委员。他一生重视教育，在台湾自筹资金建立了一所小学，命名为"述美国小"。由于他忠心耿耿为国民党服务，因而获"宝鼎""云麾""胜利""忠勤"等勋章，还获得"虎贲""干城""宝星""景风"等 19 枚奖章。

孟庆元（1917—2000 年），浙江杭州人，上海出生。1938 年毕业于上海交通大学电机系，1941 年获官费留学英国，同时获英国文化委员会奖学金。1943 年入英国利物浦大学学习，1946 年获博士学位后，曾在英国电气公司和美国西屋公司短暂任职。1947 年回国后，在资源委员会中央电工器材公司上海制造厂任电工组组长。1949 年后历任上海电机厂副总工程师、总工程师、副厂长。1950—1952 年兼任上海交通大学电机系教授，1957—1958 年兼任电机系副主任。第二、三届全国人大代表。1965—1970 年在哈尔滨军事工程学院学习。1980—1984 年公派英国曼彻斯特大学学习，获应用力学博士学位。1991—1993 年在美国加州大学做访问学者。他在中国电机制造方面贡献卓著。1954 年领导试制中国第一台 6 兆瓦汽轮发电机。1958 年领导试制了世界上第一台 12 兆瓦双水内冷汽轮发电机。这一成果获 1985 年中国科学技术进步奖一等奖。论文有《矽钢片在工频与音频下激磁与损耗的分析研究》《薄钢片叠接激磁与损耗的分析研究》等多篇，在中国电机学界产生重大影响。

孟绣焘（1919—1948年），又名（或号）晋之，福建福州人，中共烈士。他早年投身工人运动，曾任福州典当行业店员工会执行委员，积极参加福州文化界的抗日救亡工作，1938年加入中国共产党，历任中共川沙县工委书记、福安县委书记、闽江工委调查研究委员会书记、闽浙赣区党委城市工作部副部长、福建省委社会部长。新中国成立前夕，被福州国民党当局逮捕，就义于南京雨花台。

孟振江（1919—1947年），河北肃宁人。1940年参加八路军，同年加入中国共产党，任冀中八分区随营学校分队长。后入冀中军区摄影培训班学习，毕业后任八分区摄影员摄影组长。1945年随部队参加察南、绥东战役。1947年调晋察冀军区政治部任摄影股长，同年10月在解放石家庄战役中牺牲。其主要作品有《猛攻献县城》《平毁封锁沟》《大沟战斗》等，是解放战争史的重要影视资料。

孟家芹（1919—1994年），江苏盱眙人。1940年参加革命，任盱眙马坝乡副乡长。1942年4月起任盱眙县马坝区委组织部长、天高县黎塘区委书记、区长、天高县委组织部长、县委副书记。1945年7月任中共天宝县委书记、县武装总队政委。1948年7月任江淮地委与滁县地委组织部副部长、部长。1952年6月起任滁县地委副书记、纪委书记。1954年10月任省委组织部干部处长。1955年5月升任省委纪委副书记、省委监委副书记。1958年1月被错划为"右倾分子"，下放到繁县新港钢铁厂任厂长。1961年4月任徽州行署副专员兼计委主任。1962年被平反，同年任省委监委副书记。1968年4月任省革委会常委兼生产指挥组副组长、省工交办公室副主任。1978年2月起任省革委会副主任、省人民政府副省长。1981年后任省委纪委书记。是中共九大、十大、十一大代表，中共安徽省一、二、三次党代会代表，第三届省委委员。1984年离职，1994年10月9日逝世于合肥。

孟连昆　孟昭兰　孟庆闻　孟阳春

孟连昆（1925—2011年），河北蠡县人。1939年加入中国共产党，历任中共蠡县县委文书、博野县委秘书、兴城县委组织部长。新中国成立后，历任中共辽西省黑山县委书记、辽西省建筑工业局副局长、中共中央组织部工业干部处办公室主任、轻工业部组织部长。改革开放以来，历任中共中央组织部干部调配局局长、组织部秘书长兼机关党委书记。1987年起专任组织部副部长。是第七届全国人大常委、第七、八届全国人大内务司法委员会副主任、第八届全国人大代表资格审查委员会主任委员、中央保健委员会主任、全国老干部健康制度委员会会长、中央关心下一代工作委员会副主任。主编过《为党旗争辉：党的十四大代表中的先进模范人物》。2011年10月15日病逝于北京。

孟庆闻（1926—2006年），女，江苏常州人。1949年毕业于上海同济大学生物系，先后在同济大学和华东师范大学生物系任教，曾任上海水产学院院长、教授，是我国著名的水产养殖和鱼类学家。历任国务院学位委员会学科评议组成员、中国水产学会副理事长、亚洲水产学会理事、中国鱼类学会常务理事、九三学社中央委员和上海分社副主任委员、第六届全国政协委员。1979年获全国"三八红旗手"称号。1987年获亚洲水产学会授予的"对发展亚洲水产学会作出杰出贡献的理事"奖章。她从事鱼类研究，成绩卓著。发表论文20余篇。所撰《中国软骨鱼类侧线管系统以及罗伦管系统的研究》一文，提出新的软骨鱼类分类系统，受到国内外学者的重视；其他如《白鲢的系统解剖》《鱼类的必经解剖》《鲨鳐解剖》等，也得到较高的评价。1985年8月出席在日本东京举行的印度—太平洋地区鱼类学术会议，1986年7月出席在菲律宾马尼拉举行的亚洲水产学会学术讨论会，她宣读的论文，均受到与会学者的重视与好评。她为我国水产教育事业奋斗终生，培养了一代又一代的水产和鱼类科学工作者，为鱼类科学研究做出了重要贡献。

孟阳春（1927—2013年），吉林省吉林市人。1952年毕业于北京医学院医疗系，后留学苏联，1960年毕业于苏联寄生虫热带医学所，获副博士学位。历任苏北医学院寄生虫教研室助教，苏州医学院寄生虫教研室主任、讲师、副教授、教授，主要从事寄生虫的教学与研究工作。在革螨吸血能力、其附感器的结构和功能、传播出血热的谋介和储存宿生作用以及杀螨防螨方面的研究，均取得显著成果。主编录制了电教片五辑，获省高校电教片二等奖。所主持研究的"杀螨灭鼠的研究""革螨吸血能力的研究""流行性出血热传染病源的研究""革螨附感器的研究""出血热（野鼠中）病毒分离""从革螨分离出血热病毒""革螨传播出血热病毒的媒介作用"等7项，分别获得江苏省、卫生部、二机部、核工业部科技成果奖。在指导研究生进行蜱螨染色体的研究方面，也达到先进水平。1986年被授予苏州市劳动模范称号。他勤于写作，发表论文70余篇。曾兼任江苏省昆虫学会理事、副理事长，江苏动物学会理事、江苏省卫生厅科技委员会通讯委员、全国自然科学名词审定委员会昆虫学委员，全国寄生虫病防治咨询委员会委员。

孟志元　　孟昭崔　　孟昭朋　　孟伟哉

孟志元（1930—2015年），北京市人。1945年1月参加中国共产党，同时参加革命，在北平、天津从事秘密工作。新中国成立后，先在北京服装总公司工作，后任北京市委工业部办公室主任。"文革"中受到冲击。"文革"后历任北京市环保局副局长、局长、中共北京市委纪委副书记、书记、市委常委、中国共产党第十三大中央纪委委员。1993年当选北京市第十届人大常委会副主任、党组书记。2015年病逝。

孟昭崔（1930—1996年），山东章丘旧军镇人，近代著名民族商业资本家孟洛川的第三代传人之一。中共党员。1955年毕业于天津大学电信系，后任职于中国人民解放军空军气象学院电子工程系，空军气象中心顾问。连任两届中国气象学会气象电子技术专业委员会副主任委员，享受政府特殊津贴。他是天津著名企业"瑞蚨祥"的唯一继承人，公私合营时，他把该产业及在天津的私产60多万元全部无偿捐献给国家，受到党和政府的表彰。从事空军气象教学和科研工作30多年来，为我军气象教育和国防现代化建设做出了突出贡献，曾荣立二等功一次、三等功两次，获解放军科技成果一等奖、五等奖各一次，多次被评为先进个人、优秀知识分子，三次被评为空军积极分子，两次进中南海，受到党和国家领导人的接见。1978年研制成功"闭路教学电视系统"，1979年研制成功"传真信号发生器"，1980年研制成功CZXF—1传真信号发生器和"SOS传真色调信号发生器"，以上各项均用于教学。他还主编了《117传真机》《121高分辨卫星云图传真机》等7部教材，计100余万字。1981年因教学、科研立三等功。1958年研制了"湿敏测云仪"立二等功。1964年为制伏经常窜入江南的美制P2V超低空侦察机，进行"微波大气折射及预报"的研究，提出根据探空资料和气流场进行大气折射预报，根据大气微波折射修正雷达测高，为雷达精确掌握敌情提供了有力的手段。1971年研制了"级轨气象卫星接受设备"，能清晰地接收气象卫星云图，荣立三等功。1980年完成"气象传真色调层次卫星云图接收"实验操作并撰写了论文，该成果获得解放军科技成果五等奖。1985年承担了"高低分辨卫星云图图像处理系统"研究，克服国内没有系统资料的困难，到北京、西安、成都、桂林、武汉、昆明等地，广泛搜集资料，用一年多的时间，终于在1986年完成任务。成果鉴定会上，34位专家认真测试，写下如下鉴定意见：该系统在气象部门卫星云图图像处理方面处于领先地位，与国外同类产品相比，无论是在性能与功能上都显得优越。这一研究成果获解放军科技成果一等奖。

孟昭朋（1933—2017年），北京市人。中共党员，教授级高级工程师。1953年毕业于北京电力高等专科学校。曾任华北电力学院党委书记、北京水利电力管理学院、北京动力经济学院党委书记、华北电力大学副校长、中共电力部党校副校长、华北电力大学（北京）社科系教授、河北保定市第五届市委委员、北京市第七次党代会代表。他在教育战线工作50余年，自1983年以来一直担任华北电力学院党委书记、北京水利电力管理学院、北京动力经济学院党委书记，负责学院的全面领导和思想政治工作，使学校有了较大较快的发展，为部属高等院校的发展、为培养电力建设人才做了大量的卓有成效的工作和积极的贡献。1995年北京动力经济学院和华北电力学院合并组成华北电力大学后，他出任副校长兼中共电力部党校副校长，主持常务工作，为大学的联合与党校的建立建设积极努力，取得了较明显的成果。退休后，受聘担任华北电力大学（北京）社科系教授。曾被评为社会主义建设先进工作者，出席北京市高教群英会，被评为北京市劳动模范。他主持学院院报，创办《华北电力大学学报》（社科版），主编了华北电力学院30年校史并获得市级奖。还发表了有关高校管理和德育教育的多篇论文，在高校教育领域产生了较大影响。

孟伟哉（1933—2015年），原名孟全，祖籍山西洪洞县。1948年参加中国人民解放军，任师文工队副队长、师政治部秘书。1951年参加中国人民志愿军。他自幼爱好文艺，1950年在部队开始写作并发表散文、通讯等作品。1954年发表第一篇小说《两个通讯员的故事》。1956年入南开大学中文系读书。1964年借调至中共中央宣传部文艺处工作。1973年到中国人民大学出版社任编辑，曾任该校中文系讲师。之后先在《诗刊》任职，继而在人民文学出版社任编辑、编辑室主任、副总编辑、社长、《当代》杂志副主编、主编。1981 年评为编审。再后曾任青海省文化厅长、《现代人》杂志主编、中共中央宣传部文艺局局长、国家新闻出版署专员、人民美术出版社社长、中共中央文联党组书记兼行政秘书长。是第五届全国政协委员、第八届全国人大代表和全国人大教育科学文化卫生委员会委员。1977 年出版了反映抗美援朝的长篇小说《昨天的战争》，作品歌颂了志愿军英雄人物和中朝人民的友谊，引起很大反响。《一个参谋和三个将军》获《解放军文艺》1980 年优秀短篇小说奖。他的作品大多反映人民军队的战斗生活和官兵的独特风貌。他一生著作等身，长篇小说除《昨天的战争》外，还有《访问失踪者》。中篇小说 10 余部，代表作如《夫妇》《望郢》《安尼丝之谜》《逃兵戈尔巴托夫》等较有影响。短篇小说百余部，除《一个参谋和三个将军》外，《战俘》《老榆树和四季海棠》《酋长笔记》《大原野》《种瓜》《一百名死者的最后时刻》等最为人们称道。他的著作还有论文集《作家的头脑怎样工作》，诗集《孟伟哉诗选》，散文选集《人在风云幻化中》等。他的小说和诗歌作品被译为英、德、俄、日、西班牙、朝鲜、尼泊尔等文字，也被选入中学课本。长篇小说《昨天的战争》和其他中、短篇小说，在中央和一些省市广播电台多次广播。中篇小说《一座雕像的诞生》1982 年获首届解放军文艺奖，并被改编为电影、电视剧、广播剧、话剧、戏曲等多种形式广泛传播。任人民美术出版社社长时开始学习绘画，受大画家邵宇指点，先后在北京、山西、广东以及柏林、墨西哥、哈瓦那等多地举行画展，出版画集《我的画》。他是具有国际影响的中国作家，是"国际笔会中国中心"会员，中国作家协会理事，享受国务院授予的政府特殊津贴。1988 年英国剑桥国际传记中心曾将其事迹收入辞典。2015 年 2 月 26 日去世。

孟胜德　孟振德　孟祥居

孟胜德（1933—1996 年），笔名元宵，浙江义乌人。1951 年高中毕业时参加中国人民解放军，先在浙江军区学习无线电通讯业务，毕业后历任人民解放军第四通讯团报务员、副排长、电台台长。工作期间因公致残，享受二等乙级残废军人待遇。1958 年离开部队后，保送北京外国语学院英语系学习，1963 年毕业后到国务院外事办公室主办的《国际文摘》英文月刊工作，担任翻译和编辑事务。1966 年调外文局业务办公室工作，负责有关宣传报道，组织记者采访、翻译工作交流等活动。1969—1970 年在干校劳动。后调回局参加业务组工作，参加内部刊物《他们怎么看中国》的编译工作。1974 年担任局研究室副组长，负责美国和西欧各国政治、经济和社会动向的研究，在《外国报刊资料选译》上刊发有关中美关系背景资料的译文。1979 年后先后担任《编译参考》编委、编辑部主任、主编等职，并在该刊物发表 30 多篇文章，一些文章受到中央领导的重视与好评。如 1979 年他选译的《访问美国之音台长彼得·施特劳斯》一文就受到胡乔木的赞扬。1980 年起，在《光明日报》《电视月刊》《世界之窗》以及香港《地平线》和美国《新闻日报》等刊物发表中英文署名文章 60 多篇，内容涉及国际问题、外国社会动态、文化信息、书评和人物专访等，出版译著 10 部、编著 2 部，主要有《日本人》《当今日本人——变化及其连续性》《预测与前提》《中国人民之友》《中国的命运》《美国人看中国》，英汉对照《世界名言集锦》《现代西方社交手册》《金铃——一只中国蟋蟀》等。1981—1982 年留学美国期间，曾受邀在美国伊利诺州立大学、芝加哥美中友好协会等处发表有关中国的专题演讲，接受当地报刊和电视台的采访。在访问加拿大期间，获得该国旅游部长签署的"访问贵宾荣誉奖状"。1986 年曾为中央电视台和文化管理学院分院的培训班开设"国际问题"讲座。1993 年后先后担任中央电视台对外电视中心组织的各省市电视台优秀新闻节目评委和中央电视台国外影视译制片"金桥杯"评委。此外，他还兼任中国旅游文化学会理事、中国徐霞客研究会理事、中国精神文明年鉴编委。1987—1989 年参加中宣部外宣局每月一次的国际问题研讨会，为中央的决策提供参考资料。1992 年被任命为编译研究中心副主任，同年获编审职称。1995 年代表中国译协协同挪威举办易卜生研讨会，接待挪威访华代表团。在两个月的时间内主编出版了中英文对照的 26 万字的《易卜生研究论文集》，受到挪威方面的高度赞扬。

孟振德（1938—2003 年），湖北郧阳人。1956 年参加中国人民解放军，1960 年加入中国共产党。曾任中国人民武装警察部队副参谋长兼武警北京市第一总队总队长、第八届全国人大代表、北京市第十届人大常委。1988 年被授予武警大校警衔。1993 年 12 月晋升为武警少将警衔。2003 年 4 月

21 日因病在北京去世。

孟祥居（1941—2016 年），山东邹城人，孟子第 75 代嫡系后裔之一。历任山东省邹城市文物管理局科员、孟子学术研究会副会长、邹城市台胞、台属联谊会会长、政协山东省第六至第八届委员、政协济宁市第七至第九届常委、政协邹城市第二届常委、第三至第七届副主席、邹城市第十四届人大常委。长期从事国内外孟氏后裔、专家学者接待、古建筑维修、孟子学术研究等工作。特别是参与了孟庙、孟府、孟林等古建筑群的维修、保护、管理。接待台胞亚圣 75 代嫡孙姐弟 6 次，台湾凤山市"万灵公"进香团 120 余人。还接待中华文经学会、台湾孟氏宗亲会、山东省旅台同乡会联合祭孟暨学术研讨活动的专家、学者 60 余人次，韩国孟子学会、韩国孟氏宗亲会朝圣祭孟 100 余人次。与"日本论语普及会"交往频繁，1999 年国庆节期间，该团捐赠两棵楷树植于孟庙后院，这两棵树已经成为中日两国人民友谊的象征。参与组织召开了多次国际、国内有关孟子的学术研讨会，协助出版了三本《孟子研究论文集》。自己发表《浅谈孟子的仁政思想》等两篇论文，在日本小柳《政治经济研究》杂志上连续发表 8 篇《我的生平》，主持编写了《孟氏宗族》《孟子与孟氏宗族》两书。在省市三级政协，积极履行参政、议政职能，先后向三级政协递交了几十份提案和社情民意调查资料，其中《为保护古树名木孟林神道应改迁现行使其中的运输路》被评为优秀提案，入选《政协委员风采录》。先后在 1986 年、1988 年、1989 年、1992—1994 年两个文明建设和孔子文化节活动中，被市委、市政府评为先进工作者，2001 年被济宁市政协评为优秀政协委员。在人民大会堂召开的"孟子故里邹城市经济恳谈会"上，受到全国人大常委会副委员长王光英的亲切接见。曾接受中央电视台、山东电视台、齐鲁电视台、吉林电视台、邹城电视台、日本青春出版社等新闻、电视、出版社采访，为拍摄"小城春秋""中华文明之光""游齐鲁大地　看山水圣人"和"百家姓"等电视剧和纪录片提供服务，多次在孟庙、孟府、孟林接受现场录像采访。2000 年，为弘扬传统先进文化，与天津孟蒙先生一起筹措成立了"孟子画院"，被聘问名誉院长。为促进孟子故里经济文化和旅游发展，积极筹办"孟子文化园"。2004 年孔子文化节期间，参与组织成立了"孟氏宗亲联谊会"，举行了祭祖恳亲、经贸洽谈活动。这些活动拓宽了与美国、日本以及与中国台湾、香港地区的海内外同宗的联络渠道，为广大孟氏后裔弘扬优秀传统文化、寻根祭祖、振兴孟子故里搭建了服务平台，孟祥居由此成为颇具影响的孟子嫡裔之一。

孟庆华　孟建樑　孟二冬

孟庆华（1942—2009 年），江苏沛县人。1967 年毕业于南京师范大学中文系。历任中共丰县县委书记、中共徐州市委常委、宣传部长、市委秘书长、徐州市政协副主席、党组副书记等职。主编、合著《丰县简志》《丰县革命史料选——纪念抗日战争胜利四十周年》《徐州市志》，中国历史文化名城系列丛书《今日徐州》《舟水篇》《二十世纪的三大挑战——社会主义走向二十一世纪的思考》《〈三国演义〉与企业领导谋略》《综合财政研究十年》《徐州文史资料》（16—22 辑）《徐州文史资料集萃》《刘邦评论》等书，分别由中国社会科学出版社、上海三联书店、红旗出版社、中国经济出版社等出版。撰写《瑞典"社会主义"模式剖析》《关于改进新闻工作的几点意见》《繁荣社会主义文艺事业的根本方针》《中国精神文明渊源》《追回失落的名人》《贵在自觉著作实效——学习江泽民〈关于改进党的作风〉重要讲话感言》《对加强政协民主监督的几点认识》《刘邦用人之道史实简析》《汉高祖刘邦"大丈夫"品格史证》《庆香港回归》《弘德园史料文存》《心系文史十年情》等数十篇诗文，先后在国家和省市报纸、书刊和内部刊物上刊载。他入选《中国百科学者传略》《中国专家大辞典》《中华魂·中国百业领导英才大典》《今日辉煌》《二十一世纪人才库》等书。

孟建樑（1944—2015 年），上海人，原籍苏州。1966 年毕业于上海师范学院中文系。中共党员，中学高级教师。先后执教于上海安源中学、新中中学、岭南中学。从教 26 年，担任过 14 年班主任。1984 年创办并辅导新中中学文泉文学社，辅导的学生数十次在上海闸北区、上海市和全国获得作文竞赛和影评竞赛的奖项，发表 20 多篇诗文。电视剧《十六岁花季》和插曲的歌词，都出自文学社社长之手。他主编上海市 50 所中学文学社团联刊《第二课堂》，两次被闸北区评为"影评优秀教师"，所指导的校影协也被评为先进集体。教学之余，笔耕不辍，在《语文教学》《中文自修》《语文新闻》《教育探索》等刊物发表论文 10 余篇。参加《上海市中学说明文课本》编写工作，与人合作编写了《高中文言文阅读指导》（10 万字，华东师范大学出版社出版）和《中学古文诗词》《语海》《绝妙好联品赏辞典》《中华古汉语字典》《中国狭义故事大观》等著作。1993 年借调上海人民广播电台市场经济台，负责《市场经济 ABC》栏目，为普及市场经济知识作了大量宣传工作。后任职于中国华源集团总裁办公室主任助理，主管公司的文化宣传工作，创办《中国华源》报，任副社长兼总编辑。该报在全国企业报刊评比中连续获得特等奖、金奖。主编了《知我华源》和《在开放的国土上——华源模式透视》，为宣传和培育中国华源的企业文化做出了重大贡献。后与人合作开办上海中亿拍卖有限公司，任董事长。积极参与孟氏宗亲联谊会的活动，担任孟氏宗亲联谊会副理事长，主编《孟氏名人录》（上海人民出版社2010 年版），收录了自孟子之后的 1000 多位孟氏名人。他的传略收入《中学骨干教师辞典》《中华当代名人辞典》。

孟二冬（1957—2006 年），安徽宿县人，1980 年毕业于宿州师专中文系，留校任教。1985 年考取北京大学中文系教授袁行霈的硕士生，毕业后到烟台大学中文系任教。1991 年考取袁行霈的博士生，毕业后留北大中文系任教。后晋升中文系教授、博士生导师。他是中共党员，北大中文系中国古代文学教研室骨干教师。2001 年 4 月至 2003 年 3 月在日本东京大学任教两年。孟二冬的学术专长是中国文学史及中国文学批评史，研究方向是魏晋南北朝隋唐五代文学。2005 年 4 月，他主动要求到北京大学对口支援的新疆石河子大学中文系任教。至新疆不久，即出现严重的嗓子嘶哑，喉管疼痛难忍，但他仍然坚持为中文系的学生和老师上课。经诊断，他患上了食管恶性肿瘤。在北京经三次大手术后，他仍然坚持课题研究和指导研究生。

孟二冬一生热爱教育事业，倾情于教学和科研。在大学学习和研究生学习期间，就已经显示了他对学术的执着和卓越的研究能力。他的博士论文《中唐诗歌之开拓与新变》被许多专家肯定为奠定他学术地位的代表作。除此之外，他还出版了《陶渊明集译注》《〈登科记考〉补正》《中国诗学通论》《千古传世美文》《中国文学史》等著作。其中尤以他历时 7 年、倾注全部心血完成的百万字巨著《〈登科记考〉补正》最能代表他的学术水平。他的导师袁行霈对他评价说，从《中国诗学通论》到《千古传世美文》，从《陶渊明集译注》到《中国文学史》，洋洋 400 多万字的研究成果，都像他的为人一样厚实可信。特别是作为一个教师，他热爱学生，教书育人，坚持不懈地教育学生追求真理，树立正确的人生理想，以自己高尚的人格、深厚的学养，成为学生健康成长的良师益友。孟二冬的"学为人师，行为世范"的事迹得到上级有关部门的充分肯定和社会的普遍赞扬。北京大学党委授予他"优秀共产党员"和"优秀教师标兵"的荣誉称号。人事部、教育部作出决定，授予他"全国模范教师"的荣誉称号，享受省部级劳模和先进工作者的待遇，同时号召全国教育系统广大教师和教育工作者向他学习。2005 年 12 月 9 日，国务委员陈至立在教育部长周济、北京大学党委书记闵维方、校长许智宏的陪同下，到他家中看望了病中的孟二冬，陈至立转达了胡锦涛总书记对他的问候。中华全国总工会向他颁发了"全国五一劳动奖章"。2006 年孟二冬病逝后，中共中央组织部追授他为"全国优秀共产党员"。

第五编 艺 文[1]

---

[1] 此编参考《重纂三迁志》卷六、七、八、九资料。

第十七章　诏令、奏议、传、序跋、论

第一节　诏令①

《封孟子为邹国公诏》宋·神宗元丰六年

自孔子没，先王之道不明。发挥微言，以绍三圣。功归孟氏，万世所宗。厥为旧邦，实有祠宇。追加爵号，以示褒崇。可封为邹国公。

《封乐正子为利国侯配享孟子敕》宋·徽宗政和五年

由孔子至于孟子，百有余岁，去圣人之世若此其近也，兴圣人之道若此其难也。孟子既没，配享孔子之庙，血食于天下，亦可谓至矣。今于邹独推尊孟子，求其门人高弟，使得从祀配享，南面而处，如孔子之尊焉。克也，学古之道，好善优于天下，追以侯爵，其配食焉。斯文之光，万古不泯，可特封利国侯。

《封公孙丑等十七人为伯从祀孟子敕》宋·徽宗政和五年

孟子既没，孔道益尊。今孔子庙食于天下，配享从祀，后世无并焉。肆朕命邹国公，于邹崇庙貌，使世世得祀。虽不及于天下，至于门人高弟配享、从祀，自孔子以来，未有如孟子者也。尔等志不行于当时而见录于后世，列爵疏封，亦可谓荣矣。可依前件，敕封邹国公孟子诸弟子而侯伯之。

---

① 此部分内容选自刘培桂编著《孟子林庙历代石刻集》，齐鲁书社 2005 年版。

《定颜曾思孟配享诏》宋·度宗咸淳三年

孔子称颜回好学，固非三千之徒所同也，而其学不传，得圣传者独曾子。曾子传子思，子思传孟轲。忠、恕两语，深契一贯之旨；《中庸》一篇，丕阐万世之蕴；而孔子之道益着。向非颜、曾、思、孟相继衍绎、着书垂训，中更管、商、杨、墨、佛、老，几何其不遂泯哉？今大成惟颜、孟侑食，曾、思不与，尚为缺典。

先皇帝述道统之传，自伏羲以来，着十三赞。孔子而下，颜、曾、思、孟，昭然具在，非以遗我后人乎？可令礼官、学官议，升曾子、子思侑食。

《封邾国公邾国宣献夫人诏》元·仁宗延祐三年

朕惟由孔子至于孟子，百有余岁，而道统之传，独得其正，虽命世亚圣之才，亦资父母教养之力也。其父凤丧，母以三迁之教，励天下后世，推原所自，功莫大焉。稽诸往代，实缺褒崇。夫功大而位不酬，实着而名不正，岂朕所以致怀贤之意哉！肆颁宠命，永贲神休。

《加封孟子为邹国亚圣公制》元·文宗至顺二年

孟子，百世之师也。方战国之纵横、异端之充塞，不有君子孰任斯文。观夫七篇之书，惓惓乎致君泽民之心，懔懔乎拔本塞源之论。黜霸功而行王道，距诐行而放淫辞，可谓有功圣门，追配神禹者矣。朕若稽圣学，祗服格言，乃着新称，以彰渥典。于戏，诵《诗》《书》而尚友，缅怀邹鲁之风，非仁义则不陈，期底唐虞之治；英风千载，蔚有耿光。可加封邹国亚圣公。

《加封子思为沂国述圣公制》元·文宗至顺元年

昔曾子得圣人之传，而子思克承厥统，稽夫《中庸》之一书，实开圣学于千载。朕自临御以来，每以嘉惠斯文为念。万机之暇，览观载籍，至于"致中和而天地位、万物育"，雅留意焉。夫爵职之荣，既隆于升配；景行之懿，可后于褒嘉。于戏！有仲尼作于前，孰俪世家之盛；得孟子振其后，宜昌斯道之传。渥命其承，茂隆丕绪，可加封沂国述圣公。

《谕工部免孟氏子孙输作诏》明·太祖洪武十八年

孟子传道，有功名教；历年既久，子孙甚微，近有以罪输作者，朕闻即命释之。假令朕不知之，或至死亡，则贤者之后，寖以微灭，是岂礼先贤之意哉！

尔等宜加讯问，凡有圣贤之后在输作者，依例释之。

注：先是，翰林待诏孔希善言：孟氏子孙以罪输作京师者二人。上曰："大贤之后，虽有罪，亦当屈法以宥之。"立命蠲其役。

《御制孟子庙碑》清·圣祖仁皇帝康熙二十六年

自王迹息于春秋，圣人之道或几于泯灭，卒之晦而复明，历千百世而不敝者，恃有孔子也。孔子没，百有余年，浸假及于战国，杨墨塞路，祸尤烈于曩时。子舆氏起而辟之，于是天下之人始知诵法孔子，率由仁义，斯道之有传，至于今赖之。是以后进学者如韩愈、苏轼之徒，咸推其功以配大禹。而闽洛之儒，咸尊为正学之宗传。呜呼，盛矣！

夫洪水之祸，止于人身已而。杨墨之祸，隐然直中于人心。不有孟子，使杨墨滥觞于前，释老推波于后，后之人，虽欲从千载之下，探尼山之遗续，其从孰而求之？

因推述厥义，刻文于石，俾揭于邹之庙。其文曰：

尼山既往，夐矣音徽。后百余岁，圣绪浸微。尚异实繁，杨墨兢煽。陷溺之祸，酷于昏垫。惟子舆氏，距诐放淫。以承先圣，以正人心。述舜称尧，私淑孔子。正学修明，百世以俟。不有是者，斯道孰传？宇宙晦雾，万物狂颠。我读其书，曰仁曰义。遗泽未湮，闻风可企。岳岳亚圣，岩岩泰山。功迈禹稷，德参孔颜。

刻石兹文于祠之下。诵烈扬休，用告来者。

《御制孟子赞》清·圣祖仁皇帝康熙二十八年

哲人既萎，杨墨昌炽。子舆辟之，曰仁曰义。性善独阐，知言养气。道称尧舜，学屏功利。煌煌七篇，并垂六艺。孔学攸传，禹功作配。

《御制亚圣赞》清·高宗纯皇帝乾隆十三年

战国春秋，又异其世。陷溺人心，岂惟功利。时君争雄，处士横议。为我兼爱，簧鼓树帜。鲁连高风，陈仲廉士。所谓英贤，不过若是。于此有人，入孝出弟。一发千钧，道脉永系。能不动心，知言养气。治世之略，尧舜仁义。爱君泽民，惓惓余意。欲入孔门，非孟何自？孟丁其难，颜丁其易，语默故殊，道无二致。卓哉亚圣，功在天地。

乾隆十三年，内阁奉上谕：朕东巡，躬谒阙里，致祭先师。颜、曾、思、孟，四贤作配殿廷，虽从参享，但闻其故里各有专庙，应分遣大臣，恭奉香帛，前往祭献，以展诚敬。朕向在书斋，曾制四贤赞，景仰之忱，积有日矣。其勒石庙中，致朕崇重先贤之意。钦此。

《御制子思子赞》清·高宗纯皇帝乾隆十三年

天地储精，川岳萃灵。是生仲尼，玉振金声。世德作求，孝孙惟则。师曾传孟，诚身是力。眷此后学，示我中庸。位天育物，致和致中。夫子道法，尧舜文武。绍乃家声，述乃文祖。

第二节　奏议·疏

《请兴国学疏》

晋·袁瑰

臣闻先王之教也，崇典训义宏远代，明礼乐以流后生，所以道万物之性，畅为善之道也。宗周既兴，文史载焕，端委治于南蛮，颂声溢于四海，故延州聘鲁，闻雅而叹；韩起适鲁，观《易》而美。何者？立人之道，于斯为首。孔子恂恂以教洙泗，孟轲系之，诲诱无倦，是以仁义之声于今犹存，礼让之节时或有之。

畴昔皇运陵替，丧乱屡臻，儒林之教渐颓，庠序之礼有阙，国学索然，坟籍莫启，有心之徒抱志无由。昔魏武帝身亲介胄，务在武功，犹尚废鞍览卷，投戈吟咏，况今陛下以圣明临朝，百官以虔恭莅事，朝野无虞，江外静谧，如之何泱泱之风漠然无闻，洋洋之美坠于圣世乎！古人有言，"《诗》《书》义之府，礼乐德之则"。实宜留心经籍，阐明学义，使讽诵之音盈于京室，味道之贤是则是咏，岂不盛哉！若得给其宅地，备其学徒，博士僚属粗有其官，则臣之愿也。①

《请孟子为学科书》

唐·皮日休

圣人之道，不过乎经经之降者，不过乎史史之降者，不过乎子子不异乎道者，孟子也。舍是子者，必戾乎经史，又率于子者，则圣人之盗也。夫孟子之文，粲若经传，天惜其道，不烬于秦。自汉氏得之，常置博士，以专其学。故其文继乎六艺，光乎百氏，真圣人之微旨也。若然者，何其道晔晔于前，其书汲汲于后，得非道拘乎正文，极乎奥有，好邪者惮正而不举，嗜浅者鄙奥而无称耶？盖仲尼爱文王，嗜昌歜以取味，后之人将爱仲尼者，其嗜在孟子矣。呜呼！古之士以汤武为逆取者，其不读孟子乎？以杨墨为达智者，其不读孟子乎？由是观之，孟子功利于人亦不轻矣。今有司除茂才明经外，其次有熟庄周列子书者，亦登于科，其诱善也虽深，而悬科也未正。夫庄列之文，荒唐之文也，读之可以为方外之士，习之可以为鸿荒之民，有能汲汲以救时补教为志哉？伏请命有司去庄列之书，以《孟子》为主，有能精通其义者，其科选视明经。苟若是也，不谢汉之博士矣。既遂之，如儒道不行，圣化无补，则可刑其言者。②

《请封孟子为国公以示褒显疏》③

宋·曾孝宽

臣昨使京东西路，邹鲁实在封部。伏见孟轲有庙在邹，属兖州，未有封爵载于祀典。况先儒皆有封爵，孟轲氏自古尝以其书置博士，朝廷亦以其书劝学取士，宜有褒封载于祀典。伏望付有司议定施行。

---

① 唐太宗：《晋书》卷八十三《袁瑰传》，中华书局 1995 年版，第 2166—2167 页。

② 皮日休：《文薮》卷九，电子版文渊阁四库全书。

③ 此篇及以下"疏"皆采自吕元善等撰《三迁志》，齐鲁书社 1996 年版。

《请增修孟庙疏》

宋·李梴

伏睹本州孟子庙，近因前京东西路安抚使曾孝宽箚子奏乞褒封载于祀典，礼部以为后世宗师非诸子之比，奏敕特封邹国公。若非右文之世，陛下能推尊圣贤，固未有此国公之号，使千载之上彰某之道愈光，四方传某之书并重。诚由陛下旌褒尊显之至也！臣窃守是邦，闻其庙在邹镇东北隅，制度极陋，栋宇已坏，仅存其名。遂下仙源县勘会到，共有室七间倒塌，四间破陋。臣契勘本州昨修文宣王庙，有剩钱一千七百余贯。今欲乞于其余剩钱内支钱三百贯，交委本州官增修孟子庙。乞使速得成就，以称今来爵命之贵及上副陛下崇先圣之心。

《请复颜孟二氏祭田疏》

明·徐有贞

臣先因公干至兖州府邹县，据孟氏嫡孙世袭翰林院五经博士孟希文，说称颜孟二氏俱各前元时拨祖庙祭田在本县，地名野店，共计六十顷，每庙各得三十顷，岁收种入以供粢盛，兼得赡养族人。国初以来亦无改革。其后止因二氏子孙微弱，无力营种，致被附近民人侵占，年久不还。先有颜氏嫡孙颜希仁赴京告理，已蒙行下布政司差官踏勘，其各佃种人户李光等初间一各承认愿还供给明文。奈缘此时有司因见二氏无有人求请，不行追理，致使其中奸顽得计，改换供词，妄称系是洪武年间开垦无主荒田，至今不行退还，以致二氏子孙无田供祭。且今人口生齿既众，虽得前田尚不够用，何况于无。希文虽蒙上恩赐与官职，颇可度日。其奈举族之人未免饥寒、无以赡养等情到，职除查本县卷案相同外，切念颜子之德，孟子之功，宗传先圣，垂范后来，万世人君所共尊礼。故虽有元之君亦知崇尚而有拨田赡庙，矧乃先朝惇典庸礼之盛，皇上崇儒重道之至，而忍使其祭田不供子孙失所乎？臣又伏见皇上亲行视太学，特诏孔颜孟三氏子孙陪从，乃授颜希惠孟希文以近侍儒官，其优待之恩有隆无替，诚超轶前代之君而过之矣。然其祭田有缺，子孙之苦有司不为分理，使者不以上闻，非惟有负圣贤之宗教，抑且有负皇上之德意，岂不为圣世之缺典而儒道无人之叹哉！臣愚辄不自揆，敢以实闻。乞敕该部行移山东布政司，委自堂上官员前往本处，会集府县，公同踏勘前项原系颜孟二氏祭田，沿邱履地，丈量明白。如其间有已纳粮者，乞行免纳。及未纳粮者，就便追给，仍前从公分拨与颜孟二氏各三十顷，令各依旧收种，并世嗣授官者掌管岁入，赡庙供祭之外，听存其余，周给各族之人。以后再不许他人占争认种，违者并罪有司。此外犹恐前项原田供赡不敷，二氏子孙乏力垦种，如蒙俞允，乞将附近抛荒空闲田地，量加顷数，增添拨赐，仍照孔庙事例，量拨佃户助种以供之。尤见特恩如此，庶几上有以明皇上追崇先贤之至意，下有以俾贤裔切荷圣朝之盛恩。斯文幸甚。

《请贤裔死节恤典疏》

明·孟宏誉

臣窃惟自古征贼殉难之臣，在守土之官烂焉史册者，何可胜数！盖未有先贤之裔如臣父承光等一门协力敌忾、亲冒凶锋、子母三人同日骂贼、竟至死节者也。自天启二年五月十八日莲妖煽乱，蛊惑人心，党羽实繁，陷城焚劫，意欲凭据邹兖，称兵叛逆。当其时，百姓披靡，携家逃脱。臣家居城南祖庙之旁，臣父承光坚持守死之义，贼不能屈。至七月十七日，都司杨国栋率兵攻南门，臣父亦率应袭兄宏略，同家丁席天寿等二十余人，协力剿贼，期灭此而后朝食。乃席天寿被坠石死于城下，张湖小春童席学经俱被矢石所伤。贼遂饮恨于心，十八日突出城来报仇。先将臣兄宏略杀死，继将臣祖母孔氏、父承光执缚而去，家产焚劫一空。臣父承光骂不绝口，与臣祖母孔氏俱受戮于冈山营内，尸骸无踪。臣母张氏被贼砍伤，右手二指几落。尤幸天不殄绝，臣母子杂于乱群中同被伤，姨母姜氏暨三弟宏含、四弟宏谟、六弟宏志、臣妹二人、臣妻郑氏暨幼侄闻玉等各自逃生，苟延性命。伤哉！孤寡伶仃，备极苦楚。言念及此，血泪交流。已经县府司道覆查到院，该山东巡抚赵彦会同河道总督陈道亨查勘具题，于天启三年二月初四日为照：博士孟承光仁义成家，刚大为训，徘徊宗祐、未忍抱器之行，依附兵戎，遂助攻城之举，岩岩气象如在，浩浩脉络犹新，母子偕亡，惊魂已飞天外，祖孙骈戮，深恩永断目中。闻者竞下泣于玄猿，见之惟兴嗟于白草。奇祸最惨，悯恤宜优。查邦政条例一款，枣强知县段犮与贼对敌，被贼杀死，特赠太仆寺少卿与祭一坛，立祠祭祀、荫子锦衣卫，世袭百户。又查得崇明知县唐一岑，领兵迎战倭贼杀死，赠光禄寺丞，立祠荫子。今孟承光非守土之官，而挺身攻城，死于贼刃，取义成仁，尤烈于守土之官，臣相应照例优加赠荫，立祠致祭，并祭其母孔氏，应袭宏略一并赠恤者也。嫡孙孟闻玉宜袭世职，而年甫七龄，难主烝尝，道府议以承光次男孟宏誉借职奉祀。闻玉长成之日，仍还世袭，亦已主鬯为重而立嫡，彝典未敢废也。至于博士室人与子女十三名口遭遇流离，另为赈济。家丁席天寿等攻城毕命分别优恤等，因奉圣旨，兵部知道钦此。该部议，覆请赐祭葬建祠，赠臣祖母孔氏恭人，赠臣父承光太仆寺少卿，赠臣兄宏略太常寺丞。臣宏誉伏蒙圣恩准借职，暂袭五经博士奉祀。臣于天启四年八月初九日奏讨母张氏封典，本月十三日奉圣旨，该部即于题覆，钦此。随蒙该部议覆，奉旨封臣母张氏为恭人，臣举家焚香望阙叩头，感激天恩，捐糜莫报。臣揣分逾涯，何敢觊生望外。维念朝廷之所以鼓舞节义者，有优恤之重颁。臣子之所以矢竭忠贞者，无发肤之敢爱，当先臣之协力攻贼也。义能率众效死，誓不与贼俱生，及先臣之骈首就戮也，三人骂不绝口，耿耿丹心犹烈所尊者，不遗不后之家传无愧者，至大至刚之浩气，真为圣代之光，不贻名宗之玷也。向使臣父兄等不协力攻贼，贼未必挟仇劫杀，其如人臣尽瘁之谊何？今臣父死，臣之祖母亦死，臣兄宏略又死矣。查例：有一家阵亡二三人者，加升二级，仍优恤其家，况臣家系先贤之裔，与偁众不同，况臣父非守土之官，而挺身攻贼，卒死贼手，尤与守土者不同也。且唐一岑、段豸二臣同死于贼乃两事。而各殒其命，皆蒙朝廷荫恤之典。臣一门父子二人同死于贼，是一事而共尽其忠，独不可照例荫子乎？臣家虽有先世箕裘，原非表孤忠于既往，维是破格优异，始足扬劲节于方来。若督抚会堪之疏与兵部覆叙之疏，俱奉圣旨下部钦遵在卷者，则荫嗣之典，圣朝岂有靳焉？伏乞皇上推广宏恩，敕下兵部，查照原题，议覆上请，准照例赐荫。不但慰先贤在天之灵，且以舒先臣九原之愤，使天下知我皇上旌忠而教孝，涯典再锡于贤裔，又使天下知臣子取义而成仁，延赏更加于奕世。其谁不触目激衷，尽心竭力为皇上捍长城而夺敌忾，风励顾不宏且远哉！为此具本亲斋，臣宏誉不胜激切，恳祈悚息瞻仰，吁天待命之至。仅具奏闻。

第三节 传

《史记·孟子荀卿列传》(节录)

汉·司马迁

太史公曰：余读孟子书，至梁惠王问"何以利吾国"，未尝不废书而叹也。曰：嗟乎，利诚乱之始也！夫子罕言利者，常防其原也。故曰"放于利而行，多怨"。自天子至于庶人，好利之弊何以异哉！

孟轲，邹人也。受业子思之门人。道既通，游事齐宣王，宣王不能用。适梁，梁惠王不果所言，则见以为迂远而阔于事情。当是之时，秦用商君，富国强兵；楚、魏用吴起，战胜弱敌；齐威王、宣王用孙子、田忌之徒，而诸侯东面朝齐。天下方务于合从连衡，以攻伐为贤；而孟轲乃述唐、虞、三代之德，是以所如者不合。退而与万章之徒序《诗》《书》，述仲尼之意，作《孟子》七篇。①

《列女传·邹孟轲母》

汉·刘向

邹孟轲之母也，号孟母，其舍近墓。孟子之少也，嬉游为墓间之事，踊跃筑埋。孟母曰："此非吾所以居处子。"乃去，舍市傍，其嬉戏为贾人衒卖之事。孟母又曰："此非吾所以居处子也。"复徙，舍学宫之旁，其嬉游乃设俎豆，揖让进退。孟母曰："真可以居吾子矣。"遂居。及孟子长，学六艺，卒成大儒之名。君子谓孟母善以渐化，《诗》云"彼姝者子，何以予之"，此之谓也。

孟子之少也，既学而归，孟母方绩，问曰："学所至矣？"孟子曰："自若也。"孟母以刀断其织，孟子惧而问其故，孟母曰："子之废学，若吾断斯织也。夫君子学以立名，问则广知，是以居则安宁，动则远害。今而废之，是不免于厮役，而无以离于祸患也，何以异于织绩而食，中道废而不为，宁

---

① 司马迁：《史记》卷七十四《孟子荀卿列传》，中华书局 1959 年版，第 2343 页。

能衣其夫子，而长不乏粮食哉？女则废其所食，男则堕于修德，不为窃盗，则为虏役矣。"孟子惧，旦夕勤学不息，师事子思，遂成天下之名儒。君子谓孟母知为人母之道矣，《诗》云"彼姝者子，何以告之"，此之谓也。

孟子既娶，将入私室，其妇袒而在内。孟子不悦，遂去，不入。妇辞孟母而求去，曰："妾闻夫妇之道，私室不与焉。今者妾窃惰在室，而夫子见妾，勃然不悦，是客妾也。妇人之义，盖不客宿，请归父母。"于是孟母召孟子而谓之曰："夫礼，将入门，问孰存，所以致敬也；将上堂，声必扬，所以戒人也；将入户，视必下，恐见人过也。今子不察于礼而责礼于人，不亦远乎？"孟子谢，遂留其妇。君子谓孟母知礼而明于姑母之道。

孟子处齐而有忧色，孟母见之，曰："子若有忧色，何也？"孟子曰："不敢。"异日闲居，拥楹而叹，孟母见之，曰："乡见子有忧色，曰不也。今拥楹而叹，何也？"孟子对曰："轲闻之，君子称身而就位，不为苟得而受赏，不贪荣禄诸侯，不听则不达其土，听而不用则不践其朝。今道不用于齐愿行，而母老是以忧也。"孟母曰："夫妇人之礼，精五饭、羃酒浆、养舅姑、缝衣裳而已矣，故有闺内之修而无境外之志，易曰'在中馈无攸遂'，《诗》曰'无非无仪，惟酒食是议'，以言妇人无擅制之义而有三从之道也。故年少则从乎父母出，嫁则从乎夫，夫死则从乎子，礼也。今子成人也，而我老矣。子行乎子义，吾行乎吾礼。"君子谓孟母知妇道。《诗》云"载色载笑，匪怒伊教"，此之谓也。颂曰：孟子之母，教化列分，处子择艺，使从大伦。子学不进，断机示焉。子遂成德，为当世冠。[①]

第四节　序跋

《孟子题辞》

汉·赵岐

《孟子题辞》者，所以题号孟子之书本末，指义文辞之表也。孟，姓也；子者，男子之通称也。此书孟子之所作也，故总谓之《孟子》，其篇目

---

① 刘向：《列女传·邹孟轲母》，电子版文渊阁四库全书。

则各自有名。孟子，邹人也，名轲，字则未闻也。邹，本春秋邾子之国，至孟子时改曰邹矣。国近鲁，后为鲁所并。又言邾为楚所并，非鲁也，今邹县是也。或曰孟子鲁公族孟孙之后，故孟子仕于齐，丧母而归葬于鲁也。三桓子孙既以衰微，分适他国。孟子生有淑质，夙丧其父，幼被慈母三迁之教。长师孔子之孙子思，治儒术之道，通五经，尤长于《诗》《书》。周衰之末，战国纵横，用兵争强，以相侵夺。当世取士，务先权谋，以为上贤，先王大道，陵迟隳废，异端并起。若杨、朱、墨翟，放荡之言以干时惑众者非一。孟子闵悼尧、舜、汤、文、周、孔之业将遂湮微，正涂壅底，仁义荒怠，佞伪驰骋，红紫乱朱。于是则慕仲尼周流忧世，遂以儒道游于诸侯，思济斯民。然由不肯枉尺直寻，时君咸谓之迂阔于事，终莫能听纳其说。孟子亦自知遭苍姬之讫录，值炎刘之未奋，进不得佐兴唐、虞雍熙之化，退不能信三代之余风，耻没世而无闻焉，是故垂宪言以诒后人。仲尼有云"我欲托之空言，不如载之行事之深切着明也"。于是退而论集所与高第弟子公孙丑、万章之徒难疑答问，又自撰其法度之言，著书七篇二百六十一章三万四千六百八十五字，包罗天地，揆叙万类，仁义道德，性命祸福，粲然靡所不载。帝王公侯遵之，则可以致隆平、颂清庙；卿大夫、士蹈之，则可以尊君父、立忠信；守志厉操者仪之，则可以崇高节、抗浮云，有风人之托物，二雅之正言，可谓直而不倨，曲而不屈，命世亚圣之大才者也。孔子自卫反鲁，然后乐正，雅、颂各得其所，乃删《诗》定《书》系《周易》作《春秋》。孟子退自齐、梁，述尧舜之道而著作焉，此大贤拟圣而作者也。七十子之畴会集夫子所言以为《论语》，《论语》者，五经之馆辖，六艺之喉衿也。孟子之书则而象之。卫灵公问陈于孔子，孔子答以"俎豆"；梁惠王问"利国"，孟子对以"仁义"。宋桓魋欲害孔子，孔子称"天生德于予"；鲁臧仓毁鬲孟子，孟子曰"臧氏之子焉能使予不遇哉"，旨意合同若此者众。又有外书四篇，性善辩文说孝经，为正其文不能宏深，不与内篇相似，似非孟子本真，后世依放而托之者也。孟子既没之后，大道遂绌。逮至亡秦焚灭经术、坑戮儒生，孟子徒党尽矣。其书号为诸子，故篇籍得不泯绝。汉兴，除秦虐禁，开延道德。孝文皇帝欲广游学之路，《论语》《孝经》《孟子》《尔雅》皆置博士。后罢传记博士，独立五经而已。讫今诸经通义得引《孟子》以明事，谓之博文。孟子长于譬喻，辞不迫切而意以独，至其言曰说《诗》

者，不以文害辞，不以辞害志，以意逆志为得之矣。斯言殆欲使后人深求其意以解其文，不但施于说《诗》也。今诸解者往往摭取而说之，其说又多乖异，不同孟子以来五百余载传之者，亦已众多。余生西京，世寻丕祚，有自来矣。少蒙义方，训涉典文，知命之际，婴戚于天遭屯离蹇，诡姓遁身，经营八纮之内，十有余年，心剿形瘵，何勤如焉。尝息肩弛担于济岱之间，或有温故知新雅德君子，矜我劬瘁，眷我皓首，访论稽古，慰以大道，余困吝之中，精神遐漂，靡所济集，聊欲系志于翰墨，得以乱思遗老也。惟六籍之学，先觉之士释而辩之者既已详矣，儒家惟有《孟子》闳远微妙，缊奥难见，宜在条理之科。于是乃述己所闻，证以经传，为之章句，具载本文，章别其指，分为上下，凡十四卷。究而言之，不敢以当达者施于新学，可以寤疑辩惑。愚亦未能审于是非，后之明者，见其违阙，傥改而正诸，不亦宜乎！①

《孟子音义序》

宋·孙奭

夫总群圣之道者，莫大乎六经；绍六经之教者，莫尚乎孟子。自昔仲尼既没，战国初兴，至化陵迟，异端并作。仪、衍肆其诡辩，杨、墨饰其淫辞，遂至王公纳其谋以纷乱于上，学者循其踪以蔽惑于下。犹泺水怀山，时尽昏垫，繁芜塞路，孰可芟夷？惟孟子挺名世之才，秉先觉之志，拔邪树正，高行厉辞，导王化之源，以救时弊；开圣人之道，以断群疑。其言精而赡，其旨渊而通，致仲尼之教，独尊于千古。非圣贤之伦，安能至于此乎！其书由炎汉之后盛传十世，为之注者则有赵岐、陆善经。为之音者，则有张镒、丁公着。自陆善经已降，其所训说，虽小有异同而共宗赵氏。今既奉敕校定，仍据赵注为本，惟是音释，宜在讨论。臣今详二家撰录，俱未精当。张氏则徒分章句，漏落颇多。丁氏则稍识指归，伪谬时有。若非刊正，讵可通行？谨与尚书虞部员外郎同判国子监臣王旭、诸王府侍讲太常博士国子监直讲臣马龟符、镇宁军节度推官国子监说书臣吴易直、前江阴军江阴县尉国子学说书臣冯元等，推究本文，参考旧注，采诸儒之善，削异说之烦，证以

---

① 梅鼎祚：《东汉文纪》卷二十四，电子版文渊阁四库全书。

字书，质诸经训，疏其疑滞，备其阙遗，集成《音义》二卷。虽仰测至言，莫穷于奥妙而广传博识，更俟于发挥。谨上。①

《孟子讲义序》

宋·张栻

学者潜心孔孟，必求其门而入，愚以为莫先于明义利之辨。盖圣贤无所为而然也。无所为而然者，命之所以不已，性之所以不偏而教之，所以无穷也。凡有所为而然者，皆人欲之私而非天理之所存，此义利之分也。自未知省察者言之，终日之间鲜不为利矣，非特名位货殖而后为利也。意之所向，一涉于有所为，虽有浅深之不同，而其为徇己自私则一而已矣。如孟子所谓内交要誉恶其声之类是也。是心日滋，则善端遏塞，欲迩圣贤之门墙以求自得，岂非却行而望及前人乎？虽使谭高说妙，不过渺茫臆度，譬诸无根之木、无本之水，其何益乎？学者当立志以为先，持敬以为本，而精察于动静之间、毫厘之差，审其为霄壤之判，则有以用吾力矣。学然后知不足。平时未觉吾利欲之多也，灼然有见于义利之辨，将日救过之不暇。由是而不舍，则趣益深理益明，而不可以已也。孔子曰："古之学者为己，今之学者为人。"为人者，无适而非利；为己者，无适而非义。曰利，虽在己之事，皆为人也。曰义，则施诸人者，亦莫非为己也。嗟乎！义利之辨大矣，岂特学者治已之所，当先施之天下国家一也。王者所以建立邦本，垂裕无疆，以义故也。而霸者所以陷溺人心，贻毒后世，以利故也。孟子当战国横流之时，发挥天理，遏止人欲，深切着明，拨乱反正之大纲也。其微辞奥义，备载七篇之书。如栻者，虽曰服膺，而学力未充，何足以窥万一？试以所见，与诸君共讲之，无忽而深思焉。②

《论孟精义序》

宋·朱熹

《论语》之书，无所不包，而其所以示人者，莫非操存涵养之要。七篇

---

① 孙奭：《孟子音义序》，电子版文渊阁四库全书。
② 张栻：《南轩集》卷十四，电子版文渊阁四库全书。

之指，无所不究，而其所以示人者，类皆体验扩充之端。圣贤之学，其不同固如此。此语微有病：岂《论语》中无体验扩充之端？七篇中无操存涵养之要？圣人则无事于体验扩充，贤人则不知操存涵养乎？以此为圣贤之分，则孔子不足于用，孟子不足于体矣。若曰论孟之书无所不包无所不究，无非操存涵养之要体验扩充之端，则醇然矣。①

《孟子要略后序》

宋·真德秀

太守陈侯既刊文公朱先生《论语详说》于郡斋，又得《孟子要略》以示学者，曰先生之于孟子发明之也，其全在《集注》，而其要在此编。盖性者，义理之本源，学者必明乎此而后知天下，万善皆由是出，非有假乎外也。故此编之首曰"性善焉"。性果何物哉？曰五常而已尔。仁义者，五常之纲领也。论性之次曰仁义焉。心者性之主，不可以无操存持养之功，故论心为仁义之次，事亲从兄，天性之自然，而本心之发见之尤切者也。故孝弟为论心之次。仁义者人心之所同，而所以贼之者利也。学者必审乎义利之分，然后不失其本心之正。故义利为孝弟之次义利明矣。推之于出处，则修吾之天爵而不诱于人爵，推之于政事则纯乎王道而不杂以霸功。故义利之次二者，继之圣贤之学，循天地之正，所以尽其性也。异端之学，循人欲之私，所以咈其性也，故以是终焉。先后次第之别，其指岂不甚明也哉？学者于《集注》求其全体，而又于此玩其要指焉，则七篇之义无复余蕴矣。虽然，学者之于道，岂苟知而已邪？昔尝闻先生与其门人论辑此书之意，而诲之曰："观书不可仅过目而止，必时复坑味，庶儿忽然感悟到得义理与践履处融会乃为自得。"呜呼！是又先生教人之要旨也。予之刻此书也，岂苟然哉？侯以序引见属退，惟末学未能窥先生之门墙，故于侯之命虽不敢辞，而亦不敢以序自任。姑论次侯本语系诸编末，与朋友共讲云。②

① 孙绪：《沙溪集》卷十三，电子版文渊阁四库全书。
② 刘爚：《云庄集》卷五，电子版文渊阁四库全书。

《三迁志》序·嘉靖壬子（1552 年）九月朔日[①]

苍溪史鹗撰（沂州道佥事）

昔韩子原道统之传，而谓尧以道渐传于孔子，董子亦谓道之大原出于天。则知孔子得统于汤文，汤文得统于舜禹，舜禹得统于尧，尧得统于天，而道统之正传可得其原委矣。然孔子集群圣之大成，又天之加厚以垂教万世者，不独擅其继往开来之盛哉！故一传于颜而未久，再传于曾而未大，三传于子思之门人而得孟子者，初时当战国秦齐争斗，苏张从衡各逞其贪欲之私，不知斯道为何物，甚至杨墨之术为我似义而害仁，兼爱似仁而害义。天下靡然从之，相率以归于禽兽，其害道也极矣。孟子以命世亚圣之才，挺然以传道为己任。一则曰愿学孔子，二则曰自生民以来未有夫子其言仁义王伯义利之辨，宛然孔子之家法，杨墨邪说诐行淫词皆不得以销其术，使天下后世学者晓然知宗孔子而不惑于异端之非者，大抵皆其力也。微孟子，则人皆服左衽而言侏俪矣。孔子之道孰于传之哉？信乎有功于孔子而力实倍于颜曾，昌黎谓其功不在禹下，意者有在于此。稽古历代，借有史官，掌记时事之外，又有世家列传得以载其人文之盛。吾孔颜曾孟圣贤相继而作，又人文之至盛者，《史记》尝列传矣，犹病其不专而不详。我朝西涯李公始纂《阙里》以志孔世，详矣而未精。侍御曹公再纂《陋巷》以志颜氏，专矣而未详。孟子亚于孔颜，其历世之迹尤杂于《邹县志》中，庸非孟门之缺典耶？予观兵东鲁，幸睹孟子庙貌，吊其遗塚，礼其宗裔，足慰平生敬仰之私。扣其《志》，乃曰尚未有专制者，予为之慨然。乃命教官费子增遍考群籍，删繁存要，集为全帙。予又重加订正，补其缺，正其讹，使像、图、爵、田、记、赞之故历历可考而知。至于宗系相传系于一脉之真者，昭明以衍于万世，俾伪者不得以肆其乱，此又其吃紧处也。书成，乃借题其名曰《三迁志》，盖取孟子作圣之功由于母氏蒙养之正云耳。此非予之臆说也，古《易》先得之矣，后之学孟者尚其润色于斯。

---

① 此篇及以下序文皆采自孟广钧编《重纂三迁志》，苗枫林主编《孔子文化大全》，山东友谊出版社 1989 年版。

《孟志》前序·万历辛亥（1611年）孟秋朔日

晋江黄克缵撰（山东巡抚）

孟之有志也，仿《阙里志》而为之也。夫阙里盛矣，不可以复加矣。为《孟志》者何继孔也？继孔必以志乎？曰继之者于志可征也。始作者谁？兖东观察史君也。继之者谁？今邹令胡继先也。蒐讨载集以共成其书者，乡先生观察潘君孝廉周生也。叙之者何？明此《志》重修之本末也。尝谓世之儒者，专言孔则孔子日月也；兼言孔孟则孔子日也，孟子月也。月，吾知其为太阴之精，能继日之光而已。必盛言月之大，如俗所谓七宝合成有八万二千户者，是小月也。又有嫦娥奔月、玄兔捣药之说，皆诬月也。故夫世之不敢以言语文章称扬孟子者，所谓善尊孟子者也。不善称而强为之称，是以微云而滓秽泰清者也。缵自七八岁即读《孟子》矣，知其书始见于梁王而言仁义，终于论道统而寄意见知闻知而已。语学术则善养浩然之气以配天地也，存心养性以事天而立命也；论王道则制田里教树畜、省刑薄敛而依归于庠序孝悌以教民也。考其发祥，则乾坤灵粹继孔而钟，区区九龙峄山不足为其胜也。表厥宅里，则广居是居正位是立大道是行，今之庙貌堂构不足比其壮丽也。稽其历览，则上自唐虞，下至三代，无不梦寐而神交焉，而游梁游齐不必论其先后也。语后裔则本支百世、竹帛万年，或守邹鲁，或散居四方，或出为名臣，或处为高士，有同派者，有异源者，不必强合也。景行仰止，人心同然。或尊以公侯而不为重，或称邹国男子而不为轻，或敷藻连篇而不为敬，或短句寂寞而不为陋，此皆勒之贞珉，载在简册，观者当目得之。而所谓至尊至敬者，不与存也。予与《孟志》，独取其所载孟献子懿子僖子诸大夫，祖功宗德不可泯也。公宜仇氏，姓氏颇隐，非表而出之，或未尽也。师友渊源，则由思曾溯于孔子。及门受业，则自乐正以及咸丘、桃应师弟之间，皆依附青云以声施后世也。宗系如孟仲子诸人及孔道辅所荐孟宁以下，载在谱牒者班班可信也。其推功继禹，论学接孔，自韩退之以逮宋明诸儒，议论粹然一出于正者，无可议也。独世系自孟尝孟敏而后，稽之史传，或地理远隔，或世代不合，即潘君亦称史载某地人不无诸胡带名之疑也。或曰《陋巷志》中如之推鲁公辈悉皆具载，何疑于孟氏？曰：琅玡诸颜世系迁徙，史传不遗也。然则奈何如夏五部公阙之可也。为孟氏后者，固不借贤于前代以为重也，且世之学孟子者，当求之于《七篇》而决之于方寸，不专在于此《志》也。若乃潘君周生用心之勤，胡令表彰之功，自当与《志》并传不朽，固非俗儒俗史之所能为也。缵既不敢以言语文字推尊孟子而犹序其《志》者，冀以爝火而增光于日月也。乃授胡令而弁之首简。

《孟志》引·万历辛亥（1611年）秋吉

濮州胡继先撰（邹县知县）

《孟志》创于吾蜀鼎山史公才六十载，质而俚，疏而不备，识者憾之。余自首事以来，每谒诸长老以修订勖者屡矣。然当水旱频仍、牛马奔驰之际，兢兢于奉职未遑，且虑探珠未得，则覆酱堪虞。于是焉惧陨越于楮颖以贻孟氏羞，故不敢以空言先爱为之。葺其庙宇，俾茂草毋鞠于殿庭。定其祭仪，俾宗子毋同于县祀。广其墓田，俾粢盛毋歉于林塚。通其神道，俾地脉毋斩于櫌锄。以至母祠思院犁然具举可增者增，宜饬者饬，业已念相周旋而事为恢复。顾兹《志》未检，使子舆家乘下同野史，夫安所论其世代，溯其渊源，而令尚友者不倦于景行哉！岁庚戌之春，观察潘君以是方文献暂休沐于里中，而孝廉周君复以博综尔雅佐之。遂乃极意釐正，分类编摩，考史迁之所未详，订紫阳之所弗覙。综其卷有五，列其目二十有一。凡山川之所苞孕，祖德之所涵毓，母师之所训授，门弟子之所传习，与夫贤君哲相之所表扬，端人正士之所崇重，靡不罗若珍错，灿若日星。盖二君胸藏二酉而又以寒暑不间之精力于是，故洋洋乎凿凿乎洵孟氏之实录，阙里之敌派也。书既成，余阅之喜而不寐，敬命之剞劂，以期与世运终始。而又叹子舆当日立言，其大者在去利怀仁义以兴王，而其微者在鸡鸣一语以抉舜跖利善之介，千古而下，有人心则有鸡鸣，有夜气则有仁义，舜之徒固孟之徒耳。然则读此《志》而兴思其于希贤希圣，未必无小补云。余不敏快读鸿章，欣成盛事，故因为小引以述其修志之颠末如此。若夫《志》之条贯与两君子之苦心，则有黄师钜笔以阐释之，故无俟余言之詹詹矣。

《孟志》后序·万历辛亥（1611年）仲春

邹县潘榛撰（山西副使）

《孟氏志》旧名《三迁》，创自鼎山史公。大要采族谱之旧载、刻石之文耳。历年六十，亥豕鲁鱼，讹乱益甚。值萧山胡侯重道崇贤，既已举孟子祠墓及子思书院修筑聿新，而犹以《志》之未详未足以征文献也。乃辱命不佞，重为修辑。余自为谫陋，大惧无当笔削。念孝廉周氏瞻博精敏，问就正之。孝廉亦雅意著述，于是不循旧《志》，尽发素所藏书，协力披录。但关孟氏者，条分类纪。而孟氏之裔茂才闻钲者，从乃祖宦游，亦多识其家故实，又即其耳目所及一并采入。属稿数月，积帙凡五，为目二十有一。虽犹觉未详，而自顾考索证引，弗敢忽矣。萧山侯乃捐俸授梓。梓既竟，余更读一过，而大有感焉。夫孟子遨游诸国，位不过客卿，未如身佩相印或六或五，车骑辎重拟于侯王者之赫烜也。陈说数君，迂阔我仁义，未如不知膝至于席长跪复跪奉社稷以从者之委任也。书产之后，杂在诸子，历秦汉晋唐，鲜有尊习，未如读其书恨不与之同时，临朝讲贯至称非圣无法者之尊崇也。乃吾道一明，众论咸归，遂至衮冕执玉，配食素王云。乃之后世被爵禄，回眸诸家，曾不敢跂足而望焉。固知圣贤之道，平乎极之而高不逾也，澹乎咀之而味不厌也，无急步而能达到也，无小利而有大效也。即生前无厚享而身后有令名也，即见嫉一时而取信万世也。学道者患道之不近于圣无患道之不行矣，立言者患言之不近于圣无患言之不立矣，则于孟子可概见哉。抑尝观孟子之论为尧舜也，衣服言动而外无他道。论仁政也，薄敛省刑而外无他政。又曰仲尼不为已甚，一毫求异之心不存焉。论养气也，则戒于助长。论为善也，则期效子孙而成功。又委之于天，一毫急功之心不存焉。夫惟不求异，乃所以成独异；惟不急功，乃所以成至功。世儒暗于大较，既薄圣贤为无奇，而乘时赴功名者又多希为捷径，始由于一念之跂遇究且至决裂大闲所不顾者，则无惑乎？读圣贤书而外于圣贤也。呜呼！学孟子者，去好异与急功之心，其几乎？

《孟志》后序·万历辛亥（1611 年）暮春

邹县周希孔撰（癸卯孝廉）

庚戌之役，余病不能竟试，归治药饵。会副宪潘君亦里居，时相过从，甚浃也。居无何，邑侯广汉胡公辱命曰："孟氏故有《志》，疏甚不可以观。余欲辑之，未暇也。今既属笔潘君，较雠之任，其以烦子。"余高其我，不敢以疾辞，欢然从事。潘君博雅甚，余无能为役。然时有一得，辄效之而取裁焉，仅数分一耳。既成帙，有客问于余曰："古之著书者，皆有为而作于不得已，故可传而不废。胡公之志，其为不得已乎？"余曰："此真不得已之甚者也。尝征诸人情矣，《诗》云'民之秉彝，好是懿德'。今夫孔孟之去吾人也，不甚辽阔哉！然吾观于世人过其里则皆欣然，入其庙则皆肃然，遇其子姓则皆依然低回而不忍去也，诚好之也。惟性善故好善，惟好善故喜于扬善而不欲其湮没而不彰也。然山川之所阻，职业之所羁，心慕之而终身不一至其地者有矣；即幸一至之，考其政绩，稽其轶事，仓卒之际不能悉始末者又有矣。于是焉，冀编摩之足征，索遗篇以寄慕，则《志》始重焉。而旧《志》之疏犹无《志》也，是乌得已于修也。故夫《志》也者，所以存圣贤之迹而动人思也，人未有无所感而向于善者。是《志》之编，孟氏之事与世人之尊孟氏者略具，然观之者苟不徒迹而锐然振奋，反诸吾性之本善而操功焉，其起而为孟氏之徒易易耳。是《志》也，则感发善心之一端，与若徒侈儒者之光荣，资词人之谈说已耳，则于世道人心亦何所益，又乌取已往之陈迹而志之为。"客唯唯退。因次第其言而书之卷末，以见胡公之汲汲于编辑而不以修庙增田为足，以《三迁志》毕事者，良有所不得已于斯也。

《孟志》跋语·万历辛亥（1611 年）梅月

裔孙孟承光撰（翰林院博士）

我先夫子自战国历秦汉晋唐五代至宋而其道始明，书始行，我族姓亦历秦汉晋唐五代至宋而其姓始显，族始大固。先夫子流泽之远，历代尚贤之厚，而诸君子尊信表章之功不可诬矣。然自宋以前，夫子之道未明，则崇其道注其书者功为大。自宋以后，夫子之道已明，则修其庙纪其事者功亦大。日者庙庭芜敝，家志讹乱。西蜀萧山胡侯来莅兹土，慨然新庙貌、饬林墓，捐赀经理，笃志尊崇。属笔潘周二君子，旁搜载籍，大补前《志》之缺，俾瞻谒者肃然以敬，诵读者慨然有思，盛矣哉！余守祀食租，无能握管以赞一词，敢不因《志》之成益励于先夫子之训，且世守此《志》以无忘刊修者之功乎！于是书之末简。

《三迁志》序·天启六年（1626 年）

丙寅凛冬，余方恃一刀七与二竖角不受也，乃正襟危坐举家从父所撰

《圣门志》一展函帙，而子威路勇、澹台壮武交集于前，灵爽灼射，便觉跟跄退遁。忽家弟圣符远从东省来，言我从父方以著书先儒，崇祀阙里，血食千秋矣。更出袖中一帙，曰："此先人手志《圣门》，余力别志《三迁》，用彰显孟夫子灵源懿脉者也。顷邹滕乱起，孟胤三叶与家乘俱亡。弟与儿时力为搜辑，倾囊梨绣。惟兄冠以名章，以副今日褒忠锡荫之盛。"余始闻快然，既而跃然，提笔飞洒，不似昨病时握管如千斤锥也。因注简谛思，以谓从父自壬子受任后，先仅七逾年载，无论东藩方岳，借才如左右手，无咎刻暇，又拜表输饷，五六走辇下，一到榆关，一檄浙水，且复以佐赈卒官。七稔之间，灯窗休暇得几何？时而先续通乘，专志《圣门》，兼为《三迁》，增订前后，展玩不翅。书开千卷，纸涴万番，笔堪成塚者即如斯。志合史胡二刻，采古逸而非赘，进今异而足征，门拒操戈，筦邀赠衮。时著考证，率参微渺，别识违疑。我从父有千手眼耶？何著记若斯之富也！余尝读史，至史汉梁陈美谈之有迁、彪之有固、察之有思廉，皆父创而子竟之也。我圣符弟之助手佐勤，其犹三氏之有乎？若夫父子并情端衷，莹识不宰，相之为系，表不当机之颂政，术不势门之媚谱牒，而必志《圣门》，志《三迁》，皆出于趁时走热，人意念之所不到，而独自苦其心思，竭其注撰而镂工，纸价十百在前，钱谷罄尽，至于破落生产，不少顾惜，此更可占立心之远大，学术之贞纯。固宜父承徽誉，重为先儒；子尤当称显亲扬名孝情以外之孝子也。文成掷笔，体中为之霍然。

天启六年嘉平月立春日赐进士第中宪大夫太仆寺少卿前工部营缮清吏司郎中监督殿门工程吕濬撰

（明）吕元善撰　吕兆祥　吕逢时续撰　南京图书馆藏　明天启七年（1627年）刻本

《三迁志》序[①] · 天启七年（1627年）

余自计偕过邹，始经孟祠下，嗣后服官出入京，辇每过辄伏谒，瞻眺徘徊久之。觉岩岩之气，有以策余顽懦。然所为寄羹墙者，一拂丽牲之石而已。已未得阅全纪载也，已得《阙里》《陋巷》二志，意中谓当复有一书。

---

① 此篇及以后序文全部引自吕元善等撰《三迁志》，齐鲁书社1996年版。

顾又念著述之难，不有罗长源之淹宏，则不能铨春秋列国卿大夫之世次如指诸掌；不有张禹、蔡邕、郑渔仲、陆师农之精诣，则列典章文物令灿然昭著；不有曼倩、景纯、道元之好奇采异，则不能疏本山川，点缀诡谲，使灵奇之迹悉献且也。躬蹈之故，测之有涯；神饫之故，吐之多味。君谟谱荔，是其乡人；季疵勘著，抒于厥嗜。向令性善仁义之旨未沥心髓，夜气几希之论仅浮诵习，徒握铅椠以自效于宫墙，未有几也。已得披史君志文具矣，已又进胡君志稍斥广矣。乃事近摭而远漏，文安俚而失雅，体例胪列未及议裁，征引钩稽未及诣覈，矧能搜佚闻抉隐义乎？能于前后宗本支系蝉联以布乎？能于发灵之源盱衡周览素真脉于都邑，离合谿隧变堙之后乎？能于历代崇奉仪数隆缛凿凿显著乎？能于配侑诸贤一一评陟以揆其衷乎？能聚史传百家方舆稗杂为孟诸圃田以恣渔猎乎？其如是，材美矣，又能真得孟氏心印而稍稍自见于论著隐微间乎？盖难之矣。岁丁卯，余以使事淹里中，吕太学圣符介余友姚叔祥手一编示余，则其尊公冠洋先生所著《三迁志》也。《三迁》仍史君之旧，而书则增益芟涤，焕然与史胡二志别为一种不刊之典。余既读再三日，裁矣，覈矣，佚文萃而隐义抉矣，宗本蝉联昭布矣，发灵之源得之于峄阜谿湖不述于改邑矣，历代崇奉典制晰矣，所渔猎上下数千载文字之薮广矣侈矣，所剪落揭树一禀独然，卓矣，朗矣。称三迁者，实以媲于阙里陋巷而根宗母教矣。义益精矣。先生纯修端履，乡闾衿式，经术政事，所至彪表。圣符冠玉衣珠，一谭对间，渊源具在。两世一心，以翼圣真，宁仅仅簸膏馥于铅椠业者。即长源诸君，应多惭色矣。昔刘覆瓿来游，从钱清至秦，驻叹曰："域中有三龙，北龙入塞，外不可知。中龙达淮泗，邹兖当之。南龙赴海，止于是邑。法当有布素封侯。生皋比而殁，庙食者今先生业。已俎豆于四氏报德之祠，覆瓿言不小验乎。"

天启七年九月九日

赐进士承德郎尚宝司司承前礼部精膳司主事蒙恩予告侍养郡人李日华顿寿撰

《三迁志》序

《三迁志》，志孟氏也。志孟氏而曰三迁，以孟氏学实基始于斯得蒙养之正，为万世规也。然上下千古由母而为圣贤，惟孟氏母子耳。宣献既以五十六年见其子为当世大贤，孟子则以后千百年长称其母为断机母也。此一母教至我国家慈孝献皇后用之，教饬世宗自南而迁北，自国而迁都，自王而迁帝，亦以三迁入继大统，遂首正先师严配亚圣孟子之祀，更以孟孙崇启圣之享。此又皇情得事圣母，拟帝睿宗因思孟母兼及孟父也，则知孟子必称尧舜，世庙身自法尧，尧舜之道，孝弟而已。岂非今圣往贤，各以三迁前后证契也乎！余谓苍溪史氏之志《三迁》，适创于嘉靖壬子，意固可默会也。乃后虽重修改曰《孟志》，意便索然矣。余往幸载笔东省，虔谒庙，下薄助修，锢拟葺斯志以移闽未遑，兹有粤西之役。归见吕太学圣符以尊君藩理季可手志《圣门》，崇祀阙里。因念明禋及父之隆，殊感四氏从曳之德，爰为倾囊订镌厥志，仍复《三迁》之旧，若使宜献亚圣之母仪子道与显皇后、肃皇帝圣慈圣孝有宙合焉者。是藩理既于圣门力褒孟胤，而太学父子复《三迁》较辑以竟父功。则吕氏之于孟门更一功臣也。夫韩昌黎以禹功比孟，孔中丞以求墓祠庙，皆不缘朝命各以意祀。若赵太常之手注《七篇》，孙宣公之撰集《正义》，钱尚书之身谏罢祀，吕藩理之勤志《圣门》，可不附之拟祀十九人后以来学孟氏之学者乎！

赐进士出身嘉议大夫分守左江道广西提刑按察司按察使兼布政司右参议前两奉勅备兵建南提督山东学政海盐贺万祚撰

《三迁志》旧序·崇祯元年（1628年）

天欲为古圣王寄心传，特生圣祖。更欲为后贤杰维学脉，再生亚圣。然称心所从寄，脉所从维，各以三岁孤，成就于颜慈仉母之手。而孟母教有三迁，政维人地，以亚圣至圣耳。但我祖年幼志学，渐向从心，不可谓无关母教，惟悲颜见圣子二十四，仉看贤胤五十六世。短者教忘迁迹境，长者即到我不动心，犹息息借孩提之迁进诣乎？不动也，则此迁之一语无几无圣，新新不停。总由孟氏三迁为千古一贯固宜。苍溪撰《志》，特取《三迁》，垂孟氏学地也。乃汉州重纂，参订加勤，固无轩轾，直谓孟氏之学实始于迁，圣功系赖此。武原吕氏不第，互取二刻，增佚考异，定为善本，而题仍《三迁》之旧。自兹以往，后人后时触眼斯《志》，必有从此迁字。当下生念地之迁而随其境之所至，捷进步武到所未到者多矣。先是妖贼变起，翰博一门三叶死难，两《志》俱毁。吕太学圣符承其尊君以创志《圣门》，崇祀阙里；

冠洋公手定本，复父子更较镯锘雕缮，适副缺坠，道脉益光。余谓吕氏父子，功诚不在昌黎一语，中丞求墓之下晋配孟庙，抑复何疑。且藩理以赈饥死官，翰博以舍生取义，两家忠节，宾主合契，其于《三迁》一志，讵不更有生气耶！

崇祯元年仲冬太子太傅袭封衍圣公孔胤植撰

《三迁志》旧序·1628年

余以读《礼》之间，志展《三迁》，而知亚圣神灵若虞家门有衅咎非常，默令正学名贤吾乡吕冠洋公预手先心，扩搜改撰，更易《孟志》，仍故《三迁》，订辑垂成，绝笔官下。不数年而妖莲祸作，贤胤一门，三世伏节，并家志毁焉。乃幸冠洋有子圣符，出父所作，再勤订阅，至售腴倒橐，鸠工锲之，使灵源懿脉，先后条流，遂复灿然于千载之下。致余情惭为子，深有慨于自有为母至于孟母之为母，能令其子以后圣亚尼山，卒无有能匹其圣于亚之后也。自有为子至于孟子之为子，能令其母以三迁教天下，卒无有能加其教于迁之上者也。岂非是母是子独以母教子承灼有功验立千古母子人极也乎！此吕氏所为力更《孟志》为《三迁》意也。惟是庄谛迁之一语，窃自悲养鲁不色迁以几乎？恍与愉也。丧鲁不情，迁以底乎？戚与毁也。学鲁不日迁，仕鲁不心迁，亦无倍乎熊之丸教之忠也。此余所云自惭为子用勉一世之为子，益有羡乎冠洋公之有子圣符也。以圣符之能成其父之志《圣门》而崇祀《阙里》，志《三迁》而勋高贤谱也。冠洋参藩为家尚书，昔者吾友而圣符太学，又余兄弟研习雁行也。故余重其父子之毕力圣贤著记，乐于染毫为《三迁》一帧殿也。

崇祯元年端阳日

赐进士第承德郎南京吏部考功清吏司主事海盐吴麟瑞撰

《三迁志》旧序·1628年

天壤间有体，其刚大挺擎，横亘绵邈无远，惟听横目有心之所领受，而橐籥之为当时开运世，后来光日月者，自古则然，未尝道破。忽有孟夫子，独以"吾善养"一语自为担当，遂使蓬勃两间若无所持循之物，一旦遽有肩荷，固不易称当下，有亦难为说千载无也。故此曰大与刚之贞灵，自亚圣包孕，坚持之为不萎根株。而宇宙萌芽时为条颖，一发匪第。汉得之为光武，故人以节壮东京。蜀得之为鞠躬尽瘁，以忠高鼎立。晋得之以甲乙纪年，以风渐六代。至于唐宋之有撑天拓地，指尤不能屈一二。然前之吾以天下系一人，后之欲以一郡重天下。即如吾郡，有以上不负下不愧，拯乱奉天，手定陇西之鼎，有以安社稷定人心，计襄内禅，力济天水之穷，流溯两朝，脉延二献，沾浃深沃，迄乎后千百载，宜朝家靖难之有巽，隐捐生守任湛族驾出前修也。孰非此刚此大，特为芽蘖于此一方乎！顾运凭教，衰世乘风，下屈志伸，欲象势换情欲，欲腻人情，情染境渐尽至兹。极必当反，顷若凶逆矫诬，涂毒海宇。而郡一弹丸，至碎骨毙。愤城且编氓，必俟砧钻，有七八人之多。则宁为臧氏之子，俾一不遇已哉。其视宵小波糜柔忽绕指者，拍肩踊武，是滥水一汪，足当蜀江爽烈，淬刀三千不超也。因应吕参藩季可殉官，修之子圣符太学毕力成之。其侄同年友巨源太仆临没序之手亦三迁，而《三迁》之志始就。余犹念太仆以连奸下世，恨深九原。今幸泷濡耀射，貐骼齑粉，不觉欢快。溃墨冠篇，虽不足为季可崇祀先儒重，亦堪为亡友冤臣地下慰，尤觉直养之功于吾乡七人倍有验乎。

崇祯元祀季春日
赐进士第征仕郎吏科右给事中海盐虞廷陛撰

《三迁志》旧序·1628年

余读《三迁志》，而知仉宣献之所以训饬单稚，乳孤卒至于纽系统宗，圣称惟亚。岂其懿德贞风，雪严冰劲，历数千年不少衰缓者乎！何者？余诚身遭眼证，而知教神淹浃肌髓之深且远也。当岁壬戌，余膺使命而南适，届兖城，莲妖陡作，烽炮裂空，雷骇电耀，屠剑惨烈，奚翅尸为山血为海也。余身在围中，虽心策指画，与亲藩疆吏共图击拒，所称取义成仁两语，未尝不以息息自许者。于时士庶闲闲，猝遇凶锋，鼠窜鱼溃，名纲困节，拉攞莫辨。特闻邹城糜烂，有不随死而死者，如孟翰博母孔恭人，独能以萱抽劲草抵捍疾风，已教其子承光死国，复教其孙弘略死父，而身更慷慨赴死，无负宣献贻休。围城闻此，士女人人莫不以此三人自待。即谓城不免堕，而心必不堕。心换益坚，气激益劲。墉堵屹屹，有若蒸筑而漆荡也者。贼虽蜂猛，不能攻心，割然自溃矣。此固三迁之教，一脉源传，自一门而一城而千万人也。岂其忠声义间别有勇逾贲育，势敌梁丽者哉！固宜海上有前识远见之贤。参藩吕君季可预为手定《孟志》，仍曰《三迁》。编采异纂而增润之，别识斤赝而芟剪之，摘诘非僻而辩之。口属心受，付子兆祥孙逢时订锲之。吾友太巨源推枕渍毫，而详序之也。乃参藩叔也，既以精著记而死于书。太仆侄也，更以迕权见逐而于愤，是吕氏一门得所死二，犹之孟氏一门得死三也。余则昔自围城幸脱一死，辄以我一用其二，则季可勤撰，赵岐孙奭祀允其班，若巨源烈宜有乡先生可祭之社在。

崇祯戊辰春日

赐进士及第光禄大夫左柱国少师兼太子太师吏部尚书中极殿大学士知制诰两朝实录总裁经筵日讲官施凤来撰

《三迁志》序·1722 年

读书至《孟子》"道性善"，"言必称尧舜"，又曰"尧舜之道，孝弟而已矣"。未尝不恍然而知大圣大贤之道，原不过循其性于秉彝之良，而全其量于伦常之大。是故自尧舜禹汤文武周公孔子以至孟子，历圣相传，初未有舍庸行之常而克臻夫圣域。然说者以为大圣大贤固天所生，以立人道之极而传不绝之绪于无穷，故能生知安行，无待于勉强而后成功也。然则孟子三迁之教又何说？然不知即此可以知圣贤矣。战国时，唐虞三代之风渺乎远矣，周公孔子之道迂不讲矣，杨墨黄老之说盈天下矣，无父无君之行等禽兽矣，仪秦髡衍之徒、游谈舌辩之士又纷然杂出矣。而孟子生于其时，独能闲先圣之道，辟邪距淫，崇王黜霸，砥柱中流，回狂澜于既倒，何殊江汉秋阳？当时列国之君亦知其心知其贤，惜不能大用。于是环辕息陬，而日与其徒讲习讨论。七篇之中惟性善仁义之旨为独详，所以维人心道心于杪忽几希之微而欲垂之万世法也。向非宣献三迁之教，虽为天所生以传道之人，纵有出类拔萃之资，而混然中处于邪说横行之天下，欲不为所惑，岂不甚难哉？孔子曰："我非生而知之者，好古敏以求之者也。"虽生而知者，犹不废学，而况次焉者乎？是知孟子之所以成大儒者，厥惟三迁之教始。至今读其书，无不爱之敬之。考其事，无不仰之慕之。我圣祖仁皇帝侧席求贤，崇儒重道，发帑金以新庙貌，挥宸翰而制碑文，而且阴爵锡田更隆前代。自宋迄今，千百年来未有若斯之盛也。斐一介庸愚，谬莅兹土，窃幸获拜宫墙，登其堂，肃如也；瞻其像，穆如也；晋接其贤裔，蔼如秩如也。览俎豆之森列，礼器之辉煌，俨如亲沐先型而低回不忍去。歙欤休哉！何其盛也。卯夏大旱之后，甘雨盈郊，从容退食，适翰博孟公以《三迁志》问序于余，簿书俗吏，鄙陋无文，虽极意扬芳摛藻，而究无加美于万一。况先贤出处之迹，前人述之已备，而敢妄赘一词哉！因思子思子作《中庸》而述夫子之言武王周公，其达孝矣乎。夫孝者善继人之志，善述人之事者也。故推原孟子所以得传尧舜禹汤文武周公孔子之道者，良以人性之本善而能率三迁之教以优入于圣域，兹博翰公修志之本意，岂非继志述事之大不易，可见家学之渊源而孝思之不匮也哉！

时康熙六十一年（1722年）正月

敕授文林郎知邹县事加三级三韩于斐顿首拜撰

原纂《三迁志》序·1835年

我孟氏志乘，肇自前明嘉靖。时沂州道佥事苍溪史公始创志稿，锡名《三迁》。洎万历时，邹令胡公偕邑人潘氏周氏纂修，更名《孟志》。天启时，先博士赠太仆公与水部正郎冠洋吕公重辑，复名《三迁志》。我孟氏乘在前明已经三易稿矣。不称《孟志》而必称《三迁》者，亦由孔氏称《阙里》，颜氏称《陋巷》云耳。且叙述祖德，推原祖德所由揆之，《鲁颂·閟宫》首称姜嫄，于义亦无不合焉。逮我朝康熙壬寅岁，先博士懋东公偕族中耆宿及古滕王君、古卞仲君取旧志参校而增纂之，藏踪塾舍，世守勿失，迄今百余年矣。当乾隆丙子壬午，两次圣驾过邹，躬诣亚圣庙，拈香行一归三叩礼。我高宗纯皇帝崇儒重道，旷古未有，允宜恭纪，以光志乘。我孟氏适丁家难垂二十年，主鬯乏人，事迹故多失载。至于文人游士题咏日夥，修筑迭兴，助义尤多，亦恐放遗。即吾族众散处郊邑，闻达者不少。其畸人异行，幽人苦节，此百年间就湮者，知复何限？均曩侍先博士照亭府君，有纂修族谱之役，谱既竣，即欲从事于志乘。而先博士赍志以终。呜呼，均其何敢稍弛也！爰诹日开馆，自供编摩，不累族支，独力捐修。顾学植荒落，恐有弗胜。幸赖良友时共参订。凡釐讹辨误，阙疑举要，鱼台马孝廉之力为多。蒐讨故事，摭拾散遗，以及校雠涂乙，则吾族绅耆偕书院诸生与有劳焉。凡七阅月而书成。均兢兢义不免舛漏是惧，复何敢赘一词乎！是先博士生平未酬之志而今得一酬焉，良足增慨，亦差可告慰也。仅沐手自列于简端。

道光乙未年孟秋七十代孙孟广均谨序。

《重纂三迁志》序·1879 年

孟子当战国时，异说蠭起。乃独著书，论道德以仁义为本，述尧舜禹汤文武周公孔子之意而作七篇。遭秦灭学，诸经或亡或微，而《孟子》以儒书独存。在汉文帝时尝立博士，其后罢不复置。至唐而昌黎韩子出，作《原道》以明圣贤之绪。其言曰："孔子传至孟子，孟子死，不得其传焉。"又曰"欲求观圣人执刀者必自孟子始"。至其推尊孟子以为功不在禹下，鸣呼！知言哉！后皮氏日休虽请以孟子为学科，讫唐之世议终不行。宋兴，而真宗复起，始诏孙奭等校刊《孟子》。由是学者宗之，其后遂升为经。及程朱诸儒出而表章愈力，孟子之道日益尊。科举之制亦自此兴矣。元明以来，其书遂大显。而利禄之途一开，大义攸存，学者竟莫窥其本原。鸣呼，由周季至今二千余岁，王者代兴名世间，生得闻之统者几人？降及末流，邪说滋盛，巧利相竞，诈伪相害，有甚于杨墨，而举世曾莫之能禁。功利之习中于人心，不有贤圣，孰能起而正之？我国家昌明仁义，学校之设遍天下，士非六经孔孟之书习习。邹为孟子故里，春秋秩祀，载在典礼。乾隆时圣驾亲临致祭，尊崇之隆，旷古罕觏。惜当时纪载无征，不能自成一书，以光盛典。道光末，故承袭博士孟广钧实始有重纂《三迁志》之议。草创甫就，旋遭寇乱，稿藏其家。先是陈画卿观察锦以大府檄修孟庙，获读博士志稿，以体例仍袭旧志，考证间存疑文，尚非定本。因就原书发凡起例，重加删定，并属葆田以校订之役。葆田乃搜辑旧闻，修严体例，各述编纂之指于卷末以发明之。书成，辄叙其大略如此。

光绪五年冬十月荣城孙葆田谨序。

《重纂三迁志》，原纂孟广钧　道光乙未（1835 年）

重纂孟昭铨　光绪十三年（1887 年）1989 年入孔子文化大全系列，山东友谊书社版

《重纂三迁志》序

累代尊儒重道之典，莫隆于孔孟。粤稽往籍《阙里志》文献，考诸书

纪载独详，而孟氏志乘惟吕元善孟衍泰前后所著《三迁志》十二卷。四库犹仅列存目，意盖少之。巡抚是邦之明年，陈画卿观察出其重纂《三迁志》一编见示，始知孟氏当宋景泰间膺家难失其谱牒，后人追叙前征求之残编断碣，辄不免傅会穿凿之文。国朝康熙壬寅以来，文物典章失于编纂，赖有孟雨山翰博创修于前，又得陈观察孙比部重纂于后，上下相距四十年间共成一书。遍质通人，博咨通雅，藏以待梓，于今又十年矣。夫纪载之书不难于务博，而难于质疑；不难于多文，而难于纪实。是志辞尚体要义取谨严，志世系生卒则阙文以示慎，志年表事实则参众说而宗经。而诸儒传授之渊源，历代表章之盛典以次备登，具有依据。并从祀位次间亦多所考，正以有待来兹。要皆本经义，尊国闻，阙疑考信，有合于古史，裁之正规。而卓然其可存，因急付剞劂以终厥事，俾孟氏世守之而垂诸无穷。至若亚圣功德之隆，道统之正，遗泽之长，则固宜昭如日月，无待一词之赞焉。是为序。

光绪十三年岁在丁亥十月抚东使者钱塘张曜

《重纂三迁志》序·1887年

《三迁志》明吕元善所修，史鹗、胡继先旧本也。为卷凡五，为目凡二十有一。

国朝四库全书提要，谓其纪载颇详，而体例标目俱未能雅训，仅列存目。嗣是孟裔增修，无虑数四，终不出其范围。今之梓行于世者，盖康熙壬寅博士孟衍泰与王特选仲蕴锦重修十二卷。体例标目犹吕志也。更百有余年而有贤裔广钧重纂《三迁志》之举。甫属草稿，就正时贤，删订不遑。旋经寇乱，稿藏其家，子孙世守之。同治壬申癸酉间，锦奉檄承修孔孟庙林，屡过曲邹两邑主今博士昭铨家，语及庙志，因出其先人手订一编，求为校正。受而读之，卷帙已广于前，体目仍沿其旧。凡康熙以来增修祀典及巡辂所经恩荣盛遇无不备登，并蒐辑遗文务详且尽。经日照许印林、会稽宗涤楼两先生驳正数十百事，尚未更定，不啻若留以有待者。锦窃不自量，冀得一博雅有史识之士，相与定其去留，衷于一是，当不难与前哲抗衡。自东省肃清军务，大府方亟于治河，未及增修志乘。又八年己卯，抚使黄陂周公学使大兴钮公孳孳求治，修明文教，百废具兴。锦因得乘间以校刊是志为请，并引荣城孙比部葆田为同志，而举柯孝廉劭忞、彭茂才克端共襄厥事。竭经年力，合旧志源纂条梳而缕栉之，编录数过。明年夏，得定本为十卷。先世袭，次年表，次事实，次经义，次佚文，次祀典，次从祀贤儒，次艺文，列正祀者凡八。冠御制圣像诸图于卷首，而以杂志终之。标目不繁，已足尽旧志之所有。世系则阙其世谱之可疑，年表则略其生卒之失考，示慎也。经义则以原诸儒之授述，祀典则以详历代之表章，纪实也。既乃考正从祀诸贤坐次而别增附祀复祀拟祀六人，以遵朝章而补缺典。其义则后语备述矣。自是以次类志艺文者，九要皆因旧志而损益之。若原志后贤、闻达、列女、遗徽宜入孟氏家乘而无关庙志者，悉汰焉。凡此皆重纂所考定，虽未尝驳斥前文而序次类目，固已自成一书。务求本经术通史裁尊国闻，还古制。凡涉疑文臆说，概不滥登，庶几折衷简当，有合于史家之正规，而藉以告无愧于前贤。又越八年，钱塘张公巡抚是邦，始出是编付省垣书局锓行于世，并仍原纂之旧曰《重纂三迁志》，以别于吕志云。

光绪十三年岁次丁亥三月山阴陈锦谨序。

第五节　论

《与孟（简）尚书书》

唐·韩愈

愈白：行官自南回，过吉州，得吾兄二十四日手书数番，忻怅兼至，未审入秋来眠食何似，伏惟万福！

来示云：有人传愈近少信奉释氏，此传之者妄也。潮州时，有一老僧号大颠，颇聪明，识道理，远地无可与语者，故自山召至州郭，留十数日。实能外形骸，以理自胜，不为事物侵乱。与之语，虽不尽解，要自胸中无滞碍，以为难得，因与来往。及祭神至海上，遂造其庐。及来袁州，留衣服为别。乃人之情，非崇信其法，求福田利益也。孔子云："某之祷久矣。"凡君子行己立身，自有法度，圣贤事业，具在方策，可效可师。仰不愧天，俯不愧人，内不愧心，积善积恶，殃庆自各以其类至。何有去圣人之道，舍先王之法，而从夷狄之教，以求福利也？《诗》不云乎"恺悌君子，求福不回"。《传》又曰："不为威惕，不为利疚。"假如释氏能与人为祸祟，非守道君子之所惧也，况万万无此理。且彼佛者果何人哉？其行事类君子耶？小人耶？若君子也，必不妄加祸于守道之人；如小人也，其身已死，其鬼不灵。天地神祇，昭布森列，非可诬也，又肯令其鬼行胸臆作威福于其间哉？进退无所据，而信奉之，亦且惑矣。

且愈不助释氏而排之者，其亦有说。孟子云："今天下不之杨则之墨，杨墨交乱，而圣贤之道不明，则三纲沦而九法斁，礼乐崩而夷狄横，几何其不为禽兽也！"故曰："能言距杨墨者，皆圣人之徒也。"扬子云云："古者杨墨塞路，孟子辞而辟之，廓如也。"夫杨墨行，正道废，且将数百年，以至于秦，卒灭先王之法，烧除其经，坑杀学士，天下遂大乱。及秦灭，汉兴且百年，尚未知修明先王之道；其后始除挟书之律，稍求亡书，招学士，经虽少得，尚皆残缺，十亡二三。故学士多老死，新者不见全经，不能尽知先王之事，各以所见为守，分离乖隔，不合不公，二帝三王群圣人之道，于是大坏。后之学者，无所寻逐，以至于今泯泯也，其祸出于杨墨肆行而莫之禁故也。孟子虽贤圣，不得位，空言无施，虽切何补？然赖其言，而今学者尚知宗孔氏，崇仁义，贵王贱霸而已。其大经大法，皆亡灭而不救，坏烂而不收，所谓存十一于千百，安在其能廓如也？然向无孟氏，则皆服左衽而言侏离矣。故愈尝推尊孟氏，以为功不在禹下者，为此也。

汉氏以来，群儒区区修补，百孔千疮，随乱随失，其危如一发引千钧，绵绵延延，浸以微灭。于是时也，而倡释老于其间，鼓天下之众而从之。呜呼，其亦不仁甚矣！释老之害过于杨墨，韩愈之贤不及孟子，孟子不能救之于未亡之前，而韩愈乃欲全之于已坏之后。呜呼！其亦不量其力，且见其身之危，莫之救以死也。虽然，使其道由愈而粗传，虽灭死万万无恨！天地鬼神，临之在上，质之在旁，又安得因一摧折，自毁其道，以从于邪也！

籍、湜辈虽屡指教，不知果能不叛去否？辱吾兄眷厚而不获承命，惟增惭惧，死罪死罪！愈再拜。①

---

① 《东雅堂昌黎集註》卷十八，电子版文渊阁四库全书。

《原道》

唐·韩愈

博爱之谓仁，行而宜之之谓义，由是而之焉之谓道，足乎己而无待于外之谓德。仁与义为定名，道与德为虚位。故道有君子小人，而德有凶有吉。老子之小仁义，非毁之也，其见者小也。坐井而观天，曰天小者，非天小也。彼以煦煦为仁，孑孑为义，其小之也则宜。其所谓道，道其所道，非吾所谓道也。其所谓德，德其所德，非吾所谓德也。凡吾所谓道德云者，合仁与义言之也，天下之公言也。老子之所谓道德云者，去仁与义言之也，一人之私言也。

周道衰，孔子没，火于秦，黄老于汉，佛于晋、魏、梁、隋之间。其言道德仁义者，不入于杨，则归于墨；不入于老，则归于佛。入于彼，必出于此。入者主之，出者奴之；入者附之，出者污之。噫！后之人其欲闻仁义道德之说，孰从而听之？老者曰："孔子，吾师之弟子也。"佛者曰："孔子，吾师之弟子也。"为孔子者，习闻其说，乐其诞而自小也，亦曰"吾师亦尝师之"云尔。不惟举之于其口，而又笔之于其书。噫！后之人虽欲闻仁义道德之说，其孰从而求之？

甚矣，人之好怪也，不求其端，不讯其末，惟怪之欲闻。古之为民者四，今之为民者六。古之教者处其一，今之教者处其三。农之家一，而食粟之家六。工之家一，而用器之家六。贾之家一，而资焉之家六。奈之何民不穷且盗也？

古之时，人之害多矣。有圣人者立，然后教之以相生相养之道。为之君，为之师。驱其虫蛇禽兽，而处之中土。寒然后为之衣，饥然后为之食。木处而颠，土处而病也，然后为之宫室。为之工以赡其器用，为之贾以通其有无，为之医药以济其夭死，为之葬埋祭祀以长其恩爱，为之礼以次其先后，为之乐以宣其湮郁，为之政以率其怠倦，为之刑以锄其强梗。相欺也，为之符、玺、斗斛、权衡以信之。相夺也，为之城郭甲兵以守之。害至而为之备，患生而为之防。今其言曰："圣人不死，大盗不止。剖斗折衡，而民不争。"呜呼！其亦不思而已矣。如古之无圣人，人之类灭久矣。何也？无羽毛鳞介以居寒热也，无爪牙以争食也。

是故君者，出令者也；臣者，行君之令而致之民者也；民者，出粟米麻丝，作器皿，通货财，以事其上者也。君不出令，则失其所以为君；臣不行君之令而致之民，则失其所以为臣；民不出粟米麻丝，作器皿，通货财，以事其上，则诛。今其法曰，必弃而君臣，去而父子，禁而相生相养之道，以求其所谓清净寂灭者。呜呼！其亦幸而出于三代之后，不见黜于禹、汤、文、武、周公、孔子也。其亦不幸而不出于三代之前，不见正于禹、汤、文、武、周公、孔子也。

帝之与王，其号虽殊，其所以为圣一也。夏葛而冬裘，渴饮而饥食，其事虽殊，其所以为智一也。今其言曰："曷不为太古之无事？"是亦责冬之裘者曰："曷不为葛之之易也？"责饥之食者曰："曷不为饮之之易也？"传曰："古之欲明明德于天下者，先治其国；欲治其国者，先齐其家；欲齐其家者，先修其身；欲修其身者，先正其心；欲正其心者，先诚其意。"然则古之所谓正心而诚意者，将以有为也。今也欲治其心而外天下国家，灭其天常，子焉而不父其父，臣焉而不君其君，民焉而不事其事。孔子之作《春秋》也，诸侯用夷礼则夷之，进于中国则中国之。经曰："夷狄之有君，不如诸夏之亡。"《诗》曰："戎狄是膺，荆舒是惩。"今也举夷狄之法，而加之先王之教之上，几何其不胥而为夷也？

夫所谓先王之教者，何也？博爱之谓仁，行而宜之之谓义，由是而之焉之谓道，足乎己无待于外之谓德。其文：《诗》《书》《易》《春秋》；其法：礼、乐、刑、政；其民：士、农、工、贾；其位：君臣、父子、师友、宾主、昆弟、夫妇；其服：麻、丝；其居：宫、室；其食：粟米、果蔬、鱼肉。其为道易明，而其为教易行也。是故以之为己，则顺而祥；以之为人，则爱而公；以之为心，则和而平；以之为天下国家，无所处而不当。是故生则得其情，死则尽其常。效焉而天神假，庙焉而人鬼飨。曰："斯道也，何道也？"曰："斯吾所谓道也，非向所谓老与佛之道也。尧以是传之舜，舜以是传之禹，禹以是传之汤，汤以是传之文、武、周公，文、武、周公传之孔子，孔子传之孟轲，轲之死，不得其传焉。荀与扬也，择焉而不精，语焉而不详。由周公而上，上而为君，故其事行。由周公而下，下而为臣，故其说长。然则如之何而可也？曰：不塞不流，不止不行。人其人，火其书，庐其居。明先王之道以道之，鳏寡孤独废疾者有养也。其亦庶乎其可也！"①

《文中子碑》（节选）

唐·皮日休

天不能言，阴隲乎民，民不可纵，是生圣人。圣人之道，德于命符，是为尧、舜。性与命乖，是为孔、颜。噫！仲尼之化，不及于一国，而被于天下，不治于一时，而需于万世。非删《诗》《书》，定《礼》《乐》，赞《周易》，修《春秋》者乎？故孟子叠踵孔圣，而赞其道，尤乎千世，而可继孟氏者，复何人哉？②

《答臧丙第一书》（节选）

宋·柳开

厥后寖微，杨墨乱，圣人之道复坠矣。天之至仁也，婉而必顺，不可再生，其人若先师夫子耳。使后人知其德有尊卑，道有次序。故孟轲氏出而佐之，辞而辟之，圣人之道复存焉。孟轲氏之书，吾子又常寻而观之耳。孟轲氏没，圣人之道火于秦。③

《与张秀才二》（节选）

宋·欧阳修

修顿首白秀才足下。前日去后，复取前所觑古今杂文十数篇，反复读之，若《大节赋》《乐古》《太古曲》等篇，言尤高而志极大。寻足下之意，岂非闵世病俗，究古明道，欲援今以复之古，而翦剥齐整凡今之纷淆驳冗者欤？然后益知足下之好学，甚有志者也。然而述三皇太古之道，舍近取远，务高言而鲜事实，此少过也。

君子之于学也，务为道，为道必求知古，知古明道，而后履之以身，施之于事，而又见于文章而发之，以信后世。其道，周公、孔子、孟轲之徒常履而行者是也；其文章，则六经所载至今而取信者是也。其道易知而可

---

① 《东雅堂昌黎集註》卷十一，电子版文渊阁四库全书。

② 皮日休：《文薮》卷四，电子版文渊阁四库全书。

③ 柳开：《河东集》卷六，电子版文渊阁四库全书。

法，其言易明而可行。及诞者言之，乃以混蒙虚无为道，洪荒广略为古，其道难法，其言难行。孔子之言道曰："道不远人。"言中庸者，曰"率性之谓道"，又曰"可离非道也"。《春秋》之为书也，以成、隐让而不正之，传者曰《春秋》信道不信邪。"谓隐未能蹈道。齐侯迁卫，书"城楚丘"，与其仁不与其专封，传者曰"仁不胜道"。凡此所谓道者，乃圣人之道也，此履之于身、施之于事而可得者也，岂如诞者之言者邪！尧、禹之《书》皆曰"若稽古"。传说曰"事不师古"，"匪说攸闻"。仲尼曰"吾好古，敏以求之者"。凡此所谓古者，其事乃君臣、上下、礼乐、刑法之事，又岂如诞者之言者邪！此君子之所学也。

夫所谓舍近而取远云者，孔子昔生周之世，去尧、舜远，孰与今去尧、舜远也？孔子删《书》，断自《尧典》，而弗道其前，其所谓学，则曰"祖述尧舜"。如孔子之圣且勤，而弗道其前者，岂不能邪？盖以其渐远而难彰，不可以信后世也。今生于孔子之绝后，而反欲求尧、舜之已前，世所谓务高言而鲜事实者也。唐、虞之道为百王首，仲尼之叹曰"荡荡乎"！谓高深闳大而不可名也。及夫二《典》，述之炳然，使后世尊崇仰望不可及。其严若天，然则《书》之言岂不高邪？然其事不过于亲九族，平百姓，忧水患，问臣下谁可任，以女妻舜，及祀山川，见诸侯，齐律度，谨权衡，使臣下诛放四罪而已。孔子之后，惟孟轲最知道，然其言不过于教人树桑麻，畜鸡豚，以谓养生送死为王道之本。夫二《典》之文，岂不为文？孟轲之言道，岂不为道？而其事乃世人之甚易知而近者，盖切于事实而已。①

《孟子》

宋·李如篪

孔子之后可以传道者，莫如孟子。孔子尝曰："吾未见刚者。"或对曰："申枨子。"曰："枨也欲，焉得刚。且如子路之行，行可谓刚强：不忮不求，可谓无欲，然亦尚有未到处。"夫子以此未许。只刚之一字，所占地位甚广，孔子所以叹当时之未见也。孟子深明厥旨，于是有浩然之气之说，以为至大至刚，直养而无害，塞乎天地之间，是因夫子未见刚者之言而发明之也。孔

---

① 陈亮编：《欧阳文粹》卷七，电子版文渊阁四库全书。

子之系《易》有曰："一阴一阳之谓道，继之者善也，成之者性也。"孟子深明厥旨，于是有性善之说。推原人心，其恻隐者为仁之端，羞恶者为义之端，辞让者为礼之端，是非者为智之端。以为天然固有之善，人生而具者，是因夫子继之者善成之者性而发明之也。其它言行，与孔子契合者甚多。故曰："可以传夫子之道者，莫如孟子也"。[1]

《孟子论》

宋·苏轼

　　昔者仲尼自卫反鲁，网罗三代之旧闻，盖《经礼》三百，《曲礼》三千，终年不能究其说。夫子谓子贡曰："赐，尔以吾为多学而识之者欤？非也，予一以贯之。"天下苦其难而莫之能用也，不知夫子之有以贯之也。是故尧舜禹汤文武周公之法度，礼乐刑政与当世之贤人君子，百氏之书，百工之技艺，九州岛之内，四海之外，九夷八蛮之事，荒忽诞谩而不可考者，杂然皆列乎胸中，而有卓然不可乱者，此固有以一之也。是以博学而不乱，深思而不惑，非天下之至精，其孰能与于此！盖尝求之于六经，至于《诗》与《春秋》之际，而后知圣人之道，始终本末各有条理。夫王化之本，始于天下之易行。天下固知有父子也，父子不相贼而足以为孝矣。天下固知有兄弟也，兄弟不相夺而足以为悌矣。孝悌足而王道备。此固非有深远而难见、勤苦而难行者也。故《诗》之为教也，使人歌舞佚乐无所不至，要在于不失正焉而已矣。虽然，圣人固有所甚畏也，一失容者，礼之所由废也；一失言者，义之所由亡也。君臣之相攘，上下之相残，天下大乱未尝不始于此道。是故《春秋》力争于毫厘之间，而深明乎疑似之际，截然其有所必不可为也。不观于《诗》，无以见王道之易；不观于《春秋》，无以知王政之难。自孔子没，诸子各以所闻著书，而皆不得其源流，故其言无有统要。若孟子可谓深于《诗》而长于《春秋》者矣，其道始于至粗而极于至精，充乎天地，放乎四海而毫厘有所必计，至宽而不可犯，至密而可乐者，此其中必有所守，而后世或未之见也。且孟子尝有言矣，人能充其无欲害人之心，而仁不可胜用也。人能充其无欲为穿窬之心，而义不可胜用也。士未可以言而言，是以言

---

[1]　李如篪：《东园丛说》卷中，电子版文渊阁四库全书。

铦之也。可以言而不言，是以不言铦之也，是皆穿窬之类也。唯其不三字一作，不可察为穿窬也，而义至于不可胜用。唯其未可以言而言可以言而不言也，而其罪遂至于穿窬。故曰其道始于至粗而极于至精，充乎天地，放乎四海而毫厘有所必计。呜呼！此其所以为孟子欤？后之观孟子者，无观之他亦观诸此而已矣。①

《上枢密韩太尉书》（节选）

宋·苏辙

太尉执事：辙生好为文，思之至深，以为文者，气之所形，然文不可以学而能，气可以养而致。孟子曰："我善养吾浩然之气。"今观其文章，宽厚宏博，充乎天地之间，称其气之小大。太史公行天下，周览四海名山大川，与燕、赵间豪俊交游，故其文疏荡，颇有奇气。此二子者，岂尝执笔学为如此之文哉？其气充乎其中而溢乎其貌，动乎其言而见乎其文，而不自知也。②

《浩气传》

宋·秦观

气之为物，至矣。其在阳也，成象而为天；其在阴也，成形而为地。阳渗于上，则日月星辰之光悖。阴渗于下，则草木山川之精变。气也者，天之所以旋，地之所以运也，况于人乎！夫气之主在志，志之主在心，心者神之合也，志者精之合也，气者魄之合也。神亏则精不复，精弊则魄不宁。君子虑必以养志，弱志以养气，故能外探事物之奥，内安性命之精，浩然无际，与道自会，岂特通体乎？天地同精乎，阴阳而已哉。呜呼！气之为物，亦者已至矣。此公孙丑所以问之悉而孟子所以告之详也。凡进以礼，退以义，动而智，静而仁，皆性也。穷通之有数，兴废而不常者，皆命也。君子审去就之分，循得丧之理，以尽其性，则宠辱于已，犹蚊虻之一过。死生于己，犹夜旦之一易。皆命之偶然者也，乌足概其心哉！故曰："夫子加齐之卿相，

---

① 《东坡全集》卷四十三，电子版文渊阁四库全书。

② 苏辙：《栾城集》卷二十二，电子版文渊阁四库全书。

得行道焉，虽繇此霸王不异矣，如此则动心否乎？"对曰："否。我四十不动心。"传曰："色盛者骄，力盛者奋，未可以语道也。"二十曰弱，弱则未足以穷理。三十曰壮，壮则未足以尽性。所以穷理尽性，四十其时也。四十而不能，斯亦不足畏也已。故于四十曰不动心。孟子所谓"不动心"，孔子所谓"不惑"者也。不以内蔽外，故曰"不惑"；不以物役已，故曰"不动心"。不惑者，未必知命也。故孔子五十而后知命。不动心，未必知义也，故告子犹以义为外焉。然则孟子遂无喜怒哀乐之情乎？曰："非也，吾之所谓不动心者，即有而无，即实而虚。其于外也，应而不迁；其于中也，受而无止。虽终日言犹不言，终日为犹不为也。安可以喜怒之形、哀乐之发而累于所谓不动者耶？君子固有以与人同，亦有以与人异。所同者外，所异者内也。自其同者视之，则孟子之勇有似于孟贲，不动心有似于告子。故曰若是则夫子过孟贲远矣。"对曰："是不难，告子先我不动心。夫矢石相攻，锋刃相抟，壮士遇之，雄入而不顾。彼得全于犹若是，况得全于道者乎？故刺其肤而不挠，注于目而不逃。其思已也，一毫之挫，若市朝之挞。其视人也，万乘之尊，若褐夫之贱无严。诸侯恶声至必反之，此北宫黝之养勇也。视强如弱，进不量力之大小，会不虑胜之中否，曰舍，岂能为必胜哉？能无惧而已矣。此孟施舍之养勇也。昔曾子事亲，主于养志。子夏之门人，先于洒扫应对而已。舍之，所养者本也，故似曾子之约，黝之所养者末也，故似子夏之详。繇二子观之，则本固宜可以胜，末约固宜可以胜详。繇君子观之，则二子之养皆气而已，未足以知义也。故曰，夫二子之养勇，未知其孰贤。然而，孟施舍守约也，夫知勇而已者，有时而穷。知勇知怯者，无时而屈。自反而不缩，虽褐宽博吾不惴焉，所谓知怯者也。自反而缩，虽千万人，吾往矣，所谓知勇者也。夫曾子之守约，所以异于孟施舍之守气者，岂有他哉。勇而能怯，与义偕行而已矣。故曰孟施舍之守气，又不如曾子之守约也。然则不言子夏何也？曰黝养勇之详，固不若舍所养之约。舍似曾子而不及，则黝之不若子夏，从可知矣。该黝之与舍，可谓不动心，而与夫告子之养者同矣。曾子子夏可谓知义，而与夫孟子之所养者，亦有以同之也。故夫丑问不动心之道而告以四子之养勇，则孟子所以异于告子者，固已存乎其间矣。言，心之声也；心，气之主也。不得其本，固可以勿求诸末。不得于文，则不可以勿求诸实。故曰不得于心勿求于气可，不得于言勿求于心不可。而有以知告子所求者外也。人以心为君，以志为帅，以气为师，以体为国。君欲虚而静，帅欲知而专，师欲和而勇，国欲实而强，四者自正，治之美也。四者失道，而乱莫大焉。故曰志，气之帅也，气体之充也。以言志，立于心而足以帅气，气役于志而足以实体。志有强有弱，故以帅言之。气一满一虚，故以充言之。夫帅之所适，师之所从也，志之所之，气之所止也。故曰志至焉，气次焉。帅不专则锐师不能以取胜，师不和则良帅不能以有功。志之与气亦犹是也。故曰持其志无暴其气。夫有尤物足以移人，一物之玩且或丧志，况情伪之感、利害之攻乎？"孟子曰"此天之所以与我者，先立乎其大者，则其小者不能夺也"，持其志之谓也。朝气锐，昼气堕，暮气归，朝暮之变且或动其气，况自少而壮自壮而老乎！孔子曰"君子有三戒"，无暴其气之谓也。虽然，此犹有待。若夫纵心而动，顺性而游，处众枉不失其直，与天下并流而不流其域，若然者，无持志之念有持志之功，有暴气之迹无暴气之患，彼且乌乎持哉？既曰志至焉，气次焉，又曰持其志无暴其气，何也？盖可以善恶邪正久而迁者，志也，而亦足以害气。可以喜怒哀乐骤而干者，气也，而亦足以害志。故曰气壹则动志，志壹则动气。凡物壅之则壹，而相与郁散之则流，而相与通蹶者，动之逆也。趋者，动之顺也。逆顺不同，皆非志使之然也，气而已矣。故曰今夫蹶者趋者，是气也。而反动其心，气以心为本，反者所以复本。夫知言然后可以不惑，养气然后可以不动心，诐淫邪遁之辞，莫不毕见，所谓知言也。至大至刚，以直养而无害，则塞于天地之间，所谓养气也。外不惑于人，内不动于己。虽孟子之长又何以加于此？故曰"敢问夫子，恶乎长"？对曰"我知言，我善养吾浩然之气"。天下之理，固有可以言论者，固有可以意致者。可以言论则言之也易，可以意致则言之也难。故曰"何谓浩然之气"？曰"难言也"。言之虽难犹为可言者尔，彼言之所不逮、意之所不一者，又乌可以言？言耶，大者气之体也，刚者气之用也。气之体不可图，故曰"至大气之用不可屈"，故曰"至刚，夫昼动则气扰，夜息则气安"，此人情之常，愚智之所同也。君子外不劳精于事，内无思虑之患，抵时投隙以自得为功。故虽昼动曾不异于夜息，众人反是，虽一夜之静且或不能息也。矧旦昼之所为此，非天之所与者殊也，不能以直养气使之无害而已矣。夫能以直养气，率理而往，循命而趋，不为贫贱富贵之所移，威武之所屈，则俛仰之近六合之远，固无适而不得矣，岂不全其所谓浩然者耶！老子曰"天地之间，其犹橐钥乎！虚而不屈，动而愈出"。气之养也，亦犹是矣。故曰"以直养而无害，则塞于天地之间"。然则亦有出于天地者乎？曰方其配义，则塞于天地之间而已矣。及其配道，则固有出于天地者也。虚形万物所道，谓之道。因缘无事，天下之理得谓之德。理生昆群，兼爱无私，谓之仁。列蔽度宜谓之义。德非道不神，仁非义不立，自义而入于天，则极于道。自道而出于人，则极于义。气之养也，直而推之，则无不宜，此其所以配义也。扩而充之，则无不在，此其所以配道也。集者，自然而至也。袭者，有因而至也。夫所谓配者，岂固有因而求合于彼乎？直而推之无不宜，扩而充之无不在，则自然与之合矣。故曰配义与道，又曰是集义所生，非义袭而取之也。以其自然，故于集曰生。以其有因，故于袭曰取。心有余曰慊，腹不足曰馁，慊则有裕于中，而馁则有求于外。老子曰"圣人之治，虚其心，实其腹"。盖虚其心者，所以欲其慊；实其腹者，所以恶其馁，故曰无是馁也。又曰"行有不慊于心，则馁矣"。孟子之所以数辟告子，何也？曰：君子恶似而非者，使天下之人善如尧，恶如桀，微君子，其谁不知？天下之所以不知者，疑似之间也。邪与正同门，情与伪同邻，至精莫之能分，是以君子惧焉。彼告子之不动心，诚有似于孟子，然而以生为性，以义为外，使天下相率而从之，则将求性于形而求义于物矣。此其所以辟之也。故曰告子未尝知义，以其外之也，岂惟于告子之若是乎？其所以距杨墨者，亦如此而已矣。夫所谓正心者有，无为而自正者有，有意而正之者，圣人之心如众籁。然冷风则小和，飘风则大和，厉风济则众窍为虚，其应物也如是而已，所谓无为而自正者也。彼众人则不然。有所距、有所受、有所将、有所迎，一事之至，必欲正其心以应之，獉然若操五寸之矩、一尺之规，以求合乎天下之形器者焉。吾见夫心劳于中、智尽于外、而形器之不能合也，此所谓有意而正之者也。故曰"必有事焉而勿正心"。夫知天而不知人者，无以与俗交；知人而不知天者，无以与道游。夫既有意而正其心矣，则于事也，岂免以命废力而以人胜天者乎？故曰'勿忘勿助长'。以命废力是忘之也，以人胜天是助之也。庄子曰"善养生者若牧羊，然视其后者而鞭之"。又曰"为天下者，亦奚以异于牧马者哉"，亦去其害马者而已。然则君子之修身治天下，鞭其后去其害可也，必欲弊精神而求益，劳智虑而速成，则命之分有所不安而害且至矣。故曰以为无益而舍之者，不耘苗者也；助之长者，揠苗者也。非徒无益而又害之。呜呼！人之于性也，岂欲揠而使长哉？亦去其害性而已。不平谓之彼，有过谓之淫，畔于正谓之邪，逃其本谓之遁蔽于一隅者，其言不平，故诐辞知其所蔽陷于一曲者，其言有过，故淫辞知其所陷离道者，其言畔正，故邪辞知其所离术穷者，其言逃本，故遁辞知其所穷，此四者，浅深固殊，然以一邪说之家则足以具之矣。杨墨之类是也。夫为我者智也，兼爱者仁也，虽孟子之道亦未始离乎此，而二氏之所以失者，知其一不知其二，有见于此无见于彼而已矣。若此者谓之蔽，其蔽也，为己者至于不拔一毛，兼爱者至于摩顶放踵往而不知返焉。若此者，谓之陷其甚也，则为杨者反以仁为失己，为墨者仄以智为失物，始于毫末之差，终以千里之谬，亦其理之然也。若此者，谓之离又其甚也。则为己者至于无君，兼爱者至于无父，无父无君是禽兽也。若此者，谓之穷于言也蔽而后淫，淫而后邪，邪而后遁。其于心也，蔽而后淫，淫而后离，离而后穷，亦其序也。以心对政，则心为内，政为外；以政对事，则政为大，事为小。生于内必形于外，故曰"生于其心，害于其政"。发于大必及于小，故曰"发于其政，害于其事"。孔子曰："圣人之作《易》也，将以顺性命之理。"然则君子之所以有言者，岂固拂其所有而强其所无哉？亦述性命之理而已矣。惟如此，是以前乎吾者可以稽之而不悖，后乎吾者可以俟之而不惑。何者？命无异性，性无异理故也。故曰"圣人复起，必从吾言矣"。然则又曰"作于其心，害于其事；作于其事，害于其政，圣人复起，不易吾言矣"，何也？盖前则因知言而发原邪说之所起也，后则以杨墨而言辟邪说之既成也。原邪说之所起者以理言之也，故曰"生曰发而先政后事，辟邪说之既成者"。以事言之也，故曰"作而先事后政，理藏于无形则疑于可违"。故曰"必从事见于有迹，则疑于可变"。故曰"不易其言，虽殊考之各有所当也"。虽然，彼邪说者，其所谓道亦吾之道也，其所谓德亦吾之德也，道德与吾同而所以与吾异者，倚于一偏蔽于一曲，如僚之于丸、秋之于奕，各师其习而不能相通，是以君子疾之焉耳。杨子曰'适尧舜文王者为正道，非尧舜文王者为他道'，正与他虽不同，然而莫非道也。而后世之学者，徒见君子之疾之也，遂以为彼之所谓道德非吾所谓道德者焉，则亦已过矣。然则孟子论不动心之道而止及于知言养气，何也？曰能知言则不惑于外，能养气则不动于内。外不为邪说之所干，内不为妄情之所溺。则吾之心也复何为哉？以此事上，以此临下，退居而闲游，进为而抚世，固无施而不可，此孟子之深意也。盖体合于心，心合于气，气合于无，则介然之有。唯然之音远在八荒之外，近在眉睫之间，来干我者，我必知之，况诐淫邪遁之辞乎！潜行不窒，蹈火不热，行乎万物之上而不栗，是纯气之守也，况卿相之位，霸王之权乎？虽然，是道也，岂非圣人有之，天下莫不有也。是其道与之命，天与之性，昼而动夜而息者，曷尝不与圣人同乎？惟其外不能知言，内不能养气，是以予之则惊，夺之则怨，慴于操舍之际，汩于宠辱利害之交，气与魄俱扰，志与精俱弊，而心与神俱亡。若然者，虽一语默一嚬笑，设之或不当也，况治身以及家治国以及天下乎？呜呼！闻孟子之风，可以兴起矣。①

《孟子断篇》

宋·黄庭坚

繇孔子以来求其是非趋舍，与孔子合者，惟孟子一人。孟子，圣人也。荀卿著书，号为祖述孔氏而诋訾孟子，以为"略法三王而不知其统"。盖荀卿见孟子道性善，言必称尧舜，义不见诸侯，其迹与孔子不合，故云尔。曾不知前圣后圣所谓合若符契者，要于归洁其身者。观之孟子论孔子去鲁，其不知皆以为为肉，其知以为为无礼。乃若孔子，则欲以微罪行此。圣人之忠厚，非孟子不足以知之。学者欲知孟子，率以是观之。其智不足以知孟子，安能知孔子？然则荀卿所谓知孔子者，特未可信。圣人无名，而淳于髡以名实求孟子，固不足以知之。荀卿曾未能远过淳于髡也。扬子云曰："孟子勇于义而果于德，知言之要，知德之奥。非苟知之，亦允蹈之。"言虽不多，以圣人之言行，反复考之，足以发子云之知言。司马迁号称博极群书，至如论伊尹百里奚皆不信。孟子此所以得罪于子云也。繇孔子以来力学者多矣，而才有孟子。繇孟子以来力学者多矣，而才有杨雄。来者岂可不勉！方将讲明养心治性之理，与诸君共学之。惟勉思古人所以任己者。②

---

① 秦观：《淮海集》卷二十四，电子版文渊阁四库全书。
② 黄庭坚：《山谷集》卷二十，电子版文渊阁四库全书。

《读荀孟》

宋·郑獬

孟子之法先王，荀子之法后王，二子未为偏论也。孟子之法先王，必法其是者而去其非是者。荀子之法后王，亦必法其是者而去其非是者。俱法其是，又何先后之异哉？据其时而言，则唐虞商周俱欲其民之仁寿，俱欲其贤不肖之辨，是先王与后王俱可以为法也。唐虞以禅，商周以兵。唐虞建官百，商周数倍之。唐虞以质，商周极其文。礼乐正朔器服名数各不同，是先王后王又未可以为法也。盖孟子见当世之戕贼仁义，谓古之为仁义者，无出于尧舜，故其言必以尧舜为法。荀子犄其论，特为孟子而发也，乃有私意矣。必格以圣人，则无先王无后王，惟择其是者取之云耳。孔子曰："行夏之时，乘商之辂，服周之冕，乐则韶舞。"孔子之于正朔与乐则法先王，于辂冕则法后王，不用虞夏之辂冕，则亦不法先王。不用商周之时正朔与舞，则亦不法后王。又何先后之同乎？予以谓二子，法虽不同，亦必俱法其是者也。因牵就之使合于一，又折之以孔子之言，庸非通乎！①

《孟子上》（此篇论仁之端）

宋·杨万里

仁可得而求乎？曰：可。仁可得而闻乎？曰：不可。仁不可闻则学者乌可求？曰：求以不言，不求以言。盖体仁者心也，而心非仁。喻心者言也，而言非心，言道非心也。而言可以求仁乎哉？言之非心也，以言有所不能言也，非惟彼心之仁不能言于吾也，吾自求之，吾自得之，吾自不能言之矣。人有生而不能饮酒者，问酒之何味？其能饮酒者不过告之以酒之美而已。若酒之所以美者，虽能饮酒者亦不能自言也，非吝于告也。极天下之善言酒者止于此也，就使能言而不止于此，亦不能使不饮者之知味，何则？吾以其言。言酒而彼以其听，听酒而言与听，卒非酒也。韩子曰："博爱之谓仁。"程子曰："非也！仁者觉也。"吾将是韩子，则夫子之言有不然者。颜回问"仁"，子曰"克己复礼为仁"，于博爱何与焉？吾将是程子，则夫子之

---

① 郑獬：《郧溪集》卷十八，电子版文渊阁四库全书。

言有不然者。樊迟问"仁",子曰"爱人",于觉何与焉？仁之不可言也如此。然则仁不可言，二子之论乌乎归？曰：吾将归乎夫子。然则夫子之论是不一也，乌乎而得归于夫子？曰：吾将由孟子以归夫子程子者，得夫子之潜者也。韩子者，得夫子之彰者也。孟子者，得夫子之潜与彰而据其会者也。孟子曰："恻隐之心，仁之端也。"又曰："今人乍见孺子将入于井，皆有怵惕恻隐之心。"嗟乎！孟子之言仁，盖至于此止乎！然则曷谓恻隐？曰：是不可言欤。孟子之言及于恻隐，盖假恻隐以明仁，而恻隐非仁也。今于恻隐之外又求恻隐之说，正使恻隐之说明而仁愈晦矣。虽然，试言之。隐也者，若有所痛也；侧也者，若有所恻也。痛则觉，觉则恻，恻则爱。人之手足痹而木者，则谓之不仁。盖方其痹而木也，搔之而不醒，扶之而不恤，彼其非不爱四体也，无痛痒之可觉也。至于无病之人，误而拔一髪，则百骸为之震，何也？觉其痛也，觉其一发之痛则爱心生，不觉四体之痛则爱心息。孟子曰："不仁者以其所不爱及其所爱。"此不觉于人者也。曰：人病，舍其田而芸人之田，此觉于人而不觉于身者也。曰：指不若人，则知恶之心；不若人，则不知恶，此觉于身而不觉于心者也。以觉吾之痛觉彼之痛，则爱人以觉彼之痛。觉吾之痛，则自爱自觉。而自爱则何理之不悟？觉人而爱人，则何物之不覆？是故不爱始于不恻，不恻始于不觉，不觉始于不痛。古之君子以不如舜为忧，此一痛也。以一夫不被其泽为责，此亦一痛也。故曰：痛则觉，觉则恻，恻则爱。然则克己复礼仁也，爱人仁也，博爱之谓仁，仁也。仁者觉也，仁者何也？均恻隐之心也。故曰：孟子得夫子之潜与彰而据其会者也。虽然，孟子则善言仁矣，何与乎学者之事哉！学者诵孟子之言者也，吾知恻隐之为仁也。市门之侩，终日导千金之贾而鬻于市，归其家无一钱之藏，则外而不内也。孟子之言仁何与乎学者之事哉。孟子曰："苟能充之，足以保四海；苟不充之，不足以事父母。"学者盖亦求其所以充之也哉！①

《孟子中》（此篇论智圣巧力）

宋·杨万里

学不至于圣，则不至于定。孟子曰"天下定于一"。岂惟天下求哉？惟

---

① 杨万里：《十先生奥论註后集》卷十一，电子版文渊阁四库全书。

学亦然。学而不至于定，则难于守而易于夺，得而不能守，守而不能夺，自非圣人谁不肯者，求定者必至于圣而后可也。虽然，至于圣而得其定矣。有以定其圣无以运其圣，则是铸金以为天地之仪，某气之至某地之震无不应者。天地则非不天地也，而不能生万物，则其为天地者特末尔。学至于圣者，天地也。至其圣而不能运其圣者，不能生万物者也。是故运天地者非天地者也，运其圣者非其圣者也。盖天地以气运而圣人以智运。智非仁义礼智之智也，智者神之用也，以其圣运其圣，而后参天地泽万世之功可得而凝矣。神泯则无所运其圣。孟子曰："伯夷圣之清，伊尹圣之任，柳下惠圣之和，孔子圣之时。"孔子之谓集大成。集大成者，金声而玉振之。金声者始条理，玉振之者终条理。始条理者智之事，终条理者圣之事。智譬则巧也，圣譬则力也。学者于此，每难言之。而说者有曰"圣人犹力，贤者犹巧"。有曰"巧或有不能，力无不至"，是不以巧为悦者也。不知夫孟子之意，正以巧为说也。孟子不云乎："犹射于百步之外也，其至尔力也，其中非尔力也。"射者悦于至乎？悦于中乎？射而不悦于中，则天下皆后羿矣。天下不皆后羿，是以中为悦者也。盖有至而不中者矣，未有中而不至者也。是故至者中之所兼也，中者非至之所兼也。故曰其中非尔力也，中非力则至非巧矣。然则力者尚乎？非力者尚乎？圣之尚乎？智犹射之尚乎，巧也。孟子之所谓智，即吾之所谓神，所以运夫圣者也。至于圣而不能运，则三子者是也。圣而运，运而圣，则夫子是也。三子者，惟其圣而未智，是故任者不能清，清者不能和，和者不能清，与任夫子之圣，非能离于清任和也，而能离于清任和也。不离于清任和，夫子之所以圣。离于清任和，夫子之所以智。虽然，以智为加乎圣则曷为？曰始条理，曰始终云者，非序也，用也。荀卿曰："始乎为士，终乎为圣人。"始言户，终言室也，此序也，非用也。孟子曰："始终云者，用也，非序也。"始言施终，言收也。有投乎吾前者，无以施则不集，无以收则不正，谢而不集，释老以之集而不正，申商以之智以施之圣，以收之动，则集，集则正千转万变而不踰乎同条一贯之天理。此夫子之神，而孟子独见之也。壶丘子与列御寇射，壶丘子登高山，履危石，足二分垂在外，而下临百仞之渊，揖列子而进之。列子汗流而不敢进。嗟乎！壶丘子能怖列子尔。使遇孟子，岂不败哉！壶丘子能垂足于危石者二分而已，加乎此者，壶丘子能之乎？孟子则能之者也。夫子之见道者至乎圣极矣，出乎圣之表而进乎智之事者，孟子也。壶丘子而遇孟子，吾恐壶丘子之汗流也。嗟乎！壶丘子之不遇孟子也，庄《应帝王篇》云。①

《孟子下》（此篇论舍生取义之说）

宋·杨万里

君子能轻富贵欤？君子非能轻富贵也，能出乎富贵也。未有以出乎富贵而曰我能轻，富贵将以轻之，适以重之。夫惟出乎富贵者，然后不为富贵之所诱。何则？此固有以破其诱。市井之人，穷日之力，竭智巧以争锥刀之利，人人自以为得也，登山而下视之，此与蚁蚓之争粪壤有以异乎？非彼之暗而吾之明也，彼方居其中而吾则立其表也。然则破富贵之诱者，必立乎富贵之表者也。然则其孰为富贵之表？礼义是也。君子者，登夫礼义之山以下视礼义之市，而明见富贵之粪壤，则天下之富贵有不破者乎！夫既破之则无所用。天下之所为汲汲于富贵者，夫固有以用之。用之故求之，无所用之，则安以求为哉？贵极人爵而富以万钟，反视吾身而无关焉，而有怍焉。无关则何所知？有怍则有所病。得富贵也，未有所加而先以自病，则富贵者真何用哉？孟子曰："生亦我所欲也，义亦我所欲也。二者不可得兼，舍生而取义者也。"此孟子之所以出乎富贵而立其表也。且义之必取，则生犹必舍也，而不能舍富贵也耶？又曰："非独贤者有是心也，人皆有之。贤者能勿丧耳。"一箪食，一豆羹，得之则生，弗得则死，呼尔而与之，行道之人弗受。蹴尔而与之，乞人不屑也。万钟则不辨礼义而受之，万钟于我何加焉？为宫室之美，妻妾之奉，所识穷乏者为之，此之谓失其本心。此孟子破富贵之巨力也欤。盖箪食豆羹之非礼，而乞人辞焉。万钟之非礼义，而士君子受焉。乞人之辞，辞有用者也。士君子之受，受无用者也。何则？箪食豆羹之不受，则乞人者饥而死矣。万钟之不受，士君子之身无乃未至于死耶？身未至于死则曷为受之？曰：为宫室之美也，妻妾之奉也，知识之求也。且夫疏食曲肱，圣人乐之。啜菽饮水，圣人以为孝也。颜路请车，圣人不与也。圣人之自奉与奉亲与交际，夫固不以外为悦也。今也非自奉非奉亲而特为宫室妻妾知识之奉而安于受不义之富贵，此为谁计耶？乞人能

① 杨万里：《十先生奥论註后集》卷十二，电子版文渊阁四库全书。

不暖其身之死以不离于义，士君子不能不受奉人之具以不离于不义，可怪也！平日身无一毫之加而有丘山之损，妻妾知识享万钟之奉而吾身不遉乎万世之诛，岂必明者而后见哉？故孟子曰："乡为身死而不受。"今为妻妾知识而为之，是亦不可以已乎？且乞人之心心也，士君子之心心也，曰士君子之心无乞人之心可乎？有之也而失之也。故曰失其本心。士君子之膏肓，孟子其痛箴之矣。嗟乎！欲天下之不为者，不可使天下之不为也，必穷其为之之由而折之。孟子不使天下之不受不义之富贵而深折其所以有用于富贵者，使天下晓然见其有用之无用也，礼义之未亡，圣学之不绝，谁之力也哉？①

《学者以孔孟为师》

宋·陈渊

昔者孟轲著书七篇，其末章历叙尧舜至于孔子，有见而知之者，有闻而知之者，而其终继之，以去圣人之世若此其未远也，近圣人之居若此其甚也。然而无有乎尔？则亦无有乎尔？其意以谓道之在天下，自古至今无适不然，必有人焉发明而推行之，然后传之万世而无弊。是数圣人者道之，赖以传者也。道固不穷，传亦无尽。由孔子而来，至于轲，犹可以耳目接也。得其传者非轲而谁？故自汉迄唐，知道之士如扬雄、韩愈，莫不推尊孟氏，而世之言道者亦必曰孔孟。孔孟云者，明其无二致也。岂诸子百家之所可拟欤？近者陛下诏天下学者，当以孔孟为师，无所偏执，此诚万世不可易之论也。然孔孟之言载在方册，昭如日星，有目者之所共睹，有心者之所共知其要焉在，岂非所谓大中全正之道乎！大中至正之道，则孔孟之所以为孔孟也。若夫诸子百家之学，或蔽于人而不知天，或蔽于天而不知人，或蔽于为我而不足以及物，或蔽于兼爱而不足以成已，幽明殊归，内外不合。于是诙诡谲怪之论，兴诐邪淫遁之辞胜而大中至正之道始不行矣。今欲学者以孔孟为师，则必使之知大中至正之道。自更科以来，天下学士无所适从，若朝廷尚不免以文章取人，谓宜明诏有司，审所去处，毋溺于诸子百家之说，唯大中至正之道是从，俾尧舜禹汤文武周公之志复行于今。岂唯今日学者之幸，

---

① 　杨万里：《十先生奥论註后集》卷十二，电子版文渊阁四库全书。

将天下后世实幸！①

《读〈孟子荀卿传〉后》

清·方苞

骈衍以下十一人，错出《孟子荀卿传》，若无伦次及，推其意义，然后知其不苟然也。盖战国时，守孔子之道而不志乎利者，孟子一人耳，其次惟荀卿而少驳矣。故首论商鞅、吴起、田忌以及从横之徒，着仁义所由充塞也。自骈衍至骈奭，说犹近正，而著书以干世主，为志则已骛于功利矣。其序荀卿于衍奭诸人后者，非独以时相次也。荀卿之学，虽不能无驳，而著书则非以干世，所以别之于衍奭之伦也。自公孙龙至吁子，则舛杂鄙近，视衍奭而又下矣。至篇之终，忽着墨子之地，与时而不一言其道术。盖世以儒墨并称久矣，其传已见于荀卿所序列而不必更详也。夫自汉及唐，庄列皆列于学官，而孟子犹未兴。以韩子之明，始犹曰"孔墨必相为用"，而较孟子于荀扬之间，子长独以并孔子一篇之中，其文四见。至荀卿受业于孔氏之门人，则弗之着也。老庄申韩衍奭诸人，皆有传而墨子则无之，盖孟子拒而放之之义。然则子长于道岂概乎，未有闻者哉。②

《孟子不动心章》

清·李光地

或问不动心章，曰：是必先知告子之说而后有以得孟氏之意。盖告子之事心也，以为吾儒之事心者外也，或凭依于语言文字而以识见知解为心非心也，或倚附于纲常名义而以气魄精神为心非心也，故其说谓若不得于言则但以言视之可耳，而不可求之于心。盖求之于心，是以言为心也。不得于心，则但于心求之可耳，而不可求之于气。盖求之于气，是以气为心也。其学自有明心之法，而不在于识知见解之间，自有定心之术而不藉于气魄精神之用，最与后世释氏之道相近。故能倡性命之说，与孟子争衡而不动心之效，实坚且速稀稗之熟先于黍稷之秋也。曰：孟子之非之也如何？曰：孟子之意，

---

① 陈渊：《默堂集》卷十四，电子版文渊阁四库全书。
② 方苞：《望溪集》卷二，电子版文渊阁四库全书。

以为气魄精神之用，较之于心容，有本末之可言。至若心以知为体，以思为职，奈何以言之不知者而以为非心乎？且究极言之，志气亦一体而相为本末，非截然二物也。故曰志至气次云者，言志之所至气必至焉，即下志壹动气之说也。蹶趋之所动者气也，而心亦震动惊悸者久之，况夫卒然之临积盛之势，其气之动有万于蹶趋者乎？此则气壹动志之说也。志之当持而气不可暴也，明矣。暴犹害也，害其气者，失养者也。以直养而无害，明不可暴也。譬之树然，志则根也，气则枝也。拨根则伤枝，然披枝则亦败其根也。譬之水然，志则源也，气则澜也，塞源则绝流，然埋流则亦溃其源也。由斯以言，告子以气为非心者，亦岂识心者乎？曰：孟子所以异于告子何也？曰：孟子不以言为非心，故必知言也。不以气为非心，故善养其浩然之气也。至大至刚，以气之本体言也。其所以塞天地者，配道义者为之也，气与道义浑然一物。告子之不知气而外气者，其原生于不知义而外义也。告子视一切之义以为皆安排装缀而有，故视夫人之养其气者，亦以为假区区之义，震厉张皇而生皆非心也，皆非内也，故不足事也。孟子谓我之浩然之气，是集义而自然生者，非借义而可掩取者，盖此借义掩取之人，其行必有不慊于心而气随以馁矣，安能如是其浩然常存者乎？告子乃独不察于此，而以义为外，以气为非心，我故不独曰告子不知气，而曰告子不知义也。是故人之事心也，但当有事于集义，而不可取必于心，又不可忘不可助长，则庶乎其可耳。四者相因，然其病至助长而极。告子之外义也，无事而忘者也。其先我不动心也，取必于心而助之长者也。宋人以有事于芸为无益于苗，故揠之以助长于苗，告子以有事于义为无益于心，故制之以助长于心。孟子之意，若曰苗则稿矣，其先人而长者，是宋人之害其苗也。吾恐心亦稿矣。其先我不动者，岂非告子之害其心哉！盖后代释老之学，弃捐伦理而立定坐忘清净寂灭，而成佛见性其道冥然，正与告氏同归，而背孟子之所大戒也。彼方以为心学大成，而自圣贤观之，其心则已枯稿而不足用矣。曰：袭取亦有正助之病否？曰：固是。但袭取是袭取气其所助在气，告子不求于气而直取必于心之不动，其所助在心，袭取气者较粗。曰：其以持志为言，何也？曰：此因告子不得于心勿求诸气之云而言。告子之不以气为心，故不得于心，则但当强制其心而已，持志者制其心之谓也。夫持志之功，吾儒亦有之。但吾儒所持者义理之志，持之之功贯动静而不偏。告子所持者空虚之志，持之之功偏于静而无用。是则不待究论，夫气而所谓持志者亦已非矣。孟子不之言者，以方较量志气而未暇及至下，所谓无事而忘，正心而助，则正指其持志之误，而不求心之适以害其心也。曰：朱子或问之，云及程子之说，似以持志为敬以直内之事，而集义养气为义以方外，信乎？曰：以字粗观之似矣，细寻文义，则持其志者即不动其心之别名也。然气不在心之外，则养气之功亦不在持志之外也。告子持其志而必外其气者，空虚之心也。孟子持其志而不暴其气者，义理之心也。是告子以置气者求心，而孟子以求心者养气也。以求心者养气而气之成，则为有辅于心，此所以其道一撰，其用同归也。必有事焉，而勿正心勿忘勿助长，持志之事，养气之功，不动心之要也。若曰何者为敬，何者为义，何者为事，于义何者为事？于心则恐，观者割裂穿穴，纷如乱丝，而不可治矣。曰：告子之亦得为持志者，何也？曰：程子固言之矣。释氏敬以直，内则有之义以方，外则无也。夫学岂有义外之敬、敬外之义哉？释氏无义乌有，所谓敬，就其近似而言之耳。故程子又曰："既无义以方外，即直内岂有是处也。"告子持志何以异是。曰：孟子之喻志气交动而有取于蹶趋，何也？曰：凡气之动于外者，两端而已。一则骤感而不能持也，一则方盈而不能止也。如蹶者之倾跌爽容，如趋者之喘息未定，举是类之。天下艰难险阻之乘吾身荡轶驰骛之，余其为蹶也，趋也，至矣。而气有不挠且乱，而心有不惶且惑者乎！曰：诐淫邪遁何谓也？曰：以正路譬之，诐则稍偏侧耳，淫则一出一入于此疆彼界之中也，邪则弃大路而趋小径，遁则陷草莽坠荆棘而无所于归矣，蔽陷离穷，以此意求之，则得之矣。曰：此其为指人言耶？已言也？曰：人言已言，等言也。孟子所谓知者，他人之言也。然而曰"圣人复起，必从吾言"，则自知其言之不易也。告子所不知者，亦他人言之也，而既入于诐淫邪遁而不自知矣。是故其不动心之病，生于外言与气，外言与气之病生于外义，外义之病生于不知义，不知义故不能知言外义，故不能养气，于是而能不动其心者，祇以害其心而害及于政事而已。或曰：告子既无事于心而何诐淫邪遁之有也？曰：夫言与气乌得而无也，释氏自谓芟去语言不立文字矣，而荒唐之说烂漫而无极，自谓不着色相，无所滞碍矣，而空虚灵应奇幻变化之迹，方且以为美谈，此与告子之诐淫邪遁正心助长正相等耳。告子盖亦知言与气之不得而无也，至所欲无者义也，欲无义不得不以言与气为粗而外之，故自论知言养气以下舍，曰告子不知言不知气而曰不知义云。①

《孟子论》

清·魏裔介

吾读孟子之书，而知千圣相传之学至是而有所会萃焉。盖循蜚禅通以前，固不可得而考已。自伏羲以开天之圣，仰观俯察，远取近取，直剖混沌之秘，而性学已露其端矣。然而不言者，《易》所谓默而成之，神而明之，存乎其人也。逮伊耆氏为君，初不知其何所师授，而以"允执厥中"一语传之于舜。舜复以十六字传之于禹，则心之精妙着矣。而性之一字犹未显也。至汤而大阐厥宗，乃明告于天下曰："惟皇降衷下民，厥有恒性。"性之说昭然着矣。然汤文阐之而不足，桀纣乱之而有余。伊尹作《伊训》，箕子衍九畴，吕望奉丹书，周公作《大诰》，诸圣人竭其心思，不惮文辞之纷纷者，无非为此天命秉彝之理也。春秋之时，王迹既湮，道德坏裂，天乃诞生素王为万古照长夜，以《大学》传曾子，孟轲氏独得其传。所传者何？天命之谓性也，不明乎善不诚乎身也。是以一生言性善，言仁义，言人皆可以为尧舜，惓惓行道，无一息不在民生。虽以齐梁庸主，依恋之不忍遽舍，而知言养气发前圣之所未发，割烹自鬻之章，雪古人不白之诬于千载之上。彼杨墨之凶德，告子之执拗，淳于髡公都子万章诸人之反复，诘难历历，辨晰若鸿钟之在悬，大扣之则大应，小扣之则小应。如明镜之在握，媸对之而见媸，妍对之而见妍。初不费思索，不事考证，披却导窾，扼亢捣虚，投之所向，无不如意。自非天理精纯之极，何以有此雄辨快论哉！或问于程子曰："孟子还可谓圣人？"程子曰："未敢便道他是圣人，然学已到至处。"我则曰孟子圣人也。昔人谓孟子若遇庄子，二人辨，未知孰胜。愚谓庄子幸而不遇孟子耳。彼虽剽剥儒墨，汪洋自恣，然以孟子堂堂之阵，正正之旗，固非诡遇之师所能与之角胜也。自孟子之没，知孟子者莫若韩子，谓"求观圣人之道必自孟子始"，又谓"孟子之功不在禹下"，岂不信哉！其自序去圣未远，居圣最近，盖将自负于颜、曾、思见知之列，而以闻而知之，望天下后世之人衍仁义之绪于无穷。而后世之学者犹曰圣人未尝有一法与人，亦无有

---

① 李光地：《榕村集》卷二十四，电子版文渊阁四库全书。

一法受于人，前无辙迹可循，后无典要可据，见无所见，闻无所闻，故曰无有乎尔。举圣贤传心要典入于异教而不自知也，哀哉奈何，不反而求其放心也。①

---

① 魏裔介：《兼济堂文集》卷十四，电子版文渊阁四库全书。

第十八章　碑记选录①

唐　代

韩愈《处州孔子庙碑》

自天子至郡邑守长通得祀而遍天下者，唯社稷与孔子为然。而社祭土，稷祭谷，句龙与弃乃其佐享，非其专主，又其位所不屋而坛；岂如孔子用王者礼，巍然当座，以门人为配，自天子而下，北面跪祭，进退诚敬，礼如亲弟子者！句龙、弃以功，孔子以德，固自有次第哉！自古多有以功德得其位者，不得常祀；句龙、弃、孔子皆不得位，而得常祀。然其祀事皆不如孔子之盛，所谓生人以来，未有如孔子者，其贤过于尧舜远者，此其效欤？

郡邑皆有孔子庙，或不能修事，虽设博士弟子，或役于有司，名存实亡，失其所业。独处州刺史邺侯李繁至官，能以为先。既新作孔子庙，又令工改为颜子至子夏十人像，其余六十二子，及后大儒公羊高、左丘明、孟轲、荀况、伏生、毛公、韩生、董生、高堂生、扬雄、郑玄等数十人，皆图之壁。选博士弟子必皆其人，又为置讲堂，教之行礼，肄习其中。置本钱廪米，令可继处以守。庙成，躬率吏及博士弟子，入学行释菜礼，耆老叹嗟，其子弟皆兴于学。邺侯尚文，其于古记无不贯达，故其为政知所先后，可歌也已。乃作诗曰：

惟此庙学，邺侯所作。厥初庳下，神不以宇。先师所处，亦窘寒暑。乃新斯宫，神降其献。讲读有常，不诫用劝。揭揭元哲，有师之尊。群圣严

---

① 此碑记选录取自刘培桂编著《孟子林庙历代石刻集》，齐鲁书社 2005 年版。

严，大法以存。像图孔肖，咸在斯堂。以瞻以仪，俾不或忘。后之君子，无废成美。琢词碑石，以赞攸始。①

宋　代

孔道辅《重建五贤堂记》

五星所以维天，五岳所以镇地，五贤所以辅圣。万象虽列，非五星之运不能成岁功；众山虽广，非五岳之大不能成厚德；诸子虽博，非五贤之文不能成正道。由是，三才之理具，万物之情得。故圣人与天地并，高卑设位，道在其中矣。所以尊君德、安国纪、治万物、立人极，皆斯道也。然天地有否闭，日月有薄蚀，圣人之道有屯塞。若天地否，则圣人建大中之道，以开泰之。苟圣人之道壅，则五贤迭起而辅导之。先圣生当战伐之世，法令、機祥、巫觋之弊作。杨、墨之迂诞，庄、列之恢诡，穷圣汩常。三邹、孙、田，术胜于时。则我圣人大道，为异端破之，不容于世也。而孟、荀继作，乃述唐虞之业，序仁义道德之源，俾诸子变怪不轨之势息，圣人之教复振，其功甚大矣。后至汉室圮缺，扬子恶诸子以知舛诋訾圣人，独能怀二帝三王之迹以讥时，着书以尊大圣。使古道昭昭不泯者，扬之力也。两汉之后，皇纲驰紊。六代丧乱，文章散靡，妖狂之风，荡然无革。文中子澄其源，肇兴王之运；韩文公治其末，广尊道之旨。致圣教益光显，夷夏归正道。虽诸子诡噪愦惑，欲攘其法、戕其教、榛其途、芜其说，弗可得已。然贤者违世矫俗能去难者，盖寡矣。孟子不免齐梁之困、臧仓之毁；荀子不免齐人之谗、楚国之废；扬不免刘歆之侮、投阁之患；王不免隋氏之抑、群公之沮；韩不免潮阳之窜、皇甫之谮。其间，或讥其作经，或短其修史，彼徒能毁之弗顾、已之弗逮也。达者以爵位为虚器，太过者人犹嫉之，况抱道德、富仁义、立终古之名，宁无恶乎？天地虽否，无伤于体；日月虽蚀，无伤于明；圣贤虽困，无损于道。得其时，则尧、舜、禹、汤之为君，皋、夔、伊、吕之为臣，功济当世也。非其时，则孔圣之无位、五贤之不遇，道

---

① 郭预衡主编：《唐宋八大家散文总集》卷一，河北人民出版社1995年版，第325页。

行于后世矣。亦犹岁旱则泽之益甘，夕暗则烛之益明；世乱则贤者益固，历代以斯为难也。孔圣之道否，则五贤振起之；今五贤湮蔽，振起之者无闻焉。道辅道不及前哲，而以中正干帝王，幸不见黜而与进，冀以贤者必辅于时、跻于古，以兹为胜矣。方事亲、守故国为儒者荣，尝谓伏生之徒，徒以训诂传功，像设于祖堂东西序；而五贤立言排邪说、翊大道，非诸子所能企及，反不及配，阙孰甚焉。因建堂事，收五贤所著书，叙先儒之时荐。庶几识者登是堂、观是像、览是书，肃然改容，知圣贤之道盖在此矣。

孙复《新建孟子庙记》

孔子既没，千古之下，驾邪怪之说，肆奇险之行，侵轶我圣人之道者众矣，而杨墨为之魁，故其罪剧。孔子既没，千古之下，攘邪怪之说，夷奇险之行，夹辅我圣人之道者多矣，而孟子为之首，故其功巨。昔者二竖去孔子之世未百年也，以无君无父之教行于天下，天下惑而归之。嗟乎！君君臣臣，父父子子，邦国之大经也，人伦之大本也，不可斯须而去矣。而彼皆无之，是驱天下之民舍中国而之夷狄也，祸孰甚焉？非孟子孰能救之？故孟子慨然奋起，大陈尧舜禹汤文武周公孔子之法，驱除之以绝其后。援天下之民于夷狄之中，而复置之中国，俾我圣人之道炳焉而不坠。故杨子云有言曰："古者杨墨塞路，孟子辞而辟之，廓如也。"韩退之有言曰："孟子之功，余以为不在禹下。"然子云述孟子之功，不若退之之言深且至也。何哉？洚水横流，大禹不作，则天下之民鱼鳖矣；杨墨暴行，孟子不作，则天下之民禽兽矣，谓诸此也。

景祐丁丑岁夕，拜龙图孔公为东鲁之二年也。公圣人之后，以恢张大教兴复斯文为己任。尝谓："诸儒之有大功于圣门者，无先于孟子。孟子力平二竖之祸，而不得血食于后，兹其阙也甚矣。祭法曰：'能御大灾则祀之，能捍大患则祀之。'孟子可谓能御大灾捍大患者也。且邹昔为孟子之里，今为所治之属邑。吾当访其墓而表之，新其祠而祀之，以旌其烈。"俾其官吏博求之，果于邑之东北三十里有山曰四基之阳，得其墓焉。遂命去其榛莽，肇其堂宇。以公孙丑、万章之徒配。越明年春，庙成。俾泰山孙复文而志之。复学孔而晞孟者也，世有蹈邪怪奇险之迹者，常思嗣而攻之。况承公命而志其庙，又何敢让！噫！子云能述孟子之功，而不能尽之；退之能尽之，而不能祀之。惟公也，既能尽之，又能祀之，不其美哉！故直笔以书。

时大宋景祐五年，岁次戊寅六月六日记。

孙傅《先师邹国公孟子庙记》

孟子葬邹之四基山，傍冢为庙，岁久弗治。政和四年，部使者以闻，赐钱三百万新之，列一品戟于门，又赐田百亩以给守者，而庙距城三十余里。先是，尝别营庙于邑之东郭，以便礼谒。元丰六年，诏封邹国公。明年，又诏配食孔子庙。又诏更新庙貌。而地颇湫隘。宣和三年，县令宣教郎邵武朱缶叹其土圮木摧，不称虔恭尊师之意，欲出己俸完之。县士徐皷曰："庙濒水亟坏，不四十年，凡五更修矣，若许改卜爽垲，则诸生愿仁其事，不以累公私也。"令许之，皷遂以私钱二百万徙庙于南门之外道左。乡人资之钱者又数十万，而后庙成。总四十二楹，中为殿，安神栖，绘群弟子像于两序。又为孟氏家庙于其东。以扬雄、韩愈尝推尊孟子，故又为祠于其西。重门夹庑，壮丽闳伟，与山中之庙轮奂相辉矣，于是求文以记之。

夫圣人之道，甚易知、甚易行，充之不可胜用，而其极可以参天地、赞化育者，其唯诚乎！尧、舜、禹、汤、文、武、周公、孔子，相传者一道。孔子之没，其孙子思得之以传孟子，故孟子之道以诚身为本，其治心、养气、化人、动物，无一不本于诚。凡著书立言，上以告其君、下以告于人者，必本仁义、祖尧舜，亦无一言不出于诚也。故于滕文公，则言必称尧舜；而于齐王，则非尧舜之道不敢陈。盖其智诚足以知尧舜，又自知诚可以行尧舜之道；又知果得行其志，则诚可使吾君为尧舜，而吾民皆为尧舜之民。故以此自任，不敢有毫分之伪以欺人而造大（"大"应为"言"）也。其论君臣之际，则曰："欲为君尽君道，欲为臣尽臣道，二者皆法尧舜。"其论什一之法，则曰："重于尧舜者，大桀小桀；轻于尧舜者，大貉小貉。"其论仁智，则曰："尧舜之智，急先务；尧舜之仁，急亲贤。"称伊尹能以此道觉此民，而谓殃民者不容于尧舜之世。非诚之尧舜者，能言之乎？虽当时之君，尚权谋、相倾夺，上下交趋于利，而未尝桡一言以求合焉。非天下之至诚笃于自信者，能之乎？孟子之没，道失其传；至有假其说而以伪言尧舜者，始说其君以帝道，则既不合而之王；中说其君以王道，则又不合，而之霸道。是志于求合而以伪欺其君也。假尧舜之说以贾其高，躬申商之术以济其欲，是以伪欺天下而贼其君者也。昔之为纵横之说者，不过怵君以利害、强弱之势尔，其伪易见；若夫假帝王、尧舜之说，使人君慕其高而不虞其奸，则其伪难知。作于心，害于政，其祸天下甚于杨、墨，故不可不辩，以监天下后世窃孟子之说以为不义而自比于孟子者。

宣和四年十月十五日，朝奉郎监察御史菟裘孙傅记。

金　代

孙弼《邹公坟庙之碑》

鲁之庙食千百年不绝者，曲阜孔子、邹之孟子两祠而已。孟子，邹人也，后孔子三十五年而生，时周定王三十七年也。邹本古邾小国，兖州之南鄙也，至缪公时改邾为邹。邹城东南隅有冈曰"文贤"，其势回旋掩抱。有沟曰"因利"，水自巽方而来，灌城壕而西之。古人传之曰，因此山川之秀而孟子生焉。至今鲁国邹兴乡邹儒里即其地也。其先鲁公族孟孙之后。公夙丧其父，母李氏以贤德见称，家贫以女工自给，鞠育其子有三迁之教。长师孔子之孙子思，治儒术之道，博通五经，尤长《诗》《书》。时值周衰之末，战国纵横，用兵争强，以合从连衡为贤，以权谋谲诈为事。先王大道几于扫地。异端蜂起，邪说蝟兴。若杨朱、墨翟放荡之言至于塞路。公尝叹曰："杨墨之言不息，孔子之道不著。"于是距而辟之。由是圣人之道振而复起，久而愈明。真可谓命世亚圣之大才者也。遂以儒道历聘诸国，辙环天下，卒老于行。三见齐宣王而不言，欲与攻其邪心。说梁惠王以仁义，为利国之术二，吾犹不足。又能禁哀公于口舌之间。斯皆虽知推尊之意，终莫能听纳其言。耻没世而无闻，于是垂宪言以贻后人。遂著书七篇，粲然靡所不载。唐韩愈尝推其功以为不在禹下者，信不诬矣。

公为齐卿时，丧母而归葬于鲁也。今在邹兴乡马鞍山之麓者是也。公之卒也，葬于四基山之阳。郭璞云："邾城北有绎山，绎山北有牙山，牙山北有唐口山，唐口山北有阳山，阳山北有孟轲家在焉。"今四基山者是也。景祐五年春，置庙于其傍，取门人高弟配焉。以此子子孙孙奕世相传，居多近其所，岁时奉祭家庙。元丰六年十月，因吏部尚书曾孝宽言于朝曰："孟子有庙在邹，未有封爵，载在祀典。况先儒皆有封爵。孟轲氏万世所法，厥惟旧邦，古有祠宇，宜封爵，以示褒崇。"遂特加邹国公。元丰七年九月，蒙朝廷赐库钱三十万，增修其祠。其像服九章，乐正子、告子、公孙丑、万章俱侍左右。给其赐田，以严洒扫。宜其后嗣蕃衍，询其祖派，得孟宁、孟坚等十数家，皆其裔也。弼一日敬谒祠下，因摭其实而纪之，用传不朽。因述铭曰：

猗欤邹公，运逢姬季。挺秀邾城，贤冈因利。幼被母教，长师圣孙。辩匪好辩，言为知言。学长《诗》《书》，性乐仁义。高行厉辞，离伦绝类。辙环诸国，始以道鸣。方凿圆枘，卒老于行。著书七篇，根极理要。揆叙包罗，闳远微妙。拔邪树正，开道断疑。圣人之亚，王者之师。德述唐虞，辞辟杨墨。不下禹功，优入圣域。瓦砾诸子，醇乎其醇。百代而下，子孙诜诜。四箕之阳，佳城邃宇。鲁邦所瞻，令名千古。

赵伯成《重修邹国公庙记》

大哉！圣人之道，天下日用久而无弊者也。上焉！唐、虞、禹、汤、文、武之君，其道行，其教立，仁义礼乐刑政靡所不备，而民用丕变，日趋于治矣。下逮周公、孔子，得帝王所传之道，而无位以行，作为经术垂训阐教，俾天下后世恒必由之，圣日皎然，辉映千古。周衰，夫子没，横议肆行，纷纷籍籍，将谁适正？甚者杨墨，以邪诬民，持为我兼爱之论，乱君父之教，充塞仁义，其害人也深矣。杨墨不息，圣人之道不著。孟子此惧，故能养浩然之气，承三圣，明六经，距淫辞诐行，使不得作于其心，害于其事，作于其事，害于其政，是亦圣人之徒也。昔禹平洪水，人免昏垫，万世赖其功。能以道拯溺消天下率兽食人之患者，信其功不下禹矣。噫！百世必祀，可谓至德，天下尊师重道，用王者之事，通祀于先圣。国开邹封，公其爵，面与享春秋之奠，并立乎圣人之域者，人宜知尊孟矣。

万物本乎天，人本乎祖。孔子生于鲁，于曲阜则林庙之奉尊崇显奕，历代有加而无替。距邹仅一舍，在四基亦有孟茔之旧祠宇严立于县之南，就文明之地而庙复建。列高弟公孙丑、万章之徒，其尊信犹在鲁矣。磨以岁月，上栋下宇久则斯弊。泰和八年夏六月，王公瑀来知是邑。视事之初，敬谒祠下，徘徊瞻视，议遽新之。方思政利民力，未暇给。

越明年，吏民洽和，皆服其教。不待劝率，而富者相与出其赀，巧者相与献其技，辩者以言，壮者以力，咸乐经营，作新其庙。正殿奕奕，廊庑延接，四回而周，外达通衢，重门以辟，增其宏丽。又东北别立其室，以尊考妣。慈训宛然如在，得其时制。士民悦之，厥功告毕，特加礼祀。因矢言相告曰，圣贤之道昭昭乎其明矣。由之者治，不从之者乱。亘古今，历万世，与天地相终始矣。而欲赞其美者，虽一言以为赘，而庙之新旧，曾不能加毫末之损益，然思尊德教者宜如何哉？且释老杂儒教行乎中国，而乐诞泥空者，唱其说于其间，至有竭资产以奉塔庙者，于名教之地特不之顾。今令之能以教化治民，崇重儒术，可谓知所先矣。况吾邹鲁之乡亲被圣教之久，俗尚礼义，令又能因其俗以厚之，道弘教尊，愈久愈显。而师帅不贤，其谁得称之哉。闻其言，知其善，乐为之书。大安三年六月十五日，伯成谨记

元　代

张翬《驺孟子庙碑铭》

驺孟子庙，有宋景祐四年，孔公道辅守兖州建于墓旁。后自墓旁徙县东郭。宣和三年，令朱缶复徙南门外。金泰和间，令王瑀葺之。甲戌毁于兵，惟门垣在。几八十年，孟氏有德昌者，资力四方，阅岁既久，仅成一堂。元贞元年，进义副尉、达鲁花赤术忽难，从仕郎、邹县尹司居敬，主簿兼尉赵国祥，以建学余赀崇两庑与堂称，凡十四间，新其阶庭级道。属翬掌教，考特牲馈食礼，俾春秋放而行焉。正配神西向之位，撤旁祀之不如法者。庙成，司侯请记。

翬读墓旁庙记，举辟杨、墨之一事；南门庙记，举称尧舜之大纲。顾皆有孟子之一体，而未能得具体者。孟子学足以绍往圣之正传，才足以立百王之大法。岂惟千余载之后莫能知之，虽当时及门者亦未窥其奥。是以出处之际，仲子诡其说；辞、受之间，陈臻致其疑；公孙丑、万章之徒难疑答问，未闻默契。盖知言、养气，得天地之性善，扩前圣所未发者，其学也；谈仁义，黜功利，贵王贱伯，以正人心者，其志也。

周衰礼废，诸侯恶害己也而去其藉。先王纪纲法度辨上下定民志者，

未见存十一于千百。而三年之丧、井地之大略、班爵禄之等差，于文字废缺之余，本帝王之大经，而合时措之宜。考诸三王而不谬，建诸天地而不悖，质诸鬼神而无疑，百世以俟圣人而不惑。即是而观，以其才用天下，居帝者之世，则皋、夔、稷、卨，居王者之世，则伊、傅、周、召。奈何无舜、禹也？无汤、武也？时君昏庸，谓迁阔于事情，宜矣！后世英明之主，亦指君臣一二语以为言，岂能探其学、观其志而知其才也哉！世无真儒，斯民不复见三代之治；邪说诬民，充塞仁义之害至斯极也。司马迁取荀卿同传，拟非其论；又班以雕龙炙毂，讥以方枘圜凿！赵岐释其书，亦不过谓长于譬喻，长于《诗》《书》而已。微韩愈一言，孰知孔子没独孟子传得其宗邪？韩子既有是言，宗孔氏者尚或非之，或疑之。呜呼！知者过之，愚者不及，道之难明也久矣。然则欲知孟子，质诸关、洛诸君子之言，庶几信而有征，固不在多言矣。

元丰六年封邹国公；七年定九章之服，配食孔子。政和五年以乐正克配享，封利国侯；从祀十有七人：公孙丑寿光伯；万章博兴伯，告不害东阿伯，孟仲子新泰伯，陈臻蓬莱伯，充虞昌乐伯，屋庐连奉符伯，徐辟仙源伯，陈代沂水伯，彭更雷泽伯，公都子平阴伯，咸邱蒙顿城伯，高子泗水伯，桃应胶水伯，盆成括莱阳伯，季孙丰阳伯，子叔承阳伯。旧别祠成都伯扬雄、昌黎伯韩愈，今迁附焉。既衅庙，司侯命绘事如礼。

铭曰：天地储精兮圣贤所资，或厚或薄兮错揉不齐。虞夏商周兮会元之期，禹皋伊吕兮见知闻知。期月不用兮空叹憖遗，其居甚近兮世未远而。天欲平治兮舍我其谁？安得所遇兮性之身之。无有乎尔兮孰知我悲？书徒存兮旨则微，道在迩兮夫奚疑？千六百祀兮此厥施，山凫峄兮川泗沂，庙奕奕兮神格思。春秋馈食兮歆或庶几，有印于心兮载歌铭诗。

张埴《重修孟子墓记》

有宋景祐四年，岁在丁丑，孔公道辅守兖州，访孟子墓得于邹县东北三十里四基山之阳，即其地庙而祀之。泰山先生孙复为记，以辟杨墨事著孟子之功，可谓识其大者。后二百五十有九年乙未，是为元贞元年，东阳司居敬尹邹。度爽垲以新学官，复故宅以建精舍。导江张埴为述养浩之旨，称命世之才，叙传心之要。来游来歌，有所兴起。既而葺孟子墓、斋庐，琢石为危坐象。冠章甫、衣缝掖，俾观者有考乎古。谓瑬曰："子三刻石，于孟子之学、之志、之才论撰至矣。孟子出处大概，史传不祥，盍考焉，以表诸墓"。须以孙先生在前，固让不敢。司侯请曰："子无所称述，记载犹有阙焉。"瑬不得谢，乃稽诸载藉。

孟子师子思，问牧民之道何先。子思曰："先利之"。孟子曰："君子教民，亦仁义而已矣，何必利？"此平生出处之本也。周显王三十三年乙酉至魏，慎靓王二年壬寅去魏适齐，赧王二年戊申去齐。先儒朱熹作《资治通鉴纲目》，备书之，厥有旨哉！居魏十八年，居齐六年，当是时，西有秦，南有楚，以地则大，以力则强，纵横之士，驰骛不暇，孟子曾无辙迹，岂智不及哉？所不为耳。魏罃、齐辟疆之于秦、楚，地丑德齐，莫能相尚。而愿安承教、愿辅吾志之言，视秦楚彼善于此。斯言也，山径之介然也，用之成路可也，固绝罃之言利，而道之以仁义。对辟疆桓文之问，而开其不忍人之心。将朝则称疾，以全进退。出使则不言行事，以远嬖幸。盖举乎此，他皆可知。其间不用、茅塞之者，彼有取尔也。故曰：吾退而寒之者至矣，吾如有萌焉，何哉？其去魏也，卒而赫立也。其去齐也，辟疆卒而地立也。《史记》显王二十六年戊寅载齐辟疆立，《通鉴》在三十六年戊子。《史记》显王四十五年丁酉载齐地立，《通鉴》在赧王元年丁未。史藏周室者既灭，《六国表》本之《秦记》，《秦记》不载月日，世本多舛。《通鉴》据汲冢《竹书》，不经秦火，盖可信也。《皇极经世书》载，孟子去齐在显王四十四年丙申，固辟疆之世。去齐，或以伐燕故邪？伐燕，辟疆事也。《燕世家》谓在地时，误矣。且谓孟子曰："今伐燕，此文武之时，不可失。"又广记备言之不审者。其伐燕也，始则沈同之问，终则陈贾为之辞。既有以解辟疆甚惭之心，孟子于是致为臣而归矣。

人生几何？敖游魏齐二十四年。如《经世书》所载，则十有八年。其间不过之鲁之宋与滕、薛数小国而已。心则圣人不敢忘天下之心。五百年必有王者兴，我未之见，不得在名世之列者，时也。如废绳墨、变彀率、枉尺直寻，吾恐反为虞人御者羞矣。司马迁知不足以知孟子，盛夸诸侯郊迎、撤席、拥彗、前驱于骀子者，谓岂与孟子困于齐梁同？盖世知诡遇获禽而不知为之范，无以见圣贤之志也。仪、衍得志当时，景春称为大丈夫，孟子直谓妾妇。故虽不可三月无君，必出疆载质，又安肯钻穴逾墙以取国人之贱！宿昼居休，绰绰余裕，在《易》"困而不失其可，亨"，此之谓也。由是而观，三驺、田忌之徒，乃所谓邪说、诐行、淫辞。孟子于此则息之，则距之，则放之，以正人心者，岂所屑为也。今千六百余年矣，孟子之墓如冈如阜，万世观仰。彼佞伪驰骋，果安在乎？尚友古人之士，有考乎此，亦可知所自处矣。故因司侯之请，刻石墓旁，而筑之铭曰。……

张塈《重修孟母墓记》

孟子自齐葬于鲁，盖母丧也。其地在邹县东北二十五里马鞍山之阳。马鬣其封，隆然冈阜。千六百余年，宜有丰碑纪载而簸之或闻，岂历世既久，遂埋没邪？惟片石在旁，题曰"邹公坟庙碑"者仅存，于母之德或略。从仕郎邹县尹东阳司居敬，完孟子庙宇，复孟子故宅，葺孟子墓庐，用心既勤，亦各纪其事矣。而又以孟母墓碑为请。塈读邹公坟庙碑，莫释其疑，因不敢固让，以祛观者之惑。

其言母氏曰李，未知何据，当考。而谓孟子后孔子三十五年生，时周定王三十七年。谨按，孔子以周敬王四十一年壬戌岁卒，后三十五年，实贞定王二十五年丙申。又三年戊戌，贞定崩。孟子之至魏，显王三十三年也，岁在乙酉。逆数至贞定丙申，为一百十年。慎靓王二年壬寅，去魏适齐。视乙酉十八年，赧王元年丁未去齐，在齐六年。自齐葬鲁，此六年间。《皇极经世书》谓"孟子显王四十三年乙未为齐上卿，四十四年丙申去齐"，则葬鲁丙申前事。其生不在孔子卒后三十五年明矣。且周敬王四十一年壬戌，即鲁哀公十六年，孟子安得以有子语"吾犹不足者"误谓之语禁哀公于口舌间邪？孟子曰："由孔子至于今百有余年。"去圣人之世若此其未远也。盖自孔子卒至孟子游梁时，方百有四十余年，而孟子已老，则孟子之生去孔子未百年也。其葬鲁也，充虞以"木若以美"为问，孟子答以"得之为有财，古之人皆用之"。而臧仓沮鲁平公之来见，亦曰"孟子之后丧逾前丧"。然则实为齐卿时，所以恔然而尽于心者，报母氏劬劳亦至矣。

夫以圣贤之质，在傅不勤，处师不烦，固有不待教而能者。考之刘向《列女传》，孟母之教历历可纪。墓而筑埋，市而贾衒，其居使之舍学宫旁，则设俎豆，乃性然也。以有知而教信，示断织以劝学，犹曰童子之教耳。子行子义，吾行吾礼之言，实在齐时，孟子老矣，而母训益严。谓教之所致，非邪！世之人知以教子责之父师，不察母教之尤近也。知乳哺之为恩，而不知训诲之为恩；知蓄养之为慈，而不知礼法之为慈。呴之燠之，贤则亲，无能则怜。偷惰于襁褓之中，养成于长大之后。习与性成，父师之训不能入，虽有美材不得为良器矣。孔子再岁而孤，孟子夙丧其父，操心危，虑患深，以达于大圣大贤之域，繄母训是赖。因表诸孟母之墓，使天下之为人母者知所取则焉。乃为铭曰：

惟昔任姒，来嫔于姬；秩秩徽音，为周之基。

粤若孟母，爰适鲁族；笃生大贤，丧父以夙。

辅之翼之，教之诲之；圣道有传，繄母之仪。

乃徙其居，乃断其织；毋废于食，毋坠于德。

自古孤孽，克成其才；譬彼桐梓，拱把孰培。

来葬自齐，居卿之位；不俭其亲，有木以美。

马鬣斯封，隆然其冈；千六百年，山高水长。

嗟尔有子，勿曰能食；企而及之，维母是似。

马豫《渊源堂记》

邹县城东南隅之阳，因利沟之阴，有子思之堂，名曰"渊源"，乃子思传道于孟子之地也。夫渊源者，水所出之根源也。子思传道之统，有自来矣，亦犹水之出于渊源。水有渊源，则流之不竭；道有渊源，则传之无弊。故江自岷峨，河自昆仑，其安流则滔滔东逝，入海而止。此流之不竭，水之有渊源者，如是也。及其泛滥，则洪水横流，使吾民不化而为鱼鳖者几希。是时伯禹治之，千载之功未能忘也。若夫道始于天地之先，放之则弥六合，卷之则不以握，求之于日用之间，则曰君臣、父子、夫妇、长幼、朋友也。其体仁义礼智信，其用则见于君臣有义，父子有恩，夫妇有别，长幼有序，朋友有信，万世长行而无弊。此传之无穷而道之有渊源者，如是也。及其人伦不正，风俗薄恶，教化不行，天理废缺，为君者不尽其礼，为臣者不尽其忠，为父者不尽其慈，为子者不尽其孝。夫妇有别，长幼有序，朋友有信，夫有五常之礼，尊卑上下之分，若非传道者相继而扶持之，则人伦之道亦几乎熄矣。尚赖夫尧传之舜，舜传之禹，再传之汤，汤传之文武周公，文武周公传之孔子，虽不得位，所以继往圣开来学，其功反有倍于尧者。孔门之徒有三千，达者七十二人，惟曾子独能传孔子之道。曾子复传之于子思，子思又传之于孟子，斯道之流，千百年之后皆得其渊源之正派，而传之无穷者也。呜呼！自孟子没而不得传焉。惜乎！嘉言善行不尽传于世也。后之学道者，不入于杨则入于墨。杨墨学仁义而差者也，分撤而异途。夫渊源之正派，舍夫尧舜禹汤周孔之道，务为空虚寂灭。弃其三纲五常之理，行一己之私见，杨氏为我，拔一毛而利天下不为；墨氏兼爱，视父母犹路人。其流至于无父无君，与禽兽何异？则离于圣人之道远矣。凡学吾圣人之道者，当探其源本，究寻其正派，穷尧舜禹汤周孔之道，明三纲五常之理，无毫厘之差可也。如渊源一差，则骎骎然入于杨墨之道，其流至于无父无君，入于禽兽之域矣。可不慎哉！

今谨书思孟传道之正流，宣诸壁门，俾后之登斯堂者，必有能寻流泝源，回澜于既倒，障百川而东之，使洙泗正派之不竭，未必不由此堂出也。堂乎渊源，其在兹乎？敢告邹人亿万斯年无废此堂，亦义存礼在之意也

吴律《追封邾国公邾国宣献夫人碑阴之记》（节选）

苍姬既没，祖龙当天，三代典章一委灰烬。寥寥二千载，天理民彝未泯绝。逮我圣天子孝治天下，雅尚儒术，礼乐法度，力复古制。大成至圣文宣王己既加崇于先朝，乃遣使乘传遽持诏即邹邑孟子庙，追封其父为邾国公，母为邾国宣献夫人。既毕礼，承事郎邹县尹曹彬与其五十一代孙承事郎泗水县尹孟祗祖议曰："此历代未行盛典，宜树丰碑，刻诏其上，纪岁月其后，以彰圣恩，以传不朽，以为乡国荣，且有以告诏后学。"询之同列，同列以为然。语之邑之耆旧，耆旧莫不欢跃以共其事。时律犹留鄞命，承德郎前尚书省照磨姜元、乡士许珪来请文其石，律辞不敢。姜曰："君之先师导江，传圣学以教人者，文笔列于庙庭。君之先君尝有功于斯庙，遗迹宛然。非君所当辞。"律应曰："子言若是，敢不敬从。"遂述三代典礼，七篇之旨，圣人传授心法，以教有志于圣学者。

邹国公奉崇以人君之礼者何？岂非以圣德继道统之传乎？虽曰生有淑质，非母三迁之教能臻斯乎？《春秋》之法，母以子贵，而况于父乎？今其子封以公矣，犹以庶人之礼祭其父母，可乎？《传》曰："父为士，子为大夫，葬以士，祭以大夫。父以大夫，子为士，葬以大夫，祭以士。"此礼也，

何况世无闻乎？庙故处东北陬。自邹国公新庙成，适其父母神像于故殿，盖以有年。今既加封，欲创建宫室东南隙地。时未暇，乃即故基而更其制。冠以冕流，服以五彩。危危峨峨，煌煌烨烨，俨然南面，春秋祭祀一同其子。非止为当世荣观，实邹国公欲报之德，昊天罔极之心也。孝子之事亲，仁人之事天也。父母之心，天地之心也。

知化则善述其事，穷神则善继其志。圣圣相承，继天立极，所传者何？太极既判，阴阳始分。乾坤大父母，人物是生。其理则为之性，其气则为之形。理则浑然，一毫不容付之于人。性无不善，气有不齐。所禀或异，加以物诱，贤愚是分。气质清明，义理昭著，生而知之，圣人也。变化气质，克去己私，复还天理，学而知之，极其至，亦圣人也。此尧舜汤武性之反之同归于圣也。蔽之厚者，牢不可开；诱之固者，坚不可破。良心陷溺，自暴自弃，流而下愚。圣人忧之，设教教人。累圣相传，皆是道也。人心惟危，道心惟微，惟精惟一，允执厥中者，尧舜禹之相授受也。见而知之者，禹皋陶也。闻而知之，则汤也。汤之惟皇上帝，降衷于下民，若有恒性，克缓厥猷惟后，是汤不坠其传也。见而知之者，伊尹莱朱也。闻而知之则文王也。文王之缉熙敬止，武王之皇建其有极，其传不绝。孔子之言性与天道，曾子之忠恕，子思天命之谓性，传及孟子性善之说，浩然之气，扩前圣之所蕴，与公孙丑、告子之徒反复论辨仁内义外之别，尽心知性以知天，存心养性以事天。人皆可以为尧舜。参天地，赞化育。以为辟杨墨之功不在禹下者，非知孟子者也。

李泂《重建孟母断机堂记》

道当周孔垂绝之统，而孟子生之。传尧舜授受之微，以上继列圣，下仁无穷，而母实成之。然则孟子道在其传，而孟母天属其任矣。夫以去圣人一间，未斯安行？母非陶融，属果安在？岂道传者子，道任者母，无非天耶？星去躔度几二千载，堂之所系，人谁究斯？鲁邹县旧有断机堂，《列女传》谓母断机喻先师以学不可止者。成毁相寻，仅存瓦砾。使者杨君国贤，按部及此，谒思孟庙余，登子思子曝书台，而北顾楗墟，兴感移时。时邑无尹，即廉举滕倅郝君摄其事。俾崇庙貌，将事既谨，不日告成。礼币走博士刘伯庄具状以请云："愿有记。"

予慨叹曰：道冠天地，而元气之运，人惟参赞，以成其功，尚何斯堂废兴之有与？然日久则堂之所系可知矣。载瞻载仰，启迪在中。或父兄相道以仁，母子相劝以义，绩学以勉其所未能，力行以达其所未至，海内学校所不得与者，即先师母子之教油然浃里闾以及天下。呜呼！杨君国贤其真部使者哉！是为记。君忠孝名家，宜其知所先后。滕倅博士伯庄复能知使者意，力敏斯役，亦将必有见于世云。

李之彦《达实帖睦尔请孟思言代祀亚圣公记》

至正十一年秋八月癸巳，湖广等处行中书省平章大司农司卿达公奉使浙东，驰驿过邹，次于公廨，俾侍者请亚圣五十四代孙孟思言，谓曰："余闻尔祖亚圣公，邹人也，有祠在此，礼宜奠谒。然有帝命在躬，不敢他及。子其为我代祭可乎？"遂给资五十缗，使买少牢以祀焉。

之彦归自田野，闻而叹曰："斯祭也，可见公之所存者矣。公当造次匆遽之时，不暇亲祭圣人，犹必使人代之。非平日仰慕圣贤之深，顷刻而不忘于怀，焉能如是哉？即此观之，使公居鼎辅之位，必能以吾孟子所以敬齐王者敬其上矣。彼以儒起身，贵显于世，居从容无事之际，道于是邑，反茫然不知有亚圣公祠在此。有虽知之，而又不一往拜于祠下。宁不有愧于公乎？"

蔡文渊《始建孟子庙资田记》

昔孔子没，异端蜂起，天下惑于无父无君之教，醉生梦死而不自觉也。时则有若孟子者出，拔邪树正，尊王黜伯，使学者洒然而醒，释然而觉，咸知崇纲常宗孔氏，去戎夷而中国之，功施世教，庸有既耶！后代推尊，配食宣圣庙庭，自京师达于郡县，列为通祀，宜矣！邹故有庙，贞祐毁于兵。国朝至元间，孟氏德昌规构正殿。元贞初，县尹司居敬创左右庑。大德中，县尹宋彰建神门。延祐丙辰，熠兴文治，搜辑遗典，诏封其父为邾国公，母邾国宣献夫人。今监县帖哥更修新祠，像而事之。呜呼！褒荣至矣，庙制完矣，秩祀之礼尚阙如也。儒者李俨、马亨、宁成章、许嗣构、胡凤仪、李元彬协议，请割子思书院羡钱万五千贯，月取赢利以给时祀及经葺费。袭封衍圣公思晦亦屡为言，宪府可其议。仍命耆儒、孟氏各一人司其出纳。先是，乡大夫郭中议毅，时任大司农司都事，上书省部：邹之野店旧为牧地，荒闲日久，请以亩计者三千，拨隶孟庙，庶永远不乏春秋之祀。从之。泰定戊辰春正月，符下。监县帖哥暨尹王思明、主簿郑惟良、典史孙友，表识界畔四至，具列碑阴。孟族长惟恭，虑其久而湮昧，无所取征，介林庙学正李元彬、子思书院山长孔思本请予为记。

洪惟我皇元受命，睿神嗣位。阐扬圣贤之道，以广风化之原。尤于孔颜孟三氏，宠数便蕃，既蠲租赋，以恤其家。复选师儒，训其子弟，成材而官之，仍优于常人；牺牲粢盛，无以供也，则锡之楮锭，胙之土田。凡郡有司体承圣意，不敢怠遑为之后者。盖亦振厉斋洁，深思报本之义。具尔牲牢，肃尔豆笾，仪文式备，诚敬交宣。如是则神歆其祀而降之福，上副朝廷钦奉之意，下惬邹人攀慕之愿，不其伟欤！舍是则备物有愆，祼享无节。虽曰祭如不祭，吾不知其可也。谨记。

陈绎曾《致严堂记》

天理所至，人心归焉。人心所归，公论至焉。圣贤之生，卓乎百世之上，而昭乎百世之下，有不知其然而然者。三代以来，圣莫如孔子。继孔子者，贤莫如孟子。此天理之所至，而人心之所共归也。

汉唐以来，先圣先师秩祀益严。于是孔子为先圣，七十子为先师，而孟子巍然拔乎诸子之上，独与颜子配食圣人。夫生则淑乎七十子之徒，没则上配孔子，百世之下公论所至，盖有不知其然而然者矣。内而天子之太学，外而路府州县乡社之庠校，率土之滨莫不皆然，况于邹人乎？况于孟氏乎？

圣元受命，世祖皇帝求孟子裔孙，得于四基之山。既官其胄子，又立孔颜孟三氏子孙教授于曲阜，以长育其支庶。邹人喜之，相与新其祠宇，丰其廪饩，以左右其子孙。凡天理之所当致，人心翕然莫不归之。岁时烝尝，致其洁虔。至顺二年春，享礼成，五十二代孙惟恭以谓庙貌虽崇，斋宿之室、宾尸之堂缺焉，未建，非所以思严成而尊神貺也。公论韪之，乡先生李俨、马亨乃告于邑大夫，谋之乡之善士，为燕堂三间，庙西南向，以尊神貺。为斋室五间，堂西东向，以严思诚。度材于是年二月戊申，落成于五月甲午。费为钱二千五百缗。名其堂曰"致严"。

呜呼！天人之际昭昭矣。《传》曰："祭则致其严。"古之君子令终而宗庙享之，虽百世不迁。致其严者，不过五宗之子姓而已。今邹人之致严于孟子者，大夫庶士咸在，非特群昭、群穆也。明德之祀百世而弥彰，盛矣哉！天之生斯民也，昭昭昏昏，几千万年。孟子一言以发之，曰性善。由是而天理大明，人心自得，功与天地并。宜其秩祀与地同广，与天同久。孟氏之子姓，与邹之大夫、士，致严于斯堂，非邹人之公论，天下万世之公论也。斯堂虽小，所系则大。

曹元用《邾国公祠堂记》

延祐三年，诏封孟子父为邾国公，母为宣献夫人。千古旷典始行于我朝，旨哉！渊乎！是可见仁庙文治之盛矣。

自宋景祐四年，孔公道辅守兖州，建孟子庙于墓侧。宣和初，邹令朱缶徙建于南郭。后毁于金季之兵。我朝至元年间，孟氏有德昌者，别构孟子前殿，像邾国公若夫人于故室而时祀之。然逼隘不能容礼器之设，风雨穿漏，摧圮将压。泰定丙寅岁，监县帖木哥出赡庙之资于民，不期年而收子钞七千余贯。谋诸风纪之司，撤邾国公故室而新之。县尹杨钦、主簿郑惟良亦相协赞。俾孟族长惟恭泪邑人毛翼董其役。经始乎丁卯之春，至秋而毕工。檐四出，楹五间。南北深三丈有奇，东西广五丈，高如深之数而少缩焉。栋宇户牖庭陛与夫丹垩之饰，俭而弗陋，侈而弗逾，于以妥灵揭虔。上下胥怿。邑之耆旧马亨、李俨、宁成章阖辞请元用为记。

考诸方册，邾国公言行无从可征，夫人姓氏亦不知所自。惟臧仓有孟子"后丧逾前丧"之语。后丧，母丧也。孟子早失所怙，惟夫人是依。三迁其居以示训，使之邻学宫而后定。以有知而教以信，断其机而劝之学，所以勉以义而淑其行者多矣。故孟子独绍孔子之传而得其宗，集义养气性善之论，功被万世，夫人之力也。然则公之平日仪刑其家者，从可知矣。非公无以成夫人之懿范，非夫人无以成孟子之人才。此圣代所以褒崇旧德，追封于千七百载之后，而邹邑吏士久而弥敬，增修庙祀汲汲焉，若子孙之事祖祢者也。遂为纪其兴筑颠末，仍系以诗曰：

岩岩亚圣，万世所宗。孰正其蒙？伊母之功。

伊母所资，谅惟其父。礼重天朝，锡命肇举。

爵以上公，国之于邾。爰秩其祀，爰崇其居。

诜诜邹人，言念旧德。笾豆是陈，俨其翼翼。

祠事孔明，有芯其馨。惟享斯格，神其永宁。

明　代

张焕《孟氏宗支之记》

我邹国亚圣公五十三代孙之训，世守宗祧。值前元兵乱，携家避兵，游于关、陕、秦、晋间，殆十五余年，卒于乱时。嫡子思谅尚幼。及治稍平，思谅方弱冠，侍母氏归邹。至正间任本县主簿，守引祀事。祖庭毁颓荒芜，止存遗基。丰祀之礼阙如也。

迄大明洪武戊申，华夷统一。思谅偕袭封衍圣公朝京面奉明诏，归乡奉祀事。适知县桂公、主宰王公、典史韩公重修庙貌。孟氏族人渐实于乡，遵古制行祭礼。族长之全暨思言等集议，推原主祀宗祧者，思谅高曾祖父也，今思谅系五十四代嫡孙，理宜继典祀事，为大宗。咸允其议。恐久而迷序，遂约盟誓，各书名押以为万世典。族长之全谒余为记，辞弗见获。

余惟天地定位，四时顺序；宗支定位，子孙不紊。古圣贤法天地定位之理，分宗支之辨，盖顺天道正纲常也。天道顺，纲常正，家齐国治而天下平矣。亚圣有言，天下之本在国，国之本在家，今孟氏原始要终，依家礼立宗支法，可谓奉上先训知先务也。诗曰："不愆不忘，率由旧章。"其孟氏之谓乎。

邓原忠《谒庙题名记》

洪武七年甲寅，叶公宗文尹鱼台之二年，以公行过邹，谒亚圣公庙。展礼毕，慨然而思，且告予曰："道在天地间，亘万古而不泯者，以圣贤出而扶植之也。时而春秋，乱贼肆逆，天生吾夫子，则羲轩以来道统之传畴克续而明之乎；时而战国，异端蜂起，不有我亚圣公，则夫子传之曾，曾而授之思者，不几于泯乎？由是道之晦者复明，人心溺于邪者复正，岂惟当时之功，千万世之功也。吾党生于千七百余年之间，去公之世若此其甚远也。今焉读其书，遵其教，又获躬诣其里，不啻亲炙其门也，报本之心宁有已乎。"乃捐月俸，少为丹雘之助。复告诸同寅，县丞王文、主簿虞维、典史孟周德，与邑之耆士，咸有助焉。是虽不足以报本，且以遂予之素愿焉。予曰：噫！亚圣公之德，天下古今士子咸拜其赐，我叶公独深慕盛德，不忘厥初，非有得孟氏之学者，其克若兹乎？况乃祖文简公，亦学孔孟之学者，勋业声名炳辉史册，而厥孙有如公慕道之切，顾不美欤？予忝佐政于邹，而邹与鱼台同隶于府，故与公有朋友之谊焉，是不可记。

黄琮《重修庙垣记》

邹实古邾，密迩鲁邦。乃邹国亚圣公所生之里，号称诗礼之乡。县治南二百许步，庙貌斯在，俨若生存。上自王公，下逮士庶，经是邑者，咸皆展敬，不忘本也。况守其土而为邑大夫者哉？

洪武己巳春，安邑马公璁，来宰兹邑。视篆之初，即恭拜堂下。瞻仰既毕，慨然有修葺之志。奈邑当孔道，政颇繁剧，弗克如愿。越半载，霖雨降频，周围墙垣什颓八九，坊门亦已摧敝。公乃谂于判宰安定赵君恭礼曰："亚圣公之学，统绍宣尼，道与天地相终始。吾辈读圣贤书，幸复获莅圣贤之邦，视庙垣倾圮，不亟缮修，不惟为阙典，亦且获戾于幽明。"于是二公协力，遂命工僦役，相与作新。为倾者筑之，敝者易之，咸有可观。孟氏五十五代孙克明等偕儒士武景原，造门揖予而请曰："邑大夫尽心吾祖庙，厥功不可掩，愿刻诸石，以示永久。"予方喜斯举之善，适请与意会，未敢固让，遂乐为之书。

方克勤《重修孟庙记》

有天地无圣人可乎？无圣人，则天吾不知其高，地吾不知其下，而人且不知有君臣父子矣。有先圣无后贤可乎？无后贤，则异端并起，邪说横流，天下贸贸然不知所之矣。是则天地设位，大道显行，圣作贤述，于是为着。孟氏学孔子者也，以为夫子贤于尧舜；韩子尊孟氏者，以为功不在禹下，信乎！圣贤之功为不可无，而天下古今所赖以由斯道者，有自来矣。故鲁曲阜，先圣所居，林庙岿然，俨如一日。孟氏邹人也，故有庙，近毁于兵。其五十四代孙思谅，作而新之。庙貌像设，巍然炳然，俾邹鲁辉映圣贤光华，思谅盖亦贤矣。或曰：圣贤道在人心，功在后世，奚以庙貌为哉？是不然。君子将营宫室，宗庙为先，称达孝，必曰修其祖庙。盖后人之事其先，非庙像则无以致其孝思尊奉之诚。而学者之师圣贤、仰钻瞻，忽或于是而有得焉，亦求道之一助也。圣贤远矣，今之邹鲁亦古之邹鲁，弦歌俎豆犹有昔之遗风者。况正人心、息邪说、距诐行、放淫辞，复有摧陷廓清者乎！

予忝守是邦，敬仰先哲，喜孟庙之落成、思谅之能有立也。故乐书是。若乃兴复大概，固已见之志纪，形诸咏歌，兹不复录。思谅其亦诵乃祖之言行，以思继乃祖之遗烈也哉。

赖景衡《重修孟子庙记》

亚圣公有庙其来久矣。曩值元季扰乱，群雄格斗，往来屯兵于斯，圻毁靡有遗。洪惟皇明平定四海，天下大一统。洪武初，邑令桂孟、亚圣公五十四代孙思谅等，重建庙宇，焕然一新。岁月称久，风凌雨震，不能无倾圮状。

洪武二十四年，夏邑令赵允升下车谒庙，慨然有修葺志。值更造版籍，倥偬未遑。越二年春，与邑丞王敬实议允合，于是捐己俸兴造。宋之倾者直之，楠之腐者易之，垣之缺者补之。仍涂墍茨，加以丹腹饰。壮丽东鲁，令人瞻仰起敬。

噫！创作固难，修复尤难，桂令虽于前，赵侯继其后，则事功焉能保其悠久哉！众工告成，袭封衍圣公深嘉之，以主祀克仁等求文以纪其绩，余辞复获。

切惟亚圣公道在天地间，与日月并明，亘古今所同仰。而七篇所言，如菽粟资人日用，断断乎不可一日无也。吾党小子，赖其言不为异端所惑，获由荡荡正道，是谁之力与？今侯为邑长于斯，施政治于斯，得以报本于斯，则侯平生所愿孰有加于是哉！然则侯之功不惟播于当时，实与庙同其久矣。

胡继先《增置四基山孟夫子墓陵祭田记》

丁未之秋，余受命莅邹。邹南为孟母断机祠，又南为孟夫子庙。居常读其书，想慕其为人，而后乃今入庙而喜可知也。于是焉修溪沼之仪，将明信之悃。则见翠柏参天，瑞烟笼盖，岩岩气象宛其如昨，私心竦然栗已。已乃仰视榱桷，环望墙堵，摧残倾坏实历年所，私心又恻然怆焉。幸接院司移文，竭力修整。母祠复振，贤庙重新，非孟氏之灵弗克。徽此无几何，又进孟族长者，讯以陵墓所在。咸曰四基山云。

山峙邹东北，南面凫峄，北屏岱岳，层峦叠嶂，环拱交错。远接洙泗之水，近联冈峰之崿。真灵气所间钟也，最胜哉！暇日，余复从长者肩舆往谒之。问其岁祀，无有也。诘其前令之若章、若王所置祭田，岁久且湮没也。余为之太息曰："吾夫子辟杨、墨，闲圣道，提几希以觉人，着七篇而醒世，岁祀时享即与四基山并垂悠久可也，何缺不补为？"爰捐俸廿余金，托其族之贤者孟闻钲等，谋置祭田三十五亩。又搜得其先二令所置共五十亩，归其本族，酌为三祭。除春秋庙祭外，祭以五月之五日，七月之望日，九月之九日。典制有经，贤灵有据，始与母祠、公庙并行不悖，余私心亦爽然自失矣。

事既成，族之长者率其士若农老若幼，九顿而谢曰："吾先祖往矣，宗子之祀有旧典矣。我侯所增益者春秋贰祀，宫墙生色；四基三祀，陵寝吐气。敢为先祖谢不朽，仍乞传之石，以诏来者。"余悲夫事之易举而难竟，后之无征而易湮也。故辄录其颠末如此。若夫享祀丰洁有加无已，则后之视今未必不如今之视昔。遂为记。

徐有贞《大明锡复颜孟二庙祭田记》

乙亥之冬十有二月庚申，诏复颜、孟二庙祭田，加赐至百顷，置佃户各十家，以中宪大夫、都察院左佥都御史徐有贞之请也。故二庙之在元，故各有祭田三十顷，二氏子孙以之备粢盛、给衣食焉。易代以来，侵夺殆尽。虽尝理于朝，而辄柅于有司。由是二庙之祭不共，而三族之养不赡。初有贞奉玺书治水于山东，浚川导山，尝往来于曲阜邹峄之间，谒先圣先师之祠，见其然而审其所以然，有贞于时慨然心誓曰："使有贞治水而有成功也，其必为吾先师复其田也。"及功既告成，因具以闻，且请益之田、置佃户、蠲其征，而界之共赡。诏皆从之，恩至渥也。事下户部，俾巡按御史山东三司会而理之。既复野店之田六十顷，又得蔡庄之田四十顷而益之，总为顷百，分而两之。其新田视故田广衍饶沃有加焉。又择于邹、滕、宁阳之籍，得上户二十，分隶乎二庙，以共佃事。乃命二氏之宗子希惠、希文为之主掌，岁收其入，以共祭赡。族田之有征者，蠲其征，而禁诸人毋争占，悉如诏旨，著为令。至是，希惠、希文偕其族之良，拜恩阙下。比还，乃请之有贞，愿记诏旨于丽牲之碑，以示后世，义也。有贞韪之，乃谂之曰："呜呼，惟颜子、孟子于若曹为先祖，于有贞为先师，于天下为先贤。是有贞之所为请，为先师也；上之所为赐，为先贤也。为先师也，为先贤也，其皆非以为若曹也。然而若曹坐而得田与佃，蠲其国之征而为家之征，不为人役而役人，可不知其所自也耶？知其所自，则言而不敢不法先祖之言也，行而不敢不法先祖之行也。其法之而至，则将见复圣、亚圣之复出而为天下之师矣。法之而未至，其亦不失为颜、孟之贤子孙矣。继自今，为宗子者必以礼而率乎宗之人；宗之人亦必以礼而辅乎宗子，田厥田、事厥事。量其入而节其出；祀惟丰、用惟俭、颁惟均。因是而庙益修、族益睦，长长、幼幼、亲亲、贤贤，孝恭之行乎于家邦。使见者闻者皆曰：'是圣贤之后。'诚可贵哉。人以之益重其世也，国以之益崇其礼也。不然，或私以藏，或忿以阋而不相能，则夫见者闻者将曰：'彼为圣贤后且然，又何贵乎？'《诗》曰'无忝尔祖，聿修厥德。'有贞愿为二氏之胄勖诸。"希惠、希文暨其族之良咸拜曰："谨受教！"有贞乃书于石而系之铭。其词曰：

学圣不倦，教世无穷；惟颜之德，孰与比隆？异端以辟，正道以通；惟孟之功，孰与比崇？是故粒生民之饥者，莫如稷；拯天下之溺者，莫如禹；而颜、孟乃与之同。推是德与是功也，宜夫万世之庇，而矧乎其宗。所以崇厥后者，朝廷之恩礼；所以承厥先者，子孙之孝恭。有贞作铭，勒于庙中。敢告贤胤，勿替祖风。

刘健《重修邹县孟子庙记》

邹孟子故乡，故有庙专祀之，始自宋景祐四年，孔道辅守兖，建之墓侧。其后，徙县之东郭，已而，又徙之南门外，盖即今庙。我国家龙兴，列圣相承，崇重儒道，既正孟子邹国亚圣公之号，配食孔子，而于是专祀，尤加意焉。洪武、永乐、正统间，屡尝修葺。由正统迄今，岁久复敝。五十七代孙翰林院世袭五经博士元以为言。我圣天子方弘文治于天下，特下有司命修之。时都察院右佥都御史光州熊公翀，巡抚山东，奉命惟谨，而兖州知府龚君弘，同知余君，浚实承委以行，遂相与协谋。即事始于弘治丙辰二月，明年丁巳三月工乃讫。庙址拓于旧，其广三十弓，纵百五十弓有奇。中为殿寝，东西庑。殿祀孟子，以乐正克配，庑以祀他弟子公孙丑以下。左为殿寝，祀邾国公，右孟氏之家庙。致严有堂，庖廪有舍，以及便户、重门，凡为楹六十有四，俱仍旧规，易以新之，而轮奂壮丽有加焉。熊公既率其属落之，而以书来请记。余谓孟子庙而祀之，不但其故乡，盖通于天下。尝考其所由矣：周衰，先王之道不行，孔子以圣人生其时而不得位，乃删定六经，明其道于天下后世，盖孔子之道，即先王之道也。孔子既殁，未百年而异端大起，斯道复为之晦。于是，有孟子者生，著书七篇，起而明之，其为力可谓至矣。然自是历千有余年，知之者尚鲜。在汉仅有扬雄氏，在唐仅有韩愈氏。二子之言曰："古者杨墨塞路，孟子辞而辟之，廓如也。"曰："孟子之功不在禹下。"其言亦可谓明矣。然但语其事功而未尽其蕴奥，故闻之者或未即喻，而犹有异论。至宋大儒程、朱二子者出，推其性善之称、王霸之辩、知言养气之论，以为扩前圣所未发，有功于圣门；以为见道极分明，得孔子之心。由是孟子之道大明于天下，而其书遂与孔门之言并列为四，垂之万世而无复异论焉。夫孟子之道明，则孔子之道益尊；孔子之道尊，则尧舜禹汤文武周公孔子之传为有在矣。故自有宋迄今四百余年，诵孟子之书，仰孟子之道者，通于天下，而祀庙亦随之。以是言之，则孟子之祀，盖有非一乡一邑可得而专者。然事必先其本而物各有其源。先贤之乡邑，乃其流风余韵之所自，专祀之庙岂可阙焉而不重哉！而熊公等今兹此役，仰尊明诏，齐心毕力，度材庀工之恐后，盖能有见乎是欤？故因记庙之成，而历叙其所由如此，以为孟子子孙及四方逢掖之士进谒者告焉！

于慎行《邹县重修孟庙碑记》

孟庙建在邹里，越有年祀。弘治间，奉诏重修，制益博敞，克称明禋。嗣是岳牧令长时有营葺。历载滋远，或圮且慢，邑之吏士咸用弗宁。万历乙未，侍御槜李姚公思仁按部至邹，展礼庙庭。三献告成，俯仰顾瞻，优然嗟叹，曰："下郡邑长吏，度厥经费，用图鼎新。"邑令青阳王侯一桢受而营之。庀工诹吉，鸠材致徒，蚤夜焦劳，覃精区画。凡木之工，宋楄栌槮之朽者易之；凡绘之工，藻绿丹漆之黮者饰之；凡陶之工，瓴甓瓶瓳之缺者补之；凡金石之工，壁珰螺首碣础碱级之刓且切者更之。殿寝阶除，门庑坊楔，命自姚公者十之五；祢庙斋室，周垣庖库，拓自王侯者十之五。肇于是年十月，迨明年丙申四月落成。役不衍素，费不及私。而丰丽歘艳霞驳云霄，巍然肖阙里之宫焉。官师庶长暨宗子里士，暨南北使轺，暨四方游旅，骏奔对越，咸肃且诉。严庙貌之如新，庆鸿构之不偶也。王侯走使穀城，征行为记。

窃惟孟子之道，至唐韩愈氏而明；孟子之祀，至宋孔道辅氏而显。斯皆著在牒记，表诸前哲，无庸述矣。惟是祀之兴坠，关乎道之晦明；道之晦明，兆乎世之隆替。有不可不详者。彼韩愈氏溯道统之传，自尧舜禹汤文武至于周公孔子，而直以孟子承之。岂不以周公孔子所传者二帝三王之道，而孟子明之乎？夫二帝三王之道，天地之道也。立天之道曰阴与阳，立地之道曰柔与刚，立人之道曰仁与义。故仁义者，参三才而两之。上古帝王至周孔，世相授守若箓图焉。而杨朱、墨翟者出，以为我、兼爱之说充塞仁义，其弊至于无父无君，则立人之道或几乎绝，而天地无与参矣。于是孟子辞而辟之，使其粲然复明，如日中天。马迁所谓遵夫子之业而润色之者，即进而与平成埒烈，岂不谅哉！杨墨之说方熄于前，而佛老之教复炽于后。其号愈侈，其义愈精，其尊信而归依者愈易且广。自汉及唐，湛浸漫延，沦肌浃髓，与吾儒分道而驰。韩愈氏有忧之，故推之孟子而附之周公之后。宋人赖其拥翊，有所承藉，得以表彰六艺，垂之无穷。盖孟子之祀显于宋之景祐，而周公孔子之道亦于其时大明矣。国家恢崇儒术，尽黜百家，纳诸圣轨。自庙朝论议，间里服习，非邹鲁之教，六艺之指，口不得谈，牍不得书，则所谓极纯至粹，大一统之风矣。

家传户诵，渐渍既久，见谓布帛菽粟不充嗜好，乃始崇慕空玄，冥心象罔，阔略实践，糟粕训言。于是二氏之教若将复入肌髓而不可救药。高明特达之流，至探其玄机秘藏，以默镩于吾儒之闻，而不尸其名。操瓠讲业之伦，亦摭其斧藻英华，以缘饰经艺而不瘝其非。盖汉唐之季，流家可分。而今之颓风，主客罔辨，则亦吾道之阳九百六也。盖必有如孟子者辞而辟之，以拨而反之正，斯圣教中兴之会与？故即孟子之祀大兴于今，而有以卜周公、孔子之道将益明而不至于晦。周公、孔子之道明而不至于晦，而仁义之效可几睹于世也。是庙之新，所关于世之隆替，不渺小哉！

且夫孟子之祀，周公之祀也。周公以文考之昭，肇封于鲁。九世及桓，而孟孙氏别焉。有献伯之贤以执国政，有懿子、敬叔之贤以游圣门。而邾国承其世泽，锡有贤配以诞哲于邹。故孟子者私淑孔子，以实周公之胤也。昔者孔子以宋之公族东迁于鲁，世举目为圣人之后。而两楹梦奠，亦自曰："丘，殷人也。"汉用匡衡、梅福上书，封孔子后为殷绍嘉公，以奉汤祀，至于今世守之。夫孔子之祀即成汤之祀，则谓孟子之祀为周公之祀，匪无征矣。海岱之间，天下山水之所朝宗聚会。而邹鲁国于其中，故能降神炳灵钟于上古神明之胄，孕为贤圣，衍之万世，以存道统。则其祀之兴坠，固且与天地元化相为始终。二氏之教恶能与较，一朝之明晦而亦何忧于世道哉！姚公振纪贞猷，丕宣文化；王侯以循良茂异，克赞厥成，皆能行孟子之学而治于周孔之域者。故行也睹是举而嘉之，既述其道之所由明，以尊圣绪。因而本原其世，以著祀之所由兴，使后有所考览焉。

戴章甫《邹县重修孟庙碑记》

自古圣贤未尝治当时之天下，而能以其道治万世之天下；将欲正一时之人心，而能以其说正百代之人心，孔子而没，则推尊孟子矣。昌黎氏谓其功不在平城下，盖洪水之横流可导，而人心之陷溺难挽也。尧舜神矣，而非禹天下何由平；孔子圣矣，而非孟子斯道何由明。故平天下以竟尧舜之烈者禹，明斯道以大孔子之传者孟子。孟子谓：禹、稷、颜回同道，易地皆然。意盖有所托而处之世，未可以出处论功业也。孔孟之教，宇宙共尊，无处不俎豆。而邹有孟庙，又与曲阜孔庙并极尊崇，盖以酬德报功于乡尤重矣。前代隆以虚礼，爵以国公，我朝改称先师孟子，不用封爵，而庙制恢弘，视昔益备焉。正德间，奉敕重修。万历乙未，直指姚公思仁下记郡邑葺治，今且廿年，而其敝视昔加甚。无亦丹垩櫰瓦粉饰补葺，曾未有经久计乎？

余乡人广汉胡君继先，以进士上铨曹，梦儿坐盂中。愚语之曰："儿，子也；盂，皿也。'子'在皿'上'，卜此行，当与孟氏遭。"越次日，果选得邹令，异哉！非精神意气有默相感召者乎？胡君既至，拜亚圣祠下，徘徊瞻视，愀然有感。退曰："有学士、大夫于此，而环堵不蔽风雨，有司者犹以为耻，矧亚圣栖神之庙乎？"居数月，会宗子博士以庙状请抚治，少司马黄公移其议于司府，相与咨度而属之宰邑者，约以费不病民，役不扰下，乃议经始。于是，计材之在官而不藉以官将备歉岁而可缓于丰岁者，得金六百有奇，遂以兴事。梓不求巧，惟其朴；瓴不求工，惟其坚；绘不求斐，惟其雅；工不求壮观，惟其久远。量工轨物，鸠役察材。子来如云，不数月而功竟。胡君使章甫纪厥岁月，逊谢至再而请益力。以章甫友邑侯而师司马，师友之命不敢不勉也。夫所为毕力经营以有事于此庙者，非遐思亚圣之德之功乎？世未尝乱，安知其治？不知治之为功，安知所以治之为德？洪水、夷狄、异端、邪说，有一于此，乱可惧焉！惧不在洪水、夷狄，不在异端，而在无禹、周、孟子也。有之则地平天成，膴舒惩狄，息邪放淫，跻而之荡平之域，不难矣。今东南巨浸稽天，西北骄虏纵横，二氏之教，浸淫于学官弟子，而引入于孔孟之室。一之已乱，而况兼之。此胼胝手足、被发缨冠之时也。悠悠燕雀，顾啾啾乎鸣、夏夏乎斗，竟何益于成败得失之数哉？因乱思治，始知孟氏之功之大。少司马聿新孟庙，宁直修我墙屋，殆斤斤卫道，慨然有忧时救世之思乎？公泉人，名克缵，往督学西蜀，章甫时执经门下。是役也，端轨维风以兴起斯文为任，则巡按御史燕人萧淳、巡监御史歙人毕懋康，区画工费，共成厥功。则左布政使吴人李同芳，按察使宣人徐梦麟，提学副使梁人靳于中，分守东兖道副使莆人俞维宇，分巡兖东道副使晋人卢梦麟，郡太守吴人葛锡璠，例得书于碑阴。

朱观烻《重建亚圣林享堂记》

圣亚林在邹艮隅三十里许四基山侧。宋孔道辅守兖时构享堂三楹于茔前，迄今数百余年，荡然一空，仅存遗址。凡吊冢礼斋者，无不感叹。亦欲兴作，竟以财力弗赡而止。

嘉靖四十一年，青阳章翁命宰是邑。下车之始，他政未遑，遂设法区处，首葺庙庭暨子思书院、断机堂、儒学等处。靡不曲尽其心，倍加宏丽。又念圣贤宅兆，尤不可不致意也。遂协贰尹王岐山讳光裕，少尹陈观山讳举，孟裔庠生公枚辈，分力协赞，创建正殿五楹，左右厢房各三楹，二门三楹。奠置有案，出人有阶，启闭有户，周卫有垣。备极坚致，视前制益为广阔。复捐俸置田五十亩，岁入其租，以为祭祀、修理之具。先是督谕族人每春领俸银二两，树柏桧三千余株。望之蔚然深秀，殆非昔比。

兹者落成，世袭博士宗子彦璞等乞余言，以垂不朽。余曰："亚圣之道仁义之道也，仁义之道尧舜之道也。精神命脉流行于宇宙间，犹元气之在人身，无容少间。固不待祠而显冢而存者，但体魄归藏之处，实吾儒报本追远之地也。苟不于是而加意焉，其何以栖在天之灵，致后人如在之诚哉！惟公有以营建之，时举蒸尝，登俎豆，陟降周旋，各得其所，有关于世教良多矣。为世系者果能时加补葺，永为守御，不惟道辅之功因章公而著，章公之功愈久而弥光矣。不然今之新犹夫昔之旧也，岂翁尊崇往哲嘉惠后学意耶？"

公讳时鸾，号孟泉。仕邹四载，清慎如一。日诸度聿，兴举无所扰。所谓惠而不费，劳而不怨者也。他若讲学课士，劝织招抚，开荒千顷，树枣万亿，释冤数十，积谷万石，凡此皆公之实政耳。及擢衢州府同知，士民交章保留，当道贤之，难其去。时称为慈父母云。

许彬《重修孟母断机祠记》

孟母断机祠在邹县城东南隅，曝书台西，东去子思书院仅百步。自前至今，其兴废补敝者不知其几也。永乐、宣德中，知县朱珵、房嵒相继重修，逮今又坏。县丞宋融景仰贤范，志欲修复。乃捐俸金，构材庀事。而同寅侯服、李真、马镛亦皆以赀来助。乃撤其旧而新之。祠为间者三，为楹者七。架丹垩于杗桷，饰金碧于栋宇。彩章炳焕，像设俨然。乡人老稚过之者莫不瞻拜敦礼，赞宋公之用心而兹祠之再遇也。工既告成，亚圣公之五十六代孙希琏，来征言为记。

予惟天下古今，称母道之贤，能成其子之志者，不曰陶母、柳母，则曰孟母，然陶母剪发延宾，柳母丸胆教子，固善矣。而其子之成不过跻显位而已。岂若孟母断机，饬厉其子，卒传道统，有功于天下后世也。观其距杨墨、辟异端、闲先圣之道，功不在禹下。先正论之曰：禹之功不过救民之生，孟子乃能正民之心。苟心有不正，虽生何益哉？此孟子之所以有功于天下后世也明矣。

考之孟子自少失怙，赖母仉氏全妇道于四德，本母教于三迁。随事规戒，习与性成。长师子思，有所造就。尝与门人公孙丑、万章之徒述孔子之意，作为《孟子》七篇，以为后学阶梯。初游学齐梁之间，未成而归。母怒，引刀趋机断之曰："是织也，累丝成寸，积寸成尺，如斯不已，遂成丈匹。子之废学，得无似之乎？"孟子惧，而复出就学，遂成大儒。卒以亚圣之功配享庙庭，而与天地相为悠久也。

观其子之功，因其母之贤之在人心者，讵可一日忘之哉？此断机之祠所以建，而予文之所以作也。宋丞之用心亦勤矣哉！宜希琏请文以彰之也。书其事以告于邹鲁之人，岂特为其子孙劝，将以为天下后世为人子、母者劝焉。

许彬《重修书院记》

鲁之邹邑孟子故宅之侧，旧有子思书院，即当时传道之所。岂子思之邹时所建邪？历代滋久，遗址仅存。元元贞初，邑大夫司居敬徙置于暴书台孟母断机祠畔。至正中，邑尹邓彦礼、孔之威复相继修之。永乐中，邑令朱珤又徙置暴书台东，与断机祠相直。距今三十余年，寝用圮坏。

今为邑者得铜台房侯嵩，慨然有志乎圣贤之事，而以兴举废坠为心，乃率僚属，出俸金，购财僦工，经营弗懈。木斫而已，不加雕；墙圬而已，不加饰；衣冠像设，俨然授受之容。其所以启发乎后学者多矣。是工也，盖经始乎正统己未之春，而落成乎明年之夏。噫！若侯者其用心亦勤矣哉。工既成，会予以省觐还籍宁阳，拜谒阙里，宣圣五十九代孙袭封衍圣公彦缙，五十八代孙世袭曲阜知县公堂，五十五代孙三氏学录克晏，谓予：官翰林以文字为职业，命记其事，刻石以彰侯功。

予惟崇儒重道，兴废补敝，乃长民者之首务。近时有司迫于簿书、明会、奔走奉承且不暇，又孰能留意于此哉！此侯之所以崇尚前圣、嘉惠后学，异乎他为邑者远矣！虽然，思孟道统之传，功德在天下，灿然如日星，与天地相为悠久。其配享庙庭、血食万世，固不系乎兹堂之成否，而君子之为政，轻重缓急不忘所自者，于此乎见矣。予故特书之，将以愧夫世之仕者，读圣贤之书而忘其所自者也。且重诸公之命，书以传焉。

章时鸾《重修书院记》

邹县南门之东，为子思祠、孟母断机堂，旧传思孟传道之地也。后人因之建祠立台，虽代有沿革、时有兴废，其规制勒诸石、载之版者，有可考识。迨至我朝嘉靖元年，巡抚山东都御史陈公凤梧，始从而扩大之。后三十三年间，岁值凶歉，有司不为防守，四方流寓之人，践陵侵毁，所余者基址，名在而已。四十年，时鸾来知县事，拜谒之余，恻然不宁，将欲渐次修理。适浙江巡抚都御史赵公炳然，赴总督戎政之召，见其工费浩大，遂捐俸三千金以助之。不越岁而告成，曰子思祠、断机堂、率性堂、中庸精舍，遵旧制而修葺者也；曰修道堂、慎独斋、中和堂，推本中庸之义而创立者也。今师儒肄业于其中者四十人，相与请曰："惟兹祠堂其废久矣，赖赵公之功，焕然聿新，视旧制又过且备，可无以记其事乎？"鸾不得辞，乃为之记，复告之曰：

天地设位，万物化生，必有所以主宰之者，太极之理也。此理赋予人则为五常之性；见于行，则为五伦之道；散于天下，则为万物之宗、万化之纪。得之则治，失之则乱；存之则为君子，悖之则为小人，是诚不可须臾离者也。然道不虚行，寄之者圣贤，尧舜禹汤文武在上则其道行。故时为时雍，风动为平成，允植为永清；咸和犹之一元磅礴，而万物忻悦于其间也。时至春秋，气运否塞，孔子有其道而无位，故与群弟子日相授受，而子思独得其宗。《中庸》一书，首言天命、率性、修道，见道之原于天也；次言戒惧、慎独，见道之弘于人也；终言致中和、天地位万物育，见体道之极功，而尧舜禹汤文武之事业备矣！时有先后，道无古今，后之学者可不顾名而思义乎？其居"慎独"之宅也，必察一念之所从起，或天理，或人欲，则扩充之、遏绝之，必使由微而至著，毋使潜滋而暗长也。其居"修道"之堂也，必察日用之所常行，或太过，或不及，则品节之、修饰之，必使大中而至正，毋使邪曲而偏戾也。其居"率性"之堂也，必以明觉为自然，以有为为应迹，顺而行之、举而措之，毋窒碍固滞，毋矫揉造作也。其居"中和"之堂也，必自未发之前，以及应物之处，无一念之杂、一息之间，静与天地同体，动与天地同用也。幸而达之在位也，则为上为德，为下为民，而尧舜君民之志，必见诸行事之实；不幸而穷之在下也，则敦笃伦理、轨范后学，而孔孟传授之旨，必体验于身心之间。如是，则天地付予之理不亏，圣贤垂教之言不悖，赵公作兴之意不孤，而鸾一念修崇之志，亦于是乎其有终矣！若或群居终日言不及义，与夫操笔砚、工文词，以为稀世取宠、荣身肥家之计，则不惟子思、孟子之罪人，而亦赵公之罪人也，岂鸾之所望哉！

赵公，讳炳然，别号剑门，四川剑州人也。学者亦当知所自云。

赵彦《重修孟夫子庙成碑记》

昔自虞庭，肇开圣学，历禹汤文武而生孔子，始集厥成焉。迨战国，邪说横流，圣学几晦。孟子学孔子而力辟之，其功不在抑洪水、驱猛兽者下。孟子殁，葬于邹之四基山。汉唐来，有土者靡不多其开继之功，而配享孔子。宋景祐三年，兖守孔道辅于墓侧建为家庙，距邹三十里，谒者弗便。政和四年，部使者别营一宇，在城之东郭。元丰六年，诏封邹国公。又明年，取庙貌而新之。奈地湫隘，数圮于水。宣和三年，邹令朱缶，更卜爽垲，以二百万钱改创于南门外，计四十二楹。后渐颓。金大安三年，令王瑀茸之，仅堂一。元贞元年，达鲁花赤木为难、邹令司居敬复廓大之，视昔更宏敞焉。我朝弘治九年，巡抚熊公檄下，兖守龚弘捐金以拓其址，祀孟子于正殿，取乐正子配之，公孙丑以下诸弟子则列之廊庑间。左为殿寝，祀邾国公，而右为孟氏家庙、庖廪暨诸门户，凡六十四楹，而轮奂美如。万历三十六年，邹令胡继先复为修茸，甫十余年所为。今上之二年五月间，白莲、闻香等教，突然沸起，盘踞邹滕者半载。孟子庙及子思、子张、断机诸祠悉罹兵燹，一切殿庑垣墉无不残毁，孟博士宅夷为平地矣！所存者仅一正殿耳。余于闻警之日即怒发上指曰："何物幺么，僭号称王，妄希大物。且邹鲁圣贤之乡，而可令妖氛充斥耶？不剪灭不朝食也！"乃提师往征之，暨诸将吏躬冒矢石不顾，凡五月而妖贼尽歼，且计擒渠魁，以献阙下，腥风一夕荡尽矣。欲班师归，乃先谒孟庙而祭告焉。见其颓废状，恻然者久之。乃请于上，奈军兴后，物力告诎，因谋诸藩臬、大夫，捐俸先之。而兖守孙君朝肃者，贞诚精敏，毅然以修复为己任；率诸州邑吏，莫不慕义乐捐；士民之好义者，亦争输恐后，一鼓而得三千金。遂揲日定中，庀工伐材，属新调邹令毛芬董其事。而监工者，则任城经历刘存义其人。始于天启三年二月之七日，迄五月七日，阅三月而告竣焉。大殿七楹，寝殿五楹，邾国公前后殿各五楹，东西庑各七楹，斋房四楹，家庙三楹，祭器库、省牲房各三楹，亚圣坊、继往开来坊各一，承圣门、钟灵毓秀门各一，垣墉颓坏者，罔不勤，计费仅九百三十三金。而妖产、材木及邹县措处之数不与焉。兖守以工竣告，余叹曰："呜呼！沧海桑田，数有代变，时值其阨，即圣哲不能逃也。唯是，孟子开继之功，远在万世。我朝尊贤崇祀，视前代有加，故捐输不烦乎再三，经营即成以不日。栋宇翚举，丹膜炫晶。孟子妥灵于其中，复睹岩岩泰山之象矣"。余且悲且喜，因纪其事，而系之诗曰：

懿兹子舆，正气浩浩，至大至刚，干城吾道。辟邪距诐，继往开来。

经正民兴，厥功茂哉。分庭抗礼，藐彼大人。道德仁义，翊翼斯文。配享圣门，血食千载。庙貌岿然，英魂如在。胡值妖氛，兵燹并起。殿宇垣墉，夷然平地。幸藉天威，腥尘尽扫。悯念先贤，毅然下诏。乃基乃构，载经载营。子来麇至，不日而成，厥栋惟隆，厥材孔良。穆穆奕奕，壮观一方。春秋明祀，俎豆生辉。陟降庭际，神其有归。时有变更，庙无迁毁。既奠厥居，永康东国。

邹元标《邹县重修孟庙碑记》

异端之害甚于猛兽洪水，夫二者为祸已烈，异端害尤甚，以观白莲教兴，不其然哉！当时战国，非孟夫子起而辟之，安能俾吾夫子之道如日中天，故曰孟子之功不在禹下。其功如此，迩年所遭，乾坤几于息矣。乾坤果息乎哉？愚民虽为异教所蛊，不五月廓清，则以大中丞今大司马赵公之力。孟庙荡圮，不数月告成，事则以大司马藩枭及今郡守孙君朝肃、邑令毛君芬之力。庙成，巍然焕然，式其宫者曰："美哉！使君功乎！彰往圣开来学。"如是回思昔日兵戈抢攘中，真如隔世，相叹以为盛事。太守孙公、邑令毛君，走使属记。邹子自弱冠有志圣学，徒外望宫墙，老自惭愧。忆昔瞻拜庙宇，睹庭柏郁郁苍苍，不知经几春秋，徘徊不忍去。俯仰五十余年，白首林皋，与友切磋孔孟之旨，曰：孟氏于夷、尹、惠皆曰古圣人，未能有行，愿学则惟孔子，曰"予私淑诸人也"。夫所谓"愿学""私淑"者何？谓斥管晏，七篇仁义之训，炳若丹青乎？谓辟杨墨，距邪放淫之训，灿若星辰乎？谓周旋齐鲁曹滕之墟，挽富强之习乎？不知此特绪余耳！孟夫子之学，在尽心、知性、知天。昔子贡善言夫子者曰"性与天道，不可得而闻"；孟夫子曰"知性""知天"。曰知，正不可得而闻也。惟尽心，故知性；惟知性，故知天；心性、天道，一以贯之。孟夫子望颜而趋，故绍洙泗真传。今心悦诚服，千年如一，岂偶然哉！之道也，尧舜禹汤文武周孔递相传授，至孟夫子而传，韩愈氏谓'轲死，不得其传'。果不得其传，则人类几于灭尽，所谓尧舜其心至今在虚语耳。三家之市，十室之邑，有一人不爱其亲乎？有一人不敬其兄乎？爱亲敬兄者，即真性也。维皇降衷，厥有恒性，无一日不传，愈之言过也。但其所谓"择焉不精、语焉不详"者，即行不著、习不察之谓。非无择也，不知即心、即性、即天则不精；非无语也，学而厌、诲而倦则不详。汉仲舒云："道之大原出于天；天不变，道亦不变。"此语可上溯孔孟。如宋之周、程、张、朱、陆、杨，我朝薛、胡、陈、王诸子，皆孔孟之嫡派也。沧桑有改，此传千古犹新。故有时暂晦者，日月之薄蚀也；倏尔中天者，日月之常明也。诸君子勤勤恳恳，首先兹役，可谓手扶日月再造乾坤者矣。

今之忧时者曰："世之不平而乱也。"不知太平之略，非有殊常，奇异、可喜之事在庸言庸行始。夫子曰："人人亲亲长长而天下平。"论王政亦以"入事父兄、出事长上"为言。列圣复起，不易斯语！无奈道本平也，而人以险乘之；道本澹也，而人以欲求之；道本实也，而人以虚间之。人人可为尧舜也，而以难阻之，遂以圣贤为绝德。滔滔江河，不知底止，故予因使君命而缀斯语，世有不逆予言者乎？嗟乎，以孟夫子在，止得一乐正子。乐正子，信人也；信者，信其有诸己也。读予文者，可能信人人有诸己乎？孟夫子羹墙如见矣。诸使君德意殊不负万一，其经始、竣工、人役，另刻碑阴。敬系之铭，铭曰：

源源混混逝如斯，斯道如水行地中。东鲁真传有孟子，巀嶭峄山绍正宗。七篇仁义霈江河，管晏仪秦失其雄。异端蜂起世蓁芜，辞而辟之不少容。知言养气密存养，心性直觉与天通。所如不合宁濡滞，浩然正气摩苍穹。颜、曾、思、闵皆其俦，千年圣神聿追崇。松柏参天列两庑，古庙巍巍兖之东。何来末造遭阳九，忽然大地起悲风。钟虡柱础付烈焰，世路茫茫安所从？幸而天挺诸荩臣，手将一剑劈崆峒。迅扫搀枪廓太清，摩崖勒碑纪勋庸。捐赀首倡亟恢复，未丧斯文谁之功？吁嗟斯道原不毁，堪怜人世尚梦梦。好将斯学翊圣主，亿万明朝运不穷。纵今梦梦性不昧，雨散云消自太空。

邹幼学《重修致严堂记》

邹县亚圣邹国公孟子庙西垣内，故有燕室三间，南向，榜曰"致严"，盖尊神暇之堂也。比年，中原多事，毁于兵燹。邑之大夫士，孟氏宗族子姓，致严无所。大明混一天下，于今十有余年，重醨继照，海宇澄清，设官分职，民庶安业，典章文物复明于世。适乐清胡景昇来任是邑丞；临桂侯成，来主是邑薄；怀安人刘敬，来典是邑史。凡县之坏者修之，坠者举之，乘时度力，靡有所遗。一日睹致严堂故基变为瓦砾，慨然兴复经营。间山东济宁东昌按察司知事刘口德至，见此盛事，喜动颜色，感叹且督其功，不日而成也。堂构既完，奢俭适度，一如旧制。其作堂始末，陈助教先生记已备矣。落成日，官暨民庶咸曰：亚圣公当战国时，身任斯道，以淑后世，俾人类不陷于异类，学者不流于异端。放辟之功，先儒韩子谓不在禹下。其意若曰，无禹人为鱼鳖，而道尚存；无孟子则无父无君，而道亡矣。所见岂浅浅哉！兹堂也，密迩庙庭，朝夕瞻仰。登之者，思气之浩然，仁义之启沃，流风余韵在人心目。苟延儒师发蒙于此，使亚圣之教不绝来者，承承不废，圣道尊崇，风化丕变，日复一日，则致严于堂者又未可量也。佥曰："诺。"五十四代孙孟思谅请刻石龛之堂壁，邑人郜幼学为之记。

施渊《谒庙记》

孟子之学得于子思，著书七篇垂训后世。论性则曰本善，论孔子则曰贤于尧舜，论仁、义、礼、智则原夫四端。皆所以扩前圣之所未发，使尧舜周孔之道不陷于异端，不溺于邪说，不逐于智谋术数之小。黜霸尊王，功莫大焉。

故里邹邑之有庙，创于前代。宣德甲寅，予奉上命使鲁邦，国子学录弋阳李奎以考绩便道过访，相与谒拜祠下。因叹曰：幼读亚圣之书，慕邹国之胜，今获历览焉，其欣幸何如也！睹庙貌像设之尊严，泰山岩岩之气象若复见矣。予辈可不企仰遗烈，勉修厥职，恪守是道，以事功自砺，求无负亚圣立教垂训之意哉！谨识。

裴侃《重修断机堂塑像记》

邹邑为鲁礼义邦，实邹国亚圣公所生之地。世传曝书台次即其故居。先是元邑宰司君居敬创建沂国公书（此处疑有脱简）讷命有司葺之。至正间，耆儒马亨、李俨、李元彬偕五十二代孙族长孟惟让，购工塑夫人像，为一品命妇之制于中。然堂宇之创，病于湫隘，凌于风雨。像塑之设，掩于尘坌，久则剥落。大明洪熙元年，房侯来尹是邑。下车祇谒，顾瞻慨叹久之，曰："是不可不改为也。"越明年，政通人和，废坠毕举。遂召邑之士夫暨孟氏族而告之曰："名教之设所当先，兹不可缓矣。"捐己俸以率之，鸠工积财。撤堂宇而广之,饰旧像而新之。经始于正统四年春,告成于是年之秋。由是栋宇宏丽,新庙翼翼,于以称瞻仰。像设整饰,容仪严雅,足以起敬思。邑之大夫,孟氏子孙,莫不稽首胥庆曰:"吾侯崇奉先哲,予惠吾民,吾邑何幸哉!"既乃择日洁牲醴,率虔告享。竣事已,五十四代孙族长孟思儒不没侯之功,来求记于予。

窃惟豪杰之才挺生七国争雄之时。圣王不作,处士横议。杨墨之道不息,圣人之道不行。天下贸贸焉,莫知所之,人欲肆而天理灭矣。公攘剔异端,扶植正道。尝答公都子好辩之问曰:我欲正人心,息邪说,距诐行,放淫辞,以承三圣。使万世永赖,不在禹下者,其功何如哉?原其所自,由母夫人三迁致蒙养之正,断机成学行之笃。故集义、养气之旨足以开后学,性善、尧舜之说足以破群疑。圣道之传,千载犹一日。虽曰公之功,实懿训之力也。噫!非母无以成其子,非子无以尊其母。比庙祀之崇,像设之严,匪今斯今振古若兹者,以其天理在人心者不泯,良有自也。今房侯有君子之德,推抚字之心以为邑。又能崇尚道学,敦教化俗,克继前轨。适骏旧观,以崇祀事。可谓能扩充是心而知所先务者欤!允宜志之坚石,以告来者。侯名喦,字鲁瞻,滑台人也。

杨瑹《亚圣五十六代孙世袭翰林院五经博士荣归记》

钦惟圣天子登极之明年,为中兴之令祖,行帝王之制作,举崇儒之盛典。以颜、孟有功于世道,询其嫡长子孙,召赴阙廷,赐遇甚厚。升授颜、孟宗子世袭为翰林院五经博士之职,令吏部给符,还守祀事。邹孟氏五十六代孙名希文者,授职荣归。邹县县丞广昌侯瓒等因谂予曰:"瓒等忝列章逢,目睹盛事,食禄亚圣之乡,心师亚圣之道,子司邑教,曷不为之记,刻之于石,用著昭代崇儒之盛典乎?"

予惟亚圣之圣,身生天地之后,心同天地之心。岩岩气象,浩然充大。渊乎心学,学同孔子。如天之有日月,如地之有山川。志承三圣,力距杨墨。著书七篇,莫不敬仰。与世经纶,以立大本,以扶万世,万古如生,真亚圣所学之至也。是知孟母三迁,子得母教,母因子显。制封爵名,载在史荣,何其母之贤而子之圣也!

迨今圣天子举行盛典,断自宸衷,超越前代。以颜、孟有功于世道,不任以有司之烦职，特授以翰苑之清官。宠命初颁，朝野交庆。岂但增辉颜、孟之门，实则耸动士风之振。是知吾道之脉，必荷圣天子有崇儒重道之心，始能光显先圣先贤之后，以致太平之治也。

由是言之，圣圣相承，道统所在，君以治之，师以教之。孔子集群圣之大成，孟子接孔子之坠绪。使天不生亚圣，则斯民皆被发左衽矣。所以韩子论亚圣立言之功不在禹下者，岂虚言哉！今者县佐捐俸市石，倩工立石于庙，辱予为记，可谓能体朝廷崇重儒先之意矣。记成，希文长兄名希琏者，主理家事，孝义教让，心重所本，乃复于县佐，卜日祭告，请建碑焉。

张瑞图《重修子思书院记》

温陵张瑞图记曰：

西蜀胡侯之治邹也，剂赋平役，鳌弊别蠹，吏习民安，恢乎龙渊之割也。然犹未慊于志，以谓是俗吏之能事，非循良之极轨也。则慨然以教化为己任，众建社学以造小子，加意邑庠以烝髦士。已又新孟氏之宫而增其墓田。明示邑人以崇儒重道之意，使知向风。于是四封之内，父兄之教，子弟之率，不肃而成，不劳而治矣。

已又询之掌故，则谓邑之南有子思祠焉。其西为书院，盖异时思孟授受之地也。前令章公时鸾尝一新之。今复数十年，祠既毁，而书院益荡然无一瓦之存矣。侯喟然曰："以孟氏之宫，峣焉拟于阙里，享祀不忒，过者必拜。而受业之地，乃鞠为荆榛渊源谓何？亦非孟氏之所安也。"于是首辑思祠，俾可春秋荐俎豆矣。次及书院，堂二十四楹，可容负墙而坐者数十许人。其前后左右可以充诸弟子藏修息游之所者二十余间。用不烦官，役不及民，皆侯捐俸为之。既已于事而竣，属不佞请告归里道邹，侯命之一言以纪成事。余谢病未能也。侯曰："夫兴废举坠，化民成俗，有土者之责也。属词比事，徵往诏来，史氏之守也。子虽病，强为我志之。"瑞图不得已受简焉。

窃惟子思之学，以性为体，以率为用，以诚为宗，以庸为至。从喜怒哀乐之微，推而放诸天地万物，廓如也。其所以著书之意，则固尝言之曰："道之不行也，我知之矣，知者过之，愚者不及也。道之不明也，我知之矣，贤者过之，不肖者不及也。"两者皆讥，而察其微旨，则其虑愚、不肖者浅，而虑贤、知者深也。顾昔之叛常立异者皆贤知之士，而今则皆出于愚不肖之徒也。何者？昔之所谓贤知者，其人皆有一段不朽之见识，不磨之力量，不能俯而就于圣贤之绳墨，而骛焉自跳于常格之外，有高旷而无矫饰，犹可言也。而今之所为离踪而行，标帜而议，登高面引，攘臂而招者，其人之见识、力量岂真有及于古之贤知？其隐微之中，皆有不可测者也。

夫措意于彼而寄径于此，论高于秋晏而行卑于羌壤，是固古贤知之士所唾弃而不顾者也。吾故曰，皆至愚不肖之徒也。且夫万古一天也，万古一性也，万性一率也。虽故川谷异制，民生异俗。刚柔轻重，迟速异齐。味异和，械异器。而至于喜怒哀乐煦然俱春凄然俱秋者，无不同也。合并无外之谓大，四通不悖之谓达。立乎至大之总，而游乎四通之衢，封畛不生，气志交动，中和位育，良非虚语。吾隐微之中而先自不可测矣。

人心不同，有如其面，又可一乎？则有我之所喜，人或怒之；我之所怒，人或喜之。其于哀乐也，亦然。蛮触互设乌乎大？荆棘丛生乌乎达？于以安身立命，则为罟获，为陷阱；于以为天下国家，则为妖，为孽。其究至于铄天地之精而伤万物之情，则假道学之害固若此其烈也。彼以为贤知之过，是下圣人一等。人世有举此相消，固所翘首而甘心不知。有识之士搜其根而抉其隐，直命之曰至愚不肖之人而已。贤知之士见地高而易疗，愚不肖之徒病根深而难拔。子思生而当此世，宜何如怵然忧且惧也。子思之学一传而为孟氏。孟氏之时，荡如蒙庄，槁如告子，偏加杨墨，漫如衍奭，辨如仪秦，刻如申韩，樊然并出，以与孟氏角。而万古之后，诸子皆屈，而孟氏独伸。夫孟氏何以胜诸子哉？则以夜气之真，息鸡鸣之初念，原于天而出乎性者，固非诸子之所能磨灭也。故善学子思者无如孟氏也。

以今天下圣真统一道教休明之代，士何故浮幕贤知而甘自蹈于至愚不肖之归？吾愿海内之缙绅衿韦，凡称思、孟门中人，皆从潜伏屋漏之处，夜气鸡鸣之时，求天地万物、喜怒哀乐、至大至达、合并无外、四通不悖之源，以成一代无言靡争之化，而培国家博厚、高明、悠久之运，不亦休欤？此书院之建，胡君之功于世道甚巨，不独以邹治邹。而不佞所为，不敢终以病为解，而欣为赞一辞者也。

清　代

刘芳躅《重修亚圣庙碑》

康熙甲寅重修亚圣庙碑

山东巡抚、右副都御史刘芳躅记曰：

古圣贤庙祀，历万世而不绝者，在曲阜为孔，在邹邑为孟。曲阜从无经残毁，且为诸大人按莅之地，补葺相踵。登阙里之堂，见殿庭礼器巍然焕然，咸称为至圣之完宇矣。惟邹亚圣旧祠，虽前代各有营葺，自明天启之癸亥，以迄我昭代，阅五十余载，数遭兵燹，风雨摧折，学士大夫往往过故宫而嗟《黍离》也。于康熙戊申之六月，地变大震，倾圮滋甚。呜呼，以圣贤宫墙其不至叹为丘墟者，仅如线耳。

余奉命抚东，按部至邹，瞻谒之下，目击大贤师弟在风雨中，恻然久之，益凄怆不忍去。而宗子即以重修状请。余以孟子道在万世，祠宇亦宜在万世。而时有衰敝者，此亦吾道之一阳九也。因思吾辈文章事业却从何处得来，须知他年富贵功名却向此中做起。况梵宫萧院邀福者，尚挥布地之金；舞榭歌楼浪游者，犹赠缠头之锦。岂圣贤瞻依之所，为纲常名教攸关，而顾不一乃心力共谋缔构耶？余即毅然领其事，捐俸百金。学使杨公讳毓兰，亦捐百金。第功费巨繁，非一二手足可成，因置募簿，分传六郡。据各属所报，止获见银二百四十金，随给付县，估计重修。会同宗子孟贞仁，择六十四代族生孟尚锦督其事。设榻庙中，竭日夜而尽区画之。为之开陶场，为之起炉铸，为之采材木，为之选工匠，为之傲徒役，为之办丹垩。木之朽者易之，瓦墼之缺者补之，其黮者饰之，金石之刓且锼者整之更之。肇于癸丑正月之十八日，迄四月终落成。正殿、两庑岿焉，与阙里之堂遥相辉映。

工竣，走使徵余为记。窃谓兴废举坠固有土者之责，以孟氏之宫，其创建、重新，刊诸志载，勒诸贞珉，无庸再赘。惟是庙之兴坠关乎道之晦明；道之晦明兆乎世之隆替。我国家崇尚儒术，优礼圣贤，较往代加盛。故是庙之修，辉辉煸煸，匪第妥亚圣之灵，而荐绅、衿士、宗子、里人，与夫南北皇华、四方游旅，登堂对越，睹岩岩泰山之象，肃然致敬，懔然生畏，共仰称仁讲义之范，咸动去邪存正之思，真足以维人心而励风教，其关乎世之隆替也，岂浅鲜哉？是为记。

朱彝尊《邹县重修亚圣孟子庙碑》

尧舜汤禹文武周公之道传之孔子，孔子传之孟子。昌黎韩子之言，天下之公言也。当其时，孔子没而微言绝，七十子没而大义乖。曾子之徒有吴起，子夏之徒，流为庄周，周再传而为孙卿。盖有以斗问于墨翟者。而孟子受业子思之门人，舍冉、闵、游、夏愿学孔子。其言醇乎醇；其色粹然见于面、盎于背、施于四体；其气塞乎天地之间而毋馁。于滕世子，道以性善；于齐王，攻其邪心；于梁王，去利而先仁义。《春秋》，弟子不能赞，而孟子发其微；性与天道，弟子不得闻，而孟子畅其旨。此之谓名世，此之谓大丈夫，此之谓豪杰之士。自韩子"功不在禹下"一言，百世之论定矣。乃世儒以其矫枉过直有不知而续其书者，或刺之，或非之，或删之，或诋之，或疑之，至或比于忍人、辩士仪秦之流，几于侮圣人之言也已。明之太祖颁其书于学官，当吴元年，即谕许存仁曰："孟子专言仁义，使当时有贤君用其言，天下岂不定于一乎！"又敕文学之士曰："朕闻孔孟于世利济之心，虑恐不及。"谕桂彦良曰："孔孟一圣一贤，自汉唐以来称之。"谕赵晋曰："孔孟之道，卿幼学壮履。"大哉！王言必孔孟并举。其命刘三吾节文者，为发题试士恐启诸生讪上之端尔，乃无稽之言；谓帝欲废孟子，钱唐进谏，以腹受箭，野史近诬不足信。

邹县为亚圣故里，庙在县南门外，由来已久。其初，褒崇之典未及。宋元丰六年，从吏部尚书曾孝宽之请，诏封邹国公。政和五年，太常议以弟子十八人配。其后，季孙、子叔罢祀。配者，堂上一人，庑下一十五人。彝尊三谒庙，见栋宇摧颓，久圮不治，心焉负疚，若痎疾之入于怀也。岁在乙丑，丹徒张公以右副都御史巡抚山东，始庀材以葺庙。明年工毕，遗彝尊书，大旨谓：子之论文，六籍之外，七篇是宗；庙成宜有碑，曷操奇觚以志岁月。彝尊不敢让，谨以闻于师者具书于石，兼取外书遗意括为歌诗。其辞曰：

大人貌之，白羽之白轻兮；杨墨距之，白玉之白贞兮；万钟去之，白雪之白清兮。源泉混混，盈科后进；泰山岩岩，云天是参。昔先王肇祀三迁之里，春秋俎豆邹峄之趾。遗像在屋，坐以千年；林有灌木，井洌寒泉。懿矣，张公抚兹东土，维正学是崇，靡废勿举。生民以来，盛于尼父。圣克亚之，秩祀斯所。

娄一均《重修孟庙碑记》

孟庙之屹然峙于城南也，广可二十亩。周缭以垣，树林翁郁，桧柏参差，离奇挺秀。自戟门而递进，穹碑夹道，世远者皆模糊剥蚀，络以苍藤，莫能识也。历阶抠谒孟子，凝旒端拱，和蔼矜庄，俨然备四时之气。惟利国侯乐正子克侍坐于堂之东偏。余及门弟子以及有功圣教者，位序两庑而祀焉。殿后为寝庙。庙之左为邾国公、宣献夫人栖神之所。庙之右致敬有门，致严有堂。凡家庙斋厨仓库以次备列。夫庙之徙建于兹也，昉于宋宣和四年，迄今六百余载。其间升沈兴废，历历可稽。自我皇上于甲子岁发帑遣官修葺，始规制闳丽，峻宇苞基，丹楹碧瓦，阙里而外罕有媲美者。三十年来，墙颓屋圮，诚司土者之责。余于乙未秋捐资庀材，相继缮治，聊以告对越之虔。

窃念孟子生平愿学者孔子。战国去春秋未百年，世风日下而人心愈危，杨墨塞路，大道榛莽。孟子辞而辟之，以知言养气之学，上承尧舜禹汤文武周公孔子之绪，昌言仁义，表章六经，斥霸功崇王道，浩然之气充周两间。齐梁之君失其贵，滑稽之雄失其辩。惜无尊德乐道者，畀以有为之任，徒使尧舜君民之志、井田学校之规托诸空言已耳。然当异学争鸣之日，非孟子孰能回狂澜于既倒？韩昌黎谓其功不在禹下者，以禹能济洪荒之世运，孟子能正陷溺之人心，功力适相当耳。其明知世不可为，而栖栖道途传食诸侯，非即孔子辙环天下悲天悯人之意也哉！然余闻之，贤者不得志于时，必垂范于后。孟子生未获显其才、大其用，后世遵循遗教，诵法无穷。于汉则有荀卿、杨雄，隋唐则有王通、韩愈，宋则有程、朱理学，诸大儒为之讲明而传述焉。理道益彰则文明之治益盛。孟子之祀典宜与天地同悠久也。惟是他郡邑则配祀文庙，独于邹有专祀者，孟子诞生故里也。

宋景祐间，学士孔道辅知兖州，访孟子墓于四基山之阳。因建庙于墓专祀之。嗣是给祭田、予执役、录裔孙世守其官，皆兆于此。余分符令邹，读其书，履其地，愧未能法孟子型仁讲义之教，以导化斯民。然《诗》有云："高山仰止，景行行止。"每春秋祀事，睹树色之苍茫，抚残碑之历落，巍峨庙貌，历久常新，余低回留之不能去，岂敢以葺庙自伐微劳欤！爰为之记。

孟衍泰《敕修亚圣孟子庙感恩碑记》

惟我世宗宪皇帝允执道法，笃念前哲。御宇之七年，特降纶綍，下于大吏，将境内所有古昔陵寝祠墓，勤加巡视，防护稽查，务令严肃洁净，以展诚恪。所有应行修葺之处，着动用本省存公银两，委员料理。

惟我皇帝嗣服之元年，复颁德音。闻山东之少昊陵、帝尧庙及周公、颜子、曾子、孟子等庙共九处，迄今数载尚未兴工，殊属怠缓。着山东巡抚即委员确估报部兴修，务期工程坚固，可垂永久。亦不许委员浮冒侵欺，以致工程草率。

猗欤！盛哉！列圣相承，敷垂至教，惟我亚圣先祠所得以重新，爰及我苗裔世享无疆之休也。

惟时大中丞临洮岳公，布政使奉天郑公，下其事于郡守。仁和沈公而别驾成都黄公，滕尹富顺黄君，邹尹卢氏王君，实主会计。自亚圣殿而东庑西庑，而承圣门，而大门，而棂星门，而亚圣庙坊表，继往、开来坊表；后而寝室，而承圣之左右门，曰"知言"，曰"养气"；又自邾国公祠，而宣献夫人寝室，而家庙，而致严堂，而缭垣甬道，东出者曰致敬门，西出者曰启贤门；又圣祖仁皇帝御制碑亭，凡十有九处，黯者新之，败者易之，阙者增之。

凡用木之属，松八百六十九，橄一千三十一，楸十有七；石之属，为丈三百三十二；金之属，为斤四千四百二十二；砖甓之数二十五万三千一百三十一；琉璃之数三万三千一百四十二；垩为斤二十九万二千六百九十八；丹碧朱绿之属，为斤一万一千三百三十四；膏涂之属，为斤四千四百六十九。木之工凡五千二百九十八；雕之工凡一千二百八十四；石之工凡六百二十；垸之工凡二千二百四十；涂绘之工凡二千六百三十九；其夫工则七千九百六十四。统计白金九千三百七十两有奇。鸠工于乾隆元年十一月，迄乎四年三月告成。专修者，今邹尹鹿邑黄君。协理者，济宁州同万年钟君，四氏学学录曲阜孔君，鱼台驿宰大兴龚君也。

於戏！夫子泐而微言绝，我亚圣先祖实承厥绪。昌黎韩氏谓其功不在禹下，岂非以道统之传继起为难欤！念兹庙宇肇建于宋，逮今六百余年。风雨剥蚀，崩摧是惧。幸际圣天子心契性天，沛恩鲁邹，特发帑金聿新庙貌，规制宏丽，度越前古。非惟我子孙获将禋祀之诚，而我亚圣先祖陟降上下当亦深庆至道大行于文明之世矣。谨稽首而为之记。

娄一均《蠲免富村杂徭记》

余读四子书，至孟子历叙尧舜禹汤文武周公孔子之统，而终之以自任曰，近圣人之居，若此其甚。因思孔子生鲁昌平乡，而孟子邹人，未解所生之地。逮余来宰邹邑，至邹之北境，见有居民稠密，山川环抱之区，为之停骖而采风焉。父老告余曰："此亚圣孟子诞生处也。"《古纪》云：孟母梦有大人自泰山来，将止于峄，明旦，里人见有祥云五色环绕其宅，而孟子生焉。盖周烈王之四年四月初二日也，伊时名其地曰"孟孺里"，及晋魏时称"邹兴乡"。今又名"凫村"。尚有孟子故宅在焉。其后裔聚族而居，代有优崇之典，并无差役。前令勒石，已将集市行税供孟母祠堂之祀。

今邑之士庶，复请于余，为文以纪其事，勒石以垂不朽。余以诞育圣贤之乡，自与他境不同。今昌平、颜母诸山，樵牧有禁，而孟子有功于圣门，更复不小。其可使其子若孙，与编氓下里同供差役于熙熙皞皞之中，得毋负圣天子崇圣重道之心乎！爰令一切摊派、杂项概行豁除，以示优宠，至意后之莅斯土者，谅与余有同志也。夫是为记。

娄一均《重修孟庙记》

余生于兰亭禹穴之乡，仕于泗水东山之地，未尝不叹此生出处之幸也。邹为亚圣故里，迄今桑麻遍野，耕凿得时，尚礼仪，重廉耻，学校兴而孝悌敦，风俗淳而民情朴，彬彬乎有三代之遗风焉。固知亚圣教养之功千载如一日也。

亚圣有庙在城南一里，历朝奉诏重修，前令接踵修葺。我皇上龙飞之二十有五年，发帑金，遣达官，购良材，增修创造，宏伟壮丽，规模大备。垂三十余年风雨飘摇，栋楹不无摧折，檐角亦将毁坏，墙垣颓败，窗棂零落，使万世不祧之庙貌渐次倾圮，当亦守土者之责也。余于朔望瞻拜之期，每目击心伤，辄思缮理。顾工费浩大，积俸未深，仅于乙未岁将郕国公殿、宣献夫人殿暨暴书台先后修葺。

戊戌冬，特以修孟庙之举请于太守。金公欣然允诺，捐俸百金，立命兴工。再告诸僚友，共相饮助。遂卜于己亥季春之二十五日，选材备料，集众鸠工。贰尹杨君及世袭翰博之长公子，共董率其役，昼夜督催。摧折者易之，毁坏者更之，颓败者整之，大殿焕然矣。次寝殿、两庑，门户、窗棂、壁莫不重整聿新。凡三月而告竣。庙貌巍峨，辉煌丹碧，不诚巨观乎哉！

邑之绅士俱欢欣踊跃，以重整之功归余。然亚圣在天之灵，庙堂即偶尔倾颓，亦必有起而修葺之者。余不过仰体圣天子崇圣重道之心，郡公委任至意。且余亦幸出处之隆，藉此以垂不朽，荣宠多矣。其又奚敢恃为己力耶？至于亚圣功在天壤，千载而下莫不称之颂之，儿童妇女莫不仰之敬之，又何待余言之赘也夫！是为记。

孟尚桂《邑侯娄公重修先祖亚圣庙碑记》

尝观昔之为治者，学裕于平时，政成于服官。因革损益，治具固，已毕张，然以时势所遭，始终异值，不无缺略弗备之憾。惟我邑侯娄公，莅邹数载，政通人和，百废俱兴，接圣贤之心法，建圣贤之事业，于古圣先贤遗迹尤为加意。县治南吾祖庙，崇祀亚圣，累代俱有修葺。往来拜谒者观瞻所系。我公朔望展拜，春秋祭享，睹庙宇之倾圮，捐养廉之清俸，兴工修整于启圣斋房、东西两庑，以及曝书台、承圣门、致严堂，俱以完成，亦足以光庙祀之色矣。至于亚圣正殿，乃栖神妥侑重地，多历年所，栋宇摧崩，柱攲瓦败。我公久期修葺，以工费浩繁，有志而未逮。至己亥岁，奉文超升，高擢郡守。仁侯纶音在指顾间，引见伊迩，正需总核职掌清理簿书，以为赴都计。若庙庭殿宇之事，虽久欲成功，而时值迫切，不暇照理，大功之兴，不敢过望之我公矣。乃公谋始必欲图终，勤先犹期勖后，于将别我庙时，鸠工庀材，大兴工作，瘁匝月之精神，新千古之庙貌。轮奂丹垩，备极壮丽。与昔之事敝于垂成、功衰于末路者，岂可同日语哉！公是举也，有功于名教，闲卫于圣道，体朝廷崇隆之意，完上宪饰修之志，名垂青史，功留奕世，流芳宁有既极哉。

桂等感戴莫忘，无可报称，谨抒俚词，勒诸贞珉，以志不朽云而！

公讳一均，字秉轩，由岁贡升任郡守，系浙江会稽县人。

王禄朋《重修孟子庙记》

岁在焉逢执徐孟陬之月，邹县重修亚圣庙落成。外饬觚棱，中设黼帷，稽旧典也，备时巡也。圣天子崇儒重道，建中和之极，金声而玉振之。伏读睿制《亚圣赞》，昭回渊曜，参贲图书。凡在臣民咸得于卿云珥日之中，肃然想见泰山气象焉。

余先后恭膺简命，来守是邦。东瞻阙里，南望峄山，仰止景行，心窃向往。所为涵濡至教，又沐浴于久道，化成诗书六艺，弦歌洗爵。俯仰升降之节，以习其举措；祭祀养老之礼，以习其恭让。士皆敦行义而不偷，守训故而不凿，而诐淫邪遁之辞无所容于其间。是故风俗最为尔雅，抑亦守土之幸也。

乃者，频经亚圣之乡，仰瞻庙貌，愿切鼎新。方以河务未宁，鞅掌不遑。兹大工甫竣，恭逢圣天子銮辂省方，乔岳翕河，怀柔震叠。岁二月，东巡狩至于岱宗，爰幸阙里，释奠于先圣先师。庙学咸新，均荷颁金内府。余用是请于大吏，发项重修亚圣庙。属邹令张彬董其事，并邑之明经徐九贡相励而趋为之。门庭墙仞，载涂载塈。欂栌栾栱，是整是饬。寝庙闳深，斋宫严阂。轩阶厢庑，俨雅靓洁。经始于乾隆四十八年十月，三匝月而蒇事。计经费二千九百两有奇。张令于是知所务矣。此邦之士，相与探知言养气之本，究尽心知性之功，灼然见亚圣之辨义利而距杨墨者，其功不在禹下。各思以仁为安宅，以义为正路。循性善之旨，服大学之教。由博而约，自卑而高。于以答盛朝之乐育，接洙泗之渊源。是庙貌之新，其即五三六经之准的也欤。是为记。

康基田《重修孟子庙记》

邹县亚圣庙，遥配阙里，犹太室之有少室、岱宗之有东山也。孟子躬承道统，垂教后世，枌榆设立专祠，俎豆千秋。我朝崇儒重道，祀典载在秩宗，隆仪超绝前古，不悉数也。

余束发受书，既卒业七篇，仰严严气象，心窃向往。丁丑通籍后，系官江南，道出此邦，瞻拜堂下。自是而粤，而豫，而彭门，而吴会，而白下。前后数十年间，屡觐阙廷，经亚圣故里，数勤展谒。乙卯冬，移臬山左，诏兼河务。按部至邹，见殿宇廊庑多有坍圮，思葺未果。

今年春，奉天陈韵涛，以司马来摄郡篆，绰有循声，因与商谋从事。韵涛毅然自任，分廉俸葺而新之。不数月功成。自堂户庭阶以及门垣，楔绰涂腠墍茨，焕然改观。既乃丐余为文以志。余夙爱韵涛之廉慎明决能于殊事，尤喜其仰体国家崇儒重道之意，于余心适有合也。爰不辞而为之记。

孟毓瀚《重修亚圣庙感恩碑》

邹邑南始祖亚圣庙，巍然独峙。溯厥渊源，建于宋，重修于元、明。惟我朝重道崇儒，典更优渥。乾隆三年，遣官发帑，与至圣先师庙一体重修，规制闳丽，峻宇苞基，丹楹碧瓦，阙里而外罕有媲美。

二十二年丁丑，天子南巡回銮，驻跸峄阳。越翌日，朝至始祖亚圣庙拈香，颁赐匾联。隆礼优加，自古莫及。

第数年来，殿宇墙庑风雨侵蚀，形色残淡。矧闻圣驾明春南巡，道经邹邑。倘不预为修整，既无以对皇上之瞻视，又奚以妥始祖亚圣之灵也。

邑侯庞公目击心忧，即合余族众而谋之，若何补葺，若何粉饰，急需同力营修，谆谆劝谕。尊崇我始祖亚圣，惕励忧勤，可谓备至。族众承谕后莫不欣然乐输，共图修葺。又委县尉胡公董其事，朝夕至庙。征工僦功，完旧益新，并增建御制碑亭。凡十阅月告竣。乃安神栖，乃壮观瞻。余及族众沐盛朝眷顾之隆，而又以感庞公之德与胡公之勤劳，因勒之石，歌之以词曰：

惟此祖庙，亚圣式凭。自宋元明，我朝是矜。崇儒惟殷，重道以诚。既新厥宫，遹峻厥声。煌煌天语，巍焕斯亭。龙旗至止，瞻拜以躬。揭揭庞侯，载焕其闳。殷殷县尉，乃董厥成。泰山岩岩，以继孔庭。以瞻以仪，万古是贞。嗟予族众，罔敢不铭？

汪喜孙《孟母三迁祠断机堂碑记》

道光十六年，栗恭勤公以侍郎官山东、河南河道总督，出入兖州，履勘河道。经邹崇教门，见新碑矗立，询知为孟母三迁旧迹，断机处即在是。公径谒祠庙。于时桥堤难行，遂步于堂殿，见若亭台倾圮，为之怃然。嗣于是年冬，招孟雨山博士到济宁，授以白金二千，兴复三迁祠，并建坊于道旁，修圮岸之圮于水者。博士爰购木石，于明年春兴工，既勤既作。碑、三迁坊仍还旧观，增修石岸二十余丈。门殿墙垣、暴书亭台、洗砚池并焕然一新，皆公之力也。

昔姜嫄肇祀，仲子考宫，于古有徵，因而非创。盖自天命元鸟，诗咏关雎，商周之兴，实维妇德。史氏阙失，母教无传。迨于春秋，厥生孔孟。父既早世，两家孤儿。习礼陈笾，后先同揆。立言立德，于是始基。夫其过庭诗礼，远子非嫌。责善则离，易子而教。厥惟母德，一气相成。顾复之恩，逾于严父。严君之义，尊无二上。尊逾于母，威不逮慈。慈母之教，感于一气。坤道载物，地一承天。兴宗覆宗，岌岌殆哉！母德尚矣。公事因母如母，济宁士大夫共见之。唯其无忝所生，孝思锡类。斯乃仰止孟母之遗教，以为千古之为人子者劝。公清白乃心，取予不苟。燕处一室，状若书生。及见一善行，好行其德。典衣质钱，勇过贲育。生平行事，有裨于风俗人心者甚巨。以视世之布金钱、斋寺僧、造佛像，以求福禳灾，实足以见其妄耳！世之人内无以养其亲之志，又不能合天下之欢心以事其亲。积怍生愧，积愧生悔。顾媚祷于佛，妄冀生天。世如有佛，孰与奉其朝夕侍养之父母之为愈哉？矧以攘夺其君，刻剥其民，清夜扪心，乃以事佛。世如有佛，顾亦如贪官污吏之可以货取哉？传谓移孝作忠，又谓求忠臣必于孝子之门。世之显扬其亲者，当以恭勤公行事为天下之大经大法也。

公讳毓美，山西浑源州人。

马星翼《新建万子墓前享堂记》

昔孔子居鲁，七十子多鲁人，地使然也。孟子生于邹，弟子必多邹人。《史记》："孟子所如不合，退与万章之徒作《孟子》七篇。"万章为邹人益信。《孟子》旧本《尽心》篇末万章称"万子"，赵邠卿注已详言之，万章固孟子高弟也。

今邹治南十里有村名万村，村左古冢旧称万章墓。前明成化时，邑令肃宁、进士张君泰，立碑以表彰之。自是以来，春秋祭祀，皆由亚圣裔世袭翰林院五经博士孟府饬派族人职竞其事，万子后裔，久无考稽矣。其春秋祭品，由前令详请免该里一切差徭，备办牲牢酒醴，奉行惟谨，历久不辍。前翰博孟照亭先生袭世职之明年，亲诣万村，瞻仰万子墓碑。念牲牢虽设，栋宇未修，宜置享堂以肃祀事。限于支绌，弗克独任，附近善士，并为输将。适墓前双柏就枯，售价若干，遂创修享殿三楹，于道光己丑年月日落成。值先生养疴，未暇勒珉。今翰博孟雨山孝廉袭世职，思完先志，乃谋镌石以记，并于万子墓前更树丰碑。阖村任事诸君，咸有力焉。享殿既成，与亚圣庙隔一舍，相望如函丈间，俾过者咸肃然式敬，即五尺童子无敢樵采刍牧其垄，洵足妥先贤之灵而树吾道之卫也。

某占毕末学，闻风起兴，爰乐为载笔，藉以附名碑尾，益厚幸矣。

孟广均《重修断机堂记》

先圣母祠，肇修于元元贞时。正祠三楹，颜曰"断机堂"。历代修葺各有碑记，具详志乘。

国朝康熙七年，发帑遣内务府广储司员外郎督理重修。岁久敝损。先博士照亭公，于道光十年备文移县，详请修理。续因帑项待筹，三载以来未克鸠工。本年正月，均承祀事。仰瞻庙貌，不蔽风雨。谨奉神坐暂移于致严堂。阅夏逮秋，自输资财，竭力修葺。栋宇牖户，不敢有加，庶还旧观。上以妥圣母之灵，完先人之志。凡我子姓入斯祠者，尚懔然不忘断机之训，如亲听命、强勉行道、仁义乐善，不愧亚圣后裔，是均所兢兢焉。愿共励于无既者也。更复明示后人，倘遇祠宇稍有敝损，即宜早节经费，自行完缮。勿致淹岁月兴大工，糜国帑，而露神栖，以均今日事为前鉴也可。

孟广均《重修享堂记》

先大父国模公，于嘉庆己未倡率族众，重修享殿，泐碑垂示后人。近以年久倾圮东北隅。先君子照亭公，屡欲修葺，因道光庚寅，有司勘估林庙工程详报需时，有志未逮。今年春，坟山以内有枯柏二株，估价京蚨三十缗，族绅衍铺出资购去，因用其资作刷刊墓碑之费。敬遵制书，重为镌泐。计石工用钱二十五缗，犒工钱二缗，运脚钱十五缗。除衍铺柏价，不敷工费，均捐输钱十二缗。又修复享殿东北隅，工料一切复用钱六十缗，亦均所捐。

四月朔工竣之次，恭逢圣祖诞辰，谨备牲牢，致祭墓前。因宋景祐年间新建孟子庙碑，恐其风雨剥落，移于享殿西夹室内，并志其事于己未碑侧，以告方来云。

陈庆偕《重葺邹县述圣子思子庙记》

今上御极之元年辛亥春三月，余展觐回东，奉命校阅省西营伍，由泰安、沂州至兖州。公退之余，同岁生孟雨山博山投刺相见，以新葺邹县述圣子思子庙工将竣，属余为记。余弗敢辞。

窃惟邹为古邾国，穆公改邾为邹。昔子思讲学于此，孟子因得亲受业于其门。或谓孔子生周灵王二十一年庚戌，孟子生周烈王之四年己酉，相距百有三十年，世或不能相及。以此疑孟子为受业于子思之门人。不知孔子卒于鲁哀公十六年，又六十九年而穆公始立。子思生于孔子未卒之先，而受尊礼于穆公即位之后。时孟子年已十有余岁。其三迁秉母教之日，即受业子思之日，或无疑也。孟氏传孔氏之学，俾千古之道统不绝于今日。是子思当日之居邹其为时也甚暂，而其为功也甚大。

元元贞初，邹尹司居敬始即其讲堂遗址建为中庸书院，设思、孟像，春秋祀之，迄今五百六十余年。其年虽屡经修葺，第历年久远，渐就倾圮。伯海上公以为是孔孟两氏子姓事也，谋之博士，各任经费之半。博士复为之劝捐，任瘁始终其事。殿庑亭台，青石泊岸，焕然一新。可谓不忘先世师承之所自，有功于名教者矣。工始于道光二十九年五月，阅二十有四月而告成，时咸丰元年四月也。

第十九章　颂、赞、铭、诗

　　历代赞颂孟母、孟子兼及孟子师承的子思以及与之有关的庙、宅、祠、墓、书院等文物古迹的颂、赞、铭、诗是很多的，如果加上虽不直接咏诵孟子而将其作为圣人符号入诗者，那就更多了。这里所选取的，都是直接以孟母、孟子兼及子思以及与之有关事物的颂、赞、铭、诗，而作为圣人符号在诗中涉及者，一般都不予收录。

第一节　赞颂孟母和子思的颂、赞、铭、诗

一、赞颂孟母的颂、赞、铭、诗[①]

《孟母颂》
汉·刘向

孟子之母，教化别分；处子择义，使从大论。

子学不进，断机示焉；子遂成德，为当世冠。[②]

《孟母赞》
晋·左芬

邹母善导，三徙成教；邻止庠序，俎豆是效。

断机教子，广以坟奥；聪达知礼，敷述圣道。[③]

---

①　其下除注明引证出处者外，未注明者皆摘自历代修撰之《孟子世家谱》和《三迁志》。

②　刘向：《古列女传》卷一，电子版文渊阁四库全书。

③　梅鼎祚编：《西晋文纪》卷四，电子版文渊阁四库全书。

《圣人之孝十首之一·孟子》

宋·林同

如何年稍长，汲汲子思师。知是为儿日，三迁感母慈。①

明　朝

《题断机图》

吴　能

传称三迁教久矣，今睹是图，益信其母之贤也。盖子非母不能成如是之学，母非子不能显如是之名。子之圣由母而成，母之贤由子而著。此七篇之书所以继往圣而开来学者，说由母之一喻启之也。岂后日之伏剑剪发者可以同日而语耶！②

《孟母赞》

邓原忠

古有胎教，实谨厥初生焉，而长学可缓欤？学也者，师古训是式，日就月将，允有令德懿，惟孟母克教厥子。

始而三迁，慎其攸止。贤哉子舆，孔孙是师。师训惟谨，母言敢违。母也惟贤，断机以喻。中途辍学，日犹此故。断机难续，辍学曷成。缉之熙之，底于光明。人谁无母？克教者稀。间或有焉，孰喻以机？父而教子，且有未全。矧为母者，罕闻于世。有母若孟，厥子乃贤。有子若孟，母德著焉。知言养气，亦克允蹈。教明性学，治阐王道。人心斯正，杨墨斯辟。三圣是承，允矣宏绪。著书七篇，垂训远而。不有贤母，曷克若兹。峩峩峄山，钟灵发祥。曰古邾国，苗裔其昌。断机有碑，曝书有台。肯构肯堂，期而后来。我矢厥词，铭于坚石。世为母者，是傚是则。③

《孟母赞·断机》

李化龙

三迁辛苦傍书堂，始信慈亲有义方。一断机丝延圣绪，丈夫空自说刚肠。

《子思书院》

四楹精舍对南山，天下中庸在此间。一字微言绝孟氏，至今谁复叩贤关。④

---

①　林同：《孝诗》，电子版文渊阁四库全书。
②　刘培桂编著：《孟子林庙历代石刻集》，齐鲁书社 2005 年版，第 95 页。
③　《山东通志》卷三十五之七《艺文志》七《赞》，电子版文渊阁四库全书。
④　刘培桂编著：《孟子林庙历代石刻集》，齐鲁书社 2005 年版，第 257 页。

《三迁教子》

刘　浚

孟氏三迁宅已荒，至今犹说断机堂。丝成交匹勤方得，身入芝兰久自香。
俎豆容仪非贾衒，经纶事业岂寻常。母贤子圣谁能似，故里千秋尚有光。

《三迁教子》

廖　森

今古谁知孟母贤，殷勤教子地三迁。养蒙肯使为屠贩，学礼宁教戏豆笾。
一旦功夫私有淑，万年道统果能传。看来作圣皆由此，尽说天生未必然。

《谒孟母祠》

胡继先

几希道脉续唐虞，千古犹传母氏劬。断尽机丝成亚圣，子贤应有母应无。

清

《孟母赞》

张　益

千载传闻孟母贤，三迁遗迹古城边。观风何幸一瞻拜，俎豆溪毛共禋泉。

《孟母赞》

甘　茹

恤纬灯残风雨多，断机堂冷奈儿何。七篇织就天丝锦，羞杀苏家六国梭。

《孟母赞》

徐　炳

教子辛勤断机丝，古来慈母却严师。孔门不绝如线绪，延续绵绵在此时。

《题孟母墓》

汪舜民

古今相去二千年，犹有佳城古道边。若不三迁成子圣，封高马鬣也徒然。

《断机堂》二首

许国康

孟氏文章万古传，七篇高偃七襄悬。君家欲觅天孙巧，试问辛勤机杼边。
大峄当门孟母家，虚堂机杼自横斜。峄山疑是支机石，此日峰头向五华。

《孟母赞》

李 崑

当年不断机丝织，谁透斯文嗣续关。子圣经纶还可在，母贤今古若为班。

《孟母赞》

娄一均

鸡鸣肃肃诏庭前，鞠育劬劳圣母全。戏阻童心机一断，完成胎教里三迁。
敦诗说礼同严父，讲仁型义毓大贤。闺阁从来因子贵，馨香千古几人传。

《断机堂》二首

周 翼

机丝一断锦文开，亚圣经纶名世才。室卜三迁嬉俎豆，堂成千祀俯成隈。
河流邾国星源远，织仰天孙云汉回。万叠峦光声教远，暴书率训尚遗堂。

《断机堂》

张 琨

数楹古屋亚圣乡，残碑额曰断机堂。机鸣轧扎杳何常，教儿千载无缥缃。
晸哉坠绪寻茫茫，岁序如梭惟勿荒。横陈抒轴剪秋霜，相欺意矢毋相忘。
牴排异学立堤防，七篇炳炳传琳琅。组织千圣成文章，烂如天孙云锦裳。
繄惟母氏秉义方，孔颜之道炽而昌。庭垂古树凝烟苍，丽牲明月有余光。
门临流水清且长，三迁世泽绵无疆。

《断机堂》

章 忱

纷纷功利生当年，立教何如孟母贤。卓荦有怀超万古，辛勤无计却三迁。
机丝在机缘谁断，道学将湮自此传。下马登堂钦仰止，萧萧风木恨无边。[1]

《断机堂》二首

徐应征

暴书台近断机堂，子自高贤母义方。暴得七篇仁义在，中天丽日并争光。
峄山断碣辨嬴秦，野烧经残迹已陈。惟有此堂山下在，秋阳千古共嶙峋。

---

① 刘培桂编著：《孟子林庙历代石刻集》，齐鲁书社 2005 年版，第 170 页。

《孟母祠》

毕公嗣

孟子祠阴孟母堂，宛然慈训在其旁。暴书台畔中天日，织锦庭前午夜霜。
嬉戏迁来皆礼乐，机丝断处尽文章。母因子贵承恩宠，子以母成著义方。

二、颂子思、子思书院与暴书台①

宋

《子思子赞》

宋理宗　赵　昀

闲居请膺，世业克昌。可离非道，孜孜力行。发挥中庸，体固有常。入德
枢要，治道权衡。②

元

《子思墓》

郝　经

王陵象尼山，窒皇拟天阙。白石六十四，方正相倚迭。卿云绕龙隧，修竹
生马鬣。前却三代祖，宛与圣人列。乃是子思子，道贯祖孙一。颜夭曾始传，
心授相世及。大学宏纲举，中庸性理切。浩气有孟轲，六经复为七。向微三大
贤，圣统几废绝。尔来一千年，晦没无人说。韩李端绪开，伊洛本根揭。万古
唐虞心，日月光目睫。不必挥金锤，拜墓即亲炙。③

明

《中庸精舍》

章　忱

曾虑斯文失正传，故将心法讬遗编。至今留得经行处，夜夜虹光烛斗缠。④

《子思书院》

谢汝仪

杏坛遗迹总昭嘉，底事编摩到水涯。造物早为斯道虑，默将统绪寄邻家。

---

① 其下除注明引证出处者外，未注明者皆摘自历代修撰之《孟子世家谱》和《三迁志》。
② 潜说友：《咸淳临安县志》卷十一《御制御书道统十三赞并序》，电子版文渊阁四库全书。
③ 郝经：《陵川集》卷三，电子版文渊阁四库全书。
④ 刘培桂编著：《孟子林庙历代石刻集》，齐鲁书社 2005 年版，第 170—171 页。

《颂子思》

韩世能

圣学传心不在多，韦编三绝又如何？孙能念祖时中脉，揭出微言永太和。

《谒述圣祠》

刘　相

哲人梦奠几何年，会见仙源世泽延。一卷中庸承祖训，七篇仁义赖师传。
铎声嗣续家声重，洙水浸淫道流绵。企仰高风祠下拜，遗容寂寞草凄然。[1]

《书院感怀》四首

周邦仕

数椽精舍倚南城，传是思舆授受庭。清夜月明据动寂，疑闻堂上讲论声。
十年台北藏修日，诸子堂中切磋时。一自索居机渐断，到今谁复理残丝。
圣学从来无两宗，七篇仁义一中庸。莫将见解矜虚悟，好向伦常尽实功。
台东萧艾芊芊茂，台右芙蕖灼灼荣。却忆往年章令尹，只修精舍不修亭。

《贺子思书院落成》

徐应征

昔贤兹授受，后学仰宫墙。云何会式微，倾圮鞠草荒。彼哉唐汉间，湮没
为民扰。卓矣元司尹，恢复佥云良。吁嗟复黍离，兵燹酿沧桑。长风号古木，
榛莽趋蜩螗。讵无司土者，而不任肯堂。物理终代谢，否塞斯春阳。圣灵符梦
孟，感召西南方。美人膺视篆，释菜兴彷徨。亚圣庙聿新，精舍仍茫茫。昕夕
劳兢惕，咨度爰周详。捐措庀众材，子来不日襄。俄然成广居，吾道千载光。
景贤堂仰止，慎独轩允藏。重门时洞开，宏丽敞轩昂。洒洒亭池静，翳桧柏苍。
鸢鱼契道机，凫释供清觞。多士便乐育，私淑慊修藏。诵读与弦歌，杂沓声洋
洋。励精媲往喆，唐虞可梯航。爰思贤侯心，却顾虑且长。念兹举废典，道脉
之存羊。天意佑斯文，德星来发祥。共瞻落成者，慎勿道寻常。愿言勒贞珉，
亿祀咏甘棠。

---

[1]　刘培桂编著：《孟子林庙历代石刻集》，齐鲁书社 2005 年版，第 220 页。

清

《颂子思》

吕兆祥

圣孙思肖圣人翁，道大其如塞太空。忽下生平真手段，辟开天地说中庸。

《暴书台》

甘 茹

邹鲁斯文此大观，暴书台廻日三竿。仲尼去后秋阳在，无奈人心易十寒。

《暴书台》

徐 炳

两楹梦奠泰山颓，继统还须命世才。皓皓秋阳千古在，至今长照暴书台。

《暴书台》

韩世能

秋阳皓皓宫墙近，吾道中天万古辉。勤慕贤孙弘祖德，幸哉私淑得归依。

《暴书台》

胡继先

七篇仁义恐成淄，好事标台忆曝时。会得日章原自闇，鸡鸣那得十寒悲。

《暴书台》

许国康

台畔争传孟氏居，台端曾暴七篇书。也知五世秋阳烈，不复如今见蠹鱼。

《暴书台》

李 崑

郱国城边百尺台，碑传孟氏暴书来。莫言世远无灵异，时有文光烛上台。

《暴书台》

娄一均

台空何处觅残篇？仿佛秋阳丽远天。道载瑶编经日贯，卷开文藻斗霞鲜。
觚排异学知功业，力挽儒风即事权。皓皓不殊精气在，书光遥映薜荔烟。

《暴书台》

张 琨

台畔瞳瞳日映红，年年芳草漾微风。传来书卷归何处，只在经天离照中。

《暴书台》

陈方贺

峥嵘台榭倚晴空，烈烈秋阳暴不同。留得七篇仁义在，至今犹与日争雄。

第二节　赞颂孟子的赞、铭、诗①

赞
宋
《孟子赞》
宋理宗　赵　昀

道术分裂，柱子为书。既极而合，笃生真儒。诋诃杨墨，皇极是扶。校功论德，三圣之徒。②

《孟子赞》
韩　琦

昔周公之衰，仲尼已矣。战国相图，惟利之喜。诸子纷纷，乘弊而起。圣道之塞，实生荆棘。其谁辟之？独我孟氏。尧舜我吭。仁义吾齿，芟杨翦墨，路平如砥。驱彼后觉，一趋圣轨。惟先文公，盛道其美。醇而醇者，孟氏而止。欲观圣人，必自孟始。较其大功，盖禹之比。呜呼！道孰可拟，孔子之后，一人而已。③

元
《孟子赞》
蒲道源

大乱之时，列国分争。邪说并作，杨墨肆行。排斥异端，扶持周孔。岩岩太山，万仞高耸。④

---

① 　其下除注明引证出处者外，未注明者皆摘自历代修撰之《孟子世家谱》和《三迁志》。
② 　《山东通志》卷十一之三，电子版文渊阁四库全书。
③ 　韩琦：《安阳集》卷二十三，电子版文渊阁四库全书。
④ 　蒲道源：《闲居丛稿》卷二十二，电子版文渊阁四库全书。

明

《孟子赞》
桂　孟

邹有亚圣，绪承文宣。蒙教三迁，著书七篇。列国兵争，纵横迭用。
不有君子，邪淫益纵。天启秋淑，养气知言。绝利格非，弘本达源。
黜彼伯功，正此王辙。道著日星，义凛冰雪。若蚀载明，犹水之晶。
砥柱特嶷，镛孤鸣胚。东峤凌厉，西华惟贤。斯卓在圣，伊形逝神。
存昭兹九。闳爰瞻袤，千古同归。

《孟子赞》
陈凤梧

哲人既萎，亚圣斯作。距诐辟邪，正论谔谔。尧舜之性，仁义之学，烈日
秋霜，泰山乔岳。①

《孟子赞》
李　恪

发祥于峄，克生于邹。气象岩岩，砥世波流。慈训教豫，私淑学优。
辞辟杨墨，说藐王侯。绝麟而后，亚圣其尤。功高万古，惟禹可侔。

《孟子石像赞》
王特选

岩岩岱岳，拔出风尘。诸侯莫友，天子不臣。何期人爵，追破天民。
凝旒端冕，黼藻丝纶。依然盎脺，广誉施身。冠王屣霸，左义右仁。
服尧之服，佩孔之绅。庶几万世，如见其人。

《孟子像赞》
仲蕴锦

凫峄钟灵，笃生神异。母教迁三，孔门配四。黜霸尊王，型仁讲义。
至大至刚，沛塞天地。发明性善，耻言功利。距墨排杨，浩然正气。
德并禹绩，古今无二。宜享千秋，泽流后世。

---

① 《山东通志》卷三十五之七，电子版文渊阁四库全书。

《祀孟子歌》

尤　存

三圣不作，世违言湮。众泄泄兮，上距孔子，相去获麟，百余岁兮。

杨墨塞路，惑众诬民，乱冈治兮。仪衍连合，邪说纷纭，入欲肆兮。

驰佞骋伪，孰茇孰薰，国殄瘁兮。有开必先，山川出云，时之至兮。

哲人挺生，独任斯文，出其类兮。泰山岩岩，配禹超荀，功业炽兮。

命世亚圣，醇乎其醇，崇仁义兮。绍尧继舜，道传其身，赖不坠兮。

贵王贱霸，拔本塞源，拯极弊兮。性善微旨，养气知言，理昭晰兮。

万世作则，淑我后昆，开盲聩兮。圣贤既没，名教实存，宇宙利兮。

凫峄奕奕，洙泗沄沄，秀所萃兮。墓木从翳，千古夕曛，俨清闷兮。

春秋蒇事，有孝诸孙，信不匮兮。牲牷既洁，或炙或燔，神既嗜兮。

清酤既载，笾豆孔陈，礼乃备兮。钟磬琴瑟，勿相夺伦，乐斯肆兮。

于穆厥灵，来格明禋，保我嗣兮！①

《孟夫子赞》

李司荣

道辟孔为先天，道传谁为先觉。阐绎素王为素忙，欢承圣母为圣嗣。

仁义礼知为履屐，孝弟忠信为菽粟。七篇恐有仍会意，故谒门墙领化育。②

《虔告于亚圣孟夫子文》

王在晋

天生亚圣，上继绝学；肇此先知，以觉后觉。旨哉性善，民生秉彝；

惟尧与舜，人皆可为。幼学壮行，居仁由义；以昭时君，何必曰利？

圣门之徒，贱霸尊王；王不待大，奚有齐梁？浩气充塞，厥由善养；

当路于齐，齐王反掌。众言殽乱，邪僻浸淫；趋杨趋墨，亟正人心。

维五百年，诞生名世；感时拊膺，实关隆替。近圣之居，接地尼山；

夷清惠和，匪其所班。明善诚身，高谈性命；功不让禹，以承三圣。

晋抚兹土，远溯遗芳；三迁故里，徙倚宫墙。泰山岩岩，万代殊绝；

鲁国所瞻，景行先哲。羞谈管晏，俪美伊周；肃将俎豆，人已千秋。

---

①　刘培桂编著：《孟子林庙历代石刻集》，齐鲁书社 2005 年版，第 87—88 页。

②　刘培桂编著：《孟子林庙历代石刻集》，齐鲁书社 2005 年版，第 293—294 页。

仲尼既没，文在于此；风流尚存，私淑可矣。①

《孟子赞》

郄幼学

凫峄之阴，坤灵孕秀。爰毓亚圣，光前绝后。亚圣为谁？粤为孟氏。

道统传心，上接洙泗。杨墨塞途，大道榛芜。仪衍纵横，圣教不行。

不有哲人，生民聋盲。邹实有庙，祀享惟丰。祀享之礼，崇德报功。

巍巍榱桷，毁于兵火。日荐日祀，礼弗或展。翳被孝孙，孝孙思谅。

新庙是作，逡迤瞻仰。牲币载陈，笾豆簠簋。圣道昭明，天地终始。②

《孟子赞》

孙承恩

圣远道塞，异端并兴。岩岩子舆，三圣是承。命世大才，平治之具。用宁齐安，三代可致。

《祗谒先圣先师林庙，爰赋泰峄之篇》

徐有贞

巍巍泰岱，厥有孔圣。岩岩峄山，实生邹孟。继周继孔，文我先师。

学由慈训，才亚生知。王迹既息，麟经绝笔。术变申商，道乱杨墨。

人心陷溺，甚于洪流。夫子拯之，功与禹侔。一则曰仁，一则曰义。

仁义之外，所不言利。其黜者霸，其尊者王。一时之短，万世之长。

伊予小子，生后千祀。学孟之学，事禹之事。事也匪易，勉斯成之。

学也未至，进斯精之。大君之命，岂敢怠遑。先师之训，矧敢或忘。

河决既治，导山及邹。载访林庙，来观来游。爰暨藩参，亦有云孙。

敬将释菜，蘋蘩苾芬。浩然之气，凛然如在。尚畀予明，传心千载。③

《孟子赞》

白　镒

巍巍乎其庙貌之峻，岩岩乎其气象之尊，凿凿乎仁义七篇之论，卓卓乎统承三圣之门。噫！斯人也，先儒谓功不在禹下。愚以为万世永赖，老天地而常

---

①　刘培桂编著：《孟子林庙石刻集》，齐鲁书社2005年版，第296页。

②　刘培桂编著：《孟子林庙历代石刻集》，齐鲁书社2005年版，第113页。

③　刘培桂编著：《孟子林庙历代石刻集》，齐鲁书社2005年版，第147页。

存也欤！①

《谒孟庙》

徐大相

泰山岩岩，鲁邦所詹。异端充塞，师令戒严。大王小霸，筑薛及滕。
无父无君，获罪于天。王赫斯怒，爰整徒旅。歼厥渠魁，胁从罔治。
盗弄潢池，皆吾赤子。谁生厉阶，降此罪罟？周道如砥，会同有绎。
薪木未毁，松柏奕奕。帝曰吁哉，俎豆是亟。乃命司空，乃命太常，
经营祭告，寝庙辉煌。我来自东，京观道旁。哀鸿集野，百堵方将。
拜瞻遗像，惟有唏嘘。师泽未斩，国祚无虞。峄山苍苍，泗水淲淲，
于斯万年，弗替引之。②

清

《孟子赞》

爱新觉罗·玄烨

哲人既萎，杨墨昌炽。子舆辟之，曰仁曰义。性善独阐，知言养气。
道称尧舜，学屏功利。煌煌七篇，并垂六艺。孔学攸传，禹功作配。③

《御制孟子庙碑》

尼圣既往，夐矣音徽；后百岁余，圣绪浸微。尚异实繁，杨墨竟煽。
陷溺之祸，酷于昏垫。惟子舆氏，距诐放淫；以承先圣，以正人心。
述舜称尧，私淑孔子；正学修明，百世以俟。不有是者，斯道孰传？
宇庙晦雾，万物狂颠。我读其书，曰仁曰义；遗泽未湮，闻风可企。
岳岳亚圣，岩岩泰山；功迈禹稷，德参孔颜。刻石兹文，于祠之下；
诵烈扬休，用告来者。④

《亚圣孟子赞》

爱新觉罗·弘历

战国春秋，又异其世。陷溺人心，岂为功利？时君争雄，处士横议。
为我兼爱，簧鼓树帜。鲁连高风，陈仲廉士，所谓英贤，不过若是！

---

① 刘培桂编著：《孟子林庙历代石刻集》，齐鲁书社 2005 年版，第 198 页。
② 刘培桂编著：《孟子林庙历代石刻集》，齐鲁书社 2005 年版，第 302—303 页。
③ 《圣祖仁皇帝御制文集》卷二十五，电子版文渊阁四库全书。
④ 刘培桂编著：《孟子林庙历代石刻集》，齐鲁书社 2005 年版，第 329 页。

于此有人，入孝出弟。一发千钧，通脉永系。能不动心，知言养气。
治世之略，尧舜仁义。爱君泽民，惓惓余意。欲入孔门，非孟何自？
孟丁其难，颜丁其易。遇默故殊，道无二致。卓哉亚圣，功在天地。①

《题孟子书后》

王会之

七篇著书，实惟孟子。统承三圣，辩何能已。明达纯粹，文胜以理。
阅者色动，闻着风起。后有作者，弗可及矣。法言中说，揣摩形似。
皆道不足，强言者耳。在唐惟韩，得厥要旨。扶树大道，不野不史。
骋辞者华，章句者鄙。茫茫后来，谁堪继轨？

铭

明·郝幼学

邹国公庙承圣门者，知县事苏州崑山王璧所作也。庙徙在宋宣和间，元季毁于兵火。国朝平壹海宇，崇尚名教。前令桂孟既作新庙，洪武十一年十月立是门而规制始称。因为之铭曰：

承圣之门，将将翼翼。由义之路，居仁之宅。于惟邹公，功配神禹。继周绍孔，为世作矩。知言养气，仁义性善。尊王黜霸，予岂好辩？盛德孔彰，庙食斯堂。学徒莘莘，弦歌洋洋。出入是门，希贤希圣。是则是效，夙夕虔敬。继今葺之，勿骞勿崩。凡百君子，有考斯文。②

诗

南朝·宋

《有所思篇》

何承天

有所思，思昔人。曾闵二子善养亲。和颜色，奉晨昏，至诚烝烝通神明。
邹孟轲，为齐卿，称身受禄不贪荣。道不用，独拥楹，三徙既谇礼义明。
飞鸟集，猛兽附，功成事毕乃更娶。哀我生，遘凶旻，幼罹荼酷备艰辛。
慈颜绝，见无因，长怀永思托邱坟。③

① 刘培桂编著：《孟子林庙历代石刻集》，齐鲁书社2005年版，第363页。
② 刘培桂编著：《孟子林庙历代石刻集》，齐鲁书社2005年版，第112页。
③ 郭茂倩编：《乐府诗集》卷十九，电子版文渊阁四库全书。

唐

《拟梓州陈拾遗》

孙 郃

魏礼段干木，秦王乃止戈。小国有其人，大国奈之何。贤哲信为美，兵甲岂云多。君子战必胜，斯言闻孟轲。①

《解闷十二首》之一

杜 甫

李陵苏武是吾师，孟子论文更不疑。一饭未曾留俗客，数篇今见古人诗。②

《蜀江有吊》

郑 谷

孟子有良策，惜哉今已而。徒将心体国，不识道消时。折槛未为切，沉湘何足悲。苍苍无问处，烟雨遍江蓠。③

宋

《苏州曹琰虞部浩然堂》

梅尧臣

姑苏台上麋鹿号，夫差城中楼观高。荒榛尽已付明月，万古愤怒空秋涛。吴亡越霸能几日，后世扰扰犹鸿毛。孟轲善养浩然气，充塞天地无饥馁。慕而为堂亦有意，不学屈子成离骚。④

《诚明吟》

邵 雍

孔子生知非假习，孟轲先觉亦须修。诚明本属吾家事，自是今人好外求。⑤

《读孟子》

曾 巩

千载士推无此拟，一编吾喜窃窥观。苟非此道知音少，安有兹人得志难。机巧满朝论势利，疮痍连室叹饥寒。先生自是齐梁客，谁作商岩渭水看。

---

① 姚铉编：《唐文粹》卷十八，电子版文渊阁四库全书。
② 仇兆鳌：《杜诗详註》卷十七，电子版文渊阁四库全书。
③ 《御定全唐诗》卷六百七十六，电子版文渊阁四库全书。
④ 梅尧臣：《宛陵集》卷四十三，电子版文渊阁四库全书。
⑤ 邵雍：《击壤集》卷四，电子版文渊阁四库全书。

《孟子》

王　令

孟子不肯比伊尹，仲尼方可期文王。圣贤自得固厚重，庸俗始以己较量。

微生喜以佞面诋，臧氏恶非礼所当。惜哉二子不自重，以人可否何不详。①

《读孟子》

去梁无故又辞齐，弟子纷纷益不知。天下未平虽我事，己身已枉更何为。

后来谁是闻风者，当世何尝不召师。士要自高无顾世，遗编今亦有人疑。②

《孟子》

王安石

沉魄浮魂不可招，遗编一读想风标。何妨举世嫌迂阔，故有斯人慰寂寥。③

《读孟子》

彭汝砺

饱食无庸近素餐，低回还恐似墦间。黄昏一读遗编尽，梦寐清风亦厚颜。④

《杨朱》

吕南公

战国功名尺寸劳，先生持论异吾曹。孟轲解辩承三圣，后世谁曾拔一毛？⑤

《即事六言》七首之一

吕本中

游夏一辞不措，非关未究源流。直至孟轲没后，无人会读春秋。⑥

《杂兴十首》之一《以贫坚志士节病长高人情为韵》

陆　游

孟子辟杨墨，吾道方粲然。韩愈排佛老，不失圣所传。伐木当伐根，攻故当攻坚。坐视日月食，孰探天地全。一木信难恃，要忧大厦颠。安得孟韩辈，出为吾党先。⑦

---

① 王令：《广陵集》卷十二，电子版文渊阁四库全书。
② 王令：《广陵集》卷十三，电子版文渊阁四库全书。
③ 王安石：《临川文集》卷三十二，电子版文渊阁四库全书。
④ 彭汝砺：《鄱阳集》卷十一，电子版文渊阁四库全书。
⑤ 吕南公：《灌园集》卷六，电子版文渊阁四库全书。
⑥ 吕本中：《东莱诗集》卷十九，电子版文渊阁四库全书。
⑦ 陆游：《剑南诗稿》卷五十二，电子版文渊阁四库全书。

金

《孟子》

赵 鼎

战国纵横际，姬周丧乱余。圣经浑扫地，为著七篇书。

《敬谒孟子庙》

老诞佛夷惑后来，诸方弘构切云开。先师立教尊姬孔，其土一祠犹草莱。①

元

《读孟子》

侯克中

上下交征逐末流，力陈仁义说诸侯。衍仪巧构当时祸，杨墨深贻后世忧。
养气每云无助长，放心惟恐不知求。吾儒尚有疑非论，所见皆偏恐未周。②

《感兴二十一首》之二

叶懋仪

泰山何苍苍，雄镇屹邹鲁。层云起肤寸，大泽滋九土。孟轲仁义儒，懿德
垂万古。高辞动君王，浩气塞寰宇。人生天壤间，积厚施必溥。若为大鹏飞，
九万斯一举。③

明

《孟子祠》

薛 瑄

邹国丛祠古道边，满林松柏带苍烟。远同阙里千年祀，近接宣尼百世传。
独引唐虞谈善性，力排杨墨绝狂言。功成不让湮洪水，万古人思命世贤。④

《重谒孟庙，次薛文清公韵志感》

王华商

每来重谒绮城边，桧柏森森赠紫烟。并俎孔颜千祀典，中天仁义七篇传。
羞捐幼学从时好，矢发淫辞卫圣言。二氏狂澜今更沸，凭谁砥柱继前贤。⑤

---

① 刘培桂编著：《孟子林庙历代石刻集》，齐鲁书社 2005 年版，第 13 页。
② 侯克中：《艮斋诗集》卷一，电子版文渊阁四库全书。
③ 鄱阳史简编：《鄱阳五家集》卷十一，电子版文渊阁四库全书。
④ 薛瑄：《敬轩文集》卷十，电子版文渊阁四库全书。
⑤ 刘培桂编著：《孟子林庙历代石刻集》，齐鲁书社 2005 年版，第 142 页。

《答张梧州书中议李世卿人物庄定山出处熊御史荐刬所及》

陈献章

德行文章要两全，乾坤回首二千年。自从孟子七篇后，直到于今有几贤？①

《次韵张廷实读伊洛渊源录》

往古来今几圣贤，都从心上契心传。孟子聪明还孟子，如今且莫信人言。②

《听诵孟子三乐章》

吴与弼

一听邹书三乐辞，肃容敛衽起遐思。系天人处犹能得，自致云何不念兹。③

《读孟子》

夜气向虚朗，剪烛更已深。大哉仁义言，沃我萌蘖心。才质各高下，性命无古今。圣贤恳垂训，而我何陆沉。④

《咏怀三十首》之一

明·沈炼

孟轲本吾师，辅世游齐梁。谈辞霏玉屑，旷荡仁义场。一言已有余，千言犹未央。借问此何为，杨墨充四方。邪说塞皇猷，诐行成梯航。禽兽食人肉，世道两以丧。君子心不忍，齿舌流否臧。为道立赤帜，照灼日月光。是非以析然，邪伪安所藏。多言鬼所嫉，无言安能详。⑤

《首谒亚圣公题诗》

桂　孟

七篇述作振儒宗，绍圣恢宏盖代雄。杨墨已归王道正，齐梁未悟霸图空。书藏老屋苍苔雨，庙枕荒郊古木风。藻荐一杯浇断础，拟将微力效前功。⑥

《拜亚圣庙赋诗以纪其实二首》

宜　阳

四海衣冠仰圣门，千年庙貌道为尊。泰山气象岩岩在，邹国英风凛凛存。

---

①　陈献章：《陈白沙集》卷六，电子版文渊阁四库全书。

②　陈献章：《陈白沙集》卷六，电子版文渊阁四库全书。

③　吴与弼：《康斋集》卷六，电子版文渊阁四库全书。

④　吴与弼：《康斋集》卷一，电子版文渊阁四库全书。

⑤　沈炼：《青霞集》卷五，电子版文渊阁四库全书。

⑥　刘培桂编著：《孟子林庙石刻集》，齐鲁书社 2005 年版，第 85 页。

柱石斯文关世教，栋梁宗祀见云孙。勾稽式遂游歌顾，再拜同沾罔极恩。

亚圣有孙能报本，一新堂构不忘初。发挥邹鲁文风盛，经始乾坤劫火余。

世值隆平千载运，道存今古七篇书。况逢圣祖兴儒术，奎壁光芒夜灿如。①

《谒孟庙谨赋诗以记岁月》

吴　能

郰娄城廓白云边，林木苍苍尚肖然。金石动封知几代，藻苹荐祀几千年。

雨节家家迷书屋，秋谷离离满墓田。今日丹青重绘画，邑人犹说子孙贤。②

《邹县谒孟子庙》

茅大方

邹国城东有旧祠，冕旒遗像俨威仪。母贤昔者三迁教，子圣今为百世师。

故里尚传羞俎豆，新碑还刻断机丝。焚香拜手登车去，千古无忘义利辞。③

《谒孟子庙》二首

黄仲方

姬辙东迁道日昏，天生亚圣阐微言。七篇仁义摧杨墨，百世光华配孔门。

庙古桧松涵雨露，碑明日月照乾坤。旬宣歍自斯文出，樗质无能答圣恩。

郰城南面峄山岑，亚圣遗祠振古今。王道系陈功济世，机丝初断母劳心。

云飞画栋开金碧，树绕门墙带夕阴。冠冕堂堂严祀典，清风百世播徽音。④

《谒孟庙》

杨　贡

乔木参天饶古祠，晓从阶下拜先师。泰山北斗瞻依处，烈日秋霜辩论时。

仁义七篇蒙启迪，纲常万世赖扶持。乘骢有幸来邹邑，远想仪形不忍离。⑤

《谒孟子庙》

程敏政

缅想仪容慕倍深，岩岩气象重南金。养成慈母三迁训，力正生民万代心。

①　刘培桂编著：《孟子林庙石刻集》，齐鲁书社 2005 年版，第 103—104 页。

②　刘培桂编著：《孟子林庙石刻集》，齐鲁书社 2005 年版，第 94 页。

③　刘培桂编著：《孟子林庙石刻集》，齐鲁书社 2005 年版，第 124 页。

④　刘培桂编著：《孟子林庙石刻集》，齐鲁书社 2005 年版，第 140 页。

⑤　刘培桂编著：《孟子林庙石刻集》，齐鲁书社 2005 年版，第 143 页。

仁义扩充开闭塞，波澜顿挽起湮沉。漫追往日雄辞辩，盛大流行法古今。①

《颂孟子》

徐　毅

素王既没已多年，继统当时属大贤。仁义功勋垂七国，诗书世泽赖三迁。

斯文不坠泉归峡，圣道重明日丽天。庙食而今千古祀，绵绵瓜瓞见曾玄。②

《谒孟子庙》

金　湜

道从东鲁得真传，其奈时逢战国年。世尚仪秦心易失，人归杨墨病难瘳。

先生自广知音地，后学难通养气天。北斗泰山千载下，经过有客拜祠前。③

《祇谒先师邹国亚圣公庙》

林　荣

纷纷功利惑当时，斯道绵延一线垂；力扫淫邪继周孔，高谈仁义斥秦仪。

长松欲拔绳先系，大厦将颓木已支；千古峄山山下庙，路人来往不胜思。④

《拜谒亚圣公祠》

袁　镐

高谈仁义鄙苏张，力救人心距墨杨。拔本塞源昭烈日，遵王贱霸凛秋霜。

九州禹迹功何下，万世宣尼道有光。泰阜岩岩瞻望表，白云千仞树苍苍。⑤

《拜咏亚圣词》

乔　缙

亚圣祠堂枕市廛，晓来再拜忆当年。学承慈母三迁教，道接宣尼百世传。

拔本塞源分义利，尊王贱伯著经权。泰山北斗人瞻仰，气象于今尚俨然。⑥

《谒亚圣庙》

尹　直

晓从阙里过邹城，祇谒先贤竭素诚。翼翼宫墙严自昔，岩岩气象懔如生。

① 刘培桂编著：《孟子林庙石刻集》，齐鲁书社 2005 年版，第 143 页。
② 刘培桂编著：《孟子林庙石刻集》，齐鲁书社 2005 年版，第 156 页。
③ 刘培桂编著：《孟子林庙石刻集》，齐鲁书社 2005 年版，第 157 页。
④ 刘培桂编著：《孟子林庙石刻集》，齐鲁书社 2005 年版，第 161 页。
⑤ 刘培桂编著：《孟子林庙石刻集》，齐鲁书社 2005 年版，第 162 页。
⑥ 刘培桂编著：《孟子林庙石刻集》，齐鲁书社 2005 年版，第 164 页。

七篇总是传心学，千载咸称亚圣名。后学服膺遗训久，道非尧舜不前呈。①

《拜谒孟庙，勉裁荒诗一律》

普　晖

辒车款款兖城来，拜手祠前瑞日开。救世功成三圣统，传心道沃七篇才。
王侯不入明珠眼，天地何惭浩气怀。缅想当年师母教，断机堂接暴书台。②

《谒亚圣庙》

赵　炯

风送区区谒庙来。墨花偏向此时开。森森古柏啼幽鸟，落落残碑锁绿苔。
气象泰山难料想，纲常大道孰修栽。圣贤门下莫云躁，欲待无言似未来。③

《复谒亚圣庙，敬赋一律》

马文升

天生亚圣末周时，只为人心久陷之。道统百年资继续，纲常千古赖扶持。
内仁外义言何切，辟墨排杨论更奇。两度经过拜祠下，仰瞻遗像慰退思。④

《邹县谒亚圣祠诗》二首

耿　裕

风采当时俨泰山，至今懔懔邈难攀。高名腾溢堪舆外，浩气冲凌斗汉间。
千古论功同禹稷，万方配享次曾颜。遗经谆切明仁义，圣道昭昭总赖闲。
地邻阙里水宗沂，秀毓真儒万古辉。集义早承三圣统，辟邪深距二家非。
侵云祠宇人争仰，避日松楸鸟退飞。功烈允宜神禹并，昌黎笃论摸能违。⑤

《展谒邹国亚圣公祠下，强成一律》

黄　肃

停骖祠下谒先贤，遗像岩岩尚俨然。洙泗溯源承正脉，泰华登顶小群巅。
功同神禹七篇力，道继宣尼十哲前。庙食直随天地老，云仍簪绂更绵绵。⑥

---

① 刘培桂编著：《孟子林庙石刻集》，齐鲁书社 2005 年版，第 164 页。
② 刘培桂编著：《孟子林庙石刻集》，齐鲁书社 2005 年版，第 165 页。
③ 刘培桂编著：《孟子林庙石刻集》，齐鲁书社 2005 年版，第 168—169 页。
④ 刘培桂编著：《孟子林庙石刻集》，齐鲁书社 2005 年版，第 166 页。
⑤ 刘培桂编著：《孟子林庙石刻集》，齐鲁书社 2005 年版，第 167 页。
⑥ 刘培桂编著：《孟子林庙石刻集》，齐鲁书社 2005 年版，第 172—173 页。

《谒亚圣公庙》

赵鹤龄

巍巍庙貌泰山连，古木苍苍雨露偏。仁义七篇开万世，豆笾四配本三迁。
当年不轨攻邪说，后学何由仰正传？最是此功高大禹，皎然日月丽中天。①

《谒孟子庙》

陈效

斯文一线讬谁存，夫子能开作圣门。手著七篇皆正论，自承三圣岂空言。
堂堂庙貌光慈母，奕奕书香被远孙。明月照人祠下拜，也传糟粕沐余恩。②

《谒亚圣庙，用薛文公韵聊写数语》

邵贤

新庙岩岩碧汉边，一奁香火散轻烟。七篇仁义扶名教，万古斯文得正传。
心在辟邪兼翼正，气惟善养更知言。抠衣此日趋庭拜，重叹三迁母氏贤。③

《谒孟子庙》二首

顾潜

城南松柏翠参差，崛起门墙亚圣祠。灵秀尚看山水在，大名长共日星垂。
分明千载生贤地，辛苦三迁教子时。道德只今难尽述，且循阶下读穹碑。
七篇高论述先王，今古追尊道愈光。祠宇一新逢圣代，轺车三宿重公乡。
云仍不断衣冠泽，凫峄犹含草木香。幸自髫年嗽芳润，载瞻仪象奠椒浆。④

《谒孟子庙》

汪铉

源源洙泗几湮塞，一脉流长赖濬通。救世七篇仁义训，辟邪千载禹周功。
文章烨烨星河远，气象岩岩泰岳崇。瞻拜不胜歆暴处，孙枝犹复有遗风。⑤

《谒孟子庙》

杜璋

天生亚圣此邦中，气象岩岩论辩雄。道学相传尧是祖，异端力距禹同功。

---

①　刘培桂编著：《孟子林庙石刻集》，齐鲁书社 2005 年版，第 173 页。
②　刘培桂编著：《孟子林庙石刻集》，齐鲁书社 2005 年版，第 178 页。
③　刘培桂编著：《孟子林庙石刻集》，齐鲁书社 2005 年版，第 179 页。
④　刘培桂编著：《孟子林庙石刻集》，齐鲁书社 2005 年版，第 179—180 页。
⑤　刘培桂编著：《孟子林庙石刻集》，齐鲁书社 2005 年版，第 181—182 页。

当时王道虽空说，后世斯文自有宗。万代皇朝褒崇厚，簪缨世世继家风。①

《谒孟子庙》

孔公璜

历览遗踪眼界赊，有功严祀际亨嘉。纪侯故国啼山鸟，邾子荒城绣野花。
邹鲁斯文同一脉，古今乔木第三家。缅怀性善称尧舜，千载人心泳圣涯。
大贤天挺出人寰，气象岩岩拟泰山。仁义高谈吾道重，纵横不主霸图闲。
千年灵秀钟凫峄，百代衣冠亚孔颜。快睹我皇荣世翰，纶音飞下五云间。②

《谒先师邹国亚圣》

罗　璟

夫子精神对越前，平生景仰在真传。功承三圣言皆正，王劝诸君事有权。
大道已无棒棘塞，遗书终并日星悬。升阶再拜怀千古，三复知言养气篇。③

《谒孟子庙》

熊　相

古邑溪湖下，峄峰如笔奇。神灵生亚圣，道统继宣尼。慈母三迁教，斯文百世师。家声振贤胤，余泽尚无涯。④

《谒孟子庙》

胡　桢

古邹峄降神，先孟钟灵盛。早领训三迁，卒能成亚圣。七篇著述醇，百代知崇正。继往复开来，素王功与并。⑤

《谒孟子庙》

徐文溥

冠佩岩岩耸太行，百年庙祀峄山阳。论功不在元圭下，谈性应为阙里光。
云护宫墙春杳杳，露涵松桧晓苍苍。于今战国风仍在，感慨祠前一瓣香。⑥

---

① 刘培桂编著：《孟子林庙石刻集》，齐鲁书社 2005 年版，第 185 页。
② 刘培桂编著：《孟子林庙石刻集》，齐鲁书社 2005 年版，第 186 页。
③ 刘培桂编著：《孟子林庙石刻集》，齐鲁书社 2005 年版，第 187 页。
④ 刘培桂编著：《孟子林庙石刻集》，齐鲁书社 2005 年版，第 187—188 页。
⑤ 刘培桂编著：《孟子林庙石刻集》，齐鲁书社 2005 年版，第 188 页。
⑥ 刘培桂编著：《孟子林庙石刻集》，齐鲁书社 2005 年版，第 189 页。

《谒孟庙》

谢汝仪

时衰诐行梗长途，大厦全凭一木扶。吾道七篇照日月，异端曲径自榛芜。

千年教淑应无尽，三圣功同信不迁。庄诵遗编徒斗仰，旧闻今始映瞻趋。

木铎声空正学孤，独嘘余烬烜寒炉。道尊尧舜开群惑，功鄙桓文窒畏途。

养气知言由自得，井田设学见宏图。齐梁岂足兴王业，徒使观风式楷模。①

《颂孟子》二首

吴廷赞

功覆斯民系不孤，云仍犹自守寒炉。帝王报德新祠宇，冠带修禋杂道途。

家第旧颁博士爵，闺门长讲断机图。几篇贱伯尊王论，万古君师作范模。

杨墨纵横蔽正途，斯文日月赖匡扶。岩岩遗像栖清庙，寂寂闲廊锁绿芜。

断碣烟埋文散乱，重门昼掩迳延迁。野棠开处空流水，执帛雍容自进趋。②

《谒孟子庙》

张　衮

万古英贤孟夫子，浩然天地即吾庐。挚言学者操存要，不上侯王战伐书。

庙貌风云犹色笑，墙阴桧柏挺扶疏。七篇配禹功非小，三圣承传道不虚。③

《谒孟子庙》

张国纪

有天须有吾夫子，无日堪无亚圣公。一脉可容时暂息，百川永赖障之东。

堂高数仞原非志，庙享千年合食功。屹屹碑前留使节，岩岩阶下仰遗风。④

《孟子》

罗　玉

辞严义正七篇存，气象岩岩恭华尊。列国有君能定一，免教夫子费多论。⑤

---

① 刘培桂编著：《孟子林庙石刻集》，齐鲁书社 2005 年版，第 191 页。

② 刘培桂编著：《孟子林庙石刻集》，齐鲁书社 2005 年版，第 192 页。

③ 刘培桂编著：《孟子林庙石刻集》，齐鲁书社 2005 年版，第 196 页。

④ 刘培桂编著：《孟子林庙石刻集》，齐鲁书社 2005 年版，第 196—197 页。

⑤ 刘培桂编著：《孟子林庙石刻集》，齐鲁书社 2005 年版，第 197 页。

《颂孟子》二首

郑　威

斯非庙貌气如存，此日相过得入门。万仞抗时真壁立，七篇示我总昌论。

风回马首尘初净，峄山云头秀独尊。不尽瞻依千载意，独从鲁泗重穷源。①

《谒孟庙鄙律一章》

陈　洙

邹国生乔木，舆人制绝伦。方员臻法象，绳墨起经纶。一贯承环辙，三迁悟斲轮。谋玉如畅毂，载道似文茵。负乘羞杨墨，争驰劣慎荀。善端知驭远，义利见由真。适魏辕从北，之齐驾入秦。轻轩既有碍，推挽已无人。愿学追先轨，息邪式后闻。王公焉并驾，妾妇自奔尘。制较安于命，轻车转箸神。穷梁天地近，步骤古今新。参伋忻绳武，颜曾幸有邻。临轩一瞻拜，凭几思无垠。②

《颂孟子》

李　禥

亚圣堪奥秀，规模迈等伦。高轩环郡国，倾盖著丝纶。仁义驱千古，知行妙两轮。仪秦时结驷，唇吻博重茵。正学凭舆卫，虚车失老荀。百王怜迹熄，一理认途真。洙泗逻遗辙，山溪轹莽蓁。指南非独步，承禹竟谁人。诡遇禽羞获，迁居道已闻。七篇垂德范，末路仰香尘。折辐生前厄，腾光俎落神。载输身世远，轮奂寝堂新。想象冲频倚，鸣鸾式有辚。执鞭嗟罔及，濡轨济无垠。③

《谒孟子庙》

毛伯温

入邹祇谒孟夫子，浩气堂堂俨若生。尧舜以来惟此道，孔颜之后独高明。

峄山秀色凌层汉，泗水清流绕故城。川上高风渐后学，云烟松柏不胜情。④

《谒孟子庙》

吴廷翰

从游不及三千列，名世还期五百年。齐国爱牛伤赤子，鲁君回驾任苍天。

---

①　刘培桂编著：《孟子林庙石刻集》，齐鲁书社 2005 年版，第 199 页。

②　刘培桂编著：《孟子林庙石刻集》，齐鲁书社 2005 年版，第 199—200 页。

③　刘培桂编著：《孟子林庙石刻集》，齐鲁书社 2005 年版，第 200 页。

④　刘培桂编著：《孟子林庙石刻集》，齐鲁书社 2005 年版，第 201 页。

两间浩气风云塞，万古人心日月悬。瞻仰泰山增痛叹，溯洄沂水识真传。①

《谒亚圣公庙成咏》

沈 教

森罗柏桧覆官陴，一体师徒享祀宜；气象泰山还有教，渊源洙水亦闻之。

道陈尧舜宾师位，论析霸王战国时；千圣承传能有尔，生憎非者与多疑。②

《谒孟庙》

王廷干

神庙郁青葱，石楼邹国东。源分洙泗水，殿拂泰山虹。苔积碑迹古，人厄道不穷。钦拜光辉丽，犹疑谒圣躬。③

《谒孟子庙》

周昌龄

翼翼蚉祠沂水东，岩岩气象坐春风。七篇仁义灵霄上，万世经纶宇宙中。

论性养心传道统，分庭抗礼藐王公。古今亚圣斯文主，天下尊崇祭祀同。④

《谒孟子庙》

费 宷

数仞宫墙地，三迁俎豆风。弘才真亚圣，上爵称元功。门对千山雪，坛深百尺松。瓣香斜日外，企敬自儿童。⑤

《谒孟庙》

王 瑛

落日邹城路，仓忙一拜儒。风尘嗟俗吏，仁义仰真儒。野色连秋树，山光照镜莫。岩岩千载象，犹自肃松枢。⑥

《峄山下瞻企孟夫子一首志感》

邵经邦

邹圣分可作，峄山模自奇；雪封秦汉石，壁立帝位师。千仞翔威风，孤桐

---

① 刘培桂编著：《孟子林庙石刻集》，齐鲁书社 2005 年版，第 202 页。

② 刘培桂编著：《孟子林庙石刻集》，齐鲁书社 2005 年版，第 203 页。

③ 刘培桂编著：《孟子林庙石刻集》，齐鲁书社 2005 年版，第 205 页。

④ 刘培桂编著：《孟子林庙石刻集》，齐鲁书社 2005 年版，第 205—206 页。

⑤ 刘培桂编著：《孟子林庙石刻集》，齐鲁书社 2005 年版，第 206 页。

⑥ 刘培桂编著：《孟子林庙石刻集》，齐鲁书社 2005 年版，第 207 页。

见羽仪；孔庭尚琴瑟，吾道有著龟。①

《谒孟子庙》
毛一言

绝学承先圣，遗言启后生。桓文元异道，邹鲁却齐名。万世开新庙，层峦壮古城。岩岩瞻气象，敬仰有余情。②

《谒孟庙有作》
彭儒赠

数千余载殿遗芳，瞻望堂阶拜舞狂。太岳尚留真气象，高封难掩大文章。谁云迂阔谈仁义，雅俗追寻作禹汤。荐得瓣香刚一把，恍疑精爽自洋洋。③

《寓邹县有感》二首

回首云山几万重，马头旌旆漾西风。峄峰无改当时秀，孟庙犹存继禹功。千里宦途思报国，一身踪迹寄飘蓬。邮亭信宿催征骑，何处鸡声动晓钟。

峄山高高多仰止，野人辟室等蓬台。苍松不动鹤先舞，老竹无端凤自来。万里乾坤空眼界，一天风雨洗尘埃。天真浑觉忘机者，笑杀人间也种槐。④

《行县至邾城有作》三首
张　意

致君尧舜七篇中，其奈齐梁不叟庸；气象岩岩昭庙貌，穿碑高并峄之峰。

手授中庸道一编，斯文正印属真传；暴书台古怀贤立，尼阜云生势欲连。

千载传闻孟母贤，三迁遗迹古城边；观风何幸一瞻拜，俎豆溪毛共涧泉。⑤

《谒孟庙》
闵　旦

间气钟光岳，英贤会挺生。才真宣圣亚，学成大儒名。正道廓如路，邪谋扦若城。春秋隆庙享，万古慊人情。⑥

---

① 刘培桂编著：《孟子林庙石刻集》，齐鲁书社 2005 年版，第 207—208 页。
② 刘培桂编著：《孟子林庙石刻集》，齐鲁书社 2005 年版，第 208 页。
③ 刘培桂编著：《孟子林庙石刻集》，齐鲁书社 2005 年版，第 209 页。
④ 刘培桂编著：《孟子林庙石刻集》，齐鲁书社 2005 年版，第 209—210 页。
⑤ 刘培桂编著：《孟子林庙石刻集》，齐鲁书社 2005 年版，第 210—211 页。
⑥ 刘培桂编著：《孟子林庙石刻集》，齐鲁书社 2005 年版，第 211 页。

《颂孟子》

戴 金

孔铎微沉响，斯文晦复章。粹淑先钟母，英姿始发祥。四端起心钥，吾徒正气扬。麟经续绝笔，七篇立巨防。片言百世师，吃紧处更详。每于清夜时，参神夫子旁。果然百感寂，主翁时敛藏。善念自兹充，如谷之有房。继之以集义，勿助与勿忘。循循日复日，即此是梯航。当时岂无遇，功业劣齐梁。汉宋迄今时，诸儒宗派长。沂流接洙水，提挈先有纲。尊崇与善学，孳孳翼孔堂。功不在禹下，列宿同耿光。①

《谒孟子庙》

郑 芸

传心宗孔圣，得统列颜曾。卫道功齐禹，经田法在滕。古松摩汉斗，世泽衍云仍。太岳俨遗像，庙堂幸陟登。②

《谒亚圣先师孟夫子庙》

孙应奎

仲尼不作生夫子，统承先圣忧盲否。发明仁义扩齐梁，开陈王道见经纪。
于时朱翟漫塞途，杞柳猖狂复湍水。力排峻决穷其归，揭言性善明宗旨。
孩提爱敬本知能，知能天有仁义已。克此浩气塞天地，达此明良追喜起。
发端用力在毫厘，不为不欲心焉耳。吾道自此行江河，诐淫邪遁斯风靡。
大功信不在禹下，乾坤位列有双峙。如何易简复蓁芜，后生诵说徒孔氏。
词章技术齐墦间，昏夜哀怜同梦死。我生千载幸有依，良知圣学如掌指。
却惊请事三十年，犹疑江汉无涯涘。心生忽惰助与忘，未由动静归于指。
隙驹恨莫挥鲁戈，志尹空怀匹夫耻。问俗驱车阙里来，肃瞻遗像咨芳轨。
徘徊松桧百年心，天籁悠悠如命已。章丑犹能记七篇，斯文后此当谁似？③

《谒孟夫子庙》

刘 相

战国晓晓正气收，天生亚圣显东邹。统从周孔荽时续，孽自佛杨横日抽。

---

① 刘培桂编著：《孟子林庙石刻集》，齐鲁书社2005年版，第208页。
② 刘培桂编著：《孟子林庙石刻集》，齐鲁书社2005年版，第213页。
③ 刘培桂编著：《孟子林庙石刻集》，齐鲁书社2005年版，第216—218页。

古木风霜浮浩气，危桐烟雨暗雄谋。岩岩遗度人如玉，千载丰功列禹俦。①

《谒先师庙》

乱世贞元气已分，天生大圣领斯文；六经笔彻千年业，列国辄环半世勤。

洙水尚余江汉润，杏坛犹带李桃芬；揄扬不尽词人口，代有龙碑映鲁云。②

《谒孟子庙》

沈应乾

圣学分歧闻见荒，百年私淑早升堂。何为命世经纶手，底事终身著述忙。

王道独传仁义诀，霸图空逐战争亡。岩岩气象师千古，夫子高风与峄长。③

《谒孟庙》

李　悬

古柏森祠屋，跻攀却步难。泰山谁视鲁，沧海自观澜。断织经还续，坑书灰未寒。蒸尝千万祀，仁义总居安。④

《谒孟林》

张元冲

弱龄捧遗编，孩提感懿迪。中岁禀师承，良知启昭晰。

倬哉仁义配禹功，排决周流犹己溺。畴云好辩讦空言，试迹隆污探往历。

粤日春秋道术岐，雄争战国咸踦危。人知坑扫穷秦烈，溯流横议久淫诐。

嗟哉！人心是是非非有恒彝，天纲地轴赖以维。有不忍，有不为，四端万善何克弥。彼纷支离骋胸臆，功利糠秕昧四极。更远区流眩紫朱，即有拔毛摩顶相缠墨。执中折淆说弥近，杞柳湍流转沉匿。千蹊万径总由邪生心害政，皇途塞，民生涂炭典籍灰。天地狂澜至秦极，尝观《禹贡》导水肇兖州，龙门砥柱俱顺流。众渎朝宗归翰壑，地平天成万世休。不然堤防壅注殚，巧力恰与汎逆增垫游。

嗟乎！五行三才惟此性，率性兢兢自往圣。天德王道统几微，古今否泰缘斯柄。必有事焉戒助忘，行所无事乃定命。三圣相承统绪存，畏天悲人宜谆谆。

---

①　刘培桂编著：《孟子林庙石刻集》，齐鲁书社 2005 年版，第 218 页。

②　刘培桂编著：《孟子林庙石刻集》，齐鲁书社 2005 年版，第 219 页。

③　刘培桂编著：《孟子林庙石刻集》，齐鲁书社 2005 年版，第 220 页。

④　刘培桂编著：《孟子林庙石刻集》，齐鲁书社 2005 年版，第 221 页。

我生趋向幸有门，扩充集义愧未勖。征途肃拜俨有尊，峄山迢迢水源源。①

《谒亚圣宫》

陈其力

驰驱邹国三迁里，仰止邾城亚圣宫。古道平平荆棘剪，中天蠹蠹斗天崇。机丝不断如线脉，统绪因成并禹功。题勒半穷凫峄石，可能写得七篇终？②

《谒孟庙二首》

张　纯

正气辟乾坤，挽回吾道存。藐视六卿贵，独当万乘尊。禽虫喧白夜，风雨自黄昏。瞻拜岩岩下，齐心奉格言。

七篇初受读，旦暮想平生。卓尔万仞壁，藐焉千古情。在齐岱华重，出昼国家轻。星象明霄汉，寰区仰治平。③

《题谒孟子祠二题》

黄　森

一笑功名卑管晏，六经仁义沛江河。梦中题此真佳句，分付邹人勒石阿。

峄山原接东山生，间气天钟自有情。词客应知文运理，也传训子断机名。④

《谒孟子庙》

徐　炳

炎炎夏日长，驱车古邹邑。祗谒亚圣祠，斋心兢惕惕。殿阁耸巍峨，草树生颜色。卓哉大丈夫，万仞何壁立。浩然天地间，俯仰气充塞。霸业小桓文，邪说距杨墨。墦间富贵儿，妾妇纵横客。訾訾称三王，谆谆谈四德。梦想追唐虞，渊源绍精一。闻道跻孔门，论功侔禹迹。七篇千万言，昭揭如星日。缅维岳降神，攀龙附凤翼。五色乘云车，行行止于峄。诞生岂偶然，上天实所锡。幼孤舍市廛，闻儿移俗习。嬉戏从贾衒，母心长恻恻。三迁依学官，一刀断机绩。蒙养端圣功，抠趋训弥敕。遂溯洙泗流，私淑探遗泽。勿助仍勿忘，深造期自得。玉振戛金声，升堂优入室。四十不动心，齐梁环辙迹。信知命世才，昌期逢五百。世无明王兴，谁为尹与稷。吾道即终穷，归于勤者述。继往开来

①　刘培桂编著：《孟子林庙石刻集》，齐鲁书社 2005 年版，第 221 页。
②　刘培桂编著：《孟子林庙石刻集》，齐鲁书社 2005 年版，第 224 页。
③　刘培桂编著：《孟子林庙石刻集》，齐鲁书社 2005 年版，第 225—226 页。
④　刘培桂编著：《孟子林庙石刻集》，齐鲁书社 2005 年版，第 226—227 页。

学，后圣良不惑。吁嗟阿母贤，柔嘉世维则。教子为亚圣，令名畴与匹。任姒相后先，姜嫄同一脉。褒封崇庙貌，万古同血食。①

《孟庙》

桧柏烟云拂汉苍，崒嵬瑞霭抱宫墙。岩岩遗像如亲炙，浩气争同日月光。

《谒孟林》二首

今古堪舆第二山，海东夜夜鹤飞还。唐陵汉寝无金碗，元气分明贯两间。

钟灵岱岳接尼丘，一气南来两地浮。邹鲁相望刚百里，问年都说自西周。

《过邹县谒亚圣祠》

颜　鲸

自戴儒冠四十年，几番仁义检遗篇。若非念虑能精一，只与权谋争后先。

万物反身皆我备，百王私淑见心传。森森古桧瞻依地，得借分阴步亦前。②

《颂孟子》

钱达道

私淑承宣父，哀然万乘师。气将天地塞，望与斗山驰。勋业追名世，文章任见知。停车瞻庙貌，慰我廿年思。③

《颂孟子》

许守恩

维挽人心正，独闲圣道多。宣尼真可亚，神禹未能过。功名卑管晏，仁义沛江河。战国若无子，今日更如何？

《谒孟子庙》

帅　机

晨发滕阳道凫峄，绁余马兮谒孟祠，孟祠奕奕临周道，井干穷工何陆离。

春光淡荡照灵宇，香烟缭绕驻游丝。层轩三阶萦纡入，桧柏交柯鸣鹤鹂。

古来万乘名磨灭，夫子声称千古垂。光施令母同昭揭，赐爵上公配先师。

昔何柄凿今崇信，理义同然其我欺。缤纷游子共瞻式，岩岩山立观英姿。

夫子精神今安在？遨游泰岳乘云霓。吁嗟东鲁区区国，何为圣贤萃于兹。

---

①　刘培桂编著：《孟子林庙石刻集》，齐鲁书社 2005 年版，第 239—240 页。

②　刘培桂编著：《孟子林庙石刻集》，齐鲁书社 2005 年版，第 240 页。

③　刘培桂编著：《孟子林庙石刻集》，齐鲁书社 2005 年版，第 243 页。

我欲结庐种龟阴，松楸系念世缘羁。东望阙里不遑谒，顿步踌躇有所思。①

《瞻谒孟夫子庙，漫题六绝志怀》

许孚远

匹夫百世作人师，庙貌千秋配鲁尼。当日纷纷仪衍辈，只今谁与论雄雌？
尊王贱霸匪嚣嚣，诚伪机关不可淆。救得人心千古在，勋名真与泰山高。
纵横捭阖势薰天，独学宣尼意藐然。纳约侯王甘不遇，祇昭仁义在遗编。
浩气原从集义生，勿忘勿助见真精。假非道脉符先圣，安得空言觉后英。
孔孟由来只此人，如何灵爽至今存。吾侪愿学谁无志，好向青春细讨论。
信知性善为尧舜，肯用权谋杂管商。斯道若明如昼日，世风何虑不虞唐！②

《万历戊子冬谒孟庙题》二首

徐即登

自昔岩岩仰泰山，祇看仁义斧斤间。我来亲见邹夫子，痒盎依然似孔颜。
平生仰止在高山，舜跖孳孳利善间。四十未能心不动，拜瞻祠下亦何颜？③

《谒孟庙示诸生》

李化龙

日游孔氏林，今登孟氏堂。朱扉临广路，桧柏参天长。再拜瞻遗容，岩岩气轩昂。念昔战国初，多歧叹亡羊。仪秦恣捭阖，杨墨斁纲常。圣途一以芜，谁障百川狂！夫子起衰周，披云睹天光。一驰仁义谈，举世禁蜩螗。坐令归功者，比之埋怀襄。繁兹有本源，言利谨其防。直养乃无害，有欲自无刚。念尔青衿子，日夕望宫墙。尧舜岂云远，城南大道旁。勉之在及时，申言著斯章。④

《颂孟子》

连　标

峄阳孕地灵，远望孤桐翠。邹鲁曾观风，暑月乘骢至。庙貌何崔巍，碣文星纬萃。树有汉唐植，案遗晋魏器。升堂虔荐藻，申此景行志。缅惟战国时，举世崇功利。苏张尚押阖，扬扬称得意。天生我夫子，独立斯文帜。抗礼诸侯庭，开蒙说仁义。尧舜期其君，孔颜寤梦寐。养气与知言，能抉千古秘。惭余

---

① 刘培桂编著：《孟子林庙石刻集》，齐鲁书社 2005 年版，第 242—242 页。
② 刘培桂编著：《孟子林庙石刻集》，齐鲁书社 2005 年版，第 246—247 页。
③ 刘培桂编著：《孟子林庙石刻集》，齐鲁书社 2005 年版，第 254 页。
④ 刘培桂编著：《孟子林庙石刻集》，齐鲁书社 2005 年版，第 256—257 页。

寡昧资，泰山时仰企。七篇配鬐年，皓首无敢易。丈夫在所为，巍巍何足视。通塞范驰驱，诡遇耻为累。愿学遵遗矩，源流宗洙泗。①

《谒孟庙》
陈希美

五云飞霭峄山隈，亚圣生来命世材。奈尔侯王趋战伐，空令尧舜说提孩。

排杨辟墨功何伟，养气知言学独培。录录后尘勤仰止，半香瞻拜转徘徊。②

《题孟庙古桧树》
董其昌

爱此孟祠树，森然见典型。沃根洙水润，含气峄山灵。阅世磨秦籀，参天结鲁青。方知樗散寿，只入列仙经。③

《谒孟夫子庙》
戴　燝

两楹梦后道如线，仁义高谈著作年。命世七篇优圣域，鸿儒千载有真传。

澜狂不自能东下，路塞于今已廓然。浩气独存遗庙肃，泰山万仞水涓涓。④

《邹县谒孟子庙》
杨　巍

济溺微言在，论功并禹堪。经过瞻庙貌，气象尚岩岩。泗水宫墙北，峄山城郭南。祇因能直养，万木与天参。⑤

《过孟子祠堂》
林大春

荒郊回首接滕阳，月下邹城孟子堂。井地如行今尚在，凶年重见可能忘。

参天古柏森森静，拂润青苹冉冉香。千古太山瞻气象，令人空复忆宣王。

《谒孟子庙》
黎　贞

青衫倦游客，过此圣贤居。战国山河在，成周礼乐殊。三迁忆慈母，百世

---

① 刘培桂编著：《孟子林庙石刻集》，齐鲁书社 2005 年版，第 259 页。

② 刘培桂编著：《孟子林庙石刻集》，齐鲁书社 2005 年版，第 258 页。

③ 刘培桂编著：《孟子林庙石刻集》，齐鲁书社 2005 年版，第 260 页。

④ 刘培桂编著：《孟子林庙石刻集》，齐鲁书社 2005 年版，第 260—261 页。

⑤ 杨巍：《存家诗稿》卷三，电子版文渊阁四库全书。

重真儒。稽首崇瞻仰，清风满座隅。

《谒孟庙》

于慎行

邾城旧里记三迁，庙貌弘开大道边。行地江河疏圣脉，谈天剩衍闭言荃。

洙流影借金铺日，峄嶂云连画栋烟。北望孔林元咫尺，千年海岳有真传。[1]

《颂孟子》

朱裡

惟昔仲尼没，世道日已媮。杨墨乃塞路，四海方横流。仪秦肆奸欺，强辩干诸侯。朝从复暮横，流毒遍九州。婉娈妾妇态，媚诞弗自羞。不有圣贤作，斯世谁为谋。惟公继道统，独任苍生忧。异端既云辟，放心知所求。岩岩泰山象，凛凛冰霜秋。历聘过齐梁，正议不见收。王政与经界，定知公大猷。知言复养气，足见公所修。狂澜回砥柱，绝学师孔周。坐令战国间，治与义轩侔。我来司考牧，东土及邹鲁。于焉拜公像，蘋藻思旅酬。式瞻俨如在，正气克宸旒。

《谒孟子庙》

胡松

我行祗役岁侵寻，览眺遥看丰树林。大石岩岩贪下拜，寒泉混混俨如临。

游谈偶类仪秦辩，拯救直同禹稷心。俛仰迟廻重延伫，自伤食粟一长吟。

《谒孟庙作》

顾孟圭

群蛙骛声利，夫子振微言。论功卑霸图，述性究真源。遏欲心乃存，富义气斯全。孤身峙乔岳，一喙防颍川。我行古邾国，宅里表三迁。牛羊下秋坂，因怀山水篇。

《谒孟子庙》

叶聪

行行出城南，幽胜纷感触。三迁已无人，空堂枕城足。堂前玉树长，堂北萱草绿。悠悠思孟子，母德温如玉。机丝虽已断，道统于焉续。谁为阿母慈，戚戚恩意笃。偏爱不知劳，乳食生鸩毒。所以古敬姜，荒淫戒文孎。孎乎亦何

---

① 刘培桂编著：《孟子林庙石刻集》，齐鲁书社 2005 年版，第 264 页。

为？终成敬姜哭。何如断机娘，殷勤发良勖。遗子命世才，高攀孔颜躅。异教归扫除，遗风洒末俗。我生千载后，举颈遥相瞩。登堂三叹余，狂喜写心曲。

《谒孟子庙》
郭汝霖

邹邑孟夫子，学问何渊源。凤受三迁教，直承一贯传。辟邪故矗矗，忧世每拳拳。炎日拜祠下，风霜仍凛然。

《谒孟庙遇博士野亭》
鲁裕穆王

来路槐荫老，岩岩气象深。游梁思正辩，入庙想以音。乔木高千仞，宫墙出十寻。斯人倾盖过，披豁散幽禁。

《颂孟子》四首
李　桢

德业同天地，七篇正朗然。孔颜得以续，尧舜亦常绵。决觳设科永，刀机善养先。岩岩遥望处，黾勉在真传。

学术纷纭起，乾坤霾雾遮。多方辟异径，独立此中华。牛易与王事，鸡鸣入圣家。存仁集义语，万古见亨家。

仪象千年后，依然只此心。峄山极目处，泗水可长唅。神禹功非古，仲尼道自今。雄哉韩氏子，数语重儒林。

力挽人心正，独闲圣道多。宣尼真可亚，神禹未能过。功名卑管晏，仁义沛江河。战国若无子，今日更如何？

《颂孟子》
戴思恭

列国兵争日，群言惑乱时。不生邹亚圣，谁继鲁宣尼。后世得闻道，当年赖见知。维桑瞻庙貌，转切岩岩思。

《颂孟子》
章　缝

母教三迁后，道归亚圣公。正心息横议，言性醒群蒙。功可禹王匹，学非诸子同。泰山气象在，万古仰遗风。

《颂孟母孟子》
胡世安

千古全忠孝，微斯谁与归。天心延鲁铎，圣母启邾机。一像存庐墓，七篇耿德微。群生性不死，自是快瞻依。

《颂孟子》
罗 歧

间气钟东岳，雄才此地生。真堪宣圣亚，不愧大贤名。苔积碑还古，人亡道自行。春秋隆庙祀，万古慊人情。

《谒孟庙》
张 琨

亚圣今何在？难忘私淑情。青苹登俎豆，翠柏覆簪楹。落日罘恩静，空阶鸟雀鸣。城南瞻庙貌，世代衍簪缨。

《谒孟庙》
毕公嗣

泰岳岩岩度，巍峨古殿中。回澜配禹德，封爵埒元公。道自尼山接，源从泗水通。至今二千载，浩气塞苍穹。

《谒孟庙》
金显仁

抑霸尊王道，巍巍浩气长。生当名世者，居近圣人乡。理学昭天壤，春秋合祎尝。源深流自远，奕叶继冠裳。

《谒邹县孟庙》
吕维祺

峄山连泗水，吾道更谁豪？五夜神来梦，三迁母训劳。春秋归嫡派，仁义破群嚣。气象知何似，岩岩东岳高。

《颂孟子》
王一桢

获麟止东周，有孛符西国。大道黯长夜，岂辩儒与墨。依稀颜母山，孟母居其侧。子舆幼亦孔，俎豆戏何饬。源泉发洙泗，千秋饮其德。拥楹昔有叹，五鼎方庙食。在礼母从子，征诗冈有恤。钦风庶凤夜。矧余莅兹职。自知非制锦，远愧机中织。处事或圆凿，幸免纵横逼。蔼蔼宫墙深，翼翼松柏直。见知岂无有，丹青古维则。①

《恭谒孟庙》

梁州彦

岩岩振宗风，芳猷寓简册。凤存仰止心，道里苦修隔。一行驱吏鞅，遂作邹鲁客。肃带叩堂皇，灵爽若相迫。英气振楸梧，浩然不可逆。因思仪衍流，何处可容迹。虽有杨墨徒，见睨不须辟。毕陬俯仰间，犁然我心割。摩挲汉唐碑，仿佛弦诵壁。朽质惭小儒，鞭弥待驱策。困极恩可怀，宁不勒金石。平旦与几希，奉此文真脉。②

《谒孟庙》

潘榛

古庙阴森柏桧繁，衣冠岁岁荐苹蘩。人间留得真心学，天下何须叹手援。三圣以来承正道，七篇之后绝微言。汉唐亦自多英主，何事尊崇待宋元？

《初谒孟庙感而赋此》二首

胡继先

垂髫梦里识先贤，今日分符非偶然。气象岩岩浑是旧，宫墙落落未仍前。芜蔓残壁盈朝露，楸挺荒阶驻脱蝉。悲怆几廻恢复志，强图营缮壮三迁。

孟氏祠堂久不除，半天阴雨绿苔余。双凫远挟寒云密，大峄孤骞紫气嘘。井地当时成画饼，义仁至此直蘧庐。堪怜杨墨无雄辩，肯使招提侈广居。③

《谒孟庙》三首

董应举

日照朱门带雪光，苍苍庭树俨成行。微言幸已窥千载，浩气依然见一堂。山色远从东岱至，洙流直泻九河长。孰知万古趋跄地，辛苦三迁不可忘。

道穷麟泣岱无光，问气犹钟古峄阳。二氏横流悲独切，诸侯传食益何长。直将真性齐尧舜，不数功勋到霸王。我亦有心生异代，十年五度谒宫墙。

战国纷纷性失常，圣途榛塞世披猖。独窥二字天人际，流出七篇江汉长。行乞也能辞呼蹴，孩提直可见陶唐。吁嗟千载言犹在，只把空王作素王。④

① 刘培桂编著：《孟子林庙石刻集》，齐鲁书社 2005 年版，第 266 页。
② 刘培桂编著：《孟子林庙石刻集》，齐鲁书社 2005 年版，第 266 页。
③ 刘培桂编著：《孟子林庙石刻集》，齐鲁书社 2005 年版，第 270—271 页。
④ 刘培桂编著：《孟子林庙石刻集》，齐鲁书社 2005 年版，第 278—279 页。

《过邹城谒亚圣孟夫子庙敬赋》

龚 勉

先贤庙貌邹城外，此日经过幸及门。东向岱宗瞻气象，南来洙泗识渊源。
千年俎豆盈寰宇，百代衣冠重故园。老我无闻徒诵法，徘徊庭下复何言。①

《谒孟庙》

沈应奎

七雄世局几更变，周孔精神垂一线。谈家门户正高张，倒峡悬河舌为战。
峄山钟灵孟夫子，独对宫墙亲如面。原本仁义万仞壁，浮阴荡尽朝晖昇。
齐梁那识是圣儒，伊周事业归虚电。区区滕文画井地，鼎鼐聊成田家馔。
惟公之后名世遁，先师当年车辙倦。邹鲁文明丽日星，峄峰泰岱千秋奠。
微乎微乎七篇指，长夜唤醒人性善。②

《颂孟子》

毕懋康

岱宗纡修崿，洙泗扬层澜。清和虽云绝，夷惠非所安。刚大塞天地，善养
吾浩然。结驷鲁宋郊，抗轨梁齐间。功名卑管晏，终乖末俗迁。传宗宣尼后，
尚友黄虞前。几希平旦气，提醒梦觉关。诐淫息二氏，妙颐照群篇。兹文尊殊
代，嘉藻荐岁年。灌林郁庭阶，绮殿焕朱丹。嘘风传清响，暘日映中天。拜瞻
动仰止，援翰咏藉兰。③

《题孟夫子庙》二首

苟虞龙

巍巍宫墙插空苍，一带晴霞绕画梁。瞻像始知岩泰岱，绎辞犹觉烈风霜。
英灵振动山河秀，浩气充盈草木香。名世总归贤母力，云仍万代沐恩光。
几翻梦寐读遗篇，得近宫墙信有缘。善决江河谁可御，功卑管晏世无前。
异端灭熄毛当焰，正道昭明日丽天。四载劳老惭尸素，溪苹难馨此衷虔。④

---

① 刘培桂编著：《孟子林庙石刻集》，齐鲁书社 2005 年版，第 277—278 页。
② 刘培桂编著：《孟子林庙石刻集》，齐鲁书社 2005 年版，第 281 页。
③ 刘培桂编著：《孟子林庙石刻集》，齐鲁书社 2005 年版，第 282 页。
④ 刘培桂编著：《孟子林庙石刻集》，齐鲁书社 2005 年版，第 288 页。

《谒孟夫子庙，口占自警诗三章》

卢瑛田

夜气养成本浩然，只从直养见先天。年持四十心难静，看到几希境更玄。

不遣牛羊频濯濯，任教鸿鹄自翩翩。由来强恕无多术，漫把分章看七篇。

百代相传之此中，辟开闻见道何穷？森罗万物原皆我，上下千秋性本通。

有事勿忘仍勿劫，存心谁异复谁同？莫将一揆分先后，学得徐行是圣功。

大道凤成三圣惧，世人原为一身忧。昭昭山径曾何塞，混混泉源本自流。

不昧寸灵唯赤子，独超群圣有尼丘。谁人解向几希觉，何事翻向十尺求。①

《谒孟子庙》

路一麟

五色云车上峄峰，天生夫子觉群蒙。七篇宗旨承尼脉，二氏障澜并禹功。

象著泰山惟浩气，论崇王道自高风。更从青史钦芳躅，圣母三迁誉未穷。②

《谒孟庙诗三首》

李凤翔

朱薨云入晓烟笼，万点苍山到上宫。葱葱一望佳如许，浩气犹能干太空。

木铎声渺杏坛孤，瑞启天心开大儒。当年功业高于禹，肯使居齐名实无。

一日伦纪万古心，逝波独挽界人禽。无劳宿昼悲不遇，留取天朝圣主钦。③

《恭谒孟庙有作》

李右谏

淑气天钟古峄阳，三迁教启见虞唐。千年绝学机丝续，历代崇儒俎豆光。

壁立东山瞻气象，环流泗水绕宫墙。七篇治世非迂拙，今日尤先义利章。④

《恭谒孟夫子庙》

吕维祺

峄山连泗水，吾道更谁豪？五夜神来梦，三迁母训劳。

春秋归嫡派，仁义破群嚣。气象知何似，岩岩东岳高。⑤

---

① 刘培桂编著：《孟子林庙石刻集》，齐鲁书社 2005 年版，第 288—289 页。

② 刘培桂编著：《孟子林庙石刻集》，齐鲁书社 2005 年版，第 289 页。

③ 刘培桂编著：《孟子林庙石刻集》，齐鲁书社 2005 年版，第 291 页。

④ 刘培桂编著：《孟子林庙石刻集》，齐鲁书社 2005 年版，第 292 页。

⑤ 刘培桂编著：《孟子林庙石刻集》，齐鲁书社 2005 年版，第 293 页。

《恭谒孟庙有作》

黄克缵

峄山前峙势凌云，松桧阴森满院芬。奔走自多千载士，遭逢莫问七雄君。
身游上国瞻依近，书到穷荒诵习闻。今古人心从此正，世间邪说枉纷纷。①

《颂孟子》三首

刘 塙

母圣成贤子，子贤成圣母。道器即天授，亦藉人工补。勇志勤三迁，芳名
则万古。伤哉遗石像，长跽□靡怙。拜罢西风惨，泪湿山之坞。爰思吾母心，
良工亦独苦。殷勤道姓名，门墙幸勿吐。敢负此生身，修途当自努。

《谒孟庙》二首

朦胧驱晓骑，森肃礼先贤。大道廓如路，微言力与宣。乾坤遗伟担，风月
望谁肩。愿学生平久，差池又一年。

一念粗豪企大贤，岩岩未是泰山巅。而今一立平坡上，气息都无始浩然。②

《谒孟庙》

王在晋

霸图争事说纵横，绝学登坛独主盟。七圣尚延洙泗脉，百年重振泰山倾。
功名管晏资谈笑，仁义齐梁胜甲兵。浩气独余苍柏在，日星灿灿六经明。

《谒孟夫子祠》

徐在中

童时问字识先生，何物么么敢弄兵？千载斯文知未屋，一线血食自长城。
西方伪释风云驶，东鲁真儒日月明。华表不须悲旧鸡，新纶早已下神京。③

《登峄山二首》

魏应嘉 毛 芬

孤桐聊复问山前，指点幽亭最上巅。岱岳东连云欲雨，徐方南望柳含烟。
羊车尚篆秦碑字，鹫岭惟余火宅莲。一歃清泉如令尹，惠鲜今喜见尧天。
来游曾似卧游前，感慨停车仰绝巅。焚劫灰余仍贼垒，流亡逼立少炊烟。

---

① 刘培桂编著：《孟子林庙石刻集》，齐鲁书社 2005 年版，第 294 页。
② 刘培桂编著：《孟子林庙石刻集》，齐鲁书社 2005 年版，第 295 页。
③ 刘培桂编著：《孟子林庙石刻集》，齐鲁书社 2005 年版，第 297 页。

农功几处落青草，妖教谁传满白莲？一正人心邪说息，七篇仁义本中天。①

《颂孟子》

姚鼎梅

子舆昔云圣，庙貌委风尘。瓦雀争书案，饥鼯据锦茵。自然吾道在，顿使讲堂新。万树秋森翠，行人只道春。

《颂孟子》

许国康

昔我望宫墙，一片松杉黑。入门一长跽，圜视心恻恻。丹青被垢涂，栋桷销其刻。缭垣通周道，瓦坠不敢即。悲来独屏营，浩叹夫子侧。榱题已如此，奚取方丈食。嗟彼读书者，绾绋贤者域。岂无泥沙用，而于圣贤啬。卓哉孔道辅，此日焉再得。重游逾几时，顿觉不相识。庙貌郁光彩，冕藻生颜色。豁然快我心，俯仰情难极。鸿功不日成，孰谓易为力。有嘉君子人，经营寔孔亟。若无贤圣思，谁督而谁偪？我欲识其人，都归令尹德。令尹复为谁？胡氏世文墨。邑里自何方，遥指西南国。

《颂孟子》

屠中孚

峥岫何嶙峋，拔地云根起。蓬勃无所归，结为孟夫子。善养便浩然，弥漫古天地。往喷三皇前，后孕蔇底止。意自战国时，包含直到此。即看眼中人，恃以为生死。亦为慎所养，要在监踵趾。

《颂孟子》

朱承命

夫子生衰世，大道几沦丧。纵横章台下，战士日扰扰。魏齐未得志，邹滕空仓皇。岩岩泰山象，阙里分余光。危微七篇著，日月行天章。古殿郁崔巍，万世永蒸尝。岂曰崇庙貌，几希不可忘。七雄今安在？松桧兹苍苍。

《谒孟子墓》

仲蕴锦

我来四基山，中天悬白日。仰瞻亚圣坟，光辉发萃□。深林不见人，野鸟声啾唧。似闻仁义语，排杨与距墨。正气凌千古，浩然天地塞。北拱泰岱云，

---

① 刘培桂编著：《孟子林庙石刻集》，齐鲁书社 2005 年版，第 301—302 页。

南望凫山碧。晴峦列画屏，阴森树严密。地势倍蜿蜒，累累如络绎。洙泗接真传，功高大禹绩。钟灵裕后昆，万载乐磐石。斯人久不作，吾道将沦息。拂碑起长吟，千古叹窀穸。

《谒孟子庙》二首
汪舜民

异端扰扰杏坛空，天命先师启众蒙。仁义七篇承训诲，庙庭一旦识仪容。知言不是髡秦辨，养气原非黝舍雄。五尺儿童谈性善，至今千载果谁功？

《颂孟子》二首
张　蕙

绝学遗经赖有传，功高神禹祀绵绵。百年封诏云埋础，千古文章日丽天。行径林幽啼野鸟，祭天蛙满灌春泉。暴书台下三迁地，共说师严母更贤。

《谒孟子庙》
赵　宽

轮奂巍巍逼太清，入门瞻礼匼平生。重冈云雾凝寒碧，古木风霜带晚晴。道统真传开后学，斯文丕振仰皇明。徘徊欲释新成奠，无奈星轺促远行。

《颂孟子》
吕　濬

气象巍巍万古贤，扫除杨墨话当年。欲知刚大塞天地，贱霸尊王著七篇。

《颂孟子》
高翼化

庙貌不随天地老，斯文万古一宗门。水流山峙今如昔，道德高深未易论。

《颂孟子》
甘　茹

尼山南赴峄山垂，光岳名齐实应期。无孔岂仍居弟子，衰周元自失宾师。

《重谒孟庙》
王尧封

每来瞻谒绮城边，桧柏森森腾紫气。并俎孔颜于祀典，中天仁义七篇传。羞捐幼学从时好，矢放淫辞卫圣言。二氏狂澜今更沸，凭谁砥柱继先贤？

《颂孟子》

顾　琢

纷纷战国忆当时，杨墨纵横谁辨疑。不是七篇延圣绪，那能百世作王师。

云团老桧前朝干，苔绣残碑异代祠。拜罢岩岩峄在户，至今犹在想容仪。

《谒孟庙》

俨然遗像古城南，景慕先贤急驻骖。化雨长存苍柏老，妖风偏苦白莲惔。

山深极目澄秋色，篆古拂摩对晚岚。万古薪传庙貌在，堂楹兴废几能堪。

《颂孟子》

王士龙

义训常从泗岱留，叠青滔绿瑞光浮。地灵百载轲承偈，人杰千年鲁并邹。

我向七篇探道义，谁怜三宿孟伊周。稳知圣主修封祀，一体烹牛荐玉瓯。

《谒孟庙》

吕本南

岩岩遗像俨当时，门下千年有退之。道管人心终不灭，力排异说敢争持。

山灵远护宫墙旧，夜气清涵草树奇。文绪茫茫谁复继？后生仰止不胜思。

《孟庙古桧》

姚士舜

邹县城边云叶垂，二千年长青葳蕤。岁寒凋后岂无树，梁木歌残只此枝。

凌空倒挂日月古，得养不受风霜私。人生亦自有根蒂，莫便视为蒲柳姿。

《颂孟子》四首

韩世能

岩岩邹望峄山青，亚圣天开此毓灵。共揖尼丘承道脉，殷勤母训又家庭。

母教三迁成大贤，机丝断处圣功全。浩然充塞卑卿相，宇宙光华在七篇。

列国兵争那有君，还陈尧舜与汤文。当年反手成王业，未必明焉万古芬。

正学须知蒙养先，天生亚圣亦三迁。恩勤谁氏无慈训，仰止前修为惘然。

《过孟夫子庙瞻谒》

黄汝良

庙貌巍峨古木苍，岩岩泰岱见羹墙。唐虞一统闲先圣，仁义七篇绍素王。

可但分廷轻晋楚，难将历聘悟齐梁。时逢有道崇儒日，伏谒欣闻俎豆芳。①

---

① 刘培桂编著：《孟子林庙石刻集》，齐鲁书社 2005 年版，第 310—311 页。

《赐环北上过谒孟庙有述》

方大任

遗书幼诵读，巍庙过常恭。每恐兹生负，英风不可宗。

魂还白刃后，身上紫垣重。默省熊鱼训，方知得所从。①

《谒亚圣孟夫子庙》

张云龙

七篇炳朗揭天中，磅礴两间豪气冲。翼传垂经圣有统，辟邪黜霸禹同功。

道从泗水分宗派，学自尼山认娇龙。庙貌千秋森桧柏，几回瞻拜仰儒风。②

清

《谒孟子庙》

周　灿

丹垣绿树画森森，古殿秋风敞夕阴。历聘齐梁陈王业，直排杨墨正人心。

机堂俎豆崇贤母，阙里宫墙傍孔林。惭愧后生真自弃，峄山绝绪到如今。③

《天震井碑记并题》

王文曾

孔母颜曾圣泽悠，三泉瞀汇几千秋；鲁邹道脉原相接，古井天开并与流。④

《谒亚圣庙》

卞永式

防山之阳峄山阴，亚圣庙貌蔚萧森。秉圭南面冠切簪，泰岱峩峩势千寻。

私淑至圣传道心，浩然之气横古今。直距杨墨攻诐淫，荒哉齐梁尽湮沉。

我来肃谒怀古深，摩挲遗碣苔藓侵。丰碑既擅睿藻临，堂构轩豁何胸襟。

千载一时神其歆，何以志之是歌吟。⑤

《谒孟庙》

张鹏翮

家在中庸精舍边，养成浩气独光前。崇王黜霸违时好，讲义型仁绍圣传。

---

①　刘培桂编著：《孟子林庙石刻集》，齐鲁书社 2005 年版，第 311 页。

②　刘培桂编著：《孟子林庙石刻集》，齐鲁书社 2005 年版，第 314 页。

③　刘培桂编著：《孟子林庙石刻集》，齐鲁书社 2005 年版，第 317 页。

④　刘培桂编著：《孟子林庙石刻集》，齐鲁书社 2005 年版，第 325 页。

⑤　刘培桂编著：《孟子林庙石刻集》，齐鲁书社 2005 年版，第 330—331 页。

力辟异端归正路，指陈性善契先天。七篇作就勘垂训，羽翼尼山并万年。①

《谒孟庙有感二首》

胡世安

六经已获麟，皇路渐荆棘；时数虽乘可，滨师不是臣。纵横羽日月，朱翟疐君亲；夫子区区意，邪中挽此民。千古全忠孝，微斯谁与归？天心延鲁铎，圣质启邾机。一像存庐墓，七篇耿德徽；群生性不死，自是快瞻依。②

《谒孟子庙》

顾炎武

古殿依邾邑，高山近孔林。游从齐魏老，功续禹周深。孝弟先王业，耕桑海内心。期应过七百，运岂厄当今。辩说千秋奉，精灵故国歆。四基冈上柏，凝望转萧森。

《谒孟子庙》

张　诚

战国纷争日，群言淆乱年。峄山维道统，泗水接薪传。守已羞干泽，忧时欲问天。玉人谁任使，大木老林泉。一代推名世，千秋奉大贤。庙堂縣岁月，桐柏护风烟。瑞应皇朝见，真源古殿前。震来方虩虩，井出已渑渑。小子生何晚，平时慕久专。入门心凛凛，登陛意拳拳。仰止功高矣，瞻之气浩然。几希宜自反，稽首对松梴。

《重谒孟子庙》

峄山高接泰山阳，大木森森耸庙堂。经济略闻传毕战，行藏何敢怨臧仓。

鲁连倘傥千金笑，庄叟荒唐一梦长。七百年来名世在，独将时数望齐梁。

《谒孟庙》

施闰章

磊磊峄山巅，终古栖灵异。岩岩一人起，方寸塞天地。独立芟群言，诸儒折狂喙。俎豆同孔颜，宫墙接洙泗。灵旗俨翱翔，凌虚入云际。母氏断机堂，有像若长跽。彷徨复下拜，怆然堕我泪。石井湛寒泉，古桧含贞翠。谁为企前修，吾党有余愧。

① 刘培桂编著：《孟子林庙石刻集》，齐鲁书社 2005 年版，第 332—333 页。

② 刘培桂编著：《孟子林庙石刻集》，齐鲁书社 2005 年版，第 334 页。

《邹县谒孟子庙》二首

朱彝尊

井地连滕壤，诗书近孔门。世儒多横议，夫子独知言。杨墨归斯受，齐梁道自尊。岩岩留气象，千载肃心魂。

壤道残碑卧，祠宫异代虔。爵班公一位，里纪母三迁。乔木冬春冷，风灯卒史悬。空令布衣士，瞻拜独凄然。

《邹城谒孟庙》

胡　浚

邾峄配龟蒙，潩河纳洙泗。震雷起高旻，洪泉出深地。壮矣邹城南，亚圣崇庙祀。少读孟子书，渺隔若天际。讵知堂与阶，犹在人世间。岩岩道貌尊，壁上俨车骑。想见齐梁游，鸣弦而拥骑。尽兹忧惕心，开彼天地闭。譬若浑洞时，凿山锁怪崇。真源绩素王，彼此邈谁嗣，徘徊眺栏墀，陪列肖诸弟。苍苍万柏深，椫井滴寒翠。碑刻周时冠，柱存汉皇隶。东墙谒贤母，西楹考世系。群象森我前，恍如证同异。仰瞻尚穆然，况乃躬笈贽。仆夫催驾轮，日夕无去意。吾徒非斯人，谁识性与义。荀杨疵胜醇，巍祠亦牲栽。泰山小八荒，陵阜渺一痣。

《孟庙》

王　霖

荀杨学术渐陵夷，可笑昌黎见自卑。性字生来都不识，更于何处说醇疵。

大义微言在七篇，个中文字更超然。后生不解源头别，却爱苏家万斛泉。

《谒孟子庙》

邱嘉穗

古柏森森覆赭墙，遥连峄嶂茂苍苍。银榜朱扉临大道，共仰邾城亚圣坊。想见岩岩真气象，入门瞻拜肃趋跄。天生名世何为者，风云意气困齐梁。独留雄辩开聋瞽，千古人心赖不亡。一自七篇微言绝，汉治杂用霸与王。降及魏晋老佛作，杨墨塞路倍堪伤。祇今士习渐靡甚，告许新学枉擅场。妾妇衍仪蚓仲子，仁义谁陈黼座□。私淑有怀久未遂，深惭夜气转成狂。人禽一关何日度，斯文坠绪竟茫茫。愿学知言闲圣道，夫子或许我升堂。

《邹县谒孟夫子庙》

吴龙见

峄山开绝口，十里望宫墙。桧栢穿空翠，频繁出水香。岩岩瞻气象，肃肃拜冠裳。曲阜何年到，渊源泗水长。

《孟夫子庙》

吕履恒

周行何坦荡，亚圣有遗宫。古木春云裹，高山晓望中。七雄方战败，百世祇虚空。惟有尼山脉，千秋俎豆同。

《孟夫子庙》

徐旭旦

瞻拜三迁地，松杉古殿阴。大刚千古气，仁义七篇心。王霸分自昔，见闻传至今。宫墙勤仰止，翘首泰山岑。

《孟林》

吴 宗

十亩松秋道，先贤有墓田。乡山犹比屋，故里得三迁。直抉几希统，遥分洙泗传。停车籍农草，长跽一怃然。

《谒孟子庙》

杨为柱

洙泗响渺递战国，微言如线人心惑。天下汹汹无适从，朝归杨朱夕入墨。
从横捭阖耕战兴，百家充溢仁义塞。见知闻知杳无人，谁为先觉觉斯民。
夫子皇皇逐放豚，万古方知吾道尊。千载禋祀隆报享，于今犹见庙貌存。
年深廊庑苦欲颓，吾祖修葺复崔嵬。屈指已逾四十秋，祖去孙来宦旧游。
此日趋跄阶墀下，快听钟镛乐悠悠。①

《敬谒亚圣夫子》

李时乘

髫龄寤寐仰遗规，何幸分符得至斯。洙水近承先圣泽，峄山长对大贤祠。
穿碑明殁难为读，古柏参差总不萎。拜手扪心堂庑下，几希两字系人思。②

---

① 刘培桂编著：《孟子林庙石刻集》，齐鲁书社 2005 年版，第 339 页。
② 刘培桂编著：《孟子林庙石刻集》，齐鲁书社 2005 年版，第 340 页。

《恭谒孟庙》
金一凤

战国尚攻伐，道学几沦亡。峄山挺豪杰，黜霸而尊王。春秋绝笔继，愿学得大纲。辙环功利国，仁义瘵膏肓。无如病聋瞽，吁嗟空仓皇。中谛伊祁创，微危虞世彰。表言为立极，横议自闲防。兼爱无所逞，正道旷康庄。七篇帝王师，俎豆孔子堂。卜邻三迁地，庙貌复煌煌。松柏千年秀，苍茫古桧芳。一脉尼山接，万载永蒸尝。①

《天震井》
王尔鉴

邹之东北基之阳，蔚然孟墓林苍苍。宋景祐间庙而祀，道辅功实齐钱唐。
昌明大道辟杨墨，泰山先生记颇详。厥后百五十九年，东阳司子持铜章。
爰新学官度爽垲，来游来歌交趋跄。导江张颋纪出处，云仍祇祖镌琳琅。
自此庙寝代修葺，禋祀惟恪陈馨香。我朝重道更无匹，鸿规大起殊恒常。
春秋荐享整且肃，芳菲菲兮灵满堂。当年私淑等亲炙，渊渊道接尼山长。
以遨以游欲拯世，久客魏嚣齐辟疆。嗟哉异端贼仁义，王道迂阔弗得将。
迄今已越二千载，巍然有殿如灵光。圣祖龙飞十一岁，殿前声震皆惊忙。
平地天开井一坎，醴泉味美如琼浆。源头活水通洙泗，其间至理安能量。
于是命名曰天震，无烦伯益驱龙翔。金瓶素绠日纷遝，不必玉槛银为床。
有孚元吉在勿幕，有如大道无尽藏。世胄翰博字普瞻，珍重祖德谨护防。
此井甃石或残缺，计图缮完为解囊。昔余莅邹越三载，每整古迹恒相商。
今索一言记颠末，恐致异日迷津梁。临文惭非大手笔，况复前有孙与张。
斐然成章作长句，聊用勒之石井旁。②

《邹县谒孟子庙》
厉鹗

庙貌抠衣拜，机丝俨若新。月来邾子国，入宿孟家邻。翠峰森侵汉，残碑远失秦。松风吹夜气，壁立四无尘。

---

① 刘培桂编著：《孟子林庙石刻集》，齐鲁书社 2005 年版，第 342—343 页。
② 刘培桂编著：《孟子林庙石刻集》，齐鲁书社 2005 年版，第 360—361 页。

《谒孟庙》

刘 墉

亚圣犹枌里，崇祠近杏坛。岩岩瞻气象，肃肃整衣冠。不少三年艾，偏多十日寒。秋风振废柏，欲去重盘桓。

《孟庙古桧》

孙成冈

老木直盈寻，风霜历永久。无叶弗无枝，不荣亦不朽。却笑柏与松，多事称雕后。借问植何年？所植自谁手？苍茫不可寻，千秋此殿牖。

《敬谒亚圣庙》

毕公嗣

泰山岩岩度，巍峨古殿中。迴澜配禹德，封爵坤元公。道自尼山接，源从泗水通，至今二千载，浩气塞苍穹。

《重谒亚圣孟子庙》

沈廷芳

三迁故里又重经，遗像岩岩拜庙廷。古柏有图曾琢句，新碑无字待题铭。声闻弦诵家风在，馈菏盘餐使节停。可惜匆匆旋作别，峄山犹向望中青。①

《谒孟庙》

庞元澄

髫龄曾受七篇书，绾绶欣来近圣居。春礿秋尝馨俎豆，壮行幼学拜冠裾。东峰峭蒨含灵气，泗水洄漤见绪余。道阐尼山天语焕，厥功诚与禹颜俱。②

《谒孟庙敬赋七律一首》

顾汝珍

气象岩岩太岱姿，百年私淑任闻知。论功直可兼神禹，传道真无负子思。郁勃桧松崇庙貌，辉煌俎豆切心仪。难于复圣情如揭，皇矣贞珉勒赞辞。③

《谒孟庙》

李调元

功如大禹在人间，舜跖鸡鸣第一关。三徙里中真善择，七篇书外尽堪删。

---

① 刘培桂编著：《孟子林庙石刻集》，齐鲁书社 2005 年版，第 362—363 页

② 刘培桂编著：《孟子林庙石刻集》，齐鲁书社 2005 年版，第 372 页。

③ 刘培桂编著：《孟子林庙石刻集》，齐鲁书社 2005 年版，第 373 页。

松声谡谡留遗韵，庙貌岩岩仰道颜。私淑孔门千古契，平生亦自有尼山。①

《谒孟子庙》

盛大士

传食齐梁国，匡时禹稷心。知言非好辩，造道必资深。鲁庙宫墙近，峄山乔木森。闻知五百载，绝学冠儒林。

《供谒亚圣庙，敬赋古风一首》

龚学海

揽风古邹南，停骖驻承阙。肃衣拜遗范，登临企瞻谒。崇殿赫轩敞，钟虡静森列。青翠蟠桧松，斑斓绣碑碣。睪然发高望，精意沁毛发。缅思下学初，异论苦鏖辐。七篇见羹墙，大道本昭揭。旬宣忝东鲁，夙怀慰饥渴。寤寐殿民风，拊循惧蹢躅。步趋何敢云？庶几奉津筏。奕奕有贤裔，冠裳严对越。型俗端在兹，率祖慎锐轨。讵为树乔木，深念重门阀。正学今昭明，微言炳星月。愿言交勉旃，典型践先哲。②

《瞻拜大贤，敬题二律》

（安南国）陈辉淙

其一

气象岩岩泰一巅，尼山而后得心传。济时念念曾三宿，行道言言至七篇。仁义莫移权谲习，干戈谁挽泰和年？赍书幸到钟灵域，仰止丛祠拜大贤。

其二

邾山矗矗水泱泱，天厚斯文续主张。霸显已曾卑管晏，治平初不绝齐梁。阐休媲烈侪颜禹，辟谬雄谈倒墨杨。战国宾卿安足□，巍巍世德□冠裳。

又赋

堂堂亚圣任宗师，道学渊源本子思。晋楚富强宁我慊，齐梁昏惑更谁知。发明正脉唐韩愈，注释遗篇汉赵岐。有宋表彰功论定，斯文千古日星垂。

世道至东周，元气已消剥。天意福我儒，特为生先觉。巍巍鲁司寇，杏坛振木铎。小小一凫山，安能蔽泰岳？后此数百年，复有亚圣作。渊源本贤孙，道德修天爵。人心指四端，王政述大略。反覆道性善，俾知非外铄。谆勤辨理

① 刘培桂编著：《孟子林庙石刻集》，齐鲁书社 2005 年版，第 383 页。

② 刘培桂编著：《孟子林庙石刻集》，齐鲁书社 2005 年版，第 374 页。

欲，妙使从中度。忧世禹稷心，惧己孔颜乐。伊吕未为难，管晏良可薄。堪叹齐梁君，仁义终枘凿。显晦岂足言，襟怀常洒落。游处自嚣嚣，进退殊绰绰。朋徒多启告，七篇曾手著。辟谬更辨诬，野语排东郭。息邪与距诐，心法宗笔削。气象凛秋冬，论议宛锋锷。异端遂绝迹，正道增煜爚。巨派恢洙泗，支流垂濂洛。斯文并乾坤，谁舍夫子学？累朝隆崇祀，庙宇焕粉雘。世德贻来裔，衣冠列台阁。小生诵绪言，才艺非瑰卓。但希善信人，宁敢望高博。翘足几仰瞻，关河苦绵邈。有幸谒邹乡，宫墙蔼俨若。古柏不易攀，天井聊一酌。捧读旧志书，端拜倍欣跃。大哉圣道功，万古永如昨。①

《瞻拜亚圣，肃赋一律》

（安南国）郑树春

峄山融接秀灵钟，后素王兴爵上公。一道纲维三圣上，六经精蕴七篇中。
忧时尽辟诸家谬，救世平分四载功。遐逖此番知有幸，秉彝好德副有衷。②

《敬谒孟子祠庙恭赋》

德　保

杨墨纷纭战国间，挺生夫子辟贤关。传心大圣真堪继，论性群言尽可删。
当日功名轻管晏，至今俎豆并曾颜。祠堂瞻望留邹峄，道貌岩岩接泰山。③

《谒亚圣庙有作》

唐红绪

槐音送远道，柏翠滴雨楹。一介吴阿蒙，载揖鲁诸生。中有孟氏子，战国贤云初。自古右文代，庙貌崇河滨。下车整衣冠，濯涧荐蘩苹。感喟尚功利，邹峄毓伟人。自非三迁母，何以垂令名？美璞良工斫，翘秀巧匠成。断机有遗址，吟眺白云横。勉旃念祖庙，谁谓迹已湮？④

《敬谒亚圣庙》

杜群玉

竭来古郰国，展谒大贤宫。柏影交虚翠，山光倚暮空。统承三圣后，教著

① 刘培桂编著：《孟子林庙石刻集》，齐鲁书社 2005 年版，第 375—377 页。
② 刘培桂编著：《孟子林庙石刻集》，齐鲁书社 2005 年版，第 378 页。
③ 刘培桂编著：《孟子林庙石刻集》，齐鲁书社 2005 年版，第 380 页。
④ 刘培桂编著：《孟子林庙石刻集》，齐鲁书社 2005 年版，第 383—384 页。

七篇中。仰止平生志，岩岩望不穷。①

《谒孟庙恭纪》

毓　奇

大哉！孟夫子之为人，三迁断杼了悟其真。心期卓尔曰仁曰义，气禀浩然乃至乃神。黜霸尊王大纲是凛，诛杨距墨异端斯泯。亿千万年阐扬礼乐，六十八代师我君亲。统绪继周公之后脉，降生预孔圣之前身。赫赫威仪邹滕生色，巍巍华表凫峄同春。遗碑传晋唐之名笔，古器登俎豆于家臣。黛色参天兮松柏老，灵泉涌地兮渊源醇。岩岩乎轩昂之簪冕，肃肃然仰止于堂壖。嗟予小子乘传亲炙，感大丈夫荐藻如新。七篇与日月而并行，百世附禹颜以共。徘徊久之而不能去，大哉孟夫子之为人！②

和毓节使孟庙诗八言十二韵

国　泰

为政喜乐正子门人，与告子辩性善之真。秉浩然而充益四体，后儒传孔圣之化神。说诸侯兴王道之治，教天下明大德不泯。管晏之功乐乐利利，孔孟之化贤贤亲亲。齐鲁虽云彼受其赐，何如万世效法修身。作春秋原同七篇止，言志岂异点咏暮春。统尊先王仁风仁政，不为列国爵禄宰臣。孔子入庙或问曾讥，三迁戏传笾豆礼醇。孟母昔成断机之贤，孝同大舜通井之墁。盛朝典礼崇隆庙宇，千年与今日月同新。余谬守是邦托齐鲁，每逢役过瞻拜明禋。常怀报国无劳乏术，俯仰数仞自愧何人？③

《谒孟子故居》

周　翼

臣致齐梁后，归来只暴诎。道传尼父统，心接帝莘初。云气辉文藻，天光映敝庐。七篇从此出，日色丽庭除。

《谒孟夫子祠》

沈德潜

梦寐怀邹邑，进来亚圣堂。斯文天不丧，吾道日重光。古木森松桧，礼碑峙汉唐。薪传应有俟，谁复数荀阳。

---

① 刘培桂编著：《孟子林庙石刻集》，齐鲁书社 2005 年版，第 384 页。
② 刘培桂编著：《孟子林庙石刻集》，齐鲁书社 2005 年版，第 385—386 页。
③ 刘培桂编著：《孟子林庙石刻集》，齐鲁书社 2005 年版，第 387—388 页。

《邹县谒孟子庙》

伊秉绶

正气承洙泗，浩气天地间。孤城满秋色，周道峙贤关。功不下神禹，象真同泰山。七篇言孔氏，那许况雄攀。

《过孟庙》

孔传铎

泰岱巖巖气，千秋尚景行。丰碑无藓色，古殿有松声。所遇皆庸主，终身一客卿。今看陈俎豆，遥与杏坛平。

《孟母林》

孔传铎

千古钟寰地，依依在此林。昔贤历说意，慈母屡迁心。旧里横斜照，高松啭暮禽。屹然舆泗上，相尊到如今。

《谒孟子庙》

宋景翰

古柏森凝秀，遥瞻亚圣祠。红垣环曲水，碧草上春墀。七国雄安在？千秋道寄斯。小儒惭弱植，邹鲁在余思。

《谒孟子庙》

赵起挺

闲道资全力，回澜战国时。泰岩留庙貌，秋肃入须眉。未与三千列，空怀五百期。齐梁踪迹遍，仁义果伊谁？

《过邹宿国模世长第作》

阮　元

霸王代谢百年间，夫子风尘又辙环。若使灵台开晋国，岂能秦石上邹山。遗书赖有邠卿注，古庙常余博士闲。今夜断机堂外注，主人清话敞松关。[1]

《谒亚圣庙，途中偶成二律》

孙玉庭

洙泗周流后，遭逢夫子难。魏齐空厚币，杨墨正狂澜。故里宫墙壮，广庭松桧寒。裔孙同拜罢，故里暂盘桓。

---

[1] 刘培桂编著：《孟子林庙石刻集》，齐鲁书社 2005 年版，第 391—392 页。

云孙吾故友，居第傍祠门。作吏辞乡国，升堂空酒尊。役人排去马，烟树指前村。回首邾城道，苍茫落日昏。①

谒孟夫子庙诗
卢 浙

古柏荫重庭，十丈蟠苍翠。我来拜遗像，飘忽风雨至。昔圣有传道，诐邪纷击刺。狂澜独力回，仁义启群蔽。言仁本众知，言义乃无弊。为我与兼爱，皆坐不知义。性善揭四端，斯言古所未。昨日过鲁邦，杏坛虚仰企。到此几徘徊，日晏忘揽辔。仰瞻峄山云，想见浩然气。平生执卷心，内省增叹喟。②

《孟庙》
宋广业

道自宣尼一脉传，岩岩气象想当年。躬成母教经三徙，名动王侯著七篇。羞语桓文轻霸业，必言尧舜企中天。幸来邹国瞻遗像，不负生平仰大贤。

《孟庙》二首
李銮宣

善养浩然气，巍然天地间。群言乱战国，吾道祖尼山。士独关闻见，风常起懦顽。岩岩瞻庙貌，数仞绝跻攀。

母里三迁著，人师百世尊。功宁在禹下，醇漫与荀论。古井存雷迹，丰碑渍雨痕。峄山青入望，天半插云根。

《孟庙》
钱 枚

杨墨风交煽，仪秦辨复滕。斯文天未丧，夫子道相承。浩气中能养，微言绝更兴。齐梁无地主，周孔有云仍。功业尊同禹，经纶小试滕。介应班柳下，醇自过滥陵。七国知衿式，千秋肃豆登。秩宗昭祀典，庙貌仰觚棱。画壁前朝古，丰碑历代增。岩岩泰山色，相对各峥嵘。

《恭谒孟林》

神禹平水土，天下得安居。夫子辟杨墨，大道昭太虚。唐贤昌黎伯，特表为并驱。禹陵隧会稽，巍巍空石墟。孟林四基封，穹碑大特书。道统迢遥接，

---

① 刘培桂编著：《孟子林庙石刻集》，齐鲁书社 2005 年版，第 397 页。
② 刘培桂编著：《孟子林庙石刻集》，齐鲁书社 2005 年版，第 400 页。

宪言启后儒。骨朽名不朽，瞻拜仰何如！

《恭谒孟子庙堂》
宗稷辰

凤凰麒麟归太空，微言中绝春秋终。道脉尚系在山东，圣有文孙扬祖风。

孟孙在鲁称赞宗，先识达人世德隆。公姓公族争趋从，何忌父子兄南宫。

先正献庄圣所崇，后嗣尊道遗绪洪。数传子舆邹峄钟，壁立万仞压群峰。

淑诸家学问《中庸》，浩气养成天下充。名世惟不尧舜逢，眼前瑰紫六七雄。

邹滕苦弱齐梁慵，王道莫收反掌功。凄然隐几悲途穷，粟辞十万归山中。

手定七篇开顽蒙，大言震发凡耳聋。当时游士张舌锋，或夸博虎或雕龙。

夫子力御严折冲，朱耶翟也迷狂踪。妇骄妾媚侈横纵，手援众溺出洞泽。

巍巍明德神禹同，运犹四时公则冬。万古如对冰雪容，含贞起元醇化醴。

消息上契苍苍穹，后来荀杨心术蒙。百代奋起昌黎公，宋五人作光昭融。

跬步不失尺寸踪，大者成立要义通。良知可觉孩提童，陆王得此破障壅。

人禽关头旦昼梦，鸡豚四走逃牢笼。勿忘勿助可折衷，千圣一贯星辰胸。

累朝敬礼加大封，明祖晚悟修仪恭。迨我列圣褒予丰，乔宗世裔叨恩浓。

小子不学心悾侗，拜稽祠下暂藑躬。读碑抚树考鼓钟，贤关咫尺高万重。

欲往从之鞭驽骎，记诗乐石声于喁。[①]

《谒孟子庙》
盛大士

传食齐梁国，匡时禹稷心。知言非好辩，造道必资深。鲁庙宫墙近，峄山乔木森。闻知五百载，绝学冠儒林。

《谒孟子庙》
宋绳先

邈邈东周国，巍巍亚圣宫。功圆锥夏后，系本自文公。海岱归甄毓，乾坤共始终。四山环绿野，万木矗苍穹。杰阁凌霄紫，周垣匝地红。全栽新甫柏，不种峄阳桐。溽暑犹森爽，严冬倍郁葱。盘樛枝似篆，磊砢干如铜。珠玉连晨雪，波涛竟夜风。无云偏暖曀，不雨亦溟濛。深叶藏钩月，高柯挂断虹。余青常抱郭，积翠远浮空。岂假扶持力，方知造化功。砥平芳径阔，林立古碑崇。

---

① 刘培桂编著：《孟子林庙石刻集》，齐鲁书社 2005 年版，第 402—404 页。

井以雷震辟，源应洙泗通。雕栏围炯炯，画栋倚熊熊。出树飞甍丽。依筵列俎工。烝尝当代重，爵秩历朝隆。庞杂嗤诸子，销沈叹七雄。门墙瞻美富，端只鲁邹同。

《辛巳谒孟庙作》

汤金钊

浩然之气至今存，庙貌巍峨泰岱尊。力辟淫邪闲圣道，居邻圣智接渊源。流风尚启阳明学，伟绩真同大禹论。每出邹城一瞻拜，默惭茅塞在心根。

《壬辰迭前韵》

守先待后七篇存，黜霸崇王百世尊。气自义生探道奥，性皆善继见心源。兽禽杨墨能无辩，妾妇苏张那足论。喜睹英才贤后裔，穆然芝草溯灵根。

《题天震井》

葛临绪

古井澜翻近庙堂，天惊石破水泉香。汲来修绠原无底，洙泗渊源一脉长。

《恭谒孟庙》

何桂清

松柏瞻灵殿，榷迁孟母临；圣贤冠史籍，锡号戴慈亲。学立游夏上，恩倾雨露辰；宗儒俎豆事，周道日维新。[①]

《谒亚圣庙，敬赋五律一首》

张文林

周室衰微日，先王道几沦。七篇传绝学，万古觉新民。养气充天地，倾心仰凤麟。岩岩遗像在，俎豆至今新。[②]

《谒亚圣庙，敬赋五律一首》

杨墨纷争日，齐梁扰攘年；乾坤谁干补，邹峄有英贤。崛起颜曾后，难操卿相权；德尊能补世，数定莫回天。道统终三代，心精著三篇；孔门客接式，荀子敢随肩。故宅钟灵厚，新祠拓地偏；文澜生古井，象篆引秋烟。庙貌冠裳肃，虚堂羽蕑悬；泽源留万古，教尚忆三迁。栋宇犹丹膜，云仍自豆笾；低回瞻仰处，日上岱宗颠。[③]

---

① 刘培桂编著：《孟子林庙石刻集》，齐鲁书社2005年版，第421—422页。
② 刘培桂编著：《孟子林庙石刻集》，齐鲁书社2005年版，第423页。
③ 刘培桂编著：《孟子林庙石刻集》，齐鲁书社2005年版，第424页。

《重修孟庙告成诗》

陈 锦

断机遗训溯三迁，述圣门墙有大贤。山到邹滕含浩气，水沿洙泗接原泉。

干城吾道昌黎独，领袖群才乐正先。传食深心师历聘，千年俎豆洁文宣。

《恭谒亚圣庙，爰作七律》

毕永崗

七篇百代仰嶙峋，世界贤关从此分。名教纲常资砥柱，渊源统绪接层云。

知言养气心何泰，继往开来事有闻。借问孔门传授处，卓哉亚圣佑斯文。①

《谒孟子庙》

娄一均

私淑为徒圣道闲，齐梁廷说傲苍颜。辟邪志与渊参伍，名世才如伊吕间。

口溯银河回地轴，手披蒙雾觉人寰。拜瞻遗像晴岚映，祀典从来诏屡颁。

《孟子墓》

四基山麓仰松楸，泉下声灵万木稠。学陋霸功倾世主，言称王道挽诸侯。

鸟飞云乱人千古，地老天荒土一丘。赖有七篇绍圣统，不因秦火断风流。

《谒孟子庙》

周 翼

七雄渝替一人扶，廷折齐梁道不孤。百树松风环庙宇，两楹俎豆访球图。

穿碑御制霞相应，震井天开水未枯。血食千秋隆祀典，衮衣端不愧真儒。

《重修亚圣庙工竣，敬赋七律一章》

董瑞生

道宗一贯得心传，讲义型仁著七篇；力辟异端同大禹，养成浩气继文宣。

平生私淑三千化，运世独应五百年；庙貌巍峨遗像在，远垂声教育英贤。②

《入庙瞻遗像》四章

车保成

入庙瞻遗像，如亲气浩然。功原侔大禹，圣乃亚文宣。

绝学明千古，金书记七篇。栖栖游辙老，治乱信由天。

---

① 刘培桂编著：《孟子林庙石刻集》，齐鲁书社 2005 年版。第 450 页。

② 刘培桂编著：《孟子林庙石刻集》，齐鲁书社 2005 年版，第 453—454 页。

只欲人心正，翻将好辨文。功名卑管晏，事业陋桓文。

曲学防维密，吾儒界始分。那知千载下，邪说更吩咐？

母教当年著，人间轶事传。宫墙今万仞，故里昔三迁。

裕后谋贻善，承先代有贤。家风敦孝弟，世泽庆长绵。

崇儒逢圣代，庙貌又重新。日月先坛坫，云霞美奂轮。

大哉居本广，高矣道无垠。古柏饶生气，森严若有神。①

叩谒无由，敬撰七言律诗一章，用申敬仰

关韵成

尼山道统得其传，担任全凭一铁肩。黜霸崇王安社稷，行仁由义在闲先。

正心数事承三圣，尚志名言赖七篇。泰岱岩岩深仰止，开来继往万千年。②

---

① 刘培桂编著：《孟子林庙石刻集》，齐鲁书社 2005 年版，第 454—455 页。

② 刘培桂编著：《孟子林庙石刻集》，齐鲁书社 2005 年版，第 457 页。

附　录

一、中国古代研究孟子及其思想的专著

东汉

赵岐：《孟子章句》

唐朝

林慎思：《续孟子》二卷

〔日〕山井鼎：《七经孟子考文补遗》二百卷

宋朝

孙奭：《孟子注疏》一卷　《孟子音义》二卷

苏洵：《苏评孟子》二卷

尹焞：《孟子解》二卷

施德操：《孟子发题》一卷

苏辙：《孟子解》一卷

张九成：《孟子传》二十九卷

余允文：《尊孟辨》三卷　《续辨》二卷　《别录》一卷

朱熹：《孟子集注》七卷　《四书或问》三十九卷　《论孟精义》三十四卷　《四书问目》《朱子四书语类》五十二卷

张栻：《癸巳孟子说》七卷

真德秀：《四书集编》二十六卷

蔡模：《孟子集疏》十四卷

赵顺孙《四书纂疏》二十六卷

王应麟：《论语孟子考异》二卷

金履祥：《孟子集注考证》七卷

元朝

刘因：《四书集义精要》二十八卷

陈天祥：《四书辨疑》十五巷

许谦：《读四书丛说》四卷

胡炳文：《四书通》二十六卷

张存中：《四书通证》六卷

袁俊翁：《四书疑节》十二卷

王充耘：《四书经疑贯通》八卷

詹道传：《四书纂笺》二十八卷

朱公迁：《四书通旨》六卷

史伯璇：《四书管窥》八卷

倪士毅：《重订四书辑释》二十卷

明朝

胡广等：《四书大全》三十六卷

蔡清：《四书蒙引》十五卷　《别附》一卷

吕柟：《四书因问》六卷

陈士元：《孟子杂记》四卷

章世纯：《四书留书》六卷

刘剡：《四书通义》二十卷

郑晓：《四书讲意》

薛应旗：《四书人物考》四十卷　《补考》八卷

管志道：《孟义订测》七卷

姚舜牧：《四书疑问》十一卷

陈禹谟：《别本四书名物考》二十四卷

郝敬：《孟子说解》十四卷

葛寅亮：《四书湖南讲》九卷

毛尚忠：《四书会解》十卷

章一阳：《四书正学渊源》十卷

万尚烈：《四书测》六卷

沈守正：《四书说丛》十七卷

鹿善继：《四书说约》

寇慎：《四书酌言》三十一卷

陈仁锡：《四书考》二十八卷 《四书考异》一卷

鲁论：《四书通义》三十八卷

徐邦佐：《四书经学考》十卷 《补遗》一卷《续考》六卷

桑拱阳：《四书则》

徐养元、赵渔同：《四书集说》二十八卷

张自烈：《四书大全辨》三十八卷 《附录》六卷

清朝

黄宗羲：《孟子师说》二卷

陆陇其：《四书讲义困勉录》三十七卷

李光地：《读孟子札记》二卷

毛奇龄：《四书剩言》四卷 《四书剩言补》二卷

阎若璩：《四书释地》一卷 《四书释地续》一卷 《四书释地又续》二卷 《四书释地三续》二卷

杨名时：《四书札记》四卷

焦袁熹：《此木轩四书说》九卷

程大中：《四书逸笺》六卷

纪克扬：《丽奇轩四书讲义》

刁包：《四书翊註》四十二卷

魏裔介：《四书大全纂要》

徐世沐：《四书惜阴录》二十一卷

陆陇其：《三鱼堂四书大全》四十卷

邵嗣尧：《四书初学易知解》十卷

陈诜：《四书述》十九卷

秘丕笈：《四书钞》十八卷

闵嗣同：《四书贯一解》十二卷

毛奇龄：《四书索解》四卷 《逸讲笺》三卷

焦袁熹：《杂说》

孙见龙：《五华纂订四书大全》十四卷

王士陵：《四书纂言》

崔纪：《读孟子札记》

王植：《四书参註》

陈绰：《四书录疑》三十九卷

王步青：《四书本义汇参》四十五卷

潘思榘：《鳌峰讲义》四卷

任启运：《四书约旨》十九卷

胡在甬：《四书说註厄词》十卷

刘琴：《四书顺义解》十九卷

陈鋐：《四书就正录》十九卷　《四书晰疑》

范凝鼎：《四书句读释义》十九卷

戴鋐：《四书讲义尊闻录》二十卷

王国瑚：《四书穷抄》十六卷

沈廷芳：《十三经注疏正字》七十八卷

孙奇逢：《四书近指》二十卷

二、中国近现代研究孟子及其思想的专著

陈顾远：《孟子政治哲学》，上海泰东图书局 1924 年版。

朗擎霄：《孟子学案》，上海商务印书馆 1928 年版。

王冶心：《孟子研究》，上海群学社 1928 年版。

罗根泽：《孟子评传》，上海商务印书馆 1932 年版。

钱穆：《孟子要略》，上海大众书局 1934 年版。

陈鼎忠：《孟子概要》，无锡国学专修学校 1934 年版。

余家菊：《孟子教育学说》，上海中华书局 1935 年版。

中华书局：《孟子精华》，上海中华书局 1936 年版。

胡毓寰：《孟子事迹考略》，正中书局 1936 年版。

张启祚：《孟子哲学》，北平文化学社 1937 年版。

胡毓寰：《孟子本义》，正中书局 1937 年版。

朱广福等：《孟子话解》，长沙商务印书馆 1939 年版。

中华书局：《孟子精华》，上海中华书局 1941 年版。

陈登澥：《孟子七篇大传》，北京京华印书局 1941 年版。

马绍伯：《孟子学说底新评价》，（台湾）国民书局 1943 年版。

赵正平：《孟子新解》，上海大学出版社 1944 年版。

温晋城选注：《孟子会笺》，重庆正中书局 1946 年版。

胡毓寰：《孟子事迹考略》，南京正中书局 1947 年版。

钱穆：《孟子研究》，上海开明书店 1948 年版。

陈大齐：《孟子性善说与荀子性恶说的比较研究》，台湾"中央文物供应社"1953 年版。

王伟侠：《孟子教育学说》，（台湾）复兴书局 1955 年版。

兰州大学中文系孟子译注小组：《孟子译注》，中华书局 1960 年版。

杨伯峻译注：《孟子译注》，中华书局 1960 年版。

陈大齐：《孟子的名理思想及其辩说实况》，台湾商务印书馆 1968 年版。

张明凯：《孟子思想与中国文化》，台湾商务印书馆 1970 年版。

陈立夫：《孟子之政治思想》，（台湾）中华书局 1973 年版。

王孺松：《孟子论性与修为学》，（台湾）教育文物出版社 1974 年版。

陈顺远：《孟子政治哲学》，（台湾）新文丰出版社 1975 年版。

王恩洋：《孟子疏文》，（台湾）新文丰出版社 1975 年版。

王兴业编：《孟子研究论文集》，山东大学出版社 1984 年版。

王彬、贺友龄：《孟子散文》，黑龙江人民出版社 1986 年版。

山东孔孟学研究丛书编辑委员会主编：《孟了思想研究》，山东大学出版社 1986 年版。

唐迪风：《孟子大义》，（台湾）学生书局 1986 年版。

苑觉非：《孟子大义》，（台湾）学生书局 1987 年版。

杨伯峻：《孟子导读》，巴蜀书社 1987 年版。

沈蘅仲：《孟子菁华》，上海教育出版社 1987 年版。

吕涛：《孟子评传》，山西人民出版社 1987 年版。

唐林泉：《孟子政治思想新论》，台湾商务印书馆 1978 年版。

骆建人：《孟子学说体系探颐》，文津出版社 1979 年版。

陈大齐：《孟子待讲录》，台湾商务印书馆 1980 年版。

陈圣勤：《孟子文辞今析》，（台湾）正中书局 1980 年版。

史次耘：《孟子今注今译》，（台湾）商务印书馆 1980 年版。

蔡仁厚：《孟子要义》，（台湾）书店 1980 年版。

吴康等：《孟子思想研究论集》，黎明文化事业公司 1983 年版。

滕春兴：《孟子教育哲学思想体系与批判》，（台湾）正中书局 1983 年版。

陈训章：《孟子管窥》，黎明文化事业公司 1984 年版。

龚宝善：《孟子今解》，（台湾）书店 1988 年版。

王其俊：《孟子新探》，济南出版社 1989 年版。

赵宗正等：《孔孟荀比较研究》，山东大学出版社 1989 年版。

谭承耕：《〈论语〉〈孟子〉研究》，湖南教育出版社 1990 年版。

刘鄂培：《孟子选讲》，北京古籍出版社 1990 年版。

叶经柱：《孟子之民本主义》，（台湾）正中书局 1990 年版。

黄俊杰：《孟子思想史论》卷一，（台湾）东大图书公司 1991 年版。

南怀瑾：《孟子旁通》，北京国际文化出版公司 1991 年版。

翟廷晋：《孟子思想评析与探源》，上海社会科学院出版社 1992 年版。

黄绳：《从文学的角度看〈孟子〉》，广东教育出版社 1992 年版。

袁保新：《孟子三辩之学的历史省察与现代诠释》，文津出版社 1992 年版。

黄俊杰：《孟子》，（台湾）东大图书公司 1993 年版。

叶继业：《孟子思想研究》，黎明文化事业公司 1993 年版。

梁韦弦：《孟子研究》，文津出版社 1993 年版。

方俊吉：《孟子学说及其在宋代之振兴》，（台湾）文史哲出版社 1993 年版。

杨国荣：《孟子评传——走向内圣之境》，广西教育出版社 1994 年版。

李明辉：《康德伦理学与孟子道德思考之重建》，（台湾）"中央研究院"中国文史哲研究所 1994 年版。

何晓明：《亚圣思辨录：〈孟子〉与中国文化》，河南大学出版社 1995 年版。

杨泽波：《孟子性善论研究》，中国社会科学出版社 1995 年版。

黄俊杰主编：《孟子思想的历史发展》，（台湾）"中央研究院"中国文史哲研究所筹备处 1995 年版。

李明辉主编：《孟子思想的哲学探讨》，（台湾）"中央研究院"中国文史哲研究所筹备处 1995 年版。

王泽宣：《孟子的论辩艺术》，济南出版社 1996 年版。

王成儒：《亚圣防范——孟子的智慧》，四川教育出版社 1996 年版。

王其俊：《亚圣智慧——孟子新论》，山东人民出版社 1996 年版。

焦国成、黄群主编：《儒门亚圣——孟子》，中国华侨出版社 1996 年版。

高柏园：《孟子哲学先秦思想》，文津出版社 1996 年版。

李振纲：《孟子的智慧》，河北人民出版社 1997 年版。

董洪利：《孟子研究》，江苏古籍出版社 1997 年版

丁冠之主编：《孟子研究论文集》，山东大学出版社 1997 年版。

张奇伟：《亚圣精蕴——孟子哲学真谛》，人民出版社 1997 年版。

蒋国保等：《孟子外传·孟子百问》，安徽人民出版社 1997 年版。

黄俊杰：《孟子思想史论》卷二，（台湾）"中央研究院"中国文史哲研究所筹备处 1997 年版。

杨泽波：《孟子评传》，南京大学出版社 1998 年版。

山东邹城孟子学术研究会编：《孟子研究》，山东人民出版社 1998 年版。

刘鄂培：《孟子大传》，清华大学出版社 1998 年版。

林镇国：《儒者的良心——孟子》，时报文化出版社 1998 年版。

刘家贵：《孟子思想与现代企业管理》，广西人民出版社 1999 年版。

熊礼汇、姜国斌：《孟子与现代管理》，上海学林出版社 1999 年版。

杨泽波：《孟子与中国文化》，贵州人民出版社 2000 年版。

曲春礼、张德苏：《亚圣春秋——孟子》，山东教育出版社 2001 年版。

刘培桂：《孟子与孟子故里》，中国文史出版社 2001 年版。

李明辉：《孟子重探》，联经出版事业公司 2001 年版。

方素真：《孟子思想缘起析论》，高雄复文图书公司 2001 年版

傅佩荣：《孟子的生平及思想》，台湾编译馆 2003 年版。

徐洪兴：《孟子直解》，复旦大学出版社 2004 年版

王其俊：《孟子解读》，泰山出版社 2004 年版。

高专诚：《孟子通说》，山西人民出版社 2004 年版。

傅佩荣：《孟子新说——勇于择善固执》，陕西人民出版社 2005 年版。

戴兆国：《心性与德性——孟子伦理思想的现代阐释》，安徽人民出版社 2005 年版。

秦迪：《孟子选译》，延边人民出版社 2005 年版。

[韩] 赵俊河主编：《孟子研究文库》，齐鲁书社 2005 年版。

郭惠琴主编：《孟子》，光明日报出版社 2005 年版。

韩士钧：《孟子妙语》，天津百花文艺出版社 2005 年版。

幺峻洲：《孟子说解》，齐鲁书社 2006 年版。

傅佩荣：《傅佩荣解读孟子》，线装书局 2006 年版。

蒙培元：《蒙培元讲孟子》，北京大学出版社 2006 年版。

刘锦贤：《孟子的生活智慧》，台湾商务印书馆 2006 年版。

朱荣智：《孟子新论》，台湾编译馆 2006 年版。

周德波：《孟子一日一谈》，哈尔滨出版社 2006 年版。

孔庆茂：《智慧孟子》江苏凤凰出版社 2006 年版。

李亚斯：《孟子语录》，中国文联出版社 2006 年版。

张松辉等：《〈论语〉〈孟子〉疑义研究》，湖南大学出版社 2006 年版。

徐克谦、曾业桃：《孟子入门》，上海古籍出版社 2006 年版。

朱荣智：《孟子新论》，（台湾）"国立编译馆"2006 年版。

李杰主编：《论语孟子》，哈尔滨出版社 2006 年版。

杨润根：《发现孟子》，（香港）中国文化复兴出版有限公司 2006 年版。

熊逸：《孟子他说：用历史擦亮思想》，陕西师范大学出版社 2006 年版。

王慧茹：《孟子"谈辩言语"的哲学省察》，（台湾）万卷楼图书股份有限公司 2006 年版。

吴小如：《吴小如讲〈孟子〉》，天津古籍出版社 2007 年版。

傅佩荣谈孟子：《人心向善》，（台湾）文听阁图书有限公司 2008 年版。

刘培桂：《孟子大略》，泰山出版社 2007 年版。

刘静：《孟子》，中国社会科学出版社 2007 年版。

孙玉莹：《孟子选注》，光明日报出版社 2008 年版。

老聃：《孟子解读》，黄山出版社 2007 年版。

宁镇疆注译：《孟子》，中州古籍出版社 2007 年版。

康燕、王川注释：《孟子》，云南大学出版社 2007 年版。

张铁民：《〈孟子〉解读》，天津百花文艺出版社 2007 年版。

王寿延：《孟子名言一百句》，中华书局（香港）有限公司 2007 年版。

王邦雄等：《孟子义理疏解》，（台湾）《鹅湖月刊》2007 年。

许丽雯：《教你看懂孟子》，（台湾）高谈文化事业有限公司2007年版。

金海峰：《孟子·儒士文化：舍生取义篇》，东方音像电子出版社2007年版。

陈基政编译：《孟子》，（台湾）西北出版社2007年版。

张慧、陈海澜：《孟子选注》，内蒙古人民出版社2008年版。

严玉魁主编：《文化经典著作译注与讲解·孟子》，中央民族大学出版社2008年版。

于文斌：《孟子类解》，吉林文史出版社2008年版。

任俊华、赵清文：《大学·中庸·孟子正宗》，华夏出版社2008年版。

何晓明、周春健注说：《孟子》，河南大学出版社2008年版。

何漱霜：《孟子文法研究》，（台湾）文听阁图书有限公司2008年版。

刘经华：《〈孟子〉教育智慧品读》，吉林大学出版社2008年版。

叶青、李娅：《孟子名言故事》，海豚出版社2008年版。

吕美亮、王少元主编、王颖译注：《孟子选》，山东电子音像出版社2008年版。

夏传才：《孟子讲座》，清华大学出版社2008年版。

夏震武：《孟子讲义》，（台湾）文听阁图书有限公司2008年版。

王常则译注：《孟子》，山西三晋出版社2008年版。

《图解孟子》，沈阳万卷出版公司2008年版。

赵昌平：《孟子：人性的光辉》，上海古籍出版社2008年版。

陈新慧：《孟子智慧》，（台湾）绯色文化2008年版。

孙玉莹：《孟子选注》，光明日报出版社2008年版。

陈才俊主编，杨广恩注译：《孟子》，海潮出版社2008年版。

刘强：《年轻人读孟子》，蓝天出版社2008年版。

幺峻洲：《〈孟子〉问答》，齐鲁书社2008年版。

张子维：《孟子》，（台湾）宇河文化出版有限公司2008年版。

杨伯峻：《孟子导读》，中国国际广播出版社2008年版。

杨治国：《小人物评孟子》，中国工人出版社2008年版。

[美] 林亨理：《四书解义适今·孟子》，（台湾）文听阁图书有限公司2008年版。

林芳均等：《论孟选读分类解密》，（台湾）三民书局股份有限公司2008年版。

沈君野：《图文并茂孟子精髓演绎》，（台湾）黄金屋文化事业公司2008年版。

温晋城：《孟子会笺》，（台湾）文听阁图书有限公司2008年版。

贺选宁：《〈孟子〉〈荀子〉名句解读》，广东教育出版社2008年版。

赵正平：《孟子新解》，（台湾）文听阁图书有限公司 2008 年版。

邓球柏：《孟子通说》，湖南人民出版社 2008 年版。

邢群麟、于海英：《听南怀瑾讲孟子》，民主与建设出版社 2008 年版。

郭星萍：《论语·孟子》，内蒙古人民出版社 2008 年版。

陈蒲清：《孟子注译》，广州花城出版社 2008 年版。

陈鼎忠：《孟子概要》，（台湾）文听阁图书有限公司 2008 年版。

马文作：《老子·论语·孟子》，内蒙古人民出版社 2008 年版。

高步瀛：《孟子文法读本》，（台湾）文听阁图书有限公司 2008 年版。

中华书局编：《孟子精华》，（台湾）文听阁图书有限公司 2008 年版。

一芳主编：《孟子》，中国戏剧出版社 2009 年版。

严玉魁主编：《中外文化名著鉴赏·孟子》，延边人民出版社 2009 年版。

史东梅：《年轻人成功必读孟子》，内蒙古人民出版社 2009 年版。

史次纭译注：《孟子》，重庆出版社 2009 年版。

吴迎君：《孟子名句》，成都天地出版社 2009 年版。

唐文治：《孟子新读本》，（台湾）文听阁图书有限公司 2009 年版。

姚永概：《正志中学孟子讲义》，内蒙古人民出版社 2009 年版。

戚良德、马庆娟点注：《孟子》，青岛出版社 2009 年版。

刘亚丹：《孟子通译》，北京理工大学出版社 2009 年版。

宋海峰：《孟子》，内蒙古人民出版社 2009 年版。

马哲：《孟子全书》，中国长安出版社 2009 年版。

臧瀚之等：《孟子》，京华出版社 2009 年版。

王立民译评：《孟子》，吉林文史出版社 2009 年版。

任磊、门华芹：《孟子选注》，河南人民出版社 2009 年版。

王建平、喻加林：《孟子选译》，希望出版社 2009 年版。

幺峻洲：《孟子索引》，齐鲁书社 2009 年版。

顾长安：《孟子》，沈阳万卷出版公司 2009 年版。

张广明：《庄子·孟子》，内蒙古人民出版社 2009 年版。

张红霞：《孟子》，陕西太白文艺出版社 2009 年版。

徐天璋：《孟子集注笺正》，内蒙古人民出版社 2009 年版。

李有光：《孟子解读》，贵州人民出版社 2009 年版。

王缁尘：《四书读本》，（台湾）文听图书有限公司 2009 年版。

王金芳：《孟子》，金盾出版社 2009 年版。

赵瑜：《孟子》上，远方出版社 2009 年版。

白晓光：《孟子》中，远方出版社 2009 年版。

甄艳萍：《孟子》下，远方出版社 2009 年版。

胡承楷、肖应勇：《中学生学孟子》，线装书局 2009 年版。

薛亚军、黄业玲：《孟子》，浙江人民出版社 2009 年版。

郭继承主讲：《孟子》，电子版北京中经录音录像中心 2009 年版。

郭静：《孟子》，云南美术出版社 2009 年版。

金良年：《孟子译注》，上海书店出版社 2009 年版。

黄建华：《论语·庄子·孟子》，延边人民出版社 2009 年版。

绍南文化：《孟子》，杭州西泠印社出版社 2009 年版。

徐勇主编：《国学》第八册《孟子》，北京师范大学出版社 2010 年版。

刘建国主编：《孟子》，中州古籍出版社 2010 年版。

梁涛主讲：《〈孟子〉的管理之道》，北京高教电子音像出版社 2010 年版。

侯柯芳：《〈孟子〉新解》，四川大学出版社 2010 年版。

叶丹：《孟子全书》，内蒙古人民出版社 2010 年版。

尚文：《孟子》，广西师范大学出版社 2010 年版。

岳斌：《孟子选》，广东大音音像出版社 2010 年版。

张子维：《孟子的大智慧》，福建人民出版社 2010 年版。

张应杭、黄寅：《要有钱也要有人性》，湖南人民出版社 2010 年版。

张应杭、黄寅：《白话本孟子》，（台湾）新潮文化事业有限公司 2010 年版。

李永明主编：《孟子通解》，吉林大学出版社 2010 年版。

杨宏峰、薛海林：《孟子》，宁夏人民教育出版社 2010 年版。

谭家哲：《孟子平解》，（台湾）唐山出版社 2010 年版。

韩雪主编：《孟子》，延边人民出版社 2010 年版。

书立方编委会：《孟子》，重庆出版社 2010 年版。

丁帆、杨九俊主编：《论语·孟子选读》，江苏教育出版社 2011 年版。

乌恩溥注释：《孟子》，长春出版社 2011 年版。

于友先主编，高涛注释：《四书五经·孟子》，华文出版社 2011 年版。

党英明组编：《孟子》，吉林出版集团有限公司 2011 年版。

孙芝斋：《孟子今译》，浙江大学出版社 2011 年版。

宗穹译注：《孟子》，上海大学出版社 2011 年版。

钱理群主编：《孟子》天津教育出版社 2011 年版。

无障碍读国学丛书编委会：《无障碍读孟子》，吉林出版集团责任有限公司 2011 年版。

郑红峰注译：《孟子》，中国言实出版社 2011 年版。

《名家集注孟子》，北京印刷出版社 2011 年版。

王建平：《孟子选译》，希望出版社 2011 年版。

巩玉峰、盛勇主编：《孟子研读》，山东大学出版社 2011 年版。

张定浩、祝柯杨：《孟子》，杭州出版社 2011 年版。

张新泰：《孟子精读》，新疆人民出版社 2011 年版。

徐勤庭：《细说四书》，（台湾）圣环图书股份有限公司 2011 年版。

李畅然：《清代〈孟子〉学史大纲》，北京大学出版社 2011 年版。

林文杰：《孟子，诉说了什么?》，（台湾）寂天文化事业有限公司 2011 年版。

潘江、文军校注：《孟子》，浙江教育出版社 2011 年版。

首翔译注：《孟子》，黄山书社 2011 年版。

骆建人：《论孟心诠》，（台湾）万卷楼图书股份有限公司 2011 年版。

魏春艳、李天道：《孟子选注》，云南教育出版社 2011 年版。

一德书院：《孟子》，团结出版社 2011 年版。

冯梦龙：《孟子指月》，安徽人民出版社 2012 年版。

刘维主编：《孟子》，黑龙江科技出版社 2012 年版。

史木直：《考证详注孟子读本》，全国图书馆文献缩微中心 2012 年版。

司马志：《孟子全书》，中国纺织出版社 2012 年版。

周春生：《孟子》，浙江大学出版社 2012 年版。

天步子：《国学四品·孟子正品》，上海科学普及出版社 2012 年版。

周怡：《论语·孟子》，四川文艺出版社 2012 年版。

吕晓斌、史东梅：《论语·孟子》，三秦出版社 2012 年版。

吴天明、程继松：《评析孟子》，武汉崇文书局 2012 年版。

张晶注译：《孟子》，黄山出版社 2012 年版。

刘建生：《孟子精解》，海潮出版社 2012 年版。

刘强：《孟子：平民议政》，武汉出版社 2012 年版。

陈涛：《孟子》，云南人民出版社 2012 年版。

谢天瑜：《记住自己是平常人：孟子的智慧》，安徽人民出版社 2012 年版。

康震主编：《图说孟子》，四川少年儿童出版社 2012 年版。

曾振宇：《孟子诠解》，山东友谊出版社 2012 年版。

彭向前：《西夏文〈孟子〉整理研究》，上海古籍出版社 2012 年版。

方勇：《孟子鉴赏辞典》，上海辞书出版社 2012 年版。

李青青主编：《国学堂：北师大名师伴我读〈孟子〉》，明天出版社 2012 年版。

李晓林：《孟子精读》，吉林人民出版社 2012 年版。

李生龙译注：《孟子》，中南大学出版社 2012 年版。

梁鸿矞：《论孟辨义》，（台湾）文听图书有限公司 2012 年版。

熊逸：《孟子趣说：我向皇帝讲真话》，华侨出版社 2012 年版。

秦江永：《孟子智慧》，新疆美术摄影出版社 2012 年版。

苏叔阳：《孟子选译》，青岛出版社 2012 年版。

许思义、唐怀记主编：《读孟子讲仁义》，外文出版社 2012 年版。

邵勋潜：《优等生一定要知道的〈孟子〉典故》，花山文艺出版社 2012 年版。

万丽华、蓝旭编译：《孟子》，（香港）中华书局 2012 年版。

陈大齐：《孟子待讲录》，华东师范大学出版社 2012 年版。

高秀昌主编、曹庆中注释：《孟子》，中州古籍出版社 2012 年版。

姚康汇选译：《孟子》，福建人民出版社 2013 年版。

何亚辉：《诸子百家文白对照珍藏本·孟子》，吉林美术出版社 2013 年版。

刘咸炘：《孟子章类》，（台湾）文听图书有限公司 2013 年版。

周廷珍：《新式标点白话详注孟子》，（台湾）文听图书有限公司 2013 年版。

姚淦铭：《孟子智慧》，山东人民出版社 2013 年版。

孙家琦：《孟子》，（台湾）人人出版股份有限公司 2013 年版。

温梦：《孟子选注》，光明日报出版社 2013 年版。

张炳伟译注：《孟子》，旅游教育出版社 2013 年版。

玲珑：《孟子选译》，南海出版社 2013 年版。

邓启桐、王川注译：《孟子》，暨南大学出版社 2013 年版。

王辉：《孟子》，现代出版社 2013 年版。

孟祥才：《孟子传》，齐鲁书社 2013 年版。

朱允文主编：《孟子》希望出版社 2013 年版。

张向伟：《孟子选注》，北京教育出版社 2013 年版。

张善文、马重奇主编：《孟子开讲》，华东师范大学出版社 2013 年版。

张瑛：《孟子书法》，（台湾）文听图书有限公司 2013 年版。

陈邦殿：《论孟述》，（台湾）文听图书有限公司 2013 年版。

翟顺彝：《孟子简记》，（台湾）文听图书有限公司 2013 年版。

彭赓良：《孟子今义》，（台湾）文听图书有限公司 2013 年版。

徐加融：《语孟艺解》，上海辞书出版社 2013 年版。

徐树铮：《经传评点·孟子》，（台湾）文听图书有限公司 2013 年版。

徐强译注：《孟子》，山东画报出版社 2013 年版。

方韬：《孟子典藏》，北京联合出版公司 2013 年版。

易顺豫：《孟子发微》，（台湾）文听图书有限公司 2013 年版。

林予：《孟子选读》，首都师范大学出版社 2013 年版。

林镇国：《儒者的良心—孟子》，中国友谊出版公司 2013 年版。

罗庸：《孟子比谊》，（台湾）文听图书有限公司 2013 年版。

臧克和等主编：《孟子研究新视野》，华龄出版社 2013 年版。

赵又春：《我读孟子》，岳麓书社 2013 年版。

赵大浣：《标点增补苏批孟子》，（台湾）文听图书有限公司 2013 年版。

张启祚：《孟子哲学》，（台湾）文听图书有限公司 2013 年版。

钱穆：《孟子研究》，（台湾）文听图书有限公司 2013 年版。

杨大膺：《孟子学说研究》，（台湾）文听图书有限公司 2013 年版。

陈生玺：《张居正讲评孟子》，上海辞书出版社 2013 年版。

白平：《孟子详解》，人民文学出版社 2014 年版

陈建武、陈韵彬、陈峡霖：《孟子名言趣味识字诀》，吉林出版集团有限责任公司 2014 年版。

王浩：《〈孟子〉品读》，甘肃文化出版社 2014 年版。

许仁图：《说孟子》，（台湾）河洛出版社 2014 年版。

赵颖、赵震演播：《〈孟子〉名句和故事》，北京东方影音公司 2014 年出品。

胡毓寰：《孟学大旨》，全国图书馆文献缩微中心2014年版。

任俊华：《孟子精注精译精评》，线装书局2014年版。

柳俊林、李树永主编：《孟子》，重庆出版社2014年版。

马博主编：《孟子诠解》，线装书局2014年版。

张琪：《孟子》，山东美术出版社2014年版。

任俊华、赵清文：《大学·中庸·孟子正宗》，华夏出版社2014年版。

刘淑丽：《仁义的修为：体味〈孟子〉》，海燕出版社2014年版。

李雪菲整理：《孟子·荀子》，中国言实出版社2014年版。

孙虹刚译解：《〈孟子〉：民本雄辩的哲学巨著》，北京理工大学出版社2014年版。

颜兴林译注：《孟子》，南昌二十一世纪出版社2014年版。

《康有为手稿·孟子微》，大象出版社2014年版。

张子维：《孟子应该这样读》，（台湾）知青频道出版有限公司2014年版。

张洋：《孟子》，光明日报出版社2014年版。

戴震：《孟子私淑录》，国家图书馆出版社2014年版。

杨颖育：《英语世界的〈孟子〉研究》，人民出版社2014年版。

柯利刚主编：《孟子》，南方出版社2014年版。

甘筱青等：《〈孟子〉的公理化诠释》，江西人民出版社2014年版。

若狄：《孟子八十一章》，泰山出版社2014年版。

蔡龙九：《孟轲与〈孟子〉》，（台湾）五南图书出版股份有限公司2014年版。

郭伟宏：《赵岐〈孟子章句〉研究》，扬州广陵书社2014年版。

钱逊：《〈孟子〉读本》，中国盲文出版社2014年版。

马志强：《〈孟子〉全译》，中国盲文出版社2014年版。

《鲍鹏山说孟子》，浙江电子音像出版社2014年版。

文心工作室编：《孟子》，中央编译出版社2014年版。

国学经典学习丛书编委会：《〈孟子〉〈孙子兵法〉节选》，宁夏人民出版社2014年版。

闽优教育工作室：《论语·孟子》，福建鹭江出版社2014年版。

顾万松、冷颖主编：《教你读国学》第十册《孟子选读》，南京大学出版社2015年版。

段雪莲、陈玉潇译：《孟子》，北京联合出版公司2015年版。

于向英主编：《孟子精选》，中国书籍出版社2015年版。

刘玉才主编：《十三经注疏校勘记·尔雅·孟子》，北京大学出版社 2015 年版。

刘顺江、刘敏、刘俊主编：《〈中庸〉〈孟子〉新编》，成都电子大学出版社 2015 年版。

吴国珍：《〈孟子〉最新英文全译全注本》，福建教育出版社 2015 年版。

林可行主编：《论语孟子》，江苏凤凰美术出版社 2015 年版。

波波夫俄译，杨伯峻：《孟子》，人民文学出版社 2015 年版。

杨靖、季昆仑主编：《孟子》，敦煌文艺出版社 2015 年版。

焦金鹏主编：《孟子》，南昌二十一世纪出版集团 2015 年版。

天瑜译释：《孟子》，北京联合出版公司 2015 年版。

曹岐周：《孟子政治经济思想》，全国图书馆文献缩微中心 2015 年版。

曾琴主编：《孟子》，黑龙江美术出版社 2015 年版。

李晨森主编：《孟子》，煤炭工业出版社 2015 年版。

温晋诚：《孟子会笺》，全国图书馆文献缩微中心 2015 年版。

王书昊编写：《孟子》，郑州文心出版社 2015 年版。

王诚璇：《孟子节选》，团结出版社 2015 年版。

章台华：《孟子诗契》，（台湾）文史哲出版社 2015 年版。

缪天绶：《孟子》，全国图书馆文献缩微中心 2015 年版。

罗志霖：《孟子今读新解》，四川大学出版社 2015 年版。

罗正兵：《〈孟子〉选解》，兰州大学出版社 2015 年版。

胡毓寰：《孟子本义》，全国图书馆文献缩微中心 2015 年版。

臧克和、舒忠、顾彬：《基于孟子的跨文化对话》，山东画报出版社 2015 年版。

邓启桐注释：《孟子》，东南大学出版社 2015 年版。

魏冰涵册主编：《孟子》，龙门书局 2015 年版。

何铁山：《汉字学视域下的〈孟子〉》，浙江大学出版社 2015 年版。

余小玲主编：《孟子节选》，吉林人民出版社 2015 年版。

冯慧娟：《孟子》，吉林出版集团责任有限公司 2015 年版。

刘乃溪、徐骆：《孟子》，华东师范大学出版社 2015 年版。

刘孝听主编：《中华国学经典诵读课本》，云南科技出版社 2015 年版。

刘维主编：《孟子》，黑龙江科技出版社 2015 年版。

吕红梅：《孟子及孟子思想探微》，知识产权出版社 2015 年版。

唐文治：《十三经读本·孟子》，上海人民出版社 2015 年版。

王刚译注：《孟子》，北京联合出版公司 2015 年版。

吴天明、程继松评析：《孟子》，崇文书局 2015 年版。

墨香斋译评：《孟子》，中国纺织出版社 2015 年版。

宇日霞编译：《孟子》，南昌二十一世纪出版社 2015 年版。

宁龙：《孟子》，中国少年儿童出版社 2015 年版。

崔钟雷：《孟子》，哈尔滨出版社 2015 年版。

张丽丽主编：《孟子译注》，北京教育出版社 2015 年版。

张素闻主编：《孟子》，中国书籍出版社 2015 年版。

李晶、周云芳、冯瑀：《〈孟子〉的文化阐释》，中国水利水电出版社 2015 年版。

杨汝清主编：《孟子玩诵本》，中国纺织出版社 2015 年版。

林涛主编：《国学经典导读·孟子》安徽教育出版社 2015 年版。

立仁主编：《孟子》，中国工人出版社 2015 年版。

董志新：《毛泽东品〈孟子〉》，沈阳万卷出版公司 2015 年版。

钱逊：《正气浩然：〈孟子〉读本》，中华书局 2015 年版。

陈昇：《孟子初级读本》，商务印书馆 2015 年版。

杜京主编：《孟子》，中国大百科出版社 2015 年版。

龚勋主编：《孟子》，同心出版社 2015 年版。

《南怀瑾讲孟子》，东方出版社 2016 年版。

南怀瑾：《孟子旁通》，复旦大学出版社 2016 年版。

熊磊：《论语·孟子》，南昌二十一世纪出版集团 2016 年版。

孟令哉、余芬兰：《孟子》，长春出版社 2016 年版。

思展教育编著：《孟子》，中山大学出版社 2016 年版。

高高译注：《孟子》，作家出版社 2016 年版。

方韬编译：《孟子》，北京联合出版公司 2016 年版。

牛月主编：《孟子》，汕头大学出版社 2016 年版。

墨人主编：《孟子》，河南人民出版社 2016 年版。

弘丰译注：《孟子》，中国文联出版社 2016 年版。

杨伯峻、杨逢彬译注：《孟子》，岳麓书社 2016 年版。

［英］理雅各：《孟子》，中州古籍出版社 2016 年版。

《孟子宋蜀大字本》，扬州广陵书社 2016 年版。

夏华等编译：《孟子》，万卷出版公司 2016 年版。

《线装经典》编委会：《孟子》，晨光出版社 2016 年版。

屈阳阳：《孟子》，团结出版社 2016 年版。

张佩玉注译：《四书今注今译·孟子》，新疆大学出版社 2016 年版。

文景编著：《孟子》，中国人口出版社 2016 年版。

朱熹：《孟子集注》，国家图书馆出版社 2016 年版。

林安梧：《问心：我读孟子》，商务印书馆 2016 年版。

爱新觉罗·毓鋆：《毓老师讲孟子》，（台湾）中华奉元学会 2016 年版。

王其俊：《孟子品读》，山东大学出版社 2016 年版。

王志民主编：《孟子文献集成》第 1 卷，山东人民出版社 2016 年版。

解光宇、刘艳、丁晓慧：《孟子读本》，中国人民大学出版社 2016 年版。

许仁图：《说孟子》，石家庄花山文艺出版社 2016 年版。

诸华、邓启桐注译：《孟子》，东南大学出版社 2016 年版。

郑明璋：《孟子章句今解》，九州出版社 2016 年版。

金良年：《孟子译注》，上海古籍出版社 2016 年版。

雷莉主编：《孟子》，江西高校出版社 2016 年版。

陈明主编：《论语·孟子》，新星出版社 2016 年版。

颜炳罡编著：《孟子》，济南出版社 2016 年版。

高路：《为善之道：〈孟子〉导读》，中国青年出版社 2016 年版。

《张奇伟教授解读孟子：仁者无敌》，中国青年出版社 2016 年版。

牛房子主编：《孟子早早读》，福建少年儿童出版社 2016 年版。

九畴书院编著：《孟子》，广东人民出版社 2016 年版。

万丽华：《孟子》，中华书局 2017 年版。

刘兆伟、刘北芦：《孟子读本》，世界知识出版社 2017 年版。

刘瑛：《孟子的故事》，（台湾）新锐文创 2017 年版。

南怀瑾：《孟子与离娄》《孟子与万章》，复旦大学出版社 2017 年版。

南怀瑾：《孟子旁通》，复旦大学出版社 2017 年版。

夏传才：《孟子讲座》，广西师范大学出版社 2017 年版。

《孟子》，上海大学出版社 2017 年版。

《论语·孟子》，研究出版社 2017 年版。

张世雄注译：《孟子》，三秦出版社 2017 年版。

刘聿鑫、刘晓东：《孟子选译》，江苏凤凰出版社 2017 年版。

杨广恩注译：《孟子全集》，天地出版社 2017 年版。

木目：《孟子》，吉林文史出版社 2017 年版。

金浩主编：《孟子》，吉林教育出版社 2017 年版。

林润平主编：《孟子》，延边大学出版社 2017 年版。

东篱子解译：《孟子》，中国纺织出版社 2017 年版。

王振宇主编：《孟子》，黑龙江美术出版社 2017 年版。

《线装经典》编委会：《孟子》，云南人民出版社 2017 年版。

王浩良：《孟子译注》，百花洲文艺出版社 2017 年版。

文晓会：《孟子》，百花洲文艺出版社 2017 年版。

史靖妍主编：《孟子》，漓江出版社 2017 年版。

文心主编：《孟子》，天地出版社 2017 年版。

张兆瑢、沈元起：《孟子》，全国图书馆文献缩微中心 2017 年版。

张子维：《孟子应该这样读》，南京大学出版社 2017 年版。

张海明、王本陆主编：《国学》第 3 册《孟子》，北京师范大学出版社 2017 年版。

徐昌盛：《〈孟子〉译读》，中南大学出版社 2017 年版。

承里主编：《孟子》，四川科学技术出版社 2017 年版。

方勇、高振伟：《孟子鉴赏辞典》，上海辞书出版社 2017 年版。

易中天：《中华经典故事·孟子故事》，上海文艺出版社 2017 年版。

方勇评注：《孟子》，商务印书馆 2017 年版。

朱熹：《孟子》，北京燕山出版社 2017 年版。

李诗雅注译：《孟子》，中国纺织出版社 2017 年版。

杨明华：《孟子》，内蒙古人民出版社 2017 年版。

杨逢彬：《孟子新注新译》，北京大学出版社 2017 年版。

焦循著，沈文倬点校：《孟子正义》，中华书局 2017 年版。

燕子：《孟子》，吉林出版集团 2017 年版。

周殿富：《孟子论君子之善》，（台湾）麦禾阳光出版社 2017 年版。

梁涛解读：《孟子》，国家图书馆出版社 2017 年版。

毕宝魁：《细读孟子》，研究出版社 2017 年版。

沈智、张少华：《孟子精选200句》，（台湾）达观出版事业有限公司2017年版。

王志民主编：《孟子文献集成》第18、22、23、27、34、43卷，山东人民出版社2018年版。

王承旋主编：《孟子节选》，江西科技出版社2017年版。

王治心：《孟子研究》，全国图书馆文献缩微中心2017年版。

王恩洋：《孟子疏义》，全国图书馆文献缩微中心2017年版。

秦榆：《这就是孟子》，（台湾）海鸽文化出版事业有限公司2017年版。

罗安宪主编：《孟子选》，人民出版社2017年版。

胡毓寰：《孟子本义》，全国图书馆文献缩微中心2017年版。

苏逢军：《孟子选》，清华大学出版社2017年版。

苑觉非：《孟子大义》，中华书局2017年版。

若狄：《孟子读本》，青岛出版社2017年版。

赵岐注，郭齐点校：《孟子》齐鲁书社2017年版。

赵岐注，孙奭疏：《孟子注疏》，上海古籍出版社2017年版。

邵泽水、邵鹏、胡南南：《大哉大美孟夫子》，齐鲁书社2017年版。

郭珣：《孟子》，黑龙江美术出版社2017年版。

钟书、田药珍主编：《孟子》，上海大学出版社2017年版。

陆秀俊：《孟子》，浙江少年儿童出版社2017年版。

陈光政：《眉批孟子》，（台湾）丽文文化事业出版有限公司2017年版。

雨辰主编：《孟子》，中国原子能出版社2017年版。

韩振华：《他乡有孟子：西方孟子研究与儒家伦理构建》，中国社会科学出版社2017年版。

黄姝：《论语孟子精解速读》，中国国际广播出版社2017年版。

国学经典诵读编写组：《孟子》，河南人民出版社2017年版。

中国国学文化艺术中心：《孟子》，天津人民出版社2017年版。

深圳神尔股份有限公司：《孟子》，辽宁科技出版社2017年版。

中华文化讲堂：《孟子》，团结出版社2017年版。

绍南文化边订：《孟子》，厦门大学出版社2017年版。

严军主编：《孟子》，江苏人民出版社2017年版。

刘贵之：《孟子文化百问》，广陵书社2017年版。

吴小晴主编：《孟子》，阳光出版社 2017 年版。

国学学品经典编写组：《孟子》，山东科技出版社 2017 年版。

中国国学文化艺术中心：《孟子》，国家开放大学出版社 2017 年版。

崇文书院：《孟子》，北京联合出版社 2017 年版。

冯慧娟主编：《孟子》，新疆美术摄影出版社 2017 年版。

刘承沅：《孟子》，中国少年儿童新闻出版总社 2017 年版。

苏志诚注释：《孟子》，民主与建设出版社 2018 年版。

胡慧娟：《孟子》，辽宁美术出版社 2018 年版。

余世存、李克主编：《正义之书：孟子》，化学工业出版社 2018 年版。

余国庆：《孟子译注》，合肥工业大学出版社 2018 年版。

傅佩荣：《人心向善》，（台湾）远见天下文化出版股份有限公司 2018 年版。

傅承德：《人生奋发读〈孟子〉》，马来西亚大象出版社 2018 年版。

刘志红注音：《孟子》，中州古籍出版社 2018 年版。

刘玉才：《孟子》，北京大学出版社 2018 年版。

华杉：《华杉讲透孟子》，江苏凤凰文艺出版社 2018 年版。

吴国珍：《孟子·大学·中庸》，北京出版社 2018 年版。

唐文治：《四书大义·孟子》，上海人民出版社 2018 年版。

姜国钧：《孟子精讲》，湖南大学出版社 2018 年版。

李郁编译：《孟子》，三秦出版社 2018 年版。

冯俊编：《孟子》，南海出版公司 2018 年版。

余庆：《孟子诠解》，万卷出版公司 2018 年版。

张博编译：《孟子》，万卷出版公司 2018 年版。

田荣尚注析：《孟子》，北京知识出版社 2018 年版。

李乡状主编：《孟子》，陕西师范大学出版总社 2018 年版。

希苗：《孟子》，青海人民城市 2018 年版。

张欣莉、孟庆峰、邢巍巍主编：《听孟子讲故事》，吉林延边大学出版社 2018 年版。

杨伯峻：《孟子译注》，中华书局 2018 年版。

林美珊：《孟子新评》，三晋出版社 2018 年版。

汪舒旋、郝雅婷、张晓燕主编：《孟子选读》，四川大学出版社 2018 年版。

焦循：《孟子正义》，江苏凤凰出版社 2018 年版。

王丹主编：《孟子　大学　中庸选编》，云南美术出版社 2018 年版。

王志民主编：《孟子文献集成》第 51、54、56、65 卷，山东人民出版社 2018 年版。

王财贵：《孟子》，北京教育出版社 2018 年版。

米晓燕导读：《孟子》，辽宁师范大学出版社 2018 年版。

罗礼华编注《孟子》，北京时代华文书局 2018 年版。

萧史编著：《孟子》，青岛出版社 2018 年版。

许咏晴：《〈论语〉与〈孟子〉的生命观研究》，（台湾）花木兰文化事业有限公司 2018 年版。

郭美星：《中国良知：阅读孟子》，江苏人民出版社 2018 年版。

李存山：《孟子研究》第一辑，山东人民出版社 2018 年版。

陈来、王志民主编：《〈孟子〉七篇解读》，齐鲁书社 2018 年版。

中国国学文化艺术中心：《论语·孟子》，广西人民出版社 2019 年版。

傅佩荣：《跟傅佩荣读孟子》，长江文艺出版社 2019 年版。

刘洪仁、周怡：《论语·孟子》，四川文艺出版社 2019 年版。

刘瑾辉：《孟子研究：探〈孟子〉，述孟学》，中国书籍出版社 2019 年版。

向晴册主编：《孟子·中庸》，齐鲁书社 2019 年版。

吴闿生评点，高步瀛集解：《孟子文法读本》，（台湾）中华书局 2019 年版。

周满江：《孟子选译》，广西师范大学出版社 2019 年版。

吴兆基、陈伶注译：《论语·孟子》，天地出版社 2019 年版。

孙光庭：《孟子要略集注》，（台湾）经学文化事业有限公司 2019 年版。

崇贤书院：《孟子评注》，（台湾）崇贤馆文创有限公司 2019 年版。

张丽娟主编：《孟子》，红旗出版社 2019 年版。

张南峭主编：《孟子》，河南人民出版社 2019 年版。

方勇译注：《孟子》，中华书局 2019 年版。

李存山主编：《孟子研究》第二辑，齐鲁书社 2019 年版。

李炳寰：《读孟子札记》，（台湾）经学文化事业有限公司 2019 年版。

杨颖育：《〈孟子〉的跨文化阐释与传播研究》，人民出版社 2019 年版。

王应译注：《孟子》，北京时代华文书局 2019 年版。

王志民主编：《孟子文献集成》第 71 卷，山东人民出版社 2019 年版。

王立民评点：《孟子》，吉林文史出版社 2019 年版。

王缁尘：《广解孟子》，三联书店 2019 年版。

王蒙：《原则：极简孟子》，北京联合出版公司 2019 年版。

纪连海：《纪连海谈孟子》，石油工业出版社 2019 年版。

缪天绶选注：《孟子》，商务印书馆 2019 年版。

罗慧龄：《当代〈孟子〉人性论的省察》，（台湾）秀威资讯科技股份有限公司 2019 年版。

罗泽南：《读孟子札记》，（台湾）经学文化事业有限公司 2019 年版。

王舒成、谢实：《孟子》，南京出版社 2019 年版。

[日] 贝冢茂树：《孟子读本》，北京联合出版公司 2019 年版。

邓启桐、诸华注译：《孟子》，北京师范大学出版社 2019 年版。

金敬梅主编：《孟子·中庸》，世界图书出版公司长春公司 2019 年版。

陈仲英：《答疑孟》，（台湾）经学文化事业有限公司 2019 年版。

马智强、鲁国尧译注：《孟子》，江苏人民出版社 2019 年版。

高山：《孟子》，团结出版社 2019 年版。

鲍鹏山、衣抚生编校：《孟子》，中国青年出版社 2019 年版。

崇贤书院：《孟子 200 句》，文化艺术出版社 2019 年版。

季谦教育编写组：《孟子》，北京教育出版社 2019 年版。

经典教育研究中心：《孟子诵读本》，中华书局 2019 年版。

万希槐辑：《十三经证异》第九册《论语　孝经　孟子》，天津古籍出版社 2020 年版。

南怀瑾：《孟子旁通》，东方出版社 2020 年版。

卢永璘主编，王明辉著：《孟子》，吉林出版集团股份有限公司 2020 年版。

姜厚粤：《孟子浅悟》，山东大学出版社 2020 年版。

徐洪兴注译：《孟子》，长江文艺出版社 2020 年版。

王俊编校：《孟子》，中国商业出版社 2020 年版。

立人主编：《孟子》，天地出版社 2020 年版

张博编译：《孟子》，万卷出版公司 2020 年版。

《孟子》，百花洲文艺出版社 2020 年版。

潘新国、胡育慧：《孟子玄注》，浙江文艺出版社 2020 年版。

张定浩：《孟子读法》，译林出版社 2020 年版。

徐克谦、寇志强、曾业基：《孟子导读》，高等教育出版社 2020 年版。

时铿：《滕文公与孟子》，中国社会出版社 2020 年版。

杨军：《孟子浅说》，长春出版社 2020 年版。

杨子升：《〈论语〉〈孟子〉的德行涵养：以仁义为进路》，花木兰出版公司 2020 年版。

杨朝明、李文：《浩然正气：〈孟子〉讲读》，浙江教育出版社 2020 年版。

杨浩译注：《孟子》，语文出版社 2020 年版。

林怡玲：《孟子“志气论”的道德哲学》，花木兰出版公司 2020 年版。

殷延禄：《孟子的药方》，齐鲁书社 2020 年版。

毕宝魁、尹博：《孟子译注评》，辽宁人民出版社 2020 年版。

沈薇：《孟子十二讲》，江西人民出版社 2020 年版。

王志民主编：《孟子文献集成》，山东人民出版社 2020 年版。

王蒙：《得民心者得天下》，人民文学出版社 2020 年版。

缪天绶：《孟子》，中国文史出版社 2020 年版。

肖湘武：《孟子》，上海世界图书出版公司 2020 年版。

胡炳文：《孟子通》，华东师范大学出版社 2020 年版。

钱逊注译：《孟子诵读本》，中华书局 2020 年版。

陈圣道：《孟子讲义》，（台湾）白象文化事业有限公司 2020 年版。

龚爱林：《跟着〈孟子〉去旅行》，湖南少年儿童出版社 2020 年版。

崇贤书院编：《孟子》，世界图书出版广东有限公司 2020 年版。

《孟子》，山东画报出版社 2020 年版。

《十三经注疏·孟子》，中华书局 2020 年版。

中华文化教育编委会：《孟子》，崇文书局 2020 年版。

曾琦云：《中华国学经典名篇诵读·孟子》，线装书局 2021 年版。

杨伯峻：《孟子》，岳麓书社 2021 年版。

梁涛：《大家读孟子》，文津出版社 2021 年版。

王立民：《孟子译注评》，现代出版社 2021 年版。

童未少儿图书研究中心：《笑读孟子》，中译出版社 2021 年版。

孟祥才：《孟子新传》，人民出版社 2021 年版。

[日] 竹添光鸿等：《中国典籍日本注译丛书·孟子》，上海古籍出版社 2021 年版。

后　记

　　2017 年 9 月 19 日，当时的邹城孟氏宗亲会（后重组为邹城孟子思想研究会）与设在邹城的中国孟子研究院共同举行了《续修三迁志》的启动仪式。此时，续修《孟子世家谱》的工作正在紧锣密鼓地进行中。在此前后，我应邀担任《孟子世家谱》续修委员会顾问，参加了多次关于续谱的工作会议，与同为顾问的天津大学著名画家孟蒙教授数次议及新修一部《三迁志》的问题。他认为，《孟子世家谱》续修委员会的主要负责人忙于修谱事宜，一时难于顾及《三迁志》的续修工作。他知道我一直在大学从事中国古代史的教学与研究，在先秦秦汉史研究方面有一定的积累，2013 年又出版了《孟子传》，鼓励我将撰写新编《三迁志》的工作承担下来，尽早动手撰稿。作为孟子后裔，我深感有责任接受并完成此项百年不遇的重要工作，但也知道仅凭个人之力还难以顺利完成这一任务。因为有许多属于地方史的资料我知之甚少，必须与邹城市有关专家配合，优势互补，才能更好地进行这一工作。不久，在一次邹城举行的研讨孟子思想的学术会议上，我向原邹城市文物局长、时任中国孟子研究院秘书长的邵泽水先生谈及与该院合作编撰《三迁志》，他欣然同意合作，同时将重版的《重纂三迁志》和刘培桂先生编撰的《孟子志》《孟子林庙历代碑刻集》、朱松美教授撰著的《孟府文化研究》、郑建芳先生主编的《孟府档案辑录》等书送我阅读。我很快拿出了一个撰写提纲，与该院的有关人员进行了两次研讨，并就具体撰稿事宜作了初步分工，期待这项工作按计划有条不紊地进行下去。然而，计划跟不上变化，正当我抓紧撰稿的时候，邵泽水先生因年龄到点离开了研究院，后续事宜无人问津，合作中断。之后，我将准备编撰《新编三迁志》的意向对当时主持续修《孟子世家谱》工作的邹城市孟子思想研究会理事长、邹城市政协副主席孟淑勤长辈谈了，她同意我着手编撰书稿。

　　在孟子世家谱续修委员会和孟淑勤长辈的支持下，从 2017 年我开始《新编三迁志》的撰稿工作，其间，孟淑勤理事长曾应我的要求将孟子研究院撰写的"文物遗存""孟氏宗族""孟氏名人"等文稿发来供我参考。因为我写过《孟子传》，所以本书稿的主体部分"亚圣孟子"可继承的成果较多，写作比较顺利。为了写好"孟氏名人"一编，我参考了孟建樑先生主编的《孟氏名人录》（上海人民出版社出版，我是该书顾问）一书，查阅了二十四史和《清史稿》中收录的全部孟氏名人的传记和孟浩然、孟郊等诗人的文集以及后人对他们的评论。这两部分可能最显现本书的特色。为了在"艺文"部分尽量收录更多称颂孟母、孟子和子思的诗文，我检索了全部四库全书。所以这部分收录诗文之多超过此前的所有《孟子世家谱》和《三迁志》。其他部分，则较多参考了孟子研究院提供的文稿和已经印出的《孟子世家谱·卷首》的内容。

　　2020 年底，我将已经完成的本书初稿发给孟子世家谱续修委员会，以期由其牵头组织有关专家对书稿进行讨论。后来，由于疫情持续蔓延，且孟子世家谱续修委员会正全力推进修谱工作，一时无暇顾及《三迁志》有关事宜，为了尽快让本书面世，我决定将书稿按学术规范进行处理后交由人民出版社审读并安排出版。

　　在本书撰写过程中，山东孟子文化研究会理事长孟祥金先生审阅了全部书稿并提出修改意见，同时慷慨出资，促成本书稿早日付梓；山东孟子文化研究会会长王成教授也给予全力支持并一直关注书稿的出版；济南孟子文化研究会会长刘保贞教授对新中国成立后所有关于孟子及孟子思想研究的论著进行检索并提供了较完备的目录，同时做了大量资料的收集与核对工作。不过，本书所呈现的基本写作意向和学术观点应该由我负全责，尤其是其中的错讹、缺陷与不足更应该由我负全责。

　　在本书即将付梓的时候，还要特别感谢邹城孟子思想研究会和孟子世家谱续修委员会的诸位领导，尤其是孟淑勤长辈提供的支持和帮助；感谢邹城中国孟子研究院提供的文稿；感谢已故著名画家孟蒙教授的鼓励和支持；感谢河南师范大学副教授孟祥科提供的帮助；最后特别感谢人民出版社王萍编审和责任编辑为本书的出版付出的辛勤劳动。

　　由于未经仔细打磨，也未广泛听取专家们的意见和建议，所以本书肯定存在不少缺陷和不足，特别是突破此前志书只客观记述而不评论的规则，对孟子及其思想，对孟氏名人，都在一定程度上进行了作者认定的历史和价值评判，这可能是本书最具疑义的所在。不过，我想，志书应该属于学术著作的范畴，在学术上应该展示不同的个性和风格。基于此，我一方面期待学者和读者对本书的批评指正，一方面期待与本书不同风格和学术观点的《三迁志》问世。

孟祥才

2022 年春节于山东大学兴隆山寓所